Tusculum-Bücherei
Herausgeber: Karl Bayer, Hans Färber, Max Faltner

VERGIL · AENEIS

Lateinisch-Deutsch

In Zusammenarbeit mit Maria Götte
herausgegeben und übersetzt von

Johannes Götte

HEIMERAN VERLAG

Titelvignette: Aeneas auf der Flucht · Attische Hals-Amphora, 6. Jh.

5. Auflage 1980
© Heimeran Verlag, München 1955
Alle Rechte vorbehalten
einschließlich die der fotomechanischen Wiedergabe.
Archiv 229   ISBN 3 7765 2081 7
Druck: Laupp & Göbel, Tübingen
Bindung: Heinrich Koch, Tübingen

PIAE ERNESTI HEIMERAN MEMORIAE

S.

Jahrelang hoffte ich, einst für hilfreich-geduldigen Zuspruch
Ihm zu beweisen den Dank. Aber ich komme zu spät.
Ihn erreicht nichts Irdisches mehr. Doch lebt in den Werken,
Die uns TUSCULUM gibt, immer ERNST HEIMERAN fort.

I

Arma virumque cano, Troiae qui primus ab oris
Italiam fato profugus Laviniaque venit
litora, multum ille et terris iactatus et alto
vi superum saevae memorem Iunonis ob iram,
multa quoque et bello passus, dum conderet urbem   5
inferretque deos Latio, genus unde Latinum
Albanique patres atque altae moenia Romae.
   Musa mihi causas memora, quo numine laeso
quidve dolens regina deum tot volvere casus
insignem pietate virum, tot adire labores   10
inpulerit. tantaene animis caelestibus irae?
   Urbs antiqua fuit — Tyrii tenuere coloni —
Karthago, Italiam contra Tiberinaque longe
ostia, dives opum studiisque asperrima belli;
quam Iuno fertur terris magis omnibus unam   15
posthabita coluisse Samo: hic illius arma,
hic currus fuit; hoc regnum dea gentibus esse,
si qua fata sinant, iam tum tenditque fovetque.
progeniem sed enim Troiano a sanguine duci
audierat, Tyrias olim quae verteret arces;   20
hinc populum late regem belloque superbum
venturum excidio Libyae: sic volvere Parcas.
id metuens veterisque memor Saturnia belli,
prima quod ad Troiam pro caris gesserat Argis
— necdum etiam causae irarum saevique dolores   25
exciderant animo; manet alta mente repostum
iudicium Paridis spretaeque iniuria formae
et genus invisum et rapti Ganymedis honores —
his accensa super iactatos aequore toto
Troas, reliquias Danaum atque inmitis Achilli,   30

1

Waffentat künde ich und den Mann, der als erster von Troja,
schicksalgesandt, auf der Flucht nach Italien kam und Laviniums
Küsten, viel über Lande geworfen und wogendes Meer durch
Göttergewalt, verfolgt vom Groll der grimmigen Juno,
viel auch duldend durch Krieg, bis er gründe die Stadt und die Götter
bringe nach Latium, dem das Geschlecht entstammt der Latiner,
Albas Väter und einst die Mauern der ragenden Roma.

  Muse, sag mir die Gründe, ob welcher Verletzung des hohen
Willens, worüber voll Gram die Götterkönigin jenen
Mann, das Vorbild der Ehrfurcht, in so viel Jammer, in so viel
Mühsal gejagt. Kann so die Gottheit grollen und zürnen?

  Stand eine Stadt uralt, Karthago — tyrische Siedler
wohnten darin — gegenüber Italien, weit von des Tibers
Mündung, reich an Schätzen und rauh in den Werken des Krieges.
Juno, heißt es, ehrte von allen Landen die e i n e
Stadt am meisten, noch höher als Samos: hatte doch Waffen
hier sie und Wagen; daß hier ein Weltreich wachse, wenn irgend
Schicksal es dulde, wünschte schon damals sehnlichst die Göttin.
Aber sie hatte gehört, ein Geschlecht von trojanischem Blute
wachse heran, bestimmt, einst Tyriens Burgen zu brechen;
aus ihm werde ein Volk, gar weithin herrschend und kriegsstolz,
kommen zu Libyens Sturz: so spännen Schicksal die Parzen.
Dies befürchtete Juno und dachte des früheren Krieges,
den eben s i e bei Troja geführt für die liebe Stadt Argos,
— noch nicht waren die Gründe des Grolls, die wütenden Schmerzen
ihrem Gemüte entschwunden; es kränkt sie tief in des Herzens
Grunde des Paris Spruch, die Schmach der verachteten Schönheit
und das verhaßte Geschlecht, des geraubten Ganymed Ehren; —
So voll Grimm warf rings übers Meer die Göttin die Troer,
die noch übrig der Danaer ließ und der grause Achilles,

arcebat longe Latio, multosque per annos
errabant acti fatis maria omnia circum.
tantae molis erat Romanam condere gentem.

 Vix e conspectu Siculae telluris in altum
vela dabant laeti et spumas salis aere ruebant,   35
cum Iuno aeternum servans sub pectore volnus
haec secum: 'mene incepto desistere victam
nec posse Italia Teucrorum avertere regem?
quippe vetor fatis. Pallasne exurere classem
Argivom atque ipsos potuit submergere ponto   40
unius ob noxam et furias Aiacis Oilei?
ipsa Iovis rapidum iaculata e nubibus ignem
disiecitque rates evertitque aequora ventis,
illum exspirantem transfixo pectore flammas
turbine corripuit scopuloque infixit acuto;   45
ast ego, quae divom incedo regina, Iovisque
et soror et coniunx, una cum gente tot annos
bella gero. et quisquam numen Iunonis adorat
praeterea aut supplex aris inponet honorem?'

 Talia flammato secum dea corde volutans   50
nimborum in patriam, loca feta furentibus austris,
Aeoliam venit. hic vasto rex Aeolus antro
luctantis ventos tempestatesque sonoras
imperio premit ac vinclis et carcere frenat.
illi indignantes magno cum murmure montis   55
circum claustra fremunt; celsa sedet Aeolus arce
sceptra tenens mollitque animos et temperat iras.
ni faciat, maria ac terras caelumque profundum
quippe ferant rapidi secum verrantque per auras.
sed pater omnipotens speluncis abdidit atris   60
hoc metuens molemque et montis insuper altos
inposuit regemque dedit, qui foedere certo
et premere et laxas sciret dare iussus habenas.
ad quem tum Iuno supplex his vocibus usa est:

 'Aeole, namque tibi divom pater atque hominum rex 65

hielt sie weit von Latium fern, und Jahre um Jahre
irrten auf allen Meeren sie rings, getrieben vom Schicksal.
Also mühevoll war's, das römische Volk zu begründen.
   Eben segelten sie aus Siziliens Blicken aufs hohe
Meer und pflügten froh mit dem Bug die schäumenden Fluten.
Da sprach Juno — brennt doch im Herzen ihr ewig die Wunde —
so zu sich: „Ich sollte den Plan aufgeben, besiegt, ich
könnte Italien nicht dem Teukrerkönige wehren?
Schicksalswort sagt: ‚Nein!‘ Doch Pallas, konnte nicht s i e der
Griechen Flotte vernichten mit Brand, die Mannen ertränken,
nur weil Aiax, Oileus' Sohn, gefrevelt im Wahnwitz?
Sie aber schleuderte Juppiters Blitz sogleich aus den Wolken,
warf auseinander die Schiffe, durchwühlte die Fluten mit Sturmwind.
Ihn aber, der aus verwundeter Brust schon Flammen hervorstieß,
griff sie im Wirbel und spießte ihn fest auf spitziges Felsriff.
Doch i c h , die einher als Königin schreitet der Götter,
Juppiters Schwester und Ehegemahl, ich führe durch Jahre
Krieg mit e i n e m Volk! Wird Junos göttliches Walten
Einer noch ehren und meinen Altären flehend sich nahen?"
   Solches wälzte bei sich die Göttin flammenden Herzens,
kam in der Stürme Bereich, ins Land voll fauchender Föhne,
kam nach Aeolien. Hier in weiter Höhle bedrängt mit
hartem Befehl der Winde Gewühl und heulende Stürme
König Aeolus, hält sie mit Fesseln und Kerker im Zaume.
Jene toben empört rings wider Wände und Riegel.
Dumpf dröhnt drinnen der Berg. Doch Aeolus, szeptergewaltig,
thront auf der Burg, stimmt mild ihr Gemüt und zähmt ihre Zornwut.
Täte er's nicht, so rissen sie Meere und Länder und Himmels-
tiefen im Fluge mit fort und fegten sie hin in die Lüfte.
Doch der allmächtige Vater verbarg sie in düsteren Höhlen,
dieses befürchtend, und türmte noch Bergesmassen darauf und
gab einen König den Winden; der sollte nach festem Vertrage
klug, auf Geheiß, bald straff, bald lockerer führen die Zügel.
Ihn sprach damals Juno an mit flehenden Worten:
   „Aeolus, denn der Vater der Götter und König der Menschen

et mulcere dedit fluctus et tollere vento,
gens inimica mihi Tyrrhenum navigat aequor,
Ilium in Italiam portans victosque penatis:
incute vim ventis submersasque obrue puppes
aut age diversos et dissice corpora ponto.   70
sunt mihi bis septem praestanti corpore nymphae,
quarum quae forma pulcherrima Deiopea,
conubio iungam stabili propriamque dicabo,
omnis ut tecum meritis pro talibus annos
exigat et pulchra faciat te prole parentem.'   75
  Aeolus haec contra: 'tuus, o regina, quid optes,
explorare labor; mihi iussa capessere fas est.
tu mihi quodcumque hoc regni, tu sceptra Iovemque
concilias, tu das epulis accumbere divom
nimborumque facis tempestatumque potentem.'   80
  Haec ubi dicta, cavom conversa cuspide montem
inpulit in latus: ac venti velut agmine facto,
qua data porta, ruunt et terras turbine perflant.
incubuere mari totumque a sedibus imis
una Eurusque Notusque ruunt creberque procellis 85
Africus et vastos volvont ad litora fluctus.
insequitur clamorque virum stridorque rudentum.
eripiunt subito nubes caelumque diemque
Teucrorum ex oculis; ponto nox incubat atra.
intonuere poli et crebris micat ignibus aether   90
praesentemque viris intentant omnia mortem.
extemplo Aeneae solvontur frigore membra;
ingemit et duplicis tendens ad sidera palmas
talia voce refert: 'o terque quaterque beati,
quis ante ora patrum Troiae sub moenibus altis   95
contigit oppetere, o Danaum fortissime gentis
Tydide! mene Iliacis occumbere campis
non potuisse tuaque animam hanc effundere dextra,
saevos ubi Aeacidae telo iacet Hector, ubi ingens
Sarpedon, ubi tot Simois correpta sub undis   100
scuta virum galeasque et fortia corpora volvit?'

gab dir, Fluten zu glätten und aufzuwühlen im Winde,
ein mir feindliches Volk durchfährt das Tyrrhenische Meer, trägt
Ilium fort nach Italien, trägt die besiegten Penaten.
Stoß doch Gewalt in die Winde, versenk heckoben die Schiffe,
oder zersprenge die Mannschaft und wirf übers Meer hin die Leiber!
Nymphen habe ich zweimal sieben, herrlichen Wuchses,
die an Gestalt von ihnen die schönste, Deiopea,
will zu dauernder Ehe ich dir als Eigentum geben,
daß mit dir sie Jahr um Jahr für solche Verdienste
lebe, mit schönen Kindern dich, den Vater, beglücke."
  Aeolus sprach darauf: „Du, Königin, hast nur die Mühe,
kundzutun deinen Wunsch: mir frommt's, dein Geheiß zu erfüllen.
Du ja gibst mir mein Reich, du gibst das Szepter, du stimmst mir
Juppiter hold, du läßt mich ruhn beim Mahle der Götter,
du verleihst über Winde und stürmische Wetter die Macht mir."
  Sprach's und wandte die Lanze und stieß sie tief in des Berges
hohles Gewölb: los stürmen die Winde im Zug wie ein Kriegsheer,
wo sich die Pforte erschließt, durchbrausen im Wirbel die Lande,
stürzen hernieder aufs Meer, und ganz von den untersten Tiefen
wühlen Eurus und Notus es auf, wild wirbelt im Sturmwind
Africus her, sie wälzen zum Strand weitwogende Fluten.
Jäh tönt drein der Mannen Geschrei, das Knirschen der Taue,
Wolken reißen sofort den Himmel des Tages hinweg den
Augen der Teukrer; Nacht fällt schwarz herab auf die Wogen.
Donnernd krachen die Pole, es flammt von Blitzen der Äther,
nah, ganz nah umdroht mit Tod rings alles die Mannen.
Lähmender Frost durchkältet sogleich bis ins Mark den Aeneas,
laut aufstöhnt er, hebt zu den Sternen empor seine Hände
beide und ruft: „O dreifach ihr und vierfach Beglückte,
denen vergönnt war, einst vor Trojas ragenden Mauern
vor den Augen der Väter zu sterben; Sohn du des Tydeus,
Danaerheld, warum konnte nicht ich auf Iliums Schlachtfeld
fallen und, niedergestreckt von dir, dies Leben verströmen,
dort, wo Hektor erlag dem Geschoß des Achill, wo der wilde
Sarpedon, wo dicht der Simoïs fort in den Wogen
Schilde der Mannen und Helme hinwälzt und die Leiber der Helden!"

Talia iactanti stridens aquilone procella
velum adversa ferit fluctusque ad sidera tollit.
franguntur remi, tum prora avertit et undis
dat latus, insequitur cumulo praeruptus aquae mons.   105
hi summo in fluctu pendent, his unda dehiscens
terram inter fluctus aperit, furit aestus harenis.
tris Notus abreptas in saxa latentia torquet —
saxa vocant Itali mediis quae in fluctibus Aras,
dorsum inmane mari summo — tris Eurus ab alto   110
in brevia et syrtis urget — miserabile visu —
inliditque vadis atque aggere cingit harenae.
unam, quae Lycios fidumque vehebat Oronten,
ipsius ante oculos ingens a vertice pontus
in puppim ferit: excutitur pronusque magister   115
volvitur in caput; ast illam ter fluctus ibidem
torquet agens circum et rapidus vorat aequore vertex.
adparent rari nantes in gurgite vasto,
arma virum tabulaeque et Troïa gaza per undas.
iam validam Ilionei navem, iam fortis Achatae,   120
et qua vectus Abas et qua grandaevos Aletes,
vicit hiems: laxis laterum compagibus omnes
accipiunt inimicum imbrem rimisque fatiscunt.

Interea magno misceri murmure pontum
emissamque hiemem sensit Neptunus et imis   125
stagna refusa vadis, graviter commotus, et alto
prospiciens summa placidum caput extulit unda.
disiectam Aeneae toto videt aequore classem,
fluctibus oppressos Troas caelique ruina,
nec latuere doli fratrem Iunonis et irae.   130
Eurum ad se Zephyrumque vocat, dehinc talia fatur:

'Tantane vos generis tenuit fiducia vestri?
iam caelum terramque meo sine numine, venti,
miscere et tantas audetis tollere moles?
quos ego ...! sed motos praestat componere fluctus;   135
post mihi non simili poena commissa luetis.

Während er also klagt, stürzt knirschender Wirbel von Norden
hart ins Segel und türmt die Fluten empor zu den Sternen.
Ruder zerkrachen; dann wendet der Bug sich, bietet den Wogen
dar seine Flanke; ein Berg von Wasser prasselt darüber.
Hier hängt hoch auf Fluten ein Schiff, dort öffnet die Woge
klaffend andern den Boden des Meers. Sturm wütet im Sande.
Drei dreht Notus im Wirbel dahin auf lauernde Felsen —
Felsen inmitten der Flut, der Italiker nennt sie Altäre,
Mächtige Rücken am Spiegel des Meeres — drei Schiffe verdrängt ins
Seichte der Eurus und treibt sie auf Syrten — kläglicher Anblick! —
stößt sie ins Wattenmeer, gürtet sie rings mit Dämmen von Sande.
Eines — die Lykier trug's und trug den treuen Orontes —
trifft vor Aeneas' Augen herniederprasselnd des Meeres
Wucht aufs Heck; den Steuermann packt's und kopfüber rollt er
weg über Bord; das Schiff aber dreht dreimal auf der Stelle
wirbelnd die Flut; dann schlingt's hinab ein reißender Strudel.
Schwimmer treiben vereinzelt empor aus Wogengewühle,
Waffen der Mannen und Planken und Trojas Schätze im Meere.
Auch Ilioneus Schiff, das Schiff des Helden Achates,
Abas' Schiff und das Schiff des hochbejahrten Aletes
schlug der Sturm: sie lassen durchs Leck im Gefüge der Bordwand
alle den Feind, das Seewasser, ein und klaffen von Rissen.

Unterdessen bemerkt Neptun das Toben des Meeres,
wie da Sturm hinbraust, wie empor aus untersten Tiefen
strudeln die Wasser des Grundes. Da packt ihn Sorge und weithin
schaut er aufs Meer und hebt sein ruhevoll Haupt aus der Woge.
Überall sieht er verstreut des Aeneas Flotte im Meere,
sieht von Fluten die Troer bedrängt und berstendem Himmel.
Nicht bleibt Junos List und Groll dem Bruder verborgen.
Eurus ruft er und Zephyrus her; dann redet er also:

„Seid ihr denn auf euer Geschlecht so stolz mir geworden?
Himmel und Erde, ihr Winde, in Aufruhr wagt ihr zu stürzen
ohne meinen Befehl, wagt Wogenmassen zu türmen?
Euch will ich . . .! aber zunächst geht's vor, die Fluten zu glätten.
Nächstens büßt so leicht ihr nicht für solches Vergehen.

maturate fugam regique haec dicite vestro:
non illi imperium pelagi saevomque tridentem,
sed mihi sorte datum. tenet ille inmania saxa,
vestras, Eure, domos; illa se iactet in aula 140
Aeolus et clauso ventorum carcere regnet.'

Sic ait, et dicto citius tumida aequora placat
collectasque fugat nubes solemque reducit.
Cymothoë simul et Triton adnixus acuto
detrudunt navis scopulo; levat ipse tridenti 145
et vastas aperit syrtis et temperat aequor
atque rotis summas levibus perlabitur undas.
ac veluti magno in populo cum saepe coorta est
seditio saevitque animis ignobile volgus,
iamque faces et saxa volant, furor arma ministrat, 150
tum pietate gravem ac meritis si forte virum quem
conspexere, silent arrectisque auribus adstant;
ille regit dictis animos et pectora mulcet:
sic cunctus pelagi cecidit fragor, aequora postquam
prospiciens genitor caeloque invectus aperto 155
flectit equos curruque volans dat lora secundo.

Defessi Aeneadae quae proxima litora cursu
contendunt petere et Libyae vertuntur ad oras.
est in secessu longo locus: insula portum
efficit obiectu laterum, quibus omnis ab alto 160
frangitur inque sinus scindit sese unda reductos.
hinc atque hinc vastae rupes geminique minantur
in caelum scopuli, quorum sub vertice late
aequora tuta silent; tum silvis scaena coruscis
desuper horrentique atrum nemus inminet umbra; 165
fronte sub adversa scopulis pendentibus antrum,
intus aquae dulces vivoque sedilia saxo,
nympharum domus. hic fessas non vincula navis
ulla tenent, unco non adligat ancora morsu.
huc septem Aeneas collectis navibus omni 170
ex numero subit; ac magno telluris amore

Macht euch schleunigst davon und meldet eurem Gebieter:
Nicht i h m gab die Herrschaft im Meer und den furchtbaren Dreizack
sondern m i r das Los. Er herrscht in der Wüste der Felsen,
Eurus, in eurem Palast; dort mag in der Halle sich brüsten
Aeolus, König der Winde, sofern ihr Kerker sie einschließt."

Sprach es, und Tat überholt sein Wort: er sänftigt den Schwall der
Wogen, vertreibt das Wolkengewühl, holt wieder die Sonne.
Triton, voll Eifer, und mit ihm Cymóthoë stoßen vom spitzen
Riff die Schiffe herab. Neptun hilft selbst mit dem Dreizack,
öffnet die mächtigen Wälle von Sand und bändigt die Meerflut,
gleitet mit leichten Rädern sodann am Spiegel der Wellen.
Wie es denn oft so geschieht: im Volksgewühle erhebt sich
Aufruhr, wütend rast im Zorn der niedere Pöbel;
Fackeln fliegen und Steine; die Wut schafft Waffen: doch wenn sie
dann einen Mann, gewichtig durch frommen Sinn und Verdienste,
zufällig sehen, dann schweigen und stehn sie und recken die Ohren.
Er aber lenkt die Erregten durchs Wort, stimmt friedlich die Herzen.
So brach nieder das Tosen der Flut, als über die Wogen
schaute der Vater: er fuhr bei heiterem Himmel und lenkte
fliegend im folgsamen Wagen die Rosse an lockerem Zügel.

Müde und matt bemüht sich die Schar des Aeneas, den nächsten
Strand zu erreichen; so nehmen sie Kurs auf Libyens Küste.
Dort liegt tief in der Bucht ein Platz; den bildet zum Hafen,
vorgelagert, ein Eiland; und jede Woge vom Meere
bricht sich daran und flutet zurück in kreisenden Bogen.
Mächtige Felsen sind hüben und drüben, von Klippen ein Paar dräut
auf gen Himmel; darunter geborgen schweigen die Fluten.
Rings im Hintergrund wächst eine Wand mit flimmernden Wäldern,
dunkelt schwarz hernieder ein Hain, umschauert von Schatten.
Gegenüber der Einfahrt ist felsüberwölbt eine Grotte;
drin ist süßes Wasser; es wachsen Throne aus Felsen,
Nymphengemach. Hier können auch frei von Fesseln die Schiffe
liegen; es hakt kein Anker sie fest mit beißendem Krummzahn.
Hierhin fährt Aeneas mit sieben Schiffen, die aus der
ganzen Zahl ihm geblieben. Zum Land voll Sehnsucht getrieben,

egressi optata potiuntur Troes harena
et sale tabentis artus in litore ponunt.
ac primum silici scintillam excudit Achates
succepitque ignem foliis atque arida circum 175
nutrimenta dedit rapuitque in fomite flammam.
tum Cererem corruptam undis Cerealiaque arma
expediunt fessi rerum frugesque receptas
et torrere parant flammis et frangere saxo.
 Aeneas scopulum interea conscendit et omnem 180
prospectum late pelago petit, Anthea si quem
iactatum vento videat Phrygiasque biremis
aut Capyn aut celsis in puppibus arma Caici.
navem in conspectu nullam, tris litore cervos
prospicit errantis; hos tota armenta sequuntur 185
a tergo et longum per vallis pascitur agmen.
constitit hic arcumque manu celerisque sagittas
corripuit, fidus quae tela gerebat Achates,
ductoresque ipsos primum capita alta ferentis
cornibus arboreis sternit, tum volgus et omnem 190
miscet agens telis nemora inter frondea turbam;
nec prius absistit, quam septem ingentia victor
corpora fundat humo et numerum cum navibus aequet.
hinc portum petit, et socios partitur in omnis.
vina bonus quae deinde cadis onerarat Acestes 195
litore Trinacrio dederatque abeuntibus heros,
dividit, et dictis maerentia pectora mulcet:
'o socii — neque enim ignari sumus ante malorum —
o passi graviora, dabit deus his quoque finem.
vos et Scyllaeam rabiem penitusque sonantis 200
accestis scopulos, vos et Cyclopia saxa
experti, revocate animos maestumque timorem
mittite: forsan et haec olim meminisse iuvabit.
per varios casus, per tot discrimina rerum
tendimus in Latium, sedes ubi fata quietas 205
ostendunt, illic fas regna resurgere Troiae.
durate et vosmet rebus servate secundis.'

nehmen die Troer Besitz vom heiß erwünschten Gestade,
strecken die Glieder, die flutzerschundenen, nieder am Strande.
Gleich nun schlägt aus Kieselstein den Funken Achates,
fängt das Feuer mit Laub und häuft dann trockene Nahrung
ringsum auf, entlockt dem Brennstoff lodernd die Flamme.
Korn, vom Wasser verdorben, entladen sie dann, von der Mühsal
matt, und Küchengerät und schicken sich an, die geborgnen
Früchte am Feuer zu rösten und fein mit Stein zu zermahlen.
 Unterdessen besteigt einen Fels Aeneas, und weithin
späht er hinaus übers Meer, ob dort den Antheus vielleicht er
fände, vom Sturme verjagt, und die Doppelrudrer der Phryger,
oder den Capys oder auf hohem Heck des Caïcus
Waffen; es zeigt sich kein Schiff; doch sieht drei Hirsche er ferne
schweifen am Strand, und gleich hinterdrein folgt ihnen das ganze
Rudel, es weidet die Täler dahin die stattliche Herde.
Still steht er, den Bogen, die schnellen Pfeile ergreift er,
Waffen, die der treue Achates pflegte zu tragen.
Gleich die Führer traf er zuerst, die hoch ihre Häupter
trugen mit Baumesgeweih; dann gings an die Herde, das ganze
Rudel scheuchte er hin durch laubige Wälder mit Pfeilen,
ließ nicht eher auch ab, bis siegreich sieben gewalt'ge
Tiere zu Boden er streckte: so stimmte die Zahl zu den Schiffen.
Gleich zum Hafen hin eilt er, verteilt allen Freunden die Beute.
Auch den Wein, den Akestes, der Held, einst reichlich in Krüge
schöpfte als Abschiedsgabe vom Strand Trinakriens, ließ er
nun verteilen und sprach zu den Trauernden tröstende Worte:
„Liebe Gefährten — wir wissen doch wohl um früheres Unheil —
truget schon schwereres Leid; ein Gott wird auch dieses beenden.
Kamt ihr doch nahe der Skylla Wut, den hohl aus der Tiefe
heulenden Klüften, ertruget ihr doch kyklopisches Felsland.
Faßt euch drum, seid mutig und laßt die jammernde Angst doch
fahren: wer weiß, einst freut es euch noch, an dieses zu denken.
Durch viel Ungemach, durch so viel der schlimmsten Gefahren
streben wir Latium zu; dort zeigt uns ruhigen Wohnsitz
unser Geschick, neu darf dort erstehn die Herrschermacht Trojas.
Drum bleibt hart und spart euch auf der glücklichen Zukunft."

Talia voce refert curisque ingentibus aeger
spem voltu simulat, premit altum corde dolorem.
illi se praedae accingunt dapibusque futuris: 210
tergora diripiunt costis et viscera nudant,
pars in frusta secant veribusque trementia figunt,
litore aëna locant alii flammasque ministrant.
tum victu revocant viris fusique per herbam
inplentur veteris Bacchi pinguisque ferinae. 215
postquam exempta fames epulis mensaeque remotae,
amissos longo socios sermone requirunt
spemque metumque inter dubii, seu vivere credant
sive extrema pati nec iam exaudire vocatos.
praecipue pius Aeneas nunc acris Oronti, 220
nunc Amyci casum gemit et crudelia secum
fata Lyci fortemque Gyan fortemque Cloanthum.
   Et iam finis erat, cum Iuppiter aethere summo
dispiciens mare velivolum terrasque iacentis
litoraque et latos populos sic vertice caeli 225
constitit et Libyae defixit lumina regnis.
atque illum talis iactantem pectore curas
tristior et lacrimis oculos suffusa nitentis
adloquitur Venus: 'o qui res hominumque deumque
aeternis regis imperiis et fulmine terres, 230
quid meus Aeneas in te conmittere tantum,
quid Troes potuere, quibus tot funera passis
cunctus ob Italiam terrarum clauditur orbis?
certe hinc Romanos olim volventibus annis,
hinc fore ductores revocato a sanguine Teucri, 235
qui mare, qui terras omni dicione tenerent,
pollicitus: quae te, genitor, sententia vertit?
hoc equidem occasum Troiae tristisque ruinas
solabar fatis contraria fata rependens;
nunc eadem fortuna viros tot casibus actos 240
insequitur. quem das finem, rex magne, laborum?
Antenor potuit mediis elapsus Achivis

Also spricht er, und, krank von quälenden Sorgen, erzwingt er
Hoffnungsschein im Blick, birgt tief im Herzen den Kummer.
Aber die Freunde gehn an die Beute, bereiten die Mahlzeit,
reißen das Fell von den Rippen und legen frei das Geweide.
Mancher zerstückelt das Fleisch, spießt auf die zuckenden Teile,
andre richten am Strande die Kessel, schüren die Flammen.
Schmausend wecken sie wieder die Kraft: verstreut übers Gras hin,
tun sie sich gütlich an altem Wein und strotzendem Wildbret.
Als der Hunger gestillt und die Tische wieder entfernt sind,
denken der Freunde in langem Gespräch sie, ihrer verlornen,
bang zwischen Hoffen und Furcht, ob man glauben darf, daß sie noch leben,
oder das Schlimmste schon leiden und keinen Ruf mehr vernehmen.
Allen voran beseufzt der fromme Aeneas das Los des
wackren Orontes bald, bald das des Amykus, des Lykus
grausam Geschick, und den starken Gyas, den starken Cloanthus.

    Schon schwieg alles, als Juppiter hoch vom Äthergewölbe
spähte aufs segelschimmernde Meer, auf ruhende Lande,
Küsten und Völker umher. Dann blieb er im Scheitel des Himmels
stehn und heftete fest seinen Blick auf Libyens Reiche.
Während er solche Sorgen im Herzen bedachte, da sprach ihn,
gramvoll und von Tränen umflort die glänzenden Augen,
Venus an: „O du, der da lenkt der Menschen und Götter
Wesen mit ewiger Macht, mit Blitzen furchtbar gebietet:
Welchen Frevel nur konnte an dir mein Aeneas vollbringen,
welches Verbrechen die Troer? Trotz so viel düsteren Unheils
bleibt um Italiens willen verwehrt rings ihnen der Erdkreis?
Ihnen sollten doch Römer entstammen im Laufe der Jahre
einst und Führer aus neu aufblühendem Blute des Teuker
und über Meer, über Lande gebieten voll Macht; du versprachst es
sicher; welcher Einfluß, mein Vater, stimmte dich anders?
Hierin fand ich Trost über Trojas Sturz und Ruinen:
günstig Schicksal wog mir auf das feindliche Schicksal.
Jetzt aber schlägt Fortuna die Männer trotz aller Leiden
hart wie nur je. Wie endest die Not du, mächtiger König?
Mitten aus der Hand der Achiver konnte Antenor

Illyricos penetrare sinus atque intuma tutus
regna Liburnorum et fontem superare Timavi,
unde per ora novem vasto cum murmure montis 245
it mare proruptum et pelago premit arva sonanti.
hic tamen ille urbem Patavi sedesque locavit
Teucrorum et genti nomen dedit armaque fixit
Troïa, nunc placida compostus pace quiescit;
nos, tua progenies, caeli quibus adnuis arcem, 250
navibus — infandum — amissis, unius ob iram
prodimur atque Italis longe disiungimur oris.
hic pietatis honos? sic nos in sceptra reponis?'
  Olli subridens hominum sator atque deorum
voltu, quo caelum tempestatesque serenat, 255
oscula libavit natae, dehinc talia fatur:
'parce metu, Cytherea, manent inmota tuorum
fata tibi: cernes urbem et promissa Lavini
moenia sublimemque feres ad sidera caeli
magnanimum Aenean; neque me sententia vertit. 260
hic tibi — fabor enim, quando haec te cura remordet,
longius et volvens fatorum arcana movebo —
bellum ingens geret Italia populosque ferocis
contundet moresque viris et moenia ponet,
tertia dum Latio regnantem viderit aestas 265
ternaque transierint Rutulis hiberna subactis.
at puer Ascanius, cui nunc cognomen Iulo
additur — Ilus erat, dum res stetit Ilia regno, —
triginta magnos volvendis mensibus orbis
imperio explebit regnumque ab sede Lavini 270
transferet et Longam multa vi muniet Albam.
hic iam ter centum totos regnabitur annos
gente sub Hectorea, donec regina sacerdos
Marte gravis geminam partu dabit Ilia prolem.
inde lupae fulvo nutricis tegmine laetus 275
Romulus excipiet gentem et Mavortia condet
moenia Romanosque suo de nomine dicet.

flüchten, drang zur illyrischen Bucht und sicher bis tief ins
Reich der Liburner, konnte Timavus' Quell überwinden,
wo er aus dumpf erdröhnendem Berg durch neunfache Mündung
bricht, ein brausendes Meer, und rauschend peitscht die Gefilde.
Er aber gründete hier Patavium, gründete Wohnsitz
hier den Teukrern, nannte den Stamm und hängte die Waffen
Trojas dort auf. Nun darf er Frieden in Ruhe genießen.
Wir, dein Geschlecht, denen du die Burg des Himmels verheißen,
werden — o Schmach! — ohne Schiff, nur wegen des Grolles der Einen
preisgegeben und weit getrennt von Italiens Strand. Ist
das der Ehrfurcht Lohn? So bringst du uns wieder zur Herrschaft?"
    Ihr aber lächelte zu der Vater der Menschen und Götter
milden Blicks, wie er strahlend erheitert Himmel und Wetter;
zärtlich küßt er die Tochter und spricht dann feierlich also:
„Laß, Kytherea, die Furcht! dir bleibt unverändert der Deinen
Sendung bestehn: wirst sehen die Stadt und Laviniums Mauern,
wie es verheißen, wirst heben den hochgemuten Aeneas
hoch zu den Sternen des Himmels; kein Einfluß stimmte mich anders.
Er wird — jetzt will ich künden, dich nagt ja darüber die Sorge,
will nun weiter entrollen das Buch geheimer Verheißung —
schweren Krieg wird er in Italien führen und wilde
Völker zermalmen, den Männern begründen Sitten und Mauern,
bis der dritte Sommer in Latium sah seine Herrschaft,
und für die Rutuler, die er bezwingt, drei Winter schon Krieg war.
Jung-Askanius aber — der jetzt den Beinamen Julus
trägt — einst hieß er Ilus, als Ilium fest stand und herrschte —
dreißig große Kreise im Schwung der rollenden Monde
herrscht er mit Macht, er trägt sein Reich von Lavinium fort, wird
Alba Longa stolz und stark zur Feste erbauen.
Hier wird drei Jahrhunderte nun beim Stamme des Hektor
bleiben das Reich; dann wird eine Priesterin, Tochter des Königs,
Ilia, schwanger von Mars und Mutter von Zwillingssöhnen.
Prangend umhüllt vom gelblichen Fell seiner Amme, der Wölfin,
führt dann Romulus weiter den Stamm: die Mauern der Marsstadt
baut er auf und nennt nach seinem Namen die Römer.

his ego nec metas rerum nec tempora pono,
imperium sine fine dedi. quin aspera Iuno,
quae mare nunc terrasque metu caelumque fatigat,   280
consilia in melius referet mecumque fovebit
Romanos, rerum dominos gentemque togatam.
sic placitum. veniet lustris labentibus aetas,
cum domus Assaraci Pthiam clarasque Mycenas
servitio premet ac victis dominabitur Argis.   285
nascetur pulchra Troianus origine Caesar,
imperium Oceano, famam qui terminet astris,
Iulius, a magno demissum nomen Iulo.
hunc tu olim caelo spoliis Orientis onustum
accipies secura; vocabitur hic quoque votis.   290
aspera tum positis mitescent saecula bellis;
cana Fides et Vesta, Remo cum fratre Quirinus
iura dabunt; dirae ferro et compagibus artis
claudentur Belli portae; Furor inpius intus
saeva sedens super arma et centum vinctus aënis   295
post tergum nodis fremet horridus ore cruento.'

   Haec ait et Maia genitum demittit ab alto,
ut terrae utque novae pateant Karthaginis arces
hospitio Teucris, ne fati nescia Dido
finibus arceret. volat ille per aëra magnum   300
remigio alarum ac Libyae citus adstitit oris.
et iam iussa facit, ponuntque ferocia Poeni
corda volente deo, in primis regina quietum
accipit in Teucros animum mentemque benignam.

   At pius Aeneas per noctem plurima volvens,   305
ut primum lux alma data est, exire locosque
explorare novos, quas vento accesserit oras,
qui teneant — nam inculta videt —, hominesne feraene,
quaerere constituit sociisque exacta referre.
classem in convexo nemorum sub rupe cavata   310
arboribus clausam circum atque horrentibus umbris
occulit; ipse uno graditur comitatus Achate,
bina manu lato crispans hastilia ferro.

Diesen setze ich weder in Raum noch Zeit eine Grenze,
endlos Reich hab ich ihnen verliehn; selbst Juno, die harte,
die mit Furcht jetzt Meer und Land und Himmel ermattet,
wird zum Besseren lenken den Sinn, wird mit mir die Römer
hegen, die Herren der Welt, das Volk im Gewande der Toga.
So der Beschluß: Einst kommt die Zeit im Gleiten der Jahre,
da des Assarakus Haus ins Joch das berühmte Mykene
zwingt und Phthia zugleich und siegreich herrscht über Argos.
Herrlichen Ursprungs geht hervor der trojanische Caesar,
der sein Reich mit dem Weltmeer begrenzt, seinen Ruhm mit den Sternen,
Julius, denn vom großen Iulus ward ihm der Name.
Ihn wirst im Himmel du einst, wenn er kommt mit des Orients Beute,
sorglos empfangen: auch e r wird einst in Gelübden gerufen.
Krieg wird ruhn und die Welt, die verrohte, neigt sich zur Milde.
Fides, die graue, und Vesta, Quirinus mit Remus, dem Bruder,
geben Gesetz: die Pforten des Kriegs, die grausigen, werden
dicht verschlossen mit Riegeln aus Erz: des ruchlosen Wahnsinns
Dämon, rücklings gefesselt mit hundert ehernen Banden,
hockt über grausen Waffen und knirscht mit blutigem Munde."
  Spricht es und schickt den Sohn der Maia nieder vom Himmel:
denn nun sollen die Länder, die Burgen des neuen Karthago
gastlich sich öffnen den Teukrern, nicht soll, unkundig des Schicksals,
Dido sperren ihr Land. Weit fliegt mit dem Ruder der Flügel
Hermes dahin durch die Luft, steht bald an Libyens Küsten
und vollbringt den Befehl. Die Punier zwingen ihr wildes
Herz auf des Gottes Geheiß, die Königin aber vor allen
wird den Teukrern friedlich gesinnt in herzlicher Güte.
  Aber der fromme Aeneas, der viel in der Nacht überdachte,
drängte im lieblichen Frühlicht gleich hinaus, um das neue
Land zu erforschen, an welche Gestade der Wind ihn getrieben,
wer dort wohne — denn unbebaut lag's — ob Menschen, ob Tiere;
das zu erkunden beschloß er und alles den Freunden zu melden.
Tief im Waldesgewölb, im Schutz der Höhle des Felsens,
rings von Bäumen umhegt und schaurigen Schatten, verbarg die
Flotte er, zog dann hinaus, allein von Achates begleitet,
schwang in der Hand zwei Speere mit breiten, eisernen Spitzen.

cui mater media sese tulit obvia silva
virginis os habitumque gerens et virginis arma, 315
Spartanae vel qualis equos Threissa fatigat
Harpalyce volucremque fuga praevertitur Hebrum.
namque umeris de more habilem suspenderat arcum
venatrix dederatque comam diffundere ventis,
nuda genu nodoque sinus collecta fluentis. 320
ac prior 'heus' inquit 'iuvenes, monstrate, mearum
vidistis si quam hic errantem forte sororum
succinctam pharetra et maculosae tegmine lyncis
aut spumantis apri cursum clamore prementem.'
  Sic Venus, et Veneris contra sic filius orsus: 325
'nulla tuarum audita mihi neque visa sororum,
o ... quam te memorem, virgo? namque haud tibi voltus
mortalis nec vox hominem sonat; o dea certe:
an Phoebi soror an nympharum sanguinis una?
sis felix nostrumque leves quaecumque laborem, 330
et, quo sub caelo tandem, quibus orbis in oris
iactemur, doceas; ignari hominumque locorumque
erramus vento huc vastis et fluctibus acti.
multa tibi ante aras nostra cadet hostia dextra.'
  Tum Venus: 'haud equidem tali me dignor honore; 335
virginibus Tyriis mos est gestare pharetram
purpureoque alte suras vincire cothurno.
Punica regna vides, Tyrios et Agenoris urbem;
sed fines Libyci, genus intractabile bello.
imperium Dido Tyria regit urbe profecta, 340
germanum fugiens. longa est iniuria, longae
ambages; sed summa sequar fastigia rerum.
huic coniunx Sychaeus erat, ditissimus agri
Phoenicum et magno miserae dilectus amore,
cui pater intactam dederat primisque iugarat 345
ominibus. sed regna Tyri germanus habebat
Pygmalion, scelere ante alios inmanior omnis.
quos inter medios venit furor: ille Sychaeum
inpius ante aras atque auri caecus amore

Da trat ihm seine Mutter entgegen, mitten im Walde,
mädchenhaft Antlitz und Haltung, mit einer Spartanerin Waffen,
glich wohl Harpalyke auch, der Thrakerin, die ihre Rosse
tummelt und schneller im Lauf als der reißende Hebrus dahinfliegt,
trug um die Schulter, dem Brauche gemäß, einen handlichen Bogen
gleich einer Jägerin, ließ ihr Haar frei flattern im Winde.
Kniefrei ging sie, raffte die wallenden Falten zum Knoten.
„Heda", rief sie sogleich, „ihr Jünglinge, sagt mir doch, saht ihr
meiner Schwestern eine vielleicht im Walde hier schweifen,
umgegürtet den Köcher, im Fell des gesprenkelten Luchses,
oder schäumenden Ebers Lauf mit Jagdruf bedrängen?"

So sprach Venus, und so gab Antwort der Sohn ihr der Venus:
„Deiner Schwestern hörte ich keine und sah auch keine,
o ... wie nenn ich dich, Jungfrau? Du trägst kein sterbliches Antlitz,
keines Menschen Wort klingt so — du bist eine Göttin,
Phoebus' Schwester vielleicht oder eine vom Blute der Nymphen?
Heil dir, wer du auch seist, schaff Linderung unserer Mühsal.
Sag, unter welchem Himmel, an welchen Küsten im Erdkreis
treiben wir eigentlich hier? Unkundig der Menschen, der Gegend,
irren wir, hergetrieben vom Wind und mächtigen Fluten.
Reichlich schlachten wir Opfer dir auch an deinen Altären."

Drauf sprach Venus: „Ich halte mich solcher Ehre nicht würdig;
Tyriens Jungfrauen haben den Brauch, einen Köcher zu tragen,
hoch hinauf im Purpurkothurn ihre Waden zu schnüren.
Tyrier siehst du und punisches Reich, die Stadt des Agenor,
libysch indes das Gebiet, ein Geschlecht, unnahbar im Kriege.
Dido ist Herrscherin hier; auf der Flucht vor dem leiblichen Bruder
kam sie aus Tyriens Stadt: lang ist und verwickelt des Unrechts
ganzer Verlauf; ich zeichne nur kurz der Ereignisse Umriß.
Didos Gemahl war Sychaeus, an Ländereien der reichste
aller Phoeniker; wie hing doch an ihm die Ärmste voll Liebe!
Jungfräulich rein, zur ersten Vermählung war sie vom Vater
ihm verbunden. Im Tyrierreich aber herrschte ihr Bruder,
herrschte Pygmalion, der an Verruchtheit allen voraus war.
Beide gerieten in Streit; Pygmalion stach den Sychaeus
ruchlos nieder am Fuß des Altars, verblendet von Goldgier,

clam ferro incautum superat, securus amorum 350
germanae; factumque diu celavit; et aegram
multa malus simulans vana spe lusit amantem.
ipsa sed in somnis inhumati venit imago
coniugis; ora modis attollens pallida miris
crudelis aras traiectaque pectora ferro 355
nudavit caecumque domus scelus omne retexit.
tum celerare fugam patriaque excedere suadet
auxiliumque viae veteres tellure recludit
thesauros, ignotum argenti pondus et auri.
his commota fugam Dido sociosque parabat. 360
conveniunt, quibus aut odium crudele tyranni
aut metus acer erat; navis, quae forte paratae,
corripiunt onerantque auro. portantur avari
Pygmalionis opes pelago; dux femina facti.
devenere locos, ubi nunc ingentia cernis 365
moenia surgentemque novae Karthaginis arcem,
mercatique solum, facti de nomine Byrsam,
taurino quantum possent circumdare tergo.
sed vos qui tandem quibus aut venistis ab oris,
quove tenetis iter?' quaerenti talibus ille 370
suspirans imoque trahens a pectore vocem:

'o dea, si prima repetens ab origine pergam
et vacet annalis nostrorum audire laborum,
ante diem clauso componet Vesper Olympo.
nos Troia antiqua, si vestras forte per auris 375
Troiae nomen iit, diversa per aequora vectos
forte sua Libycis tempestas adpulit oris.
sum pius Aeneas, raptos qui ex hoste penates
classe veho mecum, fama super aethera notus.
Italiam quaero patriam et genus ab Iove summo. 380
bis denis Phrygium conscendi navibus aequor
matre dea monstrante viam data fata secutus;
vix septem convolsae undis euroque supersunt.
ipse ignotus egens Libyae deserta peragro,

hinterrücks, unvermutet; ihn kümmert nicht seiner Schwester
Liebe; die Tat blieb lange geheim; mit dem Kummer der Ärmsten
trieb der Arge sein Spiel: er nährte nichtige Hoffnung.
Aber das Bild des Gemahls, des unbestatteten, kam im
Traume zu ihr; gar seltsam bleich erhob er das Antlitz
und entblößte den grausen Altar und die Brust, die vom Dolchstoß
blutete, deckte so auf des Hauses heimliche Untat.
Dann aber rät er, die Flucht aus der Heimat schnell zu ergreifen,
und als Hilfe zur Fahrt erschließt er Schätze, die längst im
Schoß der Erde geheim schon ruhn, von Silber und Golde.
Tiefbestürzt sann Dido auf Flucht und suchte Gefährten.
Und sie kommen, von Haß gegen ihren Tyrannen gefoltert
oder gejagt von Furcht; die Schiffe, die eben bereit sind,
packen sie, laden sie voll mit Gold; Pygmalions Reichtum
schwimmt, des Geizigen, hin übers Meer. Ein Weib führt das Wagnis.
Und sie kamen dahin, wo jetzt du gewaltige Mauern
siehst und die steil aufstrebende Burg des neuen Karthago.
Boden kauften sie, nannten auf Grund des Erwerbes ihn Ochsfeld,
kauften sie doch, was rings mit Ochsenhaut sie umspannten.
Ihr aber, wer seid ihr? Von welchen Gestaden nur kamt ihr?
Wohin führt euer Weg?" So fragte sie. Aber Aeneas
seufzte so recht von Herzen und gab ihr dieses zur Antwort:
„Göttin, dürfte vom Ursprung her ich alles erzählen,
wäre auch Zeit, die Geschichte zu hören unserer Leiden,
endet zuvor doch Vesper den Tag und schließt den Olympus.
Uns vom alten Troja — wenn Trojas Name vielleicht zu
euren Ohren gelangte — uns trieb querhin über Meere
ganz nach Laune der Sturm hierher an Libyens Küste.
Ich bin Aeneas, der Fromme; dem Feind entrissne Penaten
bring ich zu Schiff, bin hoch im Äther bekannt; Italien
such ich, das Land meiner Väter, ein Volk, das von Juppiter abstammt.
Zwanzig Schiffe segelten mir über Phrygiens Meer; ich
folgte dem Schicksal; den Weg wies mir meine Mutter, die Göttin.
Kaum noch sieben, zerschellt von der Flut und vom Eurus, sind übrig.
Unbekannt irr' ich und dürftig umher durch Libyens Wüsten.

Europa atque Asia pulsus.' nec plura querentem 385
passa Venus medio sic interfata dolore est:
  'Quisquis es, haud, credo, invisus caelestibus auras
vitalis carpis, Tyriam qui adveneris urbem.
perge modo atque hinc te reginae ad limina perfer.
namque tibi reduces socios classemque relatam 390
nuntio et in tutum versis aquilonibus actam,
ni frustra augurium vani docuere parentes.
aspice bis senos laetantis agmine cycnos,
aetheria quos lapsa plaga Iovis ales aperto
turbabat caelo; nunc terras ordine longo 395
aut capere aut captas iam despectare videntur:
ut reduces illi ludunt stridentibus alis
et coetu cinxere polum cantusque dedere,
haud aliter puppesque tuae pubesque tuorum
aut portum tenet aut pleno subit ostia velo. 400
perge modo et qua te ducit via derige gressum.'
  Dixit et avertens rosea cervice refulsit,
ambrosiaeque comae divinum vertice odorem
spiravere; pedes vestis defluxit ad imos,
et vera incessu patuit dea. ille ubi matrem 405
adgnovit, tali fugientem est voce secutus:
'quid natum totiens, crudelis tu quoque, falsis
ludis imaginibus, cur dextrae iungere dextram
non datur ac veras audire et reddere voces?'
talibus incusat gressumque ad moenia tendit. 410
at Venus obscuro gradientis aëre saepsit
et multo nebulae circum dea fudit amictu,
cernere ne quis eos neu quis contingere posset
molirive moram aut veniendi poscere causas.
ipsa Paphum sublimis abit sedesque revisit 415
laeta suas, ubi templum illi, centumque Sabaeo
ture calent arae sertisque recentibus halant.
  Corripuere viam interea, qua semita monstrat.
iamque ascendebant collem, qui plurimus urbi
inminet adversasque adspectat desuper arces. 420

Asien schließt und Europa mich aus." Nicht weiter nun ließ ihn
Venus klagen; mitten im Schmerz unterbrach sie ihn also:
   „Wer du auch bist, nicht — glaub' ich — verhaßt den Himmlischen
Lebensluft, da hier zu Tyriens Stadt du gekommen.   [schöpfst du
Geh nur von hier deinen Weg zum Palast der Königin weiter;
Rückkehr künde ich dir der Gefährten, Rückkehr der Flotte,
hingetrieben von günstigen Winden liegt sie geborgen,
wenn nicht vergebens die Eltern mich lehrten des Vogelflugs Deutung.
Sieh nur, Schwäne! Zwei mal sechs in prächtigem Zuge;
Juppiters Vogel im Sturze vom Äther jagte sie wild im
weiten Himmel; nun scheinen sie teils erst Land zu gewinnen,
lang hin gereiht, und teils auf eben besetztes zu schauen.
Wie bei der Heimkehr jene mit rauschendem Flügelschlag spielen,
wie sie am Himmel kreisten im Chor mit tönenden Rufen,
ebenso liegt deine Flotte und liegt die Mannschaft der Deinen
teils schon im Hafen, teils fliegt sie mit prallem Segel zur Einfahrt.
Auf denn, und wie dein Weg dich führt, so lenke den Schritt nur."
   Sprach's und wandte sich, strahlte dann auf mit rosigem Nacken,
und ambrosische Locken verströmten himmlischen Duft vom
Scheitel, es wallte bis tief zu den Füßen ihr Kleid, und schreitend
offenbarte sich wahrhaft die Göttin; als nun die Mutter
jener erkannte, verfolgte sein Ruf die Fliehende also:
„Warum täuschest du, grausam auch du, so oft deinen Sohn mit
falschem Gebild, wird nicht mir vergönnt, die Rechte der Rechten
einzufügen und wahres Wort zu hören, zu reden?"
Also klagt er sie an; dann lenkt er den Schritt zu den Mauern.
Aber mit dunkler Luft umhüllte die Schreitenden Venus,
dicht mit Nebelgewand umgoß ringsum sie die Göttin,
daß sie keiner erblicken und keiner anhalten könne
oder verzögern den Weg oder fragen, warum sie gekommen.
Selbst entschwebte sie hoch nach Paphus, nahm voller Freude
dort ihren Sitz, wo ein Tempel ihr steht, von hundert Altären
Sabas Weihrauch wallt und der Duft frisch blühender Kränze.
   Aber die Freunde eilten indes, wo der Pfad sie geleitet.
Schon erklommen den Hang sie, der weit die Stadt überragt und
hoch von oben herab die Burgen sieht gegenüber.

miratur molem Aeneas, magalia quondam,
miratur portas strepitumque et strata viarum.
instant ardentes Tyrii: pars ducere muros
molirique arcem et manibus subvolvere saxa,
pars optare locum tecto et concludere sulco. 425
iura magistratusque legunt sanctumque senatum.
hic portus alii effodiunt; hic alta theatris
fundamenta locant alii inmanisque columnas
rupibus excidunt, scaenis decora alta futuris.
qualis apes aestate nova per florea rura 430
exercet sub sole labor, cum gentis adultos
educunt fetus aut cum liquentia mella
stipant et dulci distendunt nectare cellas,
aut onera accipiunt venientum aut agmine facto
ignavom fucos pecus a praesepibus arcent; 435
fervet opus redolentque thymo fragrantia mella.
'o fortunati, quorum iam moenia surgunt!'
Aeneas ait et fastigia suspicit urbis.
infert se saeptus nebula — mirabile dictu —
per medios miscetque viris neque cernitur ulli. 440
    Lucus in urbe fuit media, laetissimus umbrae,
quo primum iactati undis et turbine Poeni
effodere loco signum, quod regia Iuno
monstrarat, caput acris equi: sic nam fore bello
egregiam et facilem victu per saecula gentem. 445
hic templum Iunoni ingens Sidonia Dido
condebat, donis opulentum et numine divae,
aerea cui gradibus surgebant limina nixaeque
aere trabes, foribus cardo stridebat aënis.
hoc primum in luco nova res oblata timorem 450
leniit, hic primum Aeneas sperare salutem
ausus et adflictis melius confidere rebus.
namque sub ingenti lustrat dum singula templo
reginam opperiens, dum, quae fortuna sit urbi,
artificumque manus inter se operumque laborem 455
miratur, videt Iliacas ex ordine pugnas

Staunend sieht Aeneas den Riesenbau, einst Hütten,
staunend die Tore, das Arbeitsgewühl, die gepflasterten Straßen.
Feurig gehen ans Werk die Tyrier, bauen die Mauern
hier und türmen die Burg, mit Händen wälzen sie Felsen;
Wohnplatz suchen sich andre und ziehn ringsum eine Furche.
Amt und Gesetz und den heiligen Rat der Alten erwählt man.
Häfen schachten die einen aus, und andere legen
tief fürs Theater den Grund, wieder andere hauen aus Felsen
riesige Säulen, erhabene Zier der künftigen Bühne.
So treibt Arbeit die Bienen im Frühsommer unter der Sonne
Strahlen über die Blumengefilde, wenn die erwachsene
Brut sie führen hinaus, oder wenn sie lauteren Honig
häufen und prall mit lieblichem Nektar dehnen die Zellen
oder empfangen der Kommenden Tracht oder strömen zuhauf und
wehren dem faulen Drohnengezücht, an Krippen zu prassen.
Glüht doch zum Werke die Lust, von Thymian duftet der Honig.
„O ihr Glücklichen, da euch schon die Mauern erwachsen!"
ruft Aeneas und schaut der Stadt rings ragende Giebel,
geht alsdann, von Nebel umhüllt — ein Wunder zu sagen —
mitten ins Volk, steht Mann bei Mann; doch keiner erblickt ihn.

    Wuchs ein Hain inmitten der Stadt, bot freundlichen Schatten.
Dort zuerst von Wellen und Wind ans Ufer geworfen,
gruben ein Zeichen die Punier aus; die Herrscherin Juno
zeigte es an, eines Streitrosses Haupt: so werde denn Kriegsruhm
zieren das Volk, jahrhundertelang, und Fülle des Lebens.
Hier ließ Dido erstehn einen ragenden Tempel für Juno;
Gaben schmückten ihn reich, ihn füllte das Walten der Göttin.
Ehern wuchs in Stufen hinan die Schwelle, aus Erz auf-
ragten die Pfosten, es knarrte mit ehernen Flügeln die Achse.
Hier im Hain bot neu sich gleich ein Erlebnis und nahm den
Stachel der Furcht, hier wagte zuerst auf Rettung Aeneas
wieder zu hoffen, auf Glück zu vertraun nach all seinem Unglück.
Denn wie am Riesentempel er rings das Einzelne anschaut,
harrend der Fürstin, wie er bestaunt den Reichtum der Stadt und
all das Wirken von Künstlerhand, das Werk und die Mühsal,
sieht er der Reihe nach da auf einmal Iliums Kämpfe,

bellaque iam fama totum volgata per orbem,
Atridas Priamumque et saevom ambobus Achillem.
constitit et lacrimans 'quis iam locus,' inquit, 'Achate,
quae regio in terris nostri non plena laboris? 460
en Priamus. sunt hic etiam sua praemia laudi,
sunt lacrimae rerum et mentem mortalia tangunt.
solve metus; feret haec aliquam tibi fama salutem.'
sic ait atque animum pictura pascit inani
multa gemens, largoque umectat flumine voltum. 465
namque videbat, uti bellantes Pergama circum
hac fugerent Grai, premeret Troiana iuventus;
hac Phryges, instaret curru cristatus Achilles.
nec procul hinc Rhesi niveis tentoria velis
adgnoscit lacrimans, primo quae prodita somno 470
Tydides multa vastabat caede cruentus,
ardentisque avertit equos in castra, priusquam
pabula gustassent Troiae Xanthumque bibissent.
parte alia fugiens amissis Troilus armis
infelix puer atque inpar congressus Achilli: 475
fertur equis curruque haeret resupinus inani,
lora tenens tamen; huic cervixque comaeque trahuntur
per terram et versa pulvis inscribitur hasta.
interea ad templum non aequae Palladis ibant
crinibus Iliades passis peplumque ferebant, 480
suppliciter tristes et tusae pectora palmis:
diva solo fixos oculos aversa tenebat.
ter circum Iliacos raptaverat Hectora muros
exanimumque auro corpus vendebat Achilles.
tum vero ingentem gemitum dat pectore ab imo, 485
ut spolia, ut currus, utque ipsum corpus amici
tendentemque manus Priamum conspexit inermis.
se quoque principibus permixtum adgnovit Achivis
Eoasque acies et nigri Memnonis arma.
ducit Amazonidum lunatis agmina peltis 490
Penthesilea furens mediisque in milibus ardet,

Kriege, schon von der Sage gerühmt rings über den Erdkreis,
Priamus und die Atriden und, beiden grollend, Achilles.
Still steht Aeneas und spricht unter Tränen: „Wo ist doch, Achates,
irgend auf Erden ein Ort, ein Gebiet nicht voll unsrer Leiden?
Priamus dort! Auch hier wird wahrer Lohn dem Verdienste,
Tränen rinnen dem Leid, ans Herz rührt sterbliches Dasein.
Banne die Furcht; dir bringt dieser Ruhm noch irgendwie Rettung."
Sprach's und weidete dann sein Herz am Bilde, dem stummen,
seufzte viel und netzte mit Tränenströmen das Antlitz.
Denn er sah, wie rings im Krieg um Pergamus hier die
Griechen entflohn, nachdrängte trojanische Jugend, und dort die
Phryger, es dräute im Wagen Achilles, helmbuschumflattert.
Nahe dabei erkennt er weinend die Zelte des Rhesus,
schimmernd wie Schnee; im ersten Schlaf noch lagen sie, als des
Tydeus Sohn sie mit Mord überfiel und grausigem Blutbad.
Und er entführte zum Lager die feurigen Rosse, noch eh' sie
Futter gekostet in Troja, vom Wasser des Xanthus getrunken.
Dort flieht Troïlus hin, die Waffen verloren, zum Unheil
traf er, der Knabe, im Kampf auf den weitüberlegnen Achilles,
treibt nun dahin am Gespann, hängt rücklings vom Wagen, dem leeren,
aber die Hand noch am Zügel; ihm schleifen Nacken und Haupthaar
über die Erde; die Lanze, verkehrt, ritzt Furchen im Staube.
Aber zum Tempel der Pallas, der zürnenden, zogen indessen
Trojas Frauen mit wallendem Haar und brachten ein Prachtkleid,
beteten gramvoll flehend und schlugen die Brust mit den Händen.
Abgewandt aber starrte die Göttin finster zu Boden.
Dreimal schleifte den Hektor um Trojas Mauern Achilles,
und für Gold verkaufte der Held den leblosen Leichnam.
Nun aber stöhnte Aeneas laut aus innerstem Herzen,
als er die Rüstung, den Wagen, den Leichnam selbst seines Freundes
sah und Priamus, waffenlos ausstreckend die Hände.
Auch sich selbst, im Gewühl mit Achaias Fürsten, erkennt er,
sieht des Orients Reihen, die Waffen des schwarzen Memnon.
Rasend führt Amazonenschar dort Penthesilea,
mondsichelförmig ihr Schild; sie glüht inmitten der tausend,

aurea subnectens exsertae cingula mammae,
bellatrix, audetque viris concurrere virgo.
  Haec dum Dardanio Aeneae miranda videntur,
dum stupet obtutuque haeret defixus in uno,
regina ad templum, forma pulcherrima Dido,
incessit magna iuvenum stipante caterva.
qualis in Eurotae ripis aut per iuga Cynthi
exercet Diana choros, quam mille secutae
hinc atque hinc glomerantur Oreades, illa pharetram
fert umero gradiensque deas supereminet omnis;
Latonae tacitum pertemptant gaudia pectus:
talis erat Dido, talem se laeta ferebat
per medios instans operi regnisque futuris.
tum foribus divae, media testudine templi,
saepta armis solioque alte subnixa resedit.
iura dabat legesque viris operumque laborem
partibus aequabat iustis aut sorte trahebat,
cum subito Aeneas concursu accedere magno
Anthea Sergestumque videt fortemque Cloanthum
Teucrorumque alios, ater quos aequore turbo
dispulerat penitusque alias avexerat oras.
obstipuit simul ipse, simul percussus Achates
laetitiaque metuque: avidi coniungere dextras
ardebant, sed res animos incognita turbat.
dissimulant et nube cava speculantur amicti,
quae fortuna viris, classem quo litore linquant,
quid veniant; cunctis nam lecti navibus ibant
orantes veniam et templum clamore petebant.
  Postquam introgressi et coram data copia fandi,
maximus Ilioneus placido sic pectore coepit:
'o regina, novam cui condere Iuppiter urbem
iustitiaque dedit gentis frenare superbas,
Troes te miseri, ventis maria omnia vecti,
oramus: prohibe infandos a navibus ignis,
parce pio generi et propius res adspice nostras.
non nos aut ferro Libycos populare penatis

495

500

505

510

515

520

525

unter der bloßen Brust mit goldenem Bande gegürtet.
Kriegerin ist sie, wagt — die Maid! — mit Männern zu kämpfen.

  Wunderbar mußte Aeneas, dem Dardaner, dieses erscheinen:
Immer noch staunte er, hing gebannt im einzigen Anblick;
da aber nahte die Fürstin, die schönheitstrahlende Dido,
schritt zum Tempel, umdrängt von der Schar der jungen Begleiter.
Wie Diana den Reigen führt am Strand des Eurotas
oder im Kynthusgebirge: es drängen die Nymphen der Berge
hüben und drüben heran; doch sie, geschultert den Köcher,
schreitet einher und hoch überragt sie die Göttinnen alle;
durch Latonas schweigende Brust bebt innige Wonne:
So war Dido, so durchschritt sie freudigen Stolzes
mitten die Schar, sie drängte zum Werk, zur künftigen Herrschaft.
Am Portale der Göttin, genau unterm Schilddach des Tempels,
ließ sie, von Waffen umwallt, auf hohem Throne sich nieder,
gab ihren Mannen Recht und Gesetz, verteilte gerechten
Maßes der Arbeiten Last oder ließ durchs Los sie vergeben.
Da sieht plötzlich Aeneas mit großem Gedränge herannahn
Antheus und Sergestus, den starken Cloanthus und andre
Teukrer; die hatte im Meer der Orkan auseinandergeworfen
und dann weiter getrieben an völlig andere Küsten.
Staunen packt ihn selbst und Achates, Jubel und Furcht durch-
zückt sie; den Freunden die Hand zu drücken, wünschen sie brennend,
doch es verwirrt noch ihr Herz das Unbekannte der Lage.
Und so halten sie an sich und warten, verhüllt von der Wolke,
was für ein Los wohl treffe die Männer, wo sie die Flotte
ließen, wozu sie jetzt hier? Denn abgesandt kamen von allen
Schiffen sie, Schutz zu erflehn und drängten durchs Toben zum Tempel.

  Eintritt ward und Erlaubnis gewährt, am Throne zu reden.
Da sprach Ilioneus, der Greis, mit ruhigem Herzen:
„Königin, Juppiter gab dir, die neue Stadt zu begründen
und in Gerechtigkeit die stolzen Völker zu zügeln.
Wir, armselige Troer, vom Wind über Meere geworfen,
bitten dich: schütze vor ruchlosem Brand doch unsere Schiffe,
schone ein frommes Geschlecht, neig her dich, sieh unser Elend!
Nicht um Libyens heiligen Herd mit dem Schwert zu verheeren,

venimus aut raptas ad litora vertere praedas;
non ea vis animo nec tanta superbia victis.
est locus, Hesperiam Grai cognomine dicunt, 530
terra antiqua, potens armis atque ubere glaebae;
Oenotri coluere viri; nunc fama minores
Italiam dixisse ducis de nomine gentem:
hic cursus fuit,
cum subito adsurgens fluctu nimbosus Orion 535
in vada caeca tulit penitusque procacibus austris
perque undas superante salo perque invia saxa
dispulit: huc pauci vestris adnavimus oris.
quod genus hoc hominum, quaeve hunc tam barbara morem
permittit patria? hospitio prohibemur harenae; 540
bella cient primaque vetant consistere terra.
si genus humanum et mortalia temnitis arma,
at sperate deos memores fandi atque nefandi.
rex erat Aeneas nobis, quo iustior alter
nec pietate fuit nec bello maior et armis. 545
quem si fata virum servant, si vescitur aura
aetheria neque adhuc crudelibus occubat umbris,
non metus; officio nec te certasse priorem
paeniteat: sunt et Siculis regionibus urbes
armaque Troianoque a sanguine clarus Acestes. 550
quassatam ventis liceat subducere classem
et silvis aptare trabes et stringere remos,
si datur Italiam sociis et rege recepto
tendere, ut Italiam laeti Latiumque petamus;
sin absumpta salus et te, pater optime Teucrum, 555
pontus habet Libyae nec spes iam restat Iuli,
at freta Sicaniae saltem sedesque paratas,
unde huc advecti, regemque petamus Acesten.'
talibus Ilioneus; cuncti simul ore fremebant
Dardanidae. 560

    Tum breviter Dido voltum demissa profatur:
'solvite corde metum, Teucri, secludite curas.
res dura et regni novitas me talia cogunt

kamen wir her oder Beute und Raub zur Küste zu schleppen;
nicht denkt so an Gewalt und Frevel das Herz der Besiegten.
Hör denn: es gibt ein Land, Hesperien nennt es der Grieche,
uralt, waffengewaltig, mit fruchtbarer Scholle. Es wohnten
einst Oenotrier dort; die Späteren nannten, so meldet
jetzt die Kunde, ihr Land Italien nach ihrem Führer.
Dorthin ging die Fahrt.
Da stieg auf mit plötzlicher Flut Orion, der Sturmstern,
trieb ins Seichte uns blindlings dahin, mit rasenden Winden
warf er uns wütend durch Wogengewühl und weglose Klippen
ganz auseinander: ein paar nur schwammen an euer Gestade.
Aber die Menschen hier? Ist denn ein Land so barbarisch, um diesen
Brauch zu gestatten: sie jagen uns fort vom gastlichen Strande
rufen zum Krieg, verbieten am Saum zu lagern des Landes!
Wenn ihr denn Menschenart verachtet und menschliche Waffen,
wisset jedoch, die Götter vergelten Gutes und Böses.
König war uns Aeneas: kein andrer war so gerecht wie
er und keiner so fromm, so groß in Krieg und in Waffen.
Wenn das Geschick d e n Mann uns bewahrt, wenn himmlische Luft er
atmet und nicht hinab schon sank zu den grausamen Schatten,
dann nur getrost! Auch du wirst nimmer bereun, einen Dienst als
erste erwiesen zu haben; es gibt in Sizilien Stadt und
Waffen, es herrscht, trojanischen Bluts, der berühmte Akestes.
Laß denn an Land uns ziehn die sturmzerschlagene Flotte,
laß in den Wäldern Balken uns haun und glätten die Ruder,
daß nach Italien froh wir segeln und Latium, wenn mit
uns nach Italien fahren die Freunde, mit uns unser König.
Sank aber hin unser Heil, verschlang dich Libyens Meer, du
bester Vater der Teukrer, und bleibt kein Hoffen auf Julus,
auf denn zur Fahrt durch Siziliens Meer zum bereiteten Wohnsitz!
Dorther kamen wir, auf denn zurück zum König Akestes!"
So sprach Ilioneus, und Beifall jubelten alle
Dardaniden.

    Dido senkt ihren Blick und gibt kurz dieses zur Antwort:
„Löset vom Herzen die Furcht, ihr Teukrer, bannet die Sorgen!
Hartes Geschick und die Jugend des Reiches treiben zu solchem

moliri et late finis custode tueri.
quis genus Aeneadum, quis Troiae nesciat urbem 565
virtutesque virosque aut tanti incendia belli?
non obtusa adeo gestamus pectora Poeni,
nec tam aversus equos Tyria Sol iungit ab urbe.
seu vos Hesperiam magnam Saturniaque arva
sive Erycis finis regemque optatis Acesten, 570
auxilio tutos dimittam opibusque iuvabo.
voltis et his mecum pariter considere regnis:
urbem, quam statuo, vestra est, subducite navis;
Tros Tyriusque mihi nullo discrimine agetur.
atque utinam rex ipse noto compulsus eodem 575
adforet Aeneas! equidem per litora certos
dimittam et Libyae lustrare extrema iubebo,
si quibus eiectus silvis aut urbibus errat.'
 His animum arrecti dictis et fortis Achates
et pater Aeneas iamdudum erumpere nubem 580
ardebant. prior Aenean compellat Achates:
'nate dea, quae nunc animo sententia surgit?
omnia tuta vides, classem sociosque receptos.
unus abest, medio in fluctu quem vidimus ipsi
submersum; dictis respondent cetera matris.' 585
vix ea fatus erat, cum circumfusa repente
scindit se nubes et in aethera purgat apertum.
restitit Aeneas claraque in luce refulsit
os umerosque deo similis; namque ipsa decoram
caesariem nato genetrix lumenque iuventae 590
purpureum et laetos oculis adflarat honores:
quale manus addunt ebori decus, aut ubi flavo
argentum Pariusve lapis circumdatur auro.
tum sic reginam adloquitur cunctisque repente
inprovisus ait: 'coram, quem quaeritis, adsum 595
Troïus Aeneas, Libycis ereptus ab undis.
o sola infandos Troiae miserata labores,
quae nos reliquias Danaum terraeque marisque
omnibus exhaustos iam casibus, omnium egenos

Tun mich an, weitum das Gebiet durch Wächter zu schützen.
Wer kennt nicht des Aeneas Geschlecht, wer Troja, die Stadt, nicht,
Mannestaten und Männer, den Brand des gewaltigen Krieges?
Nicht so stumpf liegt uns in der Brust das Punierherz, und
nicht so fern von Tyriens Stadt schirrt Sol seine Rosse.
Was ihr auch wünscht: das große Hesperien und des Saturnus
Fluren oder des Eryx Gebiet und den König Akestes:
sicheren Schutzes entsende ich euch, mit Gütern versehen.
Wollt ihr aber bei mir in diesem Reiche hier siedeln,
euer ist hier, die ich gründe, die Stadt: holt auf denn die Schiffe!
Troer und Tyrier, gleichen Rechts will beide ich lenken.
Wäre der König doch selbst, vom gleichen Südsturm getrieben,
wäre Aeneas doch hier! Sofort zu den Küsten entsend' ich
sichere Streifen und lasse auch Libyens Winkel durchforschen,
ob er, gescheitert, in Wäldern vielleicht oder Städten umherirrt."
  Mut erweckten sogleich diese Worte dem tapfren Achates
und dem Vater Aeneas: schon längst zu durchbrechen die Wolke
brannten sie; ungefragt spricht gleich zu Aeneas Achates:
„Sohn der Göttin, was für ein Plan steigt auf dir im Herzen?
Alles siehst du geborgen, siehst Flotte und Freunde gerettet.
Einer nur fehlt; wir sahen doch selbst, wie er mitten versank im
Schwall der Flut: alles andre entspricht den Worten der Mutter."
Kaum verklang sein Wort, als plötzlich ringsum der Wolken
Hülle zerriß und licht empor zum Äther entschwebte.
Da stand wieder Aeneas, und blitzte in strahlendem Lichte,
schön wie ein Gott von Antlitz und Schultern: hatte dem Sohn doch
herrliches Haar die Mutter verliehn und strahlender Jugend
Purpurglanz, ins Auge gehaucht den Adel der Anmut.
So ziert Künstlerhand das Elfenbein oder umfaßt auch
Silber und Marmorstein mit gelblich-leuchtendem Golde.
Dann sprach so er die Königin an und, plötzlich, für alle
unvermutet, begann er: „Seht, ich bin's, der Gesuchte,
bin der Trojaner Aeneas, entronnen libyschen Wogen.
Du, die allein sich erbarmt der unsäglichen Mühsale Trojas,
die uns Resten aus Danaerhand, von Schlägen des Zufalls
Müdgehetzten zu Lande und Meer, uns völlig Verarmten

urbe domo socias, grates persolvere dignas 600
non opis est nostrae, Dido, nec quidquid ubique est
gentis Dardaniae, magnum quae sparsa per orbem.
di tibi, si qua pios respectant numina, si quid
usquam iustitiae est et mens sibi conscia recti,
praemia digna ferant. quae te tam laeta tulerunt 605
saecula, qui tanti talem genuere parentes?
in freta dum fluvii current, dum montibus umbrae
lustrabunt, convexa polus dum sidera pascet,
semper honos nomenque tuum laudesque manebunt,
quae me cumque vocant terrae.' sic fatus amicum 610
Ilionea petit dextra laevaque Serestum,
post alios fortemque Gyan fortemque Cloanthum.

    Obstipuit primo aspectu Sidonia Dido,
casu deinde viri tanto et sic ore locuta est:
'quis te, nate dea, per tanta pericula casus 615
insequitur, quae vis inmanibus adplicat oris?
tune ille Aeneas, quem Dardanio Anchisae
alma Venus Phrygii genuit Simoëntis ad undam?
atque equidem Teucrum memini Sidona venire
finibus expulsum patriis, nova regna petentem 620
auxilio Beli; genitor tum Belus opimam
vastabat Cyprum et victor dicione tenebat.
tempore iam ex illo casus mihi cognitus urbis
Troianae nomenque tuum regesque Pelasgi.
ipse hostis Teucros insigni laude ferebat 625
seque ortum antiqua Teucrorum ab stirpe volebat.
quare agite o tectis, iuvenes, succedite nostris.
me quoque per multos similis fortuna labores
iactatam hac demum voluit consistere terra:
non ignara mali miseris succurrere disco.' 630
sic memorat; simul Aenean in regia ducit
tecta, simul divom templis indicit honorem.
nec minus interea sociis ad litora mittit
viginti tauros, magnorum horrentia centum
terga suum, pinguis centum cum matribus agnos, 635

Stadt anbietet und Haus: dir würdigen Dank zu erstatten,
bleibt uns, Dido, versagt und allen, wo sie auch sind, vom
Dardanerstamm, der weit zerstreut ward über den Erdkreis.
Götter mögen — wenn irgend nur Götter beachten die Frommen,
wenn es Gerechtigkeit gibt und Sinn für Gutes und Rechtes —
würdigen Lohn dir verleihn: welch Freudenjahrhundert hat dich der
Welt nur geschenkt? Wer zeugte dich, welch glückselige Eltern?
Wahrlich, solange Flüsse zum Meer hinströmen, solange
Schatten wandern in Bergen, der Himmel kreisende Sterne
weidet, bleibt dir Ehre und Ruhm, lebt weiter dein Name,
was für Lande auch immer mich rufen!" Sprach's und ergriff Freund
Ilioneus mit der Rechten und griff mit der Linken Serestus,
dann die andren, den starken Gyas, den starken Cloanthus.

Über den Anblick staunte zuerst die sidonische Dido,
dann auch über des Helden Geschick; und schließlich begann sie:
„Sohn der Göttin, was für ein Unglück hetzt dich dahin durch
so viel Gefahr, welche Macht wirft dich an öde Gestade?
Bist du nicht jener Aeneas, dem Dardanerhelden Anchises
einst von Venus, der holden, geboren am Strom des Simoïs?
Ja, ich erinnre mich wohl: es kam einst Teuker nach Sidon,
fort aus der Heimat verbannt; er suchte mit Hilfe des Belus
neues Reich zu erwerben: mein Vater Belus verheerte
eben das fruchtbare Cypern; es mußte dem Sieger gehorchen.
Schon seit jener Zeit weiß ich vom Schicksal Trojas,
kenne auch deinen Namen, die Könige auch der Pelasger.
Dieser Teuker, obwohl euer Feind, er rühmte gar hoch die
Teukrer und wollte dem alten Geschlecht der Teukrer entstammen.
Folget mir denn, ihr Männer; es heißt unser Dach euch willkommen.
Mich auch trieb ein ähnlich Geschick durch mancherlei Mühsal,
erst in diesem Land hier ließ es endlich mich bleiben.
Wohl mit Leiden vertraut, lern' ich, zu helfen den Armen."
Also sprach sie, führt sodann zum Palast den Aeneas,
kündigt zugleich ein Dankfest an den Tempeln der Götter,
Schickt auch als Gabe inzwischen zum Strande für die Gefährten
zwanzig Stiere, sie schickt von prächtigen Schweinen noch hundert
borstige Rücken und Lämmer, gemästete, hundert mit Müttern,

munera laetitiamque dii.
at domus interior regali splendida luxu
instruitur, mediisque parant convivia tectis:
arte laboratae vestes ostroque superbo,
ingens argentum mensis caelataque in auro 640
fortia facta patrum, series longissima rerum,
per tot ducta viros antiquae ab origine gentis.
 Aeneas — neque enim patrius consistere mentem
passus amor — rapidum ad navis praemittit Achaten,
Ascanio ferat haec ipsumque ad moenia ducat; 645
omnis in Ascanio cari stat cura parentis.
munera praeterea Iliacis erepta ruinis
ferre iubet, pallam signis auroque rigentem
et circumtextum croceo velamen acantho,
ornatus Argivae Helenae, quos illa Mycenis, 650
Pergama cum peteret inconcessosque hymenaeos,
extulerat, matris Ledae mirabile donum;
praeterea sceptrum, Ilione quod gesserat olim,
maxima natarum Priami, colloque monile
bacatum et duplicem gemmis auroque coronam. 655
haec celerans iter ad navis tendebat Achates.
 At Cytherea novas artes, nova pectore versat
consilia, ut faciem mutatus et ora Cupido
pro dulci Ascanio veniat donisque furentem
incendat reginam atque ossibus inplicet ignem. 660
quippe domum timet ambiguam Tyriosque bilinguis;
urit atrox Iuno et sub noctem cura recursat.
ergo his aligerum dictis adfatur Amorem:
'nate, meae vires, mea magna potentia solus,
nate, patris summi qui tela Typhoëa temnis, 665
ad te confugio et supplex tua numina posco.
frater ut Aeneas pelago tuus omnia circum
litora iactetur odiis Iunonis acerbae,
nota tibi et nostro doluisti saepe dolore.
nunc Phoenissa tenet Dido blandisque moratur 670
vocibus, et vereor, quo se Iunonia vertant

als ein Freudengeschenk für den Tag.
Königlich aber wird drinnen das Haus zu strahlendem Prunke
hergerichtet: das Mahl steht mitten bereit im Palaste:
Teppiche, kunstvolle Arbeit, gewirkt aus prächtigem Purpur,
Silber in Menge auf jeglichem Tisch, getrieben in Gold die
Heldentaten der Ahnen, Geschichte in stattlicher Reihe,
Männer vom Ursprung heraufgeführt des alten Geschlechtes.

Aber Aeneas — es ließ ja die Vaterliebe sein Herz nicht
ruhen — schickte in Eile voraus zu den Schiffen Achates,
um dem Askanius dies zu berichten, zur Burg ihn zu holen.
War doch Askanius ganz die Sorge des liebenden Vaters.
Außerdem läßt er Geschenke, entrissen aus Iliums Trümmern,
bringen: starrend von Gold eine Palla, bilderdurchwoben,
und einen Schleier, umsäumt von krokosfarbnem Akanthus,
Helenas einst, der Argiverin, Schmuck; sie trug aus Mykene,
als sie nach Pergamus eilte zur unerlaubten Vermählung,
ihn mit fort, ein herrlich Geschenk ihrer Mutter, der Leda.
Außerdem ein Szepter: Ilione führte es einstens,
Priamus' älteste Tochter; und weiter aus Perlen ein Halsband
und aus Edelsteinen und Gold einen doppelten Kronreif.
All dies schnell zu besorgen, ging zur Flotte Achates.

Doch Kytherea ersann im Herzen listige, neue
Pläne: es sollte Gestalt und Antlitz tauschen Cupido,
so statt des trauten Askanius gehn, mit den Gaben die Fürstin
stürzen in Liebesglut, ihr Mark durchdringen mit Feuer.
Fürchtet sie Wankelmut doch und der Tyrier doppelte Zunge,
brennt doch Junos Grimm. Nacht naht mit nagenden Sorgen.
Drum zum geflügelten Amor spricht sie folgende Worte:
„Sohn, meine Kraft, meine große Gewalt bist du nur alleine,
Sohn, der die tödlichen Blitze des höchsten Vaters verachtet,
zu dir flüchte ich mich, dein Walten rufe ich flehend.
Wie dein Bruder Aeneas umher an allen Gestaden
irrend treibt, vom Hasse verfolgt der grollenden Juno,
ist dir bekannt, hast oft mit mir empfunden den Kummer.
Jetzt hält Dido ihn fest, die Phönikerin, hemmt seinen Weg mit
Schmeichelwort; mir bangt, wohin diese Gastlichkeit Junos

hospitia; haud tanto cessabit cardine rerum.
quocirca capere ante dolis et cingere flamma
reginam meditor, ne quo se numine mutet,
sed magno Aeneae mecum teneatur amore. 675
qua facere id possis, nostram nunc accipe mentem.
regius accitu cari genitoris ad urbem
Sidoniam puer ire parat, mea maxima cura,
dona ferens pelago et flammis restantia Troiae;
hunc ego sopitum somno super alta Cythera 680
aut super Idalium sacrata sede recondam,
ne qua scire dolos mediusve occurrere possit.
tu faciem illius noctem non amplius unam
falle dolo et notos pueri puer indue voltus,
ut, cum te gremio accipiet laetissima Dido 685
regalis inter mensas laticemque Lyaeum,
cum dabit amplexus atque oscula dulcia figet,
occultum inspires ignem fallasque veneno.'
paret Amor dictis carae genetricis et alas
exuit et gressu gaudens incedit Iuli. 690
at Venus Ascanio placidam per membra quietem
inrigat et fotum gremio dea tollit in altos
Idaliae lucos, ubi mollis amaracus illum
floribus et dulci adspirans complectitur umbra.

Iamque ibat dicto parens et dona Cupido 695
regia portabat Tyriis duce laetus Achate.
cum venit, aulaeis iam se regina superbis
aurea composuit sponda mediamque locavit;
iam pater Aeneas et iam Troiana iuventus
conveniunt stratoque super discumbitur ostro. 700
dant manibus famuli lymphas Cereremque canistris
expediunt tonsisque ferunt mantelia villis.
quinquaginta intus famulae, quibus ordine longam
cura penum struere et flammis adolere penates;
centum aliae totidemque pares aetate ministri, 705
qui dapibus mensas onerent et pocula ponant.
nec non et Tyrii per limina laeta frequentes

zielt; nicht wird sie doch zögern bei solcher Wendung der Dinge.
Fangen will ich zuvor mit List die Fürstin, mit Flammen
gürten von Liebesglut, daß keine Macht sie mir wandle.
Starke Liebe binde mit mir auch sie an Aeneas.
Dieses Ziel zu erreichen, vernimm nun hier meine Weisung:
Hin zur sidonischen Stadt, vom lieben Vater gerufen,
macht der Königsknabe sich auf, das Kind meiner Sorgen,
bringt als Geschenk, was das Meer ihnen ließ und die Flammen von
Ihn senk ich in Schlaf und will auf den Höhen Kytheras   [Troja.
oder Idaliums Gipfeln an heiliger Stätte ihn bergen,
daß er nicht merke die List und mitten im Werke uns störe.
Du täusch' vor mit List die Gestalt eine einzige Nacht nur,
leg dir an, ein Knabe, des Knaben vertrautes Antlitz!
Nimmt dich dann auf den Schoß die freudetrunkene Dido
dort beim fürstlichen Mahl, beim Wein, dem Löser der Herzen,
schlingt sie die Arme um dich und küßt dich innig und zärtlich,
dann hauch ein ihr heimliche Glut, verzaubre das Herz ihr."
Amor gehorcht den Worten der lieben Mutter, die Flügel
legt er ab, geht freudig einher im Schritte des Julus.
Venus jedoch gießt über Askanius' Glieder des Schlummers
Frieden und birgt ihn, die Göttin, im Schoß, und hebt zu den hohen
Hainen Idalias ihn. Majoran umduftet ihn zärtlich
dort mit Blüten, umarmt ihn sanft mit lieblichem Schatten.

  Schon geht hin, gehorsam aufs Wort, Cupido und bringt des
Königs Geschenke den Tyriern, froh seines Führers Achates.
Als er kommt, hat schon im Prunkgemache die Fürstin
Platz genommen auf goldenem Divan mitten im Saale.
Schon kommt Vater Aeneas, schon kommt die trojanische Jugend,
und sie lagern sich rings umher auf Decken von Purpur,
Diener begießen die Hände mit Wasser, reichen in Körben
Brot umher und bringen sodann die geschorenen Tücher.
Fünfzig Mägde besorgten die Küche, richteten Gang für
Gang das Mahl und ehrten mit Opferduft die Penaten.
Hundert andre und ebenso viel gleichaltrige Diener
trugen die Last der Speisen zu Tisch und brachten die Becher.
Zahlreich strömten die Tyrier auch zur freundlichen Schwelle,

convenere, toris iussi discumbere pictis.
mirantur dona Aeneae, mirantur Iulum
flagrantisque dei voltus simulataque verba 710
pallamque et pictum croceo velamen acantho.
praecipue infelix, pesti devota futurae,
expleri mentem nequit ardescitque tuendo
Phoenissa et pariter puero donisque movetur.
ille ubi complexu Aeneae colloque pependit 715
et magnum falsi inplevit genitoris amorem,
reginam petit. haec oculis, haec pectore toto
haeret et interdum gremio fovet inscia Dido,
insidat quantus miserae deus. at memor ille
matris Acidaliae paulatim abolere Sychaeum 720
incipit et vivo temptat praevertere amore
iam pridem resides animos desuetaque corda.

    Postquam prima quies epulis mensaeque remotae,
crateras magnos statuunt et vina coronant.
it strepitus tectis vocemque per ampla volutant 725
atria; dependent lychni laquearibus aureis
incensi et noctem flammis funalia vincunt.
hic regina gravem gemmis auroque poposcit
inplevitque mero pateram, quam Belus et omnes
a Belo soliti; tum facta silentia tectis: 730
'Iuppiter, hospitibus nam te dare iura locuntur,
hunc laetum Tyriisque diem Troiaque profectis
esse velis, nostrosque huius meminisse minores.
adsit laetitiae Bacchus dator et bona Iuno;
et vos o coetum, Tyrii, celebrate faventes.' 735
dixit et in mensam laticum libavit honorem
primaque libato summo tenus attigit ore;
tum Bitiae dedit increpitans; ille inpiger hausit
spumantem pateram et pleno se proluit auro;
post alii proceres. cithara crinitus Iopas 740
personat aurata, docuit quem maximus Atlas.
hic canit errantem lunam solisque labores,
unde hominum genus et pecudes, unde imber et ignes,

wurden gebeten, auf buntgesticktem Pfühle zu lagern.
Staunen erregen Aeneas' Geschenke, Staunen Iulus
und des Gottes flammender Blick und die Worte der Täuschung.
Staunen die Palla, der gelb mit Akanthus umwobene Schleier.
Sie, die Unselige, allen voran, geweiht dem Verderben,
sättigt nimmer ihr Herz und entbrennt, die Punierfürstin,
gleichermaßen entzückt vom Knaben und von den Gaben.
Jener umschlang erst Aeneas, hing zärtlich am Nacken und stillte
so des Vaters, des vorgetäuschten, innige Liebe,
drängte zur Königin dann; sein Bann trifft Augen und Herz ihr,
manchmal herzt auf dem Schoß ihn Dido, ahnungslos, welch ein
Gott von ihr, der Armen, Besitz nimmt; der aber denkt des
Wunsches der Mutter, beginnt aus Didos Herzen Sychaeus
sanft zu verdrängen und sucht zuvor mit lebendiger Liebe
längst erstarrtes, verlerntes Gefühl zu erregen im Herzen.

 Gleich nachdem sie ruhen vom Mahl und die Tische entfernt sind,
bringen gewaltige Krüge die Diener und kränzen die Becher.
Laut geht's her im Palast und Stimmengewirr schwirrt rings im
Saale; da hängen die Lampen von goldgetäfelter Decke
leuchtend herab und Fackeln vertreiben flammend das Dunkel.
Jetzt verlangt die Fürstin die schwere Schale von Gold und
Edelstein und füllt sie mit Wein, wie Belus und alle
Kinder des Belus getan; dann wird es still im Palaste:
„Juppiter — denn du bist, so rühmt man, Wahrer des Gastrechts, —
diesen Tag laß Tyriern du und den Fremden aus Troja
freudvoll sein, laß seiner gedenken noch unsere Enkel!
Bakchus nahe, der Spender der Lust, und die gütige Juno.
Ihr auch, Tyrier, öffnet das Herz dem festlichen Jubel."
Sprach's und träufelte auf den Tisch die Spende des Weines,
nippte, nachdem sie gespendet, als erste nur flüchtig am Rande,
drängte dann Bitias gleich zum Trank; der leerte, nicht faul, die
schäumende Schale und schlürfte aus goldenem, vollem Pokale.
Nach ihm tranken die Edlen. Dann schlug der lockige Jopas
klingend die goldene Leier; ihn lehrte der mächtige Atlas.
Er besang den schweifenden Mond und die Mühen der Sonne,
sang vom Ursprung der Menschen und Tiere, des Regens, des Feuers,

Arcturum pluviasque Hyadas geminosque Triones,
quid tantum Oceano properent se tinguere soles 745
hiberni vel quae tardis mora noctibus obstet.
ingeminant plausu Tyrii Troesque secuntur.
nec non et vario noctem sermone trahebat
infelix Dido longumque bibebat amorem,
multa super Priamo rogitans, super Hectore multa; 750
nunc quibus Aurorae venisset filius armis,
nunc quales Diomedis equi, nunc quantus Achilles.
'immo age, et a prima dic, hospes, origine nobis
insidias' inquit 'Danaum casusque tuorum
erroresque tuos; nam te iam septima portat 755
omnibus errantem terris et fluctibus aestas.'

II

Conticuere omnes intentique ora tenebant.
inde toro pater Aeneas sic orsus ab alto:
'infandum, regina, iubes renovare dolorem.
Troianas ut opes et lamentabile regnum
eruerint Danai, quaeque ipse miserrima vidi 5
et quorum pars magna fui, quis talia fando
Myrmidonum Dolopumve aut duri miles Ulixi
temperet a lacrimis? et iam nox umida caelo
praecipitat suadentque cadentia sidera somnos.
sed si tantus amor casus cognoscere nostros 10
et breviter Troiae supremum audire laborem,
quamquam animus meminisse horret luctuque refugit,
incipiam.
   Fracti bello fatisque repulsi
ductores Danaum tot iam labentibus annis
instar montis equom divina Palladis arte 15
aedificant sectaque intexunt abiete costas;
votum pro reditu simulant, ea fama vagatur.
huc delecta virum sortiti corpora furtim

sang von Arktur, vom Regengestirn, vom Paar der Trionen,
sang, wie so schnell in des Ozeans Flut zu tauchen die Sonnen
sich im Winter bemühn, was schleichende Nächte verlängert.
Beifall spenden begeistert die Tyrier, Beifall die Troer.
Dido zog mit Wechselgespräch die Nacht in die Länge,
sog, die Unselige, tief ins Herz die dauernde Liebe.
Viel über Priamus fragte sie ständig, viel über Hektor,
fragte, mit was für Waffen der Sohn der Aurora gekommen,
wie Diomedes' Rosse gewesen, wie herrlich Achilles.
„Weiter doch, Gastfreund, weiter! Erzähle vom frühesten Ursprung
uns der Danaer List, erzähl das Unglück der Deinen,
auch deine Irrfahrt erzähle; denn schon der siebente Sommer
treibt dich Irrenden allumher durch Länder und Wogen."

2

Alle verstummten und harrten gespannt in lauschendem Schweigen.
Da begann vom erhabenen Pfühl so Vater Aeneas:
„Unsagbaren Schmerz, o Königin, heißt du erneuen.
Wie die trojanische Macht und die tief zu beklagende Herrschaft
stürzten die Danaer, was höchst Klägliches selbst ich gesehen,
mehr noch am eigenen Leibe erlebt, das könnte wohl selbst kein
Doloper, kein Myrmidone, kein Krieger des harten Ulixes
ohne Tränen erzählen; auch fällt schon tauend vom Himmel
nieder die Nacht, es mahnen die sinkenden Sterne zum Schlummer.
Drängt es dich aber so sehr, zu erfahren von unserem Unglück,
kurz von Trojas Todeskampf zu vernehmen, so will ich,
mag ich auch die Erinnerung fliehn voll Entsetzen und Trauer,
dennoch beginnen. Gebrochen vom Krieg, vom Schicksal geschlagen,
bauten die Danaerführer, der Last erliegend des Krieges,
ragend gleich einem Berge ein Roß, unterstützt von Minervas
göttlicher Kunst; aus Tannen gefügt sind dem Rosse die Rippen.
Heimkehrgelübde täuschen sie vor; so geht das Gerücht um.
Helden, erlesen durchs Los, verschließen sie hier nun verstohlen

includunt caeco lateri penitusque cavernas
ingentis uterumque armato milite complent. 20
  Est in conspectu Tenedos, notissima fama
insula, dives opum, Priami dum regna manebant,
nunc tantum sinus et statio male fida carinis;
huc se provecti deserto in litore condunt.
nos abiisse rati et vento petiisse Mycenas. 25
ergo omnis longo solvit se Teucria luctu.
panduntur portae; iuvat ire et Dorica castra
desertosque videre locos litusque relictum.
hic Dolopum manus, hic saevos tendebat Achilles,
classibus hic locus, hic acie certare solebant. 30
pars stupet innuptae donum exitiale Minervae
et molem mirantur equi; primusque Thymoetes
duci intra muros hortatur et arce locari,
sive dolo seu iam Troiae sic fata ferebant.
at Capys et quorum melior sententia menti, 35
aut pelago Danaum insidias suspectaque dona
praecipitare iubent subiectisque urere flammis
aut terebrare cavas uteri et temptare latebras.
scinditur incertum studia in contraria volgus.
  Primus ibi ante omnis magna comitante caterva 40
Laocoon ardens summa decurrit ab arce
et procul 'o miseri, quae tanta insania, cives?
creditis avectos hostis aut ulla putatis
dona carere dolis Danaum? sic notus Ulixes?
aut hoc inclusi ligno occultantur Achivi, 45
aut haec in nostros fabricata est machina muros
inspectura domos venturaque desuper urbi
aut aliquis latet error equo, ne credite, Teucri.
quidquid id est, timeo Danaos et dona ferentis.'
sic fatus validis ingentem viribus hastam 50
in latus inque feri curvam compagibus alvom
contorsit. stetit illa tremens, uteroque recusso
insonuere cavae gemitumque dedere cavernae.
et si fata deum, si mens non laeva fuisset,

hinter dem Dunkel der Flanke und füllen die riesigen Höhlen
tief im Innern, den mächtigen Bauch, mit bewaffneten Kriegern.
    Tenedos liegt in Sicht, war einst eine hochberühmte
Insel, an Schätzen reich, als Priamus' Herrschaft noch feststand,
jetzt nur ein Golf und für Schiffe ein unzuverlässiger Standort.
Hierhin fuhren sie, bargen sich hier am einsamen Strande.
Wir aber glaubten, sie seien davon mit dem Wind nach Mykene.
Endlich also löst aus langer Trauer sich Troja.
Tor um Tor fliegt auf: froh gehn sie, das dorische Lager
und die veröderen Plätze zu sehn, die verlassene Küste.
Hier waren Doloper, dort das Zelt des grausen Achilles,
hier die Flotte, und dort entbrannte gewöhnlich die Feldschlacht.
Manche bestaunen das Unheilsgeschenk der Jungfrau Minerva,
wundern sich über des Rosses Wucht; Thymoetes als erster
mahnt, in die Stadt es zu ziehn, auf die Burg es zu stellen, vielleicht aus
List, vielleicht auch, weil schon Trojas Schicksal verhängt war.
Capys jedoch und die, deren Herz noch besser beraten,
wollen der Danaer Falle, die argwohnweckende Gabe,
stürzen ins Meer, auch Feuer dran legen und sie verbrennen,
oder durchbohren des Bauches Versteck und gründlich durchsuchen.
Gegensatz spaltet so die ungewiß schwankende Menge.
    Dort als erster vor allem, umwogt von großem Gefolge,
stürmte Laocoon glühend herab vom Gipfel der Stadtburg.
„Elende!" ruft er von fern, „was, Bürger, soll dieser Wahnwitz?
Glaubt ihr denn, der Feind sei fort, oder wähnet ihr frei von
Tücke die Gaben aus Danaerhand? So kennt ihr Ulixes?
Entweder sind, umschlossen von Holz, Achiver verborgen,
oder ersonnen ward dies Werk gegen unsere Mauern,
einzusehen die Häuser, der Stadt von oben zu nahen;
irgendwie lauert Betrug im Roß: mißtraut, ihr Teukrer!
Was es auch sei, ich fürchte die Danaer, selbst wenn sie schenken."
Und gleich warf er mit Riesenkraft die mächtige Lanze
in die Flanke hinein, ins Bauchgewölbe des Untiers.
Zitternd ragte die Lanze, erschüttert bebte der Leib und
dumpf ertönten die Höhlen und ließen Stöhnen verlauten.
Hätten die Götter gewollt, wär blind unser Herz nicht gewesen,

impulerat ferro Argolicas foedare latebras, 55
Troiaque nunc staret, Priamique arx alta maneres.
  Ecce manus iuvenem interea post terga revinctum
pastores magno ad regem clamore trahebant
Dardanidae, qui se ignotum venientibus ultro,
hoc ipsum ut strueret Troiamque aperiret Achivis, 60
obtulerat, fidens animi atque in utrumque paratus,
seu versare dolos seu certae occumbere morti.
undique visendi studio Troiana iuventus
circumfusa ruit, certantque inludere capto.
accipe nunc Danaum insidias et crimine ab uno 65
disce omnis..
namque ut conspectu in medio turbatus inermis
constitit atque oculis Phrygia agmina circumspexit:
'heu quae nunc tellus' inquit, 'quae me aequora possunt
accipere aut quid iam misero mihi denique restat, 70
cui neque apud Danaos usquam locus et super ipsi
Dardanidae infensi poenas cum sanguine poscunt?'
quo gemitu conversi animi, conpressus et omnis
impetus. hortamur fari, quo sanguine cretus
quidve ferat, memoret quae sit fiducia capto. 75
[ille haec deposita tandem formidine fatur:]
  'Cuncta equidem tibi, rex, fuerit quodcumque, fatebor
vera' inquit 'neque me Argolica de gente negabo:
hoc primum; nec si miserum fortuna Sinonem
finxit, vanum etiam mendacemque inproba finget. 80
  Fando aliquod si forte tuas pervenit ad auris
Belidae nomen Palamedis et incluta fama
gloria, quem falsa sub proditione Pelasgi
insontem infando indicio, quia bella vetabat,
demisere neci, nunc cassum lumine lugent: 85
illi me comitem et consanguinitate propincum
pauper in arma pater primis huc misit ab annis.
dum stabat regno incolumis regumque vigebat
conciliis, et nos aliquod nomenque decusque
gessimus. invidia postquam pellacis Ulixi 90

ZWEITES BUCH

trieb er uns wirklich, zuschanden zu schlagen der Griechen Versteck, und
Troja stände noch heut, du ragtest noch, Priamus' Hochburg!
  Da! Einen jungen Mann, rückwärts die Hände gefesselt,
schleppten lärmend inzwischen dardanische Hirten zum König.
Freiwillig hatte der Fremde den Kommenden sich überliefert,
einzig auf dieses bedacht: den Achivern Troja zu öffnen,
dreist, verwegenen Mutes, und fest zu beidem entschlossen:
durchzuführen die List oder sicheren Todes zu sterben.
Neugierig rennt und drängt herbei die trojanische Jugend,
eifert in dichtem Gewühl, den Gefangenen recht zu verspotten.
Höre denn jetzt von der Tücke der Danaer und an der e i n e n
Schandtat erkenne sie alle.
Denn verwirrt und waffenlos war er mitten vor aller
Augen getreten; sein Blick überflog die Phrygierscharen.
„Weh mir!" rief er, „wo kann Land jetzt, wo können Meere
je mich empfangen, was bleibt mir Ärmsten endlich noch übrig?
Nirgends bleibt mir Raum bei den Danaern, und obendrein noch
lassen die Dardaner, feindlich gesinnt, mit Blute mich büßen."
So stimmt klagend die Herzen er um; unterdrückt wird jeder
Angriff; sagen nur soll er, aus welchem Blute er stamme,
was er denn bringe, worauf als Gefangener er denn vertraue.
[Schließlich legte er ab die Furcht und sagte nun dieses:]
  „Alles, König, was immer auch war, ich werde dir's sagen
wahrheitsgetreu" — sagt er — „nicht leugn' ich argolische Herkunft.
Dies zuvor; denn wenn Fortuna schon elend den Sinon
machte, nicht wird ihn die Arge zum nichtigen Lügner auch machen.
  Wenn vom Sagen vielleicht zu Ohren dir kam der Name
und der erhabene Ruhm eines Belussohns Palamedes,
den auf ruchlose Anzeige hin — er verwarf nur den Krieg hier —
fälschlich als Hochverräter zum Tode geschickt die Pelasger
trotz seiner Unschuld und nun, da er tot ist, trauernd beklagen:
ihm zum Gefolgsmann—ich stand ihm auch nah durch Bande des Blutes —
schickte schon früh mich ins Feld mein Vater; trieb ihn doch Armut.
Als Palamedes noch herrscherlich stand und im Rate der Fürsten
stark war, hatte auch ich ein wenig Namen und Ehre.
Aber seitdem durch den Neid des abgefeimten Ulixes

— haud ignota loquor — superis concessit ab oris,
adflictus vitam in tenebris luctuque trahebam
et casum insontis mecum indignabar amici.
nec tacui demens et me, fors si qua tulisset,
si patrios umquam remeassem victor ad Argos,   95
promisi ultorem et verbis odia aspera movi.
hinc mihi prima mali labes, hinc semper Ulixes
criminibus terrere novis, hinc spargere voces
in volgum ambiguas et quaerere conscius arma.
nec requievit enim, donec Calchante ministro —   100
sed quid ego haec autem nequiquam ingrata revolvo
quidve moror? si omnis uno ordine habetis Achivos
idque audire sat est, iamdudum sumite poenas:
hoc Ithacus velit et magno mercentur Atridae.'
   Tum vero ardemus scitari et quaerere causas,   105
ignari scelerum tantorum artisque Pelasgae.
prosequitur pavitans et ficto pectore fatur:
   'Saepe fugam Danai Troia cupiere relicta
moliri et longo fessi discedere bello,
— fecissentque utinam! — saepe illos aspera ponti   110
interclusit hiems et terruit auster euntis.
praecipue cum iam hic trabibus contextus acernis
staret equos, toto sonuerunt aethere nimbi.
suspensi Eurypylum scitantem oracula Phoebi
mittimus, isque adytis haec tristia dicta reportat: 115
"sanguine placastis ventos et virgine caesa,
cum primum Iliacas, Danai, venistis ad oras:
sanguine quaerendi reditus animaque litandum
Argolica." volgi quae vox ut venit ad auris,
obstipuere animi gelidusque per ima cucurrit   120
ossa tremor, cui fata parent, quem poscat Apollo.
hic Ithacus vatem magno Calchanta tumultu
protrahit in medios; quae sint ea numina divom,
flagitat. et mihi iam multi crudele canebant
artificis scelus et taciti ventura videbant.   125
bis quinos silet ille dies tectusque recusat

— jeder weiß ja davon — aus des Lichtes Gefilden er hinsank,
schleppte voll Kummer mein Leben ich hin in düsterer Trauer,
tief entrüstet über den Tod des schuldlosen Freundes.
Ich Verblendeter konnte nicht schweigen: gäb es der Zufall,
kehrte ich jemals wieder zurück als Sieger nach Argos,
dann sei Rache gewiß; so weckte ich grimmigen Haß mir.
Nun erst fing mein Unglück an, nun schreckte Ulixes
immer mit neuem Verdacht, nun streute er böse Gerüchte
zweideutig unter das Volk und, schuldbewußt, sann er auf Arglist.
Denn er ruhte nicht, bis er zuletzt mit Hilfe des Kalchas —
aber was rede ich hier für nichts von quälenden Dingen,
halte euch auf? Wenn ihr alle Achiver als Feinde betrachtet,
wenn schon der Name genügt, so verhängt doch endlich die Strafe,
tut, was der Ithaker möchte; es lohnen euch reich die Atriden!"
    Da aber brannten wir drauf, die Gründe genau zu erfahren,
nicht vertraut mit solchen Verbrechen, der Kunst der Pelasger.
Zitternd fährt er nun fort und spricht aus heuchelndem Herzen:
„Troja zu lassen, die Flucht zu betreiben und müde vom langen
Kriege davon zu kommen, das wünschten die Danaer oft schon.
— Hätten sie's doch getan! — oft hielt sie grimmig des Meeres
stürmisches Wetter zurück, beim Aufbruch schreckte der Südwind.
Ganz besonders, seitdem aus Ahornbalken gefügt hier
stand das Roß, da heulten allum vom Äther die Stürme.
Angstvoll sandten Eurypylos wir zum Orakel des Phoebus;
der aber brachte vom Heiligtum heim die düstere Antwort:
„Blut zum Opfer weihtet ihr einst den Winden, ein Mädchen
schlachtetet, Danaer, ihr, kamt s o zu Iliums Küsten.
Blut heischt nun die Heimkehr von euch; argolisches Leben
müßt ihr opfern." Sobald dies Wort die Ohren der Menge
traf, erstarrten die Herzen und eisiger Schauder durchrann jetzt
Mark und Gebein: wem gilt das Geschick? Wen fordert Apollo?
Jetzt aber jagt der Ithaker laut mit Lärm in die Mitte
Kalchas, den Seher: er w i l l jetzt wissen: ‚Was wollen der Götter
Winke?' Da wußten mir viele des Heuchlers grauses Verbrechen
wohl zu verkünden; doch sahn sie schweigend schreiten das Schrecknis.
Still verharrt zehn Tage der Seher, hält sich verborgen,

prodere voce sua quemquam aut opponere morti.
vix tandem, magnis Ithaci clamoribus actus,
composito rupit vocem et me destinat arae.
adsensere omnes et, quae sibi quisque timebat, 130
unius in miseri exitium conversa tulere.
iamque dies infanda aderat, mihi sacra parari
et salsae fruges et circum tempora vittae.
eripui, fateor, leto me et vincula rupi
limosoque lacu per noctem obscurus in ulva 135
delitui, dum vela darent, si forte dedissent.
nec mihi iam patriam antiquam spes ulla videndi
nec dulcis natos exoptatumque parentem,
quos illi fors et poenas ob nostra reposcent
effugia et culpam hanc miserorum morte piabunt. 140
quod te per superos et conscia numina veri,
per si qua est quae restet adhuc mortalibus usquam
intemerata fides, oro, miserere laborum
tantorum, miserere animi non digna ferentis.'

His lacrimis vitam damus et miserescimus ultro. 145
ipse viro primus manicas atque arta levari
vincla iubet Priamus dictisque ita fatur amicis:
'quisquis es, amissos hinc iam obliviscere Graios,
noster eris. mihique haec edissere vera roganti:
quo molem hanc inmanis equi statuere, quis auctor, 150
quidve petunt, quae religio aut quae machina belli?'
dixerat. ille dolis instructus et arte Pelasga
sustulit exutas vinclis ad sidera palmas:
'vos, aeterni ignes, et non violabile vestrum
testor numen' ait 'vos arae ensesque nefandi, 155
quos fugi, vittaeque deum, quas hostia gessi:
fas mihi Graiorum sacrata resolvere iura,
fas odisse viros atque omnia ferre sub auras,
si qua tegunt; teneor patriae nec legibus ullis.
tu modo promissis maneas servataque serves 160
Troia fidem, si vera feram, si magna rependam.
   Omnis spes Danaum et coepti fiducia belli

weigert das Wort, will keinen s o bezeichnen zum Tode.
Mühsam nur, getrieben vom Lärm des Ithakers, bricht er
— wie vereinbart — endlich hervor: und i c h bin das Opfer.
Alle stimmten ihm zu; was jeder für sich schon befürchtet,
ließen sie nun geschehn: e i n Haupt nur traf ja das Unglück.
Schon war da der unsägliche Tag: mir galt ja des Opfers
Zutat, Salz und Mehl und um die Schläfen die Binden.
Ich entriß mich dem Tod, ich bekenne es, brach meine Fesseln,
und am sumpfigen Weiher des Nachts, im Dunkel des Schilfes,
blieb ich versteckt, bis Segel sie setzten, wenn sie es täten.
Nicht mehr hoffte ich, je noch die liebe Heimat zu sehen,
nimmer die trauten Kinder, den Vater, an dem doch mein Herz hängt.
Ja, vielleicht müssen s i e für mein Entrinnen den Griechen
büßen und zahlen, die Armen, für meine Schuld mit dem Tode.
Bei den Himmlischen drum, den göttlichen Zeugen der Wahrheit,
und wenn irgend auf Erden den Sterblichen blieb noch ein Rest von
unverletzter Treue: ich flehe, erbarme dich solcher
Leiden, erbarm' eines Herzens dich, dessen Würde gekränkt ward!"
  Weinend gewinnt sein Leben er so und mehr, unser Mitleid.
Priamus selbst läßt gleich ihm lösen die Fesseln der Hände,
lösen die schneidenden Stricke und spricht in freundlichen Worten:
„Wer du auch bist, vergiß nunmehr die verlorenen Griechen;
unser wirst du! Gib mir nun hier eine wahre Erklärung:
wozu bauten das riesige Pferd sie? Wer gab den Auftrag?
Worauf zielen sie: Weihegeschenk oder Werkzeug zum Kriege?"
Aber der Grieche, in Tücke geschult und pelasgischer Arglist,
hob seine Hände, nun frei, zu den Sternen und betete also:
„Euch, ihr ewigen Feuer, erhabene, nimmer verletzbar,
ruf ich zu Zeugen, euch, Schwerter des Grauens, Altäre, von denen
ich entkam, euch, Binden, die ich als Opfer getragen:
wahrlich, ich darf der Griechen geheiligte Schwüre nun brechen,
darf nun hassen die Männer, darf alles enthüllen dem Lichte,
was da verborgen; mich bindet nicht mehr des Vaterlandes Satzung.
Halte nur du dein Versprechen und, bist du bewahrt, so bewahre,
Troja, die Treue, wenn Wahres ich künde, wenn Großes ich leiste.
  All der Danaer Hoffen und Zuversicht auf diesen Krieg hier

Palladis auxiliis semper stetit. impius ex quo
Tydides sed enim scelerumque inventor Ulixes
fatale adgressi sacrato avellere templo 165
Palladium caesis summae custodibus arcis
corripuere sacram effigiem manibusque cruentis
virgineas ausi divae contingere vittas:
ex illo fluere ac retro sublapsa referri
spes Danaum, fractae vires, aversa deae mens. 170
nec dubiis ea signa dedit Tritonia monstris.
vix positum castris simulacrum: arsere coruscae
luminibus flammae arrectis salsusque per artus
sudor iit, terque ipsa solo — mirabile dictu —
emicuit parmamque ferens hastamque trementem. 175
extemplo temptanda fuga canit aequora Calchas,
nec posse Argolicis exscindi Pergama telis,
omina ni repetant Argis numenque reducant,
quod pelago et curvis secum avexere carinis.
et nunc quod patrias vento petiere Mycenas, 180
arma deosque parant comites pelagoque remenso
inprovisi aderunt: ita digerit omina Calchas.
hanc pro Palladio moniti pro numine laeso
effigiem statuere, nefas quae triste piaret.
hanc tamen inmensam Calchas attollere molem 185
roboribus textis caeloque educere iussit,
ne recipi portis aut duci in moenia posset
neu populum antiqua sub religione tueri.
nam si vestra manus violasset dona Minervae,
tum magnum exitium, quod di prius omen in ipsum 190
convertant, Priami imperio Phrygibusque futurum;
sin manibus vestris vestram ascendisset in urbem,
ultro Asiam magno Pelopea ad moenia bello
venturam et nostros ea fata manere nepotes.'

  Talibus insidiis periurique arte Sinonis 195
credita res, captique dolis lacrimisque coactis
quos neque Tydides nec Larissaeus Achilles,
non anni domuere decem, non mille carinae.

stand von je auf der Hilfe der Pallas. Aber seitdem der
ruchlose Tydeussohn und der Vater der Schandtat, Ulixes,
Pallas schicksalsträchtiges Bild aus heiligem Tempel
fortzureißen gewagt, — sie erschlugen die Wächter der Stadtburg,
rafften sodann das heilige Bild und wagten, der Göttin
rein-jungfräulichen Schmuck mit blutiger Hand zu besudeln —
seit der Zeit zerrann und sank der Danaer Hoffnung
jäh dahin, brach nieder die Kraft; es zürnte die Göttin.
Unzweideutig bewies es Tritonia grausig in Wundern:
Eben erst stand im Lager ihr Bild; schon brannten und blitzten
Flammen aus weitgeöffnetem Auge, die Glieder hinab rann
salziger Schweiß, dreimal vom Boden — Wunder zu sagen —
sprang die Göttin und schwang ihren Schild und die zitternde Lanze.
Augenblicks rät Kalchas, die Flucht übers Meer zu versuchen,
kündet, Pergamus könne nicht fallen durch Argolerwaffen,
wenn sie heilige Weisung nicht holten aus Argos, zurück nicht
brächten die Gottheit, die schon übers Meer sie entführten im Schiffe.
Wenn sie jetzt mit dem Wind fort sind zur Heimat Mykene,
Waffen gewinnen sie so und Göttergeleit, und plötzlich
sind sie zurück übers Meer; so deutet die Weisungen Kalchas.
Statt des Palladiums bauten, gewarnt, der beleidigten Gottheit
hier dies Gebilde sie auf als Sühne des grausigen Frevels.
Doch so gewaltig zu türmen den Bau, aus Eichenholz kernfest
ihn zu fügen zum Himmel empor, hat Kalchas befohlen,
daß nicht etwa dies Werk durchs Tor in die Festung gelange,
nicht mit heiliger Kraft, wie einst, das Volk wieder schütze.
Würde nun eure Hand verletzen die Gaben Minervas,
dann soll großes Verderben — o, brächten die Götter dies Omen
über ihn selbst — des Priamus' Reich und die Phrygier treffen.
Stiege jedoch das Pferd an euren Händen zu eurer
Stadt, dann bräche Asien los zum furchtbaren Krieg gen
Pelops Mauern, es schlage dies Schicksal unsere Enkel."
    Glauben fand durch solcherlei List und den Meineid des Sinon
dieser Bericht; so ließen durch Tücke und Heuchlertränen
jene sich fangen, die nicht der Tydide, nicht ein Achilles,
nicht zehn Jahre des Kriegs, nicht tausend Schiffe bezwangen.

Hic aliud maius miseris multoque tremendum
obicitur magis atque inprovida pectora turbat.   200
Laocoon, ductus Neptuno sorte sacerdos,
sollemnis taurum ingentem mactabat ad aras.
ecce autem gemini a Tenedo tranquilla per alta
— horresco referens — inmensis orbibus angues
incumbunt pelago pariterque ad litora tendunt;   205
pectora quorum inter fluctus arrecta iubaeque
sanguineae superant undas, pars cetera pontum
pone legit sinuatque inmensa volumine terga.
fit sonitus spumante salo; iamque arva tenebant
ardentisque oculos suffecti sanguine et igni   210
sibila lambebant linguis vibrantibus ora.
diffugimus visu exsangues. illi agmine certo
Laocoonta petunt; et primum parva duorum
corpora natorum serpens amplexus uterque
inplicat et miseros morsu depascitur artus;   215
post ipsum auxilio subeuntem ac tela ferentem
corripiunt spirisque ligant ingentibus, et iam
bis medium amplexi, bis collo squamea circum
terga dati superant capite et cervicibus altis.
ille simul manibus tendit divellere nodos   220
perfusus sanie vittas atroque veneno,
clamores simul horrendos ad sidera tollit,
qualis mugitus, fugit cum saucius aram
taurus et incertam excussit cervice securim.
at gemini lapsu delubra ad summa dracones   225
effugiunt saevaeque petunt Tritonidis arcem
sub pedibusque deae clipeique sub orbe teguntur.
tum vero tremefacta novos per pectora cunctis
insinuat pavor, et scelus expendisse merentem
Laocoonta ferunt, sacrum qui cuspide robur   230
laeserit et tergo sceleratam intorserit hastam.
ducendum ad sedes simulacrum orandaque divae
numina conclamant.
dividimus muros et moenia pandimus urbis.

Gleich aber ließ uns Arme ein anderes, größeres Zeichen
mehr noch erbeben und stürzte die arglosen Herzen in Wirrsal.
Laocoon, durchs Los für Neptun zum Priester erkoren,
schlachtete grad einen riesigen Stier am Opferaltare.
Da! Da gleitet von Tenedos her durch ruhige Wogen
— jetzt noch faßt mich Entsetzen — in riesigen Bogen ein Paar von
Schlangen im Meere dahin und strebt gemeinsam zum Strande.
Steilauf recken sie zwischen den Fluten die Brust, ihre Kämme
glühn blutrot aus Wogen empor. Der übrige Teil streift
hinten das Meer und wirft zu gewaltiger Windung den Rücken.
Schaurig schäumt das Wasser der See; schon gingen an Land sie,
brennend starrten die Augen, von Blut unterlaufen und Feuer,
und schon leckten sie zischend ihr Maul mit zuckenden Zungen:
Bleich vom Anblick fliehn wir hinweg; sie streben in sichrem
Zug auf Laocoon zu: sofort um die Leiber, die jungen,
beider Söhne schlingen nun beide Schlangen die grause
Windung, weiden den Biß an den armen, elenden Gliedern.
Dann ergreifen den Vater sie auch, der mit Waffen zu Hilfe
herstürmt, schnüren ihn ein in Riesenwindungen, und schon
zweimal die Mitte umschlungen und zweimal die schuppigen Rücken
um seinen Hals, überragen sie hoch mit Haupt ihn und Nacken.
Jener bemüht mit den Händen sich hart, zu zerreißen die Knoten,
schwarz übergossen von Geifer und Gift an den heiligen Binden,
furchtbar zugleich tönt klagend sein Schrei hinauf zu den Sternen.
So brüllt auf der Stier, der wund vom Altare geflüchtet
und das Beil, das unsicher traf, geschüttelt vom Nacken.
Aber zum Tempel hoch droben entfliehn schnell gleitend die beiden
Schlangen und streben hinauf zur Burg der grausen Tritonis,
bergen zu Füßen der Göttin im Rund sich unten des Schildes.
Da drang allen erst recht durch bebende Herzen ein neuer
Stoß des Entsetzens; sie sagen, Laocoon habe mit Recht jetzt
sein Verbrechen gebüßt: er verletzte das heilige Holz doch
mit seinem Spieß und stieß in den Rücken die ruchlose Lanze.
Alle schreien, man müsse das Bild zum Wohnsitz der Göttin
ziehn, zur Waltenden beten.
Wir zerbrechen die Mauern und öffnen den Ring unsrer Festung.

accingunt omnes operi pedibusque rotarum 235
subiciunt lapsus et stuppea vincula collo
intendunt: scandit fatalis machina muros
feta armis. pueri circum innuptaeque puellae
sacra canunt funemque manu contingere gaudent.
illa subit mediaeque minans inlabitur urbi. 240
o patria, o divom domus Ilium et incluta bello
moenia Dardanidum! quater ipso in limine portae
substitit atque utero sonitum quater arma dedere:
instamus tamen inmemores caecique furore
et monstrum infelix sacrata sistimus arce. 245
tunc etiam fatis aperit Cassandra futuris
ora dei iussu non umquam credita Teucris:
nos delubra deum miseri, quibus ultimus esset
ille dies, festa velamus fronde per urbem.
  Vertitur interea caelum et ruit Oceano nox 250
involvens umbra magna terramque polumque
Myrmidonumque dolos; fusi per moenia Teucri
conticuere, sopor fessos conplectitur artus.
et iam Argiva phalanx instructis navibus ibat
a Tenedo tacitae per amica silentia lunae 255
litora nota petens, flammas cum regia puppis
extulerat, fatisque deum defensus iniquis
inclusos utero Danaos et pinea furtim
laxat claustra Sinon. illos patefactus ad auras
reddit equos, laetique cavo se robore promunt 260
Thessandrus Sthenelusque duces et dirus Ulixes
demissum lapsi per funem, Acamasque Thoasque
Pelidesque Neoptolemus primusque Machaon
et Menelaus et ipse doli fabricator Epeos.
invadunt urbem somno vinoque sepultam, 265
caeduntur vigiles portisque patentibus omnis
accipiunt socios atque agmina conscia iungunt.
  Tempus erat, quo prima quies mortalibus aegris
incipit et dono divom gratissima serpit:
in somnis ecce ante oculos maestissimus Hector 270

Alle gehen voll Eifer ans Werk, sie schieben den Füßen
gleitendes Rollwerk unter und legen Seile aus Hanf dem
Nacken um: so steigt zu den Mauern das Werkzeug des Schicksals,
schwanger von Waffen; und Knaben und unvermählte Mägdlein
singen Hymnen und fassen voll Freude ans Seil mit den Händen.
Anrückt das Roß und gleitet nun drohend mitten zum Stadtkern.
Vaterland, Ilium, Haus der Götter, kriegesberühmte
Festung der Dardaner! — viermal blieb es genau auf der Schwelle
hängen der Pforte, und viermal klirrten im Bauche die Waffen:
dennoch drängen wir sinnlos und blind vor wütendem Eifer,
bringen das Unheilsuntier hinauf zur heiligen Stadtburg.
Jetzt noch öffnet Kassandra den Mund, zu künden das Schicksal;
aber die Teukrer glaubten ihr nie; so wollte der Gott es.
Wir, wir Armen, für die jener Tag als letzter bestimmt war,
schmückten mit festlichem Laub ringsum die Tempel der Götter.

    Unterdessen dreht sich der Pol; Nacht steigt aus der Meerflut,
hüllt in Schattendunkel schwarz nun Erde und Himmel
und Myrmidonenlist; die Teukrer, gestreckt auf den Mauern,
waren verstummt; Tiefschlaf umfing die ermüdeten Glieder.
Und schon nahte sich, Schiff bei Schiff, das Heer der Argiver,
fuhr von Tenedos, freundlich geleitet vom schweigenden Monde,
zu den vertrauten Gestaden, vom Heck des Königsschiffes
flammte das Zeichen; da ließ, im Schutz einer feindlichen Götter-
fügung, Sinon die Danaer frei aus dem Bauche und löste
tückisch die Fichtenholzriegel. Das Pferd, nun offen, gibt jene
wieder der Luft: froh kommen hervor aus der Höhlung des Holzbaus
nun Thessander und Sthenelus, kommt der grause Ulixes,
gleitend am niedergelassenen Seil, kommt Acamas, Thoas,
kommt Neoptolemus, Peleus' Enkel, als erster Machaon,
auch Menelaos, zuletzt der Erbauer der Falle, Epeos;
dringen dann ein in die Stadt, die im Schlaf und im Weinrausch begraben,
hauen nieder die Wachen und lassen durch offene Tore
all die Gefährten und scharen sich wohlunterrichtet zusammen.

    Eben, da Mitternachtsruhe den leidenden Menschen herannaht
und — ein Göttergeschenk — sich höchst willkommen herabsenkt,
sieh, da erschien im Traum und stand vor Augen mir Hektor,

visus adesse mihi largosque effundere fletus,
raptatus bigis ut quondam aterque cruento
pulvere perque pedes traiectus lora tumentis.
ei mihi qualis erat, quantum mutatus ab illo
Hectore, qui redit exuvias indutus Achilli 275
vel Danaum Phrygios iaculatus puppibus ignis,
squalentem barbam et concretos sanguine crinis
volneraque illa gerens, quae circum plurima muros
accepit patrios. ultro flens ipse videbar
conpellare virum et maestas expromere voces: 280
'o lux Dardaniae, spes o fidissima Teucrum,
quae tantae tenuere morae, quibus Hector ab oris
exspectate venis? ut te post multa tuorum
funera, post varios hominumque urbisque labores
defessi adspicimus? quae causa indigna serenos 285
foedavit voltus aut cur haec volnera cerno?'
ille nihil, nec me quaerentem vana moratur,
sed graviter gemitus imo de pectore ducens
'heu fuge, nate dea, teque his' ait 'eripe flammis.
hostis habet muros, ruit alto a culmine Troia. 290
sat patriae Priamoque datum: si Pergama dextra
defendi possent, etiam hac defensa fuissent.
sacra suosque tibi commendat Troia penatis:
hos cape fatorum comites, his moenia quaere,
magna pererrato statues quae denique ponto.' 295
sic ait, et manibus vittas Vestamque potentem
aeternumque adytis effert penetralibus ignem.

    Diverso interea miscentur moenia luctu,
et magis atque magis, quamquam secreta parentis
Anchisae domus arboribusque obtecta recessit, 300
clarescunt sonitus armorumque ingruit horror.
excutior somno et summi fastigia tecti
adscensu supero atque adrectis auribus adsto:
in segetem veluti cum flamma furentibus austris
incidit, aut rapidus montano flumine torrens 305

dumpf von Trauer umdüstert und Trän' um Träne vergießend,
furchtbar, wie einst, vom Gespann zerschleift, von blutigem Staube
schwarz, von Riemen durchbohrt die aufgeschwollenen Füße.
Weh mir, welch ein Bild! Wie sehr verschieden von jenem
Hektor, der da kam mit der Rüstung geschmückt des Achilles,
oder der phrygischen Brand in der Danaer Schiffe geschleudert!
Jetzt starrt Schmutz im Bart, sind blutverklebt seine Haare,
trägt er die Wunden, die reichlich im Kampf um der Vaterstadt Mauern
einst er empfing. Von selbst nun schien ich — selber auch weinend —
anzureden den Helden und trauernd die Worte zu sprechen:
„O, Dardaniens Licht, du Hort und Hoffnung der Teukrer!
Was hielt also lange dich fern, von welchen Gestaden,
Hektor, kommst du, Ersehnter! Nach solchem Sterben der Deinen,
solcher Fülle von Leid für Stadt und Menschen, wie sehn wir
Müden also dich wieder? Und welch unwürdiger Grund hat
so dein heiteres Antlitz entstellt? Warum diese Wunden?"
Nichts entgegnet er, kümmert sich nicht um mein nutzloses Fragen,
sondern schwer aus innerster Brust aufseufzend beginnt er:
„Weh! Flieh, Sohn der Göttin, entreiß dich hier diesen Flammen!
Steht doch der Feind auf den Mauern; es stürzt vom Gipfel nun Troja.
Jetzt ist genug für die Heimat getan und für Priamus; konnte
Menschenhand Pergamus retten, so hätte es m e i n e gerettet.
Dir gibt Troja anheim sein Heiliges, seine Penaten.
Sie nimm mit als Gefährten des Schicksals, suche für sie die
Mauern, die wuchtig endlich du baust nach irrender Seefahrt."
Sprach's und trug die Binden des Opfers, die mächtige Vesta,
trug aus dem innersten Tempel herbei das ewige Feuer.
  Jammergeschrei durchtönt schon aller Enden die Festung.
Grell und immer noch greller — wiewohl des Vaters Anchises
Haus ganz still unter Bäumen versteckt liegt — wird das Getöse
rings und dringt voll Grauen heran das Klirren der Waffen.
Ich entstürze dem Schlaf, und hoch zum Giebel des Daches
steige ich auf und stehe und horche voll Spannung: es ist wie
wenn ein Saatfeld Feuer durchrast mit wütenden Winden,
oder ein Wildbach, reißend geschwellt vom Wasser der Berge,

sternit agros, sternit sata laeta boumque labores
praecipitesque trahit silvas; stupet inscius alto
accipiens sonitum saxi de vertice pastor.
tum vero manifesta fides Danaumque patescunt
insidiae. iam Deïphobi dedit ampla ruinam 310
Volcano superante domus, iam proximus ardet
Ucalegon, Sigea igni freta lata relucent.
exoritur clamorque virum clangorque tubarum.
arma amens capio; nec sat rationis in armis,
sed glomerare manum bello et concurrere in arcem 315
cum sociis ardent animi; furor iraque mentem
praecipitat, pulchrumque mori succurrit in armis.
 Ecce autem telis Panthus elapsus Achivom,
Panthus Othryades, arcis Phoebique sacerdos,
sacra manu victosque deos parvomque nepotem 320
ipse trahit, cursuque amens ad limina tendit.
'quo res summa loco, Panthu, quam prendimus arcem?'
vix ea fatus eram, gemitu cum talia reddit:
'venit summa dies et ineluctabile tempus
Dardaniae. fuimus Troes, fuit Ilium et ingens 325
gloria Teucrorum; ferus omnia Iuppiter Argos
transtulit; incensa Danai dominantur in urbe.
arduus armatos mediis in moenibus adstans
fundit equos, victorque Sinon incendia miscet
insultans. portis alii bipatentibus adsunt, 330
milia quot magnis umquam venere Mycenis;
obsedere alii telis angusta viarum
oppositis; stat ferri acies mucrone corusco
stricta, parata neci; vix primi proelia temptant
portarum vigiles et caeco Marte resistunt.' 335
talibus Othryadae dictis et numine divom
in flammas et in arma feror, quo tristis Erinys,
quo fremitus vocat et sublatus ad aethera clamor.
addunt se socios Ripheus et maximus armis
Aepytus oblati per lunam Hypanisque Dymasque 340
et lateri adglomerant nostro; iuvenisque Coroebus

Äcker zerschlägt und üppige Saat, der Pflugstiere Mühsal,
Wälder jäh mitwirbelt im Sturz: vom Gipfel des Felsens
ahnungslos vernimmt das Getöse der Hirt voller Staunen.
Da offenbarte die Wahrheit sich klar: der Danaer Tücke
kam ans Licht; schon brach des Deïphobus prächtiges Haus, von
Flammen besiegt, darnieder im Sturz, Ucalegons brennt ganz
dicht dabei, weit spiegelt die Bucht von Sigeum das Feuer.
Laut bricht aus der Mannen Geschrei, der Klang der Trompeten;
sinnlos ergreif ich die Waffen, weiß Rat aber nicht mit den Waffen,
sondern es brennt mir das Herz, zum Kampf eine Schar mir zu sammeln
und mit den Kriegern zu stürmen die Burg: ein rasender Zorn reißt
jäh mich davon; schön dünkt es mich jetzt, zu sterben in Waffen.

Da aber, da kommt Panthus, entronnen dem Speer der Achiver,
Panthus, des Othrys Sohn, der Priester der Burg und des Phoebus,
Heiligtümer trägt seine Hand, er schleppt die besiegten
Götter, den kleinen Enkel und eilt von Sinnen zur Schwelle.
„Panthus, wie steht unser Kampf? Welche Burg noch nehmen zum Schutz
Kaum noch fragte ich, als er stöhnend erwidert: „Der letzte   [wir?"
Tag ist da! Dardaniens unausweichliche Endzeit!
Troer sind wir gewesen, gewesen ist Ilium und der
Teukrer strahlender Ruhm: denn grimmig hat Juppiter alle
Macht nun Argos verliehn; die Danaer herrschen im Brand der
Stadt; steil ragt das Roß inmitten der Festung und Krieger
schüttet es aus; und Sinon als Sieger jubelt voll Hohn, legt
Brand um Brand; aufklaffen die Tore, da stehen die andern,
Tausende, wie ihrer je nur kamen vom großen Mykene.
Andere halten das Straßengewirr mit starrenden Waffen
ringsum besetzt; da dräut mit funkelnder Spitze des Eisens
Schärfe, zum Morde gezückt; kaum wagen die Wachen am Tor als
erste den Kampf und wehren dem Feind im blinden Gewühle."
Durch die Worte des Othryssohns und den Willen der Götter
stürze ich fort in Flammen und Kampf, wo die düstre Erinys,
wo das Getöse mich ruft und himmelanhallender Kriegslärm.
Ripheus schließt sich mir an und Aepytus, waffengewaltig;
Mondlicht führte sie her; auch Hypanis folgt uns und Dymas,
halten sich Seite bei Seite zu uns; auch der junge Coroebus,

Mygdonides: illis ad Troiam forte diebus
venerat insano Cassandrae incensus amore
et gener auxilium Priamo Phrygibusque ferebat,
infelix, qui non sponsae praecepta furentis 345
audierit.
quos ubi confertos audere in proelia vidi,
incipio super his: 'iuvenes, fortissima frustra
pectora, si vobis audendi extrema cupido
certast, qui, quae sit rebus fortuna, videtis: 350
excessere omnes adytis arisque relictis
di, quibus imperium hoc steterat; succurritis urbi
incensae: moriamur et in media arma ruamus.
una salus victis nullam sperare salutem.'
sic animis iuvenum furor additus. inde lupi ceu 355
raptores atra in nebula, quos inproba ventris
exegit caecos rabies catulique relicti
faucibus exspectant siccis, per tela, per hostis
vadimus haud dubiam in mortem mediaeque tenemus
urbis iter; nox atra cava circumvolat umbra. 360
quis cladem illius noctis, quis funera fando
explicet aut possit lacrimis aequare labores?
urbs antiqua ruit multos dominata per annos;
plurima perque vias sternuntur inertia passim
corpora perque domos et religiosa deorum 365
limina. nec soli poenas dant sanguine Teucri;
quondam etiam victis redit in praecordia virtus,
victoresque cadunt Danai. crudelis ubique
luctus, ubique pavor et plurima mortis imago.

 Primus se Danaum magna comitante caterva 370
Androgeos offert nobis, socia agmina credens,
inscius atque ultro verbis conpellat amicis:
'festinate, viri! nam quae tam sera moratur
segnities? alii rapiunt incensa feruntque
Pergama; vos celsis nunc primum a navibus itis?' 375
dixit, et extemplo — neque enim responsa dabantur
fida satis — sensit medios delapsus in hostis.

Mygdons Sproß, nach Troja gekommen eben in jenen
Tagen, heillos entbrannt zu Kassandra in rasender Liebe,
wollte als Eidam helfen dem Priamus, helfen den Phrygern,
Unheil traf ihn, da dem Gebot seiner Braut, der Prophetin,
er nicht gehorchte.
Als ich sah, wie dichtgedrängt zum Kampfe sie stürmten,
sprach ich noch: „Männer, nun glühn umsonst die tapfersten Herzen,
wenn euch der Drang zu äußerstem Wagnis fester Entschluß ist,
euch, die ihr seht, welch grausam Geschick hier über uns waltet:
Tempel stehn und Altäre verwaist, entwichen sind alle
Götter, mit denen dies Reich einst stand; einer brennenden Stadt eilt
ihr zu Hilfe: so laßt uns sterben im Waffengewühle!
Einzig Heil für Besiegte ist dies: kein Heil zu erhoffen."
So wird Wut den Männern entfacht: sofort, wie im düstern
Nebel Wölfe auf Raub ausziehn — es treibt sie des Bauches
gierige Wut durchs Dunkel dahin, die verlassenen Jungen
warten lechzenden Schlundes auf sie — so ziehn durch Geschosse,
ziehn wir durch Feinde zum sicheren Tod und nehmen durchs Herz der
Stadt unsern Weg. Nacht breitet schwarz die Flügel der Schatten.
Wer wohl könnte die Not jener Nacht, wer könnte im Wort wohl
malen den Mord, wer wöge durch Tränen auf diese Leiden?
Stürzt doch die uralte Stadt, sie herrschte durch lang-lange Jahre.
Massenhaft liegen auf Straßen gestreckt reglos überall die
Leichen umher, in den Häusern ringsum und sogar an der Götter
heiligen Schwellen; doch nicht nur Teukrer büßen mit Blute,
manchmal kehrt auch ins Herz der Besiegten Mannesmut wieder,
fallen auch Danaer, sie, die Sieger. Blutiger Jammer
herrscht überall und Entsetzen und Tod in tausend Gestalten.

   Gleich als erster, umdrängt von der Danaer dichtem Gefolge
fällt Androgeos uns in die Hand; für Gefährten uns haltend,
ahnungslos, von selbst gleich spricht er freundlichen Wortes:
„Vorwärts, Leute, beeilt euch nur! Was hält denn so spät euch
Trägheit auf? Schon rauben und plündern die andern im Brand von
Pergamus; kommt ihr erst jetzt von den hohen Schiffen gegangen?"
Fragte und merkte im Nu — denn die Antwort weckte nur wenig
Zutraun — daß er genau dem Feind in die Hände geraten.

obstipuit retroque pedem cum voce repressit.
inprovisum aspris veluti qui sentibus anguem
pressit humi nitens trepidusque repente refugit 380
attollentem iras et caerula colla tumentem:
haud secus Androgeos visu tremefactus abibat.
inruimus densis et circumfundimur armis,
ignarosque loci passim et formidine captos
sternimus: adspirat primo Fortuna labori. 385
atque hic successu exsultans animisque Coroebus
'O socii, quae prima' inquit 'fortuna salutis
monstrat iter quaque ostendit se dextra, sequamur;
mutemus clipeos Danaumque insignia nobis
aptemus. dolus an virtus, quis in hoste requirat? 390
arma dabunt ipsi.' sic fatus deinde comantem
Androgei galeam clipeique insigne decorum
induitur laterique Argivom accommodat ensem.
hoc Ripheus, hoc ipse Dymas omnisque iuventus
laeta facit; spoliis se quisque recentibus armat. 395
vadimus inmixti Danais haud numine nostro
multaque per caecam congressi proelia noctem
conserimus, multos Danaum demittimus Orco.
diffugiunt alii ad navis et litora cursu
fida petunt, pars ingentem formidine turpi 400
scandunt rursus equom et nota conduntur in alvo.

  Heu nihil invitis fas quemquam fidere divis!
ecce trahebatur passis Priameia virgo
crinibus a templo Cassandra adytisque Minervae
ad caelum tendens ardentia lumina frustra, 405
lumina, nam teneras arcebant vincula palmas.
non tulit hanc speciem furiata mente Coroebus
et sese medium iniecit periturus in agmen.
consequimur cuncti et densis incurrimus armis.
hic primum ex alto delubri culmine telis 410
nostrorum obruimur oriturque miserrima caedes
armorum facie et Graiarum errore iubarum.
tum Danai gemitu atque ereptae virginis ira

Staunend starrte er, wich zurück noch mitten im Worte.
Wie ein Mann eine Schlange, ganz unvermutet, im Dornicht
trifft mit kräftigem Tritt und plötzlich zitternd zurückschrickt,
wenn sie zornig sich hebt und schwillt mit bläulichem Nacken:
so versuchte Androgeos auch beim Anblick zu fliehen.
Stürmisch drängen wir ringsum an mit starrenden Waffen,
schlagen die Ortsunkundigen, schon von Grauen Gepackten
überall nieder; Fortuna ist hold dem ersten Bemühen.
Jetzt aber, trunken von Mut und Erfolg, spricht jubelnd Coroebus:
„Freunde, wohlan! Wie hier zuerst Fortuna zum Heile
weist den Weg und wo sie uns hold ist, lasset uns folgen:
Tauschen die Schilde wir jetzt und legen der Danaer Zeichen
selber uns an; ob List oder Mut, wen kümmert's am Feinde?
Waffen liefern sie selbst." Gleich legt er den mähneumwallten
Helm des Androgeos an, des Schildes prangendes Zeichen,
und ein argivisches Schwert läßt er von der Seite sich hängen.
Ripheus tut's und Dymas ihm nach, so tut es die ganze
jubelnde Schar: ein jeder legt an die erbeuteten Waffen.
Zwischen den Danaern gehn wir, doch ohne den Schutz unserer Gottheit.
Viele Gefechte tragen wir aus im nächtlichen Dunkel,
Mann gegen Mann, schicken viele der Danaer nieder zum Orkus.
Andre entfliehn zu den Schiffen und suchen im Laufe den sichren
Strand zu erreichen, ein Teil steigt wieder, schlotternd vor Angst, ins
riesige Roß und birgt sich im wohlvertrauten Bauche.

Ach, kein Mensch darf trauen den Göttern, wenn sie nicht wollen.
Siehe, da schleppte man fort die Jungfrau, Priamus' Tochter,
flatternden Haars, Kassandra hinweg vom Altare Minervas.
Auf zum Himmel hebt sie umsonst die brennenden Augen,
ja, ihre Augen, denn Fesseln umschnüren die Hände, die zarten.
Nicht ertrug diesen Anblick Coroebus, rasenden Herzens,
warf sich mitten hinein in die Schar auf Tod und Verderben.
Alle drängen wir nach zum Sturm mit starrenden Waffen.
Hier zuerst vom Giebel des Tempels trifft von den Unsern
uns ein Hagel Geschosse, entsteht höchst klägliches Blutbad,
täuscht doch der Waffen Gestalt und der Griechen flatternder Helmbusch.
Da aber sammeln, brüllend vor Wut, da die Jungfrau entrissen,

undique collecti invadunt, acerrimus Aiax
et gemini Atridae Dolopumque exercitus omnis: 415
adversi rupto ceu quondam turbine venti
confligunt, Zephyrusque Notusque et laetus Eois
Eurus equis; stridunt silvae saevitque tridenti
spumeus atque imo Nereus ciet aequora fundo.
illi etiam, si quos obscura nocte per umbram 420
fudimus insidiis totaque agitavimus urbe,
adparent; primi clipeos mentitaque tela
adgnoscunt atque ora sono discordia signant.
ilicet obruimur numero; primusque Coroebus
Penelei dextra divae armipotentis ad aram 425
procumbit; cadit et Ripheus, iustissimus unus
qui fuit in Teucris et servantissimus aequi
— dis aliter visum — pereunt Hypanisque Dymasque
confixi a sociis; nec te tua plurima, Panthu,
labentem pietas neque Apollinis infula texit. 430
Iliaci cineres et flamma extrema meorum,
testor in occasu vestro nec tela nec ullas
vitavisse vices, Danaum et, si fata fuissent,
ut caderem meruisse manu. divellimur inde,
Iphitus et Pelias mecum — quorum Iphitus aevo 435
iam gravior, Pelias et volnere tardus Ulixi —
protinus ad sedes Priami clamore vocati.
hic vero ingentem pugnam, ceu cetera nusquam
bella forent, nulli tota morerentur in urbe,
sic Martem indomitum Danaosque ad tecta ruentis 440
cernimus obsessumque acta testudine limen.
haerent parietibus scalae postisque sub ipsos
nituntur gradibus clipeosque ac tela sinistris
protecti obiciunt, prensant fastigia dextris.
Dardanidae contra turris ac tecta domorum 445
culmina convellunt — his se, quando ultima cernunt,
extrema iam in morte parant defendere telis —
auratasque trabes, veterum decora illa parentum,
devolvont; alii strictis mucronibus imas

überallher zum Sturm sich die Danaer: fürchterlich Aiax
und das Atridenpaar und der Doloper sämtliche Heerschar:
wie wenn wirbelnder Sturm losbricht und feindlich die Winde
stürzen zum Kampf, der West und der Süd und, stolz auf Auroras
Rosse, der Ost; da stöhnen die Wälder, da tobt mit dem Dreizack
Nereus schäumend und wirbelt die Flut vom untersten Grunde.
Jene auch, die allenfalls wir im nächtlichen Dunkel durch Schatten
jagten mit List und hetzten umher überall in den Straßen,
kommen nun wieder, erkennen sofort die Schilde, der Waffen
trügenden Schein und bemerken die anderslautende Mundart.
Jetzt ist's aus! Es erdrückt uns die Zahl; Coroebus als erster
fällt von des Peneleus Hand am Altar der waffengewalt'gen
Göttin; auch Ripheus fällt, er war der Gerechtesten einer,
die bei den Teukrern gelebt, stets Recht und Billigkeit wahrend,
— anders schien es den Göttern; — auch Hypanis fällt nun und Dymas,
Troerhand trifft sie mit Tod; auch dich, mein Panthus, bewahrte
all deine Frömmigkeit nicht vor dem Tod, nicht die Binde Apollos.
Iliums Asche und dich, du flammende Grabstatt der Meinen,
ruf ich zu Zeugen: nicht mied ich Geschosse bei eurem Tod, nicht
Kampfeswechsel, und wär es mein Schicksal gewesen, zu fallen
hätt' ich verdient von Danaerhand. Wir wurden zersprengt nun,
Iphitus blieb und Pelias mit mir — Iphitus schon vom
Alter beschwert und Pelias matt, von Ulixes verwundet —.
Gleich nun ruft zu des Priamus' Burg uns Lärmen und Schreien.
Hier aber sehen wir furchtbaren Kampf, als ob nirgendwo sonst
tobte der Krieg, nicht Tod überall die Stadt schon verheerte.
Also sehn wir wüten den Mars, sehn Danaer dachwärts
stürmen, die Schwelle berannt vom vorgeschobenen Sturmdach.
Leitern streben die Wände empor, selbst hart an den Pfosten
klimmt man die Sprossen hinan, und Schild und Geschoß in der Linken
halten als Deckung sie vor und packen den Sims mit der Rechten.
Aber die Dardaner reißen die Türme, reißen des Daches
Giebel jetzt ein am Palast; denn weil sie das Ende doch sehen,
wollen, im Rachen des Todes, mit solchem Geschoß sie sich schützen.
Auch die vergoldeten Balken, den Stolz des Ahnenpalastes,
wälzen sie ab; und andre, die Schwerter gezückt, stehn unten,

obsedere fores, has servant agmine denso. 450
instaurati animi regis succurrere tectis
auxilioque levare viros vimque addere victis.
 Limen erat caecaeque fores et pervius usus
tectorum inter se Priami postesque relicti
a tergo, infelix qua se, dum regna manebant, 455
saepius Andromache ferre incomitata solebat
ad soceros et avo puerum Astyanacta trahebat.
evado ad summi fastigia culminis, unde
tela manu miseri iactabant inrita Teucri.
turrim in praecipiti stantem summisque sub astra 460
eductam tectis, unde omnis Troia videri
et Danaum solitae naves et Achaia castra,
adgressi ferro circum, qua summa labantis
iuncturas tabulata dabant, convellimus altis
sedibus inpulimusque: ea lapsa repente ruinam 465
cum sonitu trahit et Danaum super agmina late
incidit. ast alii subeunt, nec saxa nec ullum
telorum interea cessat genus.
 Vestibulum ante ipsum primoque in limine Pyrrhus
exsultat, telis et luce coruscus aëna; 470
qualis ubi in lucem coluber mala gramina pastus,
frigida sub terra tumidum quem bruma tegebat,
nunc positis novos exuviis nitidusque iuventa
lubrica convolvit sublato pectore terga,
arduos ad solem et linguis micat ore trisulcis. 475
una ingens Periphas et equorum agitator Achillis
armiger Automedon, una omnis Scyria pubes
succedunt tecto et flammas ad culmina iactant.
ipse inter primos correpta dura bipenni
limina perrumpit postisque a cardine vellit 480
aeratos; iamque excisa trabe firma cavavit
robora et ingentem lato dedit ore fenestram.
adparet domus intus et atria longa patescunt,
adparent Priami et veterum penetralia regum,
armatosque vident stantis in limine primo. 485

ZWEITES BUCH

halten die Tore besetzt und schützen sie dichten Gedränges.
Neu jetzt fassen wir Mut, dem Königspalaste zu helfen,
Beistand zu leisten den Männern und frisch die Besiegten zu stärken.
   Unbemerkt führte zur Burg ein Tor und ein häufig benutzter
Gang, der des Priamus Häuser verband; die Pforte lag abseits,
hinten; Andromache pflegte dort oft, die Arme, zu Hektors
Eltern zu gehen; noch stand ja das Reich; sie ging ohne Diener,
bei sich den kleinen Astyanax, den sie zum Großvater brachte.
Dort nun steige ich hoch zum Giebel des Hauses, von wo aus
wirkungslose Geschosse die Unglücksteukrer noch warfen.
Hart am Rand stand da ein Turm, stern-auf noch das höchste
Dach überragend; er diente als Wartturm, ließ übersehn ganz
Troja, die Danaerflotte und auch das achäische Lager.
Brechstangen setzten wir rings ihm an, wo wankend Gefüge
bot das Stockwerk zuhöchst; so rissen wir los ihn vom hohen
Sitz und stießen ihn ein; laut krachend stürzte er jählings
nieder und traf im Fall weithin der Danaer Scharen.
Aber andre sofort rücken nach; es gibt keine Ruhe
weder vor Steinen inzwischen noch sonst einer Art von Geschossen.
   Hart am Eingang, grad auf der Schwelle steht triumphierend
Pyrrhus, umblitzt von Waffenglanz und funkelndem Erze.
Also steigt eine Schlange ans Licht, vom Giftkraut gesättigt
die in der Erde sich barg im Winter, steif vom Froste;
jetzt aber prangt sie, frisch gehäutet, glänzend vor Jugend,
ringelt den schlüpfrigen Rücken und hebt den Bug ihrer Brust auf,
steil zur Sonne, dem Rachen entzuckt dreispaltig die Zunge.
Anrückt der Riese Periphas, Automedon, der des Achilles
Rosse gelenkt, sein Knappe, die ganze Jugend aus Skyros
rückt nun an und schleudert zum Dach die Flammengeschosse.
Pyrrhus selbst, bei den Ersten, ergreift eine Axt und zerschlägt die
harte Schwelle; vom Zapfen der Angel reißt er die Pfosten,
erzbeschlagene, haut dann heraus einen Balken und höhlt so
aus die Eichenholztür und schafft eine klaffende Öffnung.
Bloß liegt drinnen das Haus, schutzlos liegt Halle an Halle,
bloß des Priamus innerster Raum, wo Könige wohnten.
Waffenklirrende sehn sie stehn am Eingang der Schwelle.

At domus interior gemitu miseroque tumultu
miscetur penitusque cavae plangoribus aedes
femineis ululant; ferit aurea sidera clamor.
tum pavidae tectis matres ingentibus errant
amplexaeque tenent postes atque oscula figunt.   490
instat vi patria Pyrrhus, nec claustra neque ipsi
custodes sufferre valent; labat ariete crebro
ianua et emoti procumbunt cardine postes;
fit via vi; rumpunt aditus primosque trucidant
inmissi Danai et late loca milite complent.   495
non sic aggeribus ruptis cum spumeus amnis
exiit oppositasque evicit gurgite moles,
fertur in arva furens cumulo camposque per omnis
cum stabulis armenta trahit. vidi ipse furentem
caede Neoptolemum geminosque in limine Atridas,   500
vidi Hecubam centumque nurus Priamumque per aras
sanguine foedantem quos ipse sacraverat ignis.
quinquaginta illi thalami, spes tanta nepotum,
barbarico postes auro spoliisque superbi
procubuere; tenent Danai, qua deficit ignis.   505
  Forsitan et Priami fuerint quae fata requiras.
urbis uti captae casum convolsaque vidit
limina tectorum et medium in penetralibus hostem,
arma diu senior desueta trementibus aevo
circumdat nequiquam umeris et inutile ferrum   510
cingitur ac densos fertur moriturus in hostis.
aedibus in mediis nudoque sub aetheris axe
ingens ara fuit iuxtaque veterrima laurus,
incumbens arae atque umbra complexa penates.
hic Hecuba et natae nequiquam altaria circum   515
praecipites atra ceu tempestate columbae
condensae et divom amplexae simulacra sedebant.
ipsum autem sumptis Priamum iuvenalibus armis
ut vidit: 'quae mens tam dira, miserrime coniunx,
inpulit his cingi telis aut quo ruis?' inquit.   520
'non tali auxilio nec defensoribus istis

Gleich aber füllt ein Stöhnen, ein kläglich verworrener Wirbel
drinnen das Haus; der innere Hof hallt wider vom Heulen
jammernder Frauen, ihr Klageruf schlägt zu den goldenen Sternen.
Ängstlich irren die Mütter umher in den riesigen Räumen,
halten die Pfosten umschlungen und küssen sie wieder und wieder.
Pyrrhus dräut in des Vaters Kraft; nicht Riegel noch selbst die
Wächter vermögen ihm Halt zu gebieten, es wankt von des Sturmbocks
Stößen die Tür, vom Zapfen gesprengt, brechen nieder die Pfosten.
Wucht schafft Weg: einstürmen die Danaer, brechen sich Zugang,
morden die Ersten und füllen ringsum mit Kriegern die Räume.
Nie brach so durch Dämme dahin ein schäumender Strom und
wirbelte fort im Strudel entgegenstauende Massen,
flutet rasenden Schwalls in die Flur, reißt quer über Felder
rings mit den Ställen hinweg das Vieh. Ich selbst sah im Blutbad
rasen den Pyrrhus, sah auf der Schwelle die beiden Atriden,
Hekuba sah ich mit Töchtern und Schwiegertöchtern, ich sah, wie
Priamus blutend befleckt den Altar, den er selber einst weihte.
Fünfzig Hochzeitsgemächer, die herrliche Hoffnung auf Enkel,
Pfosten, prangend mit Feindesgold, mit erbeuteter Rüstung,
sanken dahin: der Danaer herrscht, wo das Feuer nicht hinkam.
    Nun aber fragst du vielleicht, welch Schicksal Priamus hatte.
Als den Sturz der eroberten Stadt er sah und die Schwellen
seines Palastes zerbrochen, den Feind schon mitten im Hause,
nahm seinen Panzer, den längst entwöhnten, der Greis um die alters-
zitternden Schultern — eitles Bemühn —, umgürtete sich mit
nutzlosem Schwert und stürzt in der Feinde Gewühl, um zu sterben.
Mitten im Hof des Palastes, umwölbt vom leuchtenden Himmel,
ragte ein Riesenaltar, daneben ein uralter Lorbeer,
nah den Altar übergreifend, die Hausgötter schattig umwebend.
Hier — doch umsonst! — dicht um den Altar sich drängend, wie Tauben,
die vor düsterem Sturme sich flüchteten, saßen nun bangend
Hekuba und ihre Töchter, umarmten die Bilder der Götter.
Als sie jetzt aber Priamus sah in der Rüstung der Jugend,
rief sie: „Welch ein grausiger Wahn, mein ärmster Gemahl, hat
dich denn getrieben, dich also zu rüsten? Wozu dieses Hasten?
Nicht nach solch einer Hilfe, nach solchen Verteidigern ruft jetzt

tempus eget, non, si ipse meus nunc adforet Hector.
huc tandem concede; haec ara tuebitur omnis,
aut moriere simul,' sic ore effata recepit
ad sese et sacra longaevom in sede locavit. 525
　Ecce autem elapsus Pyrrhi de caede Polites,
unus natorum Priami, per tela, per hostis
porticibus longis fugit et vacua atria lustrat
saucius. illum ardens infesto volnere Pyrrhus
insequitur, iam iamque manu tenet et premit hasta. 530
ut tandem ante oculos evasit et ora parentum,
concidit ac multo vitam cum sanguine fudit.
hic Priamus, quamquam in media iam morte tenetur,
non tamen abstinuit nec voci iraeque pepercit.
'at tibi pro scelere' exclamat 'pro talibus ausis, 535
di, si qua est caelo pietas, quae talia curet,
persolvant grates dignas et praemia reddant
debita, qui nati coram me cernere letum
fecisti et patrios foedasti funere voltus.
at non ille, satum quo te mentiris, Achilles 540
talis in hoste fuit Priamo; sed iura fidemque
supplicis erubuit corpusque exsangue sepulcro
reddidit Hectoreum meque in mea regna remisit.'
sic fatus senior telumque inbelle sine ictu
coniecit, rauco quod protinus aere repulsum 545
et summo clipei nequiquam umbone pependit.
cui Pyrrhus: 'referes ergo haec et nuntius ibis
Pelidae genitori. illi mea tristia facta
degeneremque Neoptolemum narrare memento.
nunc morere.' hoc dicens altaria ad ipsa trementem 550
traxit et in multo lapsantem sanguine nati
inplicuitque comam laeva, dextraque coruscum
extulit ac lateri capulo tenus abdidit ensem.
haec finis Priami fatorum, hic exitus illum
sorte tulit Troiam incensam et prolapsa videntem 555
Pergama, tot quondam populis terrisque superbum

hier diese Not, jetzt müßte sogar mein Hektor versagen.
Komm doch hierher! Es wird der Altar hier alle beschützen,
oder du stirbst mit uns!" So sprach sie, zog ihn zurück zu
sich und ließ den Bejahrten an heiliger Stätte sich setzen.
  Da! Da flieht, entronnen dem Morden des Pyrrhus, Polites,
einer der Priamussöhne, gehetzt durch Geschosse, durch Feinde,
immer die Gänge entlang, späht rings durch leere Gemächer,
schon verletzt; zornglühend verfolgt zu feindlichem Schlag ihn
Pyrrhus, und jetzt, jetzt packt er ihn, dringt auf ihn ein mit der Lanze.
Wie er dann schließlich entkommt vor Augen und Antlitz der Eltern,
bricht er zusammen, verströmt im Sturz des Blutes sein Leben.
Hier aber, wenn ihn gleich schon Tod umdräute, bezwang doch
Priamus länger sich nicht, hielt Wort und Zorn nicht im Zaume:
„Mögen die Götter" — so ruft er — „wenn irgend der Himmel noch Liebe
hegt, die um solches sich sorgt, für so verrruchtes Verbrechen
würdigen Dank dir zahlen, gebührenden Lohn dir verleihen,
daß du des eigenen Sohnes Tod vor Augen mich sehen
ließest, des Vaters Antlitz mit Leichenmakel beflecktest.
So war nicht, den du Lügner als Vater bezeichnest, Achilles,
gegen den Feind, gegen Priamus; nein, vor Recht und Vertrauen
eines Flehenden wurde er rot, gab frei zur Bestattung
Hektors blutlosen Leib, mich gab er zurück meinem Reiche."
So der Greis und warf ohne Wucht unkriegerisch hin den
Speer, dumpf tönt das Erz, abprallt die Waffe und hängt nur
wirkungslos noch eben vom Buckel des Schildes herunter.
Pyrrhus drauf: „Dies wirst du nun melden, wirst zum Peliden,
meinem Erzeuger, nun gehn; vergiß nicht, ihm meine Schandtat
gleich zu erzählen, zu sagen, wie sehr doch Pyrrhus entartet.
Stirb jetzt!" Rief's und schleifte den Zitternden stracks zum Altare,
ihn, der im Blute des Sohns, dem reichlich vergossenen, ausglitt,
griff mit der Linken, umwickelnd, sein Haar, zog blank nun sein blitzend
Schwert heraus und stieß es ihm tief bis ans Heft in die Seite.
Also endet das Schicksal des Priamus, traf ihn des Todes
Los, als Troja in Flammen er sah und niedergestürzt sein
Pergamus, ihn, der einst so vielen Völkern und Ländern

regnatorem Asiae. iacet ingens litore truncus
avolsumque umeris caput et sine nomine corpus.
 At me tum primum saevos circumstetit horror.
obstipui; subiit cari genitoris imago, 560
ut regem aequaevom crudeli volnere vidi
vitam exhalantem, subiit deserta Creusa
et direpta domus et parvi casus Iuli.
respicio et, quae sit me circum copia, lustro:
deseruere omnes defessi et corpora saltu 565
ad terram misere aut ignibus aegra dedere.
 [Iamque adeo super unus eram, cum limina Vestae
servantem et tacitam secreta in sede latentem
Tyndarida adspicio; dant clara incendia lucem
erranti passimque oculos per cuncta ferenti. 570
illa sibi infestos eversa ob Pergama Teucros
et Danaum poenam et deserti coniugis iras
praemetuens, Troiae et patriae communis erinys,
abdiderat sese atque aris invisa sedebat.
exarsere ignes animo; subit ira cadentem 575
ulcisci patriam et sceleratas sumere poenas.
'scilicet haec Spartam incolumis patriasque Mycenas
adspiciet partoque ibit regina triumpho
coniugiumque domumque patres natosque videbit,
Iliadum turba et Phrygiis comitata ministris, 580
occiderit ferro Priamus, Troia arserit igni,
Dardanium totiens sudarit sanguine litus?
non ita. namque etsi nullum memorabile nomen
feminea in poena est, habet haec victoria laudem:
extinxisse nefas tamen et sumpsisse merentis 585
laudabor poenas, animumque explesse iuvabit
ultricis famae et cineres satiasse meorum.'
talia iactabam et furiata mente ferebar,]
cum mihi se non ante oculis tam clara videndam
obtulit et pura per noctem in luce refulsit 590
alma parens, confessa deam qualisque videri
caelicolis et quanta solet, dextraque prehensum

Asiens machtvoll gebot. Ein Rumpf liegt riesig am Strande,
abgehaun von den Schultern das Haupt, ohne Namen ein Leichnam.
  Mich aber packte erst jetzt allseits ein grauses Entsetzen.
Starr stand ich: es stieg in mir auf das Bild meines Vaters,
als ich den König, von Alter ihm gleich, an grausamer Wunde
sterben sah: Crëusas gedacht ich, die ich allein ließ,
sah mein Haus schon geplündert, im Unglück den kleinen Iulus.
Umschau halte ich, spähe umher nach der Menge der Freunde:
alle sind fort, todmatt; sie ließen im Sprung sich zur Erde
fallen oder sie warfen sich, lebensmüde, ins Feuer.
[Und schon war ich allein noch übrig; da aber sah des
Tyndarus Tochter ich kauern auf Vestas Schwelle und stumm sich
bergen an einsamer Stätte; mir leuchten als Fackeln die Brände,
als ich dort irre und alles ringsum mit den Augen durchsuche.
Angstvoll den Haß der Teukrer erwartend, da Pergamus hinsank,
angstvoll der Danaer Strafe, den Zorn des verlassenen Gatten,
hatte sie, Trojas und des eigenen Vaterlands Fluchgeist,
hier sich versteckt und hockte — noch nicht entdeckt — am Altare.
Glühend entbrennt mein Herz und es regt sich der Zornwunsch, mein
Vaterland nun zu rächen, mit frevelnder Hand sie zu strafen.   [fallend
„Die hier — freilich! — soll heil wieder Sparta, die Heimat Mykene
sehen und soll als Königin ziehn im verdienten Triumphe!
Ehegemeinschaft und Haus sieht sie und Väter und Kinder,
Iliums Töchter als dienend Gefolge und Phrygierinnen,
ob auch Priamus fiel durchs Schwert und Troja durch Feuer,
ob von Blut auch triefte so oft Dardaniums Küste?
Nein, so nicht! Mag nimmer auch Strafe, vollzogen am Weibe,
ehrenden Namen verleihn, e i n Löbliches hat dieser Sieg doch:
ausgelöscht immerhin dies Scheusal und es gestraft zu
haben nach Recht, bleibt Ruhm, Lust bleibt's, mein Herz an des Rächer:
Rufe gelabt und die Asche der Meinen gesättigt zu haben."
Derlei stieß ich aus und ließ von Wut mich verblenden.]
Da bot klar wie nie zuvor meinen Augen zu sehen
hold die Mutter sich dar, durchstrahlte in lauterem Lichte
milde die Nacht, trat auf als Göttin, schön und erhaben,
wie sie den Himmelsbewohnern sich zeigt; mit der Rechten ergriff und

continuit roseoque haec insuper addidit ore:
'nate, quis indomitas tantus dolor excitat iras,
quid furis aut quonam nostri tibi cura recessit? 595
non prius adspicies, ubi fessum aetate parentem
liqueris Anchisen, superet coniunxne Creusa
Ascaniusque puer? quos omnes undique Graiae
circum errant acies et, ni mea cura resistat,
iam flammae tulerint inimicus et hauserit ensis. 600
non tibi Tyndaridis facies invisa Lacaenae
culpatusve Paris: divom inclementia, divom
has evertit opes sternitque a culmine Troiam.
adspice — namque omnem, quae nunc obducta tuenti
mortalis hebetat visus tibi et umida circum 605
caligat, nubem eripiam; tu ne qua parentis
iussa time neu praeceptis parere recusa —
hic, ubi disiectas moles avolsaque saxis
saxa vides mixtoque undantem pulvere fumum,
Neptunus muros magnoque emota tridenti 610
fundamenta quatit totamque a sedibus urbem
eruit. hic Iuno Scaeas saevissima portas
prima tenet sociumque furens a navibus agmen
ferro accincta vocat.
iam summas arces Tritonia — respice — Pallas 615
insedit nimbo effulgens et Gorgone saeva.
ipse pater Danais animos virisque secundas
sufficit, ipse deos in Dardana suscitat arma.
eripe, nate, fugam finemque inpone labori.
nusquam abero et tutum patrio te limine sistam.' 620
dixerat, et spissis noctis se condidit umbris.
adparent dirae facies inimicaque Troiae
numina magna deum.

   Tum vero omne mihi visum considere in ignis
Ilium et ex imo verti Neptunia Troia; 625
ac veluti summis antiquam in montibus ornum
cum ferro accisam crebrisque bipennibus instant
eruere agricolae certatim, illa usque minatur

ZWEITES BUCH

hielt sie mich fest und sprach überdies mit rosigem Munde:
„Sohn, welch heftiger Schmerz weckt Zorn ohne Zaum dir und Zügel?
Sprich, was wütest du? Wo blieb all deine Sorge um uns denn?
Wirst du nicht lieber doch sehn, wo Anchises, den altersgeschwächten
Vater, du ließest und ob deine Gattin Crëusa noch lebt, dein
Knabe Askanius? Alle umdräut überall schon der Griechen
Kriegerschar, und wenn nicht meine Sorge es wehrte,
wären sie längst ein Opfer der Flammen und feindlicher Schwerter.
Nicht sei dir verhaßt der Lakonerin Helena Antlitz,
klage auch Paris nicht an: der Götter Härte, der Götter,
rottete aus diese Macht und stürzte das ragende Troja.
Auf schau! — denn die Wolke, die jetzt beim Schauen dein sterblich
Auge umhüllt und stumpf und feucht mit Finsternis ringsum
lastet, ich reiße nun ganz sie fort; du fürchte der Mutter
Weisung nicht und weigere dich nicht, ihrer Vorschrift zu folgen. —
Hier, wo zersprengt die Quadern du siehst und Steine von Steinen
niedergewälzt und qualmenden Rauch, durchwirbelt vom Staube,
bricht Neptun die Mauern, zersprengt mit mächtigem Dreizack
jeglich Fundament und reißt vom Sitze die ganze
Stadt; dort hält das Skäische Tor die grimmige Juno
vorne besetzt, und waffenumgürtet ruft sie nun rasend
her von den Schiffen das Heer der Verbündeten.
Schon besetzte — schau um! — Tritonia Pallas die Zinnen
oben der Burg, blitzt her aus Gewölk und dräut mit der Gorgo.
Juppiter selbst leiht Mut den Danaern, leiht zum Erfolg die
Kraft, reizt selbst die Götter zum Kampf gegen Dardanerwaffen.
Fliehe denn, Sohn, flieh schnell und setze ein Ende der Mühsal.
Nirgends verlaß ich dich, bringe dich heil zur Schwelle des Vaters."
Also sprach sie und schwand in dichten, nächtlichen Schatten.
Da erscheinen Dämonengesichter, feindlich in Troja
waltende große Mächte der Götter.

Jetzt aber schien ganz Ilion mir zu versinken im Feuer,
Troja, erbaut von Neptun, grundauf vernichtet zu werden;
wie wenn hoch im Gebirg eine uralte Esche zu fällen
Bauern im Wettstreit sich mühn; sie schneiden mit Eisen sie an und
schwingen Schlag auf Schlag die Axt; der Baum aber dräut noch

        et tremefacta comam concusso vertice nutat,
        volneribus donec paulatim evicta supremum   630
        congemuit traxitque iugis avolsa ruinam.
        descendo ac ducente deo flammam inter et hostis
        expedior; dant tela locum flammaeque recedunt.

    Atque ubi iam patriae perventum ad limina sedis
        antiquasque domos, genitor, quem tollere in altos   635
        optabam primum montis primumque petebam,
        abnegat excisa vitam producere Troia
        exsiliumque pati. 'vos o, quibus integer aevi
        sanguis' ait 'solidaeque suo stant robore vires,
        vos agitate fugam.   640
        me si caelicolae voluissent ducere vitam,
        has mihi servassent sedes. satis una superque
        vidimus excidia et captae superavimus urbi.
        sic o sic positum adfati discedite corpus.
        ipse manu mortem inveniam, miserebitur hostis   645
        exuviasque petet. facilis iactura sepulcri.
        iam pridem invisus divis et inutilis annos
        demoror, ex quo me divom pater atque hominum rex
        fulminis adflavit ventis et contigit igni.'

    Talia perstabat memorans fixusque manebat.   650
        nos contra effusi lacrimis coniunxque Creusa
        Ascaniusque omnisque domus, ne vertere secum
        cuncta pater fatoque urgenti incumbere vellet.
        abnegat, inceptoque et sedibus haeret in isdem.
        rursus in arma feror mortemque miserrimus opto.   655
        nam quod consilium aut quae iam fortuna dabatur ?
        'mene efferre pedem, genitor, te posse relicto
        sperasti, tantumque nefas patrio excidit ore?
        si nihil ex tanta superis placet urbe relinqui
        et sedet hoc animo perituraeque addere Troiae   660
        teque tuosque iuvat, patet isti ianua leto,
        iamque aderit multo Priami de sanguine Pyrrhus,
        gnatum ante ora patris, patrem qui obtruncat ad aras.
        hoc erat, alma parens, quod me per tela, per ignis

immer und bebt bis ins Laub und schwankt mit erschüttertem Wipfel,
bis er, mählich von Wunden besiegt, zum letzten Male
tief aufstöhnt und nieder zum Sturz hinbricht von der Höhe.
Nieder nun steig ich, göttlich geführt zwischen Flammen und Feinden,
komme ich durch: Raum gibt das Geschoß, es weichen die Flammen.

Schon war ich da an der Schwelle des väterlichen Besitzes
wieder im alten Haus; da sagte der Vater, den gleich zum
hohen Gebirge zu bringen ich wünschte und dringend ermahnte,
nicht mehr wolle nach Trojas Sturz sein Leben er fristen,
nicht die Verbannung ertragen. Er rief: „O ihr, denen frisch noch
pulst ein jugendlich Blut, kernfest noch stehen die Kräfte,
ihr sollt eilen zur Flucht!
Hätten die Himmelsbewohner gewollt, daß länger ich lebte,
hätten sie wohl diesen Sitz mir bewahrt: schon übergenug, daß
einen Sturz wir gesehn und den Fall der Stadt überlebten.
Ruft „Fahr wohl!" dem so, ach, so gebetteten Leib und
geht! Selbst finde ich kämpfend den Tod, ein Feind wird Erbarmen
zeigen und Beute verlangen; was soll der Verlust mir des Grabes?
Längst schon bin ich den Göttern verhaßt, und nutzlos durch Jahre
schlepp ich mich, seit der Vater der Götter, der König der Menschen
mich umlohte mit wehendem Blitz, mich lähmte mit Feuer."

Also sprach er, verharrte dabei und blieb unbeweglich.
Wir aber brachen in Tränen nun aus, Crëusa, mein Weib, mein
Knabe Askanius, alle im Haus: nicht solle der Vater
alles zerstören mit sich, nicht dräuendes Schicksal noch drängen;
er schlägt's ab, hält fest am Entschluß, nicht weicht er vom Sitze.
Mich reißt's wieder zum Kampf, höchst elend wünsche ich Tod mir.
Denn was bot sich an Rat, was bot sich jetzt noch an Aussicht?
„Ich wär fähig — das hast du gedacht, mein Vater — ich könnte
ohne dich fliehn? Sprach solchen Frevel der Mund meines Vaters?
Soll denn nach Götterbeschluß aus der mächtigen Stadt nichts bleiben,
steht dein Entschluß und beliebt es, in Trojas Sturz mitzureißen
dich und die Deinen dazu: das Tor steht frei solchem Tode.
Bald, vom Blute noch triefend des Priamus, nahet sich Pyrrhus,
der vor dem Vater den Sohn und den Vater erschlug am Altare;
holdeste Mutter, das war's, warum durch Geschosse, durch Flammen

eripis, ut mediis hostem in penetralibus utque 665
Ascanium patremque meum iuxtaque Creusam
alterum in alterius mactatos sanguine cernam?
arma, viri, ferte arma; vocat lux ultima victos.
reddite me Danais, sinite instaurata revisam
proelia. numquam omnes hodie moriemur inulti.' 670
  Hinc ferro accingor rursus clipeoque sinistram
insertabam aptans meque extra tecta ferebam.
ecce autem complexa pedes in limine coniunx
haerebat parvomque patri tendebat Iulum:
'si periturus abis, et nos rape in omnia tecum; 675
sin aliquam expertus sumptis spem ponis in armis,
hanc primum tutare domum. cui parvos Iulus,
cui pater et coniunx quondam tua dicta relinquor?'
  Talia vociferans gemitu tectum omne replebat,
cum subitum dictuque oritur mirabile monstrum. 680
namque manus inter maestorumque ora parentum
ecce levis summo de vertice visus Iuli
fundere lumen apex, tactuque innoxia mollis
lambere flamma comas et circum tempora pasci.
nos pavidi trepidare metu crinemque flagrantem 685
excutere et sanctos restinguere fontibus ignis.
at pater Anchises oculos ad sidera laetus
extulit et caelo palmas cum voce tetendit:
'Iuppiter omnipotens, precibus si flecteris ullis,
adspice nos; hoc tantum et si pietate meremur, 690
da deinde auxilium, pater, atque haec omina firma.'
  Vix ea fatus erat senior, subitoque fragore
intonuit laevom et de caelo lapsa per umbras
stella facem ducens multa cum luce cucurrit.
illam summa super labentem culmina tecti 695
cernimus Idaea claram se condere silva
signantemque vias; tum longo limite sulcus
dat lucem et late circum loca sulpure fumant.
hic vero victus genitor se tollit ad auras
adfaturque deos et sanctum sidus adorat: 700

du mich entrafft: ich sollte den Feind im innersten Hause,
sollte Askanius und meinen Vater, sollte Crëusa
hingeschlachtet, den einen im Blut des anderen sehen?
Waffen, Männer, nur Waffen! Nun ruft der Tod die Besiegten.
Bringt mich den Danaern wieder, laßt neue Kämpfe mich sehen!
Wahrlich, nicht alle verfallen wir heut einem Tod ohne Rache."

Gleich umgürte ich wieder das Schwert und suche die Linke
einzupassen dem Schild und will dann fort aus dem Hause.
Da aber, noch auf der Schwelle, umfing mein Weib mir die Füße,
hängte sich fest und zeigte dem Vater den kleinen Iulus:
„Stürmst du zum Tod, reiß mit dir auch uns in jegliches Schicksal.
Setzest begründete Hoffnung indes du hier auf die Waffen,
schütze zunächst dies Haus! Wem läßt du den kleinen Iulus,
wem den Vater, wem mich, die du Gattin einst nanntest, zurück hier?"

Also rief sie und ließ das Haus rings tönen vom Jammer.
Da offenbarte sich — Wunder zu sagen — ein plötzliches Zeichen:
Denn vor Augen und unter den Händen der gramvollen Eltern
siehe, da ward gesehen auf Iulus Scheitel ein zartes
Flämmchen, verströmete Licht, die Flamme tat keinen Schaden,
leckte ums weiche Haar und umweidete rings seine Schläfen.
Zittern befiel uns und Angst, wir wollten ersticken des Haares
Flamme, mit Wasser löschen sofort das heilige Feuer.
Aber Anchises, der Vater, hob froh zu den Sternen die Augen,
streckte zum Himmel die Hände empor und betete also:
„Juppiter, lässest, Allmächtiger, du durch Bitten dich beugen,
sieh uns an, und wenn wir so viel durch Ehrfurcht verdienen,
dann steh, Vater, uns bei: bekräftige hier diese Zeichen."

Kaum sprach also der Greis, da rollte plötzlich mit Krachen
Donner von links, es glitt vom Himmel herab durch die Schatten
strahlenden Lichtes ein Stern, flog hin mit brennender Fackel.
Hochher sehen wir ihn da gleiten über des Hauses
Dach und hell sich bergen im Wald des Idagebirges,
rings bezeichnend die Wege; dann spendet die Furche mit langem
Streifen noch Licht, weit raucht umher von Schwefel die Gegend.
Hier nun vollends besiegt erhob sich vom Sitze der Vater,
sprach zu den Göttern, verehrte des Sternes heiliges Wunder:

'iam iam nulla mora est; sequor et qua ducitis adsum.
di patrii, servate domum, servate nepotem.
vestrum hoc augurium vestroque in numine Troia est.
cedo equidem nec, nate, tibi comes ire recuso.'
dixerat ille, et iam per moenia clarior ignis 705
auditur propiusque aestus incendia volvont.
'ergo age, care pater, cervici inponere nostrae;
ipse subibo umeris nec me labor iste gravabit.
quo res cumque cadent, unum et commune periclum,
una salus ambobus erit. mihi parvos Iulus 710
sit comes, et longe servet vestigia coniunx.
vos, famuli, quae dicam animis advertite vestris.
est urbe egressis tumulus templumque vetustum
desertae Cereris iuxtaque antiqua cupressus
religione patrum multos servata per annos: 715
hanc ex diverso sedem veniemus in unam.
tu, genitor, cape sacra manu patriosque penatis;
me bello e tanto digressum et caede recenti
attrectare nefas, donec me flumine vivo
abluero.' 720
haec fatus latos umeros subiectaque colla
veste super fulvique insternor pelle leonis
succedoque oneri; dextrae se parvos Iulus
inplicuit sequiturque patrem non passibus aequis,
pone subit coniunx. ferimur per opaca locorum; 725
et me, quem dudum non ulla iniecta movebant
tela neque adverso glomerati examine Grai,
nunc omnes terrent aurae, sonus excitat omnis
suspensum et pariter comitique onerique timentem.
iamque propinquabam portis omnemque videbar 730
evasisse viam, subito cum creber ad auris
visus adesse pedum sonitus, genitorque per umbram
prospiciens 'nate' exclamat 'fuge, nate, propinquant;
ardentis clipeos atque aera micantia cerno.'
hic mihi nescio quod trepido male numen amicum 735
confusam eripuit mentem. namque avia cursu

„Jetzt, jetzt gilt kein Verzug: ich bin eurer Führung gewärtig,
Vaterlandsgötter, bewahret mein Haus, bewahret den Enkel.
Ihr, ihr gabt dies Zeichen, in eurer Macht ruht Troja.
Jetzt ergebe ich mich, mein Sohn, und folge dir willig."
Sprach's, und schon die Mauern hindurch wird klarer des Feuers
Prasseln gehört, es wälzen die Brände näher die Gluten.
„Auf denn, lieber Vater, so setze dich auf meinen Nacken,
Hier, ich biete die Schultern dir dar: nicht drückt diese Last mich.
Mag immer kommen, was will: vereint trifft gleiche Gefahr uns,
gleiches Heil wird beiden zuteil. Der kleine Iulus
sei mein Begleiter, es folge von fern mir achtsam die Gattin.
Ihr aber, Diener, beachtet genau nun, was ich euch sage:
Wer aus der Stadt geht, sieht einen Hügel und uralten Cerestempel
im einsamen Land, dabei eine alte Zypresse,
lange Jahre hindurch verehrt vom Glauben der Väter:
hier nun treffen wir wieder von hüben und drüben zusammen.
Nimm du, Vater, das heilige Gut, der Väter Penaten,
mir, der aus solchem Kriege erst kam, aus triefendem Blutbad,
bleibt die Berührung verwehrt, bis ich in strömenden Flüssen
rein wieder ward."
Also sprach ich und nahm um die breiten Schultern und um den
niedergebeugten Nacken ein Tuch, des gelblichen Löwen
Fell, und hob meine Last; zur Rechten hängte der kleine
Julus sich ein und folgte ungleichen Schrittes dem Vater.
Hinter uns ging die Gattin; wir eilten durchs Dämmern der Lande.
Und mich, den noch jüngst kein Speerwurf irgendwie schreckte,
nicht die dichtandrängende Schar der feindlichen Griechen,
schreckt jetzt jeglicher Hauch der Luft, jagt jedes Geräusch in
Angst, denn ich fürchte zugleich für die Bürde und für den Begleiter.
Schon kam nah ich dem Tor und meinte schon glücklich den ganzen
Weg überstanden zu haben, als plötzlich ein lärmender Schall von
Schritten ans Ohr zu dröhnen uns schien: mein Vater, durchs Dunkel
vorspähend, rief: „Mein Sohn, entflieh, mein Sohn! denn sie nahen:
blitzen sehe die Schilde ich schon und funkeln die Panzer."
Hier entriß eine übelgesinnte Gottheit mir ganz den
angstbetörten Verstand: denn während durch wegloses Feld ich

dum sequor et nota excedo regione viarum,
heu misero coniunx fatone erepta Creusa
substitit erravitne via seu lapsa resedit?
incertum, nec post oculis est reddita nostris. 740
nec prius amissam respexi animumque reflexi,
quam tumulum antiquae Cereris sedemque sacratam
venimus; hic demum collectis omnibus una
defuit et comites, natumque virumque, fefellit.
quem non incusavi amens hominumque deorumque 745
aut quid in eversa vidi crudelius urbe?
Ascanium Anchisenque patrem Teucrosque penatis
commendo sociis et curva valle recondo.
ipse urbem repeto et cingor fulgentibus armis.
stat casus renovare omnis omnemque reverti 750
per Troiam et rursus caput obiectare periclis.
principio muros obscuraque limina portae,
qua gressum extuleram, repeto et vestigia retro
observata sequor per noctem et lumine lustro:
horror ubique animo, simul ipsa silentia terrent. 755
inde domum, si forte pedem, si forte tulisset,
me refero; inruerant Danai et tectum omne tenebant.
ilicet; ignis edax summa ad fastigia vento
volvitur, exsuperant flammae, furit aestus ad auras.
procedo et Priami sedes arcemque reviso. 760
et iam porticibus vacuis Iunonis asylo
custodes lecti Phoenix et dirus Ulixes
praedam adservabant. huc undique Troïa gaza
incensis erepta adytis mensaeque deorum
crateresque auro solidi captivaque vestis 765
congeritur. pueri et pavidae longo ordine matres
stant circum.
ausus quin etiam voces iactare per umbram
inplevi clamore vias maestusque Creusam
nequiquam ingeminans iterumque iterumque vocavi. 770
quaerenti et tectis urbis sine fine furenti
infelix simulacrum atque ipsius umbra Creusae

renne und haste und weit vom bekannten Weg mich entferne,
ach, blieb da, entrissen vom Unglücksschicksal, Crëusa
stehn oder irrte vom Weg oder fiel sie und konnte nicht weiter?
Ungewiß bleibt's: sie kam uns danach nicht wieder vor Augen.
Selber auch achtete ich der Verlorenen eher nicht, bis wir
kamen zum Hügel der altehrwürdigen Ceres und ihrem
heiligen Sitz. Erst jetzt, als alle beisammen, da fehlte
einzig sie zum Schreck der Begleiter, des Sohns und des Gatten.
Wen hab sinnlos nicht ich verklagt von Menschen und Göttern,
oder was sah ich im Sturze der Stadt wohl Härteres jemals?
Meinen Askanius, Vater Anchises und Trojas Penaten
laß ich im Schutz der Gefährten zurück in der Krümmung des Tales.
Selbst enteile ich wieder zur Stadt, umblitzt von der Rüstung,
fest von neuem zu allem bereit, zurück wieder durch ganz
Troja zu gehn und jeder Gefahr die Stirne zu bieten.
Gleich zu den Mauern zunächst und der dunklen Schwelle des Tores,
wo ich herauskam, kehr ich zurück und folge den Spuren,
wo sie sich bieten bei Nacht: scharf späht mein Auge durchs Dunkel.
Ringsum lauert Entsetzen, voll Schrecken ist selber die Stille.
Weiter dann geh ich zum Hause, ob etwa, ob etwa sie dorthin
wäre — — doch Danaer hatten das Haus schon völlig in Händen.
Aus ist's; windgepeitscht wälzt hoch zum Giebel empor sich
fressend Feuer, die Flamme frohlockt, Glut rast in die Lüfte.
Weiter geh ich zum Sitz und zur Burg des Priamus wieder.
Leer schon stehen die Hallen; in Junos heiliger Freistatt
hüteten nun erlesene Wächter, Phönix und er, der
grause Ulixes, die Beute; hierhin von überallher wird
Trojas Reichtum geschleppt, entrafft aus dem Brande der Tempel:
Tische der Götter und Krüge, massiv aus Gold, und Gewandung,
Raubgut! Kinder und Mütter voll Angst in langer Reihe
stehn umher.
Ich aber wagte sogar laut hin durchs Dunkel zu rufen,
füllte mit klagendem Schrei die Straßen, rief nach Crëusa
immer umsonst, „Crëusa!" rief ich und wieder „Crëusa!"
Also suchte und stürmte ich wild durch die Häuser der Stadt hin.
Da erschien ein Unglücksbild, der Schatten Crëusas,

visa mihi ante oculos et nota maior imago.
obstipui steteruntque comae et vox faucibus haesit.
tum sic adfari et curas his demere dictis: 775
'quid tantum insano iuvat indulgere dolori,
o dulcis coniunx? non haec sine numine divom
eveniunt; nec te comitem hinc portare Creusam
fas aut ille sinit superi regnator Olympi.
longa tibi exsilia et vastum maris aequor arandum 780
et terram Hesperiam venies, ubi Lydius arva
inter opima virum leni fluit agmine Thybris.
illic res laetae regnumque et regia coniunx
parta tibi: lacrimas dilectae pelle Creusae.
non ego Myrmidonum sedes Dolopumve superbas 785
adspiciam aut Grais servitum matribus ibo,
Dardanis et divae Veneris nurus,
sed me magna deum genetrix his detinet oris.
iamque vale et nati serva communis amorem.'
haec ubi dicta dedit, lacrimantem et multa volentem 790
dicere deseruit tenuisque recessit in auras.
ter conatus ibi collo dare bracchia circum,
ter frustra comprensa manus effugit imago,
par levibus ventis volucrique simillima somno.

Sic demum socios consumpta nocte reviso, 795
atque hic ingentem comitum adfluxisse novorum
invenio admirans numerum, matresque virosque,
collectam exsilio pubem, miserabile volgus.
undique convenere animis opibusque parati,
in quascumque velim pelago deducere terras. 800
iamque iugis summae surgebat Lucifer Idae
ducebatque diem Danaique obsessa tenebant
limina portarum, nec spes opis ulla dabatur.
cessi et sublato montis genitore petivi.

mir vor Augen; ihr Bild überragte die mir einst Vertraute.
Starr stand ich, die Haare gesträubt, mir stockte die Stimme.
Gleich aber sprach sie und nahm mir mit diesen Worten den Kummer:
„Was nur frommt's, sich heillos so dem Schmerze zu lassen,
du mein trauter Gemahl? Nicht ohne das Walten der Götter
wird es gefügt, nicht ist dir's bestimmt, von hier mit Crëusa
fortzuziehn, nicht läßt dies zu des Olympus Beherrscher.
Weitfort wirst du verbannt, mußt Meereswüsten durchpflügen,
kommst alsdann in Hesperiens Land, wo der lydische Thybris
sanft hinströmt durch heldengesegnete, fruchtbare Fluren.
Dort ist blühende Macht und ein Reich und Gemahlin aus Königs-
blut dir bestimmt; so beweine nicht mehr die geliebte Crëusa!
I c h werde nimmer der Myrmidonen, der Doloper stolzen
Wohnsitz sehen, nimmer in Dienst zu griechischen Frauen
ziehn, ich Dardanertochter, Gemahlin des Sohnes der Venus.
Mich hält hier am Strande die große Mutter der Götter.
Lebe denn wohl! Dem gemeinsamen Sohn bewahre die Liebe!"
Also sprach sie und ließ mich Weinenden, vieles zu sagen
Wünschenden einsam stehn, entschwand in flüchtige Lüfte.
Dreimal wollte ich dort um den Nacken die Arme ihr schlingen,
dreimal vergeblich umarmt, entrann die Erscheinung den Händen,
leicht wie Winde und ähnlich durchaus dem schwebenden Traume.
   Nun erst geh' ich – die Nacht schwand hin – zurück zu den Freunden.
Und hier finde ich neuer Begleiter riesige Anzahl
hergeströmt und bin voll Staunen, Mütter und Männer,
Jugend, hier zur Verbannung vereint, armselige Menge.
Allseits strömten sie her, mit Mut und Mitteln gerüstet,
mir übers Meer zu folgen in was auch immer für Lande.
Und schon hob sich der Morgenstern überm Idagebirg und
führte den Tag uns herauf; die Danaer hielten der Tore
Schwellen besetzt und nirgendwo bot sich Hoffnung auf Hilfe.
Ich zog fort, auf der Schulter den Vater, und ging zum Gebirge.

III

Postquam res Asiae Priamique evertere gentem
inmeritam visum superis ceciditque superbum
Ilium et omnis humo fumat Neptunia Troia,
diversa exsilia et desertas quaerere terras
auguriis agimur divom, classemque sub ipsa   5
Antandro et Phrygiae molimur montibus Idae
incerti, quo fata ferant, ubi sistere detur,
contrahimusque viros. vix prima inceperat aestas
et pater Anchises dare fatis vela iubebat,
litora cum patriae lacrimans portusque relinquo 10
et campos, ubi Troia fuit; feror exsul in altum
cum sociis natoque penatibus et magnis dis.
  Terra procul vastis colitur Mavortia campis
— Thraces arant — acri quondam regnata Lycurgo,
hospitium antiquom Troiae sociique penates,   15
dum fortuna fuit. feror huc et litore curvo
moenia prima loco fatis ingressus iniquis
Aeneadasque meo nomen de nomine fingo.
  Sacra Dioneae matri divisque ferebam
auspicibus coeptorum operum superoque nitentem   20
caelicolum regi mactabam in litore taurum.
forte fuit iuxta tumulus, quo cornea summo
virgulta et densis hastilibus horrida myrtus.
accessi viridemque ab humo convellere silvam
conatus, ramis tegerem ut frondentibus aras,   25
horrendum et dictu video mirabile monstrum.
nam quae prima solo ruptis radicibus arbos
vellitur, huic atro liquontur sanguine guttae
et terram tabo maculant. mihi frigidus horror
membra quatit gelidusque coit formidine sanguis. 30
rursus et alterius lentum convellere vimen
insequor et causas penitus temptare latentis:
ater et alterius sequitur de cortice sanguis.
multa movens animo nymphas venerabar agrestis
Gradivomque patrem, Geticis qui praesidet arvis, 35

3

Asiens Macht und des Priamus Volk ganz ohne Verschulden
auszurotten, gefiel den Himmlischen; Iliums stolze
Stadt sank hin, rings raucht am Boden Neptunia Troja.
Fern in die Fremde versprengt, verlassene Lande zu suchen,
treiben Sprüche der Götter uns fort; wir bauen die Flotte
nah bei Antandros am Fuß der Berge des Phrygischen Ida,
ungewiß über des Schicksals Ziel, wo Bleiben vergönnt wird.
Mannschaft sammeln wir noch; kaum hatte der Sommer begonnen,
drängte Vater Anchises, dem Schicksal die Segel zu hissen.
Da verlasse ich weinend den Strand meiner Heimat, die Häfen
und die Gefilde, wo Troja stand; aufs Meer zur Verbannung
geht's mit Gefährten und Sohn und den mächtigen Göttern der Heimat.

Fern liegt besiedelt ein Land des Mars mit weiten Gefilden
— Thraker bebauen es — einst beherrscht vom grimmen Lykurgus,
gastlich seit alters mit Troja vereint, vereint die Penaten,
als noch blühte das Glück; hier lande ich, bau' am geschweiften
Ufer die ersten Mauern — mich führte ein feindliches Schicksal —
nenne nach meinem Namen das Volk dieser Stadt „Aeneaden".

Opfer rüstete ich für Venus, die Mutter, und alle
göttlichen Schirmer begonnenen Werks; einen schimmernden Stier auch
wollte ich schlachten dem hohen Beherrscher der Himmelsbewohner.
Zufällig lag in der Nähe ein Hügel, oben entwuchs ihm
Kornelkirsch- und Myrtengebüsch, dicht starrend mit Schäften.
Dorthin ging ich und wollte vom Boden grünendes Strauchwerk
reißen, um so den Altar mit laubigen Zweigen zu kränzen.
Da aber sehe ich — Wunder zu sagen — ein grauenvoll Zeichen.
Denn als das erste Gesträuch mit gebrochenen Wurzeln dem Boden
ausgerupft wird, entquellen ihm Tropfen schwarzen Blutes
und besudeln mit Eiter die Erde; frostiger Schauder
schüttelt die Glieder mir, eisig stockt mir das Blut vor Entsetzen.
Wieder geh' ich daran, eines anderen biegsame Gerte
auszureißen und so das Geheimnis genau zu erforschen.
Schwarz quillt wieder das Blut aus der Rinde des anderen Strauches.
Vieles erwägend, erhob ich mein Flehn zu den ländlichen Nymphen
und zum Vater Gradivus, dem Herrn der getischen Fluren,

rite secundarent visus omenque levarent.
tertia sed postquam maiore hastilia nisu
adgredior genibusque adversae obluctor harenae,
— eloquar an sileam? — gemitus lacrimabilis imo
auditur tumulo et vox reddita fertur ad auris: 40
'quid miserum, Aenea, laceras? iam parce sepulto,
parce pias scelerare manus. non me tibi Troia
externum tulit aut cruor hic de stipite manat.
heu fuge crudelis terras, fuge litus avarum;
nam Polydorus ego. hic confixum ferrea texit 45
telorum seges et iaculis increvit acutis.'
tum vero ancipiti mentem formidine pressus
obstipui steteruntque comae et vox faucibus haesit.

   Hunc Polydorum auri quondam cum pondere magno
infelix Priamus furtim mandarat alendum 50
Threïcio regi, cum iam diffideret armis
Dardaniae cingique urbem obsidione videret.
ille, ut opes fractae Teucrum et Fortuna recessit,
res Agamemnonias victriciaque arma secutus
fas omne abrumpit: Polydorum obtruncat et auro 55
vi potitur — quid non mortalia pectora cogis,
auri sacra fames! — postquam pavor ossa reliquit,
delectos populi ad proceres primumque parentem
monstra deum refero et quae sit sententia posco.
omnibus idem animus scelerata excedere terra, 60
linqui pollutum hospitium et dare classibus austros.
ergo instauramus Polydoro funus: et ingens
aggeritur tumulo tellus; stant manibus arae
caeruleis maestae vittis atraque cupresso,
et circum Iliades crinem de more solutae; 65
inferimus tepido spumantia cymbia lacte
sanguinis et sacri pateras animamque sepulcro
condimus et magna supremum voce ciemus.

   Inde ubi prima fides pelago, placataque venti
dant maria et lenis crepitans vocat auster in altum, 70
deducunt socii navis et litora complent.

recht zum Heil die Erscheinung zu wenden, das Omen zu mildern.
Als ich jedoch das dritte Gesträuch mit größerer Kraft noch
greife und gegen den Sand mit beiden Knien mich stemme,
— sage ich's nun oder schweig ich? — da dringt ein tränenerregend
Jammern hervor aus dem Hügel, ans Ohr tönt deutlich die Stimme:
„Was zerreißt du, Aeneas, mich Armen? Laß ruhn mich im Grabe,
laß deine frommen Hände vom Frevel: nicht bin ich fremd dir,
Troja ist meine Heimat; auch quillt dies Blut nicht vom Holze.
Flieh, ach flieh dieses grausame Land, dies Gestade der Habsucht!
Denn Polydorus bin ich; eine eiserne Saat von Geschossen
deckte mich hier, den Durchbohrten, und wuchs zu spitzigen Speeren."
Da aber packte mich doppelt Entsetzen würgend im Herzen.
Starr stand ich, die Haare gesträubt, mir stockte die Stimme.

D e n Polydorus hatte einst heimlich mit reichlichem Goldschatz
Priamus, ach, der Unglücksfürst, dem Thrakierkönig
anvertraut zur Erziehung, da er Dardaniens Waffen
schon mißtraute, die Stadt von Belagerern rings schon bedrängt sah.
Als nun zerbrochen der Teukrer Macht und Fortuna entwichen,
folgte der Thraker sofort Agamemnons siegreichen Waffen
und brach jegliches Recht: Polydorus erschlug er und nahm das
Gold mit Gewalt. — Wozu nicht treibst du der Sterblichen Herzen,
Gier nach Gold, du Fluch! — Als Angst den Gliedern entschwunden,
melde den Häuptern des Volks, den Erwählten, vor allem dem Vater,
ich die Zeichen der Götter und frage, was sie davon halten.
Alle bestimmen nur eins: das Land des Frevels zu räumen,
fort von den Schändern des Gastrechts zu gehn und weiterzusegeln.
So bestatten wir denn Polydorus: hochauf häuft sich
Erde zum Hügel des Grabes; es stehn den Manen Altäre,
traurig mit dunklen Binden umhüllt und düstrer Zypresse.
Rings — das Haar nach der Sitte gelöst — stehn Iliums Töchter;
Näpfe, schäumend von warmer Milch, und Schalen, gefüllt mit
Opferblute bringen wir dar und bergen im Grab die
Seele und rufen laut ihr nach den letzten der Grüße.

Aber sobald nur verläßlich die Flut und ruhigen Seegang
gönnen die Winde und säuselnder Süd uns ruft in die Weite,
ziehn die Gefährten die Schiffe ins Meer und drängen zum Strande.

provehimur portu terraeque urbesque recedunt.
sacra mari colitur medio gratissima tellus
Nereidum matri et Neptuno Aegaeo,
quam pius arquitenens oras et litora circum 75
errantem Mycono e celsa Gyaroque revinxit
inmotamque coli dedit et contemnere ventos.
huc feror, haec fessos tuto placidissima portu
accipit. egressi veneramur Apollinis urbem.
rex Anius, rex idem hominum Phoebique sacerdos, 80
vittis et sacra redimitus tempora lauro
occurrit, veterem Anchisen adgnovit amicum.
iungimus hospitio dextras et tecta subimus.

    Templa dei saxo venerabar structa vetusto:
'da propriam, Thymbraee, domum; da moenia fessis 85
et genus et mansuram urbem; serva altera Troiae
Pergama, reliquias Danaum atque inmitis Achilli.
quem sequimur, quove ire iubes, ubi ponere sedes?
da, pater, augurium atque animis inlabere nostris.'
vix ea fatus eram: tremere omnia visa repente, 90
liminaque laurusque dei, totusque moveri
mons circum et mugire adytis cortina reclusis.
summissi petimus terram et vox fertur ad auris:
'Dardanidae duri, quae vos a stirpe parentum
prima tulit tellus, eadem vos ubere laeto 95
accipiet reduces. antiquam exquirite matrem.
hic domus Aeneae cunctis dominabitur oris
et nati natorum et qui nascentur ab illis.'
haec Phoebus; mixtoque ingens exorta tumultu
laetitia et cuncti quae sint ea moenia quaerunt, 100
quo Phoebus vocet errantis iubeatque reverti.
tum genitor, veterum volvens monumenta virorum
'audite, o proceres,' ait 'et spes discite vestras.
Creta Iovis magni medio iacet insula ponto,
mons Idaeus ubi et gentis cunabula nostrae. 105
centum urbes habitant magnas, uberrima regna,
maximus unde pater, si rite audita recordor,

Fort aus dem Hafen geht's; und Länder und Städte entschwinden.
Heiliges Land liegt mitten im Meer, eine Insel, lieb der
Mutter der Nereiden und lieb dem aegaeischen Meergott.
Als sie noch Küsten und Ufer umirrte, band sie Apollo,
dankbar, fest an Mýkonus' Höhn und Gyarus, gab ihr
unverrückbaren Sitz und ließ sie verachten die Winde.
Hierhin geht's; sie birgt die Ermüdeten sicher im Hafen.
Nach der Landung begrüßen wir fromm die Stadt des Apollo.
Anius, König des Volkes zugleich und Priester des Phoebus,
festlich die Schläfen mit Binden geschmückt und heiligem Lorbeer,
kommt und erkennt in Anchises den Freund von ehemals wieder.
Gastlich fügen wir Hand in Hand und betreten die Wohnung.

Betend nah' ich dem Tempel, der ragt aus uralten Steinen:
„Gib, Thymbräer, ein eigenes Heim, gib Mauern uns Müden,
Nachkommen, dauernde Stadt, bewahr' die erneuerte Hochburg
Trojas, die übrig der Danaer ließ und der grimme Achilles.
Wer führt uns, wohin heißt du uns ziehn, wo gründen den Wohnsitz?
Vater, gib heiligen Wink, senk ein dich unseren Herzen!"
Kaum gesagt, da sahn wir alles plötzlich erzittern,
Schwelle und Lorbeerhain des Gottes, den ganzen Berg rings
beben; das Heiligste tat sich auf, dumpf dröhnte der Dreifuß.
Nieder zur Erde warfen wir uns: d i e Stimme ins Ohr drang:
„Dardaner, leidengestählt! Das Land, das vom Stamme der Ahnen
euch zuerst einst trug, wird euch, wenn ihr heimkehrt, empfangen
wieder an quellender Brust. Sucht auf die Mutter der Urzeit.
Hier wird das Haus des Aeneas gebieten an allen Gestaden,
hier die Söhne der Söhne und alle, die ihnen entstammen."
So sprach Phoebus; mit lautem Lärm erhob sich ein Sturm des
Jubels und alle fragen, was dies für Mauern denn seien,
wohin Phoebus die Irrenden rufe und Heimkehr befehle.
Antwort gab der Vater, der Alten Weisung erwägend:
„Höret, ihr Edlen!", so sprach er, „und erfahret, was euch verheißen!
Mitten im Meer liegt Kreta, des mächtigen Juppiters Insel,
dort ist das Idagebirge, dort hat unser Volk seine Wiege.
Hundert Städte sind volkreich dort und Herrschaft in Fülle.
Lebt Überlieferung wahr mir im Herzen, so kam unser Urahn

Teucrus Rhoeteas primum est advectus in oras
optavitque locum regno. nondum Ilium et arces
Pergameae steterant; habitabant vallibus imis. 110
hinc mater cultrix Cybeli Corybantiaque aera
Idaeumque nemus, hinc fida silentia sacris,
et iuncti currum dominae subiere leones.
ergo agite et, divom ducunt qua iussa, sequamur,
placemus ventos et Gnosia regna petamus. 115
nec longo distant cursu: modo Iuppiter adsit,
tertia lux classem Cretaeis sistet in oris.'
sic fatus meritos aris mactavit honores,
taurum Neptuno, taurum tibi, pulcher Apollo,
nigram Hiemi pecudem, Zephyris felicibus albam. 120·
 Fama volat pulsum regnis cessisse paternis
Idomenea ducem desertaque litora Cretae,
hoste vacare domum, sedesque adstare relictas.
linquimus Ortygiae portus pelagoque volamus,
bacchatamque iugis Naxon viridemque Donusam 125
Olearon niveamque Paron sparsasque per aequor
Cycladas et crebris legimus freta concita terris.
nauticus exoritur vario certamine clamor;
hortantur socii Cretam proavosque petamus.
prosequitur surgens a puppi ventus euntis, 130
et tandem antiquis Curetum adlabimur oris.
ergo avidus muros optatae molior urbis
Pergameamque voco et laetam cognomine gentem
hortor amare focos arcemque attollere tectis.
iamque fere sicco subductae litore puppes, 135
conubiis arvisque novis operata iuventus,
iura domosque dabam, subito cum tabida membris
corrupto caeli tractu miserandaque venit
arboribusque satisque lues et letifer annus.
linquebant dulcis animas aut aegra trahebant 140
corpora, tum steriles exurere Sirius agros,
arebant herbae et victum seges aegra negabat.
rursus ad oraclum Ortygiae Phoebumque remenso

DRITTES BUCH 101

Teukrus einst von dort zuerst zum Gestade Rhoeteums
und begehrte zum Reiche das Land; kein Ilium stand, nicht
ragten Pergamus' Burgen; man hauste im Grunde der Täler.
Kreta gab uns die Mutter vom Kybeleberge, den Ida-
hain, korybantische Becken und heiliges Schweigen beim Opfer,
gab das Löwengespann am Wagen der göttlichen Herrin.
Auf denn, lasset uns folgen dem Weg, den Götterwort weiset,
laßt uns versöhnen die Winde und segeln zum gnosischen Reiche.
Nicht ist's weit entfernt; und wenn uns Juppiter beisteht,
läßt schon der dritte Tag uns landen an Kretas Gestaden."
Sprach es und schlachtete gleich am Altar die gebührenden Opfer:
einen Stier dem Neptun, einen Stier dir, schöner Apollo,
schwarzes Lamm dem Sturm, dem freundlichen Westwind ein weißes.

Kunde erreicht uns, Idomeneus sei, der Fürst, aus des Vaters
Reichen verjagt und gewichen, und leer sei Kretas Gestade,
frei von Feinden das Haus, geräumt nun harrten die Sitze.
Fort aus Ortygias Hafen geht's im Flug über Fluten;
Naxos mit bakchendurchtobten Höhn, das grüne Donusa,
Olearon und das schimmernde Paros, verstreute Kykladen
streifen wir, segeln durchs Meer, das Insel auf Insel umbrandet.
Seemannsgeschrei wird laut im Wettstreit bunt durcheinander.
„Auf nach Kreta, dem Lande der Ahnen!" drängen die Freunde.
Hecküber hebt sich der Wind und gibt uns kräftig Geleite,
und so landen wir endlich am uralten Strand der Kureten.
Mauern erbaue ich gleich der ersehnten Stadt voller Eifer,
Nenne sie Pergamusstadt; das Volk, das stolz ist des Namens,
mahn' ich, zu lieben den Herd und der Stadt eine Burg zu erbauen.
Eben erst waren ans trockne Gestade die Schiffe gezogen,
Ehen schloß die Jugend, bestellte die neuen Gefilde,
Satzung gab ich und Wohnstatt, als plötzlich gliederversehrend
aus verpestetem Himmelsstrich und kläglich für Baum und
Saat eine Seuche aufkam, ein Jahr voll Tod und Verderben.
Lebenslicht verlosch, oder jammervoll schleppten den Leib sie
hin; dann brannte der Sirius aus die fruchtlosen Äcker
Kräuter verdorrten, die sieche Saat versagte die Nahrung.
Wieder zu Phoebus zurück, zum Orakel Ortygias übers

hortatur pater ire mari veniamque precari,
quam fessis finem rebus ferat, unde laborum 145
temptare auxilium iubeat, quo vertere cursus.
　Nox erat et terris animalia somnus habebat:
effigies sacrae divom Phrygiique penates,
quos mecum ab Troia mediisque ex ignibus urbis
extuleram, visi ante oculos adstare iacentis 150
in somnis, multo manufesti lumine, qua se
plena per insertas fundebat luna fenestras;
tum sic adfari et curas his demere dictis:
'quod tibi delato Ortygiam dicturus Apollo est,
hic canit et tua nos en ultro ad limina mittit. 155
nos te Dardania incensa tuaque arma secuti,
nos tumidum sub te permensi classibus aequor
idem venturos tollemus in astra nepotes
imperiumque urbi dabimus. tu moenia magnis
magna para longumque fugae ne linque laborem. 160
mutandae sedes. non haec tibi litora suasit
Delius aut Cretae iussit considere Apollo.
est locus — Hesperiam Grai cognomine dicunt —
terra antiqua, potens armis atque ubere glaebae.
Oenotri coluere viri, nunc fama minores 165
Italiam dixisse ducis de nomine gentem:
hae nobis propriae sedes, hinc Dardanus ortus
Iasiusque pater, genus a quo principe nostrum.
surge age et haec laetus longaevo dicta parenti
haud dubitanda refer, Corythum terrasque requirat 170
Ausonias; Dictaea negat tibi Iuppiter arva.'
talibus attonitus visis et voce deorum
— nec sopor illud erat, sed coram adgnoscere voltus
velatasque comas praesentiaque ora videbar,
tum gelidus toto manabat corpore sudor — 175
corripio e stratis corpus tendoque supinas
ad caelum cum voce manus et munera libo
intemerata focis. perfecto laetus honore
Anchisen facio certum remque ordine pando.

Meer zu fahren mahnt uns der Vater, um Gnade zu bitten,
wie den Jammer beende der Gott, von wo er denn Hilfe
für dies Leid zu holen befehle, wohin er uns weise.
  Nacht war's. Tiefer Schlaf umfing die Wesen auf Erden:
Siehe, da standen, als schlummernd ich lag, auf einmal die hehren
Bilder der Götter, Penaten der Phrygier, die ich von Troja
mitten aus flammender Stadt mit mir genommen, vor Augen
sichtbar und greifbar mir, von strahlender Helle umleuchtet,
wo durch die Öffnung der Wand lichtflutend glänzte der Vollmond.
Dann aber sprachen sie, nahmen die Sorgen mit folgenden Worten:
„Was in Ortygia, wärest du dort, Apollo zu künden
hätte, das kündet er hier, schickt selbst uns zu dir an die Schwelle.
Wir sind mit dir seit Dardanias Brand, mit der Macht deiner Waffen.
Unter dir durchmaßen das wogende Meer wir zu Schiffe,
wir auch heben zu Sternen empor die künftigen Enkel,
werden Herrschaft verleihen der Stadt; uns Mächtigen such du
mächtige Mauern, entziehe dich nicht der Last der Verbannung.
Ändern mußt du den Wohnsitz; nicht diese Gestade empfahl der
Delier dir, nicht hieß dich auf Kreta siedeln Apollo.
Höre, es gibt ein Land, Hesperien nennt es der Grieche,
uralt, waffengewaltig, mit fruchtbarer Scholle. Es wohnten
einst Oenotrier dort; die Späteren nannten, so meldet
jetzt die Kunde, ihr Land Italien nach ihrem Führer.
Dort gehört uns das Land, von dort stammt Dardanus, stammt auch
Vater Jasius, er, der Urahn unseres Volkes.
Auf denn, berichte die Worte hier froh dem bejahrten Erzeuger,
hier ist kein Zweifel erlaubt: nach Córythus soll und Ausoniens
Landen er ziehn: es versagt dir Juppiter Kretas Gefilde."
Tiefbestürzt von solchem Gesicht und der Stimme der Götter,
— nicht ein Traum war's sondern leibhaftig glaubt' ich die Züge
und ihr verhülltes Haar, ganz nah ihr Gesicht zu erkennen,
kalter Schweiß rann mir am ganzen Leibe hernieder —
raffe ich gleich vom Lager mich auf und strecke empor zum
Himmel betend die Hände und bringe am Herde die reinen
Gaben des Dankes dar; und froh nach vollendetem Opfer
geb ich Anchises Bescheid, ausführlich in richtiger Ordnung.

adgnovit prolem ambiguam geminosque parentis 180
seque novo veterum deceptum errore locorum.
tum memorat: 'nate Iliacis exercite fatis,
sola mihi talis casus Cassandra canebat.
nunc repeto haec generi portendere debita nostro
et saepe Hesperiam, saepe Itala regna vocare. 185
sed quis ad Hesperiae venturos litora Teucros
crederet aut quem tum vates Cassandra moveret?
cedamus Phoebo et moniti meliora sequamur.'
sic ait, et cuncti dicto paremus ovantes.
hanc quoque deserimus sedem paucisque relictis 190
vela damus vastumque cava trabe currimus aequor.

 Postquam altum tenuere rates nec iam amplius ullae
adparent terrae, caelum undique et undique pontus,
tum mihi caeruleus supra caput adstitit imber
noctem hiememque ferens et inhorruit unda tenebris. 195
continuo venti volvont mare magnaque surgunt
aequora, dispersi iactamur gurgite vasto,
involvere diem nimbi et nox umida caelum
abstulit, ingeminant abruptis nubibus ignes.
excutimur cursu et caecis erramus in undis. 200
ipse diem noctemque negat discernere caelo
nec meminisse viae media Palinurus in unda.
tris adeo incertos caeca caligine soles
erramus pelago, totidem sine sidere noctes.
quarto terra die primum se attollere tandem 205
visa aperire procul montis ac volvere fumum.
vela cadunt, remis insurgimus, haud mora nautae
adnixi torquent spumas et caerula verrunt.
servatum ex undis Strophadum me litora primum
excipiunt. Strophades Graio stant nomine dictae 210
insulae Ionio in magno, quas dira Celaeno
Harpyiaeque colunt aliae, Phineïa postquam
clausa domus mensasque metu liquere priores.
tristius haud illis monstrum nec saevior ulla
pestis et ira deum Stygiis sese extulit undis: 215

Der erkennt das Doppelgeschlecht und die zweifachen Ahnen,
sieht sich aufs neue getäuscht über jene uralten Länder.
Dann spricht er: „Mein Sohn, geprüft in Iliums Schicksal,
einzig Kassandra kündete einst mir solche Geschicke.
Jetzt steigt's auf: dies sah sie als unseres Stammes Bestimmung,
nannte Hesperien oft und oft italische Reiche.
Wer aber hätte geglaubt, Hesperiens Strand sei den Teukrern
später bestimmt, wen traf schon ein Wort der Prophetin Kassandra?
Laßt uns denn weichen dem Phoebus, gewarnt dem Besseren folgen."
Also sprach er. Wir alle gehorchten jubelnd dem Worte,
ließen auch diesen Sitz, nur wenige blieben zurück dort.
Segel prall, fliegt hin durch Meeresweiten die Flotte.

   Hoch auf See schon fuhren die Schiffe, nirgendwo war noch
Land zu sehn, nur Himmel ringsum, ringsum nur die Meerflut.
Da aber wölkte ein düstrer Orkan sich über dem Haupt mir,
Nacht und Sturm im Schoß; aufschauert die Welle im Finstern.
Winde durchwühlen sofort das Meer und mächtig erheben
Fluten sich, wir aber treiben zerstreut im gewaltigen Wirbel.
Stürme verdüstern den Tag, Nachtschwaden rauben des Himmels
Licht, und Blitz auf Blitz zückt her aus berstenden Wolken.
Uns stößt's gleich aus der Bahn, wir irren im blinden Gewoge.
Selbst Palinurus sagt, er könne am Himmel nicht Tag noch
Nacht unterscheiden, noch wisse den Weg er mitten im Meere.
Drei solche Tage voll Unsicherheit in stockblindem Dunkel
irren zur See wir und ebenso viele sternlose Nächte.
Erst am vierten Tag wuchs endlich sichtbar das Land auf,
gab in der Ferne die Berge uns frei und wirbelte Rauch auf.
Segel gerefft nun, rudern wir zu; die Schiffer in Eile
wirbeln, ans Ruder gestemmt, den Schaum und fegen die Bläue.
Mich zuerst, aus den Wogen gerettet, empfängt der Strophaden
Strand. Mit griechischem Namen benannt, stehn da die Strophaden,
Inseln im großen Jonischen Meer, wo die grause Kelaeno
und die andren Harpyien hausen, seitdem jenes Phineus
Haus verschlossen und ängstlich sie meiden die früheren Tische.
Widriger gibt's kein Greuel als sie, und grausiger stieg nie
Pest und Götterzorn empor aus stygischen Wogen.

virginei volucrum voltus, foedissima ventris
proluvies uncaeque manus et pallida semper
ora fame.
huc ubi delati portus intravimus, ecce
laeta boum passim campis armenta videmus   220
caprigenumque pecus nullo custode per herbas.
inruimus ferro et divos ipsumque vocamus
in partem praedamque Iovem; tum litore curvo
exstruimusque toros dapibusque epulamur opimis.
at subitae horrifico lapsu de montibus adsunt   225
Harpyiae et magnis quatiunt clangoribus alas
diripiuntque dapes contactuque omnia foedant
immundo, tum vox taetrum dira inter odorem.
rursum in secessu longo sub rupe cavata
arboribus clausa circum atque horrentibus umbris   230
instruimus mensas arisque reponimus ignem;
rursum ex diverso caeli caecisque latebris
turba sonans praedam pedibus circumvolat uncis,
polluit ore dapes. sociis tunc arma capessant
edico et dira bellum cum gente gerendum.   235
haud secus ac iussi faciunt tectosque per herbam
disponunt enses et scuta latentia condunt.
ergo ubi delapsae sonitum per curva dedere
litora, dat signum specula Misenus ab alta
aere cavo. invadunt socii et nova proelia temptant,   240
obscenas pelagi ferro foedare volucres.
sed neque vim plumis ullam nec volnera tergo
accipiunt, celerique fuga sub sidera lapsae
semesam praedam et vestigia foeda relinquont.
una in praecelsa consedit rupe Celaeno,   245
infelix vates, rumpitque hanc pectore vocem:
'bellum etiam pro caede boum stratisque iuvencis,
Laomedontiadae, bellumne inferre paratis
et patrio Harpyias insontis pellere regno?
accipite ergo animis atque haec mea figite dicta,   250
quae Phoebo pater omnipotens, mihi Phoebus Apollo

Mädchenhaft ist der Gefiederten Antlitz, eklig des Bauches
Unrat, Hände gleich Klauen, und todbleich immer vor Hunger
ist ihr Gesicht.
Als wir hier angetrieben zum Hafen gelangten, da sieh nur,
prächtige Rinderherden erblickten wir rings im Gefilde.
unbehütet weidet die Schar der Ziegen im Grase.
Wir gleich drauf mit dem Schwert, und laden die Götter und laden
Juppiter selbst zu Tafel und Beute. Am Bogen des Strandes
richten wir Lager uns her und halten prangende Tafel.
Plötzlich aber in schrecklichem Flug vom hohen Gebirge
nahn die Harpyien, schlagen mit sausendem Rauschen die Flügel,
plündern das Mahl, besudeln mit schmutzigem Zugriffe alles,
und zum scheußlichen Duft ertönt ihre grausige Stimme.
Wieder im tiefen Winkel, im Schutz eines Felsengewölbes,
rings von Bäumen umschlossen und dunkelschauernden Schatten,
rüsten wir neu das Mahl, entzünden den Brand am Altare.
Wieder vom Himmel, hüben und drüben, aus dunklem Verstecke,
schwirrt die krächzende Schar ums Mahl mit gebogenen Krallen,
schändet das Mahl mit dem Maul; den Gefährten befehl ich, die Waffen
jetzt zu ergreifen und Krieg mit dem grausen Gezüchte zu führen.
Und sie tun, wie befohlen: sie legen die Schwerter verdeckt im
Grase bereit und halten die Schilde heimlich gerüstet;
und sobald der Harpyien Flug durchsaust des Gestades
Krümmung, gibt Misenus von hoher Warte Signal mit
hohlem Erz, unerhörtes Gefecht unternehmen die Freunde,
wollen die scheußlichen Vögel des Meers mit dem Schwerte zuschanden
schlagen; jedoch ihr Gefieder ist hiebfest, keine Verwundung
trifft ihren Rücken; in eiliger Flucht entgleiten sie sternwärts,
halbzerkaut hinterlassen den Raub sie und scheußliche Spuren.
Hoch auf dem Fels läßt nur die eine sich nieder, Kelaeno,
Unglücksseherin, bricht sie aus zu zorniger Rede:
„Krieg obendrein, daß die Rinder ihr schlachtetet und unsre Stiere,
Brut des Laomedon, Krieg zu beginnen, schickt ihr euch an und
jagt harmlose Harpyien fort aus dem Reich ihrer Väter?
Wohl denn, nehmt euch zu Herzen und prägt euch ein meine Worte:
Was der allmächtige Vater dem Phoebus, was Phoebus Apollo

praedixit, vobis Furiarum ego maxima pando.
Italiam cursu petitis ventisque vocatis
ibitis Italiam portusque intrare licebit;
sed non ante datam cingetis moenibus urbem, 255
quam vos dira fames nostraeque iniuria caedis
ambesas subigat malis absumere mensas.'
dixit et in silvam pennis ablata refugit.
at sociis subita gelidus formidine sanguis
deriguit; cecidere animi nec iam amplius armis, 260
sed votis precibusque iubent exposcere pacem,
sive deae seu sint dirae obscenaeque volucres.
et pater Anchises passis de litore palmis
numina magna vocat meritosque indicit honores:
'di, prohibete minas; di, talem avertite casum 265
et placidi servate pios!' tum litore funem
diripere excussosque iubet laxare rudentis.
tendunt vela noti; fugimus spumantibus undis,
qua cursum ventusque gubernatorque vocabat.
iam medio adparet fluctu nemorosa Zacynthos 270
Dulichiumque Sameque et Neritos ardua saxis.
effugimus scopulos Ithacae, Laertia regna,
et terram altricem saevi exsecramur Ulixi.
mox et Leucatae nimbosa cacumina montis
et formidatus nautis aperitur Apollo. 275
hunc petimus fessi et parvae succedimus urbi;
ancora de prora iacitur, stant litore puppes.

 Ergo insperata tandem tellure potiti
lustramurque Iovi votisque incendimus aras
Actiaque Iliacis celebramus litora ludis. 280
exercent patrias oleo labente palaestras
nudati socii, iuvat evasisse tot urbes
Argolicas mediosque fugam tenuisse per hostis.
interea magnum sol circumvolvitur annum
et glacialis hiems aquilonibus asperat undas: 285
aere cavo clipeum, magni gestamen Abantis,

mir weissagte, das künde euch ich, der Furien größte:
Nach Italien drängt eure Fahrt; ihr rufet die Winde
betend und kommt nach Italien, dürft einfahren zum Hafen.
Aber nicht eher umgebt ihr mit Mauern die Stadt der Verheißung,
als bis grimmiger Hunger für blutigen Frevel an uns euch
zwingt, mit Kinnbacken ganz zu zermalmen die Tische der Mahlzeit."
Rief's und hob sich im Fluge davon und barg sich im Walde.
Doch den Gefährten erstarrte sogleich in jähem Entsetzen
eisig das Blut, hinschwand ihr Mut, und nicht mehr mit Waffen,
nein, mit Gelübden und Bitten verlangen sie dringend nach Frieden,
seien es Göttinen nun oder gräulich-abscheuliche Vögel.
Vater Anchises breitet die Arme und ruft vom Gestade
betend die waltenden Mächte, verspricht auch gebührende Opfer:
„Götter, o wehret dem Drohen, verhindert so furchtbares Unglück,
nehmet versöhnt der Frommen euch an!" Dann läßt er vom Strande
reißen das Seil, das Tauwerk der Segel entwirren und lockern.
Südwind schwellt die Segel, wir fliehen durch schäumende Wogen,
fahren, wohin den Lauf nun Wind und Steuermann lenken.
Waldreich zeigt sich mitten im Meer die Insel Zakynthos,
dort liegt Dulichion, Same und Néritos, ragend mit Felsen.
Ithakas Klippen entfliehen wir schnell, dem Reich des Laërtes,
und wir fluchen dem Land, das den grausen Ulixes ernährte.
Sichtbar werden auch bald Leukátes wolkenumwogte
Gipfel, es zeigt sich Apollo bald, der Schrecken der Schiffer.
Dorthin steuern wir müde und steigen hinauf zu der Kleinstadt.
Anker rasseln nieder am Bug; die Hecks stehn am Strande.

Als wir endlich unverhofft wieder Land uns gewonnen
bringen wir Juppiter Sühne und Brandopfer dar am Altare,
Aktiums Küsten verherrlichen wir durch Iliums Spiele,
und den heimischen Ringkampf üben in gleitendem Öle
nackt die Gefährten: uns freut, so vielen argolischen Städten
glücklich entronnen zu sein auf der Flucht ringsum durch die Feinde.
Unterdessen durchläuft die Sonne den Kreis eines Jahres;
rauh tobt eisiger Winter im Nordsturm über die Wogen.
Einen ehernen Schild, die Wehr des gewaltigen Abas,

postibus adversis figo et rem carmine signo:
'AENEAS HAEC DE DANAIS VICTORIBUS ARMA.'
linquere tum portus iubeo et considere transtris.
certatim socii feriunt mare et aequora verrunt. 290
Protinus aërias Phaeacum abscondimus arces
litoraque Epiri legimus portuque subimus
Chaonio et celsam Buthroti accedimus urbem.
 Hic incredibilis rerum fama occupat auris
Priamiden Helenum Graias regnare per urbes 295
coniugio Aeacidae Pyrrhi sceptrisque potitum
et patrio Andromachen iterum cessisse marito.
obstipui miroque incensum pectus amore
compellare virum et casus cognoscere tantos.
progredior portu classes et litora linquens, 300
sollemnis cum forte dapes et tristia dona
ante urbem in luco falsi Simoëntis ad undam
libabat cineri Andromache manisque vocabat
Hectoreum ad tumulum, viridi quem caespite inanem
et geminas, causam lacrimis, sacraverat aras. 305
ut me conspexit venientem et Troïa circum
arma amens vidit, magnis exterrita monstris
deriguit visu in medio, calor ossa reliquit,
labitur et longo vix tandem tempore fatur:
'verane te facies, verus mihi nuntius adfers, 310
nate dea, vivisne aut, si lux alma recessit,
Hector ubi est?' dixit lacrimasque effudit et omnem
inplevit clamore locum. vix pauca furenti
subicio et raris turbatus vocibus hisco:
'vivo equidem, vitamque extrema per omnia duco; 315
ne dubita, nam vera vides.
heu quis te casus deiectam coniuge tanto
excipit, aut quae digna satis fortuna revisit,
Hectoris Andromache, Pyrrhin conubia servas?'
deiecit voltum et demissa voce locuta est: 320
'o felix una ante alias Priameïa virgo,
hostilem ad tumulum Troiae sub moenibus altis

hefte ich vorn an die Pfosten und gebe der Gabe die Inschrift:
„WAFFEN, ENTRISSEN DEN SIEGREICHEN DANAERN, WEIHT HIER
Auszulaufen befehle ich dann und ans Ruder zu gehen. [AENEAS".
Wetteifernd schlagen die Freunde das Meer und fegen die Fluten.
Schnell entziehn wir dem Blick die dunstigen Höhn der Phaeaken,
gleiten am Strand von Epirus entlang und laufen Chaoniens
Hafen an und nahen der ragenden Stadt Buthrotum.

Hier trifft Kunde das Ohr, unglaubliche, wirklicher Dinge:
Helenus, Priamus' Sohn, sei König in griechischen Städten,
er besitze des Pyrrhus, des Aiakosenkels, Gemahl und
Szepter: Andromache sei wieder Weib eines heimischen Gatten.
Staunen ergreift mich, und wunderbar brennt das Herz mir im Drange,
anzusprechen den Mann, zu erkunden so großes Geschehen.
Vorwärts geh' ich vom Hafen, den Strand und die Flotte verlassend,
als durch Zufall ein Opfermahl als Gabe den Toten
vor der Stadt im Hain, am Wasser des falschen Simoïs
eben Andromache weihte der Asche, rufend die Manen
dort an Hektors Hügel, den leer aus grünendem Rasen
sie mit zwei Altären geweiht, um stets dort zu weinen.
Als sie mich herkommen sah und troische Rüstungen ringsum
sah ohn' jedes Begreifen, erschrak sie vor solch einem Wunder
und erstarrte mitten im Sehn, den Gliedern entwich die
Wärme, sie wankte, nach langer Zeit erst sprach sie mit Mühe:
„Stehst du leibhaftig vor mir, kommst her als wirklicher Bote,
Sohn der Göttin, und lebst? Verlosch dir aber das holde
Licht, wo ist dann Hektor?" So sprach sie mit strömenden Tränen,
ließ von Klagen hallen den Hain; ihrem rasenden Schmerz kann
kaum ich ein wenig erwidern und stammle verstört nur und stockend:
„Ja, ich lebe, ich schleppe mein Leben durch äußerste Drangsal;
Zweifle nicht! Denn Wirkliches siehst du!
Ach, welch Los traf dich, die solch eines Gatten beraubt ward?
Oder welch Glück, deiner würdig genug, ward wieder zuteil dir,
Hektors Andromache, bist du vermählt noch immer dem Pyrrhus?"
Nieder senkte ihr Antlitz sie und erwiderte dumpf nur:
„Einzig vor allen beglückt des Priamus Tochter, die Jungfrau,
die am Grabe des Feindes, an Trojas ragenden Mauern,

iussa mori, quae sortitus non pertulit ullos
nec victoris eri tetigit captiva cubile!
nos patria incensa diversa per aequora vectae 325
stirpis Achilleae fastus iuvenemque superbum
servitio enixae tulimus, qui deinde secutus
Ledaeam Hermionen Lacedaemoniosque hymenaeos
me famulo famulamque Heleno transmisit habendam.
ast illum ereptae magno flammatus amore 330
coniugis et scelerum furiis agitatus Orestes
excipit incautum patriasque obtruncat ad aras.
morte Neoptolemi regnorum reddita cessit
pars Heleno, qui Chaonios cognomine campos
Chaoniamque omnem Troiano a Chaone dixit, 335
Pergamaque Iliacamque iugis hanc addidit arcem.
sed tibi qui cursum venti, quae fata dedere
aut quisnam ignarum nostris deus appulit oris?
quid puer Ascanius, superatne et vescitur aura,
quem tibi iam Troia ...? 340
ecqua tamen puero est amissae cura parentis?
ecquid in antiquam virtutem animosque virilis
et pater Aeneas et avonculus excitat Hector?'
talia fundebat lacrimans longosque ciebat
incassum fletus, cum sese a moenibus heros 345
Priamides multis Helenus comitantibus adfert
adgnoscitque suos laetusque ad limina ducit
et multum lacrimas verba inter singula fundit.
procedo et parvam Troiam simulataque magnis
Pergama et arentem Xanthi cognomine rivom 350
adgnosco Scaeaeque amplector limina portae.
nec non et Teucri socia simul urbe fruuntur.
illos porticibus rex accipiebat in amplis:
aulai medio libabant pocula Bacchi
inpositis auro dapibus paterasque tenebant. 355

Iamque dies alterque dies processit, et aurae
vela vocant tumidoque inflatur carbasus austro:
his vatem adgredior dictis ac talia quaeso:

sterben mußte, denn sie trug nicht die Schmach der Verlosung,
brauchte auch nicht als Sklavin zu teilen das Lager des Siegers.
Ich durchfuhr nach dem Brande der Heimat weltweite Meere,
schnöde behandelt vom Sproß des Achilles, trug ich den Stolz des
jungen Mannes, gebar in Knechtschaft. Er aber folgte
Ledas Enkelin Hermione zur Hochzeit nach Sparta.
Mich überließ er dem Helenus dann, dem Sklaven die Sklavin.
Aber Orestes, entflammt von heißer Liebe zur Gattin,
die ihm entrissen, gehetzt von den Furien seines Verbrechens,
traf den Ahnungslosen mit Tod am Altar seines Vaters.
Nach Neoptolemus' Tode erhielt einen Teil seiner Herrschaft
Helenus; er nun schuf den Namen „Chaonische Felder",
nannte „Chaonien" rings das Land nach Chaon aus Troja.
Pergamus baute auf Höhen er hier und Iliums Stadtburg.
Dir aber, was für Winde und Schicksale lenkten die Fahrt dir,
welcher Gott ließ ohne dein Wissen dich hier bei uns landen?
Jung-Askanius, lebt er noch und atmet im Lichte,
den dir doch schon Troja . . .
Hat wohl Kummer der Knabe, da er seine Mutter verloren?
Spornt zu Ahnentugend und männlichem Geiste ihn wohl sein
Vater Aeneas an, ist Vorbild sein Oheim ihm, Hektor?"
Also sprach und sprach sie mit Tränen, gab sich dem Strom der
Klage trostlos hin; da kam aus der Festung der hehre
Helenus, Priamus' Sohn, umwogt von großem Gefolge.
Gleich erkennt er die Seinen und führt uns froh zum Palaste,
und zwischen Wort und Antwort quillt ihm Träne auf Träne.
Vorwärts geht's: Klein-Troja erkenne ich, Pergamus auch, ein
Bild des großen, erkenne das dürftige Rinnsal, mit Namen
Xanthus, am Skäischen Tor umschlinge ich küssend die Schwelle.
Ebenso freun der verbündeten Stadt sich die anderen Teukrer.
Helenus nahm, der Fürst, sie auf im weiten Palaste;
Becher des Bakchus spendeten fromm sie inmitten der Halle,
als im Gold schon prangte das Mahl; sie hoben die Schalen.

Und ein Tag und wieder ein Tag geht hin und die Lüfte
locken die Segel, es bläht sich im schwellenden Winde das Linnen.
So nun spreche den Seher ich an und frage ihn dieses:

'Troiugena interpres divom, qui numina Phoebi,
qui tripodas, Clarii laurus, qui sidera sentis 360
et volucrum linguas et praepetis omina pennae,
fare age — namque omnis cursum mihi prospera dixit
religio et cuncti suaserunt numine divi
Italiam petere et terras temptare repostas;
sola novom dictuque nefas Harpyia Celaeno 365
prodigium canit et tristis denuntiat iras
obscenamque famem — quae prima pericula vito
quidve sequens tantos possim superare labores?'
hic Helenus caesis primum de more iuvencis
exorat pacem divom vittasque resolvit 370
sacrati capitis, meque ad tua limina, Phoebe,
ipse manu multo suspensum numine ducit
atque haec deinde canit divino ex ore sacerdos:
'nate dea — nam te maioribus ire per altum
auspiciis manifesta fides, sic fata deum rex 375
sortitur volvitque vices, is vertitur ordo —
pauca tibi e multis, quo tutior hospita lustres
aequora et Ausonio possis considere portu,
expediam dictis; prohibent nam cetera Parcae
scire Helenum farique vetat Saturnia Iuno. 380
principio Italiam, quam tu iam rere propinquam
vicinosque, ignare, paras invadere portus,
longa procul longis via dividit invia terris.
ante et Trinacria lentandus remus in unda
et salis Ausonii lustrandum navibus aequor 385
infernique lacus Aeaeaeque insula Circae,
quam tuta possis urbem componere terra.
signa tibi dicam, tu condita mente teneto:
cum tibi sollicito secreti ad fluminis undam
litoreis ingens inventa sub ilicibus sus 390
triginta capitum fetus enixa iacebit
alba solo recubans, albi circum ubera nati,
is locus urbis erit, requies ea certa laborum.
nec tu mensarum morsus horresce futuros:

„Trosentsprossener Mittler der Götter, innig vertraut dem
Walten des Phoebus, dem Dreifuß, des Klariers Lorbeer, den Sternen,
auch der Sprache der Vögel und breiten Fittiches Zeichen,
sag doch — denn durchweg hat göttliches Walten die Fahrt mir
glückverheißend verkündet; Italien aufzusuchen,
rieten die Götter mir alle und fernes Land zu erforschen;
nur die Harpyie Kelaeno verkündete — Greuel zu sagen —
unerhört furchtbares Zeichen; sie meldete finsteren Groll und
gräßlichen Hunger — welche Gefahren meide zuerst ich,
welchem Weg kann ich folgen, um solche Mühsal zu meistern?"
Helenus brachte zuerst die Stieropfer dar, wie es Brauch ist,
bat die Götter um Huld; dann löste er seines geweihten
Hauptes Binden und führte zum Tor deines Tempels, o Phoebus,
selber mich hin; ich schwebte in Angst beim Andrang der Gottheit.
Dann verkündete dieses der Priester aus göttlichem Munde:
„Sohn der Göttin, — du ziehst übers Meer auf höhere Weisung,
das ist deutlich verbürgt, so fügt der König der Götter
dir dein Geschick, so lenkt er den Lauf, so kreist die Ordnung. —
Wenig aus vielem will ich dir sagen, damit um so sichrer
gastliches Meer du durchfährst und dann in Ausoniens Hafen
landen kannst; daß Helenus mehr noch wisse, verwehren
ihm die Parzen, verbietet zu künden Saturnia Juno.
Nun zuerst: von Italien, das du so nahe schon wähnst, von
Nachbarhäfen, die, unwissend, du zu erreichen dich anschickst,
trennt dich noch weit unwegsamer Weg durch fern-ferne Lande;
mußt in Trinakriens Wogen zuvor das Ruder noch biegen,
mußt des ausonischen Meeres Flut mit den Schiffen durchqueren
und den Unterweltsee und Aeaea, die Insel der Kirke,
eh dir's vergönnt ist, im sicheren Land deine Stadt zu begründen.
Zeichen künde ich dir; bewahr sie tief im Gedächtnis:
wo dir Sorgenzerquältem am Wasser einsamen Stromes
einst eine riesige Sau sich zeigt: unter Eichen am Ufer
liegt sie, dreißig Frischlinge hat sie soeben geworfen,
weiß am Boden gestreckt und weiß um die Euter die Ferkel,
dort ist der Platz für die Stadt, ist sichere Rast von der Mühsal.
Schaudre auch nicht vor künftigem Biß in die Tische der Mahlzeit;

fata viam invenient aderitque vocatus Apollo. 395
has autem terras Italique hanc litoris oram,
proxima quae nostri perfunditur aequoris aestu,
effuge; cuncta malis habitantur moenia Grais.
hic et Narycii posuerunt moenia Locri
et Sallentinos obsedit milite campos 400
Lyctius Idomeneus, hic illa ducis Meliboei
parva Philoctetae subnixa Petelia muro.
quin ubi transmissae steterint trans aequora classes
et positis aris iam vota in litore solves,
purpureo velare comas adopertus amictu, 405
ne qua inter sanctos ignis in honore deorum
hostilis facies occurrat et omina turbet.
hunc socii morem sacrorum, hunc ipse teneto,
hac casti maneant in religione nepotes.
ast ubi digressum Siculae te admoverit orae 410
ventus et angusti rarescent claustra Pelori,
laeva tibi tellus et longo laeva petantur
aequora circuitu, dextrum fuge litus et undas.
haec loca vi quondam et vasta convolsa ruina
— tantum aevi longinqua valet mutare vetustas — 415
dissiluisse ferunt, cum protinus utraque tellus
una foret; venit medio vi pontus et undis
Hesperium Siculo latus abscidit arvaque et urbes
litore diductas angusto interluit aestu.
dextrum Scylla latus, laevom inplacata Charybdis 420
obsidet atque imo barathri ter gurgite vastos
sorbet in abruptum fluctus rursusque sub auras
erigit alternos et sidera verberat unda.
at Scyllam caecis cohibet spelunca latebris
ora exsertantem et navis in saxa trahentem. 425
prima hominis facies et pulchro pectore virgo
pube tenus, postrema inmani corpore pistrix
delphinum caudas utero commissa luporum.
praestat Trinacrii metas lustrare Pachyni
cessantem longos et circumflectere cursus, 430

Schicksal findet den Weg, dir hilft, den du anrufst, Apollo.
Hier diese Länder jedoch und den Strand der italischen Küste,
die als nächste umbrandet wird von unserem Meere,
meide; dort wohnen in all den Städten tückische Griechen.
Hier erbauten sich ihre Stadt die narykischen Lokrer,
Sallentinergefild besetzte Idomeneus, der mit
Truppen aus Lyktus kam; das kleine Petelia ragt auf
Mauern, die Philoktet, der Held Meliboeas, erbaute.
Ist deine Flotte erst drüben und steht sie jenseits des Meeres,
und du errichtest Altäre und lösest am Strand die Gelübde,
dann umhülle dir Haupt und Haar mit Purpurgewande,
daß nicht, während das Opfer flammt zu Ehren der Götter,
feindlich Gesicht dir widrig begegne und störe die Zeichen.
Wahre den Opferbrauch, du selbst und deine Gefährten;
mögen in Zucht solch heiligem Tun treu bleiben die Enkel.
Treibt dich jedoch, wenn weiter du fährst, an Siziliens Strand der
Wind und lockern die Riegel sich dort des engen Pelorus,
links dann strebe zum Land und weit im Bogen zum linken
Meere; zur Rechten meide den Strand und meide die Wogen.
Hier ward einst durch Gewalt — so heißt es — und riesigen Einsturz
— so viel vermag der Zeit weitreichendes Alter zu ändern —
klaffend die Landschaft zersprengt, wo früher die beiden Lande
eines noch waren; einbrach mit Gewalt das Meer, mit den Wogen
riß es Hesperiens Strand von Sizilien, Fluren und Städte,
nun durch Gestade getrennt, durchspült es in brandender Enge.
Rechts hält Skylla den Strand, links tobt ohne Gnade Charybdis,
und in des Abgrunds Strudel zu innerst schlürft sie die weiten
Fluten in jähem Sturz, und wieder empor in die Lüfte
treibt sie im Wechsel die Flut und peitscht mit den Wogen die Sterne.
Aber die Skylla verbirgt das finstre Versteck einer Höhle,
wenn sie die Köpfe ausreckt und Schiffe schleift in die Felsen.
Vorn ist Menschengestalt, mit schönem Busen ein Mädchen
bis zum Schoß, dann aber mit grausigem Leibe ein Seetier,
am Delphinenschwanze mit Seewolfsbauche verwachsen.
Besser ist's, Trinakriens Berg, die Spitze Pachynums,
langsam und weit zu umsegeln im Bogen, als auch nur einmal

quam semel informem vasto vidisse sub antro
Scyllam et caeruleis canibus resonantia saxa.
praeterea, si qua est Heleno prudentia, vati
si qua fides, animum si veris inplet Apollo,
unum illud tibi, nate dea, proque omnibus unum 435
praedicam et repetens iterumque iterumque monebo:
Iunonis magnae primum prece numen adora,
Iunoni cane vota libens dominamque potentem
supplicibus supera donis, sic denique victor
Trinacria finis Italos mittere relicta. 440
huc ubi delatus Cumaeam accesseris urbem
divinosque lacus et Averna sonantia silvis,
insanam vatem adspicies, quae rupe sub ima
fata canit foliisque notas et nomina mandat.
quaecumque in foliis descripsit carmina virgo, 445
digerit in numerum atque antro seclusa relinquit,
illa manent inmota locis neque ab ordine cedunt;
verum eadem, verso tenuis cum cardine ventus
inpulit et teneras turbavit ianua frondes,
numquam deinde cavo volitantia prendere saxo 450
nec revocare situs aut iungere carmina curat:
inconsulti abeunt sedemque odere Sibyllae.
hic tibi ne qua morae fuerint dispendia tanti,
quamvis increpitent socii et vi cursus in altum
vela vocet possisque sinus inplere secundos, 455
quin adeas vatem precibusque oracula poscas,
ipsa canat vocemque volens atque ora resolvat.
illa tibi Italiae populos venturaque bella
et quo quemque modo fugiasque ferasque laborem
expediet cursusque dabit venerata secundos. 460
haec sunt, quae nostra liceat te voce moneri.
vade age et ingentem factis fer ad aethera Troiam.'

Quae postquam vates sic ore effatus amico est,
dona dehinc auro gravia sectoque elephanto
imperat ad navis ferri stipatque carinis 465
ingens argentum Dodonaeosque lebetas,

unter der grausigen Höhle erblickt zu haben das Scheusal
Skylla und Klüfte, durchklafft vom Gebell der bläulichen Hunde.
Ferner, wenn ahnender Geist in Helenus lebt, wenn der Seher
Glauben verdient, wenn Apollo sein Herz mit Wahrheit erfüllet,
eines dann, du Sohn der Göttin, eines vor allem
will ich dir sagen und mahne dich immer und immer aufs neue:
ehre zuerst im Gebete die Macht der erhabenen Juno,
Juno weihe willig Gelübde, die mächtige Herrin
überwinde durch Gaben voll Demut; so wirst siegreich
endlich zum Italerland du geschickt von Trinakriens Küste.
Hast du Kumae, die Stadt, dann erreicht, sobald du gelandet,
und den heiligen See, den Avernus, rauschend von Wäldern,
dann siehst du die verzückte Prophetin: tief in der Felskluft
kündet sie Schicksal, vertraut den Blättern Zeichen und Namen.
Alles, was immer an Sprüchen die Jungfrau schrieb auf die Blätter,
ordnet nach Zahl sie und läßt es verschlossen zurück in der Grotte.
Fest bleibt Spruch bei Spruch am Platz in gehöriger Ordnung;
ging die Tür aber auf und wehte nur leise ein Windhauch
und hat also die Pforte verwirrt die flüchtigen Blätter,
niemals bemüht sie sich dann, die Sprüche, die wirr durch die Felskluft
fliegen, zu fassen und neu zur Ordnung wieder zu fügen.
Ratlos scheiden die Frager, sind gram dem Sitz der Sibylle.
Hier laß nimmer auch noch so langen Verzug dich gereuen,
mögen auch schelten die Freunde, mag dringend die Fahrt übers Meer auch
rufen die Segel und könntest mit bestem Winde du segeln:
gehe zuvor zur Prophetin und bitte um heilige Weisung,
selbst verkünde sie, öffne voll Huld zum Orakel die Lippen.
Völker Italiens wird sie dir nennen und künftige Kriege;
welche Mühsal du meiden sollst und welche bemeistern,
kündet sie dir, gibt, fromm verehrt, dir glückliche Seefahrt.
So viel durfte dir sagen mein Wort, soweit dich ermahnen.
Auf denn, ans Werk! Erhebe zum Äther voll Macht wieder Troja."
    Als in freundlicher Rede der Seher also gesprochen,
ließ er Geschenke, schwer von Gold und Elfenbeinschnitzwerk,
ihm zu den Schiffen tragen und füllt in die Kiele des Silbers
riesige Mengen und Becken, die ihm Dodona geliefert.

loricam consertam hamis auroque trilicem
et conum insignis galeae cristasque comantis,
arma Neoptolemi. sunt et sua dona parenti.
addit equos additque duces, 470
remigium supplet, socios simul instruit armis.
 Interea classem velis aptare iubebat
Anchises, fieret vento mora ne qua ferenti.
quem Phoebi interpres multo compellat honore:
'coniugio Anchise Veneris dignate superbo, 475
cura deum, bis Pergameis erepte ruinis,
ecce tibi Ausoniae tellus: hanc arripe velis.
et tamen hanc pelago praeterlabare necesse est:
Ausoniae pars illa procul, quam pandit Apollo.
vade' ait 'o felix nati pietate. quid ultra 480
provehor et fando surgentis demoror austros?'
nec minus Andromache digressu maesta supremo
fert picturatas auri subtemine vestes
et Phrygiam Ascanio chlamydem nec cedit honori
textilibusque onerat donis ac talia fatur: 485
'accipe et haec, manuum tibi quae monumenta mearum
sint, puer, et longum Andromachae testentur amorem,
coniugis Hectoreae. cape dona extrema tuorum,
o mihi sola mei super Astyanactis imago.
sic oculos, sic ille manus, sic ora ferebat; 490
et nunc aequali tecum pubesceret aevo.'
hos ego digrediens lacrimis adfabar obortis:
'vivite felices, quibus est fortuna peracta
iam sua; nos alia ex aliis in fata vocamur.
vobis parta quies, nullum maris aequor arandum, 495
arva neque Ausoniae semper cedentia retro
quaerenda. effigiem Xanthi Troiamque videtis,
quam vestrae fecere manus melioribus opto
auspiciis et quae fuerint minus obvia Grais.
si quando Thybrim vicinaque Thybridis arva 500
intraro gentique meae data moenia cernam,
cognatas urbes olim populosque propinquos

auch einen Panzer, dreifach geflochten aus goldenen Ringeln,
und einen prächtigen Kegelhelm mit wallendem Helmbusch,
einst Neoptolemus' Wehr: auch der Vater erhält seine Gaben;
Pferde fügt er hinzu und Lenker;
füllt auch der Ruderer Zahl und versieht die Gefährten mit Waffen.
  Segelfertig ließ unterdes Anchises die Flotte
machen, damit kein Verzug mehr sei beim Wehen des Windes.
Ihn sprach ehrenvoll an des Phoebus kundiger Mittler:
„Du, Anchises, gewürdigt des stolzen Bundes mit Venus,
Götterliebling, zweimal entrissen Pergamus' Sturze,
dir ist bestimmt Ausoniens Land; fahr eiligst hinüber!
Und doch mußt du an ihm vorbei das Meer noch durchgleiten,
weit noch liegt Ausoniens Strand, den dir öffnet Apollo.
Geh denn, beglückt durch die Liebe des Sohns! Was rede ich weiter
noch und halte durch Reden hin den steigenden Südwind?"
Auch Andromache, tiefbetrübt in der Stunde des Scheidens,
bringt uns Gewänder, durchwirkt mit Goldgewebe, und gibt ein
phrygisches Kleid dem Askanius, weicht an Gaben nicht einem,
häuft so Geweb auf Geweb zum Geschenk und spricht dabei also:
„Nimm auch dieses, mein Kind; es mag dich erinnern an meine
Hände und stets dir bezeugen Andromaches dauernde Liebe,
Hektors Gemahlin war ich; die Abschiedsgeschenke der Deinen
nimm, des Astyanax du mir einzig verbliebenes Abbild!
Augen und Hände und Mund genau so trug auch er einst,
und im gleichen Alter mit dir jetzt würde er mannbar."
Alle sprach ich scheidend nun an mit quellenden Tränen:
„Lebet, gesegnet vom Glück! Euch ist nun alles vollendet.
Wir aber werden von einem Geschick ins andre gerufen.
Euch ist Ruhe gewiß, ihr braucht kein Meer zu durchpflügen,
braucht nicht zu suchen Ausoniens Flur, die weiter und weiter
weicht; ihr seht das Bild des Xanthus, sehet ein Troja,
das eure eigenen Hände erbaut, ich wünsche, mit beßrer
Vorbedeutung, nicht so ausgeliefert den Griechen.
Wenn ich zum Tiber einmal und des Tibers Nachbargefilden
komme und schaue die Mauern, die meinem Volke bestimmt sind,
werden verwandte Städte wir einst und Völker, Epirus

Epiro Hesperia, quibus idem Dardanus auctor
atque idem casus, unam faciemus utramque
Troiam animis; maneat nostros ea cura nepotes.' 505
 Provehimur pelago vicina Ceraunia iuxta,
unde iter Italiam cursusque brevissimus undis.
sol ruit interea et montes umbrantur opaci.
sternimur optatae gremio telluris ad undam
sortiti remos, passimque in litore sicco 510
corpora curamus: fessos sopor inrigat artus.
necdum orbem medium Nox Horis acta subibat:
haud segnis strato surgit Palinurus et omnis
explorat ventos atque auribus aëra captat;
sidera cuncta notat tacito labentia caelo, 515
Arcturum pluviasque Hyadas geminosque Triones
armatumque auro circumspicit Oriona.
postquam cuncta videt caelo constare sereno,
dat clarum e puppi signum: nos castra movemus
temptamusque viam et velorum pandimus alas. 520
 Iamque rubescebat stellis Aurora fugatis,
cum procul obscuros collis humilemque videmus
Italiam. Italiam primus conclamat Achates,
Italiam laeto socii clamore salutant.
tum pater Anchises magnum cratera corona 525
induit inplevitque mero divosque vocavit
stans celsa in puppi:
'di maris et terrae tempestatumque potentes,
ferte viam vento facilem et spirate secundi!'
crebrescunt optatae aurae portusque patescit 530
iam propior, templumque adparet in arce Minervae.
vela legunt socii et proras ad litora torquent.
portus ab Euroo fluctu curvatus in arcum,
obiectae salsa spumant aspargine cautes,
ipse latet: gemino dimittunt bracchia muro 535
turriti scopuli refugitque ab litore templum.
quattuor hic, primum omen, equos in gramine vidi
tondentis campum late, candore nivali.

und Hesperien — Dardanus ist ja für beide der Ahnherr,
beider Schicksal ist gleich — zu **e i n e m** Troja im Geiste
beide verbinden; das sei die Sorge unserer Enkel."

    Vorwärts geht übers Meer unsre Fahrt in Keraunias Nähe,
denn nach Italien führt von dort der kürzeste Seeweg.
Sonne versank unterdes und Schatten umdunkeln die Berge.
Wir aber lagern im Schoß des ersehnten Landes am Wasser;
Ruderwacht ward verlost, und rings am trocknen Gestade
Laben den Leib wir, und Schlaf erquickt die ermüdeten Glieder.
Noch ging nicht, von den Horen geführt, die Nacht durch des Himmels
Mitte, als frisch Palinurus sich schon vom Lager erhebt und
alle Winde erforscht und belauscht die Bewegung der Lüfte,
alle Gestirne bemerkt, die da gleiten am schweigenden Himmel:
den Arkturus, das Regengestirn und das Paar der Trionen
sieht er genau und die goldgewappnete Pracht des Orion.
Als am heiteren Himmel er rings die ruhige Ordnung
sieht, gibt klar er vom Heck das Signal: gleich brechen wir auf und
wagen den Weg und breiten der Segel fliegende Schwingen.

    Schon stieg rosig der Morgen empor, verscheucht sind die Sterne;
dunkle Hänge sehen wir fern, wir sehen Italiens
niedrigen Strand. „Italien!" ruft als erster Achates,
„O, Italien!" rufen mit jubelndem Gruß die Gefährten.
Da krönt Vater Anchises den prächtigen Krug mit dem Kranze,
füllt ihn mit lauterem Wein und ruft im Gebete die Götter,
stehend auf ragendem Heck:
„Götter des Meeres, des Landes, voll Macht über Wetter und Stürme,
bahnt uns leicht mit dem Winde den Weg, umatmet uns hilfreich!"
Kräftiger regt sich die Luft, die erwünschte, näher erschließt sich
schon der Hafen, es glänzt von der Burg der Tempel Minervas.
Segel reffen die Freunde und drehen den Bug zum Gestade.
Ostwindgetriebene Flut schuf bogenförmig den Hafen;
Klippenvorsprünge schäumen von salzigem Gischte; der Hafen
selbst liegt versteckt: da recken zu doppelter Mauer die Arme
turmhohe Felsen hinaus; es weicht vom Strande der Tempel.
Hier — das erste Omen — sah ich vier Pferde im Grase
weiden über das Feld weithin, weißglänzend wie Frühschnee.

et pater Anchises: 'bellum, o terra hospita, portas;
bello armantur equi, bellum haec armenta minantur.   540
sed tamen idem olim curru succedere sueti
quadrupedes et frena iugo concordia ferre:
spes et pacis' ait. tum numina sancta precamur
Palladis armisonae, quae prima accepit ovantis,
et capita ante aras Phrygio velamur amictu,   545
praeceptisque Heleni, dederat quae maxima, rite
Iunoni Argivae iussos adolemus honores.
  Haud mora continuo perfectis ordine votis
cornua velatarum obvertimus antemnarum
Graiugenumque domos suspectaque linquimus arva.   550
hinc sinus Herculei, si vera est fama, Tarenti
cernitur, attollit se diva Lacinia contra
Caulonisque arces et navifragum Scylaceum.
tum procul e fluctu Trinacria cernitur Aetna,
et gemitum ingentem pelagi pulsataque saxa   555
audimus longe fractasque ad litora voces,
exsultantque vada atque aestu miscentur harenae.
et pater Anchises: 'nimirum haec illa Charybdis;
hos Helenus scopulos, haec saxa horrenda canebat.
eripite, o socii, pariterque insurgite remis.'   560
haud minus ac iussi faciunt, primusque rudentem
contorsit laevas proram Palinurus ad undas:
laevam cuncta cohors remis ventisque petivit.
tollimur in caelum curvato gurgite, et idem
subducta ad manis imos desedimus unda.   565
ter scopuli clamorem inter cava saxa dedere,
ter spumam elisam et rorantia vidimus astra.
interea fessos ventus cum sole reliquit,
ignarique viae Cyclopum adlabimur oris.
  Portus ab accessu ventorum inmotus et ingens   570
ipse, sed horrificis iuxta tonat Aetna ruinis,
interdumque atram prorumpit ad aethera nubem
turbine fumantem piceo et candente favilla
attollitque globos flammarum et sidera lambit,

Vater Anchises rief: „Krieg, bringst du, gastliches Land, uns;
Pferde werden gewappnet zum Krieg; Krieg drohn diese Tiere;
doch gewöhnten sich längst auch, Wagen zu ziehen dieselben
Vierfüßler und unterm Joch in Eintracht Zügel zu tragen:
deuten so auch auf Frieden!" So sprach er; wir beten zu Pallas
waffenklirrender Macht, die als erste uns Jubelnde aufnahm.
Und wir verhüllen mit Phrygergewand unser Haupt am Altare:
treu der Vorschrift, die Helenus uns als wichtigste kundtat,
ehren wir Juno von Argos mit Brandopfern, wie uns befohlen.

Als nach der Ordnung die Opfer vollendet, wenden sofort wir
ohne Verzug zum Meere die segeltragenden Rahen,
meiden die Häuser der Griechenbrut, die verdächtigen Fluren.
Dann wird die Bucht von Tarent, der Herkulesstadt, wenn die Sage
wahr ist, sichtbar; genüber erhebt sich Laciniums Juno,
Caulons Burgen und auch Skylakeum, schiffezerschmetternd.
Dann taucht auf von fern aus der Flut Trinakriens Ätna.
Mächtiges Tosen des Meeres und felsenpeitschende Brandung
hören wir weithin dröhnen, verworren Getös am Gestade.
Grundwässer brausen empor, im Flutschwall wirbelt der Sand auf.
Vater Anchises ruft: „Fürwahr! Dies ist die Charybdis;
Helenus warnte vor diesem Riff, diesen furchtbaren Felsen.
Reißt uns heraus, ihr Gefährten, und stemmt euch ans Ruder im
Willig fügen sie sich dem Befehl: Palinurus vor allen   [Gleichtakt."
dreht den krachenden Bug herum in die Wogen zur Linken,
linkshin drängt mit Ruder und Wind die Mannschaft im ganzen.
Himmelan fliegen wir hoch auf dem Buckel des Strudels, wir sinken
ebenso tief zu den Manen hinab im Sturze der Woge.
Dreimal tönte Geheul aus den Klippen im Felsengewölbe,
dreimal sahen wir schäumenden Gischt und träufelnde Sterne.
Mittlerweile verließ mit der Sonne der Wind uns Erschöpfte,
und wir trieben, nicht kundig des Wegs, zum Strand der Kyklopen.

Ruhig, vom Wind nicht berührt, und geräumig dehnt sich der Hafen
selbst; doch donnert nah der Ätna mit furchtbaren Trümmern.
Manchmal wirft er zum Äther empor eine düstere Wolke,
pechschwarz wirbelt ihr Qualm, durchgleißt von glühender Asche;
Flammenkugeln treibt er hinaus, leckt feurig die Sterne.

            interdum scopulos avolsaque viscera montis   575
      erigit eructans liquefactaque saxa sub auras
      cum gemitu glomerat fundoque exaestuat imo.
      fama est Enceladi semustum fulmine corpus
      urgeri mole hac, ingentemque insuper Aetnam
      inpositam ruptis flammam exspirare caminis,   580
      et fessum quotiens mutet latus, intremere omnem
      murmure Trinacriam et caelum subtexere fumo.
      noctem illam tecti silvis inmania monstra
      perferimus, nec quae sonitum det causa videmus.
      nam neque erant astrorum ignes nec lucidus aethra   585
      siderea polus, obscuro sed nubila caelo,
      et lunam in nimbo nox intempesta tenebat.
        Postera iamque dies primo surgebat Eoo,
      umentemque Aurora polo dimoverat umbram,
      cum subito e silvis macie confecta suprema   590
      ignoti nova forma viri miserandaque cultu
      procedit supplexque manus ad litora tendit.
      respicimus: dira inluvies inmissaque barba,
      consertum tegumen spinis, at cetera Graius
      et quondam patriis ad Troiam missus in armis.   595
      isque ubi Dardanios habitus et Troïa vidit
      arma procul, paulum adspectu conterritus haesit
      continuitque gradum; mox sese ad litora praeceps
      cum fletu precibusque tulit: 'per sidera testor,
      per superos atque hoc caeli spirabile numen,   600
      tollite me, Teucri; quascumque abducite terras:
      hoc sat erit. scio me Danais e classibus unum
      et bello Iliacos fateor petiisse penates.
      pro quo, si sceleris tanta est iniuria nostri,
      spargite me in fluctus vastoque inmergite ponto.   605
      si pereo, hominum manibus periisse iuvabit.'
      dixerat, et genua amplexus genibusque volutans
      haerebat; qui sit fari, quo sanguine cretus,
      hortamur, quae deinde agitet fortuna fateri.
      ipse pater dextram Anchises haud multa moratus   610

Manchmal speit er Klippen, zerrissenes Bergeingeweide,
würgend hervor, wirft flüssige Felsbrocken hoch in die Lüfte
stöhnend in Klumpen empor und kocht vom untersten Grunde.
Sage erzählt, des Enkelados Leib, halbverbrannt vom Blitzstrahl,
werde bedrängt von dieser Last; der gewaltige Ätna,
über ihm wuchtend, stoße die Flamme aus berstenden Essen;
und sooft der Erschöpfte sich wälze, wanke und dröhne
ganz Trinakrien dumpf und umwölke den Himmel mit Qualme.
Jene Nacht nun ertragen, geborgen in Wäldern, wir grause
Wunderzeichen und sehen die Ursache nicht des Getöses.
Denn es flammte kein Stern, nicht strahlte in heiterer Klarheit
hell der gestirnte Pol, nein, dunkelumwölkt war der Himmel,
düstere Nacht umhüllte den Mond mit nebligem Schleier.

Schon stieg auf der folgende Tag im Dämmer des Frührots,
tauige Schatten hatte Aurora vom Himmel vertrieben:
da wankt plötzlich vom Wald ganz abgemagert und kraftlos
her ein Fremder, seltsam zu schaun: beklagenswert ist sein
äußeres Bild; er streckt zum Strand schutzflehend die Hände.
Wir schaun auf: entsetzlich sein Schmutz, wildwuchernd der Bartwuchs,
Lumpen mit Dornenverschluß; im übrigen ist er ein Grieche
und vormals gegen Troja entsandt mit des Vaterlands Waffen.
Als dardanische Tracht er sieht und fernher die Waffen
Trojas, bleibt beim Anblick bestürzt ein wenig er stehen
und verhält seinen Schritt, dann stürzt er vorwärts und fleht mit
Tränen und Bitten uns an: „Ich beschwöre euch hier bei den Sternen
und bei den Göttern, beim lebenströmenden Walten des Himmels:
nehmt mich, Teukrer, und bringt mich, wohin auch immer auf Erden.
Mir ist es recht. Zwar weiß ich, einer vom Danaerheere
bin ich, zog mit — ich gesteh's — im Krieg gegen Iliums Götter.
Ist meines Frevels Unrecht so groß, wohlan so zerreißt mich,
werft in die Flut mich, versenkt mich tief in den Weiten des Meeres,
wenn ich schon sterbe, soll lieb mir von Menschenhänden der Tod sein."
Dann umschlang er fest uns die Knie, wand sich auf Knien
vor uns am Boden; wir fragen ihn, wer er sei und aus welchem
Blute er stamme; dann sollt' er gestehn, welch Schicksal ihn treibe.
Gleich gibt Vater Anchises dem jungen Manne die Rechte,

dat iuveni atque animum praesenti pignore firmat.
ille haec deposita tandem formidine fatur:
'sum patria ex Ithaca, comes infelicis Ulixi,
nomine Achaemenides, Troiam genitore Adamasto
paupere — mansissetque utinam fortuna! — profectus.   615
hic me, dum trepidi crudelia limina linquont,
inmemores socii vasto Cyclopis in antro
deseruere. domus sanie dapibusque cruentis,
intus opaca ingens. ipse arduus altaque pulsat
sidera — di talem terris avertite pestem! —   620
nec visu facilis nec dictu affabilis ulli.
visceribus miserorum et sanguine vescitur atro.
vidi egomet, duo de numero cum corpora nostro
prensa manu magna medio resupinus in antro
frangeret ad saxum sanieque adspersa natarent   625
limina, vidi atro cum membra fluentia tabo
manderet et trepidi tremerent sub dentibus artus.
haud inpune quidem; nec talia passus Ulixes
oblitusve sui est Ithacus discrimine tanto.
nam simul expletus dapibus vinoque sepultus   630
cervicem inflexam posuit iacuitque per antrum
inmensus saniem eructans et frusta cruento
per somnum commixta mero, nos magna precati
numina sortitique vices una undique circum
fundimur et telo lumen terebramus acuto,   635
ingens quod torva solum sub fronte latebat,
Argolici clipei aut Phoebeae lampadis instar,
et tandem laeti sociorum ulciscimur umbras.
sed fugite, o miseri, fugite atque ab litore funem
rumpite.   640
nam qualis quantusque cavo Polyphemus in antro
lanigeras claudit pecudes atque ubera pressat,
centum alii curva haec habitant ad litora volgo
infandi Cyclopes et altis montibus errant.
tertia iam lunae se cornua lumine complent,   645
cum vitam in silvis inter deserta ferarum

zögert nicht lange und macht ihm Mut durch das Pfand seines Beistands.
Da legt jener dann ab seine Furcht und meldet uns dieses:
„Ich bin aus Ithaka, folgte dem Unglücksmanne Ulixes,
heiße Achaemenides; und weil Adamastus, mein Vater,
arm war — wär das mein Los doch geblieben! — zog ich nach Troja.
Hier jetzt — während sie ängstlich der grausamen Schwelle entflohen —
ließen mich achtlos die Freunde im Stich in der riesigen Höhle
eines Kyklopen; ein Bluthaus ist's, voll fauligem Blutfraß,
drinnen düster und groß; er selbst ragt steil zu den hohen
Sternen — o Götter, vertilgt solch ein Scheusal doch von der Erde! —
unerträglich dem Auge und unzugänglich dem Worte.
Fleisch armseliger Menschen und Blut ist Speise und Trank ihm.
Sah ich's doch selbst: er packt zwei Mann aus unserer Schar mit
mächtiger Faust und lehnt sich zurück inmitten der Höhle,
schmettert sie gegen den Fels; da schwamm, vom Blute bespritzt, der
Boden; ich sah, wie er dann die blutbesudelten Glieder
kaute, wie zitternd die Stücke noch zuckten unter den Zähnen.
Aber nicht ungestraft! Nicht duldet solches Ulixes,
nicht vergaß sein selbst der Ithaker trotz der Gefährdung.
Denn als das Scheusal, voll vom Mahl, vom Weine begraben,
rücklings bog den Nacken und lang da lag in der Höhle,
jauchiges Blut ausrülpsend im Schlaf und Stücke von Fleisch mit
blutigem Weine vermengt, da riefen wir betend die Macht der
hohen Götter: verteilt durchs Los, umringten wir allseits
ihn und bohrten ihm aus mit spitziger Waffe sein Auge,
das ihm riesig und einzig sich barg unter finsterer Stirne
gleich einem Argolerschild oder gleich der Fackel des Phoebus.
Und voll Jubel rächten wir endlich die Schatten der Freunde.
Aber fliehet, o fliehet, ihr Armen! Reißt vom Gestade
Schnell das Seil!

Denn so furchtbar und groß wie dort Polyphem, der in hohler
Grotte sein wolliges Vieh einschließt und die Euter ihm auspreßt,
hausen allhier im Bogen des Strandes rings umher hundert
andre verruchte Kyklopen und schweifen durchs hohe Gebirge.
Dreimal füllten sich schon mit Licht die Hörner des Mondes,
seit ich in Wäldern inmitten verödeter Lager des Wildes

lustra domosque traho vastosque ab rupe Cyclopas
prospicio sonitumque pedum vocemque tremesco.
victum infelicem, bacas lapidosaque corna,
dant rami, et volsis pascunt radicibus herbae. 650
omnia conlustrans hanc primum ad litora classem
prospexi venientem. huic me, quaecumque fuisset,
addixi: satis est gentem effugisse nefandam.
vos animam hanc potius quocumque absumite leto.'
 Vix ea fatus erat, summo cum monte videmus 655
ipsum inter pecudes vasta se mole moventem
pastorem Polyphemum et litora nota petentem,
monstrum horrendum informe ingens, cui lumen ademptum.
trunca manu pinus regit et vestigia firmat;
lanigerae comitantur oves, ea sola voluptas 660
solamenque mali.
postquam altos tetigit fluctus et ad aequora venit,
luminis effossi fluidum lavit inde cruorem
dentibus infrendens gemitu, graditurque per aequor
iam medium, necdum fluctus latera ardua tinxit. 665
nos procul inde fugam trepidi celerare recepto
supplice sic merito tacitique incidere funem,
vertimus et proni certantibus aequora remis.
sensit et ad sonitum vocis vestigia torsit.
verum ubi nulla datur dextra adfectare potestas 670
nec potis Ionios fluctus aequare sequendo,
clamorem inmensum tollit, quo pontus et omnes
intremuere undae penitusque exterrita tellus
Italiae curvisque inmugiit Aetna cavernis.
at genus e silvis Cyclopum et montibus altis 675
excitum ruit ad portus et litora complent.
cernimus adstantis nequiquam lumine torvo
Aetnaeos fratres, caelo capita alta ferentis,
concilium horrendum: quales cum vertice celso
aëriae quercus aut coniferae cyparissi 680
constiterunt, silva alta Iovis lucusve Dianae.
praecipites metus acer agit quocumque rudentis

und ihrer Hausung friste mein Leben, vom Fels die Kyklopen-
riesen erspähe und bebe beim Schall ihrer Schritte und Stimmen.
Elende Kost, steinharte Kornellen und Beeren des Waldes,
bietet der Busch; auch nähren mich Kräuter, gerauft mit den Wurzeln.
Alles durchlauernd erspäht' ich heut endlich zuerst diese Flotte,
wie sie sich nahte dem Strand; ihr gab ich — sie sei, wie sie wolle —
mich in die Hand: mir genügt meine Flucht aus dem ruchlosen Volke.
Nehmt lieber i h r mein Leben dahin, wie auch immer mein Tod sei.

    Kaum hatte dies er gesagt, da sahen wir hoch auf dem Berg ihn
selbst inmitten des Viehs in Riesengestalt sich bewegen,
ihn, Polyphemus, den Hirten: er schritt zum vertrauten Gestade,
ungetüm, grausig, unförmig, gewaltig, das Auge geblendet.
Faustumklammerter Fichtenstamm lenkt sicher die Schritte.
Wollige Schafe umdrängen ihn dicht, seine einzige Freude
und im Leiden sein Trost.
Als er die tiefen Fluten berührt und die Wogen erreicht hat,
spült er das rinnende Blut vom ausgestochenen Auge,
knirscht mit den Zähnen und stöhnt und schreitet bis mitten ins Meer
aber noch netzt ihm nicht die Flut seine ragenden Flanken.   [schon,
Wir von fern drängen bebend zur Flucht; den Flehenden nehmen
— wie er's verdient hat — wir auf; dann kappen ganz still wir das Haltseil
und durchwühlen die Flut, wetteifernd gestemmt in die Riemen.
Er aber spürt es und dreht seinen Schritt nach dem Schall des Geräusches.
Als es unmöglich aber ihm bleibt, mit der Hand uns zu greifen,
als er auch nicht der jonischen Flut gleichkommt beim Verfolgen,
brüllt er in maßlosem Klagelaut; das Meer und die Wogen
alle erzittern davor, Italien bebt, von Entsetzen
tief gepackt, aufbrüllt aus zerklüfteten Höhlen der Ätna.
Doch der Kyklopen Geschlecht stürzt aufgeregt aus den Wäldern
und vom Gipfel der Berge zum Hafen und füllt das Gestade.
Wir aber sahn, wie vergeblich sie stehn mit dräuendem Auge,
jene Ätnabrüder, das Haupt hochreckend gen Himmel,
schauererregende Schar: so stehn auf ragendem Gipfel
Eichen hoch in der Luft oder zapfenbehangne Zypressen,
Juppiters hoher Wald, oder auch ein Hain der Diana.
Heftige Angst hetzt uns, in Hast zu entrollen die Taue

excutere et ventis intendere vela secundis.
contra iussa monent Heleni Scyllam atque Charybdin
inter utramque viam leti discrimine parvo, 685
ni teneant cursus: certum est dare lintea retro.
ecce autem Boreas angusta ab sede Pelori
missus adest. vivo praetervehor ostia saxo
Pantagyae Megarosque sinus Thapsumque iacentem.
talia monstrabat relegens errata retrorsus 690
litora Achaemenides, comes infelicis Ulixi.

 Sicanio praetenta sinu iacet insula contra
Plemurium undosum, nomen dixere priores
Ortygiam. Alpheum fama est huc Elidis amnem
occultas egisse vias subter mare, qui nunc 695
ore, Arethusa, tuo Siculis confunditur undis.
iussi numina magna loci veneramur, et inde
exsupero praepingue solum stagnantis Helori.
hinc altas cautes proiectaque saxa Pachyni
radimus, et fatis numquam concessa moveri 700
adparet Camerina procul campique Geloi
inmanisque Gela fluvii cognomine dicta.
arduos inde Agragas ostentat maxima longe
moenia, magnanimum quondam generator equorum;
teque datis linquo ventis, palmosa Selinus, 705
et vada dura lego saxis Lilybeïa caecis.
hinc Drepani me portus et inlaetabilis ora
accipit. hic pelagi tot tempestatibus actus
heu genitorem, omnis curae casusque levamen,
amitto Anchisen. hic me, pater optime, fessum 710
deseris, heu tantis nequiquam erepte periclis!
nec vates Helenus, cum multa horrenda moneret,
hos mihi praedixit luctus, non dira Celaeno.
hic labor extremus, longarum haec meta viarum,
hinc me digressum vestris deus appulit oris.' 715

 Sic pater Aeneas intentis omnibus unus
fata renarrabat divom cursusque docebat.
conticuit tandem factoque hic fine quievit.

und — ganz gleich auch wohin! — bei günstigem Winde zu segeln.
Helenus' Wort aber mahnt, zwischen Skylla sei und Charybdis
jede Fahrt nur knapp vom Tod geschieden, wofern man
Kurs nicht halte; so sind wir schon entschlossen zur Rückfahrt,
da aber, da braust Boreas stark vom Paß des Pelorus,
hilfreich gesandt: vorbei an Pantagyas' felsenumwachs'ner
Mündung fahr ich und Megaras Bucht und dem niedrigen Thapsus.
Achaemenides zeigte uns so seiner früheren Irrfahrt
Küsten ringsum, der Gefährte des Unglücksmannes Ulixes.

    Vor dem sikanischen Golf, gegenüber dem wogenumbrausten
Berge Plemyrium liegt eine Insel, Ortygia nannten
einst sie die Ahnen; der Sage nach strömt Alphëus, der Fluß aus
Elis, verborgenen Laufs unterm Meere hierher und ergießt sich
jetzt, Arethusa, aus deinem Mund in Siziliens Wogen.
Folgsam verehren wir dort die waltenden Mächte, dann fahr ich
weiter am Fruchtgrund dahin des Flurüberschwemmers Helorus.
Hohe Klippen sodann und Pachynums ragendes Felsriff
streifen wir; und Camerina, dem Schicksalssprüche verwehrten,
je sich zu ändern, taucht fern auf, die geloische Flur und
Gela, benannt vom Namen des wildhinwirbelnden Flusses.
Akragas' Steilhang zeigt dem Blick bei weitem die stärkste
Feste, bestimmt dereinst zur Züchterin feuriger Rosse.
Dich auch, Selinus, palmenumwogt, verlaß' ich im Fahrtwind,
streife, von Riffen umdroht, Lilybëums seichte Gewässer.
Dann nimmt Drepanums Hafen mich auf und die freudlose Küste.
Hier, von so viel Sturm und Wetter des Meeres getrieben,
wehe, verliere ich ihn, den Trost aller Sorgen und Leiden,
Vater Anchises; hier läßt du, bester Vater, mich Müden,
ganz allein, umsonst du solchen Gefahren Entrissner!
Nicht hat Helenus mir, der Seher, wiewohl er doch viel des
Schrecklichen wies, diesen Gram prophezeit, nicht die grause Kelaeno.
Dies mein letztes Leid, die Wende der weltweiten Wege.
Dorther führte ein Gott auf der Fahrt mich an euer Gestade."

    So sprach Vater Aeneas allein — **alle anderen lauschten** —
wieder von dem, was Götter gefügt, und beschrieb seine Fahrten.
Schließlich schwieg er und endete so; dann ging er zur Ruhe.

IV

   At regina gravi iamdudum saucia cura
volnus alit venis et caeco carpitur igni.
multa viri virtus animo multusque recursat
gentis honos, haerent infixi pectore voltus
verbaque, nec placidam membris dat cura quietem.   5
postera Phoebea lustrabat lampade terras
umentemque Aurora polo dimoverat umbram,
cum sic unanimam adloquitur male sana sororem:
'Anna soror, quae me suspensam insomnia terrent!
quis novos hic nostris successit sedibus hospes,   10
quem sese ore ferens, quam forti pectore et armis!
credo equidem — nec vana fides — genus esse deorum.
degeneres animos timor arguit. heu quibus ille
iactatus fatis, quae bella exhausta canebat!
si mihi non animo fixum inmotumque sederet,   15
ne cui me vinclo vellem sociare iugali,
postquam primus amor deceptam morte fefellit,
si non pertaesum thalami taedaeque fuisset,
huic uni forsan potui succumbere culpae.
Anna, fatebor enim, miseri post fata Sychaei   20
coniugis et sparsos fraterna caede penates
solus hic inflexit sensus animumque labantem
inpulit. adgnosco veteris vestigia flammae.
sed mihi vel tellus optem prius ima dehiscat
vel pater omnipotens abigat me fulmine ad umbras,   25
pallentis umbras Erebo noctemque profundam,
ante, pudor, quam te violo aut tua iura resolvo.
ille meos, primus qui me sibi iunxit, amores
abstulit; ille habeat secum servetque sepulcro.'
sic effata sinum lacrimis inplevit obortis.   30
   Anna refert 'o luce magis dilecta sorori,
solane perpetua maerens carpere iuventa,
nec dulcis natos Veneris nec praemia noris?
id cinerem aut manis credis curare sepultos?
esto, aegram nulli quondam flexere mariti,   35

4

Aber die Königin, längst schon wund von quälendem Sehnen,
nährt mit Herzblut die Wunde, verzehrt von heimlichem Feuer,
sieht immer vor sich im Geiste des Mannes herrlichen Mut, den
Adel der Abkunft, es haftet im Herzen innig sein Antlitz
und sein Wort, nicht gönnt den Gliedern Ruhe das Sehnen.
Schon zog wieder Aurora mit Phoebus' Licht durch die Lande,
hatte vom Himmelspole verscheucht feucht-nebelndes Dunkel,
da sprach so die Betörte zur Schwester, der Herzensgefährtin:
„Anna, Schwester! Wie schrecken mich herzbeklemmende Träume!
Welch erstaunlicher Gast hat unserm Palast sich genähert,
wie so edel sein Antlitz, wie stark sein Herz und sein Handeln.
Ja, ich glaube — da täuscht mich kein Wahn — er stammt von den
Niedrige Herzen entlarvt die Furcht. Wie sehr doch hat ihn das [Göttern.
Schicksal gejagt, wie sprach er von Kriegen, hart überstand'nen!
Stände nicht fest der Entschluß mir unverrückbar im Herzen,
keinem Manne mich mehr zu vereinen zum Bunde der Ehe,
seit mit Tode mich hart die erste Liebe betrogen,
wäre mir Fackel und Hochzeitsgemach verhaßt nicht geworden,
dieser einzigen Schuld vielleicht noch könnt' ich erliegen.
Anna — gestehe ich's denn — seit des armen Gemahles Sychaeus
Tod, als die Mordtat des Bruders des Hauses Götter besudelt,
hat nur dieser den Sinn mir gebeugt und wankend das Herz mir
wieder gemacht: nah spür ich die Glut meiner früheren Liebe.
Dennoch schlinge zuvor mich hinab der Abgrund der Erde
oder mich schleudre der Blitz des allmächtigen Vaters den Schatten,
bleichen Schatten im Erebus zu und nächtigen Tiefen,
ehe ich, Scham, dich selbst und dein Recht verletze und breche.
Er, der sich zuerst mir vereint, nahm all meine Liebe
mit sich, er habe sie dort und hüte sie drunten im Grabe."
Also spricht sie und netzt die Brust mit quellenden Tränen.
  Anna erwidert: „Du mehr als Licht von der Schwester Geliebte!
Einsam willst du in Gram dich verzehren durch all deine Jugend,
willst von trauten Kindern nichts wissen und Freuden der Liebe?
Asche, so glaubst du, und Seelen im Grabe kümmern sich darum?
Sei es! — die Trauernde einst gewann kein werbender Freier

non Libyae, non ante Tyro; despectus Iarbas
ductoresque alii, quos Africa terra triumphis
dives alit: placitone etiam pugnabis amori?
nec venit in mentem, quorum consederis arvis?
hinc Gaetulae urbes, genus insuperabile bello, 40
et Numidae infreni cingunt et inhospita Syrtis,
hinc deserta siti regio lateque furentes
Barcaei. quid bella Tyro surgentia dicam
germanique minas?
dis equidem auspicibus reor et Iunone secunda 45
hunc cursum Iliacas vento tenuisse carinas.
quam tu urbem, soror, hanc cernes, quae surgere regna
coniugio tali! Teucrum comitantibus armis
Punica se quantis attollet gloria rebus!
tu modo posce deos veniam sacrisque litatis 50
indulge hospitio causasque innecte morandi,
dum pelago desaevit hiems et aquosus Orion,
quassataeque rates, dum non tractabile caelum.'
  His dictis incensum animum flammavit amore
spemque dedit dubiae menti solvitque pudorem. 55
principio delubra adeunt pacemque per aras
exquirunt; mactant lectas de more bidentis
legiferae Cereri Phoeboque patrique Lyaeo,
Iunoni ante omnis, cui vincla iugalia curae.
ipsa tenens dextra pateram pulcherrima Dido 60
candentis vaccae media inter cornua fundit,
aut ante ora deum pinguis spatiatur ad aras
instauratque diem donis pecudumque reclusis
pectoribus inhians spirantia consulit exta.
heu vatum ignarae mentes! quid vota furentem, 65
quid delubra iuvant? est mollis flamma medullas
interea et tacitum vivit sub pectore volnus.
uritur infelix Dido totaque vagatur
urbe furens, qualis coniecta cerva sagitta,
quam procul incautam nemora inter Cresia fixit 70
pastor agens telis liquitque volatile ferrum

Libyens, keiner aus Tyrus zuvor; verschmäht wurde Jarbas
und die anderen Fürsten, die Afrikas Land, an Triumphen
reich, ernährt; nun kämpfst du sogar gegen Liebe, die lieb dir?
Kommt dir denn nicht in den Sinn, welcher Herren Gebiet du besiedelt?
Hüben Gaetuliens Städte, ein Volk, unschlagbar im Kriege,
Numider, zügellos Reitervolk, rings und die Syrte, ungastlich
drüben die Wüste, dürre dem Durst, und weithin das wilde
Volk der Barkäer. Was sprech ich vom Krieg, der von Tyrus dir aufsteht
und von des Bruders Drohn?
Unter Göttergeleit, glaub' ich, und dem Beistande Junos
nahmen Kurs hierher im Wind die ilischen Kiele.
Welch eine Stadt wirst, Schwester, du hier und welch eine Herrschaft
wachsen sehen aus solch einem Bund! Vereint mit der Teukrer
Waffen, wie hoch wird punischer Ruhm dann wirkend sich heben!
Du aber bitte die Götter um Huld, und hast du geopfert,
nimm der Gäste dich an, ersinne auch Gründe zum Bleiben,
während Wintersturm wütet im Meer und der feuchte Orion,
Schiffe zerschellt sind und ganz unnahbar dräuet der Himmel."
  Sprach's und entflammte das Herz, das so schon brannte vor Liebe,
Hoffnung gab sie dem schwankenden Sinn, die Scham aber nahm sie.
Tempel suchen sie auf zu Beginn und flehn am Altare
heiß um Huld; dann opfern sie, — kultgemäß — jährige Schafe
Ceres, der Mutter des Rechtes, und Phoebus und Vater Lyaeus,
Juno vor allen, denn sie umsorgt das Bündnis der Ehe.
Dido, die herrliche selbst, in der Rechten haltend die Schale,
gießt der schimmernden Kuh in die Mitte der Hörner den Weihguß,
oder schreitet im Antlitz der Götter zu Opferaltären,
heiligt mit Gaben den Tag, durchforscht der geöffneten Tierbrust
atmend Geweide gierigen Blicks. Ach, daß doch der Geist nicht
Seherspüche begreift! Was helfen Gelübde dem Wahn der
Liebe, was Tempelbesuch? Unterdes frißt weiter im zarten
Mark die Glut und heimlich schwärt im Herzen die Wunde.
Dido steht unselig in Brand; wild schwärmt in der ganzen
Stadt sie umher, gleichwie die pfeilgetroffene Hinde:
arglos weidete die in Kretas Hainen; da traf von
fern sie ein jagender Hirt und ließ das geflügelte Eisen

nescius, illa fuga silvas saltusque peragrat
Dictaeos, haeret lateri letalis harundo.
nunc media Aenean secum per moenia ducit
Sidoniasque ostentat opes urbemque paratam, 75
incipit effari mediaque in voce resistit;
nunc eadem labente die convivia quaerit,
Iliacosque iterum demens audire labores
exposcit pendetque iterum narrantis ab ore.
post ubi digressi, lumenque obscura vicissim 80
luna premit suadentque cadentia sidera somnos,
sola domo maeret vacua stratisque relictis
incubat — illum absens absentem auditque videtque —
aut gremio Ascanium genitoris imagine capta
detinet, infandum si fallere possit amorem. 85
non coeptae adsurgunt turres, non arma iuventus
exercet portusve aut propugnacula bello
tuta parant: pendent opera interrupta minaeque
murorum ingentes aequataque machina caelo.

 Quam simulac tali persensit peste teneri 90
cara Iovis coniunx nec famam obstare furori,
talibus adgreditur Venerem Saturnia dictis:
'egregiam vero laudem et spolia ampla refertis
tuque puerque tuus; magnum et memorabile nomen,
una dolo divom si femina victa duorum est. 95
nec me adeo fallit veritam te moenia nostra
suspectas habuisse domos Karthaginis altae.
sed quis erit modus aut quo nunc certamine tanto?
quin potius pacem aeternam pactosque hymenaeos
exercemus? habes, tota quod mente petisti: 100
ardet amans Dido traxitque per ossa furorem.
communem hunc ergo populum paribusque regamus
auspiciis, liceat Phrygio servire marito
dotalisque tuae Tyrios permittere dextrae.'

 Olli — sensit enim simulata mente locutam, 105
quo regnum Italiae Libycas averteret oras —
sic contra est ingressa Venus: 'quis talia demens

ahnungslos zurück; das Tier aber flüchtet durch Kretas
Wälder und Schluchten, ihm hängt der tödliche Pfeil von der Flanke.
Bald nimmt Dido Aeneas mit sich durch die Mitte der Festung,
zeigt ihm Sidoniens Macht und die Stadt, die schon ihm bereit steht,
hebt zu sprechen wohl an und stockt wieder mitten im Worte,
bald auch, wenn der Tag sich neigt, hält wieder sie Tafel:
ganz von Sinnen verlangt sie aufs neue von Ilions Leiden
wieder zu hören und hängt aufs neue am Mund des Erzählers.
Sind die Gäste dann fort und birgt wieder dunkel sein Licht der
Mond und laden zum Schlummer nun die sinkenden Sterne,
trauert sie einsam im leeren Palast und liegt auf verlassnem
Lager — und mag sie ihm fern sein, stets hört sie und sieht den [Entfernten —
oder sie wiegt im Schoß den Askanius, von seines Vaters
Bilde gefangen, um so die unsägliche Liebe zu täuschen.
Nicht mehr wachsen die Türme empor, nicht übt sich die Jugend
weiter in Waffen, nicht bauen sie Häfen und sicheres Bollwerk
für den Krieg, leer steht, unterbrochen, das Werk und die riesig
ragende Mauer, das himmelanwachsende Rüstzeug der Bauten.

 Juppiters teure Gemahlin indes sah Dido von solcher
Seuche gepackt, nicht Name noch Ruf mehr hemmte das Rasen;
und gegen Venus alsbald trat auf Saturnia also:
„Wahrlich, herrlichen Ruhm erwerbt ihr, prächtige Beute,
du und dein Knabe; wie groß und unvergänglich der Name,
wenn e i n sterbliches Weib der List zweier Götter erlegen!
Aber ich merke sehr wohl: du fürchtetest unsere Festung,
sahst voll Argwohn stets auf die Bauten des hohen Karthago.
Wie aber finden wir Maß oder Ziel in solch einem Ringen?
Wollen wir ewigen Frieden nicht lieber und ehelich Bündnis
stiften? Du h a s t ja, was du aus ganzem Herzen begehrtest.
Dido brennt vor Liebe und sog bis ins Mark schon die Gluten.
Einen wir also dies Volk und lenken es unter dem gleichen
göttlichen Schutz: dem Gemahl aus Phrygien diene denn Dido,
gebe die Tyrier ganz, als Mitgift, dir in die Hände!"

 Venus indes — denn sie spürte, daß Juno heuchelnden Herzens
sprach, um Italiens Reich an Libyens Küsten zu lenken —
gab ihr die Antwort so: „Wer lehnte wohl sinnlos ein solches

abnuat aut tecum malit contendere bello?
si modo quod memoras factum fortuna sequatur.
sed fatis incerta feror, si Iuppiter unam 110
esse velit Tyriis urbem Troiaque profectis,
miscerive probet populos aut foedera iungi.
tu coniunx, tibi fas animum temptare precando.
perge, sequar.' tum sic excepit regia Iuno:
'mecum erit iste labor. nunc qua ratione quod instat 115
confieri possit, paucis, adverte, docebo.
venatum Aeneas unaque miserrima Dido
in nemus ire parant, ubi primos crastinus ortus
extulerit Titan radiisque retexerit orbem.
his ego nigrantem commixta grandine nimbum, 120
dum trepidant alae saltusque indagine cingunt,
desuper infundam et tonitru caelum omne ciebo.
diffugient comites et nocte tegentur opaca:
speluncam Dido dux et Troianus eandem
devenient. adero et, tua si mihi certa voluntas, 125
conubio iungam stabili propriamque dicabo;
hic hymenaeus erit.' non adversata petenti
adnuit atque dolis risit Cytherea repertis.

Oceanum interea surgens Aurora reliquit.
it portis iubare exorto delecta iuventus; 130
retia rara, plagae, lato venabula ferro
Massylique ruunt equites et odora canum vis.
reginam thalamo cunctantem ad limina primi
Poenorum exspectant, ostroque insignis et auro
stat sonipes ac frena ferox spumantia mandit. 135
tandem progreditur magna stipante caterva,
Sidoniam picto chlamydem circumdata limbo;
cui pharetra ex auro, crines nodantur in aurum,
aurea purpuream subnectit fibula vestem.
nec non et Phrygii comites et laetus Iulus 140
incedunt. ipse ante alios pulcherrimus omnis
infert se socium Aeneas atque agmina iungit.
qualis ubi hibernam Lyciam Xanthique fluenta

Angebot ab oder zöge es vor, mit dir sich zu messen?
Wenn der Vollendung des Plans, den du meinst, Fortuna nur hold ist!
Schicksalsspruch aber läßt mich in Sorge, ob Juppiter e i n e
Stadt für die Siedler aus Tyrien will und die Fremden aus Troja,
ob er erlaubt, daß die Völker sich mischen und Bündnisse schließen.
Du bist seine Gemahlin, du darfst mit Bitten ihm nahen;
auf denn! Ich folge." Zur Antwort gab ihr Herrscherin Juno:
„Das überlasse nur mir! Doch jetzt, wie das, was uns drängt, auch
werden könne, das will ich, gib acht, ganz kurz dir erklären.
Jagen zu gehn im Wald, schickt an sich Aeneas und mit ihm
Dido, die ärmste, sobald morgen früh sich Sol, der Titane,
eben erhoben und wieder mit Glanz umleuchtet den Erdkreis.
Ihnen sende ich Nacht und Sturm mit peitschendem Hagel,
während die Jäger voll Hast den Forst mit Netzen umspannen,
strömend herab, überall soll dröhnend donnern der Himmel.
Jäh entfliehn die Gefährten, verhüllt von nächtigem Dunkel;
Dido indes und der Fürst aus Troja finden zur selben
Höhle hin: i c h bin da und — ist dein Wille mir sicher —
gebe ich Dido zu dauerndem Bund und ganz ihm zu eigen,
wirkt hier Hymen, der Gott." Nicht wehrte Venus dem Werben
Junos, sie stimmte ihr zu und lächelte über den Anschlag.
    Unterdessen verließ den Okeanus schwebend Aurora,
und im Frühglanz strömt aus den Toren erlesene Jugend.
Weitmaschig Netz und Garn und Spieße mit breitem Eisen,
Afrikas Reiter jagen dahin und witternde Hunde.
Ihre Fürstin, die im Gemach noch zögert, erwarten
am Portal die Ersten der Punier; prächtig in Purpur
steht und in Gold ihr Roß, kaut wild schaumflockiges Zaumzeug.
Endlich tritt sie hervor, umwogt von großem Gefolge,
trägt den Sidoniermantel, bestickt mit bunter Bordüre,
hat einen Köcher aus Gold, ihr Haar ist gefaßt in ein Goldnetz,
und eine goldene Spange verknüpft ihr purpurnes Prachtkleid.
Ebenso schreiten die Phryger einher und der strahlende Julus.
Herrlich aber und schön vor all den andern gesellt sich
ihnen Aeneas hinzu und führt die Scharen zusammen.
So, wie Apollo im Winter aus Lykien zieht und vom Strom des

deserit ac Delum maternam invisit Apollo
instauratque choros, mixtique altaria circum 145
Cretesque Dryopesque fremunt pictique Agathyrsi;
ipse iugis Cynthi graditur mollique fluentem
fronde premit crinem fingens atque inplicat auro,
tela sonant umeris: haud illo segnior ibat
Aeneas, tantum egregio decus enitet ore. 150
postquam altos ventum in montis atque invia lustra,
ecce ferae saxi deiectae vertice caprae
decurrere iugis; alia de parte patentis
transmittunt cursu campos atque agmina cervi
pulverulenta fuga glomerant montisque relinquont. 155
at puer Ascanius mediis in vallibus acri
gaudet equo iamque hos cursu, iam praeterit illos,
spumantemque dari pecora inter inertia votis
optat aprum aut fulvom descendere monte leonem.

Interea magno misceri murmure caelum 160
incipit, insequitur commixta grandine nimbus;
et Tyrii comites passim et Troiana iuventus
Dardaniusque nepos Veneris diversa per agros
tecta metu petiere; ruunt de montibus amnes.
speluncam Dido dux et Troianus eandem 165
deveniunt, prima et Tellus et pronuba Iuno
dant signum: fulsere ignes et conscius aether
conubiis, summoque ululārunt vertice nymphae.
ille dies primus leti primusque malorum
causa fuit. neque enim specie famave movetur 170
nec iam furtivom Dido meditatur amorem:
coniugium vocat, hoc praetexit nomine culpam.

Extemplo Libyae magnas it Fama per urbes,
Fama, malum qua non aliud velocius ullum:
mobilitate viget virisque adquirit eundo, 175
parva metu primo, mox sese attollit in auras
ingrediturque solo et caput inter nubila condit.
illam Terra parens, ira inritata deorum,
extremam, ut perhibent, Coeo Enceladoque sororem

Xanthus fort und Delos besucht, die Insel der Mutter,
Reigen erneut und laut am Altar durcheinander sich drängen
Kreter und Dryoper und Agathyrsen, bemalte Gestalten;
hoch vom Kynthus schreitet der Gott, die wallenden Locken
faßt und formt er mit weichem Laub und umschlingt sie mit Goldreif,
Waffen klirren ihm hell an den Schultern. Ebenso rüstig
Schritt auch Aeneas, so strahlte ihm Glanz vom herrlichen Antlitz.
Als sie hoch ins Gebirge gekommen, in weglose Wildnis,
sieh, da springen vom felsigen Grat hinunter die Gemsen,
jagen am Hange hinab; auf der anderen Seite durchqueren
offene Felder im Lauf die Hirsche, drängen in Scharen
staubaufwirbelnd flüchtig dahin und verlassen die Berge.
Jung-Askanius aber im Talgrund, stolz auf sein feurig
Roß, überholt bald diese im Lauf, bald jene und wünscht und
fleht, daß ihm unter wehrlosem Wild ein schäumender Eber
nahe oder vom Berge herab ein gelblicher Löwe.

Unterdessen beginnt der Himmel von grollendem Donner
dumpf zu dröhnen, Sturm fährt drein mit peitschendem Hagel:
und die Tyrergefährten ringsum, die Jugend aus Troja
und der dardanische Enkel der Venus flüchteten hier und
dort voll Angst unter Dach; von Bergen stürzen die Ströme.
Dido jedoch und der Fürst aus Troja finden zur selben
Höhle: und Tellus zuerst und Juno, die Göttin der Ehe,
geben das Zeichen; da flammen die Blitze, als Zeuge des Bundes
flammt der Äther, aufheulen vom höchsten Gipfel die Nymphen.
Jener Tag ist als erster des Todes, als erster des Unheils
Ursach geworden; nicht Anstand noch Ruf beirren von nun an
Dido; nicht mehr sinnt sie auf heimliche Liebe, sie nennt es
Ehebund; so verbrämt sie die Schuld mit ehrbarem Namen.

Allsogleich geht Fama durch Libyens mächtige Städte.
Fama, ein Übel, geschwinder im Lauf als irgendein andres,
ist durch Beweglichkeit stark, erwirbt sich Kräfte im Gehen,
klein zunächst aus Furcht, dann wächst sie schnell in die Lüfte,
schreitet am Boden einher und birgt ihr Haupt zwischen Wolken.
Mutter Erde, so heißt es, gebar aus Groll auf die Götter
jene zuletzt für Enkeladus noch und Koeus als Schwester,

progenuit pedibus celerem et pernicibus alis, 180
monstrum horrendum ingens, cui quot sunt corpore plumae,
tot vigiles oculi subter — mirabile dictu —
tot linguae, totidem ora sonant, tot subrigit auris.
nocte volat caeli medio terraeque per umbram
stridens nec dulci declinat lumina somno; 185
luce sedet custos aut summi culmine tecti
turribus aut altis, et magnas territat urbes,
tam ficti pravique tenax quam nuntia veri.
haec tum multiplici populos sermone replebat
gaudens et pariter facta atque infecta canebat: 190
venisse Aenean Troiano sanguine cretum,
cui se pulchra viro dignetur iungere Dido;
nunc hiemem inter se luxu, quam longa, fovere
regnorum inmemores turpique cupidine captos.
haec passim dea foeda virum diffundit in ora. 195
protinus ad regem cursus detorquet Iarban
incenditque animum dictis atque aggerat iras.

  Hic Hammone satus rapta Garamantide nympha
templa Iovi centum latis inmania regnis,
centum aras posuit vigilemque sacraverat ignem, 200
excubias divom aeternas, pecudumque cruore
pingue solum et variis florentia limina sertis.
isque amens animi et rumore accensus amaro
dicitur ante aras media inter numina divom
multa Iovem manibus supplex orasse supinis: 205
'Iuppiter omnipotens, cui nunc Maurusia pictis
gens epulata toris Lenaeum libat honorem,
adspicis haec an te, genitor, cum fulmina torques,
nequiquam horremus, caecique in nubibus ignes
terrificant animos et inania murmura miscent? 210
femina, quae nostris errans in finibus urbem
exiguam pretio posuit, cui litus arandum
cuique loci leges dedimus, conubia nostra
reppulit ac dominum Aenean in regna recepit.
et nunc ille Paris cum semiviro comitatu 215

schnell zu Fuß mit hurtigen Flügeln, ist sie ein Scheusal,
greulich und groß; so viele Federn ihr wachsen am Leibe,
so viele wachsame Augen sind drunter — Wunder zu sagen —,
Zungen und tönende Münder so viel und lauschende Ohren.
Nächtens fliegt sie, mitten von Himmel und Erde, durchs Dunkel
schwirrend, schließt niemals zu süßem Schlummer die Augen.
Tagsüber sitzt sie als Wächterin hoch auf dem Dache des Bürgers
oder auf stolzem Palast und schreckt die mächtigen Städte,
ganz so auf Trug und Verkehrtheit erpicht, wie Botin der Wahrheit.
Sie schwoll nun mit Gerücht und Gerede im Ohre der Völker,
kündete froh, was geschah, und erfand, was nimmer geschehen.
Sei da Aeneas gekommen, ein Sproß trojanischen Blutes;
Dido, die schöne, geruhe, sich diesem Mann zu vermählen.
Üppig schwelgten sie jetzt den langen Winter beisammen,
dächten nicht mehr ihres Reichs, von schnöder Wollust gefesselt.
Dies verbreitet im Munde der Menschen die scheußliche Göttin.
Stracks dann wendet den Lauf sie hinab zum Könige Jarbas,
setzt mit Worten in Flammen sein Herz und steigert sein Zürnen.

Jarbas, von Hammon gezeugt mit der Nymphe vom Garamanten-
land, die der Gott sich geraubt, erbaute dem Juppiter hundert
mächtige Tempel im Reich weitum und hundert Altäre,
weihte auch wachsam Feuer als ewige Wache für Götter,
Opferblut tränkte den Boden, von Kränzen prangten die Pforten.
Er nun, sinnlos vor Zorn, entbrannt durch bittre Gerüchte,
habe, so heißt's, am Altar inmitten der waltenden Götter,
Juppiter innigst gebeten mit flehend erhobenen Händen:
„Juppiter, du Allmächtiger, dem jetzt, schmausend auf buntem
Pfühl, das Volk Mauretaniens weiht die Spende des Weines,
siehst du dies oder beben umsonst wir vor dir, mein Erzeuger,
wenn deine Blitze du zückst, und schrecken in Wolken nur blinden
Zufalls Feuer das Herz und erregen nichtiges Dröhnen?
Jenes Weib, das als Flüchtling in unserm Gebiet eine kleine
Stadt für Spottgeld erbaut, dem wir den Strand zu beackern,
dem wir gaben des Landes Gesetz, verschmähte mit mir die
Ehe und nahm als Herrn in die Herrschaft auf den Aeneas.
Jener Paris jetzt mit seinem Halbmännergefolge,

Maeonia mentum mitra crinemque madentem
subnixus, rapto potitur: nos munera templis
quippe tuis ferimus famamque fovemus inanem.'
  Talibus orantem dictis arasque tenentem
audiit omnipotens, oculosque ad moenia torsit   220
regia et oblitos famae melioris amantis.
tum sic Mercurium adloquitur ac talia mandat:
'vade age, nate, voca zephyros et labere pennis,
Dardaniumque ducem, Tyria Karthagine qui nunc
exspectat fatisque datas non respicit urbes,   225
adloquere et celeris defer mea dicta per auras.
non illum nobis genetrix pulcherrima talem
promisit Graiumque ideo bis vindicat armis;
sed fore qui gravidam imperiis belloque frementem
Italiam regeret, genus alto a sanguine Teucri   230
proderet ac totum sub leges mitteret orbem.
si nulla accendit tantarum gloria rerum
nec super ipse sua molitur laude laborem,
Ascanione pater Romanas invidet arces?
quid struit aut qua spe inimica in gente moratur   235
nec prolem Ausoniam et Lavinia respicit arva?
naviget! haec summa est, hic nostri nuntius esto.'
  Dixerat. ille patris magni parere parabat
imperio: et primum pedibus talaria nectit
aurea, quae sublimem alis sive aequora supra   240
seu terram rapido pariter cum flamine portant.
tum virgam capit: hac animas ille evocat Orco
pallentis, alias sub Tartara tristia mittit,
dat somnos adimitque et lumina morte resignat.
illa fretus agit ventos et turbida tranat   245
nubila. iamque volans apicem et latera ardua cernit
Atlantis duri, caelum qui vertice fulcit,
Atlantis, cinctum adsidue cui nubibus atris
piniferum caput et vento pulsatur et imbri,
nix umeros infusa tegit, tum flumina mento   250
praecipitant senis, et glacie riget horrida barba.

Kinn und salbentriefendes Haar in mäonische Mitra
schnürend, freut sich des Raubes. Wir freilich bringen Geschenke
deinen Tempeln und halten ein Wahngebilde in Ehren."
  Ihn, der also bat und seinen Altar umfaßte,
hört der Allmächtige, wendet den Blick zu der Königin Mauern
und zu den Liebenden, die ihres besseren Rufes vergaßen,
spricht alsdann Merkurius an mit folgendem Auftrag:
„Auf, mein Sohn, ruf Westwind herbei und gleite auf Schwingen,
sprich zum Dardanerfürsten, der jetzt im Tyrerkarthago
säumt und nicht mehr denkt an schicksalverheißene Städte.
Ihn sprich an, bring ihm mein Wort durch eilende Lüfte.
Nicht als solchen Weichling versprach seine herrliche Mutter
uns den Mann und entriß ihn zweimal den Waffen der Griechen.
Sollte doch e r Italien einst, ein herrschaftsträchtig,
kriegerisch Land beherrschen und weitergeben des Teukros
adelig Blut und seinem Gesetz unterwerfen den Erdkreis.
Wenn ihn gar nicht entflammt der Glanz so herrlichen Daseins,
wenn er nicht selbst für den eigenen Ruhm die Mühsal bewältigt,
neidet als Vater er dann dem Askanius römische Burgen?
Was entwirft und erhofft er sich hier im feindlichen Volke,
denkt an Ausonias Nachwuchs nicht mehr und Latiums Fluren?
Segeln soll er! Ich will's. Dies sei von uns ihm gemeldet."
Also sprach er. Merkur aber fügte sofort sich des großen
Vaters Befehl: er band sich zunächst an die Füße die goldnen
Schuhe, die hoch auf Flügeln dahin über Meer oder Land ihn
tragen im reißenden Wehen der Luft; dann nimmt er die Rute,
bleiche Seelen ruft er mit ihr empor aus dem Orkus,
andere schickt er mit ihr hinab in des Tartarus Grauen,
schenkt und nimmt den Schlaf, entsiegelt vom Tode die Augen.
Ihr vertrauend lenkt er die Winde und schwimmt durch trübe
Wolken. Schon erblickt er im Flug den Grat und die steilen
Flanken des felsigen Atlas, der ragt als Stütze des Himmels,
Atlas, dessen stets von düsteren Wolken umwalltes
fichtentragendes Haupt von Wind und Regen gepeitscht wird,
Schnee hüllt dicht die Schultern ihm ein; vom Kinne des Alten
stürzen sich Ströme, es starrt von Eis das Dickicht des Bartes.

hic primum paribus nitens Cyllenius alis
constitit; hinc toto praeceps se corpore ad undas
misit avi similis, quae circum litora, circum
piscosos scopulos humilis volat aequora iuxta.   255
haud aliter terras inter caelumque volabat
litus harenosum ad Libyae ventosque secabat
materno veniens ab avo Cyllenia proles.
ut primum alatis tetigit magalia plantis,
Aenean fundantem arces ac tecta novantem   260
conspicit. atque illi stellatus iaspide fulva
ensis erat Tyrioque ardebat murice laena
demissa ex umeris, dives quae munera Dido
fecerat et tenui telas discreverat auro.
continuo invadit: 'tu nunc Karthaginis altae   265
fundamenta locas pulchramque uxorius urbem
exstruis, heu regni rerumque oblite tuarum.
ipse deum tibi me claro demittit Olympo
regnator, caelum et terras qui numine torquet,
ipse haec ferre iubet celeris mandata per auras: 270
quid struis aut qua spe Libycis teris otia terris?
si te nulla movet tantarum gloria rerum,
[nec super ipse tua moliris laude laborem,]
Ascanium surgentem et spes heredis Iuli
respice, cui regnum Italiae Romanaque tellus   275
debetur.' tali Cyllenius ore locutus
mortalis visus medio sermone reliquit
et procul in tenuem ex oculis evanuit auram.

   At vero Aeneas adspectu obmutuit amens
adrectaeque horrore comae et vox faucibus haesit.   280
ardet abire fuga dulcisque relinquere terras,
attonitus tanto monitu imperioque deorum.
heu quid agat, quo nunc reginam ambire furentem
audeat adfatu. quae prima exordia sumat?
atque animum nunc huc celerem, nunc dividit illuc,   285
in partisque rapit varias perque omnia versat.
haec alternanti potior sententia visa est:

Hier erst machte der lichte Kyllenier ruhigen Fittichs
Halt, von hier nach vorn mit ganzem Leib zu den Wogen
warf er sich hin wie ein Vogel, der rings am Gestade und rings um
fischewimmelnde Riffs ganz tief hingleitet am Meere.
Ebenso flog zwischen Himmel und Land zum sandigen Strande
Libyens fort der kyllenische Sproß und schnitt durch die Winde,
als vom Ahnen er kam, der einst seine Mutter erzeugte.
Eben berührte der Gott geflügelten Fußes die Vorstadt,
als er Aeneas beim Bau der Burgen und neuen Gebäude
dort erblickte; der trug ein Schwert, von gelblichem Jaspis
blitzend bestirnt, es glühte von tyrischem Purpur der Mantel,
der von der Schulter ihm hing, dies Prachtstück hatte die reiche
Dido gemacht, mit Goldfäden fein durchwirkt das Gewebe.
Gleich nun fuhr er ihn an: „Du legst jetzt des hohen Karthago
Fundament und baust, du Knecht eines Weibes, die schöne
Stadt, vergaßest des eigenen Reichs und der eigenen Herrschaft.
Siehe, vom lichten Olymp entsendet zu dir mich der Herrscher
selbst der Götter, der Himmel und Erde waltend beweget,
e r läßt diesen Befehl durch eilende Lüfte dir bringen:
Was bezweckst und erhoffst du müßig in Libyens Landen?
Wenn dich gar nicht rührt der Glanz so herrlicher Dinge,
[wenn du nicht selbst für eigenen Ruhm die Mühsal bewältigst,]
denk an Askanius doch, den wachsenden, denk an des Erben
Julus Hoffnung; Italiens Reich und römisches Land wird
ihm doch geschuldet." Als so der Kyllenier mahnend gesprochen,
ließ er, mitten im Wort, zurück der Sterblichen Blicke,
fern in flüchtige Luft entschwand er völlig den Augen.
  Aber Aeneas indes stand stumm, beim Anblick von Sinnen,
steil vor Entsetzen sträubt sich das Haar, im Schlund würgt die Stimme.
Gleich entbrennt er, zu fliehn, die trauten Lande zu lassen,
niedergedonnert von solchem Befehl und Mahnruf der Götter.
Was soll er tun, wie wagen, der lieberasenden Fürstin
jetzt im Worte zu nahn? Wie soll überhaupt er beginnen?
Und sein Denken zerteilt er, das schnelle, bald hierhin, bald dorthin,
reißt es kreuz und quer und hetzt es durch alles und jedes.
Dieser Entschluß erschien als bester zuletzt dem Bedrängten:

Mnesthea Sergestumque vocat fortemque Serestum,
classem aptent taciti sociosque ad litora cogant,
arma parent et, quae rebus sit causa novandis, 290
dissimulent; sese interea, quando optima Dido
nesciat et tantos rumpi non speret amores,
temptaturum aditus et quae mollissima fandi
tempora, quis rebus dexter modus. ocius omnes
imperio laeti parent et iussa facessunt. 295
  At regina dolos — quis fallere possit amantem? —
praesensit motusque excepit prima futuros,
omnia tuta timens. eadem inpia Fama furenti
detulit armari classem cursumque parari.
saevit inops animi totamque incensa per urbem 300
bacchatur, qualis commotis excita sacris
Thyias, ubi audito stimulant trieterica Baccho
orgia nocturnusque vocat clamore Cithaeron.
  Tandem his Aenean compellat vocibus ultro:
'dissimulare etiam sperasti, perfide, tantum 305
posse nefas tacitusque mea decedere terra,
nec te noster amor nec te data dextera quondam
nec moritura tenet crudeli funere Dido?
quin etiam hiberno moliris sidere classem
et mediis properas aquilonibus ire per altum, 310
crudelis? quid, si non arva aliena domosque
ignotas peteres, et Troia antiqua maneret,
Troia per undosum peteretur classibus aequor?
mene fugis? per ego has lacrimas dextramque tuam te,
quando aliud mihi iam miserae nihil ipsa reliqui, 315
per conubia nostra, per inceptos hymenaeos,
si bene quid de te merui, fuit aut tibi quicquam
dulce meum, miserere domus labentis et istam,
oro, si quis adhuc precibus locus, exue mentem.
te propter Libycae gentes Nomadumque tyranni 320
odere, infensi Tyrii; te propter eundem
extinctus pudor et, qua sola sidera adibam,
fama prior. cui me moribundam deseris — hospes,

Mnestheus ruft und Sergestus er her und den starken Serestus,
heimlich die Flotte zu rüsten, die Freunde am Ufer zu sammeln,
Waffen zur Hand zu haben, den Grund für diese Veränderung
doch zu verbergen; er werde, solange die treffliche Dido
noch nichts ahne und nimmer den Bruch solcher Liebe erwarte,
Zugang suchen und Zeit zu freundlich-schonender Rede
und für alles die schicklichste Art. In Eile gehorchen
alle freudig seinem Befehl und vollbringen den Auftrag.

    Aber die Königin spürte — wer könnte die Liebende täuschen? —
längst die List und vernahm als erste den kommenden Wandel,
war ja schon immer voll Angst. Der Lieberasenden meldet
wieder die ruchlose Fama, man rüste die Flotte zur Abfahrt.
Sinnlos tobt sie und rast voll Zorn überall durch die Stadt; so
rast die Mänade, vom Anblick erregt der Weihegefäße
wenn, nach dreier Jahre Verlauf, die Orgien wieder
stacheln mit Bakchusruf und nachts laut ruft der Kithaeron.

    Endlich stellt sie von selbst den Aeneas, spricht zu ihm also:
„Auch noch verbergen zu können erhofftest du, Treuloser, solchen
Frevel und ganz in der Stille aus meinem Lande zu weichen?
Hält meine Liebe dich nicht, die Hand nicht, einst mir gegeben?
Hält nicht Didos Tod dich zurück, der grausam bevorsteht?
Selbst unterm Wintergestirn treibst du zur Fahrt deine Flotte,
eilst dich, mitten im Nordsturm hin über Meere zu segeln,
Grausamer? Wenn du nicht fremdes Gefild und nimmer gekannte
Heimstatt suchtest, wenn uralt immer noch ragte dein Troja,
führest nach Troja du wohl zu Schiff durch wogende Meerflut?
Fliehst du denn m i c h ? O, sieh diese Tränen, denk deiner Rechten,
denn nichts anderes hab ich Arme mir selbst noch gelassen,
denk des gemeinsamen Bundes, des Anfangs unsrer Vermählung,
macht ich nur irgend um dich mich verdient, ward irgend nur Liebes
dir von mir, so erbarm dich doch des gefährdeten Hauses,
leg doch, bitt ich, wenn Bitten noch Sinn hat, ab diesen Starrsinn.
Deinetwegen ergrimmt sind Libyens Völker, ergrimmt die
Numiderfürsten, erbittert die Tyrier, wieder um deinet-
willen zerstört die Scham, mein früherer Ruf, der allein mich
himmelan hob; wem läßt du zurück mich zum Tode, du Gastfreund,

      hoc solum nomen quoniam de coniuge restat?
      quid moror, an mea Pygmalion dum moenia frater   325
      destruat aut captam ducat Gaetulus Iarbas?
      saltem si qua mihi de te suscepta fuisset
      ante fugam suboles, si quis mihi parvolus aula
      luderet Aeneas, qui te tamen ore referret,
      non equidem omnino capta ac deserta viderer.'   330
   Dixerat. ille Iovis monitis inmota tenebat
lumina et obnixus curam sub corde premebat.
tandem pauca refert: 'ego te, quae plurima fando
enumerare vales, numquam, regina, negabo
promeritam nec me meminisse pigebit Elissae,   335
dum memor ipse mei, dum spiritus hos regit artus.
pro re pauca loquar. neque ego hanc abscondere furto
speravi — ne finge — fugam, nec coniugis umquam
praetendi taedas aut haec in foedera veni.
me si fata meis paterentur ducere vitam   340
auspiciis et sponte mea componere curas,
urbem Troianam primum dulcisque meorum
reliquias colerem, Priami tecta alta manerent
et recidiva manu posuissem Pergama victis.
sed nunc Italiam magnam Gryneus Apollo,   345
Italiam Lyciae iussere capessere sortes;
hic amor, haec patria est. si te Karthaginis arces
Phoenissam Libycaeque adspectus detinet urbis,
quae tandem Ausonia Teucros considere terra
invidia est? et nos fas extera quaerere regna.   350
me patris Anchisae, quotiens umentibus umbris
nox operit terras, quotiens astra ignea surgunt,
admonet in somnis et turbida terret imago,
me puer Ascanius capitisque iniuria cari,
quem regno Hesperiae fraudo et fatalibus arvis.   355
nunc etiam interpres divom Iove missus ab ipso
— testor utrumque caput — celeris mandata per auras
detulit; ipse deum manifesto in lumine vidi
intrantem muros vocemque his auribus hausi.

einzig diese Bezeichnung blieb vom Gemahl ja noch übrig?
Warte ich gar, bis mein Bruder Pygmalion hier meine Festung
einreißt oder gefangen mich nimmt der Gaetuler Jarbas?
Hätte ich wenigstens doch einen Sohn von dir noch empfangen
vor deiner Flucht und spielte mir hier im Palaste ein lieber,
kleiner Aeneas, der immerhin mir doch dein Antlitz bewahrte,
ach, dann käme ich nicht so betrogen mir vor und verlassen."

    Aber Aeneas, gemahnt von Juppiter, stand dort starren
Blickes und hielt gewaltsam den Gram im Herzen verborgen.
Endlich erwidert er kurz: „Niemals will ich all die Verdienste,
die du, Fürstin, mir aufzählen kannst, dir irgend bestreiten,
niemals soll mich's verdrießen, Elissas zu denken, solang ich
meiner bewußt bin, solange noch Geist diese Glieder durchwaltet.
Kurz nun erklär ich mein Tun: nicht wähnt' ich, verstohlen die Flucht hier
dir zu verbergen, — so darfst du nicht denken, — noch habe je ich
Anspruch auf Ehe gemacht oder kam, dies Bündnis zu schließen.
Ließe das Schicksal mich nach meinem Willen mein Leben
führen und ganz aus eigener Kraft meine Anliegen ordnen,
hielte ich Troja zuerst und der Meinen trautes Vermächtnis
fromm in Ehren, es ragten empor des Priamus Häuser,
hätte ich Pergamus selbst wieder neu erbaut den Besiegten.
Jetzt aber hieß mich Apollo von Grynium, hieß das Orakel
Lykiens mich nach Italien ziehn, in Italien bleiben;
dies ist Liebe, dies Heimat; wenn d i c h die Burgen Karthagos,
Tochter Phoeniziens, fesseln, der Blick auf die libysche Stadt hier,
warum dann der Neid, daß Teukrer im Lande Ausoniens
siedeln? Auch uns ist erlaubt, im Ausland Reiche zu suchen.
Stets, wenn Nacht die Lande umhüllt mit tauendem Dunkel,
wenn die Sterne erglühn, dann mahnt meines Vaters Anchises
Antlitz zürnend und schreckt mich im Traum; an Askanius denk ich
und an das Unrecht wider sein liebes Haupt: ich betrüge
ihn doch um Hesperiens Reich und das Land der Verheißung.
Jetzt aber brachte sogar der Bote der Götter, entsandt von
Juppiter selbst — so wahr wir leben — durch eilige Lüfte
Botschaft; sah ich doch selbst handgreiflichen Glanzes den Gott die
Mauern betreten, vernahm mit diesen Ohren die Stimme.

desine meque tuis incendere teque querellis: 360
Italiam non sponte sequor.'
   Talia dicentem iamdudum aversa tuetur
huc illuc volvens oculos totumque pererrat
luminibus tacitis et sic accensa profatur:
'nec tibi diva parens, generis nec Dardanus auctor, 365
perfide, sed duris genuit te cautibus horrens
Caucasus Hyrcanaeque admorunt ubera tigres.
nam quid dissimulo aut quae me ad maiora reservo?
num fletu ingemuit nostro, num lumina flexit,
num lacrimas victus dedit aut miseratus amantem est? 370
quae quibus anteferam? iam iam nec maxima Iuno
nec Saturnius haec oculis pater adspicit aequis.
nusquam tuta fides. eiectum litore, egentem
excepi et regni demens in parte locavi,
amissam classem, socios a morte reduxi. 375
heu furiis incensa feror! nunc augur Apollo,
nunc Lyciae sortes, nunc et Iove missus ab ipso
interpres divom fert horrida iussa per auras.
scilicet is superis labor est, ea cura quietos
sollicitat. neque te teneo neque dicta refello: 380
i, sequere Italiam ventis, pete regna per undas.
spero equidem mediis, si quid pia numina possunt,
supplicia hausurum scopulis et nomine Dido
saepe vocaturum. sequar atris ignibus absens
et cum frigida mors anima seduxerit artus, 385
omnibus umbra locis adero. dabis inprobe poenas.
audiam et haec manis veniet mihi fama sub imos.'
his medium dictis sermonem abrumpit et auras
aegra fugit seque ex oculis avertit et aufert,
linquens multa metu cunctantem et multa volentem 390
dicere. suscipiunt famulae conlapsaque membra
marmoreo referunt thalamo stratisque reponunt.
   At pius Aeneas, quamquam lenire dolentem
solando cupit et dictis avertere curas,
multa gemens magnoque animum labefactus amore, 395

Reize nun mich und dich nicht weiter mit all deinen Klagen:
Nicht von mir aus such' ich Italien."

    So sprach er; doch sie schaut längst schon finster zur Seite,
hierhin wendend und dorthin die Augen, mustert von Kopf bis
Fuß ihn schweigenden Blicks, und so bricht los sie im Zorne:
"Nein, dich gebar keine Göttin, nicht Dardanus ist dein Ahnherr,
Treuloser, sondern dich zeugte der Kaukasus, starrend von hartem
Felsgestein; dir boten die Brust hyrkanische Tiger.
Denn was verhehl ich den Zorn oder warte auf schlimmere Kränkung?
Hat er bei meinem Weinen geseufzt, den Blick nur verändert,
zwang ihn zu Tränen mein Leid, zu Mitleid der Liebenden Elend?
Läßt sich dies überbieten? Doch nicht sieht Herrscherin Juno,
nicht der saturnische Vater gelassenen Blickes dies Unrecht.
Nirgend hat Treue noch Halt. Ich nahm den Gestrandeten, Armen,
bei mir auf und gab ihm — Törin! — Teil an der Herrschaft,
barg die verlorene Flotte und barg vom Tod die Gefährten.
Weh mir, besessen bin ich von Wut! Jetzt Seher Apollo,
jetzt ein lykisch Orakel, jetzt gar vom Juppiter selbst der
Bote der Götter bringt durch die Lüfte furchtbare Botschaft!
Freilich d a s macht Himmlischen Not, diese Sorge bewegt die
Ruhenden! Nein, ich halte dich nicht, widerlege dein Wort nicht:
Fort, nach Italien segle im Wind, such Reiche durch Wogen!
Ich aber hoffe, du wirst — wenn fromme Götter voll Macht sind —
reichlich büßen, von Klippen umdroht, wirst Dido beim Namen
oft noch rufen; in dunkler Glut dann nah ich, die Ferne,
und wenn eisiger Tod vom Leben trennte die Glieder,
bin allerorten als Schatten ich da; du, Frevler, wirst büßen.
Hören werde ich's, tief zu den Manen kommt diese Kunde."
Da bricht unvermittelt sie ab und flieht voller Gram nun
Luft und Licht, entzieht sich ganz den Augen der Menschen,
läßt ihn stehn, der ängstlich noch zaudert und vieles noch sagen
möchte; dienende Frauen empfangen sie, tragen die jäh in
Ohnmacht Gesunkne ins Marmorgemach und betten sie zärtlich.

    Aber wenngleich sich Aeneas gedrängt fühlt, tröstend ihr Leid zu
lindern und Kummer und Gram mit freundlichem Wort zu verscheuchen,
wenn er auch seufzt, schon wankend gemacht durch den Ansturm der Liebe,

iussa tamen divom exsequitur classemque revisit.
tum vero Teucri incumbunt et litore celsas
deducunt toto navis. natat uncta carina,
frondentisque ferunt remos et robora silvis
infabricata fugae studio. 400
migrantis cernas totaque ex urbe ruentis,
ac velut ingentem formicae farris acervom
cum populant hiemis memores tectoque reponunt,
it nigrum campis agmen praedamque per herbas
convectant calle angusto, pars grandia trudunt 405
obnixae frumenta umeris, pars agmina cogunt
castigantque moras, opere omnis semita fervet.
quis tibi tunc, Dido, cernenti talia sensus,
quosve dabas gemitus, cum litora fervere late
prospiceres arce ex summa totumque videres 410
misceri ante oculos tantis clamoribus aequor!
inprobe Amor, quid non mortalia pectora cogis!
ire iterum in lacrimas, iterum temptare precando
cogitur et supplex animos submittere amori,
ne quid inexpertum frustra moritura relinquat. 415

  'Anna, vides toto properari litore circum,
undique convenere; vocat iam carbasus auras,
puppibus et laeti nautae inposuere coronas.
hunc ego si potui tantum sperare dolorem,
et perferre, soror, potero. miserae hoc tamen unum 420
exsequere, Anna, mihi; solam nam perfidus ille
te colere, arcanos etiam tibi credere sensus;
sola viri mollis aditus et tempora noras.
i, soror, atque hostem supplex adfare superbum.
non ego cum Danais Troianam exscindere gentem 425
Aulide iuravi classemve ad Pergama misi,
nec patris Anchisae cinerem manesve revelli,
cur mea dicta negat duras demittere in auris.
quo ruit? extremum hoc miserae det munus amanti:
exspectet facilemque fugam ventosque ferentis. 430
non iam coniugium antiquom, quod prodidit, oro,

handelt er fromm doch nach Göttergeheiß und mustert die Flotte.
Da aber eilen die Teukrer ans Werk, überall vom Gestade
ziehn sie die hohen Schiffe ins Meer; schon schwimmt der verpichte
Kiel, schon bringen sie Ruder aus Grünholz, Stämme aus Wäldern,
unbehaun! So drängt sie's zur Flucht.
Schar um Schar sieht man aus der Stadt überall sie enteilen,
wie wenn Ameisen plündern des Kornes riesigen Haufen,
sorgend bedacht auf den Winter, und alles bergen im Neste;
schwärzlich wimmelt in Feldern ihr Zug; sie schleppen durchs Gras hin
mit sich die Beute auf schmalem Pfad, ein Teil stößt die großen
Körner, die Schulter dagegen gestemmt, ein anderer treibt die
Scharen und straft den Verzug, rings brodelt der Weg voller Arbeit.
Wie war, Dido, dir damals zumut, als dieses du sahest,
weh, wie stöhntest du auf, als weit die Gestade du brodeln
sahest hoch von der Burg und als überall du vor Augen
wogen sahst und toben das Meer bei lärmenden Rufen.
Liebesdämon! Wozu treibst du nicht sterbliche Herzen!
Wieder zu weinen und wieder mit Bitten es neu zu versuchen,
drängt es in ihr und flehend ihr Herz zu ergeben der Liebe,
daß sie, ehe sie sterbe umsonst, nichts unversucht lasse.
    „Anna, du siehst das Hasten und Drängen am ganzen Gestade,
allerorts strömen sie her! schon lockt das Segel die Lüfte,
und aufs Heck schon setzen die Schiffer jubelnd die Kränze.
Hab ich's vermocht, diesem furchtbaren Schmerz entgegen zu harren,
werd' ich ihn, Schwester, auch tragen. Doch tu mir, Anna, dies e i n e
noch im Elend zulieb; denn dich hat jener Verräter
einzig verehrt, vertraute dir gar die geheimsten Gedanken.
Du nur wußtest, wie und wann er leicht sich erschließe.
Geh denn, Schwester, und flehentlich sprich zum Feinde, dem stolzen,
nicht i c h schwur in Aulis, im Bund mit den Danaern Trojas
Volk zu vernichten, entsandte gen Pergamum nie eine Flotte,
nimmer entweiht' ich des Vaters Anchises Asche und Manen,
was verhärtet er Ohren und Herz meinem Wort? Wohin hetzt er?
Gönn' er der armen Liebenden dies als letztes Geschenk doch:
möge er warten auf günstige Flucht, auf fördernde Winde,
nicht mehr die alte Verbindung erbitte ich, die er verraten.

nec pulchro ut Latio careat regnumque relinquat:
tempus inane peto, requiem spatiumque furori,
dum mea me victam doceat fortuna dolere.
extremam hanc oro veniam — miserere sororis — 435
quam mihi cum dederit, cumulatam morte remittam.'
   Talibus orabat, talisque miserrima fletus
fertque refertque soror. sed nullis ille movetur
fletibus aut voces ullas tractabilis audit:
fata obstant placidasque viri deus obstruit auris. 440
ac velut annoso validam cum robore quercum
Alpini Boreae nunc hinc nunc flatibus illinc
eruere inter se certant; it stridor, et altae
consternunt terram concusso stipite frondes;
ipsa haeret scopulis et quantum vertice ad auras 445
aetherias, tantum radice in Tartara tendit.
haud secus adsiduis hinc atque hinc vocibus heros
tunditur et magno persentit pectore curas;
mens immota manet, lacrimae volvontur inanes.
   Tum vero infelix fatis exterrita Dido 450
mortem orat: taedet caeli convexa tueri.
quo magis inceptum peragat lucemque relinquat,
vidit, turicremis cum dona inponeret aris
— horrendum dictu — latices nigrescere sacros
fusaque in obscenum se vertere vina cruorem. 455
hoc visum nulli, non ipsi effata sorori est.
praeterea fuit in tectis de marmore templum
coniugis antiqui, miro quod honore colebat,
velleribus niveis et festa fronde revinctum:
hinc exaudiri voces et verba vocantis 460
visa viri, nox cum terras obscura teneret,
solaque culminibus ferali carmine bubo
saepe queri et longas in fletum ducere voces.
multaque praeterea vatum praedicta priorum
terribili monitu horrificant. agit ipse furentem 465
in somnis ferus Aeneas; semperque relinqui
sola sibi, semper longam incomitata videtur

Latium soll er, das schöne, nicht opfern, nicht opfern die Herrschaft,
Frist nur, fruchtlose, möcht ich, nur Ruhe und Raum meinem Wahne,
bis mein Los mich lehre, besiegt mich zu fügen dem Leide.
Dieses erbitt' ich als letzte Huld — erbarm dich der Schwester —
hat er mir diese gewährt, so vergelte ich reich sie im Tode."
    Also bat sie und so überbrachte die Schwester, die Ärmste,
Weinen und immer nur Weinen; doch ihn rührt weder das Weinen,
noch vernimmt, unnahbar ganz, er die Worte; das Schicksal
wehrt, taub macht ein Gott den Mann, der zu hören geneigt war.
Und wie wenn einen Eichbaum, stark aus uraltem Kernholz,
Alpenstürme von Nord bald hierhin im Winde, bald dorthin
ganz zu entwurzeln sich mühn: da knirscht und kracht es; — von oben
regnen zur Erde hinab beim Beben des Baumes die Blätter.
Er aber haftet im Fels, so hoch sein Wipfel in Himmels-
lüfte ragt, so tief zum Tartarus greift seine Wurzel.
Ebenso wird der Held bald hier, bald dort von der Worte
Sturm durchpeitscht und fühlt im tiefsten Herzen den Kummer.
Stark aber steht sein Sinn; nur nichtige Tränen entrollen.
    Jetzt aber bittet, erschreckt durch Schicksalssprüche, die arme
Dido um Tod. Es widert sie an das Himmelsgewölbe.
Um zu vollenden erst recht den Beschluß und das Licht zu verlassen,
sah am weihrauchumwölkten Altar beim Opfer der Gaben
— furchtbar zu sagen — schwarz sie den Trank, den heiligen werden,
sah in gerinnendes Blut sich eklig wandeln den Weinguß.
Keinem erzählt sie, was sie gesehn, nicht einmal der Schwester.
Außerdem stand im Palast eine Grabkapelle aus Marmor
für ihren ersten Gemahl; die hielt sie besonders in Ehren,
mit schneeweißen Binden geschmückt und festlichem Laube.
Stimmen glaubte von hier sie zu hören und Worte des Gatten,
der sie rief, wenn dunkle Nacht die Lande bedeckt hielt,
hörte, wie einsam vom Dach mit Todesange der Uhu
oftmals klagte und tränenbang langdehnte die Rufe.
Zudem schreckten in großer Zahl die Sprüche der alten
Seher mit furchtbarer Mahnung ihr Herz. Es quält die Verstörte
selbst der wilde Aeneas im Traum, verlassen zu werden
dünkt sie sich immer und ohne Gefolge immer den langen

ire viam et Tyrios deserta quaerere terra:
Eumenidum veluti demens videt agmina Pentheus
et solem geminum et duplicis se ostendere Thebas, 470
aut Agamemnonius scaenis agitatus Orestes
armatam facibus matrem et serpentibus atris
cum fugit ultricesque sedent in limine Dirae.
 Ergo ubi concepit furias evicta dolore
decrevitque mori, tempus secum ipsa modumque 475
exigit et maestam dictis adgressa sororem
consilium voltu tegit ac spem fronte serenat:
'inveni, germana, viam — gratare sorori —
quae mihi reddat eum vel eo me solvat amantem.
Oceani finem iuxta solemque cadentem 480
ultimus Aethiopum locus est, ubi maximus Atlas
axem umero torquet stellis ardentibus aptum:
hinc mihi Massylae gentis monstrata sacerdos,
Hesperidum templi custos, epulasque draconi
quae dabat et sacros servabat in arbore ramos, 485
spargens umida mella soporiferumque papaver.
haec se carminibus promittit solvere mentis,
quas velit, ast aliis duras inmittere curas,
sistere aquam fluviis et vertere sidera retro;
nocturnosque movet manis; mugire videbis 490
sub pedibus terram et descendere montibus ornos.
testor, cara, deos et te, germana, tuumque
dulce caput, magicas invitam accingier artis.
tu secreta pyram tecto interiore sub auras
erige et arma viri, thalamo quae fixa reliquit 495
inpius, exuviasque omnis lectumque iugalem,
quo perii, superinponas: abolere nefandi
cuncta viri monumenta iuvat monstratque sacerdos.'
haec effata silet; pallor simul occupat ora.
non tamen Anna novis praetexere funera sacris 500
germanam credit nec tantos mente furores
concipit aut graviora timet quam morte Sychaei.
ergo iussa parat.

Weg zu gehn, im öden Land die Tyrer zu suchen.
So sah Pentheus die Heere der Eumeniden im Wahnsinn,
doppelt sah er die Sonne und doppelt Theben sich zeigen;
so hetzt über die Bühne der Sohn Agamemnons, Orestes,
flieht vor der Mutter, die drohend ihm naht, mit Fackeln und schwarzen
Schlangen bewaffnet, die Schar der Furien hockt auf der Schwelle.

Als, überwältigt vom Schmerz, sie ganz der Verzweiflung verfallen
war und zum Tode entschlossen, bestimmte die Zeit und die Weise
sie bei sich selbst, und so, zur betrübten Schwester sich wendend,
barg sie durch heitere Miene den Plan und heuchelte Hoffnung: [ih mir
„Schwester, ich weiß einen Weg, — wünsch Glück deiner Schwester! — der
wiederschenkt oder ganz mein liebendes Herz von ihm frei macht.
Nah an des Ozeans Rand und der untergehenden Sonne
liegt Aethiopien, Ende der Welt, wo der mächtige Atlas
auf seiner Schulter den Himmel bewegt, den funkelnd bestirnten.
Dorther kam eine Priesterin mir vom Massylervolke,
Hüterin war sie des Tempels der Hesperiden, den Drachen
speiste sie und überwachte am Baum die heiligen Zweige,
sprengend flüssigen Honig und Mohn, den Bringer des Schlummers.
Diese verspricht, durch Zauberlied zu erlösen die Herzen,
welche sie will, doch andern zu senden lastenden Kummer,
Wasser in Flüssen zu hemmen und Sterne rückwärts zu drehen.
Nächtliche Manen beschwört sie, da hörst du brüllen die Erde
unter den Füßen, du siehst von Bergen steigen die Eschen,
Götter, du Liebe, ruf ich zu Zeugen, dich Schwester, dein liebes
Haupt! Nur ungern laß ich mich ein auf magische Künste.
Bau einen Holzstoß heimlich im inneren Haus unterm Himmel,
lege des Mannes Wehr, die, gefühllos, an des Gemaches
Wand er zurückließ, jeglich Gewand und das Lager der Ehe,
das mich vernichtete, leg es darauf: gut ist's, zu zerstören
alles, was an den Frevler mich mahnt; die Priesterin will es."
Also spricht sie und schweigt; todblaß wird plötzlich ihr Antlitz.
Anna jedoch glaubt nimmer, die Schwester verbräme den Tod mit
seltsamen Riten noch ahnt sie im Geist so furchtbaren Wahnsinn,
fürchtet auch Schlimmeres nicht als einst beim Tod des Sychaeus.
Also rüstet sie das, was verlangt.

At regina pyra penetrali in sede sub auras
erecta ingenti taedis atque ilice secta 505
intenditque locum sertis et fronde coronat
funerea; super exuvias ensemque relictum
effigiemque toro locat haud ignara futuri.
stant arae circum, et crinis effusa sacerdos
ter centum tonat ore deos, Erebumque Chaosque 510
tergeminamque Hecaten, tria virginis ora Dianae.
sparserat et laticis simulatos fontis Averni,
falcibus et messae ad lunam quaeruntur aënis
pubentes herbae nigri cum lacte veneni;
quaeritur et nascentis equi de fronte revolsus 515
et matri praereptus amor.
ipsa mola manibusque piis altaria iuxta
unum exuta pedem vinclis, in veste recincta,
testatur moritura deos et conscia fati
sidera; tum, si quod non aequo foedere amantis 520
curae numen habet iustumque memorque, precatur.

    Nox erat et placidum carpebant fessa soporem
corpora per terras, silvaeque et saeva quierant
aequora, cum medio volvontur sidera lapsu,
cum tacet omnis ager, pecudes pictaeque volucres, 525
quaeque lacus late liquidos quaeque aspera dumis
rura tenent, somno positae sub nocte silenti.
[lenibant curas et corda oblita laborum.]
at non infelix animi Phoenissa neque umquam
solvitur in somnos oculisve aut pectore noctem 530
accipit: ingeminant curae rursusque resurgens
saevit amor magnoque irarum fluctuat aestu.
sic adeo insistit secumque ita corde volutat:
'en quid ago, rursusne procos inrisa priores
experiar Nomadumque petam conubia supplex, 535
quos ego sim totiens iam dedignata maritos?
Iliacas igitur classes atque ultima Teucrum
iussa sequar? quiane auxilio iuvat ante levatos
et bene apud memores veteris stat gratia facti?

Aber die Königin schmückt, als drinnen im Haus unterm Himmel
hoch der Holzstoß ragt aus Kienholz und Steineichenbalken,
rings den Platz mit Gewinden und ziert ihn mit Totenkränzen,
legt aufs Lager die Kleider, das Schwert, das er hinterlassen,
und sein Bildnis dazu, wohl wissend, was ihrer wartet.
Ringsum stehen Altäre, die Priesterin, flatternden Haars, ruft
dreimal grell hundert Götter, den Erebus ruft sie, das Chaos,
Hekates Dreigestalt, die drei Gesichter Dianas,
sprengte auch Wasser, angeblich geholt aus avernischer Quelle,
Kräuter sucht sie, gemäht von ehernen Sicheln im Mondschein,
strotzend gefüllt mit dem Saft des schwarzen Giftes, sie sucht das
Liebesgewächs, entrissen der Stirn des eben geborenen
Füllens, dem Muttertiere entrafft.
Opferschrot in frommer Hand, beschwört am Altare
Dido, den einen Fuß entblößt, im Gewand ohne Gürtel,
todesbereit die Götter, beschwört die Gestirne als Zeugen
ihres Geschicks, ruft jegliche Gottheit, rächend-gerechte,
die für Liebende sorgt, denen nicht ihr heiliges Recht ward.

Nacht war; friedliche Ruhe genossen auf Erden die müden
Leiber, es waren zur Ruhe gekommen Wälder und wilde
Wogen, Sterne durchkreisen still die Mitte der Bahnen,
ringsum schweigt das Gefilde, die Tiere, die bunten Vögel,
alle, die weitum wohnen in klaren Seen und dornbusch-
starrenden Feldern, sie ruhen in schweigender Nacht und schlafen.
[Machten sanfter die Sorgen, die Herzen vergaßen der Mühsal]
Doch unselig wacht die Phoenikerin, sinkt auch nicht einmal
sanft in Schlaf, nimmt weder durch Augen noch durch das Herz die
Nacht in sich auf; es wächst ihr Gram und, neu sich erhebend,
rast die Liebe und wogt auf Zornes tosenden Fluten.
Einen Gedanken nur hegt und wälzt sie also im Herzen:
„Was denn tu ich? Verlacht soll ich von neuem die alten
Freier erproben, die Ehe mit Numidern flehend erbetteln,
die ich selber einst so oft verschmähte als Gatten?
Soll ich der ilischen Flotte denn folgen und jeglichem Wink der
Teukrer? Vielleicht, weil gern an die frühere Hilfe sie denken
und ihr Herz den Dank bewahrt für die einstige Wohltat?

quis me autem, fac velle, sinet ratibusve superbis 540
invisam accipiet? nescis, heu perdita, necdum
Laomedonteae sentis periuria gentis?
quid tum? sola fuga nautas comitabor ovantis
an Tyriis omnique manu stipata meorum
inferar et, quos Sidonia vix urbe revelli, 545
rursus agam pelago et ventis dare vela iubebo?
quin morere, ut merita es, ferroque averte dolorem.
tu lacrimis evicta meis, tu prima furentem
his, germana, malis oneras atque obicis hosti.
non licuit thalami expertem sine crimine vitam 550
degere more ferae, talis nec tangere curas;
non servata fides cineri promissa Sychaeo.'
tantos illa suo rumpebat pectore questus.

Aeneas celsa in puppi, iam certus eundi,
carpebat somnos rebus iam rite paratis. 555
huic se forma dei voltu redeuntis eodem
obtulit in somnis rursusque ita visa monere est,
omnia Mercurio similis vocemque coloremque
et crinis flavos et membra decora iuventa:
'nate dea, potes hoc sub casu ducere somnos, 560
nec quae te circum stent deinde pericula cernis,
demens, nec zephyros audis spirare secundos?
illa dolos dirumque nefas in pectore versat,
certa mori, variosque irarum concitat aestus.
non fugis hinc praeceps, dum praecipitare potestas? 565
iam mare turbari trabibus saevasque videbis
conlucere faces. iam fervere litora flammis,
si te his attigerit terris Aurora morantem.
heia age, rumpe moras! varium et mutabile semper
femina.' sic fatus nocti se inmiscuit atrae. 570

Tum vero Aeneas subitis exterritus umbris
corripit e somno corpus sociosque fatigat:
'praecipites vigilate, viri, et considite transtris;
solvite vela citi. deus aethere missus ab alto
festinare fugam tortosque incidere funis 575

Wer aber läßt mich, wenn wirklich ich will, denn zu und empfängt im
stolzen Schiff die Verhaßte? Ach, Elende, kennst du und spürst du
immer noch nicht den Verrat der laomedontischen Rasse?
Was also: folg ich allein auf der Flucht den jauchzenden Schiffern,
oder schließ ich mich an mit den Tyriern und mit der Meinen
ganzem Gefolge und treibe ich sie, die ich kaum aus Sidoniens
Stadt entriß, wieder fort aufs Meer unter Winde und Segel?
Stirb doch, wie du's verdient, und ende den Schmerz mit dem Schwerte.
Du, meinen Tränen erlegen, du brachtest, Schwester, als erste
mir, die da raste, die Last dieses Leids, gabst preis mich dem Feinde.
Ach, ich durfte nicht ehelos gleich Tieren mein Leben
führen, frei von Schuld, nicht krank von solchem Kummer!
Treue brach ich, die einst ich der Asche versprach des Sychaeus."
Also ergoß sich Didos Brust in bitteren Klagen.

Aber Aeneas, schon fest zur Fahrt entschlossen, genoß auf
hohem Heck des Schlafes, denn schon stand alles gerüstet.
Ihm erschien im Traum die Gestalt des Gottes, der gleichen
Angesichts wiederkam und deutlich wieder dasselbe
mahnte, Merkurius ähnlich in allem: Stimme und Farbe,
blond das Haar und prangend in Jugendschöne die Glieder:
„Kannst du, Sohn der Göttin, noch schlafen in solcher Bedrängnis,
siehst nicht, welche Gefahren dich bald bedrohlich umringen,
Törichter, hörst auch nicht des Westwinds günstiges Wehen?
Jene sinnt auf Tücke im Herzen und furchtbaren Frevel,
todesbereit, und erregt des Grolls wildwogende Fluten.
Fliehst du nicht eilends von hier, solange zu fliehn dir vergönnt wird?
Bald schon siehst du von Schiffen das Meer hier wimmeln und Brände
ringsum lodern, du siehst in Flammen glühn das Gestade,
wenn in diesen Landen Aurora noch säumig dich antrifft.
Auf denn, ohne Verzug! Ein buntveränderlich Etwas
bleibt das Weib!" So sprach er und tauchte in nächtliches Dunkel.

Aber Aeneas, entsetzt vom Andrang nächtlicher Bilder,
springt vom Schlaf gleich auf und hetzt die Gefährten zur Eile:
„Schnell, ihr Mannen, wacht auf! Und setzt euch eilends ans Ruder!
Löset die Segel geschwind! Ein Gott, entsandt aus des Äthers
Höhen, treibt uns schon wieder, in Eile zu fliehn und schnell die

ecce iterum instimulat. sequimur te, sancte deorum,
quisquis es, imperioque iterum paremus ovantes.
adsis o placidusque iuves et sidera caelo
dextra feras.' dixit vaginaque eripit ensem
fulmineum strictoque ferit retinacula ferro. 580
idem omnis simul ardor habet, rapiuntque ruuntque;
litora deseruere, latet sub classibus aequor,
adnixi torquent spumas et caerula verrunt.
   Et iam prima novo spargebat lumine terras
Tithoni croceum linquens Aurora cubile. 585
regina e speculis ut primum albescere lucem
vidit et aequatis classem procedere velis
litoraque et vacuos sensit sine remige portus,
terque quaterque manu pectus percussa decorum
flaventisque abscissa comas 'pro Iuppiter, ibit 590
hic' ait 'et nostris inluserit advena regnis,
non arma expedient totaque ex urbe sequentur,
diripientque rates alii navalibus? ite,
ferte citi flammas, date tela, inpellite remos!
quid loquor, aut ubi sum? quae mentem insania mutat, 595
infelix Dido, nunc te facta inpia tangunt?
tum decuit, cum sceptra dabas. en dextra fidesque,
quem secum patrios aiunt portare penates,
quem subiisse umeris confectum aetate parentem!
non potui abreptum divellere corpus et undis 600
spargere, non socios, non ipsum absumere ferro
Ascanium patriisque epulandum ponere mensis?
verum anceps pugnae fuerat fortuna. fuisset:
quem metui moritura? faces in castra tulissem
inplessemque foros flammis natumque patremque 605
cum genere exstinxem, memet super ipsa dedissem.
Sol, qui terrarum flammis opera omnia lustras,
tuque harum interpres curarum et conscia Iuno
nocturnisque Hecate triviis ululata per urbes,
et Dirae ultrices et di morientis Elissae, 610
accipite haec meritumque malis advertite numen

festen Taue zu kappen. Wir folgen dir, heilige Gottheit,
wer du auch bist, und gehorchen aufs neue froh dem Befehle.
Komm und hilf uns voll Huld und laß die Sterne am Himmel
hilfreich leuchten!" Sprach's und riß aus der Scheide sein blitzend
Schwert und zerhieb mit der Schärfe des Eisens die Fesseln des Tauwerks.
Gleiche Glut packt alle zumal: sie fliegen, sie fahren,
haben den Strand schon verlassen, es birgt sich das Meer unter Schiffen,
kräftig wirbeln Schaum sie empor und fegen die Bläue.

    Schon besprengte Aurora mit jungem Lichte die Lande,
früh des Tithonus safranfarbenes Lager verlassend.
Als vom Wartturm die Fürstin nun sah, wie der Morgen schon lichter
wurde und wie die Flotte nun, Segel bei Segel, dahinfuhr,
als den Strand sie bemerkte, von Ruderern leer ihre Häfen,
schlug die schöne Brust mit der Faust sie dreimal und viermal,
raufte die blonden Haare und rief: „Beim Juppiter, soll denn
wirklich der Fremde dort ziehn, nachdem meiner Macht er gespottet?
Rüstet man Waffen nicht gleich und drängt ihm nach aus der ganzen
Stadt, reißen andere nicht von der Werft die Schiffe? So geht doch,
werft doch Flammen geschwind und Geschosse und stürzt an die Ruder.
Ach, was red' ich, wo bin ich? Wie wandelt den Sinn mir der Wahnwitz.
Dido, heillose, jetzt macht ruchlos Tun dich betroffen?
Da war's am Platz, als Macht du ihm gabst. O, Treue und Glauben!
Dieser trägt, so heißt es, mit sich die heimischen Götter,
dieser bot dem Vater, dem altersschwachen, die Schultern!
Konnt' ich nicht greifen, zerreißen den Leib und über die Wogen
streuen, nicht die Gefährten, Askanius selbst mit dem Schwert nicht
treffen und dann dem Vater zum Schmaus anbieten beim Mahle?
Zweifelhaft blieb zwar des Kampfes Erfolg. Doch wenn auch! Wen sollt' ich,
todbereit, fürchten? Brand hätte ich in die Flotte geschleudert,
Schiffsraum mit Flammen erfüllt und Sohn und Vater mit all der
Brut vertilgt, wär selbst obendrein ins Feuer gesprungen.
Sol, der du all das Treiben auf Erden flammend durchmusterst,
du auch, Juno, Mittlerin du dieses Grames und Zeugin,
Hekate, nachts in den Städten am Kreuzweg mit Heulen verehrte,
Rachegöttinnen ihr, ihr Götter der sterbenden Dido,
seht, wie ich leide, und schenkt meiner Qual den Schutz, den ihr schuldet,

et nostras audite preces. si tangere portus
infandum caput ac terris adnare necesse est
et sic fata Iovis poscunt, hic terminus haeret:
at bello audacis populi vexatus et armis, 615
finibus extorris, complexu avolsus Iuli
auxilium imploret videatque indigna suorum
funera; nec, cum se sub leges pacis iniquae
tradiderit, regno aut optata luce fruatur,
sed cadat ante diem mediaque inhumatus harena. 620
haec precor, hanc vocem extremam cum sanguine fundo.
tum vos, o Tyrii, stirpem et genus omne futurum
exercete odiis cinerique haec mittite nostro
munera: nullus amor populis nec foedera sunto.
exoriare aliquis nostris ex ossibus ultor, 625
qui face Dardanios ferroque sequare colonos,
nunc, olim, quocumque dabunt se tempore vires.
litora litoribus contraria, fluctibus undas
imprecor, arma armis: pugnent ipsique nepotesque.'

Haec ait, et partis animum versabat in omnis, 630
invisam quaerens quam primum abrumpere lucem.
tum breviter Barcen nutricem adfata Sychaei,
— namque suam patria antiqua cinis ater habebat —
'Annam, cara mihi nutrix, huc siste sororem;
dic corpus properet fluviali spargere lympha 635
et pecudes secum et monstrata piacula ducat.
sic veniat, tuque ipsa pia tege tempora vitta.
sacra Iovi Stygio, quae rite incepta paravi,
perficere est animus finemque inponere curis
Dardaniique rogum capitis permittere flammae.' 640
sic ait, illa gradum studio celerabat anili.
at trepida et coeptis inmanibus effera Dido,
sanguineam volvens aciem maculisque trementis
interfusa genas et pallida morte futura,
interiora domus inrumpit limina et altos 645
conscendit furibunda rogos ensemque recludit
Dardanium, non hos quaesitum munus in usus.

und erhöret mein Flehn. Soll wirklich zum Hafen gelangen
dieses verruchte Haupt und sicher landen und fordern
Juppiters Schicksalssprüche es so, bleibt d i e s doch die Grenze:
heimgesucht von Krieg und Waffen verwegenen Volkes,
fern vom Lande verbannt, der Umarmung entrissen des Julus,
soll um Hilfe er flehn und sehn unwürdigen Tod der
Seinen: und wenn er sich auch eines harten Friedens Gesetzen
beugte, so soll er doch nimmer des Reichs und des Lebens genießen,
falle vielmehr vor der Zeit ohne Grab inmitten des Sandes.
Darum bitt' ich, verströme zuletzt dies Wort mit dem Blute.
Dann aber, Tyrier, quält diese Brut und in Zukunft den ganzen
Stamm mit Haß und schickt meiner Asche dieses als Gabe:
nie soll Liebe die Völker vereinen und nimmer ein Bündnis!
Wachse doch, wer du auch seist, aus unsern Gebeinen, du Rächer,
der du mit Feuer und Schwert heimsuchst dardanische Siedler
jetzt oder einst, wann immer zur Zeit die Kräfte bereit sind.
Strand sei Gegner dem Strand, und Woge der Woge, so bitt' ich,
Waffen den Waffen, und Kampf entzweie sie selbst und die Enkel!"

Rief es und ließ überall nun schweifen des Herzens Gedanken,
trachtend, möglichst bald das verhaßte Leben zu enden.
Kurz dann sprach sie zu Barke, der Amme des Gatten Sychaeus,
— denn ihre eigene lag in der alten Heimat begraben —:
„Liebe Amme, geh hin und hol mir Anna, die Schwester,
sag, sie möge mit Flußwasser schnell ihren Körper besprengen,
Tiere und Sühnopfer, die ihr gezeigt, mitbringen. Nur so soll
wieder sie kommen! Du decke die Schläfen mit heiliger Binde,
Opfer dem Unterweltsgott, die gültig schon ich begonnen,
will ich vollbringen und will meinem Gram ein Ende nun setzen,
will den Scheiterhaufen des Dardanerhauptes entzünden."
Also sprach sie, und gleich eilt mühsam von dannen die Alte.
Dido jedoch voller Hast, verstört vom grausigen Vorsatz,
flackernden, blutunterlaufenen Blicks, die zitternden Wangen
fleckig verfärbt und leichenblaß vom nahenden Tode,
stürzt in des Hauses inneren Hof, besteigt dort den hohen
Holzstoß, ganz vom Wahnsinn gepackt, und zieht jetzt das Schwert des
Dardaners, sein Geschenk, zu solchem Gebrauch nicht erbeten.

hic, postquam Iliacas vestes notumque cubile
conspexit, paulum lacrimis et mente morata,
incubuitque toro dixitque novissima verba: 650
'dulces exuviae, dum fata deusque sinebat,
accipite hanc animam meque his exsolvite curis.
vixi et quem dederat cursum Fortuna peregi,
et nunc magna mei sub terras ibit imago.
urbem praeclaram statui, mea moenia vidi, 655
ulta virum poenas inimico a fratre recepi,
felix, heu nimium felix, si litora tantum
numquam Dardaniae tetigissent nostra carinae.'
dixit et os inpressa toro 'moriemur inultae,
sed moriamur' ait, 'sic, sic iuvat ire sub umbras. 660
hauriat hunc oculis ignem crudelis ab alto
Dardanus, et nostrae secum ferat omina mortis.'
dixerat, atque illam media inter talia ferro
conlapsam adspiciunt comites ensemque cruore
spumantem sparsasque manus. it clamor ad alta 665
atria; concussam bacchatur Fama per urbem.
lamentis gemituque et femineo ululatu
tecta fremunt, resonat magnis plangoribus aether,
non aliter quam si inmissis ruat hostibus omnis
Karthago aut antiqua Tyros flammaeque furentes 670
culmina perque hominum volvantur perque deorum.
audiit exanimis trepidoque exterrita cursu,
unguibus ora soror foedans et pectora pugnis
per medios ruit ac morientem nomine clamat:
'hoc illud, germana, fuit, me fraude petebas, 675
hoc rogus iste mihi, hoc ignes araeque parabant?
quid primum deserta querar, comitemne sororem
sprevisti moriens? eadem me ad fata vocasses:
idem ambas ferro dolor atque eadem hora tulisset.
his etiam struxi manibus patriosque vocavi 680
voce deos, sic te ut posita crudelis abessem.
exstinxti te meque, soror, populumque patresque
Sidonios urbemque tuam. date, volnera lymphis

Als die Gewänder aus Ilium jetzt und das innig vertraute
Lager sie sah, versank sie kurz in Tränen und Sinnen,
warf sich dann übers Bett und sprach ihre letzten Worte:
„O ihr Gewänder, mir lieb, als Schicksal und Gottheit es zuließ,
nehmet dies Leben jetzt auf und erlöst mich vom Leid meiner Liebe.
Habe gelebt und den Lauf, den Fortuna verliehen, vollendet,
unter die Erde wird jetzt erhaben wandeln mein Abbild.
Ich erbaute die herrliche Stadt, ich sah meine Mauern,
rächte den Gatten und ließ schwer büßen den feindlichen Bruder,
glücklich, ach, zu glücklich nur, wenn an unserem Strande
niemals wäre die Flotte des Dardanervolkes gelandet."
Stöhnte und preßte ins Kissen den Mund: „Ich sterbe ohn' Rache,
will aber sterben: So! so gehe ich gern zu den Schatten.
Weide der grausame Dardaner nur vom Meere an diesem
Brande den Blick, stets schwebe um ihn das Bild meines Todes."
Und noch während der Worte sehn ihre Frauen sie jäh zu
Boden gesunken vom Stoß des Eisens, sehen vom Blute
schäumen das Schwert und die Hände besprizt; zum hohen Palast dringt
Klage, Fama rast durch die tieferschütterte Stadt hin.
Laut von Jammern und Stöhnen und Wehschreien der Weiber
gellen die Häuser, es hallt von gewaltiger Klage der Äther,
so, als rase der Feind in der Stadt, als stürze zusammen
ganz Karthago jetzt oder Tyrus, das alte, und Flammen
wälzten sich wild durch die Häuser empor der Menschen und Götter.
Atemlos hört es die Schwester und hetzenden Laufs voll Entsetzen,
mit ihren Nägeln das Antlitz mißhandelnd, die Brust mit den Fäusten,
drängt durch die Menge sie, ruft die Sterbende jammernd mit Namen:
„Das also war es, o Schwester, so suchtest du m i c h zu betrügen,
das also sollte der Holzstoß mir, der Brand, die Altäre?
Was nur beklag ich Verlassne zuerst? Das Geleit deiner Schwester
hast du sterbend verschmäht? Vergönntest du gleiches Geschick mir,
nahm uns beide zugleich e i n Schwert, e i n Schmerz, eine Stunde.
Hier mit den Händen noch baute ich dies, rief laut zu der Heimat
Göttern, um grausam ferne zu sein, als so du gebettet.
Schwester, du tötetest dich und mich, dein Volk und die Väter
Sidons und hier deine Stadt! Kommt, reinigen laßt mich mit klarem

abluam et, extremus si quis super halitus errat,
ore legam.' sic fata gradus evaserat altos 685
semianimemque sinu germanam amplexa fovebat
cum gemitu atque atros siccabat veste cruores.
illa gravis oculos conata attollere rursus
deficit; infixum stridit sub pectore volnus.
ter sese attollens cubitoque adnixa levavit, 690
ter revoluta toro est oculisque errantibus alto
quaesivit caelo lucem ingemuitque reperta.

   Tum Iuno omnipotens longum miserata dolorem
difficilisque obitus Irim demisit Olympo,
quae luctantem animam nexosque resolveret artus. 695
nam quia nec fato merita nec morte peribat,
sed misera ante diem subitoque accensa furore,
nondum illi flavom Proserpina vertice crinem
abstulerat Stygioque caput damnaverat Orco.
ergo Iris croceis per caelum roscida pennis, 700
mille trahens varios adverso sole colores
devolat et supra caput adstitit: 'hunc ego Diti
sacrum iussa fero teque isto corpore solvo'.
sic ait et dextra crinem secat: omnis et una
dilapsus calor atque in ventos vita recessit. 705

V

   Interea medium Aeneas iam classe tenebat
certus iter fluctusque atros aquilone secabat,
moenia respiciens, quae iam infelicis Elissae
conlucent flammis. quae tantum accenderit ignem
causa latet; duri magno sed amore dolores 5
polluto notumque, furens quid femina possit,
triste per augurium Teucrorum pectora ducunt.
   ut pelagus tenuere rates nec iam amplius ulla
occurrit tellus, maria undique et undique caelum:
olli caeruleus supra caput adstitit imber 10

Wasser die Wunden, und irrt noch ein letzter Hauch um die Lippen,
trinke mein Kuß ihn!" So sprach sie und hatte den Holzstoß bestiegen,
hegte die Schwester, die Halbentseelte, wärmend im Schoße,
stöhnte und suchte das schwarze Blut mit dem Kleide zu trocknen.
Jene, bemüht, zu erheben die schweren Augen, versinkt in
Ohnmacht wieder, es zischt in der Brust die klaffende Wunde.
Dreimal hob sie, gestemmt auf den Ellenbogen, empor sich,
dreimal sank sie zurück und suchte flackernden Auges
hoch am Himmel das Licht und seufzte, da sie's gefunden.

   Juno indes, die allmächtige, sah voll Erbarmen dies lange
Leiden, den qualvollen Tod und sandte herab vom Olymp jetzt
Iris, zu lösen das Ringen der Seele, die Fesseln der Glieder.
Denn da weder durch Schicksal sie starb noch verschuldeten Todes,
sondern aus Gram vor der Zeit und gepackt vom plötzlichen Wahnsinn,
schnitt Proserpina ihr noch nicht vom Scheitel das blonde
Haar und weihte ihr Haupt noch nicht dem stygischen Orkus.
Iris, schimmernd von Tau, auf Safranfittichen schwebend,
tausend Farben bunt gegenüber der Sonne versprühend,
fliegt durch den Himmel hernieder und tritt ihr zu Häupten: „Dem Pluto
weih ich gehorsam dies Haar und löse dich hier von dem Leibe."
Also spricht sie und schneidet das Haar mit der Rechten; sogleich schwand
alle Wärme dahin, das Leben entwich in die Lüfte.

5

   Mitten im Meer unterdes hielt schon zielsicher Aeneas
Kurs, durchschnitt in kräftigem Wind graudunkelnde Fluten,
sah nach den Mauern zurück, die schon von der armen Elissa
flammendem Holzstoß glühn. Verborgen bleibt, was ein solches
Feuer entflammt; doch Didos Schmerz über schnöde verschmähte
Liebesglut, die Erfahrung, was rasend ein Weib alles tun kann,
läßt in düstere Ahnung die Herzen der Teukrer versinken.
Als durch die offene See die Flotte nun segelt und nirgend
Land mehr winkt, nur Meer überall und überall Himmel,
ballte Aeneas zu Häupten sich schwarz die Wolke des Wetters,

noctem hiememque ferens, et inhorruit unda tenebris.
ipse gubernator puppi Palinurus ab alta:
'heu, quianam tanti cinxerunt aethera nimbi?
quidve, pater Neptune, paras?' sic deinde locutus
colligere arma iubet validisque incumbere remis, 15
obliquatque sinus in ventum ac talia fatur:
'magnanime Aenea, non, si mihi Iuppiter auctor
spondeat, hoc sperem Italiam contingere caelo.
mutati transversa fremunt et vespere ab atro
consurgunt venti, atque in nubem cogitur aër. 20
nec nos obniti contra nec tendere tantum
sufficimus. superat quoniam Fortuna, sequamur,
quoque vocat, vertamus iter. nec litora longe
fida reor fraterna Erycis portusque Sicanos,
si modo rite memor servata remetior astra.' 25
tum pius Aeneas: 'equidem sic poscere ventos
iamdudum et frustra cerno te tendere contra.
flecte viam velis. an sit mihi gratior ulla,
quove magis fessas optem dimittere navis,
quam quae Dardanium tellus mihi servat Acesten 30
et patris Anchisae gremio complectitur ossa?'
haec ubi dicta, petunt portus et vela secundi
intendunt zephyri: fertur cita gurgite classis,
et tandem laeti notae advertuntur harenae.

  At procul ex celso miratus vertice montis 35
adventum sociasque rates occurrit Acestes,
horridus in iaculis et pelle Libystidis ursae,
Troïa Criniso conceptum flumine mater
quem genuit. veterum non inmemor ille parentum
gratatur reduces et gaza laetus agresti 40
excipit ac fessos opibus solatur amicis.

  Postera cum primo stellas Oriente fugarat
clara dies, socios in coetum litore ab omni
advocat Aeneas tumulique ex aggere fatur:
'Dardanidae magni, genus alto a sanguine divom, 45
annuus exactis completur mensibus orbis,

schwanger von Nacht und Sturm, aufschauert im Düster die Woge.
Hoch vom Heck her ruft der Steuermann Palinurus:
„Weh, warum umwölkten nur solche Stürme den Äther,
Vater Neptunus, was hast du im Sinn?" So sprach er und ließ gleich
reffen die Segel und kräftig die starken Ruder bewegen,
richtet schräg zum Winde die Segel; dann aber sagt er:
„Hochgemuter Aeneas, auch nicht, wenn mir Juppiter bürgte,
hofft' ich Italien je bei diesem Wetter zu finden.
Querüber brausen verändert und steigen vom düsteren Abend
mächtig empor die Winde, die Luft ballt schwarz sich zur Wolke.
Uns dagegen zu stemmen und so zu mühen, sind w i r nicht
stark genug. Fortuna ist stärker; folgen wir also,
wenden, wohin sie auch ruft; nicht weit mehr, glaube ich, sind des
Eryx verläßlicher Bruderstrand und sikanische Häfen,
wenn ich nur recht, mich erinnernd, die Sterne wieder erkenne."
Fromm entgegnet Aeneas: „Daß s o die Winde es fordern,
sehe ich längst und daß du umsonst dagegen dich abmühst.
Biege denn ab vom Weg; wo wäre willkommener Land mir,
wohin sollte ich lieber die müde Flotte entlassen,
als zum Land, das den Dardanersproß mir hegt, den Akestes,
und im Schoße umfängt die Gebeine des Vaters Anchises?"
Gleich fliegt dann zu den Häfen die Fahrt und günstiger Westwind
schwellt die Segel, schäumend schießt durch die Fluten die Flotte,
und sie wenden sich endlich froh zum vertrauten Gestade.

Aber von fern sieht staunend vom ragenden Gipfel des Berges
nahen die Flotte der Freunde und geht ihr entgegen Akestes,
starrend von Spießen ringsum und dem Fell der libyschen Bärin.
Ihn empfing vom Flußgott Crinisus die troische Mutter,
und gebar ihn. Akestes, der alten Ahnen gedenkend,
grüßt die Wiedergekehrten, und üppig mit Schätzen der Feldflur
nimmt er sie auf und labt mit lieben Gaben die Müden.

Kaum verscheuchte die Sterne im Morgenlichte der nächste,
strahlende Tag, da rief überall vom Gestade die Freunde
her zur Beratung Aeneas und sprach vom Hügel des Grabes:
„Große Dardanussöhne, vom hehren Blute der Götter!
Rund erfüllt sich im Wandel der Monde der Kreis eines Jahres,

ex quo reliquias divinique ossa parentis
condidimus terra maestasque sacravimus aras.
iamque dies, nisi fallor, adest, quem semper acerbum,
semper honoratum, sic di voluistis, habebo.   50
hunc ego Gaetulis agerem si Syrtibus exsul
Argolicove mari deprensus et urbe Mycenae,
annua vota tamen sollemnisque ordine pompas
exsequerer strueremque suis altaria donis.
nunc ultro ad cineres ipsius et ossa parentis   55
— haud equidem sine mente reor, sine numine divom —
adsumus et portus delati intramus amicos.
ergo agite et laetum cuncti celebremus honorem:
poscamus ventos, atque haec me sacra quotannis
urbe velit posita templis sibi ferre dicatis.   60
bina boum vobis Troia generatus Acestes
dat numero capita in navis; adhibete penates
et patrios epulis et quos colit hospes Acestes.
praeterea, si nona diem mortalibus almum
Aurora extulerit radiisque retexerit orbem,   65
prima citae Teucris ponam certamina classis;
quique pedum cursu valet et qui viribus audax
aut iaculo incedit melior levibusque sagittis,
seu crudo fidit pugnam conmittere caestu,
cuncti adsint meritaeque exspectent praemia palmae.   70
ore favete omnes et cingite tempora ramis.'

  Sic fatus velat materna tempora myrto.
hoc Elymus facit, hoc aevi maturus Acestes,
hoc puer Ascanius, sequitur quos cetera pubes.
ille e concilio multis cum milibus ibat   75
ad tumulum magna medius comitante caterva.
hic duo rite mero libans carchesia Baccho
fundit humi, duo lacte novo, duo sanguine sacro,
purpureosque iacit flores ac talia fatur:
'salve, sancte parens, iterum; salvete, recepti   80
nequiquam cineres animaeque umbraeque paternae!
non licuit finis Italos fataliaque arva

seit wir die sterblichen Reste, des göttlichen Vaters Gebeine
bargen im Schoß der Erde und weihten Traueraltäre.
Dies ist, wenn ich nicht irre, der Tag, der immer mir schmerzlich
bleibt und immer geehrt — ihr, Götter, wolltet es also —
müßte ich diesen Tag auch verbannt in Gaetuliens Syrten
oder im Argolermeer und Mykene gefangen erleben,
hielte ich jährlich doch die Gelübde, festlichen Umzug,
wie sich's geziemt, die Altäre empfingen geschuldete Gaben.
Jetzt aber wirklich zur Asche gelangt und des Vaters Gebeinen
ganz von selbst — doch kaum ohne Wink, ohne Willen der Götter —
sind wir hier und landen so leicht in den Häfen der Freunde.
Auf denn, bringen wir alle nun dar die prangende Ehre:
rufen die Winde wir an! Er lasse mich jährlich dies Opfer
bringen für ihn, steht erst meine Stadt, sind Tempel geweiht ihm.
Je zwei Ochsen schenkt euch Trojas Sprößling Akestes,
zwei für jegliches Schiff: nun ladet zum Mahl die Penaten,
die der Väter und die da verehrt unser Gastfreund Akestes.
Weiter, wenn zum neunten Mal Aurora den holden
Tag den Sterblichen brachte, mit Strahlen enthüllte den Erdkreis,
setze zuerst für die Teukrer ich an die Flottenregatta.
Wer dann stark ist im Wettlauf zu Fuß, wer kühn seine Kraft wagt
oder im Schleudern sich besser erweist und fliegendem Pfeilschuß,
oder sich traut, im Faustkampf zu stehn mit steinhartem Caestus,
jeder sei da und erwarte den Lohn der errungenen Palme.
Schweiget in Andacht, ihr alle, und kränzt eure Schläfen mit Zweigen."
    Gleich umwand er die Schläfe mit Myrte, heilig der Mutter.
So tat Elymus, so der altersreife Akestes,
Jung-Askanius tat's, dann folgte die übrige Jugend.
Aus der Versammlung ging mit vielen tausend Aeneas
jetzt zum Grab, inmitten der Schar des großen Gefolges.
Hier gießt weihend er fromm zwei Becher lauteren Weins zu
Boden, zwei voll frischer Milch, zwei heiligen Blutes,
Purpurblumen streut er aufs Grab; dann betet er also:
„Heil dir, hehrer Erzeuger, Heil! Heil euch, meines Vaters
— ach, des umsonst geretteten! — Asche, Seele und Schatten!
Durfte ja doch nicht Italiens Reich und das Land der Verheißung

nec tecum Ausonium, quicumque est, quaerere Thybrim.'
dixerat haec, adytis cum lubricus anguis ab imis
septem ingens gyros, septena volumina traxit 85
amplexus placide tumulum lapsusque per aras,
caeruleae cui terga notae maculosus et auro
squamam incendebat fulgor, ceu nubibus arcus
mille iacit varios adverso sole colores.
obstipuit visu Aeneas. ille agmine longo 90
tandem inter pateras et levia pocula serpens
libavitque dapes rursusque innoxius imo
successit tumulo et depasta altaria liquit.
hoc magis inceptos genitori instaurat honores,
incertus, geniumne loci famulumne parentis 95
esse putet; caedit binas de more bidentis
totque sues, totidem nigrantis terga iuvencos,
vinaque fundebat pateris animamque vocabat
Anchisae magni manisque Acheronte remissos.
nec non et socii, quae cuique est copia, laeti 100
dona ferunt, onerant aras mactantque iuvencos,
ordine aëna locant alii fusique per herbam
subiciunt veribus prunas et viscera torrent.

  Exspectata dies aderat nonamque serena
Auroram Phaëthontis equi iam luce vehebant, 105
famaque finitimos et clari nomen Acestae
excierat; laeto complebant litora coetu
visuri Aeneadas, pars et certare parati.
munera principio ante oculos circoque locantur
in medio, sacri tripodes viridesque coronae 110
et palmae pretium victoribus, armaque et ostro
perfusae vestes, argenti aurique talentum;
et tuba commissos medio canit aggere ludos.

  Prima pares ineunt gravibus certamina remis
quattuor ex omni delectae classe carinae. 115
velocem Mnestheus agit acri remige Pristim,
— mox Italus Mnestheus, genus a quo nomine Memmi —
ingentemque Gyas ingenti mole Chimaeram,

und den ausonischen Thybris mit dir — wo immer auch — suchen."
Siehe, da zog aus des Heiligtums Schoß eine schillernde Schlange
sieben Kreise gewaltig in sieben Wendungen schwingend;
friedlich umzog sie das Grab und glitt dann durch die Altäre.
Bläulich war ihr Rücken betupft und goldengefleckter
Glanz ließ glühen die Schuppen, gleichwie in Wolken der Bogen
tausend Farben schillernd versprüht gegenüber der Sonne.
Staunend sah Aeneas ihr zu; langhingedehnt endlich
zwischen den Opferschalen und glatten Bechern sich windend,
kostete sie das Mahl, dann glitt sie, ohne zu schaden,
wieder in Grabes Schoß und verließ genährt die Altäre.
Freudiger weiht jetzt Aeneas aufs neue dem Vater die Ehren,
unsicher, ob ihm der Schutzgeist des Ortes oder des Vaters
Diener erschien; er schlachtet zwei — kultgemäß — jährige Schafe,
schlachtet zwei Schweine und auch zwei Stiere mit tiefschwarzem Rücken,
gießt aus Opferschalen den Wein, des großen Anchises
Seele ruft er, er ruft vom Acheron wieder die Manen.
Ebenso bringen die Freunde, wie jeder vermag, voller Freude
Gaben, beladen hoch die Altäre, schlachten auch Stiere,
Kessel stellen andere auf; verstreut übers Gras hin,
legen dem Bratspieß Kohlen sie unter und rösten die Stücke.
Endlich kam der ersehnte Tag; schon führten des Phoebus
leuchtende Rosse Aurora empor in heiterem Lichte;
Kunde vom Spiel und der Name des hochberühmten Akestes
lockte die Nachbarn; es drängt sich am Strand die fröhliche Menge,
um des Aeneas Gefährten zu sehn, teils auch, um zu kämpfen.
Preise stellt man auf zu Beginn vor den Augen von allen,
mitten im Runde: geweihte Dreifüße, grünende Kränze,
Palmen als Preis für die Sieger und Waffen und purpurdurchwirkte·
Prachtgewänder, und Silber und Goldes je ein Talent noch.
Mitten vom Damm tönt hell die Trompete: das Spiel hat begonnen.

Nebeneinander eröffnen den Kampf mit wuchtigem Ruder
vier aus der ganzen Flotte erlesene Schiffe: es lenkt die
wendige Pristis Mnestheus dahin mit feuriger Mannschaft,
— bald der italische Mnestheus, nach dem sich die Memmier nennen —
Gyas führt der Riesen-Chimaera riesige Masse,

urbis opus, triplici pubes quam Dardana versu
inpellunt, terno consurgunt ordine remi, 120
Sergestusque, domus tenet a quo Sergia nomen,
Centauro invehitur magna, Scyllaque Cloanthus
caerulea, genus unde tibi, Romane Cluenti.
    Est procul in pelago saxum spumantia contra
litora, quod tumidis submersum tunditur olim 125
fluctibus, hiberni condunt ubi sidera cori;
tranquillo silet inmotaque attollitur unda
campus et apricis statio gratissima mergis.
hic viridem Aeneas frondenti ex ilice metam
constituit signum nautis pater, unde reverti 130
scirent et longos ubi circumflectere cursus.
tum loca sorte legunt, ipsique in puppibus auro
ductores longe effulgent ostroque decori;
cetera populea velatur fronde iuventus
nudatosque umeros oleo perfusa nitescit. 135
considunt transtris, intentaque bracchia remis;
intenti exspectant signum, exsultantiaque haurit
corda pavor pulsans laudumque arrecta cupido.
inde ubi clara dedit sonitum tuba, finibus omnes
haud mora prosiluere suis: ferit aethera clamor 140
nauticus, adductis spumant freta versa lacertis.
infindunt pariter sulcos, totumque dehiscit
convolsum remis rostrisque tridentibus aequor.
non tam praecipites biiugo certamine campum
corripuere ruuntque effusi carcere currus, 145
nec sic inmissis aurigae undantia lora
concussere iugis pronique in verbera pendent.
tum plausu fremituque virum studiisque faventum
consonat omne nemus, vocemque inclusa volutant
litora, pulsati colles clamore resultant. 150
effugit ante alios primisque elabitur undis
turbam inter fremitumque Gyas; quem deinde Cloanthus
consequitur, melior remis, sed pondere pinus
tarda tenet. post hos aequo discrimine Pristis

Stadt, nicht Schiff! Die Dardanerjugend, dreifach gestaffelt,
schnellt sie dahin, drei Reihen erheben zum Schlage die Ruder.
Held Sergestus, — das Sergierhaus führt weiter den Namen —
fährt in der großen Kentaurus, Cloanthus befehligt die dunkle
Skylla. Ihm, du Römer Cluentius, dankst du die Herkunft.

Fern im Meer, gegenüber der brandenden Küste, da steht ein
Felsen, bisweilen gepeitscht, überschwemmt von schwellenden Fluten,
wenn Nordwest im Winter die Sterne umdüstert; doch ist es
windstill, so ragt er stumm als Fläche aus ruhiger Woge,
höchst willkommen als Rast den sonneliebenden Tauchern.
Grünendes Grenzmal stellt aus laubiger Steineiche hier nun
Vater Aeneas als Zeichen den Schiffern, zu wissen, von wo die
Rückfahrt beginnt und wo auf der langen Strecke sie wenden.
Dann verlost man die Plätze; am Heck erstrahlen, geschmückt mit
Gold und Purpurgewand, weithin die Führer der Schiffe;
festlich mit Pappellaub bekränzt sich die übrige Jugend.
Schimmernd glänzen von Öl die nackten Schultern; ein jeder
nimmt auf der Ruderbank Platz und streckt die Arme ans Ruder.
Alle erwarten gespannt das Zeichen, fiebernde Angst packt
pochende Herzen, es reckt sich nach Ruhm die heiße Begierde.
Gleich, als hell die Trompete Signal gab, fliegen sie alle
ohne Verzug aus den Schranken hervor; zum Äther empor schlägt
Seemannsgeschrei; beim Ruck der Arme schäumen die Wogen.
Gleichmäßig reißen Furchen sie ein; weit klafft überall, von
Rudern und Dreizackschnäbeln durchwühlt, die Fläche des Meeres.
Nicht so rasen im Kampf der Zweigespanne gestreckten
Laufes die Wagen durchs Feld und stürmen fliegend vom Startplatz,
nicht so schütteln die Wagenlenker wogend die Zügel
über den jagenden Rossen und hängen zum Schlage vornüber.
Jetzt vom Klatschen und Jauchzen der Mannen, Zuruf der Freunde,
dröhnt überall der Hain, und Rufen und Dröhnen durchrollt die
Runde der Ufer, es hallen die Hänge, vom Toben getroffen.
Fliehend jagt vor den andern und gleitet als erster durchs Meer hin
Gyas zwischen Gewirr und Geschrei; dem folgt dann Cloanthus,
besser an Rudern, doch hemmt und hält der langsamen Fichte
lastend Gewicht. Ihm folgen im gleichen Abstande Pristis

Centaurusque locum tendunt superare priorem; 155
et nunc Pristis habet, nunc victam praeterit ingens
Centaurus, nunc una ambae iunctisque feruntur
frontibus et longa sulcant vada salsa carina.
iamque propinquabant scopulo metamque tenebant,
cum princeps medioque Gyas in gurgite victor 160
rectorem navis compellat voce Menoeten:
'quo tantum mihi dexter abis? huc derige gressum;
litus ama et laeva stringat sine palmula cautes;
altum alii teneant.' dixit, sed caeca Menoetes
saxa timens proram pelagi detorquet ad undas. 165
'quo diversus abis?' iterum 'pete saxa, Menoete!'
cum clamore Gyas revocabat: et ecce Cloanthum
respicit instantem tergo et propiora tenentem.
ille inter navemque Gyae scopulosque sonantis
radit iter laevom interior subitoque priorem 170
praeterit et metis tenet aequora tuta relictis.
tum vero exarsit iuveni dolor ossibus ingens
nec lacrimis caruere genae segnemque Menoeten
oblitus decorisque sui sociumque salutis
in mare praecipitem puppi deturbat ab alta; 175
ipse gubernaclo rector subit, ipse magister
hortaturque viros clavomque ad litora torquet.
at gravis, ut fundo vix tandem redditus imo est,
iam senior madidaque fluens in veste Menoetes,
summa petit scopuli siccaque in rupe resedit. 180
illum et labentem Teucri et risere natantem
et salsos rident revomentem pectore fluctus.
hic laeta extremis spes est accensa duobus,
Sergesto Mnesthique, Gyan superare morantem.
Sergestus capit ante locum scopuloque propinquat, 185
nec tota tamen ille prior praeeunte carina:
parte prior, partem rostro premit aemula Pristis.
at media socios incedens nave per ipsos
hortatur Mnestheus: 'nunc nunc insurgite remis,
Hectorei socii, Troiae quos sorte suprema 190

und Kentaurus, bemüht, den vorderen Platz zu gewinnen.
Jetzt hat ihn Pristis, und jetzt überholt die Besiegte Kentaurus,
riesengroß, jetzt fliegen zusammen beide in gleicher
Front und furchen mit langem Kiel die salzigen Fluten.
Und schon kamen sie näher dem Fels und dicht an die Wende,
da fuhr Gyas, der mitten im Meer als Sieger noch vorn lag,
gegen Menoetes los, den Steuermann seines Schiffes:
„Sag, warum drehst du so weit mir nach rechts? Halt hierhin den Kurs
bleib am Gestade, links laß streifen das Ruder die Riffe;   [doch,
offene See laß andern!" So sprach er; aber Menoetes
fürchtete lauernde Felsen und drehte den Bug wieder meerwärts.
„Wo nur treibst du hinaus? Nimm Kurs auf die Felsen, Menoetes!"
rief wieder Gyas mit lautem Geschrei: und sieh nur, Cloanthus
sieht er vom Rücken schon drehn im Kurs auf die nähere Stelle.
Der aber, zwischen des Gyas Schiff und den brandenden Felsen
streift nun hart links innen dahin, überholt jetzt den Ersten
plötzlich und segelt am Grenzmal vorbei in sichere Fluten.
Da entbrannte furchtbarer Schmerz im Marke dem Jüngling,
Tränen netzten die Wangen; er packt den schlaffen Menoetes,
ohne an eigenen Rang und das Wohl der Gefährten zu denken,
stößt ihn hoch vom Heck ins Meer kopfüber hinunter.
Selbst ans Steuer tritt er als Lenker, als Steuermann mahnt er
selber die Männer und dreht das Steuerruder zum Strande.
Plump aber klimmt, als kaum er endlich vom Grunde herauftaucht,
ältlich schon und triefend im nassen Kleide Menoetes
auf die Spitze des Riffs und setzt sich auf trockenen Felsen.
Als er stürzte, lachten die Teukrer, und als er herumschwamm,
und sie lachen, als keuchend die salzigen Fluten er ausbricht.
Jetzt flammt fröhliche Hoffnung den beiden Letzten im Herzen,
in Sergestus und Mnestheus, den zögernden Gyas zu schlagen.
Und Sergestus ist eher am Platz und naht sich dem Felsen,
trotzdem ist er noch nicht um Schiffslänge erster; zum Teil nur
führt er, zum Teil drängt an mit dem Schnabel die Gegnerin Pristis.
Mitten aber im Schiff hinschreitend durch die Gefährten
mahnt Mnestheus einen jeden: „Jetzt legt euch, jetzt in die Riemen,
Hektors Gefährten, die ich zum Gefolge mir wählte in Trojas

delegi comites; nunc illas promite vires,
nunc animos, quibus in Gaetulis Syrtibus usi
Ionioque mari Maleaeque sequacibus undis.
non iam prima peto Mnestheus neque vincere certo,
quamquam o! — sed superent, quibus hoc, Neptune,
                                                  dedisti! —   195
extremos pudeat rediisse. hoc vincite, cives,
et prohibete nefas.' olli certamine summo
procumbunt: vastis tremit ictibus aerea puppis
subtrahiturque solum, tum creber anhelitus artus
aridaque ora quatit, sudor fluit undique rivis.   200
attulit ipse viris optatum casus honorem.
namque furens animi dum proram ad saxa suburget
interior spatioque subit Sergestus iniquo,
infelix saxis in procurrentibus haesit.
concussae cautes et acuto in murice remi   205
obnixi crepuere inlisaque prora pependit.
consurgunt nautae et magno clamore morantur
ferratasque trudes et acuta cuspide contos
expediunt fractosque legunt in gurgite remos.
at laetus Mnestheus successuque acrior ipso   210
agmine remorum celeri ventisque vocatis
prona petit maria et pelago decurrit aperto.
qualis spelunca subito commota columba,
cui domus et dulces latebroso in pumice nidi,
fertur in arva volans plausumque exterrita pennis   215
dat tecto ingentem, mox aëre lapsa quieto
radit iter liquidum celeris neque commovet alas:
sic Mnestheus, sic ipsa fuga secat ultima Pristis
aequora, sic illam fert impetus ipse volantem.
et primum scopulo luctantem deserit alto   220
Sergestum brevibusque vadis frustraque vocantem
auxilia et fractis discentem currere remis.
inde Gyan ipsamque ingenti mole Chimaeram
consequitur; cedit, quoniam spoliata magistro est.
solus iamque ipso superest in fine Cloanthus,   225

letzter Stunde; wohlan, bewährt mir jetzt jene Kräfte,
jetzt den Mut, den einst ihr gezeigt in Gaetuliens Syrten
und im Jonischen Meer und in Máleas stürmischen Wogen.   [obgleich er,
Nicht strebt Mnestheus zur Spitze, kämpft nicht um den Sieg mehr —
ach! — Doch Sieger soll sein, wem du, Neptun, es vergönnt hast!

Schande nur wär's, die Letzten zu sein. Hier siegt, ihr Gefährten,
und verhindert die Schmach." Da rudern jene mit höchstem
Eifer, es bebt das eherne Heck bei wuchtigen Schlägen,
fortfliegt unten die Flut, kurzkeuchender Atem durchstößt die
Glieder, das heiße Gesicht, und Schweiß rinnt ringsum in Bächen.
Plötzlich bringt den ersehnten Erfolg den Männern ein Zufall,
denn während tollkühn Sergestus hart an die Felsen den Bug drängt
und, zwischen Riff und Mnestheus' Schiff, in Bedrängnis dahinjagt,
bleibt der Ärmste dort hängen auf spitz vorspringenden Felsen.
Dröhnend knirschen die Klippen, es prallen die Ruder auf spitzig
Riff und zerkrachen, der Bug zerbirst und hängt in der Schwebe.
Auf springt jeder im Schiff; laut jammernd hängen sie fest nun,
eisenbeschlagene Hebel und Stangen mit scharfer Spitze
holen sie her und sammeln im Meer die zerbrochenen Ruder.
Mnestheus aber, voll Jubel und mutiger durch den Erfolg noch,
jagt mit hurtigem Ruderschlag und erbetenen Winden
wieder am Meereshang und hinab durch die offenen Fluten.
Wie aus der Höhle plötzlich verjagt, die Taube, die tief in
Klippen und Klüften ihr Haus und die lieben Jungen versteckt hat,
aufwärts flattert ins Feld und angstvoll laut mit den Flügeln
klatscht und klappt im Geklüft, doch bald in ruhiger Luft hin-
gleitend schwebt und nicht mehr regt die eilenden Schwingen,
so fliegt Mnestheus, so saust flüchtig weit auf den Wogen
Pristis dahin, so trägt sie im Flug die Kraft noch des Schwunges.
Gleich nun läßt er Sergestus zurück, der dort an dem hohen
Felsen sich plagt in seichtem Sund und vergeblich nach Hilfe
ruft und mühsam erlernt, mit zerbrochenen Rudern zu fahren.
Weiter den Gyas sodann und den Riesenbau der Chimaera
holt er ein: sie muß, beraubt ihres Steuermanns, weichen.
Einzig bleibt, jetzt hart vor dem Ziel, überlegen Cloanthus;

quem petit et summis adnixus viribus urget.
tum vero ingeminat clamor, cunctique sequentem
instigant studiis, resonatque fragoribus aether.
hi proprium decus et partum indignantur honorem
ni teneant, vitamque volunt pro laude pacisci; 230
hos successus alit: possunt, quia posse videntur.
et fors aequatis cepissent praemia rostris,
ni palmas ponto tendens utrasque Cloanthus
fudissetque preces divosque in vota vocasset:
'di, quibus imperium est pelagi, quorum aequora curro, 235
vobis laetus ego hoc candentem in litore taurum
constituam ante aras voti reus extaque salsos
porriciam in fluctus et vina liquentia fundam.'
dixit eumque imis sub fluctibus audiit omnis
Nereïdum Phorcique chorus Panopeaque virgo, 240
et pater ipse manu magna Portunus euntem
inpulit: illa noto citius volucrique sagitta
ad terram fugit et portu se condidit alto.
tum satus Anchisa cunctis ex more vocatis
victorem magna praeconis voce Cloanthum 245
declarat viridique advelat tempora lauro,
muneraque in navis ternos optare iuvencos
vinaque et argenti magnum dat ferre talentum.
ipsis praecipuos ductoribus addit honores:
victori chlamydem auratam, quam plurima circum 250
purpura maeandro duplici Meliboea cucurrit,
intextusque puer frondosa regius Ida
velocis iaculo cervos cursuque fatigat,
acer, anhelanti similis, quem praepes ab Ida
sublimem pedibus rapuit Iovis armiger uncis: 255
longaevi palmas nequiquam ad sidera tendunt
custodes, saevitque canum latratus in auras.
at qui deinde locum tenuit virtute secundum,
levibus huic hamis consertam auroque trilicem
loricam, quam Demoleo detraxerat ipse 260
victor apud rapidum Simoënta sub Ilio alto,

ihn verfolgt er und drängt ihm nach mit äußersten Kräften.
Jetzt aber schwillt das Geschrei, den Verfolgenden stacheln durch Zuruf
alle nun an, laut hallt von donnerndem Beifall der Äther.
Jene empört es, den eigenen Glanz und erworbene Ehre
nicht zu behaupten, sie wollen für Ruhm hingeben ihr Leben.
Diesen gibt Kraft der Erfolg: sie sind stark, weil sie stark zu sein glauben.
Und wohl hätten sie, Schiff bei Schiff, den Kampfpreis erhalten,
hätte Cloanthus zum Meere nicht beide Hände gestreckt und
Bitten verströmt und die Götter mit Opfergelübden gerufen.
„Götter, die ihr herrschet im Meer, deren Flut ich durchsegle,
hier am Strand will ich froh einen schimmernden Stier am Altar euch
opfern und will, dem Gelübde verfallen, hier in die Salzflut
werfen die Eingeweide und spenden vom lauteren Weine."
Rief es, und drunten, tief in der Flut vernahm ihn der ganze
Reigen des Nereus und Phorkus und Panopea, die Jungfrau,
Vater Portunus selbst mit mächtiger Hand gab Schwung dem
Schiffe: und schneller als Sturm und leichtbefiederter Pfeil flog
eilend zum Lande es hin, war tief im Hafen geborgen.
Alle nun ruft, wie es Brauch ist, herbei der Sohn des Anchises,
laut durch Heroldsruf erklärt er als Sieger Cloanthus,
schmückt mit grünendem Lorbeer ihm die Schläfen; dann läßt er
als Geschenke für jedes Schiff drei Stiere erwählen,
Wein auch gibt er dazu und ein großes Talent noch von Silber.
Doch den Schiffsherren selbst verehrt er vorzügliche Gaben:
golddurchwoben Gewand dem Sieger; im Doppelmäander
säumt meliboeischer Purpur ringsum prächtig den Mantel;
eingewebt ist der Königssohn: im waldigen Ida
hetzt mit dem Wurfspieß er im Lauf die flüchtigen Hirsche,
feurig, ganz einem Keuchenden gleich; da rafft ihn im Fluge
Juppiters Adler vom Ida empor mit gebogenen Krallen:
machtlos recken die hochbejahrten Wächter die Hände
auf zu den Sternen, es gellt der Hunde Gebell in die Lüfte.
Dem aber, der den zweiten Platz durch Leistung erreichte,
gab einen Panzer Aeneas, gefügt dreidrähtig aus goldnen
glatten Ringeln; den zog er selbst dem Demoleos ab als
Sieger am wilden Simoïs im Feld unter Iliums Höhe.

donat habere, viro decus et tutamen in armis.
vix illam famuli Phegeus Sagarisque ferebant
multiplicem conixi umeris; indutus at olim
Demoleos cursu palantis Troas agebat.   265
tertia dona facit geminos ex aere lebetas
cymbiaque argento perfecta atque aspera signis.
iamque adeo donati omnes opibusque superbi
puniceis ibant evincti tempora taenis,
cum saevo e scopulo multa vix arte revolsus,   270
amissis remis atque ordine debilis uno,
inrisam sine honore ratem Sergestus agebat.
qualis saepe viae deprensus in aggere serpens,
aerea quem oblicum rota transiit aut gravis ictu
seminecem liquit saxo lacerumque viator;   275
nequiquam longos fugiens dat corpore tortus,
parte ferox ardensque oculis et sibila colla
arduus attollens, pars volnere clauda retentat
nixantem nodis seque in sua membra plicantem:
tali remigio navis se tarda movebat;   280
vela facit tamen et velis subit ostia plenis.
Sergestum Aeneas promisso munere donat
servatam ob navem laetus sociosque reductos.
olli serva datur, operum haud ignara Minervae,
Cressa genus, Pholoë, geminique sub ubera nati.   285

   Hoc pius Aeneas misso certamine tendit
gramineum in campum, quem collibus undique curvis
cingebant silvae, mediaque in valle theatri
circus erat; quo se multis cum milibus heros
consessu medium tulit exstructoque resedit.   290
hic, qui forte velint rapido contendere cursu,
invitat pretiis animos, et praemia ponit.
undique conveniunt Teucri mixtique Sicani,
Nisus et Euryalus primi,
Euryalus forma insignis viridique iuventa,   295
Nisus amore pio pueri; quos deinde secutus
regius egregia Priami de stirpe Diores;

Diesen schenkt er, dem Helden ein Schmuck und ein Schutz im Gefechte.
Phegeus und Sagaris schleppten, die Diener, den vielfach gereihten
Panzer nur mühsam, auf Schultern ihn stemmend. Einst aber scheuchte,
also bewehrt, im Lauf Demoleos Troer durchs Schlachtfeld.
Weiter als dritten Preis gab er zwei eherne Becken
und zwei Schalen aus Silber mit rauh aufragendem Bildwerk.
Schon gingen alle, also beschenkt und stolz auf die Schätze,
rings einher, die Schläfen umkränzt mit purpurnen Bändern,
als Sergestus, nachdem er vom furchtbaren Felsen sich kaum mit
vieler Mühe gerissen, geschwächt, ohne Ruder, mit einer
Reihe nur ruhmlos schleppte sein Schiff, umbrandet von Spottruf.
So ward oft überrascht am Straßendamm eine Schlange,
die ein Erzrad schräg überfuhr oder wuchtig ein Wandrer
traf und halbtot nun im Gestein und verstümmelt zurückließ.
Langhin windet sie sich umsonst mit dem Leibe, zum Teil noch
trotzig, sprühenden Blicks, steilauf den zischenden Hals noch
reckend, doch lähmt der verwundete Teil sie, wenn sie versucht, im
Knotengelenk sich zu stützen und Glied über Glieder zu ringeln.
Also berudert schleppte das Schiff sich träge von dannen,
zieht aber Segel noch auf, kommt prallen Segels zum Hafen.
Auch den Sergestus beschenkt mit versprochener Gabe Aeneas,
froh des geretteten Schiffs und der Heimkehr seiner Gefährten.
Jener bekommt eine Sklavin, höchst kundig der Werke Minervas,
Pholoë, kretischen Stammes, mit Zwillingssöhnen am Busen.

 Als die Regatta beendet, begab sich der fromme Aeneas
auf ein grasiges Feld, das rings auf Hügelterrassen
Wälder umkränzten; mitten im Talgrund lag des Theaters
Rennbahn; dicht umwogt von Tausenden trat in des Festes
Rund in die Mitte der Held, nahm Platz auf hohem Altane.
Allen, die etwa in reißendem Lauf zu streiten gewillt sind,
weckt er mit Preisen die Lust und stellt Belohnung in Aussicht.
Allseits kommen sie her, die Teukrer im Bund mit Sikanern,
Nisus und Euryalus sind die ersten.
Euryalus von herrlichem Wuchs und blühender Jugend,
Nisus dem Knaben in Treuen gesellt, nach ihnen sogleich kommt
Prinz Diores, ein Reis von Priamus' herrlichem Stammbaum.

hunc Salius simul et Patron, quorum alter Acarnan,
alter ab Arcadio Tegeaeae sanguine gentis;
tum duo Trinacrii iuvenes Elymus Panopesque,   300
adsueti silvis, comites senioris Acestae;
multi praeterea, quos fama obscura recondit.
Aeneas quibus in mediis sic deinde locutus:
'accipite haec animis laetasque advertite mentes.
nemo ex hoc numero mihi non donatus abibit.   305
Gnosia bina dabo levato lucida ferro
spicula caelatamque argento ferre bipennem;
omnibus hic erit unus honos. tres praemia primi
accipient flavaque caput nectentur oliva.
primus equom phaleris insignem victor habeto;   310
alter Amazoniam pharetram plenamque sagittis
Threiciis, lato quam circumplectitur auro
balteus et tereti subnectit fibula gemma;
tertius Argolica hac galea contentus abito.'
haec ubi dicta, locum capiunt signoque repente   315
corripiunt spatia audito limenque relinquont,
effusi nimbo similes; simul ultima signant.
primus abit longeque ante omnia corpora Nisus
emicat, et ventis et fulminis ocior alis;
proximus huic, longo sed proximus intervallo,   320
insequitur Salius; spatio post deinde relicto
tertius Euryalus;
Euryalumque Elymus sequitur; quo deinde sub ipso
ecce volat calcemque terit iam calce Diores
incumbens umero, spatia et si plura supersint,   325
transeat elapsus prior ambiguumque relinquat.
iamque fere spatio extremo fessique sub ipsam
finem adventabant, levi cum sanguine Nisus
labitur infelix, caesis ut forte iuvencis
fusus humum viridisque super madefecerat herbas.   330
hic iuvenis iam victor ovans vestigia presso
haud tenuit titubata solo, sed pronus in ipso
concidit inmundoque fimo sacroque cruore,

Salius folgt ihm und Pátron auch, Akarnane der eine,
aus Arkadierblut vom Stamm Tegeaeas der andre.
Elymus und Panopés, zwei Mannen Trinakrias, folgen,
beide an Wälder gewöhnt, Begleiter des alten Akestes;
Ferner liefen noch viele, doch bleibt ihr Name im Dunkel.
Dicht von allen umringt, begann Aeneas zu reden:
„Merket fröhlich nun auf und vernehmt, was hier ich verkünde:
Keiner aus dieser Zahl geht ohne Geschenk mir von dannen.
Gnosische Wurfspieße will ich je zwei mit glänzend poliertem
Eisen schenken, dazu eine Axt mit silbernem Zierat.
Diese Ehre wird allen zuteil. Doch Preise empfangen
die drei Ersten, ihr Haupt wird bekränzt mit goldgelbem Ölzweig.
Prächtig geschmücktes Roß soll haben der erste der Sieger,
echt amazonischen Köcher gewinnt der zweite; darin sind
thrakische Pfeile; ein Gurt von breitem Golde umschlingt ihn,
und eine Schnalle mit länglich-gerundetem Edelstein schließt ihn.
Mit dem argolischen Helm hier muß sich der dritte begnügen."
Alle gehn auf die Plätze; da tönt das Zeichen; und hurtig
rennen sie los durch die Bahn und lassen den Startplatz dahinten,
prasseln wie Sturzregen fort, ihr Ziel beständig vor Augen.
Fort als erster und weit vor all den andern hin fliegt
Nisus, geschwinder als Windeswehn und Flügel des Blitzes.
Gleich als nächster, als nächster doch erst mit beträchtlichem Abstand,
folgt ihm Salius; wieder mit Abstand folgt ihm sodann als
dritter Euryalus.
Hinter Euryalus dicht läuft Elymus; nah hinter ihm gleich,
sieh nur, fliegt und streift schon Ferse an Ferse Diores,
drängt an die Schulter, und wäre mehr Raum noch, ginge er glatt als
Sieger vorbei, überholte den jetzt noch drohenden Gegner.
Fast schon am Ende der Bahn und abgehetzt waren sie hart vors
Ziel gelangt, da geriet in schlüpfrigem Blute zum Unglück
Nisus ins Wanken; denn Blut hatte hier vom Stieropfer eben
rings den Boden genetzt und die grünenden Gräser befeuchtet.
Hier nun konnte, noch eben als Sieger jubelnd, der Jüngling
nicht mehr am Boden stützen die strauchelnden Schritte: kopfüber
flog er und lag in Schmutz und Kot und im Blute des Opfers,

non tamen Euryali, non ille oblitus amorum;
nam sese opposuit Salio per lubrica surgens, 335
ille autem spissa iacuit revolutus harena.
emicat Euryalus et munere victor amici
prima tenet plausuque volat fremituque secundo.
post Elymus subit et nunc tertia palma Diores.
hic totum caveae consessum ingentis et ora 340
prima patrum magnis Salius clamoribus inplet
ereptumque dolo reddi sibi poscit honorem.
tutatur favor Euryalum lacrimaeque decorae
gratior et pulchro veniens in corpore virtus.
adiuvat et magna proclamat voce Diores, 345
qui subiit palmae frustraque ad praemia venit
ultima, si primi Salio reddantur honores.
tum pater Aeneas 'vestra' inquit 'munera vobis
certa manent, pueri, et palmam movet ordine nemo:
me liceat casus miserari insontis amici.' 350
sic fatus tergum Gaetuli inmane leonis
dat Salio, villis onerosum atque unguibus aureis.
hic Nisus 'si tanta' inquit 'sunt praemia victis
et te lapsorum miseret, quae praemia Niso
digna dabis? primam merui qui laude coronam, 355
ni me, quae Salium, fortuna inimica tulisset.'
et simul his dictis faciem ostentabat et udo
turpia membra fimo. risit pater optimus olli
et clipeum efferri iussit, Didymaonis artis,
Neptuni sacro Danais de poste refixum. 360
hoc iuvenem egregium praestanti munere donat.
 Post, ubi confecti cursus et dona peregit:
'nunc, si cui virtus animusque in pectore praesens,
adsit et evinctis attollat bracchia palmis.'
sic ait et geminum pugnae proponit honorem, 365
victori velatum auro vittisque iuvencum,
ensem atque insignem galeam solacia victo.
nec mora continuo vastis cum viribus effert
ora Dares magnoque virum se murmure tollit,

nicht vergaß er jedoch des Euryalus, nicht seiner Liebe;
denn er warf sich dem Salius vor, aus dem Schmutz sich erhebend;
der lag gleich und wälzte im Sandgewühl sich am Boden.
Doch Euryalus blitzt vorbei und gewinnt durch des Freundes
Dienst die Spitze und fliegt, umwogt vom tobenden Beifall.
Elymus folgt und, jetzt als dritter Sieger, Diores.
Da läßt Salius rings durch die Reihn des riesigen Rundes,
dicht vor dem Antlitz der Väter, gar laut die Klage ertönen,
fordert für sich die Ehre zurück, die tückisch entraffte.
Doch den Euryalus schützt der Jubel umher, seine blanken
Tränen und Mannheit, die holder noch blüht aus leiblicher Schönheit.
Hilfreich naht und ruft mit lauter Stimme Diores,
der ja dem Sieg so nah und umsonst zur letzten Belohnung
kam, wenn Salius wieder zuerst empfinge die Ehre.
Da sprach Vater Aeneas: „Ihr Jünglinge, eure Geschenke
bleiben euch sicher und keiner verdrängt vom Platze einen Sieger.
Mir sei Mitleid erlaubt mit dem Fall des schuldlosen Freundes."
Sprach's und reichte das riesige Fell eines Gaetulerlöwen
Salius hin, von Zotteln schwer und goldenen Klauen.
Da sprach Nisus: „Wenn solch Lohn den Besiegten zuteil wird
und der Gestürzten dich jammert, wie ehrst du mit würdigem Lohne
Nisus alsdann? Erwarb ich doch rühmlich als erster die Krone,
hätte nicht feindlich Geschick, wie den Salius, mich auch getroffen."
Dabei wies er zugleich sein Gesicht und die garstig vom feuchten
Schmutze besudelten Glieder; ihm lächelte gütig der Vater
zu und ließ einen Schild ihm bringen, Werk Didymaons,
Danaer rissen ihn einst vom Tempeltor des Neptunus.
So mit prächtiger Gabe beschenkt er den herrlichen Jüngling.

Als nun zu Ende der Lauf und verteilt die Geschenke, da rief er:
„Jetzt herbei, wem Mannheit wohnt und entschlossener Mut im
Herzen! Er hebe die Arme empor, umgürtet die Fäuste!"
Hiermit stellt er den doppelten Preis des Kampfes vor Augen:
goldenen Horns, mit Binden geziert, einen Stier für den Sieger,
Schwert und prächtigen Helm als Trostpreis für den Besiegten.
Gleich reckt Dares, strotzend von Kraft, empor sein Gesicht und
richtet sich auf, begleitet vom Beifallstoben der Männer.

solus qui Paridem solitus contendere contra, 370
idemque ad tumulum, quo maximus occubat Hector,
victorem Buten inmani corpore, qui se
Bebrycia veniens Amyci de gente ferebat,
perculit et fulva moribundum extendit harena.
talis prima Dares caput altum in proelia tollit, 375
ostenditque umeros latos alternaque iactat
bracchia protendens et verberat ictibus auras.
quaeritur huic alius; nec quisquam ex agmine tanto
audet adire virum manibusque inducere caestus.
ergo alacris cunctosque putans excedere palma 380
Aeneae stetit ante pedes, nec plura moratus
tum laeva taurum cornu tenet atque ita fatur:
'nate dea, si nemo audet se credere pugnae,
quae finis standi, quo me decet usque teneri?
ducere dona iube.' cuncti simul ore fremebant 385
Dardanidae reddique viro promissa iubebant.
hic gravis Entellum dictis castigat Acestes,
proximus ut viridante toro consederat herbae:
'Entelle, heroum quondam fortissime frustra,
tantane tam patiens nullo certamine tolli 390
dona sines? ubi nunc nobis deus ille — magister
nequiquam memoratus — Eryx, ubi fama per omnem
Trinacriam et spolia illa tuis pendentia tectis?'
ille sub haec: 'non laudis amor nec gloria cessit
pulsa metu; sed enim gelidus tardante senecta 395
sanguis hebet, frigentque effetae in corpore vires.
si mihi, quae quondam fuerat quaque inprobus iste
exsultat fidens, si nunc foret illa iuventas,
haud equidem pretio inductus pulchroque iuvenco
venissem, nec dona moror.' sic deinde locutus 400
in medium geminos inmani pondere caestus
proiecit, quibus acer Eryx in proelia suetus
ferre manum duroque intendere bracchia tergo.
obstipuere animi: tantorum ingentia septem
terga boum plumbo insuto ferroque rigebant. 405

Er als einziger pflegte im Kampf gegen Paris zu stehen,
er auch schlug am Hügelgrab des herrlichen Hektor
Butes, den sieggewohnten, der dorthin riesigen Leibes
kam und prangte als Sproß aus Ámykus Bebrykersippe,
schlug und streckte ihn todwund hin im gelblichen Sande.
Solch ein Held, reckt Dares sogleich zum Kampfe sein Haupt hoch,
trägt seine Schultern, die breiten, zur Schau und wirft nun im Wechsel
vorwärts wuchtend die Arme und trifft mit Hieben die Lüfte.
Ihm wird ein Gegner gesucht; doch keiner aus solch einer Menge
wagt zu begegnen dem Mann, an die Hände zu binden den Caestus.
Frisch drum tritt er, im Glauben, es ließen ihm alle die Palme,
gleich dem Aeneas zu Füßen und zögert gar nicht erst länger,
faßt mit der Linken den Stier am Horn und redet dann also:
„Sohn der Göttin, wenn keiner denn wagt, sich dem Kampf zu vertrauen,
wozu stehe ich hier, wie ziemt es sich, daß man mich hinhält?
Laß die Geschenke mich nehmen!" Die Dardaner all gaben laut ihm
Beifall und riefen, man solle dem Mann das Versprochene lassen.
Da aber stellte Akestes voll Grimm den Entellus zur Rede,
der ihm zunächst sich gelagert auf grünendem Polster des Grases:
„Du, Entellus, vergeblich der tapferste einst aller Helden!
Läßt du dir also geduldig und kampflos solche Geschenke
nehmen? Wo bleibt uns jetzt jener Gott, — der als Lehrer vergeblich
wurde gerühmt — jener Eryx, und wo dein Ruhm, der Trinakria
ganz beherrschte, wozu prangt Beute bei dir noch im Hause?"
Jener entgegnet: „Nicht Ehrliebe ist mir geschwunden noch Ruhm, von
Furcht verjagt; doch eisig stockt mir im lastenden Alter
träge das Blut, kalt starren erschöpft im Körper die Kräfte.
Blühte mir noch wie einst jene Kraft, auf die dieser Prahler
da triumphierend vertraut, o, blühte mir jetzt noch die Jugend,
nicht des Preises bedurfte es dann, nicht prächtigen Stieres,
daß ich gekommen; mich schiert nicht Geschenk." So sprach er und warf ein
Caestuspaar von Riesengewicht in die Mitte; mit diesem
pflegte der grimmige Eryx zum Kampf die Faust zu erheben,
pflegte mit hartem Riemengeflecht die Arme zu schnüren.
Alles staunte: denn sieben Häute von riesigen Ochsen
starrten von Eisen und Blei, das fest in das Leder genäht war.

ante omnis stupet ipse Dares longeque recusat;
magnanimusque Anchisiades et pondus et ipsa
huc illuc vinclorum inmensa volumina versat.
tum senior talis referebat pectore voces:
'quid, si quis caestus ipsius et Herculis arma   410
vidisset tristemque hoc ipso in litore pugnam?
haec germanus Eryx quondam tuus arma gerebat
— sanguine cernis adhuc sparsoque infecta cerebro —
his magnum Alciden contra stetit, his ego suetus,
dum melior viris sanguis dabat, aemula necdum   415
temporibus geminis canebat sparsa senectus.
sed si nostra Dares haec Troïus arma recusat
idque pio sedet Aeneae, probat auctor Acestes,
aequemus pugnas. Erycis tibi terga remitto
— solve metus — et tu Troianos exue caestus.'   420
haec fatus duplicem ex umeris reiecit amictum
et magnos membrorum artus, magna ossa lacertosque
exuit atque ingens media consistit harena.
tum satus Anchisa caestus pater extulit aequos
et paribus palmas amborum innexuit armis.   425
Constitit in digitos extemplo arrectus uterque
bracchiaque ad superas interritus extulit auras.
abduxere retro longe capita ardua ab ictu
inmiscentque manus manibus pugnamque lacessunt.
ille pedum melior motu fretusque iuventa,   430
hic membris et mole valens, sed tarda trementi
genua labant, vastos quatit aeger anhelitus artus.
multa viri nequiquam inter se volnera iactant,
multa cavo lateri ingeminant et pectore vastos
dant sonitus, erratque auris et tempora circum   435
crebra manus, duro crepitant sub volnere malae,
stat gravis Entellus nisuque inmotus eodem,
corpore tela modo atque oculis vigilantibus exit.
ille, velut celsam oppugnat qui molibus urbem
aut montana sedet circum castella sub armis,   440
nunc hos, nunc illos aditus omnemque pererrat

Allen voran staunt Dares selbst; weit weicht er und will nicht;
und der hochgemute Anchisessohn dreht hin und
her die Last, der Riemen unmeßliche Windungen wägend.
So aber machte sich Luft von Herzen der alte Entellus:
„Was erst, hätte den Caestus des Herkules selbst, seine Waffe,
Einer gesehn und den grimmigen Kampf eben hier am Gestade!
Hier diese Waffen trug dein Bruder Eryx vor Zeiten,
— siehst noch jetzt sie gefärbt von Blut und verspritztem Gehirne —
hiermit trat er dem großen Alkiden entgegen, ich selber
trug sie, als frischeres Blut noch Kräfte mir gab und des Alters
Neid noch nicht sein Grau auf beide Schläfen mir sprengte.
Wenn aber Dares aus Troja sich weigert hier unsern Waffen,
wenn auch Aeneas so will und Akest, der mich aufrief, es gutheißt,
kämpfen wir gleich denn zu gleich! Des Eryx Riemen erlaß ich
dir — sei getrost! — und du leg ab den trojanischen Caestus."
Nun aber warf er sein doppelt Gewand von den Schultern zurück und
zeigte der Glieder mächtiges Maß, der Knochen und Muskeln
Wucht und trat dann riesig dahin in des Kampfplatzes Mitte.
Aber der Sproß des Anchises, der Vater, brachte nun gleiche
Riemen und schnürte mit gleicher Wehr den beiden die Fäuste.
Beide treten nun auf, sogleich auf den Zehen sich reckend,
furchtlos heben sie hoch in die Luft empor ihre Arme.
Steilauf wenden sie weit den Kopf zurück vor dem Treffer,
und verwickeln sich Faust gegen Faust und wecken die Kampflust.
Jener ist flinker zu Fuß und darf seiner Jugend vertrauen,
dieser ist stark durch Wuchs und Wucht, aber zittert, und träge
wankt sein Knie, kurzatmend Gekeuch durchschüttert den Riesen.
Hieb auf Hieb versetzen umsonst einander die Kämpfer,
Stoß auf Stoß ins Flankengewölb, dumpf lassen die Brust sie
dröhnen, und häufig fährt um Ohr und Schläfen im Wirbel
rings die Faust, hart kracht das Kinn beim wuchtigen Treffer.
Mächtig ragt Entellus im gleichen Stand, unerschüttert,
nur mit dem Körper und wachsamen Blicks biegt aus er den Schlägen.
Gleich einem Mann, der auf Dämmen berennt eine ragende Festung,
oder rings mit Waffen umlagert Burgen auf Bergen,
so sucht Dares bald hier, bald dort eine Blöße und späht voll

arte locum et variis adsultibus inritus urget.
ostendit dextram insurgens Entellus et alte
extulit: ille ictum venientem a vertice velox
praevidit celerique elapsus corpore cessit; 445
Entellus viris in ventum effudit, et ultro
ipse gravis graviterque ad terram pondere vasto
concidit, ut quondam cava concidit aut Erymantho
aut Ida in magna radicibus eruta pinus.
consurgunt studiis Teucri et Trinacria pubes; 450
it clamor caelo primusque accurrit Acestes
aequaevomque ab humo miserans attollit amicum.
at non tardatus casu neque territus heros
acrior ad pugnam redit ac vim suscitat ira;
tum pudor incendit viris et conscia virtus 455
praecipitemque Daren ardens agit aequore toto,
nunc dextra ingeminans ictus, nunc ille sinistra.
nec mora nec requies: quam multa grandine nimbi
culminibus crepitant, sic densis ictibus heros
creber utraque manu pulsat versatque Dareta. 460
tum pater Aeneas procedere longius iras
et saevire animis Entellum haud passus acerbis,
sed finem inposuit pugnae fessumque Dareta
eripuit mulcens dictis ac talia fatur:
'infelix, quae tanta animum dementia cepit, 465
non viris alias conversaque numina sentis?
cede deo.' dixitque et proelia voce diremit.
ast illum fidi aequales, genua aegra trahentem
iactantemque utroque caput crassumque cruorem
ore eiectantem mixtosque in sanguine dentes, 470
ducunt ad navis, galeamque ensemque vocati
accipiunt, palmam Entello taurumque relinquont.
hic victor superans animis tauroque superbus
'nate dea vosque haec' inquit 'cognoscite, Teucri,
et mihi quae fuerint iuvenali in corpore vires 475
et qua servetis revocatum a morte Dareta.'
dixit et adversi contra stetit ora iuvenci,

List ringsum und bedrängt ihn umsonst mit wechselndem Angriff.
Da reckt drohend die Rechte Entellus empor und von oben
schlägt er: Dares erspäht geschwinde den Schlag, der ihm hochher
droht und entgeht ihm gewandt mit hurtiger Wendung des Körpers.
Jäh in den Wind vertut seine Wucht Entellus; von selber
— selbst schon schwer — stürzt schwer vom Riemengewicht er zu Boden
nieder; also stürzt wohl manchmal vom Erymanthus
oder vom Gipfel des Ida, entwurzelt und hohl, eine Fichte.
Aufgeregt springen die Teukrer empor und Trinakrias Jugend;
himmelan brandet ihr Schrei; als erster rennt gleich Akestes,
hebt voll Mitleid den Freund und Altersgenossen vom Boden.
Aber vom Fall nicht gehemmt und furchtlos wendet der Held sich
wilder zum Kampfe zurück; der Ingrimm weckt seine Stärke,
Scham und Heldenbewußtsein entflammen ihm hell jetzt die Kampfkraft.
Zornglühend jagt er umher den kopfüber stolpernden Dares,
bald mit der Rechten verdoppelnd den Schlag, bald hart mit der Linken,
ohne Ruhe und Rast; so dicht wie auf Dächern des Hagels
Schlossen prasseln im Sturm, so schlägt mit Hieb über Hieben
immer mit beiden Fäusten der Held zuschanden den Dares.
Da ließ Vater Aeneas den Zorn nicht weiter mehr rasen,
nicht mehr wüten Entellus im bitteren Grimme des Herzens,
sondern er setzte ein Ende dem Kampf; den ermatteten Dares
riß er heraus, sprach Trost ihm zu und redete also:
„Heilloser! Welch ein Wahnsinn hält den Geist dir umfangen?
Spürst du die anderen Kräfte denn nicht, die verwandelten Mächte?
Weiche dem Gott!" So sprach er und brachte den Kampf auseinander.
Doch den Dares, der mühsam schleppt die knickenden Knie,
schwanken läßt bald rechtshin den Kopf, bald linkshin und Klumpen
Blutes speit und Zähne dazu, ihn bringen die treuen
Freunde zur Flotte; Aeneas ruft sie; den Helm und das Schwert nur
nehmen sie mit, doch lassen sie Palme und Stier dem Entellus.
Er ist Sieger, jubelnd vor Stolz und stolz ob des Stieres,
„Sohn der Göttin, und ihr", so ruft er, „erkennt es, ihr Teukrer,
was für Kräfte mein Körper gehabt hat einst in der Jugend
und vor welchem Tod ihr bewahrt und gerettet den Dares".
Rief es und stellte sich stracks gegenüber der Stirn seines Stieres,

qui donum adstabat pugnae, durosque reducta
libravit dextra media inter cornua caestus,
arduos, effractoque inlisit in ossa cerebro: 480
sternitur exanimisque tremens procumbit humi bos.
ille super talis effundit pectore voces:
'hanc tibi, Eryx, meliorem animam pro morte Daretis
persolvo; hic victor caestus artemque repono.'

Protinus Aeneas celeri certare sagitta 485
invitat qui forte velint, et praemia dicit,
ingentique manu malum de nave Seresti
erigit et volucrem traiecto in fune columbam,
quo tendant ferrum, malo suspendit ab alto.
convenere viri, deiectamque aerea sortem 490
accepit galea, et primus clamore secundo
Hyrtacidae ante omnis exit locus Hippocoontis;
quem modo navali Mnestheus certamine victor
consequitur, viridi Mnestheus evinctus oliva.
tertius Eurytion, tuus o clarissime frater 495
Pandare, qui quondam iussus confundere foedus
in medios telum torsisti primus Achivos.
extremus galeaque ima subsedit Acestes,
ausus et ipse manu iuvenum temptare laborem.
tum validis flexos incurvant viribus arcus 500
pro se quisque viri et depromunt tela pharetris.
primaque per caelum nervo stridente sagitta
Hyrtacidae iuvenis volucris diverberat auras;
et venit adversique infigitur arbore mali.
intremuit malus timuitque exterrita pennis 505
ales et ingenti sonuerunt omnia plausu.
post acer Mnestheus adducto constitit arcu
alta petens pariterque oculos telumque tetendit.
ast ipsam miserandus avem contingere ferro
non valuit: nodos et vincula linea rupit, 510
quis innexa pedem malo pendebat ab alto;
illa notos atque atra volans in nubila fugit.
tum rapidus, iamdudum arcu contenta parato

der da stand als Preis des Kampfes; hart mit der Rechten
holte er aus und hieb in der Hörner Mitte den Caestus,
hochher, schlug in die Stirnknochen tief und das Hirn ward zerschmettert.
Jäh bricht nieder der Stier, verendet zuckend am Boden.
Jener dazu läßt tönend der Brust entströmen die Worte:
„Eryx, ich opfere dir hier besseres Leben statt Dares
Tod; hier gebe als Sieger zurück ich die Kunst und den Caestus."

   Gleich mit schnellem Pfeil sich zu messen, lädt ein Aeneas
jeden, der will, und kündigt an die Preise des Kampfes,
richtet mit Riesenfaust den Mast vom Schiff des Serestus
hoch und schlingt ein Tau darum; eine flatternde Taube
läßt er daran als Ziel für den Pfeil hoch schweben vom Maste.
Allseits drängten die Mannen heran; ein eherner Helm nahm
auf das geworfene Los; das erste, umjubelt vom Beifall
trifft Hippokoon, Hyrtakus' Sohn, vor allen den andern.
Ihm folgt Mnestheus, eben erst Sieger im Wettkampf der Schiffe,
Mnesteus, grün umwunden das Haupt mit dem Zweige des Ölbaums.
Gleich kommt Eurytion dann, dein Bruder, du strahlend berühmter
Pandarus; hast du doch einst auf Befehl, das Bündnis zu brechen,
mitten ins Heer der Achiver als erster geschleudert den Wurfspeer.
Tief im Helm als unterstes lag das Los des Akestes:
wagte er doch, auch selbst noch den Kampf der Jugend zu proben.
Jetzt aber krümmen mit kräftiger Faust die biegsamen Bogen,
jeder für sich, die Männer und nehmen den Pfeil aus dem Köcher.
Und durch den Himmel geschnellt von schwirrender Sehne durchzischt als
erster der Pfeil des Hyrtakussohnes die flüchtigen Lüfte,
kommt ans Ziel und bleibt dann stecken oben am Mastbaum.
Gleich erbebte der Mast, es flatterte ängstlich die Taube,
und von Beifall dröhnte ringsum die donnernde Runde.
Gleich trat Mnestheus eifrig heran, gezogen den Bogen,
hochhinzielend spannt er zugleich das Geschoß und die Augen.
Aber den Vogel selbst mit dem Pfeil zu treffen vermochte
doch nicht der Arme, zerriß nur die Knoten und Fäden aus Flachs, mit
denen am Fuße gefesselt, die Taube schwebte am Maste.
Die aber flieht in die Winde empor und dunkles Gewölke.
Drängend sodann, schon längst auf bereitem Bogen die Pfeile

tela tenens, fratrem Eurytion in vota vocavit,
iam vacuo laetam caelo speculatus et alis 515
plaudentem nigra figit sub nube columbam.
decidit exanimis vitamque reliquit in astris
aetheriis fixamque refert delapsa sagittam.
amissa solus palma superabat Acestes;
qui tamen aërias telum contorsit in auras, 520
ostentans artemque pater arcumque sonantem.
hic oculis subito obicitur magnoque futurum
augurio monstrum: docuit post exitus ingens,
seraque terrifici cecinerunt omina vates.
namque volans liquidis in nubibus arsit harundo 525
signavitque viam flammis tenuisque recessit
consumpta in ventos, caelo ceu saepe refixa
transcurrunt crinemque volantia sidera ducunt.
attonitis haesere animis superosque precati
Trinacrii Teucrique viri, nec maximus omen 530
abnuit Aeneas, sed laetum amplexus Acesten
muneribus cumulat magnis ac talia fatur:
'sume, pater; nam te voluit rex magnus Olympi
talibus auspiciis exsortem ducere honores.
ipsius Anchisae longaevi hoc munus habebis, 535
cratera inpressum signis, quem Thracius olim
Anchisae genitori in magno munere Cisseus
ferre sui dederat monumentum et pignus amoris.'
sic fatus cingit viridanti tempora lauro
et primum ante omnis victorem appellat Acesten. 540
nec bonus Eurytion praelato invidit honori,
quamvis solus avem caelo deiecit ab alto.
proximus ingreditur donis, qui vincula rupit,
extremus, volucri qui fixit harundine malum.

At pater Aeneas nondum certamine misso 545
custodem ad sese comitemque inpubis Iuli
Aepytiden vocat et fidam sic fatur ad aurem:
'vade age et Ascanio, si iam puerile paratum
agmen habet secum cursusque instruxit equorum,

spannend, rief im Gebet Eurytion fromm seinen Bruder,
schon erspäht er die froh im freien Himmel hinjubelnd
flatternde Taube und trifft sie zu Tod unter düsterer Wolke.
Abwärts stürzt sie entseelt und läßt ihr Leben hoch droben
unter den Sternen und trägt im Fall den Pfeil noch im Leibe.
Hin war die Palme, es blieb nur vereinsamt übrig Akestes;
der aber schnellte trotzdem sein Geschoß hochauf in die Lüfte,
zeigte, der Altmeister, so seine Kunst, ließ tönen den Bogen.
Hier aber bietet sich plötzlich und ernste Weisung bedeutend
dar ein Zeichen: so lehrte es nachher gewaltig der Ausgang.
Schreckenerregend sangen von später Erfüllung die Seher:
Denn hinschnellend durch silbern Gewölk entbrannte der Pfeil und
zeichnete flammenlodernd den Weg, schwand hin und entwich dann
aufgezehrt in die Winde, wie oft, vom Himmel entrissen,
Sterne fliegend enteilen und langhin ziehen den Haarschweif.
Bebenden Herzens standen und sandten Gebete zum Himmel
Teukrer da und Trinakrias Volk, Aeneas, der Held, weist
nicht das Omen zurück, er umarmt den frohen Akestes
und überhäuft mit Geschenken ihn reich; dann redet er also:
„Nimm nur, Vater! Das wollte der mächtige Fürst des Olympus:
außer der Reihe empfängst unter solchen Zeichen du Ehren.
Wirst des Anchises selbst, des bejahrten, Gabe empfangen,
hier dies Gefäß, mit Bildwerk geziert: das hatte der Thraker
Kisseus einst meinem Vater Anchises als prächtige Gabe,
als ein Gedenken an ihn überreicht und als Pfand seiner Liebe."
Also sprach er und kränzte sein Haupt mit grünendem Lorbeer
und begrüßte vor allen als ersten Sieger Akestes.
Edelgesinnt, mißgönnt ihm Eurytion nicht dieser Ehre
Vorrang, wenn auch nur er den Vogel herabschoß vom Himmel.
Ihm zunächst wird der Schütze beschenkt, der die Fesseln zerrissen,
letzter wird der, dessen fliegender Pfeil den Mastbaum getroffen.

Aber noch nicht beendet der Vater Aeneas das Kampfspiel,
sondern ruft den Geleiter und Hort des jungen Iulus,
Äpytus Sohn, und flüstert ins Ohr dem Getreuen die Worte:
„Geh zu Askanius schnell, und wenn er um sich der Knaben
Schar schon bereit hat und aufgestellt den Reigen der Rosse,

ducat avo turmas et sese ostendat in armis, 550
dic' ait. ipse omnem longo decedere circo
infusum populum et campos iubet esse patentis.
incedunt pueri pariterque ante ora parentum
frenatis lucent in equis, quos omnis euntis
Trinacriae mirata fremit Troiaeque iuventus. 555
omnibus in morem tonsa coma pressa corona;
cornea bina ferunt praefixa hastilia ferro,
pars levis umero pharetras; it pectore summo
flexilis obtorti per collum circulus auri.
tres equitum numero turmae ternique vagantur 560
ductores: pueri bis seni quemque secuti
agmine partito fulgent paribusque magistris.
una acies iuvenum, ducit quam parvos ovantem
nomen avi referens Priamus, tua clara, Polite,
progenies, auctura Italos; quem Thracius albis 565
portat equos bicolor maculis, vestigia primi
alba pedis frontemque ostentans arduus albam.
alter Atys, genus unde Atii duxere Latini,
parvos Atys pueroque puer dilectus Iulo.
extremus formaque ante omnis pulcher Iulus 570
Sidonio est invectus equo, quem candida Dido
esse sui dederat monimentum et pignus amoris.
cetera Trinacriae pubes senioris Acestae
fertur equis.
excipiunt plausu pavidos gaudentque tuentes 575
Dardanidae veterumque adgnoscunt ora parentum.
postquam omnem laeti consessum oculosque suorum
lustravere in equis, signum clamore paratis
Aepytides longe dedit insonuitque flagello.
olli discurrere pares atque agmina terni 580
diductis solvere choris rursusque vocati
convertere vias infestaque tela tulere.
Inde alios ineunt cursus aliosque recursus
adversi spatiis, alternosque orbibus orbes
inpediunt, pugnaeque cient simulacra sub armis; 585

rücke er an, seinem Ahn zu Ehren, und prange in Waffen.
Sag's ihm!" sprach er und ließ im Umkreis überall weithin
weichen das hart andrängende Volk und räumen das Blachfeld.
Ruhig reiten die Knaben und strahlen den Eltern vor Augen,
gleich an Glanz auf gezügeltem Roß; Trinakrias Jugend
grüßt und Trojas zumal die Reitenden staunenden Jubels.
Kurzgeschnittener Kranz ziert allen das Haar, wie es Brauch ist.
Je zwei Speere aus Kornelkirschholz mit eisernen Spitzen
tragen sie, teils von der Schulter auch blinkende Köcher; vom Nacken
hängt zur Brust ein Kettengeschmeid aus gewundenem Golde.
Drei Schwadronen sprengen einher, drei Führer, und jedem
folgen die Knaben, geteilt in je zwei Reihen mit sechs Glied
Tiefe, so strahlen sie hell, vor jeder Reihe die Meister.
Vorn die Jungschar führt in jubelndem Zuge der junge
Priamus, Erbe des Großvaternamens, dein, o Polites,
strahlender Sproß, bald Mehrer Italiens; thrakisches Roß, mit
weißen Flecken gescheckt, trägt ihn; weiß zeigt überm Huf es
vorne die Ränder und weiß reckt stolz und steil es die Stirne.
Dann folgt Atys, von dem die latinischen Atier stammen,
Atys, der kleine, als Knabe geliebt vom Knaben Iulus.
Ganz zuletzt, an Gestalt aber schön vor allen dort reitet
Julus einher auf sidonischem Roß; die strahlende Dido
gab es ihm einst zum Gedenken an sie, als Pfand ihrer Liebe.
Auf Trinakrias Rossen vom Stall des alten Akestes
reitet die übrige Jugend.
Beifall spenden den Schüchternen laut und freudigen Blicks die
Dardaner, finden wieder in ihnen die Züge der Eltern.
Stolz zu Roß durchreiten allum die Knaben die Runde
unter der Ihrigen Blick; dann ruft den Bereiten das Zeichen
weithin zu des Äpytus Sohn und knallt mit der Peitsche.
Gleich stark sprengen nach rechts und links auseinander die Truppsder
drei Schwadronen und teilen sich so; zurück dann gerufen,
machen sie kehrt und greifen sich an mit feindlichen Waffen.
Andere Wendung beginnen sie dann und Wendung dagegen,
widereinandergewandt, und wechselnd schlingen sie Kreis durch
Kreis im Geflecht und führen ein Scheingefecht unter Waffen.

et nunc terga fuga nudant, nunc spicula vertunt
infensi, facta pariter nunc pace feruntur.
ut quondam Creta fertur labyrinthus in alta
parietibus textum caecis iter ancipitemque
mille viis habuisse dolum, qua signa sequendi 590
frangeret indeprensus et inremeabilis error:
haud alio Teucrum nati vestigia cursu
inpediunt texuntque fugas et proelia ludo,
delphinum similes, qui per maria umida nando
Carpathium Libycumque secant [luduntque per undas]. 595
hunc morem cursus atque haec certamina primus
Ascanius, Longam muris cum cingeret Albam,
rettulit et Priscos docuit celebrare Latinos,
quo puer ipse modo, secum quo Troïa pubes;
Albani docuere suos; hinc maxima porro 600
accepit Roma et patrium servavit honorem;
Troiaque nunc pueri, Troianum dicitur agmen.
hac celebrata tenus sancto certamina patri.

  Hic primum Fortuna fidem mutata novavit.
dum variis tumulo referunt sollemnia ludis, 605
Irim de caelo misit Saturnia Iuno
Iliacam ad classem ventosque adspirat eunti,
multa movens necdum antiquom saturata dolorem.
illa viam celerans per mille coloribus arcum
nulli visa cito decurrit tramite virgo. 610
conspicit ingentem concursum et litora lustrat,
desertosque videt portus classemque relictam.
at procul in sola secretae Troades acta
amissum Anchisen flebant, cunctaeque profundum
pontum adspectabant flentes. heu tot vada fessis 615
et tantum superesse maris, vox omnibus una.
urbem orant, taedet pelagi perferre laborem.
ergo inter medias sese haud ignara nocendi
conicit et faciemque deae vestemque reponit;
fit Beroë, Tmarii coniunx longaeva Dorycli, 620
cui genus et quondam nomen natique fuissent;

Bald geben flüchtend den Rücken sie bloß, bald wenden die Lanzen
feindlich sie um, bald schließen sie Frieden und reiten im Gleichmaß.
Wie das Labyrinth auf Kretas Höhen vor Zeiten
Wegegespinst aus Wänden voll Nacht und täuschenden Trug mit
tausend von Gängen der Sage nach bot, wo weisenden Zeichen
Wirkung raubte der Wirrwarr des rückkehrweigernden Irrgangs,
also flechten die Söhne der Teukrer die Spuren im Reigen
täuschend in eins und verweben Flucht und Gefechte beim Spielen
gleich Delphinen, welche beim Schwimmen durch Meeresgewässer
libysches Meer und karpathisches [flink im Spiele] durchschneiden.
Diese Art des Reigens und diese Kämpfe erneute,
als er Alba Longa mit Mauern gürtete, erstmals
wieder Askanius, lehrte die Urlatiner sie feiern,
wie er als Knabe sie spielte im Bund mit der Jugend aus Troja.
Alba lehrte die Seinen so; von hier übernahm das
mächtige Rom den Brauch und erhielt ihn den Ahnen zu Ehren;
„Troja" heißen noch jetzt die Knaben, „trojanisch" der Festzug,
noch bis jetzt sind die Kämpfe geweiht dem erhabenen Vater.

    Hier zuerst brach neu Fortuna, verwandelt, die Treue.
Während im buntem Spiel am Grab sich die Feiern vollziehen,
schickt Saturnia Juno vom Himmel nieder die Iris
Iliums Flotte zu sehn, leiht Flügel des Windes der Botin,
vieles erwägt sie, stillte noch nicht den uralten Kummer.
Iris fliegt ihre Bahn auf tausendfarbigem Bogen,
ungesehen enteilt auf schnellem Pfade die Jungfrau.
Wühlend Gedränge erblickt sie und streift entlang die Gestade,
sieht verödet die Häfen rings und verlassen die Flotte.
Fern aber, ganz für sich, beweinten an einsamer Küste
Trojas Frauen Anchises' Tod; sahn alle auf weite
Wogen und weinten; daß so viel Fluten den Müden und so viel
Meer noch drohe, beklagen sie einstimmig alle, um Stadt und
Heim fleht ihr Gebet; es würgt sie die Mühsal des Meeres.
Schnell drum mischt unter sie sich Iris, schädlichen Zaubers
voll, legt ab Gestalt und Gewand einer Göttin und wird zu
Beroë, eines Doryclus aus Tmaros bejahrter Gemahlin,
denn die stammte aus Adelsgeschlecht, hatte Namen und Söhne.

ac sic Dardanidum mediam se matribus infert:
'o miserae, quas non manus' inquit 'Achaica bello
traxerit ad letum patriae sub moenibus, o gens
infelix, cui te exitio Fortuna reservat? 625
septima post Troiae excidium iam vertitur aestas,
cum freta, cum terras omnis, tot inhospita saxa
sideraque emensae ferimur, dum per mare magnum
Italiam sequimur fugientem et volvimur undis.
hic Erycis fines fraterni atque hospes Acestes: 630
quis prohibet muros iacere et dare civibus urbem?
o patria et rapti nequiquam ex hoste penates,
nullane iam Troiae dicentur moenia, nusquam
Hectoreos amnis Xanthum et Simoënta videbo?
quin agite et mecum infaustas exurite puppis. 635
nam mihi Cassandrae per somnum vatis imago
ardentis dare visa faces: „hic quaerite Troiam,
hic domus est" inquit „vobis". iam tempus agi res,
nec tantis mora prodigiis. en quattuor arae
Neptuno; deus ipse faces animumque ministrat.' 640
haec memorans prima infensum vi corripit ignem
sublataque procul dextra conixa coruscat
et iacit. adrectae mentes stupefactaque corda
Iliadum. hic una e multis, quae maxima natu,
Pyrgo, tot Priami natorum regia nutrix: 645
'non Beroë vobis, non haec Rhoeteïa, matres,
est Dorycli coniunx: divini signa decoris
ardentisque notate oculos, qui spiritus illi,
qui voltus vocisque sonus vel gressus eunti.
ipsa egomet dudum Beroën digressa reliqui 650
aegram indignantem, tali quod sola careret
munere nec meritos Anchisae inferret honores.'
haec effata.
at matres primo ancipites oculisque malignis
ambiguae spectare rates miserum inter amorem 655
praesentis terrae fatisque vocantia regna,
cum dea se paribus per caelum sustulit alis

So nun trat in die Mitte der Dardanermütter die Göttin:
„O, ihr Armen!" rief sie, „die nicht Achiverhand riß im
Kriege zum Tod an den Mauern der Vaterstadt, o du unselig
Volk, zu welchem Verderben bewahrt dich auf noch Fortuna?
Schon der siebente Sommer nach Trojas Sturze vergeht jetzt:
wir aber treiben durch Fluten, durch alle Lande, durch wüstes
Felsgestein und Sturmgestirn, verfolgen durchs weite
Meer Italien, das uns flieht, und schwanken auf Wogen.
Hier ist des Eryx brüderlich Land und der Gastfreund Akestes:
Wer also hindert Mauern und Stadt zu geben den Bürgern?
Vaterland, o, und umsonst dem Feind entraffte Penaten,
gibt es denn nie wieder Mauern von Troja, werde ich nirgends
Hektors Ströme noch sehn, den Xanthus und den Simoïs?
Auf denn, im Bunde mit mir legt Brand an die heillosen Schiffe,
denn ich sah im Traume Kassandras, der Seherin, Bild mir
brennende Fackeln reichen, sie sprach: ,Hier suchet euch Troja,
hier ist Heimat für euch!' Wohlan jetzt müssen wir handeln,
solcher Weisung ziemt nicht Verzug. Seht da des Neptunus
vier Altäre! Der Gott gibt selbst uns Fackeln und Tatkraft."
Gleich dann ergriff sie als erste mit Macht das feindliche Feuer,
weithin holt mit der Rechten sie aus und dreht sich und schwingt und
wirft; aufschrecken zutiefst die ilischen Frauen und Staunen
packt ihr Herz. Nur eine aus vielen, die älteste, Pyrgo,
einst am Hofe die Amme so vieler Priamussöhne,
sprach: „Nicht Beroë, nicht die Trojanerin seht ihr, o Mütter,
jenes Doryklus Gemahlin; die Zeichen göttlichen Glanzes
seht doch, die Augen voll Glut, und seht, welcher Mut sie begeistert,
welch ein Antlitz, wie klangvoll ihr Wort, wie göttlich ihr Schreiten.
Hab ich doch Beroë eben erst selbst, als ich fortging, verlassen,
krank und vergrämt, daß einzig sie nichts erfahre von solcher
Feier und nicht dem Anchises verdiente Ehre erweise."
So sprach Pyrgo.
Unschlüssig standen die Frauen zunächst und musterten bösen
Blickes die Schiffe, schwankten noch zwischen der quälenden Sehnsucht
hier nach dem Land unterm Fuß und dem Ruf in verheißene Reiche.
Da flog auf durch den Himmel die Göttin schwebenden Fittichs,

ingentemque fuga secuit sub nubibus arcum.
tum vero attonitae monstris actaeque furore
conclamant rapiuntque focis penetralibus ignem, 660
pars spoliant aras, frondem ac virgulta facesque
coniciunt. furit inmissis Volcanus habenis
transtra per et remos et pictas abiete puppis.
nuntius Anchisae ad tumulum cuneosque theatri
incensas perfert navis Eumelus, et ipsi 665
respiciunt atram in nimbo volitare favillam.
primus et Ascanius, cursus ut laetus equestris
ducebat, sic acer equo turbata petivit
castra neque exanimes possunt retinere magistri.
'quis furor iste novos, quo nunc, quo tenditis' inquit 670
'heu miserae cives? non hostem inimicaque castra
Argivom, vestras spes uritis. en, ego vester
Ascanius!' galeam ante pedes proiecit inanem,
qua ludo indutus belli simulacra ciebat.
adcelerat simul Aeneas, simul agmina Teucrum. 675
ast illae diversa metu per litora passim
diffugiunt, silvasque et sicubi concava furtim
saxa petunt; piget incepti lucisque, suosque
mutatae adgnoscunt, excussaque pectore Iuno est.
sed non idcirco flammae atque incendia viris 680
indomitas posuere; udo sub robore vivit
stuppa vomens tardum fumum, lentusque carinas
est vapor et toto descendit corpore pestis,
nec vires heroum infusaque flumina prosunt.
tum pius Aeneas umeris abscindere vestem 685
auxilioque vocare deos et tendere palmas:
'Iuppiter omnipotens, si nondum exosus ad unum
Troianos, si quid pietas antiqua labores
respicit humanos, da flammam evadere classi
nunc, pater, et tenuis Teucrum res eripe leto; 690
vel tu, quod superest, infesto fulmine morti,
si mereor, demitte tuaque hic obrue dextra.'
vix haec ediderat, cum effusis imbribus atra

zog unter Wolken, fliehend dahin den gewaltigen Bogen.
Jetzt aber, jäh durch das Wunder bestürzt und getrieben vom Wahnwitz,
schreien sie laut und raffen vom häuslichen Herde das Feuer,
andere plündern Altäre, und Laub und Ruten und Fackeln
werfen sie wild; da rast ohne Zaum und Zügel Volkanus,
Bänke, Ruder und buntfarbig Heck aus Tannenholz frißt er.
Schnell als Bote zum Grab des Anchises und weiter zum Spielplatz
eilt Eumelus und meldet den Brand der Schiffe; sofort schaun
alle sich um: da wälzt sich schwarz in der Wolke die Asche.
Gleich vom Fleck, wie er froh noch führte den Reigen der Rosse,
sprengte nun hitzig zu Roß Askanius fort zum verwirrten
Lager, nicht können ihn halten die atemlos keuchenden Meister.
„Was für ein furchtbares Toben ist dies, was nun, wohin zielt ihr,
Mitbürger, Unglücksfraun? Den Feind nicht, nicht der Argiver
Lager, nein euer Hoffen vielmehr verbrennt ihr, ich bin doch
euer Askanius!" Rief's und warf vor die Füße den Spielhelm,
den er noch eben getragen, als Krieg zum Scheine er führte.
Her eilt Aeneas zugleich, zugleich auch die Scharen der Teukrer.
Jäh aber flüchten die Frauen aus Furcht am Strand überall nach
hier, nach dort, sie entweichen zum Wald und heimlichem Schlupf im
Felsen, verhaßt ist die Tat und das Licht des Tages; entzaubert
kennen sie wieder die Ihren; vom Herzen geschüttelt ist Juno.
Aber nicht also verloren die Flammen und Brände die wilde,
ungebändigte Kraft; unter feuchtem Eichenholz lebt das
Werg und quillt von trägem Qualm, und schleichender Gluthauch
frißt die Kiele, am Schiffsrumpf ganz steigt nieder das Unheil.
Hilflos versagen Kräfte von Helden, Ströme von Wasser.
Da reißt ab von den Schultern sein Kleid der fromme Aeneas,
ruft zu Hilfe die Götter und streckt zum Himmel die Hände:
„Wenn du noch nicht, allmächtiger Juppiter, alle Trojaner
tödlich hassest, wenn irgend die uralte Huld nach der Menschen
Mühsal noch fragt, laß jetzt doch der Flamme entkommen die Flotte,
Vater, entreiß die armselige Macht der Teukrer dem Tode;
oder schick in den Tod mit feindlichem Blitze den Rest hier,
wenn ich's verdiene, und stoß ihn hinab mit der eigenen Rechten!"
Kaum hatte so er gesprochen, als plötzlich mit Wolkenbruchgüssen

tempestas sine more furit tonitruque tremescunt
ardua terrarum et campi: ruit aethere toto 695
turbidus imber aqua densisque nigerrimus austris
inplenturque super puppes, semiusta madescunt
robora, restinctus donec vapor omnis et omnes
quattuor amissis servatae a peste carinae.
  At pater Aeneas casu concussus acerbo 700
nunc huc ingentis, nunc illuc pectore curas
mutabat versans, Siculisne resideret arvis
oblitus fatorum, Italasne capesseret oras.
tum senior Nautes, unum Tritonia Pallas
quem docuit multaque insignem reddidit arte 705
— haec responsa dabat vel quae portenderet ira
magna deum vel quae fatorum posceret ordo —
isque his Aenean solatus vocibus infit:
'nate dea, quo fata trahunt retrahuntque, sequamur;
quidquid erit, superanda omnis fortuna ferendo est. 710
est tibi Dardanius divinae stirpis Acestes.
hunc cape consiliis socium et coniunge volentem,
huic trade, amissis superant qui navibus et quos
pertaesum magni incepti rerumque tuarum est;
longaevosque senes ac fessas aequore matres 715
et quidquid tecum invalidum metuensque pericli est
delige et his habeant terris sine moenia fessi:
urbem appellabunt permisso nomine Acestam.'
  Talibus incensus dictis senioris amici,
tum vero in curas animo diducitur omnis. 720
et Nox atra polum bigis subvecta tenebat;
visa dehinc caelo facies delapsa parentis
Anchisae subito talis effundere voces:
'nate, mihi vita quondam, dum vita manebat,
care magis, nate Iliacis exercite fatis, 725
imperio Iovis huc venio, qui classibus ignem
depulit et caelo tandem miseratus ab alto est.
consiliis pare, quae nunc pulcherrima Nautes
dat senior; lectos iuvenes, fortissima corda,

schwarzer Sturm ohn' Maß lostobt, vom Donner erdröhnen
Berge auf Erden und ebenes Land: rings stürzt aus dem Himmel
wirbelnd der Guß, pechschwarz vom Wasser und sausendem Südwind.
Flut füllt hochauf die Hecks, naß werden die halb schon verbrannten
Balken, bis völlig erstickt ist die Glut und die Schiffe im ganzen
— vier nur gingen verloren — vom Untergange bewahrt sind.

   Aber der Vater Aeneas, vom herben Schlage erschüttert,
wälzt in der Brust bald so, bald anders lastende Sorgen
hin und her: soll hier auf Siziliens Fluren er siedeln
taub gegen Schicksals Ruf, oder wählt er Italiens Küsten?
Da sprach Nautes, der Greis, ihn lehrte Tritonia Pallas
ganz besonders und schuf ihm Ruhm durch Fülle des Wissens;
— sie tat kund den Sinn des gewaltigen Zornes der Götter
oder was immer verlangte des Schicksals heilige Ordnung. —
Er nun sprach dem Aeneas zum Trost und redete also:
„Folgen wir, Sohn der Göttin, dem Zug und dem Rückzug des Schicksals;
Komme, was mag! Ein jedes Geschick wird besiegt durch Ertragen.
Dein ist der Dardanussproß aus göttlichem Stamme, Akestes.
Diesen gewinn deinen Plänen zum Helfer; gern wird er wollen;
ihm übergib das Volk der verlorenen Schiffe und alle,
denen zum Überdruß ward dein Wagnis großen Beginnens.
Greise, hochbejahrte, und Mütter, müde des Meeres,
und was sonst noch an schwachen du hast und ängstlichen Leuten,
sondre sie aus; laß Mauern im Land hier haben die Müden:
wenn du den Namen erlaubst, so nennen die Stadt sie Akesta."

   Also gestärkt und entflammt durch die Worte des älteren Freundes,
wird er nun vollends im Herzen gejagt von Sorgen zu Sorgen.
Dunkel stand im Doppelgespann die Nacht schon am Himmel:
Siehe, da glitt die Erscheinung des Vaters Anchises herab vom
Himmel und ließ alsbald des Wortes Fülle verströmen:
„Sohn, im Leben mir einst noch teurer als selber das Leben,
Sohn, durch Iliums Schicksal gejagter! Auf den Befehl des
Juppiter komme ich her, er trieb von der Flotte das Feuer
fort und hatte doch endlich vom hohen Himmel Erbarmen.
Folge den Winken, die jetzt höchst trefflich Nautes, der greise,
gab; erlesene Männer und junge tapfere Herzen

defer in Italiam. gens dura atque aspera cultu 730
debellanda tibi Latio est. Ditis tamen ante
infernas accede domos et Averna per alta
congressus pete, nate, meos. non me inpia namque
Tartara habent, tristes umbrae, sed amoena piorum
concilia Elysiumque colo. huc casta Sibylla 735
nigrarum multo pecudum te sanguine ducet.
tum genus omne tuum et, quae dentur moenia, disces.
iamque vale; torquet medios Nox umida cursus
et me saevos equis Oriens adflavit anhelis.'
dixerat et tenuis fugit ceu fumus in auras. 740
Aeneas 'quo deinde ruis, quo proripis?' inquit,
'quem fugis aut quis te nostris complexibus arcet?'
haec memorans cinerem et sopitos suscitat ignis
Pergameumque larem et canae penetralia Vestae
farre pio et plena supplex veneratur acerra. 745

   Extemplo socios primumque accersit Acesten
et Iovis imperium et cari praecepta parentis
edocet et quae nunc animo sententia constet.
haud mora consiliis, nec iussa recusat Acestes.
transcribunt urbi matres populumque volentem 750
deponunt, animos nil magnae laudis egentes.
ipsi transtra novant flammisque ambesa reponunt
robora navigiis, aptant remosque rudentisque,
exigui numero, sed bello vivida virtus.
interea Aeneas urbem designat aratro 755
sortiturque domos, hoc Ilium et haec loca Troiam
esse iubet. gaudet regno Troianus Acestes
indicitque forum et patribus dat iura vocatis.
tum vicina astris Erycino in vertice sedes
fundatur Veneri Idaliae, tumuloque sacerdos 760
ac lucus late sacer additur Anchiseo.

   Iamque dies epulata novem gens omnis et aris
factus honos: placidi straverunt aequora venti,
creber et adspirans rursus vocat auster in altum.
exoritur procurva ingens per litora fletus; 765

nimm nach Italien mit; du mußt ja ein hartes und wildes
Volk im Krieg überwinden in Latium; aber zuvor such
auf in der Tiefe das Reich des Dis und durch des Avernus
Abgrund komm und besuche mich, Sohn! Nicht hält der verruchte
Tartarus mich, die düstere Nacht; in Elysiums Wonne
bin ich den Frommen vereint; dich führt die keusche Sibylle
her, wenn reichlich Blut schwarzwolliger Schafe verströmte.
Lernst dann kennen dein ganzes Geschlecht und die Stadt der Verheißung.
Jetzt leb wohl! Die tauende Nacht lenkt abwärts die Bahn schon,
grausam weht der Morgen mich an mit schnaubenden Rossen."
Rasch entfliehend schwebte er leicht wie Rauch in die Lüfte.
„Ach, wohin stürzest du fort, wohin stürmst du?" klagt nun Aeneas,
„Wem entfliehst du? Wer verwehrt dir, mich zu umarmen?"
Also spricht er und weckt aus der Asche das schlafende Feuer,
Pergamus' Lar und den stillen Altar der uralten Vesta
ehrt er flehend mit Opferschrot und Wolken von Weihrauch.

Gleich dann holt die Gefährten er her und zuerst den Akestes,
tut ihnen kund den Befehl des Juppiter und seines lieben
Vaters Weisungen und den Entschluß, der im Herzen ihm feststeht,
nichts verzögert die Pläne, nicht sperrt sich dem Auftrag Akestes.
Gleich überschreiben der Stadt sie die Frauen und lassen zurück das
Volk, das da will, Gemüter, die keinerlei Ehren bedürfen.
Selbst erneun sie die Bänke und richten die halbverkohlten
Balken im Schiff wieder her und beschaffen Ruder und Tauwerk.
Schwach nur sind sie an Zahl, doch beseelt von lebendiger Kampfkraft.
Unterdessen bezeichnet Aeneas die Stadt mit dem Pfluge,
lost die Bauplätze aus, läßt Ilium hier und Troja
wieder erstehn; es freut sich des Reichs der Trojaner Akestes,
gibt Gerichtszeit bekannt und Gesetz den Vätern des Rates.
Dann wird nahe den Sternen auf Eryx Gipfel ein Tempel
grundgelegt für Venus Idalia, und einen Priester
gibt man und rings einen heiligen Hain dem Grab des Anchises.

Schon neun Tage lang schmauste das ganze Volk; den Altären
ward ihre Ehre: da glätten das Meer sanft wehende Winde,
oft mit kräftiger Brise lockt der Südwind zur Seefahrt.
Da erhebt sich am krummen Gestade ein Schluchzen und Weinen,

complexi inter se noctemque diemque morantur.
ipsae iam matres, ipsi, quibus aspera quondam
visa maris facies et non tolerabile nomen,
ire volunt omnemque fugae perferre laborem.
quos bonus Aeneas dictis solatur amicis 770
et consanguineo lacrimans commendat Acestae.
tris Eryci vitulos et Tempestatibus agnam
caedere deinde iubet solvique ex ordine funem.
ipse caput tonsae foliis evinctus olivae
stans procul in prora pateram tenet extaque salsos 775
porricit in fluctus ac vina liquentia fundit.
prosequitur surgens a puppi ventus euntis;
certatim socii feriunt mare et aequora verrunt.
 At Venus interea Neptunum exercita curis
adloquitur talisque effundit pectore questus: 780
'Iunonis gravis ira neque exsaturabile pectus
cogunt me, Neptune, preces descendere in omnis,
quam nec longa dies, pietas nec mitigat ulla,
nec Iovis imperio fatisque infracta quiescit.
non media de gente Phrygum exedisse nefandis 785
urbem odiis satis est nec poenam traxe per omnem:
reliquias Troiae, cineres atque ossa peremptae
insequitur. causas tanti sciat illa furoris.
ipse mihi nuper Libycis tu testis in undis
quam molem subito excierit: maria omnia caelo 790
miscuit Aeoliis nequiquam freta procellis,
in regnis hoc ausa tuis.
per scelus ecce etiam Troianis matribus actis
exussit foede puppis et classe subegit
amissa socios ignotae linquere terrae. 795
quod superest oro liceat dare tuta per undas
vela tibi, liceat Laurentem attingere Thybrim,
si concessa peto, si dant ea moenia Parcae.'
tum Saturnius haec domitor maris edidit alti:
'fas omne est, Cytherea, meis te fidere regnis, 800
unde genus ducis. merui quoque: saepe furores

Nacht noch und Tag verzögern sie, innig einander umarmend.
Selbst nun wollen die Frauen, von selbst die anderen, denen
rauh doch früher das Meer erschien, untragbar das Wort schon,
jetzt mitziehn und alles Leid der Flucht wieder tragen.
Alle tröstet voll Güte Aeneas mit freundlichen Worten
und empfiehlt sie mit Tränen dem blutsverwandten Akestes.
Opfern läßt er alsdann drei Kälber dem Eryx, ein Lamm den
Stürmen und Schiff um Schiff der Reihe nach lösen die Taue.
Selber steht er, das Haupt umkränzt mit den Blättern des Ölbaums
hoch am Bug und hält eine Schale und wirft in die Salzflut
Opfergeweide und spendet dazu vom lauteren Weine.
Stark vom Heck her hebt sich der Wind und geleitet die Abfahrt,
wetteifernd peitschen das Meer die Gefährten und fegen die Fluten.
  Venus indes, von Sorgen gequält, spricht nun zu Neptun und
läßt ihrem Herzen frei also entströmen die Klage:
„Junos lastender Groll, ihr unersättliches Herz, es
zwingt, Neptun, mich hinab zu allen Arten der Bitte.
Weder die Dauer der Zeit noch irgend Ehrfurcht versöhnt sie,
nicht vor Juppiters Macht gibt Ruhe sie, nicht vor dem Schicksal.
Nicht ist's genug, aus der Mitte des Phrygervolkes verruchten
Hasses die Stadt vertilgt zu haben in jeglicher Strafe:
Trojas Rest noch, Gebeine und Asche der völlig zerstörten
Stadt, verfolgt sie; warum sie so rast, mag sie allein wissen.
Warst mir Zeuge doch selbst, wie jüngst in Libyens Wogen
wilden Orkan sie plötzlich geweckt: zum Himmel hin peitschte
alles Meer sie, vertrauend — umsonst! — auf Aeolus' Wirbel,
wagte solches in deinem Reich.
Sieh nur, verbrecherisch hetzte sie auf die Frauen von Troja
und verbrannte schnöde die Schiffe; durch den Verlust der
Flotte erzwang sie, Gefährten dem fremden Lande zu lassen.
Möge dem Rest, ich bitte, erlaubt sein, sicher durch deine
Wogen zu segeln zum Thybris Laurentums, wenn um Erlaubtes
jetzt ich ersuche, wenn eine Stadt gewähren die Parzen."
Ihr gab Antwort der Sohn des Saturn, der Beherrscher des Meeres:
„Wahrlich, du darfst, Kytherea, mit Recht meinem Reiche vertrauen,
dem du entstammst, ich verdiene es auch: denn oft schon bezwang ich

compressi et rabiem tantam caelique marisque.
nec minor in terris — Xanthum Simoëntaque testor —
Aeneae mihi cura tui. cum Troïa Achilles
exanimata sequens inpingeret agmina muris, 805
milia multa daret leto gemerentque repleti
amnes nec reperire viam atque evolvere posset
in mare se Xanthus, Pelidae tunc ego forti
congressum Aenean nec dis nec viribus aequis
nube cava rapui, cuperem cum vertere ab imo 810
structa meis manibus periurae moenia Troiae.
nunc quoque mens eadem perstat mihi, pelle timorem.
tutus quos optas portus accedet Averni.
unus erit tantum, amissum quem gurgite quaeres;
unum pro multis dabitur caput.' 815
his ubi laeta deae permulsit pectora dictis,
iungit equos auro genitor spumantiaque addit
frena feris manibusque omnis effundit habenas.
caeruleo per summa levis volat aequora curru;
subsidunt undae tumidumque sub axe tonanti 820
sternitur aequor aquis, fugiunt vasto aethere nimbi.
tum variae comitum facies, inmania cete,
et senior Glauci chorus Inousque Palaemon
Tritonesque citi Phorcique exercitus omnis;
laeva tenet Thetis et Melite Panopeaque virgo, 825
Nisaee Spioque Thaliaque Cymodoceque.

  Hic patris Aeneae suspensam blanda vicissim
gaudia pertemptant mentem: iubet ocius omnis
attolli malos, intendi bracchia velis.
una omnes fecere pedem pariterque sinistros, 830
nunc dextros solvere sinus, una ardua torquent
cornua detorquentque, ferunt sua flamina classem.
princeps ante omnis densum Palinurus agebat
agmen, ad hunc alii cursum contendere iussi.
iamque fere mediam caeli Nox umida metam 835
contigerat, placida laxabant membra quiete

tobenden Sturm und rasende Wut des Himmels und Meeres.
Auch zu Lande — Zeuge sei Xanthus mir und Simoïs —
sorgt' ich nicht minder für deinen Aeneas; als da Achilles
Trojas keuchende Scharen gehetzt hinwarf an die Mauern,
Tausende weihte dem Tod, als voll von Leichen die Ströme
stöhnten und Xanthus den Weg nicht finden und nicht mehr zum Meer sich
wälzen konnte, da stieß auf den starken Peliden Aeneas,
weder an Kraft ihm gleich noch Huld von Göttern; doch ich riß
wolkenverhüllt ihn fort, obwohl ich von Grund auf zerstören
wollte das Werk meiner Hand, die Stadt meineidiger Troer.
Jetzt auch bleibt ihm gewogen mein Herz; sei ganz ohne Sorge!
Heil erreicht er das Ziel deines Wunsches, avernische Häfen.
E i n e n nur wirst du vermissen; ihn schlingt die Tiefe des Meeres:
nur e i n Haupt wird gegeben für viele."
Als er mit diesen Worten die Göttin erfreut und beruhigt,
schirrt in Gold seine Rosse der Gott; den Zaum, der von Schaum gleich
flockt, zwingt auf er den wilden, läßt frei dann schießen die Zügel.
Leicht hinfliegt er am Spiegel der Flut im bläulichen Wagen;
niederducken die Wogen, und glatt unter dröhnender Achse
wird der Schwall der Gewässer, vom Himmel fliehen die Wolken.
Bunt umwogt ihn Gefolge, die Ungeheuer der Tiefe,
und des Glaukus ältere Schar und Palaemon, der Sohn der
Ino, die flinken Tritonen und alle die Heere des Phorcus,
Thetis und Melite links und Panopea, die Jungfrau,
weiter Nisaea und Spio, Kymodoke auch und Thalia.

    Jetzt durchflutet das bangende Herz des Vaters Aeneas
Freude wieder und Lust: geschwinder läßt er nun alle
Mastbäume heben und läßt für die Segel richten die Rahen.
Alle zugleich lassen nach das Fußseil, lockern bald links im
Takte die Segel, bald rechts, drehn vor zugleich und zurück die
Rahen hoch droben; es tragen die richtigen Winde die Flotte.
Erster vor allen, führt Palinurus das dichte Geschwader;
er gibt an den Kurs; i h m sollen die anderen folgen.
Fast schon hatte die Mitte der Bahn am Himmel erreicht die
tauende Nacht; da dehnten zu sanfter Ruhe die Glieder

sub remis fusi per dura sedilia nautae:
cum levis aetheriis delapsus Somnus ab astris
aëra dimovit tenebrosum et dispulit umbras,
te, Palinure, petens, tibi somnia tristia portans   840
insonti; puppique deus consedit in alta
Phorbanti similis funditque has ore loquellas:
'Iaside Palinure, ferunt ipsa aequora classem;
aequatae spirant aurae; datur hora quieti.
pone caput fessosque oculos furare labori.   845
ipse ego paulisper pro te tua munera inibo.'
cui vix attollens Palinurus lumina fatur
'mene salis placidi voltum fluctusque quietos
ignorare iubes, mene huic confidere monstro?
Aenean credam — quid enim — fallacibus auris,   850
et caeli totiens deceptus fraude sereni?'
talia dicta dabat clavomque adfixus et haerens
nusquam amittebat oculosque sub astra tenebat.
ecce deus ramum Lethaeo rore madentem
vique soporatum Stygia super utraque quassat   855
tempora cunctantique natantia lumina solvit.
vix primos inopina quies laxaverat artus,
et superincumbens cum puppis parte revolsa
cumque gubernaclo liquidas proiecit in undas
praecipitem ac socios nequiquam saepe vocantem;   860
ipse volans tenuis se sustulit ales ad auras.
currit iter tutum non setius aequore classis
promissisque patris Neptuni interrita fertur.
iamque adeo scopulos Sirenum advecta subibat
difficilis quondam multorumque ossibus albos;   865
tum rauca adsiduo longe sale saxa sonabant,
cum pater amisso fluitantem errare magistro
sensit et ipse ratem nocturnis rexit in undis
multa gemens casuque animum concussus amici:
'o nimium caelo et pelago confise sereno,   870
nudus in ignota, Palinure, iacebis harena.'

unter den Rudern, gestreckt über harte Bänke, die Schiffer:
da glitt leicht der Schlafgott herab von himmlischen Sternen,
schnitt durch brauende Nebel dahin und scheuchte die Schatten,
griff dich an, Palinurus, und trug todbringenden Traum dir
Schuldlosem her; der Gott nahm Platz am Hochsitz des Hecks, dem
Phorbas ähnlich, und ließ dem Mund entströmen die Rede:
„Jasiussohn Palinurus! Die Flut trägt selbst schon die Flotte;
gleichmäßig atmen die Lüfte; man gönnt die Stunde der Ruhe.
Bette dein Haupt, entzieh die ermüdeten Augen der Mühsal.
Ich will selbst eine Weile für dich dein Amt übernehmen."
Kaum die Blicke zu ihm aufhebend, sprach Palinurus:
„Heißest du mich verkennen das Antlitz des friedlichen Meeres
und die Ruhe der Flut? Soll i c h diesem Ungetüm trauen?
Was denn? I c h soll den Aeneas der falschen Luft überlassen,
Ich, so oft schon getäuscht vom Betrug des heiteren Himmels?"
Also sprach er und fest die Hände ums Steuer geklammert,
ließ er nirgends es los, den Blick zu den Sternen gerichtet.
Siehe, da schüttelt der Gott einen Zweig, benetzt mit dem Tau aus
Lethe, schwer von stygischer Macht, ihm über den beiden
Schläfen, und bricht ihm, der sich noch wehrt, die verschwimmenden Blicke.
Eben erst hatte der Schlaf überraschend die Glieder gelöst, da
beugte sich vor der Gott und warf ihn, der einen Teil des
Hecks losriß und sein Steuer behielt, kopfüber ins klare
Meer; umsonst rief oft nach seinen Gefährten der Arme.
Selbst aber hob sich geflügelt der Gott empor in die Lüfte.
Sicher nimmt trotzdem ihren Lauf durch die Fluten die Flotte,
fährt ohne Schrecken dahin, wie Vater Neptunus verheißen.
Und schon kam das Schiff ganz nah dem Riff der Sirenen,
einst ein gefährlich Gebiet, bleich häufen am Strand sich Gebeine.
Jetzt auch dröhnten dumpf weithin von Brandung die Felsen,
da bemerkte Aeneas, wie ohne Steuermann ziellos
schwankte das Schiff und lenkte es selbst durch nächtliche Wogen,
seufzte oft, im Herzen erschüttert vom Schicksal des Freundes:
„O du trautest zu sehr dem Frieden der Flut und des Himmels,
nackt nun wirst, Palinurus, du liegen an fremdem Gestade."

VI

　　Sic fatur lacrimans classique inmittit habenas,
et tandem Euboicis Cumarum adlabitur oris.
　　Obvertunt pelago proras, tum dente tenaci
ancora fundabat navis et litora curvae
praetexunt puppes. iuvenum manus emicat ardens   5
litus in Hesperium, quaerit pars semina flammae
abstrusa in venis silicis, pars densa ferarum
tecta rapit silvas inventaque flumina monstrat.
at pius Aeneas arces, quibus altus Apollo
praesidet, horrendaeque procul secreta Sibyllae,   10
antrum inmane, petit, magnam cui mentem animumque
Delius inspirat vates aperitque futura.
iam subeunt Triviae lucos atque aurea tecta.
　　Daedalus, ut fama est, fugiens Minoïa regna,
praepetibus pennis ausus se credere caelo,   15
insuetum per iter gelidas enavit ad arctos
Chalcidicaque levis tandem super adstitit arce.
redditus his primum terris tibi, Phoebe, sacravit
remigium alarum posuitque inmania templa.
in foribus letum Androgeo, tum pendere poenas   20
Cecropidae iussi — miserum — septena quotannis
corpora natorum; stat ductis sortibus urna;
contra elata mari respondet Gnosia tellus:
hic crudelis amor tauri suppostaque furto
Pasiphaë mixtumque genus prolesque biformis   25
Minotaurus inest, Veneris monumenta nefandae.
hic labor ille domus et inextricabilis error;
magnum reginae sed enim miseratus amorem
Daedalus ipse dolos tecti ambagesque resolvit,
caeca regens filo vestigia. tu quoque magnam   30
partem opere in tanto, sineret dolor, Icare, haberes.
bis conatus erat casus effingere in auro,
bis patriae cecidere manus. quin protinus omnia
pelligerent oculis, ni iam praemissus Achates
adforet atque una Phoebi Triviaeque sacerdos,   35

6

Also sprach er weinend und ließ hinfliegen die Flotte,
und so landet er endlich am Strand des euboeischen Kumae.
  Meerwärts wenden nun sie den Bug; mit haftendem Zahne
hält der Anker die Schiffe am Grund; es säumen die krummen
Hecks das Gestade; der Jünglinge Schar springt feurigen Eifers
flink an Hesperiens Strand; ein Teil sucht Keime der Flammen,
tief aus Kieselsteins Adern, ein Teil durchstöbert nach Holz den
Wald, die Hausung des Wildes, und zeigt die gefundenen Quellen.
Fromm aber strebt Aeneas zur Burg, deren Schirmherr Apollo
aufragt, strebt seitab zum Geheimnis der Riesengrotte,
Sitz der schauerumwehten Sibylle; Fülle des Geistes
hauchte der delische Seher ihr ein und erschloß ihr die Zukunft.
Nah schon sind sie in Trivias Hain dem goldenen Tempel.
  Daedalus wagte, — so weiß es die Sage — fliehend aus Minos'
Reich, breitschwingenden Fittichs sich anzuvertrauen dem Himmel,
ruderte hoch auf fremder Bahn zu den eisigen Bären,
auf der chalkidischen Burg glitt leicht er endlich hernieder.
Kaum hier wiedergeschenkt der Erde, weihte er, Phoebus,
dir das Ruder der Flügel und baute den riesigen Tempel:
bildete auf dem Portal den Tod des Androgeos und die
Buße der Kekropssöhne, o Jammer, Jahr über Jahr je
sieben Kinder! Das Los ist gefallen; stumm droht die Urne.
Hoch im Gegenbild ragt aus dem Meer das Inselreich Kreta:
grausige Brunst zum Stier, Pasiphaë, die sich verstohlen
ihm unterschob, und das Zwittergeschlecht, halb Tier und halb Mensch, der
Minotaurus ist hier, ein Mahnmal ruchloser Wollust.
Hier jene Mühsal des Hauses, der unentwirrbare Irrgang;
doch der Königstochter ergreifende Liebe bedauernd,
löste Daedalus selbst des Hauses tückischen Wirrwarr,
wies blindtastende Spuren am Faden. Ikarus, du auch
stündest in solch einem Werk; doch Herzweh lähmte den Bildner:
zweimal setzte er an, den Sturz zu gestalten im Golde,
zweimal sank dem Vater die Hand. Gern hätten wohl alles
durchweg die Troer betrachtet, wär nicht Achates gekommen,
den sie entsandt und des Phoebus und Trivias Priesterin mit ihm.

Deiphobe Glauci, fatur quae talia regi:
'non hoc ista sibi tempus spectacula poscit;
nunc grege de intacto septem mactare iuvencos
praestiterit, totidem lectas de more bidentis.'
talibus adfata Aenean — nec sacra morantur   40
iussa viri — Teucros vocat alta in templa sacerdos.

Excisum Euboicae latus ingens rupis in antrum,
quo lati ducunt aditus centum, ostia centum;
unde ruunt totidem voces, responsa Sibyllae.
ventum erat ad limen, cum virgo 'poscere fata   45
tempus' ait: 'deus ecce deus!' cui talia fanti
ante fores subito non voltus, non color unus,
non comptae mansere comae, sed pectus anhelum,
et rabie fera corda tument, maiorque videri
nec mortale sonans, adflata est numine quando   50
iam propiore dei. 'cessas in vota precesque,
Tros' ait 'Aenea, cessas? neque enim ante dehiscent
attonitae magna ora domus.' et talia fata
conticuit. gelidus Teucris per dura cucurrit
ossa tremor, funditque preces rex pectore ab imo: 55
'Phoebe, gravis Troiae semper miserate labores,
Dardana qui Paridis derexti tela manusque
corpus in Aeacidae, magnas obeuntia terras
tot maria intravi duce te penitusque repostas
Massylum gentis praetentaque Syrtibus arva: 60
iam tandem Italiae fugientis prendimus oras,
hac Troiana tenus fuerit Fortuna secuta.
vos quoque Pergameae iam fas est parcere genti,
dique deaeque omnes, quibus obstitit Ilium et ingens
gloria Dardaniae. tuque, o sanctissima vates,   65
praescia venturi, da — non indebita posco
regna meis fatis — Latio considere Teucros
errantisque deos agitataque numina Troiae.
tum Phoebo et Triviae solido de marmore templum
instituam festosque dies de nomine Phoebi.   70
te quoque magna manent regnis penetralia nostris:

Glaukus' Tochter Deïphobe; sie aber sprach zu **Aeneas:**
„Nicht solch müßige Schau verlangt die drängende Zeit, jetzt
sieben Stiere aus jochfreier Herde zu opfern, das wäre
besser und — kultgemäß — gleich viel volljährige Schafe."
Also sprach zu Aeneas die Priesterin, gleich, wie befohlen,
opfern die Männer; dann ruft sie zum hohen Tempel die Teukrer.

    Ausgehöhlt ist Kumaes Fels zur riesigen Grotte;
breit ziehn hundert Schächte hinab, der Mündungen hundert,
hundertfältigen Lauts dröhnt auf der Spruch der Sibylle.
Kaum an der Schwelle, begann die Jungfrau: „Zeit ist, zu flehn um
Schicksalsspruch. Der Gott, o siehe, der Gott!" So rief sie,
stand am Tor, jäh wechselt ihr Antlitz, wechselt die Farbe,
hoch auf flattert ihr Haar, hart keucht ihre Brust, voller Wut schwillt
wild ihr Herz, hoch wächst sie und wächst, kein sterbliches Wort mehr
spricht sie, steht im Anhauch ganz des näher und näher
waltenden Gottes. „Du säumst, Gelübde zu weihn und Gebete,
Troer Aeneas", so fragt sie, „du säumst? Nicht eher erschließt dir
donnerdröhnend das Haus seinen Mund." So tönte ihr Wort und
schwand und schwieg. Eiskalt rinnt Schreck durch Mark und Bein der
harten Trojaner, aus tiefstem Herzen betet der König:
„Phoebus, stets voll Erbarmen mit Trojas lastenden Leiden,
du, der den Dardanerpfeil aus Paris Händen auf Leib und
Leben gelenkt des Achilles, so viele Meere, die große
Länder umwogen, befuhr ich, von dir geleitet, bis tief zum
fernen Massylervolk und dem Land am Rande der Syrten.
Endlich faßten wir Fuß an Italiens fliehenden Küsten;
möge uns Trojas Unglücksstern nicht weiter verfolgen!
Pergamus' Volk zu schonen geziemt sich wahrlich für euch auch,
Götter und Göttinnen all, die Ilium haßten und Trojas
strahlenden Ruhm. Und du, o hocherhabne Prophetin,
kundig der Zukunft, verleih — geschuldet ist meinem Schicksal
längst dies Reich — daß hier in Latium wohnen die Teukrer,
wohnen nach Irrfahrt und Flucht die waltenden Götter von Troja.
Phoebus und Trivia werde ich dann einen Tempel aus reinem
Marmor erbauen und Festtage weihn auf den Namen des Phoebus.
Großes Heiligtum harrt auch deiner in unserem Reiche:

hic ego namque tuas sortes arcanaque fata
dicta meae genti ponam lectosque sacrabo,
alma, viros. foliis tantum ne carmina manda,
ne turbata volent rapidis ludibria ventis, 75
ipsa canas oro.' finem dedit ore loquendi.

   At Phoebi nondum patiens inmanis in antro
bacchatur vates, magnum si pectore possit
excussisse deum: tanto magis ille fatigat
os rabidum fera corda domans fingitque premendo. 80
ostia iamque domus patuere ingentia centum
sponte sua vatisque ferunt responsa per auras:
'o tandem magnis pelagi defuncte periclis —
sed terrae graviora manent — in regna Lavini
Dardanidae venient — mitte hanc de pectore curam — 85
sed non et venisse volent. bella, horrida bella
et Thybrim multo spumantem sanguine cerno.
non Simois tibi nec Xanthus nec Dorica castra
defuerint, alius Latio iam partus Achilles,
natus et ipse dea, nec Teucris addita Iuno 90
usquam aberit, cum tu, supplex in rebus egenis,
quas gentis Italum aut quas non oraveris urbis!
causa mali tanti coniunx iterum hospita Teucris
externique iterum thalami.
tu ne cede malis, sed contra audentior ito, 95
quam tua te fortuna sinet. via prima salutis,
quod minime reris, Graia pandetur ab urbe.'

   Talibus ex adyto dictis Cymaea Sibylla
horrendas canit ambages antroque remugit,
obscuris vera involvens, ea frena furenti 100
concutit et stimulos sub pectore vertit Apollo.
ut primum cessit furor et rabida ora quierunt,
incipit Aeneas heros: 'non ulla laborum,
o virgo, nova mi facies inopinave surgit;
omnia praecepi atque animo mecum ante peregi. 105
unum oro: quando hic inferni ianua regis
dicitur et tenebrosa palus Acheronte refuso,

deine Orakel verwahre ich hier und Schicksalsgeheimnis,
meinem Volke bestimmt, und weihe erlesene Priester
dir, du Erhabene; schreib nur nicht deine Sprüche auf Blätter,
daß sie verwirrt nicht flattern, ein Spielball reißender Winde.
Weissage, bitte, mit eigenem Mund!" So schloß er die Rede.
  Aber noch nicht dem Phoebus gefügig, tobt in der Grotte
wild die Prophetin, ob von der Brust den gewaltigen Gott sie
abschütteln könne; doch härter nur zäumt er den rasenden Mund und
bändigt ihr wildes Herz und zwingt sie durch strafferen Zügel.
Schon erschlossen die hundert gewaltigen Schlünde des Hauses
sich von selbst und trugen empor den Spruch der Prophetin:
„Du, der die großen Gefahren des Meeres endlich bestanden,
— aber zu Land harrt Schwereres noch — ins Reich von Lavinium
kommen die Dardaner wohl, — d i e Sorge banne vom Herzen! —
aber es wird sie gereun; denn Kriege, furchtbare Kriege
sehe ich, sehe mit Strömen von Blut aufschäumen den Thybris.
Nicht wird dir der Simoïs, nicht Xanthus, nicht dorisches Lager
fehlen; in Latium ward schon geboren ein andrer Achilles,
er auch Sohn einer Göttin, nicht wird den Teukrern ihr Dämon
Juno fehlen, wiewohl du flehend in Not und Bedrängnis
was für Italerstämme nicht alle schon batest und Städte.
Solches Weh bringt wieder ein Weib aus der Fremde den Teukrern,
wieder die Hochzeit im fernen Land.
Du aber weich nicht dem Weh, begegne ihm mutiger stets, als
Zufallsgeschehen erlaubt: der erste Weg zur Errettung
öffnet sich — was du am wenigsten glaubst — von griechischer Stadt dir."
  So aus innerstem Heiligtum läßt Kumaes Sibylle
schauerlich Rätselwort ertönen, brüllt in der Grotte,
Wahrheit hüllend in dunkles Wort; der Rasenden reißt den
Zaum und bohrt ins Herz gar tief die Sporen Apollo.
Als nun gewichen die Wut, der rasende Mund sich beruhigt,
hebt gleich an Aeneas der Held: „Es steigt kein Gebild von
Mühsal, Jungfrau, neu mir herauf und wider Vermuten;
alles nahm ich vorweg und erwog es früher im Herzen,
bitte nur eins: hier ist doch das „Tor des Unterweltsfürsten",
wie man es nennt, und der nächtige Pfuhl, des Acheron Stauung,

ire ad conspectum cari genitoris et ora
contingat, doceas iter et sacra ostia pandas.
illum ego per flammas et mille sequentia tela 110
eripui his umeris medioque ex hoste recepi;
ille meum comitatus iter maria omnia mecum
atque omnis pelagique minas caelique ferebat,
invalidus, viris ultra sortemque senectae.
quin, ut te supplex peterem et tua limina adirem, 115
idem orans mandata dabat. gnatique patrisque,
alma, precor, miserere — potes namque omnia nec te
nequiquam lucis Hecate praefecit Avernis —
si potuit manis arcessere coniugis Orpheus
Threicia fretus cithara fidibusque canoris, 120
si fratrem Pollux alterna morte redemit
itque reditque viam totiens. quid Thesea, magnum
quid memorem Alciden: et mi genus ab Iove summo.'

  Talibus orabat dictis arasque tenebat,
cum sic orsa loqui vates: 'sate sanguine divom, 125
Tros Anchisiade, facilis descensus Averno —
noctes atque dies patet atri ianua Ditis —
sed revocare gradum superasque evadere ad auras,
hoc opus, hic labor est. pauci, quos aequus amavit
Iuppiter aut ardens evexit ad aethera virtus, 130
dis geniti potuere: tenent media omnia silvae,
Cocytosque sinu labens circumvenit atro.
quod si tantus amor menti, si tanta cupido
bis Stygios innare lacus, bis nigra videre
Tartara et insano iuvat indulgere labori, 135
accipe quae peragenda prius: latet arbore opaca
aureus et foliis et lento vimine ramus,
Iunoni infernae dictus sacer; hunc tegit omnis
lucus et obscuris claudunt convallibus umbrae.
sed non ante datur telluris operta subire, 140
auricomos quam qui decerpserit arbore fetus.
hoc sibi pulchra suum ferri Proserpina munus
instituit; primo avolso non deficit alter

SECHSTES BUCH

laß vor Augen mich also und Antlitz treten dem lieben
Vater, zeig mir den Weg und öffne die heilige Pforte.
Ihn riß ich durch Flammen und Hagel von tausend Geschossen
hier auf diesen Schultern heraus aus der Mitte der Feinde.
Er blieb bei mir während der Fahrt, durchlitt alle Meere,
all das Toben der Fluten mit mir, das Drohen des Himmels,
schwach und krank, tat mehr, als Kraft und Alter erlaubten.
Ja, dich flehend zu bitten und deiner Schwelle zu nahen,
trug er dringend mir auf. Erbarme dich also, du Hehre,
bitt' ich, des Sohnes und Vaters! — Du kannst ja alles und nicht gab
Hekate dir umsonst die Hut des avernischen Haines —
hat doch Orpheus vermocht, der Gattin Manen zu holen,
trauend der thrakischen Zither, dem Wohlklang tönender Saiten,
hat doch Pollux, tauschend den Tod, seinen Bruder erlöst, geht
hin und wieder so oft schon den Weg; was sprech ich von Theseus,
was vom großen Alkiden? Bin selbst von Juppiters Stamme!"

    Also sprach er in frommem Gebet, seine Hand am Altare;
da hub an die Prophetin: „Du Sproß vom Geblüte der Götter,
Troer, Anchisessohn! Leicht ist zum Avernus der Abstieg,
Nacht und Tag steht offen das Tor des düsteren Pluto.
Aber zurückzulenken den Schritt zu den Lüften des Himmels,
Leistung ist es und Last; nur wenige, huldvoll geliebt von
Juppiter oder von feuriger Kraft zum Himmel gehoben,
Göttersöhne leisteten dies; rings wuchern dort Wälder,
windet sich träge der Klagestrom in düsterem Bogen.
Brennt aber also dein Herz und drängt dich solches Verlangen,
zweimal den stygischen See zu befahren, zweimal zu sehn des
Tartarus Nacht, und lockt dich so das Unmaß des Leidens,
nun denn, vernimm, was zuvor noch zu tun: an schattigem Baume
birgt sich, golden an Blättern und biegsamem Schafte, ein Zweig, der
Juno des Abgrunds heilig genannt; ihn schützt und umhüllt der
ganze Hain, im dunklen Tal umschließen ihn Schatten.
Keinem ist aber der Weg zur Erdentiefe gestattet,
eh er den goldenumlaubten Zweig vom Baume gepflückt hat.
Ihn bestimmte Proserpina sich, die schöne, zu eigner
Gabe: und ward der erste gepflückt, fehlt nimmer ein andrer

aureus, et simili frondescit virga metallo.
ergo alte vestiga oculis et rite repertum 145
carpe manu; namque ipse volens facilisque sequetur,
si te fata vocant; aliter non viribus ullis
vincere nec duro poteris convellere ferro.
praeterea iacet exanimum tibi corpus amici —
heu nescis — totamque incestat funere classem, 150
dum consulta petis nostroque in limine pendes.
sedibus hunc refer ante suis et conde sepulcro.
duc nigras pecudes; ea prima piacula sunto.
sic demum lucos Stygis et regna invia vivis
adspicies.' dixit pressoque obmutuit ore. 155
    Aeneas maesto defixus lumina voltu
ingreditur linquens antrum caecosque volutat
eventus animo secum. cui fidus Achates
it comes et paribus curis vestigia figit.
multa inter sese vario sermone serebant, 160
quem socium exanimem vates, quod corpus humandum
diceret. atque illi Misenum in litore sicco,
ut venere, vident indigna morte peremptum,
Misenum Aeoliden, quo non praestantior alter
aere ciere viros Martemque accendere cantu. 165
Hectoris hic magni fuerat comes, Hectora circum
et lituo pugnas insignis obibat et hasta.
postquam illum vita victor spoliavit Achilles,
Dardanio Aeneae sese fortissimus heros
addiderat socium, non inferiora secutus. 170
sed tum forte cava dum personat aequora concha,
demens, et cantu vocat in certamina divos,
aemulus exceptum Triton, si credere dignum est,
inter saxa virum spumosa immerserat unda.
ergo omnes magno circum clamore fremebant, 175
praecipue pius Aeneas. tum iussa Sibyllae
haud mora festinant flentes aramque sepulcri
congerere arboribus caeloque educere certant.
itur in antiquam silvam, stabula alta ferarum.

goldener Zweig, grünt neu ein Reis von gleichem Metalle.
Spähe denn tief nach ihm aus; den gefundenen pflücke in rechter
Art mit der Hand; leicht wird er von selbst und willig dir folgen,
wenn das Schicksal dich ruft: denn anders kannst du mit keiner
Kraft ihn zwingen, reißt ihn nicht los mit der Härte des Eisens.
Außerdem liegt dir entseelt der Leib eines Freundes — weh, du
weißt es nicht! — Fluch bringt der ganzen Flotte sein Leichnam,
während du bittest um Rat und weilst an unserer Schwelle.
Trag zu gebührender Stätte ihn hin und birg ihn im Grabe.
Bring schwarzwollige Schafe; sie sollen zunächst dich entsühnen.
Dann erst siehst du die Wälder des Styx, das Reich, ohne Weg für
Lebende sonst." So sprach sie und preßte schweigend die Lippen.

Trauerumwölkt, den Blick am Boden, schreitet Aeneas,
als er die Grotte verläßt; dem dunklen Walten des Schicksals
sinnt im Herzen er nach; ihm geht sein Gefolgsmann Achates
treu zur Seite und bleibt in gleicher Sorge ihm nahe.
Viel überlegten in Wechselgesprächen sie miteinander,
welches Gefährten Tod und welches Leichnams Bestattung
wohl die Prophetin gemeint; so kamen zum dürren Gestade
sie und sahn den Misenus unwürdigen Todes verblichen,
Aeolus' Sohn Misenus; kein anderer konnte so trefflich
Männer zum Werke des Mars entflammen mit schmetterndem Erze.
Hektors, des Helden, Begleiter war er, in Hektors Gefolge
zog er zum Kampf, erkennbar weithin an Signalhorn und Lanze.
Seit aber jenen des Lebens beraubt als Sieger Achilles,
hatte der tapfere Held dem Dardanussohne Aeneas
sich gesellt; so folgte er nicht einer schlechteren Sache.
Jetzt aber hatte ihn, als übers Meer sein Muschelhorn laut der
Tor ließ tönen und so zum Wettkampf reizte die Götter,
neidisch Triton gepackt — sofern es Glauben verdient — und
zwischen Klippen den Mann versenkt im Gischte der Wogen.
Laut nun ließen alle umher die Klage ertönen,
treulich gesinnt Aeneas zumeist; den Befehl der Sibylle
führen weinend eilig sie aus: sie schichten aus Bäumen
eifrig den Scheiterhaufen empor, ihn himmelan türmend.
Fort in den Urwald geht es, die hohe Hausung des Wildes.

procumbunt piceae, sonat icta securibus ilex 180
fraxineaeque trabes, cuneis et fissile robur
scinditur, advolvont ingentis montibus ornos.
nec non Aeneas opera inter talia primus
hortatur socios paribusque accingitur armis.
atque haec ipse suo tristi cum corde volutat 185
adspectans silvam inmensam et sic forte precatur:
'si nunc se nobis ille aureus arbore ramus
ostendat nemore in tanto, quando omnia vere —
heu nimium — de te vates, Misene, locuta est.'
vix ea fatus erat, geminae cum forte columbae 190
ipsa sub ora viri caelo venere volantes
et viridi sedere solo; tum maximus heros
maternas adgnovit aves laetusque precatur:
'este duces, o, si qua via est, cursumque per auras
derigite in lucos, ubi pinguem dives opacat 195
ramus humum. tuque o dubiis ne defice rebus,
diva parens.' sic effatus vestigia pressit
observans, quae signa ferant, quo tendere pergant.
pascentes illae tantum prodire volando,
quantum acie possent oculi servare sequentum. 200
inde ubi venere ad fauces grave olentis Averni,
tollunt se celeres liquidumque per aëra lapsae
sedibus optatis gemina super arbore sidunt,
discolor unde auri per ramos aura refulsit.
quale solet silvis brumali frigore viscum 205
fronde virere nova, quod non sua seminat arbos,
et croceo fetu teretis circumdare truncos,
talis erat species auri frondentis opaca
ilice, sic leni crepitabat brattea vento.
corripit Aeneas extemplo avidusque refringit 210
cunctantem et vatis portat sub tecta Sibyllae.

    Nec minus interea Misenum in litore Teucri
flebant et cineri ingrato suprema ferebant.
principio pinguem taedis et robore secto
ingentem struxere pyram, cui frondibus atris 215

Niederkrachen die Kiefern, vom Axthieb dröhnen die Eichen,
dröhnen die Eschenholzbalken, und Keile spalten das Kernholz,
Bergeschen riesigen Wuchses wälzt man her vom Gebirge.
Allen voran bei solchem Werk, ermuntert Aeneas
mahnend die Männer, packt selbst zu mit Axt und mit Keilen.
Und beim Blick in den ragenden Wald empfindet er diesen
Wunsch von selbst im Kummer des Herzens und betet gleich also:
„Möchte sich uns doch jetzt jener goldene Zweig am Baume
zeigen in diesem Riesenwald, wie ja alles in Wahrheit —
ach, zu sehr! — Misenus, von dir die Prophetin gesagt hat."
Kaum war verklungen sein Wort, da kamen gerade zwei Tauben
unmittelbar vor Aeneas' Blick im Fluge vom Himmel,
ließen sich nieder im grünen Grund; der herrliche Held nun
kannte die Vögel der Mutter sogleich und betete jubelnd:
„Seid mir Führer, wenn irgendein Weg ist, lenkt durch die Lüfte
sicher zum Walde den Flug, wo schwellenden Boden der reiche
Zweig überschattet, und du bleib nah in Not und in Zweifel,
göttliche Mutter!" Also sprach er und hemmte die Schritte,
achtsam, was für Zeichen sie gäben, wohin sie wohl zielten.
Futter pickend flogen so weit die Tauben voraus nur,
daß die Suchenden stets genau im Blick sie behielten.
Als sie nun kamen zum qualmumschwelten Schlund des Avernus,
hoben sie schnell sich empor und glitten durch lautere Luft zum
Sitz, dem ersehnten, auf doppelgestaltigem Baume, von dem mit
anderer Farbe wehendes Gold die Zweige durchflimmert;
wie in Wäldern zumeist in Mittwinters Froste die Mistel
grünt mit frischem Laub, dem Samen fremd ihres Baumes,
und mit goldgelber Frucht die glatten Stämme umwuchert,
solcher Gestalt wuchs grünendes Gold hervor auf der dunklen
Steineiche, knisterte zart im linden Winde das Goldblatt.
Gleich aber packt Aeneas und bricht begierig den zähen
Zweig und trägt ihn fort zum Haus der weisen Sibylle.

    Weinend klagen indes um Misenus am Strande die Teukrer,
bringen den letzten Gruß der Asche, die nimmer zurückgrüßt.
Erst nun schichten aus harzigem Kien und Kernholzbalken
hoch sie den Scheiterhaufen empor, umkränzen mit dunklem

intexunt latera et feralis ante cupressos
constituunt decorantque super fulgentibus armis.
pars calidos latices et aëna undantia flammis
expediunt corpusque lavant frigentis et ungunt.
fit gemitus. tum membra toro defleta reponunt   220
purpureasque super vestes, velamina nota,
coniciunt. pars ingenti subiere feretro,
triste ministerium, et subiectam more parentum
aversi tenuere facem. congesta cremantur
turea dona, dapes, fuso crateres olivo.   225
postquam conlapsi cineres et flamma quievit,
reliquias vino et bibulam lavere favillam,
ossaque lecta cado texit Corynaeus aëno.
idem ter socios pura circumtulit unda
spargens rore levi et ramo felicis olivae   230
lustravitque viros dixitque novissima verba.
at pius Aeneas ingenti mole sepulcrum
inponit suaque arma viro, remumque tubamque,
monte sub aërio, qui nunc Misenus ab illo
dicitur aeternumque tenet per saecula nomen.   235

  His actis propere exsequitur praecepta Sibyllae.
spelunca alta fuit vastoque inmanis hiatu,
scrupea, tuta lacu nigro nemorumque tenebris,
quam super haud ullae poterant inpune volantes
tendere iter pennis: talis sese halitus atris   240
faucibus effundens supera ad convexa ferebat.
[unde locum Grai dixerunt nomine Aornon]
quattuor hic primum nigrantis terga iuvencos
constituit frontique invergit vina sacerdos
et summas carpens media inter cornua saetas   245
ignibus inponit sacris, libamina prima,
voce vocans Hecaten caeloque Ereboque potentem.
supponunt alii cultros tepidumque cruorem
succipiunt pateris. ipse atri velleris agnam
Aeneas matri Eumenidum magnaeque sorori   250
ense ferit sterilemque tibi, Proserpina, vaccam.

Laub seine Seiten und stellen Zypressen, die Bäume der Toten,
vor ihm auf und schmücken ihn oben mit blitzenden Waffen.
Heißes Wasser in Kesseln, vom Feuer noch wallend und siedend,
holen die einen und waschen und salben den eisigen Leichnam.
Klage wird laut. Dann bahren sie auf den betrauerten Leib und
hüllen Purpurkleider um ihn, vertraute Gewänder.
Andere nahen, ein trauriger Dienst, von unten der großen
Bahre und abgewendeten Blicks, nach dem Brauche der Ahnen,
legen die Fackeln sie an; da brennt die Menge der Gaben,
Weihrauch, Speisen und Krüge, aus denen das Öl schon vergossen.
Als nun die Asche gesunken und still die Flamme entschlafen,
netzten mit Wein sie den Rest, die durstig glimmenden Glieder,
und Corynaeus barg die Gebeine in eherner Urne.
Dreimal umwandelte er die Gefährten mit lauterem Wasser,
leicht sie besprengend mit Tau und dem Zweig des gesegneten Ölbaums,
reinigte also die Männer und sprach die letzten der Grüße.
Fromm aber wölbte Aeneas dem Freunde ein mächtiges Grabmal,
legte darauf des Helden Gerät, Trompete und Ruder,
unten am ragenden Berg, der jetzt nach jenem „Misenus"
heißt und ewig bewahrt durch Zeitenwandel den Namen.

    Schnell vollzieht Aeneas alsdann den Befehl der Sibylle.
Hochauf ragte die Höhle, gewaltig mit klaffendem Rachen,
schroff und geschützt vom schwarzen See und finsteren Wäldern.
Nimmer konnten straflos hier hinüber die Vögel
nehmen im Fluge die Bahn; ein solcher Brodem entquoll dem
schwarzen Schlunde und stieg empor zum Himmelsgewölbe.
[Daher gaben die Griechen dem Ort den Namen „Aornos"]
Hier stellt gleich die Priesterin auf vier Stiere mit schwarzem
Rücken und gießt auf die Stirne den Wein und rupft aus der Hörner
Mitte die Spitzen der Haare und legt sie in heilige Glut als
erste Spende, Hekate laut anrufend, die mächtig
waltet in Höhen und Tiefen. Die anderen setzen von unten
Messer an, fangen in Schalen das warme Blut; doch Aeneas
opfert ein schwarzwollig Lamm der Mutter der Eumeniden
und ihrer mächtigen Schwester; und dir, Proserpina, schlachtet
er mit dem Schwert eine Kuh, die niemals fruchtbar gewesen.

tum Stygio regi nocturnas incohat aras
et solida inponit taurorum viscera flammis,
pingue super oleum fundens ardentibus extis.
ecce autem primi sub limina solis et ortus 255
sub pedibus mugire solum et iuga coepta moveri
silvarum visaeque canes ululare per umbram
adventante dea. 'procul o procul este, profani'
conclamat vates, 'totoque absistite luco;
tuque invade viam vaginaque eripe ferrum: 260
nunc animis opus, Aenea, nunc pectore firmo.'
tantum effata furens antro se inmisit aperto;
ille ducem haud timidis vadentem passibus aequat.

   Di, quibus imperium est animarum, umbraeque silentes
et Chaos et Phlegethon, loca nocte tacentia late, 265
sit mihi fas audita loqui, sit numine vestro
pandere res alta terra et caligine mersas.

   Ibant obscuri sola sub nocte per umbram
perque domos Ditis vacuas et inania regna:
quale per incertam lunam sub luce maligna 270
est iter in silvis, ubi caelum condidit umbra
Iuppiter et rebus nox abstulit atra colorem.
vestibulum ante ipsum primisque in faucibus Orci
Luctus et ultrices posuere cubilia Curae,
pallentesque habitant Morbi tristisque Senectus 275
et Metus et malesuada Fames ac turpis Egestas,
terribiles visu formae, Letumque Labosque;
tum consanguineus Leti Sopor et mala mentis
Gaudia mortiferumque adverso in limine Bellum
ferreique Eumenidum thalami et Discordia demens, 280
vipereum crinem vittis innexa cruentis.

   In medio ramos annosaque bracchia pandit
ulmus opaca ingens, quam sedem Somnia volgo
vana tenere ferunt foliisque sub omnibus haerent.
multaque praeterea variarum monstra ferarum 285
Centauri in foribus stabulant Scyllaeque biformes
et centumgeminus Briareus ac belua Lernae

Nachtaltäre errichtet er dann dem Herrscher des Abgrunds,
legt gleich alles Fleisch der Stiere ganz in die Flammen
und gießt fettes Öl auf die brennenden Eingeweide.
Sieh, da beginnt an der Schwelle des Frühlichts, vor Sonnenaufgang
unter den Füßen der Boden zu brüllen, waldige Höhen
wogen vor Augen und Hunde durchheulen dämmrige Schatten,
da die Göttin sich naht. „Weicht fort, Unheilige, weichet!"
ruft die Seherin laut, „bleibt gänzlich ferne dem Haine;
du tritt an deinen Weg und reiß dein Schwert aus der Scheide!
Jetzt ist Mut, Aeneas, dir not, jetzt Stärke des Herzens."
Rief es und warf sich rasend hinein in den Rachen der Grotte.
Furchtlos folgte der Führung in gleichem Schritte Aeneas.

    Götter im Seelenreich und ihr, tief schweigende Schatten,   *
Chaos und Phlegethon auch, ihr stummen, nächtigen Weiten,
Göttliches Recht sei mir, Gehörtes zu sagen, mit eurem
Walten ein Sein zu enthüllen, in Abgrunds Dunkel versenktes.

    Dunkel schritten sie dort unter einsamer Nacht durch Schatten
und durch Plutos öden Palast und die Reiche der Ohnmacht,
wie bei ungewiß gleißendem Mond unter boshaftem Flimmern
dämmert durch Wälder der Weg, wenn Juppiter schattend umwölkt den
Himmel und düstere Nacht den Dingen löscht ihre Farben.
Gleich an der Vorhalle selbst, zunächst im Schlunde des Orkus,
lagert der Gram, dort lauern die rächend nagenden Sorgen,
hausen Krankheitsdämonen bleich und grämliches Alter.
Furcht und Hunger, der übel berät, und schimpfliche Armut,
Larven, gräßlich zu schauen! Dort lagern der Tod und die Mühsal,
bleierner Schlaf, dem Tode verwandt, und des Herzens verworfne
Lüste; todbringend hockt auf der Schwelle der Dämon des Krieges,
dort ist der Furien eisern Gemach, dort sinnlose Zwietracht,
die ihr Schlangenhaar aufknotet mit blutigen Bändern.

    Mitten im Hof reckt Zweige und jahrbelastete Äste
weit eine schattende Ulme; dort nisten, so meldet die Sage,
nichtige Träume und hängen umher unter allen den Blättern.
Wunder- und Mischgestalten viel von mancherlei Tieren
hausen am Tor: in Doppelgestalt Kentauren und Skyllen,
Briareus, hundertarmig, dort haust die lernäische Schlange,

horrendum stridens flammisque armata Chimaera,
Gorgones Harpyiaeque et forma tricorporis umbrae.
corripit hic subita trepidus formidine ferrum   290
Aeneas strictamque aciem venientibus offert,
et ni docta comes tenuis sine corpore vitas
admoneat volitare cava sub imagine formae,
inruat et frustra ferro diverberet umbras.
 Hinc via Tartarei quae fert Acherontis ad undas.   295
turbidus hic caeno vastaque voragine gurges
aestuat atque omnem Cocyto eructat harenam.
portitor has horrendus aquas et flumina servat
terribili squalore Charon, cui plurima mento
canities inculta iacet, stant lumina flamma,   300
sordidus ex umeris nodo dependet amictus.
ipse ratem conto subigit velisque ministrat
et ferruginea subvectat corpora cumba,
iam senior, sed cruda deo viridisque senectus.
huc omnis turba ad ripas effusa ruebat,   305
matres atque viri defunctaque corpora vita
magnanimum heroum, pueri innuptaeque puellae
inpositique rogis iuvenes ante ora parentum:
quam multa in silvis autumni frigore primo
lapsa cadunt folia aut ad terram gurgite ab alto   310
quam multae glomerantur aves, ubi frigidus annus
trans pontum fugat et terris inmittit apricis.
stabant orantes primi transmittere cursum
tendebantque manus ripae ulterioris amore.
navita sed tristis nunc hos nunc accipit illos,   315
ast alios longe summotos arcet harena.
Aeneas miratus enim motusque tumultu
'dic' ait 'o virgo, quid volt concursus ad amnem?
quidve petunt animae, vel quo discrimine ripas
hae linquont, illae remis vada livida verrunt?'   320
olli sic breviter fata est longaeva sacerdos:
'Anchisa generate, deum certissima proles,
Cocyti stagna alta vides Stygiamque paludem,

gräßlich zischend, und dort, mit Flammen gewappnet, Chimaera,
auch Gorgonen, Harpyien und jener dreileibige Schatten.
Jäh von Grauen gepackt greift hastig Aeneas zum Schwert und
zückt die blanke Schneide dem Andrang entgegen; und hätte
klug ihn nicht die Sibylle gemahnt, nur leibloses Leben
flattere dürftig umher im Trugbild echter Gestalt, so
hätte im Angriff umsonst mit dem Schwert er Schatten geschlagen.
   Hier führt weiter der Weg zu des höllischen Acheron Wogen.
Trübe von Schlamm und wüst hinwirbelnd siedet und braust der
Strudel und speit all seinen Sand in des Klagestroms Fluten.
Hier die Gewässer und Ströme bewacht als grausiger Fährmann
Charon, strotzend von gräßlichem Schmutz; verwildert umwuchert
grau und struppig der Bart sein Kinn; starr glühn seine Augen,
schmutzig hängt von den Schultern herab am Knoten sein Umhang,
selber stößt er das Floß mit der Stange, bedient es mit Segeln,
fährt im eisenfarbigen Kahn die Toten hinüber,
hoch schon bejahrt, doch grünt noch frisch dem Gotte das Alter.
Hierhin drängt die ganze, am Ufer wimmelnde Menge
Mütter und Gatten und Leiber, gewaltige, adliger Recken,
nun dem Leben entrückt, und Knaben und bräutliche Mägdlein,
Jünglinge auch, auf den Holzstoß gebahrt vor Augen der Eltern:
zahlreich, wie in Wäldern beim ersten Froste des Herbstes
Blätter taumeln im Fall, oder wie landeinwärts vom hohen
Meere die Vögel schwärmen zuhauf, wenn Kälte des Jahres
über die See sie jagt und treibt in sonnige Lande.
Bittend standen sie da, als erste überzusetzen,
und sie streckten die Hände voll Sehnsucht zum anderen Ufer.
Aber der düstere Ferge nimmt auf bald diese, bald jene,
andere hält er weit entfernt vom sandigen Ufer.
Staunend fragte Aeneas, bestürzt vom wilden Getümmel:
"Sag mir, Jungfrau, was will zum Strom dieses Drängen bedeuten?
Was verlangen die Seelen, nach welchem Unterschied weichen
diese vom Ufer, durchrudern die anderen bleigraue Fluten?"
Ihm gab kurze Kunde die hochbejahrte Prophetin:
"Sohn des Anchises, echtester Sproß der Götter, du siehst des
Klagestromes schleichende Flut und den stygischen Pfuhl, bei

di cuius iurare timent et fallere numen.
haec omnis, quam cernis, inops inhumataque turba est: 325
portitor ille Charon; hi, quos vehit unda, sepulti.
nec ripas datur horrendas et rauca fluenta
transportare prius, quam sedibus ossa quierunt.
centum errant annos volitantque haec litora circum,
tum demum admissi stagna exoptata revisunt.'   330
constitit Anchisa satus et vestigia pressit
multa putans sortemque animi miseratus iniquam.
cernit ibi maestos et mortis honore carentis
Leucaspim et Lyciae ductorem classis Oronten,
quos simul ab Troia ventosa per aequora vectos   335
obruit auster, aqua involvens navemque virosque.

    Ecce gubernator sese Palinurus agebat,
qui Libyco nuper cursu, dum sidera servat,
exciderat puppi mediis effusus in undis.
hunc ubi vix multa maestum cognovit in umbra,   340
sic prior adloquitur: 'quis te, Palinure, deorum
eripuit nobis medioque sub aequore mersit?
dic age. namque mihi, fallax haud ante repertus,
hoc uno responso animum delusit Apollo,
qui fore te ponto incolumem finisque canebat   345
venturum Ausonios. en haec promissa fides est?'
ille autem: 'neque te Phoebi cortina fefellit,
dux Anchisiade, nec me deus aequore mersit.
namque gubernaclum multa vi forte revolsum,
cui datus haerebam custos cursusque regebam,   350
praecipitans traxi mecum. maria aspera iuro
non ullum pro me tantum cepisse timorem,
quam tua ne spoliata armis, excussa magistro,
deficeret tantis navis surgentibus undis.
tris notus hibernas inmensa per aequora noctes   355
vexit me violentus aqua; vix lumine quarto
prospexi Italiam, summa sublimis ab unda.
paulatim adnabam, terrae iam tuta tenebam,
ni gens crudelis madida cum veste gravatum

dessen Gottheit falsch zu schwören Götter sich fürchten.
Hier, was du siehst, dies Gewimmel ist hilflos, ohne ein Grab noch.
Jener Ferge ist Charon, die Rudernden dort sind Begrabne.
Und von einem Ufer des Grauens darf er sie nicht zum
anderen fahren durch murrende Flut, eh im Grab ihr Gebein ruht.
Hundert Jahre umirren sie flatternd hier die Gestade,
dann erst dürfen sie wiedersehn die ersehnten Gewässer."
Stehen blieb des Anchises Sohn und hemmte die Schritte,
grübelte tief, ihr hartes Los im Herzen beklagend.
Trauernd, der Ehren des Todes beraubt, geht drüben Leukaspis
vor seinem Blick und Orontes, der Führer der lykischen Mannschaft.
Beide, die mit ihm fuhren durch Wind und Wogen von Troja,
stürzte der Süd, begrub in der Flut das Schiff und die Mannen.

Siehe, da müht Palinurus sich auch, sein Steuermann, der erst
jüngst auf der Fahrt von Libyen her, die Sterne beachtend,
hochab stürzte vom Heck und mitten versank in den Wogen.
Kaum erkannte Aeneas den Trauernden tief in dem Dunkel,
als er sofort zu ihm sprach: „Palinurus, wer von den Göttern
raubte dich uns und ließ dich versinken mitten im Meere?
Sag doch! Denn es spottete mein, den nimmer zuvor ich
trügerisch fand, in dieser e i n e n Antwort Apollo,
der mir kündete, heil vom Meer zu Ausoniens Landen
werdest du kommen; ist dies, sag an, des Wortes Erfüllung?"
Jener erwidert: „Es täuschte dich nicht das Orakel des Phoebus,
Herrscher, Anchisessohn, noch begrub der Gott mich im Meere.
Denn das Steuer, das plötzlich stark nach hinten geriss'ne,
das ich fest als Wächter umkrallt, lenkend des Schiffes
Lauf, ich riß es im Sturze mit mir. Ich schwöre beim rauhen
Meere, nicht für mich ergriff mich so sehr die Furcht, ich
bangte vielmehr, es könne dein Schiff, beraubt seines Steuers,
ohne den Lenker versagen im Andrang wütender Wogen.
Sturmwind trieb drei Nächte in Eiseskälte durch weite
Wogen mich wild in der Flut; mit Mühe erspäht ich am vierten
Morgen Italien, hoch herab vom Kamme der Woge.
Langsam schwamm ich heran; schon hielt ich die Feste der Erde,
hätte nicht grausam Volk, als naß, vom Gewande beschwert, ich

        prensantemque uncis manibus capita aspera montis   360
        ferro invasisset praedamque ignara putasset.
        nunc me fluctus habet versantque in litore venti.
        quod te per caeli iucundum lumen et auras,
        per genitorem oro, per spes surgentis Iuli,
        eripe me his, invicte, malis: aut tu mihi terram   365
        inice — namque potes — portusque require Velinos,
        aut tu, si qua via est, si quam tibi diva creatrix
        ostendit — neque enim, credo, sine numine divom
        flumina tanta paras Stygiamque innare paludem —
        da dextram misero et tecum me tolle per undas,   370
        sedibus ut saltem placidis in morte quiescam.'
        talia fatus erat, coepit cum talia vates:
        'unde haec, o Palinure, tibi tam dira cupido?
        tu Stygias inhumatus aquas amnemque severum
        Eumenidum adspicies ripamve iniussus adibis?   375
        desine fata deum flecti sperare precando;
        sed cape dicta memor, duri solacia casus.
        nam tua finitimi, longe lateque per urbes
        prodigiis acti caelestibus, ossa piabunt
        et statuent tumulum et tumulo sollemnia mittent   380
        aeternumque locus Palinuri nomen habebit.'
        his dictis curae emotae pulsusque parumper
        corde dolor tristi; gaudet cognomine terra.

    Ergo iter inceptum peragunt fluvioque propinquant.
        navita quos iam inde ut Stygia prospexit ab unda   385
        per tacitum nemus ire pedemque advertere ripae,
        sic prior adgreditur dictis atque increpat ultro:
        'quisquis es, armatus qui nostra ad flumina tendis,
        fare age, quid venias, iam istinc, et comprime gressum.
        umbrarum hic locus est, Somni Noctisque soporae;   390
        corpora viva nefas Stygia vectare carina.
        nec vero Alciden me sum laetatus euntem
        accepisse lacu nec Thesea Pirithoumque,
        dis quamquam geniti atque invicti viribus essent.
        Tartareum ille manu custodem in vincla petivit   395

hastig mit kralligen Händen ergriff die Schroffen des Berges,
mich mit dem Schwert überfallen, in Torheit Beute vermutend.
Jetzt besitzt mich die Flut, mich wälzen am Strande die Winde.
Drum bei des Himmels erfreulichem Licht, beim Wehen der Lüfte,
bei dem Vater bitt' ich, beim Stern des steigenden Julus:
Unbesiegter, entreiß mich der Not! Entweder wirf Erde
selber mir auf — denn du kannst es —, such auf wieder Velias Hafen,
oder wenn irgendein Weg ist, den dir deine göttliche Mutter
zeigt, — denn ich glaube, nicht ohne das Walten göttlicher Mächte
wagst du auf solchen Strömen die Fahrt und auf stygischem Pfuhle —
gib mir Armen die Hand und nimm mich mit durch die Fluten,
daß ich an friedlicher Stätte im Tode wenigstens ruhe."
Also sprach er, doch gleich hub also an die Prophetin:
„Sag, Palinurus, woher kam dir solch frevelnd Gelüsten,
willst ohne Grab die Fluten des Styx anschaun und den strengen
Strom der Erinyen, ohne Geheiß dich nahen dem Ufer?
Hoffe nicht länger, die Sprüche der Götter bittend zu beugen;
sondern behalte mein Wort, einen Trost dir im grausamen Leiden:
denn die Anwohner weit und breit in den Städten, gejagt durch
himmlische Drohung, leisten Genugtuung deinen Gebeinen,
schichten den Hügel des Grabes und feiern am Grabhügel Opfer,
und Palinurus' Namen trägt auf ewig die Landschaft."
Diese Worte vertreiben ein Weilchen Kummer und Schmerz vom
gramvollen Herzen; er freut sich am Lande mit seinem Namen.

   Weiter gehen sie nun ihren Weg und nahen dem Flusse.
Gleich, als von stygischer Woge sie eben der Ferge erspähte,
wie durch den schweigenden Hain den Schritt zum Ufer sie lenkten,
griff er als erster mit Worten sie an und schalt obendrein noch:
„Wer du auch seist, der bewaffnet an unsere Ströme herangeht,
sage, wozu du kommst, schon jetzt und bleibe dort stehen.   [Schlummers;
Hier ist das Reich der Schatten, der schlaftrunknen Nacht und des
Lebender Leiber zu fahren im stygischen Nachen, ist Frevel.
Freude hatte ich nicht, als ich den Besuch des Alkiden,
als ich den Theseus empfing und Pirithous hier auf den Fluten,
wenn sie von Göttern auch stammten, an Kräften unüberwindlich.
Denn des Tartarus Wächter mit Fäusten zu fesseln verlangte

ipsius a solio regis traxitque trementem;
hi dominam Ditis thalamo deducere adorti.'
quae contra breviter fata est Amphrysia vates:
'nullae hic insidiae tales — absiste moveri —,
nec vim tela ferunt: licet ingens ianitor antro   400
aeternum latrans exsanguis terreat umbras,
casta licet patrui servet Proserpina limen:
Troïus Aeneas, pietate insignis et armis,
ad genitorem imas Erebi descendit ad umbras.
si te nulla movet tantae pietatis imago,   405
at ramum hunc' — aperit ramum, qui veste latebat —
'adgnoscas.' tumida ex ira tum corda residunt,
nec plura his: ille admirans venerabile donum
fatalis virgae longo post tempore visum
caeruleam advertit puppim ripaeque propinquat.   410
inde alias animas, quae per iuga longa sedebant,
deturbat laxatque foros; simul accipit alveo
ingentem Aenean. gemuit sub pondere cumba
sutilis et multam accepit rimosa paludem.
tandem trans fluvium incolumis vatemque virumque   415
informi limo glaucaque exponit in ulva.

  Cerberus haec ingens latratu regna trifauci
personat adverso recubans inmanis in antro.
cui vates horrere videns iam colla colubris,
melle soporatam et medicatis frugibus offam   420
obicit. ille fame rabida tria guttura pandens
corripit obiectam atque inmania terga resolvit
fusus humi totoque ingens extenditur antro.
occupat Aeneas aditum custode sepulto
evaditque celer ripam inremeabilis undae.   425

  Continuo auditae voces vagitus et ingens
infantumque animae flentes, in limine primo
quos dulcis vitae exsortis et ab ubere raptos
abstulit atra dies et funere mersit acerbo.
hos iuxta falso damnati crimine mortis.   430
nec vero hae sine sorte datae, sine iudice sedes:

jener vom Throne des Herrschers und zerrte den Zitternden mit sich.
Diese wollten aus Plutos Gemach unsre Herrin entführen."
Darauf gab Apollos Prophetin kurz diese Antwort:
„Solcherlei Anschlag ist hier nicht geplant — darüber sei ruhig —
harmlos sind diese Waffen: der riesige Wächter mag ewig
bellend in seiner Grotte die blutlosen Schatten erschrecken;
und Proserpina hüte in Reinheit das Haus ihres Oheims.
Hier der Trojaner Aeneas, durch Sohnesliebe und Kriegsruhm
strahlend, steigt zum Vater hinab in der Unterwelt Dunkel.
Rührt dich der Anblick nicht so inniger Liebe des Sohnes,
hier diesen Zweig" — sie enthüllt den Zweig, den im Kleid sie geborgen —
„solltest du kennen!" Da sank ihm des Zornes Woge im Herzen;
sie aber schwieg; doch er sah staunend des Schicksalszweiges
hochzuverehrende Gabe, die lange nicht mehr geseh'ne,
wandte das bläulich dunkelnde Heck und nahte dem Ufer.
Alle die Seelen, die schon auf langen Bänken da saßen,
jagte er fort und räumte die Gänge, nahm dann im Kahne
auf den starken Aeneas; da ächzte der binsengenähte
Nachen unter der Last; sein Leck zog reichliches Wasser.
Endlich bringt er jenseits des Stroms Prophetin und Helden
heil an Land im widrigen Schlamm und schillernden Sumpfgras.

Cerberus bellt, der riesige, laut aus dreifachem Schlunde
hier im Reich und lagert entsetzlich am Eingang der Höhle.
Als die Prophetin sah, wie schon sein Drachenkamm aufschwoll,
warf einen Kloß sie ihm vor, der durch Honig und Zauberkraut tiefen
Schlaf gab; jener voll Hungers Wut läßt weit die drei Rachen
klaffen und schlingt den Kloß, dehnt locker den riesigen Rücken
wohlig am Boden und streckt sich lang durch die Weite der Höhle.
Schlaf begräbt den Wächter; rasch nimmt Aeneas den Zugang
und weicht schnell vom Ufer des rückkehrwehrenden Stromes.

Gleich ward Stimmengewirr rings laut, ein klägliches Wimmern,
weinende Kinderseelen: Enterbte des lieblichen Lebens,
raffte sie gleich an der Schwelle und fort von der nährenden Brust der
düstere Tag und ließ sie im bitteren Tode versinken.
Dicht neben ihnen sind die fälschlich zum Tode Verdammten.
Hier aber ward ihnen nicht ihr Platz ohne Wahl, ohne Richter:

quaesitor Minos urnam movet, ille silentum
consiliumque vocat vitasque et crimina discit.
proxima deinde tenent maesti loca, qui sibi letum
insontes peperere manu lucemque perosi 435
proiecere animas. quam vellent aethere in alto
nunc et pauperiem et duros perferre labores!
fas obstat, tristisque palus inamabilis undae
alligat et novies Styx interfusa coercet.
nec procul hinc partem fusi monstrantur in omnem 440
lugentes campi: sic illos nomine dicunt.
hic quos durus amor crudeli tabe peredit,
secreti celant calles et myrtea circum
silva tegit; curae non ipsa in morte relinquont.
his Phaedram Procrinque locis maestamque Eriphylen 445
crudelis nati monstrantem volnera cernit
Euadnenque et Pasiphaën; his Laodamia
it comes et iuvenis quondam, nunc femina, Caeneus,
rursus et in veterem fato revoluta figuram.
inter quas Phoenissa recens a volnere Dido 450
errabat silva in magna. quam Troïus heros
ut primum iuxta stetit adgnovitque per umbras
obscuram, qualem primo qui surgere mense
aut videt aut vidisse putat per nubila lunam,
demisit lacrimas dulcique adfatus amore est: 455
'infelix Dido, verus mihi nuntius ergo
venerat exstinctam ferroque extrema secutam;
funeris heu tibi causa fui; per sidera iuro,
per superos et si qua fides tellure sub ima est:
invitus, regina, tuo de litore cessi. 460
sed me iussa deum, quae nunc has ire per umbras,
per loca senta situ cogunt noctemque profundam,
imperiis egere suis; nec credere quivi
hunc tantum tibi me discessu ferre dolorem.
siste gradum teque adspectu ne subtrahe nostro. 465
quem fugis? extremum fato, quod te adloquor, hoc est.'
talibus Aeneas ardentem et torva tuentem

Minos als Vorsitzer schüttelt die Urne, wählt sich den stillen
Rat des Gerichts und prüft verhörend Leben und Leumund.
Anschließend wohnen sodann voll Trauer, die ohne Verschulden
Tod sich gaben mit eigener Hand, aus Ekel am Licht ihr
Leben von sich warfen; wie gern jetzt würden sie droben
unter dem Himmel Armut ertragen und drückende Mühsal.
Götterspruch wehrt es, der widrige Pfuhl der Wasser des Grames
hemmt sie, es hält sie der Styx mit neunfach wehrender Windung.
Nicht gar weit von hier, nach überallhin sich dehnend
liegen die Trauergefilde: so heißen sie drunten mit Namen.
Einsame Pfade verbergen hier alle die, denen harte
Liebe grausam zehrte am Mark, es birgt sie ein Wald von
Myrtenbäumen: doch will sie ihr Gram selbst im Tod nicht verlassen.
Phaedra sieht er und Prokris hier, er sieht Eriphyle,
trauernd zeigt sie die Wunden, die grausam der Sohn ihr geschlagen.
Auch Euadne ist hier und Pasiphaë; Laodamia
mit ihnen, Kaeneus auch, ein Mann einst, jetzt aber wieder
Weib, in die alte Gestalt vom Schicksal wieder verwandelt.
Mit ihnen schweifte, erst jüngst ihrer Wunde erlegen, Phoenikiens
Dido im weiten Wald; sobald der trojanische Held ihr
nahe gekommen war und die von Schatten Umwogte
also erkannte, wie einer zu Monats Anfang den Mond durch
Wolken steigen sieht oder wähnt, ihn gesehen zu haben,
ließ er rinnen die Tränen und sprach voll zärtlicher Liebe:
„Unglückselige Dido, so ist sie wahr, jene Kunde,
tot seist du und habest durchs Schwert dein Leben geendet.
Grund deines Todes — o Schmerz! — war i c h : beim Sternenlicht schwör
bei den Himmlischen und so wahr in den Tiefen ein Wort gilt: [ich,
Wider Willen, o Königin, schied ich von deinem Gestade.
Aber der Götter Befehle, die jetzt mich zwingen, zu wandern
hier durch Schatten, durch Modergefild und nächtige Tiefen,
trieben durch ihre Macht mich fort; auch konnt' ich nicht glauben,
durch mein Scheiden dir je solchen Schmerz zu bereiten.
Bleib doch! Entziehe dich nicht meinem Blick! Vor wem nur entfliehst du?
Hier dich zu sprechen vergönnt zum letzten Male das Schicksal."
Also versuchte Aeneas, den Zorn ihres Herzens zu mildern

lenibat dictis animum lacrimasque ciebat.
illa solo fixos oculos aversa tenebat
nec magis incepto voltum sermone movetur, 470
quam si dura silex aut stet Marpesia cautes.
tandem corripuit sese atque inimica refugit
in nemus umbriferum, coniunx ubi pristinus illi
respondet curis aequatque Sychaeus amorem.
nec minus Aeneas, casu concussus iniquo, 475
prosequitur lacrimis longe et miseratur euntem.

    Inde datum molitur iter, iamque arva tenebant
ultima, quae bello clari secreta frequentant.
hic illi occurrit Tydeus, hic inclutus armis
Parthenopaeus et Adrasti pallentis imago, 480
hic multum fleti ad superos belloque caduci
Dardanidae, quos ille omnis longo ordine cernens
ingemuit, Glaucumque Medontaque Thersilochumque,
tris Antenoridas Cererique sacrum Polyboeten,
Idaeumque etiam currus, etiam arma tenentem.. 485
circumstant animae dextra laevaque frequentes.
nec vidisse semel satis est, iuvat usque morari
et conferre gradum et veniendi discere causas.
at Danaum proceres Agamemnoniaeque phalanges,
ut videre virum fulgentiaque arma per umbras, 490
ingenti trepidare metu: pars vertere terga,
ceu quondam petiere rates, pars tollere vocem
exiguam, inceptus clamor frustratur hiantis.

    Atque hic Priamiden laniatum corpore toto
Deiphobum vidit, lacerum crudeliter ora, 495
ora manusque ambas populataque tempora raptis
auribus et truncas inhonesto volnere naris.
vix adeo adgnovit pavitantem ac dira tegentem
supplicia et notis compellat vocibus ultro:
'Deiphobe armipotens, genus alto a sanguine Teucri, 500
quis tam crudelis optavit sumere poenas,
cui tantum de te licuit? mihi fama suprema
nocte tulit fessum vasta te caede Pelasgum

und ihren stieren Blick; ihm rannen ständig die Tränen.
Sie aber abgewandt, hielt starr am Boden die Blicke,
ebenso wenig rührt beim Beginn des Gesprächs sich ihr Antlitz,
wie wenn harter Stein oder Bildnis stünde von Marmor.
Schließlich wandte sie schroff sich ab und flüchtete feindlich
wieder zum schattigen Hain; Sychaeus, der einst ihr Gemahl war,
teilt ihren Gram und kommt ihr gleich an inniger Liebe.
Doch auch Aeneas, vom harten Geschick im Herzen erschüttert,
schaut mit Tränen weit ihr nach und beklagt ihren Hingang.

    Weiter dann eilt er gewiesenen Weg; schon sind auf der letzten
Flur sie, wo für sich des Krieges Helden verweilen.
Tydeus begegnet ihm hier und hier der waffenberühmte
Parthenopaeus, hier wandelt das Bild des bleichen Adrastus,
hier die viel dort oben beweinten, im Kriege gefall'nen
Dardanersöhne: er sah in Reihen sie alle und seufzte
schwer; sah Glaukus und Medon, Thersilochus und die drei Söhne
auch des Antenor, sah Polyboetes, den Priester der Ceres,
sah den Idaeus, der jetzt noch Wagen führte und Waffen.
Rings umdrängen die Seelen ihn dicht zur Rechten und Linken.
Nicht ein Blick nur genügt, es freut sie länger zu weilen,
ihm zur Seite zu gehn und des Kommens Grund zu erfahren.
Als die Danaerfürsten jedoch und die Reihn Agamemnons
kaum den Helden gesehen, den Glanz der Waffen in Dunkel,
zitterten sie in furchtbarer Angst, teils flüchten sie fort, wie
einst zu den Schiffen sie rannten, ein Teil erhob seine Stimme
klanglos: klaffendem Munde versagt sich begonnener Aufschrei.

    Priamus' Sohn Deïphobus sah er hier, den am ganzen
Leibe zerfleischten: grausam war verstümmelt sein Antlitz,
Antlitz und beide Hände, verheert die Schläfen, beraubt der
Ohren, entehrend zerfetzt von schändlicher Wunde die Nase.
Kaum nur kannte er wieder den Zitternden, der seiner Wunden
Schmach bedeckte; er sprach ihn an mit vertrauten Worten:
„Teukros' edelstes Blut, Deïphobus, waffengewaltig!
Wen gelüstete es, so grausam an dir sich zu rächen?
Wem ward also Gewalt über dich? Mir kam in der Unglücks-
nacht das Gerücht, erschöpft vom entsetzlichen Mord der Pelasger,

procubuisse super confusae stragis acervom.
tunc egomet tumulum Rhoeteo litore inanem 505
constitui et magna manis ter voce vocavi.
nomen et arma locum servant: te, amice, nequivi
conspicere et patria decedens ponere terra.'
ad quae Priamides: 'nihil o tibi, amice, relictum;
omnia Deiphobo solvisti et funeris umbris. 510
sed me fata mea et scelus exitiale Lacaenae
his mersere malis; illa haec monumenta reliquit.
namque ut supremam falsa inter gaudia noctem
egerimus, nosti, et nimium meminisse necesse est.
cum fatalis equos saltu super ardua venit 515
Pergama et armatum peditem gravis attulit alvo,
illa chorum simulans euhantis orgia circum
ducebat Phrygias; flammam media ipsa tenebat
ingentem et summa Danaos ex arce vocabat.
tum me confectum curis somnoque gravatum 520
infelix habuit thalamus pressitque iacentem
dulcis et alta quies placidaeque simillima morti.
egregia interea coniunx arma omnia tectis
emovet, et fidum capiti subduxerat ensem:
intra tecta vocat Menelaum et limina pandit, 525
scilicet id magnum sperans fore munus amanti
et famam extingui veterum sic posse malorum.
quid moror, inrumpunt thalamo, comes additur una
hortator scelerum Aeolides. di, talia Grais
instaurate, pio si poenas ore reposco. 530
sed te qui vivom casus, age fare vicissim,
attulerint. pelagine venis erroribus actus
an monitu divom, an quae te Fortuna fatigat,
ut tristis sine sole domos, loca turbida, adires?'
hac vice sermonum roseis Aurora quadrigis 535
iam medium aetherio cursu traiecerat axem.
et fors omne datum traherent per talia tempus,
sed comes admonuit breviterque adfata Sibylla est:
'nox ruit, Aenea; nos flendo ducimus horas.

seiest du über Haufen von Leichen niedergesunken.
Ich aber wölbte dir gleich ein leeres Grab an Rhoeteums
Strand, rief dreimal laut das ‚Lebe wohl' deinen Manen.
Name und Waffen weihen den Ort; dich, Freund, aber sah ich
nicht mehr, konnte dich scheidend nicht betten in Vaterlandserde."
Gleich sprach Priamus' Sohn: „Du, Freund, hast nichts unterlassen,
hast dem Deïphobus alles erfüllt im Dunkel des Todes.
Mich aber hat mein Geschick, der Lakonerin heillose Untat
in dies Leiden versenkt: sie hinterließ dieses Denkmal.
Wie unter trügenden Freuden die letzte Nacht wir verbrachten,
weißt du: allzusehr nur müssen wir dessen gedenken!
Als das Unheilsroß im Sprung über Pergamos' Stadtburg
kam und schwer im Bauch hertrug bewaffnete Mannschaft,
täuschte jene Reigentanz vor und führte die festlich
jubelnden Phrygierfrauen: sie selbst aber reckte inmitten
riesige Fackel und gab von der Burg den Danaern Weisung.
Mich, den Sorgenerschöpften und jetzt vom Schlafe Beschwerten,
bannte mein heillos Ehegemach, mich preßte aufs Lager
süßer, tiefer Schlaf, ein Abbild friedlichen Todes.
Aber mein herrliches Weib räumt fort aus dem Hause inzwischen
all meine Waffen und stiehlt mein treues Schwert unterm Haupte,
ruft ins Haus Menelaus sodann und öffnet die Türen,
denn dies, hofft sie, sei ein prächtig Geschenk ihrem Buhlen,
hofft, so könne den Ruf sie tilgen früherer Frevel.
Kurz — sie brechen herein ins Gemach; es folgt als Geleiter,
der zum Verbrechen geraten, Ulixes. Götter, o zahlt es
heim den Griechen, so wahr um Sühne ich bitte in Ehrfurcht.
Du aber sag nun mir, welch Schicksal lebend hierher dich
brachte. Kommst du von Meeresflut und Irrfahrt verschlagen
oder auf Göttergeheiß, oder welche Fortuna hetzt dich,
Hausungen, dumpf, ohne Sonne, chaotisches Land, zu besuchen?"
So gab Wort das Wort. Im rosigen Viergespann aber
hatte auf Äthers Bahn schon die Mitte Aurora durchmessen:
und fast wär die gestattete Frist in Gesprächen zerronnen;
doch die Geleiterin mahnt; kurz spricht ihn an die Sibylle:
„Nacht schon naht, Aeneas, und wir durchjammern die Stunden.

hic locus est, partis ubi se via findit in ambas: 540
dextera quae Ditis magni sub moenia tendit,
hac iter Elysium nobis; at laeva malorum
exercet poenas et ad inpia Tartara mittit.'
Deiphobus contra 'ne saevi, magna sacerdos:
discedam, explebo numerum reddarque tenebris. 545
i decus i nostrum: melioribus utere fatis.'
tantum effatus, et in verbo vestigia torsit.

Respicit Aeneas: subito et sub rupe sinistra
moenia lata videt triplici circumdata muro,
quae rapidus flammis ambit torrentibus amnis, 550
Tartareus Phlegethon, torquetque sonantia saxa.
porta adversa ingens solidoque adamante columnae,
vis ut nulla virum, non ipsi exscindere bello
caelicolae valeant; stat ferrea turris ad auras,
Tisiphoneque sedens, palla succincta cruenta, 555
vestibulum exsomnis servat noctesque diesque.
hinc exaudiri gemitus et saeva sonare
verbera, tum stridor ferri tractaeque catenae.
constitit Aeneas strepituque exterritus haesit.
'quae scelerum facies, o virgo, effare, quibusve 560
urgentur poenis, quis tantus plangor ad auras?'
tum vates sic orsa loqui: 'dux inclute Teucrum,
nulli fas casto sceleratum insistere limen;
sed me cum lucis Hecate praefecit Avernis,
ipsa deum poenas docuit perque omnia duxit. 565
Gnosius haec Rhadamanthus habet durissima regna
castigatque auditque dolos subigitque fateri,
quae quis apud superos, furto laetatus inani,
distulit in seram commissa piacula mortem.
continuo sontis ultrix accincta flagello 570
Tisiphone quatit insultans, torvosque sinistra
intentans anguis vocat agmina saeva sororum.
tum demum horrisono stridentes cardine sacrae
panduntur portae; cernis, custodia qualis
vestibulo sedeat, facies quae limina servet: 575

Hier ist der Ort, da der Weg nach beiden Seiten sich spaltet:
wo der rechte zur Burg hinstrebt des mächtigen Pluto,
führt zum Elysium uns die Bahn; der linke dort aber
straft die Bösen und schickt sie hinab zum Pfuhl der Verruchten."
Aber Deïphobus sprach: „Nicht grolle mir, hehre Prophetin!
Scheidend fülle ich wieder die Zahl der Toten im Dunkel.
Du, unser Ruhm, zieh hin! Dir werde ein besseres Schicksal!"
Also sprach er und wandte sofort noch im Wort sich von dannen.

    Umschaut Aeneas sich jetzt, und hart unterm Felsen zur Linken
sieht er die wuchtende Burg, umwallt von dreifacher Mauer,
die der flammenstrudelnde Strom rings wütend umwirbelt,
Phlegethons höllische Flut, fortwälzend dröhnende Felsen.
Vorn ragt riesig das Tor, aus härtestem Erze die Säulen,
daß nicht Menschenmacht, ja selbst nicht Himmelsbewohner
je sie brächen im Krieg; hoch ragt ein eiserner Turm auf,
lauernd hockt Tisiphone dort, blutfarben ihr Umhang,
schlaflos hütet den Vorhof sie durch Nächte und Tage.
Stöhnen drang von hier herauf, und wütende Schläge
klatschten, Eisengeklirr ward laut und Kettengerassel;
jäh vom Geräusche entsetzt und gebannt blieb stehen Aeneas:
„Welche Verbrechen sind hier, sag an, o Jungfrau, und welche
Strafen erleiden sie, welch ein Jammer hallt in die Lüfte?"
Da sprach so die Prophetin: „Erhabener Führer der Teukrer,
niemals darf ein Frommer des Frevels Schwelle betreten.
Aber als Hekate mir die avernischen Haine vertraute,
zeigte sie selbst mir in jedem Bereich die Strafen der Götter.
Diese Reiche der Qual beherrscht Rhadamanthus aus Knossos.
Peinlich verhörend erfährt er die Arglist und zwingt zu gestehen,
was einer droben an Freveln beging und, nichtigen Truges
froh, zu sühnen verschob, bis zu spät es geworden im Tode.
Und den Schuldigen sitzt als Rächerin, geißelgegürtet,
gleich Tisiphone auf und peitscht sie, hält in der Linken
wütende Nattern und ruft die grimmigen Scharen der Schwestern.
Dann erst, kreischend vom gräßlichen Ton der Türangel, klafft weit
auf das Tor des Fluches: du siehst, welche Wärterin dort im
Vorhof hockt, die Gestalt, die dort die Schwelle in acht nimmt:

quinquaginta atris inmanis hiatibus hydra
saevior intus habet sedem. tum Tartarus ipse
bis patet in praeceps tantum tenditque sub umbras,
quantus ad aetherium caeli suspectus Olympum.
hic genus antiquom Terrae, Titania pubes, 580
fulmine deiecti fundo volvontur in imo.
hic et Aloidas geminos inmania vidi
corpora, qui manibus magnum rescindere caelum
adgressi superisque Iovem detrudere regnis.
vidi et crudelis dantem Salmonea poenas, 585
dum flammas Iovis et sonitus imitatur Olympi.
quattuor hic invectus equis et lampada quassans
per Graium populos mediaeque per Elidis urbem
ibat ovans divomque sibi poscebat honorem,
demens, qui nimbos et non imitabile fulmen 590
aere et cornipedum pulsu simularet equorum.
at pater omnipotens densa inter nubila telum
contorsit — non ille faces nec fumea taedis
lumina — praecipitemque inmani turbine adegit.
nec non et Tityon, Terrae omniparentis alumnum, 595
cernere erat, per tota novem cui iugera corpus
porrigitur, rostroque inmanis voltur obunco
inmortale iecur tondens fecundaque poenis
viscera rimaturque epulis habitatque sub alto
pectore, nec fibris requies datur ulla renatis. 600
quid memorem Lapithas, Ixiona Pirithoumque,
quos super atra silex iam iam lapsura cadentique
inminet adsimilis; lucent genialibus altis
aurea fulcra toris, epulaeque ante ora paratae
regifico luxu; Furiarum maxima iuxta 605
accubat et manibus prohibet contingere mensas
exsurgitque facem attollens atque intonat ore.
hic quibus invisi fratres, dum vita manebat,
pulsatusve parens et fraus innexa clienti,
aut qui divitiis soli incubuere repertis 610
nec partem posuere suis — quae maxima turba est —;

Wütender noch haust drinnen mit fünfzig düsteren Rachen
riesengroß eine Schlange; dann klafft der Tartarus selber
zweimal jäh so tief und dehnt so weit sich ins Dunkel,
wie der Aufblick reicht zu des Himmels lichtem Olympus.
Uralte Brut der Erde ist hier, das Volk der Titanen,
wälzt sich, niedergeschmettert vom Blitz, in den Tiefen des Abgrunds.
Auch des Alóeus Zwillingssöhne sah ich hier unten,
Riesen, die es versuchten, die Burg des Himmels mit Fäusten
einzureißen und Juppiter selbst vom Throne zu stürzen.
Auch Salmoneus sah ich hart hier büßen, dieweil er
Juppiters Blitz nachäffte und Donnergeroll des Olympus.
Fuhr er im Viergespann doch und Fackeln schwingend dahin durch
Griechenvölker und zog durch die Stadt im Herzen von Elis
stolz triumphierend und heischte für sich die Ehren der Götter,
wähnte verblendet, den Sturm und den unnachahmlichen Blitzstrahl
vorzutäuschen durch Erz und der Rosse hürnenen Hufschlag.
Doch der allmächtige Vater, umwallt von dichtem Gewölke,
zückte den Blitz — nicht Fackeln fürwahr und Leuchten, aus Kienholz
qualmend — und warf ihn jäh in furchtbarem Wirbel zum Abgrund.
Tityos auch, der Sohn der allgebärenden Erde,
war zu sehn: neun ganze Joch hin breitet sein Leib sich
weithin aus; ihm hackt ein riesiger Geier mit krummem
Schnabel die Leber, die niemals stirbt; das Fleisch, das den Strafen
fruchtet, wühlt zum Fraße er durch und haust unter hoher
Brust; und nie wird Ruhe gewährt neuwachsenden Fibern.
Nenne ich noch die Lapithen, Pirithous noch und Ixion?
Ihnen hängt überm Haupt ein Felsblock finster und droht und
droht zu fallen; es leuchten von festlich erhabenen Polstern
goldene Lehnen, und Speisen in fürstlicher Üppigkeit stehen
lockend vor Augen bereit; der Furien älteste aber
lagert daneben und wehrt der Hand, das Mahl zu berühren,
springt, die Fackel reckend, empor mit donnerndem Munde.
Wer seine Brüder im Leben gehaßt oder wer seinen Vater
schlug und wer mit Betrug am Schützling schnöde gefrevelt,
wer da einsam brütend gehockt auf gehortetem Reichtum
und ihr Teil den Seinen nicht gab, — und das sind die meisten —,

quique ob adulterium caesi quique arma secuti
inpia nec veriti dominorum fallere dextras,
inclusi poenam exspectant. ne quaere doceri
quam poenam, aut quae forma viros fortunave mersit. 615
saxum ingens volvont alii, radiisque rotarum
districti pendent; sedet aeternumque sedebit
infelix Theseus; Phlegyasque miserrimus omnis
admonet et magna testatur voce per umbras:
"discite iustitiam moniti et non temnere divos." 620
vendidit hic auro patriam dominumque potentem
inposuit, fixit leges pretio atque refixit;
hic thalamum invasit natae vetitosque hymenaeos;
ausi omnes inmane nefas ausoque potiti.
non, mihi si linguae centum sint oraque centum, 625
ferrea vox, omnis scelerum comprendere formas,
omnia poenarum percurrere nomina possim.'

 Haec ubi dicta dedit Phoebi longaeva sacerdos,
'sed iam age, carpe viam et susceptum perfice munus.
adceleremus' ait: 'Cyclopum educta caminis 630
moenia conspicio atque adverso fornice portas,
haec ubi nos praecepta iubent deponere dona.'
dixerat et pariter gressi per opaca viarum
corripiunt spatium medium foribusque propinquant.
occupat Aeneas aditum corpusque recenti 635
spargit aqua ramumque adverso in limine figit.

 His demum exactis, perfecto munere divae,
devenere locos laetos et amoena virecta
fortunatorum nemorum sedesque beatas.
largior hic campos aether et lumine vestit 640
purpureo, solemque suum, sua sidera norunt.
pars in gramineis exercent membra palaestris,
contendunt ludo et fulva luctantur harena;
pars pedibus plaudunt choreas et carmina dicunt.
nec non Threicius longa cum veste sacerdos 645
obloquitur numeris septem discrimina vocum,
iamque eadem digitis, iam pectine pulsat eburno.

wer wegen Ehebruchs niedergehaun, wer ruchlosem Krieg sich
anschloß, wer sich nicht scheute, dem Herrn die Treue zu brechen,
wartet in Fesseln der Pein. Frag nicht, welche Pein sie erwarten,
oder was für ein Spruch, welches Los die Männer versenkte.
Einige wälzen gewaltigen Block, an Speichen von Rädern
hangen andre gereckt; dort sitzt für immer und ewig
Theseus im Leid, und Phlegyas mahnt, der Unselige, alle,
ruft sein Zeugnis lauten Schreis beschwörend durchs Dunkel:
‚Lernet Gerechtigkeit, laßt euch warnen, und achtet die Götter!'
Dieser verkaufte für Gold sein Vaterland, half dem Tyrannen
also zur Macht, er gab und tilgte für Geld auch Gesetze;
jener entehrte der Tochter Gemach durch verbotenen Umgang.
Frevel wagten sie alle ohn' Maß und genossen ihr Wagnis.
Hätte ich hundert Zungen und hundert Münder, dazu von
Eisen die Stimme, nicht könnte ich jede Art von Verbrechen,
nicht die Namen der Strafen dir je erzählend berichten."

Also sprach des Phoebus bejahrte Priesterin; gleich dann
drängte sie: „Nimm deinen Weg, vollbring den begonnenen Auftrag.
Schnell denn voran! Schon seh ich den Burgring, der in Kyklopen-
werkstatt geschmiedet, sehe die vorn sich wölbende Pforte.
Dort hinterlegen wir, wie uns befohlen, hier diese Gabe."
So nun gingen in gleichem Schritt sie im Dunkel der Wege
eilend die letzte Strecke dahin und nahten der Pforte.
Hurtig springt Aeneas zum Eingang, besprengt sich mit frischem
Wasser sodann und heftet den Zweig ganz vorn an die Schwelle.

Erst als dieses vollbracht und der Dienst an der Göttin erfüllt war,
kamen zum Orte der Freude, zu lieblich-leuchtender Grünung
glückgesegneter Haine sie hin, zu der Seligen Wohnsitz.
Fülle des Äthers umwebt das Gefild mit purpurnem Lichte,
eigene Sonne kennen sie hier und eigene Sterne.
Einige üben die Glieder auf grasgepolstertem Ringplatz,
messen im Kampfspiel sich und ringen in gelblichem Sande.
Andere stampfen im Reigentanz bei fröhlichen Liedern.
Thrakiens Priestersänger, umwallt vom langen Talare,
spielt zu Tanz und Lied die siebensaitige Leier,
schlägt mit Fingern sie bald und bald mit dem Elfenbeinstäbchen.

hic genus antiquom Teucri, pulcherrima proles,
magnanimi heroes, nati melioribus annis,
Ilusque Assaracusque et Troiae Dardanus auctor. 650
arma procul currusque virum miratur inanis.
stant terra defixae hastae passimque soluti
per campum pascuntur equi. quae gratia currum
armorumque fuit vivis, quae cura nitentis
pascere equos, eadem sequitur tellure repostos. 655
conspicit ecce alios dextra laevaque per herbam
vescentis laetumque choro paeana canentis
* inter odoratum lauris nemus, unde superne
plurimus Eridani per silvam volvitur amnis.
hic manus ob patriam pugnando volnera passi, 660
quique sacerdotes casti, dum vita manebat,
quique pii vates et Phoebo digna locuti,
inventas aut qui vitam excoluere per artis,
quique sui memores aliquos fecere merendo:
omnibus his nivea cinguntur tempora vitta. 665
quos circumfusos sic est adfata Sibylla,
Musaeum ante omnis — medium nam plurima turba
hunc habet atque umeris exstantem suspicit altis —
'dicite, felices animae tuque, optime vates,
quae regio Anchisen, quis habet locus? illius ergo 670
venimus et magnos Erebi tranavimus amnis.'
atque huic responsum paucis ita reddidit heros:
'nulli certa domus; lucis habitamus opacis
riparumque toros et prata recentia rivis
incolimus. sed vos, si fert ita corde voluntas, 675
hoc superate iugum, et facili iam tramite sistam.'
dixit et ante tulit gressum camposque nitentis
desuper ostentat; dehinc summa cacumina linquont.

    At pater Anchises penitus convalle virenti
inclusas animas superumque ad lumen ituras 680
lustrabat studio recolens omnemque suorum
forte recensebat numerum, carosque nepotes
fataque fortunasque virum moresque manusque.

Hier weilt Teukros' uralt Geschlecht, sein strahlender Nachwuchs,
Helden, hochgemut, geboren in besseren Jahren,
Ilus, Assarakus auch und Dardanus, Trojas Begründer.
Waffen seitab und Wagen der Helden, unnütz geworden,
staunt er an; da ragen im Boden Lanzen, und frei durchs
Feld hin weiden Rosse ringsum: denn wer seinen Wagen,
wer seine Waffen im Leben liebte, wer schimmernde Rosse
gern geweidet, dem folgt seine Liebe hinab in die Erde.
Andere sieht zur Rechten er da und zur Linken im Grase
schmausen, sie singen im Chor des Kriegsrufs jubelnde Weise
dort im lorbeerduftenden Hain, woher sich nach oben
flutenreich durch Wald hinwälzt des Eridanus Woge.
Hier ist die Schar, die im Kampf um das Vaterland Wunden erlitten,
hier sind die, die als Priester rein ihr Leben erfüllten,
hier die frommen Seher, die würdig des Phoebus gesprochen,
hier, die das Leben durch Kunst und Erfindungen bildend bereichert,
alle, die je durch Verdienst in der Welt ein Denkmal sich schufen.
Ihnen allen umschlingt eine schneeweiße Binde die Schläfen.
Ringsum drängten sie her; da sprach sie an die Sibylle,
allen voran den Musaeus, — denn ihn als Mittelpunkt hält die
dichteste Schar umringt, hoch ragt er heraus mit den Schultern —
„Saget, ihr glücklichen Seelen, und du, vortrefflicher Seher,
welcher Bereich birgt hier den Anchises? Denn seinetwillen
kamen wir her, überquerten der Unterwelt riesige Ströme."
Ihr erwiderte also der Held mit wenigen Worten:
„Festes Haus hat niemand; wir wohnen in schattigen Hainen;
Rasenpolster an Ufern und quellfrisch grünende Wiesen
sind unser Heim. Doch ihr, wenn so euer Herz euch gewillt ist,
nehmt diese Höhe; ich führe euch gleich auf gemächlichen Fußpfad."
Also sprach er und ging voran; und strahlende Fluren
zeigte er ihnen von oben; dann schritten vom Gipfel sie abwärts.

Vater Anchises musterte eifrig indessen die Seelen,
die das grünende Tal umschloß und die auf dem Weg schon
waren zum Lichte der oberen Welt; er prüfte gerade
all der Seinen Zahl, die teuren Enkel, der Männer
Schicksalsziel und Zufallswandel, Wesen und Wirken.

isque ubi tendentem adversum per gramina vidit
Aenean, alacris palmas utrasque tetendit, 685
effusaeque genis lacrimae et vox excidit ore:
'venisti tandem tuaque exspectata parenti
vicit iter durum pietas, datur ora tueri,
nate, tua et notas audire et reddere voces.
sic equidem ducebam animo rebarque futurum 690
tempora dinumerans, nec me mea cura fefellit.
quas ego te terras et quanta per aequora vectum
accipio, quantis iactatum, nate, periclis!
quam metui, ne quid Libyae tibi regna nocerent!'
ille autem 'tua me, genitor, tua tristis imago 695
saepius occurrens haec limina tendere adegit;
stant sale Tyrrheno classes. da iungere dextram,
da, genitor, teque amplexu ne subtrahe nostro.'
sic memorans largo fletu simul ora rigabat.
ter conatus ibi collo dare bracchia circum, 700
ter frustra comprensa manus effugit imago,
par levibus ventis volucrique simillima somno.

  Interea videt Aeneas in valle reducta
seclusum nemus et virgulta sonantia silvae
Lethaeumque domos placidas qui praenatat amnem. 705
hunc circum innumerae gentes populique volabant,
ac velut in pratis ubi apes aestate serena
floribus insidunt variis et candida circum
lilia funduntur, strepit omnis murmure campus.
horrescit visu subito causasque requirit 710
inscius Aeneas, quae sint ea flumina porro,
quive viri tanto complerint agmine ripas.
tum pater Anchises 'animae, quibus altera fato
corpora debentur, Lethaei ad fluminis undam
securos latices et longa oblivia potant. 715
has equidem memorare tibi atque ostendere coram
iampridem hanc prolem cupio enumerare meorum,
quo magis Italia mecum laetere reperta.'
'o pater, anne aliquas ad caelum hinc ire putandum est

Als aber jetzt den Aeneas er sah, der ihm gegenüber
eilte durchs Grün, da streckte er lebhaft aus seine Hände,
Tränen rannen die Wangen herab und es trieb ihn zum Worte:
„Endlich bist du da, deine Liebe, erwartet vom Vater,
zwang den harten Weg; ich darf nun schauen dein Antlitz,
Sohn, darf hören vertrautes Wort und darf es erwidern.
Hab doch im Herzen geglaubt und gewußt, so werde es kommen,
zählte die Tage mir ab: nicht hat mich mein Sehnen betrogen.
Welche Lande und was für Meere durchfuhrest du, daß ich
dich nun habe, wie trafen, mein Sohn, dich große Gefahren!
Wie hatt' ich Angst, es möchten dir Libyens Reiche doch schaden!"
Da sprach Aeneas: „Dein trauernd Bild, mein Vater, ist oft und
oft mir begegnet und trieb mich zu dieser Schwelle; die Flotte
liegt im Tyrrhenischen Meer; laß, Vater, laß deine Hand mich
fassen, entziehe dich, Vater, doch nicht der Umarmung des Sohnes."
Also sprach er und Ströme von Tränen netzten sein Antlitz.
Dreimal versuchte er, ihm um den Nacken die Arme zu schlingen,
dreimal, vergeblich umarmt, entrann das Bild seinen Händen,
leicht wie Windhauch, ähnlich durchaus dem flüchtigen Traumbild.

Nun bemerkt Aeneas im Hintergrunde des Tales,
abgetrennt, einen Hain und rauschende Büsche des Waldes,
sieht den Lethestrom, der an friedlichen Stätten vorbeifließt.
Rings den Fluß umwimmeln unzählige Stämme und Völker;
und wie wenn auf Wiesen im heiteren Sommer die Bienen
schweben auf bunten Blumen, auf schimmernden Lilien rings sich
niederlassen, so schwirrt und surrt allum das Gefilde.
Schaudernd steht bei der plötzlichen Sicht und fragt nach den Gründen
ahnungslos Aeneas, was das für Ströme dort ferne
seien und was für Männer, die dicht umdrängten die Ufer.
Da sprach Vater Anchises: „Die Seelen, denen das Schicksal
neue Verkörperung schuldet, sie trinken an Lethes Gewässern
sorgenlösendes Naß und langes, tiefes Vergessen.
Dir von diesen zu sagen und dir sie vor Augen zu zeigen,
drängt es mich längst, dir aufzuzählen den Nachwuchs der Meinen,
daß um so mehr du mit mir des entdeckten Italien froh wirst."
„Vater, so muß man denn glauben, es steigen Seelen von hier nach

sublimis animas iterumque ad tarda reverti 720
corpora? quae lucis miseris tam dira cupido?'
'dicam equidem nec te suspensum, nate, tenebo'
suscipit Anchises atque ordine singula pandit.
'principio caelum ac terras, camposque liquentis
lucentemque globum Lunae Titaniaque astra 725
spiritus intus alit totamque infusa per artus
mens agitat molem et magno se corpore miscet.
inde hominum pecudumque genus vitaeque volantum
et quae marmoreo fert monstra sub aequore pontus.
igneus est ollis vigor et caelestis origo 730
seminibus, quantum non noxia corpora tardant
terrenique hebetant artus moribundaque membra.
hinc metuunt cupiuntque, dolent gaudentque, neque auras
dispiciunt, clausae tenebris et carcere caeco.
quin et supremo cum lumine vita reliquit, 735
non tamen omne malum miseris nec funditus omnes
corporeae excedunt pestes, penitusque necesse est
multa diu concreta modis inolescere miris.
ergo exercentur poenis veterumque malorum
supplicia expendunt. aliae panduntur inanes 740
suspensae ad ventos, aliis sub gurgite vasto
infectum eluitur scelus aut exuritur igni,
quisque suos patimur manis; exinde per amplum
mittimur Elysium et pauci laeta arva tenemus,
donec longa dies, perfecto temporis orbe, 745
concretam exemit labem purumque relinquit
aetherium sensum atque aurai simplicis ignem.
has omnis, ubi mille rotam volvere per annos,
Lethaeum ad fluvium deus evocat agmine magno,
scilicet inmemores supera ut convexa revisant 750
rursus et incipiant in corpora velle reverti.'
  Dixerat Anchises natumque unaque Sibyllam
conventus trahit in medios turbamque sonantem
et tumulum capit, unde omnis longo ordine posset
adversos legere et venientum discere voltus. 755

droben zum Himmel und kehren zum zweiten Male zu trägen
Körpern? Welch heillos Verlangen zum Licht packt also die Armen?"
„Sohn, das will ich erklären und nicht im Zweifel dich lassen",
spricht Anchises, erschließt ihm der Reihe nach Wesen um Wesen.
„Himmel und Erde zunächst, des Meeres Wogengefilde
und die leuchtende Kugel des Monds und die riesige Sonne
nährt von innen der Geist und gliederdurchflutend bewegt sein
Walten den Weltenbau, vermählt sich dem mächtigen Leibe.
Hieraus stammen Menschen und Vieh und das Leben der Vögel
und was an Wesen der Ozean birgt unter marmornem Spiegel.
Feuers Urkraft lebt und himmlischer Ursprung in jenen
Keimen, soweit nicht Schwächen der Leiber lastend sie hemmen,
irdisch Gelenk nicht stumpf sie macht mit sterblichen Gliedern.
Daher fürchten, verlangen und leiden und freuen sie sich, ihr
Blick dringt nicht durch die Lüfte; sie hausen im finsteren Kerker.
Ja, selbst wenn mit letztem Blick das Leben dahinschied,
weicht nicht jegliches Übel den Armen, weichen nicht alle
Seuchen des Körpers von Grund aus fort, denn, lange und tief den
Seelen verwachsen, bleibt noch viel erstaunlich verwurzelt.
Daher suchen Peinen sie heim; für frühere Sünden
büßen Strafen sie ab: breit hangen die einen im leeren
Windraum schwebend gereckt, den anderen wird über wüsten
Wassern der Schandfleck getilgt oder ausgebrannt durch Feuer.
Wir erleiden je eigenes Wesen; dann aber werden   *
wir durch Elysiums Weite gesandt und bewohnen, ein paar nur,
Fluren der Wonne, bis lang-lange Frist, wenn erfüllet die Zeit ist,
eingewachsenen Makel tilgt und lauter zurückläßt
äthergeborenen Sinn und einfachen Lichthauchs Feuer.
Alle hier, wenn sie ihr Rad durch tausend Jahre hin wälzten,
ruft zu Lethes Strom der Gott in mächtiger Heerschar:
denn sie sollen erinnerungslos die obere Wölbung
wiedersehen, gewillt zurückzukehren in Körper."

Also sprach Anchises und zog mit dem Sohn die Sibylle
mitten in die Versammlung hinein und die summende Menge,
nahm einen Hügel, von wo in langen Reihen von vorne
alle er mustern könne und kennen der Kommenden Antlitz.

'Nunc age, Dardaniam prolem quae deinde sequatur
gloria, qui maneant Itala de gente nepotes,
inlustris animas nostrumque in nomen ituras,
expediam dictis et te tua fata docebo.
ille — vides — pura iuvenis qui nititur hasta, 760
proxima sorte tenet lucis loca, primus ad auras
aetherias Italo commixtus sanguine surget,
Silvius, Albanum nomen, tua postuma proles,
quem tibi longaevo serum Lavinia coniunx
educet silvis regem regumque parentem, 765
unde genus Longa nostrum dominabitur Alba.
proximus ille Procas, Troianae gloria gentis,
et Capys et Numitor et qui te nomine reddet
Silvius Aeneas, pariter pietate vel armis
egregius, si umquam regnandam acceperit Albam. 770
qui iuvenes, quantas ostentant — adspice — viris,
atque umbrata gerunt civili tempora quercu.
hi tibi Nomentum et Gabios urbemque Fidenam,
hi Collatinas inponent montibus arces,
Pometios Castrumque Inui Bolamque Coramque: 775
haec tum nomina erunt, nunc sunt sine nomine terrae.
quin et avo comitem sese Mavortius addet
Romulus, Assaraci quem sanguinis Ilia mater
educet. viden ut geminae stant vertice cristae
et pater ipse suo superum iam signat honore? 780
en huius, nate, auspiciis illa incluta Roma
imperium terris, animos aequabit Olympo
septemque una sibi muro circumdabit arces,
felix prole virum: qualis Berecyntia mater
invehitur curru Phrygias turrita per urbes, 785
laeta deum partu, centum complexa nepotes,
omnis caelicolas, omnis supera alta tenentis.
huc geminas nunc flecte acies, hanc adspice gentem
Romanosque tuos; hic Caesar et omnis Iuli
progenies, magnum caeli ventura sub axem. 790
hic vir hic est, tibi quem promitti saepius audis,

„Nun denn, künden will ich des Dardanernachwuchses Zukunfts-
ruhm, die Enkel, die uns aus Italerstamme einst bleiben,
strahlende Seelen, bestimmt, einst unseren Namen zu tragen,
künden will ich's im Wort und deine Sendung dich lehren.
Sieh, jener Jüngling, der auf die Ehrenlanze sich aufstützt,
steht durchs Los dem Lichte zunächst, als erster zu Äthers
Lüften steigt er hinan, trägt Italerblut in den Adern,
Silvius, Name albanischer Art, deiner Nachkommen letzter,
den dir Hochbejahrtem noch spät die Gemahlin Lavinia
aufziehen wird in Wäldern zum Herrscher und Vater von Herrschern;
durch ihn wird unser Stamm in Alba Longa regieren.
Procas folgt als nächster, der Ruhm trojanischen Volkes,
Capys und Numitor dann und Aeneas Silvius, der ja
deinen Namen erneut, an Sohnesliebe und Kriegsruhm
gleich berühmt, wenn erst über Alba die Herrschaft er antritt.
Was für Jünglinge — sieh nur! — und was für Kräfte sie zeigen,
Bürgerkrone aus Eichenlaub umschattet die Schläfen.
Die hier gründen Nomentum und Gabii dir und Fidenae,
die da türmen auf Bergeshöhn Collatias Burgen,
gründen Pometii, Castrum Inui, Bola und Cora:
künftig Namen von Klang, jetzt Landstriche noch ohne Namen.
Ja, als Gefolgsmann wird sich dem Ahn gesellen der Marssohn
Romulus; ihn erzieht aus Assarakus Blute die Mutter
Ilia. Siehst du, wie doppelt der Helmbusch ihm ragt auf dem Scheitel,
wie ihn mit eigener Ehre schon ziert der Vater der Götter?   *
Sohn, unter seinen Auspicien dehnt die erhabene Roma
erdkreisfüllend ihr Reich, hebt Heldenadel zum Himmel;
sieben Burgen umfaßt die e i n e im Ring ihrer Mauer,
fruchtbar gesegnet mit Helden: so fährt vom Berg Berekynthus
Kybele turmgekrönt im Wagen durch Phrygiens Städte,
stolz, da sie Götter gebar, umarmend hundert von Enkeln,
alle Himmelsbewohner, hoch droben thronen sie alle.
Hierhin wende du jetzt deinen Blick, schau an dieses Volk hier,
deine Römer: Caesar ist hier und des Julus gesamte
Nachkommenschaft, die einst aufsteigt zum Himmelsgewölbe.
Der aber hier ist der Held, der oft und oft dir verheißen,

Augustus Caesar, Divi genus, aurea condet
saecula qui rursus Latio regnata per arva
Saturno quondam, super et Garamantas et Indos
proferet imperium — iacet extra sidera tellus, 795
extra anni solisque vias, ubi caelifer Atlas
axem umero torquet stellis ardentibus aptum —:
huius in adventum iam nunc et Caspia regna
responsis horrent divom et Maeotia tellus
et septemgemini turbant trepida ostia Nili. 800
nec vero Alcides tantum telluris obivit,
fixerit aeripedem cervam licet aut Erymanthi
pacarit nemora et Lernam tremefecerit arcu;
nec qui pampineis victor iuga flectit habenis
Liber agens celso Nysae de vertice tigris. 805
et dubitamus adhuc virtutem extendere factis
aut metus Ausonia prohibet consistere terra?
quis procul ille autem ramis insignis olivae
sacra ferens? nosco crinis incanaque menta
regis Romani, primam qui legibus urbem 810
fundabit, Curibus parvis et paupere terra
missus in imperium magnum. cui deinde subibit
otia qui rumpet patriae residesque movebit
Tullus in arma viros et iam desueta triumphis
agmina. quem iuxta sequitur iactantior Ancus, 815
nunc quoque iam nimium gaudens popularibus auris.
vis et Tarquinios reges animamque superbam,
ultoris Bruti fascesque videre receptos?
consulis imperium hic primus saevasque secures
accipiet, natosque pater nova bella moventis 820
ad poenam pulchra pro libertate vocabit,
infelix, utcumque ferent ea facta minores:
vincet amor patriae laudumque inmensa cupido.
quin Decios Drusosque procul saevomque securi
adspice Torquatum et referentem signa Camillum. 825
illae autem, paribus quas fulgere cernis in armis,
concordes animae nunc et dum nocte premuntur,

Caesar Augustus, der Sproß des Göttlichen. Goldene Weltzeit
bringt er wieder für Latiums Flur, wo einstens Saturnus
herrschte, er dehnt sein Reich, wo fern Garamanten und Inder
wohnen, und weiter — dies Land liegt außerhalb unserer Sterne,
außer der Sonne jährlicher Bahn, wo Atlas, des Himmels
Träger, die Wölbung dreht, die strahlt von funkelnden Sternen.
Seine Ankunft fürchten schon jetzt die kaspischen Reiche,
schaudernd vor Götterorakel, es zittern Skythiens Lande,
bebend bangt die Flut des siebenarmigen Niles.
Herkules sah nicht so viel Land, auch wenn er die Hirschkuh
traf, das Tier mit den Hufen von Erz, oder wenn Erymanthus'
Wald er befriedet und Lerna erschüttert durch seinen Bogen,
Bakchus nicht, der als Sieger an weinlaubgrünenden Zügeln
lenkte sein Tigergespann von Nysas ragendem Gipfel.
Und wir zögern, der Mannheit Raum zu schaffen durch Taten?
Oder hindert uns Furcht, Ausoniens Land zu besiedeln?
Wer aber trägt dort fern, gekränzt mit den Zweigen des Ölbaums,
Opfergut? Ich erkenne das Haar und den grauweißen Bart des
Römerkönigs, der die erste Stadt durch Gesetze
festigen wird, entsandt vom kleinen Cures aus armem
Land zu erhabenem Amt; ihm folgt als nächster dann Tullus,
der die Ruhe des Vaterlands bricht und wieder zu Waffen
müßige Mannen und Heere bewegt, die schon der Triumphe
ganz entwöhnt. Dort neben ihm folgt, zu prahlerisch, Ankus,
der schon jetzt an Volkes Gunst zu freudig sich weidet.
Willst du auch sehn der Tarquinierfürsten stolzes Gebaren
und die Macht, die Brutus, der Rächer, wiedererobert?
Konsulsgewalt wird e r als erster empfangen und scharfe
Beile, der Vater wird einst die aufruhrstiftenden Söhne
strafen müssen zum Schutz der jungen, strahlenden Freiheit,
unglückselig, mag seine Tat auch rühmen die Nachwelt:
Vaterlandsliebe jedoch triumphiert und maßlose Ruhmgier.
Decier sieh und Druser seitab, Torquatus, der streng des
Beiles Schärfe gezückt, und den Retter der Banner, Camillus.
Jene jedoch, die dort in gleichen Waffen erstrahlen,
Seelen in Eintracht jetzt, solange sie weilen im Dunkel,

heu quantum inter se bellum, si lumina vitae
attigerint, quantas acies stragemque ciebunt,
aggeribus socer Alpinis atque arce Monoeci 830
descendens, gener adversis instructus Eois.
ne, pueri, ne tanta animis adsuescite bella
neu patriae validas in viscera vertite viris;
tuque prior, tu parce, genus qui ducis Olympo:
proice tela manu, sanguis meus! 835
ille triumphata Capitolia ad alta Corintho
victor aget currum, caesis insignis Achivis;
eruet ille Argos Agamemnoniasque Mycenas
ipsumque Aeaciden, genus armipotentis Achilli,
ultus avos Troiae, templa et temerata Minervae. 840
quis te, magne Cato, tacitum aut te, Cosse, relinquat,
quis Gracchi genus aut geminos, duo fulmina belli,
Scipiadas, cladem Libyae, parvoque potentem
Fabricium vel te sulco, Serrane, serentem?
quo fessum rapitis, Fabii? tun Maximus ille es, 845
unus qui nobis cunctando restituis rem?
excudent alii spirantia mollius aera —
credo equidem — vivos ducent de marmore voltus;
orabunt causas melius caelique meatus
describent radio et surgentia sidera dicent: 850
tu regere imperio populos, Romane, memento —
haec tibi erunt artes — pacique inponere morem,
parcere subiectis et debellare superbos.'

Sic pater Anchises atque haec mirantibus addit:
'adspice ut insignis spoliis Marcellus opimis 855
ingreditur victorque viros supereminet omnis.
hic rem Romanam magno turbante tumultu
sistet eques, sternet Poenos Gallumque rebellem
tertiaque arma patri suspendet capta Quirino.'
atque hic Aeneas — una namque ire videbat 860
egregium forma iuvenem et fulgentibus armis,
sed frons laeta parum et deiecto lumina voltu —

weh aber, welchen Krieg miteinander, wenn sie des Lebens
Licht erst sehen, welch ein Blutbad werden sie bringen,
wenn von den Alpen der Schwäher steigt, von der Burg des Monoekus,
während sein Eidam im Osten zum Kampfe richtet die Heerschar.
Nimmer gewöhnt an solchen Krieg, o Söhne, die Herzen,
kehrt nicht gegen des Vaterlands Leib die wehrhaften Kräfte.
Du aber schone als erster, du Sproß des hehren Olympus,
wirf aus der Hand das Geschoß, du mein Blut!
Zum Kapitol im Triumph, wenn Korinth gefallen, wird der dort
lenken als Sieger den Wagen, berühmt durch den Tod der Achiver.
D e r wirft Argos in Staub, Agamemnons Mykene und selbst den
Aiakosenkel, den Sproß des waffenstarken Achilles,
rächt so Trojas Ahnen und Pallas' geschändeten Tempel.
Großer Cato, wer darf dich verschweigen, oder dich, Cossus,
wer der Gracchen Geschlecht, die zwei Skipionen, des Krieges
Blitze beide und Libyens Fall, und wer den in Armut
starken Fabricius, wer den schlichten Sämann Serranus?
Fabier, sagt, wohin rafft ihr mich Müden? Bist du nicht jener
Maximus, der uns allein den Staat erneute durch Zögern?
Weicher werden aus Erz einst andere atmend Gebilde
treiben, — ich glaube es —, formen lebendige Züge aus Marmor,
führen gewandter das Wort vor Gericht und zeichnen des Himmels
Bahnen genau mit dem Stab und künden steigende Sterne:
du aber, Römer, gedenk — so wirst d u leisten dein Wesen —
Völker kraft Amtes zu lenken und Ordnung zu stiften dem Frieden,
Unterworf'ne zu schonen und niederzukämpfen Empörer!"
 So sprach Vater Anchises und lehrte die Staunenden weiter:
„Siehe, wie strahlend dort Marcellus mit herrlicher Beute
schreitet und als Sieger ob allen Männern emporragt!
Er wird Roms Geschick, wenn furchtbar wütet ein Wirrsal,
retten als Reiter, Punier schlagen und Keltenrebellen,
Beutewaffen weihen als Dritter dem Vater Quirinus."
Jetzt aber fragte Aeneas — er sah ja neben Marcellus
dort einen Jüngling, herrlich an Wuchs, in blitzenden Waffen,
freudlos aber die Stirn und niedergeschlagenen Blickes —

'quis, pater, ille, virum qui sic comitatur euntem?
filius anne aliquis magna de stirpe nepotum?
qui strepitus circa comitum, quantum instar in ipso, 865
sed nox atra caput tristi circumvolat umbra.'
tum pater Anchises lacrimis ingressus obortis:
'o gnate, ingentem luctum ne quaere tuorum!
ostendent terris hunc tantum fata neque ultra
esse sinent; nimium vobis Romana propago 870
visa potens, superi, propria haec si dona fuissent.
quantos ille virum magnam Mavortis ad urbem
campus aget gemitus vel quae, Tiberine, videbis
funera, cum tumulum praeterlabere recentem.
nec puer Iliaca quisquam de gente Latinos 875
in tantum spe tollet avos nec Romula quondam
ullo se tantum tellus iactabit alumno.
heu pietas, heu prisca fides invictaque bello
dextera: non illi se quisquam inpune tulisset
obvius armato, seu cum pedes iret in hostem 880
seu spumantis equi foderet calcaribus armos.
heu miserande puer, si qua fata aspera rumpas,
tu Marcellus eris. manibus, date, lilia plenis,
purpureos spargam flores animamque nepotis
his saltem adcumulem donis et fungar inani 885
munere.' sic tota passim regione vagantur
aëris in campis latis atque omnia lustrant.
quae postquam Anchises natum per singula duxit
inceditque animum famae venientis amore,
exin bella viro memorat quae deinde gerenda 890
Laurentisque docet populos urbemque Latini
et quo quemque modo fugiatque feratque laborem.

    Sunt geminae Somni portae, quarum altera fertur
cornea, qua veris facilis datur exitus umbris;
altera candenti perfecta nitens elephanto, 895
sed falsa ad caelum mittunt insomnia manes.
his ibi tum natum Anchises unaque Sibyllam

„Wer — sag, Vater! — ist jener, der so den Helden begleitet?
ist es sein Sohn oder einer vom großen Stamme der Enkel?
Welch ein Gefolge — und doch, er selbst wiegt auf alle andern;
schwarz aber flügelt ums Haupt ihm Nacht mit düsterem Schatten."
Da hub Vater Anchises an mit quellenden Tränen:
„Frage, mein Sohn, mich nicht nach schwerstem Leide der Deinen!
Zeigen nur wird i h n der Welt sein Schicksal und länger
ihn nicht lassen; es wäre zu mächtig römischer Nachwuchs
euch, ihr Götter, erschienen, blieb dieses Geschenk unser eigen.
Welch ein Stöhnen der Männer läßt jenes Feld zu der großen
Stadt des Mars einst hallen, welch Leichenbegängnis erblickst du
einst, Tiberinus, wenn du am frischen Hügel vorbeiwallst!
Nimmer wird je ein Knabe von ilischem Stamme zu solcher
Hoffnung latinische Ahnen erheben, nimmer wird jemals
Romulus' Land so sehr eines Sprößlings wieder sich rühmen:
fromm sein Sinn und treu wie die Alten, sieghaft im Kriege
stets seine Rechte: ihm, dem Bewaffneten, hätte wohl niemand
straflos zum Kampf sich gestellt, ob er zu Fuß seinem Feind zu
Leibe gerückt oder scharfen Sporns auf schäumendem Rosse.
Armer Knabe, wenn du doch brächest das harte Geschick, du
wirst ein echter Marcellus; o, laßt mich aus vollen Händen
Lilien, purpurne Blüten streun, die Seele des Enkels
wenigstens so mit Gaben erhöhn und nichtigen Dienst ihm
weihen." — So durchschweiften sie rings das ganze Gebiet im
weiten Gefilde dämmriger Luft und musterten alles.
Und so führte Anchises den Sohn durch alles und jedes
und entflammte sein Herz von Liebe zu künftigem Ruhme.
Dann verkündet dem Helden er Kriege, die ihm bevorstehn,
zeigt Laurentums Völker ihm auch, die Stadt des Latinus,
welche Mühsal er meiden und welche meistern er müsse.

Sind zwei Pforten dort des Traumgotts: eine, so heißt es,
ist aus Horn, läßt leicht die wahren Träume entschweben;
schimmernd aus gleißendem Elfenbein ist die andre vollendet,
falschen Traum aber senden aus ihr zum Himmel die Manen.
Hierhin führt im Gespräch seinen Sohn und auch die Sibylle

prosequitur dictis portaque emittit eburna,
ille viam secat ad navis sociosque revisit;
tum se ad Caietae recto fert litore portum.   900
[ancora de prora iacitur: stant litore puppes.]

VII

  Tu quoque litoribus nostris, Aeneïa nutrix,
aeternam moriens famam, Caieta, dedisti;
et nunc servat honos sedem tuus ossaque nomen
Hesperia in magna, si qua est ea gloria, signant.
at pius exsequiis Aeneas rite solutis,   5
aggere composito tumuli, postquam alta quierunt
aequora, tendit iter velis portumque relinquit.
adspirant aurae in noctem nec candida cursus
Luna negat, splendet tremulo sub lumine pontus.
proxima Circaeae raduntur litora terrae,   10
dives inaccessos ubi Solis filia lucos
adsiduo resonat cantu tectisque superbis
urit odoratam nocturna in lumina cedrum,
arguto tenuis percurrens pectine telas.
hinc exaudiri gemitus iraeque leonum   15
vincla recusantum et sera sub nocte rudentum,
saetigerique sues atque in praesepibus ursi
saevire ac formae magnorum ululare luporum,
quos hominum ex facie dea saeva potentibus herbis
induerat Circe in voltus ac terga ferarum.   20
quae ne monstra pii paterentur talia Troes
delati in portus neu litora dira subirent,
Neptunus ventis inplevit vela secundis
atque fugam dedit et praeter vada fervida vexit.
  Iamque rubescebat radiis mare et aethere ab alto   25
Aurora in roseis fulgebat lutea bigis:
cum venti posuere omnisque repente resedit
flatus et in lento luctantur marmore tonsae.

Vater Anchises und läßt sie hinaus durch die Elfenbeinpforte.
Schnell zu den Schiffen schreitet Aeneas und grüßt die Gefährten,
grad am Strand hin fährt er sodann zum Hafen Cajetas.
[Niederrasselt der Anker vom Bug: Hecks ragen am Strande.]

7

Du auch, Cajeta, du des Aeneas Amme, hast sterbend
ewig dauernden Ruf hier unserm Gestade verliehen;
jetzt noch bewahrt dein Kult den Ort, es bezeichnet im großen
Abendland — wenn Ruhm das ist — dein Gebein seinen Namen.
Fromm vollzog die Bestattung Aeneas gültigen Brauches,
häufte Erde zum Hügel des Grabes. Dann, als die Fluten
ruhten, spannte er Segel zur Fahrt und verließ so den Hafen.
Günstig wehn die Lüfte zur Nacht, nicht weigert ihr Leuchten
Luna der Fahrt, es glänzt das Meer in flimmerndem Lichte.
Gleich am Strande von Kirkes Land hin streifen die Schiffe,
dort, wo die reiche Tochter des Sol unnahbare Haine
hallen läßt von beständigem Sang und im stolzen Palaste
duftendes Zedernholz aufbrennen läßt als nächtliche Leuchten,
während sie feine Gewebe durchfährt mit rasselndem Kamme.
Laut ertönt von dort das grollende Stöhnen der Löwen,
die den Fesseln sich weigern und spät bei Nacht noch brüllen,
borstentragende Schweine und Bären toben an Krippen
dort, es heulen laut die Gebilde riesiger Wölfe,
die aus Menschengestalt die grausame Kirke durch starker
Kräuter Zauber umhüllte mit Zügen und Leibern von Tieren.
Daß nicht solche Entstellung erlitten die frommen Trojaner,
hingetrieben zum Hafen, daß nicht am grausigen Strand sie
landeten, füllte mit günstigem Wind Neptun ihre Segel,
half zur Flucht und lenkte vorbei am brodelnden Flachmeer.
Rot ward schon von Strahlen das Meer, und hoch aus dem Äther
glänzte im rosigen Zweigespann goldfarben Aurora,
als die Winde sich legten und plötzlich jegliches Wehen
hinsank, und im zähen Meer sich mühten die Ruder.

atque hic Aeneas ingentem ex aequore lucum
prospicit. hunc inter fluvio Tiberinus amoeno 30
verticibus rapidis et multa flavos harena
in mare prorumpit. variae circumque supraque
adsuetae ripis volucres et fluminis alveo
aethera mulcebant cantu lucoque volabant.
flectere iter sociis terraeque advertere proras 35
imperat et laetus fluvio succedit opaco.

  Nunc age, qui reges, Erato, quae tempora rerum,
quis Latio antiquo fuerit status, advena classem
cum primum Ausoniis exercitus adpulit oris,
expediam et primae revocabo exordia pugnae. 40
tu vatem tu, diva, mone. dicam horrida bella,
dicam acies actosque animis in funera reges
Tyrrhenamque manum totamque sub arma coactam
Hesperiam. maior rerum mihi nascitur ordo,
maius opus moveo.
                     Rex arva Latinus et urbes 45
iam senior longa placidas in pace regebat.
hunc Fauno et nympha genitum Laurente Marica
accipimus, Fauno Picus pater isque parentem
te, Saturne, refert, tu sanguinis ultimus auctor.
filius huic fato divom prolesque virilis 50
nulla fuit primaque oriens erepta iuventa est.
sola domum et tantas servabat filia sedes,
iam matura viro, iam plenis nubilis annis.
multi illam magno e Latio totaque petebant
Ausonia. petit ante alios pulcherrimus omnis 55
Turnus, avis atavisque potens, quem regia coniunx
adiungi generum miro properabat amore;
sed variis portenta deum terroribus obstant.
laurus erat tecti medio in penetralibus altis,
sacra comam multosque metu servata per annos, 60
quam pater inventam, primas cum conderet arces,
ipse ferebatur Phoebo sacrasse Latinus
Laurentisque ab ea nomen posuisse colonis.

SIEBENTES BUCH

Hier nun erspähte Aeneas von See her fern einen Riesen-
hain; voll Anmut strömt unter seinem Dach Tiberinus
hin mit reißenden Wirbeln, und gelb von reichlichem Sande
stürzt er hervor ins Meer. Rings um ihn her und darüber
füllten bunte Vögel, gewöhnt an Ufer und Flußbett,
hold den Äther mit lieblichem Lied und flogen im Haine.
Einbiegen läßt die Gefährten Aeneas, landwärts den Bug nun
wenden und fährt voll Freude hinein zum schattigen Flusse.

Künden will ich, Erato, nun, welche Fürsten und Zeiten
herrschten und wie es stand im alten Latium, als das
Fremdlingsheer ankam und gleich an Ausoniens Küsten
landete, werde besingen des ersten Kampfes Beginnen.
Lehre, o Göttin, den Dichter: ich künde furchtbare Kriege,
künde von Kampf und von Fürsten, die Zorn zum Tode getrieben,
vom tyrrhenischen Heer, von Hesperien, das da ganz in
Waffen stand. Es wächst mir höher der Rang des Geschehens,
Höheres setz' ich ins Werk.
                            Latinus lenkte, bejahrt schon,
Land und ruhige Städte in langem Frieden als König.
Er, so hören wir, stammt von Faunus und von Laurentums
Nymphe Marica, der Vater des Faunus ist Picus, und d e r rühmt
dich, Saturnus, als Vater; du bleibst ihres Blutes Erwecker.
Sohn und männlichen Sproß vergönnte die Fügung der Götter
nicht dem Latinus; es wuchs einer auf und verstarb, kaum Jüngling.
Einzig die Tochter erhielt das Haus und so großes Besitztum,
reif schon war sie dem Mann, volljährig schon zur Vermählung.
Viele warben um sie aus dem großen Latium und aus
ganz Ausonien, Turnus als Herrlichster allen voran, durch
Ahn und Urahn berufen zur Macht; des Königs Gemahlin
drängte erstaunlichen Eifers, zum Eidam ihn zu gewinnen;
aber mit vielfacher Schrecknis wehren es göttliche Zeichen.
Mitten im hohen Innern des Hauses ragte ein Lorbeer,
heilig an Laub, viele Jahre hindurch voll Ehrfurcht gehütet;
ihn, so hieß es, fand sofort beim Bau seiner Stadtburg
Vater Latinus und weihte ihn selbst dem Phoebus und gab vom
Lorbeerbaum den Namen Laurenter den neuen Bewohnern.

huius apes summum densae — mirabile dictu —
stridore ingenti liquidum trans aethera vectae,   65
obsedere apicem, et pedibus per mutua nexis
examen subitum ramo frondente pependit.
continuo vates 'externum cernimus' inquit
'adventare virum et partis petere agmen easdem
partibus ex isdem et summa dominarier arce.'   70
praeterea, castis adolet dum altaria taedis
et iuxta genitorem adstat Lavinia virgo,
visa — nefas — longis comprendere crinibus ignem
atque omnem ornatum flamma crepitante cremari
regalisque accensa comas, accensa coronam   75
insignem gemmis, tum fumida lumine fulvo
involvi ac totis Volcanum spargere tectis.
id vero horrendum ac visu mirabile ferri:
namque fore inlustrem fama fatisque canebant
ipsam, sed populo magnum portendere bellum.   80

 At rex sollicitus monstris oracula Fauni,
fatidici genitoris, adit lucosque sub alta
consulit Albunea, nemorum quae maxima sacro
fonte sonat saevamque exhalat opaca mephitim.
hinc Italae gentes omnisque Oenotria tellus   85
in dubiis responsa petunt; huc dona sacerdos
cum tulit et caesarum ovium sub nocte silenti
pellibus incubuit stratis somnosque petivit,
multa modis simulacra videt volitantia miris
et varias audit voces fruiturque deorum   90
conloquio atque imis Acheronta adfatur Avernis.
hic et tum pater ipse petens responsa Latinus
centum lanigeras mactabat rite bidentis
atque harum effultus tergo stratisque iacebat
velleribus; subita ex alto vox reddita luco est: 95
'ne pete conubiis natam sociare Latinis,
o mea progenies, thalamis neu crede paratis:
externi venient generi, qui sanguine nostrum
nomen in astra ferant quorumque ab stirpe nepotes

Dieses Baumes Wipfel zuhöchst — ein Wunder zu künden —
nahmen Bienen, dicht hinsurrend durch lichte Luft, zum
Sitz, und plötzlich, Fuß bei Füßen innig verknäuelt,
hing der Schwarm dort schwarz herab aus grünem Gezweige.
Gleich sprach so der Seher: „Ich schaue, es nahet von auswärts
her ein Held, zum gleichen Ort strebt mit ihm ein Heer vom
gleichen Ort und herrscht hoch her vom Gipfel der Stadtburg."
Weiter noch: als den Altar von heiligen Fackeln entlodern
ließ und neben dem Vater Lavinia stand, die Jungfrau,
sah man — unsäglich — Feuer sie fangen im wallenden Haare
und am Kopfschmuck rings verbrennen in prasselnder Flamme,
hell entbrannt am fürstlichen Haar, entbrannt auch am Kronreif,
blitzend von Edelgestein, sah dann wie, rauchig von gelbem
Licht umwirbelt, Feuer sie streute im ganzen Palaste.
Das aber galt als furchtbar und als ein Wunder zu sehen:
denn berühmt durch Schicksal und Ruf — so klang die Verheißung —
werde sie selbst; doch bringe sie großen Krieg ihrem Volke.

Bang ob der Wunder geht der Fürst zum Orakel des Faunus,
seines prophetischen Vaters, und fragt die Haine am Fuß der
hohen Albunea; mächtig im Walde rauscht sie mit hehrem
Quell und atmet, schattenumdunkelt, beißenden Brodem.
Hier erbittet der Italer, hier Oenotrias ganzes
Land sich Antwort in Zweifels Not; wenn hierhin der Priester
Gaben bringt und Lager nimmt in schweigender Nacht auf
Fellen geschlachteter Schafe und Schlaf hier sucht, dann schaut er
Bilder in Fülle; sie schweben in wunderseltsamer Weise,
Stimmen hört er in buntem Gewirr und genießt mit den Göttern
Wechselrede und spricht zum Acheron drunten im Abgrund.
Hier bat selbst um Antwort auch damals Vater Latinus;
schlachtete hundert — kultgemäß jährige — wollige Schafe,
hochgebettet auf ihrem Fell, dem Lager der Vliese
ruhte er; da hallt plötzlich im hohen Hain eine Stimme:
„Trachte doch nicht, deine Tochter Latinern zur Ehe zu geben,
du, mein Sohn, vertraue auch nicht der bereiteten Hochzeit;
Eidame kommen von fern, **deren Blut einst unseren Namen
stern-auf tragen soll, aus deren Stamme die Enkel**

omnia sub pedibus, qua Sol utrumque recurrens 100
adspicit Oceanum, vertique regique videbunt.'
haec responsa patris Fauni monitusque silenti
nocte datos non ipse suo premit ore Latinus,
sed circum late volitans iam Fama per urbes
Ausonias tulerat, cum Laomedontia pubes 105
gramineo ripae religavit ab aggere classem.

    Aeneas primique duces et pulcher Iulus
corpora sub ramis deponunt arboris altae
instituuntque dapes et adorea liba per herbam
subiciunt epulis — sic Iuppiter ipse monebat — 110
et Cereale solum pomis agrestibus augent.
consumptis hic forte aliis ut vertere morsus
exiguam in Cererem penuria adegit edendi
et violare manu malisque audacibus orbem
fatalis crusti patulis nec parcere quadris: 115
'heus, etiam mensas consumimus' inquit Iulus,
nec plura adludens. ea vox audita laborum
prima tulit finem primamque loquentis ab ore
eripuit pater ac stupefactus numine pressit.
continuo 'salve fatis mihi debita tellus 120
vosque' ait 'o fidi Troiae salvete penates;
hic domus, haec patria est. genitor mihi talia namque
— nunc repeto — Anchises fatorum arcana reliquit:
"cum te, nate, fames ignota ad litora vectum
accisis coget dapibus consumere mensas, 125
tum sperare domos defessus ibique memento
prima locare manu molirique aggere tecta"
haec erat illa fames, haec nos suprema manebat,
exitiis positura modum.
quare agite et primo laeti cum lumine solis 130
quae loca, quive habeant homines, ubi moenia gentis,
vestigemus et a portu diversa petamus.
nunc pateras libate Iovi precibusque vocate
Anchisen genitorem et vina reponite mensis.'
sic deinde effatus frondenti tempora ramo 135

alles Gebiet, wo Sol im Osten und Westen das Weltmeer
schaut auf kreisender Bahn, als Herrscher zu Füßen sich werfen."
Diese mahnende Antwort des Vaters Faunus, in stiller
Nacht gegeben, behielt Latinus nicht für sich selber,
sondern es hatte sie fliegend weitum durch Ausoniens Städte
Fama schon gebracht, als die laomedontische Mannschaft
eben am grasigen Damm des Ufers pflockte die Flotte.

Unter hohen Baumes Gezweige streckten Aeneas
und die ersten Führer sich aus und der strahlende Julus,
richteten her das Mahl und legten unter die Speisen
Kuchen aus Spelt ins Gras — das gab ihnen Juppiter selbst ein —
und sie füllten mit ländlicher Frucht den Boden des Backwerks.
Als nun die Früchte verzehrt und Mangel an Speise sie antrieb,
auch in die dünnen Fladen zu beißen, mit Hand und verwegnen
Kinnbacken anzutasten des schicksalsträchtigen Backwerks
Rund und nicht zu schonen die flachen, gevierteilten Scheiben,
„Ei doch, wir essen sogar noch die Tische!" sagte da ohne
weitere Anspielung Julus; dies Wort ward vernommen und brachte
gleich der Mühsal Ende; denn gleich von des Sprechenden Munde
riß es der Vater und hielt es, erstaunt ob göttlichen Waltens,
fest und sprach: „Heil dir, du Land, mir geschuldet vom Schicksal,
Heil auch euch, ihr treuen Penaten Trojas: denn hier ist
Heimat, hier Vaterland; solch Geheimnis der Schicksale hat ja
Vater Anchises — jetzt weiß ich es wieder — mir hinterlassen:
,Wenn dich, Sohn, nach der Fahrt zu fremden Gestaden der Hunger
zwingt, nach dem Ende des Mahles auch noch zu verzehren die Tische,
dann gedenke, auf Heim zu hoffen, müde und matt, und
dort mit Wall und Graben sogleich eine Stadt zu erbauen.'
Dieses war jener Hunger, er wartete unser zuletzt noch,
um ein Ziel zu setzen der Not.
Auf denn, laßt uns froh beim ersten Strahle der Sonne
Land und Leute erforschen und wo die Städte des Volkes
liegen! Ziehen vom Hafen wir fort nach hüben und drüben!
Jetzt bringt Weihetrank Juppiter dar und ruft in Gebeten
Vater Anchises an und setzt den Wein auf die Tische."
Also sprach er und kränzte mit grünendem Zweige die Schläfen,

inplicat et geniumque loci primamque deorum
Tellurem nymphasque et adhuc ignota precatur
flumina, tum Noctem Noctisque orientia signa
Idaeumque Iovem Phrygiamque ex ordine matrem
invocat et duplicis caeloque Ereboque parentis.   140
hic pater omnipotens ter caelo clarus ab alto
intonuit radiisque ardentem lucis et auro
ipse manu quatiens ostendit ab aethere nubem.
diditur hic subito Troiana per agmina rumor
advenisse diem, quo debita moenia condant.   145
certatim instaurant epulas atque omine magno
crateras laeti statuunt et vina coronant.

    Postera cum prima lustrabat lampade terras
orta dies, urbem et finis et litora gentis
diversi explorant: haec fontis stagna Numici,   150
hunc Thybrim fluvium, hic fortis habitare Latinos.

    Tum satus Anchisa delectos ordine ab omni
centum oratores augusta ad moenia regis
ire iubet, ramis velatos Palladis omnis,
donaque ferre viro pacemque exposcere Teucris.   155
haud mora, festinant iussi rapidisque feruntur
passibus. ipse humili designat moenia fossa
moliturque locum primasque in litore sedes
castrorum in morem pinnis atque aggere cingit.

    Iamque iter emensi turris ac tecta Latinorum   160
ardua cernebant iuvenes muroque subibant.
ante urbem pueri et primaevo flore iuventus
exercentur equis domitantque in pulvere currus
aut acris tendunt arcus aut lenta lacertis
spicula contorquent cursuque ictuque lacessunt,   165
cum praevectus equo longaevi regis ad auris
nuntius ingentis ignota in veste reportat
advenisse viros. ille intra tecta vocari
imperat et solio medius consedit avito.
tectum augustum ingens, centum sublime columnis,   170
urbe fuit summa, Laurentis regia Pici,

rief des Ortes Genius an und als erste der Götter
Tellus, die Nymphen und alle die jetzt noch unbekannten
Ströme, sodann die Nacht und der Nacht aufsteigende Sterne,
Juppiter dann vom Ida, nächst ihm die Phrygische Mutter
rief er, und endlich die Mutter im Himmel, den Vater im Orkus.
Da ließ klar aus Himmels Höhn der allmächtige Vater
dreimal es donnern, schüttelte selbst mit der Hand und zeigte
so eine goldenumstrahlte, vom Äther brennende Wolke.
Gleich verbreitet sich schnell bei Trojas Scharen die Kunde,
nun sei da der Tag, die verheißene Stadt zu erbauen.
Eifrig setzen ihr Mahl sie fort; beglückt ob des großen
Omens, stellen die Krüge sie auf und kränzen die Becher.

    Gleich, als der folgende Tag mit dem ersten Strahle die Lande
leuchtend beschien, erforschten sie Stadt und Gebiet und des Volkes
Küsten, dreifach geteilt: dieser Sumpf sei Quell des Numikus,
hier sei des Thybris Strom, hier wohnten die tapfren Latiner.

    Dann befiehlt der Sohn des Anchises, hundert, aus jedem
Stande Erwählten, als Unterhändler zur herrlichen Stadt des
Königs zu gehen, alle bekränzt mit den Zweigen der Pallas,
Gaben dem Helden zu bringen und Frieden zu sichern den Teukrern.
Gleich, wie befohlen, eilen sie fort mit stürmischen Schritten.
Aber Aeneas bezeichnet mit niedrigem Graben den Ring der
Mauern, befestigt den Platz, und den ersten Wohnsitz am Strande
gürtet nach Art eines Lagers er rings mit Wall und mit Mauern.

    Schon durchmaßen die Männer den Weg und sahn der Latiner
ragende Türme und Dächer und kamen näher der Mauer.
Knaben üben und Jungmannschaft in der Blüte des Lebens
dort vor der Stadt zu Roß und tummeln im Staub die Gespanne,
spannen den Bogen straff oder schwingen kräftig die schwanken
Speere zum Wurf und fordern heraus zum Lauf und zum Boxkampf.
Schnell sprengt jetzt ein Bote voraus und bringt vor das Ohr des
hochbejahrten Fürsten die Kunde: riesige Männer,
fremdgewandete, seien gekommen; er läßt in die Stadt sie
rufen und nimmt in der Mitte dann Platz auf dem Throne der Ahnen.
Mächtig stand und ragend das Haus auf hundert Säulen
hoch in der Stadt, die Königsburg des laurentischen Picus,

horrendum silvis et religione parentum.
hic sceptra accipere et primos attollere fasces
regibus omen erat, hoc illis curia templum,
haec sacris sedes epulis, hic ariete caeso 175
perpetuis soliti patres considere mensis.
quin etiam veterum effigies ex ordine avorum
antiqua e cedro, Italusque paterque Sabinus,
vitisator, curvam servans sub imagine falcem,
Saturnusque senex Ianique bifrontis imago 180
vestibulo adstabant aliique ab origine reges,
Martiaque ob patriam pugnando volnera passi.
multaque praeterea sacris in postibus arma,
captivi pendent currus curvaeque secures
et cristae capitum et portarum ingentia claustra 185
spiculaque clipeique ereptaque rostra carinis.
ipse Quirinali lituo parvaque sedebat
succinctus trabea laevaque ancile gerebat
Picus, equom domitor; quem capta cupidine coniunx
aurea percussum virga versumque venenis 190
fecit avem Circe sparsitque coloribus alas.
tali intus templo divom patriaque Latinus
sede sedens Teucros ad sese in tecta vocavit
atque haec ingressis placido prior edidit ore:
  'Dicite, Dardanidae, — neque enim nescimus et urbem 195
et genus, auditique advertitis aequore cursum —
quid petitis, quae causa rates aut cuius egentis
litus ad Ausonium tot per vada caerula vexit?
sive errore viae seu tempestatibus acti,
qualia multa mari nautae patiuntur in alto, 200
fluminis intrastis ripas portuque sedetis,
ne fugite hospitium neve ignorate Latinos,
Saturni gentem, haud vinclo nec legibus aequam,
sponte sua veterisque dei se more tenentem.
atque equidem memini — fama est obscurior annis — 205
Auruncos ita ferre senes, his ortus ut agris
Dardanus Idaeas Phrygiae penetravit ad urbes

schauerumweht von Wäldern und frommer Ehrfurcht der Ahnen.
Szepter und Fasces hier zuerst zu empfangen, das galt als
glückliches Zeichen den Fürsten; ihr Rathaus war dieser Tempel,
hier der Platz für des Opfers Mahl, hier pflegten den Widder
darzubringen die Väter und dann in Reihen zu tafeln.
Ja, hier standen auch Bilder der alten Ahnen in Reihen,
Schnitzwerk aus uralter Zeder, stand Italus, Vater Sabinus,
Pflanzer der Reben, er hielt noch im Bild die gebogene Sichel,
auch Saturnus, der Greis, und des Janus doppeltes Antlitz
standen im Eingang zur Halle und andere Herrscher der Urzeit,
die da erlagen den Schlägen des Mars im Kampf um die Heimat.
Viele Waffen prangten dazu an heiligen Pfosten,
Beutewagen und Äxte mit scharf sich rundender Schneide,
Helmbüsche, Zierde des Hauptes, der Pforten riesige Riegel,
Wurfspieße, Schilde und Schnäbel, entrissen feindlichen Schiffen.
Mit quirinalischem Krummstab und angetan mit der kurzen
Trabea und in der Linken den heiligen Schild, so thronte
Picus, der Rossebezwinger; ihn schlug seine Buhle, die Kirke,
eifersuchtswild mit goldenem Zweig und wandelte ihn durch
Gifte zum Vogel, besprengte mit Farben bunt sein Gefieder.
Mitten in solchem Tempel der Götter thronte Latinus
auf der Väter Thron und rief vor sein Antlitz die Teukrer
und begrüßte beim Eintritt sogleich sie mit freundlicher Rede:

„Sagt, ihr Dardaner — denn nicht fremd ist euere Stadt uns
und euer Volk, es ward eure Fahrt hierher schon verkündet —,
was begehrt ihr, welch ein Grund oder welche Bedrängnis
trieb an Ausoniens Strand über Meeres Weiten die Schiffe?
Ob ihr durch Irrfahrt nun oder hergetrieben von Stürmen,
wie die Schiffer sie viel auf hohem Meere erdulden,
hier zum Ufer des Stromes kamt und ruhet im Hafen:
meidet Gastfreundschaft nicht, verkennt auch nicht die Latiner,
sie, des Saturnus Geschlecht, gerecht, nicht durch Zwang und Gesetze,
sondern aus sich und getreu dem Brauch des uralten Gottes.
Seht, ich entsinne mich — sank auch ins Dunkel der Jahre die Kunde —,
greise Aurunker erzählten es so: diesem Lande entstammt, sei
Dardanus eingedrungen in Phrygiens Städte am Ida

Threiciamque Samum, quae nunc Samothracia fertur.
　　hinc illum, Corythi Tyrrhena ab sede profectum,
　　aurea nunc solio stellantis regia caeli 210
　　accipit et numerum divorum altaribus auget.'
　　　Dixerat, et dicta Ilioneus sic voce secutus:
　　'rex, genus egregium Fauni, nec fluctibus actos
　　atra subegit hiems vestris succedere terris
　　nec sidus regione viae litusve fefellit: 215
　　consilio hanc omnes animisque volentibus urbem
　　adferimur, pulsi regnis, quae maxima quondam
　　extremo veniens Sol adspiciebat Olympo.
　　ab Iove principium generis, Iove Dardana pubes
　　gaudet avo, rex ipse Iovis de gente suprema, 220
　　Troïus Aeneas, tua nos ad limina misit.
　　quanta per Idaeos saevis effusa Mycenis
　　tempestas ierit campos, quibus actus uterque
　　Europae atque Asiae fatis concurrerit orbis,
　　audiit et si quem tellus extrema refuso 225
　　summovet oceano et si quem extenta plagarum
　　quattuor in medio dirimit plaga Solis iniqui.
　　diluvio ex illo tot vasta per aequora vecti
　　dis sedem exiguam patriis litusque rogamus
　　innocuum et cunctis undamque auramque patentem. 230
　　non erimus regno indecores, nec vestra feretur
　　fama levis tantique abolescet gratia facti,
　　nec Troiam Ausonios gremio excepisse pigebit.
　　fata per Aeneae iuro dextramque potentem
　　sive fide seu quis bello est expertus et armis: 235
　　multi nos populi, multae — ne temne, quod ultro
　　praeferimus manibus vittas ac verba precantia —
　　et petiere sibi et voluere adiungere gentes;
　　sed nos fata deum vestras exquirere terras
　　imperiis egere suis. hinc Dardanus ortus; 240
　　huc repetit iussisque ingentibus urget Apollo
　　Tyrrhenum ad Thybrim et fontis vada sacra Numici.
　　dat tibi praeterea fortunae parva prioris

und zum Threïkischen Samos, das jetzt Samothrake genannt wird.
Ihn, der von Corythus hier, dem tyrrhenischen Wohnsitze, aufbrach,
ihn empfängt des Sternenhimmels goldene Burg jetzt
auf dem Thron und mehrt durch Altäre die Anzahl der Götter."
 Also sprach der Fürst. Ihm antwortet so Ilióneus:
„Fürst, des Faunus erhabener Sproß! Kein düsterer Sturmwind
zwang uns, im Drange der Flut an euren Küsten zu landen,
weder Gestirn noch Gestade hat uns getäuscht in der Richtung:
wohlüberlegt und festgewillt, so kommen wir alle
hier zur Stadt, vertrieben aus Reichen, den größten, die Sol einst
schaute, selbst wenn er kam vom fernsten Rande des Himmels.
Ursprung ist Juppiter uns, des Ahnherrn Juppiter freut sich
Dardanerjugend; der König selbst, aus Juppiters höchstem
Stamm, der Troer Aeneas, entsandte zu deinem Palast uns.
Welch ein Sturm durch die Lande am Ida vom wilden Mykene
brauste, von welchem Verhängnis getrieben, die Erdteile beide,
Asien und Europa, in Kampf miteinander gerieten,
das vernahm der Bewohner des äußersten Randes der Erde,
wo sich der Ozean rundet, das hörte auch, wer in der weiten
Zone, inmitten der vier, fern wohnt unter glühender Sonne.
Seit jener Flut des Verderbens durch wüste Meere getrieben,
flehn wir um kärglichen Sitz für die heimischen Götter, um harmlos
Küstenland, um Wasser und Luft, die allen doch freistehn.
Schande bringen dem Reiche wir nicht, auch wird euer Ruhm nicht
wenig sich heben, nicht schwindet der Dank für solch eine Tat, und
Troja geborgen zu haben, wird nie die Ausonier reuen.
Bei des Aeneas Sendung und seiner gewaltigen Rechten,
ob im Bunde sie einer erprobt, ob in Krieg und in Waffen:
schwöre ich: viele Völker und Stämme — mißachte uns nicht, weil
selbst wir mit Binden der Flehenden nahn und bittenden Worten —
haben dringend gewünscht, wir sollten uns ihnen verbinden.
Aber es trieben uns Sprüche der Götter durch ihre Befehle,
eure Lande zu suchen; von hier stammt Dardanus, hierhin
fordert zurück und drängt uns mit strengsten Befehlen Apollo
hin zum tyrrhenischen Thybris, zum heiligen Quell des Numikus.
Hier nun schenkt unser Fürst des früheren Glückes geringe

munera, reliquias Troia ex ardente receptas.
hoc pater Anchises auro libabat ad aras, 245
hoc Priami gestamen erat, cum iura vocatis
more daret populis, sceptrumque sacerque tiaras
Iliadumque labor vestes.'
 Talibus Ilionei dictis defixa Latinus
obtutu tenet ora soloque inmobilis haeret 250
intentos volvens oculos. nec purpura regem
picta movet nec sceptra movent Priameïa tantum,
quantum in conubio natae thalamoque moratur,
et veteris Fauni volvit sub pectore sortem:
hunc illum fatis externa ab sede profectum 255
portendi generum paribusque in regna vocari
auspiciis, huic progeniem virtute futuram
egregiam et totum quae viribus occupet orbem.
tandem laetus ait: 'di nostra incepta secundent
auguriumque suum. dabitur, Troiane, quod optas; 260
munera nec sperno. non vobis rege Latino
divitis uber agri Troiaeve opulentia derit.
ipse modo Aeneas, nostri si tanta cupido est,
si iungi hospitio properat sociusque vocari,
adveniat voltus neve exhorrescat amicos: 265
pars mihi pacis erit dextram tetigisse tyranni.
vos contra regi mea nunc mandata referte.
est mihi nata, viro gentis quam iungere nostrae
non patrio ex adyto sortes, non plurima caelo
monstra sinunt; generos externis adfore ab oris, 270
hoc Latio restare canunt, qui sanguine nostrum
nomen in astra ferant. hunc illum poscere fata
et reor et, si quid veri mens augurat, opto.'
haec effatus equos numero pater eligit omni
— stabant ter centum nitidi in praesepibus altis —. 275
omnibus extemplo Teucris iubet ordine duci
instratos ostro alipedes pictisque tapetis:
aurea pectoribus demissa monilia pendent,
tecti auro fulvom mandunt sub dentibus aurum,

Gaben, Überbleibsel, aus Trojas Brande gerettet.
Aus dem Golde hier goß den Weihetrank Vater Anchises,
dies war des Priamus Tracht, wenn Recht den versammelten Völkern
nach der Sitte er sprach, das Szepter, die hehre Tiara
und dies Gewand, mühselig Werk trojanischer Frauen.

So sprach Ilioneus, und starr hielt beständig Latinus
niedergewandt sein Gesicht, sah unbeweglich zu Boden,
ganz nach innen wendend den Blick: nicht reizte den Fürsten
Purpurgewirk und nicht des Priamus Szepter so sehr, wie
er in Gedanken verweilte bei seiner Tochter Vermählung
und des alten Faunus Orakel im Herzen bedachte:
dieser hier, den sein Geschick aus fernem Lande geleitet,
sei ihm zum Eidam bestimmt, unter gleichen Auspizien auch zur
Macht berufen, ihm wachse ein kommend Geschlecht, das an Mannheit
hochauf rage und mächtig den ganzen Erdkreis bezwinge.
Froh ruft endlich der Fürst: „Vollenden denn Götter, was wir auf
i h r e n Wink hin begonnen. Dein Wunsch sei gewährt dir, Trojaner.
Nicht verschmäh' ich die Gaben; auch euch soll unter Latinus'
Herrschaft Ackers Fülle nicht fehlen, nicht Reichtümer Trojas.
Möge Aeneas nur selbst, wenn so zu uns es ihn hindrängt,
wenn er sich eilt, unser Gast zu sein und Bündner zu heißen,
möge er kommen und nicht sich scheun vor freundlichem Antlitz.
Friede ist halb schon verbürgt, ergriff ich die Hand erst des Herrschers.
Ihr aber meldet jetzt meinen Antrag dem Fürsten: ich habe
eine Tochter; sie einem Mann unsres Volks zu vermählen,
wehrt das Orakel des Vaters und zahlreiche Zeichen vom Himmel:
Eidame kämen von fremdem Strand, so künden sie, das sei
Latium vorbestimmt; ihr Blut soll unseren Namen
himmelan heben; daß hier jenen Herrscher die Schicksale fordern,
glaube ich und, ahnt irgend mein Herz nur Wahrheit, so wünsch ich's."
So spricht Vater Latinus; dann wählt er Rosse aus seinem
ganzen Besitz — blank standen dreihundert an ragenden Krippen —
gleich befiehlt er, all den Teukrern der Reihe nach Renner
vorzuführen mit buntverbrämten, purpurnen Decken.
Golden hängt von der Brust hernieder zierlicher Halsschmuck,
goldgezäumt mahlt rings ihr Gebiß auf glitzerndem Golde;

absenti Aeneae currum geminosque iugalis 280
semine ab aetherio, spirantis naribus ignem,
illorum de gente, patri quos daedala Circe
supposita de matre nothos furata creavit.
talibus Aeneadae donis dictisque Latini
sublimes in equis redeunt pacemque reportant. 285

  Ecce autem Inachiis sese referebat ab Argis
saeva Iovis coniunx aurasque invecta tenebat,
et laetum Aenean classemque ex aethere longo
Dardaniam Siculo prospexit ab usque Pachyno.
moliri iam tecta videt, iam fidere terrae, 290
deseruisse rates: stetit acri fixa dolore.
tum quassans caput haec effundit pectore dicta:
'heu stirpem invisam et fatis contraria nostris
fata Phrygum! num Sigeis occumbere campis,
num capti potuere capi, num incensa cremavit 295
Troia viros? medias acies mediosque per ignis
invenere viam. at, credo, mea numina tandem
fessa iacent odiis aut exsaturata quievi. —
quin etiam patria excussos infesta per undas
ausa sequi et profugis toto me opponere ponto. 300
absumptae in Teucros vires caelique marisque.
quid Syrtes aut Scylla mihi, quid vasta Charybdis
profuit? optato conduntur Thybridis alveo,
securi pelagi atque mei. Mars perdere gentem
inmanem Lapithum valuit, concessit in iras 305
ipse deum antiquam genitor Calydona Dianae,
quod scelus aut Lapithas tantum aut Calydona merentem?
ast ego, magna Iovis coniunx, nil linquere inausum
quae potui infelix, quae memet in omnia verti,
vincor ab Aenea. quod si mea numina non sunt 310
magna satis, dubitem haud equidem inplorare quod usquam.
flectere si nequeo superos, Acheronta movebo.
non dabitur regnis — esto — prohibere Latinis,
atque inmota manet fatis Lavinia coniunx:
at trahere atque moras tantis licet addere rebus, 315

Wagen bekommt der ferne Aeneas mit Doppelgespann von
himmlischer Abkunft; es schnaubt aus den Nüstern Feuer und stammt von
jenen Rossen, die einst die Zauberin Kirke dem Vater
heimlich als Bastarde schuf von untergeschobener Mutter.
Also beschenkt Latinus die Aeneaden durch Wort und
Werk, und hoch zu Roß ziehn heim sie und bringen das Bündnis.

Schon aber war auf der Heimkehr aus Argos, des Inachus' Gründung,
Juppiters grimmes Gemahl und fuhr auf Lüften; da sah sie
plötzlich den frohen Aeneas mitsamt seiner Dardanerflotte
ferne aus Äthers Höhn vom sizilischen Gipfel Pachynums,
sieht, wie sie Häuser schon bauen und schon der Erde vertrauen,
Schiffe verlassen: sie steht, durchbohrt von bitterem Schmerze,
schüttelt alsdann ihr Haupt und spricht ihren Zorn sich vom Herzen:
„O der verhaßten Brut und der Phrygerschicksale, meinen
Schicksalen feind! Erlagen sie denn in Sigeions Gefilden?
Ließen die schon Gefangnen sich halten, fraßen die Flammen
Trojas die Männer? Durch Schlachtengewühl und mitten durch Brände
fanden den Weg sie. Ja, ich glaube, mein Wirken liegt endlich
lahm oder, Hasses satt, fand Ruhe ich. — Nein, ich ertrug's doch,
feindlich den Heimatverjagten zu folgen durch Wogen und mich den
Flüchtigen noch entgegenzustellen rings in den Fluten.
Abgenützt sind an den Teukrern die Kräfte des Himmels, des Meeres.
Was haben Syrten und Skylla mir nun und der Schlund der Charybdis
wirklich genützt? Sie ruhn im ersehnten Bette des Thybris,
sicher vor Meereswüten und mir. Mars konnte das Riesen-
volk der Lapithen vernichten, es gab dem Zorne Dianas
einst das uralte Kálydon preis der Vater der Götter;
was aber hatten Lapithen und Kálydon Arges verschuldet?
Ich jedoch, Juppiters hehres Gemahl, die es über sich brachte,
nichts ungewagt zu lassen, umsonst, die an alles sich wandte,
werde besiegt von Aeneas. Nun wohl, wenn die eigene Macht nicht
hinreicht, scheu ich mich nicht, das „Irgendwo" zu beschwören.
Kann ich den Himmel nicht beugen, so hetz ich die Hölle in Aufruhr.
Nicht ist's vergönnt, — also gut! —, das latinische Reich ihm zu wehren,
schicksalverbürgt harrt seiner Lavinia auch als Gemahlin.
Aber verschleppen darf ich und hemmen so große Entfaltung,

at licet amborum populos exscindere regum.
hac gener atque socer coeant mercede suorum:
sanguine Troiano et Rutulo dotabere, virgo,
et Bellona manet te pronuba. nec face tantum
Cisseis praegnas ignis enixa iugalis; 320
quin idem Veneri partus suus et Paris alter
funestaeque iterum recidiva in Pergama taedae.'

    Haec ubi dicta dedit, terras horrenda petivit:
luctificam Allecto dirarum ab sede dearum
infernisque ciet tenebris, cui tristia bella 325
iraeque insidiaeque et crimina noxia cordi.
odit et ipse pater Pluton, odere sorores
Tartareae monstrum: tot sese vertit in ora,
tam saevae facies, tot pullulat atra colubris.
quam Iuno his acuit verbis ac talia fatur: 330
'hunc mihi da proprium, virgo, sata Nocte, laborem
hanc operam, ne noster honos infractave cedat
fama loco neu conubiis ambire Latinum
Aeneadae possint Italosve obsidere finis.
tu potes unanimos armare in proelia fratres 335
atque odiis versare domos, tu verbera tectis
funereasque inferre faces, tibi nomina mille,
mille nocendi artes. fecundum concute pectus,
dissice compositam pacem, sere crimina belli:
arma velit poscatque simul rapiatque iuventus.' 340

    Exim Gorgoneis Allecto infecta venenis
principio Latium et Laurentis tecta tyranni
celsa petit tacitumque obsedit limen Amatae,
quam super adventu Teucrum Turnique hymenaeis
femineae ardentem curaeque iraeque coquebant. 345
huic dea caeruleis unum de crinibus anguem
conicit inque sinum praecordia ad intima subdit,
quo furibunda domum monstro permisceat omnem.
ille inter vestes et levia pectora lapsus
volvitur attactu nullo fallitque furentem, 350
vipeream spirans animam; fit tortile collo

aber vernichten darf ich der beiden Könige Völker.
So um der Ihrigen Preis seien Eidam und Schwäher vereinigt,
Blut von Trojanern und Rutulern wird deine Mitgift, o Jungfrau,
Brautfrau wird dir Bellona. Nicht Kisseus' Tochter nur, fackel-
schwanger, gebar einen Sohn, dessen Ehe zum Brand ward, o nein, auch
Venus hat ebensolch eigene Brut, einen anderen Paris,
tödlich sind Pergamus wieder, dem neuen, Fackeln der Hochzeit.

    Also sprach sie und stürmte zur Erde, grauenerregend,
holte Allekto, die Unheilsmacht, von der Furien Sitze
und aus höllischem Dunkel herauf; der liegen am Herzen
gramvolle Kriege, Tücke und Groll und giftiger Vorwurf.
Haßt doch Pluton selbst, der Vater, hassen doch auch die
höllischen Schwestern das Scheusal: es lebt unter s o vielen Fratzen,
grausig stets die Gestalt, sproßt schwarz von üppigen Nattern.
Juno hetzte mit Worten sie auf und sprach zu ihr also:
„Leiste mir, Jungfrau, Tochter der Nacht, hier diesen besondren
Dienst, diese Mühe, daß nie meines Namens Ehre gebrochen
räume das Feld, daß nicht des Aeneas Geschlecht dem Latinus
brautwerbend nahe und dann Italiens Lande besetze.
Du kannst Brüder, ein Herz, eine Seele, hetzen zum Hader,
Häuser stürzen durch Haß, du trägst unter friedliche Dächer
Schläge und Mord und Brand, verfügst über tausend von Namen,
tausender Tücken Gewalt; schütt aus die Früchte des Herzens,
reiß auseinander vereinbarten Bund, schaff Anlaß zum Kriege,
Waffen soll wollen und fordern zugleich und ergreifen die Jugend."

    Eilends macht sich Allekto, getränkt von den Giften der Gorgo,
erst nach Latium auf zum hohen Palast des Laurenter-
fürsten und nimmt Besitz vom stillen Gemache Amatas.
Wegen der Ankunft der Teukrer und wegen des Turnus Vermählung
siedete Frauengram und -groll in der zürnenden Fürstin.
Ihr wirft zu aus bläulichem Haar eine Schlange die Göttin,
läßt sie im Busen ihr tief und im innersten Herzen sich bergen:
rasend von diesem Gift soll ganz ihr Haus sie zerrütten.
Zwischen den Kleidern gleitet und blankem Busen die Natter,
windet ohne Berührung sich leis und täuscht die Besessne,
haucht ihr Schlangenwut ins Herz, zum goldenen Halsband

aurum ingens coluber, fit longae taenia vittae
innectitque comas et membris lubricus errat.
ac dum prima lues udo sublapsa veneno
pertemptat sensus atque ossibus inplicat ignem   355
necdum animus toto percepit pectore flammam,
mollius et solito matrum de more locuta,
multa super natae lacrimans Phrygiisque hymenaeis:
'exsulibusne datur ducenda Lavinia Teucris,
o genitor, nec te miseret gnataeque tuique   360
nec matris miseret, quam primo aquilone relinquet
perfidus alta petens abducta virgine praedo?
an non sic Phrygius penetrat Lacedaemona pastor
Ledaeamque Helenam Troianas vexit ad urbes?
quid tua sancta fides, quid cura antiqua tuorum   365
et consanguineo totiens data dextera Turno?
si gener externa petitur de gente Latinis
idque sedet Faunique premunt te iussa parentis,
omnem equidem sceptris terram quae libera nostris
dissidet, externam reor et sic dicere divos.   370
et Turno, si prima domus repetatur origo,
Inachus Acrisiusque patres mediaeque Mycenae.'
   His ubi nequiquam dictis experta Latinum
contra stare videt penitusque in viscera lapsum
serpentis furiale malum totamque pererrat,   375
tum vero infelix, ingentibus excita monstris,
inmensam sine more furit lymphata per urbem.
ceu quondam torto volitans sub verbere turbo,
quem pueri magno in gyro vacua atria circum
intenti ludo exercent; ille actus habena   380
curvatis fertur spatiis, stupet inscia supra
inpubesque manus, mirata volubile buxum;
dant animos plagae: non cursu segnior illo
per medias urbis agitur populosque ferocis.
quin etiam in silvas, simulato numine Bacchi,   385
maius adorta nefas maioremque orsa furorem
evolat et natam frondosis montibus abdit,

wird die mächtige Natter, zum Band am wallenden Kopftuch,
flicht in die Haare sich ein, schleicht schlüpfrig rings um die Glieder.
Während zunächst die Pest mit feuchtem Gifte hinabrinnt,
nur die Sinne befällt und Feuer in Mark und Gebein gießt,
aber ihr Geist noch nicht im ganzen Herzen entflammt ist,
redet sie ruhiger noch und so, wie Mütter gewohnt sind,
weint und beklagt ihrer Tochter Geschick und die phrygische Hochzeit.
„Wird nun Lavinia wirklich die Braut landflüchtiger Teukrer,
Vater, und tut dir's nicht leid um die Tochter und auch um dich selber,
tut dir die Mutter nicht leid, die bald, wenn Nordwind nur aufkommt,
treulos der Räuber verläßt, übers Meer das Mädchen entführend?
Drang nicht genau so nach Sparta der phrygische Hirte und schleppte
Helena, Ledas Tochter, mit fort in die Städte von Troja?
Bleibt noch heilig dein Wort und sorgst du, wie sonst, für die Deinen,
gilt noch dein Handschlag, so oft dem verwandten Turnus geboten?
Wird schon aus fremdem Volk ein Eidam gesucht den Latinern,
steht dies fest und bedrängt dich des Faunus Befehl, deines Vaters,
nun denn, so glaube ich, jegliches Land, das fern unserm Szepter
Freiheit genießt, ist Fremde, und dies sei die Meinung der Götter.
So stammt Turnus, zählt schon des Hauses Urbeginn, auch von
Inachus und von Akrisius ab, dem Herzen Mykenes."
  Als sie umsonst mit diesen Worten versucht den Latinus
und als Gegner ihn sieht, als tief in das Innere schleicht der
Schlange wahnsinnwirkendes Gift und ganz sie durchflutet,
rast die Unselige, aufgepeitscht durch Bilder des Grauens,
haltlos hin durch die Weite der Stadt im Wirbel des Wahnsinns.
Wie zuweilen ein Kreisel sich dreht unterm Wirbel der Peitsche,
den in großem Bogen die Knaben rings in der freien
Halle treiben, versessen aufs Spiel; der fliegt unterm Hieb des
Riemens in kreisendem Rund, unwissend bestaunen, von oben
schauend, die Knaben verwundert das wirbelnde Buchsbaumgebilde;
Schläge geben ihm Kraft. Im Lauf nicht träger als jener,
jagt durch Städte die Fürstin dahin und trotzige Völker.
Selbst in die Wälder, als wär sie gepackt von der Gottheit des Bakchus,
fliegt sie, schlimmeren Frevel beginnend und schlimmeren Wahnwitz,
wild hinaus und birgt in waldigen Bergen die Tochter,

quo thalamum eripiat Teucris taedasque moretur,
'euhoe Bacche' fremens, solum te virgine dignum
vociferans, etenim mollis tibi sumere thyrsos, 390
te lustrare choro, sacrum tibi pascere crinem.
fama volat, furiisque accensas pectore matres
idem omnis simul ardor agit nova quaerere tecta.
deseruere domos, ventis dant colla comasque,
ast aliae tremulis ululatibus aethera complent 395
pampineasque gerunt incinctae pellibus hastas.
ipsa inter medias flagrantem fervida pinum
sustinet ac natae Turnique canit hymenaeos,
sanguineam torquens aciem torvomque repente
clamat 'io matres, audite, ubi quaeque, Latinae: 400
si qua piis animis manet infelicis Amatae
gratia, si iuris materni cura remordet,
solvite crinalis vittas, capite orgia mecum.'
talem inter silvas, inter deserta ferarum,
reginam Allecto stimulis agit undique Bacchi. 405

Postquam visa satis primos acuisse furores
consiliumque omnemque domum vertisse Latini,
protinus hinc fuscis tristis dea tollitur alis
audacis Rutuli ad muros, quam dicitur urbem
Acrisioneis Danaë fundasse colonis, 410
praecipiti delata noto. locus Ardea quondam
dictus avis — et nunc magnum manet Ardea nomen,
sed fortuna fuit —: tectis hic Turnus in altis
iam mediam nigra carpebat nocte quietem.
Allecto torvam faciem et furialia membra 415
exuit, in voltus sese transformat anilis;
et frontem obscenam rugis arat, induit albos
cum vitta crinis, tum ramum innectit olivae;
fit Calybe Iunonis anus templique sacerdos
et iuveni ante oculos his se cum vocibus offert: 420
'Turne, tot incassum fusos patiere labores
et tua Dardaniis transcribi sceptra colonis?
rex tibi coniugium et quaesitas sanguine dotes

um den Teukrern zu rauben die Braut, zu hemmen die Hochzeit,
,Evoe, Bakchus!' jauchzend, nur dich als würdig der Jungfrau
preisend, denn dir solle sie tragen den schwankenden Thyrsus,
dich umwirbeln im Tanz, dir weih die Fülle des Haares.
Windschnell fliegt das Gerücht; aufflammt im Herzen der Frauen
gleiche Glut, treibt alle hinaus zu neuer Behausung;
Heim steht leer; sie lassen den Winden Nacken und Haare,
andere füllen mit flackerndem Schrei lautjauchzend den Äther,
schwingen, umgürtet von Fellen die weinlaubumwobenen Lanzen.
Mitten im Schwarm aber reckt voll Glut eine lodernde Kienholz-
fackel die Fürstin und singt für die Tochter und Turnus das Brautlied,
rollt die Augen, die blutunterlaufenen, und schreit plötzlich
wild: „Io, ihr Mütter, vernehmt mich, Latiums Frauen:
wenn zur armen Amata ergebene Herzen noch irgend
Neigung hegen, wenn Sorge noch wacht um das Recht einer Mutter,
so laßt fliegen das Haar und begeht die Orgien mit mir."
So zwischen Wälder rings und öder Hausung des Wildes
hetzt Allekto die Fürstin umher mit den Stacheln des Bakchus.

Als sie glaubte, fürs erste genug den Wahnsinn geschärft und
völlig vernichtet zu haben den Plan und das Haus des Latinus,
hob sich die düstere Göttin von hier auf schwärzlichen Schwingen
gleich zu des kühnen Rutulers Stadt, die einst, wie die Sage
lautet, Danaë baute mit akrisionischen Siedlern,
hergetrieben vom stürmischen Süd. Den Vorfahren hieß einst
Ardea hier der Ort — noch jetzt hat Ardeas Name
Klang, doch schwand sein Glück —: hier trank im hohen Palaste
Turnus in dunkler Nacht halb leer den Kelch schon des Schlummers.
Abtut Allekto die grause Gestalt und die Furienglieder,
wandelt sich um und trägt die Züge nun einer Alten,
furcht mit Falten die widrige Stirn, umwindet das weiße
Haar mit dem Kopfband und flicht hinein den Zweig eines Ölbaums.
Kálybe wird sie, Priesterin alt im Tempel der Juno,
tritt dem Jüngling vor Augen und spricht zu ihm diese Worte:
„Turnus, läßt du umsonst verrinnen so viele Mühsal,
läßt dein künftiges Szepter vermachen dardanischen Siedlern?
Ehebund will der Fürst und mit Blut erworbene Mitgift

abnegat externusque in regnum quaeritur heres.
i nunc, ingratis offer te, inrise, periclis: 425
Tyrrhenas, i, sterne acies; tege pace Latinos.
haec adeo tibi me, placida cum nocte iaceres,
ipsa palam fari omnipotens Saturnia iussit.
quare age et armari pubem portisque moveri
laetus in arma para, et Phrygios qui flumine pulchro 430
consedere duces pictasque exure carinas.
caelestum vis magna iubet. rex ipse Latinus,
ni dare coniugium et dicto parere fatetur,
sentiat et tandem Turnum experiatur in armis.'

Hic iuvenis vatem inridens sic orsa vicissim 435
ore refert: 'classis invectas Thybridis undam
non, ut rere, meas effugit nuntius auris.
ne tantos mihi finge metus; nec regia Iuno
inmemor est nostri.
sed te victa situ verique effeta senectus, 440
o mater, curis nequiquam exercet et arma
regum inter falsa vatem formidine ludit.
cura tibi divom effigies et templa tueri:
bella viri pacemque gerent, quis bella gerenda.'

Talibus Allecto dictis exarsit in iras. 445
at iuveni oranti subitus tremor occupat artus,
deriguere oculi: tot Erinys sibilat hydris
tantaque se facies aperit; tum flammea torquens
lumina cunctantem et quaerentem dicere plura
reppulit et geminos erexit crinibus anguis 450
verberaque insonuit rabidoque haec addidit ore:
'en ego victa situ, quam veri effeta senectus
arma inter regum falsa formidine ludit.
respice ad haec: adsum dirarum ab sede sororum,
bella manu letumque gero.' 455
sic effata facem iuveni coniecit et atro
lumine fumantis fixit sub pectore taedas.
olli somnum ingens rumpit pavor, ossaque et artus

dir verweigern, von auswärts sucht man dem Reich einen Erben.
Geh jetzt, danklos biete, Verlachter, dich dar den Gefahren,
wirf tyrrhenische Heere in Staub, schaff Frieden Latinern!
Ja, dies sollte ich dir, wenn in nächtlicher Ruhe du lägest,
offen verkünden, das ist der Befehl der allmächtigen Juno.
Auf denn, freudig lasse die Jugend sich rüsten und aus den
Toren rücken zum Kampf; die Phrygierführer, die dort am
schönen Fluß sich gelagert, vernichte mitsamt den bemalten
Schiffen! So heischt es der Himmlischen Macht. Doch König Latinus,
gibt er nicht zu, er gestatte die Ehe, treu seinem Worte,
soll es noch fühlen und Turnus am Ende spüren in Waffen."

Aber der Jüngling verlacht die Prophetin und beginnt selber
also zu reden: „Die Kunde, es sei eine Flotte zum Thybris
eingefahren, entging nicht, wie du glaubst, meinen Ohren.
Male nicht solche Schrecken mir vor! Auch Herrscherin Juno
hat nicht meiner vergessen.
Dich aber, Mütterchen, plagt das stumpfe, nicht mehr der Wahrheit
mächtige Alter mit Sorgen für nichts: im Waffengeklirr der
Könige narrt es mit falschem Entsetzen dich, die Prophetin.
Sorg du nur für die Bilder der Götter und hüte den Tempel:
Krieg und Frieden bleibt Sache der Männer, die Krieg führen müssen."

Durch die Worte entbrennt in jähem Zorne Allekto.
Aber den Jüngling befällt noch beim Reden plötzliches Zittern,
starr wird sein Blick: so zischt die Erinys furchtbar von Schlangen,
wächst empor zur Riesengestalt: die flammenden Augen
rollt sie und ihn, der zögert noch und zu reden noch trachtet,
weist sie zurück, bläht auf im Haar ein Paar ihrer Schlangen,
klatscht mit der Peitsche und spricht dazu mit rasendem Munde:
„Sieh, wie ich stumpf bin, ich, die das Alter, nicht mächtig der Wahrheit,
narrt bei der Könige Waffengeklirr mit falschem Entsetzen!
Hier schau her, vom Thron bin ich hier der höllischen Schwestern,
Krieg trag ich in der Hand und Tod."
Zischte und warf auf den Jüngling die Fackel, stieß in die Brust ihm
tief und fest das düsteren Lichtes qualmende Kienholz.
Ihm bricht furchtbare Angst den Schlaf, Gebein und Gelenke

perfundit toto proruptus corpore sudor.
arma amens fremit, arma toro tectisque requirit, 460
saevit amor ferri et scelerata insania belli,
ira super: magno veluti cum flamma sonore
virgea suggeritur costis undantis aëni
exsultantque aestu latices, furit intus aquai
fumidus atque alte spumis exuberat amnis, 465
nec iam se capit unda, volat vapor ater ad auras.

Ergo iter ad regem polluta pace Latinum
indicit primis iuvenum et iubet arma parari,
tutari Italiam, detrudere finibus hostem:
se satis ambobus Teucrisque venire Latinisque 470
haec ubi dicta dedit divosque in vota vocavit,
certatim sese Rutuli exhortantur in arma;
hunc decus egregium formae movet atque iuventae,
hunc atavi reges, hunc claris dextera factis.

Dum Turnus Rutulos animis audacibus inplet, 475
Allecto in Teucros Stygiis se concitat alis.
arte nova speculata locum, quo litore pulcher
insidiis cursuque feras agitabat Iulus,
hic subitam canibus rabiem Cocytia virgo
obicit et noto naris contingit odore, 480
ut cervom ardentes agerent; quae prima laborum
causa fuit belloque animos accendit agrestis.
cervos erat forma praestanti et cornibus ingens,
Tyrrhidae pueri quem matris ab ubere raptum
nutribant Tyrrhusque pater, cui regia parent 485
armenta et late custodia credita campi.
adsuetum imperiis soror omni Silvia cura
mollibus intexens ornabat cornua sertis
pectebatque ferum puroque in fonte lavabat.
ille, manum patiens mensaeque adsuetus erili, 490
errabat silvis rursusque ad limina nota
ipse domum sera quamvis se nocte ferebat.
hunc procul errantem rabidae venantis Iuli
commovere canes, fluvio cum forte secundo

überströmt am ganzen Leib ein Ausbruch des Schweißes.
„Waffen"! brüllt er im Wahn, sucht Waffen im Bett, im Palaste,
Gier nach Schwertstahl tobt und des Krieges heilloser Wahnsinn,
Zorn noch dazu: so wird mit krachendem Prasseln des Reisigs
Flamme unter den Bauch des wallenden Kessels geschoben,
hochauf sprudelt das siedende Naß, rast drinnen des Wassers
dampfender Strom, wogt hoch und überschäumend zum Rande,
nicht mehr faßt sich der Schwall, fliegt düster dampfend nach oben.

   Da der Friede entweiht, ruft auf gegen König Latinus
Turnus die Führer der Jugend zum Krieg, heißt Waffen sie rüsten,
schützen Italien, aus dem Land fortjagen die Feinde:
er sei beiden gewachsen, den Teukrern wie den Latinern.
Als er dieses gesagt und Gaben den Göttern gelobt, da
trieben die Rutuler, wetteifernd gleich einander zum Kampfe;
diesen bewog der strahlende Glanz seiner Schönheit und Jugend,
jenen die fürstlichen Ahnen, den dritten der Ruhm seiner Rechten.

   Während Turnus zu dreistem Mut die Rutuler antreibt,
schwingt zu den Teukrern Allekto sich schnell auf stygischem Fittich.
Als durch neue List den Platz sie erspäht, wo der schöne
Julus am Strande mit Fallen und Angriff jagte das Wild, da
hetzte die höllische Jungfrau zu jähem Rasen die Hunde
und berührte die Nasen mit Witterung, wohlvertrauter,
hitzig sollten sie jagen den Hirsch; dies wurde der Leiden
Anlaß zunächst und entflammte zum Krieg die Herzen des Landvolks.
Herrlich ragte der Hirsch an Gestalt, breit griff sein Geweih aus;
ihn, den sie raubten vom Euter der Mutter, zogen nun auf des
Tyrrhus Söhne und Tyrrhus, der Vater, dem seines Königs
Herden gehorchen, dem weithin vertraut ward die Wacht in den Weiden.
Eignem Befehl gewöhnte ihn Silvia bald, ihre Schwester,
schmückte sorgsam des Hirsches Geweih mit schwellenden Kränzen,
kämmte das Wild und ließ in lauterem Bronnen es baden.
Aber der Hirsch, der Hände gewohnt und der Nahrung des Herren,
schweift in Wäldern umher, und wieder zurück zur vertrauten
Schwelle kam er von selbst auch spät in der Nacht noch nach Hause.
Ihn aber hetzten nun hitzig die Hunde des jagenden Julus,
als fernab er schweifte und grad, stromabwärts getrieben,

deflueret ripaque aestus viridante levaret. 495
ipse etiam, eximiae laudis succensus amore,
Ascanius curvo derexit spicula cornu;
nec dextrae erranti deus afuit, actaque multo
perque uterum sonitu perque ilia venit harundo.
saucius at quadrupes nota intra tecta refugit 500
successitque gemens stabulis questuque cruentus
atque inploranti similis tectum omne replebat.
Silvia prima soror, palmis percussa lacertos,
auxilium vocat et duros conclamat agrestis.
olli — pestis enim tacitis latet aspera silvis — 505
inprovisi adsunt, hic torre armatus obusto,
stipitis hic gravidi nodis; quod cuique repertum
rimanti, telum ira facit. vocat agmina Tyrrhus,
quadrifidam quercum cuneis ut forte coactis
scindebat, rapta spirans inmane securi. 510
at saeva e speculis tempus dea nacta nocendi,
ardua tecta petit stabuli et de culmine summo
pastorale canit signum cornuque recurvo
Tartaream intendit vocem, qua protinus omne
contremuit nemus et silvae insonuere profundae; 515
audiit et Triviae longe lacus, audiit amnis
sulpurea Nar albus aqua fontesque Velini,
et trepidae matres pressere ad pectora natos.
tum vero ad vocem celeres, qua bucina signum
dira dedit, raptis concurrunt undique telis 520
indomiti agricolae; nec non et Troïa pubes
Ascanio auxilium castris effundit apertis.
derexere acies. non iam certamine agresti,
stipitibus duris agitur sudibusve praeustis,
sed ferro ancipiti decernunt atraque late 525
horrescit strictis seges ensibus aeraque fulgent
sole lacessita et lucem sub nubila iactant:
fluctus uti primo coepit cum albescere vento,
paulatim sese tollit mare et altius undas
erigit, inde imo consurgit ad aethera fundo. 530

Kühlung suchte vor Sommersglut am grünenden Ufer.
Auch Askanius selbst, entflammt von Begierde nach hohem
Ruhme, schnellte aufs Ziel den Pfeil von der Krümmung des Bogens,
nicht ließ irren die Rechte ein Gott; fortschwirrte mit lautem
Zischen der Pfeil und bohrte sich tief durch Bauch und Weichen.
Wund aber flüchtete gleich der Hirsch zur vertrauten Behausung,
wankte stöhnend zum Stall, ließ, blutüberronnen, die Klage,
wie ein Flehender, laut im ganzen Hause ertönen.
Silvia gleich mit den Handflächen hart die Arme sich schlagend,
ruft um Hilfe, ihr Schrei holt her die kräftigen Bauern.
Die sind — hockt doch im schweigenden Wald pesthauchend der Dämon —
plötzlich am Platze, dieser bewehrt mit brandhartem Holzscheit,
jener mit knotiger Keule; was jedem beim Suchen sich bietet,
schafft ihm zur Waffe die Wut. Schnell ruft seine Scharen auch Tyrrhus,
eben dabei, mit getriebenen Keilen vierfach den Eichbaum
aufzuspalten; er packt seine Axt, laut schnaubend vor Ingrimm.
Grimmig lauernd erfaßt jetzt die Göttin zur Tücke den Zeitpunkt,
fliegt zum ragenden Dach des Gehöfts, läßt droben vom Giebel
tönen das Hirtensignal und steigert durchs rückwärtsgewundne
Horn ihre höllische Stimme, von der weitum der gesamte
Hain erbebte und widerhallte die Tiefe der Wälder.
Ferne vernahm es Trivias See, vernahm es die Flut des
Nar, von Schwefelwasser gebleicht, die velinischen Quellen,
und die Mütter drückten voll Angst an die Brust ihre Kinder.
Da aber sammeln sich schnell auf den Ruf, den furchtbar das Waldhorn
blies zum Signal, von überallher mit hastig gepackten
Waffen die wilden Bauern; doch auch die Jugend von Troja
bringt Askanius Hilfe und flutet aus offenem Lager.
Front nun steht gegen Front; nicht mehr in Bauerngetümmel
wird mit Keulen gekämpft oder brandgehärteten Pfählen,
nein, mit der Doppelaxt machen sie Ernst, und fürchterlich weitum
starrt von gezückten Schwertern ein Saatfeld, funkelt, vom Strahl der
Sonne getroffen, das Erz, wirft blitzendes Licht in die Wolken.
So schäumt silbern zunächst die Flut unterm Anhauch des Windes,
mählich aber hebt sich das Meer, läßt höher die Wogen
schwellen und dann bricht's los zum Äther vom untersten Grunde.

hic iuvenis primam ante aciem stridente sagitta,
natorum Tyrrhi fuerat qui maximus Almo,
sternitur; haesit enim sub gutture volnus et udae
vocis iter tenuemque inclusit sanguine vitam.
corpora multa virum circa seniorque Galaesus, 535
dum paci medium se offert, iustissimus unus
qui fuit Ausoniisque olim ditissimus arvis:
quinque greges illi balantum, quina redibant
armenta et terram centum vertebat aratris.

 Atque ea per campos aequo dum Marte geruntur, 540
promissi dea facta potens, ubi sanguine bellum
inbuit et primae commisit funera pugnae,
deserit Hesperiam et caeli convexa per auras
Iunonem victrix adfatur voce superba:
'en perfecta tibi bello discordia tristi: 545
dic in amicitiam coeant et foedera iungant.
quandoquidem Ausonio respersi sanguine Teucros,
hoc etiam his addam, tua si mihi certa voluntas:
finitimas in bella feram rumoribus urbes
accendamque animos insani Martis amore, 550
undique ut auxilio veniant; spargam arma per agros.'
tum contra Iuno 'terrorum et fraudis abunde est;
stant belli causae, pugnatur comminus armis,
quae fors prima dedit sanguis novos inbuit arma.
talia coniugia et talis celebrent hymenaeos 555
egregium Veneris genus et rex ipse Latinus.
te super aetherias errare licentius auras
haud pater ille velit, summi regnator Olympi:
cede locis, ego, si qua super fortuna laborum est,
ipsa regam.' talis dederat Saturnia voces. 560
illa autem attollit stridentis anguibus alas
Cocytique petit sedem, supera ardua linquens.
est locus Italiae medio sub montibus altis,
nobilis et fama multis memoratus in oris,
Ampsancti valles: densis hunc frondibus atrum 565
urget utrimque latus nemoris, medioque fragosus

Hier wird gleich vor der Front vom schwirrenden Pfeile Jung-Almo
niedergestreckt; der älteste war es der Söhne des Tyrrhus.
Unter der Kehle hängt das Geschoß und hemmt ihm mit Blut der
Stimme geschmeidigen Weg und den zarten Atem des Lebens.
Zahlreich liegen Gefallene rings, auch der greise Galaesus
der für den Frieden als Mittler sich bot; der Gerechtesten einer
und der Reichsten, lebte er einst in Ausoniens Fluren.
Er besaß fünf Herden von Schafen, ihm kamen zum Stall fünf
Rinderherden, er pflügte sein Land mit hundert von Pflügen.

Als nun unentschieden der Kampf die Gefilde durchbrandet
und ihr Versprechen die Göttin erfüllt, da blutig den Krieg sie
anheben ließ und im ersten Gefecht hinstreckte die Leichen,
läßt sie Hesperien, ⟨fährt⟩ durch Himmelslüfte im Bogen
und spricht siegreich Juno an mit Worten des Stolzes:
„Da! Vollbracht ist dir im bitteren Kriege die Zwietracht;
laß jetzt Freunde sie werden, Vertrag und Bündnisse schließen!
Doch da ich schon mit Ausonierblut befleckte die Teukrer,
füge ich dies noch hinzu, sofern dein Wille mir feststeht:
durch Gerüchte will ich zum Krieg die benachbarten Städte
hetzen, ihr Herz entflammen für Mars in Wahnsinnsbegierde,
allseits Hilfe zu bringen, will Waffen wecken in Dörfern."
Juno entgegnet: „Genug ist's der Schrecken, genug des Betruges.
Grund zum Krieg steht fest; der Kampf tobt Mann gegen Mann schon,
Blut auf Blut netzt Waffen, die anfangs ein Zufall geboten.
Solche Vermählung sollen erleben und solch eine Hochzeit
feiern der Venus herrlicher Sproß und König Latinus.
Du aber, daß du die Lüfte des Äthers zu dreist überfliegst, will
jener Vater nicht haben, der Herrscher des hohen Olympus.
Mach dich davon! Was sonst an Arbeit etwa noch bleibt, das
leiste ich selbst." So sprach Saturnia. Aber Allekto
hob die Schwingen, die rings von Schlangen zischten, und flog zum
höllischen Sitze hinab, die Luft der Höhen verlassend.
Mitten im Herzen Italiens liegt, von Bergen umragt, ein
Ort, berühmt und an vielen Gestaden dem Ruf nach bekannt, das
Tal des Ampsanktus; dicht mit Laub umwuchert ihn düster
beiderseits die Flanke des Waldes; aber inmitten

dat sonitum saxis et torto vertice torrens.
hic specus horrendum et saevi spiracula Ditis
monstrantur, ruptoque ingens Acheronte vorago
pestiferas aperit fauces, quis condita Erinys, 570
invisum numen, terras caelumque levabat.

 Nec minus interea extremam Saturnia bello
inponit regina manum. ruit omnis in urbem
pastorum ex acie numerus caesosque reportant
Almonem puerum foedatique ora Galaesi 575
inplorantque deos obtestanturque Latinum.
Turnus adest medioque in crimine caedis et igni
terrorem ingeminat: Teucros in regna vocari,
stirpem admisceri Phrygiam, se limine pelli.
tum quorum attonitae Baccho nemora avia matres 580
insultant thiasis — neque enim leve nomen Amatae —
undique collecti coeunt Martemque fatigant.
ilicet infandum cuncti contra omina bellum,
contra fata deum perverso numine poscunt.
certatim regis circumstant tecta Latini. 585
ille velut pelagi rupes inmota resistit,
ut pelagi rupes magno veniente fragore,
quae sese multis circum latrantibus undis
mole tenet; scopuli nequiquam et spumea circum
saxa fremunt laterique inlisa refunditur alga. 590
verum ubi nulla datur caecum exsuperare potestas
consilium et saevae nutu Iunonis eunt res,
multa deos aurasque pater testatus inanis:
'frangimur heu fatis' inquit 'ferimurque procella!
ipsi has sacrilego pendetis sanguine poenas, 595
o miseri. te, Turne, nefas te triste manebit
supplicium votisque deos venerabere seris.
nam mihi parta quies, omnisque in limine portus
funere felici spolior.' nec plura locutus
saepsit se tectis rerumque reliquit habenas. 600

 Mos erat Hesperio in Latio, quem protinus urbes
Albanae coluere sacrum, nunc maxima rerum

SIEBENTES BUCH 305

donnert brausend mit Blöcken und wirbelndem Strudel ein Wildbach.
Hier ist die Grotte des Grauens zu sehn und des furchtbaren Pluto
Dunsthöhlen, weit läßt hier bei des Acheron Ausbruch der Abgrund
klaffen den pestaushauchenden Schlund: hier barg die Erinys
sich, die verhaßte Gewalt, und erleichterte Erde und Himmel.

Aber inzwischen legt an den Krieg Saturnia selbst, die
Königin, noch vollendend die Hand. Da drängt sich der Hirten
ganze Schar aus der Schlacht in die Stadt, sie bringen die Toten,
Almo, den jungen, den wundenentstellten Leib des Galaesus,
flehen die Götter jetzt an und beschwören den Fürsten Latinus.
Turnus ist da, und mitten im Streit und im Brand um des Blutbads
Anlaß mehrt er den Schrecken: man rufe Teukrer ins Reich und
mische sich phrygischer Brut; er werde verjagt von der Schwelle.
Auch die Männer der Frauen, die bakchusbegeistert in wilden
Wäldern toben im Chor — nicht leicht wiegt der Name Amatas —
strömen zusammen von überallher und brüllen den Kampfruf.
Stracks verlangen, den Zeichen zuwider, ruchlosen Krieg sie
alle, den Sprüchen der Götter zum Trotz, besessen vom Dämon.
Eifernd umdrängen sie rings den Palast des Fürsten Latinus.
Der aber steht, wie unbewegt im Meere ein Felsen,
wie im Meere ein Fels beim Krachen donnernder Brandung,
der da mitten im Schwall der heulenden Wogen mit schwerer
Masse sich hält; es dröhnen umsonst die Klippen und rings die
Felsen voll Schaum; an die Flanke gepeitscht, fließt rückwärts das
Doch als keinerlei Macht er gewinnt, der Blindheit des Plans zu [Seegras.
wehren, als Junos Grimm die Dinge sich fügen, da ruft der
Vater laut zu Zeugen die Götter und taube Lüfte:
„Weh, uns zerbricht das Geschick, uns packt der Orkan! Ihr selber
müßt diesen Frevel noch büßen mit fluchbeladenem Blute.
Elende ihr! Dir Turnus, o Graun, dir steht eine düstre
Strafe bevor, du ehrst zu spät mit Gelübden die Götter.
Denn mein harrt schon Ruhe; nur dicht an der Schwelle des Hafens
werde ich glücklichen Todes beraubt." Mehr sagte er nicht und
schloß im Palaste sich ein, ließ los der Ereignisse Zügel.

Latiums Urzeit schon hatte den Brauch, den weiter die Städte
Albas heilig gehalten, den jetzt die Herrin auf Erden,

Roma colit, cum prima movent in proelia Martem,
sive Getis inferre manu lacrimabile bellum
Hyrcanisve Arabisve parant seu tendere ad Indos 605
Auroramque sequi Parthosque reposcere signa.
sunt geminae Belli portae — sic nomine dicunt —
religione sacrae et saevi formidine Martis:
centum aerei claudunt vectes aeternaque ferri
robora, nec custos absistit limine Ianus: 610
has, ubi certa sedet patribus sententia pugnae,
ipse Quirinali trabea cinctuque Gabino
insignis reserat stridentia limina consul,
ipse vocat pugnas, sequitur tum cetera pubes,
aereaque adsensu conspirant cornua rauco. 615
  Hoc et tum Aeneadis indicere bella Latinus
more iubebatur tristisque recludere portas.
abstinuit tactu pater aversusque refugit
foeda ministeria et caecis se condidit umbris.
tum regina deum caelo delapsa morantis 620
inpulit ipsa manu portas et cardine verso
Belli ferratos rumpit Saturnia postes.
ardet inexcita Ausonia atque inmobilis ante;
pars pedes ire parat campis, pars arduos altis
pulverulentus equis furit; omnes arma requirunt. 625
pars levis clipeos et spicula lucida tergent
arvina pingui subiguntque in cote secures;
signaque ferre iuvat sonitusque audire tubarum.
quinque adeo magnae positis incudibus urbes
tela novant, Atina potens Tiburque superbum, 630
Ardea Crustumerique et turrigerae Antemnae.
tegmina tuta cavant capitum flectuntque salignas
umbonum cratis; alii thoracas aënos
aut levis ocreas lento ducunt argento;
vomeris huc et falcis honos, huc omnis aratri 635
cessit amor; recoquont patrios fornacibus enses.
classica iamque sonant; it bello tessera signum.
hic galeam tectis trepidus rapit, ille trementis

Rom, noch pflegt, sooft sie zum Kampf aufwecken den Kriegsgott,
ob gegen Geten sie rüsten zum tränenbringenden Kriege,
gegen Hyrkaner und Araber, ob sie ziehn gegen Inder
und gen Morgen, von Parthern zurückzufordern die Banner.
Doppelt sind die Pforten des Kriegs, — so lautet ihr Name —,
heilig durch gläubigen Dienst und Furcht vor dem grimmigen Mavors.
Hundert Erzriegel schließen sie ab und eisenbeschlagnes,
dauerndes Holz; der Schwelle nicht fern als Wächter sitzt Janus:
wenn die Väter der Stadt sich fest entschieden zum Kampfe,
hebt der Konsul selbst in der alten Tracht des Quirinus
und im gabinischen Gurt den Riegel der knarrenden Schwelle,
selbst ruft auf er den Kampf, dann folgt die übrige Mannschaft,
eherne Hörner schmettern darein mit heiserem Beifall.

Brauchgemäß sollte auch jetzt der Schar des Aeneas Latinus
Krieg erklären, sollte entriegeln die Pforten des Grames.
Doch der Vater mied die Berührung, abgewandt floh er
vor dem grausigen Dienst, blieb unzugänglich im Dunkel.
Da aber fährt die Herrin der Götter vom Himmel und stößt die
trägen Pforten mit eigener Hand; es dreht sich die Angel,
aufbricht Saturnia selbst des Krieges eiserne Tore.
Ganz Ausonien, friedlich und still sonst, lodert in Kriegswut.
Einige rücken zu Fuß ins Feld, stolz sprengen die andern
hoch zu Roß, vom Staube umwölkt; nach Waffen sucht jeder.
Manche scheuern blank ihren Schild und blitzend die Speere
kräftig mit fettem Speck und schärfen am Wetzstein die Beile;
Banner zu tragen ist Lust und zu hören den Klang der Trompete;
Ambosse stellen sogar fünf große Städte und schmieden
neu die Waffen: Atina, das starke, das ragende Tibur,
Ardea, Crustumeri und turmumkränzt Antemnae.
Helme höhlen sie, Schutz für den Kopf, und biegen der Schilde
Weidengeflecht; da schmieden noch andere eherne Panzer
oder den Beinharnisch, glatt und blank aus biegsamem Silber.
Ehre der Pflugschar und Sichel und jegliche Liebe zum Pfluge
wich diesem Werk; neu schmieden im Herd sie die Schwerter der Väter.
Schon ertönen Signale, läuft um zum Kriege die Losung.
Der packt hastig von Hause den Helm, der zwingt die erregten

ad iuga cogit equos clipeumque auroque trilicem
loricam induitur fidoque accingitur ense. 640
 Pandite nunc Helicona, deae, cantusque movete,
qui bello exciti reges, quae quemque secutae
complerint campos acies, quibus Itala iam tum
floruerit terra alma viris, quibus arserit armis.
et meministis enim, divae, et memorare potestis: 645
ad nos vix tenuis famae perlabitur aura.
 Primus init bellum Tyrrhenis asper ab oris
contemptor divom Mezzentius agminaque armat.
filius huic iuxta Lausus, quo pulchrior alter
non fuit excepto Laurentis corpore Turni, 650
Lausus, equom domitor debellatorque ferarum,
ducit Agyllina nequiquam ex urbe secutos
mille viros, dignus, patriis qui laetior esset
imperiis et cui pater haud Mezzentius esset.
 Post hos insignem palma per gramina currum 655
victoresque ostentat equos satus Hercule pulchro,
pulcher Aventinus, clipeoque insigne paternum
centum angues cinctamque gerit serpentibus hydram;
collis Aventini silva quem Rhea sacerdos
furtivom partu sub luminis edidit oras, 660
mixta deo mulier, postquam Laurentia victor
Geryone exstincto Tirynthius attigit arva
Tyrrhenoque boves in flumine lavit Hiberas.
pila manu saevosque gerunt in bella dolones
et tereti pugnant mucrone veruque Sabello. 665
ipse pedes, tegimen torquens inmane leonis,
terribili inpexum saeta cum dentibus albis
indutus capiti, sic regia tecta subibat,
horridus Herculeoque umeros innexus amictu.
 Tum gemini fratres Tiburtia moenia linquont, 670
fratris Tiburti dictam cognomine gentem,
Catillusque acerque Coras, Argiva iuventus,
et primam ante aciem densa inter tela feruntur:
ceu duo nubigenae cum vertice montis ab alto

Rosse ins Joch, und Schild und Panzer aus dreifachem Golddraht
legen sie an und gürten das treue Schwert an die Hüfte.
  Öffnet denn, Musen, den Helikon jetzt und weckt die Gesänge,
welche Fürsten der Krieg aufrief, welche Heerscharen jedem
folgten und füllten das Feld, mit was für Helden schon damals
fruchtbar blühte Italiens Land, welche Waffen es führte.
Denn, ihr Göttinnen, wißt es noch jetzt, ihr könnt es erzählen:
uns umweht nur eben der Sage flüchtiger Lufthauch.
  Gleich als erster zum Krieg zieht wild vom Tyrrhenergestade
jener Verächter der Götter Mezzentius, rüstet die Scharen.
Neben ihm zieht Lausus, sein Sohn; kein anderer war so
herrlich wie er, nur Turnus noch, der Held von Laurentum,
Lausus, Bezähmer der Rosse, der wilden Tiere Besieger,
führt aus Agylla der Stadt umsonst sein Gefolge von tausend
Streitern; er hätte verdient, beglückter zu sein durch des Vaters
Reich, verdient, daß Mezzentius nicht sein Vater gewesen.
  Nach ihnen führt übers Grün den palmzweigprangenden Wagen
und die siegreichen Renner des herrlichen Herkules Sproß, der
herrliche Aventinus, im Schilde führt er des Vaters
Wappen: die hundertfach von Schlangen umringelte Hydra.
Im aventinischen Bergwald gebar die Priesterin Rhea
heimlich ihn und führte ihn auf zu des Lichtes Gestaden,
liebend dem Gotte vereint, als damals der Sieger von Tiryns
nach des Geryones Tod Laurentums Fluren betreten
und im tyrrhenischen Strom die iberischen Rinder gebadet.
Wurfspeere tragen zum Kampf seine Krieger und furchtbare Piken,
kämpfen mit langrundem Dolch und werfen den Spieß der Sabeller.
Selber zu Fuß, umwallt von riesiger Löwenhaut, die von
Borsten schrecklich starrt, den zähnebleckenden Rachen
über den Kopf gezogen, so trat er ein zum Palaste,
grausig zu schaun, um die Schultern geknüpft des Herkules Umhang.
  Dann ziehn Zwillingsbrüder heran aus der Feste von Tibur,
aus dem Volk, das da heißt nach dem Namen des Bruders Tiburtus,
Coras, der wilde, und mit ihm Catillus, argivische Jugend,
stürmen der vordersten Reihe voraus im Hagel der Speere:
wie zwei wolkengeborne Kentauren hoch von des Berges

descendunt centauri, Homolen Othrynque nivalem 675
linquentes cursu rapido; dat euntibus ingens
silva locum et magno cedunt virgulta fragore.
 Nec Praenestinae fundator defuit urbis,
Volcano genitum pecora inter agrestia regem
inventumque focis omnis quem credidit aetas, 680
Caeculus. hunc legio late comitatur agrestis:
quique altum Praeneste viri quique arva Gabinae
Iunonis gelidumque Anienem et roscida rivis
Hernica saxa colunt, quos dives Anagnia pascit,
quos, Amasene pater. non illis omnibus arma, 685
nec clipei currusve sonant: pars maxima glandes
liventis plumbi spargit, pars spicula gestat
bina manu, fulvosque lupi de pelle galeros
tegmen habent capiti, vestigia nuda sinistri
instituere pedis, crudus tegit altera pero. 690
 At Messapus, equom domitor, Neptunia proles,
quem neque fas igni cuiquam nec sternere ferro,
iam pridem resides populos desuetaque bello
agmina in arma vocat subito ferrumque retractat.
hi Fescenninas acies Aequosque Faliscos, 695
hi Soractis habent arces Flaviniaque arva
et Cimini cum monte lacum lucosque Capenos.
ibant aequati numero regemque canebant,
ceu quondam nivei liquida inter nubila cycni,
cum sese e pastu referunt et longa canoros 700
dant per colla modos, sonat amnis et Asia longe
pulsa palus.
nec quisquam aeratas acies examine tanto
misceri putet, aëriam sed gurgite ab alto
urgeri volucrum raucarum ad litora nubem. 705
 Ecce Sabinorum prisco de sanguine magnum
agmen agens Clausus magnique ipse agminis instar,
Claudia nunc a quo diffunditur et tribus et gens
per Latium, postquam in partem data Roma Sabinis.
una ingens Amiterna cohors priscique Quirites, 710

Gipfel steigen und Hómoles Höhn und den schneeigen Othrys
stürmenden Laufes verlassen, da macht den Nahenden Platz der
Riesenwald, es weicht das Gebüsch mit prasselndem Krachen.

Auch der Gründer der Stadt Praeneste blieb nicht zu Hause.
Dieser Fürst — so glaubte die Zeit — ward einst von Volkanus
zwischen ländlichen Herden erzeugt und am Herde gefunden,
Caeculus; weither folgt ihm die Schar seiner ländlichen Krieger,
die auf Praenestes Höhn und im Land der gabinischen Juno,
die an des kühlen Anio Strand und auf bachübersprühten
Hernikerfelsen da wohnen, die reich Anagnia nährt und
du, Amasenus, der Stromgott. Nicht alle sind richtig bewaffnet,
nicht klirrt Schild, nicht Wagen: die meisten schleudern mit Eicheln
nur aus bläulichem Blei, zwei Speere schwingen die andern
stolz in der Faust, sie haben aus Wolfsfell gelbliche Kappen
auf zum Schutz für der Kopf; nackt tritt und fest an den Grund ihr
linker Fuß, den andern bedeckt rohlederner Stiefel.

Aber Messapus, Bezwinger der Rosse, Sproß des Neptunus,
— keinem ward Macht, ihn je mit Feuer zu tilgen und Eisen —
ruft seine Völker, die längst schon erschlafft, und die kriegesentwöhnten
Heere jäh unter Waffen und greift von neuem zum Schwerte.
D i e hier stehn in Fescenniums Heer, bei faliskischen Aequern,
d i e dort bewohnen Soraktes Höhn, die Fluren Flavinas,
Berg und See von Címinus auch und die Haine Capenas.
Alle zogen in Reih und Glied und besangen den König;
so ziehn schneeweiß Schwäne dahin zwischen silbernen Wolken,
fliegen heim von der Weide und lassen klingende Weisen
tönen aus schlankem Hals, der Strom hallt wider und weithin
Asias Weiher und Wiesen.
Niemand dächte, es ballten sich eherne Fronten zur Schlacht so
dicht geschart, nein, hoch vom Meer her dränge sich wimmelnd
nieder zum Strande kreischender Vögel luftige Wolke.

Da, vom alten Blut der Sabiner führt seine große
Heerschar Clausus, wiegt selbst auf an Wert eine Heerschar.
Claudische Tribus und Sippe verbreitet von ihm sich noch jetzt durch
Latium hin, seitdem teilhaben an Rom die Sabiner.
Mit ihm zieht Amiternums Macht, ziehn alte Quiriten,

Ereti manus omnis oliviferaeque Mutuscae;
qui Nomentum urbem, qui Rosea rura Velini,
qui Tetricae horrentis rupes montemque Severum
Casperiamque colunt Forulosque et flumen Himellae,
qui Tiberim Fabarimque bibunt, quos frigida misit   715
Nursia et Hortinae classes populique Latini,
quosque secans infaustum interluit Allia nomen:
quam multi Libyco volvontur marmore fluctus,
saevos ubi Orion hibernis conditur undis;
vel cum sole novo densae torrentur aristae   720
aut Hermi campo aut Lyciae flaventibus arvis.
scuta sonant pulsuque pedum conterrita tellus.

   Hinc Agamemnonius, Troiani nominis hostis,
curru iungit Halaesus equos Turnoque ferocis
mille rapit populos, vertunt felicia Baccho   725
Massica qui rastris et quos de collibus altis
Aurunci misere patres, Sidicinaque iuxta
aequora quique Cales linquont, amnisque vadosi
accola Volturni pariterque Saticulus asper
Oscorumque manus. teretes sunt aclydes illis   730
tela, sed haec lento mos est aptare flagello;
laevas cetra tegit, falcati comminus enses.

   Nec tu carminibus nostris indictus abibis,
Oebale, quem generasse Telon Sebethide nympha
fertur, Teleboum Capreas cum regna teneret,   735
iam senior; patriis sed non et filius arvis
contentus late iam tum dicione tenebat
Sarrastis populos et quae rigat aequora Sarnus
quique Rufras Batulumque tenent atque arva Celemnae
et quos maliferae despectant moenia Abellae,   740
Teutonico ritu soliti torquere cateias,
tegmina quis capitum raptus de subere cortex,
aerataeque micant peltae, micat aereus ensis.

   Et te montosae misere in proelia Nersae,
Ufens, insignem fama et felicibus armis;   745
horrida praecipue cui gens adsuetaque multo

alle die Krieger Erétums, des ölbaumreichen Mutusca;
wer in Nomentum, der Stadt, in Roseas Tal des Velinus,
wer auf den starrenden Klippen des Tetrica, auf dem Severus,
wer in Casperia wohnt, in Foruli und um Himella,
wer vom Tiber und Fábaris trinkt und wen da das kalte
Nursia schickte, die Mannen von Horta und Latiums Völker
und was trennend durchströmt die Allia — Name des Unheils —
so, wie strömend zum lybischen Meer sich wälzen die Fluten,
wenn der grimme Orion im Winter sich birgt in den Wogen,
oder wie dicht in der Sonne des Sommers reifen die Ähren,
sei's in des Hermus Gefild oder Lykiens goldgelben Fluren.
Schilde dröhnen, es bebt vom Marschtritt angstvoll die Erde.

    Drüben, ein Mann Agamemnons und Feind trojanischen Namens,
schirrt Halaesus die Rosse ins Joch, bringt eilig dem Turnus
wilden Kriegsvolks tausend Mann, deren Karste des Bakchus
Massikersegen durchwirken, und andre, die hoch von den Hügeln
aus Aurunka die Väter gesandt, sidicinisches Flachland
auch und Cales verließen sie jetzt; der Anwohner kam des
seichten Volturnus und gleichfalls der rauhe Saticuler und der
Osker Schar. Die führen als Waffen gedrechselte Keulen,
Brauch aber ist's, diese Keulen an zähe Riemen zu binden.
Links deckt der lederne Schild, das Sichelschwert funkelt im Nahkampf.

    Du auch gehst nicht ungerühmt von unserem Liede,
Oebalus, den — wie es heißt — Telon mit sebethischer Nymphe
zeugte, als teleboisches Reich er in Capreae führte,
schon bejahrt. Sein Sohn aber, nicht zufrieden mit seines
Vaters Reich, beherrschte schon damals weit der Sarrasten
Völker, die Ebenen rings, die der Sarnus bewässert, und Rufrae,
Batulum und Celemnas Gefild und jene, auf die von
droben schaut die Feste des früchtereichen Abella.
Wurfkeulen pflegen sie nach der Art der Teutonen zu schleudern,
und als Schutz für den Kopf dient ihnen der Korkeiche Rinde.
Erzblank blitzt ihr Schild, es blitzen von Erz ihre Schwerter.

    Dich auch sandte zum Kampf das bergetürmende Nersae,
Ufens, ausgezeichnet durch Ruf und erfolgreiche Waffen;
rauh besonders, gewöhnt an häufige Jagd in den Wäldern,

venatu nemorum, duris Aequicula glaebis.
armati terram exercent, semperque recentis
convectare iuvat praedas et vivere rapto.

Quin et Marruvia venit de gente sacerdos 750
fronde super galeam et felici comptus oliva
Archippi regis missu, fortissimus Umbro,
vipereo generi et graviter spirantibus hydris
spargere qui somnos cantuque manuque solebat
mulcebatque iras et morsus arte levabat. 755
sed non Dardaniae medicari cuspidis ictum
evaluit, neque eum iuvere in volnera cantus
somniferi et Marsis quaesitae montibus herbae.
te nemus Angitiae, vitrea te Fucinus unda,
te liquidi flevere lacus. 760

Ibat et Hippolyti proles pulcherrima bello,
Virbius, insignem quem mater Aricia misit,
eductum Egeriae lucis umentia circum
litora, pinguis ubi et placabilis ara Dianae.
namque ferunt fama Hippolytum, postquam arte novercae 765
occiderit patriasque explerit sanguine poenas,
turbatis distractus equis, ad sidera rursus
aetheria et superas caeli venisse sub auras,
Paeoniis revocatum herbis et amore Dianae.
tum pater omnipotens, aliquem indignatus ab umbris 770
mortalem infernis ad lumina surgere vitae,
ipse repertorem medicinae talis et artis
fulmine Phoebigenam Stygias detrusit ad undas.
at Trivia Hippolytum secretis alma recondit
sedibus et nymphae Egeriae nemorique relegat, 775
solus ubi in silvis Italis ignobilis aevom
exigeret versoque ubi nomine Virbius esset.
unde etiam templo Triviae lucisque sacratis
cornipedes arcentur equi, quod litore currum
et iuvenem monstris pavidi effudere marinis. 780
filius ardentis haud setius aequore campi
exercebat equos curruque in bella ruebat.

wächst dein Aequiculervolk dir heran auf steiniger Scholle.
Waffengegürtet bebaun sie das Land, sie lieben es, neue
Beute sich immer zu häufen und froh zu leben vom Raube.

   Auch vom Volke der Marser kam zum Heere ein Priester,
grünumlaubt sein Helm mit dem Segenszweige des Ölbaums,
kam, vom König Archippus geschickt, der tapfere Umbro.
Vipernbrut und Schlangen mit giftig-stinkendem Atem
pflegte er einzuschläfern mit Zaubergesang und Berührung,
milderte sanft ihre Wut und verstand es, von Bissen zu heilen.
Aber vom Stoß des Dardanerspeers vermochte auch er sich
nicht zu heilen, da half kein schlafeinträufelndes Lied ihm
wider die Wunden, nicht Kräuter, gepflückt auf marsischen Bergen.
Dich beweinte Angitias Hain, der Fukinus dich mit
glasklarer Flut, es weinten um dich die silbernen Seen.

   Auch des Hippolytus herrlicher Sproß zog hierhin zum Kriege,
Virbius, den als Helden die Mutter Aricia sandte,
den sie erzog in Egerias Hain an den feuchten Gestaden,
wo, von Sühnopfern reich, sich erhebt der Altar der Diana.
Weiß doch die Sage, Hippolytus habe durch Stiefmuttertrug sein
Leben verloren, durch blutigen Tod erfüllt seines Vaters
Flüche, von scheuenden Rossen zerschleift; dann sei er zu Äthers
Sternen wiedergekehrt und hinauf zu himmlischen Lüften,
durch des Aeskulap Kräuter erweckt und die Liebe Dianas.
Doch der allmächtige Vater, empört, daß aus Unterweltsschatten
wieder empor ein Sterblicher stieg zum Lichte des Lebens,
stieß des Phoebus Sohn, den Erfinder solch kräftiger Heilkunst,
selbst mit dem Blitzstrahl tief hinab zu stygischen Fluten.
Aber Trivia barg den Hippolytus huldvoll an stillem
Sitz, übergab ihn der Nymphe Egeria und ihrem Haine,
dort sollte einsam und unbekannt er in Italiens Wäldern
leben, den Namen wandeln und dort als Virbius leben.
Daher hält man von Trivias Tempel und heiligen Hainen
hornbehufte Rosse auch fern, weil Wagen und Jüngling
einst am Strande sie warfen, entsetzt vor den Greueln des Meeres.
Trotzdem ließ sein Sohn die feurigen Rosse auf flachem
Felde sich tummeln und jagte im Streitwagen rasend zum Kriege.

Ipse inter primos praestanti corpore Turnus
vertitur arma tenens et toto vertice supra est.
cui triplici crinita iuba galea alta Chimaeram 785
sustinet, Aetnaeos efflantem faucibus ignis:
tam magis illa fremens et tristibus effera flammis,
quam magis effuso crudescunt sanguine pugnae.
at levem clipeum sublatis cornibus Io
auro insignibat, iam saetis obsita, iam bos, 790
argumentum ingens, et custos virginis Argus,
caelataque amnem fundens pater Inachus urna.
insequitur nimbus peditum clipeataque totis
agmina densentur campis, Argivaque pubes
Auruncaeque manus, Rutuli veteresque Sicani 795
et Sacranae acies et picti scuta Labici;
qui saltus, Tiberine, tuos sacrumque Numici
litus arant Rutulosque exercent vomere colles
Circaeumque iugum, quis Iuppiter Anxurus arvis
praesidet et viridi gaudens Feronia luco; 800
qua Saturae iacet atra palus gelidusque per imas
quaerit iter vallis atque in mare conditur Ufens.

Hos super advenit Volsca de gente Camilla
agmen agens equitum et florentis aere catervas,
bellatrix, non illa colo calathisve Minervae 805
femineas adsueta manus, sed proelia virgo
dura pati cursuque pedum praevertere ventos.
illa vel intactae segetis per summa volaret
gramina nec teneras cursu laesisset aristas,
vel mare per medium fluctu suspensa tumenti 810
ferret iter, celeris nec tingueret aequore plantas.
illam omnis tectis agrisque effusa iuventus
turbaque miratur matrum et prospectat euntem,
attonitis inhians animis, ut regius ostro
velet honos levis umeros, ut fibula crinem 815
auro internectat, Lyciam ut gerat ipsa pharetram
et pastoralem praefixa cuspide myrtum.

Selbst aber unter den Ersten bewegt sich herrlichen Wuchses
Turnus bewaffnet einher, sein Haupt ragt ganz aus der Menge.
Hoch ist sein Helm mit dreifachem Busch, er trägt die Chimaera,
die aus klaffendem Schlunde schnaubt die Gluten des Ätna:
und je mehr in Strömen von Blut verwildern die Schlachten,
um so mehr schnaubt wild sie hervor die düsteren Flammen.
Aber den blanken Schild verziert mit gehobenen Hörnern
Io aus Gold, schon fellumstarrt, zur Kuh schon geworden,
treffliches Werk, auch der Wächter der Jungfrau, Argus, und Vater
Inachus, der einen Strom ausgießt aus kunstvoller Urne.
Ihm folgt Fußvolkes Sturm, es drängen sich dicht im Gefilde
schildbewehrte Heere ringsum: argivische Mannschaft,
Scharen Aurunkas und Rutulervolk und die alten Sikaner,
auch die sakranischen Reihn und mit buntem Schild die Labiker;
die, Tiberinus, dein Waldland beackern und des Numikus
heiligen Strand, die da pflügen die Rutulerhügel und Kirkes
Bergrücken und die Gefilde, wo Juppiter Anxurus waltet
und Feronia, die sich freut an grünendem Haine.
Dort liegt Saturas düsterer Sumpf, dort sucht sich der kalte
Ufens tief durch Täler den Weg und mündet im Meere.

 Ihre Zahl erfüllte vom Volskerstamme Camilla,
brachte Reitervolk mit und ehernblinkende Scharen.
Kriegerin ist sie, hat nicht an Spindel und Körbchen Minervas
frauliche Hände gewöhnt, nein, härtete sich, die Jungfrau,
Kämpfe zu dulden, im Lauf zu überholen die Winde.
Ja, sie flöge, ohne die Saat zu berühren, durch Halme
obenhin, hätte im Lauf nicht verletzt zartschwankende Ähren,
oder sie nähme mitten durchs Meer auf schwellenden Fluten
schwebend den Weg und netzte sich nicht die fliegenden Sohlen.
Staunend umdrängt sie, aus Häusern strömend und Feldern, die Jugend,
staunend der Frauen Schar, schaut nach ihr, wie sie dahinzieht,
starrt überwältigten Herzens sie an, wie fürstliche Purpur-
tracht ihre leuchtenden Schultern umhüllt, wie die goldene Spange
fest ihr Haar durchschlingt, wie sie selbst den lykischen Köcher
trägt und der Hirten Myrtenholzspeer mit eiserner Spitze.

VIII

Ut belli signum Laurenti Turnus ab arce
extulit et rauco strepuerunt cornua cantu
utque acris concussit equos utque impulit arma,
extemplo turbati animi, simul omne tumultu
coniurat trepido Latium saevitque iuventus   5
effera. ductores primi Messapus et Ufens
contemptorque deum Mezzentius undique cogunt
auxilia et latos vastant cultoribus agros.
mittitur et magni Venulus Diomedis ad urbem,
qui petat auxilium et Latio consistere Teucros,   10
advectum Aenean classi victosque penatis
inferre et fatis regem se dicere posci
edoceat multasque viro se adiungere gentis
Dardanio et late Latio increbrescere nomen.
quid struat his coeptis, quem, si fortuna sequatur, 15
eventum pugnae cupiat, manifestius ipsi
quam Turno regi aut regi apparere Latino.
   Talia per Latium. quae Laomedontius heros
cuncta videns magno curarum fluctuat aestu
atque animum nunc huc celerem, nunc dividit illuc 20
in partisque rapit varias perque omnia versat:
sicut aquae tremulum labris ubi lumen aënis
sole repercussum aut radiantis imagine lunae
omnia pervolitat late loca iamque sub auras
erigitur summique ferit laquearia tecti.   25
nox erat et terras animalia fessa per omnis
alituum pecudumque genus sopor altus habebat,
cum pater in ripa gelidique sub aetheris axe
Aeneas, tristi turbatus pectora bello,
procubuit seramque dedit per membra quietem.   30
huic deus ipse loci fluvio Tiberinus amoeno
populeas inter senior se attollere frondes
visus — eum tenuis glauco velabat amictu
carbasus et crinis umbrosa tegebat harundo —
tum sic adfari et curas his demere dictis: 35

8

Als die Kriegsflagge Turnus jetzt hißte hoch von Laurentums
Stadtburg, als mit dumpfem Ton laut lärmten die Hörner,
als er spornte das feurige Roß, als er schlug an die Waffen,
wurden die Herzen plötzlich verwirrt, es verschwor sich zum Aufruhr
unüberlegt ganz Latium jäh, es tobte die Jugend
wild. Gleich boten die Führer des Kriegs, Messapus und Ufens
und der Verächter der Götter Mezzentius überallher die
Hilfstruppen auf und entblößten ringsum von Bauern die Fluren.
Venulus wird entsandt auch zur Stadt Diomedes', des Helden,
soll um Hilfe dort bitten und sagen, in Latium setzten
Teukrer sich fest, Aeneas sei mit der Flotte gekommen,
bringe besiegte Penaten, behaupte, er werde durch Schicksals-
spruch als König verlangt. Schon viele Völker verbänden
sich dem Dardaner, weit durch Latium wachse sein Name;
was er da plane und welchen Erfolg, wenn der Zufall ihm hold sei,
er vom Kampfe begehre, das leuchte klarer ihm selber
auf als dem Könige Turnus oder dem König Latinus.
  So geht's wild über Latium hin; Aeneas, der all dies
sieht, wogt hin und her im brandenden Schwalle der Sorgen,
wendet im Geiste sich schnell bald hierhin, bald wieder dorthin,
fliegt in Hast von Entschluß zu Entschluß, denkt nach über alles,
wie wenn Wassers flimmerndes Licht vom Rand eines Beckens,
Sonne spiegelnd oder das Bild des strahlenden Mondes,
ringsum weit durchflattert den Raum und schon in die Luft sich
hebt und oben trifft die getäfelte Decke des Hauses.
Nacht war, tiefer Schlaf umfing überall auf Erden
müdes Leben, der Vögel Geschlecht, das Vieh auf der Weide.
Da sank Vater Aeneas am Ufer unter des kühlen
Himmels Wölbung, bestürzt im Gemüt ob des gramvollen Krieges,
müde dahin und gönnte erst spät seinen Gliedern die Ruhe.
Hier erschien ihm des Ortes Gott, Tiberinus, entstieg dem
freundlichen Strom in Person, der Alte, zwischen dem Laub der
Pappeln — ihn umhüllte mit bläulichem Umhang ein feines
Linnen, es deckte sein Haar rings schattenspendendes Schilfrohr —
der sprach so ihn an und nahm ihm damit die Sorgen:

'O sate gente deum, Troianam ex hostibus urbem
qui revehis nobis aeternaque Pergama servas,
exspectate solo Laurenti arvisque Latinis,
hic tibi certa domus, certi — ne absiste — penates;
neu belli terrere minis: tumor omnis et irae   40
concessere deum.
iamque tibi, ne vana putes haec fingere somnum,
litoreis ingens inventa sub ilicibus sus
triginta capitum fetus enixa iacebit,
alba, solo recubans, albi circum ubera nati.   45
[hic locus urbis erit, requies ea certa laborum]
ex quo ter denis urbem redeuntibus annis
Ascanius clari condet cognominis Albam.
haud incerta cano. nunc qua ratione quod instat
expedias victor, paucis — adverte — docebo.   50
Arcades his oris, genus a Pallante profectum,
qui regem Euandrum comites, qui signa secuti,
delegere locum et posuere in montibus urbem
Pallantis proavi de nomine Pallanteum.
hi bellum adsidue ducunt cum gente Latina;   55
hos castris adhibe socios et foedera iunge.
ipse ego te ripis et recto flumine ducam,
adversum remis superes subvectus ut amnem.
surge age, nate dea, primisque cadentibus astris
Iunoni fer rite preces iramque minasque   60
supplicibus supera votis. mihi victor honorem
persolves. ego sum, pleno quem flumine cernis
stringentem ripas et pinguia culta secantem,
caeruleus Thybris, caelo gratissimus amnis.
hic mihi magna domus, celsis caput urbibus exit.'   65
    Dixit, deinde lacu fluvius se condidit alto
ima petens, nox Aenean somnusque reliquit.
surgit et aetherii spectans orientia solis
lumina rite cavis undam de flumine palmis
sustinet ac talis effundit ad aethera voces: 70
'nymphae, Laurentes nymphae, genus amnibus unde est,

„Sproß vom Göttergeschlecht, du bringst aus den Feinden uns Trojas
Stadt wieder her und bewahrst für ewig Pergamus' Hochburg,
du, von Laurentum ersehnt und latinischen Fluren, hier ist ein
Heim dir sicher, sind sicher — drum ziehe nicht fort! — die Penaten;
laß dich nicht schrecken von Krieges Dräun: schon schwand aller Groll und
Grimm der Götter dahin.
Bald wirst du, damit du nicht glaubst, dich narre ein Traumbild,
unter den Eichen am Strande entdecken die mächtige Wildsau.
Dreißig Frischlinge warf sie soeben, dort wird sie liegen,
weiß am Boden gestreckt und weiß um die Euter die Ferkel.
[Hier wird Raum für die Stadt, hier sichere Rast von der Mühsal.]
Drei Jahrzehnte danach wird hier Askanius gründen
jene Stadt, die da trägt den strahlenden Beinamen Alba.
Sicher steht mein Wort. Und jetzt, wie du das, was da andrängt,
siegreich meisterst, werde ich dir — gib acht nur! — erklären.
Arkader aus des Pallas Geschlecht haben hier an den Küsten
als Gefolge des Königs Euander, treu seinem Heerbann,
sich eine Stätte erwählt, eine Stadt auf den Bergen gegründet
und Pallantéum genannt nach dem Namen des Ahnherren Pallas.
Diese liegen beständig im Krieg mit dem Volk der Latiner,
diese gewinn deinem Heer als Gefährten, schließe ein Bündnis.
Ich will selbst durch Ufer und willigen Fluß dich geleiten,
daß stromaufwärts du mit Rudern zwingest die Strömung.
Auf denn, Sohn der Göttin, und gleich beim Sinken der Sterne
bete nur richtig zu Juno, bezwing ihr Grollen und Drohen
durch der Gelübde Demutsdienst; mich wirst nach dem Sieg du
ehren. Ich bin's, der, wie du siehst, mit der Fülle des Stromes
streicht die Ufer entlang und fruchtbare Felder durchschneidet,
bin der bläuliche Thybris, dem Himmel der liebste der Ströme.
Hier ist mein hoher Palast, mein Quell bei ragenden Städten."
  So der Flußgott, barg sich dann im tiefen Gewässer,
grundwärts tauchend. Nacht und Schlaf verließen Aeneas.
Der steht auf, schaut hin zum steigenden Lichte der Himmels-
sonne, schöpft mit hohler Hand vom Flusse sich Wasser,
hebt es fromm und läßt zum Äther wallen die Worte:
„Nymphen, laurentische Nymphen, von denen die Flüsse entstammen,

tuque, o Thybri, tuo, genitor, cum flumine sancto,
accipite Aenean et tandem arcete periclis.
quo te cumque lacus miserantem incommoda nostra
fonte tenet, quocumque solo pulcherrimus exis, 75
semper honore meo, semper celebrabere donis,
corniger Hesperidum fluvius regnator aquarum.
adsis o tantum et propius tua numina firmes.'
sic memorat geminasque legit de classe biremis
remigioque aptat, socios simul instruit armis. 80

 Ecce autem subitum atque oculis mirabile monstrum,
candida per silvam cum fetu concolor albo
procubuit viridique in litore conspicitur sus.
quam pius Aeneas tibi enim, tibi, maxima Iuno,
mactat sacra ferens et cum grege sistit ad aram. 85
Thybris ea fluvium, quam longa est, nocte tumentem
leniit, et tacita refluens ita substitit unda,
mitis ut in morem stagni placidaeque paludis
sterneret aequor aquis, remo ut luctamen abesset.
ergo iter inceptum celerant rumore secundo. 90
labitur uncta vadis abies: mirantur et undae,
miratur nemus insuetum fulgentia longe
scuta virum fluvio pictasque innare carinas.
olli remigio noctemque diemque fatigant
et longos superant flexus variisque teguntur 95
arboribus viridisque secant placido aequore silvas.
sol medium caeli conscenderat igneus orbem,
cum muros arcemque procul ac rara domorum
tecta vident, quae nunc Romana potentia caelo
aequavit, tum res inopes Euandrus habebat. 100
ocius advertunt proras urbique propinquant.

 Forte die sollemnem illo rex Arcas honorem
Amphitryoniadae magno divisque ferebat
ante urbem in luco. Pallas huic filius una,
una omnes iuvenum primi pauperque senatus 105
tura dabant, tepidusque cruor fumabat ad aras.
ut celsas videre rates atque inter opacum

und du, Vater Thybris, mit deinem heiligen Strome,
nehmet Aeneas auf, schützt endlich ihn vor Gefahren!
Wo im Quell auch die Tiefe dich birgt, dich, der sich erbarmte
unserer Not, wo immer du herrlich quillst aus dem Boden,
stets will ich mit Ehre und stets mit Gaben dich feiern,
horngeschmückter Strom, du Herrscher hesperischer Wasser.
Bleib nur helfend uns nah und bekräftige näher dein Walten!"
Also spricht er und wählt zwei doppelrudrige Schiffe,
legt die Riemen aus und versieht die Gefährten mit Waffen.

Siehe, da bietet sich jäh den Augen ein wunderbar Zeichen,
schimmernd durch den Wald, weißfarben wie ihre Jungen,
lagert und wird am grünen Strand gesehen die Wildsau.
Ehrfürchtig schlachtet Aeneas sie dir, dir, mächtige Juno,
bringt er das Opfer dar und tritt mit dem Wurf zum Altare.
Jene ganze Nacht läßt sanfter Thybris die Wogen
wallen, steht, sich stauend, so mit schweigender Welle,
daß er still wie ein Teich und wie ein friedlicher Weiher
flach hinbreitet die Flut, daß mühelos gleiten die Ruder.
Also fahren sie schnell ihren Weg bei freundlichem Plätschern.
Weich wogt hin der Tannenholzrumpf; da staunen die Wogen,
staunt überrascht der Wald ob der Männer Schilde, die weithin
funkeln, staunt, daß im Fluß bemalte Kiele da gleiten.
Die aber rudern rastlos fort bei Nacht und bei Tage,
nehmen der Windungen Länge, umwölbt von mancherlei Bäumen,
und durchschneiden auf ruhigem Strom die grünenden Wälder.
Feurig hatte die Sonne des Himmels Mitte erstiegen,
als sie Mauern und Burg von fern und vereinzelt der Häuser
Dächer erblickten, die jetzt die römische Macht bis zum Himmel
baute, doch damals besaß nur kärgliche Mittel Euander.
Schneller wenden den Bug sie zum Land und nahen der Stadt nun.

Zufällig brachte an jenem Tag der Arkaderfürst dem
großen Amphitryonssohn und den Göttern das jährliche Opfer
dar im Hain vor der Stadt. Mit ihm stand Pallas, sein Sohn, mit
ihm die Ersten der Jugend all und der arme Senat und
opferten Weihrauch, es dampfte das warme Blut am Altare.
Als sie nun hohe Schiffe durch Waldesdunkel sich nahen

adlabi nemus et tacitos incumbere remis,
terrentur visu subito cunctique relictis
consurgunt mensis. audax quos rumpere Pallas   110
sacra vetat raptoque volat telo obvius ipse
et procul e tumulo: 'iuvenes, quae causa subegit
ignotas temptare vias, quo tenditis?' inquit
'qui genus, unde domo, pacemne huc fertis an arma?'
tum pater Aeneas puppi sic fatur ab alta   115
paciferaeque manu ramum praetendit olivae:
'Troiugenas ac tela vides inimica Latinis,
quos illi bello profugos egere superbo.
Euandrum petimus. ferte haec et dicite lectos
Dardaniae venisse duces socia arma rogantis.'   120
obstipuit tanto percussus nomine Pallas:
'egredere o quicumque es' ait 'coramque parentem
adloquere ac nostris succede penatibus hospes.'
excepitque manu dextramque amplexus inhaesit.
progressi subeunt luco fluviumque relinquont.   125

   Tum regem Aeneas dictis adfatur amicis:
'optume Graiugenum, cui me Fortuna precari
et vitta comptos voluit praetendere ramos,
non equidem extimui, Danaum quod ductor et Arcas
quodque ab stirpe fores geminis coniunctus Atridis;   130
sed mea me virtus et sancta oracula divom
cognatique patres, tua terris didita fama,
coniunxere tibi et fatis egere volentem.
Dardanus, Iliacae primus pater urbis et auctor,
Electra, ut Grai perhibent, Atlantide cretus,   135
advehitur Teucros; Electram maximus Atlas
edidit, aetherios umero qui sustinet orbes.
vobis Mercurius pater est, quem candida Maia
Cyllenae gelido conceptum vertice fudit;
at Maiam, auditis si quicquam credimus, Atlas,   140
idem Atlas generat, caeli qui sidera tollit.
sic genus amborum scindit se sanguine ab uno.
his fretus non legatos neque prima per artem

sehen und nahe erblicken die schweigend rudernde Mannschaft,
packt beim plötzlichen Anblick sie Angst, vom Opfermahl stehen
alle gleich auf. Kühn wehrt jetzt Pallas, zu brechen des Opfers
Frieden, ergreift seinen Speer, fliegt selbst den Fremden entgegen
und vom Hügel seitab „Ihr Jünglinge", ruft er, „was treibt euch,
unbekannte Wege zu wagen, sagt, wohin strebt ihr?
Wer denn seid ihr, woher? Bringt Frieden ihr mit oder Kriegslärm?"
Da sprach hoch vom Heck nun also Vater Aeneas,
hielt in der Hand den Zweig des friedebringenden Ölbaums:
„Trojas Söhne erblickst du in Waffen, feind den Latinern.
Flüchtig trieben jene uns fort in frevelndem Kriege.
Ziel unsrer Fahrt ist Euander; das meldet und sagt ihm, erwählte
Dardanerführer kämen, um Waffenbündnis zu bitten."
Pallas stand von Staunen gepackt ob der Größe des Namens.
„Komm, o, wer du auch seist", sprach er, „und rede zum Vater
Aug in Auge, und tritt als Gast vor unsre Penaten."
Also bot er Willkommen und drückte ihm fest seine Rechte.
Vorwärts schritten im Hain sie dahin und verließen das Ufer.

Dann spricht Aeneas den König an mit freundlichen Worten:
„Bester der Griechensöhne, Fortuna wollte, daß ich dir
bittend nahe, dir zeige die bindenumwundenen Zweige.
Nicht erschrak ich, weil Arkader du und Danaerführer
seiest, dazu von Geschlecht verbunden den beiden Atriden.
Nein, mich haben mein Wesen und heilige Sprüche der Götter,
Väterverwandtschaft und dein Ruhm, verbreitet auf Erden,
dir verbunden, so folgte ich willig der Führung des Schicksals.
Dardanus, Urvater einst von Iliums Stadt und Begründer,
Sohn der Atlastochter Elektra, nach griechischer Sage,
führte die Teukrer ins Land; Elektras Vater ist Atlas,
machtvoll, der da trägt auf den Schultern des Äthers Gewölbe.
Ihr aber habt zum Vater Merkur, den die strahlende Maja,
einst empfing und gebar auf dem kalten Gipfel Kyllenes.
Maja jedoch, wenn irgend wir glauben der Sage, hat Atlas,
eben der Atlas gezeugt, der da trägt die Gestirne des Himmels.
So zerteilt sich beider Geschlecht von einem Blute.
Hierauf bauend habe ich nicht durch Gesandte und Staatskunst

temptamenta tui pepigi: me me ipse meumque
obieci caput et supplex ad limina veni.   145
gens eadem, quae te crudeli Daunia bello
insequitur; nos si pellant, nihil afore credunt,
quin omnem Hesperiam penitus sua sub iuga mittant
et mare quod supra teneant quodque adluit infra.
accipe daque fidem: sunt nobis fortia bello   150
pectora, sunt animi et rebus spectata iuventus.'
   Dixerat Aeneas. ille os oculosque loquentis
iamdudum et totum lustrabat lumine corpus.
tum sic pauca refert: 'ut te, fortissime Teucrum,
accipio adgnoscoque libens, ut verba parentis   155
et vocem Anchisae magni voltumque recordor!
nam memini Hesionae visentem regna sororis
Laomedontiaden Priamum, Salamina petentem,
protinus Arcadiae gelidos invisere finis.
tum mihi prima genas vestibat flore iuventas,   160
mirabarque duces Teucros, mirabar et ipsum
Laomedontiaden, sed cunctis altior ibat
Anchises: mihi mens iuvenali ardebat amore
compellare virum et dextrae coniungere dextram.
accessi et cupidus Phenei sub moenia duxi.   165
ille mihi insignem pharetram Lyciasque sagittas
discedens chlamydemque auro dedit intertextam
frenaque bina, meus quae nunc habet aurea Pallas.
ergo et, quam petitis, iuncta est mihi foedere dextra
et, lux cum primum terris se crastina reddet,   170
auxilio laetos dimittam opibusque iuvabo.
interea sacra haec, quando huc venistis amici,
annua, quae differre nefas, celebrate faventes
nobiscum et iam nunc sociorum adsuescite mensis.'
   Haec ubi dicta, dapes iubet et sublata reponi   175
pocula gramineoque viros locat ipse sedili
praecipuumque toro et villosi pelle leonis
accipit Aenean solioque invitat acerno.
tum lecti iuvenes certatim araeque sacerdos

tastend Fühlung gesucht mit dir: mich selbst und mein Haupt hier
biete ich dar, ich stehe als Flehender hier an der Schwelle.
Angreift wieder das Dauniervolk, das in grausamem Krieg auch
dich verfolgt; wenn uns sie verjagten, glauben sie, nichts mehr
fehle, Hesperien ganz und gar ins Joch sich zu schirren
und zu beherrschen das Meer, das oben und unten heranwogt.
Nimm unser Wort, gib deins! Unser Herz ist tapfer im Kriege,
mutig sind wir, es hat sich im Leben bewährt unsre Jugend."

　Also sprach Aeneas. Euander musterte längst des
Redenden Mund und Augen, den Wuchs des Helden im ganzen.
Dann sprach kurz er so: „Wie gern, du tapferster Teukrer,
nehm ich dich auf und erkenne dich an; wie steigt mir ins Herz des
großen Vaters Anchises Wort und Stimme und Antlitz.
Denn ich weiß noch, wie Priamus einst, des Laomedon Sohn, der
Schwester Hesione Reich besuchte aus Salamis und von
dort dann weiter kam in Arkadiens windfrisches Bergland.
Damals umkleidete Jugendflor mit Flaum meine Wangen.
Staunend sah ich die Führer der Teukrer, staunend ihn selbst, den
Sohn des Laomedon; aber, noch höher ragend als alle,
schritt Anchises; da brannte mein Herz im Feuer der Jugend,
anzureden den Mann und, Hand in Hand, zu begrüßen.
Und ich tat's und drängte ihn mit zu Pheneos' Mauern.
Einen herrlichen Köcher und lykische Pfeile auch gab er
mir zum Abschied, dazu eine golddurchwobene Chlamys
und zwei Zügel aus Gold! jetzt hat sie zu eigen mein Pallas.
Nun denn, hier ist die Hand, die ihr wünscht, vereint euch zum Bündnis,
und sobald wieder morgen das Licht aufleuchtet den Landen,
sollt ihr ziehn, durch Hilfe beglückt, an Machtmitteln reicher.
Jetzt aber, denn ihr kamt ja als Freunde, feiert in Andacht
mit uns das Opfer des Jahres, es aufzuschieben wär Frevel,
und gewöhnt euch schon jetzt dem Mahl der Bundesgenossen!"

　Also spricht er und läßt auf den Tisch wieder Mahlzeit und Becher
stellen und führt zum Rasensitz dann selber die Männer,
bietet besonders Aeneas das Polster an mit dem Fell des
zottigen Löwen und lädt ihn zum Sitz auf dem Throne aus Ahorn.
Jugend, erlesen zum Dienst, und der Opferpriester, sie bringen

viscera tosta ferunt taurorum onerantque canistris 180
dona laboratae Cereris Bacchumque ministrant.
vescitur Aeneas simul et Troiana iuventus
perpetui tergo bovis et lustralibus extis.
 Postquam exempta fames et amor compressus edendi,
rex Euandrus ait: 'non haec sollemnia nobis, 185
has ex more dapes, hanc tanti numinis aram
vana superstitio veterumque ignara deorum
imposuit: saevis, hospes Troiane, periclis
servati facimus meritosque novamus honores.
iam primum saxis suspensam hanc aspice rupem, 190
disiectae procul ut moles desertaque montis
stat domus et scopuli ingentem traxere ruinam.
hic spelunca fuit, vasto summota recessu,
semihominis Caci facies quam dira tegebat
solis inaccessam radiis; semperque recenti 195
caede tepebat humus, foribusque adfixa superbis
ora virum tristi pendebant pallida tabo.
huic monstro Volcanus erat pater: illius atros
ore vomens ignis magna se mole ferebat.
attulit et nobis aliquando optantibus aetas 200
auxilium adventumque dei. nam maximus ultor
tergemini nece Geryonae spoliisque superbus
Alcides aderat taurosque hac victor agebat
ingentis, vallemque boves amnemque tenebant.
at furis Caci mens effera, ne quid inausum 205
aut intractatum scelerisve dolive fuisset,
quattuor ab stabulis praestanti corpore tauros
avertit, totidem forma superante iuvencas;
atque hos, ne qua forent pedibus vestigia rectis,
cauda in speluncam tractos versisque viarum 210
indiciis raptos saxo occultabat opaco:
quaerenti nulla ad speluncam signa ferebant.
interea cum iam stabulis saturata moveret
Amphitryoniades armenta abitumque pararet,
discessu mugire boves atque omne querellis 215

hurtig das Bratfleisch her von Stieren, schleppen in Körben
her die Gaben der Ceres und reichen die Fülle des Bakchus.
Schmausend schneidet Aeneas mit Trojas Jugend vom langen
Rücken des Rindes und speist vom Eingeweide des Opfers.

Als nun der Hunger gestillt und des Essens Lust überwunden,
spricht Euander, der Fürst: „Hier dieses jährliche Opfer,
diese Sitte des Mahls, den Altar der so mächtigen Gottheit
hat nicht eitler Wahn, nichts wissend von Göttern der Urzeit,
uns begründet: aus schlimmer Gefahr, trojanischer Gastfreund,
gnädig bewahrt, vollziehn wir zu Recht immer neu diese Feier.
Sieh zunächst diesen Block, der schwebend hängt auf den Felsen,
wie seitab zersprengt ist der Bau und verlassen des Berges
Haus dort steht, und Felsen gestürzt zur Riesenruine.
Hier war einst eine Höhle, verborgen im öden Geklüfte,
die zum Versteck sich schuf ein Unhold, Cacus, der Halbmensch,
unzugänglich den Strahlen der Sonne; immer von frischem
Mordblut dampfte der Boden; ans Tor der Frevel geheftet,
hingen in grauser Verwesung bleich die Köpfe von Menschen.
Vater des Monstrums war Volkan; sein qualmendes Feuer
speiend, stampfte in Riesengestalt seiner Wege das Scheusal.
Endlich brachte auch uns die Zeit nach sehnlichem Harren
Hilfe durch Ankunft des Gottes herbei. Denn als mächtiger Rächer,
stolz, daß Geryones' Dreigestalt er erschlug und beraubte,
kam der Alkide und trieb hierher als Sieger die Riesen-
stiere; im Tal und am Strom rings fanden Lager die Tiere.
Cacus jedoch, der verwilderte Dieb, damit auch nur ja nichts
ungewagt bleibe und unversucht an Verbrechen und Tücke,
trieb von der Weide hinweg vier Stiere herrlichen Wuchses
und vier Färsen dazu von überragender Schönheit.
Um aber nicht bei richtigem Gang die Spuren zu zeigen,
zog er am Schwanz zur Höhle sie hin, verkehrte dadurch die
Weisung des Weges und barg die Geraubten im Dunkel des Felsens.
Keinerlei Zeichen wiesen den Suchenden richtig zur Höhle.
Als inzwischen Amphitryons Sohn seine Herde, die satt schon
war von der Weide, vorwärts trieb, um weiter zu ziehen,
brüllten die Rinder beim Aufbruch und füllten mit jammernden Rufen

impleri nemus et colles clamore relinqui.
reddidit una boum vocem vastoque sub antro
mugiit et Caci spem custodita fefellit.
hic vero Alcidae furiis exarserat atro
felle dolor: rapit arma manu nodisque gravatum 220
robur et aërii cursu petit ardua montis.
tum primum nostri Cacum videre timentem
turbatumque oculis: fugit ilicet ocior Euro
speluncamque petit, pedibus timor addidit alas.
ut sese inclusit ruptisque inmane catenis 225
deiecit saxum, ferro quod et arte paterna
pendebat, fultosque emuniit obice postis,
ecce furens animis aderat Tirynthius omnemque
accessum lustrans huc ora ferebat et illuc,
dentibus infrendens. ter totum fervidus ira 230
lustrat Aventini montem, ter saxea temptat
limina nequiquam, ter fessus valle resedit.
stabat acuta silex, praecisis undique saxis
speluncae dorso insurgens, altissima visu,
dirarum nidis domus opportuna volucrum. 235
hanc, ut prona iugo laevom incumbebat ad amnem,
dexter in adversum nitens concussit et imis
avolsam solvit radicibus: inde repente
inpulit, inpulsu quo maximus intonat aether,
dissultant ripae refluitque exterritus amnis. 240
at specus et Caci detecta apparuit ingens
regia et umbrosae penitus patuere cavernae:
non secus ac si qua penitus vi terra dehiscens
infernas reseret sedes et regna recludat
pallida, dis invisa, superque inmane barathrum 245
cernatur, trepident inmisso lumine manes.
ergo insperata deprensum luce repente
inclusumque cavo saxo atque insueta rudentem
desuper Alcides telis premit omniaque arma
advocat et ramis vastisque molaribus instat. 250
ille autem — neque enim fuga iam super ulla pericli —

rings den Wald und verließen die Hänge mit hallender Klage.
Da ruft Antwort eine der Kühe, tief aus der Höhle
brüllt sie und macht, trotz der Haft, die Hoffnung des Cacus zunichte.
Gleich aber brennt dem Alkiden in rasendem Grolle mit schwarzer
Galle der Schmerz: er packt mit der Faust seine Waffe, die schwere
knotige Keule und stürmt steilauf zum Gipfel des Berges.
Damals sahen zum ersten Mal die Unsern den Cacus
zagend, verstörten Blickes: stracks floh er schneller als Ostwind,
rannte zur Höhle hinein und Furcht gab Flügel den Füßen.
Als er sich eben verriegelt, die Ketten zersprengt und den schweren
Felsblock niedergestürzt, der im Eisen da hing durch des Vaters
Kunst, und als er eben durch Hemmnis die Tore befestigt,
da stand rasend vor Wut der Tirynthier da und durchspähte
jeglichen Zugang, wandte den Blick bald hierin, bald dorthin,
zähneknirschend; dreimal durchspähte er, kochend vor Zorn, den
Berg Aventinus, versuchte dreimal die felsige Schwelle,
immer umsonst, ließ dreimal erschöpft im Tale sich nieder.
Scharf stand gezackt ein Basalt, vom Steilhang ringsum der Felsen
wuchs er auf im Rücken der Höhle, ragend dem Aufblick,
düsteren Raubvögeln recht zum Horst als Hausung geschaffen.
Da gradüber vom Hang linkshin zum Flusse er neigte,
stemmt von rechts sich Herkules an und rüttelt und reißt aus
tiefsten Wurzeln gewaltig ihn los: dann stößt er ihn plötzlich
nieder, es dröhnt vom Stoß laut auf der gewaltige Äther.
Krachend bersten die Ufer, der Fluß strömt bebend nach rückwärts.
Aufgedeckt aber zeigt sich des Cacus riesige Höhlen-
burg, es klaffen weit nun auf die schattigen Grüfte,
so, wie wenn, unter Zwanges Gewalt aufklaffend, die Erde
weit auftäte des Abgrunds Sitz, bleichdämmernde Reiche,
Göttern verhaßte, erschlösse, von oben der Blick in des Grauens
Grube tauchte, beim Einfall des Lichts die Manen erbebten.
Ihn, den wider Erwarten vom Licht so plötzlich Gepackten,
tief in der Felskluft Versperrten und gräßlich Brüllenden greift von
oben mit Spießen nun Herkules an, holt alles als Waffen,
rückt ihm mit Ästen zu Leibe und mühlsteingewaltigen Blöcken.
Cacus indes — denn es gibt keine Flucht mehr aus den Gefahren —

faucibus ingentem fumum, mirabile dictu,
evomit involvitque domum caligine caeca,
prospectum eripiens oculis, glomeratque sub antro
fumiferam noctem commixtis igne tenebris. 255
non tulit Alcides animis seque ipse per ignem
praecipiti iecit saltu, qua plurimus undam
fumus agit nebulaque ingens specus aestuat atra.
hic Cacum in tenebris incendia vana vomentem
corripit in nodum complexus et angit inhaerens 260
elisos oculos et siccum sanguine guttur.
panditur extemplo foribus domus atra revolsis,
abstractaeque boves abiurataeque rapinae
caelo ostenduntur, pedibusque informe cadaver
protrahitur. nequeunt expleri corda tuendo 265
terribilis oculos, voltum villosaque saetis
pectora semiferi atque exstinctos faucibus ignis.
ex illo celebratus honos laetique minores
servavere diem primusque Potitius auctor
et domus Herculei custos Pinaria sacri. 270
hanc aram luco statuit, quae Maxima semper
dicetur nobis et erit quae maxima semper.
quare agite, o iuvenes, tantarum in munere laudum
cingite fronde comas et pocula porgite dextris
communemque vocate deum et date vina volentes.' 275
dixerat, Herculea bicolor cum populus umbra
velavitque comas foliisque innexa pependit
et sacer inplevit dextram scyphus. ocius omnes
in mensam laeti libant divosque precantur.

 Devexo interea propior fit Vesper Olympo. 280
iamque sacerdotes primusque Potitius ibant,
pellibus in morem cincti, flammasque ferebant.
instaurant epulas et mensae grata secundae
dona ferunt cumulantque oneratis lancibus aras.
tum Salii ad cantus incensa altaria circum 285
populeis adsunt evincti tempora ramis.
hic iuvenum chorus, ille senum; qui carmine laudes

ACHTES BUCH

speit aus dem Schlunde gewaltigen Rauch, ein Wunder zu sagen,
wälzt in blinde Finsternis rings das Haus und entreißt so
jegliche Sicht den Augen und ballt am Grunde der Höhle
qualmaufwirbelnde Nacht mit feurigzuckendem Dunkel.
Nicht erträgt es im Groll der Alkide: jählings durchs Feuer
stürzt er selbst sich im Sprunge dorthin, wo am dicksten die Woge
wirbelt der Qualm und in schwarzem Gewölk weit brodelt die Höhle,
packt den Cacus, der hier im Dunkel nichtige Flammen
speit, mit würgendem Griff und läßt in zäher Umklammrung
ihm vorquellen die Augen und blutlos dörren die Kehle.
Aufklafft gleich, da entriegelt das Tor, die düstere Hausung,
und der abgeschworene Raub, die gestohlenen Rinder,
zeigen dem Himmel sich frei; an den Füßen schleift man des Unholds
Leiche heraus, nicht können genug die Herzen sich weiden
hier an den schrecklichen Augen, der Miene, der zottigbehaarten
Brust des Halbtiers, am nun im Schlunde erloschenen Feuer.
Seit der Zeit ist gefeiert dies Fest, die Nachwelt bewahrte
jubelnd den Tag, vor allem Potitius als sein Stifter
und das Pinarische Haus als Wächter des Herkulesopfers.
Diesen Altar hier baute der Held im Haine: „Der Größte"
wird er immer uns heißen, wird sein uns immer der Größte.
Auf denn, Jünglinge, kränzt im Dienst so herrlicher Rühmung
grün mit Laub euer Haar, streckt aus in der Rechten die Becher,
ruft den gemeinsamen Gott und spendet willig vom Weine!"
Sprach es, und gleich umwob mit dem Schatten, den Herkules liebte,
schillernd die Pappel das Haar, hing nieder im Blättergewinde,
heiliger Holzbecher füllte die Rechte; schnell aber gießen
alle die Spende froh auf den Tisch und flehn zu den Göttern.

Abendstern kommt näher indes am sinkenden Himmel
und schon schreiten die Priester im Zug, Potitius führt sie,
fellgegürtet nach altem Brauch, mit Fackeln in Händen.
Gleich erneuern das Mahl sie und bringen, willkommen zum Nachtisch,
Gaben, beladen hoch den Altar mit belasteten Schüsseln.
Dann umstehn zum Gesang die Flammen des Opferaltares
Salier rings, die Schläfen gekränzt mit den Zweigen der Pappel,
Jünglinge hier, dort Greise im Chor; sie preisen im Hymnus

Herculeas et facta ferunt: ut prima novercae
monstra manu geminosque premens eliserit anguis,
ut bello egregias idem disiecerit urbes, 290
Troiamque Oechaliamque, ut duros mille labores
rege sub Eurystheo fatis Iunonis iniquae
pertulerit. 'tu nubigenas, invicte, bimembris
Hylaeumque Pholumque manu, tu Cresia mactas
prodigia et vastum Nemeae sub rupe leonem. 295
te Stygii tremuere lacus, te ianitor Orci
ossa super recubans antro semesa cruento;
nec te ullae facies, non terruit ipse Typhoeus,
arduus arma tenens; non te rationis egentem
Lernaeus turba capitum circumstetit anguis. 300
salve, vera Iovis proles, decus addite divis,
et nos et tua dexter adi pede sacra secundo.'
talia carminibus celebrant; super omnia Caci
speluncam adiciunt spirantemque ignibus ipsum.
consonat omne nemus strepitu collesque resultant. 305

 Exim se cuncti divinis rebus ad urbem
perfectis referunt. ibat rex obsitus aevo
et comitem Aenean iuxta natumque tenebat
ingrediens varioque viam sermone levabat.
miratur facilisque oculos fert omnia circum 310
Aeneas capiturque locis et singula laetus
exquiritque auditque virum monumenta priorum.
tum rex Euandrus, Romanae conditor arcis:
'haec nemora indigenae Fauni Nymphaeque tenebant
gensque virum truncis et duro robore nata, 315
quis neque mos neque cultus erat, nec iungere tauros
aut componere opes norant aut parcere parto,
sed rami atque asper victu venatus alebat.
primus ab aetherio venit Saturnus Olympo,
arma Iovis fugiens et regnis exsul ademptis. 320
is genus indocile ac dispersum montibus altis
composuit legesque dedit Latiumque vocari
maluit, his quoniam latuisset tutus in oris.

Herkules' rühmliche Taten all: wie der Stiefmutter erstes
Greuel, das Schlangenpaar, er stark mit Fäusten erwürgte,
wie er Troja sodann und Oechalia, ragende Städte,
niedergeworfen im Krieg, wie tausend lastende Mühen
unter Eurystheus' Gewalt durch den Spruch der grimmigen Juno
er ertrug. „Du, nie besiegt, schlugst wolkengeborne
Doppelgestalten, Hylaeus und Pholus, schlugest das Untier
Kretas, schlugst unterm Fels von Nemea den furchtbaren Löwen.
Vor dir bebte der Styx, vor dir der Pförtner des Orkus,
lagernd über benagtem Gebein in blutiger Höhle.
Kein Gebilde hat je dich erschreckt, ja, selbst nicht Typhoeus,
ragend mit Waffengewalt; dich fand die Schlange von Lerna
nicht ohne Rat, als die Schar ihrer Häupter rings dich umzischte.
Heil dir, Juppiters wahrer Sohn, jetzt Zierde für Götter,
uns und dein Opfer besuche voll Huld und nahe dich freundlich!"
Also tönt in Hymnen ihr Preis; über allem besingen
Cacus' Höhle sie noch und den feuerspeienden Unhold.
Laut hallt wider vom Jubel der Wald, hallen wider die Hänge.

    Gleich, als die heilige Feier vollendet, machen sich alle
auf zur Stadt. Da geht der Fürst, beschwert vom Alter,
hat als Geleiter Aeneas zugleich und den Sohn an der Seite,
würdig schreitend, und kürzt den Weg mit Wechselgesprächen.
Staunend läßt Aeneas behend allum seine Blicke
schweifen, die Gegend lockt ihn, und freudig fragt er genau dem
einzelnen nach und erfährt denkwürdige Taten der Vorzeit.
Dann spricht Fürst Euander, der Gründer der römischen Stadtburg:
„Diese Wälder bewohnten als Urstamm Faune und Nymphen
und ein Geschlecht, aus Stämmen und harten Eichen geboren,
die nicht Sitte hatten noch Form, nicht Stiere zu schirren
wußten noch Ernten zu häufen und sparsam Erworbnes zu hegen,
sondern es nährte sie Baumfrucht und Jagd, ein mühsames Leben.
Früh kam dann Saturnus herab vom hohen Olympus,
fliehend vor Juppiters Waffen, verbannt und beraubt seines Reiches.
Er vereinte das rohe, im Bergland verstreute Geschlecht und
gab ihm Gesetze und zog als Namen „Latium-Heimstatt"
vor, da geheim und geschützt er lebte an diesen Gestaden.

aurea quae perhibent illo sub rege fuere
saecula: sic placida populos in pace regebat, 325
deterior donec paulatim ac decolor aetas
et belli rabies et amor successit habendi.
tum manus Ausonia et gentes venere Sicanae,
saepius et nomen posuit Saturnia tellus;
tum reges asperque inmani corpore Thybris, 330
a quo post Itali fluvium cognomine Thybrim
diximus; amisit verum vetus Albula nomen.
me pulsum patria pelagique extrema sequentem
fortuna omnipotens et ineluctabile fatum
his posuere locis matrisque egere tremenda 335
Carmentis nymphae monita et deus auctor Apollo.'
vix ea dicta, dehinc progressus monstrat et aram
et Carmentalem Romani nomine portam
quam memorant, nymphae priscum Carmentis honorem,
vatis fatidicae, cecinit quae prima futuros 340
Aeneadas magnos et nobile Pallanteum.
hinc lucum ingentem quem Romulus acer Asylum
rettulit et gelida monstrat sub rupe Lupercal,
Parrhasio dictum Panos de more Lycaei.
nec non et sacri monstrat nemus Argileti 345
testaturque locum et letum docet hospitis Argi.
hinc ad Tarpeiam sedem et Capitolia ducit,
aurea nunc, olim silvestribus horrida dumis.
iam tum religio pavidos terrebat agrestis
dira loci, iam tum silvam saxumque tremebant. 350
'hoc nemus, hunc' inquit 'frondoso vertice collem
— quis deus, incertum est — habitat deus: Arcades ipsum
credunt se vidisse Iovem, cum saepe nigrantem
aegida concuteret dextra nimbosque cieret.
haec duo praeterea disiectis oppida muris, 355
reliquias veterumque vides monumenta virorum.
hanc Ianus pater, hanc Saturnus condidit arcem:
Ianiculum huic, illi fuerat Saturnia nomen.'
talibus inter se dictis ad tecta subibant

Jene berühmte goldene Zeit, sie gedieh unter seiner
Herrschaft: er lenkte so in freundlichem Frieden die Völker,
bis eine schlechtere Zeit allmählich, getrübt in der Farbe,
folgte und Raserei des Kriegs und die Gier nach Besitztum.
Damals kamen Ausoniens Schar und sikanische Völker,
und es wechselte öfter das Land des Saturnus den Namen.
Könige kamen, rauh und riesigen Wuchses, der Thybris;
wir, die Italer, nannten nach ihm den Fluß später Thybris,
Albula aber, der Urfluß, verlor seinen richtigen Namen.
Mich, der landesverjagt hinfuhr bis zum äußersten Meere,
hat Fortunas Allmacht und unausweichliches Schicksal
hierhin gebracht, mich trieb meiner Mutter, der Nymphe Carmenta,
drohende Mahnung, es trieb mich der Rat des Gottes Apollo."
Also spricht er und geht gleich voraus und zeigt den Altar und
zeigt das Tor, das die Römer noch jetzt „Carmentalische Pforte"
nennen, uralte Ehrung der Nymphe Carmenta, der schicksals-
kundigen Seherin, die zuerst von der künftigen Größe
sang des Aeneasgeschlechts und dem rühmlichen Pallanteum.
Weiter zeigt er den riesigen Hain, den Romulus, zürnend,
schuf zum Asyl, er zeigt im kühlen Fels das Lupercal,
so im Parrhasierbrauche benannt nach dem Pan des Lykaeus,
zeigt auch den Wald Argiletums, des bannverfallenen, ruft zum
Zeugen den Ort und erklärt den Tod des Gastfreundes Argos.
Weiter dann führt er zum Felsen Tarpejas, zum Kapitol hin,
golden jetzt, einst wuchernd umstarrt vom Strauchwerk des Waldes.
Damals schon erschreckte des Ortes furchtbarer Bann die
Bauern mit Angst, sie bebten schon damals vor Wald hier und Felsen.
„Hier diesen Wald," sprach Euander, „den Hügel mit laubigem Gipfel
— welcher Gott, ist nicht gewiß — bewohnt ein Gott, ihn selber,
Juppiter, glauben die Arkader hier zu sehen, wie oft die
schwärzliche Aegis er schwang in der Faust und Stürme herauftrief.
Diese zwei Festungen hier überdies mit zertrümmerten Mauern
siehst du als Rest und Erinnerungsmal an die Zeiten der Alten.
Diese Burg hat Janus gebaut und jene Saturnus:
die hieß Janiculus, jene Saturnia früher mit Namen."
Unter solchem Gespräch nun kamen sie näher dem Haus des

pauperis Euandri passimque armenta videbant 360
Romanoque foro et lautis mugire Carinis.
ut ventum ad sedes: 'haec' inquit 'limina victor
Alcides subiit, haec illum regia cepit.
aude, hospes, contemnere opes et te quoque dignum
finge deo rebusque veni non asper egenis.' 365
dixit et angusti subter fastigia tecti
ingentem Aenean duxit stratisque locavit
effultum foliis et pelle Libystidis ursae.
 Nox ruit et fuscis tellurem amplectitur alis.
at Venus haud animo nequiquam exterrita mater 370
Laurentumque minis et duro mota tumultu
Volcanum adloquitur thalamoque haec coniugis aureo
incipit et dictis divinum adspirat amorem:
'dum bello Argolici vastabant Pergama reges
debita casurasque inimicis ignibus arces, 375
non ullum auxilium miseris, non arma rogavi
artis opisque tuae nec te, carissime coniunx,
incassumve tuos volui exercere labores,
quamvis et Priami deberem plurima natis
et durum Aeneae flevissem saepe laborem. 380
nunc Iovis imperiis Rutulorum constitit oris:
ergo eadem supplex venio et sanctum mihi numen
arma rogo, genetrix nato. te filia Nerei,
te potuit lacrimis Tithonia flectere coniunx.
aspice qui coeant populi, quae moenia clausis 385
ferrum acuant portis in me excidiumque meorum.'
dixerat et niveis hinc atque hinc diva lacertis
cunctantem amplexu molli fovet. ille repente
accepit solitam flammam notusque medullas
intravit calor et labefacta per ossa cucurrit, 390
haud secus atque olim tonitru cum rupta corusco
ignea rima micans percurrit lumine nimbos.
sensit laeta dolis et formae conscia coniunx.
tum pater aeterno fatur devinctus amore:
'quid causas petis ex alto, fiducia cessit 395

armen Euander und sahn überall nur brüllende Herden,
wo jetzt Romas Forum prangt und die Pracht der Karinen.
Vor seinem Haus aber sprach der Fürst: „Diese Schwelle betrat als
Sieger einst der Alkide, die Burg hier hat ihn empfangen.
Wage es, Gast, zu verachten die Pracht, und mache auch du dich
würdig des Gottes und nahe nicht schroff dem Reiche der Armut!"
Also führte er unter den Giebel des niedrigen Hauses
nun den Riesen Aeneas und ließ ihn lagern, gestreckt auf
Blätterstreu und dem Fell darüber der libyschen Bärin.

Nacht fliegt her und umfängt mit dunklen Schwingen die Erde.
Mutter Venus jedoch, nicht umsonst im Herzen voll Schrecken,
durch Laurentums Drohen bestürzt und den grimmigen Aufruhr,
spricht zu Volkanus und hebt im Goldgemache des Gatten
also an und beseelt ihr Wort mit göttlicher Liebe:
„Als noch die Fürsten von Argos im Krieg das schuldige Troja
und seine Burgen, verfallen dem feindlichen Feuer, verheerten,
bat ich nie für die Armen um Hilfe, niemals um Waffen
deiner mächtigen Kunst, nein, liebster Gatte, ich wollte
weder dich noch auch dein Wirken zwecklos bemühen,
wenn ich auch noch so viel verdankte des Priamus Söhnen,
noch so oft beweinte die drückende Not des Aeneas.
Jetzt steht er, auf Juppiters Wort, am Rutulerstrande:
wohl denn, auch ich komme flehend und bitte, mein göttlicher Herr, um
Waffen, die Mutter fleht für den Sohn; dich konnte des Nereus
Tochter, dich konnte mit Tränen gewinnen Tithonos' Gemahlin.
Sieh, was für Völker da strömen zum Krieg, was für Städte die Tore
schließen und schärfen ihr Schwert wider mich, zum Verderben der Meinen."
Also spricht die Göttin und schließt in die schneeweißen Arme
zärtlich und warm umfassend den Zögernden. Er aber, plötzlich,
steht in Flammen wie eh und je; es dringt die vertraute
Glut ins Mark und strömt ihm heiß durch die wankenden Glieder,
ebenso, wie wenn oft mit sprühendem Donner des Blitzes
Spalt aufbricht und zuckend von Licht hinfliegt durch die Wolken.
Freudig spürt es die Gattin, der List sich bewußt und der Schönheit.
Dann spricht gleich der Vater, im Bann der unendlichen Liebe:
„Warum holst du Gründe so weit her? Wohin entwich dir,

quo tibi, diva, mei? similis si cura fuisset:
tum quoque fas nobis Teucros armare fuisset;
nec pater omnipotens Troiam nec fata vetabant
stare decemque alios Priamum superesse per annos.
et nunc, si bellare paras atque haec tibi mens est, 400
quidquid in arte mea possum promittere curae,
quod fieri ferro liquidove potest electro,
quantum ignes animaeque valent, absiste precando
viribus indubitare tuis.' ea verba locutus
optatos dedit amplexus placidumque petivit 405
coniugis infusus gremio per membra soporem.

Inde ubi prima quies medio iam noctis abactae
curriculo expulerat somnum, cum femina primum,
cui tolerare colo vitam tenuique Minerva
impositum, cinerem et sopitos suscitat ignes, 410
noctem addens operi famulasque ad lumina longo
exercet penso, castum ut servare cubile
coniugis et possit parvos educere natos:
haud secus Ignipotens nec tempore segnior illo
mollibus e stratis opera ad fabrilia surgit. 415
insula Sicanium iuxta latus Aeoliamque
erigitur Liparen, fumantibus ardua saxis,
quam subter specus et Cyclopum exesa caminis
antra Aetnaea tonant validique incudibus ictus
auditi referunt gemitus striduntque cavernis 420
stricturae Chalybum et fornacibus ignis anhelat,
Volcani domus et Volcania nomine tellus.
hoc tunc Ignipotens caelo descendit ab alto.
ferrum exercebant vasto Cyclopes in antro,
Brontesque Steropesque et nudus membra Pyragmon. 425
his informatum manibus iam parte polita
fulmen erat, toto genitor quae plurima caelo
deicit in terras, pars inperfecta manebat.
tris imbris torti radios, tris nubis aquosae
addiderant, rutili tris ignis et alitis austri: 430
fulgores nunc terrificos sonitumque metumque

Göttin, zu mir das Vertraun? Wär ähnlich die Sorge gewesen,
hätt' ich auch damals das Recht gehabt, zu bewaffnen die Teukrer;
nicht der allmächtige Vater, nicht Schicksalssprüche verboten
Trojas Bestand und dem Priamus noch zehn weitere Jahre.
Jetzt aber, wenn du rüstest zum Krieg und das dir im Sinn liegt,
was an Bemühung in meiner Kunst ich immer versprechen,
was aus Eisen ich bilden kann und flüssigem Mischgold,
alles, was Feuer und Lufthauch vermag, darum bitte nicht erst im
Zweifel an deiner Macht über mich!" So sprach er und gab der
sehnlichst erwünschten Umarmung sich hin und suchte den süßen
gliederlösenden Schlaf, dem Schoße vereint der Gemahlin.

   Gleich, als ersten Schlummers Erquickung mitten im Lauf der
schwindenden Nacht vertrieben den Schlaf, zur Zeit, da die Hausfrau,
deren Last es ist, an der Spindel bei kargem Verdienst ihr
Leben zu fristen, die schlafende Glut entfacht in der Asche,
schon in der Nacht am Werk, bei Fackeln die Mägde mit langer
Arbeit bemüht, damit sie keusch das Lager des Gatten
hüten könne und ihm die kleinen Söhne erziehen,
ebenso früh erhebt, nicht träger der Feuerbeherrscher
sich vom weichen Lager empor zu kunstvollen Werken.
Dicht an Sikaniens Strand, am aeolischen Lípare hebt sich
steil mit rauchenden Felsen empor eine Insel; darunter
dröhnt eine Höhle, dröhnt, von den Essen zernagt der Kyklopen,
donnernd des Ätna Geklüft. Grell klirren vom Amboß die harten
Hiebe ächzend ins Ohr, Metallmassen, Chalyberarbeit,
glühen und sausen in Gruben, es faucht in den Öfen das Feuer.
Haus des Volkanus heißt es mit Namen und Land des Volkanus.
Hierhin stieg nun vom Himmel herab der Feuerbeherrscher.
Eisen schmiedeten grad die Kyklopen in riesiger Höhle,
Brontes, Steropes und mit nacktem Leibe Pyragmon.
Eben geformt lag unter den Händen, teils schon geglättet,
ihnen ein Blitz, wie so viele sie Juppiter ringsum vom Himmel
schleudert zur Erde, ein Teil aber blieb ihnen noch zu vollenden.
Zugefügt hatten sie schon drei Strahlen Hagels und drei vom
Wolkenbruch, drei von rötlicher Glut und geflügeltem Sturmwind.
Schreckendes Leuchten jetzt und Donnergekrach und Entsetzen

miscebant operi flammisque sequacibus iras.
parte alia Marti currumque rotasque volucris
instabant, quibus ille viros, quibus excitat urbes:
aegidaque horriferam, turbatae Palladis arma, 435
certatim squamis serpentum auroque polibant
conexosque anguis ipsamque in pectore divae
Gorgona, desecto vertentem lumina collo.
'tollite cuncta' inquit 'coeptosque auferte labores,
Aetnaei Cyclopes, et huc advertite mentem: 440
arma acri facienda viro. nunc viribus usus,
nunc manibus rapidis, omni nunc arte magistra.
praecipitate moras.' nec plura effatus, at illi
ocius incubuere omnes pariterque laborem
sortiti. fluit aes rivis aurique metallum, 445
volnificusque chalybs vasta fornace liquescit.
ingentem clipeum informant, unum omnia contra
tela Latinorum, septenosque orbibus orbes
inpediunt. alii ventosis follibus auras
accipiunt redduntque, alii stridentia tingunt 450
aera lacu. gemit inpositis incudibus antrum.
illi inter sese multa vi bracchia tollunt
in numerum versantque tenaci forcipe massam.

  Haec pater Aeoliis properat dum Lemnius oris,
Euandrum ex humili tecto lux suscitat alma 455
et matutini volucrum sub culmine cantus.
consurgit senior tunicaque inducitur artus
et Tyrrhena pedum circumdat vincula plantis;
tum lateri atque umeris Tegeaeum subligat ensem,
demissa ab laeva pantherae terga retorquens. 460
nec non et gemini custodes limine ab alto
praecedunt gressumque canes comitantur erilem.
hospitis Aeneae sedem et secreta petebat
sermonum memor et promissi muneris heros.
nec minus Aeneas se matutinus agebat. 465
filius huic Pallas, illi comes ibat Achates.
congressi iungunt dextras mediisque residunt

mischten sie noch dem Werk und Wut dem Flammengefolge.
Wagen und fliegende Räder erbauten andere schnell für
Mars, auf denen er Männer, auf denen er Städte zum Krieg hetzt.
Auch die furchbare Aegis, die Waffe der zürnenden Pallas,
schmückten mit Schlangenschuppen aus Gold sie eifernd und zierten
auch das Natterngeflecht und Gorgo selbst auf der Göttin
Brustschild: eben enthauptet, starrt sie brechenden Blickes.
„Halt jetzt!" ruft Volkan; „legt fort die begonnene Arbeit,
Ätnasöhne, Kyklopen, und hierher wendet den Sinn jetzt:
Waffen gilt's einem Helden zu schmieden; jetzt braucht's Kräfte,
hurtiger Hände jetzt, jetzt jeglicher Kunst eines Meisters.
Auf denn, ohne Verzug!" Nicht weiter spricht er; doch jene
stürzen geschwind gleich alle ans Werk und verteilen zu gleichen
Teilen die Last; da fließt in Rinnen das Erz und das Gold, es
schmilzt der wundenschlagende Stahl im gewaltigen Ofen.
Und sie bilden den Riesenschild, wider aller Latiner
Waffen den e i n e n : Kreis auf Kreise schmieden in eins sie
sieben Lagen. Es wirken an Blasebälgen die einen,
saugen und pressen die Luft, in Kühltröge tauchen die andern
zischendes Erz, laut dröhnt von der Ambosse Wuchten die Höhle.
Miteinander erheben sie machtvoll die riesigen Arme,
immer im Takt, und wenden mit packender Zange den Klumpen.

    Während der lemnische Vater dies wirkt an äolischen Küsten,
weckt das liebliche Licht Euander aus niedriger Hütte,
weckt ihn Morgengesang der Vögel unter dem Giebel.
Schnell erhebt sich der Greis und legt sich an seinen Leibrock,
unter die Fußsohlen bindet er sich die Tyrrhenersandalen,
läßt Tegeäerschwert von der Schulter hangen zur Seite,
rückwärtsraffend das Pantherfell, das links ihm herabwallt.
Auch seine beiden Wächter, die Hunde, gehen von hoher
Schwelle voraus und begleiten treu den Schritt ihres Herren.
Hin zum Ruhegemach seines Gastes Aeneas begibt der
Held sich, denkt der Gespräche und denkt der versprochenen Gabe.
Doch auch Aeneas ist schon unterwegs in der Frühe des Morgens.
Neben Euander geht Pallas, der Sohn, mit Aeneas Achates.
Grüßend fügen Hand sie in Hand und lassen sich nieder

aedibus et licito tandem sermone fruuntur.
rex prior haec:
'maxime Teucrorum ductor, quo sospite numquam 470
res equidem Troiae victas aut regna fatebor,
nobis ad belli auxilium pro nomine tanto
exiguae vires: hinc Tusco claudimur amni,
hinc Rutulus premit et murum circumsonat armis.
sed tibi ego ingentis populos opulentaque regnis 475
iungere castra paro, quam fors inopina salutem
ostentat; fatis huc te poscentibus adfers:
haud procul hinc saxo incolitur fundata vetusto
urbis Agyllinae sedes, ubi Lydia quondam
gens bello praeclara iugis insedit Etruscis. 480
hanc multos florentem annos rex deinde superbo
imperio et saevis tenuit Mezzentius armis.
quid memorem infandas caedes, quid facta tyranni
effera? di capiti ipsius generique reservent!
mortua quin etiam iungebat corpora vivis 485
componens manibusque manus atque oribus ora,
tormenti genus, et sanie taboque fluentis
complexu in misero longa sic morte necabat.
at fessi tandem cives infanda furentem
armati circumsistunt ipsumque domumque, 490
obtruncant socios, ignem ad fastigia iactant.
ille inter caedem Rutulorum elapsus in agros
confugere et Turni defendier hospitis armis.
ergo omnis furiis surrexit Etruria iustis:
regem ad supplicium praesenti Marte reposcunt. 495
his ego te, Aenea, ductorem milibus addam.
toto namque fremunt condensae litore puppes
signaque ferre iubent; retinet longaevos haruspex
fata canens "o Maeoniae delecta iuventus,
flos veterum virtusque virum, quos iustus in hostem 500
fert dolor et merita accendit Mezzentius ira,
nulli fas Italo tantam subiungere gentem:
externos optate duces". tum Etrusca resedit

mitten im Haus und freun sich des endlich vergönnten Gespräches.
Also beginnt der Fürst:
„Mächtiger Führer der Teukrer, da du noch lebst, werde nie ich
zugestehen, daß Trojas Macht und Herrschaft besiegt sei.
Kärglich sind zur Hilfe im Krieg für solch einen Namen
unsere Kräfte: denn hier umschließt der tuskische Strom uns,
dort drängt der Rutuler an und umklirrt unsre Mauer mit Waffen.
Aber gewaltige Völker und machtgesegnete Heere
werde ich dir vereinen; ein unvermutetes Glück zeigt
uns dies Heil; du kommst hierher vom Schicksal gerufen.
Nicht gar weit von hier, auf uraltem Felsen gegründet,
wird die Stadt Agylla bewohnt, wo Lydiervolk einst,
kriegsberühmt, sich niederließ auf etruskischen Bergen.
Viele Jahre blühte das Volk; dann zwang es mit stolzer
Macht und wilder Waffen Gewalt Mezzentius nieder.
Was soll ich sagen von ruchlosen Morden, von tierischem Tun des
Zwingherrn? Straften doch Götter dereinst sein Haupt und die Sippe!
Ja, selbst Leichen band er zusammen mit lebenden Menschen,
legte sie Hand auf Hand und Mund auf Mund — welche Art von
Folter! — und tötete sie, die in Eiter und Moder zerflossen,
so durch langen Tod in jammervoller Umarmung.
Endlich müde der Greuel, umringten den rasenden Unhold
drohend in Waffen die Bürger, ihn selbst mitsamt seinem Hause,
schlugen tot die Trabanten und warfen Brand auf die Giebel.
Jener entkommt noch während des Blutbads, flüchtet ins Land der
Rutuler, findet dort Schutz unter Turnus, des Gastfreundes, Waffen.
So tobt ganz Etrurien denn in gerechter Empörung:
„Tod dem König!" fordern sie schroff und drängen zum Kriege.
Diesen Tausenden gebe ich dich, Aeneas, als Führer.
Denn schon tobt, gestaut am ganzen Gestade, die Flotte
drängt zum Angriff; es hält sie zurück ihres greisen Haruspex
Schicksalsspruch: „Mäonischen Volks erlesene Jugend,
uralter Helden Blüte und Kraft! Zwar treibt euch gerechter
Grimm auf den Feind; verdient hat Mezzentius flammendes Zürnen.
Doch kein Italer darf so großes Volk unterwerfen;
Wartet auf Führer vom Ausland!" Da ließ das etruskische Heer sich

hoc acies campo, monitis exterrita divom.
ipse oratores ad me regnique coronam 505
cum sceptro misit mandatque insignia Tarchon,
succedam castris Tyrrhenaque regna capessam.
sed mihi tarda gelu saeclisque effeta senectus
invidet imperium seraeque ad fortia vires.
natum exhortarer, ni mixtus matre Sabella 510
hinc partem patriae traheret. tu, cuius et annis
et generi fata indulgent, quem numina poscunt,
ingredere, o Teucrum atque Italum fortissime ductor.
hunc tibi praeterea spes et solacia nostri
Pallanta adiungam; sub te tolerare magistro 515
militiam et grave Martis opus, tua cernere facta
adsuescat primis et te miretur ab annis.
Arcadas huic equites bis centum, robora pubis
lecta, dabo totidemque suo tibi nomine Pallas.'

    Vix ea fatus erat, defixique ora tenebant 520
Aeneas Anchisiades et fidus Achates
multaque dura suo tristi cum corde putabant,
ni signum caelo Cytherea dedisset aperto.
namque inproviso vibratus ab aethere fulgor
cum sonitu venit, et ruere omnia visa repente 525
Tyrrhenusque tubae mugire per aethera clangor.
suspiciunt, iterum atque iterum fragor increpat ingens:
arma inter nubem caeli in regione serena
per sudum rutilare vident et pulsa tonare.
obstipuere animis alii, sed Troïus heros 530
adgnovit sonitum et divae promissa parentis.
tum memorat 'ne vero, hospes, ne quaere profecto,
quem casum portenta ferant: ego poscor Olympo.
hoc signum cecinit missuram diva creatrix,
si bellum ingrueret, Volcaniaque arma per auras 535
laturam auxilio.
heu quantae miseris caedes Laurentibus instant!
quas poenas mihi, Turne, dabis, quam multa sub undas
scuta virum galeasque et fortia corpora volves,
Thybri pater! — poscant acies et foedera rumpant!' 540

nieder in diesem Gefild, erschreckt von der Weisung der Götter.
Unterhändler entsandte zu mir und des Reiches Kron' und
Szepter Tarchon selbst und vertraut mir die Zeichen der Herrschaft,
folgen soll ich ins Lager, tyrrhenisches Reich übernehmen.
Mir aber neidet, frosterstarrt und von Jahren geschwächt, das
Alter die Macht, zu spät ist's nun für kraftvolles Wirken.
Mahnen würd' ich den Sohn, wenn er nicht von sabellischer Mutter
Anteil hätte an diesem Land. Doch du, dessen Jahren,
dessen Geschlecht die Schicksale hold, den die Gottheiten fordern,
du tritt an, der Teukrer und Italer tapferster Führer!
Diesen hier überdies, mir Hoffnung und Trost, meinen Pallas,
gebe ich dir nun mit: unter dir, dem Meister, den Kriegsdienst,
schweres Werk des Mars, zu bestehn, deine Taten zu sehen
soll er früh sich gewöhnen und dich schon frühe bewundern.
Zweihundert Arkaderreiter, erlesene Kräfte der Jugend,
gebe ich ihm, dir gibt gleichviel aus Eigenem Pallas."

   Kaum hatte dies er gesagt, da hielten abwärts gewandt den
Blick Aeneas, Anchises Sohn, und der treue Achates,
und viel Schweres erwogen sie weiter traurigen Herzens,
hätte nicht Venus ein Zeichen vom offenen Himmel gegeben.
Denn es zuckte, mit Donnergekrach vom Äther geschleudert,
unversehens ein Blitz und jäh schien alles zu stürzen,
schien durch den Äther zu dröhnen der Tuba tyrrhenisch Geschmetter.
Aufwärts schaun sie und Schlag auf Schlag dröhnt furchtbar das Krachen.
Waffen, umwogt von der Wolke im heiteren Raume des Himmels,
sehen sie goldrot funkeln durchs Licht: sie klirren und dröhnen.
Staunend stehen die andern, indes der trojanische Recke
gleich den Klang erkennt, die Verheißung der göttlichen Mutter,
und er spricht: „Mein Gastfreund, wahrlich, forsche nicht weiter,
welches Geschick dies Wunder hier meint: m i c h ruft der Olympus.
Dieses Zeichen, so kündete mir meine göttliche Mutter,
werde sie schicken bei Kriegesdrohn und Waffen Volkans zu
Hilfe hoch durch die Lüfte mir bringen.
Wehe, welch ein Blutbad droht den armen Laurentern,
wie wirst, Turnus, von mir du gestraft, wieviel Schilde der Helden
wirst in den Wogen du wälzen und Helme und tapfere Leiber,
Vater Thybris! — Laßt Krieg sie nur fordern und brechen das Bündnis!"

Haec ubi dicta dedit, solio se tollit ab alto
et primum Herculeis sopitas ignibus aras
excitat hesternumque larem parvosque penatis
laetus adit: mactat lectas de more bidentis
Euandrus pariter, pariter Troiana iuventus.   545
post hinc ad navis graditur sociosque revisit.
quorum de numero qui sese in bella sequantur
praestantis virtute legit: pars cetera prona
fertur aqua segnisque secundo defluit amni,
nuntia ventura Ascanio rerumque patrisque.   550
dantur equi Teucris Tyrrhena petentibus arva;
ducunt exsortem Aeneae, quem fulva leonis
pellis obit totum, praefulgens unguibus aureis.
  Fama volat parvam subito volgata per urbem
ocius ire equites Tyrrheni ad litora regis.   555
vota metu duplicant matres, propiusque periclo
it timor et maior Martis iam apparet imago.
tum pater Euandrus dextram complexus euntis
haeret, inexpletus lacrimans, ac talia fatur:
'o mihi praeteritos referat si Iuppiter annos,   560
qualis eram, cum primam aciem Praeneste sub ipsa
stravi scutorumque incendi victor acervos
et regem hac Herulum dextra sub Tartara misi,
nascenti cui tris animas Feronia mater
— horrendum dictu — dederat, terna arma movenda,   565
ter leto sternendus erat; cui tunc tamen omnis
abstulit haec animas dextra et totidem exuit armis:
non ego nunc dulci amplexu divellerer usquam,
nate, tuo, neque finitimo Mezzentius umquam
huic capiti insultans tot ferro saeva dedisset   570
funera, tam multis viduasset civibus urbem.
at vos, o superi et divom tu maxime rector
Iuppiter, Arcadii quaeso miserescite regis
et patrias audite preces. si numina vestra
incolumem Pallanta mihi, si fata reservant,   575
si visurus eum vivo et venturus in unum:

Also spricht er und springt gleich auf vom ragenden Thronsitz,
weckt zu Herkules' Ehren zunächst die schlafenden Flammen
am Altar und tritt, wie gestern, froh zu des Herdes
schlichten Penaten; Euander zugleich und die Jugend von Troja
opfert fromm nach Brauch erlesene jährige Schafe.
Dann geht Aeneas zurück zu den Schiffen und seinen Gefährten.
Gleich erwählt er aus ihrer Zahl die tapfersten Männer,
die ihm folgen sollen zum Krieg: der Rest aber treibt auf
willig geneigter Woge bequem ohne Ruder stromabwärts,
soll dem Askanius melden die Dinge und grüßen vom Vater.
Pferde bringt man den Teukrern zum Zug ins Land der Tyrrhener,
außer der Reihe ein Roß für Aeneas: gelbliches Fell des
Löwen umhüllt es ganz; es blitzt mit goldenen Klauen.

Über die Kleinstadt plötzlich verbreitet, fliegt nun die Kunde,
Reiter zögen schnell zum Strand des tyrrhenischen Herrschers.
Mütter verdoppeln Gelübde voll Angst: denn mit der Gefahr rückt
näher die Furcht, steigt größer herauf des Kriegsgottes Schreckbild.
Vater Euander umfaßt zum Abschied die Hand seines Sohnes,
hängt sich ihm an und weint und weint; dann spricht er noch einmal:
„O, gäbe Juppiter mir doch zurück die vergangenen Jahre,
so, wie ich war, als zuerst ich ein Heer an den Mauern Praenestes
schlug und siegreich die Haufen der Schilde verbrannte und König
Herulus hier mit dieser Faust zum Tartarus schickte,
dem bei seiner Geburt drei Seelen — furchtbar zu sagen —
Mutter Feronia gab; dreimal denn mußte ich kämpfen,
dreimal nieder ihn schmettern zum Tod; und dennoch nahm damals
all seine Seelen ihm fort diese Hand und all seine Waffen.
Nirgend würde ich dann aus deiner trauten Umarmung
fortgerissen, mein Sohn, nie hätte Mezzentius jemals
diesem Haupt, seinem Nachbarn, zum Hohn, dem Schwert so viel grause
Opfer gebracht, die Stadt so vieler Bürger beraubend.
Ihr aber droben und du, erhabener Herrscher der Götter,
Juppiter, bitte, erbarmt euch doch des Arkaderkönigs
und erhört eines Vaters Gebet! Wenn mir euer Walten
hier meinen Pallas, wenn das Schicksal ihn mir erhält, wenn
ihn einst wiederzusehen und ihm zu begegnen ich lebe,

vitam oro, patior quemvis durare laborem.
sin aliquem infandum casum, Fortuna, minaris:
nunc, nunc o liceat crudelem abrumpere vitam,
dum curae ambiguae, dum spes incerta futuri, 580
dum te, care puer, mea sola et sera voluptas,
complexu teneo; gravior neu nuntius auris
volneret.' haec genitor digressu dicta supremo
fundebat, famuli conlapsum in tecta ferebant.

Iamque adeo exierat portis equitatus apertis, 585
Aeneas inter primos et fidus Achates,
inde alii Troiae proceres, ipse agmine Pallas
in medio, chlamyde et pictis conspectus in armis,
qualis ubi Oceani perfusus Lucifer unda,
quem Venus ante alios astrorum diligit ignis, 590
extulit os sacrum caelo tenebrasque resolvit.
stant pavidae in muris matres oculisque secuntur
pulveream nubem et fulgentis aere catervas.
olli per dumos, qua proxima meta viarum,
armati tendunt; it clamor, et agmine facto 595
quadrupedante putrem sonitu quatit ungula campum.
est ingens gelidum lucus prope Caeritis amnem,
religione patrum late sacer; undique colles
inclusere cavi et nigra nemus abiete cingunt.
Silvano fama est veteris sacrasse Pelasgos 600
arvorum pecorisque deo lucumque diemque,
qui primi finis aliquando habuere Latinos.
haud procul hinc Tarcho et Tyrrheni tuta tenebant
castra locis, celsoque omnis de colle videri
iam poterat legio et latis tendebat in arvis. 605
huc pater Aeneas et bello lecta iuventus
succedunt fessique et equos et corpora curant.

At Venus aetherios inter dea candida nimbos
dona ferens aderat; natumque in valle reducta
ut procul egelido secretum flumine vidit, 610
talibus adfata est dictis seque obtulit ultro:
'en perfecta mei promissa coniugis arte

bitt ich um Leben, erdulde, was immer auch daure an Mühsal.
Wenn aber irgend unsäglichen Fall, Fortuna, du androhst,
jetzt dann, jetzt sei's erlaubt, das grausame Leben zu brechen,
da noch schwanken die Sorgen, da ungewiß Hoffnung der Zukunft,
da ich, liebes Kind, meine Wonne, du einzige, späte,
dich noch halte im Arm! Daß nie doch herbere Nachricht
schlüge mein Ohr!" So strömte des Vaters Klage beim letzten
Scheiden. Diener trugen den Hingesunknen zur Wohnung.

Und schon zogen die Reiter hinaus zum offenen Tore,
unter den ersten Aeneas und mit ihm der treue Achates,
dann die anderen edlen Trojaner; mitten im Zug ritt
Pallas, prächtig zu schaun in Mantel und farbiger Rüstung,
wie wenn blinkend von Ozeans Flut der Träger des Lichtes,
den ja Venus liebt vor den anderen Feuern der Sterne,
heilig am Himmel sein Antlitz erhebt und die Finsternis endet.
Angstvoll stehn auf den Mauern die Mütter, es folgen die Augen
lange der Staubwolke noch und den erzblank blitzenden Scharen.
Durch des Waldes Gesträuch, wo das Ziel des Weges am nächsten,
reiten die Krieger, Lärm hallt auf, es schließt sich der Trupp und
dumpf zermalmt der Huf im Galopp das mürbe Gefilde.
Nahe an Caeres kühlem Strom liegt riesig ein Hain, durch
Väterglauben weithin geheiligt, Berghänge kesseln
rings ihn ein, hoch ragt ein Waldgürtel, dunkel von Tannen.
Dem Silvanus weihten — so heißt es — die alten Pelasger
ihn, dem Gott der Fluren und Herden, den Hain und den Festtag,
denn sie wohnten als Urvolk einst im Land der Latiner.
Unweit von hier, vom Gelände geschützt, hatte Tarcho sein Lager
mit den Tyrrhenern; hoch vom Berghang ließ sich das Heer schon
ganz überblicken und dehnte sich weithinaus ins Gefilde.
Hier rückt Vater Aeneas mit seiner zum Kriege erwählten
Mannschaft an; erschöpft finden Ruhe Rosse und Reiter.

Venus jedoch zwischen Himmelsgewölk stand strahlend als Göttin
da mit den Gaben; und als sie den Sohn im Grunde des Tales
sah, abseits, von den andern getrennt durch den kühlen Strom, da
sprach sie ihn an, trat klar vor ihn hin, überraschend und huldvoll:
„Siehe, vollendet sind durch die Kunst meines Gatten die Gaben,

munera, ne mox aut Laurentis, nate, superbos
aut acrem dubites in proelia poscere Turnum.'
dixit et amplexus nati Cytherea petivit, 615
arma sub adversa posuit radiantia quercu.
ille deae donis et tanto laetus honore
expleri nequit atque oculos per singula volvit,
miraturque interque manus et bracchia versat
terribilem cristis galeam flammasque vomentem 620
fatiferumque ensem, loricam ex aere rigentem
sanguineam ingentem, qualis cum caerula nubes
solis inardescit radiis longeque refulget;
tum levis ocreas electro auroque recocto
hastamque et clipei non enarrabile textum. 625
  Illic res Italas Romanorumque triumphos
haud vatum ignarus venturique inscius aevi
fecerat Ignipotens, illic genus omne futurae
stirpis ab Ascanio pugnataque in ordine bella.
fecerat et viridi fetam Mavortis in antro 630
procubuisse lupam, geminos huic ubera circum
ludere pendentis pueros et lambere matrem
inpavidos, illam tereti cervice reflexam
mulcere alternos et corpora fingere lingua.
nec procul hinc Romam et raptas sine more Sabinas 635
consessu caveae magnis Circensibus actis
addiderat subitoque novom consurgere bellum
Romulidis Tatioque seni Curibusque severis.
post idem inter se posito certamine reges
armati Jovis ante aram paterasque tenentes 640
stabant et caesa iungebant foedera porca.
haud procul inde citae Mettum in diversa quadrigae
distulerant — at tu dictis, Albane, maneres! —
raptabatque viri mendacis viscera Tullus
per silvam et sparsi rorabant sanguine vepres. 645
nec non Tarquinium eiectum Porsenna iubebat
accipere ingentique urbem obsidione premebat;
Aeneadae in ferrum pro libertate ruebant.

die ich versprach. So zög're nicht, Sohn, die stolzen Laurenter
aufzufordern zum Kampf oder ihn, den trotzigen Turnus."
Also sprach Kytherea und schloß ihren Sohn in die Arme,
legte die strahlenden Waffen genüber nieder am Eichbaum.
Er, beglückt durch die Gaben der Göttin, die herrliche Ehrung,
sieht sich nicht satt, läßt wandern durch alles und jedes die Augen,
staunt und wendet hin und her zwischen Händen und Arm den
Helm, der furchtbar droht mit dem Busch und Flammen umhersprüht,
prüft das tödliche Schwert und den Panzer; der starrt von Erz, ist
blutrot, riesengroß, wie wenn eine bläuliche Wolke
feurig entbrennt im Strahle der Sonne und weithinaus leuchtet.
Dann die Beinschienen, blank, aus Elektrum und lauterem Golde,
auch den Speer und des Schildes im Wort nicht zu kündendes Kunstwerk.

Dort bot Italermacht im Bild und Römertriumphe,
wohl mit Sehern vertraut und kundig kommender Zeiten,
dar des Feuers Herr, reihauf von Askanius jede
Sippe des künftigen Stamms und all die Kämpfe und Kriege;
zeigte auch, wie sich säugend in Marvors' grünender Grotte
hingelagert die Wölfin, wie, rings an den Zitzen ihr hängend,
spielten die Zwillingsknaben und furchtlos bei ihrer Amme
saugten, wie jene mit wendigem Hals sich bog und die beiden
koste und, streichelnd und bildend, die Leiber umfuhr mit der Zunge.
Nächstdem bildet er Rom und den zuchtlosen Raub der Sabiner-
töchter vom Zuschauersitz bei den Zirkusspielen, wie jäh dann
Krieg, unerhörter, entstand zwischen Romulus' Anhängern und dem
greisen Tatius und den strengen Bürgern von Cures.
Dann wieder standen — der Streit war geschlichtet — die Fürsten in Waffen
vor dem Altare des Juppiter, fromm in Händen die Schalen,
hatten das Sauopfer dargebracht und schlossen ihr Bündnis.
Weiter dann hatte das Viergespann, auseinandergehetzt, den
Mettus zerfetzt — ach hättest dein Wort du gehalten, Albaner! —
und nun schleifte Tullus das Fleisch des verlogenen Mannes
durch den Wald, es trieften, bespritzt vom Blute, die Dornen.
Und Porsenna befahl, den verbannten Tarquinius wieder
aufzunehmen, bedrängte die Stadt mit harter Belagrung.
Doch für die Freiheit stürmte ins Schwert das Geschlecht des Aeneas.

illum indignanti similem similemque minanti
aspiceres, pontem auderet quia vellere Cocles 650
et fluvium vinclis innaret Cloelia ruptis.
in summo custos Tarpeiae Manlius arcis
stabat pro templo et Capitolia celsa tenebat,
Romuleoque recens horrebat regia culmo.
atque hic auratis volitans argenteus anser 655
porticibus Gallos in limine adesse canebat.
Galli per dumos aderant arcemque tenebant,
defensi tenebris et dono noctis opacae:
aurea caesaries ollis atque aurea vestis,
virgatis lucent sagulis, tum lactea colla 660
auro innectuntur, duo quisque Alpina coruscant
gaesa manu, scutis protecti corpora longis.
hic exsultantis Salios nudosque Lupercos
lanigerosque apices et lapsa ancilia caelo
extuderat, castae ducebant sacra per urbem 665
pilentis matres in mollibus. hinc procul addit
Tartareas etiam sedes, alta ostia Ditis,
et scelerum poenas et te, Catilina, minaci
pendentem scopulo Furiarumque ora trementem,
secretosque pios, his dantem iura Catonem. 670
haec inter tumidi late maris ibat imago
aurea, sed fluctu spumabat caerula cano;
et circum argento clari delphines in orbem
aequora verrebant caudis aestumque secabant.
in medio classis aeratas, Actia bella, 675
cernere erat totumque instructo Marte videres
fervere Leucaten auroque effulgere fluctus.
hinc Augustus agens Italos in proelia Caesar
cum patribus populoque, penatibus et magnis dis,
stans celsa in puppi, geminas cui tempora flammas 680
laeta vomunt patriumque aperitur vertice sidus.
parte alia ventis et dis Agrippa secundis
arduos agmen agens; cui, belli insigne superbum,
tempora navali fulgent rostrata corona.

Einem Empörten gleich und gleich einem Drohenden war dort
jener zu sehn, weil Cocles es wage, die Brücke zu brechen,
Cloelia, kühn ihre Fesseln zerreißend, schwimme im Strome.
Hoch auf dem Schildbuckel stand als Wächter der Hochburg Tarpeias
Manlius, hielt Kapitol und Tempel auf ragender Höhe,
frisch wieder starrte das Königshaus mit des Romulus Strohdach.
Und hier flog aus goldenem Gang die silberne Gans und
kündete laut, es stünden die Gallier schon an der Schwelle.
Gallier kamen heran durchs Gesträuch und packten die Burg schon,
dicht im Finstern gedeckt vom Geschenk des nächtlichen Dunkels.
Golden wallt ihr Haar und golden ihre Gewandung,
Kriegsmäntel tragen sie, grellgestreifte, die milchweißen Nacken
sind umwunden von Gold; zwei Alpenspieße schwingt jeder,
blitzende, hoch in der Faust und Langschilde decken den Körper.
Hier hatte tanzende Salier er und nackte Luperker,
wollene Priestermützen und Schildchen, geglitten vom Himmel,
ausgestanzt; züchtige Frauen in weichhinschwebenden Wagen
führten das heilige Gut durch die Stadt. Nicht weit davon zeigt er
auch des Tartarus Sitz, die ragende Pforte des Pluto
und die Pein der Verbrecher und dich, Catilina, auf schroffer
Klippe hängend, in zitternder Angst vor der Furien Antlitz,
abseits im Frieden die Frommen und ihren Gesetzgeber Cato.
Zwischenhinein zog breit sich das Bild des wogenden Meeres,
golden, warf aber bläuliche Flut mit silbernen Spitzen.
Silbergeformt im Kreise ringsum die hellen Delphine
fegten mit ihren Schwänzen die Fläche und schnitten die Wogen.
Mitten im Bild waren eherne Flotten, Aktiums Seeschlacht,
dort zu schaun, und ganz Leukate konntest du wogen
sehen im Reigen des Mars, von Gold aufblitzten die Fluten.
Hier der Caesar Augustus, die Italer führend zum Kampfe,
mit den Vätern, dem Volk, den Penaten, den mächtigen Göttern,
ragend auf hohem Heck; ihm sprühen von doppelter Flamme
strahlend die Schläfen, aufgeht über ihm der Stern seines Vaters.
Weiter Agrippa: die Winde sind ihm und Götter ihm günstig,
hochher lenkt er die Schlacht; ihm blitzen — erhabener Kriegsschmuck —
schnäbelumragt von der Krone des Seesiegs strahlend die Schläfen.

hinc ope barbarica variisque Antonius armis, 685
victor ab Aurorae populis et litore rubro,
Aegyptum viresque Orientis et ultima secum
Bactra vehit, sequiturque — nefas — Aegyptia coniunx.
una omnes ruere ac totum spumare reductis
convolsum remis rostrisque tridentibus aequor. 690
alta petunt, pelago credas innare revolsas
Cycladas aut montis concurrere montibus altos,
tanta mole viri turritis puppibus instant.
stuppea flamma manu telisque volatile ferrum
spargitur, arva nova Neptunia caede rubescunt. 695
regina in mediis patrio vocat agmina sistro
necdum etiam geminos a tergo respicit anguis.
omnigenumque deum monstra et latrator Anubis
contra Neptunum et Venerem contraque Minervam
tela tenent. saevit medio in certamine Mavors, 700
caelatus ferro, tristesque ex aethere Dirae,
et scissa gaudens vadit Discordia palla,
quam cum sanguineo sequitur Bellona flagello.
Actius haec cernens arcum intendebat Apollo
desuper: omnis eo terrore Aegyptos et Indi, 705
omnis Arabs, omnes vertebant terga Sabaei.
ipsa videbatur ventis regina vocatis
vela dare et laxos iam iamque inmittere funis;
illam inter caedes pallentem morte futura
fecerat Ignipotens undis et Iapyge ferri, 710
contra autem magno maerentem corpore Nilum
pandentemque sinus et tota veste vocantem
caeruleum in gremium latebrosaque flumina victos.
at Caesar triplici invectus Romana triumpho
moenia dis Italis, votum inmortale, sacrabat 715
maxima ter centum totam delubra per urbem.
laetitia ludisque viae plausuque fremebant;
omnibus in templis matrum chorus, omnibus arae;
ante aras terram caesi stravere iuvenci.
ipse sedens niveo candentis limine Phoebi 720

Drüben mit Fremdvolks Macht Antonius, bunt seine Waffen,
Sieger bei Völkern des Morgens, am Strande des Roten Meeres,
führt Ägypten und Kräfte des Orients her und das ferne
Baktra; es folgt ihm — Frevel und Schmach! — die ägyptische Gattin.
Alle stürzen zum Kampf, und ringsum schäumt, überall von
Ruderschlägen durchwühlt und dem Dreizack der Schnäbel, die Fläche.
Hoch zum Meer drängt's, fast, als rissen Kykladen sich los und
schwämmen dahin oder ragende Berge stürzten auf Berge,
so mit Kolossen drängen die Krieger gegen die Turmhecks.
Wergfackeln schleudert die Hand und fliegende Speere; Gemetzel,
nie so geschehenes, rötet Neptuns Gefilde. Die Fürstin
ruft inmitten der Schlacht ihre Scharen mit heimischer Klapper,
sieht noch nicht das Schlangenpaar androhen im Rücken.
Götterfratzen jeglicher Art und der Beller Anubis
schwingen gegen Neptunus und Venus und gegen Minerva
ihre Geschosse. Es wütet mitten im Kampfgewühl Mars, aus
Eisen gestanzt, und düster drohen vom Äther die Diren,
jauchzend schreitet einer mit zerrissenem Mantel die Zwietracht,
ihr aber folgt Bellona sogleich mit blutiger Geißel.
Aktiums Schutzgott sieht es und spannt seinen Bogen, Apollo,
hochher: jäh entsetzt flieht jeder Ägypter und Inder,
jeder Araber, wenden zur Flucht sich alle Sabäer.
Auch sie selbst, die Königin, sah man erbetenen Winden
Segel bieten und lockerer stets loslassen die Taue,
mitten durch's Blutbad, bleich vor drohendem Tode, so flog sie,
Werk des Feuerbeherrschers, von Wogen geworfen und Westwind;
ihr gegenüber in Riesengestalt der Nil, voller Gram hin-
breitend der Falten Flut und mit ganzem Gewand herwinkend
in den blauen Schoß und der Flußarme Schlupf die Besiegten.
Caesar jedoch, dreimal Triumphator, zog in die Mauern
Roms und weihte, unsterbliche Gabe, Italiens Göttern
ragende Tempel, dreimal hundert, über die Stadt hin.
Laut von Jubel und Spielen und Beifall dröhnen die Straßen,
Reigen der Frauen in all den Tempeln, in allen Altardienst,
vor den Altären zu Boden gestreckt die geopferten Stiere.
Er selbst sitzt auf schneeweißer Schwelle des strahlenden Phoebus,

dona recognoscit populorum aptatque superbis
postibus; incedunt victae longo ordine gentes,
quam variae linguis, habitu tam vestis et armis.
hic Nomadum genus et discinctos Mulciber Afros,
hic Lelegas Carasque sagittiferosque Gelonos 725
finxerat; Euphrates ibat iam mollior undis,
extremique hominum Morini Rhenusque bicornis
indomitique Dahae et pontem indignatus Araxes.
talia per clipeum Volcani, dona parentis,
miratur rerumque ignarus imagine gaudet, 730
attollens umero famamque et fata nepotum.

IX

Atque ea diversa penitus dum parte geruntur,
Irim de caelo misit Saturnia Iuno
audacem ad Turnum. luco tum forte parentis
Pilumni Turnus sacrata valle sedebat.
ad quem sic roseo Thaumantias ore locuta est: 5
'Turne, quod optanti divom promittere nemo
auderet, volvenda dies en attulit ultro.
Aeneas urbe et sociis et classe relicta
sceptra Palatini sedemque petit Euandri.
nec satis: extremas Corythi penetravit ad urbes 10
Lydorumque manum collectos armat agrestis.
quid dubitas? nunc tempus equos, nunc poscere currus.
rumpe moras omnis et turbata arripe castra.'
dixit et in caelum paribus se sustulit alis
ingentemque fuga secuit sub nubibus arcum. 15
adgnovit iuvenis duplicisque ad sidera palmas
sustulit et tali fugientem est voce secutus:
'Iri, decus caeli, quis te mihi nubibus actam
detulit in terras, unde haec tam clara repente
tempestas? medium video discedere caelum 20
palantisque polo stellas. sequor omina tanta,

prüft die Geschenke der Völker und läßt sie heften an hohe
Pfosten; Völker schreiten in langen Reihn als Besiegte,
wie an Sprachen bunt, so bunt an Gewandung und Waffen.
Hier stellt Nomadengeschlecht und ungegürtete Afrer,
Leleger hier und Karer und pfeilbewehrte Gelonen
Mulciber dar; dort wogte schon sanfter der Euphrat, am Weltrand
ist das Morinervolk, der Rhein mit zweifacher Mündung;
Daher, noch ungezähmt, und empört, ob der Brücke, Araxes.
Solches Werk auf dem Schilde Volkans, dem Geschenke der Mutter,
staunt er an, unkundig der Dinge, freut er am Bild sich,
hebt und trägt auf der Schulter Ruhm und Schicksal der Enkel.

9

Während dieses ferne geschah auf der Seite der Gegner,
sandte Saturnia Juno vom Himmel Iris hinab zum
kühn-verwegenen Turnus. Im Hain seines Ahnherrn Pilumnus
lagerte Turnus eben im Schoß des heiligen Tales.
Ihn sprach Thaumas' Tochter nun an mit rosigem Munde:
„Turnus, was keiner der Götter dem Wünschenden je zu versprechen
wagte, siehe, das brachte von selbst der Lauf dir des Tages:
Lager, Gefährten und Flotte verließ Aeneas und zog zum
Reich und Sitz des Euander, des Herrn auf Palatiums Höhen.
Doch nicht genug: er drang auch vor zu des Corythus fernsten
Städten und rüstet der Lydier Schar, einen Haufen von Bauern.
Zweifelst du noch? Jetzt Rosse zu fordern ist's Zeit, jetzt Wagen;
Fort mit Zögern und Zaudern! Verwirr und erobre sein Lager!"
Rief es und hob sich empor zum Himmel auf schwebenden Fittichs
Gleichmaß, schnitt im Schwung unter Wolken den wölbigen Bogen.
Jetzt erkannte Turnus die Göttin, hob zu den Sternen
beide Hände empor; der Fliehenden folgte sein Rufen:
„Iris, Zierde des Himmels, wer sandte zu mir aus den Wolken
dich zur Erde hernieder, woher kommt plötzlich dies helle
Wetter? Ich sehe den Himmel inmitten sich teilen und Sterne
kreisen am Pol; ich folge so herrlichen Zeichen, wer du auch

quisquis in arma vocas.' et sic effatus ad undam
processit summoque hausit de gurgite lymphas,
multa deos orans, oneravitque aethera votis.
  Iamque omnis campis exercitus ibat apertis,　　　　　25
dives equom, dives pictai vestis et auri:
Messapus primas acies, postrema coercent
Tyrrhidae iuvenes, medio dux agmine Turnus,
[vertitur arma tenens et toto vertice supra est.]
ceu septem surgens sedatis amnibus altus　　　　　　30
per tacitum Ganges aut pingui flumine Nilus
cum refluit campis et iam se condidit alveo.
hic subitam nigro glomerari pulvere nubem
prospiciunt Teucri ac tenebras insurgere campis.
primus ab adversa conclamat mole Caicus:　　　　　　35
'quis globus, o cives, caligine volvitur atra?
ferte citi ferrum, date tela, ascendite muros,
hostis adest, heia!' ingenti clamore per omnis
condunt se Teucri portas et moenia conplent.
namque ita discedens praeceperat optimus armis　　　40
Aeneas: si qua interea fortuna fuisset,
neu struere auderent aciem neu credere campo;
castra modo et tutos servarent aggere muros.
ergo etsi conferre manum pudor iraque monstrat,
obiciunt portas tamen et praecepta facessunt　　　　45
armatique cavis exspectant turribus hostem.
Turnus, ut ante volans tardum praecesserat agmen
viginti lectis equitum comitatus et urbi
inprovisus adest; maculis quem Thracius albis
portat equos cristaque tegit galea aurea rubra:　　　50
'equis erit, mecum, iuvenes, qui primus in hostem —?
en' ait et iaculum adtorquens emittit in auras,
principium pugnae, et campo sese arduus infert.
clamore excipiunt socii fremituque secuntur
horrisono; Teucrum mirantur inertia corda,　　　　　55
non aequo dare se campo, non obvia ferre
arma viros, sed castra fovere. huc turbidus atque huc

seist, der zum Kriege mich ruft." So sprach er, schritt zu des Flusses
Welle und schöpfte das Naß vom obersten Spiegel des Stromes,
betete fromm zu den Göttern, belud mit Gelübden den Äther.

   Und schon zog das ganze Heer im offnen Gefilde,
reich an Rossen und reich an bunter Gewandung und Goldschmuck.
Vornan führt Messapus die Reihn; die Söhne des Tyrrhus
halten die Nachhut im Zaum, den Kern des Heeres führt Turnus,
[prunkt in Waffen einher, sein Haupt ragt ganz aus der Menge.]
wie der Ganges, aus sieben beruhigten Flüssen sich hebend,
hoch und still hinströmt, oder wie wenn nährenden Stromes
rückwärtsflutet von Feldern der Nil, sich bergend im Strombett.
Plötzlich sehen aus schwarzem Staub eine Wolke sich ballen
jetzt die Teukrer von fern, sehn Finsternis wogen im Blachfeld.
Gleich ruft laut vom feindwärtsgerichteten Wachturm Caïcus:
„Welch ein Knäuel wälzt sich, Bürger, in düsterem Dunkel?
Schnell holt Waffen, rüstet die Speere, steigt auf die Mauern,
hei! der Feind ist da!" Mit Lärm und Toben durch alle
Tore strömen die Teukrer zurück und besetzen die Mauern.
Denn so hatte beim Abschied als kundiger Kriegsmann Aeneas
angeordnet: wenn Kriegsfall inzwischen sie träfe, so sollten
nicht sie wagen, in offener Front zu trauen der Feldschlacht,
sollten ihr Lager nur schützen und dammgesicherte Mauern.
Daher, wenn auch Scham und Zorn zum Kampfe sie anweist,
riegeln dennoch die Tore sie zu und erfüllen die Vorschrift
und erwarten, bewaffnet in Turmeshöhlung, die Feinde.
Turnus war schon im Fluge voraus dem langsamen Heere,
zwanzig erlesene Reiter sind bei ihm; plötzlich am Lager
steht er unvermutet; ein thrakischer Apfelschimmel
trägt ihn, ein goldener Helm mit rotem Busche beschützt ihn.
„Wer will, Männer, mit mir zuerst auf den Feind —? Seht her nur!"
ruft er und schleudert wirbelnd den Wurfspeer hoch in die Lüfte,
Zeichen zum Kampfesbeginn, und sprengt steilauf ins Gefilde.
Jauchzend nehmen die Freunde es auf und folgen mit grausem
Kampfesgebrüll, bestaunen der Teukrer kraftlose Herzen,
daß sie ins ebene Feld nicht ziehn, nicht Männer in Waffen
wagen den Kampf, nein, hocken im Lager! Hastig umreitet

lustrat equo muros aditumque per avia quaerit.
ac veluti pleno lupus insidiatus ovili
cum fremit ad caulas, ventos perpessus et imbris, 60
nocte super media, tuti sub matribus agni
balatum exercent, ille asper et inprobus ira
saevit in absentis, collecta fatigat edendi
ex longo rabies et siccae sanguine fauces:
haud aliter Rutulo muros et castra tuenti 65
ignescunt irae, duris dolor ossibus ardet,
qua temptet ratione aditus et qua via clausos
excutiat Teucros vallo atque effundat in aequum.
classem, quae lateri castrorum adiuncta latebat,
aggeribus saeptam circum et fluvialibus undis, 70
invadit sociosque incendia poscit ovantis
atque manum pinu flagranti fervidus inplet.
tum vero incumbunt, urget praesentia Turni,
atque omnis facibus pubes accingitur atris.
diripuere focos; piceum fert fumida lumen 75
taeda et commixtam Volcanus ad astra favillam.

 Quis deus, o Musae, tam saeva incendia Teucris
avertit, tantos ratibus quis depulit ignis?
dicite, prisca fides facto, sed fama perennis.
tempore quo primum Phrygia formabat in Ida 80
Aeneas classem et pelagi petere alta parabat,
ipsa deum fertur genetrix Berecyntia magnum
vocibus his adfata Iovem: 'da, nate, petenti,
quod tua cara parens domito te poscit Olympo.
pinea silva mihi, multos dilecta per annos; 85
lucus in arce fuit summa, quo sacra ferebant,
nigranti picea trabibusque obscurus acernis:
has ego Dardanio iuveni, cum classis egeret,
laeta dedi; nunc sollicitam timor anxius angit.
solve metus atque hoc precibus sine posse parentem: 90
neu cursu quassatae ullo neu turbine venti
vincantur, prosit nostris in montibus ortas.'
filius huic contra, torquet qui sidera mundi:

Turnus die Mauern ringsum, sucht Zugang durch wegloses Vorfeld.
Und wie wenn ein Wolf, den vollen Schafstall umlauernd,
heult am Gehege, dem Winde trotzend und strömendem Regen,
noch über Mitternacht; wohl unter den Müttern geborgen,
blöken die Lämmer; und gegen die Unerreichbaren tobt voll
Grimm und maßlos im Zorne der Wolf; es plagt ihn der Freßgier
längst schon gesammelte Wut; und blutlos dörrt ihm die Kehle:
ebenso glüht, als der Rutuler jetzt das Lager umlauert,
ihm der Groll, und Schmerz brennt scharf in den markigen Gliedern,
wie er Zugang sich bahne und wo aus dem Ring der Umwallung
er die Teukrer vertreibe und jage ins offene Schlachtfeld.
Auf die Flotte, die dicht an des Lagers Flanke verborgen
lag, von Dämmern umhegt ringsum und dem Wasser des Flusses,
dringt er ein, will Feuers Brand von den jauchzenden Freunden,
und mit brennenden Kienfackeln füllt er feurig die Fäuste.
Dann aber greifen sie an; es drängt sie die Nähe des Turnus;
und gleich rüstet die ganze Schar sich mit qualmenden Fackeln.
Herdglut raffen sie auf; schon trägt das rauchende Kienholz
Licht aus Pech; Vulkan sprüht Aschenstaub zu den Sternen.

    Welcher Gott, ihr Musen, hat da von den Teukrern so wilden
Brand gewehrt, wer hielt solch Feuer fern von den Schiffen?
Sagt! Uralt verbürgt, lebt ewig neu doch die Kunde.
Damals, als Aeneas auf Phrygiens Ida die Flotte
baute und eben zur Fahrt sich rüstete über die Meere,
sprach Berekynthia selbst, so heißt es, die Mutter der Götter,
also zu Juppiters Macht: „Gib bitte, o Sohn, deiner lieben
Mutter, was sie erfleht, nachdem du bezwangst den Olympus.
Viele Jahre schon wuchs mir zur Lust ein Wald voller Fichten;
hoch auf dem Burgberg ragt der Hain an der Stätte des Opfers,
dunkel von düsteren Pechföhren stand er und stämmigem Ahorn.
Gern überließ ich dem Dardanerhelden, als er die Flotte
brauchte, den Hain; nun drängt und drückt mich ängstliche Sorge.
Löse die Furcht, laß dies durch Bitten vermögen die Mutter:
Nie zerschmettre die Fahrt sie je noch tobender Wirbel,
Heil bringe ihnen, daß hier in unseren Bergen sie wuchsen!"
Antwort gab ihr der Sohn, der da schwingt die Sterne des Weltalls:

'o genetrix, quo fata vocas aut quid petis istis?
mortaline manu factae inmortale carinae   95
fas habeant certusque incerta pericula lustret
Aeneas, cui tanta deo permissa potestas?
immo ubi defunctae finem portusque tenebunt
Ausonios olim, quaecumque evaserit undis
Dardaniumque ducem Laurentia vexerit arva,   100
mortalem eripiam formam magnique iubebo
aequoris esse deas, qualis Nereïa Doto
et Galatea secant spumantem pectore pontum.'
dixerat idque ratum Stygii per flumina fratris,
per pice torrentis atraque voragine ripas   105
adnuit et totum nutu tremefecit Olympum.

   Ergo aderat promissa dies, et tempora Parcae
debita complerant, cum Turni iniuria Matrem
admonuit ratibus sacris depellere taedas.
hic primum nova lux oculis offulsit et ingens 110
visus ab Aurora caelum transcurrere nimbus
Idaeique chori, tum vox horrenda per auras
excidit et Troum Rutulorumque agmina complet:
'ne trepidate meas, Teucri, defendere navis
neve armate manus: maria ante exurere Turno   115
quam sacras dabitur pinus. vos ite solutae,
ite deae pelagi: genetrix iubet.' et sua quaeque
continuo puppes abrumpunt vincula ripis
delphinumque modo demersis aequora rostris
ima petunt. hinc virgineae — mirabile monstrum — 120
[quot prius aeratae steterant ad litora prorae]
reddunt se totidem facies pontoque feruntur.

   Obstipuere animi Rutulis, conterritus ipse
turbatis Messapus equis, cunctatur et amnis
rauca sonans revocatque pedem Tiberinus ab alto. 125
at non audaci Turno fiducia cessit.
ultro animos tollit dictis atque increpat ultro:
'Troianos haec monstra petunt, his Iuppiter ipse
auxilium solitum eripuit, non tela neque ignes

„Mutter, was sinnst du dem Schicksal an? Worum bittest du hiermit?
Schiffen von sterblicher Hand soll Recht auf Unsterblichkeit werden?
Sicher soll Aeneas durch Unsicherheit und Gefahren
steuern? welchem Gott ist solche Vollmacht verliehen?
Nein, so nicht! Doch sind sie glücklich am Ziel und im Hafen
einst von Ausonien, nehme ich jedem, das da entkam den
Wogen und das den Dardanerheld zu den Fluren Laurentums
trug, die sterbliche Form und heiße sie Göttinnen sein im
weiten Meer, so wie Galatea und Doto, des Nereus
Töchter, mit schimmernder Brust durchschneiden schäumende Fluten."
Also sprach er und nickte beim Styx, dem Strome des Bruders,
bei pechstrudelnder Flut, bei den düster klaffenden Ufern
gnädig Gewährung; sein Nicken ließ beben den ganzen Olympus.

Nun war da der verheißene Tag, erfüllt hatten jetzt die
Parzen die richtige Zeit, da des Turnus Gewalttat die Götter-
mutter mahnte, den Brand von den heiligen Schiffen zu bannen.
Gleich traf hell wie nie ein Licht die Augen, ein starker
Glanz schien auf und flog von Osten her über den Himmel,
Idas Reigen mit ihm; furchtweckend fuhr durch die Lüfte
dann eine Stimme, durchdrang der Troer und Rutuler Scharen:
„Hastet nicht, Teukrer, voll Angst, zu verteidigen jetzt meine Schiffe.
Waffen laßt ruhn! Darf Turnus doch eher Meere verbrennen
als die heiligen Fichten. Ihr aber geht jetzt gelöst, als
Göttinnen gehet des Meeres: die Mutter befiehlt es." Und Schiff um
Schiff reißt los sofort seine Fesseln vom Ufer, Delphinen
gleich versenken sie dann in die Flut ihre Schnäbel und streben
nieder zur Tiefe. Von dort aber tauchen — erstaunliches Wunder! —
[wieviel zuerst als eherne Schiffe standen am Strande,]
gleich an Zahl sie als Mädchen empor und schwimmen im Meere.

Staunen packt der Rutuler Herzen; bebt doch Messapus
selbst, aufbäumt sich scheu sein Gespann, es stockt auch der Strom mit
dumpfem Rauschen, es weicht zurück Tiberinus vom Mere.
Nicht aber schwindet der Mut dem tollkühn verwegenen Turnus.
Maßlos bläht er in Worten sich auf und schilt also maßlos:
„Trojas Männer trifft dies Wunder; Juppiter selbst riß
ihnen gewohnte Hilfe jetzt weg; nicht Speere, nicht Feuer

exspectant Rutulos. ergo maria invia Teucris 130
nec spes ulla fugae: rerum pars altera adempta est.
terra autem in nostris manibus, tot milia gentes
arma ferunt Italae. nil me fatalia terrent,
si qua Phryges prae se iactant, responsa deorum:
sat fatis Venerique datum est, tetigere quod arva 135
fertilis Ausoniae Troes. sunt et mea contra
fata mihi, ferro sceleratam exscindere gentem,
coniuge praerepta: nec solos tangit Atridas
iste dolor solisque licet capere arma Mycenis.
— sed periisse semel satis est —: peccare fuisset 140
ante satis penitus modo non genus omne perosos
femineum. quibus haec medii fiducia valli
fossarumque morae, leti discrimina parva,
dant animos. at non viderunt moenia Troiae
Neptuni fabricata manu considere in ignis? 145
sed vos, o lecti, ferro qui scindere vallum
apparat et mecum invadit trepidantia castra?
non armis mihi Volcani, non mille carinis
est opus in Teucros; addant se protinus omnes
Etrusci socios, tenebras et inertia furta 150
Palladii caesis late custodibus arcis
ne timeant, nec equi caeca condemur in alvo:
luce palam certum est igni circumdare muros.
haud sibi cum Danais rem faxo et pube Pelasga
esse ferant, decimum quos distulit Hector in annum. 155
nunc adeo, melior quoniam pars acta diei,
quod superest, laeti bene gestis corpora rebus
procurate, viri, et pugnam sperate parari.'
interea vigilum excubiis obsidere portas
cura datur Messapo et moenia cingere flammis. 160
bis septem Rutuli, muros qui milite servent,
delecti; ast illos centeni quemque secuntur
purpurei cristis iuvenes auroque corusci.
discurrunt variantque vices fusique per herbam
indulgent vino et vertunt crateras aënos. 165

braucht's noch von Rutulerhand; weglos sind die Wogen den Teukrern,
nirgendmehr Hoffnung auf Flucht; ihre Macht ist zur Hälfte entrissen.
Aber das Land ist in unserer Hand, Italiens Völker
stehen, so viel tausend, in Waffen. Nimmermehr schreckt mich,
wenn da die Phryger sich brüsten mit Schicksalssprüchen der Götter.
Ist doch dem Schicksal der Venus genügt, da die Troer Ausoniens
fruchtbare Fluren betraten. Dagegen habe auch ich mein
eigen Geschick: mit dem Schwert das ruchlose Volk zu vertilgen,
das die Braut mir geraubt: nicht traf ja nur die Atriden
dieser Schmerz, nicht durfte sich nur Mykene bewaffnen.
— Doch e i n Untergang ist wohl genug; — genug wär's gewesen.
einmal zu freveln, gründlich gram beinahe dem ganzen
Frauengeschlecht. Hier trutzen sie nun auf den Wall zwischen uns und
ihnen, auf hemmende Gräben, den schmalen Spalt vor dem Tode,
das gibt Mut! Aber sahn sie denn nicht die Ringmauer Trojas,
aufgebaut von der Hand des Neptun, versinken im Feuer?
Ihr aber, Auserwählte, wer wagt's, mit der Waffe den Wall jetzt
einzureißen, wer stürmt mit mir das angstvolle Lager?
Nicht bedarf ich der Waffen Volkans, nicht tausend von Schiffen
gegen die Teukrer; und mögen sofort sich alle Etrusker
ihnen verbünden; sie brauchen nicht Nacht zu fürchten und feigen
Raub des Palladiums, da auf der Burg erschlagen die Wächter
lagen, noch lauern w i r in Rosses bergendem Bauche:
fest steht's offen am Tage mit Feuer zu stürmen die Mauern.
Wahrlich, sie sollen nicht wähnen, mit Danaern oder Pelasgern
sei jetzt Krieg, die Hektor doch zehn Jahre lang hinhielt.
Jetzt aber, da der bessere Teil des Tages dahin ist,
freut euch dieses Erfolges und nützt den Rest, euern Leib zu
stärken, Männer, und rechnet auf mich für den Plan dieses Kampfes."
Unterdessen mit Wachtposten dicht zu besetzen die Tore,
gab Messapus Befehl und den Wall zu umlagern mit Feuern.
Vierzehn Rutuler werden erwählt, mit Mannschaft die Mauern
rings zu bewachen; Gefolge von hundert Jungmannen hat ein
jeder mit purpurnem Helmbusch, von Gold strahlt schimmernd die Rüstung.
Auf und ab geht's immer im Wechsel; lagernd im Grase,
tun sie sich gütlich beim Wein und leeren die ehernen Krüge.

conlucent ignes, noctem custodia ducit
insomnem ludo.
   Haec super e vallo prospectant Troes et armis
alta tenent, nec non trepidi formidine portas
explorant pontisque et propugnacula iungunt, 170
tela gerunt. instat Mnestheus acerque Serestus,
quos pater Aeneas, si quando adversa vocarent,
rectores iuvenum et rerum dedit esse magistros.
omnis per muros legio, sortita periclum,
excubat exercetque vices, quod cuique tuendum est. 175
   Nisus erat portae custos, acerrimus armis,
Hyrtacides, comitem Aeneae quem miserat Ida
venatrix iaculo celerem levibusque sagittis,
et iuxta comes Euryalus, quo pulchrior alter
non fuit Aeneadum Troiana neque induit arma, 180
ora puer prima signans intonsa iuventa.
his amor unus erat, pariterque in bella ruebant:
tum quoque communi portam statione tenebant.
Nisus ait: 'dine hunc ardorem mentibus addunt,
Euryale, an sua cuique deus fit dira cupido? 185
aut pugnam aut aliquid iamdudum invadere magnum
mens agitat mihi nec placida contenta quiete est.
cernis, quae Rutulos habeat fiducia rerum:
lumina rara micant; somno vinoque soluti
procubuere; silent late loca: percipe porro, 190
quid dubitem et quae nunc animo sententia surgat.
Aenean acciri omnes, populusque patresque,
exposcunt mittique viros, qui certa reportent.
si, tibi quae posco, promittunt — nam mihi facti
fama sat est — tumulo videor reperire sub illo 195
posse viam ad muros et moenia Pallantea.'
obstipuit magno laudum percussus amore
Euryalus; simul his ardentem adfatur amicum:
'mene igitur socium summis adiungere rebus,
Nise, fugis, solum te in tanta pericula mittam? 200
non ita me genitor bellis adsuetus Opheltes

Wachfeuer flammen ringsum; die schlaflose Nacht aber kürzen
sich die Posten beim Spiel.

    Dies überschauen vom Wall die Trojaner, halten bewaffnet
Wacht auf den Zinnen, und hastig vor Schreck untersuchen sie auch die
Tore und schlagen Brücken zum Vorwerk, tragen zum Angriff
Waffen herbei; es drängt Mnestheus und der Heißsporn Serestus;
ihnen gab Vater Aeneas, wenn etwa die Not es verlange,
Führer der Mannschaft zu sein und Meister über das Ganze.
Über die Mauern, durchs Los verteilt auf gefährlichen Posten,
wacht das Heer; ein jeder erfüllt die Pflicht, die ihm zufällt.

    Nisus hielt am Tore die Wacht, ein trefflicher Streiter,
Hyrtakus' Sohn; zu Aeneas entsandte die Jägerin Ida
ihn als Gefolgsmann, flink mit Wurfspeer und fliegenden Pfeilen;
neben ihm hielt Euryalus Wache, schöner als er war
keiner im Heer des Aeneas, trug keiner trojanische Waffen;
ungeschoren noch trug er im Flaum der Jugend sein Antlitz.
Innige Freundschaft verband sie; vereint stets rückten zum Kampf sie.
Jetzt auch sicherten beide das Tor auf gemeinsamem Posten.
Nisus sprach: „Ob Götter, Euryalus, solch eine Glut uns
gießen ins Herz oder wird seine Leidenschaft jedem zum Gotte?
Kampf oder irgendein Großes im Angriff zu wagen, dazu drängt
längst mein Herz, ist satt der friedlich-behaglichen Ruhe.
Siehst du doch, wie sich in Sicherheit dort die Rutuler wiegen:
Wachfeuer flammen nur spärlich; vom Schlafe gelöst und vom Weine,
liegen sie da. Weitum herrscht Schweigen: Höre nun weiter,
was ich erwäge und welch ein Plan mir im Herzen jetzt aufsteigt.
Alle, das Volk und die Väter, verlangen, Aeneas jetzt hierhin
holen zu lassen und Männer auf sichere Botschaft zu senden.
Sichern sie zu, was ich fordre für dich — denn mir ist der Ruhm der
Tat schon genug —, so kann ich, scheint mir, dort unter jenem
Hügel finden den Weg zu den Mauern der Festung des Pallas."
Staunend, durchbebt von heißem Verlangen nach rühmlichen Taten,
stand Euryalus, sprach dann zugleich zum glühenden Freunde:
„Mich also nimmst du als Helfer bei solch entscheidendem Wagnis,
Nisus, nicht mit? Ich soll dich allein der Gefahr überlassen?
Nicht so hob mein Vater, der kriegsgewohnte Opheltes,

Argolicum terrorem inter Troiaeque labores
sublatum erudiit, nec tecum talia gessi,
magnanimum Aenean et fata extrema secutus:
est hic, est animus lucis contemptor et istum 205
qui vita bene credat emi, quo tendis, honorem.'
Nisus ad haec: 'equidem de te nil tale verebar
nec fas, non: ita me referat tibi magnus ovantem
Iuppiter aut quicumque oculis haec adspicit aequis.
sed si quis, quae multa vides discrimine tali, 210
si quis in adversum rapiat casusve deusve,
te superesse velim: tua vita dignior aetas.
sit qui me raptum pugna pretiove redemptum
mandet humo, solita aut si qua id fortuna vetabit,
absenti ferat inferias decoretque sepulcro. 215
neu matri miserae tanti sim causa doloris,
quae te sola, puer, multis e matribus ausa
persequitur, magni nec moenia curat Acestae.'
ille autem 'causas nequiquam nectis inanis,
nec mea iam mutata loco sententia cedit: 220
adceleremus' ait. vigiles simul excitat, illi
succedunt servantque vices: statione relicta
ipse comes Niso graditur, regemque requirunt.

 Cetera per terras omnis animalia somno
laxabant curas et corda oblita laborum: 225
ductores Teucrum primi, delecta iuventus,
consilium summis regni de rebus habebant,
quid facerent quisve Aeneae iam nuntius esset.
stant longis adnixi hastis et scuta tenentes
castrorum et campi medio. tum Nisus et una 230
Euryalus confestim alacres admittier orant:
rem magnam pretiumque morae fore. primus Iulus
accepit trepidos ac Nisum dicere iussit.
tum sic Hyrtacides: 'audite o mentibus aequis,
Aeneadae, neve haec nostris spectentur ab annis, 235
quae ferimus. Rutuli somno vinoque soluti
conticuere; locum insidiis conspeximus ipsi,

damals im schrecklichen Argolerkrieg, der Leidenszeit Trojas,
als seinen Sohn mich auf, nicht war ich vor dir solch ein Feigling,
als ich dem Helden Aeneas gefolgt bin in notvolles Schicksal.
Hier, hier lebt ein Geist, des Daseins Verächter; die Ehre,
die du erstrebst, glaubt er, sei billig erkauft mit dem Leben."
Nisus dagegen: „Nicht hegte ich solchen Argwohn, das wär' auch
Unrecht, nein: so wahr mich siegreich heimführt der große
Juppiter oder wer immer dies Vorhaben huldvoll mit ansieht.
Wenn aber — sieht man es oft doch bei solchem Wagnis — wenn Zufall
oder ein Gott mich risse in Unheil, möcht' ich, daß du am
Leben doch bleibst; deine Jugend ist mehr wert des Lebens; und einer
sei, der dem Kampf entreißt meinen Leichnam oder ihn loskauft
und ihn begräbt; oder sollte gewohntes Los das verwehren,
mag er dem Fernen Totenkult weihn und ehrenvoll Grabmal.
Nimmer auch will d e n Schmerz deiner armen Mutter ich antun,
die dir, Lieber, allein von vielen Müttern so mutig
folgt, die nicht verlangt nach der Stadt des großen Akestes."
Aber Euryalus: „Nutzlos suchst du müßigen Vorwand:
nicht mehr weicht mir gewandelt vom Platz der Plan, den ich faßte.
Eilen wir denn!" Er sagt's und weckt zugleich auch die Wachen;
jene folgen und lösen ihn ab: dann verläßt er den Posten,
geht als Begleiter mit Nisus; den Königssohn suchen sie beide.

Alles Leben auf Erden allum entspannte im Schlafe
sich von Sorgen, die Herzen vergaßen lastender Mühsal.
Nur die höchsten Führer der Teukrer, Blüte der Jugend,
saßen über des Reiches gewichtigste Dinge zu Rate:
was zu tun sei, wer nun Botschaft bringe Aeneas.
Auf die ragenden Speere gestützt, den Schild in den Händen,
stehn sie mitten im Lagerbereich. Da bittet jetzt Nisus
und Euryalus drängend mit ihm um Zutritt zum Rate:
wichtig sei ihre Sache und wert der Erwägung. Sofort läßt
Julus die Eiligen zu und befiehlt dem Nisus zu reden.
Da spricht Hyrtakus' Sohn: „Hört wohlwollend zu, Aeneaden,
schätzt auch nicht hier diesen Plan nach unseren jungen
Jahren ein! Verstummt sind die Rutuler, völlig gelöst von
Schlaf und Wein; wir selbst erspähten den Platz für den Handstreich,

qui patet in bivio portae, quae proxima ponto;
interrupti ignes aterque ad sidera fumus
erigitur: si fortuna permittitis uti 240
quaesitum Aenean et moenia Pallantea,
mox hic cum spoliis ingenti caede peracta
adfore cernetis. nec nos via fallit euntis:
vidimus obscuris primam sub vallibus urbem
venatu adsiduo et totum cognovimus amnem.' 245
hic annis gravis atque animi maturus Aletes:
'di patrii, quorum semper sub numine Troia est,
non tamen omnino Teucros delere paratis,
cum talis animos iuvenum et tam certa tulistis
pectora.' sic memorans umeros dextrasque tenebat 250
amborum et voltum lacrimis atque ora rigabat.
'quae vobis, quae digna, viri, pro laudibus istis
praemia posse rear solvi? pulcherrima primum
di moresque dabunt vestri; tum cetera reddet
actutum pius Aeneas atque integer aevi 255
Ascanius, meriti tanti non inmemor umquam.'
'immo ego vos, cui sola salus genitore reducto,'
excipit Ascanius, 'per magnos, Nise, penatis
Assaracique larem et canae penetralia Vestae
obtestor, quaecumque mihi fortuna fidesque est, 260
in vestris pono gremiis: revocate parentem,
reddite conspectum; nihil illo triste recepto.
bina dabo argento perfecta atque aspera signis
pocula, devicta genitor quae cepit Arisba,
et tripodas geminos, auri duo magna talenta, 265
cratera antiquom, quem dat Sidonia Dido.
si vero capere Italiam sceptrisque potiri
contigerit victori et praedae dicere sortem,
vidisti quo Turnus equo, quibus ibat in armis
aureus: ipsum illum, clipeum cristasque rubentis 270
excipiam sorti, iam nunc tua praemia, Nise.
praeterea bis sex genitor lectissima matrum
corpora captivosque dabit suaque omnibus arma,

wo der Weg sich gabelt am Tor, das zunächst liegt am Meere.
Unterbrochen sind dort die Feuer. Schwarz zu den Sternen
qualmt der Rauch: wenn ihr es erlaubt, den Glücksfall zu nutzen,
aufzusuchen Aeneas zugleich und die Festung des Pallas,
werdet ihr uns mit Kriegstrophäen aus furchtbarem Blutbad
bald wieder vor euch sehn. Wir können den Weg nicht verfehlen.
Denn wir sahen im Dunkel der Täler so oft bei der Jagd die
Vorstadt, lernten den ganzen Lauf dort kennen des Stromes."
Jetzt sprach, schwer an Jahren und reif im Geiste, Aletes:
„Götter der Heimat, deren Macht stets Troja umwaltet,
ganz doch wollt ihr nicht das Volk der Teukrer vernichten,
wenn ihr Jünglingen solch einen Mut erwecket und also
festes Herz." So sprach er, umschlang ihre Schultern und drückte
innig die Rechte und netzte mit Tränen reichlich das Antlitz.
„Was nur könnte, was als würdigen Lohn ich erachten,
Helden, für solches Verdienst? Den herrlichsten geben zunächst die
Götter und eures Wertes Gefühl. Das Weitere wird euch
gleich Aeneas, der fromme, vergelten und in des Lebens
Blüte Askanius, nimmer vergessend solchen Verdienstes."
„Wahrlich, ich nicht, dem Heil nur bringt die Rückkehr des Vaters!"
fährt Askanius fort, „bei den mächtigen Hausgöttern, Nisus,
bei des Assarakus Lar und dem Heiligtume der grauen
Vesta schwöre ich: was ich nur habe an Glück und Vertrauen,
alles lege ich euch in den Schoß: holt heim mir den Vater,
ihn laßt mich sehn! Hab ich ihn erst zurück, ist nichts mehr beschwerlich.
Je zwei Becher, aus Silber gemacht mit erhabenem Bildwerk,
schenke ich, die mein Vater erwarb beim Fall von Arisba,
auch ein Dreifußpaar, von Gold zwei große Talente
und einen Mischkrug, alt, ein Geschenk der sidonischen Dido.
Glückte es aber dem Sieger, Italien erst zu erobern,
Szepter und Macht zu gewinnen und Beute dann zu verlosen,
nun, du sahst, wie Turnus zu Roß und wie er in Waffen
golden geprangt: sein Roß, seinen Schild und den Helmbusch von Purpur
nehme vom Lose ich aus: dein Lohn ist's jetzt schon, mein Nisus.
Außerdem wird zwölf Sklavinnen dir von erlesenem Wuchs mein
Vater schenken und Kriegsgefangene samt ihren Waffen,

insuper his campi quod rex habet ipse Latinus.
te vero, mea quem spatiis propioribus aetas 275
insequitur, venerande puer, iam pectore toto
accipio et comitem casus complector in omnis.
nulla meis sine te quaeretur gloria rebus;
seu pacem seu bella geram, tibi maxima rerum
verborumque fides.' contra quem talia fatur 280
Euryalus: 'me nulla dies tam fortibus ausis
dissimilem arguerit; tantum: fortuna secunda
aut adversa cadat. sed te super omnia dona
unum oro: genetrix Priami de gente vetusta
est mihi, quam miseram tenuit non Ilia tellus 285
mecum excedentem, non moenia regis Acestae.
hanc ego nunc ignaram huius quodcumque pericli est
inque salutatam linquo, — nox et tua testis
dextera —, quod nequeam lacrimas perferre parentis.
at tu, oro, solare inopem et succurre relictae. 290
hanc sine me spem ferre tui: audentior ibo
in casus omnis.' percussa mente dedere
Dardanidae lacrimas, ante omnis pulcher Iulus,
atque animum patriae strinxit pietatis imago.
tum sic effatur: 295
'sponde digna tuis ingentibus omnia coeptis.
namque erit ista mihi genetrix nomenque Creusae
solum defuerit, nec partum gratia talem
parva manet. casus factum quicumque sequentur,
per caput hoc iuro, per quod pater ante solebat: 300
quae tibi polliceor reduci rebusque secundis,
haec eadem matrique tuae generique manebunt.'
sic ait inlacrimans; umero simul exuit ensem
auratum, mira quem fecerat arte Lycaon
Gnosius atque habilem vagina aptarat eburna. 305
dat Niso Mnestheus pellem horrentisque leonis
exuvias; galeam fidus permutat Aletes.
protinus armati incedunt; quos omnis euntis
primorum manus ad portas iuvenumque senumque

obendrein, was an Feldern besitzt der König Latinus.
Dich aber, dem auf näheren Abstand mein eigenes Alter
folgt, dich Jüngling, wert der Verehrung, wähl' ich von ganzem
Herzen schon jetzt zum nächsten Gefolgsmann für alle Gefahren.
Nie ohne dich wird Ruhm für meine Sache erworben;
ob im Frieden oder im Krieg, stets hast du in Werk und
Wort mein größtes Vertraun." Euryalus aber erwidert:
„Möge mich nimmer ein Tag unähnlich solch einem kühnen
Wagnis erweisen; soweit mein Wunsch, mag sonst auch Fortuna
hold mir sein, oder herb! Dich aber statt aller Geschenke
bitt ich um e i n s : mir lebt aus des Priamus uraltem Stamm die
Mutter; es hielt die Arme zurück nicht Iliums Erde,
mit mir zu ziehen, nicht hielt sie die Stadt des Königs Akestes.
Sie, die von diesem, wer weiß, wie gefährlichen, Wagnisse nichts ahnt,
lasse ich jetzt zurück ohne Gruß. Sei Zeuge die Nacht mir
und deine Rechte: Ich hielte nicht stand den Tränen der Mutter.
Du aber, bitte, tröste die Arme, hilf der Verlaßnen.
Laß mich dieses hoffen von dir: dann werde ich kühner
ziehen in jede Gefahr." Erschütterten Herzens vergossen
Tränen die Dardaner, mehr als alle der herrliche Julus;
tief ergriff sein Herz dies Bild seiner Liebe zum Vater.
Dann aber sprach er so:
„Rechne auf allen Lohn, dessen wert ist dein kühnes Beginnen!
Denn sie soll als Mutter mir gelten, der Name Crëusa
fehlt ihr nur; nicht kleinen Dank verdient es, daß solchen
Sohn sie gebar; was immer der Tat für Schicksale folgen,
bei meinem Haupt hier schwör ich, bei dem sonst geschworen mein Vater:
Was für die Heimkehr ich dir und glücklichen Ausgang verspreche,
das auch bleibt deiner Mutter bewahrt und deinem Geschlechte."
Weinend sprach er so; von der Schulter nahm er zugleich sein
Schwert, verziert mit Gold; das schuf Lykaon aus Knossos
wunderbar kunstvoll und fügte es leicht in die Elfenbeinscheide.
Mnestheus schenkt dem Nisus ein Fell, eines Löwen zottig-
starrende Haut; seinen Helm tauscht ihm der treue Aletes.
Schnell nun ziehn sie bewaffnet dahin. Zum Tore geleitet
sie die gesamte Schar der Führer, Junge und Alte,

prosequitur votis. nec non et pulcher Iulus, 310
ante annos animumque gerens curamque virilem,
multa patri mandata dabat portanda. sed aurae
omnia discerpunt et nubibus inrita donant.

Egressi superant fossas noctisque per umbram
castra inimica petunt, multis tamen ante futuri 315
exitio. passim somno vinoque per herbam
corpora fusa vident, arrectos litore currus,
inter lora rotasque viros, simul arma iacere,
vina simul. prior Hyrtacides sic ore locutus:
'Euryale, audendum dextra, nunc ipsa vocat res. 320
hac iter est. tu, ne qua manus se attollere nobis
a tergo possit, custodi et consule longe;
haec ego vasta dabo et lato te limite ducam.'
sic memorat vocemque premit; simul ense superbum
Rhamnetem adgreditur, qui forte tapetibus altis 325
exstructus toto proflabat pectore somnum,
rex idem et regi Turno gratissimus augur,
sed non augurio potuit depellere pestem.
tris iuxta famulos temere inter tela iacentis
armigerumque Remi premit aurigamque sub ipsis 330
nactus equis ferroque secat pendentia colla;
tum caput ipsi aufert domino truncumque relinquit
sanguine singultantem; atro tepefacta cruore
terra torique madent. nec non Lamyrumque Lamumque
et iuvenem Serranum, illa qui plurima nocte 335
luserat, insignis facie, multoque iacebat
membra deo victus: felix, si protinus illum
aequasset nocti ludum in lucemque tulisset.
inpastus ceu plena leo per ovilia turbans
— suadet enim vesana fames — manditque trahitque 340
molle pecus mutumque metu, fremit ore cruento:
nec minor Euryali caedes; incensus et ipse
perfurit ac multam in medio sine nomine plebem,
Fadumque Herbesumque subit Rhoetumque Abarimque,
ignaros, Rhoetum vigilantem et cuncta videntem, 345

fromm mit Gebeten hinaus; zumal der herrliche Julus,
vor seinen Jahren beseelt schon vom Mut und vom Ernst eines Mannes,
trug ihnen vieles noch auf für den Vater. Aber der Wind riß
alles dahin und bot es den Wolken als nichtige Gabe.

Draußen steigen sie über die Gräben, eilen durch Nacht und
Dunkel zum feindlichen Lager; zuvor aber sollten sie vielen
Tod noch bringen; sie sehen, wie rings voll Schlaf und voll Wein im
Grase liegen die Leiber, aufragen am Strande die Wagen,
zwischen Riemen und Rädern die Männer; Waffen zugleich und
Weinkrüge liegen umher; da spricht des Hyrtakus' Sohn schnell:
„Jetzt, Euryalus, mutig ans Werk; die Gelegenheit ruft uns.
Hier ist der Weg. Du halte, damit keine Hand gegen uns im
Rücken sich hebe, die Wacht und sichere weithin die Wege.
Ich aber schaffe hier Raum und bahne dir breit einen Durchgang."
Also spricht er und wird wieder stumm. Dann greift er den stolzen
Rhamnes an mit dem Schwert, der eben auf schwellendem Polster
hoch da lag und recht von Herzen schnaufte im Schlafe.
Fürst war er und Turnus, dem Fürsten, der liebste der Seher.
Nicht aber konnte durch Seherkunst er bannen das Unheil.
Dann packte Nisus drei Diener des Remus, die zwischen den Waffen
sorglos liegen, er schlägt auch den Knappen, dicht bei den Pferden
trifft er den Lenker und haut ihm herunter den hangenden Nacken.
Endlich raubt er dem Herrn das Haupt und läßt nur zurück den
blutausschluchzenden Rumpf. Es triefen von schwärzlichem Blute
dampfend Boden und Bett. Auch Lámyrus schlägt er und Lamus
und den jungen Serranus, der damals bis tief in die Nacht beim
Spiel noch gesessen, ein stattlicher Held; nun lag er, vom starken
Gott an den Gliedern gelähmt; wohl glücklich, hätte er jenes
Spiel die ganze Nacht und bis zum Morgen getrieben.
Nisus gleicht einem nüchternen Leu, der da wütet im vollen
Schafstall — Hunger macht wild — er schlingt und schüttelt das schwache
Vieh, das stumm ist vor Angst, er knurrt bluttriefenden Maules.
Nicht geringer ist auch des Euryalus Blutbad; er glüht und
rast auch selbst; viel Volk ohne Namen packt er sich wahllos,
Fadus auch und Herbesus und Rhoetus und Abaris, die nichts
ahnen, Rhoetus jedoch auf Wache und alles erblickend;

sed magnum metuens se post cratera tegebat;
pectore in adverso totum cui comminus ensem
condidit adsurgenti et multa morte recepit.
purpuream vomit ille animam et cum sanguine mixta
vina refert moriens; hic furto fervidus instat. 350
iamque ad Messapi socios tendebat; ibi ignem
deficere extremum et religatos rite videbat
carpere gramen equos, breviter cum talia Nisus
— sensit enim nimia caede atque cupidine ferri —
'absistamus' ait 'nam lux inimica propinquat. 355
poenarum exhaustum satis est, via facta per hostis.'
multa virum solido argento perfecta relinquont
armaque craterasque simul pulchrosque tapetas.
Euryalus phaleras Rhamnetis et aurea bullis
cingula, Tiburti Remulo ditissimus olim 360
quae mittit dona, hospitio cum iungeret absens
Caedicus, ille suo moriens dat habere nepoti;
— post mortem bello Rutuli pugnaque potiti —
haec rapit atque umeris nequiquam fortibus aptat.
tum galeam Messapi habilem cristisque decoram 365
induit. excedunt castris et tuta capessunt.

    Interea praemissi equites ex urbe Latina,
cetera dum legio campis instructa moratur,
ibant et Turno regi responsa ferebant,
ter centum, scutati omnes, Volcente magistro. 370
iamque propinquabant castris muroque subibant,
cum procul hos laevo flectentis limite cernunt
et galea Euryalum sublustri noctis in umbra
prodidit inmemorem radiisque adversa refulsit.
haud temere est visum. conclamat ab agmine Volcens: 375
'state, viri. quae causa viae, quive estis in armis,
quove tenetis iter?' nihil illi tendere contra,
sed celerare fugam in silvas et fidere nocti.
obiciunt equites sese ad divortia nota
hinc atque hinc omnemque abitum custode coronant. 380
silva fuit late dumis atque ilice nigra

der aber sucht sich vor Angst hinter mächtigem Mischkrug zu ducken.
Als er sich hebt, stößt stracks in die Brust Euryalus ihm sein
Schwert bis ans Heft und reißt's todbringend zurück; da erbricht auf
Purpurfluten Rhoetus die Seele, blutuntermischten
Wein auswürgend im Sterben; Euryalus wütet im Dunkel
weiter; er will schon los auf Messapus' Gefährten, das letzte
Feuer dort sieht er verlöschen, die regelrecht angepflockten
Pferde weiden im Gras; da spricht nur kurz eben Nisus:
— merkt er doch, wie Mordlust wild und wilder sie hinreißt —
„Hören wir auf! Es naht sich schon der feindliche Morgen.
Strafe genug ist vollzogen, ein Weg uns gebahnt durch die Feinde."
Reichen Besitz, massiv aus Silber, lassen sie liegen,
Waffen der Krieger, und Krüge zugleich und prächtige Polster.
Aber Euryalus sieht des Rhamnes Brustschmuck und Wehrgurt,
goldgebuckelt, nach Tibur für Remulus sandte der reiche
Caedicus einst diese Gaben, als trotz der Ferne er Freundschaft
mit ihm schloß; der ließ es sterbend dem Enkel. — Nach dessen
Tode fiel es durch Krieg und Kampf in Rutulerhände. —
Dies jetzt raubt er und schmückt die - umsonst, ach! - kräftigen Schultern,
setzt dann auf den Helm des Messapus, handlich und schön vom
Helmbusch geziert. Sie verlassen das Lager und suchen das Sich're.

    Reiter inzwischen, vorausgeschickt aus der Stadt der Latiner,
während das übrige Heer in der Ebene kampfbereit weilte,
zogen gerade dahin mit Antwort für Turnus, den Fürsten,
dreihundert, alle mit Schilden gewappnet; Führer war Volcens.
Schon sind nah sie dem Lager und dicht der Mauer, da sehn sie
ferne seitwärts biegen die beiden, links auf dem Richtweg.
Und den Euryalus, der's nicht bedacht, verriet sein Helm im
dämmernden Schatten der Nacht: er blitzte aufschimmernd im Mondstrahl.
Nicht umsonst wird's gesehn. Laut ruft vom Reitertrupp Volcens:
„Halt, ihr Männer! Warum auf dem Weg? Wer seid ihr in Waffen?
Wohin wollt ihr gehn?" Nichts geben jene zur Antwort,
sondern flüchten schnell in den Wald und vertrauen dem Dunkel.
Hierhin sprengen und dorthin die Reiter zu den bekannten
Seitenwegen, verriegeln mit Wächtern jeglichen Ausgang.
Schaurig starrt weithin der Wald von Gebüsch und von schwarzen

horrida, quam densi complerant undique sentes;
rara per occultos lucebat semita calles.
Euryalum tenebrae ramorum onerosaque praeda
inpediunt fallitque timor regione viarum; 385
Nisus abit. iamque inprudens evaserat hostis
atque locos, qui post Albae de nomine dicti
Albani, tum rex stabula alta Latinus habebat,
ut stetit et frustra absentem respexit amicum:
'Euryale infelix, qua te regione reliqui, 390
quave sequar, rursus perplexum iter omne revolvens
fallacis silvae?' simul et vestigia retro
observata legit dumisque silentibus errat.
audit equos, audit strepitus et signa sequentum.
nec longum in medio tempus, cum clamor ad auris 395
pervenit ac videt Euryalum, quem iam manus omnis
fraude loci et noctis subito turbante tumultu
oppressum rapit et conantem plurima frustra.
quid faciat, qua vi iuvenem, quibus audeat armis
eripere an sese medios moriturus in enses 400
inferat et pulchram properet per volnera mortem?
ocius adducto torquens hastile lacerto,
suspiciens altam lunam, et sic voce precatur:
'tu, dea, tu praesens nostro succurre labori,
astrorum decus et nemorum Latonia custos. 405
si qua tuis umquam pro me pater Hyrtacus aris
dona tulit, si qua ipse meis venatibus auxi
suspendive tholo aut sacra ad fastigia fixi:
hunc sine me turbare globum et rege tela per auras.'
dixerat, et toto conixus corpore ferrum 410
conicit: hasta volans noctis diverberat umbras
et venit adversi in tergum Sulmonis ibique
frangitur ac fisso transit praecordia ligno.
volvitur ille vomens calidum de pectore flumen
frigidus et longis singultibus ilia pulsat. 415
diversi circumspiciunt. hoc acrior idem
ecce aliud summa telum librabat ab aure.

Steineichen, allseits durchwuchern ihn dichte, dornige Sträucher.
Selten leuchtet ein Fußpfad auf im Gewirre der Wege.
Düsteres Zweigicht hemmt den Euryalus, lastend bedrückt die
Beute ihn jetzt und es täuscht ihn Furcht in der Richtung der Wege.
Nisus entflieht, schon war er achtlos dem Feinde entkommen
und der Gegend — „Albanische" hieß sie später nach Albas
Namen, jetzt hatte hier Fürst Latinus hohe Gehege —,
als er verhielt und umsonst nach dem fehlenden Freunde sich umsah.
„Wo Euryalus, wo, unseliger, ließ ich zurück dich?
Wo soll ich suchen, von neuem entwirrend das ganze Geflecht des
Weges im tückischen Wald?" Zugleich verfolgt er die rückwärts
weisenden Spuren und irrt umher im schweigenden Strauchwerk.
Pferde hört er und hört den Lärm und den Ruf der Verfolger.
Und nicht lange mehr dauert's, als plötzlich Geschrei ihm zu Ohren
dringt und er den Euryalus sieht: den schleppt schon die ganze
Schar; er ward bei der Tücke des Orts und der Nacht durch den wilden
Wirbel gepackt und versuchte umsonst alle mögliche Abwehr.
Was jetzt tun? Mit welcher Gewalt, mit welchen Waffen
wagen, den Jüngling zu retten? Sich mitten in drohende Schwerter
stürzen zum Sterben und schnell verbluten in herrlichem Tode?
Jäh mit angezogenem Arm umwirbelnd den Wurfspeer,
Blickt zur hohen Luna er auf und fleht im Gebete:
„Göttin, du sei hilfreich nah hier unserer Drangsal,
Zier der Gestirne und Hort der Haine, Tochter Latonas,
wenn mein Vater Hyrtakus je für mich am Altar dir
Gaben gebracht, wenn ich selbst sie als Jäger gemehrt, dir in Tempels
Kuppel gehängt oder hoch an heilige Giebel geheftet:
laß diese Schar mich zersprengen und lenk mein Geschoß durch die Lüfte!"
Spricht's und wirft mit voller Wucht des Körpers die Waffe;
Sausend im Flug zerschlägt die Lanze die mächtigen Schatten,
dringt, ihm grad gegenüber, in Sulmos Rücken, zersplittert
dort und bohrt sich tief in die Brust mit gespaltenem Schafte.
Sulmo wälzt sich und bricht aus der Brust blutwarm einen Strom, wird
starr, es zucken ihm hart in langem Röcheln die Flanken.
Allseits spähen die Feinde umher, doch Nisus, noch wilder,
seht doch, schleudert ein ander Geschoß noch neben dem Ohr weg.

dum trepidant, it hasta Tago per tempus utrumque
stridens traiectoque haesit tepefacta cerebro.
saevit atrox Volcens nec teli conspicit usquam   420
auctorem nec quo se ardens immittere possit:
'tu tamen interea calido mihi sanguine poenas
persolves amborum' inquit; simul ense recluso
ibat in Euryalum. tum vero exterritus amens
conclamat Nisus, nec se celare tenebris   425
amplius aut tantum potuit perferre dolorem:
'me me, adsum qui feci, in me convertite ferrum,
o Rutuli, mea fraus omnis; nihil iste neque ausus
nec potuit, caelum hoc et conscia sidera testor,
tantum infelicem nimium dilexit amicum,'   430
talia dicta dabat; sed viribus ensis adactus
transabiit costas et candida pectora rumpit.
volvitur Euryalus leto pulchrosque per artus
it cruor inque umeros cervix conlapsa recumbit:
purpureus veluti cum flos succisus aratro   435
languescit moriens lassove papavera collo
demisere caput, pluvia cum forte gravantur.
at Nisus ruit in medios solumque per omnis
Volcentem petit, in solo Volcente moratur.
quem circum glomerati hostes hinc comminus atque hinc 440
proturbant. instat non setius ac rotat ensem
fulmineum, donec Rutuli clamantis in ore
condidit adverso et moriens animam abstulit hosti.
tum super exanimem sese proiecit amicum
confossus placidaque ibi demum morte quievit.   445

   Fortunati ambo, si quid mea carmina possunt,
nulla dies umquam memori vos eximet aevo,
dum domus Aeneae Capitoli inmobile saxum
accolet imperiumque pater Romanus habebit.

   Victores praeda Rutuli spoliisque potiti   450
Volcentem exanimum flentes in castra ferebant.
nec minor in castris luctus Rhamnete reperto
exsangui et primis una tot caede peremptis,

Während sie zagen, durchschlägt der Speer dem Tagus die beiden
Schläfen sausend und hängt jetzt heiß im durchbohrten Gehirne.
Volcens tobt vor Wut, doch nirgends erblickt er des Speeres
Werfer, erblickt kein Ziel, zu berennen in flammendem Zorne.
„Du aber wirst unterdes mit warmem Blute mir Buße
zahlen für beide!" so ruft er und geht zugleich mit dem blanken
Schwert auf Euryalus los. Jetzt aber, sinnlos vor Angst, schreit
Nisus laut, nicht kann er länger noch sich im Dunkel
bergen, nicht vermag er so großen Schmerz zu ertragen.
„Mich schlagt, mich! Ich tat's! Auf mich hier wendet die Waffen,
Rutuler, mein ist all der Trug; nichts wagte noch konnte
er da! Des ruf ich den Himmel und wissende Sterne zu Zeugen.
Allzusehr nur hing er an mir unseligem Freunde."
So sprach Nisus flehend; das Schwert aber, kraftvoll gestoßen,
drang durch die Rippen, zerriß die schimmernde Brust, und im Tode
wälzt sich Euryalus; über die herrlichen Glieder hin rinnt das
Blut, und schlaff zur Schulter hinüber fällt ihm der Nacken:
Also sinkt, geschnitten vom Pflug, die purpurne Blume
müde im Tode dahin, so läßt mit schlaffem Nacken
sinken sein Haupt der Mohn, wenn Regenflut ihn belastet.
Nisus jedoch stürzt mitten hinein; durch alle hin sucht er
Volcens allein, mit Volcens allein hat jetzt er zu schaffen.
Den umdrängen, zur Abwehr geballt, die Feinde im Nahkampf
hier und dort; doch Nisus bedrängt sie und wirbelt sein blitzend
Schwert im Kreis, bis grad in des schreienden Rutulers Mund er
tief es stößt und sterbend das Leben raubt seinem Feinde.
Dann aber warf er durchbohrt sich hin über seinen entseelten
Freund und kam zur Ruhe erst jetzt im Frieden des Todes.

   Glückliches Paar, wenn etwas nur meine Lieder vermögen,
lösdit kein Tag euch jemals aus im Gedächtnis der Nachwelt,
nie, solange Aeneas' Geschlecht, Kapitol, deinen festen
Felsen bewohnt und Herrschgewalt hat der römische Vater.

   Siegreich nahmen Beute die Rutuler, nahmen die Rüstung,
trugen weinend den leblosen Leib des Volcens zum Lager.
Ebenso groß war im Lager das Leid, da Rhamnes entdeckt ward,
blutlos, da viel Edle in einem Gemetzel ermordet,

Serranoque Numaque. ingens concursus ad ipsa
corpora seminecisque viros tepidaque recentem   455
caede locum et plenos spumanti sanguine rivos.
adgnoscunt spolia inter se galeamque nitentem
Messapi et multo phaleras sudore receptas.

   Et iam prima novo spargebat lumine terras
Tithoni croceum linquens Aurora cubile: 460
iam sole infuso, iam rebus luce retectis
Turnus in arma viros, armis circumdatus ipse,
suscitat, aeratasque acies in proelia cogit
quisque suas variisque acuunt rumoribus iras.
quin ipsa arrectis — visu miserabile — in hastis   465
praefigunt capita et multo clamore secuntur
Euryali et Nisi.
Aeneadae duri murorum in parte sinistra
opposuere aciem — nam dextera cingitur amni —
ingentisque tenent fossas et turribus altis   470
stant maesti; simul ora virum praefixa movebant,
nota nimis miseris atroque fluentia tabo.

   Interea pavidam volitans pinnata per urbem
nuntia Fama ruit matrisque adlabitur auris
Euryali. at subitus miserae calor ossa reliquit,   475
excussi manibus radii revolutaque pensa.
evolat infelix et femineo ululatu,
scissa comam muros amens atque agmina cursu
prima petit, non illa virum, non illa pericli
telorumque memor, caelum dehinc questibus inplet: 480
'hunc ego te, Euryale, adspicio, tune ille senectae
sera meae requies, potuisti linquere solam,
crudelis, nec te sub tanta pericula missum
adfari extremum miserae data copia matri?
heu, terra ignota canibus data praeda Latinis   485
alitibusque iaces, nec te tua funera mater
produxi pressive oculos aut volnera lavi,
veste tegens, tibi quam noctes festina diesque
urgebam et tela curas solabar anilis.

auch Serranus und Numa. Man läuft und drängt zu den Leichen
selbst und den Männern, den halberschlagenen, drängt zu dem warm vom
Mord noch dampfenden Platz, den Bächen, voll schäumenden Blutes.
Und miteinander erkennt man die Rüstungen und des Messapus
blitzenden Helm und den Schmuck, der soviel Schweiß noch gekostet.

    Schon besprengte Aurora mit jungem Lichte die Lande,
früh des Tithonus safranfarbenes Lager verlassend.
Hell schon strahlt die Sonne, die Welt liegt wieder im Lichte,
da ruft Turnus sein Volk zu den Waffen, selber gehüllt in
Waffen; und jeder holt seine erzgewappneten Scharen
her zum Kampf; sie schärfen den Zorn durch manche Gerüchte,
ja, sie spießen — kläglich zu sehn! — auf ragende Lanzen
Nisus' und Euryalus' Haupt und folgen im Zug mit
lautem Geschrei.
Links auf den Mauern stellten zum Kampf sich auf des Aeneas
harte Gefährten — denn rechts ist ihr Lager umgürtet vom Flusse —
halten die riesigen Gräben besetzt, und hoch auf den Türmen
stehen sie finster; auch weckten Bestürzung die aufgespießten
Häupter, zu sehr nur den Armen bekannt, schwarz triefend vom Blute.

    Fama eilt als Botin indes durchs angstvolle Lager,
fliegenden Fittichs, und kommt des Euryalus' Mutter zu Ohren.
Jäh entschwindet den Gliedern der Armen die Wärme des Lebens,
hart entfallen die Schiffchen der Hand, es zerfällt das Gewebe.
Unglücklich stürzt sie hinaus mit dem Wehruf des Weibes, zerrauft ihr
Haar, rennt sinnlos hin zu den Mauern, eilt zu den ersten
Reihen im Lauf, nicht achtend der Männer, nicht der Gefahr und
nicht der Geschosse, dann füllt sie mit lauter Klage den Himmel:
„So, mein Euryalus, muß ich dich sehen, o du, meines Alters
späte Ruhstatt, konntest du also grausam allein mich
lassen, und dich, der also gefährdet, auch nur zum letzten
Male zu grüßen, ward nicht vergönnt deiner elenden Mutter?
Wehe, in fremdem Land, ein Raub den Hunden und Vögeln
Latiums, liegst du, und nicht ging ich, deine Mutter, mit dir zum
Grab, nicht drückt' ich die Augen dir zu, wusch nicht deine Wunden,
warf dir nicht um das Gewand, das emsig bei Nacht und bei Tage
ich dir wob und Trost mir gewann im Kummer des Alters.

quo sequar aut quae nunc artus avolsaque membra 490
et funus lacerum tellus habet? hoc mihi de te,
nate, refers, hoc sum terraque marique secuta?
figite me, si qua est pietas, in me omnia tela
conicite, o Rutuli, me primam absumite ferro;
aut tu, magne pater divom, miserere tuoque 495
invisum hoc detrude caput sub Tartara telo,
quando aliter nequeo crudelem abrumpere vitam.'
hoc fletu concussi animi, maestusque per omnis
it gemitus: torpent infractae ad proelia vires.
illam incendentem luctus Idaeus et Actor 500
Ilionei monitu et multum lacrimantis Iuli
corripiunt interque manus sub tecta reponunt.

   At tuba terribilem sonitum procul aere canoro
increpuit; sequitur clamor caelumque remugit.
adcelerant acta pariter testudine Volsci 505
et fossas inplere parant ac vellere vallum.
quaerunt pars aditum et scalis ascendere muros,
qua rara est acies interlucetque corona
non tam spissa viris. telorum effundere contra
omne genus Teucri ac duris detrudere contis, 510
adsueti longo muros defendere bello.
saxa quoque infesto volvebant pondere, si qua
possent tectam aciem perrumpere, cum tamen omnis
ferre iuvat subter densa testudine casus.
nec iam sufficiunt. nam qua globus inminet ingens, 515
inmanem Teucri molem volvontque ruuntque,
quae stravit Rutulos late armorumque resolvit
tegmina. nec curant caeco contendere Marte
amplius audaces Rutuli, sed pellere vallo
missilibus certant. 520
parte alia horrendus visu quassabat Etruscam
pinum et fumiferos infert Mezzentius ignis;
at Messapus equom domitor, Neptunia proles,
rescindit vallum et scalas in moenia poscit.

   Vos, o Calliope, precor, adspirate canenti, 525

Wo soll ich folgen? Wo birgt jetzt den Leib, die zerrissenen Glieder,
wo den zerfleischten Leichnam ein Land? Dies meldest du mir von
dir, mein Sohn? Dem ging ich nach über Länder und Meere?
Spießt mich auf, wenn es Ehrfurcht noch gibt, ihr Rutuler, werft jetzt
alle Geschosse auf mich, mich tötet zuerst mit den Waffen,
oder, erhabener Vater der Götter, erbarm dich und stoß dies
Haupt, dies verhaßte, mit deinem Geschoß in des Tartarus Tiefen,
da ich sonst nicht zu brechen vermag dies grausame Leben."
Dieses Klagen erschüttert die Herzen, gramvolles Stöhnen
wird rings laut, zum Kampf sind gelähmt die gebrochenen Kräfte.
Sie, die Jammer entfacht, ergreifen Idaeus und Aktor
auf Ilioneus' Geheiß und des heftig weinenden Julus
jetzt und geleiten mit fester Hand sie heim in die Wohnung.

    Schrecklich jedoch schallt nun von fern mit schmetterndem Erze
hell die Trompete, Geschrei folgt drein, dumpf dröhnet der Himmel;
unter dem Schilddach rücken heran im Gleichschritt die Volsker,
schicken die Gräben zu füllen sich an und den Wall zu zerreißen.
Zugang sucht ein Teil, will auf Leitern erklimmen die Mauern,
da, wo locker die Front und die Zinne hindurchschimmert, nicht so
dicht mit Männern besetzt; dagegen schleudern die Teukrer
jegliche Art von Geschossen und stoßen mit harten Stangen,
wohl gewöhnt durch langen Krieg, Stadtmauern zu schützen.
Steinblöcke wälzten sie auch von dräuender Wucht, ob sie etwa
brechen könnten den Schutz der Reihen. Aber die Feinde
trotzen getrost jedem Wurf unter dichtem Dache; doch endlich
geht es nicht mehr; denn dort, wo der Knäuel drohend herandrängt,
wälzen die Teukrer und stürzen hinab einen riesigen Steinblock;
der schlägt nieder die Rutuler rings und sprengt ihrer Schilde
Schutzdach; weiteren Kampf im Dunkel geben nun auf die
Rutuler, trotz ihres Mutes, bemühen vielmehr sich, den Wall mit
Wurfgeschossen zu räumen.
Anderswo schwang, entsetzlich zu sehn, die etruskische Fichten-
fackel Mezzentius und griff an mit qualmendem Feuer.
Aber Messapus, der Rossebezwinger, Sproß des Neptun, reißt
ein den Wall und ruft nach Leitern zum Sturm auf die Mauern.

    Euch, Kalliope, bitt' ich, beseelet meinen Sang, denn ich künde,

quas ibi tum ferro strages, quae funera Turnus
ediderit, quem quisque virum demiserit Orco,
et mecum ingentis oras evolvite belli.
[et meministis enim, divae, et memorare potestis.]
    Turris erat vasto suspectu et pontibus altis   530
opportuna loco, summis quam viribus omnes
expugnare Itali summaque evertere opum vi
certabant. Troes contra defendere saxis
perque cavas densi tela intorquere fenestras.
princeps ardentem coniecit lampada Turnus   535
et flammam adfixit lateri, quae plurima vento
corripuit tabulas et postibus haesit adesis.
turbati trepidare intus frustraque malorum
velle fugam. dum se glomerant retroque residunt
in partem, quae peste caret, tum pondere turris   540
procubuit subito et caelum tonat omne fragore.
semineces ad terram, inmani mole secuta,
confixique suis telis et pectora duro
transfossi ligno veniunt. vix unus Helenor
et Lycus elapsi. quorum primaevos Helenor,   545
Maeonio regi quem serva Licymnia furtim
sustulerat vetitisque ad Troiam miserat armis,
ense levis nudo parmaque inglorius alba;
isque ubi se Turni media inter milia vidit,
hinc acies atque hinc acies adstare Latinas: 550
ut fera, quae densa venantum saepta corona
contra tela furit seseque haud nescia morti
inicit et saltu supra venabula fertur —
haud aliter iuvenis medios moriturus in hostis
inruit et, qua tela videt densissima, tendit.   555
at pedibus longe melior Lycus inter et hostis
inter et arma fuga muros tenet altaque certat
prendere tecta manu sociumque attingere dextras.
quem Turnus, pariter cursu teloque secutus,
increpat his victor: 'nostrasne evadere, demens,   560
sperasti te posse manus?' simul arripit ipsum

wie dort damals Turnus gewütet, wie mit dem Schwert er
Leiden gehäuft, wen jeder der Männer schickte zum Orkus.
Helft und entfaltet mit mir des Krieges wüste Gestade,
[denn ihr wisset es, Göttinnen, wohl und könnt es berichten.]

    Riesig dem Aufblick, ragte mit hohen Brücken ein Turm dort,
günstig gestellt; mit äußerster Kraft bemühten sich alle
Italer, ihn zu erobern und ihn mit Wucht und Gewalt zu
stürzen. Die Troer dagegen verteidigten ihn durch die Blöcke,
warfen in dichter Schar Geschosse durch klaffende Scharten.
Turnus als erster schleuderte nun eine brennende Fackel,
trieb in die Flanke des Turmes die Flamme; lodernd im Winde
griff sie die Bretter und hing an den angefressenen Pfosten.
Aufgeregt hasten sie drinnen und trachten vergeblich, dem Unheil
noch zu entfliehen; doch als sie geballt nach rückwärts sich drängen,
dorthin, wo nicht Tod ihnen droht, da stürzt vom Gewichte
plötzlich vornüber der Turm, rings dröhnt vom Krachen der Himmel.
Halbtot schlagen am Boden sie auf, die furchtbare Masse
stürzt hinterdrein, sie liegen gespießt von den eignen Geschossen,
hartes Holz durchbohrt die Brust. Helenor allein kam
knapp mit Lykus davon; der junge Helenor, den einst die
Sklavin Likymnia heimlich Maeoniens Herrscher gebar und
aufzog und trotz des Verbotes nach Troja entsandte zum Kriege,
trug nur schlicht sein Schwert und den weißen, ruhmlosen Rundschild.
Als er nun mitten sich sieht in des Turnus Tausenden, sieht, wie
hüben die Front und drüben die Front der Latiner bereitsteht,
da — wie ein Wild, umstellt vom dichten Kreise der Jäger,
losrast gegen die Speere und vollbewußt in den Tod sich
stürzt und weit im Sprung hoch über die Spieße hinwegsetzt —
ebenso stürzt, zum Sterben bereit der Jüngling sich mitten
unter die Feinde, dahin, wo am dichtesten dräuen die Speere.
Lykus jedoch, weit besser im Lauf, flieht zwischen den Feinden,
zwischen den Waffen hin, hält schon die Mauern, müht sich, den hohen
Rand jetzt zu packen und dort der Gefährten Rechte zu fassen.
Turnus jagt, gleich schnell im Lauf, mit der Waffe ihm nach und
schilt als Sieger ihn so: „Verblendeter, hofftest du, unsern
Händen entkommen zu können?" Zugleich aber packt er ihn selbst, den

pendentem et magna muri cum parte revellit:
qualis ubi aut leporem aut candenti corpore cycnum
sustulit alta petens pedibus Iovis armiger uncis,
quaesitum aut matri multis balatibus agnum 565
Martius a stabulis rapuit lupus. undique clamor
tollitur, invadunt et fossas aggere complent,
ardentis taedas alii ad fastigia iactant.
Ilioneus saxo atque ingenti fragmine montis
Lucetium portae subeuntem ignisque ferentem, 570
Emathiona Liger, Corynaeum sternit Asilas,
hic iaculo bonus, hic longe fallente sagitta,
Ortygium Caeneus, victorem Caenea Turnus,
Turnus Ityn Cloniumque, Dioxippum Promolumque
et Sagarim et summis stantem pro turribus Idan, 575
Privernum Capys. hunc primo levis hasta Themillae
strinxerat: ille manum proiecto tegmine demens
ad volnus tulit; ergo alis adlapsa sagitta
et laevo infixa est lateri manus abditaque intus
spiramenta animae letali volnere rupit. 580
stabat in egregiis Arcentis filius armis,
pictus acu chlamydem et ferrugine clarus Hibera,
insignis facie, genitor quem miserat Arcens,
eductum Martis luco Symaethia circum
flumina, pinguis ubi et placabilis ara Palici: 585
stridentem fundam positis Mezzentius hastis
ipse ter adducta circum caput egit habena
et media adversi liquefacto tempora plumbo
diffidit ac multa porrectum extendit harena.

   Tum primum bello celerem intendisse sagittam 590
dicitur ante feras solitus terrere fugaces
Ascanius fortemque manu fudisse Numanum,
cui Remulo cognomen erat, Turnique minorem
germanam nuper thalamo sociatus habebat.
is primam ante aciem digna atque indigna relatu 595
vociferans tumidusque novo praecordia regno
ibat et ingentem sese clamore ferebat:

Hangenden, reißt ihn zurück und mit ihm ein großes Stück Mauer.
So trägt Juppiters Adler, der Waffenträger, den Hasen
oder den schimmernden Schwan empor im Griff seiner Krallen,
so schleppt fort der Wolf des Mars ein Lamm aus der Hürde;
kläglich blökt die Mutter und sucht. — Von überallher tönt
Lärm, sie drängen an und füllen die Gräben mit Erde,
andere werfen hinauf zu den Giebeln brennende Fackeln.
Mit einem Block, einem riesigen Bergbrocken, schlägt Ilioneus
tot den Luketius, der das Tor mit Feuer bedrohte,
Liger trifft den Emáthion, Asílas erlegt Corynaeus,
gut im Speerwurf, wie Liger im Pfeilschuß, der tückisch von fernher
trifft; Ortygius fällt von Caeneus, Turnus erschlägt den
siegreichen Caeneus, den Ithys und Clonius, schlägt Dioxippus
Promolus, Sagaris, schlägt vor den ragenden Türmen den Idas.
Capys trifft den Privernus; den hatte nur leicht des Themillas
Lanze gestreift: da warf der Tor seinen Schild hin und hob zur
Wunde die Hand; so schwirrte geflügelt der Pfeil denn heran und
links ward die Hand an die Seite gespießt, und drinnen verborgne
Atemwege des Lebens zerriß er mit tödlicher Wunde.
Ragend stand dort Arkens' Sohn in strahlenden Waffen,
zierlich der Mantel bestickt, rostbraun von iberischem Purpur,
herrlich war er gewachsen; sein Vater schickte ihn, Arkens,
der ihn erzogen im Haine des Mars am Strom des Symaethus,
wo, an Sühnopfern reich, sich erhebt der Altar des Palicus.
Niederlegte die Speere Mezzentius, schwirrende Schleuder
schwang er dreimal ums Haupt am straff gezogenen Riemen,
mitten die Schläfen erschlug er des Gegners mit glühendem Bleiklump,
streckte langhin über den Sand den Ragenden nieder.

    Damals zuerst, so heißt es, zielte im Kriege den schnellen
Pfeil Askanius, sonst nur gewohnt, das flüchtige Wild zu
scheuchen; es traf seine Hand den starken Helden Numanus,
der den Beinamen Remulus trug; vor kurzem erst war er
Ehegemahl geworden der jüngeren Schwester des Turnus.
Der schritt weit vor der vordersten Reihe; lobend und lästernd
schrie er laut, die Brust ob der neuen Fürstenverwandtschaft
stolz gebläht, und wußte sich nicht vor Prahlen zu lassen:

'non pudet obsidione iterum valloque teneri,
bis capti Phryges, et morti praetendere muros?
en qui nostra sibi bello conubia poscunt! 600
quis deus Italiam, quae vos dementia adegit?
non hic Atridae nec fandi fictor Ulixes:
durum a stirpe genus natos ad flumina primum
deferimus saevoque gelu duramus et undis,
venatu invigilant pueri silvasque fatigant, 605
flectere ludus equos et spicula tendere cornu.
at patiens operum parvoque adsueta iuventus
aut rastris terram domat aut quatit oppida bello.
omne aevom ferro teritur, versaque iuvencum
terga fatigamus hasta nec tarda senectus 610
debilitat viris animi mutatque vigorem:
canitiem galea premimus, semperque recentis
comportare iuvat praedas et vivere rapto.
vobis picta croco et fulgenti murice vestis,
desidiae cordi, iuvat indulgere choreis, 615
et tunicae manicas et habent redimicula mitrae.
o vere Phrygiae — neque enim Phryges — ite per alta
Dindyma, ubi adsuetis biforem dat tibia cantum!
tympana vos buxusque vocat Berecyntia Matris
Idaeae, sinite arma viris et cedite ferro!' 620
    Talia iactantem dictis ac dira canentem
non tulit Ascanius, nervoque obversus equino
contendit telum diversaque bracchia ducens
constitit, ante Iovem supplex per vota precatus:
'Iuppiter omnipotens, audacibus adnue coeptis. 625
ipse tibi ad tua templa feram sollemnia dona
et statuam ante aras aurata fronte iuvencum
candentem pariterque caput cum matre ferentem,
iam cornu petat et pedibus qui spargat harenam.'
audiit et caeli genitor de parte serena 630
intonuit laevom, sonat una fatifer arcus:
effugit horrendum stridens adducta sagitta
perque caput Remuli venit et cava tempora ferro

„Schämt ihr euch nicht, schon wieder umwallt und belagert zu werden,
zweimal gefangene Phryger, mit Mauern dem Tode zu wehren?
Seht nur, die da wollen im Krieg unsre Frauen sich holen!
Welch ein Gott trieb euch nach Italien, welche Verblendung?
Nicht Atriden sind hier, hier nicht der Maulheld Ulixes:
Wir, ein grundauf hartes Geschlecht, wir tragen zum Fluß die
eben Geborenen, härten sie ab im eisigen Bade.
Nächte durchwachen die Knaben auf Jagd, durchhetzen die Wälder,
Rosse zu bändigen ist ihnen Spiel und Bogen zu spannen.
Aber die Jugend, anspruchslos, mit Ausdauer schaffend,
zähmt mit dem Karste das Land, wirft Festungen nieder im Kriege.
All unser Leben wird eisern geführt; wir stacheln der Stiere
Rücken mit umgewendetem Speer; spät kommendes Alter
schwächt die Kräfte nicht ab und ändert nicht seine Stärke:
graues Haar noch drückt unser Helm, uns macht es Vergnügen,
Beute zu häufen stets wieder neu und zu leben vom Raube.
Ihr liebt Kleider, bestickt mit Safran und strahlendem Purpur,
Nichtstun freut euer Herz, ihr wiegt euch weichlich im Tanze,
lange Ärmel trägt euer Rock und die Mütze hat Bändchen.
Wahrlich, Phrygierweiber, — nicht Männer! — zieht durch den hohen
Dindymus, wo euch die Tibia dudelt mit Hochton und Tiefton!
Euch ruft die Pauke, euch lockt Berekynthias Buchsbaumflöte
eurer Mutter vom Ida; laßt Männern Waffen und Eisen!"
  Ihn, der also prahlte und furchtbar schmähte, ertrug nicht
länger Askanius, trat ihm entgegen, zog auf die Roßhaar-
sehne den Pfeil und, fest auseinanderziehend die Arme,
stand er, doch rief er zuvor noch Juppiter an mit Gelübden:
„Juppiter, Herr der Allmacht, sei hold dem kühnen Beginnen,
selbst will festliche Gaben zu deinem Tempel ich bringen,
stelle vor deinen Altar einen Stier mit vergoldeter Stirne,
strahlendweiß, seiner Mutter an Haupteshöhe gewachsen,
der mit dem Horne schon stößt, schon Sand hoch wirft mit den Hufen."
Juppiter hörte ihn, ließ linksher vom heiteren Himmel
dröhnen den Donner; da tönte zugleich todbringend der Bogen:
furchtbar zischend entflog der angezogene Pfeil und
drang durch des Remulus Haupt, durchschlug mit der Spitze die hohlen

traicit. 'i, verbis virtutem inlude superbis!
bis capti Phryges haec Rutulis responsa remittunt.'   635
hoc tantum Ascanius. Teucri clamore secuntur
laetitiaque fremunt animosque ad sidera tollunt.
aetheria tum forte plaga crinitus Apollo
desuper Ausonias acies urbemque videbat,
nube sedens, atque his victorem adfatur Iulum: 640
'macte nova virtute, puer: sic itur ad astra,
dis genite et geniture deos. iure omnia bella
gente sub Assaraci fato ventura resident,
nec te Troia capit.' simul haec effatus ab alto
aethere se mittit, spirantis dimovet auras   645
Ascaniumque petit. formam tum vertitur oris
antiquom in Buten — hic Dardanio Anchisae
armiger ante fuit fidusque ad limina custos,
tum comitem Ascanio pater addidit — ibat Apollo
omnia longaevo similis, vocemque coloremque   650
et crinis albos et saeva sonoribus arma,
atque his ardentem dictis adfatur Iulum:
'sit satis, Aenide, telis inpune Numanum
oppetiisse tuis; primam hanc tibi magnus Apollo
concedit laudem et paribus non invidet armis: 655
cetera parce, puer, bello.' sic orsus Apollo
mortalis medio adspectus sermone reliquit
et procul in tenuem ex oculis evanuit auram.
adgnovere deum proceres divinaque tela
Dardanidae pharetramque fuga sensere sonantem.   660
ergo avidum pugnae dictis ac numine Phoebi
Ascanium prohibent, ipsi in certamina rursus
succedunt animasque in aperta pericula mittunt.
it clamor totis per propugnacula muris,
intendunt acris arcus ammentaque torquent.   665
sternitur omne solum telis, tum scuta cavaeque
dant sonitum flictu galeae, pugna aspera surgit:
quantus ab occasu veniens pluvialibus Haedis
verberat imber humum, quam multa grandine nimbi

Schläfen. „Geh nun, verlästere stolz den Mannessinn! Also
geben die Phrygier, zweimal gefangen, den Rutulern Antwort."
So Askanius kurz; da folgen mit Rufen die Teukrer,
toben vor Jubel und heben empor zu den Sternen die Herzen.
Da sah eben vom Äther der lockengeschmückte Apollo
hochherab auf die Heere Ausoniens und auf das Lager,
sprach vom Wolkenthron nun so zum siegreichen Julus:
„Heil, mein Knabe, der Erstlingstat! So steigt man zu Sternen,
Göttersohn, Ahnherr von Göttern! Mit Recht kommen einstens zur Ruhe
unter Assarakus' Stamm alle schicksalgesendeten Kriege,
Troja faßt dich nicht!" So spricht Apollo und steigt von
Äthershöhen herab, durchfährt die wehende Luft und
fliegt auf Askanius zu. Dann nimmt er das Antlitz des alten
Butes an, — der war bei Anchises, dem Dardaner, Waffen-
träger und treuer Leibwächter einst; dann machte Aeneas
ihn zum Gefolgsmann und Schutz des Askanius. — So ging Apollo,
ganz dem Bejahrten ähnlich, daher, an Stimme, an Farbe,
weiß das Haar und kraftvolltrutzend mit klirrenden Waffen,
und sprach also an den kampfesglühenden Julus:
„Sohn des Aeneas, genug sei's, ohne Vergeltung Numanus
niedergeschossen zu haben; dir gönnt der große Apollo
diesen Erstlingsruhm, ohne Neid, daß im Schuß du ihm gleichkamst.
Jetzt, laß, Knabe, die Hände vom Krieg!" Kaum sprach so Apollo,
als er mitten im Reden sich sterblichen Blicken entzog und
weit und hoch den Augen entschwand in leichteste Lüfte.
Da erkannten die Fürsten den Gott, die Dardaner spürten,
wie beim Flug der Köcher geklirrt und die Pfeile des Gottes.
Also wehren dem kampfentbrannten Askanius sie durch
Phoebus' Wort und Macht; sie selbst aber rücken zum Kampfe
wieder hinaus und wagen ihr Leben kühn in Gefahren.
Kriegsruf tönt ringsum auf allen Mauern des Bollwerks,
Bogen spannen sie scharf und wirbeln die Riemen der Schleuder.
Pfeilhagel prasselt allum zu Boden und Schilde und hohle
Helme dröhnen beim Aufschlag, die furchtbare Feldschlacht erhebt sich:
so, vom Westen sich nahend im Regengestirne der Böcke,
peitscht Sturzregen den Grund, so stürzen im Hagelgeprassel

in vada praecipitant, cum Iuppiter horridus austris 670
torquet aquosam hiemem et caelo cava nubila rumpit.
    Pandarus et Bitias, Idaeo Alcanore creti,
quos Iovis eduxit luco silvestris Iaera
abietibus iuvenes patriis et montibus aequos,
portam, quae ducis imperio commissa, recludunt, 675
freti armis, ultroque invitant moenibus hostem.
ipsi intus dextra ac laeva pro turribus adstant,
armati ferro et cristis capita alta corusci:
quales aëriae liquentia flumina circum
sive Padi ripis Athesim seu propter amoenum 680
consurgunt geminae quercus intonsaque caelo
attollunt capita et sublimi vertice nutant.
inrumpunt, aditus Rutuli ut videre patentis;
continuo Quercens et pulcher Aquiculus armis
et praeceps animi Tmarus et Mavortius Haemon 685
agminibus totis, aut versi terga dedere
aut ipso portae posuere in limine vitam.
tum magis increscunt animis discordibus irae;
et iam collecti Troes glomerantur eodem
et conferre manum et procurrere longius audent. 690
    Ductori Turno diversa in parte furenti
turbantique viros perfertur nuntius, hostem
fervere caede nova et portas praebere patentis.
deserit inceptum atque inmani concitus ira
Dardaniam ruit ad portam fratresque superbos. 695
et primum Antiphaten — is enim se primus agebat —
Thebana de matre nothum Sarpedonis alti,
coniecto sternit iaculo; volat Itala cornus
aëra per tenerum stomachoque infixa sub altum
pectus abit, reddit specus atri volneris undam 700
spumantem, et fixo ferrum in pulmone tepescit.
tum Meropem atque Erymanta manu, tum sternit Aphidnum,
tum Bitian ardentem oculis animisque frementem
non iaculo, neque enim iaculo vitam ille dedisset;
sed magnum stridens contorta falarica venit, 705

Wolkenbrüche ins Meer, wenn Juppiter furchtbar im Südwind
wirbelt die Wasser des Sturms und am Himmel zerreißt die Gewölke.
 Pandarus und Bitias, die Söhne Alkanors vom Ida,
die in Juppiters Hain aufzog die Bergnymphe Jaera,
Jünglinge, ragend gleich den Tannen und Bergen der Heimat,
öffnen das ihnen vom Feldherrn befohlene Tor im Vertrauen
auf ihre Waffen und bitten von selbst den Feind in die Festung.
Drinnen stehen sie rechts und links zum Schutz vor den Türmen,
eisengewappnet, es schimmert vom hohen Haupte der Helmbusch.
Also hoch in die Luft ringsum an strömenden Flüssen,
etwa am Ufer des Po oder dicht am lieblichen Strand der
Etsch, erhebt sich ein Eichenpaar und reckt in den Himmel
unberührt das Haupt und winkt mit erhabenem Wipfel.
Kaum sehen offen das Tor die Rutuler, brechen herein sie;
Quercens sofort und Aquikulus auch, hellstrahlend in Waffen,
Tmarus, der hitzige Held und der marsbesessene Haemon
mit ihrer ganzen Schar, sie zeigten, geschlagen, den Rücken,
oder sie ließen sogleich auf der Schwelle des Tores ihr Leben.
Da aber wächst noch mehr der Groll in den Herzen der Streiter;
und schon drängen die Troer geballt sich ebendorthin und
wagen den Nahkampf schon und weiter ins Freie zu rücken.
 Turnus, der Anführer, tobt gegenüber im anderen Teil und
jagt durcheinander die Männer; da trifft ihn Botschaft, es wüte
mordend, wie nimmer, der Feind und prahle mit offenen Pforten.
Gleich verläßt er sein Werk und stürzt in maßlosem Zorne
fort zum Dardanertor und den übermütigen Brüdern.
Gleich den Antiphates — denn der trat ihm als erster entgegen —
ihn, Sarpedons Bastard, Sohn von thebanischer Mutter,
streckt sein Wurfspeer zu Boden; es fliegt der Italerspeer aus
Kornelkirschholz durch die Luft, und, gespießt in die Schlundröhre, dringt er
tief in die Brust, da springt aus der Höhle der düsteren Wunde
schäumend das Blut, warm wird in durchbohrter Lunge das Eisen.
Merops und Erymas trifft sein Schwert, dann schlägt er Aphidnus,
Bitias dann, dessen Augen erglühn, dessen Herz voller Grimm tobt,
nicht mit dem Speer, denn dem Speer hätte der nicht sein Leben gegeben;
nein, es sauste mit grausem Gezisch die Falarica furchtbar,

fulminis acta modo, quam nec duo taurea terga
nec duplici squama lorica fidelis et auro
sustinuit, conlapsa ruunt inmania membra.
dat tellus gemitum et clipeum super intonat ingens.
talis in Euboico Baiarum litore quondam 710
saxea pila cadit, magnis quam molibus ante
constructam ponto iaciunt; sic illa ruinam
prona trahit penitusque vadis inlisa recumbit:
miscent se maria et nigrae attolluntur harenae;
tum sonitu Prochyta alta tremit durumque cubile 715
Inarime Iovis imperiis inposta Typhoeo.

 Hic Mars armipotens animum virisque Latinis
addidit et stimulos acris sub pectore vertit
inmisitque Fugam Teucris atrumque Timorem.
undique conveniunt, quoniam data copia pugnae, 720
bellatorque animo deus incidit.
Pandarus ut fuso germanum corpore cernit
et quo sit fortuna loco, qui casus agat res,
portam vi magna converso cardine torquet,
obnixus latis umeris, multosque suorum 725
moenibus exclusos duro in certamine linquit:
ast alios secum includit recipitque ruentis,
demens, qui Rutulum in medio non agmine regem
viderit inrumpentem ultroque incluserit urbi,
inmanem veluti pecora inter inertia tigrim. 730
continuo nova lux oculis effulsit et arma
horrendum sonuere; tremunt in vertice cristae
sanguineae, clipeoque micantia fulmina mittit.
adgnoscunt faciem invisam atque inmania membra
turbati subito Aeneadae. tum Pandarus ingens 735
emicat et mortis fraternae fervidus ira
effatur: 'non haec dotalis regia Amatae,
nec muris cohibet patriis media Ardea Turnum,
castra inimica vides; nulla hinc exire potestas.'
olli subridens sedato pectore Turnus: 740
'incipe, si qua animo virtus, et consere dextram:

gleich einem Blitz; ihr hielt nicht stand die zwiefache Stierhaut,
nicht der Panzer, verläßlich aus doppeltgelegten und goldnen
Schuppen gefügt, schon stürzen im Fall die riesigen Glieder,
dumpf erdröhnt der Grund, der Schild kracht donnernd darüber.
So fällt manchmal wohl am euböischen Strande von Baiae
nieder ein steinerner Pfeiler; geballt aus Kalk und Bruchstein,
wird die Masse geworfen ins Meer, so stürzt dann der Pfeiler
vornüber hin und senkt sich, tief in den Abgrund gestoßen.
Wirbelnd brodeln die Wogen und Sand quirlt schwarz in die Höhe.
Prochyta bebt auf der Höhe beim Krach, Inárime bebt, das
harte Bett, nach Juppiters Weisung gepreßt auf Typhöus.

Jetzt gab Mars, der waffengewaltige, Mut und Kraft den
Männern aus Latium, bohrte ins Herz die Stacheln des Zornes,
ließ die Dämonen der Flucht und der Furcht jetzt los auf die Teukrer.
Allseits drängen Latiner, es bietet sich Fülle des Kampfes,
und der Kriegsgott packt ihr Herz.
Als aber Pandarus jetzt den Leib seines Bruders am Boden
sieht, das Schicksal begreift und versteht, welcher Unstern hier waltet,
dreht er mit Riesenkraft an den Angelpfosten die Pforte,
angestemmt mit der Wucht seiner Schultern; viele der Seinen
läßt er dabei vor den Mauern zurück im harten Gefechte.
Aber die Feinde schließt er mit ein, nimmt auf ihren Ansturm,
wahnsinnig, da er inmitten der Schar den Rutulerfürsten
nicht gesehn, den Stürmenden selbst einschloß in die Festung
wie unter wehrloses Herdenvieh den furchtbaren Tiger.
Gleich sprüht nie gesehenes Licht aus den Augen, und Waffen
klirren entsetzlichen Klangs, vom Scheitel zittert der Helmbusch
blutigrot, vom Schild aber wirft er funkelnde Blitze.
Jetzt erkennt die verhaßte Gestalt und die riesigen Glieder
jäh voll Entsetzen das Volk des Aeneas. Da aber springt der
riesige Pandarus vor; ihn brennt der Tod seines Bruders,
und er spricht: „Nicht hier ist die Burg aus der Mitgift Amatas,
nicht hegt Ardea mitten in heimischen Mauern den Turnus.
Feindeslager erblickst du; von hier gibt's nimmer Entrinnen."
Lächelnd entgegnete Turnus ihm mit ruhigem Herzen:
„Fang nur an, wenn Kraft dich beseelt und rühre die Rechte!

hic etiam inventum Priamo narrabis Achillem.'
dixerat. ille rudem nodis et cortice crudo
intorquet summis adnixus viribus hastam:
excepere aurae, volnus Saturnia Iuno   745
detorsit veniens, portaeque infigitur hasta.
'at non hoc telum, mea quod vi dextera versat,
effugies; neque enim is teli nec volneris auctor,'
sic ait et sublatum alte consurgit in ensem
et mediam ferro gemina inter tempora frontem   750
dividit inpubesque inmani volnere malas.
fit sonus, ingenti concussa est pondere tellus;
conlapsos artus atque arma cruenta cerebro
sternit humi moriens, atque illi partibus aequis
huc caput atque illuc umero ex utroque pependit.   755
diffugiunt versi trepida formidine Troes:
et si continuo victorem ea cura subisset,
rumpere claustra manu sociosque inmittere portis,
ultimus ille dies bello gentique fuisset;
sed furor ardentem caedisque insana cupido   760
egit in adversos.
principio Phalerim et succiso poplite Gygen
excipit, hinc raptas fugientibus ingerit hastas
in tergus, Iuno viris animumque ministrat;
addit Halyn comitem et confixa Phegea parma,   765
ignaros deinde in muris Martemque cientis
Alcandrumque Haliumque Noëmonaque Prytanimque.
Lyncea tendentem contra sociosque vocantem
vibranti gladio conixus ab aggere dexter
occupat, huic uno deiectum comminus ictu   770
cum galea longe iacuit caput. inde ferarum
vastatorem Amycum, quo non felicior alter
ungere tela manu ferrumque armare veneno,
et Clytium Aeoliden et amicum Crethea Musis,
Crethea Musarum comitem, cui carmina semper   775
et citharae cordi numerosque intendere nervis,
semper equos atque arma virum pugnasque canebat.

Sagst dem Priamus, h i e r auch sei ein Achilles gefunden."
Also Turnus. Doch Pandarus warf die knotige, rinden-
rauhe Lanze, im Schwunge gestemmt mit all seinen Kräften:
Lüfte nur fingen sie auf; es wandte Saturnia Juno
seitlich den drohenden Schlag, ins Tor bohrt ein sich die Lanze.
„Du aber wirst dem Streich, den stark jetzt führt meine Rechte,
nicht entgehn; so schwach schlägt nicht meine Waffe die Wunde."
Dies sprach Turnus und wuchs empor im Schwunge des Schwertes,
hieb mit dem Eisen die Stirn zwischen beiden Schläfen entzwei und
riß auseinander mit furchtbarem Schlag die bartlosen Wangen.
Dröhnend ward vom Riesengewicht erschüttert die Erde.
Kraftlose Glieder und Waffen, bespritzt vom Blut des Gehirnes,
streckt am Boden der Sterbende hin; es hängt ihm zu gleichen
Teilen gespalten das Haupt nach hier und dort von den Schultern.
Blaß vor Entsetzen hetzen zur Flucht auseinander die Troer:
Wäre sofort dem Sieger jetzt der Gedanke gekommen,
aufzubrechen die Riegel, durchs Tor die Gefährten zu lassen,
wahrlich, das wäre für Krieg und Volk das Ende gewesen.
Wut aber trieb den Ergrimmten und heillos rasende Mordgier
weiter gegen den Feind.
Gleich den Pháleris und, durch Hieb in die Kniekehle, Gyges
schlägt er, raubt den Fliehenden dann die Lanzen und stößt sie
tief in den Rücken; Juno verleiht ihm Kräfte und Kampfgeist.
Halys erschlägt er und Phegeus dazu, durchbohrt ihm den Rundschild.
Halius dann und Alkander, Noëmon und Prytanis fällt er
an, als ahnungslos noch hoch auf den Mauern sie kämpfen.
Doch dem Lynkeus, der gegen ihn rennt und Gefährten herberuft,
kommt er zuvor mit blitzendem Schwert, gestützt auf den Damm von
rechts, dem Lynkeus fliegt von e i n e m Schlage im Nahkampf
weit mit dem Helm zu Boden das Haupt. Doch Turnus erschlägt den
Amykus dann, den Vernichter des Wildes; kein anderer konnte
besser die Pfeile bestreichen als er und die Spitzen vergiften.
Clytius, Aeolus' Sohn und Cretheus, Liebling der Musen,
fallen, Cretheus, der Musengesell, dem immer nur Lied und
Leier beglückte das Herz und rhythmisch zu regen die Saiten,
immer besang er Rosse und Heldenwaffen und Schlachten!

Tandem ductores audita caede suorum
conveniunt Teucri, Mnestheus acerque Serestus,
palantisque vident socios hostemque receptum.   780
et Mnestheus 'quo deinde fugam, quo tenditis?' inquit.
'quos alios muros, quae iam ultra moenia habetis?
unus homo et vestris, o cives, undique saeptus
aggeribus tantas strages inpune per urbem
ediderit, iuvenum primos tot miserit Orco?   785
non infelicis patriae veterumque deorum
et magni Aeneae, segnes, miseretque pudetque?'
talibus accensi firmantur et agmine denso
consistunt. Turnus paulatim excedere pugnae
et fluvium petere ac partem, quae cingitur unda;   790
acrius hoc Teucri clamore incumbere magno
et glomerare manum. ceu saevom turba leonem
cum telis premit infensis, ac territus ille,
asper acerba tuens retro redit et neque terga
ira dare aut virtus patitur, nec tendere contra   795
ille quidem hoc cupiens potis est per tela virosque:
haud aliter retro dubius vestigia Turnus
inproperata refert et mens exaestuat ira.
quin etiam bis tum medios invaserat hostis,
bis confusa fuga per muros agmina vertit;   800
sed manus e castris propere coit omnis in unum,
nec contra viris audet Saturnia Iuno
sufficere, aëriam caelo nam Iuppiter Irim
demisit germanae haud mollia iussa ferentem,
ni Turnus cedat Teucrorum moenibus altis.   805
ergo nec clipeo iuvenis subsistere tantum
nec dextra valet: iniectis sic undique telis
obruitur. strepit adsiduo cava tempora circum
tinnitu galea et saxis solida aera fatiscunt,
discussaeque iubae capiti nec sufficit umbo   810
ictibus: ingeminant hastis et Troes et ipse
fulmineus Mnestheus. tum toto corpore sudor
liquitur et piceum — nec respirare potestas —

Endlich erfahren die Führer der Teukrer vom Tod ihrer Leute
und sie treffen sich; Mnestheus kommt und der tapfre Serestus,
sehen zersprengt die Gefährten ringsum und den Feind in der Festung.
Mnestheus spricht: „Wohin denn die Flucht, wohin denn entlauft ihr?
Welche Mauern noch sonst, welche Festung habt ihr noch weiter?
Nur ein Mann, und allseits umzäunt, o Bürger, von eurem
Dammwerk, richtete ungestraft dies Blutbad im Lager
furchtbar an, trieb so viel Heldenjugend zum Orkus?
Fühlt ihr nicht Jammer und Scham vor der armen Heimat, den alten
Göttern, ihr Schwächlinge, Jammer und Scham vor dem großen Aeneas?"
Brennend bestärkt solch Wort ihren Mut; in geschlossenem Zuge
halten sie stand; und Turnus entweicht allmählich dem Kampfe,
strebt zum Fluß, dorthin, wo Wasser das Lager umgürtet.
Hitziger drängen die Teukrer drum an mit lautem Geschrei und
ballen sich dicht zuhauf. Wie wenn einen wütenden Löwen
feindlich mit Waffen die Menge bedrängt und jener, erschreckt zwar
weicht, aber grimmig mit furchbarem Blick, denn die Flucht zu ergreifen
leidet nicht sein Zorn und sein Mut, doch zum Angriff zu schreiten,
hat er, wie sehr er auch will, nicht Kraft vor den Waffen und Männern.
Ebenso zieht sich Turnus, den Feind und den Rückweg im Auge,
ohne Eile zurück; sein Herz aber siedet vor Ingrimm.
Zweimal dringt er auch jetzt noch ein in die Mitte der Feinde,
zweimal jagt er in wilder Flucht die Scharen durchs Lager.
Aber das Heer aus der Festung eilt vollzählig zusammen,
und dagegen wagt seine Kräfte Saturnia Juno
nicht mehr zu stärken. Es sandte vom Himmel Juppiter nämlich
Iris hernieder, der Schwester zu bringen drohende Weisung,
wenn nicht Turnus entweiche den hohen Mauern der Teukrer.
Drum kann nicht mit dem Schild der Held sich wehren so stark wie
früher, noch mit dem Schwert: so prasselt die Wucht der Geschosse
auf sein Haupt; es dröhnt sein Helm ihm rund um die Schläfen
grell vom Geklirr, das gediegene Erz wird rissig vom Steinwurf.
Fetzen nur, hängt der Helmbusch vom Haupt, der Schildbuckel wehrt den
Hieben nicht mehr; die Troer verdoppeln den Ansturm, vor allem
Mnestheus, stark wie der Blitz. Der Schweiß rinnt Turnus vom ganzen
Leibe und treibt pechschwarz — es bleibt ja nicht Zeit zum Eratmen —

flumen agit; fessos quatit aeger anhelitus artus.
tum demum praeceps saltu sese omnibus armis 815
in fluvium dedit. ille suo cum gurgite flavo
accepit venientem ac mollibus extulit undis
et laetum sociis abluta caede remisit.

10

Panditur interea domus omnipotentis Olympi
conciliumque vocat divom pater atque hominum rex
sideream in sedem, terras unde arduos omnis
castraque Dardanidum adspectat populosque Latinos.
considunt tectis bipatentibus, incipit ipse: 5
'caelicolae magni, quianam sententia vobis
versa retro tantumque animis certatis iniquis?
abnueram bello Italiam concurrere Teucris.
quae contra vetitum discordia, quis metus aut hos
aut hos arma sequi ferrumque lacessere suasit? 10
adveniet iustum pugnae, ne arcessite, tempus,
cum fera Karthago Romanis arcibus olim
exitium magnum atque Alpes inmittet apertas:
tum certare odiis, tum res rapuisse licebit.
nunc sinite et placitum laeti conponite foedus.' 15
   Iuppiter haec paucis; at non Venus aurea contra
pauca refert:
'o pater, o hominum rerumque aeterna potestas!
— namque aliud quid sit, quod iam inplorare queamus? —
cernis ut insultent Rutuli Turnusque feratur 20
per medios insignis equis tumidusque secundo
Marte ruat. non clausa tegunt iam moenia Teucros,
quin intra portas atque ipsis proelia miscent
aggeribus moerorum, et inundant sanguine fossae.
Aeneas ignarus abest. numquamne levari 25
obsidione sines? muris iterum inminet hostis
nascentis Troiae nec non exercitus alter;

strömend herab; hart schüttelt Gekeuch die wankenden Glieder.
Jetzt erst warf er kopfüber im Sprung mit all seinen Waffen
sich in den Fluß. Der nahm mit seinem gelblichen Strudel
freundlich den Kommenden auf, trug fort ihn auf wiegenden Wellen,
gab den Jubelnden rein vom Blut zurück den Gefährten.

10

Weit erschließt sich indes der Olymp, die Stätte der Allmacht,
Rat beruft der Vater der Götter, Herrscher der Menschen,
droben zum Sternenpalast; dort thront er, sieht alle Lande,
sieht das Dardanerlager und Latiums Völker; die Götter
sitzen im doppelgeöffneten Saal, als Juppiter anhebt:
„Mächtige Himmelsbewohner, warum nur wandelt sich wieder
euch der Entschluß, was streitet ihr also feindlichen Herzens?
Ich verbot, daß Italien Krieg mit den Teukrern beginne.
Was soll Streit also wider Verbot, welche Furcht hat geraten,
hier oder dort Partei zu ergreifen und Krieg zu erregen?
Wahrlich, es kommt — beruft's nicht! —zum Kampf der richtige Zeitpunkt,
wenn das wilde Karthago dereinst auf römische Burgen
losläßt Tod und Verderben durchs Tor der geöffneten Alpen:
dann mag lodern der Haß, dann mag man plündern und rauben.
Jetzt laßt ab, schließt froh nach meinem Wunsche Bündnis."
So sprach Juppiter kurz; nicht kurz aber gab ihm die goldne
Venus Antwort:
„Vater, du der Menschen und Welten ewiger Machtgrund!
— denn welch Wesen könnten wir sonst noch flehentlich rufen? —
du siehst doch den Hohn der Rutuler, siehst auch, wie Turnus
jagt im Gewühl, im Wagen dort prunkt, und ob seines Kriegsglücks
stolz sich bläht. Nicht schützen mehr Festungsriegel die Teukrer,
nein, schon innert der Tore und selbst auf den Dämmen der Mauern
kämpfen die Feinde und hoch aufschäumen vom Blute die Gräben.
Fern ist Aeneas nichts ahnend. So lässest du nie sie erleichtert,
frei von Belagerung sein? Zum zweitenmal droht nun ein Feind den
Mauern des werdenden Troja, ein Heer umlagert es wieder;

atque iterum in Teucros Aetolis surgit ab Arpis
Tydides. equidem credo, mea volnera restant
et tua progenies mortalia demoror arma. 30
si sine pace tua atque invito numine Troes
Italiam petiere, luant peccata neque illos
iuveris auxilio; sin tot responsa secuti,
quae superi manesque dabant, cur nunc tua quisquam
vertere iussa potest aut cur nova condere fata? 35
quid repetam exustas Erycino in litore classes,
quid tempestatum regem ventosque furentis
Aeolia excitos aut actam nubibus Irim?
nunc etiam manis — haec intemptata manebat
sors rerum — movet et superis inmissa repente 40
Allecto, medias Italum bacchata per urbes.
nil super imperio moveor: speravimus ista,
dum fortuna fuit; vincant quos vincere mavis.
si nulla est regio, Teucris quam det tua coniunx
dura, per eversae, genitor, fumantia Troiae 45
excidia obtestor, liceat dimittere ab armis
incolumem Ascanium, liceat superesse nepotem.
Aeneas sane ignotis iactetur in undis
et quamcumque viam dederit Fortuna, sequatur:
hunc tegere et dirae valeam subducere pugnae. 50
est Amathus, est celsa mihi Paphos atque Cythera
Idaliaeque domus: positis inglorius armis
exigat hic aevom. magna dicione iubeto
Karthago premat Ausoniam: nihil urbibus inde
obstabit Tyriis. quid pestem evadere belli 55
iuvit et Argolicos medium fugisse per ignis
totque maris vastaeque exhausta pericula terrae,
dum Latium Teucri recidivaque Pergama quaerunt?
non satius cineres patriae insedisse supremos
atque solum, quo Troia fuit? Xanthum et Simoënta 60
redde, oro, miseris iterumque revolvere casus
da, pater, Iliacos Teucris.' tum regia Iuno
acta furore gravi: 'quid me alta silentia cogis

wiederum steigt vom aetolischen Arpi gegen die Teukrer
Tydeus' Sohn. Ja, ich glaube, mir droht noch einmal Verwundung,
ich, deine Tochter, erwarte noch einmal der Sterblichen Waffen.
Wenn ohne Frieden mit dir und wider dein Walten die Troer
fort nach Italien zogen, so mögen sie büßen den Fehl und
du versag ihnen Hilfe; doch folgten sie all den Orakeln,
die ihnen Götter gaben und Manen, wie könnte jetzt irgend-
wer deinen Weisungen wehren und neues Schicksal begründen?
Was soll ich reden vom Brande der Flotte am Strande des Eryx,
was vom Fürsten der Stürme, von rasenden Winden, die wild aus
Aeolus' Reichen gehetzt, von Iris, entsandt aus den Wolken?
Jetzt gar die Manen — denn unversucht noch blieb dieser Teil des
Weltenbereiches — die Manen empört sie, zur Oberwelt läßt sie
plötzlich Allekto zum rasenden Tanz durch Italiens Städte.
Nichts von Herrschaft rede ich mehr; das hofften wir einmal,
als Fortuna noch hold! Mag siegen, wen du bevorzugst.
Gibt's kein Bereich, das den Teukrern vergönnt deine harte Gemahlin.
Vater, o, so beschwöre ich dich beim qualmenden Sturz der
Trümmer von Troja, erlaub mir, Askanius heil aus des Krieges
wütenden Waffen zu retten, erlaub, daß mir bleibe mein Enkel!
Mag immerhin Aeneas, auf fremden Wogen getrieben,
folgen jeglichem Weg, den ihm Fortuna gestattet,
den hier laß mich schützen und retten aus grausigem Kampfe.
Paphos, das hohe, ist mein, mein ist Amathús und Kythera,
mein auch Idaliums Haus: er entsage den Waffen und führe
ruhmlos hier sein Leben! Befiehl nur, es möge Karthago
herrschen mit Macht und Gewalt in Ausonien: nichts soll von hier noch
hindern die Tyrierstädte! Was half's, zu entrinnen der Pest des
Krieges, geflohen zu sein durch flammende Argolerbrände,
so viel Gefahren des Meeres, des wüsten Landes zu tragen,
während noch Latium suchten und neues Troja die Teukrer?
Säßen sie besser nicht noch auf der letzten Asche der Heimat,
auf dem Boden, wo Troja stand? Simoïs und Xanthus
gib doch, bitte, den Armen zurück; laß, Vater, die Teukrer
wieder erleiden Iliums Fall!" Doch Herrscherin Juno
sprach voll grimmiger Wut: „Was zwingst du mich, tiefes Schweigen

rumpere et obductum verbis volgare dolorem?
Aenean hominum quisquam divomque subegit 65
bella sequi aut hostem regi se inferre Latino?
Italiam petiit fatis auctoribus, esto,
Cassandrae inpulsus furiis: num linquere castra
hortati sumus aut vitam committere ventis,
num puero summam belli, num credere muros, 70
Tyrrhenamque fidem aut gentis agitare quietas?
quis deus in fraudem, quae dura potentia nostri
egit, ubi hic Iuno demissave nubibus Iris?
indignum est Italos Troiam circumdare flammis
nascentem et patria Turnum consistere terra, 75
cui Pilumnus avos, cui diva Venilia mater:
quid face Troianos atra vim ferre Latinis,
arva aliena iugo premere atque avertere praedas,
quid soceros legere et gremiis abducere pactas,
pacem orare manu, praefigere puppibus arma? 80
tu potes Aenean manibus subducere Graium
proque viro nebulam et ventos obtendere inanis,
et potes in totidem classem convertere nymphas:
nos aliquid Rutulos contra iuvisse nefandum est?
Aeneas ignarus abest: ignarus et absit. 85
est Paphos Idaliumque tibi, sunt alta Cythera:
quid gravidam bellis urbem et corda aspera temptas?
nosne tibi fluxas Phrygiae res vertere fundo
conamur, nos, an miseros qui Troas Achivis
obiecit? quae causa fuit, consurgere in arma 90
Europamque Asiamque et foedera solvere furto?
me duce Dardanius Spartam expugnavit adulter,
aut ego tela dedi fovive Cupidine bella?
tum decuit metuisse tuis: nunc sera querellis
haud iustis adsurgis et inrita iurgia iactas.' 95

Talibus orabat Iuno cunctique fremebant
caelicolae adsensu vario, ceu flamina prima
cum deprensa fremunt silvis et caeca volutant
murmura, venturos nautis prodentia ventos.

nun zu brechen, vernarbten Gram im Wort zu entblößen?
Zwang den Aeneas denn einer der Menschen und Götter, auf Krieg zu
sinnen oder als Feind zu begegnen dem Fürsten Latinus?
Fügungen wiesen ihn hin nach Italien, gut, und Kassandras
rasend-prophetisches Wort; hab i c h ihn etwa getrieben,
jetzt sein Lager zu lassen, sein Leben zu wagen an Winde,
einem Knaben die Führung des Kriegs und den Platz zu vertrauen,
Tuskerbund zu betreiben und ruhige Völker zu stören?
Welcher Gott denn trieb ihn zum Trug, welch harte Gewalt von
uns, wo ist hier Juno, wo Iris, entsandt von den Wolken?
Unverdient widerfährt es, wenn Italer werdendes Troja
hüllen in Flammen, wenn Turnus steht auf Vaterlandsboden,
er, dem Pilumnus Ahnherr und Göttin Venilia Mutter.
Aber Trojaner bedrängen mit düsterem Brand die Latiner,
pressen fremde Lande ins Joch und holen sich Beute,
suchen sich Schwäher, entreißen dem Schoße der Eltern die Bräute,
Friedenszweige in Händen, am Heck aber hangen die Waffen?
Du hast Macht, den Aeneas aus Griechenland zu entführen,
Nebel statt Mannes entgegenzustellen und nichtige Winde,
du hast Macht auch, Schiff um Schiff zu verwandeln in Nymphen:
Wir aber freveln, wenn wir nur ein wenig den Rutulern helfen?
Fern ist Aeneas nichts ahnend: nichts ahnend soll ferne er bleiben!
Hast ja doch Paphos, Idalium, hast ja das hohe Kythera:
Was vergreifst du an kriegsstarker Stadt dich und grimmigen Herzen?
Waren denn w i r darauf aus, das wankende phrygische Reich zu
stürzen, wir oder er, der deine armen Trojaner
trieb auf Achiver? Was war denn der Grund, daß Europa und Asien
aufstand zum Kriege? Warum brach Frauenraub die Verträge?
Drang denn, geführt von mir, der dardanische Buhle in Sparta
ein, bot Waffen denn ich, trieb ich durch Cupido zum Kriege?
Da stand Furcht um die Deinen dir an: jetzt kommst du zu spät für
Klagen, die ungerecht sind, jetzt schmähst und schmälst du vergeblich."

So tat Juno kund ihr Wort. Die Himmlischen alle
murmelten Beifall nach hier und nach dort: so murmelt das erste
Wehen, verfangen in Waldesgewirr, rollt weiter als dumpfes
Brausen und kündet den Schiffern voraus das Nahen des Sturmes.

tum pater omnipotens, rerum cui prima potestas, 100
infit — eo dicente deum domus alta silescit
et tremefacta solo tellus, silet arduos aether,
tum zephyri posuere, premit placida aequora pontus —
'accipite ergo animis atque haec mea figite dicta.
quandoquidem Ausonios coniungi foedere Teucris 105
haud licitum nec vestra capit discordia finem:
quae cuique est fortuna hodie, quam quisque secat spem,
Tros Rutulusne fuat, nullo discrimine habebo,
seu fatis Italum castra obsidione tenentur,
sive errore malo Troiae monitisque sinistris. 110
nec Rutulos solvo: sua cuique exorsa laborem
fortunamque ferent. rex Iuppiter omnibus idem.
fata viam invenient.' Stygii per flumina fratris,
per pice torrentis atraque voragine ripas
adnuit et totum nutu tremefecit Olympum. 115
hic finis fandi. solio tum Iuppiter aureo
surgit, caelicolae medium quem ad limina ducunt.

    Interea Rutuli portis circum omnibus instant
sternere caede viros et moenia cingere flammis.
at legio Aeneadum vallis obsessa tenetur 120
nec spes ulla fugae. miseri stant turribus altis
nequiquam et rara muros cinxere corona:
Asius Imbrasides Hicetaoniusque Thymoetes
Assaracique duo et senior cum Castore Thymbris
prima acies; hos germani Sarpedonis ambo 125
et Clarus et Thaemon Lycia comitantur ab alta.
fert ingens toto conixus corpore saxum,
haud partem exiguam montis, Lyrnesius Acmon
nec Clytio genitore minor nec fratre Menestheo.
hi iaculis, illi certant defendere saxis 130
molirique ignem nervoque aptare sagittas.
ipse inter medios Veneris iustissima cura
Dardanius caput ecce puer detectus honestum,
qualis gemma micat, fulvom quae dividit aurum,
aut collo decus aut capiti; vel quale per artem 135

Dann hebt an der Herrscher des Alls, der allmächtige Vater:
— während er spricht, wird still der Götter erhabenes Haus und,
tieferschüttert, die Erde, es schweigt hochdroben der Äther,
Winde ruhen, es bändigt zum Frieden die Flächen das Weltmeer. —
„Wohl denn, vernehmt und prägt euch tief ins Herz meine Worte.
Da es doch nicht vergönnt, Ausoniens Volk mit den Teukrern
friedlich zu einen und da eure Zwietracht nimmer sich endet,
komme, was jedem sein Glück heut verleiht, welche Hoffnung er einholt,
Rutuler sei's oder Troer, mir soll kein Unterschied gelten,
sei nun das Lager bedrängt durch der Italer günstiges Schicksal
oder durch Trojas verderblichen Wahn und trügend Orakel.
Auch die Rutuler nehm ich nicht aus: was jeder begann, bringt
Leid ihm und Glück: König Juppiter ist für alle der gleiche.
Schicksale finden den Weg." Bei des Bruders stygischem Strom, bei
pechschwarz strudelnder Flut und düster klaffenden Ufern
nickt er zum Schwur und erschüttert beim Nicken den ganzen Olympus.
Also schließt die Beratung. Vom goldenen Throne erhebt sich
Juppiter, schreitet, umringt vom Geleite der Götter, zur Schwelle.

Unterdessen morden die Rutuler weiter an allen
Toren rings die Männer und hüllen die Festung in Flammen.
Aber das Heer des Aeneas bleibt umlagert von Wällen,
ohne Hoffnung auf Flucht. Die Armen stehen auf hohen
Türmen umsonst, besetzen die Mauern mit spärlicher Mannschaft:
Asius, Imbrasus' Sohn, und der Sohn Hiketaons, Thymoetes,
dann die Assarakus beide und Thymbris, der Alte, mit Castor
stehen voran; bei ihnen sind beide Brüder Sarpedons,
Clarus auch und Thaemon aus Lykiens hohem Gebirgsland.
Riesigen Felsblock schleppt, eines Berges gewaltigen Brocken,
wuchtend mit ganzem Leib der lyrnessische Acmon, so stark, wie
Clytius war, sein Vater, so stark wie sein Bruder Menestheus.
Speere schleudern sie hier zur Verteidigung, wehren sich dort mit
Blöcken und Brandpfeil, spannen auf Bogens Sehne die Pfeile.
Mitten darin steht er, mit Recht die Sorge der Venus,
er, der Dardanerprinz: sein Haupt, voll Anmut und Adel,
trägt er frei; so strahlt aus rötlichem Golde ein edler
Stein, ein Schmuck für Hals oder Haupt, so leuchtet, in Buchsbaum

inclusum buxo aut Oricia terebintho
lucet ebur; fusos cervix cui lactea crinis
accipit et molli subnectit circulus auro.
te quoque magnanimae viderunt, Ismare, gentes
volnera derigere et calamos armare veneno, 140
Maeonia generose domo, ubi pinguia culta
exercentque viri Pactolosque inrigat auro.
adfuit et Mnestheus, quem pulsi pristina Turni
aggere moerorum sublimem gloria tollit,
et Capys: hinc nomen Campanae ducitur urbi. 145
  Illi inter sese duri certamina belli
contulerant; media Aeneas freta nocte secabat.
namque ut ab Euandro castris ingressus Etruscis
regem adit et regi memorat nomenque genusque,
quidve petat quidve ipse ferat, Mezzentius arma 150
quae sibi conciliet, violentaque pectora Turni
edocet, humanis quae sit fiducia rebus
admonet inmiscetque preces: haud fit mora, Tarchon
iungit opes foedusque ferit; tum libera fati
classem conscendit iussis gens Lydia divom, 155
externo commissa duci. Aeneïa puppis
prima tenet, rostro Phrygios subiuncta leones,
imminet Ida super, profugis gratissima Teucris.
hic magnus sedet Aeneas secumque volutat
eventus belli varios, Pallasque sinistro 160
adfixus lateri iam quaerit sidera, opacae
noctis iter, iam quae passus terraque marique.
  Pandite nunc Helicona, deae, cantusque movete,
quae manus interea Tuscis comitetur ab oris
Aenean armetque rates pelagoque vehatur. 165
  Massicus aerata princeps secat aequora tigri:
sub quo mille manus iuvenum, qui moenia Clusi
quique urbem liquere Cosas, quis tela sagittae
gorytique leves umeris et letifer arcus.
una torvos Abas: huic totum insignibus armis 170
agmen et aurato fulgebat Apolline puppis.

kunstvoll gefaßt oder auch Terebinthenholz von Oricus,
Elfenbein. Wallendes Haar nimmt auf sein milchweißer Nacken,
unten hält es ein Reif von geschmeidigem Golde zusammen.
Dich auch, Ismarus, sahen die hochgemuten Mannen
Wunden schlagen und Pfeile bewehren mit tödlichem Gifte,
edler Sproß aus maeonischem Haus, wo fettes, gepflegtes
Land die Männer bebaun, der Pactolus berieselt mit Golde.
Mnestheus auch war da; er hatte erst eben den Turnus
fort von den Mauern gejagt und stand auf dem Gipfel des Ruhmes.
Capys war da, nach ihm benennt sich Campaniens Hauptstadt.

   Rutuler so und Trojaner bekämpften einander im harten
Krieg; um Mitternacht aber durchschnitt Aeneas die Wogen.
Denn, von Euander sofort ins etruskische Lager gekommen,
bat er den Fürsten, erwähnte dem Fürsten Namen und Herkunft;
was er bitte, was selber er biete, wen für den Krieg sich
werbe Mezzentius, legte er dar, wies hin auf des Turnus
wilde Gewalt und mahnte, wie wenig menschlichem Los zu
trauen sei und bat zwischendurch. Ohne Zögern vereinte
Tarchon die Heere und schloß den Bund; dann steigt, seines Bannspruchs
ledig, Lydiens Volk in die Flotte auf Götterbefehl und
folgt dem Führer aus fremdem Land. Vorn segelt Aeneas'
Schiff, am Bug das Gespann des phrygischen Löwen, am Heck ragt
hoch der Ida, willkommenes Bild den flüchtigen Teukrern.
Hier aber sitzt der erhabne Aeneas und überdenkt im
Herzen des Krieges Wechselgeschick, zur Seite ist dicht ihm
Pallas gesellt, fragt bald nach Sternbildern, Weisern des Wegs durch
dunkle Nacht, fragt bald, was er litt zu Lande und Meere.

   Öffnet den Helikon nun, ihr Göttinnen, kündet im Liede,
welches Heer unterdes vom tuskischen Strand dem Aeneas
folgt und die Schiffe bemannt und jetzt auf dem Meere dahinfährt.

   Massicus furcht an der Spitze die Flut mit dem ehern beschlagnen
Bug des Tiger; er führt die Tausend, die Clusiums Festung
ließen und Cosae, die Stadt; ihre Waffen sind Pfeile und Köcher,
leicht um die Schulter gehängt, und tödlich treffender Bogen.
Gleich folgt Abas, der finstre; sein Zug ist mit herrlichen Waffen
ganz bewehrt; hell blitzt das Heck mit dem Goldbild Apollos.

sescentos illi dederat Populonia mater
expertos belli iuvenes, ast Ilva trecentos,
insula inexhaustis Chalybum generosa metallis.
tertius ille hominum divomque interpres Asilas,   175
cui pecudum fibrae, caeli cui sidera parent
et linguae volucrum et praesagi fulminis ignes,
mille rapit densos acie atque horrentibus hastis.
hos parere iubent Alphea ab origine Pisae,
urbs Etrusca solo. sequitur pulcherrimus Astur,   180
Astur equo fidens et versicoloribus armis.
tercentum adiciunt, mens omnibus una sequendi,
qui Caerete domo, qui sunt Minionis in arvis,
et Pyrgi veteres intempestaeque Graviscae.

   Non ego te, Ligurum ductor fortissime bello,   185
transierim, Cinyra et paucis comitate, Cupavo,
cuius olorinae surgunt de vertice pennae,
crimen, Amor, vestrum formaeque insigne paternae.
namque ferunt luctu Cycnum Phaëthontis amati,
populeas inter frondes umbramque sororum   190
dum canit et maestum musa solatur amorem,
canentem molli pluma duxisse senectam,
linquentem terras et sidera voce sequentem.
filius, aequalis comitatus classe catervas,
ingentem remis Centaurum promovet, ille   195
instat aquae saxumque undis inmane minatur
arduos et longa sulcat maria alta carina.

   Ille etiam patriis agmen ciet Ocnus ab oris,
fatidicae Mantus et Tusci filius amnis,
qui muros matrisque dedit tibi, Mantua, nomen,   200
Mantua, dives avis; sed non genus omnibus unum:
gens illi triplex, populi sub gente quaterni,
ipsa caput populis, Tusco de sanguine vires.
hinc quoque quingentos in se Mezzentius armat,
quos patre Benaco velatus harundine glauca   205
Mincius infesta ducebat in aequora pinu.
it gravis Aulestes centenaque arbore fluctum

Sechshundert gab Populonia ihm, seine Mutterstadt, Männer,
jung und im Krieg erprobt; doch dreihundert sandte die Insel
Elba, berühmt durch nimmer erschöpfbare Chalybererze.
Dritter war jener Mittler von Menschen und Göttern, Asilas,
dem die Fasern des Viehs, dem Himmelssterne sich fügen,
Zungen der Vögel zumal und des Blitzes prophetisches Feuer.
Tausend rafft er zu dichter Schar mit starrenden Lanzen.
Ihnen befiehlt zu gehorchen, alphëischen Ursprunges, Pisa,
Stadt auf etruskischem Grund; dann folgt der strahlende Astur,
Astur, vertrauend dem Roß und farbigschillernden Waffen.
Dreihundert bringen, alle vereint im Entschluß zur Gefolgschaft,
sie, die da stammen aus Caere, die wohnen an Minios Ufern,
Pyrgi, das uralte, auch und das ungesunde Graviscae.

Nicht überginge ich, Ligurerführer, tapferster Kriegsheld,
dich, Cupavo, dem Cinyra folgt mit wenigen Mannen.
Hoch auf deinem Helm wächst auf ein Schwanengefieder,
Vorwurf, Amor, für euch und Bild der Verwandlung des Vaters.
Denn als Cycnus, so heißt's, Phaëthon, den Geliebten, betrauernd,
unter dem schattenden Laub der in Pappeln verwandelten Schwestern
sang und Trost für Liebesleiden suchte im Liede,
sei er, grau umhüllt von weichen Federn im Alter,
fort von der Erde empor im Gesang zu den Sternen entschwunden.
Aber der Sohn, gleichaltrige Schar im Schiffe geleitend,
treibt mit Rudern den Riesenkentaurus: der aber drängt ins
Wasser und droht der Flut mit dem Wurf eines riesigen Felsblocks,
steilaufgereckt, und furcht mit langem Kiele die Wogen.

Er auch, Ocnus, führt sein Heer von des Vaterlands Küsten,
er, der Prophetin Manto Sohn und des tuskischen Flußgotts,
der dir Mauern, Mantua, gab und den Namen der Mutter,
Mantua, reich an Ahnen, doch stammen nicht alle von einem:
aus drei Rassen geformt, je vier Gemeinden in jeder,
ist sie das Haupt der Gemeinden und stark aus tuskischem Blute.
Fünfhundert Feinde gewann sich auch hier des Mezzentius Bosheit;
Flußgott Mincius, Sohn des Benacus, bläulichen Schilfrohrs
Kranz um die Schläfen, brachte zum Meer sie auf drohendem Schiffe.
Wuchtig wogt Aulestes, er peitscht mit hundert von Rudern

verberat adsurgens, spumant vada marmore verso.
hunc vehit inmanis Triton et caerula concha
exterrens freta, cui laterum tenus hispida nanti
frons hominem praefert, in pristim desinit alvos: 210
spumea semifero sub pectore murmurat unda.
  Tot lecti proceres ter denis navibus ibant
subsidio Troiae et campos salis aere secabant.
  Iamque dies caelo concesserat almaque curru   215
noctivago Phoebe medium pulsabat Olympum:
Aeneas — neque enim membris dat cura quietem —
ipse sedens clavomque regit velisque ministrat.
atque illi medio in spatio chorus ecce suarum
occurrit comitum: nymphae, quas alma Cybebe   220
numen habere maris nymphasque e navibus esse
iusserat, innabant pariter fluctusque secabant,
quot prius aeratae steterant ad litora prorae.
adgnoscunt longe regem lustrantque choreis.
quarum quae fandi doctissima Cymodocea   225
pone sequens dextra puppim tenet ipsaque dorso
eminet ac laeva tacitis subremigat undis.
tum sic ignarum adloquitur: 'vigilasne, deum gens,
Aenea? vigila et velis inmitte rudentis.
nos sumus, Idaeae sacro de vertice pinus,   230
nunc pelagi nymphae, classis tua. perfidus ut nos
praecipitis ferro Rutulus flammaque premebat,
rupimus invitae tua vincula teque per aequor
quaerimus. hanc genetrix faciem miserata refecit
et dedit esse deas aevomque agitare sub undis.   235
at puer Ascanius muro fossisque tenetur
tela inter media atque horrentis Marte Latinos.
iam loca iussa tenet forti permixtus Etrusco
Arcas eques: medias illis opponere turmas,
ne castris iungant, certa est sententia Turno.   240
surge age et Aurora socios veniente vocari
primus in arma iube et clipeum cape, quem dedit ipse
invictum Ignipotens atque oras ambiit auro.

hochandrängend die Flut, und wirbelnd schäumen die Wasser.
Ihn fährt Triton hin, der riesige, bläuliche Meerflut
schreckt sein Muschelhorn, Menschengestalt zeigt vorn bis zur Brust des
Schwimmers rauhes Gebild, der Bauch aber endet als Haifisch:
unter der Brust der Zwittergestalt murrt schäumend die Woge.

  So viel erlesene Fürsten auf dreißig Schiffen hier zogen
Troja zu Hilfe, durchschnitten mit Erz die Gefilde der Salzflut.

  Längst entwich vom Himmel der Tag; die liebliche Phoebe
trieb ihr nachtdurchschweifend Gespann durch die Mitte des Himmels.
Aber Aeneas — denn nicht läßt Sorge Ruhe den Gliedern —
lenkt am Steuer selber das Schiff und richtet die Segel.
Und siehe da: inmitten der Fahrt begegnet der Reigen
ihm der Gefährtinnen: Nymphen, denen die hehre Kybebe
Meeresgottheit und Nymphen aus Schiffen zu werden befohlen
hatte, sie schwammen in Reihen einher, durchschnitten die Fluten,
alle, die einst mit ehernem Bug am Strande gestanden.
Weither erkennt den Fürsten die Schar und umkreist ihn im Reigen.
Kymodokea, die redegewandteste unter den Nymphen,
folgt ihm nach, ergreift das Heck mit der Rechten, ihr Rücken
ragt heraus, nachrudert die Linke in ruhigen Fluten.
Dann zu dem Ahnungslosen beginnt sie: „Wachst du, Aeneas,
Göttersproß? So wache, laß locker den Segeln die Taue!
Wir sind's, Fichtenbäume vom heiligen Gipfel des Ida,
Nymphen im Meer jetzt, einst deine Flotte. Als der verruchte
Rutuler drängte auf unseren Sturz durch Eisen und Feuer,
rissen wir ungern nur deine Taue; über das Meer hin
suchen wir dich; diesen Leib hier gab uns erbarmend die Mutter,
ließ uns Göttinnen sein und leben im Reiche der Wogen.
Aber dein Sohn Askanius wird von Mauer und Graben
rings zwischen Waffen bedrängt und marsbesessnen Latinern.
Schon sind Arkadiens Reiter im Bund mit dem tapfren Etrusker
pünktlich zur Stelle; als Keil die Schwadronen dazwischen zu treiben,
daß sich die Heere nicht einen, ist fester Wille des Turnus.
Auf denn, laß beim Morgengrauen die Gefährten zum Kampf gleich
rufen, ergreif deinen Schild, den als unbesieglichen dir der
Feuergewaltige selber verlieh mit Rändern von Golde.

crastina lux, mea si non inrita dicta putaris,
ingentis Rutulae spectabit caedis acervos.'   245
dixerat et dextra discedens inpulit altam
haud ignara modi puppim: fugit illa per undas
ocior et iaculo et ventos aequante sagitta.
inde aliae celerant cursus. stupet inscius ipse
Tros Anchisiades, animos tamen omine tollit.   250
tum breviter supera aspectans convexa precatur:
'alma parens Idaea deum, cui Dindyma cordi
turrigeraeque urbes biiugique ad frena leones,
tu mihi nunc pugnae princeps, tu rite propinques
augurium Phrygibusque adsis pede, diva, secundo.'   255
tantum effatus, et interea revoluta ruebat
matura iam luce dies noctemque fugarat:
principio sociis edicit, signa sequantur
atque animos aptent armis pugnaeque parent se.
iamque in conspectu Teucros habet et sua castra,   260
stans celsa in puppi, clipeum cum deinde sinistra
extulit ardentem: clamorem ad sidera tollunt
Dardanidae e muris, spes addita suscitat iras,
tela manu iaciunt: quales sub nubibus atris
Strymoniae dant signa grues atque aethera tranant   265
cum sonitu fugiuntque notos clamore secundo.
at Rutulo regi ducibusque ea mira videri
Ausoniis, donec versas ad litora puppes
respiciunt totumque adlabi classibus aequor.
ardet apex capiti cristisque a vertice flamma   270
funditur et vastos umbo vomit aureus ignis.
non secus ac liquida si quando nocte cometae
sanguinei lugubre rubent aut Sirius ardor,
ille sitim morbosque ferens mortalibus aegris,
nascitur et laevo contristat lumine caelum.   275

    Haud tamen audaci Turno fiducia cessit
litora praecipere et venientis pellere terra.
[ultro animos tollit dictis atque increpat ultro]
'quod votis optastis, adest, perfringere dextra:

Morgen der Tag wird, wenn du mein Wort nicht als ungültig ansiehst,
Rutulerleichen erblicken, getürmt zu riesigen Haufen.
Also sprach sie und gab mit der Rechten beim Abschied dem hohen
Heck, sie verstand sich darauf, einen Stoß: da flog durch die Wogen
schneller das Schiff als ein Wurfspeer und windschnell fliegende Pfeile.
Auch die andern beflügeln die Fahrt; noch unwissend, staunt der
Troer, Anchises' Sohn, faßt Mut aber wegen des Zeichens.
Dann schaut kurz er auf zum Himmelsgewölbe und betet:
„Hehre Göttermutter vom Ida, der Dindyma lieb und
Städte, von Türmen umkränzt, und das Löwenpaar unter dem Zügel,
sei du jetzt mir Führer im Kampf, gib rechten Erfolg der
Weissagung bald, sei hold den Phrygiern, Göttin, zur Seite!"
Dies nur sprach er, indes aber drängte wieder herauf, schon
reifen Lichtes, der Tag und hatte die Nacht überwunden:
Gleich gibt Aeneas den Seinen Befehl, den Zeichen zu folgen,
mutig die Waffen zu nehmen und sich zum Kampfe zu rüsten.
Und schon hat er die Teukrer in Sicht und sein eigenes Lager,
hoch vom ragenden Heck, da hebt den Schild seine Linke
strahlend empor, ein Geschrei zu den Sternen erheben vom Wall die
Dardaner laut, die Hoffnung wächst und weckt ihren Kampfzorn,
Speere schleudert die Hand: so gibt unter düsteren Wolken
Kranichvolk vom Strymon Signal, durchrudert den Äther
flügelklatschend und flieht vor dem Sturm, lautschreiend vor Freude.
Turnus jedoch und die Führer Ausoniens finden das seltsam,
bis sie hinter sich sehn, wie zum Strand sich wenden die Hecks und
rings das Meer mit der Flotte heranwogt. Hoch auf Aeneas'
Haupt glüht drohend die Spitze des Helms, vom Helmbusche flackern
Flammen und weithin sprüht der goldene Schildbuckel Feuer.
So glühn manchmal wohl in klarer Nacht die Kometen
blutigrot in düsterem Schein, oder Sirius brennt so;
Durst und Seuchen den mühebeladenen Sterblichen bringend,
geht er auf und trübt mit Unheilsglanze den Himmel.

    Nicht aber schwand die Hoffnung dem tollkühnen Turnus, zuvor den
Strand zu besetzen, die Nahenden gleich zu vertreiben vom Lande.
[Mehr noch, er weckte mit Worten den Mut und treibt sie vielmehr noch]:
„Was ihr erfleht und gewünscht, ist da: dreinschlagen im Nahkampf:

in manibus Mars ipse viris. nunc coniugis esto 280
quisque suae tectique memor, nunc magna referto
facta, patrum laudes. ultro occurramus ad undam,
dum trepidi egressique labant vestigia prima.
audentis Fortuna iuvat.'
haec ait et secum versat, quos ducere contra 285
vel quibus obsessos possit concredere muros.
   Interea Aeneas socios de puppibus altis
pontibus exponit. multi servare recursus
languentis pelagi et brevibus se credere saltu,
per remos alii. speculatus litora Tarchon, 290
qua vada non spirant nec fracta remurmurat unda,
sed mare inoffensum crescenti adlabitur aestu,
advertit subito proram sociosque precatur:
'nunc, o lecta manus, validis incumbite remis;
tollite, ferte rates; inimicam findite rostris 295
hanc terram sulcumque sibi premat ipsa carina.
frangere nec tali puppim statione recuso
arrepta tellure semel.' quae talia postquam
effatus Tarchon, socii consurgere tonsis
spumantisque rates arvis inferre Latinis, 300
donec rostra tenent siccum et sedere carinae
omnes innocuae, sed non puppis tua, Tarchon.
namque inflicta vadi dorso dum pendet iniquo
anceps sustentata diu fluctusque fatigat,
solvitur atque viros mediis exponit in undis; 305
fragmina remorum quos et fluitantia transtra
inpediunt retrahitque pedem simul unda relabens.
   Nec Turnum segnis retinet mora, sed rapit acer
totam aciem in Teucros et contra in litore sistit.
signa canunt. primus turmas invasit agrestis 310
Aeneas, omen pugnae, stravitque Latinos
occiso Therone, virum qui maximus ultro
Aenean petit: huic gladio perque aerea suta,
per tunicam squalentem auro latus haurit apertum.
inde Lichan ferit, exsectum iam matre perempta 315

Mars selbst wirkt in männlicher Faust. Jetzt denke der Gattin
jeder und denke an Haus und Herd, jetzt leiste er neu der
Väter herrlichen Ruhm. Gleich laßt uns stürmen zum Meere,
während nach hastiger Landung zunächst noch schwanken die Schritte.
Wagenden ist Fortuna gewogen."
Also spricht er und denkt bei sich nach, wen jetzt er zum Angriff
führen könne und wem vertraun den Sturm auf die Mauern.

Aber Aeneas setzt unterdes die Gefährten vom hohen
Heck über Brücken an Land. Gar manche nehmen des müden
Meeres Rückfluß wahr, vertraun sich dem Seichten im Sprunge,
andere gleiten von Rudern; doch Tarchon betrachtet den Strand, und
dorthin, wo das Seichte nicht kocht, nicht donnert die Brandung,
wo das Meer auch bei wachsender Flut ohne Widerstand anwogt,
wendet er plötzlich den Bug und bittet seine Gefährten:
„Jetzt, du erlesene Schar, auf die kräftigen Ruder geworfen,
hebet die Schiffe im Schwung; mit den Schnäbeln spaltet entzwei dies
feindliche Land, tief presse der Kiel sich selber die Furche.
Mag meinetwegen zerschellen mein Schiff an solch einem Standort.
Ward erst einmal gepackt dies Land!" So kündete Tarchon,
aufwächst die Mannschaft, gestemmt an der Ruder geglättete Stangen,
treibt die Schiffe durch Wirbel von Schaum auf Latiums Fluren,
bis im Trockenen ragt der Bug, aufgleiten die Schiffe
allesamt unversehrt, nur nicht dein eigenes, Tarchon.
Denn indem es da hängt, geprellt auf des Wattenmeers harten
Rücken und lange noch schwankend schwebt und die Fluten ermüdet,
löst es sich auf, setzt aus seine Mannen mitten in Wogen;
Rudertrümmer behindern sie rings und wogende Bänke,
ebenso hemmt zum Strand ihren Schritt rückflutend die Woge.

Aber auch Turnus säumt nicht schlaff, sondern jagt voller Kampflust
all sein Heer auf die Teukrer und stellt sich am Strande entgegen.
Hörner blasen; zuerst bricht ein in die Haufen der Bauern
mutig Aeneas, Glückspfand der Schlacht, und wirft die Latiner
wuchtig durch Therons Tod; der stürmte als Größter von selber
wider Aeneas: der bohrt ihm das Schwert durch die ehernen Nähte,
durch seine Tunika, strotzend von Gold, in die offene Flanke.
Lichas erschlägt er sodann; den schnitten sie einst aus der toten

et tibi, Phoebe, sacrum, casus evadere ferri
quod licuit parvo. nec longe Cissea durum
inmanemque Gyan, sternentis agmina clava,
deiecit Leto: nihil illos Herculis arma
nec validae iuvere manus genitorque Melampus, 320
Alcidae comes usque gravis dum terra labores
praebuit. ecce Pharo, voces dum iactat inertis,
intorquens iaculum clamanti sistit in ore.
tu quoque, flaventem prima lanugine malas
dum sequeris Clytium infelix, nova gaudia, Cydon, 325
Dardania stratus dextra, securus amorum,
qui iuvenum tibi semper erant, miserande, iaceres,
ni fratrum stipata cohors foret obvia, Phorci
progenies, septem numero, septenaque tela
coniciunt, partim galea clipeoque resultant 330
inrita, deflexit partim stringentia corpus
alma Venus. fidum Aeneas adfatur Achaten:
'suggere tela mihi, non ullum dextera frustra
torserit in Rutulos, steterunt quae in corpore Graium
Iliacis campis.' tum magnam corripit hastam 335
et iacit: illa volans clipei transverberat aera
Maeonis et thoraca simul cum pectore rumpit.
huic frater subit Alcanor fratremque ruentem
sustentat dextra: traiecto missa lacerto
protinus hasta fugit servatque cruenta tenorem 340
dexteraque ex umero nervis moribunda pependit.
tum Numitor iaculo fratris de corpore rapto
Aenean petiit; sed non et figere contra
est licitum, magnique femur perstrinxit Achatae.
hic Curibus fidens primaevo corpore Clausus 345
advenit et rigida Dryopem ferit eminus hasta
sub mentum graviter pressa pariterque loquentis
vocem animamque rapit traiecto gutture; at ille
fronte ferit terram et crassum vomit ore cruorem.
tres quoque Threïcios Boreae de gente suprema 350
et tris, quos Idas pater et patria Ismara mittit,

Mutter und weihten, Phoebus, ihn dir: denn es durfte des Eisens
Zugriff der Kleine entgehn. Nicht weit davon warf er den grimmen
Kisseus und Gyas, den Riesen, die keulenschmetternden Streiter,
nieder, dem Tode zum Fraß: nichts halfen des Herkules Waffen
ihnen und nichts ihre kräftige Faust und der Vater Melampus,
er, des Alkiden Gefolgsmann, solange die Erde ihm schwere
Mühsal bot. Dem Pharus auch ins nichtige Prahlen
jagt der wirbelnde Speer und steht im schreienden Munde.
Du auch, Cydon, heillos folgend dem Clytius, der dein
neuester Freund, dem blond vom Flaum erst schimmern die Wangen,
lägest gestreckt von Dardanerhand, ohne Kummer um Liebe,
die zur Jugend immer dich zog, und wärst zu bejammern,
trat nicht gegen Aeneas die Schar der Brüder, des Phorcus
Nachkommen, auf, wohl sieben an Zahl, und sieben der Speere
schleuderten sie; teils prallten vom Helm und Schilde die Speere
wirkungslos ab, teils bog die den Körper streifenden Venus
huldreich zur Seite; da sprach Aeneas zum treuen Achates:
„Gib mir die Speere, nicht einen wohl dürfte umsonst meine Rechte
wider die Rutuler werfen, die einst im Leibe der Griechen
ragten in Iliums Feld." Dann griff er den riesigen Speer und
warf; der Speer flog hin, durchschlug den ehernen Schild des
Maeon und mit dem Panzer zugleich zerriß er die Brust ihm.
Ihm sprang bei sein Bruder Alkanor, fing mit der Rechten
auf seinen Bruder im Sturz: schon schlägt ein Speer seinen Arm und
fliegt gleich weiter und hält im Flug bluttriefend die Richtung,
sterbend hängt von der Schulter herab an den Sehnen die Rechte,
Numitor reißt aus Maeons, des Bruders, Leibe den Wurfspeer,
greift den Aeneas an; doch ihn nun auch zu durchbohren,
ist nicht vergönnt; die Hüfte nur streift er des großen Achates.
Hier rückt an aus Cures, vertrauend der Kraft seiner Jugend,
Clausus, trifft ausholend mit starrender Lanze den Dryops
unterm Kinn mit wuchtigem Stoß, durchbohrt ihm die Kehle,
raubt ihm Sprache und Leben zugleich; mit der Stirne zu Boden
hinschlägt Dryops und speit aus dem Munde klumpigen Blutstrom.
Auch drei Thrazier, Söhne aus Boreas uraltem Stamm, und
drei, die Idas, der Vater, und Ismara sandte, die Heimat,

per varios sternit casus. accurrit Halaesus
Auruncaeque manus, subit et Neptunia proles
insignis Messapus equis. expellere tendunt
nunc hi, nunc illi; certatur limine in ipso 355
Ausoniae. magno discordes aethere venti
proelia ceu tollunt animis et viribus aequis;
non ipsi inter se, non nubila, non mare cedit;
anceps pugna diu, stant obnixa omnia contra:
haud aliter Troianae acies aciesque Latinae 360
concurrunt; haeret pede pes densusque viro vir.
 At parte ex alia, qua saxa rotantia late
inpulerat torrens arbustaque diruta ripis,
Arcadas insuetos acies inferre pedestris
ut vidit Pallas Latio dare terga sequaci, 365
aspera quis natura loci dimittere quando
suasit equos, unum quod rebus restat egenis,
nunc prece, nunc dictis virtutem accendit amaris:
'quo fugitis, socii? per vos et fortia facta,
per ducis Euandri nomen devictaque bella 370
spemque meam, patriae quae nunc subit aemula laudi,
fidite ne pedibus. ferro rumpenda per hostis
est via. qua globus ille virum densissimus urget,
hac vos et Pallanta ducem patria alta reposcit.
numina nulla premunt, mortali urgemur ab hoste 375
mortales, totidem nobis animaeque manusque.
ecce maris magna claudit nos obice pontus,
dest iam terra fugae: pelagus Troiamne petemus?'
haec ait et medius densos prorumpit in hostis.
obvius huic primum fatis adductus iniquis 380
fit Lagus. hunc, magno vellit dum pondere saxum,
intorto figit telo, discrimina costis
per medium qua spina dabat, hastamque receptat
ossibus haerentem. quem non super occupat Hisbo,
ille quidem hoc sperans; nam Pallas ante ruentem, 385
dum furit, incautum crudeli morte sodalis
excipit atque ensem tumido in pulmone recondit.

tötet jetzt Clausus mit wechselndem Schlag. Herbeistürmt Halaesus
und die Schar der Aurunker, es naht auch, prächtig zu Roß, der
Sproß des Neptunus, Messapus; den Feind zu werfen bemühn sich
alle, bald hier, bald dort; Kampf tobt auf Ausoniens Schwelle
unmittelbar. So wüten im weiten Äther die Winde
widereinander im Streit, sich gleich an Mut wie an Kräften.
Nichts weicht aus voreinander, nicht Winde, nicht Wolken, nicht Wogen;
lange schwankt das Gefecht, steht alles widereinander;
ebenso stürmt der Troer Heer und das Heer der Latiner
hart zur Schlacht, Fuß stemmt gegen Fuß und Mann gegen Mann sich.

    Drüben jedoch, wo rollend Gestein der Wildbach und Buschwerk,
uferentwurzeltes, trieb, sah Pallas die Arkader, wie sie
ungewohnt, im Fußkampf zu fechten, der Jagd der Latiner
boten den Rücken; es riet ja das rauhe Gelände, für diesmal
abzusitzen vom Roß; und Pallas — ihm bleibt in der Not nur
noch dies einzige Mittel — versucht ihren Mut zu entflammen
bald mit Bitten und bald mit herbe kränkendem Vorwurf:
„Wohin flieht ihr, Gefährten? Bei euch und den mannhaften Taten,
bei Euanders, des Fürsten, Namen, den siegreichen Kriegen,
bei meiner Hoffnung, die eifernd jetzt naht dem Ruhme des Vaters,
bitt ich: vertraut nicht der Flucht! Das Schwert muß mitten durch Feinde
brechen die Bahn. Dort durch der Feinde dichtesten Knäuel
ruft euch das hehre Vaterland heim unter Führung des Pallas.
Nicht schaffen Götter uns Not, ein sterblicher Feind nur bedrängt uns
Sterbliche, ebensoviel ward uns an Leben und Fäusten.
Seht, mit dem mächtigen Riegel des Meers umschließt uns das Wasser,
Land schon mangelt der Flucht; was gilt's also: Meer oder Troja?"
Also spricht er und bricht mittendurch ins Gedränge der Feinde.
Lagus tritt ihm zuerst, getrieben vom bösen Verhängnis,
hier in den Weg, und als er emporreißt wuchtigen Felsblock,
trifft ihn Pallas mit sausendem Speer, wo mitten die Rippen
scheidet das Rückgrat; schwer nur reißt er zurück seine Lanze,
da in den Knochen sie hängt; doch nicht überrumpelt ihn Hisbo,
der das freilich gehofft; denn Pallas fängt ihn, der achtlos
rasend herantobt, ergrimmt durch den grausamen Tod des Gefährten,
vorher auf und bohrt ihm das Schwert in die wogende Lunge.

hinc Sthenium petit et Rhoeti de gente vetusta
Anchemolum, thalamos ausum incestare novercae.
vos etiam, gemini, Rutulis cecidistis in arvis, 390
Daucia Laride Thymberque, simillima proles,
indiscreta suis gratusque parentibus error;
at nunc dura dedit vobis discrimina Pallas:
nam tibi, Thymbre, caput Euandrius abstulit ensis;
te decisa suum, Laride, dextera quaerit 395
semianimesque micant digiti ferrumque retractant.
Arcadas accensos monitu et praeclara tuentis
facta viri mixtus dolor et pudor armat in hostis.
tum Pallas biiugis fugientem Rhoetea praeter
traicit. hoc spatium tantumque morae fuit Ilo; 400
Ilo namque procul validam derexerat hastam,
quam medius Rhoeteus intercipit, optime Teuthra,
te fugiens fratremque Tyren, curruque volutus
caedit semianimis Rutulorum calcibus arva.
ac velut optato ventis aestate coortis 405
dispersa inmittit silvis incendia pastor,
correptis subito mediis extenditur una
horrida per latos acies Volcania campos;
ille sedens victor flammas despectat ovantis:
non aliter socium virtus coit omnis in unum 410
teque iuvat, Palla. sed bellis acer Halaesus
tendit in adversos seque in sua colligit arma.
hic mactat Ladona Pheretaque Demodocumque,
Strymonio dextram fulgenti deripit ense
elatam in iugulum, saxo ferit ora Thoantis 415
ossaque dispersit cerebro permixta cruento.
fata canens silvis genitor celarat Halaesum;
ut senior leto canentia lumina solvit,
iniecere manum Parcae telisque sacrarunt
Euandri. quem sic Pallas petit ante precatus: 420
'da nunc, Thybri pater, ferro, quod missile libro,
fortunam atque viam duri per pectus Halaesi.
haec arma exuviasque viri tua quercus habebit.'

Dann greift er Sthenius an und Anchemolus, ihn, aus des Rhoetus
altem Geschlecht, der es wagte, der Stiefmutter Lager zu schänden.
Ihr auch, Zwillingsbrüder, ihr fielt auf Rutulerfluren
beide, Larides und Thymber, des Daucus Söhne, sehr ähnlich,
nicht unterscheidbar den Eltern, willkommener Anlaß zum Irrtum.
Doch jetzt schied euch schrecklich, den einen vom anderen, Pallas:
denn dir, Thymber, raubte den Kopf das Schwert des Euander;
dich, Larides, sucht deine abgehauene Rechte,
halb noch lebend zucken die Finger und greifen zum Schwerte.
Als die Arkader, feurig ermahnt, die herrlichen Taten
schaun, treibt Schmerz, vermischt mit Scham, sie gegen die Feinde.
Jetzt trifft Pallas den Rhoetus, der eben im Wagen vorüber
flieht; diese Frist und so viel Verzug kam Ilus zustatten;
denn gegen Ilus warf ja Pallas fernher die Lanze;
Rhoetus aber geriet in die Wurfbahn, flüchtend, mein bester
Teuthras, vor dir und Tyres, dem Bruder; nieder vom Wagen
rollt er und schlägt im Tod mit den Fersen die Rutulererde.
Wie sich im Sommer erwünscht die Winde heben, und hier und
dort auf wuchernde Triften der Hirt die Brände nun losläßt
— da wird plötzlich die Mitte gepackt, es dehnt in eins sich
furchtbar das Heer des Volkanus hinaus durch breite Gefilde,
siegreich sieht vom Hochsitz der Hirt die jubelnden Flammen —
ebenso strömt jetzt aller Mut der Freunde in eins und
macht dich, Pallas, froh. Doch jetzt rückt Kriegsheld Halaesus
wider den Feind und deckt sich trefflich hinter dem Schilde.
Er sticht nieder den Ladon, Pheretas, Demodokus, haut mit
blitzendem Schwert Strymonius ab die Rechte, die jener
ihm nach der Kehle gekrallt, mit Stein zerschlägt er des Thoas
Haupt, zerspellt die blutig vom Hirn überquollenen Knochen.
Schicksalskundig verbarg einst der Vater in Wäldern Halaesus;
kaum aber brachen dem Greise im Tod die graubleichen Augen,
legten die Parzen die Hand auf den Sohn und weihten Euanders
Waffen sein Leben. Jetzt betet Pallas so vor dem Angriff:
„Vater Thybris, verleih dem Geschoß, das zum Wurfe ich schwinge,
glückliches Treffen: den Weg durch die Brust des harten Halaesus.
Hier des Mannes Waffen und Wehr soll tragen dein Eichbaum."

audiit illa deus: dum texit Imaona Halaesus,
Arcadio infelix telo dat pectus inermum.
at non caede viri tanta perterrita Lausus,
pars ingens belli, sinit agmina: primus Abantem
oppositum interimit, pugnae nodumque moramque.
sternitur Arcadiae proles, sternuntur Etrusci
et vos, o Grais inperdita corpora, Teucri.
agmina concurrunt ducibusque et viribus aequis.
extremi addensent acies nec turba moveri
tela manusque sinit. hinc Pallas instat et urget,
hinc contra Lausus, nec multum discrepat aetas:
egregii forma, sed quis Fortuna negarat
in patriam reditus. ipsos concurrere passus
haud tamen inter se magni regnator Olympi:
mox illos sua fata manent maiore sub hoste.
 Interea soror alma monet succedere Lauso
Turnum, qui volucri curru medium secat agmen.
ut vidit socios: 'tempus desistere pugnae:
solus ego in Pallanta feror, soli mihi Pallas
debetur; cuperem ipse parens spectator adesset'.
haec ait, et socii cesserunt aequore iusso.
at Rutulum abscessu iuvenis tum iussa superba
miratus stupet in Turno corpusque per ingens
lumina volvit obitque truci procul omnia visu,
talibus et dictis it contra dicta tyranni:
'aut spoliis ego iam raptis laudabor opimis
aut leto insigni: sorti pater aequus utrique est.
tolle minas.' fatus medium procedit in aequor,
frigidus Arcadibus coit in praecordia sanguis.
desiluit Turnus biiugis, pedes apparat ire
comminus; utque leo, specula cum vidit ab alta
stare procul campis meditantem in proelia taurum,
advolat: haud alia est Turni venientis imago.
hunc ubi contiguum missae fore credidit hastae,
ire prior Pallas, si qua fors adiuvet ausum
viribus inparibus, magnumque ita ad aethera fatur:

Dieses erhörte der Gott: denn grad als Halaesus Imaon
schützt, entblößt er zum Unheil die Brust dem Arkaderspeere.
Nicht aber läßt im Schreck vom furchtbaren Sturz des Halaesus
Lausus, der mächtige Krieger, die Scharen erstarren: den Abas
räumt er sofort aus dem Weg, des Kampfes Knoten und Hemmnis
Nieder stürzt Arkadiens Nachwuchs, stürzen Etrusker,
ihr auch, nimmer von Griechen bezwungene Recken, ihr Teukrer.
Front stürmt gegen Front, sich gleich an Führern und Kräften.
Drängend verdichten die letzten die Reihn, nicht läßt das Gewühle
Waffen und Hände sich regen. Von hier droht Pallas und treibt, von
dort drängt Lausus dagegen, fast gleichen sich beide im Alter,
herrlichen Wuchses; doch hatte Fortuna beiden die Rückkehr
in ihre Heimat versagt; daß beide selbst miteinander
kämpften, litt jedoch nicht der Lenker des großen Olympus:
bald wird ihnen ihr Schicksal zuteil unter größerem Feinde.
  Aber an Lausus' Stelle zu rücken, mahnt jetzt die hehre
Schwester den Turnus, der mitten das Heer mit dem Wagen durchschneidet.
Als die Gefährten er sieht, ruft gleich er: „Zeit ist's, vom Kampfe
abzustehn: nur i c h gegen Pallas, mir nur allein steht
Pallas zu; o sähe sein Vater doch selbst dieses Schauspiel!"
Und gleich wichen im Feld die Gefährten, wie es befohlen.
Aber beim Abzug der Rutuler starrt ob des stolzen Befehles
Pallas verwundert den Turnus an, sein Auge umfaßt die
Riesengestalt, und trotzig betrachtet er alles von fern und
tritt mit solchen Worten entgegen den Worten des Fürsten:
„Ruhm bringt nun entweder die Wehr des feindlichen Feldherrn
oder ein strahlender Tod: mein Vater ist beidem gewachsen.
Laß dein Drohn!" So sprach er und schritt in die Mitte der Walstatt.
Kalt rinnt jetzt ins Herz der Arkader stockender Blutstrom.
Turnus springt vom Wagen und schickt zu Fuße sich an zum
Nahkampf. Und wie ein Löwe heranstürmt, wenn von der Höhe
fern im Felde den Stier er erspäht, der sich rüstet zum Kampfe,
ebenso wirkt das Bild des Turnus, der da heranstürmt.
Als ihn Pallas in Wurfnähe glaubte, griff er als erster
an, ob etwa ein Zufall dem Wagemut helfe, wenn auch die
Kräfte nicht gleich, und er betete so zum erhabenen Äther:

'per patris hospitium et mensas, quas advena adisti, 460
te precor, Alcide, coeptis ingentibus adsis.
cernat semineci sibi me rapere arma cruenta
victoremque ferant morientia lumina Turni.'
audiit Alcides iuvenem magnumque sub imo
corde premit gemitum lacrimasque effundit inanis. 465
tum genitor natum dictis adfatur amicis:
'stat sua cuique dies, breve et inreparabile tempus
omnibus est vitae: sed famam extendere factis,
hoc virtutis opus. Troiae sub moenibus altis
tot gnati cecidere deum; quin occidit una 470
Sarpedon, mea progenies. etiam sua Turnum
fata vocant metasque dati pervenit ad aevi.'
sic ait atque oculos Rutulorum reicit arvis.
at Pallas magnis emittit viribus hastam
vaginaque cava fulgentem deripit ensem. 475
illa volans umeri surgunt qua tegmina summa
incidit atque viam clipei molita per oras
tandem etiam magno strinxit de corpore Turni.
hic Turnus ferro praefixum robur acuto
in Pallanta diu librans iacit atque ita fatur: 480
'adspice, num mage sit nostrum penetrabile telum.'
dixerat; at clipeum, tot ferri terga, tot aeris,
quem pellis totiens obeat circumdata tauri,
vibranti cuspis medium transverberat ictu
loricaeque moras et pectus perforat ingens. 485
ille rapit calidum frustra de volnere telum:
una eademque via sanguis animusque sequuntur.
corruit in volnus, sonitum super arma dedere,
et terram hostilem moriens petit ore cruento.
quem Turnus super adsistens: 490
'Arcades, haec' inquit 'memores mea dicta referte
Euandro: qualem meruit, Pallanta remitto.
quisquis honos tumuli, quidquid solamen humandi est,
largior. haud illi stabunt Aeneïa parvo
hospitia.' et laevo pressit pede talia fatus 495

„Bei meines Vaters gastlichem Tisch, zu dem du als Fremdling
tratest, Alkide, ich bitte, sei hold dem Riesenbeginnen.
Mag er im Tode noch sehn, wie ich raube die blutige Rüstung,
mich, den Sieger, ertrage der brechende Aufblick des Turnus!"
Wohl vernahm der Alkide den Jüngling, hemmte in Herzens
Tiefen die furchtbare Klage und weinte vergebliche Tränen.
Da aber sprach der Vater zum Sohn mit freundlichen Worten:
„Jedem steht fest sein Tag; kurz ist und unwiederbringlich
allen des Lebens Zeit: doch Ruhm ausstrahlen durch Tatkraft,
das ist Mannes Werk. Unter Trojas ragenden Mauern
sanken der Göttersöhne so viel; es starb ja mit ihnen
auch Sarpedon, mein eigener Sohn. Bald ruft auch den Turnus
sein Verhängnis, zum Wendepunkt kam er im Feld seines Lebens."
Also sprach er und wandte den Blick vom Rutulerlande.
Pallas aber wirft mit wuchtiger Kraft seine Lanze
weithinaus und reißt sein blitzendes Schwert aus der Scheide.
Hinsaust die Lanze und trifft, wo hoch an der Schulter der Panzer
steigt, und da sie den Weg sich erzwang durch des Schildes Umrandung,
streifte sie endlich auch den Riesenkörper des Turnus.
Jetzt schwingt Turnus lange die Lanze mit eiserner Spitze
gegen Pallas, wirft dann ab und spricht zu ihm also:
„Merk jetzt, ob nicht mehr doch durchschlägt unsere Waffe!"
Also sprach er; den Schild, all die Lagen von Eisen, von Erze,
ihn, den ebenso dick überzog noch die Haut eines Stieres,
schlägt jetzt mitten durch die Spitze mit wuchtigem Stoße,
jagt durchs Hemmnis des Panzers und dringt in die Brust des Helden.
Der aber reißt umsonst den heißen Speer aus der Wunde:
gleichen Weges folgen ihm nach das Blut und die Seele.
Pallas stürzt auf die Wunde dahin, dumpf rasselt die Rüstung,
sterbend packt er mit blutigem Mund die feindliche Erde.
Turnus aber tritt über ihn hin:
„Arkader," sagt er, „merkt wohl auf und meldet Euander:
wie seinen Sohn er verdient, so sende ich heim ihm den Pallas.
Jegliche Ehre des Grabes und jeden Trost der Bestattung
gönne ich. Teuer kommt mit Aeneas das gastliche Bündnis
ihm zu stehn." So spricht er und drückt auf den Toten den linken

exanimem, rapiens inmania pondera baltei
inpressumque nefas: una sub nocte iugali
caesa manus iuvenum foede thalamique cruenti,
quae Clonus Eurytides multo caelaverat auro;
quo nunc Turnus ovat spolio gaudetque potitus.   500
nescia mens hominum fati sortisque futurae
et servare modum, rebus sublata secundis.
Turno tempus erit, magno cum optaverit emptum
intactum Pallanta et cum spolia ista diemque
oderit. at socii multo gemitu lacrimisque   505
inpositum scuto referunt Pallanta frequentes.
o dolor atque decus magnum rediture parenti.
haec te prima dies bello dedit, haec eadem aufert,
cum tamen ingentis Rutulorum linquis acervos.

   Nec iam fama mali tanti, sed certior auctor   510
advolat Aeneae, tenui discrimine leti
esse suos, tempus versis succurrere Teucris.
proxima quaeque metit gladio latumque per agmen
ardens limitem agit ferro, te, Turne, superbum
caede nova quaerens. Pallas, Euander, in ipsis   515
omnia sunt oculis, mensae, quas advena primas
tunc adiit, dextraeque datae. Sulmone creatos
quattuor hic iuvenes, totidem, quos educat Ufens,
viventis rapit, inferias quos immolet umbris
captivoque rogi perfundat sanguine flammas.   520
inde Mago procul infensam contenderat hastam.
ille astu subit, at tremibunda supervolat hasta,
et genua amplectens effatur talia supplex:
'per patrios manis et spes surgentis Iuli
te precor, hanc animam serves gnatoque patrique.   525
est domus alta, iacent penitus defossa talenta
caelati argenti, sunt auri pondera facti
infectique mihi. non hic victoria Teucrum
vertitur aut anima una dabit discrimina tanta.'
dixerat. Aeneas contra cui talia reddit: 530
'argenti atque auri memoras quae multa talenta,

Fuß, indem er des Wehrgehänges lastend Gewicht ihm
raubt mit dem Abbild des Greuels: in einer einzigen Brautnacht
schändlich erschlagene Jünglingsschar und die blutigen Kammern,
Clonus, des Eurytus Sohn, schuf dies aus reichlichem Golde.
Jauchzend rafft jetzt Turnus es auf und freut sich der Beute.
Nichts weiß Menschenherz vom Geschick und künftigem Lose,
weiß nicht Maß zu halten auf Glückes schwindelnder Höhe.
Turnus erlebt die Zeit, da er viel drum gäbe, den Pallas
unversehrt zu erkaufen, da diese Wehr, diesen Tag er
haßt. Die Gefährten indes mit lautem Stöhnen und Weinen
tragen dichtgedrängt den Pallas zurück auf dem Schilde.
Du, zu Schmerz und hohem Ruhm heimkehrend dem Vater!
Dieser Tag erst gab dich dem Krieg, er nahm dich von hinnen,
aber trotzdem hinterlässest du Berge von Rutulerleichen.

    Nicht nur Gerücht mehr von solchem Verlust, sondern besser verbürgte
Botschaft erreicht den Aeneas: ganz hart am Rachen des Todes
stünden die Seinen, Zeit sei's, zu helfen den flüchtigen Teukrern.
Was ihm zunächst steht, mäht sein Schwert und breit durch die Heerschar
bahnt voll Zorn sich Aeneas den Weg, dich, Turnus, der stolz auf
neuen Mord ist, sucht er. Denn Pallas, Euander, ganz nah vor
Augen steht ihm alles: der Tisch, an den er zuerst als
Fremdling trat, das gegebene Wort. — Vier Söhne des Sulmo
packt er jetzt und ebenso viel, die Ufens erzogen,
packt sie lebendig, zum Totenopfer den Schatten, er will des
Scheiterhaufens Glut übergießen mit Blut von Gefangenen.
Dann auf Magus warf er von fern den drohenden Speer; flink
duckt sich jener; doch schon überschwirrt entsetzlich der Speer ihn.
Flehend umschlingt er Aeneas' Knie und spricht zu ihm also:
„Bei den Manen des Vaters, der Hoffnung des wachsenden Julus
bitte ich dich, erhalte mein Leben dem Sohn und dem Vater.
Hoch ragt mein Palast; drin liegen vergraben Talente
Silbers, mit Bildwerk geziert. Gold hab ich die Menge als Schmuckwert
und in Barren gehäuft. Nicht hier entscheidet der Teukrer
Sieg sich jetzt, nicht bringt e i n Leben so wichtige Wendung."
Also sprach er. Aeneas gab ihm dagegen zur Antwort:
„Silbers und Goldes die vielen von dir erwähnten Talente

gnatis parce tuis. belli commercia Turnus
sustulit ista prior iam tum Pallante perempto.
hoc patris Anchisae manes, hoc sentit Iulus.'
sic fatus galeam laeva tenet atque reflexa 535
cervice orantis capulo tenus adplicat ensem.
nec procul Haemonides, Phoebi Triviaeque sacerdos,
infula cui sacra redimibat tempora vitta,
totus collucens veste atque insignibus armis:
quem congressus agit campo lapsumque superstans 540
immolat ingentique umbra tegit; arma Serestus
lecta refert umeris, tibi, rex Gradive, tropaeum.
instaurant acies Volcani stirpe creatus
Caeculus et veniens Marsorum montibus Umbro
Dardanides contra furit. Anxuris ense sinistram 545
et totum clipei ferro deiecerat orbem
— dixerat ille aliquid magnum vimque adfore verbo
crediderat caeloque animum fortasse ferebat
canitiemque sibi et longos promiserat annos —:
Tarquitus exsultans contra fulgentibus armis, 550
silvicolae Fauno Dryope quem nympha crearat,
obvius ardenti sese obtulit. ille reducta
loricam clipeique ingens onus inpedit hasta,
tum caput orantis nequiquam et multa parantis
dicere deturbat terrae truncumque tepentem 555
provolvens super haec inimico pectore fatur:
'istic nunc, metuende, iace. non te optima mater
condet humi patrioque onerabit membra sepulcro:
alitibus linquere feris aut gurgite mersum
unda feret piscesque inpasti volnera lambent.' 560
protinus Antaeum et Lucam, prima agmina Turni,
persequitur fortemque Numam fulvomque Camertem,
magnanimo Volcente satum, ditissimus agri
qui fuit Ausonidum et tacitis regnavit Amyclis.
Aegaeon qualis, centum cui bracchia dicunt 565
centenasque manus, quinquaginta oribus ignem
pectoribusque arsisse, Iovis cum fulmina contra

spar deinen Söhnen nur auf! Denn deinen Loskauf vom Kriege,
Turnus verdarb ihn zuvor schon ganz, da er Pallas getötet.
So entscheiden Anchises' Manen, so auch Iulus."
Spricht es und packt mit der Linken den Helm, dann biegt er zurück des
Bittenden Nacken und stößt bis ans Heft hinunter die Klinge.
Nicht gar weit stand Haemons Sohn, der Priester des Phoebus
und der Trivia: heiliges Band umwindet die Schläfen,
über und über strahlt er an Tracht und herrlichen Waffen.
Diesen jagt er durchs Feld, bis er stürzt, tritt über ihn weg und
opfert ihn hin in den Abgrund der Nacht; die erlesenen Waffen
bringt dir, Herrscher Gradivus, Serestus als Siegestrophäe.
Halt gibt wieder der Front ein Sproß vom Stamm des Vulkanus,
Caeculus, und der Sohn des Marserberglandes, Umbro.
Weiter doch wütet Aeneas, schlug eben die Linke des Anxur
ab mit dem Schwert, den ganzen Schild durchschnitt seine Klinge.
— Anxur hatte noch laut geprahlt und geglaubt, auch im Worte
wohne Gewalt, und himmelan trieb er vielleicht seinen Mut noch,
hatte sich graues Haar und lange Jahre verheißen. —
Da stürmt Tarquitus jauchzend heran in funkelnder Rüstung.
Er, der Nymphe Dryope Sohn vom Waldgotte Faunus,
wirft sich entgegen dem grimmen Aeneas; der holt aus und
spießt mit dem Speer des Schildes gewaltige Last an den Panzer,
dann aber wirft er den Kopf des nutzlos Bittenden, viel noch
sagen Wollenden nieder zum Grund, stößt fort seinen warm noch
liegenden Rumpf und spricht obendrein aus erbittertem Herzen:
„Hier jetzt liege, du schrecklicher Held! Dich birgt nicht die gute
Mutter im Grab, deckt nicht deinen Leib mit dem Denkmal der Väter.
Raubvögeln bleibst du zum Fraß oder sinkst in Fluten, es schwemmt die
Woge dich weg, deine Wunden zerschlecken hungrige Fische."
Gleich auf Antaeus und Lukas, des Turnus Vorkämpfer, stürmt er
weiter jetzt los, auf Numas, den starken, und Camers, den blonden
Sohn des Volcens, des hochgemuten, länderreichsten
Herrn in Ausonien, Herrschers im stillen Reiche Amyclis.
Wie Aegaeon, dem hundert Arme — heißt's in der Sage —
wuchsen und hundert Hände, dem fünfzigfältig aus Mund und
Brust vorflammte das Feuer, als gegen Juppiters Blitze

tot paribus streperet clipeis, tot stringeret enses:
sic toto Aeneas desaevit in aequore victor,
ut semel intepuit mucro. quin ecce Niphaei 570
quadriiugis in equos adversaque pectora tendit.
atque illi longe gradientem et dira frementem
ut videre, metu versi retroque ruentes
effunduntque ducem rapiuntque ad litora currus.
interea biiugis infert se Lucagus albis 575
in medios fraterque Liger; sed frater habenis
flectit equos, strictum rotat acer Lucagus ensem.
haud tulit Aeneas tanto fervore furentis:
inruit adversaque ingens apparuit hasta.
cui Liger: 580
'non Diomedis equos nec currum cernis Achillis
aut Phrygiae campos: nunc belli finis et aevi
his dabitur terris.' vesano talia late
dicta volant Ligeri. sed non et Troïus heros
dicta parat contra: iaculum nam torquet in hostem. 585
Lucagus ut pronus pendens in verbera telo
admonuit biiugos, proiecto dum pede laevo
aptat se pugnae, subit oras hasta per imas
fulgentis clipei, tum laevom perforat inguen;
excussus curru moribundus volvitur arvis. 590
quem pius Aeneas dictis adfatur amaris:
'Lucage, nulla tuos currus fuga segnis equorum
prodidit aut vanae vertere ex hostibus umbrae:
ipse rotis saliens iuga deseris.' haec ita fatus
arripuit biiugos; frater tendebat inertis 595
infelix palmas, curru delapsus eodem:
'per te, per qui te talem genuere parentes,
vir Troiane, sine hanc animam et miserere precantis.'
pluribus oranti Aeneas: 'haud talia dudum
dicta dabas. morere et fratrem ne desere frater.' 600
tum latebras animae pectus mucrone recludit.
talia per campos edebat funera ductor
Dardanius, torrentis aquae vel turbinis atri

so viel gleiche Schilde er warf, so viel Schwerter auch zückte,
ebenso wütete rings im Blachfeld siegreich Aeneas,
als erst einmal erwarmte sein Stahl. Ja, selbst des Niphaeus
Rossen im Vierergespann tritt Brust wider Brust er entgegen.
Die aber, als sie den weit ausschreitenden, furchtbar ergrimmten
Helden erblickt, packt gleich die Angst: sie stürzen zurück und
schleudern den Lenker heraus und reißen zum Strande den Wagen.
Eben mit schimmerndem Doppelgespann jagt Lúcagus jetzt und
Liger, sein Bruder, ins Heer: der Bruder lenkt mit den Zügeln
nur das Gespann, wild wirbelt Lúcagus blitzend den Säbel.
Nicht erträgt es Aeneas, daß so voller Hitze sie rasen,
stürzt heran, wächst wuchtig auf mit drohender Lanze.
Ihm ruft Liger zu:
„Nicht Diomedes' Rosse erblickst du, nicht des Achilles
Wagen, nicht Phrygergefild: jetzt findest du Krieges und Lebens
Ende in diesem Land." So fliegt dem verblendeten Liger
prahlende Rede hinaus, nicht gibt der troische Kriegsheld
ihm mit Rede Bescheid: er wirft auf den Feind seinen Wurfspeer.
Lúcagus beugt sich vornüber zum Schlag und spornt mit dem Speer sein
Doppelgespann, setzt vor seinen linken Fuß und bereitet
so sich zum Kampf: da dringt der Speer durch den untersten Rand des
funkelnden Schildes und bohrt sich links ihm tief in die Weiche.
Nieder stürzt er vom Wagen und wälzt sich sterbend am Boden.
Ihn spricht der fromme Aeneas an mit bitteren Worten:
„Lúcagus, nicht gab feige Flucht deiner Rosse den Wagen
preis, nicht machten sie scheu die flimmernden Schatten vom Feind her,
selbst gabst auf du im Sprung dein Gespann." So sprach er und griff das
Doppelgespann; der Bruder streckte wehrlose Hände
hoch im Elend, vom Wagen gestürzt an eben der Stelle:
„Deinetwegen, der Eltern wegen, die so dich erzeugten,
Held aus Troja, erbarm dich des Bittenden, laß mir mein Leben!"
Als er weiter noch bat, entgegnet Aeneas: „Nicht also
sprachest du jüngst. Jetzt stirb, verlaß nicht als Bruder den Bruder!"
Dann reißt auf mit dem Schwert er die Brust, das Verborgne des Lebens.
Solches Blutbad schuf im Gefild der Dardanerführer,
wütend wie ein tosender Wildbach oder ein düster

more furens. tandem erumpunt et castra relinquont
Ascanius puer et nequiquam obsessa iuventus.
    Iunonem interea compellat Iuppiter ultro:
'o germana mihi atque eadem gratissima coniunx,
ut rebare, Venus, nec te sententia fallit,
Troianas sustentat opes, non vivida bello
dextra viris animusque ferox patiensque pericli.'
cui Iuno summissa: 'quid, o pulcherrime coniunx,
sollicitas aegram et tua tristia iussa timentem?
si mihi, quae quondam fuerat quamque esse decebat,
vis in amore foret, non hoc mihi namque negares,
omnipotens, quin et pugnae subducere Turnum
et Dauno possem incolumem servare parenti.
nunc pereat Teucrisque pio det sanguine poenas.
ille tamen nostra deducit origine nomen
Pilumnusque illi quartus pater, et tua larga
saepe manu multisque oneravit limina donis.'
cui rex aetherii breviter sic fatur Olympi:
'si mora praesentis leti tempusque caduco
oratur iuveni meque hoc ita ponere sentis,
tolle fuga Turnum atque instantibus eripe fatis:
hactenus indulsisse vacat. sin altior istis
sub precibus venia ulla latet totumque moveri
mutarive putas bellum, spes pascis inanis.'
et Iuno adlacrimans: 'quid si, quae voce gravaris,
mente dares atque haec Turno rata vita maneret?
nunc manet insontem gravis exitus, aut ego veri
vana feror. quod ut o potius formidine falsa
ludar et in melius tua, qui potes, orsa reflectas!'
haec ubi dicta dedit, caelo se protinus alto
misit agens hiemem nimbo succincta per auras
Iliacamque aciem et Laurentia castra petivit.
tum dea nube cava tenuem sine viribus umbram
in faciem Aeneae, visu mirabile monstrum,
Dardaniis ornat telis clipeumque iubasque
divini adsimulat capitis, dat inania verba,

wirbelnder Sturm. Jetzt endlich brechen hervor aus dem Lager
Jung-Askanius und die umsonst belagerte Mannschaft.
   Juppiter spricht unterdessen zu Juno aus eigenem Antrieb:
„Du, meine Schwester und auch zugleich liebwerte Gemahlin,
wie du glaubtest — du täuschtest dich nicht — gibt Venus den Troern
wirklich Halt und Kraft, es haben ja Männer zum Krieg nicht
kräftige Faust, nicht trotzigen Mut, ausharrend in Fährnis."
Kleinlaut sprach zu ihm Juno: „Warum, mein strahlend Gemahl, bringst
Not du über mich Arme, die bang dein düster Gebot hält?
Hätte ich noch, wie einst es war und wie es sich ziemte,
liebende Macht über dich, dann würdest du nicht mir verweigern,
Herrscher voll Allmacht, jetzt dem Kampf zu entziehen den Turnus
und ihn unversehrt seinem Vater Daunus zu retten.
Jetzt aber falle er, büße mit treuem Blute den Teukrern.
Und doch leitet den Namen er her aus unserem Ursprung,
war sein Ahnherr Pilumnus, und freigebig gab seine Hand dir
oftmals Spenden und häufte im Tempel reichliche Gaben."
Kurz erwidert der Fürst des ätherumstrahlten Olympus:
„Wird nur Aufschub jetzt des Todes und Zeit dem verfallnen
Jüngling erbeten und meinst du, ich könne also verfügen,
gut, so flüchte den Turnus, entreiß ihn dem drohenden Schicksal:
bis hierher ist Nachsicht erlaubt. Doch lauert am Grund der
Bitten die Hoffnung auf Gunst und wähnst du, es werde der Krieg im
Ganzen wirklich gewandelt, so nährst du nichtige Hoffnung."
Weinend entgegnete Juno: „Wie, wenn, was dein Wort mir verweigert,
gäbe dein Herz, wenn wirklich dies Leben bliebe dem Turnus?
Jetzt harrt schwerer Tod des Schuldlosen, oder es täuscht mich
nichtiger Trug. O, möchte ich lieber genarrt sein von falscher
Furcht, mögest du, denn du kannst es, zum Besseren alles noch wenden!"
Also sprach sie und ließ sich sofort hernieder vom hohen
Himmel, trieb in Wolken gehüllt einen Sturm durch die Lüfte,
eilte zu Iliums Heer und hin zum laurentischen Lager.
Aus dem Gewölk aber formt die Göttin ein kraftloses Schatten-
bild nach Aeneas Gestalt, ein staunenswürdiges Wunder,
rüstet mit Dardanerwaffen es aus, formt Schild ihm und Helmbusch
ganz, wie der göttliche Held sie trägt, gibt nichtige Worte,

dat sine mente sonum gressusque effingit euntis; 640
morte obita qualis fama est volitare figuras
aut quae sopitos deludunt somnia sensus.
at primas laeta ante acies exsultat imago
inritatque virum telis et voce lacessit.
instat cui Turnus stridentemque eminus hastam 645
conicit, illa dato vertit vestigia tergo.
tum vero Aenean aversum ut cedere Turnus
credidit atque animo spem turbidus hausit inanem:
'quo fugis, Aenea? thalamos ne desere pactos;
hac dabitur dextra tellus quaesita per undas.' 650
talia vociferans sequitur strictumque coruscat
mucronem nec ferre videt sua gaudia ventos.
forte ratis celsi coniuncta crepidine saxi
expositis stabat scalis et ponte parato,
qua rex Clusinis advectus Osinius oris. 655
huc sese trepida Aeneae fugientis imago
conicit in latebras; nec Turnus segnior instat
exsuperatque moras et pontis transilit altos.
vix proram attigerat, rumpit Saturnia funem
avolsamque rapit revoluta per aequora navem. 660
illum autem Aeneas absentem in proelia poscit;
obvia multa virum demittit corpora morti.
tum levis haud ultra latebras iam quaerit imago,
sed sublime volans nubi se inmiscuit atrae,
cum Turnum medio interea fert aequore turbo. 665
respicit ignarus rerum ingratusque salutis
et duplicis cum voce manus ad sidera tendit:
'omnipotens genitor, tanton me crimine dignum
duxisti et talis voluisti expendere poenas?
quo feror, unde abii, quae me fuga quemve reducit, 670
Laurentisne iterum muros aut castra videbo?
quid manus illa virum, qui me meaque arma secuti,
quosne — nefas — omnis infanda in morte reliqui?
et nunc palantis video gemitumque cadentum
accipio. quid ago aut quae iam satis ima dehiscat 675

gibt ihm Laut ohne Geist, formt nach den Gang des Aeneas;
also flattern — so heißt's — nach dem Tode die Schattengebilde
oder Träume, die tief im Schlafe narren die Sinne.
Weit aber stürmt vor der Front voll Kampfesjubel das Trugbild,
fordert den Helden heraus mit Waffen und reizt ihn mit Worten.
Turnus dringt darauf ein und schleudert die sausende Lanze
weither, gleich macht kehrt das Gebild und wendet sich fliehend.
Wirklich glaubte jetzt Turnus, Aeneas flüchte und weiche,
und er schöpfte, verwirrt und umnebelt, nichtige Hoffnung:
„Wohin fliehst du, Aeneas? Laß nicht dein Verlöbnis im Stiche!
Hier von der Hand wird dir dein Land, das du suchtest durch Wogen."
Also prahlt er laut und verfolgt, läßt blitzen die blanke
Klinge und merkt nicht, wie der Wind wegfegt seine Freuden.
Zufällig stand dort, gebunden an ragenden Felsufers Vorsprung,
Leitern gelegt über Bord und die Brücke bereit, jenes Schiff, auf
dem der Fürst Osinius kam von Clusiums Strande.
Hierhin warf sich voll Hast des Aeneas, des fliehenden, Trugbild
tief ins Versteck; nur wilder noch drängt jetzt Turnus und stürmt durch
Hemmnis und Halt und jagt im Sprung hoch über die Brücken.
Kaum aber griff er den Bug, da kappt Saturnia gleich das
Tau und reißt durch Flutenschwall das Schiff vom Gestade.
Aber Aeneas ruft zum Kampf den entschwundenen Turnus;
viele Streiter, die ihm sich gestellt, wirft hin er zum Tode.
Jetzt sucht weiter nicht mehr nach Versteck das gewichtlose Trugbild,
sondern hochhin schwebend zergeht es in schwarzem Gewölke,
während den Turnus mitten im Meer ein Wirbel dahintreibt.
Nichts vom Geschehen begreifend und ohne Dank für die Rettung
schaut er zurück und streckt im Gebet zu den Sternen die Hände:
„Hieltest, allmächtiger Vater, du mich solch schweren Vergehns für
schuldig und wolltest, ich sollte so bitter büßen? Wohin nur
treibt's mich, von wo ging ich fort? Welche Flucht, wie bringt sie zurück
Werde Laurentums Mauern und Lager noch einmal ich sehen?   [mich?
Was aber sagen die Männer, die mir zum Kriege gefolgt sind,
ließ ich nicht — o Schmach — sie zurück in schmählichem Tode?
Jetzt schon sehe ich weit sie versprengt, der Fallenden Stöhnen
höre ich. Was nur tun? Wo klaffte wohl tief genug jetzt die

terra mihi? vos o potius miserescite, venti:
in rupes, in saxa, — volens vos Turnus adoro, —
ferte ratem saevisque vadis inmittite syrtis,
quo neque me Rutuli nec conscia fama sequatur.'
haec memorans animo nunc huc, nunc fluctuat illuc, 680
an sese mucrone ob tantum dedecus amens
induat et crudum per costas exigat ensem,
fluctibus an iaciat mediis et litora nando
curva petat Teucrumque iterum se reddat in arma.
ter conatus utramque viam, ter maxima Iuno 685
continuit iuvenemque animi miserata repressit.
labitur alta secans fluctuque aestuque secundo
et patris antiquam Dauni defertur ad urbem.

At Iovis interea monitis Mezzentius ardens
succedit pugnae Teucrosque invadit ovantis. 690
concurrunt Tyrrhenae acies atque omnibus uni,
uni odiisque viro telisque frequentibus instant.
ille velut rupes, vastum quae prodit in aequor,
obvia ventorum furiis expostaque ponto,
vim cunctam atque minas perfert caelique marisque, 695
ipsa inmota manens, prolem Dolichaonis Hebrum
sternit humi, cum quo Latagum Palmumque fugacem,
sed Latagum saxo atque ingenti fragmine montis
occupat os faciemque adversam, poplite Palmum
succiso volvi segnem sinit, armaque Lauso 700
donat habere umeris et vertice figere cristas.
nec non Euanthen Phrygium Paridisque Mimanta
aequalem comitemque, una quem nocte Theano
in lucem genitori Amyco dedit et face praegnas
Cisseis regina Parin: *Paris* urbe paterna 705
occubat, ignarum Laurens habet ora Mimanta.
ac velut ille canum morsu de montibus altis
actus aper, multos Vesulus quem pinifer annos
defendit multosve palus Laurentia, silva
pastus harundinea, postquam inter retia ventum est, 710
substitit infremuitque ferox et inhorruit armos,

Erde mir auf? O, lieber noch ihr, erbarmt euch, ihr Stürme,
fort auf Riffe, auf Felsen, ich bitte von Herzen, ich, Turnus,
treibt dies Schiff und jagt's in tobende, sandige Buchten,
daß kein Rutuler mehr mich erreicht, noch der Ruf meiner Schande.
Also spricht er und schwankt im Gemüt bald hierhin, bald dorthin,
ob er ins Schwert, wegen solcher Schmach von Sinnen, sich stürze
und durch die Rippen sich jage die blutigstarrende Klinge,
oder sich werfe mitten ins Meer und schwimmend des Strandes
Bogen erstrebe und wieder den Waffen sich stelle der Teukrer.
Dreimal versucht er beides zu tun, dreimal aber wehrt voll
Macht ihm Juno, hindert erbarmenden Herzens den Jüngling.
Landwärts furcht er das Meer auf günstigem Flutengewoge,
treibt zur altehrwürdigen Stadt seines Vaters, des Daunus.

   Aber auf Juppiters Mahnung rückt Mezzentius feurig
nach in den Kampf unterdes und berennt die jubelnden Teukrer.
Dicht stürmt jetzt das tyrrhenische Heer, den einzigen Helden
fallen mit all ihrer Wut sie an im Waffengewoge.
Er aber, gleich einem Riff, das da ragt in riesiger Fläche,
wider der Stürme Rasen und preisgegeben den Fluten,
alle Gewalt, alles Drohen erträgt des Himmels und Meeres,
selbst unerschüttert verharrend, so streckt er den Sohn Dolichaons,
Hebrus, zu Boden und Latagus auch und den flüchtigen Palmus.
Lagatus kommt er zuvor und trifft mit riesigem Bergblock,
Mann gegen Mann, sein Haupt, die Kniekehle aber zerhaut er
Palmus und läßt ihn schlaff sich wälzen; Lausus erlaubt er,
über den Schultern zu tragen die Wehr, auf dem Haupte den Helmbusch.
Auch den Phryger Euanthes erschlägt er und Mimas, des Paris
Altersgenossen und Kriegsmann, Theano gebar in der selben
Nacht ihn dem Amykus, als auch, fackelschwanger, des Kisseus
Tochter, die Fürstin, den Paris gebar; der ruht in der Stadt der
Väter, als Fremden birgt Laurentums Küste den Mimas.
Wie, vom Biß der Hunde gehetzt aus hohem Gebirge,
jener Eber, den Jahr um Jahr der Vesulus barg im
Kiefernwald oder Jahr um Jahr laurentisches Sumpfland,
wo er sich suhlte im Rohr, nun aber, umlauert von Netzen,
Halt macht, wütend schäumt und borstig sträubt seinen Rücken,

            nec cuiquam irasci propiusque accedere virtus,
            sed iaculis tutisque procul clamoribus instant;
            ille autem inpavidus partis cunctatur in omnis   717
            dentibus infrendens et tergo decutit hastas: 718
            haud aliter, iustae quibus est Mezzentius irae,   714
            non ulli est animus stricto concurrere ferro;   715
            missilibus longe et vasto clamore lacessunt.   716
            venerat antiquis Corythi de finibus Acron,   719
            Graius homo, infectos linquens profugus hymenaeos;   720
            hunc ubi miscentem longe media agmina vidit,
            purpureum pennis et pactae coniugis ostro:
            inpastus stabula alta leo ceu saepe peragrans,
            suadet enim vesana fames, si forte fugacem
            conspexit capream aut surgentem in cornua cervom,   725
            gaudet hians inmane, comasque arrexit et haeret
            visceribus super incumbens, lavit inproba taeter
            ora cruor:
            sic ruit in densos alacer Mezzentius hostis.
            sternitur infelix Acron et calcibus atram   730
            tundit humum exspirans infractaque tela cruentat.
            atque idem fugientem haud est dignatus Oroden
            sternere nec iacta caecum dare cuspide volnus,
            obvius adversoque occurrit seque viro vir
            contulit, haud furto melior, sed fortibus armis.   735
            tum super abiectum posito pede nixus et hasta:
            'pars belli haud temnenda, viri, iacet altus Orodes.'
            conclamant socii laetum paeana secuti.
            ille autem exspirans: 'non me, quicumque es, inulto
            victor, nec longum laetabere; te quoque fata   740
            prospectant paria atque eadem mox arva tenebis.'
            ad quem subridens mixta Mezzentius ira:
            'nunc morere. ast de me divom pater atque hominum rex
            viderit.' hoc dicens eduxit corpore telum.
            olli dura quies oculos et ferreus urget   745
            somnus, in aeternam clauduntur lumina noctem.
                Caedicus Alcathoum obtruncat, Sacrator Hydaspen

und kein Jäger zu Grimm und näherem Angriffe Mut hat,
sondern mit Wurfspeer droht und gefahrlosem Schreien von ferne,
jener furchtlos indes nach allen Seiten noch zögert,
zähneknirschend, und ab vom Rücken schüttelt die Speere:
ebenso fand, obwohl sie mit Recht dem Mezzentius zürnten,
keiner den Mut, mit blankem Schwert ihm zu Leibe zu rücken,
Wurfgeschoß nur griff an und wüstes Schreien von weitem.
Aus dem alten Gebiete von Corythus war da ein Grieche,
Akron, gekommen, verbannt, noch bevor er vollzog die Vermählung.
Ihn sah Mezzentius tief des Heeres Mitte bedrängen,
purpurn flammten Helmbusch und Tracht, ein Geschenk der Verlobten:
Wie wenn ein hungernder Leu, manchmal durchstreifend den Hochwald,
— treibt ihn doch Hungers Wut — zufällig ein flüchtendes Reh dort
sieht oder auch einen Hirsch, dem Hörner schon sprießen, sogleich voll
Lust aufsperrt seinen Rachen, die Mähne sträubt, und wuchtend
hängt im Fleisch seines Opfers, es netzt abscheulich das Blut den
gierigen Schlund:
so springt wild in Feindesgewühl Mezzentius: hin wird
Akron, der Arme, gestreckt und schlägt mit den Fersen den dunklen
Boden im Tod, färbt blutig den Speer, der tief ihn durchbohrte.
Aber für unwürdig hielt es Mezzentius, auch den Orodes
niederzustrecken im Fliehn durch Speerwurf mit ruhmloser Wunde.
Grade entgegen läuft er ihm schnell, stellt Mann gegen Mann sich,
will nicht stehlen den Sieg, sondern tapfer mit Waffen ertrotzen;
wirft ihn und spricht, auf Fuß und Speer sich über ihn lehnend:
„Männer, hier liegt kein verächtlicher Kriegsheld, der edle Orodes."
Beifall jauchzen im Siegespän voll Stolz die Gefährten.
Aber der Sterbende haucht: „Ich werde gerächt, wer auch immer,
Sieger, du bist, dein Jubel ist kurz: auch dich schon erwartet
gleiches Geschick, wirst bald in denselben Boden dich krallen.
Grinsend erwidert voll Zorn und Grimm Mezzentius: „Stirb jetzt!
Um mich soll nur der Vater der Götter und König der Menschen
selber sich kümmern." So sprach er und zog den Speer aus dem Körper.
Starre Ruhe und eiserner Schlaf bedrängt des Orodes
Augen, auf ewig umdunkelt ihr Leuchten die Nacht des Todes.
    Caedicus schlägt den Alkathous tot, Sacrator Hydaspes,

Partheniumque Rapo et praedurum viribus Orsen,
Messapus Cloniumque Lycaoniumque Erichaeten,
illum infrenis equi lapsu tellure iacentem, 750
hunc peditem. pedes et Lycius processerat Agis,
quem tamen haud expers Valerus virtutis avitae
deicit; at Thronium Salius Saliumque Nealces
insidiis, iaculo et longe fallente sagitta.

Iam gravis aequabat luctus et mutua Mavors 755
funera: caedebant pariter pariterque ruebant
victores victique, neque his fuga nota neque illis.
di Iovis in tectis iram miserantur inanem
amborum et tantos mortalibus esse labores;
hinc Venus, hinc contra spectat Saturnia Iuno, 760
pallida Tisiphone media inter milia saevit.
at vero ingentem quatiens Mezzentius hastam
turbidus ingreditur campo. quam magnus Orion,
cum pedes incedit medii per maxima Nerei
stagna viam scindens, umero supereminet undas 765
aut summis referens annosam montibus ornum
ingrediturque solo et caput inter nubila condit:
talis se vastis infert Mezzentius armis.
huic contra Aeneas speculatus in agmine longo
obvius ire parat. manet inperterritus ille 770
hostem magnanimum opperiens et mole sua stat;
atque oculis spatium emensus, quantum satis hastae:
'dextra mihi deus et telum, quod missile libro,
nunc adsint! voveo praedonis corpore raptis
indutum spoliis ipsum te, Lause, tropaeum 775
Aeneae.' dixit stridentemque eminus hastam
iecit; at illa volans clipeo est excussa proculque
egregium Antoren latus inter et ilia figit,
Herculis Antoren comitem, qui missus ab Argis
haeserat Euandro atque Itala consederat urbe. 780
sternitur infelix alieno volnere caelumque
adspicit et dulcis moriens reminiscitur Argos.
tum pius Aeneas hastam iacit: illa per orbem

Rapo Parthenius und den kraftvollen Orses, Messapus
Clonius und den Lycáonerheld Erichaetes, den einen,
als er durch zaumloses Rosses Sturz am Erdboden lag, den
andern zu Fuß. Als Fußkämpfer kam auch der Lykier Agis,
ihn warf Válerus, nicht entbehrend der Kraft seines Ahnherrn.
Thronius fiel von des Salius Hand, Nealkes erschoß den
Salius listig mit Wurfspeer und weithin täuschendem Pfeilschuß.

   Gleich zu gleich schuf Not und Tod der grimmige Mars im
Wechsel nun: da morden im Gleichmaß, stürzen im Gleichmaß
Sieger rings und Besiegte, nicht Flucht gilt hüben und drüben.
Götter in Juppiters Saal bejammern den nichtigen Groll der
beiden und klagen, daß so viel Leid den Sterblichen zufiel.
Hier schaut Venus den Kampf, doch dort Saturnia Juno,
todblaß wütet Tisiphone wild inmitten der Massen.
Aber Mezzentius schüttelt voll Grimm den gewaltigen Speer und
schreitet tobend im Feld. So wie der Riese Orion,
wenn er mitten in Nereus' Reich durch tiefste Gewässer
zieht zu Fuß seine Bahn, mit der Schulter ragt über Wogen,
oder, vom hohen Gebirg heimtragend die uralte Esche,
schreitet am Boden und doch sein Haupt verbirgt zwischen Wolken:
so ragt hoch Mezzentius auf mit riesigen Waffen.
Aber als ihn Aeneas im weiten Heere erblickte,
rückte er gegen ihn vor. Doch der bleibt furchtlos und harrt des
hochgemuten Feindes und steht in all seiner Wucht da,
und er mißt mit den Augen den Raum, der genügt einer Lanze:
„Stehe als Gott diese Faust und der Speer, den ich schwinge zum Wurfe,
jetzt mir bei! Mit den Waffen, gerafft vom Leibe des Räubers,
schmücke ich, Lausus, dich selbst und weihe dich so zur Trophäe
über Aeneas." So sprach er und warf die sausende Lanze
weithin. Die aber fliegt, prallt ab vom Schilde und seitab
trifft sie den Helden Antores tief zwischen Flanke und Weichen,
Herkules Kriegsgefährten Antores, der dann, entsandt aus
Argos, blieb bei Euander und wohnte auf Italerboden.
Niedergestreckt vom Schlag, der dem anderen galt, sah auf zum
Himmel der Arme, gedachte im Sterben des traulichen Argos.
Jetzt wirft der fromme Aeneas den Speer: der dringt durch des Schildes

aere cavom triplici, per linea terga tribusque
transiit intextum tauris opus imaque sedit 785
inguine, sed viris haud pertulit. ocius ensem
Aeneas, viso Tyrrheni sanguine laetus,
eripit a femine et trepidanti fervidus instat.
ingemuit cari graviter genitoris amore,
ut vidit, Lausus, lacrimaeque per ora volutae. 790
hic mortis durae casum tuaque optima facta,
si qua fidem tanto est operi latura vetustas,
non equidem nec te, iuvenis memorande, silebo.
ille pedem referens et inutilis inque ligatus
cedebat clipeoque inimicum hastile trahebat: 795
proripuit iuvenis seseque inmiscuit armis
iamque adsurgentis dextra plagamque ferentis
Aeneae subiit mucronem ipsumque morando
sustinuit. socii magno clamore secuntur,
dum genitor nati parma protectus abiret, 800
telaque coniciunt perturbantque eminus hostem
missilibus. furit Aeneas tectusque tenet se.
ac velut effusa si quando grandine nimbi
praecipitant, omnis campis diffugit arator,
omnis et agricola et tuta latet arce viator, 805
aut amnis ripis aut alti fornice saxi,
dum pluit in terris, ut possint sole reducto
exercere diem: sic obrutus undique telis
Aeneas nubem belli, dum detonet omnis,
sustinet et Lausum increpitat Lausoque minatur: 810
'quo moriture ruis maioraque viribus audes?
fallit te incautum pietas tua.' nec minus ille
exsultat demens; saevae iamque altius irae
Dardanio surgunt ductori, extremaque Lauso
Parcae fila legunt: validum namque exigit ensem 815
per medium Aeneas iuvenem totumque recondit.
transiit et parmam mucro, levia arma minacis
et tunicam, molli mater quam neverat auro,
inplevitque sinum sanguis; tum vita per auras

dreifach gewölbtes Erz, drei Schichten aus Leinwand, durch den aus
dreifacher Stierhaut gewirkten Schild, und steckt nun tief im
Unterleib fest, doch nun ohne Kraft; schnell reißt jetzt Aeneas,
jubelnd, da er im Blut den Tyrrhener erblickte, die Klinge
los von der Hüfte und rückt dem Zitternden hitzig zu Leibe.
Dumpf aber stöhnt jetzt Lausus auf aus Liebe zum teuren
Vater, als er das sieht, und Tränen rollen vom Antlitz.
Harten Todes Fall und deine strahlenden Taten,
wenn denn glauben sollte so herrlichem Werke die Nachwelt,
will ich nimmer verschweigen, noch dich, denkwürdiger Jüngling.
Schritt für Schritt wich rückwärts jetzt Mezzentius, hilflos
angefesselt, und schleifte im Schild die feindliche Lanze:
da sprang vor der Jüngling und warf sich zwischen die Waffen,
schon unterlief er das Schwert des Aeneas, der seine Rechte
hob zum Hiebe gereckt, und fing dann hemmend den Schlag von
unten auf; die Gefährten folgen mit lautem Geschrei, daß
derweil, geschützt vom Schilde des Sohns, der Vater entkomme,
und sie schleudern die Speere und stören von weitem den Feind mit
Wurfgeschossen. Aeneas rast und hält sich in Deckung.
Ebenso wie, wenn oft mit prasselndem Hagel die Stürme
stürzen, ein jeder Pflüger entflieht von den Feldern und jeder
Landmann flieht und im sichern Versteck der Wandrer am Rand des
Stromes hockt oder hoch überwölbt von ragenden Felsen,
während es regnet im Land, damit sie beim Sonnenlicht wieder
tüchtig ihr Tagewerk tun: so wehrt, allseits von Geschossen
dicht umprasselt, Aeneas des Krieges Wolke, solange
rings sie dröhnt, fährt Lausus an und droht dem Lausus:
„Todgeweihter, wohin? Wagst mehr, als den Kräften gegeben?
Dich Unachtsamen stürzt deine Sohnestreue." Doch Lausus
tobt verblendet heran; da schwillt schon höher der grimme
Zorn dem Dardanerführer, dem Lausus spinnen die letzten
Fäden die Parzen: es jagt ja Aeneas die kräftige Klinge
mitten durch des Jünglings Leib, stößt tief bis ans Heft sie.
Hinfuhr das Schwert durch des Angreifers Schild, sein leichtes Gewaffen,
und durchs Gewand, das aus weichem Gold ihm gewoben die Mutter,
und schon füllte ihm Blut die Brust; da wich durch die Lüfte

concessit maesta ad manis corpusque reliquit. 820
at vero ut voltum vidit morientis et ora,
ora modis Anchisiades pallentia miris,
ingemuit graviter miserans dextramque tetendit,
et mentem patriae strinxit pietatis imago.
'quid tibi nunc, miserande puer, pro laudibus istis, 825
quid pius Aeneas tanta dabit indole dignum?
arma, quibus laetatus, habe tua, teque parentum
manibus et cineri, si qua est ea cura, remitto.
hoc tamen infelix miseram solabere mortem:
Aeneae magni dextra cadis.' increpat ultro 830
cunctantis socios et terra sublevat ipsum,
sanguine turpantem comptos de more capillos.

   Interea genitor Tiberini ad fluminis undam
volnera siccabat lymphis corpusque levabat
arboris adclinis trunco. procul aerea ramis 835
dependet galea et prato gravia arma quiescunt.
stant lecti circum iuvenes, ipse aeger anhelans
colla fovet fusus propexam in pectore barbam;
multa super Lauso rogitat multumque remittit,
qui revocent maestique ferant mandata parentis. 840
at Lausum socii exanimem super arma ferebant
flentes, ingentem atque ingenti volnere victum.
adgnovit longe gemitum praesaga mali mens.
canitiem multo deformat pulvere et ambas
ad caelum tendit palmas et corpore inhaeret. 845
'tantane me tenuit vivendi, nate, voluptas,
ut pro me hostili paterer succedere dextrae,
quem genui, tuane haec genitor per volnera servor,
morte tua vivens? heu, nunc misero mihi demum
exitium infelix, nunc alte volnus adactum! 850
idem ego, nate, tuum maculavi crimine nomen,
pulsus ob invidiam solio sceptrisque paternis.
debueram patriae poenas odiisque meorum:
omnis per mortis animam sontem ipse dedissem!
nunc vivo neque adhuc homines lucemque relinquo. 855

trauernd das Leben hinab zu den Manen und schwand aus dem Leibe.
Als aber nun Anchises' Sohn des Sterbenden Ausdruck
sah und sein Antlitz, das seltsam bleich sich färbende Antlitz,
seufzte er mitleidvoll, hob grüßend die Rechte, und rührend
traf sein Herz dieses Spiegelbild seiner Liebe zum Vater.
„Jammernswürdiges Kind, was soll nun für diese Verdienste,
was dir Aeneas, der fromme, verleihen, wert solcher Artung?
Halte die Rüstung, auf die du so stolz; den Manen der Ahnen
und ihrer Asche, wenn das dich noch kümmert, sende ich heim dich.
Dies immerhin sei, Armer, im kläglichen Tode dir Trost: du
fielst von Aeneas', des mächtigen Hand." Gleich schilt er voll Hast die
zögernden Mannen und hebt den Leichnam empor von der Erde,
Blut verklebte das Haar, das geschmückt war nach heimischer Sitte.

    Unterdessen sucht der Vater am Tiberstrom die
Wunde mit Wasser zu stillen, des Körpers Leiden zu lindern,
hingelehnt an Baumesstumpf. Seitab im Gezweige
hängt der eherne Helm, im Gras ruht die lastende Rüstung.
Jungschar, erlesen, umringt ihn; er selbst aber, mühsam keuchend,
stützt seinen Nacken, es wallt auf die Brust hernieder der Bart ihm.
Häufig fragt er nach Lausus und schickt oft zurück ins Gefecht, ihn
wiederzuholen, ihm Auftrag zu geben vom trauernden Vater.
Aber den Lausus brachten als Leichnam auf seinem Schilde
weinend die Freunde, den Helden, besiegt vom Hieb eines Helden.
Böses ahnend, erkannte weither schon der Vater die Klage,
häuft und wühlt sich Staub ins graue Haar, reckt auf zum
Himmel beide Hände und wirft sich über den Leichnam:
„Schlug mich so, mein Sohn, in Bann die Begierde nach Leben,
daß ich dich, den ich zeugte, vor Feindeshand mich vertreten
ließ, bin ich, der Vater, durch deine Wunden gerettet,
lebend aus deinem Tod? Erst jetzt, ach, traf mich Armen
heillos Elend, erst jetzt ward tief mir die Wunde geschlagen.
Ich auch, Sohn, ich befleckte durch meine Schuld deinen Namen,
schuf mir Haß, ward verjagt vom Thron und der Herrschaft der Ahnen.
Buße schuldete ich meinem Land und dem Grimme der Meinen.
Hätt' ich durch jeglichen Tod doch gelassen mein schuldiges Leben!
Jetzt noch lebe ich, lasse noch nicht vom Licht und von Menschen.

sed linquam.' simul hoc dicens attollit in aegrum
se femur et, quamquam vis alto volnere tardat,
haud deiectus equom duci iubet. hoc decus illi,
hoc solamen erat: bellis hoc victor abibat
omnibus. adloquitur maerentem et talibus infit: 860
'Rhaebe, diu, res si qua diu mortalibus ulla est,
viximus. aut hodie victor spolia illa cruenta
et caput Aeneae referes Lausique dolorum
ultor eris mecum aut, aperit si nulla viam vis,
occumbes pariter; neque enim, fortissime, credo, 865
iussa aliena pati et dominos dignabere Teucros.'
dixit et exceptus tergo consueta locavit
membra manusque ambas iaculis oneravit acutis,
aere caput fulgens cristaque hirsutus equina.
sic cursum in medios rapidus dedit: aestuat ingens 870
uno in corde pudor mixtoque insania luctu.
[et furiis agitatus amor et conscia virtus.]
atque hic Aenean magna ter voce vocavit.
Aeneas adgnovit enim laetusque precatur:
'sic pater ille deum faciat, sic altus Apollo, 875
incipias conferre manum!'
tantum effatus et infesta subit obvius hasta.
ille autem: 'quid me erepto, saevissime, nato
terres? haec via sola fuit, qua perdere posses.
nec mortem horremus nec divom parcimus ulli. 880
desine, nam venio moriturus et haec tibi porto
dona prius.' dixit telumque intorsit in hostem;
inde aliud super atque aliud figitque volatque
ingenti gyro, sed sustinet aureus umbo.
ter circum adstantem laevos equitavit in orbes 885
tela manu iaciens, ter secum Troïus heros
inmanem aerato circumfert tegmine silvam.
inde ubi tot traxisse moras, tot spicula taedet
vellere et urgetur pugna congressus iniqua,
multa movens animo iam tandem erumpit et inter 890
bellatoris equi cava tempora conicit hastam.

Aber ich will's!" So spricht er und hebt sich zugleich auf dem kranken
Schenkel zum Stehn, und obwohl durch die tiefe Wunde die Kraft lahmt,
stürzt er nicht, läßt holen sein Roß; das war seine Ehre,
das sein Trost: auf ihm kam siegreich er wieder aus allen
Kriegen davon. Nun spricht er so zum trauernden Tiere:
„Rhaebus, lange, wenn lange ein Ding für Sterbliche dauert,
lebten wir zwei. Heut bringst du siegreich die blutige Rüstung
und das Haupt des Aeneas zurück, rächst mit mir des Lausus
schmerzlichen Tod, oder wenn keine Wucht uns öffnet den Weg, dann
stirbst du gemeinsam mit mir; denn nicht, mein Tapferstes, glaub ich,
läßt du fremden Befehl dir gefallen und Teukrer als Herren."
Sprach's, und empfangen vom Rücken des Rosses, nahm die gewohnte
Haltung er ein und belud beide Hände mit spitzigen Speeren.
Erz blitzt funkelnd vom Haupt, starr steht der Helmbusch aus Roßhaar.
So stürmt wild er mitten ins Heer; es brennen in e i n e m
Herzen furchtbar Scham und Wut, vereint mit dem Grame,
[und seine Liebe, von Furien wild, und der Stachel der Ehre].
Dreimal ruft er jetzt mit lauter Stimme Aeneas.
Gleich erkennt ihn Aeneas und betet also frohlockend:
„Füge es so der Vater der Götter, der hehre Apollo,
daß du Kampf mit mir beginnst!"
Dies nur spricht er und rückt ihm entgegen mit drohender Lanze.
Der aber sagt: „Was drohst du noch, Grausamer, da du den Sohn mir
raubtest? Dies war der einzige Weg, mich vernichten zu können.
Mich schreckt weder der Tod noch schone ich einen der Götter.
Schweig drum! Denn ich komme zu sterben und bringe zuvor dir
hier noch Geschenke." So sprach er und warf einen Speer nach dem Feinde;
dann wirft Speer über Speer er los und stürmt in gewalt'gem
Bogen ringsum, doch der goldene Schildbuckel wehrt den Geschossen.
Dreimal umreitet er ihn, der da steht, immer linksum im Kreise,
schleudert Speer auf Speer; dreimal dreht mit sich der Held aus
Troja auf ehernem Schild einen starrenden Wald von Geschossen.
Dann aber widert's ihn an, so viel Aufschub zu haben, so vielen
Speeren zu wehren, auch drängt ihn die Not des ungleichen Kampfes.
Und so stürzt er nach vielen Bedenken endlich hervor und
schleudert zwischen die Schläfen des Streitrosses wuchtig die Lanze.

tollit se arrectum quadrupes et calcibus auras
verberat effusumque equitem super ipse secutus
implicat eiectoque incumbit cernuus armo.
clamore incendunt caelum Troesque Latinique. 895
advolat Aeneas, vaginaque eripit ensem
et super haec: 'ubi nunc Mezzentius acer et illa
effera vis animi?' contra Tyrrhenus, ut auras
suspiciens hausit caelum mentemque recepit:
'hostis amare, quid increpitas mortemque minaris? 900
nullum in caede nefas, nec sic ad proelia veni,
nec tecum meus haec pepigit mihi foedera Lausus.
unum hoc, per si qua est victis venia hostibus, oro:
corpus humo patiare tegi. scio acerba meorum
circumstare odia: hunc, oro, defende furorem 905
et me consortem nati concede sepulcro.'
haec loquitur iuguloque haud inscius accipit ensem
undantique animam diffundit in arma cruore.

XI

Oceanum interea surgens Aurora reliquit:
Aeneas, quamquam et sociis dare tempus humandis
praecipitant curae turbataque funere mens est,
vota deum primo victor solvebat Eoo.
ingentem quercum decisis undique ramis 5
constituit tumulo fulgentiaque induit arma,
Mezzenti ducis exuvias, tibi, magne, tropaeum,
bellipotens: aptat rorantis sanguine cristas
telaque trunca viri et bis sex thoraca petitum
perfossumque locis clipeumque ex aere sinistrae 10
subligat atque ensem collo suspendit eburnum.
tum socios — namque omnis eum stipata tegebat
turba ducum — sic incipiens hortatur ovantis:
'maxima res effecta, viri; timor omnis abesto,
quod superest: haec sunt spolia et de rege superbo 15

Steilauf bäumt sich das Roß, mit den Hufen peitscht es die Luft, wirft
ab seinen Reiter, reißt ihn mit in den eigenen Sturz und
bricht mit verrenktem Bug kopfüber auf ihm zusammen.
Prasselnd flammt zum Himmel Geschrei von Latinern und Troern.
Anstürmt jetzt Aeneas, entreißt der Scheide das Schwert und
ruft: „Wo bleibt denn jetzt der grimme Mezzentius, wo des
Herzens Trotz?" Der Tyrrhener darauf, sobald, zu den Lüften
blickend, den Himmel er sah und zurück sein Bewußtsein erlangte:
„Bitterer Feind, was schiltst du und drohst mir noch mit dem Tode?
Nicht ist Frevel der Schlag, nicht so gesinnt zog ich zum Kampf, noch
hat ein solches Bündnis mit dir geschlossen mein Lausus.
Eins nur erbitt ich, wenn Gunst den besiegten Feinden gewährt wird,
dulde es, daß man den Leichnam begräbt. Ich weiß, wie die Meinen
bitter mit Haß mich bedrohn: schütz, bitte, vor solch einer Wut mich
und erlaub mir, im Grabe mit meinem Sohne zu ruhen."
Also spricht er, empfängt, klar bewußt, in der Kehle das Schwert und
gießt sein Leben aus auf die Rüstung in blutiger Woge.

11

Unterdessen entschwebte die Morgenröte dem Meere.
Aber Aeneas, wie sehr ihn auch zur Bestattung der Freunde
trieben die Sorgen, wie sehr auch Not und Tod ihn bedrängten,
löste den Göttern Gelübde des Siegers im Aufschein der Frühe.
Riesigen Eichenstamm mit allseits beschnittenen Zweigen
stellt er über den Hügel und hüllt ihn in funkelnde Waffen,
Rüstung, entrissen dem Fürsten Mezzentius, dir als Trophäe,
großer Kriegsgott, befestigt den blutbeträufelten Helmbusch,
dann die zerbrochenen Speere des Helden, den zwölfmal getroffnen
und durchbohrten Panzer, er macht an der Linken den Erzschild
fest und hängt um den Nacken das Schwert mit der Elfenbeinscheide.
Dann zu den Freunden — denn dicht umdrängte ihn rings die gesamte
Schar seiner Führer— beginnt er und mahnt sie in ihrem Triumphe:
„Männer, herrliche Tat ist vollbracht; fern sei alle Furcht vor
dem, was noch bleibt; hier steht, hochmütigem Fürsten entrafft, des

primitiae manibusque meis Mezzentius hic est.
nunc iter ad regem nobis murosque Latinos.
arma parate animis et spe praesumite bellum,
ne qua mora ignaros, ubi primum vellere signa
adnuerint superi pubemque educere castris, 20
inpediat segnisve metu sententia tardet.
interea socios inhumataque corpora terrae
mandemus, qui solus honos Acheronte sub imo est.
ite' ait 'egregias animas, quae sanguine nobis
hanc patriam peperere suo, decorate supremis 25
muneribus maestamque Euandri primus ad urbem
mittatur Pallas, quem non virtutis egentem
abstulit atra dies et funere mersit acerbo.'
 Sic ait inlacrimans recipitque ad limina gressum,
corpus ubi exanimi positum Pallantis Acoetes 30
servabat senior, qui Parrhasio Euandro
armiger ante fuit, sed non felicibus aeque
tum comes auspiciis caro datus ibat alumno.
circum omnis famulumque manus Troianaque turba
et maestum Iliades crinem de more solutae. 35
ut vero Aeneas foribus sese intulit altis,
ingentem gemitum tusis ad sidera tollunt
pectoribus maestoque inmugit regia luctu.
ipse caput nivei fultum Pallantis et ora
ut vidit levique patens in pectore volnus 40
cuspidis Ausoniae, lacrimis ita fatur obortis:
'tene' inquit 'miserande puer, cum laeta veniret,
invidit Fortuna mihi, ne regna videres
nostra neque ad sedes victor veherere paternas?
non haec Euandro de te promissa parenti 45
discedens dederam, cum me complexus euntem
mitteret in magnum imperium metuensque moneret
acris esse viros, cum dura proelia gente.
et nunc ille quidem spe multum captus inani
fors et vota facit cumulatque altaria donis: 50
nos iuvenem exanimum et nil iam caelestibus ullis

ELFTES BUCH

Sieges Erstling, hier Mezzentius, wie meine Hand ihn
schuf; jetzt ruft uns zum König der Weg und zur Stadt der Latiner.
Rüstet im Geist euch zum Kampf, nehmt mutig den Krieg schon vorweg, daß
nichts euch unvermutet, sobald die Götter uns winken,
wehenden Banners ins Feld aus dem Lager zu führen die Jugend,
dann überfalle und schlaffe Gesinnung angstvoll euch lähme.
Laßt uns inzwischen der Erde die unbegrabnen Gefährten
anvertraun: nur das bringt Ehre in Acherons Tiefen.
Geht, die Seelen der Helden, die uns mit eigenem Blut dies
Vaterland schufen, feiert fromm mit den Ehren des Grabes,
bringt vor allem den Pallas zur trauernden Stadt des Euander,
ihn, dem Heldenmut nicht fehlte, raffte der schwarze
Tag hinweg und ließ ihn versinken im bitteren Tode."

   Also sprach er weinend und wandte sich wieder zur Schwelle,
wo an der Bahre des leblosen Pallas Leichenwacht hielt der
alte Acoetes, der dem Parrhasierfürsten Euander
einst als Knappe gedient; unter nicht gleich glücklichen Zeichen
ging er jetzt, als Gefolgsmann gesellt dem teuren Zögling.
Rings stand aller Diener Schar, stand Troergedränge,
standen die Frauen, nach Trauerbrauch mit wallenden Haaren.
Aber sobald Aeneas die ragende Pforte durchschritt, da
schlagen die Brust sie, lassen laut zu den Sternen die Klage
tönen, dumpf dröhnt wider des Königs Halle vom Jammer.
Weiß wie Schnee liegt Pallas, erhöht das Haupt und das Antlitz,
offen auf schimmernder Brust klafft weit die Wunde, die ihm der
Speer Ausoniens schlug. So sieht ihn Aeneas und ruft mit
quellenden Tränen: „Du armes Kind, mißgönnte Fortuna,
die so beglückend doch kam, dich mir, ließ nimmer mein Reich dich
sehen und nicht als Sieger gelangen zum Sitz deiner Väter?
Nicht verhieß ich dieses von dir deinem Vater Euander
jüngst beim Scheiden, als er mich umarmte und dann mich entließ zum
Antritt erhabenen Amtes und sorgenvoll mahnte, es seien
wild jene Männer, es komme zum Kampf mit hartem Geschlechte.
Ach, noch jetzt macht jener vielleicht, von vergeblicher Hoffnung
grausam getäuscht, Gelübde und häuft am Altare die Gaben.
Wir aber geben dem Jüngling, dem leblosen, himmlischen Göttern

debentem vano maesti comitamur honore.
infelix, nati funus crudele videbis!
hi nostri reditus exspectatique triumphi?
haec mea magna fides? at non, Euandre, pudendis 55
volneribus pulsum aspicies nec sospite dirum
optabis nato funus pater. ei mihi, quantum
praesidium Ausonia et quantum tu perdis, Iule!'
　　Haec ubi deflevit, tolli miserabile corpus
imperat et toto lectos ex agmine mittit 60
mille viros, qui supremum comitentur honorem
intersintque patris lacrimis, solacia luctus
exigua ingentis, misero sed debita patri.
haud segnes alii crates et molle feretrum
arbuteis texunt virgis et vimine querno 65
exstructosque toros obtentu frondis inumbrant.
hic iuvenem agresti sublimem stramine ponunt,
qualem virgineo demessum pollice florem
seu mollis violae seu languentis hyacinthi,
cui neque fulgor adhuc nec dum sua forma recessit, 70
non iam mater alit tellus virisque ministrat.
tum geminas vestes auroque ostroque rigentis
extulit Aeneas, quas illi laeta laborum
ipsa suis quondam manibus Sidonia Dido
fecerat et tenui telas discreverat auro. 75
harum unam iuveni supremum maestus honorem
induit arsurasque comas obnubit amictu,
multaque praeterea Laurentis praemia pugnae
aggerat et longo praedam iubet ordine duci.
addit equos et tela, quibus spoliaverat hostem. 80
vinxerat et post terga manus, quos mitteret umbris
inferias, caeso sparsurus sanguine flammas,
indutosque iubet truncos hostilibus armis
ipsos ferre duces inimicaque nomina figi.
ducitur infelix aevo confectus Acoetes, 85
pectora nunc foedans pugnis, nunc unguibus ora,
sternitur et toto proiectus corpore terrae.

nichts mehr schuldenden, trauernd Geleit mit nichtiger Ehre.
Armer Vater! Du siehst des Sohnes grausam Begräbnis!
Kehren wir so denn zurück? Sind das die ersehnten Triumphe?
Das mein feierlich Wort? Und doch, Euander, nicht wirst du
Wunden erblicken, die Scham dir erregten, wirst nicht als Vater
grausamen Tod dir erflehen, weil der Sohn sich gerettet; ach, welchen
Halt verliert Ausonien hier, welchen Halt du, Iulus!"
Also klagt er und läßt den jammernswürdigen Leichnam
heben, wählt vom ganzen Heer sich tausend Mann und
schickt sie, damit sie den Toten zu Grabe geleiten mit Ehren,
mit dem Vater weinen und klagen, kärglicher Trost in
tiefstem Gram, aber doch dem armen Vater geschuldet.
Ohne zu säumen, wirken ein weiches Geflechte als Bahre
jetzt die andern aus Arbutusruten und Eichenbaumgerten
und überschatten mit schützendem Laub das errichtete Lager.
Hier nun betten sie hoch auf grünem Polster den Jüngling:
also liegt, gepflückt von Mädchenfingern, die Blüte
weicher Levkoje vielleicht oder sanfthinwelkender Lilie;
noch wich nicht der Glanz ihrer Farben, die Pracht ihrer Formen,
doch Mutter Erde ernährt sie nicht mehr, verleiht keine Kraft mehr.
Zwei Gewänder, von Gold und Purpur starrende, bringt zur
Bahre Aeneas, die hatte für ihn, beglückt bei der Arbeit
einst mit eigenen Händen gewebt die sidonische Dido
und das Gewebe durchwirkt mit zarten Fäden von Golde.
Mit dem einen schmückt er trauernd den Jüngling zur letzten
Ehre, umhüllt mit dem andern die bald auflodernden Locken,
häuft zudem aus dem Kampf um Laurentum erbeutete Preise
und befiehlt, die Beute in langer Reihe zu führen;
gibt noch Rosse und Waffen dazu, erbeutet vom Feinde.
Rücklings schnürt er die Hände der Jünglinge, die er den Schatten
ehrend weiht, um Schlachtopferblut in die Flammen zu sprengen.
Stämme, von Feindesrüstung umhüllt, befiehlt er den Führern
selbst zu tragen und drüber die feindlichen Namen zu heften.
Mitführen läßt sich der arme, von Alter geschwächte Acoetes,
bald mit Fäusten die Brust, bald mit Nägeln mißhandelnd das Antlitz,
wirft sich nieder und streckt mit dem ganzen Leib sich am Boden.

ducunt et Rutulo perfusos sanguine currus.
post bellator equos positis insignibus Aethon
it lacrimans guttisque umectat grandibus ora. 90
hastam alii galeamque ferunt, nam cetera Turnus
victor habet. tum maesta phalanx Teucrique secuntur
Tyrrhenique omnes et versis Arcades armis.
postquam omnis longe comitum praecesserat ordo,
substitit Aeneas gemituque haec addidit alto: 95
'nos alias hinc ad lacrimas eadem horrida belli
fata vocant: salve aeternum mihi, maxime Palla,
aeternumque vale.' nec plura effatus ad altos
tendebat muros gressumque in castra ferebat.

Iamque oratores aderant ex urbe Latina, 100
velati ramis oleae veniamque rogantes:
corpora, per campos ferro quae fusa iacebant,
redderet ac tumulo sineret succedere terrae;
nullum cum victis certamen et aethere cassis;
parceret hospitibus quondam socerisque vocatis. 105
quos bonus Aeneas haud aspernanda precantis
prosequitur venia et verbis haec insuper addit:
'quaenam vos tanto fortuna indigna, Latini,
inplicuit bello, qui nos fugiatis amicos?
pacem me exanimis et Martis sorte peremptis 110
oratis? equidem et vivis concedere vellem.
nec veni, nisi fata locum sedemque dedissent,
nec bellum cum gente gero: rex nostra reliquit
hospitia et Turni potius se credidit armis.
aequius huic Turnum fuerat se opponere morti. 115
si bellum finire manu, si pellere Teucros
apparat, his mecum decuit concurrere telis:
vixet, cui vitam deus aut sua dextra dedisset.
nunc ite et miseris subponite civibus ignem.'
dixerat Aeneas. illi obstipuere silentes 120
conversique oculos inter se atque ora tenebant.
tum senior semperque odiis et crimine Drances
infensus iuveni Turno sic ore vicissim

Streitwagen fahren im Zug, überströmt von Rutulerblute.
Hinten schreitet ohne Schmuck das Streitroß Aethon
weinend nach und netzt mit großen Tränen sein Antlitz.
Einige tragen Speer und Helm; das andere hat ja
Turnus, der Sieger; dann folgen in Trauer Teukrer, Tyrrhener,
und die Arkadier alle, die Waffen verkehrt zur Erde.
Als sich weit der ganze Zug des Geleites entfaltet,
machte Aeneas halt und sprach, tief seufzend, die Worte:
„Uns ruft jetzt von hier zu anderen Tränen das gleiche
grausige Kriegesgeschick. Leb ewig wohl, du mein hehrer
Pallas, ewig leb wohl!" Nicht weiter sprach er und eilte
wieder zur hohen Mauer und lenkte die Schritte zum Lager.

    Und schon waren Vermittler genaht aus der Stadt der Latiner,
festlich mit Ölbaumzweigen bekränzt und Gunst sich erbittend:
Alle die Leiber, die tot vom Eisen lägen im Felde,
möge er ausliefern, möge vergönnen ein Grab in der Erde.
Gelte doch nicht den Besiegten noch Kampf, den Lichtesberaubten.
Schonen möge er, die er einst Gastfreunde nannte und Schwäher.
Unabweisliches baten sie ihn; so gewährte Aeneas
gütig und gern die Gunst und fügte hinzu noch die Worte:
„Welch ein unverdientes Geschick hat euch, ihr Latiner,
solchem Kriege verstrickt, daß uns als Freunde ihr ablehnt?
Frieden erfleht ihr von mir für Entseelte, vom Lose des Kriegsgotts
Hingeraffte — ich würde ihn gern auch den Lebenden geben.
Nicht wär ich hier, wenn das Schicksal Land nicht und Wohnsitz verliehen.
Nicht mit dem Volke führe ich Krieg: es brach euer Fürst das
Bündnis mit uns und vertraute sich lieber den Waffen des Turnus.
Billiger hätte hier diesem Tod sich Turnus geboten.
Will er persönlich beenden den Krieg und vertreiben die Teukrer,
ziemte es wohl, gegen mich mit diesen Waffen zu kämpfen;
wär noch am Leben, wem Gott es verliehn oder eigene Faust: Jetzt
geht, legt unter die Leichen der armen Mitbürger Feuer!"
Also sprach Aeneas; doch jene schwiegen und staunten,
sahen fragend einander dann in Auge und Antlitz.
Dann fing Drankes, der Alte, von je mit grollendem Vorwurf
feindlich dem jungen Turnus gesinnt, auch seinerseits so zu

orsa refert: 'o fama ingens, ingentior armis
vir Troiane, quibus caelo te laudibus aequem. 125
iustitiaene prius mirer belline laborum?
nos vero haec patriam grati referemus ad urbem
et te, si qua viam dederit fortuna, Latino
iungemus regi: quaerat sibi foedera Turnus.
quin et fatalis murorum attollere moles 130
saxaque subvectare umeris Troiana iuvabit.'
dixerat haec unoque omnes eadem ore fremebant.
bis senos pepigere dies et pace sequestra
per silvas Teucri mixtique inpune Latini
erravere iugis. ferro sonat alta bipenni 135
fraxinus, evertunt actas ad sidera pinus,
robora nec cuneis et olentem scindere cedrum
nec plaustris cessant vectare gementibus ornos.

    Et iam Fama volans, tanti praenuntia luctus,
Euandrum Euandrique domos et moenia replet, 140
quae modo victorem Latio Pallanta ferebat.
Arcades ad portas ruere et de more vetusto
funereas rapuere faces; lucet via longo
ordine flammarum et late discriminat agros.
contra turba Phrygum veniens plangentia iungit 145
agmina. quae postquam matres succedere tectis
viderunt, maestam incendunt clamoribus urbem.
at non Euandrum potis est vis ulla tenere,
sed venit in medios. feretro Pallanta reposto
procubuit super atque haeret lacrimansque gemensque, 150
et via vix tandem voci laxata dolore est:
'non haec, o Palla, dederas promissa parenti,
cautius ut saevo velles te credere Marti.
haud ignarus eram, quantum nova gloria in armis
et praedulce decus primo certamine posset. 155
primitiae iuvenis miserae bellique propinqui
dura rudimenta et nulli exaudita deorum
vota precesque meae tuque, o sanctissima coniunx,
felix morte tua neque in hunc servata dolorem!

reden an: „Du, groß an Ruf, noch größer in Waffen,
Held aus Troja, wie soll ich mit Lob zum Himmel dich heben,
staune ich mehr über rechtlichen Sinn oder Leistung im Kriege?
Dankbar melden wir dieses daheim in der Stadt unsrer Väter
und, wenn Glück uns weist einen Weg, verbünden wir dich dem
Fürsten Latinus: möge sich Turnus Bündnisse suchen.
Ja, den Schicksalsbau der Mauern selber zu türmen,
wird uns freuen, auf Schultern die Steine zu schleppen für Troja."
So sprach Drankes: mit e i n e m Mund gaben alle ihm Beifall.
Auf zwölf Tage schließen sie Pakt; da Waffen nun ruhen,
streifen durch Wälder die Teukrer und, harmlos gesellt, die Latiner
über die Höhen. Es dröhnt die hohe Esche vom Schlag der
eisernen Axt; sie fällen die sternaufragenden Fichten,
rastlos spalten sie Eichen mit Keilen und duftende Zedern,
fahren auf knarrenden Lastwagen fort die Eschen des Bergwalds.

Und schon füllte Fama im Flug, Vorbotin so großen
Grames, Euander, Euanders Palast und den Ring seiner Festung,
Fama, die jüngst erst Pallas als Sieger in Latium rühmte.
Torwärts drängen die Arkader schnell und ergreifen nach altem
Brauche die Totenfackeln, hell leuchtet die Straße von langer
Reihe der Flammen und läßt weithin aufscheinen die Felder.
Anrückt drüben der Phryger Schar und schließt sich dem Zug der
Klagenden an. Sobald nun die Mütter den Häusern sie nahen
sehen, entflammen die trauernde Stadt sie mit hallender Klage.
Keine Macht aber kann den Euander länger noch halten;
mittenhin drängt er ins Volk; da steht die Bahre und er wirft
über Pallas sich hin und hängt dort weinend und stöhnend,
und nur schwer gibt würgender Gram der Stimme den Weg frei:
„O, nicht hattest du, Pallas, dies deinem Vater versprochen.
Hättest du achtsamer doch dich vertraut dem grimmigen Kriegsgott!
Ach, ich wußte es wohl, was junger Waffenruhm, was im
ersten Gefecht der süße Rausch der Ehre vermöchte.
Jungen Kriegers Beginn voll Leid, o, benachbarten Krieges
hartes Anfängertum, o ihr, meine Opfer und Bitten,
die kein Gott mir erhörte, und du, hochselige Gattin,
glücklich im Tod, nicht hier bewahrt so furchtbarem Grame!

contra ego vivendo vici mea fata, superstes 160
restarem ut genitor. Troum socia arma secutum
obruerent Rutuli telis, animam ipse dedissem
atque haec pompa domum me, non Pallanta, referret!
nec vos arguerim, Teucri, nec foedera nec quas
iunximus hospitio dextras: sors ista senectae 165
debita erat nostrae. quod si inmatura manebat
mors gnatum, caesis Volscorum milibus ante
ducentem in Latium Teucros cecidisse iuvabit.
quin ego non alio digner te funere, Palla,
quam pius Aeneas et quam magni Phryges et quam 170
Tyrrhenique duces, Tyrrhenum exercitus omnis.
magna tropaea ferunt, quos dat tua dextera leto:
tu quoque nunc stares inmanis truncus in armis,
esset par aetas et idem si robur ab annis,
Turne. sed infelix Teucros quid demoror armis? 175
vadite et haec memores regi mandata referte:
quod vitam moror invisam Pallante perempto,
dextera causa tua est, Turnum gnatoque patrique
quam debere vides. meritis vacat hic tibi solus
fortunaeque locus. non vitae gaudia quaero, 180
nec fas, sed gnato manis perferre sub imos.'

   Aurora interea miseris mortalibus almam
extulerat lucem, referens opera atque labores:
iam pater Aeneas, iam curvo in litore Tarchon
constituere pyras. huc corpora quisque suorum 185
more tulere patrum, subiectisque ignibus atris
conditur in tenebras altum caligine caelum.
ter circum accensos cincti fulgentibus armis
decurrere rogos, ter maestum funeris ignem
lustravere in equis ululatusque ore dedere. 190
spargitur et tellus lacrimis, sparguntur et arma,
it caelo clamorque virum clangorque tubarum.
hic alii spolia occisis derepta Latinis
coniciunt igni, galeas ensesque decoros
frenaque ferventisque rotas; pars munera nota, 195

Ich überwand durch Leben mein Schicksal, um überlebend
übrig zu bleiben als Vater! O läg ich als Bündner der Troer
tot unter Rutulerspeeren, wär ich doch selber gestorben,
hätte doch mich dieser Zug so heimgebracht, nicht meinen Pallas!
Euch aber, Teukrer, klage ich n i c h t an, nicht die Verträge,
nicht, die gastlich uns einte, die Hand: es sollte dies Los mein
Alter noch treffen. Und wenn zu früh der Tod meines Sohnes
harrte, so denke ich gern: erschlagen wurden der Volsker
Tausende, ehe e r fiel, der nach Latium führte die Teukrer.
Ich selbst würde dich, Pallas, genau so herrlich bestatten
wie der fromme Aeneas und wie die Phrygierhelden,
wie Tyrrhenerführer und alles Heer der Tyrrhener.
Große Trophäen bringen sie derer, die deine Rechte
warf in den Tod: auch du jetzt ragtest als riesiger Stumpf in
Rüstung, wenn Alter und Kraft der Jahre einander geglichen,
Turnus! Doch ach, ich Armer entziehe die Teukrer dem Kampfe.
Geht denn und meldet getreu eurem Fürsten hier meinen Auftrag:
wenn ich verhaßtes Leben noch schleppe, seit Pallas dahin ist,
ist deine Rechte der Grund: sie schuldet, du siehst es, dem Sohne
und dem Vater den Turnus. Verdienst und Glück lassen einzig
diesen Platz dir noch frei. Nicht sucht ich die Freude fürs Leben,
darf's nicht, will nur dem Sohne sie bringen tief zu den Manen."

    Unterdessen hatte den armen Sterblichen wieder
nährend Licht Aurora gebracht mit Werken und Mühsal.
Schon ließ Vater Aeneas und schon am Strande auch Tarchon
schichten die Scheiterhaufen; hierhin trug jeder der Seinen
Leichen nach Väterbrauch; aufflammte darunter das düstre
Feuer, es hüllte sich hoch in Qualm und Dunkel der Himmel.
Dreimal umzogen sie festlich, gegürtet mit blitzenden Waffen
rings die Flammenstöße, umkreisten dreimal zu Roß das
gramvolle Feuer des Grabes, und Klage entströmte dem Munde.
Tränen netzten die Erde und Tränen netzten die Waffen,
himmelan hallt Klagen der Mannen, Klang der Drommeten.
Manche werfen die Rüstung, entrissen erschlagnen Latinern,
jetzt ins Feuer und Helme und Schwerter, kostbar geschmückte,
Zaumzeug und sausende Räder; ein Teil vertrautere Gaben:

ipsorum clipeos et non felicia tela.
multa boum circa mactantur corpora Morti,
saetigerosque sues raptasque ex omnibus agris
in flammam iugulant pecudes. tum litore toto
ardentis spectant socios semustaque servant 200
busta neque avelli possunt, nox umida donec
invertit caelum stellis ardentibus aptum.

    Nec minus et miseri diversa in parte Latini
innumeras struxere pyras, et corpora partim
multa virum terrae infodiunt avectaque partim 205
finitimos tollunt in agros urbique remittunt,
cetera confusaeque ingentem caedis acervom
nec numero neque honore cremant: tunc undique vasti
certatim crebris conlucent ignibus agri.
tertia lux gelidam caelo dimoverat umbram: 210
maerentes altum cinerem et confusa ruebant
ossa focis tepidoque onerabant aggere terrae.
iam vero in tectis, praedivitis urbe Latini,
praecipuus fragor et longi pars maxima luctus.
hic matres miseraeque nurus, hic cara sororum 215
pectora maerentum puerique parentibus orbi
dirum exsecrantur bellum Turnique hymenaeos.
ipsum armis ipsumque iubent decernere ferro,
qui regnum Italiae et primos sibi poscat honores.
ingravat haec saevos Drances solumque vocari 220
testatur, solum posci in certamina Turnum.
multa simul contra variis sententia dictis
pro Turno et magnum reginae nomen obumbrat,
multa virum meritis sustentat fama tropaeis.

    Hos inter motus, medio in flagrante tumultu, 225
ecce super maesti magna Diomedis ab urbe
legati responsa ferunt: nihil omnibus actum
tantorum inpensis operum, nil dona neque aurum
nec magnas valuisse preces, alia arma Latinis
quaerenda aut pacem Troiano ab rege petendum. 230
deficit ingenti luctu rex ipse Latinus.

Schilde der Toten und nicht vom Glück gesegnete Speere.
Viele Rinder opfern sie rings dem Gotte des Todes,
borstige Schweine und Schafe, von allen Feldern geraubte,
schlachten sie ab für die Flamme, dann schaun überall sie am Strand im
Brand die Gefährten, bewachen die Stöße, die halb erst verbrannten,
können sich nicht losreißen, bis endlich die tauende Nacht den
Himmel dreht, der prangend steht mit glühenden Sternen.

   Ebenso schichten drüben, genüber, die armen Latiner
zahllose Scheiterhaufen empor und bergen die vielen
Helden hier zur Erde im Grabe, bringen von dort die
Leichen fort ins benachbarte Land und heim in die Hauptstadt,
aber den Rest, des verworrenen Mordens riesige Haufen,
brennen sie auf ohne Zählung und Ehrung: überall weithin
leuchten im Wettstreit jetzt von vielen Feuern die Felder.
Frostigen Schatten verscheuchte der dritte Morgen vom Himmel:
Trauernd wühlten sie Haufen von Asche, zerfallne Gebeine
jetzt aus dem Brandherd, deckten mit warmer Erde die Reste.
Doch in den Häusern ertönt, in der Stadt des reichen Latinus,
greller der Jammer, hier lastet am schwersten die Trauer des Landes.
Hier verfluchen Mütter und Schwiegertöchter im Elend,
hier die lieben Herzen der trauernden Schwestern, hier Kinder,
vaterlos, den grausigen Krieg und des Turnus Vermählung.
Selbst mit Schild und selbst mit dem Schwert soll e r doch entscheiden,
der da Italiens Reich und die ersten Ehren beansprucht.
Dem gibt Nachdruck Drankes voll Grimm; er bezeugt, man verlange
einzig und fordere einzig heraus zum Kampfe den Turnus.
Stark aber stimmt man dagegen zugleich mit mancherlei Worten
auch für Turnus, ihn schützt der erhabene Name der Fürstin,
stark auch stützt den Helden sein Ruhm ob verdienter Trophäen.

   Hier bei diesem Lärm, inmitten lodernden Aufruhrs,
bringt obendrein die Gesandtschaft noch gramvolle Antwort zurück aus
Diomedes' mächtiger Stadt: nichts sei dort trotz allen
Aufwands größter Arbeit erreicht: weder Gaben noch Gold noch
dringende Bitten hätten gewirkt; so sei den Latinern
not ein anderer Bund oder Friede vom Fürsten der Troer.
Hinbricht unter der Last des Grams jetzt König Latinus.

fatalem Aenean manifesto numine ferri
admonet ira deum tumulique ante ora recentes.
ergo concilium magnum primosque suorum
imperio accitos alta intra limina cogit. 235
olli convenere ruuntque ad regia plenis
tecta viis. sedet in mediis et maximus aevo
et primus sceptris haud laeta fronte Latinus.
atque hic legatos Aetola ex urbe remissos,
quae referant, fari iubet et responsa reposcit 240
ordine cuncta suo. tum facta silentia linguis
et Venulus dicto parens ita farier infit:

  'Vidimus, o cives, Diomedem Argivaque castra
atque iter emensi casus superavimus omnis
contigimusque manum, qua concidit Ilia tellus. 245
ille urbem Argyripam patriae cognomine gentis
victor Gargani condebat Iapygis agris.
postquam introgressi et coram data copia fandi,
munera praeferimus, nomen patriamque docemus,
qui bellum intulerint, quae causa attraxerit Arpos. 250
auditis ille haec placido sic reddidit ore:
"o fortunatae gentes, Saturnia regna,
antiqui Ausonii, quae vos fortuna quietos
sollicitat suadetque ignota lacessere bella?
quicumque Iliacos ferro violavimus agros — 255
mitto ea, quae muris bellando exhausta sub altis,
quos Simois premat ille viros — infanda per orbem
supplicia et scelerum poenas expendimus omnes,
vel Priamo miseranda manus: scit triste Minervae
sidus et Euboicae cautes ultorque Caphereus. 260
militia ex illa diversum ad litus abacti
Atrides Protei Menelaus ad usque columnas
exsulat, Aetnaeos vidit Cyclopas Ulixes.
regna Neoptolemi referam versosque penates
Idomenei, Libycone habitantis litore Locros? 265
ipse Mycenaeus magnorum ductor Achivom
coniugis infandae prima intra limina dextra

ELFTES BUCH

Greifbare Gottheit führe den schicksalberufnen Aeneas,
so mahnt Göttergroll und frische Gräber vor Augen.
Also beruft er feierlich Rat, die ersten der Seinen
lädt sein Befehl und holt sie herein zur ragenden Schwelle.
Jene strömen zusammen und drängen auf wimmelnden Straßen
hin zum Palast. Inmitten thront, der Höchste an Alter
und der Erste an Macht, mit unfroher Stirne Latinus.
Und die Gesandten, die heimgeschickt aus der Stadt der Aetoler,
läßt er Bericht jetzt erstatten und fordert die Antworten alle
ein in richtiger Ordnung. Da bannt gleich Schweigen die Zungen,
Vénulus hebt, gehorsam dem Wort, nun so an zu reden:
„Bürger, wir sahn Diomedes und sahn die argivische Siedlung,
legten den Weg zurück, überwanden alle Bedrohung
und berührten die Hand, die in Schutt warf Iliums Erde.
Auf dem Gargánus im Jápygerland erbaute als Preis des
Sieges Argýripa er und benannte die Stadt nach der Heimat.
Als wir nun vor ihn gekommen und er das Wort uns gestattet,
legten die Gaben wir vor, verkündeten Namen und Heimat,
sagten, wer uns bekriege und was uns getrieben nach Arpi.
Jener hörte und gab mit ruhigem Antlitz die Antwort:
‚O, ihr Völker, gesegnet vom Glück, saturnische Reiche,
altes Ausonierblut, welcher Zufall scheucht aus der Ruhe
euch und rät euch, Krieg mit fremdem Gegner zu wagen?
Alle, die wir verletzt das ilische Land — ich verschweige
das, was im Kriege erlag unter ragenden Mauern, die Männer,
die dort jener Simoïs begräbt — unsägliche Sühnung
warf uns weit durch die Welt, wir büßten die Frevel, wir alle;
Priamus selbst hätte Mitleid mit uns: das weiß wohl Minervas
düster Gestirn, das Euböische Riff und der Rächer Kaphereus.
Seit jenem Feldzug, nach hier und dort an Küsten verschlagen,
sah sich des Atreus Sohn Menelaus verbannt zu des Proteus
Säulen, erblickte Kyklopen vom Ätnagefilde Ulixes.
Soll Neoptolemus' Reich ich erwähnen, den Sturz der Penaten
auch des Idómeneus, Lokrer, die hausen am lybischen Strande?
Er, der mykenische Führer selbst der großen Achiver
fand, kaum trat er durch's Tor, von der Hand seiner ruchlosen Gattin

oppetiit, devictam Asiam subsedit adulter.
invidisse deos, patriis ut redditus aris
coniugium optatum et pulchram Calydona viderem? 270
nunc etiam horribili visu portenta secuntur,
et socii amissi petierunt aethera pennis
fluminibusque vagantur aves — heu dira meorum
supplicia! — et scopulos lacrimosis vocibus inplent.
haec adeo ex illo mihi iam speranda fuerunt 275
tempore, cum ferro caelestia corpora demens
adpetii et Veneris violavi volnere dextram.
ne vero, ne me ad talis inpellite pugnas:
nec mihi cum Teucris ullum post eruta bellum
Pergama, nec veterum memini laetorve malorum. 280
munera, quae patriis ad me portatis ab oris,
vertite ad Aenean. stetimus tela aspera contra
contulimusque manus: experto credite, quantus
in clipeum adsurgat, quo turbine torqueat hastam.
si duo praeterea talis Idaea tulisset 285
terra viros, ultro Inachias venisset ad urbes
Dardanus et versis lugeret Graecia fatis.
quidquid apud durae cessatum est moenia Troiae,
Hectoris Aeneaeque manu victoria Graium
haesit et in decimum vestigia rettulit annum. 290
ambo animis, ambo insignes praestantibus armis;
hic pietate prior. coeant in foedera dextrae,
qua datur; ast armis concurrant arma cavete."
et responsa simul quae sint, rex optime, regis
audisti et quae sit magno sententia bello.' 295

   Vix ea legati, variusque per ora cucurrit
Ausonidum turbata fremor: ceu saxa morantur
cum rapidos amnis, fit clauso gurgite murmur
vicinaeque fremunt ripae crepitantibus undis.
ut primum placati animi et trepida ora quierunt, 300
praefatus divos solio rex infit ab alto:
'ante equidem summa de re statuisse, Latini,
et vellem et fuerat melius, non tempore tali

gleich den Tod; nach Asiens Beute gierte der Buhler.
Wie mir die Götter mißgönnt, am Hausaltar die ersehnte
Gattin zu sehn und Kálydons Pracht, soll ich es erzählen?
Jetzt noch verfolgen mich, schaurig zu sehen, grausige Bilder:
meine verlornen Gefährten enteilten geflügelt zum Äther,
schweifen auf Strömen als Vögel — o furchtbare Buße der Meinen! —
und erfüllen Felsengeklüft mit weinenden Lauten.
Ebendies mußte ich nun für mich auch erwarten seit jener
Zeit, da ich mit Eisen der Himmlischen Leiber verblendet
angriff und verwundend die Hand der Venus entweihte.
Nein, wahrhaftig, nein, treibt nicht mich zu solchen Gefechten!
Nicht mehr führe mit Teukrern ich irgend Krieg nach dem Sturz von
Pergamum, denke auch nicht mehr froh ihrer früheren Leiden.
Hier die Gaben, die ihr mir bringt vom heimischen Strande,
tragt zu Aeneas sie fort! Wir standen Speer gegen Speer und
Faust gegen Faust im Kampf: glaubt mir, ich erfuhr es, wie furchtbar
gegen den Schild er sich hebt, wie im Wirbel er wirft seine Lanze.
Hätte das Land vom Ida noch außer ihm zwei solche Helden
damals gehabt, so kam von selbst zu des Inachus Städten
Dardanus, trauerte Griechenland jetzt ob der Wendung des Schicksals.
Alle die Zeit, die uns hielt vor den Mauern des kampfharten Troja,
hing durch Hektors Hand und die Hand des Aeneas der Sieg der
Griechen fest und wich und wich bis ins zehnte der Jahre.
Beide glänzten durch Mut, durch herrliche Waffentat beide,
frömmer jedoch ist Aeneas. Drum reicht zum Vertrage die Rechte,
wie er sich gibt; doch Waffen gen Waffen zu stürmen, das meidet!
Bester Fürst, so hörtest zugleich du die Antwort des Fürsten,
wie sie lautet, und was er meint vom gewaltigen Kriege."

So sprach kaum die Gesandtschaft, und wirr von Munde zu Mund der
Aúsoner braust verstörtes Getös: so wächst, wenn den Drang der
Ströme Felsgestein hemmt, im gestauten Strudel ein Murren,
nahbei tosen die Ufer grell vom Lärm der Gewässer.
Gleich als die Herzen besänftigt, und ängstliche Rede nun ruhte,
rief zu den Göttern der Fürst und begann vom erhabenen Throne:
„Daß über Wohl und Wehe schon eher sich klar die Latiner,
hätt' ich gewünscht, und besser auch wär's, nicht jetzt in der Notzeit

cogere concilium, cum muros adsidet hostis.
bellum inportunum, cives, cum gente deorum 305
invictisque viris gerimus, quos nulla fatigant
proelia, nec victi possunt absistere ferro.
spem si quam adscitis Aetolum habuistis in armis,
ponite! spes sibi quisque. sed haec quam angusta videtis;
cetera qua rerum iaceant perculsa ruina, 310
ante oculos interque manus sunt omnia vestras.
nec quemquam incuso: potuit quae plurima virtus
esse, fuit; toto certatum est corpore regni.
nunc adeo quae sit dubiae sententia menti
expediam et paucis, animos adhibete, docebo. 315
est antiquus ager Tusco mihi proximus amni,
longus in occasum, finis super usque Sicanos;
Aurunci Rutulique serunt et vomere duros
exercent collis atque horum asperrima pascunt.
haec omnis regio et celsi plaga pinea montis 320
cedat amicitiae Teucrorum et foederis aequas
dicamus leges sociosque in regna vocemus.
considant, si tantus amor, et moenia condant.
sin alios finis aliamque capessere gentem
est animus possuntque solo decedere nostro, 325
bis denas Italo texamus robore navis
seu pluris complere valent, iacet omnis ad undam
materies; ipsi numerumque modumque carinis
praecipiant, nos aera manus navalia demus.
praeterea qui dicta ferant et foedera firment 330
centum oratores prima de gente Latinos
ire placet pacisque manu praetendere ramos,
munera portantis aurique eborisque talenta
et sellam regni trabeamque insignia nostri.
consulite in medium et rebus succurrite fessis.' 335

  Tum Drances idem infensus, quem gloria Turni
obliqua invidia stimulisque agitabat amaris —
largus opum et lingua melior, sed frigida bello
dextera, consiliis habitus non futtilis auctor,

Rat zu berufen, da der Feind schon umlagert die Mauern.
Bürger, mit Göttergeschlecht und unbezwinglichen Helden
führen wir haltlosen Krieg: kein Kampf kann je sie ermüden,
auch als Besiegte können sie nie doch lassen vom Schwerte.
Setztet ihr Hoffnung vielleicht auf den Beistandspakt der Aetoler,
laßt sie! Hoffnung ist jeder sich selbst, wie kärglich, das seht ihr.
Wie das andere alles zerrüttet liegt unter Trümmern,
steht euch deutlich vor Augen und läßt mit Händen sich greifen.
Aber keinen klage ich an; was Heldenmut leisten
konnte, er tat's; es kämpfte das Reich mit all seinen Kräften.
Jetzt aber will den Entschluß, der schwankendem Herzen gereift ist,
hier ich verkünden und euch — merkt auf! — in Kürze erklären:
Uralt Land besitze ich nah am tuskischen Strome,
weithin reicht's gen Abend, noch über sikanische Grenzen.
Rutuler säen daselbst und Aurunker, meistern mit Pflugschar
steinige Hänge und nutzen die struppigsten Striche zur Weide.
Dieses ganze Gebiet und der Fichtenwald hoch auf dem Berge
sei den Teukrern ein Freundschaftsgeschenk, laßt uns des Vertrages
billige Satzungen künden, als Bündner ins Reich sie berufen.
Mögen sie siedeln, wenn so sie verlangen, und Mauern begründen.
Treibt sie indessen ihr Herz, ein anderes Land und ein andres
Volk zu gewinnen und dürfen sie unseren Boden verlassen,
zwanzig Schiffe dann laßt uns baun aus italischen Eichen,
mehr noch, wenn ihre Mannschaft so stark; es liegt ja doch alles
Bauholz am Fluß; sie selbst sollen Zahl und Größe der Schiffe
festsetzen, wir wollen Erz und Erbauer und Takelwerk liefern.
Außerdem: das Wort zu berichten, den Bund zu begründen,
sollen hundert Gesandte, Latiner vornehmer Herkunft,
gehen — so lautet mein Antrag — mit Friedenszweigen in Händen,
Gaben tragend, von Gold und Elfenbeine Talente,
Thron und Trabea auch, die Insignien unseres Reiches.
Ratet nun allen zunutz und zeigt euch hilfreich in Nöten!"
    Dann sprach Drankes, stets voll Grimm; ihn quälte des Turnus
Ruhm mit scheelem Neid und trieb ihn mit bitteren Stacheln —
reich an Besitz, mit der Zunge noch besser, doch frostig zum Krieg nur
hob er die Hand, im Rat aber galt er nicht als ein Schwätzer,

seditione potens; genus huic materna superbum 340
nobilitas dabat, incertum de patre ferebat —
surgit et his onerat dictis atque aggerat iras:
'rem nulli obscuram nostrae nec vocis egentem
consulis, o bone rex: cuncti se scire fatentur,
quid fortuna ferat populi, sed dicere mussant. 345
det libertatem fandi flatusque remittat,
cuius ob auspicium infaustum moresque sinistros —
dicam equidem, licet arma mihi mortemque minetur —
lumina tot cecidisse ducum totamque videmus
consedisse urbem luctu, dum Troïa temptat 350
castra fugae fidens et caelum territat armis.
unum etiam donis istis, quae plurima mitti
Dardanidis dicique iubes, unum, optime regum,
adicias, nec te ullius violentia vincat,
quin natam egregio genero dignisque hymenaeis 355
des pater et pacem hanc aeterno foedere iungas.
quod si tantus habet mentes et pectora terror,
ipsum obtestemur veniamque oremus ab ipso:
cedat, ius proprium regi patriaeque remittat.
quid miseros totiens in aperta pericula cives 360
proicis, o Latio caput horum et causa malorum?
nulla salus bello, pacem te poscimus omnes
Turne, simul pacis solum inviolabile pignus.
primus ego, invisum quem tu tibi fingis et esse
nil moror, en supplex venio. miserere tuorum, 365
pone animos et pulsus abi. sat funera fusi
vidimus, ingentis et desolavimus agros.
aut si fama movet, si tantum pectore robur
concipis et si adeo dotalis regia cordi est,
aude atque adversum fidens fer pectus in hostem. 370
scilicet ut Turno contingat regia coniunx,
nos animae viles, inhumata infletaque turba,
sternamur campis. etiam tu, si qua tibi vis,
si patrii quid Martis habes, illum adspice contra,
qui vocat.' 375

stark als Hetzer; ihm gab den stolzen Ruf des Geschlechts der
Adel der Mutter, doch blieb er von Vaters Seite im Zwielicht —
er stand auf und führte Beschwerde, mehrte das Grollen:
„Allbekannte, nicht unseres Worts bedürftige Sache
bringst du zur Sprache, mein Fürst: denn alle gestehen zu wissen,
was die Lage des Volkes verlangt, doch scheuen das Wort sie.
Freiheit gebe der Rede und lasse den Dünkel der Mann, durch
dessen heillos Beginnen und unheilbringendes Wesen
— ja, ich sag's und mag er mit Schwert und Tod mich bedrohen! —
so viele Leuchten der Führer nun tot wir sehen, die ganze
Stadt versunken in Gram, während er bestürmte der Troer
Lager, vertrauend der Flucht, und den Himmel schreckte mit Waffen.
Eines nur füge noch bei diesen Gaben, die du so reich den
Dardanern schicken und zueignen läßt, du bester der Fürsten,
eins, und möge nicht dir wehren jemandes Wildheit,
daß du dem herrlichen Eidam zu würdiger Ehe die Tochter
gibst als Vater, durch ewigen Bund diesen Frieden begründest.
Hält aber Denken und Fühlen so sehr der Schrecken im Banne,
laßt ihn selbst uns beschwören und Gnade erflehn von ihm selber:
möge er eigenes Recht dem Fürsten, dem Vaterland opfern!
Wozu wirfst du in offne Gefahr so oft deine armen
Mitbürger, du für Latium Quell und Grund dieser Leiden?
Nicht liegt Heil im Krieg, den Frieden verlangen wir alle,
Turnus, zugleich des Friedens allein unverletzliche Bürgschaft.
Ich zuerst, den als Feind du betrachtest und der es zu sein nicht
ablehnt, siehe, ich komme und bitte: erbarm dich der Deinen,
laß deinen Stolz und gib dich geschlagen: Tod genug sahn wir
schon als Besiegte, weithin verödeten wir die Gefilde.
Treibt dich aber dein Ruf, hegst solche Kraft in der Brust du,
liegt dir Königswürde als Mitgift also am Herzen:
wage es, stelle dich mutig und Mann gegen Mann deinem Feinde!
Freilich, wird nur dem Turnus geschenkt die fürstliche Gattin,
mögen wir, wohlfeil Volk, nur Pack, unbeweint, unbegraben,
immer fallen im Feld! Auch du, wenn irgend du Kraft hast,
hast du am Kriegsgeist der Väter teil; schau jenem ins Auge,
der dich fordert!"

Talibus exarsit dictis violentia Turni.
dat gemitum rumpitque has imo pectore voces:
'larga quidem, Drance, semper tibi copia fandi
tum, cum bella manus poscunt, patribusque vocatis
primus ades. sed non replenda est curia verbis, 380
quae tuto tibi magna volant, dum distinet hostem
agger moerorum nec inundant sanguine fossae.
proinde tona eloquio, solitum tibi, meque timoris
argue tu, Drance, quando tot stragis acervos
Teucrorum tua dextra dedit passimque tropaeis 385
insignis agros. possit quid vivida virtus,
experiare licet; nec longe scilicet hostes
quaerendi nobis, circumstant undique muros.
imus in adversos. quid cessas, an tibi Mavors
ventosa in lingua pedibusque fugacibus istis 390
semper erit?
pulsus ego aut quisquam merito, foedissime, pulsum
arguet, Iliaco tumidum qui crescere Thybrim
sanguine et Euandri totam cum stirpe videbit
procubuisse domum atque exutos Arcadas armis? 395
haud ita me experti Bitias et Pandarus ingens
et quos mille die victor sub Tartara misi,
inclusus muris hostilique aggere saeptus.
"nulla salus bello." capiti cane talia, demens,
Dardanio rebusque tuis. proinde omnia magno 400
ne cessa turbare metu atque extollere viris
gentis bis victae, contra premere arma Latini.
nunc et Myrmidonum proceres Phrygia arma tremescunt,
nunc et Tydides et Larissaeus Achilles,
amnis et Hadriacas retro fugit Aufidus undas. 405
vel cum se pavidum contra mea iurgia fingit,
artificis scelus et formidine crimen acerbat.
numquam animam talem dextra hac, absiste moveri,
amittes: habitet tecum et sit pectore in isto.
nunc ad te et tua magna, pater, consulta revertor. 410
si nullam nostris ultra spem ponis in armis,

Wegen solcher Rede entbrannte die Wildheit des Turnus.
Er stöhnt auf und stößt aus tiefer Brust diese Worte:
"Reichlich zwar fließt, Drankes, stets dir Fülle des Redens
dann, wenn Krieg nach Fäusten verlangt; zum Rate der Väter
kommst du zuerst. Doch nicht braucht jetzt die Kurie Wortwind,
der im Sichern erhaben dir braust, solange dem Feinde
wehrt der Mauern Wall, vom Blut nicht schwellen die Gräben.
Donnere drum mit Geprahl, wie gewohnt, und beschuldige mich der
Furcht, du Drankes, da doch so viele Leichen der Teukrer
deine Rechte gehäuft und überall mit Trophäen
herrlich schmückte das Feld. Was kräftiger Mut wohl vermöchte,
steht zu erproben dir frei; nicht weit erst müssen die Feinde
wir noch suchen: umringen sie doch allseits unsre Mauern.
Wir rücken los gegen sie. Was säumst du, oder soll Mars dir
nur auf der Zunge voll Wind und dort in den flüchtigen Füßen
immerfort bleiben?
Ich geschlagen? Wird einer, du Schandbube, mich denn geschlagen
schelten mit Recht, der da sieht, wie schwellend von Ilierblut der
Thybris wächst, wie das ganze Geschlecht Euanders am Boden
liegt mit der Wurzel, die Arkader alle beraubt sind der Waffen?
Nicht fand Bitias so, nicht Pándarus mich, der Riese,
und die zu tausend am Tage des Sieges zur Hölle ich sandte,
eingeschlossen von Mauern, vom feindlichen Walle umriegelt.
„Nicht ist Heil im Krieg!" das leiere, Narr, doch dem Haupt der
Dardaner vor, deiner eignen Partei! Verwirre nur alles
unaufhörlich mit großer Furcht und rühme die Kraft des
zweimal besiegten Volkes, verkleinre die Macht des Latinus.
Myrmidonenfürsten erbeben vor Phrygierwaffen
jetzt, der Tydide jetzt, der Larissäer Achilles.
Auch der Aufidus bebt zurück vor der Adria Wogen.
Wenn aber der da Angst vor meinen Drohungen vortäuscht,
treibt er nur abgefeimt Spiel und verschärft durch Grauen den Vorwurf.
Nie wirst solch ein Leben von dieser Hand — sei beruhigt! —
du verlieren, es bleibe bei dir, in solch einem Herzen.
Jetzt aber komme ich, Vater, zu dir, deinen wichtigen Plänen.
Wenn du weiterhin nicht mehr vertraust auf unsere Waffen,

si tam deserti sumus et semel agmine verso
funditus occidimus neque habet Fortuna regressum,
oremus pacem et dextras tendamus inertis.
quamquam o si solitae quicquam virtutis adesset! 415
ille mihi ante alios fortunatusque laborum
egregiusque animi, qui, ne quid tale videret,
procubuit moriens et humum semul ore momordit.
sin et opes nobis et adhuc intacta iuventus
auxilioque urbes Italae populique supersunt, 420
sin et Troianis cum multo gloria venit
sanguine — sunt illis sua funera parque per omnis
tempestas — cur indecores in limine primo
deficimus, cur ante tubam tremor occupat artus?
multa dies variique labor mutabilis aevi 425
rettulit in melius, multos alterna revisens
lusit et in solido rursus Fortuna locavit.
non erit auxilio nobis Aetolus et Arpi:
at Messapus erit felixque Tolumnius et quos
tot populi misere duces, nec parva sequetur 430
gloria delectos Latio et Laurentibus agris.
est et Volscorum egregia de gente Camilla,
agmen agens equitum et florentis aere catervas.
quod si me solum Teucri in certamina poscunt
idque placet tantumque bonis communibus obsto, 435
non adeo has exosa manus Victoria fugit,
ut tanta quicquam pro spe temptare recusem.
ibo animis contra, vel magnum praestet Achillem
factaque Volcani manibus paria induat arma
ille licet. vobis animam hanc soceroque Latino 440
Turnus ego, haud ulli veterum virtute secundus,
devovi. "solum Aeneas vocat": et vocet oro,
nec Drances potius, sive est haec ira deorum,
morte luat, sive est virtus et gloria, tollat.'

  Illi haec inter se dubiis de rebus agebant 445
certantes; castra Aeneas aciemque movebat.
nuntius ingenti per regia tecta tumultu

wenn wir so verlassen denn sind und, einmal geworfen,
völlig sanken dahin, kein Rückweg bleibt für Fortuna,
dann laßt um Frieden uns bitten und wehrlos heben die Hände.
Wär doch, o, noch ein Rest der gewohnten Mannheit vorhanden!
Der Mann gilt mir vor andern als glücklich wegen der Leiden
und als edelgesinnt, der, um nicht solches zu sehen,
sterbend fiel und das Erdreich zugleich mit dem Munde zerbissen.
Wenn aber Macht uns noch und unverletzt noch die Jugend
und als Hilfe Städte und Dörfer Italiens blieben,
wenn aber auch den Trojanern der Ruhm durch Ströme nur kam von
Blut, — denn Tod betraf auch sie und gleich ist die Not für
alle — warum versagen wir ruhmlos gleich auf der Schwelle,
was packt, eh die Trompete noch ruft, schon Beben die Glieder?
Vieles wandte die Zeit und die wechselnde Mühsal des bunten
Lebens zum Besseren wieder, mit vielen trieb schon Fortuna
bald in Sturzflut Spott, ließ bald wieder sicher sie stehen.
Nicht kommt uns zur Hilfe herbei der Aetóler und Arpi,
aber Messapus hilft und Tolumnius, er, der Beglückte,
so viele Führer, entsandt von den Völkern; und klein ist nicht der
Ruhm der Erwählten in Latium hier und Laurentums Gefilden.
Auch ist da, aus edlem Geschlecht der Volsker, Camilla,
bringt ihr Reitervolk mit und ehern blinkende Scharen.
Wenn aber mich allein zum Kampfe fordern die Teukrer,
wenn ihr's beschließt, wenn ich so weit dem Gemeinwohl im Weg bin,
nun, nicht also mied voll Haß Viktoria diese
Hände, daß ich für solchen Gewinn ablehnte ein Wagnis.
Mutig zieh ich zum Kampf, mag jener als großer Achilles
kommen und gleiche Rüstung, gemacht von der Hand des Volkanus,
tragen: hier mein Leben, für euch und den Schwäher Latinus
hab ich, Turnus, der keinem der Alten an Mannesmut nachsteht,
fromm es geweiht. „Nur ihn ruft Aeneas!" Er rufe, ich bitte,
soll doch ja nicht ein Drankes, wenn Götterstrafe dies ist, durch
Tod sie verbüßen, wenn Mannheit und Ruhm, für sich das gewinnen."

Also verhandelten sie, um Not und Gefahr miteinander
streitend; Aeneas indes brach auf und rückte zum Kampfe:
Kunde davon fliegt bald durch den Königspalast mit gewalt'gem

ecce ruit magnisque urbem terroribus inplet,
instructos acie Tiberino a flumine Teucros
Tyrrhenamque manum totis descendere campis.   450
extemplo turbati animi concussaque volgi
pectora et arrectae stimulis haud mollibus irae.
arma manu trepidi poscunt, fremit arma iuventus,
flent maesti mussantque patres. hic undique clamor
dissensu vario magnus se tollit in auras,   455
haud secus atque alto in luco cum forte catervae
consedere avium piscosove amne Padusae
dant sonitum rauci per stagna loquacia cycni.
'immo' ait 'o cives' arrepto tempore Turnus,
'cogite concilium et pacem laudate sedentes: 460
illi armis in regna ruunt.' nec plura locutus
corripuit sese et tectis citus extulit altis.
'tu, Voluse, armari Volscorum edice maniplis,
duc' ait 'et Rutulos. equitem Messapus in armis
et cum fratre Coras latis diffundite campis.   465
pars aditus urbis firmet turrisque capessat,
cetera, qua iusso, mecum manus inferat arma.'
ilicet in muros tota discurritur urbe.
concilium ipse pater et magna incepta Latinus
deserit ac tristi turbatus tempore differt   470
multaque se incusat, qui non acceperit ultro
Dardanium Aenean generumque adsciverit urbi.
praefodiunt alii portas aut saxa sudesque
subvectant. bello dat signum rauca cruentum
bucina. tum muros varia cinxere corona   475
matronae puerique: vocat labor ultimus omnis.
nec non ad templum summasque ad Palladis arces
subvehitur magna matrum regina caterva
dona ferens iuxtaque comes Lavinia virgo,
causa mali tanti, oculos deiecta decoros.   480
succedunt matres et templum ture vaporant
et maestas alto fundunt de limine voces:
'armipotens praeses belli, Tritonia virgo,

Aufruhr und erfüllt die Stadt mit Angst und Entsetzen:
kampfbereit — hieß es — stiegen vom Tiberstrome die Teukrer
und die Schar der Tyrrhener herab überall im Gefilde.
Gleich aber waren verstört die Gemüter, erschüttert der Masse
Herzen, und unsanfter Sporn erweckte stachelnd den Ingrimm.
Waffen verlangen sie hastig, es tobt nach Waffen die Jugend,
gramvoll weinen und murren die Väter. Jetzt aber hebt sich
allseits lautes Geschrei aus wirrem Streit in die Lüfte,
so, wie wenn im ragenden Hain sich eben der Vögel
Scharen gesetzt oder wenn am fischreichen Strome Padusa
heiser schrein im geschwätzigen Rund der Sümpfe die Schwäne.
„Haltet nur, Bürger", so ruft, die Gelegenheit packend, jetzt Turnus,
„haltet nur Rat und lobt im Sitzen ruhig den Frieden!
Jene drängen mit Waffen zur Macht." Nicht weiter mehr sprach er,
sprang empor und stürzte geschwind aus dem hohen Palaste.
„Du, Volusus", so ruft er, „laß die Volsker sich waffnen,
führ auch die Rutuler an. Messapus und du mit dem Bruder,
Coras, laßt schwärmen ins weite Feld bewaffnete Reiter.
Stadttürme mögen die dort verrammeln und Türme besetzen,
aber das übrige Heer soll angreifen, wo ich befehle."
Augenblicks läuft alles rings in der Stadt zu den Mauern.
Vater Latinus selbst verläßt den Rat und die großen
Pläne und schiebt sie auf, verstört durch die düstere Notzeit,
und klagt schwer sich an, daß von selbst er nicht aufnahm im Haus den
Dardanussprossen Aeneas als Eidam und Bundesgenossen.
Gräben ziehen sie draußen vorm Tor, und Blöcke und Pfähle
schleppen sie her. Zum Krieg das blutige Zeichen gibt, heiser
tönend, das Horn. Da füllen in bunten Reihen die Mauern
Frauen und Knaben: es ruft die Not, die äußerste, alle.
Jetzt zum Tempel hinauf, zu den ragenden Höhen der Pallas,
fährt die Königin, dicht umdrängt von Scharen der Frauen,
Gaben bringend, die Jungfrau Lavinia sitzt ihr zur Seite,
Ursach solchen Leides, gesenkt ihre strahlenden Augen.
Aufwärts steigen die Frauen, durchwölken mit Weihrauch den Tempel,
lassen von hoher Schwelle ertönen gramvolle Bitten:
„Waffengewaltige Herrin des Kriegs, Tritonia, Jungfrau,

frange manu telum Phrygii praedonis et ipsum
pronum sterne solo portisque effunde sub altis.'   485
cingitur ipse furens certatim in proelia Turnus.
iamque adeo rutilum thoraca indutus aënis
horrebat squamis surasque incluserat auro,
tempora nudus adhuc, laterique accinxerat ensem
fulgebatque alta decurrens aureus arce   490
exsultatque animis et spe iam praecipit hostem:
qualis ubi abruptis fugit praesepia vinclis
tandem liber equos campoque potitus aperto
aut ille in pastus armentaque tendit equarum
aut adsuetus aquae perfundi flumine noto,   495
emicat arrectisque fremit cervicibus alte
luxurians, luduntque iubae per colla, per armos.
obvia cui Volscorum acie comitante Camilla
occurrit portisque ab equo regina sub ipsis
desiluit, quam tota cohors imitata relictis   500
ad terram defluxit equis; tum talia fatur:
'Turne, sui merito si qua est fiducia forti,
audeo et Aeneadum promitto occurrere turmae
solaque Tyrrhenos equites ire obvia contra.
me sine prima manu temptare pericula belli,   505
tu pedes ad muros subsiste et moenia serva.'
Turnus ad haec, oculos horrenda in virgine fixus:
'o decus Italiae virgo, quas dicere grates
quasve referre parem? sed nunc, est omnia quando
iste animus supra, mecum partire laborem.   510
Aeneas, ut fama fidem missique reportant
exploratores, equitum levia inprobus arma
praemisit, quaterent campos; ipse ardua montis
per deserta iugo superans adventat ad urbem.
furta paro belli convexo in tramite silvae,   515
ut bivias armato obsidam milite fauces.
tu Tyrrhenum equitem collatis excipe signis;
tecum acer Messapus erit turmaeque Latinae
Tiburtique manus, ducis et tu concipe curam.'

brich mit der Hand den Speer des phrygischen Räubers, ihn selbst wirf
stracks zu Boden, schmettre ihn hin unterm ragenden Stadttor!"
Rasend rüstet voll Eifer sich Turnus selber zum Kampfe.
Schon vom rötlichen Panzer umkleidet, starrte er rings von
ehernen Schuppen und hatte mit Gold die Waden umschlossen
schutzlos noch an den Schläfen, das Schwert an die Seite gegürtet;
golden blitzte er auf im Lauf von der Höhe der Stadtburg.
Mutig frohlockt er und sieht im Geist den Feind schon geschlagen:
also zerreißt seine Fesseln und stürzt hinweg von der Krippe,
endlich frei, das Roß, und hat es gewonnen das offne
Feld, so strebt es zur Weide und drängt zu den Herden der Stuten,
oder, gewohnt im vertrauten Strom des Wassers zu baden,
springt es, reckt hochauf seinen Nacken und wiehert voll Lust und
Kraft, um Hals und Bug spielt prächtig flatternd die Mähne.
Turnus entgegen eilt im Volskergefolge Camilla.
Unmittelbar am Tor springt ab vom Pferde die Fürstin,
ihr tut's nach die ganze Schar und gleitet herab vom
Rücken der Rosse zur Erde: dann redet also Camilla:
„Turnus, so wahr der Tapfre mit Recht sich selber vertraut, ich
wag's und verspreche, entgegen zu ziehn der Schwadron des Aeneas
und allein in den Kampf mit tyrrhenischen Reitern zu rücken.
Mich laß fechtend die ersten Gefahren des Krieges erproben,
du mit dem Fußheer bleib vor den Mauern, schirme die Festung!"
Turnus darauf, von der Jungfrau gebannt in heiligem Schauder:
„Jungfrau, du, Italiens Ruhm! Wie brächte ich je dir
Dank in Wort und Tat? Doch jetzt, da über das alles
hoch erhaben dein Geist, nimm Teil mit mir an der Mühsal.
Wie uns Gerücht und Späher als sicher melden, hat eben,
gierend nach Krieg, Aeneas die leichtbewaffneten Reiter
vorgeschickt, durch die Felder zu traben; selbst aber rückt er
über ein Joch durch's steile und öde Gebirg auf die Stadt zu.
Hinterhalt lege ich ihm im hohlen Pfade des Waldes,
stelle an Eingang und Ausgang der Schlucht bewaffnete Reiter.
Fang du auf im Gefechte den Stoß der tyrrhenischen Reiter;
mit dir reiten der wilde Messapus, Latinerschwadronen
und des Tiburtus Schar; übernimm auch du das Kommando!

sic ait et paribus Messapum in proelia dictis 520
hortatur sociosque duces et pergit in hostem.
est curvo anfractu valles, adcommoda fraudi
armorumque dolis, quam densis frondibus atrum
urget utrimque latus, tenuis quo semita ducit
angustaeque ferunt fauces aditusque maligni. 525
hanc super in speculis summoque in vertice montis
planities ignota iacet tutique receptus,
seu dextra laevaque velis occurrere pugnae,
sive instare iugis et grandia volvere saxa.
huc iuvenis nota fertur regione viarum 530
arripuitque locum et silvis insedit iniquis.

   Velocem interea superis in sedibus Opim,
unam ex virginibus sociis sacraque caterva,
compellabat et has tristis Latonia voces
ore dabat: 'graditur bellum ad crudele Camilla, 535
o virgo, et nostris nequiquam cingitur armis,
cara mihi ante alias; — neque enim novos iste Dianae
venit amor subitaque animum dulcedine movit.
pulsus ob invidiam regno virisque superbas
Priverno antiqua Metabus cum excederet urbe, 540
infantem fugiens media inter proelia belli
sustulit exsilio comitem matrisque vocavit
nomine Casmillae mutata parte Camillam.
ipse sinu prae se portans iuga longa petebat
solorum nemorum: tela undique saeva premebant 545
et circumfuso volitabant milite Volsci.
ecce fugae medio summis Amasenus abundans
spumabat ripis: tantus se nubibus imber
ruperat. ille innare parans infantis amore
tardatur caroque oneri timet. omnia secum 550
versanti subito vix haec sententia sedit:
telum inmane, manu valida quod forte gerebat
bellator, solidum nodis et robore cocto,
huic natam libro et silvestri subere clausam
inplicat atque habilem mediae circumligat hastae; 555

Also spricht er und mahnt auch Messapus zum Kampfe mit gleichem
Wort und die Führer der Bündner; dann rückt er näher dem Feinde.
Krumm und gewunden liegt dort ein Tal, geschaffen für Trug und
Kriegeslist; mit dichtem Laubwerk engt eine dunkle
Bergwand es beiderseits ein, wo schmal ein Waldsteig dahinführt,
enge Schluchten sich winden und Zugänge, tückische Fallen.
Hoch überm Tal, auf weithinschauendem Scheitel des Bergs, liegt
unbekannt ein Plateau und bietet sichre Verstecke,
wenn du von rechts oder links hinausrücken möchtest zum Kampfe,
oder die Höhe behaupten und riesige Felsblöcke rollen.
Hierhin eilt in der Wege vertrauter Richtung der Jüngling,
nimmt den Platz schnell ein und lauert in dräuenden Wäldern.

Aber in Himmelshöhen inzwischen zur hurtigen Opis,
einer Jungfrau aus ihrem Geleit und der heiligen Schar, sprach
jetzt die Tochter Latonas und ließ sie leidvolle Worte
also vernehmen: „Zum grausamen Kriege schreitet Camilla
nun, o Jungfrau, gürtet — umsonst! — sich mit unseren Waffen,
sie, vor andern mir lieb! — Nicht neu kam ja für Diana
diese Liebe, ergriff nicht mit plötzlicher Wonne die Seele.
Als vom Throne verjagt, verhaßt wegen Stolz und Gewaltsinn,
Metabus einst Privernum verließ, den uralten Stadtstaat,
nahm er fliehend inmitten des Kriegsgetümmels sein kleines
Kind als Geleit zur Verbannung mit fort und nannte es nach dem
Namen der Mutter Casmilla mit leichter Ändrung Camilla.
Selbst an der Brust es bergend, erklomm er die Ketten der Höhen
einsamer Wälder; allseits bedrängten ihn sausende Speere,
und mit Kriegern umschwärmten ihn wild die verfolgenden Volsker.
Da, in der Mitte der Flucht, hoch über die Ufer hin flutend,
schäumte der Strom Amasenus: ein Wolkenbruch hatte so sehr ihn
aufgeschwellt. Jener, zum Schwimmen sich rüstend, fühlt sich gehemmt
Liebe zum Kind, er bangt um die traute Bürde. Als alles   [durch
er überlegt, kommt jäh er, doch schwer, zu diesem Entschlusse:
riesig ragte sein Speer, den er als Krieger in starker
Faust mitnahm, gediegen und knotig, feuergehärtet.
Hieran macht er sein Kind, mit Korkeichenbaste umwickelt,
fest und schlingt es, handlich zum Wurf, um die Mitte des Speeres.

quam dextra ingenti librans ita ad aethera fatur:
'alma, tibi hanc, nemorum cultrix Latonia virgo,
ipse pater famulam voveo; tua prima per auras
tela tenens supplex hostem fugit. accipe, testor,
diva tuam, quae nunc dubiis committitur auris.' 560
dixit et adducto contortum hastile lacerto
inmittit: sonuere undae, rapidum super amnem
infelix fugit in iaculo stridente Camilla.
at Metabus, magna propius iam urgente caterva,
dat sese fluvio atque hastam cum virgine victor 565
gramineo donum Triviae de caespite vellit.
non illum tectis ullae, non moenibus urbes
accepere neque ipse manus feritate dedisset.
pastorum et solis exegit montibus aevom.
hic natam in dumis interque horrentia lustra 570
armentalis equae mammis et lacte ferino
nutribat, teneris inmulgens ubera labris.
utque pedum primis infans vestigia plantis
institerat, iaculo palmas armavit acuto
spiculaque ex umero parvae suspendit et arcum. 575
pro crinali auro, pro longae tegmine pallae
tigridis exuviae per dorsum a vertice pendent.
tela manu iam tum tenera puerilia torsit
et fundam tereti circum caput egit habena
Strymoniamque gruem aut album deiecit olorem. 580
multae illam frustra Tyrrhena per oppida matres
optavere nurum: sola contenta Diana
aeternum telorum et virginitatis amorem
intemerata colit. — vellem haud correpta fuisset
militia tali conata lacessere Teucros: 585
cara mihi comitumque foret nunc una mearum.
verum age, quandoquidem fatis urgetur acerbis,
labere, nympha, polo finisque invise Latinos,
tristis ubi infausto committitur omine pugna.
haec cape et ultricem pharetra deprome sagittam: 590
hac quicumque sacrum violarit volnere corpus,

Diesen in wuchtender Faust nun schwingend, spricht er zum Äther:
„Göttliche, dir, die du wohnest in Wäldern, Latonia, Jungfrau,
weihe ich selbst, der Vater, dies Kind. Erstmals durch die Lüfte
schwingt's dein Geschoß und fleht und flieht vor dem Feinde; o nimm es,
Göttin, zu eigen, das jetzt vertraut wird haltlosen Lüften."
Rief's, zog an seinen Arm und schwang den gewirbelten Wurfspeer
weit hinaus; laut rauschte die Flut, hoch über den wilden
Strom flog bang am sausenden Speer die arme Camilla.
Metabus aber — schon drängte ja näher die zahlreiche Rotte —
springt in den Fluß und entkommt; dann reißt er siegreich die Lanze
mit seiner Tochter, der Gabe für Trivia, los aus dem Grase.
Ihn nahm keine Stadt in Haus- und Mauergemeinde
auf; nicht hätte sich auch sein wilder Sinn unterworfen.
Hirtenleben führte er hoch in einsamen Bergen;
hier im Gestrüpp und umwuchert von stachligen Lagern des Wildes
nährte sein Kind er vom Euter der weidenden Stute mit Milch vom
Pferde, er melkte die Zitzen hinein in die kindlichen Lippen.
Aber sobald das Kind mit den Sohlen erst eben den Boden
fest betrat, da bewaffnete er seine Händchen mit spitzem
Spieß und hing um die Schultern der Kleinen Pfeile und Bogen.
Statt eines Goldreifs im Haar, statt langhinwallender Palla
hing ein Tigerfell vom Scheitel her über den Rücken.
Jetzt schon warf sie mit zarter Hand ihre kindlichen Waffen,
ließ an gewundener Schnur ums Haupt hinschwingen die Schleuder,
traf den strymonischen Kranich im Flug und schimmernde Schwäne.
Rings begehrten umsonst in tyrrhenischen Städten die Mütter
sie für die Söhne zur Frau: denn einzig Diana ergeben,
wahrte sie makellos die ewige Liebe zu Waffen
und Jungfräulichkeit; — o wär sie doch nimmer in solchen
Krieg verstrickt, hätte nimmer gewagt, zu reizen die Teukrer:
lieb jetzt wäre sie mir als eine aus meinem Gefolge.
Aber wohlan, dieweil sie vom herben Schicksal gedrängt wird,
eil jetzt, Nymphe, vom Himmel, such auf das Land der Latiner,
wo unter heillosen Zeichen beginnt eine gramvolle Feldschlacht.
Hier nimm hin und hol aus dem Köcher den rächenden Pfeil: wer
immer den Leib, der mir geweiht, durch Wunden versehrte,

Tros Italusque mihi pariter det sanguine poenas.
post ego nube cava miserandae corpus et arma
inspoliata feram tumulo patriaeque reponam.'
dixit, at illa levis caeli delapsa per auras   595
insonuit, nigro circumdata turbine corpus.

   At manus interea muris Troiana propinquat
Etruscique duces equitumque exercitus omnis,
compositi numero in turmas. fremit aequore toto
insultans sonipes et pressis pugnat habenis   600
huc conversus et huc, tum late ferreus hastis
horret ager campique armis sublimibus ardent.
nec non Messapus contra celeresque Latini
et cum fratre Coras et virginis ala Camillae
adversi campo adparent hastasque reductis   605
protendunt longe dextris et spicula vibrant
adventusque virum fremitusque ardescit equorum.
iamque intra iactum teli progressus uterque
substiterat: subito erumpunt clamore furentisque
exhortantur equos; fundunt simul undique tela   610
crebra nivis ritu caelumque obtexitur umbra.
continuo adversis Tyrrhenus et acer Aconteus
conixi incurrunt hastis primique ruinam
dant sonitu ingenti perfractaque quadrupedantum
pectora pectoribus rumpunt; excussus Aconteus   615
fulminis in morem aut tormento ponderis acti
praecipitat longe et vitam dispergit in auras.
extemplo turbatae acies versique Latini
reiciunt parmas et equos ad moenia vertunt.
Troes agunt, princeps turmas inducit Asilas.   620
iamque propinquabant portis, rursusque Latini
clamorem tollunt et mollia colla reflectunt;
hi fugiunt penitusque datis referuntur habenis.
qualis ubi alterno procurrens gurgite pontus
nunc ruit ad terram scopulosque superiacit unda   625
spumeus extremamque sinu perfundit harenam,
nunc rapidus retro atque aestu revoluta resorbens

Troer wie Italer, soll durch diesen im Blute mir büßen.
Dann aber trage ich, wolkenumhüllt, den Leib und die heile
Rüstung der Armen zu Grabe, in Vaterlandsboden sie bettend."
Also Diana. Doch Opis stürmt hinab durch des Himmels
leichte Lüfte, den Leib umwölkt von dunkelndem Wirbel.

Aber den Mauern naht unterdessen die Schar der Trojaner,
nahn die etruskischen Führer, das Heer der Reiter im Ganzen,
aufgestellt nach der Zahl in Schwadronen; stampfend im Blachfeld
wiehert Roß neben Roß und sträubt sich dem Zwange der Zügel,
zuckt nach hier, nach dort. Weithin starrt eisern von Speeren
jetzt die Flur, es blitzen von hoher Rüstung die Felder.
Doch auch genüber Messapus, die schnellen Latiner und Coras
neben dem Bruder und auch die Schwadron der Jungfrau Camilla
zeigen zum Kampf sich im Feld: weithin mit der Rechten nach hinten
ausholend stoßen die Lanzen sie vor und schwingen die Speere,
prasselnd wächst das Nahen der Krieger, das Wiehern der Rosse.
Schon auf Speerwurfweite gerückt, macht hüben und drüben
halt das Heer: jäh brechen sie aus in den Kriegsruf und feuern
an zum Sturme die Rosse; überall dann schleudern sie Speere
dicht wie Schneegestöber, der Himmel umzieht sich mit Dunkel.
Speer gegen Speer bestürmen einander sofort ein Tyrrhener
und der wilde Akonteus mit Wucht und stürzen als erste
furchtbar krachend hinab, zerschmettert prallen die Rosse
Brust an Brust aufeinander; Akonteus, niedergeschleudert
wie ein Blitz oder wie ein Block aus grobem Geschütze,
stürzt kopfüber weit und verspritzt in die Lüfte sein Leben.
Gleich sind die Reihen verwirrt, Kehrt machen zur Flucht die Latiner,
werfen den Schild auf den Rücken und wenden zur Stadt ihre Pferde.
Troer verfolgen, vorn führt an die Schwadronen Asilas.
Und schon nah sie den Toren, als wieder laut die Latiner
Kriegsruf erheben und wenden die lenksamen Nacken der Rosse:
und gleich fliehen, die Zügel verhängt, im Galopp die Trojaner.
So stürmt vor im Strudel der wechselnden Fluten das Meer, stürzt
bald ans Land, tobt wild über Riffe hinweg, mit der Woge
schäumend, und spült im Bogen den Sand der äußersten Dünen;
bald aber flieht es reißend zurück, schlürft wieder im Schwalle

saxa fugit litusque vado labente relinquit.
bis Tusci Rutulos egere ad moenia versos,
bis reiecti armis respectant terga tegentes. 630
tertia sed postquam congressi in proelia totas
inplicuere inter se acies legitque virum vir,
tum vero et gemitus morientum et sanguine in alto
armaque corporaque et permixti caede virorum
semianimes volvontur equi, pugna aspera surgit. 635
Orsilochus Remuli, quando ipsum horrebat adire,
hastam intorsit equo ferrumque sub aure reliquit.
quo sonipes ictu furit arduos altaque iactat
volneris inpatiens arrecto pectore crura.
volvitur ille excussus humi. Catillus Iollan 640
ingentemque animis, ingentem corpore et armis
deicit Herminium, nudo cui vertice fulva
caesaries nudique umeri, nec volnera terrent:
tantus in arma patet. latos huic hasta per armos
acta tremit duplicatque virum transfixa dolore. 645
funditur ater ubique cruor; dant funera ferro
certantes pulchramque petunt per volnera mortem.

   At medias inter caedes exsultat Amazon,
unum exserta latus pugnae, pharetrata Camilla,
et nunc lenta manu spargens hastilia denset, 650
nunc validam dextra rapit indefessa bipennem;
aureus ex umero sonat arcus et arma Dianae.
illa etiam, si quando in tergum pulsa recessit,
spicula converso fugientia derigit arcu.
at circum lectae comites, Larinaque virgo 655
Tullaque et aeratam quatiens Tarpeia securim,
Italides, quas ipsa decus sibi dia Camilla
delegit pacisque bonas bellique ministras:
quales Threiciae cum flumina Thermodontis
pulsant et pictis bellantur Amazones armis 660
seu circum Hippolyten, seu cum se Martia curru
Penthesilea refert magnoque ululante tumultu
feminea exsultant lunatis agmina peltis.

rollende Kiesel und weicht vom Strand mit sinkender Fläche.
Zweimal hetzten die Tusker die Rutuler wieder zur Mauer,
zweimal spähen sie fliehend zurück, den Schild auf dem Rücken.
Als aber dann zum dritten Gefecht sie ganz ihre Reihen
ineinander verstrickten und Mann sich stellte dem Manne,
wahrlich, da hob sich Sterbegestöhn, in Strömen von Blute
wälzten sich Waffen und Leiber und mitten im Morden der Mannen
halb noch lebende Rosse, es wuchs voll Grauen die Feldschlacht.
Da sich Orsilochus scheute, an Remulus selbst sich zu wagen,
traf er sein Roß mit dem Speer und ließ unterm Ohr ihm das Eisen.
Steilauf tobt vom Stoße das Tier, bäumt auf seine Brust und
wirft, ganz wild ob der Wunde, hochauf seine Schenkel; sein Reiter
stürzt und wälzt sich am Boden. Catillus wirft den Iollas,
wirft auch ihn, der da ragte an Mut, der da ragte an Leib und
Schultern, Herminius, dem vom bloßen Scheitel das blonde
Haar aufstrahlt, nackt trägt er die Schultern, furchtlos vor Wunden.
So steht frei er dem Kampf; ihm bebt im Stoß durch die breiten
Schultern der Speer und läßt vor Schmerz sich krümmen den Helden.
Schwarz strömt Blut überall; sie morden einander im Speerkampf
streitend und suchen strahlenden Tod durch rühmliche Wunden.

   Mitten im Morden frohlockt, amazonenhaft kämpfend, entblößt die
eine Brust zum Kampf, mit dem Köcher gewappnet, Camilla,
und bald schleudert sie, Wurf auf Wurf, die biegsamen Lanzen,
bald schwingt nimmer müde die Hand die wuchtige Streitaxt.
Goldener Bogen klirrt von der Schulter und Pfeile Dianas.
Ja, selbst wenn sie rückwärts einmal geschlagen zurückweicht,
zielt sie fliehend noch Pfeile vom umgewendeten Bogen.
Um sie wogt ihr erlesen Gefolge, Larina, die Jungfrau,
Tulla und Tarpeia, sie schwingt ihr ehernes Kampfbeil;
Italermädchen, die selbst sich zum Ruhm die hehre Camilla
auserlesen, für Frieden und Krieg zu trefflichem Dienste:
wie Amazonen traben im Thrakerland auf des Thermodon
eisfestem Strom und kämpfend sich tummeln mit farbigen Waffen
rings um Hippolyte, oder wenn Penthesilea im Wagen
heimkehrt, die Tochter des Mars, und laut im Jubeltumulte
tobt das weibliche Heer mit mondsichelförmigen Schilden.

Quem telo primum, quem postremum, aspera virgo,
deicis aut quot humi morientia corpora fundis? 665
Euneum Clytio primum patre, cuius apertum
adversi longa transverberat abiete pectus.
sanguinis ille vomens rivos cadit atque cruentam
mandit humum moriensque suo se in volnere versat.
tum Lirim Pagasumque super, quorum alter habenas 670
suffuso revolutus equo dum colligit, alter
dum subit ac dextram labenti tendit inermem,
praecipites pariterque ruunt. his addit Amastrum
Hippotaden sequiturque incumbens eminus hasta
Tereaque Harpalycumque et Demophoonta Chrominque, 675
quotque emissa manu contorsit spicula virgo,
tot Phrygii cecidere viri. procul Ornytus armis
ignotis et equo venator Iapyge fertur,
cui pellis latos umeros erepta iuvenco
pugnatori operit, caput ingens oris hiatus 680
et malae texere lupi cum dentibus albis,
agrestisque manus armat sparus; ipse catervis
vertitur in mediis et toto vertice supra est.
hunc illa exceptum, neque enim labor agmine verso,
traicit et super haec inimico pectore fatur: 685
'silvis te, Tyrrhene, feras agitare putasti?
advenit qui vestra dies muliebribus armis
verba redargueret. nomen tamen haud leve patrum
manibus hoc referes, telo cecidisse Camillae.'
protinus Orsilochum et Buten, duo maxima Teucrum 690
corpora, sed Buten aversum cuspide fixit
loricam galeamque inter, qua colla sedentis
lucent et laevo dependet parma lacerto,
Orsilochum fugiens magnumque agitata per orbem
eludit gyro interior sequiturque sequentem, 695
tum validam perque arma viro perque ossa securim
altior exsurgens oranti et multa precanti
congeminat: volnus calido rigat ora cerebro.
incidit huic subitoque aspectu territus haesit

Wen zuerst und wen zuletzt, o streitbare Jungfrau,
schlägt dein Speer, wie viele streckst du nieder zum Sterben?
Clytius' Sohn als ersten, Eunëus, dem, als er angriff,
sie die bloße Brust durchstieß mit der Tannenholzlanze.
Der speit Bäche von Blut und fällt vornüber und beißt den
blutigen Boden und wälzt sich im Tod auf der eigenen Wunde.
Liris und Pagasus dann: den einen, als er die Zügel
aufgreift im Sturz vom gestolperten Roß, den anderen, als er
naht und die wehrlose Hand zu Hilfe dem Fallenden hinstreckt;
kopfüber stürzen zugleich sie; zu ihnen gesellt sie Amastrus,
Hippotes' Sohn, sie verfolgt, andrängend von fern mit der Lanze,
Tereus, Harpalycus, weiter Demophoon, ebenso Chromis.
Wieviel Speere im Schwung aus der Hand geschleudert die Jungfrau,
soviel Phrygier fielen; seitab jagt Órnytus fort in
nie gesehener Wehr auf japygischem Rosse als Jäger;
seine breiten Schultern umhüllt ein Fell, einem jungen
Kampfstier entrissen, sein Haupt bedeckt der riesige Rachen
und die Kinnbacken eines Wolfs mit blitzenden Zähnen;
Bauernfäuste waffnet der Krummspeer; mitten im Heerbann
reitet er selbst, überragt um Haupteslänge die andern.
Ihn fängt ab Camilla — im Fluchtgetümmel nicht schwierig —,
spießt ihn durch und spricht obendrein mit erbittertem Herzen:
„Hast du gewähnt, Tyrrhener, das Wild im Walde zu jagen?
Da ist der Tag, der euer Geprahl widerlegt mit der Frauen
Waffen; doch nicht verächtlichen Namen wirst du den Manen
melden der Väter: gefallen seist du vom Speere Camillas."
Butes schlägt sie sodann und Orsilochus, beide gewalt'ge
Krieger der Teukrer; den Butes traf von hinten die Lanze
zwischen Panzer und Helm, wo hell dem Reiter der Nacken
leuchtete und vom linken Arm der Schild ihm herabhing;
doch den Orsilochus täuscht sie durch Flucht, jagt weitum im Bogen,
schwenkt nach innen im Kreise dann ab und verfolgt den Verfolger;
wuchtig schmettert dem Helden durch Helm und Schädel das Beil sie,
höher sich reckend zum Hieb trotz all seines Bittens und Flehens,
Schlag auf Schlag: warm netzt mit Hirn die Wunde sein Antlitz.
Dann fällt ihr in die Hand, angststarr beim plötzlichen Anblick,

Appenninicolae bellator filius Auni, 700
haud Ligurum extremus, dum fallere fata sinebant.
isque ubi se nullo iam cursu evadere pugnae
posse neque instantem reginam avertere cernit,
consilio versare dolos ingressus et astu
incipit haec: 'quid tam egregium, si femina forti 705
fidis equo? dimitte fugam et te comminus aequo
mecum crede solo pugnaeque accinge pedestri:
iam nosces, ventosa ferat cui gloria fraudem.'
dixit, at illa furens acrique accensa dolore
tradit equom comiti paribusque resistit in armis, 710
ense pedes nudo puraque interrita parma.
at iuvenis, vicisse dolo ratus, avolat ipse
haud mora conversisque fugax aufertur habenis
quadrupedemque citum ferrata calce fatigat.
'vane Ligus frustraque animis elate superbis, 715
nequiquam patrias temptasti lubricus artis,
nec fraus te incolumem fallaci perferet Auno.'
haec fatur virgo et pernicibus ignea plantis
transit equom cursu frenisque adversa prehensis
congreditur poenasque inimico ex sanguine sumit: 720
quam facile accipiter saxo sacer ales ab alto
consequitur pennis sublimem in nube columbam
comprensamque tenet pedibusque eviscerat uncis;
tum cruor et volsae labuntur ab aethere plumae.

   At non haec nullis hominum sator atque deorum 725
observans oculis summo sedet altus Olympo.
Tyrrhenum genitor Tarchonem in proelia saeva
suscitat et stimulis haud mollibus incitat iras.
ergo inter caedes cedentiaque agmina Tarchon
fertur equo variisque instigat vocibus alas 730
nomine quemque vocans reficitque in proelia pulsos.
'quis metus, o numquam dolituri, o semper inertes
Tyrrheni, quae tanta animis ignavia venit?
femina palantis agit atque haec agmina vertit!
quo ferrum quidve haec gerimus tela inrita dextris? 735

Aunus', des Appenninbewohners streitbarer Sohn, der
Ligurer letzter nicht, als Trug noch vergönnte das Schicksal.
Gleich, da er sieht, daß er nicht mehr durch Flucht dem Kampfe entkommen
kann und nicht mehr wehren dem drohenden Ansturm der Fürstin,
sinnt er auf listigen Ausweg sogleich und beginnt so voll Arglist:
„Was ist's also Herrliches denn, wenn als Frau du dem starken
Rosse vertraust? Drum denk nicht an Flucht, überlaß dich dem gleichen
Boden im Nahkampf mit mir und mache bereit dich zum Fußkampf;
wirst schon sehn, wen windige Ruhmsucht trügend dahinrafft."
Sprach's; doch sie voll Wut und entbrannt vom Schmerze des Zornes,
gibt der Gefährtin ihr Roß und stellt sich zum Fußkampf mit gleichen
Waffen, blank nur das Schwert, furchtlos mit einfachem Rundschild.
Aber der Jüngling, im Wahn, gewonnen zu haben durch List, sprengt
selbst gleich fort, reißt um zur Flucht die Zügel und fliegt nun
jagend und hetzt zur Eile sein Roß mit eisernen Sporen.
„Ligurerwicht, vergeblich gebläht von prahlendem Hochmut,
hast umsonst aalglatt versucht die Tücken des Vaters,
nimmermehr bringt dein Trug dich heil zum betrügenden Aunus."
Also Camilla, und gleich überholt sie auf hurtigen Sohlen
blitzschnell im Laufe sein Roß und, vorn in die Zügel ihm fallend,
greift sie an und nimmt am Feinde blutige Rache:
leicht, wie der Falk vom hohen Fels, der heilige Vogel,
jagt auf Schwingen die hoch in Wolken fliegende Taube,
fest umfängt seinen Raub und zerfleischt mit kralligen Klauen;
Blut fällt dann vom Äther herab und zerrissene Federn.

Nicht aber sieht dies alles der Vater der Menschen und Götter
achtlosen Auges hoch vom Thron des hehren Olympus.
Tarchon treibt er an, den Tyrrhener, zum wilden Gefechte,
stachelt ihn unsanft auf und weckt die Wut ihm zum Angriff.
So jagt mitten ins Morden und unter die weichenden Haufen
Tarchon zu Roß, sporrnt mannigfach an die Schwadronen und ruft bei
Namen jeden und stärkt wieder neu zum Kampf die Besiegten.
„Welch eine Angst, ihr nimmer erregbares, immer nur träges
Volk der Tyrrhener, welch eine Feigheit packte die Herzen?
Ringsum scheucht euch ein Weib durchs Feld und verjagt diese Heerschar.
Wozu Waffen, was führt unsre Faust hier nutzlose Speere?

at non in Venerem segnes nocturnaque bella
aut ubi curva choros indixit tibia Bacchi,
exspectate dapes et plenae pocula mensae
— hic amor, hoc studium — dum sacra secundus haruspex
nuntiet ac lucos vocet hostia pinguis in altos!' 740
haec effatus equom in medios, moriturus et ipse,
concitat et Venulo adversum se turbidus infert
dereptumque ab equo dextra complectitur hostem
et gremium ante suum multa vi concitus aufert.
tollitur in caelum clamor cunctique Latini 745
convertere oculos. volat igneus aequore Tarchon
arma virumque ferens, tum summa ipsius ab hasta
defringit ferrum et partis rimatur apertas,
qua volnus letale ferat; contra ille repugnans
sustinet a iugulo dextram et vim viribus exit. 750
utque volans alte raptum cum fulva draconem
fert aquila inplicuitque pedes atque unguibus haesit,
saucius at serpens sinuosa volumina versat
arrectisque horret squamis et sibilat ore
arduus insurgens, illa haud minus urget obunco 755
luctantem rostro, simul aethera verberat alis:
haud aliter praedam Tiburtum ex agmine Tarchon
portat ovans. ducis exemplum eventumque secuti
Maeonidae incurrunt. tum fatis debitus Arruns
velocem iaculo et multa prior arte Camillam 760
circuit et quae sit fortuna facillima, temptat.
qua se cumque furens medio tulit agmine virgo,
hac Arruns subit et tacitus vestigia lustrat;
qua victrix redit illa pedemque ex hoste reportat,
hac iuvenis furtim celeris detorquet habenas. 765
hos aditus iamque hos aditus omnemque pererrat
undique circuitum et certam quatit inprobus hastam.
forte sacer Cybelo Chloreus olimque sacerdos
insignis longe Phrygiis fulgebat in armis
spumantemque agitabat equom, quem pellis aënis 770
in plumam squamis auro conserta tegebat.

Freilich, zum Venusdienst nicht stumpf, zu nächtlichen Kriegen,
oder sobald die Krummflöte ruft zum Reigen des Bakchus,
wartet nur zu auf Schmaus und Pokal an üppiger Tafel,
— das ist Liebe und Lust — bis glücklich Opfer der Priester
melde, und fettes Mahl zum hohen Haine euch lade!"
Also spricht er, treibt sein Roß in die Reihen, auch selbst zu
sterben bereit, jagt stracks auf Vénulus, wütend im Angriff,
reißt vom Roß und umschlingt mit der Rechten den Gegner und zieht ihn
vor seinen Schoß mit aller Gewalt und sprengt mit ihm weiter.
Wild zum Himmel erhebt sich Geschrei und alle Latiner
wenden den Blick: blitzschnell fliegt Tarchon über die Fläche,
Waffen tragend und Mann; dann bricht er hoch von des Feindes
Lanze die Spitze und späht nach offenen Stellen, um tödlich
ihn zu verwunden. Doch Venulus wehrt sich, sucht von der Kehle
fortzustoßen die Faust und der Kraft durch Kraft zu entgehen.
So trägt hoch der braungelbe Adler hinauf die geraubte
Schlange, krallt seine Klauen in sie, hängt fest mit den Fängen.
Wund aber dreht die Schlange sich wild in Krümmung und Windung,
starr die Schuppen gesträubt und zischt mit dem Maule, sich steilauf
bäumend, der Adler jedoch bedrängt die Ringende hart mit
krummem Schnabel und schlägt den Äther zugleich mit den Schwingen.
Ebenso trägt seinen Raub aus tiburtischen Reihen jetzt Tarchon
fort im Triumph. Ihres Führers erfolgreiches Beispiel befolgend,
stürmt Maeonias Volk. Da kreist, verfallen dem Schicksal,
Arruns rings um Camilla, die hurtige, weit ihr an Kunst des
Speerwurfs voraus und sucht seines Glückes gelegensten Zufall.
Immer, wo rasend mitten im Heer sich tummelt die Jungfrau,
da schleicht Arruns heran und belauert still ihre Spuren.
Wo sie siegreich sich wendet und wieder vom Feinde sich absetzt,
da reißt listig der Jüngling herum im Galopp seine Zügel.
Zugang von hier und Zugang von dort und jeglichen Bogen
allseits versucht er und schüttelt voll Mordgier die treffende Lanze.
Kybeles Bergdienst geweiht war Chloreus, früher ihr Priester.
Weithin kenntlich strahlte er jetzt in Phrygierwaffen,
trieb sein schäumend Roß; ein Fell, aus ehernen Schuppen,
dicht benagelt mit Gold, bedeckte es wie ein Gefieder.

ipse peregrina ferrugine clarus et ostro
spicula torquebat Lycio Gortynia cornu;
aureus ex umeris erat arcus et aurea vati
cassida; tum croceam chlamydemque sinusque crepantis 775
carbaseos fulvo in nodum collegerat auro,
pictus acu tunicas et barbara tegmina crurum.
hunc virgo, sive ut templis praefigeret arma
Troïa, captivo sive ut se ferret in auro,
venatrix unum ex omni certamine pugnae 780
caeca sequebatur totumque incauta per agmen
femineo praedae et spoliorum ardebat amore,
telum ex insidiis cum tandem tempore capto
concitat et superos Arruns sic voce precatur:
'summe deum, sancti custos Soractis Apollo, 785
quem primi colimus, cui pineus ardor acervo
pascitur et medium freti pietate per ignem
cultores multa premimus vestigia pruna,
da, pater, hoc nostris aboleri dedecus armis,
omnipotens. non exuvias pulsaeve tropaeum 790
virginis aut spolia ulla peto, mihi cetera laudem
facta ferent: haec dira meo dum volnere pestis
pulsa cadat, patrias remeabo inglorius urbes.'
audiit et voti Phoebus succedere partem
mente dedit, partem volucris dispersit in auras: 795
sterneret ut subita turbatam morte Camillam,
adnuit oranti; reducem ut patria alta videret,
non dedit, inque notos vocem vertere procellae.
ergo ut missa manu sonitum dedit hasta per auras,
convertere animos acris oculosque tulere 800
cuncti ad reginam Volsci. nihil ipsa neque aurae
nec sonitus memor aut venientis ab aethere teli,
hasta sub exsertam donec perlata papillam
haesit virgineumque alte bibit acta cruorem.
concurrunt·trepidae comites dominamque ruentem 805
suscipiunt. fugit ante omnis exterritus Arruns
laetitia mixtoque metu nec iam amplius hastae

Aber er selbst, hellstrahlend in fremdländisch-rostbraunem Purpur,
schoß gortynische Pfeile vom hürnenen Lykierbogen;
golden hing von der Schulter dem Seher der Köcher, sein Helm war
golden; die knisternden Falten des Krokusmantels aus feiner
Leinwand hielt er zum Knoten gerafft mit rotgelbem Golddorn.
Buntbestickt waren Rock und Beinkleid, Tracht der Barbaren.
Diesen verfolgte, vielleicht, um den Tempeln Waffen aus Troja
anzuheften, vielleicht, um mit Beutegold selber zu prangen,
wie auf der Jagd den e i n e n aus all dem Schlachtengetümmel
blindlings Camilla und stürmte unachtsam fort durch das ganze
Heer, von weiblicher Sucht entbrannt nach glänzender Beute.
Da nimmt endlich den Augenblick wahr und wirft sein Geschoß vom
Hinterhalt Arruns und fleht zu den Himmlischen so im Gebete:
„Höchster der Götter, Schützer des hehren Sorakte, Apollo,
den ja w i r verehren, dem Fichtenglut sich im Holzstoß
nährt, für den, vertrauend der Frömmigkeit, mitten durch Feuer
wir, die Verehrer, zu Fuß hinwandeln auf glühenden Kohlen:
Vater, laß diese Schmach durch unsere Waffen getilgt sein,
Allmachtsherr! Nicht Rüstung begehre ich, nicht der besiegten
Jungfrau Trophäe, nicht irgendwie Beute — Ehre wird andres
Werk mir erwerben — wenn nur, verwundet von mir, dieses grause
Scheusal fällt, will gern ich ruhmlos kehren zur Heimat."
Phoebus vernahm's und gewährte im Herzen Erfüllung dem einen
Teile der Bitte, zerstreute den andern in flüchtige Lüfte:
niederzustrecken in jähem Tod die verwirrte Camilla,
gab er dem Bittenden, wiederzusehn des Vaterlands Höhen,
gab er nicht. Fortriß der Sturm dies Wort in die Winde.
Als ihm jetzt aus der Hand hinsauste der Speer durch die Lüfte,
wandten, gespannt vor Erregung, sich um und kehrten zur Fürstin
alle Volsker den Blick; sie selbst beachtete nicht das
Zischen der Luft und nicht das Geschoß, das vom Äther heranflog,
bis sich unter der bloßen Brust einbohrte der Speer und
hing und, tief getrieben, trank den Blutquell der Heldin.
Hastig lief ihr Gefolge herbei und fing aus dem Sturz die
Herrin auf. Da flieht vor allen schreckensbleich Arruns,
Jubel vermischt sich in ihm mit Angst; nicht wagt er, dem Speer noch

credere nec telis occurrere virginis audet.
ac velut ille, priusquam tela inimica sequantur,
continuo in montis sese avius abdidit altos 810
occiso pastore lupus magnove iuvenco,
conscius audacis facti, caudamque remulcens
subiecit pavitantem utero silvasque petivit:
haud secus ex oculis se turbidus abstulit Arruns
contentusque fuga mediis se inmiscuit armis. 815
illa manu moriens telum trahit, ossa sed inter
ferreus ad costas alto stat volnere mucro.
labitur exsanguis, labuntur frigida leto
lumina, purpureus quondam color ora reliquit.
tum sic exspirans Accam ex aequalibus unam 820
adloquitur, fida ante alias quae sola Camillae,
quicum partiri curas; atque haec ita fatur:
'hactenus, Acca soror, potui, nunc volnus acerbum
conficit et tenebris nigrescunt omnia circum.
effuge et haec Turno mandata novissima perfer: 825
succedat pugnae Troianosque arceat urbi.
iamque vale.' simul his dictis linquebat habenas,
ad terram non sponte fluens. tum frigida toto
paulatim exsolvit se corpore lentaque colla
et captum leto posuit caput; arma relinquunt 830
vitaque cum gemitu fugit indignata sub umbras.
tum vero inmensus surgens ferit aurea clamor
sidera, deiecta crudescit pugna Camilla,
incurrunt densi simul omnis copia Teucrum
Tyrrhenique duces Euandrique Arcades alae. 835

  At Triviae custos iamdudum in montibus Opis
alta sedet summis spectatque interrita pugnas.
utque procul medio iuvenum in clamore furentum
prospexit tristi mulcatam morte Camillam,
ingemuitque deditque has imo pectore voces: 840
'heu nimium, virgo, nimium crudele luisti
supplicium, Teucros conata lacessere bello!
nec tibi desertae in dumis coluisse Dianam

weiter zu trauen und nicht, sich zu stellen den Waffen der Jungfrau.
Also verbirgt, daß feindlich Geschoß nicht vorher ihn treffe,
abseits vom Wege sogleich sich in hohen Bergen der Wolf, der
eben den Hirten oder den kräftigen Jungstier ermordet,
wohl sich bewußt der verwegenen Tat, und zieht seinen Schwanz ein,
biegt ihn ängstlich unter den Bauch und entweicht in die Wälder.
Ebenso wich auch Arruns verstört aus dem Blickfeld und tauchte,
wohl zufrieden mit seiner Flucht, wieder unter im Heere.
Sterbend zerrt Camilla am Speer; doch zwischen den Rippen-
knochen in tiefer Wunde steht die eiserne Spitze.
Blutlos wankt sie und sinkt, es wanken glasig im Tod die
Augen, der Purpurglanz, so frisch einst, schwindet dem Antlitz.
Röchelnd im letzten Hauch, spricht einzig aus dem Gefolge
jetzt sie zu Acca, die einzig vor andern treu war Camilla,
und mit der sie teilte die Sorgen; also nun spricht sie:
„Acca, Schwester, soweit hatt' ich Kraft; nun schwächt mich die herbe
Wunde, und alles umher wird schwarz von wogendem Dunkel.
Eile und bringe dem Turnus hier meinen letzten Auftrag:
Nachrücken soll er zur Schlacht, vor den Troern schützen die Stadt — und
nun leb wohl!" So sprach sie und ließ entfallen die Zügel,
glitt — nicht willig — zur Erde hinab. Dann streckte sie, kalt am
ganzen Leib, allmählich sich aus und legte den schwanken
Hals und das Haupt, gepackt vom Tod, hinsank die Wehr, ihr
Leben fuhr, aufstöhnend, voll Unmut hinab zu den Schatten.
Da aber hob sich maßlos Geschrei und schlug an die goldnen
Sterne; wild wuchs wieder die Schlacht nach dem Sturze Camillas.
Anstürmt dicht geballt die ganze Menge der Teukrer,
Führer tyrrhenischen Volks und Euanders Arkaderscharen.

Aber als Trivias Wächterin sitzt schon längst auf der Berge
Gipfel Opis hochdroben und schaut ohne Schrecken die Schlachten.
Als sie nun fern inmitten des Lärmes tobender Männer
jetzt Camilla erblickte, entstellt vom düstern Tode,
seufzte sie auf und sprach aus tiefstem Herzen die Worte:
„Allzu grausam, Jungfrau, ach, allzu grausame Buße
zahltest du, weil du gewagt, die Teukrer zu reizen zum Kriege.
Nutzlos ehrtest, Verlassene du, im Dickicht Diana,

profuit aut nostras umero gessisse sagittas.
non tamen indecorem tua te regina reliquit 845
extrema iam in morte, neque hoc sine nomine letum
per gentis erit aut famam patieris inultae.
nam quicumque tuum violavit volnere corpus,
morte luet merita.' fuit ingens monte sub alto
regis Dercenni terreno ex aggere bustum 850
antiqui Laurentis opacaque ilice tectum;
hic dea se primum rapido pulcherrima nisu
sistit et Arruntem tumulo speculatur ab alto.
ut vidit laetantem animis ac vana tumentem,
'cur' inquit 'diversus abis? huc derige gressum, 855
huc periture veni, capias ut digna Camillae
praemia. tune etiam telis moriere Dianae?'
dixit et aurata volucrem Threissa sagittam
deprompsit pharetra cornuque infensa tetendit
et duxit longe, donec curvata coirent 860
inter se capita et manibus iam tangeret aequis,
laeva aciem ferri, dextra nervoque papillam.
extemplo teli stridorem aurasque sonantis
audiit una Arruns haesitque in corpore ferrum.
illum exspirantem socii atque extrema gementem 865
obliti ignoto camporum in pulvere linquont,
Opis ad aetherium pennis aufertur Olympum.

   Prima fugit domina amissa levis ala Camillae:
turbati fugiunt Rutuli, fugit acer Atinas,
disiectique duces desolatique manipli 870
tuta petunt et equis aversi ad moenia tendunt.
nec quisquam instantis Teucros letumque ferentis
sustentare valet telis aut sistere contra,
sed laxos referunt umeris languentibus arcus,
quadrupedumque putrem cursu quatit ungula campum. 875
volvitur ad muros caligine turbidus atra
pulvis et e speculis percussae pectora matres
femineum clamorem ad caeli sidera tollunt.
qui cursu portas primi inrupere patentis,

nutzlos trugest du über der Schulter unsere Pfeile.
Nicht jedoch ließ dich ohne Ruhm deine Königin noch in
Sterbens äußerster Not, nicht bleibt dein Tod ohne Namen
unter den Völkern, nicht trägst du den Schimpf, daß keiner dich rächte.
Denn wer immer deinen Leib mit Wunde versehrt hat,
büßt mit verdientem Tod." Aufwuchs unter ragendem Berg des
Königs Derkennus riesiges Grab, ein Hügel aus Erde,
Grab jenes alten Laurenters, umwölbt von Steineichendunkel.
Hier zunächst nahm Stand die strahlende Göttin in schnellem
Schwung und erspähte den Arruns vom hohen Hügel des Grabes.
Als sie ihn sah, wie er prangte vor Stolz und eitel sich blähte,
rief sie: „Warum weichst du seitab? Lenk hierher die Schritte,
hierher komm und stirb, daß würdigen Lohn für Camilla
du empfangest! Stirbst du nicht gar vom Geschosse Dianas?"
Also sprach die Thrakerin, nahm aus vergoldetem Köcher
gleich den flüchtigen Pfeil und spannte im Bogen ihn grimmig,
zog und zog ihn weit, bis endlich gekrümmt sich des Bogens
Enden träfen und sie mit den Händen schon gleichmäßig rührte
links die Spitze des Pfeils und rechts die Brust mit der Sehne.
Plötzlich hört das Sausen des Pfeils und die zischenden Lüfte
Arruns, hört und zugleich schon hängt ihm im Leibe das Eisen.
Ihn, der da röchelt und stöhnt im Tod, vergessen die Freunde,
lassen im Staub der fremden Gefilde einsam ihn liegen.
Opis fährt auf Schwingen empor zum lichten Olympus.

   Gleich, da die Herrin verloren, entfliehn die Schwadronen Camillas,
fliehen die Rutuler wirr, flieht selbst der Heißsporn Atinas.
Völlig zersprengte Führer und trostlos verlassene Scharen
suchen Schutz und reiten flüchtend zurück zu den Mauern.
Keiner vermag die drängenden, Tod mitbringenden Teukrer
noch zu ertragen und ihnen im Kampf sich entgegenzustellen;
schlaffe Bogen tragen sie heim auf hangenden Schultern,
Roßhuf nur zermalmt im Galopp das mürbe Gefilde.
Schwarz in Finsternis wirbelnd, wälzt sich Staub zu den Mauern;
hoch auf den Warten schlagen die Brust voll Entsetzen die Mütter,
rufen die Klage der Frauen empor zu des Himmels Gestirnen.
Wer da zuerst im Galopp einbrach durch offene Tore,

hos inimica super mixto premit agmine turba; 880
nec miseram effugiunt mortem, sed limine in ipso,
moenibus in patriis atque inter tuta domorum
confixi exspirant animas. pars claudere portas,
nec sociis aperire viam nec moenibus audent
accipere orantis, oriturque miserrima caedes 885
defendentum armis aditus inque arma ruentum.
exclusi ante oculos lacrimantumque ora parentum
pars in praecipitis fossas urgente ruina
volvitur, inmissis pars caeca et concita frenis
arietat in portas et duros obice postis. 890
ipsae de muris summo certamine matres —
monstrat amor verus patriae, ut videre Camillam, —
tela manu trepidae iaciunt ac robore duro
stipitibus ferrum sudibusque imitantur obustis
praecipites primaeque mori pro moenibus ardent. 895
    Interea Turnum in silvis saevissimus inplet
nuntius et iuveni ingentem fert Acca tumultum:
deletas Volscorum acies, cecidisse Camillam,
ingruere infensos hostis et Marte secundo
omnia corripuisse, metum iam ad moenia ferri. 900
ille furens, — et saeva Iovis sic numina poscunt, —
deserit obsessos collis, nemora aspera linquit.
vix e conspectu exierat campumque tenebat,
cum pater Aeneas saltus ingressus apertos
exsuperatque iugum silvaque evadit opaca. 905
sic ambo ad muros rapidi totoque feruntur
agmine nec longis inter se passibus absunt;
ac simul Aeneas fumantis pulvere campos
prospexit longe Laurentiaque agmina vidit,
et saevom Aenean adgnovit Turnus in armis 910
adventumque pedum flatusque audivit equorum.
continuoque ineant pugnas et proelia temptent,
ni roseus fessos iam gurgite Phoebus Hibero
tinguat equos noctemque die labente reducat.
considunt castris ante urbem et moenia vallant. 915

den bedrängt hinterdrein im Gewühl die feindliche Menge;
nicht entrinnen sie kläglichem Tod, nein, grad auf der Schwelle,
schon in der Vaterstadt Mauern, im sichern Bereiche der Häuser
hauchen, durchbohrt, ihr Leben sie aus. Ein Teil schließt die Tore,
wagt nicht, den Bündnern zu öffnen den Weg, wagt nicht, in die Stadt die
Bittenden aufzunehmen; es kommt zum kläglichsten Blutbad:
in der Verteidiger Waffen am Tor stürzt fliehend die Kampfschar.
Ausgeschlossen vor Augen und Antlitz der weinenden Eltern,
wälzt ein Teil in drängendem Sturz sich hinab auf der Gräben
Steilhang, ein Teil, die Zügel verhängt, stößt blind und erregt als
Sturmbock wider die Tore und hart verriegelten Pfosten.
Wetteifernd werfen die Frauen von selbst — es weist ihnen wahre
Vaterlandsliebe zum Kampfe den Weg, so sahn sie Camilla, —
hastig Geschoß von der Mauer, statt Eisen Keulen aus hartem
Eichenholz und Pfähle, die vorn sie im Feuer gehärtet,
glühend sind sie bereit, für die Mauern als erste zu sterben.

   Unterdessen erfüllt in den Wäldern den Turnus die Schreckens-
kunde, und Acca bringt dem Jüngling gewaltigen Aufruhr:
Völlig besiegt sei der Volsker Heer, gefallen Camilla,
grimmig stürme der Feind und habe, vom Kriegsgott begünstigt,
alles an sich gerafft, schon nahe Entsetzen den Mauern.
Turnus, rasend, — so will es Juppiters grausames Walten —
läßt die besetzten Höhen im Stich und das Dickicht der Wälder.
Kaum entschwand er dem Blick und war in der Ebene drunten,
da zieht Vater Aeneas hinein in die offenen Schluchten,
überwindet das Joch und entrinnt dem Dunkel der Wälder.
Also eilen nun beide zur Stadt im Sturmschritt mit ihrem
ganzen Heer und sind nicht mehr weit entfernt voneinander.
Und gleichzeitig erspähte Aeneas die staubig umqualmten
Felder fern und sah den Heereszug der Laurenter,
Turnus hinwieder erkannte in Waffen den grimmen Aeneas,
hörte des Heeres dröhnendes Nahn und das Schnauben der Rosse.
Gleich würden Kampf sie beginnen, das Glück versuchen der Schlachten,
tauchte nicht rötlich Phoebus schon sein müdes Gespann in
Spaniens Meer und brächte die Nacht im Sinken des Tages.
Lager beziehen sie nun vor der Stadt und verschanzen die Mauern.

XII

Turnus ut infractos adverso Marte Latinos
defecisse videt, sua nunc promissa reposci,
se signari oculis, ultro inplacabilis ardet
attollitque animos. Poenorum qualis in arvis
saucius ille gravi venantum volnere pectus   5
tum demum movet arma leo gaudetque comantis
excutiens cervice toros fixumque latronis
inpavidus frangit telum et fremit ore cruento:
haud secus accenso gliscit violentia Turno.
tum sic adfatur regem atque ita turbidus infit: 10
'nulla mora in Turno; nihil est quod dicta retractent
ignavi Aeneadae, nec quae pepigere recusent:
congredior. fer sacra, pater, et concipe foedus.
aut hac Dardanium dextra sub Tartara mittam,
desertorem Asiae — sedeant spectentque Latini —   15
et solus ferro crimen commune refellam,
aut habeat victos, cedat Lavinia coniunx.'
   Olli sedato respondit corde Latinus:
'o praestans animi iuvenis, quantum ipse feroci
virtute exsuperas, tanto me inpensius aequum est   20
consulere atque omnis metuentem expendere casus.
sunt tibi regna patris Dauni, sunt oppida capta
multa manu, nec non aurumque animusque Latino est.
sunt aliae innuptae Latio et Laurentibus arvis,
nec genus indecores. sine me haec haud mollia fatu   25
sublatis aperire dolis, simul hoc animo hauri.
me natam nulli veterum sociare procorum
fas erat idque omnes divique hominesque canebant.
victus amore tui, cognato sanguine victus
coniugis et maestae lacrimis vincla omnia rupi: 30
promissam eripui genero, arma inpia sumpsi.
ex illo qui me casus, quae, Turne, sequantur
bella vides, quantos primus patiare labores.
bis magna victi pugna vix urbe tuemur
spes Italas; recalent nostro Thybrina fluenta   35

12

Turnus sieht, wie zerbrochen vom feindlichen Mars die Latiner
kraftlos liegen, wie nun sie fordern, was er versprochen,
ihn mit Augen bezeichnen; da entbrennt unerbittlich er selbst jetzt,
hebt sich mutig und stolz. So reckt im Punierlande,
wund in der Brust, vom schweren Schlag der Jäger getroffen,
jetzt erst recht sich der Löwe zum Kampf und freut sich, vom Nacken
schüttelnd die wallende Mähne, zerbricht den haftenden Speer des
lauernden Feindes furchtlos und brüllt aus blutigem Rachen;
ebenso wächst der wilde Mut dem glühenden Turnus.
Also spricht er den König nun an, drängt ungestüm also:
„Turnus hält nichts auf; nichts zwingt die feige Aeneas-
sippe, ihr Wort noch zu ändern, dem festen Beschluß sich zu weigern.
Ich will Kampf. So opfere, Vater, faß ab den Vertrag jetzt.
Entweder schick ich den Dardaner hier mit der Rechten zur Hölle,
ihn, der aus Asien floh — mögen sitzen und schaun die Latiner! —
und ich tilge allein mit dem Schwert die gemeinsame Schande,
oder e r sei Herr der Besiegten, Lavinias Gatte.
   Ihm erwidert, ruhig gefaßt im Herzen, Latinus:
„Jüngling, ragend an Mut! Je mehr du selber an wilder
Manneskraft überragst, um so ernstlicher muß ich nach Recht und
Billigkeit raten und sorgsam erwägen jeglichen Zufall.
Daunus, dein Vater, vermacht dir sein Reich, du selber gewannest
viele Städte im Kampf; Gold hat und Mut auch Latinus.
Mädchen sind viel noch zu freien in Latium und in Laurentum,
auch aus edlem Geschlecht. Laß dies, was zu sagen nicht leicht fällt,
mich ganz ohne Arglist gestehn und nimm dir's zu Herzen:
keinem der früheren Freier die Tochter zur Ehe zu geben,
war meine Pflicht, das kündeten alle, Götter und Menschen.
Aber von Liebe zu dir, vom verwandten Blut der Gemahlin
und von der Trauernden Tränen besiegt, zerbrach ich die Fesseln
alle, entriß dem Eidam die Braut, fing unfrommen Krieg an.
Was für Schläge daher und was für Kriege mich trafen,
siehst du, Turnus, was d u vor allem erduldest an Mühsal.
Zweimal furchtbar geschlagen, beschützen wir kaum in der Stadt die
Hoffnung Italiens; warm sind des Thybris Fluten von unserm

sanguine adhuc campique ingentes ossibus albent.
quo referor totiens, quae mentem insania mutat?
si Turno exstincto socios sum adscire paratus,
cur non incolumi potius certamina tollo?
quid consanguinei Rutuli, quid cetera dicet   40
Italia, ad mortem si te — fors dicta refutet —
prodiderim, natam et conubia nostra petentem?
respice res bello varias; miserere parentis
longaevi, quem nunc maestum patria Ardea longe
dividit.' haudquaquam dictis violentia Turni   45
flectitur, exsuperat magis aegrescitque medendo.
ut primum fari potuit, sic institit ore:
'quam pro me curam geris, hanc precor, optime, pro me
deponas letumque sinas pro laude pacisci.
et nos tela, pater, ferrumque haud debile dextra   50
spargimus; et nostro sequitur de volnere sanguis.
longe illi dea mater erit, quae nube fugacem
feminea tegat et vanis sese occulat umbris.'
   At regina nova pugnae conterrita sorte
flebat et ardentem generum moritura tenebat: 55
'Turne, per has ego te lacrimas, per si quis Amatae
tangit honos animum — spes tu nunc una, senectae
tu requies miserae, decus imperiumque Latini
te penes, in te omnis domus inclinata recumbit —
unum oro: desiste manum committere Teucris.   60
qui te cumque manent isto certamine casus,
et me, Turne, manent; simul haec invisa relinquam
lumina nec generum Aenean captiva videbo.'
accepit vocem lacrimis Lavinia matris
flagrantis perfusa genas, cui plurimus ignem   65
subiecit rubor et calefacta per ora cucurrit.
Indum sanguineo veluti violaverit ostro
si quis ebur aut mixta rubent ubi lilia multa
alba rosa, talis virgo dabat ore colores.
illum turbat amor figitque in virgine voltus;   70
ardet in arma magis paucisque adfatur Amatam:

Blute noch jetzt, bleich sind von Gebein weitum die Gefilde.
Wohin treibt's mich so oft, welcher Wahnsinn wandelt den Willen?
Wenn ich nach Turnus Vernichtung bereit bin, Bündnis zu schließen,
warum nicht lieber, da er noch lebt, die Kämpfe beenden?
Was nur sagen die blutsverwandten Rutuler, was das
andre Italien, wenn ich dem Tod — verhüt' es die Fügung! —
dich preisgäbe, der hier sich bewirbt um die Hand meiner Tochter?
Sieh doch des Krieges Wechselgeschick, erbarm dich des alten
Vaters, der voll Gram im heimischen Ardea weit von
dir jetzt getrennt ist!" Doch kein Wort kann die Wildheit des Turnus
brechen, sie wächst noch mehr, wird ärger durch lindernden Zuspruch.
Gleich, als eben er antworten kann, da spricht er voll Starrsinn:
„Deine Sorge um mich, ich bitte dich, Bester, die laß um
mich nur beiseite und laß für Ruhm mit dem Tode mich zahlen!
Auch ich, Vater, schleudre Geschoß und keineswegs schwachen
Speer aus der Rechten, auch meine Hand schlägt blutige Wunden.
Nicht wird die Göttin, die Mutter, ihm nahn, mit der Wolke den Flüchtling
weibisch zu schirmen und selbst sich zu bergen in nichtige Schatten."

Aber die Fürstin, bestürzt von der neuen Wendung der Schlacht, sucht
weinend, gezeichnet vom Tod, der Kampfglut des Eidams zu wehren:
„Turnus, wenn hier meine Tränen, wenn irgend die Ehre Amatas
rührt dein Herz — du jetzt die einzige Hoffnung, du des
elenden Alters Halt, der Glanz und das Reich des Latinus
leben in dir, unser wankend Haus ruht völlig auf dir nur —,
eines nur bitte ich: laß doch ab vom Kampf mit den Teukrern!
Welches Los auch immer dich trifft in diesem Gefechte,
das trifft, Turnus, auch mich; ich werde zugleich dies verhaßte
Leben verlassen, nicht sehn als Gefangne den Eidam Aeneas."
Weinend vernahm der Mutter Wort Lavinia, Tränen
netzten die glühenden Wangen, und Schamröte stieg ihr mit Feuer
heiß herauf und lief ihr über das brennende Antlitz.
Wie wenn einer grell übermalt mit blutrotem Purpur
indisches Elfenbein, oder wie Lilien weißrot glühn aus
Fülle von Rosen, so bot die Jungfrau im Antlitz die Farben.
Liebe verwirrt den Turnus, sein Auge hängt an der Jungfrau,
mehr noch entbrennt er zum Kampf und spricht nur kurz zu Amata:

'ne, quaeso, ne me lacrimis neve omine tanto
prosequere in duri certamina Martis euntem,
o mater; neque enim Turno mora libera mortis.
nuntius haec, Idmon, Phrygio mea dicta tyranno 75
haud placitura refer: cum primum crastina caelo
puniceis invecta rotis Aurora rubebit,
non Teucros agat in Rutulos, Teucrum arma quiescant
et Rutuli; nostro dirimamus sanguine bellum,
illo quaeratur coniunx Lavinia campo.' 80
 Haec ubi dicta dedit rapidusque in tecta recessit,
poscit equos gaudetque tuens ante ora frementis,
Pilumno quos ipsa decus dedit Orithyia,
qui candore nives, anteirent cursibus auras.
circumstant properi aurigae manibusque lacessunt 85
pectora plausa cavis et colla comantia pectunt.
ipse dehinc auro squalentem alboque orichalco
circumdat loricam umeris, simul aptat habendo
ensemque clipeumque et rubrae cornua cristae,
ensem, quem Dauno ignipotens deus ipse parenti 90
fecerat et Stygia candentem tinxerat unda.
exim quae mediis ingenti adnixa columnae
aedibus adstabat, validam vi corripit hastam,
Actoris Aurunci spolium, quassatque trementem
vociferans: 'nunc, o numquam frustrata vocatus 95
hasta meos, nunc tempus adest: te maximus Actor,
te Turni nunc dextra gerit. da sternere corpus
loricamque manu valida lacerare revolsam
semiviri Phrygis et foedare in pulvere crinis
vibratos calido ferro murraque madentis.' 100
his agitur furiis, totoque ardentis ab ore
scintillae absistunt, oculis micat acribus ignis:
mugitus veluti cum prima in proelia taurus
terrificos ciet atque irasci in cornua temptat
arboris obnixus trunco ventosque lacessit 105
ictibus aut sparsa ad pugnam proludit harena.
 Nec minus interea maternis saevos in armis

„Nicht, ich bitte dich, nicht mit Tränen und furchtbarem Omen
gib mir Geleit auf den Weg zu des harten Kriegsgottes Kämpfen,
Mutter! Denn nicht steht Turnus Verzug noch frei vor dem Tode.
Melde denn, Idmon, dieses mein Wort dem Phrygertyrannen,
nimmer behagt's ihm; sobald sich morgen am Himmel Aurora
rötlich auf purpurnem Wagen erhebt, dann soll er die Teukrer
nicht gegen Rutuler führen, der Teukrer und Rutuler Kampf soll
ruhen; wir wollen mit unserem Blut den Krieg nun beenden.
Dort sei Lavinia uns als Gemahlin umworben im Felde."

Gleich, als dies er gesagt und stürmisch zum Hause enteilt war,
fordert er Rosse und freut sich beim Anblick der wiehernden Renner,
die Orithyia selbst als Ehrengeschenk dem Pilumnus
gab, daß an Glanz sie den Schnee, im Lauf überträfen die Lüfte.
Rings sind geschäftig die Lenker und klatschen den Pferden mit hohlen
Händen die Brust und kämmen vom Hals die wallende Mähne.
Turnus selbst paßt nun um die Schultern den Panzer, der strotzt von
Gold und schimmerndem Bergerz, zugleich auch prüft in der Hand er
Schwert und Schild und rotaufragenden Helmbusches Hörner,
jenes Schwert, das der Feuergott selbst für Daunus, den Vater,
schmiedete und in stygische Flut das glühende tauchte.
Dann ergriff er voll Kraft die starke Lanze, die mitten
dastand im Gemach, gelehnt an die riesige Säule,
die dem Aurunker Aktor er nahm; er schwingt sie und läßt sie
beben und ruft: „Jetzt, o, die du niemals täuschtest mein Rufen,
du meine Lanze, jetzt ist's Zeit: dich führte der starke
Aktor, dich führt jetzt Turnus' Hand. Laß nieder den Leib des
phrygischen Halbmanns mich schmettern, mit starker Faust seinen Panzer
stückweis zerfetzen, im Staub ihm besudeln die zierlich mit heißem
Eisen gekräuselten, duftend von Myrrhenöl triefenden Locken."
Also rast er besessen, vom ganzen Antlitz des zornig
Glühenden sprühen die Funken, im flammenden Auge zuckt Feuer:
so läßt erschreckend Gebrüll vor dem ersten Gefecht der
Stier ertönen und sucht seinen Zorn in die Hörner zu drängen,
wider des Baumes Stumpf sich stemmend, reizt auch die Winde
auf mit Stößen und streut im Vorspiel zum Kampfe den Sand hoch.

Ebenso schärft unterdessen Aeneas voll Grimm in der Rüstung,

Aeneas acuit Martem et se suscitat ira
oblato gaudens componi foedere bellum.
tum socios maestique metum solatur Iuli   110
fata docens regique iubet responsa Latino
certa referre viros et pacis dicere leges.

    Postera vix summos spargebat lumine montis
orta dies, cum primum alto se gurgite tollunt
solis equi lucemque elatis naribus efflant: 115
campum ad certamen magnae sub moenibus urbis
dimensi Rutulique viri Teucrique parabant
in medioque focos et dis communibus aras
gramineas. alii fontemque ignemque ferebant
velati limo et verbena tempora vincti.   120
procedit legio Ausonidum, pilataque plenis
agmina se fundunt portis. hinc Troïus omnis
Tyrrhenusque ruit variis exercitus armis,
haud secus instructi ferro, quam si aspera Martis
pugna vocet; nec non mediis in milibus ipsi   125
ductores auro volitant ostroque superbi,
et genus Assaraci Mnestheus et fortis Asilas
et Messapus equom domitor, Neptunia proles.
utque dato signo spatia in sua quisque recessit,
defigunt tellure hastas et scuta reclinant.   130
tum studio effusae matres et volgus inermum
invalidique senes turris ac tecta domorum
obsedere, alii portis sublimibus adstant.

    At Iuno e summo, qui nunc Albanus habetur,
— tum neque nomen erat neque honos aut gloria monti — 135
prospiciens tumulo campum adspectabat et ambas
Laurentum Troumque acies urbemque Latini.
extemplo Turni sic est adfata sororem
diva deam, stagnis quae fluminibusque sonoris
praesidet — hunc illi rex aetheris altus honorem   140
Iuppiter erepta pro virginitate sacravit —:
'nympha, decus fluviorum, animo gratissima nostro,
scis ut te cunctis unam, quaecumque Latinae

die seine Mutter ihm gab, den Kriegsgeist, facht seinen Zorn an,
froh, durch den angebotnen Vertrag den Krieg zu beenden.
Tröstend macht den Gefährten er Mut und dem ängstlichen Julus,
deutend der Fügungen Sinn; dann schickt er zum König Latinus
Boten mit festem Bescheid, läßt melden des Friedens Bedingung.

Kaum noch bestreute mit Licht die Gipfel der Berge ein neuer
Tag, der da kommt, sobald aus tiefem Meer sich der Sonne
Rosse erheben und Licht aus erhobenen Nüstern versprühen:
da schon steckten zum Kampfe das Feld vor den Mauern der großen
Stadt die Rutuler ab und die Teukrer, stellten inmitten
Feuerbecken bereit und den Rasenaltar für des Paktes
Götter. Quellfrisches Wasser und Feuer brachten noch andre,
opferschurzumhüllt und heiliges Grün um die Schläfen.
Anrückt drüben der Aúsoner Aufgebot, strömen aus vollen
Toren wurfspießbewaffnete Scharen. Hüben in bunten
Waffen drängt das gesamte Heer der Tyrrhener und Troer,
schwergerüstet, genau so, als riefe des Kriegsgottes harte
Schlacht sie herbei; inmitten der Tausende fliegen die Führer
selbst umher und prangen stolz in Gold und in Purpur,
Mnestheus aus des Assarakus Stamm und der tapfre Asilas
und Messapus, der Rossebezwinger, Sproß des Neptunus.
Als auf ein Zeichen ein jeder an seinen Platz sich begeben,
stoßen im Boden die Speere sie fest, lehnen an ihre Schilde.
Dann besetzen voll Schaulust die Frauen, waffenlos Volk und
kraftlose Greise die Türme ringsum und die Dächer der Häuser,
andere stehen dabei hoch droben auf ragenden Toren.

Juno jedoch, vom Gipfel, der jetzt als Albanus bekannt ist,
— damals hatte der Berg weder Namen noch Ruhm oder Ehre —
weithinspähend, erblickte das Feld, sie sah auch die beiden
Heere, Laurenter und Troer, in Reihn und die Stadt des Latinus.
Unverzüglich sprach sie so zur Schwester des Turnus,
Göttin zur Göttin, die über Weihern und rauschenden Flüssen
waltet — diese Ehre verlieh ihr des Äthers erhabner
König, Juppiter, weil er ihr einst die Jungfräulichkeit raubte —:
„Nymphe, der Ströme Glanz, sehr lieb meinem Herzen, du weißt doch,
wie ich nur dich bevorzugt vor all den latinischen Mädchen,

magnanimi Iovis ingratum ascendere cubile,
praetulerim caelique libens in parte locarim: 145
disce tuum, ne me incuses, Iuturna, dolorem.
qua visa est Fortuna pati Parcaeque sinebant
cedere res Latio, Turnum et tua moenia texi:
nunc iuvenem inparibus video concurrere fatis,
Parcarumque dies et vis inimica propinquat. 150
non pugnam adspicere hanc oculis, non foedera possum.
tu pro germano si quid praesentius audes,
perge: decet. forsan miseros meliora sequentur.'
vix ea, cum lacrimas oculis Iuturna profudit,
terque quaterque manu pectus percussit honestum. 155
'non lacrimis hoc tempus' ait Saturnia Iuno:
'adcelera et fratrem, si quis modus, eripe morti,
aut tu bella cie conceptumque excute foedus:
auctor ego audendi.' sic exhortata reliquit
incertam et tristi turbatam volnere mentis. 160

    Interea reges: ingenti mole Latinus
quadriiugo vehitur curru, cui tempora circum
aurati bis sex radii fulgentia cingunt,
Solis avi specimen; bigis it Turnus in albis,
bina manu lato crispans hastilia ferro; 165
hinc pater Aeneas, Romanae stirpis origo,
sidereo flagrans clipeo et caelestibus armis,
et iuxta Ascanius, magnae spes altera Romae,
procedunt castris, puraque in veste sacerdos
saetigeri fetum suis intonsamque bidentem 170
attulit admovitque pecus flagrantibus aris.
illi ad surgentem conversi lumina solem
dant fruges manibus salsas et tempora ferro
summa notant pecudum paterisque altaria libant.
tum pius Aeneas stricto sic ense precatur: 175
'esto nunc Sol testis et haec mihi Terra vocanti,
quam propter tantos potui perferre labores,
et pater omnipotens et tu Saturnia coniunx
— iam melior, iam, diva, precor — tuque inclute Mavors,

die da bestiegen des hochgemuten Juppiter danklos
Lager, und wie ich dir gern einen Platz im Himmel vergönnte:
lerne denn kennen dein Leid, Juturna, und klage nicht mich an!
Als es Fortuna noch offenbar litt und die Parzen Erfolg für
Latium ließen, beschützte ich Turnus samt deiner Festung.
Jetzt aber seh ich den Jüngling zum Kampf wider ungleiches Schicksal
ziehen, der Parzen Tag und feindliche Macht ist nahe.
Nicht erträgt mein Blick diese Schlacht, nicht diese Verträge.
Du aber, wenn du dem Bruder zum Schutz etwas Wirksames wagst, so
eile, es ziemt sich. Vielleicht wird den Armen Heil noch gedeihen."
Kaum war's gesagt, da strömten Juturnas Augen von Tränen,
dreimal und viermal schlug sie die edle Brust mit den Fäusten.
„Nicht für Tränen ist Zeit jetzt!" sprach Saturnia Juno:
„Eile, entreiß, wie immer es geht, deinen Bruder dem Tode
oder entfache du Krieg und zerschlag das geschlossene Bündnis:
Ich stehe ein für das Wagnis." So drängte sie, ließ dann Juturna
unsicher stehn und verstört durch des Herzens gramvolle Wunde.

Schon aber nahen die Fürsten: die Riesengestalt des Latinus
fährt im Viergespann; ihm kränzt mit Blitzen die Schläfen
rings ein Kronreif, ragend mit zwölf vergoldeten Strahlen,
Sols, des Ahnherren, Abbild; auf weißem Zweigespann hoch steht
Turnus, schwingt zwei Speere mit breiten, eisernen Spitzen.
Hier naht Vater Aeneas, der Ursprung römischen Stammes,
blitzend mit sternhellem Schild und himmlischen Waffen, und neben
ihm Askanius, Roms, des mächtigen, andere Hoffnung,
aus dem Lager heran. Der Priester im weißem Gewande
bringt ein Junges vom borstigen Schwein und ein doppeltbezahntes,
nicht von der Schere berührtes Schaf zum Feueraltare.
Aber die Fürsten wenden zur steigenden Sonne den Blick und
streuen aus Händen das salzige Schrot, bezeichnen der Tiere
Schläfen zuhöchst mit dem Schwert, den Altar tränkt Wein aus den Schalen.
Dann spricht betend, gezückt sein Schwert, der fromme Aeneas:
„Sei mir Rufendem Zeuge jetzt Sol und hier dieses Landes
Gottheit, für die ich só großes Leid zu ertragen vermochte,
du auch, allmächtiger Vater, Saturnia, du, sein Gemahl, jetzt
holder, ich bitte dich, Göttin, jetzt endlich! — du auch, erhabner

cuncta tuo qui bella, pater, sub numine torques; 180
fontisque fluviosque voco, quaeque aetheris alti
religio et quae caeruleo sunt numina ponto:
cesserit Ausonio si fors victoria Turno,
convenit Euandri victos discedere ad urbem,
cedet Iulus agris, nec post arma ulla rebelles 185
Aeneadae referent ferrove haec regna lacessent.
sin nostrum adnuerit nobis Victoria Martem,
ut potius reor et potius di numine firment,
non ego nec Teucris Italos parere iubebo
nec mihi regna peto: paribus se legibus ambae 190
invictae gentes aeterna in foedera mittant.
sacra deosque dabo; socer arma Latinus habeto,
imperium sollemne socer; mihi moenia Teucri
constituent urbique dabit Lavinia nomen.'
sic prior Aeneas; sequitur sic deinde Latinus 195
suspiciens caelum tenditque ad sidera dextram:
'haec eadem, Aenea, terram mare sidera iuro
Latonaeque genus duplex Ianumque bifrontem
vimque deum infernam et duri sacraria Ditis;
audiat haec genitor, qui foedera fulmine sancit. 200
tango aras, medios ignis et numina testor:
nulla dies pacem hanc Italis nec foedera rumpet,
quo res cumque cadent; nec me vis ulla volentem
avertet, non, si tellurem effundat in undas
diluvio miscens caelumque in Tartara solvat; 205
ut sceptrum hoc', dextra sceptrum nam forte gerebat.
'numquam fronde levi fundet virgulta nec umbras,
cum semel in silvis imo de stirpe recisum
matre caret posuitque comas et bracchia ferro,
olim arbos, nunc artificis manus aere decoro 210
inclusit patribusque dedit gestare Latinis.'
talibus inter se firmabant foedera dictis
conspectu in medio procerum. tum rite sacratas
in flammam iugulant pecudes et viscera vivis
eripiunt cumulantque oneratis lancibus aras. 215

Mars, denn alle Kriege bewegt, o Vater, dein Walten;
Quellen ruf ich und Ströme und was in den Höhen des Äthers
heilig webt und was im dunklen Meere da waltet:
fügt sich vielleicht durch Zufall der Sieg dem Aúsoner Turnus,
ziehen gemäß dem Vertrag die Besiegten zur Stadt des Euander,
Julus weicht aus dem Land; auch später wird nie des Aeneas
Stamm sich rebellisch erheben, dies Reich nie reizen zum Kriege.
Stimmt aber uns Viktoria hold den Mars, wie ich eher
glaube, wie eher die Götter in Huld uns bestätigen mögen,
werde ich weder befehlen, daß Italer Teukrern gehorchen,
noch mir die Herrschaft verlangen; es mögen bei gleichen Gesetzen
unbesiegt beide Völker zu ewigem Bunde sich finden.
Götter und Kult bringe ich; in Krieg und Frieden die höchste
Macht behalte Latinus, mein Schwäher. Mauern erbauen
mir meine Teukrer, Lavinia gibt der Stadt ihren Namen."
So Aeneas zuerst; dann folgt ihm also Latinus,
blickt zum Himmel empor und streckt zu den Sternen die Rechte:
„Ebendies schwör' ich, Aeneas, bei Erde, Meer und Gestirnen,
bei den Zwillingen Letos und Janus' doppelter Stirn, bei
Mächten der Tiefe, bei Dis', des harten, heiligem Sitze.
Höre der Vater es an, dessen Blitz die Verträge bestätigt;
Hand am Altar, so rufe ich Feuer und Gottheit zu Zeugen:
kein Tag wird diesen Friedensvertrag für die Italer brechen,
wie die Entscheidung auch fällt, keine Macht wird je meinen Willen
wenden, auch nicht, wenn sie die Erde versenkte in Wogen,
wild in gewaltiger Flut, zum Tartarus stürzte den Himmel;
wie dieses Szepter" — er trug in der Rechten eben ein Szepter —
„nie wieder sprießt von Zweigen mit zartem Laube und Schatten,
wenn es einmal, in Wäldern vom untersten Stamme geschnitten,
mutterlos ist und Laub und Äste verlor durch das Eisen,
einst ein Baum, nun schloß es die Hand des Künstlers in strahlend
Erz und gab es zu tragen den Herrschern im Land der Latiner."
Also bekräftigten sie miteinander im Wort die Verträge
mitten vor Augen der Führer. Dann schlachten sie gültig geweihte
Tiere über der Flamme, entreißen den lebenden noch das
Innre und häufen auf dem Altar die beladenen Schüsseln.

At vero Rutulis inpar ea pugna videri
iamdudum et vario misceri pectora motu;
tum magis, ut propius cernunt non viribus aequis.
adiuvat incessu tacito progressus et aram
suppliciter venerans demisso lumine Turnus   220
pubentesque genae et iuvenali in corpore pallor.
quem simul ac Iuturna soror crebrescere vidit
sermonem et volgi variare labantia corda,
in medias acies, formam adsimulata Camerti,
cui genus a proavis ingens clarumque paternae   225
nomen erat virtutis, et ipse acerrimus armis,
in medias dat sese acies haud nescia rerum
rumoresque serit varios ac talia fatur:
'non pudet, o Rutuli, pro cunctis talibus unam
obiectare animam, numerone an viribus aequi   230
non sumus? en omnes et Troes et Arcades hi sunt
fatalisque manus, infensa Etruria Turno:
vix hostem, alterni si congrediamur, habemus.
ille quidem ad superos, quorum se devovet aris,
succedet fama vivosque per ora feretur: 235
nos patria amissa dominis parere superbis
cogemur, qui nunc lenti consedimus arvis.'
talibus incensa est iuvenum sententia dictis
iam magis atque magis, serpitque per agmina murmur;
ipsi Laurentes mutati ipsique Latini.   240
qui sibi iam requiem pugnae rebusque salutem
sperabant, nunc arma volunt foedusque precantur
infectum et Turni sortem miserantur iniquam.
his aliud maius Iuturna adiungit et alto
dat signum caelo, quo non praesentius ullum   245
turbavit mentes Italas monstroque fefellit.
namque volans rubra fulvos Iovis ales in aethra
litoreas agitabat avis turbamque sonantem
agminis aligeri, subito cum lapsus ad undas
cycnum excellentem pedibus rapit inprobus uncis.   250
arrexere animos Itali, cunctaeque volucres

Aber den Rutulern schien schon längst, es sei dieser Kampf doch
ungleich, und schwankende Regung durchwogte die Herzen, noch mehr
als sie näher nun sehen, daß ⟨beiden⟩ nicht gleich sind die Kräfte.   [jetzt,
Stärker noch wirkt, wie Turnus jetzt lautlos zum Altare
vortritt, flehentlich ihn gesenkten Blickes verehrend,
männlich die Wangen, doch todesbleich in all seiner Jugend.
Als seine Schwester Juturna bemerkt, wie dieses Gerede
schwillt und wechselnd sich regen der Menge schwankende Herzen,
tritt sie mitten ins Heer, an Gestalt ganz ähnlich dem Camers —
machtvoll war seit den Ahnen sein Stamm, ruhmstrahlend der Ruf der
Mannestugend des Vaters, er selbst ein kraftvoller Krieger —
ihm gleich, tritt Juturna ins Heer, nicht verlegen um Mittel,
wirre Gerüchte sät sie umher und redet nun also:
„Schämt ihr euch, Rutuler, nicht, für all solche Krieger d a s e i n e
Leben aufs Spiel zu setzen, sind wir denn an Zahl oder Kräften
denen nicht gleich? Seht, alle Trojaner und Arkader stehn hier
mit ihrer Schicksalsschar, mit Etrurien, feindlich dem Turnus:
Rückten wir auch nur zur Hälfte ins Feld, wir finden kaum Gegner.
Turnus wird zu den Göttern, für deren Altar er sich opfert,
aufwärtssteigen durch Ruhm, wird leben im Munde der Menschheit:
wir aber büßen das Vaterland ein und müssen dann stolzen
Herren gehorchen, wir, die faul jetzt lagern im Felde."
Feurig entbrannte durch solches Wort die Stimmung der Jugend
mehr und mehr, hinschleicht durch die Reihen murrendes Murmeln,
selbst die Laurenter wandelten sich und selbst die Latiner.
Sie, die Ruhe sich schon vom Kampf und Heil für ihr Dasein
hofften, jetzt wollen sie Krieg und bitten, es solle der Pakt nun
nichtig sein, und bejammern das Unglückslos des Turnus.
Dem fügt Größeres noch hinzu Juturna: am hohen
Himmel gibt sie ein Zeichen, kein andres verwirrte so wirksam
jemals der Italer Herzen und täuschte sie so durch ein Wunder:
fliegend in rötlichem Himmelsglanz trieb Juppiters dunkler
Adler die Vögel der Küste dahin, ein rauschend Gewimmel
flügelschwingender Schar, dann glitt er jäh zu den Wogen
und ergriff voll Gier einen herrlichen Schwan mit den Krallen.
Spannung ergriff der Italer Herzen: alle die Vögel

convertunt clamore fugam — mirabile visu —
aetheraque obscurant pennis hostemque per auras
facta nube premunt, donec vi victus et ipso
pondere defecit praedamque ex unguibus ales 255
proiecit fluvio penitusque in nubila fugit.
tum vero augurium Rutuli clamore salutant
expediuntque manus; primusque Tolumnius augur:
'hoc erat, hoc, votis' inquit 'quod saepe petivi.
accipio adgnoscoque deos; me, me duce ferrum 260
corripite, o miseri, quos inprobus advena bello
territat invalidas ut aves et litora vestra
vi populat. petet ille fugam penitusque profundo
vela dabit. vos unanimis densate catervas
et regem vobis pugna defendite raptum.' 265
dixit et adversos telum contorsit in hostis
procurrens: sonitum dat stridula cornus et auras
certa secat. simul hoc, simul ingens clamor et omnes
turbati cunei calefactaque corda tumultu.
hasta volans, ut forte novem pulcherrima fratrum 270
corpora constiterant contra, quos fida crearat
una tot Arcadio coniunx Tyrrhena Gylippo,
horum unum ad medium, teritur qua sutilis auro
balteus et laterum iuncturas fibula mordet,
egregium forma iuvenem et fulgentibus armis 275
transadigit costas fulvaque effundit harena.
at fratres, animosa phalanx accensaque luctu,
pars gladios stringunt manibus, pars missile ferrum
corripiunt caecique ruunt. quos agmina contra
procurrunt Laurentum, hinc densi rursus inundant 280
Troes Agyllinique et pictis Arcades armis:
sic omnis amor unus habet decernere ferro.
diripuere aras, it toto turbida caelo
tempestas telorum, ac ferreus ingruit imber,
craterasque focosque ferunt. fugit ipse Latinus 285
pulsatos referens infecto foedere divos.
infrenant alii currus aut corpora saltu

kehrten schreiend zurück von der Flucht — ein Wunder zu schauen —,
machten den Himmel dunkel im Flug und drängten als Wolke
stürmend den Feind durch die Lüfte, bis ganz überwältigt von Wucht und
Last der Adler versagte, die Beute fort aus den Krallen
warf in den Strom und hochhinauf entwich in die Wolken.
Jetzt aber grüßen das Zeichen die Rutuler laut mit Geschrei und
waffnen die Hände, Tolumnius aber vor allen, der Augur:
„Dies war's" ruft er, „dies, was oft im Gebet ich erflehte.
Klar erkenn ich die Götter. Mit mir, mit mir als dem Führer   [Fremdling
greift zu den Waffen, ihr Armen; voll Mordlust schreckt euch der
gleich wie kraftlose Vögel mit Krieg und verheert eure Küsten
hier mit Gewalt; er wird aber flüchten, wird segeln ins weite,
tiefe Meer. Drängt ihr nur eines Sinnes zusammen,
schützt den König, der euch geraubt ward, schützt ihn im Kampfe!"
Also sprach er, lief gradezu in die Feinde und warf die
Waffe; schwirrend zischt der Speer und schneidet die Lüfte
sicheren Fluges. Zugleich tönt lautes Geschrei und verwirrt sind
alle Reihen und heiß aufwallen die Herzen im Aufruhr.
Hinschwirrt der Speer. Da standen gerad neun Brüder genüber,
strahlende Recken; in Treue gebar die tyrrhenische Gattin,
sie, die eine, so viele dem Arkaderhelden Gylippus,
einen von ihnen trifft der Speer in der Mitte, wo goldblech-
schimmernd der Gurt sich reibt und der Biß der Spange die Enden
bindet, einen Jüngling von ragendem Wuchse, in Waffen
strahlend, durchbohrt ihm die Rippen und streckt ihn nieder im Sande.
Aber die Brüder, in stürmischer Phalanx, glühend im Grame,
zücken teils das Schwert mit der Faust, teils packen sie wild den
Speer und stürmen blindlings voran. Das Heer der Laurenter
wirft sich von drüben entgegen, von hüben wogen geballt nun
Troer heran, Agylliner und Arkader, schillernd in Waffen.
So packt alle der eine Trieb, mit dem Stahl zu entscheiden.
Plünderung packt den Altar, wild wirbelnd wütet am ganzen
Himmel ein Waffenorkan, ein Wolkenbruch prasselt von Eisen.
Mischkrüge bergen und Opferbrand sie; Latinus entflieht und
trägt die entweihten Götter zurück; der Bund ward zunichte.
Streitwagen schirren die andern jetzt an oder schwingen im Sprung sich

subiciunt in equos et strictis ensibus adsunt.
Messapus regem regisque insigne gerentem,
Tyrrhenum Aulesten, avidus confundere foedus, 290
adverso proterret equo: ruit ille recedens
et miser oppositis a tergo involvitur aris
in caput inque umeros. at fervidus advolat hasta
Messapus teloque orantem multa trabali
desuper altus equo graviter ferit atque ita fatur: 295
'hoc habet, haec melior magnis data victima divis.'
concurrunt Itali spoliantque calentia membra.
obvius ambustum torrem Corynaeus ab ara
corripit et venienti Ebuso plagamque ferenti
occupat os flammis, olli ingens barba reluxit 300
nidoremque ambusta dedit. super ipse secutus
caesariem laeva turbati corripit hostis
inpressoque genu nitens terrae adplicat ipsum:
sic rigido latus ense ferit. Podalirius Alsum
pastorem primaque acie per tela ruentem 305
ense sequens nudo superinminet; ille securi
adversi frontem mediam mentumque reducta
disicit et sparso late rigat arma cruore.
olli dura quies oculos et ferreus urget
somnus, in aeternam conduntur lumina noctem. 310

 At pius Aeneas dextram tendebat inermem
nudato capite atque suos clamore vocabat:
'quo ruitis, quaeve ista repens discordia surgit?
o cohibete iras! ictum iam foedus et omnes
compositae leges; mihi ius concurrere soli; 315
me sinite atque auferte metus; ego foedera faxo
firma manu, Turnum debent haec iam mihi sacra.'
has inter voces, media inter talia verba
ecce viro stridens alis adlapsa sagitta est,
incertum qua pulsa manu, quo turbine adacta, 320
quis tantam Rutulis laudem, casusne deusne,
adtulerit; pressa est insignis gloria facti,
nec sese Aeneae iactavit volnere quisquam.

hoch zu Roß, den Degen blank, und drängen zum Kampfe.
Auf den Tyrrhener Aulestes, den Fürsten im Schmucke des Fürsten,
stürzt sich Messapus, begierig, das Bündnis ganz zu zerschlagen,
drängt ihn dicht vor dem Rosse daher; der stolpert beim Weichen,
stößt, der Arme, an den Altar, der hinter ihm ragt und
wälzt sich auf Schultern und Kopf; wild jagt mit dem Speere Messapus
über den flehentlich Bittenden, trifft ihn hart mit der Riesen-
lanze hoch vom Roß und ruft: „Der hat seinen Lohn jetzt,
das ist ein besseres Opfer, geweiht den erhabenen Göttern."
Italer rennen und plündern die warm noch liegenden Glieder.
Stürmend ergreift vom Altar Corynaeus ein loderndes Holzscheit,
stößt dem Ebusus, der zum Hieb ausholend herankommt,
vorher ins Antlitz den Brand, hell lodert der mächtige Bart und
prasselt, versengt, mit beißendem Qualm. Dann springt Corynaeus,
packt mit der Linken den Schopf des völlig verworrenen Gegners,
stemmt ihm das Knie auf den Leib, drückt hart ihn zu Boden und stößt ihm
so in die Flanke das Schwert. Podalirius rennt hinter Alsus
her, dem Hirten, der vorn in der Front durch Geschoßhagel hinstürmt,
schwingt schon drohend sein Schwert; doch Alsus dreht sich und spaltet,
Mann gegen Mann, ihm mitten die Stirn mit wuchtigem Beilhieb
und benetzt ihm die Rüstung mit weithin spritzendem Blute.
Starre Ruhe und eiserner Schlaf preßt jenem die Augen
zu, ihr Licht wird verdeckt von Nacht und ewigem Dunkel.

Fromm aber hob Aeneas die Rechte, ganz ohne Waffen,
stand entblößten Hauptes und rief lautklagend die Seinen:
„Wohin stürmt ihr, welch eine Zwietracht hebt sich so jählings?
Bändigt den Groll! Schon ist der Vertrag uns geheiligt und alle
Satzungen liegen schon fest. Nur ich habe Recht noch zum Kampfe,
mich also laßt und verscheucht eure Furcht! Ich sichre den Bund mit
eigener Hand; die Opfer hier schulden doch mir jetzt den Turnus."
Während dieser Worte und mitten in solcher Ermahnung,
siehe, da nahte dem Helden ein Pfeil mit zischenden Schwingen.
Niemand weiß, welche Hand ihn schoß, welcher Wirbel ihn hertrieb,
wer den Rutulern solchen Ruhm, ob Zufall, ob Gottheit,
brachte; im Dunkel blieb der Glanz der besonderen Tat, und,
je den Aeneas verwundet zu haben, rühmt sich niemand.

Turnus ut Aenean cedentem ex agmine vidit
turbatosque duces, subita spe fervidus ardet;   325
poscit equos atque arma simul saltuque superbus
emicat in currum et manibus molitur habenas.
multa virum volitans dat fortia corpora leto,
semineces volvit multos aut agmina curru
proterit aut raptas fugientibus ingerit hastas.   330
qualis apud gelidi cum flumina concitus Hebri
sanguineus Mavors clipeo increpat, atque furentis
bella movens immittit equos, illi aequore aperto
ante Notos Zephyrumque volant; gemit ultima pulsu
Thraca pedum; circumque atrae Formidinis ora   335
Iraeque Insidiaeque, dei comitatus, aguntur:
talis equos alacer media inter proelia Turnus
fumantis sudore quatit, miserabile caesis
hostibus insultans; spargit rapida ungula rores
sanguineos mixtaque cruor calcatur harena.   340
iamque neci Sthenelumque dedit Thamyrumque Pholumque,
hunc congressus et hunc, illum eminus; eminus ambo
Imbrasidas, Glaucum atque Laden, quos Imbrasus ipse
nutrierat Lycia paribusque ornaverat armis,
vel conferre manum vel equo praevertere ventos.   345
parte alia media Eumedes in proelia fertur,
antiqui proles bello praeclara Dolonis,
nomine avom referens, animo manibusque parentem,
qui quondam, castra ut Danaum speculator adiret,
ausus Pelidae pretium sibi poscere currus;   350
illum Tydides alio pro talibus ausis
adfecit pretio, nec equis adspirat Achillis.
hunc procul ut campo Turnus prospexit aperto,
ante levi iaculo longum per inane secutus
sistit equos biiugis et curru desilit atque   355
semianimi lapsoque supervenit et pede collo
inpresso dextrae mucronem extorquet et alto
fulgentem tinguit iugulo atque haec insuper addit:
'en agros et quam bello, Troiane, petisti,

Als jetzt Turnus sieht, wie Aeneas weicht aus dem Heer und
wie die Führer verstört, glüht heiß er in plötzlicher Hoffnung,
fordert Gespann und Waffen zugleich, springt frevelnden Stolzes
wild in den Wagen und führt voll Kraft in den Händen die Zügel.
Stürmend reißt er viele der stärksten Recken zum Tode,
halbtot schleift er viele, zermalmt mit dem Wagen die Scharen
oder schleudert Speer auf Speer in die Fliehenden nieder.
Wie wenn stürmenden Laufs am Strom des eisigen Hebrus
blutig Mavors dröhnt an den Schild und Kriege erregend
rasen läßt sein tobend Gespann; im offenen Feld stürmt's
schneller als Südwind und Westwind dahin; ganz Thrakien stöhnt beim
Dröhnen der Hufe; da schwirren umher dämonische Fratzen:
Angst und Wut und Tücke, des Gottes düster Gefolge;
so treibt sprühend mitten im Kampf seine schweißüberdampften
Rosse Turnus und tobt — o Jammer! — auf den erschlagnen
Feinden höhnend umher, die rasenden Hufe verspritzen
blutigen Tau, Blut wird zerstampft im Gemische des Sandes.
Sthenelus schlug er schon und Pholus mit Thamyrus, traf im
Nahkampf die letzten, den ersten von fern, von fern auch die beiden
Imbrasussöhne Glaukus und Lades, die Imbrasus selbst in
Lykien aufgezogen und gleichermaßen bewehrt zum
Nahkampf oder als Reiter zu überflügeln die Winde.
Anderswoher stürmt mitten ins Kampfesgetümmel Eumedes,
kriegsberühmter Sohn des alten Dolon, er lebt im
Namen den Großvater weiter, in Mut und Tatkraft den Vater.
Der schlich einst als Späher heran an der Danaer Lager,
wagend, für sich als Preis des Peliden Wagen zu fordern.
Anderen Lohn gab ihm der Tydide für solch ein verwegen
Wagnis, nicht mehr lockt ihn jetzt das Gespann des Achilles.
Als nun Turnus im offenen Feld den Eumedes erspähte,
traf er ihn weit durch freien Raum zuvor mit dem Wurfspeer,
hielt sein Gespann, sprang ab vom Wagen und kam über ihn, der
halb noch lebend im Sturz dalag; er drückte den Fuß ihm
auf den Hals, entwand seiner Rechten die Klinge und stieß die
funkelnde tief in die Kehle ihm ein und sprach überdies noch:
„Grundbesitz hier und Hesperien, das du im Kriege erobern

Hesperiam metire iacens: haec praemia qui me 360
ferro ausi temptare ferunt, sic moenia condunt.'
huic comitem Asbyten coniecta cuspide mittit
Chloreaque Sybarimque Daretaque Thersilochumque
et sternacis equi lapsum cervice Thymoeten.
ac velut Edoni Boreae cum spiritus alto 365
insonat Aegaeo sequiturque ad litora fluctus,
qua venti incubuere, fugam dant nubila caelo:
sic Turno, quacumque viam secat, agmina cedunt
conversaeque ruunt acies; fert impetus ipsum,
et cristam adverso curru quatit aura volantem. 370
non tulit instantem Phegeus animisque frementem:
obiecit sese ad currum et spumantia frenis
ora citatorum dextra detorsit equorum.
dum trahitur pendetque iugis, hunc lata retectum
lancea consequitur rumpitque infixa bilicem 375
loricam et summum degustat volnere corpus.
ille tamen clipeo obiecto conversus in hostem
ibat et auxilium ducto mucrone petebat,
cum rota praecipitem et procursu concitus axis
inpulit effunditque solo, Turnusque secutus 380
imam inter galeam summi thoracis et oras
abstulit ense caput truncumque reliquit harenae.

 Atque ea dum campis victor dat funera Turnus,
interea Aenean Mnestheus et fidus Achates
Ascaniusque comes castris statuere cruentum, 385
alternos longa nitentem cuspide gressus.
saevit et infracta luctatur harundine telum
eripere auxilioque viam, quae proxima, poscit:
ense secent lato volnus telique latebras
rescindant penitus seseque in bella remittant. 390
iamque aderat Phoebo ante alios dilectus Iapyx
Iasides , acri quondam cui captus amore
ipse suas artes, sua munera, laetus Apollo
augurium citharamque dabat celerisque sagittas.
ille, ut depositi proferret fata parentis, 395

wolltest, Trojaner, vermiß es im Liegen! So lohne ich denen,
die mit der Waffe sich an mich gewagt, so gründen sie Mauern."
Ihm zum Geleite gesellt er mit Speerwurf Asbytes und Chloreus,
Sybaris, Dares dazu und Thersilochus auch und Thymoetes,
der vom Nacken des störrisch sich bäumenden Rosses gestürzt war.
Und wie wenn das Wehn des edonischen Boreas hinbraust
auf das Aegaeische Meer und verfolgt bis zum Strande die Fluten,
wo die Winde sich stürzen, da flieht das Gewölke am Himmel:
also weichen vor Turnus die Scharen, wo er sich Bahn bricht,
machen die Reihen kehrt und rennen; ihn aber trägt sein
Sturm, dem Wagen entgegen peitscht die Luft seinen Helmbusch.
Nicht mehr konnte sein Drängen und Toben Phegeus ertragen,
warf sich dem Wagen entgegen und riß der stürmenden Rosse
wild im Zaumzeug schäumendes Maul nach rechts herüber.
Während er zerrte und hing auf der Deichsel, traf in die offne
Flanke der breite Speer und zerriß im Stoße den doppel-
drahtigen Panzer und streift' obenhin nur verwundend den Körper.
Phegeus rückte trotzdem, jetzt hinter dem Schild, seinem Feind zu
Leibe und zückte sein Schwert und suchte so sich zu helfen.
Da ergriff ihn zum Sturze das Rad, die stürmende Achse
stieß ihn und warf ihn zu Boden; und Turnus sprang aus dem Wagen,
schlug ganz unten am Helm, am obersten Rande des Panzers
ab mit dem Schwerte das Haupt, den Rumpf ließ er liegen im Sande.

So bringt Turnus als Sieger im Feld rings Tod und Verderben.
Mnestheus indes und der treue Achates, mit ihnen Askanius,
bringen Aeneas zum Lager fort, den blutüberströmten,
ihn, der alle zwei Schritt sich stützt auf die ragende Lanze.
Wut erfüllt ihn; er müht sich, den Stahl am zerbrochenen Schafte
auszureißen und ruft nach Hilfe auf kürzestem Wege:
breiten Schnittes die Wunde zu öffnen, den Schlupf des Geschosses
gründlich zu schlitzen und ihn wieder schnell zum Kampf zu entlassen.
Schon war Japyx zur Stelle, den Phoebus vor anderen liebte,
Jasus' Sohn; ihm bot einst Apollo aus glühender Liebe
freudig selbst seine eigenen Künste, seine Geschenke,
Seherkunst und Leierspiel und fliegende Pfeile.
Doch um den Tod zu verschieben des aufgegebenen Vaters,

scire potestates herbarum usumque medendi
maluit et mutas agitare inglorius artis.
stabat acerba fremens ingentem nixus in hastam,
Aeneas magno iuvenum et maerentis Iuli
concursu, lacrimis inmobilis. ille retorto   400
Paeonium in morem senior succinctus amictu
multa manu medica Phoebique potentibus herbis
nequiquam trepidat, nequiquam spicula dextra
sollicitat prensatque tenaci forcipe ferrum.
nulla viam fortuna regit, nihil auctor Apollo   405
subvenit; et saevos campis magis ac magis horror
crebrescit propiusque malum est. iam pulvere caelum
stare vident: subeunt equites, et spicula castris
densa cadunt mediis. it tristis ad aethera clamor
bellantum iuvenum et duro sub Marte cadentum.   410
hic Venus indigno nati concussa dolore
dictamnum genetrix Cretaea carpit ab Ida,
puberibus caulem foliis et flore comantem
purpureo, non illa feris incognita capris
gramina, cum tergo volucres haesere sagittae: 415
hoc Venus obscuro faciem circumdata nimbo
detulit, hoc fusum labris splendentibus amnem
inficit occulte medicans spargitque salubris
ambrosiae sucos et odoriferam panaceam.
fovit ea volnus lympha longaevos Iapyx   420
ignorans, subitoque omnis de corpore fugit
quippe dolor, omnis stetit imo volnere sanguis;
iamque secuta manum nullo cogente sagitta
excidit, atque novae rediere in pristina vires.
'arma citi properate viro! quid statis?' Iapyx   425
conclamat primusque animos accendit in hostem:
'non haec humanis opibus, non arte magistra
proveniunt neque te, Aenea, mea dextera servat:
maior agit deus atque opera ad maiora remittit.'
ille avidus pugnae suras incluserat auro   430
hinc atque hinc oditque moras hastamque coruscat.

wollte Japyx lieber die Kräfte der Kräuter und Heilkunst
kennen lernen und ruhmlos üben schweigende Künste.
Grimmig knirschend stand, gestemmt auf die ragende Lanze,
jetzt Aeneas, von Jungschar rings und dem bangen Iulus
dicht umdrängt, ihn rührte kein Weinen. Japyx, der Alte,
nach päonischem Brauch sein Gewand nach rückwärts gegürtet,
bringt mit ärztlicher Hand und des Phoebus kräftigen Kräutern
vieles geschwind, doch umsonst; er zerrt umsonst mit der Rechten
fest an der Spitze und packt mit greifender Zange das Eisen.
Doch kein Glücksgriff lenkt seinen Weg, nicht steht ihm Apollo
machtvoll bei; wild wächst im Gefild mehr und mehr das Entsetzen,
näher rückt das Verderben, schon sehen sie düster von Staub den
Himmel stehn: anrücken die Reiter, und mitten im Lager
hagelt Pfeil über Pfeil. Zum Äther hallt gramvoll Geschrei der
Männer, die kämpfen und unter dem harten Kriegsgotte fallen.
Jetzt, vom unverdienten Schmerz ihres Sohnes erschüttert,
pflückt Mutter Venus Dictamnum vom kretischen Ida, es strotzt von
kräftigen Blättern der Stiel und krönt sich mit purpurner Blüte.
Nicht blieb jenes Kraut den wilden Ziegen verborgen,
wenn die geflügelten Pfeile fest ihnen hingen im Rücken.
Dieses Kraut trägt Venus, verborgen in dunkler Wolke,
nieder, durchtränkt mit ihm das Flußwasser dort in den hellen
Becken, gibt heimlich Heilkraft hinein, von Ambrosia sprengt sie
heilsame Säfte dazu und duftende Panazee.
Mit d e m Wasser pflegt nun die Wunde der greise Japyx
ahnungslos; und plötzlich entweicht dem Leibe auch wirklich
jeder Schmerz, still steht das Blut im Grunde der Wunde.
Und schon folgt der Pfeil der Hand ohne jeglichen Zwang und
fällt heraus, frisch regen sich wieder wie früher die Kräfte.
„Waffen, schnell, holt Waffen dem Helden! Was steht ihr?" So ruft jetzt
Japyx laut, entflammt als erster ihn wider den Gegner:
„Nicht durch Menschen Kraft und nicht mit Hilfe der Heilkunst
ging dies vonstatten, Aeneas, nicht rettete dich meine Rechte;
höher wirkt hier ein Gott, schickt wieder zu höherem Werk dich."
Kampfbegierig schiente mit Gold schon der Held seine Waden
hier und dort, haßt alles, was hemmt, läßt blitzen die Lanze.

postquam habilis lateri clipeus loricaque tergo est,
Ascanium fusis circum complectitur armis
summaque per galeam delibans oscula fatur:
'disce, puer, virtutem ex me verumque laborem, 435
fortunam ex aliis. nunc te mea dextera bello
defensum dabit et magna inter praemia ducet.
tu facito, mox cum matura adoleverit aetas,
sis memor, et te animo repetentem exempla tuorum
et pater Aeneas et avonculus excitet Hector.' 440
  Haec ubi dicta dedit, portis sese extulit ingens,
telum inmane manu quatiens; simul agmine denso
Antheusque Mnestheusque ruunt omnisque relictis
turba fluit castris. tum caeco pulvere campus
miscetur pulsuque pedum tremit excita tellus. 445
vidit ab adverso venientis aggere Turnus,
videre Ausonii, gelidusque per ima cucurrit
ossa tremor, prima ante omnis Iuturna Latinos
audiit adgnovitque sonum et tremefacta refugit.
ille volat campoque atrum rapit agmen aperto. 450
qualis ubi ad terras abrupto sidere nimbus
it mare per medium, — miseris heu praescia longe
horrescunt corda agricolis; dabit ille ruinas
arboribus stragemque satis, ruet omnia late —,
ante volant sonitumque ferunt ad litora venti: 455
talis in adversos ductor Rhoeteïus hostis
agmen agit, densi cuneis se quisque coactis
adglomerant. ferit ense gravem Thymbraeus Osirim,
Arcetium Mnestheus, Epulonem obtruncat Achates
Ufentemque Gyas; cadit ipse Tolumnius augur, 460
primus in adversos telum qui torserat hostis.
tollitur in caelum clamor, versique vicissim
pulverulenta fuga Rutuli dant terga per agros.
ipse neque aversos dignatur sternere morti
nec pede congressos aequo nec tela ferentis 465
insequitur; solum densa in caligine Turnum
vestigat lustrans, solum in certamina poscit.

Schon sitzt gut an der Seite der Schild, auf dem Rücken der Panzer;
da umschlingt er Askanius noch mit gebreiteten Armen,
haucht durchs Visier einen Kuß auf die Stirn und spricht zu ihm also:
„Lerne Mannheit, mein Sohn, von mir, und wahres Bemühen,
Glück von anderen! Jetzt wird meine Hand vor dem Krieg dir
Schutz verleihen und wird dich führen zu strahlendem Lohne.
Du aber, wenn dir bald erwächst das Alter der Reife,
denke daran, und lebt dir im Herzen das Vorbild der Deinen,
möge dann Vater Aeneas dich spornen und Hektor, dein Oheim."

    Also sprach er und eilte sofort aus den Toren, der Recke,
schwang in der Hand den riesigen Speer; in dichtem Gewimmel
drängten Antheus und Mnestheus dahin, und fort aus dem Lager
strömte die ganze Schar: da wogte im Dunkel des Staubes
rings das Gefild, vom dröhnenden Tritt bebt zitternd die Erde.
Schon sah Turnus, wie sie vom Wall gegenüber sich nahten,
auch die Ausonier sahen's, und eisiger Schauder durchlief nun
Mark und Bein; zuerst vernahm und erkannte den Ton vor
allen Latinern Juturna und floh voll Angst. Doch Aeneas
stürmt und treibt den düsteren Zug im offenen Felde.
Wie aus berstendem Sturm zum Land hin mitten durchs Meer die
Wasserhose sich dreht, — ach, weit vorausahnend bebt den
armen Bauern das Herz: denn es bringt der Orkan doch den Bäumen
Sturz und Verheerung der Saat, wird weitum alles vernichten —,
vor ihm stürmen und brausen laut ans Gestade die Winde:
also treibt in die feindliche Front der rhoetëische Führer
wild sein Heer, dicht ballen sie sich, ein jeder in seine
Gruppe gefügt. Hart trifft mit dem Schwert Thymbraeus Osiris,
Mnestheus Arketius, Epulo stirbt unterm Hieb des Achates,
Ufens von Gyas, jetzt fällt auch Tolumnius selber, der Augur,
der als erster den Speer in die Reihen der Feinde geschleudert.
Laut zum Himmel erhebt sich Geschrei; nun selber geschlagen,
stürzen die Rutuler staubumwölkt auf der Flucht durch die Fluren.
Weder fliehenden Feind, noch Gegner im Nahkampf zu töten,
läßt sich Aeneas herab, noch folgt er denen, die fernher
werfen den Speer. Denn nur im dichten Dunkel nach Turnus
späht er suchend umher, nur ihn verlangt er zum Kampfe.

hoc concussa metu mentem Iuturna virago
aurigam Turni media inter lora Metiscum
excutit et longe lapsum temone reliquit   470
ipsa subit manibusque undantis flectit habenas,
cuncta gerens, vocemque et corpus et arma Metisci.
nigra velut magnas domini cum divitis aedes
pervolat et pennis alta atria lustrat hirundo,
pabula parva legens nidisque loquacibus escas,   475
et nunc porticibus vacuis, nunc umida circum
stagna sonat: similis medios Iuturna per hostis
fertur equis rapidoque volans obit omnia curru
iamque hic germanum iamque hic ostentat ovantem
nec conferre manum patitur, volat avia longe.   480
haud minus Aeneas tortos legit obvius orbis
vestigatque virum et disiecta per agmina magna
voce vocat. quotiens oculos coniecit in hostem
alipedumque fugam cursu temptavit equorum,
aversos totiens currus Iuturna retorsit.   485
heu quid agat? vario nequiquam fluctuat aestu,
diversaeque vocant animum in contraria curae.
huic Messapus, uti laeva duo forte gerebat
lenta levis cursu praefixa hastilia ferro,
horum unum certo contorquens derigit ictu.   490
substitit Aeneas et se collegit in arma,
poplite subsidens; apicem tamen incita summum
hasta tulit summasque excussit vertice cristas.
tum vero adsurgunt irae, insidiisque subactus,
diversos ubi sentit equos currumque referri,   495
multa Iovem et laesi testatus foederis aras
iam tandem invadit medios et Marte secundo
terribilis saevam nullo discrimine caedem
suscitat irarumque omnis effundit habenas.

    Quis mihi nunc tot acerba deus, quis carmine caedes   500
diversas obitumque ducum, quos aequore toto
inque vicem nunc Turnus agit, nunc Troïus heros,
expediat, tanton placuit concurrere motu,

Davor im Herzen voll Angst, stößt jetzt Juturna, die Heldin,
mitten aus den Zügeln den Lenker des Turnus, Metiscus,
fort und läßt den weit von der Deichsel Gefallenen liegen.
Selbst übernimmt sie den Platz und lenkt die wogenden Zügel,
völlig gleich an Stimme und Wuchs und Wehr dem Metiscus.
Wie die schwarze Schwalbe das räumige Haus eines reichen
Herrn durchfliegt, im Flug die hohen Gemächer nach kleinem
Futter und Nahrung durchsucht für die zwitschernden Jungen im Neste,
bald im leeren Wandelgang, bald rings um die feuchten
Weiher schrillt: so jagt durch die Mitte der Feinde Juturna
mit dem Gespann, trifft fliegend auf alles im stürmenden Wagen,
zeigt bald hier den Bruder, bald dort in stolzem Triumphe,
aber Nahkampf duldet sie nicht, eilt weitab vom Wege.
Auch Aeneas zieht, ihn zu treffen, gewundene Kreise,
sucht des Turnus Spur und ruft durchs Wirrsal des Heeres
lauten Rufes. Sooft er den Blick auch warf auf den Feind und
nachrennen wollte der Flucht der flügelfüßigen Rosse,
eben so oft trieb fliehend hinweg Juturna den Wagen.
Ach, was tun? Er wogt umsonst in wirrer Erregung,
hin und wider zerren sein Herz widerstreitende Sorgen.
Aber Messapus, so wie er hurtigen Laufs in der Linken
grad zwei biegsame Lanzen trug mit eiserner Spitze,
warf auf Aeneas die eine davon in sicherem Schwunge.
Der aber bleibt gleich stehn und birgt sich hinter dem Schilde,
niederhockend ins Knie; doch reißt ihm der fliegende Speer den
Kegel vom Helm und wirft mit ihm herunter den Helmbusch.
Da aber schwillt sein Zorn und als er, bezwungen durch Tücke,
merkt, wie Rosse und Wagen entfliehn, da ruft er zum Zeugen
Juppiter laut und ruft den Altar des verletzten Vertrages,
dann erst dringt in die Mitte er ein, und schrecklich im Schutz des
Mars entfacht er unterschiedslos ein grimmiges Morden,
läßt dem erbitterten Groll jetzt völlig schießen die Zügel.

    Welcher Gott mag jetzt mir so viel Jammers und Mordens
hier und dort, den Tod der Führer, die rings im Gefilde
immer im Tausch bald Turnus jagt, bald Trojas Recke,
künden im Lied? In solchem Kampf, o Juppiter, mußten

Iuppiter, aeterna gentis in pace futuras?
Aeneas Rutulum Sucronem — ea prima ruentis   505
pugna loco statuit Teucros — haud multa morantem
excipit in latus et, qua fata celerrima, crudum
transadigit costas et cratis pectoris ensem.
Turnus equo deiectum Amycum fratremque Dioren,
congressus pedes, hunc venientem cuspide longa,   510
hunc mucrone ferit curruque abscisa duorum
suspendit capita et rorantia sanguine portat.
ille Talon Tanaimque neci fortemque Cethegum,
tris uno congressu, et maestum mittit Oniten,
nomen Echionium matrisque genus Peridiae.   515
hic fratres Lycia missos et Apollinis agris
et iuvenem exosum nequiquam bella Menoeten,
Arcada, piscosae cui circum flumina Lernae
ars fuerat pauperque domus nec nota potentum
munera conductaque pater tellure serebat.   520
ac velut inmissi diversis partibus ignes
arentem in silvam et virgulta sonantia lauro,
aut ubi decursu rapido de montibus altis
dant sonitum spumosi amnes et in aequora currunt
quisque suum populatus iter: non segnius ambo   525
Aeneas Turnusque ruont per proelia; nunc nunc
fluctuat ira intus, rumpuntur nescia vinci
pectora, nunc totis in volnera viribus itur.
Murranum hic, atavos et avorum antiqua sonantem
nomina per regesque actum genus omne Latinos,   530
praecipitem scopulo atque ingentis turbine saxi
excutit effunditque solo; hunc lora et iuga subter
provolvere rotae, crebro super ungula pulsu
incita nec domini memorum proculcat equorum.
ille ruenti Hyllo animisque inmane frementi   535
occurrit telumque aurata ad tempora torquet:
olli per galeam fixo stetit hasta cerebro.
dextera nec tua te, Graium fortissime Cretheu,
eripuit Turno. nec di texere Cupencum

Völker sich schlagen, die doch zu ewigem Frieden berufen?
Gleich packt seitwärts Aeneas den Rutuler Sukro — ihr Kampf erst
bringt den Ansturm der Teukrer zum Stehn — und stößt ihm, der nicht
lange sich wehrt, dort, wo am schnellsten naht das Verhängnis,
durch die Rippen ins Bollwerk der Brust die grausame Klinge.
Turnus trifft den vom Roß gestürzten Amykus, trifft den
Bruder Diores im Fußkampf: den einen, der anstürmt, mit langer
Lanze, den andern durchs Schwert, nimmt beiden die Köpfe und hängt am
Wagen sie auf und führt die blutigtriefenden mit sich.
Dort schlägt Aeneas den Talos und Tanais, tötet Cethegus,
drei in einem Gefecht, und den gramumwölkten Onites,
Nachkommenschaft des Echion, die Mutter war Peridia.
Hier schlägt Turnus das Lykierpaar vom Lande Apollos
und den Arkaderjüngling Menoetes, ihn, der umsonst so
haßte den Krieg, der einst an den Flüssen des fischreichen Lerna
trieb sein Gewerbe, sein Haus war arm, fremd blieb ihm der Herren
Würde und Bürde; als Pächter nur baute sein Vater das Land an.
Wie wenn losgelassen von hüben und drüben, die Brände
toben durch dörrenden Wald und Gebüsch, aufprasselnd vom Lorbeer,
oder wie wenn im rasenden Sturz vom hohen Gebirge
schäumend tosen die Flüsse und über die Fluren hin brausen,
jede Kraft läßt wüst ihren Weg: nicht säumiger stürzen
beide, Aeneas und Turnus, durch Kampfgewühle, jetzt wogt, jetzt
siedet drinnen die Wut, fast birst die Brust, nichts andres
kennend als Sieg, jetzt drängt es mit allen Kräften zum Blutbad.
Hier den Murranus, — Ahn und Urahn tönt aus dem alten
Namen, es wurzelt sein Stamm durch Latiums Fürstengeschlechter, —
schmettert Aeneas mit wirbelndem Wurf eines mächtigen Blockes
kopfüber hin an den Grund; unter Riemengewirre und Deichsel
schleifen die Räder ihn fort, und über ihm, Schlag über Schlag, stampft
hart der Huf der Rosse, die nicht ihres Herren mehr achten.
Turnus stürmt gegen Hyllus, der furchtbar knirschend dahertobt,
wirbelt ihm das Geschoß an die goldumschimmerten Schläfen:
dem schlägt hart durchs Hirn der Speer, steht quer ihm im Helme.
Nicht entriß deine Hand, der Griechen Tapferster, Crethus,
dich dem Turnus; nicht beschützten Cupencus die eignen

Aenea veniente sui: dedit obvia ferro 540
pectora, nec misero clipei mora profuit aerei.
te quoque Laurentes viderunt, Aeole, campi
oppetere et late terram consternere tergo.
occidis, Argivae quem non potuere phalanges
sternere nec Priami regnorum eversor Achilles; 545
hic tibi mortis erant metae, domus alta sub Ida,
Lyrnesi domus alta, solo Laurente sepulcrum.
totae adeo conversae acies omnesque Latini,
omnes Dardanidae, Mnestheus acerque Serestus
et Messapus equom domitor et fortis Asilas 550
Tuscorumque phalanx Euandrique Arcades alae,
pro se quisque viri summa nituntur opum vi,
nec mora nec requies, vasto certamine tendunt.

   Hic mentem Aeneae genetrix pulcherrima misit,
iret ut ad muros urbique adverteret agmen 555
ocius et subita turbaret clade Latinos.
ille ut vestigans diversa per agmina Turnum
huc atque huc acies circumtulit, aspicit urbem
inmunem tanti belli atque inpune quietam.
continuo pugnae accendit maioris imago: 560
Mnesthea Sergestumque vocat fortemque Serestum
ductores tumulumque capit, quo cetera Teucrum
concurrit legio nec scuta aut spicula densi
deponunt. celso medius stans aggere fatur:
'ne qua meis esto dictis mora, Iuppiter hac stat, 565
neu quis ob inceptum subitum mihi segnior ito.
urbem hodie, causam belli, regna ipsa Latini,
ni frenum accipere et victi parere fatentur,
eruam et aequa solo fumantia culmina ponam.
scilicet exspectem, libeat dum proelia Turno 570
nostra pati rursusque velit concurrere victus?
hoc caput, o cives, haec belli summa nefandi.
ferte faces propere foedusque reposcite flammis.'
dixerat atque animis pariter certantibus omnes
dant cuneum densaque ad muros mole feruntur. 575

Götter beim Nahn des Aeneas: er spießte stracks auf den Speer die
Brust, nichts half dem Armen das Hemmnis des ehernen Schildes.
Dich auch, Aeolus, sahen in Tod Laurentums Gefilde
stürzen und weithin bedecken das Land mit dem Rücken; du fielest,
du, den nicht zu erschlagen vermochten argivische Reihen,
nicht der wilde Zerstörer des Priamusreiches, Achilles.
Hier war Todes Ziel dir bestimmt, hoch ragt unterm Ida,
hoch in Lyrnessus dein Haus, dein Grab liegt hier vor Laurentum.
Ganz im Kampf jetzt standen die Fronten, alle Latiner,
alle Dardaner auch, Mnestheus und der wilde Serestus
und Messapus, der Rossebezwinger, der starke Asilas,
auch der Tusker Heer und Euanders Arkaderreiter,
Mann für Mann steht jeder und müht sich mit äußersten Kräften,
nicht gibt's Ruhe, nicht Rast; weitum wogt furchtbar die Walstatt.

Jetzt aber gibt dem Aeneas die strahlende Mutter den Plan ein,
gegen die Mauern zu rücken und schnell zur Stadt seine Schar zu
führen und jähen Schlags zu verwirren das Volk der Latiner.
Denn als er eben, durchs Wogen der Scharen suchend nach Turnus,
hierhin wendet und dorthin den Blick, da sieht er die Stadt noch
frei vom gewaltigen Krieg und straflos liegen in Ruhe.
Und sofort entflammt ihn das Bild eines größeren Kampfes:
Mnestheus ruft und Sergestus er an und den starken Serestus,
sie, die Führer; dann stellt er sich hoch, wo das andere Heer der
Teukrer herandrängt; Kopf an Kopf stehn da sie mit Schild und
Speer; nun spricht in der Mitte vom hohen Walle Aeneas:
„Weigert euch nicht meinem Wort! Denn Juppiter steht uns zur Seite,
keiner auch säume mir, da ich so jäh zur Tat mich entschlossen.
Heute stürz' ich die Stadt, den Kriegsgrund, selbst des Latinus
Reich, wenn sie nicht gestehn, dem Zaum sich gehorsam zu fügen,
und ich mache dem Erdboden gleich die rauchenden Giebel.
Warte ich etwa noch gar, bis es Turnus beliebe, den Kampf mit
mir zu ertragen und dann als Besiegter von neuem zu kämpfen?
Hier ist Ursprung, Bürger, hier Ende des ruchlosen Krieges.
Fackeln her, schnell! Verlangt mit Brand des Bundes Erfüllung!"
Also sprach er und alle, gemeinsam wetteifernd, bilden
gleich einen Keil und drängen in dichtem Haufen zur Mauer.

scalae inproviso subitusque apparuit ignis.
discurrunt alii ad portas primosque trucidant,
ferrum alii torquent et obumbrant aethera telis.
ipse inter primos dextram sub moenia tendit
Aeneas magnaque incusat voce Latinum 580
testaturque deos iterum se ad proelia cogi,
bis iam Italos hostis, haec altera foedera rumpi.
exoritur trepidos inter discordia civis:
urbem alii reserare iubent et pandere portas
Dardanidis ipsumque trahunt in moenia regem, 585
arma ferunt alii et pergunt defendere muros.
inclusas ut cum latebroso in pumice pastor
vestigavit apes fumoque inplevit amaro,
illae intus trepidae rerum per cerea castra
discurrunt magnisque acuunt stridoribus iras; 590
volvitur ater odor tectis, tum murmure caeco
intus saxa sonant, vacuas it fumus ad auras.

    Accidit haec fessis etiam fortuna Latinis,
quae totam luctu concussit funditus urbem.
regina ut tectis venientem prospicit hostem, 595
incessi muros, ignis ad tecta volare,
nusquam acies contra Rutulas, nulla agmina Turni,
infelix pugnae iuvenem in certamine credit
exstinctum et subito mentem turbata dolore
se causam clamat crimenque caputque malorum, 600
multaque per maestum demens effata furorem
purpureos moritura manu discindit amictus
et nodum informis leti trabe nectit ab alta.
quam cladem miserae postquam accepere Latinae,
filia prima manu floros Lavinia crinis 605
et roseas laniata genas, tum cetera circum
turba furit, resonant late plangoribus aedes.
hinc totam infelix volgatur fama per urbem.
demittunt mentes, it scissa veste Latinus,
coniugis attonitus fatis urbisque ruina, 610
canitiem inmundo perfusam pulvere turpans.

Leitern sind unversehens und Feuer plötzlich zur Stelle.
Einige stürmen zu Toren hinweg und erschlagen die Ersten,
andere schleudern Geschoß und verdunkeln den Äther mit Speeren.
Vorn im Gefechte erhebt Aeneas selbst seine Rechte
dicht an der Stadt, klagt an mit lauter Stimme Latinus,
ruft die Götter zu Zeugen, sein Kampf sei erzwungen, schon zweimal
seien die Italer Feinde, dies zweite Bündnis gebrochen.
Zwietracht aber entsteht nun unter den ängstlichen Bürgern:
einige wollen entriegeln die Stadt, den Dardanern weit die
Tore öffnen; sie ziehen den König selbst zu den Mauern;
andere bringen Waffen, verteidigen weiter die Festung.
Also spürt den Bienen, die tief sich bergen in Bimsteins
Höhle, der Hirt wohl nach, umhüllt sie mit beizendem Rauche,
sie aber drinnen, in Angst um ihr Sein, durchwimmeln die Wachsburg
hier und dort und schärfen mit hellem Schwirren den Kampfzorn;
schwarz wälzt beißender Qualm sich im Haus, von dunklem Gebrumme
summt im Innern der Fels, Rauch wirbelt hoch in die Lüfte.

  Da traf noch ein anderer Schlag die erschöpften Latiner,
der die ganze Stadt nun vollends stürzte in Jammer:
als vom Dach aus die Königin sieht, wie der Feind da herankommt,
wie er die Mauern bestürmt, wie Feuer fliegt gegen Dächer,
nirgendwo aber das Rutulerheer, keine Scharen des Turnus,
glaubt die Arme, der Jüngling sei in Kampfes Entscheidung
niedergemacht, und ruft, verstört im Geiste von jähem
Schmerze, s i e sei Grund, sei Schuld und Quelle der Leiden,
spricht in gramvoller Wut sinnlos noch vieles, zerreißt, zu
sterben bereit, mit der Hand ihr purpurwallend Gewand und
knüpft zu gräßlichem Tod am hohen Balken den Knoten.
Als dies Leid im Elend vernahmen Latiums Frauen,
raufte Lavinia gleich, die Tochter, ihr herrliches Haar und
riß die rosigen Wangen sich auf, dann raste ringsum die
andere Schar, weithin erscholl der Palast von Klagen.
Über die ganze Stadt hin drang die Kunde des Unheils,
mutlos sind alle; da wankt in zerrissnem Gewande Latinus,
ganz vom Schicksal der Gattin, vom Sturz der Stadt überwältigt,
wild sein graues Haar mit schmutzigem Staube entstellend.

[multaque se incusat, qui non acceperit ante
Dardanium Aenean generumque adsciuerit ultro.]
  Interea extremo bellator in aequore Turnus
palantis sequitur paucos iam segnior atque   615
iam minus atque minus successu laetus equorum.
attulit hunc illi caecis terroribus aura
commixtum clamorem, adrectasque inpulit auris
confusae sonus urbis et inlaetabile murmur:
'ei mihi, quid tanto turbantur moenia luctu,   620
quisue ruit tantus diuersa clamor ab urbe?'
sic ait adductisque amens subsistit habenis.
atque huic, in faciem soror ut conuersa Metisci
aurigae currumque et equos et lora regebat,
talibus occurrit dictis: 'hac, Turne, sequamur   625
Troiugenas, qua prima uiam uictoria pandit;
sunt alii, qui tecta manu defendere possint.
ingruit Aeneas Italis et proelia miscet,
et nos saeua manu mittamus funera Teucris.
nec numero inferior, pugnae neque honore recedes.'   630
Turnus ad haec:
'o soror, et dudum adgnoui, cum prima per artem
foedera turbasti teque haec in bella dedisti,
et nunc nequiquam fallis dea. sed quis Olympo
demissam tantos uoluit te ferre labores?   635
an fratris miseri letum ut crudele uideres?
nam quid ago, aut quae iam spondet Fortuna salutem?
uidi oculos ante ipse meos me uoce uocantem
Murranum, quo non superat mihi carior alter,
oppetere ingentem atque ingenti uolnere uictum.   640
occidit infelix, ne nostrum dedecus Ufens
aspiceret; Teucri potiuntur corpore et armis.
exscindine domos — id rebus defuit unum —
perpetiar, dextra nec Drancis dicta refellam?
terga dabo et Turnum fugientem haec terra uidebit?   645
usque adeone mori miserum est? uos o mihi, Manes,
este boni, quoniam superis auersa uoluntas!

[Und klagt bitter sich an, daß er früher nicht aufnahm bei sich den
Dardanussprossen Aeneas, zum Eidam nicht holte freiwillig.]
  Unterdessen verfolgt im fernsten Felde der Streiter
Turnus lässiger schon die spärlichen Flüchtlinge, freut sich
weniger schon und weniger noch des Laufes der Rosse.
Da weht her ihm die Luft diesen Lärm, dem Schrecken und Angst sich
dunkeldrohend vermischt, da trifft ans lauschende Ohr der
Laut der verwirrten Stadt und unerfreulich Getöse:
„Weh mir, welch ein Jammer durchtobt so furchtbar die Festung,
welch ein lautes Geschrei dringt fern aus der Stadt mir herüber?"
Ruft es und packt von Sinnen die Zügel und hält auf der Stelle.
Noch in Metiscus', des Lenkers, Gestalt, so wie sie ihm Wagen,
Rosse und Zügel gelenkt, erwidert nun ihm die Schwester
also: „Laßt uns, Turnus, hier die Brut der Trojaner
jagen, wo zuerst der Sieg die Bahn uns eröffnet;
andere gibt's, die im Kampf die Stadt verteidigen können.
Gegen die Italer stürmt in wütenden Kämpfen Aeneas,
laßt auch uns denn Tod und Verderben bringen den Teukrern.
Weder an Zahl deiner Opfer noch Kriegsruhm bleibst du geringer."
Turnus darauf:
„Schwester, jüngst schon hab ich's erkannt, sobald du durch Arglist
störtest das Bündnis und hier in diesen Krieg dich begabest;
jetzt auch verbirgst du umsonst deine Gottheit. Wer aber sandte
dich vom Olymp und wollte, daß solche Leiden du tragest?
Solltest du sehen den grausamen Tod deines elenden Bruders?
Denn was tun? Oder was für Heil verbürgt noch Fortuna?
Sah ich doch selbst vor meinen Augen fallen Murranus,
keiner lebt, der mir lieber als er; er rief mich zu Hilfe,
und er fiel, der Held, besiegt vom Hieb eines Helden.
Heillos fiel auch Ufens, um nicht mehr hier zu erblicken
meine Schmach; die Teukrer bekamen den Leib und die Rüstung.
Soll die Zerstörung der Häuser — dies eine noch fehlte am Elend —
jetzt ich ertragen, nicht Drankes' Wort durch die Tat widerlegen?
Umkehren soll ich, dies Land soll Turnus als Flüchtenden sehen?
Ist das Sterben denn gar so arg? Seid ihr doch, ihr Manen,
seid mir hold! Denn feind ist mir der Himmlischen Wille.

sancta ad vos anima atque istius inscia culpae
descendam, magnorum haud umquam indignus avorum.'
    Vix ea fatus erat: medios volat ecce per hostis 650
vectus equo spumante Saces, adversa sagitta
saucius ora, ruitque inplorans nomine Turnum:
'Turne, in te suprema salus, miserere tuorum.
fulminat Aeneas armis summasque minatur
deiecturum arces Italum excidioque daturum; 655
iamque faces ad tecta volant. in te ora Latini,
in te oculos referunt; mussat rex ipse Latinus,
quos generos vocet aut quae sese ad foedera flectat.
praeterea regina, tui fidissima, dextra,
occidit ipsa sua lucemque exterrita fugit. 660
soli pro portis Messapus et acer Atinas
sustentant aciem. circum hos utrimque phalanges
stant densae, strictisque seges mucronibus horret
ferrea: tu currum deserto in gramine versas.'
obstupuit varia confusus imagine rerum 665
Turnus et obtutu tacito stetit; aestuat ingens
uno in corde pudor mixtoque insania luctu
et furiis agitatus amor et conscia virtus.
ut primum discussae umbrae et lux reddita menti,
ardentis oculorum orbes ad moenia torsit 670
turbidus eque rotis magnam respexit ad urbem.
    Ecce autem flammis inter tabulata volutus
ad caelum undabat vertex turrimque tenebat,
turrim compactis trabibus quam eduxerat ipse
subdideratque rotas pontisque instraverat altos. 675
'iam iam fata, soror, superant; absiste morari;
quo deus et quo dura vocat Fortuna, sequamur.
stat conferre manum Aeneae, stat quidquid acerbi est
morte pati; neque me indecorem, germana, videbis
amplius. hunc, oro, sine me furere ante furorem.' 680
dixit et e curru saltum dedit ocius arvis
perque hostis, per tela ruit maestamque sororem
deserit ac rapido cursu media agmina rumpit.

Rein wird euch meine Seele und unwissend solcher Verschuldung
niedersteigen, unwert nie der erhabenen Ahnen."

Kaum hatte er so gesprochen, da fliegt durch die Mitte der Feinde
Sakes auf schäumendem Roß, verwundet durch Pfeilschuß gerade
mitten ins Antlitz, er drängt und ruft beim Namen den Turnus:
„Turnus, nur noch in dir liegt Heil: erbarm dich der Deinen!
Blitzend wütet Aeneas im Kampf, ruft drohend, er werde
stürzen und völlig vernichten der Italer ragende Burgen.
Brandfackeln fliegen schon gegen die Stadt. Dich sucht der Latiner
Ruf, dich sucht ihr Blick; stumm brütet noch König Latinus,
wen er zum Eidam berufe, zu welchem Bund er sich beuge.
Zudem starb dein treuester Hort, die Königin, selbst von
eigener Hand, entfloh aus Angst dem Lichte des Lebens.
Einzig Messapus hält vor dem Tor und der tapfre Atinas
stand mit dem Heer. Rings um sie stehen die Reihen auf beiden
Seiten dicht, aufstarrt mit blanken Spitzen die Saat aus
Eisen: du aber tummelst im öden Feld deinen Wagen."
Starr und bestürzt vom wechselnden Bild der Ereignisse steht jetzt
Turnus da, stumm, stieren Blicks; es brennen in e i n e m
Herzen furchtbar Scham und gramumdüsterter Wahnsinn,
und seine Liebe, von Furien wild, und Gewissen der Mannheit.
Aber sobald dies Dunkel verscheucht und Licht wieder lebt im
Herzen, da wendet er gleich die brennenden Augen zur Festung,
wild vor Erregung und späht vom Gespann zur erhabenen Stadt hin.

Siehe, da wogte, in Flammen gewälzt von Stockwerk zu Stockwerk
hoch zum Himmel der Strudel des Brandes, faßte den Turm, den
Turm, den fest aus Balkengefüg er selber erbaute,
Räder unten ihm gab und hohe Fallbrücken oben.
„Schwester, nun, nun siegt das Geschick; hör auf, mich zu hindern!
Wo mich der Gott und die harte Fortuna ruft, will ich folgen.
Fest steht's, gegen Aeneas zu kämpfen, fest, alles Leid im
Tod zu bestehn; nicht siehst du mich ehrlos, Schwester, noch länger;
laß mich, bitte, zuvor hier rasen in rasendem Kampfe!"
Also sprach er und sprang vom Wagen hurtig zu Boden,
rannte durch Feinde und Speere und ließ im Grame die Schwester
stehn und schlug sich in stürmendem Lauf durch die Mitte der Scharen.

ac veluti montis saxum de vertice praeceps
cum ruit avolsum vento, seu turbidus imber   685
proluit aut annis solvit sublapsa vetustas;
fertur in abruptum magno mons inprobus actu
exsultatque solo, silvas armenta virosque
involvens secum: disiecta per agmina Turnus
sic urbis ruit ad muros, ubi plurima fuso   690
sanguine terra madet striduntque hastilibus aurae,
significatque manu et magno simul incipit ore:
'parcite iam, Rutuli, et vos tela inhibete, Latini;
quaecumque est Fortuna, mea est: me verius unum
pro vobis foedus luere et decernere ferro.'   695
discessere omnes medii spatiumque dedere.

  At pater Aeneas audito nomine Turni
deserit et muros et summas deserit arces
praecipitatque moras omnis, opera omnia rumpit,
laetitia exsultans, horrendumque intonat armis,   700
quantus Athos aut quantus Eryx aut ipse coruscis
cum fremit ilicibus quantus gaudetque nivali
vertice se attollens pater Appenninus ad auras.
iam vero et Rutuli certatim et Troes et omnes
convertere oculos Itali, quique alta tenebant   705
moenia quique imos pulsabant ariete muros,
armaque deposuere umeris. stupet ipse Latinus
ingentis, genitos diversis partibus orbis,
inter se coiisse viros et cernere ferro.
atque illi, ut vacuo patuerunt aequore campi,   710
procursu rapido, coniectis eminus hastis,
invadunt Martem clipeis atque aere sonoro.
dat gemitum tellus; tum crebros ensibus ictus
congeminant: fors et virtus miscentur in unum.
ac velut ingenti Sila summove Taburno   715
cum duo conversis inimica in proelia tauri
frontibus incurrunt, pavidi cessere magistri,
stat pecus omne metu mutum mussantque iuvencae,
quis nemori imperitet, quem tota armenta sequantur;

ZWÖLFTES BUCH

Wie vom Gipfel des Berges ein Felsblock jäh in die Tiefe
rast, gerissen vom Wind, vielleicht, weil stürzender Regen
ihn unterspült oder mählich ihn schleichendes Alter zerfressen,
fort in den Absturz jagt ohne Halt in gewaltiger Wucht der
Block und springt vom Grund, wälzt Wälder, Herden und Menschen
mit sich dahin; so jagt durch zersprengte Scharen jetzt Turnus
fort zu den Mauern der Stadt, wo überall vom vergossnen
Blute die Erde trieft, von Speeren schwirren die Lüfte,
winkt mit der Hand und ruft zugleich mit hallender Stimme:
"Rutuler, hört nun auf, laßt ruhen die Speere, Latiner!
Mein ist Fortuna, wie immer sie sei: ich büße allein wohl
besser für euch den Bruch des Vertrags und entscheide im Kampfe."
Ringsum wichen alle inmitten und gaben den Weg frei.

    Als aber Vater Aeneas vernimmt den Namen des Turnus,
läuft von den Mauern er weg, läuft weg von den ragenden Zinnen,
wirft zu Boden alles, was hemmt, bricht jegliches Werk ab,
jubelnd vor Freude und läßt seinen Schild entsetzlich erdröhnen,
so, wie der Athos oder der Eryx oder der Vater
Appenninus selbst mit flimmernden Steineichen braust und
stolz mit schneeigem Gipfel sich hochauf reckt in die Lüfte.
Jetzt aber wandten Rutuler schon und Troer und alle
Italer schnell den Blick, alle die, welche oben die Zinnen
hielten und welche unten mit Sturmböcken rammten die Mauern,
legten von Schultern nieder die Wehr. Da staunt Fürst Latinus,
wie sich die Recken, vom Westland der eine, der andre vom Ostland.
nun zum Kampfe getroffen und nun mit dem Schwerte entscheiden.
Jene, sowie sich frei und flach auftun die Gefilde,
stürmen, nachdem sie von fern die Speere geschleudert, in wildem
Laufe zum Kampfe, Mann gegen Mann, mit krachenden Schilden.
Laut erdröhnt die Erde; dann lassen die Schwerter sie sausen,
Hieb auf Hieb, Glückstreffer und Kraft verwachsen zur Einheit:
wie auf dem ragenden Silaberg oder auf des Taburnus
Höhn zwei Stiere zu grimmigem Kampf sich begegnen und Stirn auf
Stirn losrennen im Sturm, da weichen ängstlich die Hirten,
stumm vor Angst steht alles Vieh, still harren die Kühe,
wer wohl im Walde gebiete, wem ganz die Herde wohl folge.

illi inter sese multa vi volnera miscent 720
cornuaque obnixi infigunt et sanguine largo
colla armosque lavant; gemitu nemus omne remugit:
non aliter Tros Aeneas et Daunius heros
concurrunt clipeis; ingens fragor aethera complet.
Iuppiter ipse duas aequato examine lances 725
sustinet et fata inponit diversa duorum,
quem damnet labor et quo vergat pondere letum.
emicat hic inpune putans et corpore toto
alte sublatum consurgit Turnus in ensem
et ferit: exclamant Troes trepidique Latini, 730
adrectaeque amborum acies. at perfidus ensis
frangitur in medioque ardentem deserit ictu,
ni fuga subsidio subeat. fugit ocior Euro,
ut capulum ignotum dextramque adspexit inermem.
fama est praecipitem, cum prima in proelia iunctos 735
conscendebat equos, patrio mucrone relicto,
dum trepidat, ferrum aurigae rapuisse Metisci.
idque diu, dum terga dabant palantia Teucri,
suffecit; postquam arma dei ad Volcania ventum est,
mortalis mucro glacies ceu futtilis ictu 740
dissiluit; fulva resplendent fragmina harena.
ergo amens diversa fuga petit aequora Turnus
et nunc huc, inde huc incertos inplicat orbis;
undique enim densa Teucri inclusere corona,
atque hinc vasta palus, hinc ardua moenia cingunt. 745

    Nec minus Aeneas, quamquam tardata sagitta
interdum genua inpediunt cursumque recusant,
insequitur trepidique pedem pede fervidus urget:
inclusum veluti si quando flumine nactus
cervom aut puniceae saeptum formidine pennae 750
venator cursu canis et latratibus instat;
ille autem insidiis et ripa territus alta
mille fugit refugitque vias, at vividus Umber
haeret hians, iam iamque tenet similisque tenenti
increpuit malis morsuque elusus inani est. 755

Jene reißen einander sich Wunden, wuchtigen Stoßes,
jagen die Hörner sich hart in den Leib und baden im Strom des
Blutes Hals und Bug; dumpf hallt der Wald vom Gebrülle:
ebenso stürmen der Troer Aeneas und Turnus, der Sohn des
Daunus, Schild gegen Schild; der Aufprall dröhnt durch den Äther.
Juppiter selbst stellt gleich die beiden Schalen der Waage,
hält sie und legt hinein der beiden verschiedne Geschicke,
wen da verderbe der Kampf und wohin die Todeslast neige.
Aufschnellt jetzt, gefahrlos es wähnend, Turnus und reckt mit
ganzem Leibe zum Hiebe sich auf, schwingt hoch sein Schwert und
schlägt: aufschreien erregt Trojaner rings und Latiner,
beide Heere stehen gespannt; doch treulos zerbricht das
Schwert, läßt mitten beim Hieb im Stich den Glühenden; hin war
Turnus, wenn Flucht nicht half; er flüchtete schneller als Ostwind,
als er den fremden Griff jetzt sah und die Hand ohne Waffe.
Sage berichtet, er habe in Hast, sobald er zum ersten
Kampf bestieg sein Gespann, vergessen vom Vater das Schwert und,
während er hetzte, die Waffe gepackt des Lenkers Metiscus.
Diese genügte, solange versprengt noch flohen die Teukrer;
als es zum Kampf aber kam mit den Waffen des Gottes Volkanus,
sprang das Menschenschwert wie brüchiges Eis beim Hiebe
gleich auseinander; es glitzern im gelblichen Sande die Splitter.
Sinnlos flüchtet im Feld in wechselnden Richtungen Turnus,
unsicher schlägt er im Kreis bald hierhin, bald dorthin den Bogen;
allseits nämlich schließen die Teukrer dicht ihre Kette,
weit droht hüben der Sumpf und steil ragt drüben die Mauer.

Aber Aeneas verfolgt, obgleich, beschwert durch den Pfeilschuß,
manchmal die Knie ihn hindern und hurtigem Laufe sich weigern,
immer den Feind, drängt glühend schon Fuß hinter Fuße den Flüchtling:
so, wie zuweilen den Hirsch, der eingeschlossen vom Flusse
oder gebannt ist von Angst vor purpurnwippenden Federn,
nahe der Jagdhund erreicht und wild mit Gebelfer herandrängt;
jener, rings von Fallen erschreckt und dem Abgrund des Ufers,
jagt wohl tausendmal hin und zurück, doch der wendige Umber
hängt und schnappt, gleich faßt er ihn, gleich und läßt wie zum Fassen
klirren die Kiefer und bleibt noch genarrt vom Schnappen ins Leere!

tum vero exoritur clamor ripaeque lacusque
responsant circa et caelum tonat omne tumultu.
ille simul fugiens Rutulos simul increpat omnis
nomine quemque vocans notumque efflagitat ensem.
Aeneas mortem contra praesensque minatur   760
exitium, si quisquam adeat, terretque trementis
excisurum urbem minitans et saucius instat.
quinque orbis explent cursu totidemque retexunt
huc illuc; neque enim levia aut ludicra petuntur
praemia, sed Turni de vita et sanguine certant.   765
forte sacer Fauno foliis oleaster amaris
hic steterat, nautis olim venerabile lignum,
servati ex undis ubi figere dona solebant
Laurenti divo et votas suspendere vestes;
sed stirpem Teucri nullo discrimine sacrum   770
sustulerant, puro ut possent concurrere campo.
hic hasta Aeneae stabat, huc impetus illam
detulerat fixam et lenta radice tenebat.
incubuit voluitque manu convellere ferrum
Dardanides teloque sequi, quem prendere cursu   775
non poterat. tum vero amens formidine Turnus:
'Faune, precor, miserere' inquit 'tuque optima ferrum
Terra tene, colui vestros si semper honores,
quos contra Aeneadae bello fecere profanos.'
dixit opemque dei non cassa in vota vocavit.   780
namque diu luctans lentoque in stirpe moratus
viribus haud ullis valuit discludere morsus
roboris Aeneas. dum nititur acer et instat,
rursus in aurigae faciem mutata Metisci
procurrit fratrique ensem dea Daunia reddit.   785
quod Venus audaci nymphae indignata licere
accessit telumque alta ab radice revellit.
olli sublimes, armis animisque refecti,
hic gladio fidens, hic acer et arduus hasta,
adsistunt contra certamina Martis anheli.   790

   Iunonem interea rex omnipotentis Olympi

Jetzt aber hebt sich Geschrei, und Ufer hallen und Seen
laut ringsum, es dröhnt der ganze Himmel vom Aufruhr.
Turnus flieht und schilt zugleich die Rutuler alle,
jeden mit Namen, und fordert sein Schwert, das allen bekannte.
Aber Aeneas droht mit Tod und Verderben sofort, wenn
einer herankommen sollte, und schreckt die Bebenden drohend,
ganz zu vernichten die Stadt, drängt weiter trotz seiner Wunde.
Fünfmal laufen im Kreise sie vor, fünfmal wieder rückwärts,
hin und her; denn hier geht's nicht, wie etwa beim Spiel, um
leichten Lohn; sie kämpfen um Blut und Leben des Turnus.
Zufällig hatte dort, Faunus geweiht, mit bitterem Laub ein
wilder Ölbaum gestanden, einst fromm verehrt von den Schiffern;
kamen sie heil aus dem Meer, so weihten sie immer Laurentums
Schutzgott hier ein Geschenk, hängten auf die versprochenen Kleider.
Aber die Teukrer hatten den Baum, nicht achtend des Kultes,
umgehauen, um freies Feld dem Kampfe zu schaffen.
Hier stand jetzt des Aeneas Speer, hier hatte der Wurf ihn
festgespießt und ließ in zäher Wurzel ihn haften.
Wuchtend wollte der Dardanersproß mit Händen das Eisen
losreißen und mit dem Speer ihn treffen, den er im Lauf nicht
fassen konnte. Da rief, vor Entsetzen außer sich, Turnus:
„Faunus, bitte, erbarm dich, und du, Mutter Erde, halt fest das
Eisen, so wahr ich stets mich annahm eurer Verehrung,
während dagegen die Brut des Aeneas im Krieg sie entweihte!"
Sprach es und rief nicht umsonst im Gebet die Hilfe des Gottes.
Denn wie lange Aeneas auch rang und über der zähen
Wurzel verweilte, er konnte mit all seinen Kräften doch nimmer
lockern des Holzes Biß. Und während er wütend sich mühte,
lief des Daunus Tochter, die Göttin, wieder herbei als
Lenker Metiscus und gab das Schwert zurück ihrem Bruder.
Da trat Venus, empört, daß die dreiste Nymphe dies durfte,
näher und riß jetzt los aus Wurzelgrunde die Lanze.
Ragend standen die Helden, gestärkt an Mut wie an Waffen;
dieser vertraut seinem Schwert, der andre reckt hoch seine Lanze,
gegeneinander treten sie an zum keuchenden Endkampf.

Aber der Fürst des Olymps, des allmächtigen, spricht unterdes zu

adloquitur fulva pugnas de nube tuentem:
'quae iam finis erit, coniunx, quid denique restat?
Indigetem Aenean scis ipsa et scire fateris
deberi caelo fatisque ad sidera tolli. 795
quid struis aut qua spe gelidis in nubibus haeres?
mortalin decuit violari volnere divom,
aut ensem — quid enim sine te Iuturna valeret? —
ereptum reddi Turno et vim crescere victis?
desine iam tandem precibusque inflectere nostris. 800
ne te tantus edat tacitam dolor et mihi curae
saepe tuo dulci tristes ex ore recursent.
ventum ad supremum est. terris agitare vel undis
Troianos potuisti, infandum accendere bellum,
deformare domum et luctu miscere hymenaeos: 805
ulterius temptare veto.' sic Iuppiter orsus;
sic dea summisso contra Saturnia voltu:
'ista quidem quia nota mihi tua, magne, voluntas
Iuppiter, et Turnum et terras invita reliqui;
nec tu me aëria solam nunc sede videres 810
digna indigna pati, sed flammis cincta sub ipsam
starem aciem traheremque inimica in proelia Teucros.
Iuturnam misero, fateor, succurrere fratri
suasi et pro vita maiora audere probavi,
non ut tela tamen, non ut contenderet arcum; 815
adiuro Stygii caput inplacabile fontis,
una superstitio superis quae reddita divis.
et nunc cedo equidem pugnasque exosa relinquo.
illud te, nulla fati quod lege tenetur,
pro Latio obtestor, pro maiestate tuorum: 820
cum iam conubiis pacem felicibus, esto,
component, cum iam leges et foedera iungent,
ne vetus indigenas nomen mutare Latinos
neu Troas fieri iubeas Teucrosque vocari
aut vocem mutare viros aut vertere vestem. 825
sit Latium, sint Albani per saecula reges,
sit Romana potens Itala virtute propago;

Juno, die aus dunklem Gewölk die Kämpfe betrachtet:
„Wie soll dies noch enden, Gemahlin, was zuletzt bleibt noch?
Weißt du doch selbst und gestehst, es zu wissen: Aeneas gehört als
Vaterlandsgott dem Himmel, ihn hebt zu den Sternen die Sendung.
Was also planst du und hoffst du und hockst in eisigen Wolken?
Ziemte sich's wohl, durch Menschenhand einen Gott zu verletzen,
oder dem Turnus das Schwert — was wär ohne dich denn Juturna? —
wiederzugeben, nachdem es entrafft, und Besiegte zu stärken?
Gib denn endlich auf und beuge dich unseren Bitten!
Möge nicht solcher Gram dich nagen im Stillen, nicht Kummer
oft aus süßem Munde von dir so herbe mich treffen!
Jetzt ist das Äußerste da. Zu Lande oder auf Wogen
konntest du jagen die Troer, unsagbaren Krieg hier entflammen,
gräßlich schlagen das Haus und trüben mit Leid die Vermählung:
mehr noch zu wagen, verbiete ich dir." So Juppiters Rede.
Antwort gab Saturnia so, tiefneigend ihr Antlitz:
„Freilich, weil mir dieser dein Wille bekannt ist, erhabner
Juppiter, ließ ich Turnus — doch ungern! — hilflos auf Erden.
Nimmer sähst du mich sonst hier allein auf luftigem Thron jetzt
Ehre und Schmach erfahren, ich stände, von Flammen umgürtet,
mitten im Heer und hetzte zu grimmem Gefechte die Teukrer.
Wohl, ich riet Juturna, dem armen Bruder zu helfen,
billigte, daß sie mehr, als erlaubt, für sein Leben wage,
nicht aber riet ich zum Schuß, nicht ließ ich spannen den Bogen;
wahrlich, beim gnadenlosen Quell des stygischen Stromes
schwör ich's, der einzig furchtbaren Macht für himmlische Götter.
Und jetzt weiche ich denn, verlasse voll Abscheu die Kämpfe.
Doch um das, was kein Gesetz des Schicksals verbietet,
bitte ich flehend für Latium dich, für die Hoheit der Deinen:
wenn sie Frieden nun schließen bei — sei's denn! — glücklichen Ehen,
wenn sie zum Bunde sich nun unter gleichen Gesetzen vereinen,
laß die Söhne des Landes den alten Namen „Latiner"
niemals ändern, Troer nicht werden, Teukrer nicht heißen,
weder Landessprache noch Landestrachten verändern.
Latium bleibe, es seien Albaner jahrhundertlang Herrscher,
mächtig bleibe durch Italerkraft der römische Neuwuchs;

occidit, occideritque sinas cum nomine Troia.'
olli subridens hominum rerumque repertor:
'es germana Iovis Saturnique altera proles, 830
irarum tantos volvis sub pectore fluctus.
verum age et inceptum frustra submitte furorem:
do, quod vis, et me victusque volensque remitto.
sermonem Ausonii patrium moresque tenebunt,
utque est, nomen erit; commixti corpore tantum 835
subsident Teucri. morem ritusque sacrorum
adiciam faciamque omnis uno ore Latinos.
hinc genus Ausonio mixtum quod sanguine surget,
supra homines, supra ire deos pietate videbis,
nec gens ulla tuos aeque celebrabit honores.' 840
adnuit his Iuno et mentem laetata retorsit.
interea excedit caelo nubemque relinquit.

   His actis aliud genitor secum ipse volutat
Iuturnamque parat fratris dimittere ab armis.
dicuntur geminae pestes cognomine Dirae, 845
quas et Tartaream Nox intempesta Megaeram
uno eodemque tulit partu paribusque revinxit
serpentum spiris ventosasque addidit alas.
hae Iovis ad solium saevique in limine regis
apparent acuuntque metum mortalibus aegris, 850
si quando letum horrificum morbosque deum rex
molitur, meritas aut bello territat urbes.
harum unam celerem demisit ab aethere summo
Iuppiter inque omen Iuturnae occurrere iussit.
illa volat celerique ad terram turbine fertur. 855
non secus ac nervo per nubem inpulsa sagitta,
armatam saevi Parthus quam felle veneni,
Parthus sive Cydon, telum inmedicabile, torsit,
stridens et celeris incognita transilit umbras:
talis se sata Nocte tulit terrasque petivit. 860
postquam acies videt Iliacas atque agmina Turni,
alitis in parvae subitam conlecta figuram,
quae quondam in bustis aut culminibus desertis

tot ist, tot laß bleiben hinfort mit Namen auch Troja!"
Lächelnd erwidert ihr der Menschen und Dinge Begründer:
„Du bist Juppiters Schwester, der zweite Sproß des Saturnus,
Grolles Wogen bewegst du darum so gewaltig im Herzen.
Aber wohlan, nun laß das vergeblich begonnene Wüten:
gebe ich doch, was du willst, und lasse mich willig besiegen.
Vätersprache und Brauch behalten die Aúsoner, auch ihr
Name bleibt, wie er ist; nur leiblich mischen und ordnen
ihnen die Teukrer sich unter; ich stifte die Ordnung des Kultes
neu und mache aus allen durch e i n e Sprache Latiner.
Dieses Geschlecht, das mit Aúsonerblut vermischt, von hier aufwächst,
siehst du Menschen und Götter an Frömmigkeit einst überragen,
und kein Volk wird diesem gleich dich feiern und ehren."
Juno stimmte dem zu und bezwang nun freudig ihr Grollen.
So entschwand sie dem Himmelsraum und verließ ihre Wolke.

 Hiernächst plante bei sich der Göttervater ein andres,
schickte sich an, Juturna vom Kampf des Bruders zu trennen.
Grausige Zwillingsschwestern gibt's mit dem Beinamen „Diren";
diese gebar zugleich mit dem Höllengespenste Megaera
auf e i n m a l die düstere Nacht, umwand sie mit gleichem
Schlangenknäuel und gab ihnen windbeflügelte Schwingen.
Diese erscheinen an Juppiters Thron, an der Schwelle des grimmen
Herrschers und schärfen die Angst der armen, sterblichen Menschheit
stets, wenn der Herrscher der Götter auf schrecklichen Tod und auf Seuchen
sinnt oder Kriegsnot bringt über schuldbeladene Städte.
Eine der Schwestern sandte geschwind aus den Höhen des Äthers
Juppiter, hieß sie Juturna als Unheilsomen begegnen.
Sie nun fliegt und schwingt sich in schnellem Wirbel zur Erde.
Und wie von der Sehne, durch Wolken getrieben, der Pfeil, den
vorn mit der Galle grausigem Gift durchtränkte ein Parther,
Parther oder Kydone, und warf als tödliche Waffe,
zischend und unbemerkt überholt die fliegenden Schatten,
ebenso fliegt die Tochter der Nacht zur Erde hernieder.
Als sie Iliums Heer erblickt und die Scharen des Turnus,
wandelt sie jäh sich und schrumpft zur Gestalt eines Käuzchens zusammen,
das auf Gräbern oft oder öden Hausgiebeln hockt bei

nocte sedens serum canit inportuna per umbras,
hanc versa in faciem Turni se pestis ob ora 865
fertque refertque sonans clipeumque everberat alis.
illi membra novos solvit formidine torpor,
arrectaeque horrore comae et vox faucibus haesit.
at procul ut Dirae stridorem adgnovit et alas,
infelix crinis scindit Iuturna solutos, 870
unguibus ora soror foedans et pectora pugnis:
'quid nunc te tua, Turne, potest germana iuvare
aut quid iam durae superat mihi, qua tibi lucem
arte morer, talin possum me opponere monstro?
iam iam linquo acies. ne me terrete timentem, 875
obscenae volucres: alarum verbera nosco
letalemque sonum, nec fallunt iussa superba
magnanimi Iovis. haec pro virginitate reponit?
quo vitam dedit aeternam, cur mortis adempta est
condicio? possem tantos finire dolores 880
nunc certe et misero fratri comes ire per umbras.
inmortalis ego aut quicquam mihi dulce meorum
te sine, frater, erit? o quae satis ima dehiscat
terra mihi manisque deam demittat ad imos.'
tantum effata caput glauco contexit amictu 885
multa gemens et se fluvio dea condidit alto.

Aeneas instat contra telumque coruscat
ingens arboreum et saevo sic pectore fatur:
'quae nunc deinde mora est aut quid iam, Turne, retractas?
non cursu, saevis certandum est comminus armis. 890
verte omnis tete in facies et contrahe, quidquid
sive animis sive arte vales; opta ardua pennis
astra sequi clausumque cava te condere terra.'
ille caput quassans: 'non me tua fervida terrent
dicta, ferox: di me terrent et Iuppiter hostis.' 895
nec plura effatus saxum circumspicit ingens,
saxum antiquom ingens, campo qui forte iacebat
limes agro positus, litem ut discerneret arvis.
vix illud lecti bis sex cervice subirent,

Nacht und spät noch klagt unheimlichen Rufes durchs Dunkel.
Also verwandelt, flattert das Scheusal dem Turnus vor Augen
hin und her mit Geschwirr und schlägt seinen Schild mit den Flügeln.
Ihm aber lähmt, wie nie, mit Grauen Starrkrampf die Glieder,
steil von Entsetzen sträubt sich das Haar, im Schlund würgt die Stimme.
Gleich, als fernher Juturna erkennt den zischenden Flug der
Dire, zerrauft die Arme ihr flatterndes Haar und zerfleischt ihr
schwesterlich Antlitz mit Nägeln und hämmert die Brust mit Fäusten.
„Turnus, wie kann jetzt deine Schwester noch weiter dir helfen,
was bleibt mir, der Grausamen, noch? Wie soll ich dein Leben
länger noch retten, kann ich denn kämpfen mit solch einem Greuel?
Jetzt, jetzt laß' ich den Kampf. Schreckt nicht mich Schaudernde länger,
abscheuerregende Vögel: ich kenne die Schläge der Flügel,
kenne den tödlichen Ton; nicht fehl geht der stolze Befehl des
hochedlen Juppiter. Lohnt er mir so der Jungfräulichkeit Opfer?
Ewiges Leben gab er, wozu? Warum nur entzog er
mich dem Tod? Jetzt könnte ich enden so bitteren Gram und
wandeln, dem armen Bruder zur Seite, im Reiche der Schatten.
Ich unsterblich? Was kann mir von all dem Meinen noch lieb sein
ohne dich, mein Bruder? O, wo klafft tief genug mir die
Erde doch auf und läßt die Göttin hinab zu den Manen?"
So sprach klagend die Göttin, verhüllte in blauem Gewand ihr
Haupt, laut stöhnend, und barg sich tief im Schoße des Stromes.

   Drohend steht vor dem Feind Aeneas und schwingt seine Waffe
wuchtig wie einen Baum und spricht aus grimmigem Herzen:
„Was hält jetzt noch auf, was zagst du weiter noch, Turnus?
Nicht im Lauf, sondern Mann gegen Mann gilt's grimmigen Kampf jetzt.
Wandle dich nur in jede Gestalt und balle, was immer
du an Mut vermagst und Geschick; wünsch hoch dich empor zu
Sternen zu schwingen oder im Schoß dich zu bergen der Erde!"
Kopfschüttelnd antwortet Turnus: „Nicht schrecken mich, Grausamer, deine
wütenden Worte, mich schrecken die Götter und Juppiters Feindschaft."
Sprach nicht weiter und sah sich um nach riesigem Blocke,
riesigem, alten Block, der zufällig lag im Gefild als
Grenzstein der Feldmark gesetzt, den Streit um die Flur zu entscheiden.
Kaum brächten zwölf mit dem Nacken ihn hoch, erlesen aus allen

qualia nunc hominum producit corpora tellus: 900
ille manu raptum trepida torquebat in hostem
altior insurgens et cursu concitus heros.
sed neque currentem se nec cognoscit euntem
tollentemve manus saxumve inmane moventem;
genua labant, gelidus concrevit frigore sanguis. 905
tum lapis ipse viri, vacuum per inane volutus,
nec spatium evasit totum neque pertulit ictum.
ac velut in somnis, oculos ubi languida pressit
nocte quies, nequiquam avidos extendere cursus
velle videmur et in mediis conatibus aegri 910
succidimus; non lingua valet, non corpore notae
sufficiunt vires, nec vox aut verba secuntur:
sic Turno, quacumque viam virtute petivit,
successum dea dira negat. tum pectore sensus
vertuntur varii. Rutulos adspectat et urbem 915
cunctaturque metu telumque instare tremescit;
nec quo se eripiat, nec qua vi tendat in hostem,
nec currus usquam videt aurigamve sororem.
cunctanti telum Aeneas fatale coruscat
sortitus fortunam oculis et corpore toto 920
eminus intorquet. murali concita numquam
tormento sic saxa fremunt nec fulmine tanti
dissultant crepitus. volat atri turbinis instar
exitium dirum hasta ferens orasque recludit
loricae et clipei extremos septemplicis orbis. 925
per medium stridens transit femur. incidit ictus
ingens ad terram duplicato poplite Turnus.
consurgunt gemitu Rutuli totusque remugit
mons circum, et vocem late nemora alta remittunt.
ille humilis supplex oculos dextramque precantem 930
protendens: 'equidem merui nec deprecor' inquit,
'utere sorte tua. miseri te si qua parentis
tangere cura potest, oro — fuit et tibi talis
Anchises genitor — Dauni miserere senectae
et me seu corpus spoliatum lumine mavis 935

ZWÖLFTES BUCH 557

Männern, wie jetzt sie an Körperkraft die Erde hervorbringt.
Turnus packte ihn hastig und schwang ihn wider den Gegner,
reckte sich höher empor, der Held, nahm hitzig den Anlauf.
Aber er kannte sich weder im Lauf noch im Gange mehr wieder,
noch, wie die Hände er hob und den Block, den riesigen, schwang; ihm
wankten die Knie, sein Blutstrom gerann in eisigem Schauder.
Da überflog auch der Stein, vom Helden gestoßen, durch leere
Luft seinen Raum nicht ganz, schlug nicht mit Wucht ins Ziel ein.
Wie wir im Traum, wenn lastender Schlaf die Augen beschwert bei
Nacht, wohl wähnen, wir wollten umsonst zu hitzigem Lauf uns
spannen und wie wir mitten im Mühen müde erliegen,
nichts die Zunge vermag und nicht die sonst so vertrauten
Kräfte im Körper genügen, nicht Laut oder Rede sich fügen,
so versagt dem Turnus, wie sehr er auch mannhaft sich müht, die
grausige Göttin jeden Erfolg. Da wogen im Herzen
wirr die Entschlüsse; er blickt zu den Rutulern hin und zur Stadt und
zögert aus Angst und bebt vor dem Drohen des Speeres und sieht nicht,
wo er noch ausbrechen kann oder wuchtig packen den Gegner,
nirgendwo sieht er den Wagen und sie, die ihn lenkte, die Schwester.
Gegen den Zögernden schwingt Aeneas die tödliche Waffe,
sucht mit den Augen den richtigen Punkt und schleudert mit voller
Wucht von ferne den Speer; so sausen nimmer die Blöcke,
fliegend aus grobem Mauergeschütz, nicht kracht es so hart und
grell vom Blitz; hinfliegt wie ein düsterer Wirbel des Windes,
grauses Verderben bringend, der Speer, zerschmettert den Panzer
unten, zuvor noch den Rand des siebenhäutigen Schildes.
Zischend durchbohrt er die Mitte des oberen Schenkels; getroffen
stürzt, das Knie geknickt, voll Wucht auf den Erdboden Turnus.
Jammernd springen die Rutuler auf, dumpf dröhnt es vom ganzen
Berge zurück, weit hallen vom Schrei die ragenden Wälder.
Turnus erhebt jetzt demütig flehend den Blick und die Hand zur
Bitte und spricht: „Ich hab' es verdient und erbitte nicht Gnade.
Nütze dein Glück! Doch kann der Gedanke an meinen armen
Vater dich irgendwie rühren, so bitte ich, — war doch auch dir ein
solcher Vater Anchises — hab' Mitleid mit Daunus, dem Greise,
gib mich oder — wenn lieber du willst — den des Lebens beraubten

redde meis. vicisti, et victum tendere palmas
Ausonii videre; tua est Lavinia coniunx:
ulterius ne tende odiis.' stetit acer in armis
Aeneas volvens oculos dextramque repressit;
et iam iamque magis cunctantem flectere sermo 940
coeperat, infelix umero cum apparuit alto
balteus et notis fulserunt cingula bullis
Pallantis pueri, victum quem volnere Turnus
straverat atque umeris inimicum insigne gerebat.
ille, oculis postquam saevi monumenta doloris 945
exuviasque hausit, furiis accensus et ira
terribilis: 'tune hinc spoliis indute meorum
eripiare mihi? Pallas te hoc volnere, Pallas
immolat et poenam scelerato ex sanguine sumit.'
hoc dicens ferrum adverso sub pectore condit 950
fervidus; ast illi solvontur frigore membra
vitaque cum gemitu fugit indignata sub umbras.

Leib den Meinen! Du siegtest; mich sahn als Besiegten die Hände
heben die Aúsoner; dein ist Lavinia nun als Gemahlin.
Weiter dringe nicht vor im Haß!" Wild stand dort in Waffen
jetzt Aeneas, rollte die Augen, hemmte die Rechte;
mehr und mehr schon begann die Rede den Zögernden mild zu
stimmen, da blitzte zum Unglück das Wehrgehenk hoch auf der Schulter,
funkelte hell mit vertrauten Buckeln der Gürtel des jungen
Pallas, i h n hatte Turnus besiegt und mit tödlicher Wunde
niedergestreckt; nun trug er den feindlichen Schmuck auf der Schulter.
Als Aeneas dies Mahnmal des grimmigen Schmerzes, die Beute,
nahe vor Augen sah, da rief er, lodernd vor Wut und
schrecklich im Zorn: „Sollst du mir jetzt, mit den Waffen der Meinen
prunkend, entkommen? Pallas erschlägt dich hier mit dem Hiebe,
Pallas nimmt an deinem, des Frevlers, Blute nun Rache."
Also wütend stößt er tief sein Schwert in die Brust ihm,
dem aber sinken im Todesfrost die Glieder dahin, sein
Leben fährt, aufstöhnend, voll Unmut hinab zu den Schatten.

ANHANG

I. Textgeschichte und handschriftliche Überlieferung

Grundsätzliches

In der Beurteilung der handschriftlich überlieferten Textgestalt der Aeneis stehen sich zwei Ansichten, eine durchaus optimistische und eine ganz und gar pessimistische, schroff gegenüber. Sie wurden ausgesprochen von zwei um die schwierigsten Probleme der lateinischen Literatur hochverdienten Philologen, haben geradezu programmatische Bedeutung und finden sich in Büchern, die wohl dem größten Teil der Leser nur sehr schwer zugänglich sind. So ist es gerechtfertigt, wenn sie hier im vollen Umfang und wörtlich zitiert werden.

Urheber und Vertreter der optimistischen Beurteilung ist Friedrich L e o. In seinem Buche: „Plautinische Forschungen"[1] behandelt er im 1. Kapitel zugleich mit der Geschichte der Überlieferung der plautinischen Komoedien im Altertum auch die Textgeschichte anderer lateinischer Autoren. Für die Aeneis geht er aus von den in der Vita Donatiana vorliegenden Nachrichten, prüft die verschiedenen Behauptungen auf ihren Wahrheitsgehalt, indem er die Parallelstellen aus der Serviusvita und aus Hieronymus mit heranzieht, hält von dem in 40 und 41 gegebenen Bericht: „Ceterum eidem Vario ac simul Tuccae scripta sua sub ea condicione legavit, ne quid ederent, quod non a se editum esset. Edidit autem auctore Augusto Varius, sed summatim emendata, ut qui versus etiam imperfectos, si qui erant,

---

[1] 2. Auflage, Berlin 1912, Weidmannsche Buchhandlung. (1. Aufl. 1895)

reliquerit;²" nur den zweiten Satz für den einzigen Rest der wahren, dieses Problem betreffenden Überlieferung und folgert aus ihm: „⟨Varius⟩ gab das Manuskript heraus, wie es hinterlassen war, und sorgte für die Correctheit der Ausgabe (S. 41)." Dazu merkt er an: „Vergil hat die Aeneis so geschrieben, daß Vers und Sprache vollkommen durchgearbeitet sind, sonst hätte sie auch weder Augustus noch Varius publiciert; eine Kritik, die stilistische oder metrische Unvollkommenheiten durch die mangelnde Feile entschuldigen oder erklären möchte, hat keinen Boden. Darum konnte er auch die unvollendeten Bücher dem Kaiser vorlesen." (S. 41, A. 2). Die in den Viten und Scholien sich findenden Aussagen über die Editorentätigkeit des Varius und Tucca erklärt Leo (S. 42) als Lügen jener Vergilherausgeber, die bald nach dem Tode des Dichters und weiterhin im 1. Jahrhundert n. Chr. dazu kamen, „ihre Interpolationen als echt vergilisch auszugeben und Varius als den zu verlästern, der die guten Sachen fortgelassen habe." Zusammenfassend sagt Leo: „So erkennen wir, daß es im Altertum Ausgaben der Aeneis gab, und zwar wahrscheinlich in großer Anzahl, die nicht nur den Text willkürlich lesbarer machten, sondern auch durch dreiste Interpolationen erweiterten. Es ist doch eine der Erwägung werte, wichtige und erfreuliche Tatsache, daß unser Text mit keiner dieser interpolierten Ausgaben etwas zu tun hat, sondern sowohl in seiner ganzen Verfassung als fast überall, wo es durch besondere Zeugnisse zu controllieren ist, den authentischen Text des Varius darstellt; und das bei der Neigung der Schulcommentatoren, die Interpolation für ursprünglich zu halten. Hier hat die Einsicht und der Wille eines Mannes gewaltet; es kann keine Frage sein, wessen Wille und Einsicht. Probus hat eine kritische Ausgabe Vergils veranstaltet.³ Unser Text ist von vollkommener Einheitlichkeit, eine einzige alte Ausgabe. Es ist der Text des Probus, und Probus hat den Varius, d. h. die Urkunde selbst, zu Grunde gelegt (S. 43)."

² Vita Don. 40/41
³ Hierzu merkt Leo an: Sueton de notis. Steup de Probis p. 82 sq. und, was ebenso hierher gehört, 99 sq. [Die in den Scholien angeführten Lesarten des Probus bedeuten natürlich nicht, daß er diese in den Text aufgenommen hat.]

Dieser, von den Vergileditoren des 20. Jahrhunderts durchweg anerkannten optimistischen Ansicht widerspricht als erster, soweit ich weiß, mit geradezu leidenschaftlicher Entschiedenheit Günther J a c h m a n n in seinem Vortrag: „Eine Elegie des Properz — ein Überlieferungsschicksal."[4] In eingehender, methodisch sehr anregender Interpretation der 15. Elegie weist J a c h m a n n, m. E. überzeugend, nach, daß dieses Gedicht an zwei Stellen, 23—28 und 37—40, durch Interpolationen verdorben ist; dann charakterisiert er die Motive, die zu derartigen Interpolationen führen können, unterscheidet „gewisse, immer wiederkehrende Typen" und, zeigt anschließend, wie diese entstellenden Zusätze gerade durch die an sich wohlgemeinten und wissenschaftlich höchst anerkennenswerten kritischen Ausgaben antiker Grammatiker in den auf uns gekommenen Texten weiterleben konnten. Denn eben diese gewissenhaft vorgehenden, nicht nur kritisch reinigenden, sondern auch dokumentarisch bewahrenden Herausgeber „leiteten die Erzeugnisse der Zu-, Um- und Überdichtung, welche die Literaturwerke gemeinhin und die anerkanntesten, zumal die im Schulgebrauch stehenden, am stärksten erfuhren, in den Hauptstrom der Überlieferung und bereiteten dergestalt ungewollt ihre Kanonisierung vor, die nach Wegfall der kritischen Notation tatsächlich erfolgte (S. 212)." Als besonders sinnfälliges Beispiel für ein solches Überlieferungsschicksal gilt Jachmann die Aeneis. Er schreibt darüber (S. 213 f.): „das Hauptwerk der lateinischen Poesie, Vergils Aeneis, welcher allezeit eifriges Studium und sorgliche Pflege seitens der antiken grammatischen Wissenschaft zuteil geworden ist, wimmelt in der überlieferten Textgestalt von Interpolationen jeglicher Art — Ausfüllungen der von Vergil unfertig gelassenen Verse, erklärenden und erweiternden Zutaten, Ersatzfassungen u. dgl. mehr —, so zwar daß sie nach dem Grade ihrer Verunstaltung nur noch von ganz wenigen Literaturwerken — soweit ich jedenfalls bislang sehe — übertroffen wird. Diese entstellenden Schlacken abzuheben war die philolo-

---

[4] Rhein. Mus. N.F. 84 (1935) S. 193—240

gische Wissenschaft, zumal im vorigen Jahrhundert, eifrig und —
wiewohl zumeist unter irrigen textgeschichtlichen Aspekten —
erfolgreich bemüht. Da ist es dann kein Geringerer als Friedrich
Leo gewesen, der hier gegen Ende des Jahrhunderts eine wissenschaftliche
Katastrophe herbeiführte. Leo entwarf, im Zusammenhang
mit seinen höchst fruchtbringenden Untersuchungen
zur Textgeschichte der plautinischen Komödien, doch offenbar
ohne spezielle und eingehende Durchforschung Vergils und
seiner Traditionsmasse, ein neues Bild von der antiken gelehrten
Arbeit am Vergil und zeichnete sie in manchen wichtigen Punkten
richtiger als seine Vorgänger. Allein mit einem gewissen
Lieblingsinteresse der Erscheinung des Grammatikers Valerius
Probus, der solche kaptivierenden Wirkungen schon bei Lebzeiten
(unter der Herrschaft der flavischen Kaiser) ausgeübt
hatte, verhaftet, betrachtete Leo Entwicklung und Fortleben des
Vergiltextes lediglich in einem engbegrenzten Ausschnitt aus
der Anfangsphase; die folgenden langen Jahrhunderte mit ihren
textlichen Unbilden übersah er ganz und gar. Des weiteren würdigte
er die antike Editionstätigkeit einseitig nach ihrem textreinigenden,
gar nicht nach ihrem dokumentarisch bewahrenden
Prinzip, und vollends außer Acht ließ er die unbeabsichtigten
Folgeerscheinungen dieses komponierenden Verfahrens, wie wir
sie uns zuvor klar gemacht haben. Nur angesichts so vieler
schwerwiegender Fehler und einer solchen mehr als lückenhaften
Unvollständigkeit der Betrachtung begreift es sich, daß Leo zu
der, recht überdacht, abenteuerlichen Vorstellung gelangte,
unser Aeneistext, welcher der des ausgehenden Altertums ist,
decke sich in allem wesentlichen mit dem, welchen Varius, der
Freund Vergils und Verwalter seines dichterischen Nachlasses,
der frühaugusteischen Zeit vorgelegt hatte. Diese These Leos
hat, zum Dogma erhoben — so, als Glaubensartikel und Wahrspruch,
erscheint sie beispielsweise im Vorwort der jetzt verbreitetsten,
sich kritisch nennenden Ausgabe ⟨*gemeint ist die
Ausgabe von W. Janell*⟩ — die Vergilkritik gelähmt, ja zum
Erliegen gebracht. Denn ihr zufolge gilt nun der Text seinem
gesamten Bestande nach als legitimiert, jeder noch so sprach-,

kunst- und sinnwidrige Vers, sofern er nur in den alten Handschriften steht, als sakrosankt — ein wahrhaft himmelschreiender Zustand."

Interpolationsfreier, zuverlässig überlieferter Text — von Anfang an bis ins sechste Jahrhundert hinein durch Interpolationen schwer verderbter Text: so schroff stehen sich hier die Ansichten dieser beiden bedeutenden Latinisten gegenüber. Wie steht es mit anderen Vergilkennern? Daß die auf uns gekommenen Handschriften meistens verdorben und interpoliert sind, sagt auch Remigio S a b b a d d i n i , dem wir die einzige textkritisch wertvolle Vergilausgabe des 20. Jahrhunderts verdanken. In seinem Vorwort zu der 1937 in Rom erschienenen zweiten Auflage lesen wir auf Seite VIII: „Exemplaria quae supersunt plerumque corrupta et interpolata sunt, quia librarii alii sive neglegentia sive inscitia orationem parum intellectam non recte describebant verborumque ordinem turbabant, alii verba similia ex suo loco in alienum transferebant, alii pro antiquis formis recentiores sui temporis inculcabant, alii falsa doctrinae opinione ducti dictiones auctoris difficiliores facilioribus permutabant."[5] Ähnlich ungünstig über die antiken Handschriften urteilt Henry N e t t l e s h i p im I. Band der großen, dreibändigen, heutzutage nur unter Schwierigkeiten zugänglichen, aber völlig unentbehrlichen Ausgabe von Conington-Nettleship, London 1881, S. CX ff. „All these manuscripts are written in uncial characters, and belong at latest to the fifth century A. D., though none of them, it would seem, need necessarily be assigned to an earlier date. Indeed, the mistakes in which they all abound — mistakes which in many cases imply a defective knowledge of classical Latinity — point with much probability to the end of the fourth or the beginning of the fifth century ...

---

[5] „Die übriggebliebenen Exemplare sind meist verdorben und interpoliert, weil einige von den Abschreibern aus Nachlässigkeit oder Unwissenheit den zu wenig verstandenen Text unrichtig abschrieben und die Reihenfolge der Worte durcheinanderbrachten, andere ähnliche Worte von dem ihnen zukommenden Platze auf einen fremden umstellten, ‹wieder› andere, vom Wahn ‹eigener› Gelehrsamkeit verführt, die schwierigeren Ausdrücke des Autors durch leichtere ersetzten."

.. But did our text of Vergil depend on any one of the uncials, it would be full of corruptions." Immerhin glauben Nettleship und Sabbadini an den Wert der indirekten Überlieferung: „Fortunately, however, the errors of one manuscript can often be corrected by the readings of another, or by the light of testimony afforded by the ancient commentators and grammarians (S. CXI)." „Huiusmodi vitia tantum non omnia grammaticorum ope tolluntur per eosque non solum orationem Vergili integram saepe restituimus, sed etiam verborum formulas ipsas sive orthographiam ad pristinam sinceritatem revocamus."[6] (S. VIII). Sabbadini hat also die Überzeugung, man könne mit Hilfe der antiken Grammatiker, denen er im weiteren Verlauf seiner Präfatio noch die Rhetoren, Philosophen und Scholiasten hinzugesellt, den Vergiltext in ursprünglicher Reinheit zurückgewinnen. An die Existenz indessen einer irgendwann nach Vergils Tode von einem antiken Grammatiker verfaßten kritischen Ausgabe glaubt er nicht.[7] Daß Valerius Probus sie gemacht

---

[6] „Fehler dieser Art werden fast alle mit Hilfe der Grammatiker beseitigt, und auf sie gestützt, haben wir oft nicht nur den reinen Vergiltext wiederhergestellt, sondern auch die Wortgestalt selbst oder die Orthographie zur alten Echtheit zurückgeführt."

[7] Damit steht er im Gegensatz zu den meisten Forschern. Wir zitieren hier nur Nettleship und Funaioli. Nettleship schreibt (S. CXI), nachdem er auf die Unterschiede zwischen Lesarten der Kodizes und der Kommentare hingewiesen hat: „Such variations between the commentators and the manuscripst add to the probability of the conclusion at which Ribbeck has arrived on other grounds, that our manuscripts are ultimately derived from one archetype, itself, no doubt, full of variants and corrections, but representing a text different from that followed, in some cases, by the authority, or authorities from whom the notes common to Nonius, Servius, and the other ancient commentators, are derived. To decide between these two recensions is often difficult, and sometimes (I think) impossible."

Und Gino Funaioli schreibt in seiner Rezension der großen, 1930 in erster Auflage in Rom edierten Ausgabe Sabbadinis (Studi di letteratura antica, Vol II, Tom I p. 352): „Eine Archetypus-Ausgabe von Vergil, uns direkt überliefert, zwischen Probus und dem viertem Jahrhundert, muß man, wie es scheint, ansetzen angesichts der gemeinsamen Verderbnisse in unseren Kodizes; diese sind ‹nämlich› von solcher Natur, daß man sie nicht dem Zufall zuschreiben kann. Aber auch einen Hauptstamm (capostipite), der zwischen dem Autor und der übriggebliebenen handschriftlichen Tradition stände, nicht zu vermuten, ist schwierig bei der festen substantiellen Einheitlichkeit, in der Vergil auf uns gekommen ist, da es sich ‹doch› ferner um einen Dichter handelt, der, sehr

haben könne, weist er ausdrücklich zurück: „Sunt quidem qui putent huiusmodi editionem a Valerio Probo paratam esse; sed Probianarum lectionum, quas novimus a Servio aliisque allatas, in Vergilianis codicibus vix paucae compareant; ex quo effici necesse est opera eum tantum interpretatum esse, non ad obrussam, ut ita dicam, edidisse. Quare non id nobis propositum esse debet, ut codicum lectionibus archetypum cuiuspiam editionis exemplar restituamus, sed ipsum potius auctoris exemplar quantum fieri poterit consequamur (S. VI)."[8] Sabbadini hält es demnach für möglich, an Hand der in den Kodizes vorliegenden Lesarten und besonders mit Hilfe der antiken lateinischen Rhetoren, Philosophen, Grammatiker und Kommentatoren den Urtext Vergils zu erreichen und ist davon überzeugt, in dieser Weise hätten alle Editoren nach Erfindung der Buchdruckerkunst sich betätigt; denn es heißt im unmittelbaren Anschluß an den zuletzt zitierten Satz: „quod sane editores omnes post imprimendi artificium inventum ad tempora usque nostra fecerunt, qui, ut unum afferre satis habeam, versus libri II Aeneidos 567—588 a Vario, Vergilio iubente, deletos eosdemque a Donato et Servio traditos in suarum editionum contextum receperunt."[9]

viel gelesen und zitiert, Änderungen jeder Art ausgesetzt war, wie ⟨es⟩, um nur eine davon zu nennen, die Ergänzungen der unvollendet gebliebenen Verse ⟨sind⟩, die einerseits schon dem Vergil⟨exemplar⟩ des ⟨Philosophen⟩ Seneca (ca. 4—65) nicht ⟨mehr⟩ unbekannt ⟨waren⟩ und doch andererseits den Handschriften von größerer Bedeutung fremdblieben; hier und in den guten Varianten, die auf uns gekommen sind, außerhalb der direkten Tradition und in ihr selbst, wird wohl im wesentlichen die Hand des Probus ⟨wirksam gewesen⟩ sein."

[8] „Einige ⟨Gelehrte⟩ glauben allerdings, eine derartige Ausgabe sei von Valerius Probus hergestellt worden; aber von den Lesarten des Probus, die, wie wir wissen, von Servius und anderen angeführt sind, erscheinen in den Vergilkodizes kaum einige wenige; daraus aber muß man folgern, daß Probus die Werke ⟨Vergils⟩ nur erklärt, nicht aber bis auf den feinsten Goldgehalt, so zu sagen, herausgegeben hat. Daher darf nicht das unser Vorsatz sein, aus den Lesarten der Kodizes den Archetypus irgendeiner Ausgabe wiederherzustellen, sondern wir müssen vielmehr das Urexemplar selbst des Autors, soweit das möglich ist, zu erreichen suchen."

[9] „Das aber haben alle Editoren nach der Erfindung der Buchdruckerkunst bis auf unsere Zeit hin getan; ⟨denn⟩ sie haben — mit der Anführung dieses einen Beispieles will ich mich begnügen — die Verse Aen. II 567—588, die von Varius auf Vergils Befehl getilgt und die dann doch von Donatus und Servius überliefert worden waren, in den Textteil ihrer Ausgaben aufgenommen."

Hier wird recht deutlich, wie stark Sabbadini überzeugt ist von dem Wahrheitsgehalt der Kommentare.[10] Hält er doch diese in den antiken Handschriften nicht überlieferten Verse, die von vielen Editoren und Philologen, besonders von Leo, Heinze, Norden, Jachmann, als sprachlich, metrisch und poetisch fehlerhafte Interpolation verworfen werden, für echt vergilisch und geht mit seiner Behauptung, Varius habe sie auf Vergils Befehl getilgt, — im textkritischen Apparat zur Stelle (S. 60) heißt es, Vergil selbst habe sie getilgt, — noch über den Bericht der Viten und Scholien hinaus. Sabbadini steht also im Widerspruch sowohl zu Leo als auch zu Jachmann: er glaubt nicht an das ehemalige Vorhandensein einer antiken kritischen Vergilausgabe, die von Leo, Jachmann, Nettleship, Funaioli, Pasquali u. a. vorausgesetzt wird, mögen auch die Ansichten der Forscher über die Beschaffenheit und die Auswirkung dieser antiken kritischen

---

[10] Daß die kritische Tätigkeit des Valerius Probus sich auf die uns vorliegenden antiken Vergilkodizes reinigend ausgewirkt habe, und daß die Kommentare oft das weniger Gute, z. B. auch Interpolationen brächten, nimmt auch Giorgio P a s q u a l i an. Er schreibt in seinem sehr lesenswerten und lehrreichen Buche: „Storia della tradizione e critica del testo", 2. Auflage, Florenz, Felice le Monnier, 1952, auf S. 346 f.: „Die ⟨Sallust⟩ausgabe des Probus, der ja auf reinere Quellen zurückging, machte reinen Tisch mit den verderbten Texten: von dieser Edition aus beginnt unsere Überlieferung; dasselbe kann man auch über Terenz sagen. Für Vergil sind die Ergebnisse ähnlich, wenngleich ein wenig verwickelter. Auch hier geben die antiken Zitate zum guten Teil einen Text, der weniger rein ist als der in unseren Handschriften erhaltene, die ja tatsächlich hier in beträchtlicher Zahl, in einer von keinem anderen Klassiker erreichten Zahl auf die antike Zeit zurückgehen. Im ersten Jahrhundert der Kaiserzeit, im Zeitalter Neros, las man ergänzte Halbverse, die wir wieder als unvollständige haben, wie Vergil sie hinterließ: man las im Text die Helena-Episode II 567—588, die dazu bestimmt war, eine tatsächlich dort vorhandene Lücke auszufüllen. (Anm. ² Auch hier haben mich neue Arbeiten, ⟨von denen⟩ einige mit viel Scharfsinn durchgeführt sind, nicht von der Echtheit ⟨der Stelle⟩ überzeugt.); ⟨man las⟩ die vier Verse vor dem ersten Buche: „Ille ego usw.", die dazu dienen sollten, die Aeneis mit den Bucolica und den Georgica zu verbinden, sowie mit einer Modifikation, im letzten Verse der Ilias ⟨die Worte⟩ ἦλθε δ' Ἀμαζών, die eines Tages dazu dienten, sie ⟨die Ilias⟩ mit der Αἰθιοπίς zu verbinden. Diese zwei großen Interpolationen sind nur in den Kommentaren überliefert (oder in neuen Handschriften, die die Kommentare ausschöpfen). Auch hier muß man an Probus denken: es überrascht nicht, daß er diese Interpolationen nicht mehr am Rande gekennzeichnet, sondern direkt aus dem Texte entfernt hat: auch die Alexandriner οὐδὲ ἔγραφον = ⟨schrieben nicht mehr ⟨in den Text⟩⟩, wenn eine interpolierte Stelle in der Überlieferung fehlte, die ihnen die bessere ⟨zu sein⟩ schien."

Ausgabe recht verschieden sein; weiterhin schenkt Sabbadini den Vitae Vergilianae und den antiken Kommentatoren Glauben gerade auch in den Fällen, wo Leo und Jachmann in entschiedener Ablehnung völlig einig sind. Mit Jachmann und Nettleship, wenn auch wohl in anderer Weise zumindest als Jachmann, hält Sabbadini unsere handschriftliche Überlieferung für größtenteils korrupt und interpoliert; und wenn er glaubt, diese Verderbnisse könnten mit Hilfe der indirekten Überlieferung, also den Zitaten der antiken Rhetoren, Philosophen, Grammatiker und Kommentatoren, geheilt werden, so steht er auch damit in einiger Nähe zu Jachmann, der in der Frage der Zeitbestimmung der Interpolationen die Ansicht vertritt: „Wesentlich, ja entscheidend weiter hilft die indirekte Überlieferung, sei es in sich, sei es in Kombination mit der direkten." Jachmann schränkt dann aber sofort wieder ein: „In den uns erhaltenen Kommentaren, deren keiner älter ist als das vierte Jahrhundert, werden allerdings die Interpolationen größtenteils einfach als echt hingenommen; eine Bemerkung wie die, daß ein Vers ehemals in manchen Handschriften gefehlt habe, (Servius zu Aen. 2,775), zählt zu den höchsten Seltenheiten ... Bei aller geistigen Verschlafenheit und kritischen Stumpfheit haben unsere späten Vergilerklärer nun aber doch einzelne Kostbarkeiten aufbewahrt, welche, recht gewürdigt, gleich scharfen Schlaglichtern die trübe Düsternis, die über diese Dinge gebreitet liegt, in allen ihren Schichten durchschneidet (S. 222)." An mehreren Beispielen (12,74; 9,363; 1,21.22) wird dieser letzte Satz veranschaulicht. Bemerkenswert vor allem für das Probus-Problem ist folgender Abschnitt: „Valerius Probus, dem man optimistischer Weise einen ein für alle Mal gereinigten Vergiltext zu verdanken meint, nahm an zwei offenkundig interpolierten Versen (1,21.22) berechtigten Anstoß, wußte sich im übrigen aber keinen Rat und blieb bei einer halben Maßregel ihnen gegenüber stehen. Die Notiz des Servius sollte in Sachen Probus als locus classicus gelten, denn sie stellt das ohne Vergleich wichtigste Zeugnis dar, welches uns über dieses Mannes kritische Tätigkeit am Vergil überhaupt geblieben ist. Es ist geeignet, alle rosigen Illusionen über die Beschaffenheit seines diplomatischen Materials und damit zugleich über seine diorthotischen Möglichkeiten von Grund aus zu zerstören. Denn jedenfalls für diese an weithin sichtbarer Stelle — fast noch im Eingang des Werkes — stehende Fälschung boten ihm seine dokumentarischen Quellen keinen Anhalt, sie als das zu erkennen und zu kennzeichnen, was sie war. Das ist symptomatisch und besagt: schon er fußte als Editor auf schwer interpolierten Texten." Nach Jachmann steht es mit der textgeschichtlichen Überlieferung des Vergiltextes nicht viel anders als mit der Überlieferung der homerischen Epen: „Wie die alexandrinischen Kritiker nicht annähernd in der Lage waren, auch nur bis zu der Textgestalt der homerischen Dichtungen, welche das Ende ihrer lebendigen inneren Entwicklung bezeichnet, vorzudringen, sondern in weitgehender Abhängigkeit standen von Texten, wie sie die Diaskeuasten des fünften und namentlich des vierten Jahrhunderts mit dilettantischen Methoden, kunstferner Tendenz und schonungsloser Willkür hergerichtet hatten, so wurde auch Probus, zumindest stellenweise, das arglose Opfer der Textverderber, welche vor ihm in der Dichtung Vergils ihr Wesen getrieben hatten (223)." Nicht besser als Probus wissen die gelehrten Vergilleser des ersten Jahrhunderts das Echte vom Unechten zu scheiden: „Der Philosoph Seneca las seinen Vergil in einer Ausgabe mit ergänzten Halbversen. Quintilian (8,2,14) erläutert einen Stilfehler mittels eines Aeneisverses (1,109), ohne zu ahnen, daß sein Beleg in Wahrheit von einem Interpolator stammt. Für eine lückenhafte Stelle im zweiten Buch wurde eine eigene Episode im Umfang von 22 Versen verfaßt, die Valerius Flaccus, ein Epiker domitianischer Zeit, als vergilisch benutzt. Ja, man erkühnte sich, dem originalen Anfang der Aeneis vier Verse vorzusetzen, die, so abscheulich sie sind, von manchem Grammatiker als vergilisch zitiert werden." Hier steht Jachmann, fast bis in den Wortlaut hinein, mit Leo gegen Sabbadini, von dessen Vertrauen auf die Hilfe der indirekten Überlieferung zur Konstituierung eines reinen Textes kaum noch ein Schimmer übriggeblieben ist. Was bleibt, so fragt man sich, für eine solche Ansicht von der textgeschichtlichen Situation des Vergiltextes an Möglichkeiten überhaupt noch übrig? Einhellige Überlieferung bedeutet in unserem Falle keine Garantie für die Richtigkeit und Authentizität, da die Interpolationen schon sofort nach Vergils Tode im Text zu wuchern begannen und sich so in ihn verfilzten, daß selbst ein Probus sie nicht mehr als das, was sie waren, erkennen konnte, ganz zu schweigen von der „geistigen Verschlafenheit und kritischen Stumpfheit" der späteren Vergilerklärer. Damit ist aber auch zugleich das Urteil gesprochen über einen großen Teil der indirekten Überlieferung, auf die Sabbadini für die Wiedergewinnung des authentischen Vergiltextes solchen Wert legte. Was also bleibt, um wirklich zum reinen Urtext vorzudringen, als letzte und entscheidende Instanz übrig für Jachmann? Er sagt, in diesem Zusammenhange zwar nur mit Beziehung auf den Properztext, aber man darf die Sätze doch wohl als letzten, allgemeingültigen Ausdruck seiner Haltung in allen Fragen der Textgeschichte, auch der des Vergil, verstehen: „Gegenüber dieser Überlegung" — nämlich angewiesen zu sein auf einen späten, stark degenerierten und depravierten Textzeugen, „dessen Wortlaut wir mit Hilfe kritischer recensio auf Grund unserer Handschriften bestenfalls erreichen, über den hinauszugelangen wir aber weder in der Gegenwart irgendwelche urkundlichen Mittel noch für die Zukunft eine begründete Hoffnung haben" — ⟨bei dieser Überlegung also⟩, „die gewiß zu mancher resignierenden Selbstbescheidung zwingt, gibt es doch einen Trost, und sogar einen großen. Einer der Heroen unserer Wissenschaft, Richard Bentley, prägte vor mehr als zweihundert Jahren gegenüber einer ‚nimia exemplarium reverentia' das stolze Wort: nobis et ratio et res ipsa centum codicibus potiora sunt. Auch wir verehren in der ratio unser gottgleiches Teil, ein überirdisches Wesen (S. 227)."

Mag man nun Jachmanns und Bentley's stolzes Vertrauen auf die ratio im vollen Umfange teilen oder nicht, zu beweiskräftigen Entscheidungen oder auch nur zu begründeter Resignation in diesen weitverzweigten und vielschichtigen Problemen der Textgeschichte und der handschriftlichen Überlieferung wird nur der kommen, der von seiner eigenen ratio, oder, wie wir es in unserer Ausgabe zu tun bemüht sind, von der ratio der zuständigen Forscher ausgiebigen und anstrengenden Gebrauch macht. Der labor improbus geduldiger, oft auch geradezu pedantischer Kleinarbeit bleibt keinem erspart, der wirklich bis zu den letzten Möglichkeiten oder auch bis zur Feststellung der Unmöglichkeit des Verständnisses vordringen will; je liebevoller wir alles, was unsere Einsicht fördern kann, umfassen, je fester wir uns vor allem an die im Dichterwort zum Ausdruck gekommene res ipsa halten und je mehr wir unvoreingenommen, so weit das möglich ist, und ehrfurchtsvoll schweigend uns Tonfall, Wortgestalt und Versmelodie des Dichters innerlich zu eigen machen, desto dankbarer werden wir schließlich auch den Zeugnissen einer langen Überlieferung sein, den törichten wie den klugen und scharfsinnigen, und so auch ein wohlbegründetes Urteil gewinnen über den Wert der uns vorliegenden Handschriften, über deren Hauptkodizes im folgenden berichtet wird in engem Anschluß an die Ausgaben von O. Ribbeck, Prolegomena, Plessis-Lejay, Sabbadini und Goelzer-Durand und an die Arbeiten von Ludwig Traube, Hermann Lohmeyer und Karl Büchner und auf Grund der photomechanischen Wiedergabe einiger Kodizes (A, G, F, P, M).

Acht antike Vergilkodizes A, G, V, B, F, R, P, M, alle in der monumental wirkenden, für Prachtausgaben geeigneten Capitalis quadrata elegans (A und G) oder Capitalis rustica geschrieben, einige mit Bildern und Initialen herrlich ausgestattet, sind aus der Zeit vom IV. bis VI. Jahrhundert auf uns gekommen. Nicht eine gibt den vollständigen Text aller Gedichte, keine ist frei von allen möglichen Fehlern, Interpolationen, die sofort nach Vergils Tode in den Text kamen aus Gründen, die oben dargelegt wurden, und vielen, z. T. sinnlosen Verschreibungen, die auf die Tatsache zurückzuführen sind, daß die librarii, die Schreiber unserer Kodizes, die sehr schwer lesbare Kursivschrift der alten Vergilausgaben des I.–III. Jahrhunderts nicht mehr entziffern konnten; und dennoch haben wir in diesen trotz aller Mängel ehrwürdigen Handschriften einen kostbaren Schatz, der wohl der großen Mühe und Sorgfalt würdig ist, die viele Gelehrte aller Jahrhunderte des Mittelalters und der Neuzeit daran gewendet haben.

Wir geben zunächst einen Abriß der zu benutzenden und von uns z. T. benutzten Literatur (mit Sternchen versehen) und anschließend einen Bericht über die einzelnen Handschriften.

Literatur zur handschriftlichen Überlieferung (Lh)

1. Die Kodizes, von denen photomechanische Wiedergaben vorliegen.

1. A: Codicis Vergiliani qui Augusteus appellatur reliquiae quam simillime expressae. Ad Vergili natalem MM celebrandum bibliotheca Vaticana contulit, praefatus est Remigius S a b b a d i n i*.
Turin, Verlag Rosenberg und Sellier 1926.

2. F: Fragmenta et picturae Vergiliana codicis Vatic. 3225 phototypice expressa consilio et opera curatorum Bibl. Vatic., Rom 1899, 2. durch Zusätze der Praef. erweiterte Auflage Rom 1930; 3. unveränd. Auflage Rom 1945*.

3. P: Codex Vergilianus Palatinus 1631 (P) quam simillime expressus. Ad Vergili natalem MM celebrandum qui erit id. oct. a. MDCCCCXXX Bibliotheca Vaticana contulit. Praefatus est Remigius S a b b a d i n i. Paris, „Editions historiques." 1929*.

4. M: Exemplar Nr. 329 Vergili Medicei simillimum publice phototypice impressum. Romae MCMXXXI. Typis Regiae Officinae Polygraphicae. Mit Erklärung und Beschreibung von Enrico R o s t a g n o. (Il codice Mediceo di Virgilio. La libreria dello Stato)*.

5. R: [11] Picturae ornamenta, complura scripturae specimina co-

---

[11] Dieser Kodex ist, wie sich aus einer Umfrage über die Fernleihe der Universitätsbibliothek Berlin-West ergab, in Deutschland nur in der H e i d e l - b e r g e r Universitätsbibliothek als unverleihbares Exemplar vorhanden, war uns daher unzugänglich. Für diese Auflage benützten wir einen Mikrofilm. *

dicis Vatic. 3867 qui codex Vergilii Romanus audit phototypice expressa consilio et opera curatorum bibliothecae Vaticanae. Rom 1902.

Den Kodex G (Schedae Sangallenses Vergilii) haben wir für unsere Tusculum-Ausgabe photokopieren lassen. Der Dank dafür gebührt Herrn Stiftsbibliothekar Dr. Johannes Duft, der uns auch sonst sachkundig beraten hat.

2. Paläographische Sammelwerke

1. A s t l e , Th.: The origin and progress of writing, London 1803 (P: tab. VII 4; M: tab. VII 5 u. p. 80)
2. A r n d t , W.: Schrifttafeln zur Erlernung der lateinischen Paläographie. 4. erweiterte Aufl. besorgt von Michael T a n g l Berlin 1904—1906 (A: I^4 Tf. 3a u. S. 2; R: Tf. 3b u. S. 2)
3. B a t e l l i , G.: Lezioni di paleografia^3 1949. (A: p. 58; 63 s. F: p. 64,96)
4. C h a t e l a i n , Emile:
   1) Paléographie des classiques latins. Paris 1884—1892 und 1894—1900 (A: pl. 61 u. p. 17; G: pl. 62 u. p. 17; F: pl. 63 u. p. 17; R: pl. 65 u. p. 18; P: pl. 64 u. p. 18; M: pl. 66 u. p. 18)
   2) Les palimpsestes latins: École pratique des Hautes-Études. Section des sciences historiques et philologiques. Annuaire 1904, Paris 1903, p. 5—42 (V: p. 7)
5. C h r o u s t , Anton: Monumenta palaeographica. Denkmäler der Schreibkunst des Mittelalters. München 1900 ff. G: XVII 1,2)
6. D e g e r i n g*, Hermann: Die Schrift. Atlas der Schriftformen des Abendlandes vom Altertum bis zum Ausgang des 18. Jahrhunderts. Berlin 1929 Verlag Ernst Wasmuth A. G. (A: Taf. 19, Ge 1,201—220; Taf. 20, Ge 1,201—211 in Originalgröße. G: Taf. 27, Aen 6,688—705; F: Taf. 28, Aen 3,100—120; P: Taf. 29, Ge 1,277—299 ⟨irrtümlich als Aeneis-probe aufgeführt⟩; M: Taf. 32, Aen 5,668—696)

7. E h r l e , Fr. — L i e b a e r t , P: Specimina Codicum Latinorum Vaticanorum. Bonn 1912; 2. Aufl.: Berlin-Leipzig 1927. (A: tb. 1, p. IX; P: tb. 3B, p. XI)
8. F o u c a r d , C. (1810—1883): La scrittura in Italia sino a Carlomagno. Mailand 1878. (M: tb. IX)
9. K i r c h n e r*, Joachim: Scriptura Latina Libraria a saeculo primo usque ad finem Medii Aevi LXXVII imaginibus illustrata. München, Verlag Rudolf Oldenburg. 1955 (A: Nr. 1; F: Nr. 2a)
10. L o w e , E. A.: codices Latini Antiquiores. A Palaeographical Guide to Latin Manuscripts prior to the Ninth Century. Oxford University Press 1934—1956. (I (The Vatican City. 1934) A: Nr. 13; F: Nr. 11; P: Nr. 99; R: Nr. 19[12]; VII (Switzerland 1956) G: p. 39[13])
11. M a b i l l o n , Jean [14]: De re diplomatica libri VI, Paris 1681; 2. Aufl., besorgt von T. Ruinaert, 1709. (A: p. 635 ff; F: p.352 u. tb. VI 1; R: p. 352 u. tb. VI 1 [15]; M: p. 352, 354 f. u. tb. VI 4)
12. M a i , Angelo [16]:
    1) Classicorum auctorum e Vaticanis codicibus editorum tom. III. Rom 1835 (V: p. VIII sq.)

---

[12] Nach frdl. Mitteilung aus der Vaticana

[13] Nach frdl. Mitteilung von Herrn Stiftsbibliothekar Dr. Joh. D u f t , der gleichzeitig einen kleinen Fehler Lowes berichtigt: Der Streifen mit den Aeneisversen 6,656—659 (recto), 675—678 (verso) wurde von Alban D o l d nicht an pg. 49, wie Lowe schreibt, sondern an pg. 33 angeklebt.

[14] Jean Mabillon (Mabillonius), 1632—1707, Benediktiner der berühmten, namentlich um die Ausgabe der Kirchenväter hochverdienten Congrégation de Saint Maur, hat mit dem oben zitierten Werk „ein vollständiges Lehrgebäude errichtet, eine neue Disziplin begründet, die Urkundenlehre oder Diplomatik, Kenntnisse und Methoden vermittelt, die alle Zeit überdauern werden." So L. Traube, S. 21 des unten zitierten Werkes

[15] So angeführt bei Traube, S. 166/67

[16] A. Mai, 1782—1854, S. J. Kardinal, ist berühmt geworden durch seine zahlreichen und glücklichen Funde von Palimpsesten. Der italienische Dichter G. Leopardi preist ihn in einem Hymnus als „scopritor famoso"; seine Entdeckungen machte er als Bibliothekar der Ambrosiana in Mailand und, seit 1819, als Praefekt der Vaticana in Rom. L. Traube, dessen noch oft zu zitierendem Werke wir diese Angaben verdanken, schreibt: „Man kann sagen, daß er infolge seiner glücklichen Funde schließlich den Kardinalspurpur erhielt." (S. 97 f., wo Näheres zu lesen ist.)

2) Virgilii picturae antiquae ex codicibus Vaticanis, Rom 1835 (A: S. 4 ff. Tf. 4b; F: S. 1 ff. Tf. 2; R: 2 ff. Tf. 3; P: S. 4 f. Tf. 4a; M: S. 4 ff. Tf. 1)

13. Nouveau traité[17] de diplomatiques par deux religieux Bénédictins de la congrégation de Saint Maur, Paris 1750—1765. (A: II 504ff. III pl. 34III und p. 41 f. F: III 56 f. und pl. 35 VIII, 2. R: p. 61 f. und pl. 35 VI, II 1. P: III p. 63 und pl. 35 II 2)

14. The Palaeographical Society[18] Facsimiles of manuscriptes and inscriptions, London 1873—1894, 1903 sqq. (F: pl. 116/117; R: pl. 113/114; P: pl. 115; M: pl. 86)

15. Schiaparelli, L.: La scrittura latina 1921 (A: p. 110, tab. IVa, nach Kirchner)

16. a) Silvestre, Jean Baptiste: Paléographie universelle, Paris 1839—1841 (A: pl. 105; R: pl. 102; M: pl. 103)

    b) Silvestre—Madden: Universal palaeography, translated from the French and edited with corrections and notes by Sir F. Madden. London 1849 sqq. (A: I^2 p. 281 ff; R: I^2 p. 273 ff; M: I^2 p. 270—273)

17. Steffens*, Franz, Lateinische Paläographie. 1. Aufl. *(Ste¹)* Freiburg i. B. 1903—1904. 2. Aufl. (Ste²) Trier 1907. (Ste¹ G: Tf. 10a; F: Tf. 14a; R: Tf. 16; M: Tf. 14b. Ste² A: Tf. 12b ⟨= Suppl. Tf. 2⟩; G: Tf. 12a; F: Tf. 10b; R: Tf. 19; M: Tf. 10a)

18. Thompson, E. M. Handbook of Greek and Latin Palaeography. London 1894 (G: p. 185; P: p. 188; M: p. 188 f.)

---

[17] Verfasser dieses Werkes sind die zwei Benediktiner (Mauriner) Dom Tassin († 1777) und Dom Toustain. „Tassins und Toustains Eigentum ist die Unterscheidung der großen Schrift, der Majuskel, in Kapitale und Unciale, das Herausfinden der Halbunciale, die Aufstellung vieler einzelner Dinge." (Traube, S. 56)

[18] „Die Gesellschaft wurde 1873 begründet, 1894 aufgelöst und 1902 wieder ins Leben gerufen. Sie publiziert nun — unter der Leitung von Thompson, Warner und Kenyon — in bunter Reihe interessante Handschriften, die bisher mehr oder minder unbekannt geblieben waren." (Traube, S. 69)

19. T r a u b e*, Ludwig[19]: Vorlesungen und Abhandlungen, herausgeg. von Franz Boll,

1. Bd: Zur Paläographie und Handschriftenkunde hrsg. von Paul L e h m a n n mit biogr. Einl. v. Fr. Boll, München 1909 H. C. Beck'sche Verlagsbuchhandlung. Oskar Beck. (A: S. 161 f; G: S. 161; V: S. 162; F: S. 166; R: S. 167 f; P: S. 169; M: S. 163)

⟨Diesem Werke verdanken wir den weitaus größten Teil der hier aufgeführten Literatur⟩.

2. Bd. Einleitung in die lateinische Philologie des Mittelalters, hrsg. Paul Lehmann, München, 1911.

3. Bd. Kleine Schriften, hrsg. v. Samuel Brandt, München, 1920.

20. W e s s e l y , C. Schrifttafeln zur älteren lateinischen Paläographie, Wien 1898. (F: XVI (36) u. S. 11; R: XV (34) u. S. 11; P: XVI (35) u. S. 11; M: XVII (38) u. S. 11)

21. Z a n g e m e i s t e r - W a t t e n b a c h[20]: Exempla codicum latinorum litteris maiusculis scriptorum, Heidelberg 1876 und 1879 (A: tb. XIV u. S. 3; G: tb. XIVa u. S. 4; F: tb. XIII u. S. 3; R: tb. XI u. S. 3; P: tb. XII u. S. 3; M: tb. X u. S. 2 f.)

3. Spezialliteratur in Auswahl

1. B a n d i n i , Angelo Maria (1726 — ca. 1795)[21]: Catalogus codicum latinorum Bibliothecae Med.-Laurentianae II, Florenz 1775. (M: col. 281—299)

---

[19] Ludwig Traube, 1861—1907 dozierte von 1888—1907 in München. Alfred Gudeman schreibt in seinem „Grundriß der Geschichte der klassischen Philologie" (Teubner, Leipzig und Berlin 1909) über ihn S. 253: „Der besondere Wert seiner Forschungen liegt darin, daß er die Paläographie zu einer historischen Wissenschaft erhoben und in den Dienst der Kulturgeschichte gestellt hat."

[20] Karl Zangemeister, seinerzeit Oberbibliothekar der Universität Heidelberg. Wilhelm Wattenbach, 1819—1897, gilt wie Traube S. 73 sagt, „als der deutsche Paläograph par excellence".

[21] Er war seit 1756 Bibliothekar der Laurentiana in Florenz und hat sich gerade durch das oben zitierte Werk einen Platz unter den großen Gelehrten des 18. Jahrhunderts gesichert. Rostagno (Lh 1. 4 S. 26) rühmt ihn besonders.

2. **Bottari**, Giovanni Gaetano (1689—1775) [22]: Antiquissimi Virgiliani codicis fragmenta et picturae ex bibliotheca Vaticana ad priscas imaginum formas a Petro Sancte Bartholi incisae. Romae. Ex Chalcographia R⟨omanae⟩ C⟨amerae⟩ A⟨postolicae⟩ apud Pedem Marmoreum 1741 (F: passim; R: pp. 5, 29, 41, 43)

3. **Beissel**, St.:
   1) Vatikanische Miniaturen. Freiburg 1893, (F: Taf. III^A u. S. 4 ff.)
   2) Geschichte der Evangelienbücher in der ersten Hälfte des Mittelalters. Freiburg i. B. 1906 (R: Bild 2, S. 13)

4. **Bücheler**, Franz (1837—1908): Über die Veroneser Scholien zu Vergilius. Jahrbücher für klass. Philol. hrsg. v. A. Fleckeisen. XCIII (1866) (V: S. 65—72)

5. **Büchner***, Karl: P. Vergilius Maro. 1955 Alfred Drukkenmüller Verlag in Stuttgart. (AGVBFRPM: Sp. 454 f.)

6. **Chatelain**, Émile: Un important fragment de Virgile. Bibliothèque de l'École des hautes Études. Paris 1887, 73, p. 373—381 (p)

7. **Cocchi**, A.[23] Exemplum scripturae vetustissimi codicis Virgilii et epigrammatis ibi autographi Asterii consulibus e Bibliotheca Medicea. Florenz 1732 (M)

8. **Daremberg***, Dictionnaire des antiquités grecques et romaines d'après les textes et les monuments. Librairie Hachette et Cie. 79 Boulevard Saint-Germain, Paris 1918 (R: Dictionnaire III 1188, fig. 4460)

9. **Dold**, Alban: Ein neues Fragment der berühmten St. Galler Vergilhandschrift .... Wiener Studien LX (1942), S. 79—86

10. **Dziatzko**, Karl: Untersuchungen über ausgewählte Kapitel des antiken Buchwesens. Leipzig 1900. (G: S. 193)

---

[22] Bottari, Vertrauter des Papstes Benedikt XIV., Begründer des Christlichen Museums und als Archäologe besonders verdient um die Katakombenmalerei; Bibliothekar in der Vaticana.

[23] Cocchi, A. (1695—1758), großer Universalgelehrter.

I. TEXTGESCHICHTE

11. F o g g i n i , Pietro Francesco (1713—1783): Vergilii codex antiquissimus in Bibliotheca Mediceo-Laurentiana adservatus. Florenz 1741 (M: Specimen S. XV)
12. F u n a i o l i*, Gino
    1) Il valore del Mediceo nella tradizione manoscritta di Virgilio (M)
    2) Due recenti edizioni di Virgilio (M u. P)
       a) Studi di letteratura antica, vol. II, tom. I, p. 363—386
       b) ebd. p. 345—361. Bologna 1948
    3) Esegesi Virgiliana Antica in Pubblicazioni della Università Cattolica del Sacro Cuore, Ser. 4. Szienze filologiche 9. 10, 1930. Mailand, Vita e Pensiero.
13. G a l b i a t i , Johannes: Vergilius latine et graece apud Arabas. Aevum, Mediolani 1927 (B: I, p. 49—72)
14. H a g e n , Hermann: Appendix Serviana, Leipzig 1902 (V: S. IX ff.)
15. H a u l e r, E.: Wiener Studien 11 (1889), Paläographisches, Historisches und Kritisches zum Bembinus des Terenz.
16. H e n r y , John: Die sog. Augusteische Virgilhandschrift. Fleckeisens Jahrb. XIII (1867) S. 419—423 (A)
17. H e r r m a n n , A.: Die Veroneser Vergilscholien. Donaueschingen 1870/71 (mit einer Tafel). (V)
18. H o f f m a n n*, Max: Der Codex Mediceus Pl. XXXIX, 1 des Vergilius, a) Berlin 1889 und b) Leipzig 1901. Programme von Schulpforta. (M)
19. J a h n , Otto (1813—1869): Über die Subskriptionen in den Handschriften römischer Klassiker.
    Berichte der Kgl. Sächsischen Gesellschaft der Wissenschaft. 1851 (M: S. 358 ff. u. Tafel VII)
20. K e i l , Heinrich
    1) M. Valerii Probi in Vergilii Bucolica et Georgica commentarius. Halle 1848, S. XI—XVII. (V)
    2) Die Veroneser Scholien zu Vergil. Rhein. Mus. N. F. VI (1848) S. 369—380 (V)
21. K ö m s t e d t , R.: Vormittelalterliche Malerei. Augsburg 1929 (F: S. 11; 56, 32)

21a. L o h m e y e r*, Hermann: Vergil im deutschen Geistesleben bis auf Notker III. Berlin, Verlag von Emil Ebering 1930. (Germanische Studien, Heft 96)

22. M a b i l l o n , Jean: Iter Italicum. Paris 1724 (F: T I, p. 63)

23. M e h m e l*, Friedrich: Virgil und Apollonius Rhodius. Untersuchungen über die Zeitvorstellung in der antiken epischen Erzählung. 1940. Hansischer Gildenverlag/Hamburg. (F: „Die Illustrationen des älteren vatikanischen Virgil und der spätrömische Stil um 400" S. 99—132)

24. d e M o n t f a u c o n , Bernhard (1655—1741)[24]: Diarium Italicum. Paris 1702 (R: p. 277)

25. M ü l l e r , K. G.: De codicibus Virgilii qui in Helvetiae bibliothecis asservantur = Analectorum Bernensium particula III: Index lectionum univers., Bern 1841
(G: p. 1 ff. u. tb. I, II. St. Gallen (Stiftsbibl.) 1394 p. 7—49 und 248 p. 196—212 und 275 Innenseite des Deckels.)

26. d e N o l h a c , Pierre (geb. 1859, im Jahre 1934 noch Conservator im Museum Jacquemart-André in Paris; vgl. Enciclopedia Italiana XXIV (1934) S. 890)
   1) La bibliothèque de Fulvio Orsini. Paris F. Vieweg, 1887 (A: p. 58 f; F: p 93 f; 110; 225; 318; 409 f; 451; M: p. 110; 272 f)
   2) Le Virgile du Vatican et ses peintures. *In: Notices et extraits des manuscrits de la bibliothèque nationale et autres bibliothèques publiés par l'acad. des inscr. et belles-lettres Bd. XXXV. Paris 1897, S. 683—791. (F: passim; M: p. 6 u. 106); als Buch Paris 1897 und 1927.
   3) Les peintures des manuscrits de Virgile: Mélanges d'archéologie et d'histoire IV (1884) (F: p. 306—316, 329—33 und tb. V—X)

---

[24] de Montfaucon (Montefalconius, Bernardus de Monte Falconis), entstammte einem altadligen Geschlecht aus Narbonne, trat in reifem Alter in den Benediktinerorden ein (Congregatio Sancti Mauri) und erwarb sich im Wettbewerb mit seinem älteren Ordensbruder, Jean Mabillon, große Verdienste um die griechische und lateinische Paläographie. vgl. Traube 35 ff.

27. N o r d e n , Eduard: Das Alter des Codex Romanus Vergils.
Rh. Mus. LVI (1901) S. 473 f. (R)
28. P e r t z*, Georg Heinrich (1795—1876) [25]:
   1) Über die Berliner und die Vatikanischen Blätter der ältesten Handschrift des Vergil. Philol. u. hist. Abh. d. Kgl. Akad. der Wiss. zu Berlin 1863. (A: S. 97—116, mit drei prächtigen Tafeln)
   2) *Monatsberichte* der Kgl. Preußischen Akad. der Wiss. zu Berlin 1864. (A: S. 276—281)
29. P o l i z i a n o , Angelo (1454—1494)[26]: Miscellanea c. 71. 77. (R)
30. R e i c h m a n n*, Viktor: Römische Literatur in griechischer Übersetzung. Philologus, Suppl. XXXIV, Heft 3. 1943, Dieterich'sche Verlagsbuchhandlung Leipzig. (B: 29—33. Pap. Ryl.: 33—37. Pap. Fir.: 37—40. Pap. Oxy. ⟨Sa: Pap. Grenf.⟩: 40—42)
31. R i e g l , A.: Spätröm. Kunstindustrie, neue Ausgabe von E. Reisch. Wien 1927. (F: 257 f.)
32. R i b b e c k*, Otto (1827—1898): Prolegomena critica ad P. Vergilii Maronis opera maiora. Leipzig 1866.
   (A: S. 227 f., 265—271; Taf. II; G: S. 219, 272/73; Taf. II; V: S. 226 f., 273—277; Taf. IIII ⟨bei Traube I 166 versehentlich III⟩; F: S. 218 f., 277—284; Taf. IIII. R: S. 226 f., 285—300; Taf. III; P: S. 225, 309—320; Taf. III; M: S. 219—225, 300—309; Taf. IIII)
33. R i t s c h l , Friedrich (1806—1876): Brief an Gottfried Hermann, seinen Lehrer, über den Codex rescriptus Ambrosianus (A) des Plautus. Opuscula II 166, vordem in „Diurna

---

[25] Bekannt als Leiter der Monumenta Germaniae historica.

[26] Poliziano war ein hochberühmter Humanist, Lehrer im Hause der Medici, Erzieher des späteren Papstes Leo X., übersetzte schon als 18jähriger Homers Ilias II—V in lateinische Hexameter und gab Catull heraus. Seine bedeutendsten Werke sind
   1. Miscellanea (1489), Einleitungen zu seinen Vorlesungen, einige in Versen, die er, wie Statius, Silvae nannte, darunter Rusticus, zu Hesiod und Vergils Georgica und Manto, ein Preislied auf Vergil.
   2. Übersetzungen
   3. Textkritische Ausgabe der Pandekten

Darmstadiensia antiquaria" 1837. (F sei bedeutend älter als M, habe Ritschl als erster betont. Ri. 219)
34. S a b b a d i n i *, Remigio
  1) Sa ⟨s. S. 649⟩: Beschreibung und Literatur zu AGVBFRPM in Bd. I S. 19—26; Beschreibung und Literatur zu einigen codices minores: α = cod. Mediolanensis biblioth. Ambrosianae, olim Petrarcae; γ = cod. Guelferbytanus Gudianus 2^0 70 saec. IX; l = cod. Laurentianus Ashburnh. 4 (Paoli 3) saec. X—XI; p = cod. Paris lat. 7906 saec. IX Bd. I S. 26/27
  2) Rivista di filologia 46,1918, p. 397—410 über die Herkunft von F.
  3) Le scoperte dei codici latini e greci. Firenze 1905, p. 154 (über R)
  4) Il codice Vaticano Palatino 1631 (P). Historia (Milano) 1, 1927, 57—67
  5) Sul codice Mediceo (M) di Virgilio, Historia (Milano) 3, 1929, 103—119
  6) Zur Überlieferungsgeschichte des Codex Mediceus (M) des Vergilius, Rhein. Mus. 65 (1910) 475—480
35. S c h e r r e r, G.: Verzeichnis der Handschriften der Stiftsbibliothek von St. Gallen. Halle 1875, S. 456 f. (G)
36. T r a u b e *, Ludwig (1861—1907): Über das Alter des Codex Romanus des Virgil. Strena Helbigiana, Leipzig 1900, S. 310—314. Jetzt auch Vorl. u. Abh. III 213—220 (R)
36a. V a l e r i a n o, Gianpietro (1477—1560): Castigationes et varietates Virgilianae lectionis. Rom, 1521 und Paris 1529. (M: S. 57)
37. W i c k h o f f, Franz:
  1) Die Wiener Genesis. Wien 1895 (F: Taf. E u. S. 95; R: Taf. D u. S. 95)
  2) Die Ornamente eines altchristlichen Codex der Hofbibliothek: Jahrbuch der kunsthistorischen Sammlungen des Allerhöchsten Kaiserhauses XIV (1893) (R: S. 196)
38. de W i t, J.: Die Datierung der spätantiken illustrierten Vergilhandschrift. Mnemosyne III 3, 1935, 75—82 (F).

I. TEXTGESCHICHTE

Die Handschriften

1) A = Codex Augusteus, Vaticanus latinus 3256 und Berlin 2° 416.

Seinen erhabenen Namen verdankt dieser neben G und F älteste, äußerlich prachtvoll ausgestattete Vergilkodex einem aus begeisterter Entdeckerfreude entsprungenen Irrtum des Historikers Georg Heinrich P e r t z. In seinem 1863 veröffentlichten Akademiebericht schreibt er (S. 101): „Die Schrift erscheint... als eine prächtige Capital, das schönste auf uns gelangte Erzeugniß der vollendeten Kunst alt-Römischer Schreiber, wie sie der Zeit des Augustus angehörte und in der Inschrift des Pantheons ihres Gleichen findet." ... (S. 105): „Es bleibt nun noch übrig, den Text dieser Blätter des Augusteischen Virgil in Abschrift vorzulegen... mit der Bezeichnung A (Augusteus)." Überzeugt von dem, einzig aus der prächtigen Schriftform erschlossenen, hohen Alter des Kodex A meinte Pertz (S. 115), diese Handschrift werfe bei der Feststellung des Textes ein bedeutendes Gewicht in die Waagschale und fuhr fort (S. 116): „Von den durch Hrn. Ribbeck versuchten Versversetzungen ist keine durch die Handschrift bestätigt." Es muß daher für Ribbeck, von der reinen Freude an der Erkenntnis des richtigen Sachverhaltes ganz abgesehen, doch auch ein gewisses Behagen gewesen sein, als er in seinen, lateinisch geschriebenen, Prolegomena (S. 233) etwa Folgendes feststellte: „Sicherlich stellen die Blätter von A und G wegen der Größe der Form und der Reinheit der Quadratschrift etwas Singuläres dar; aber selbst dieser hervorragenden Eigenart möchte ich deswegen noch nicht den Vorzug höheren Alters vor den übrigen Handschriften zubilligen. Prächtiger freilich, das gebe ich zu, und kostbarer sind sie; aber für einen begüterten ⟨Bücherfreund⟩, der sich Pergamentbogen in Größtformat leisten und Kunstschreiber halten konnte hätten Abschreiber auch n a c h dem ersten Jahrhundert mit Leichtigkeit solche Prachtausgaben herstellen können. Daß nun aber alle unsere Kodizes, auch die schönsten, viel richtiger den letzten Jahrhunderten der römischen Kaiserzeit als etwa der Feinheit des Saeculum Augustum oder der höchst kultivierten Epoche Hadrians und der Antonine (117—180) zugeordnet werden, das wird hinlänglich durch die Form der Worte selbst und ihre Verderbnisse bewiesen. Denn diese zeugen teils von der mit den folgenden Jahrhunderten hereinbrechenden barbarischen und bäurischen Entartung der Aussprache, teils von einer geradezu höchst schändlichen Unkenntnis der lateinischen Sprache."

Weiter sucht Ribbeck unter Hinweis auf Cicero (ad fam. XVI 22; ad Quint. fr. II 15 b), Seneca (ep. 90, 25), Manilius IV 197 ff. und Martial XIV 208 „die gewichtigere Frage zu klären, welchergestalt die Schriftart in den Büchern oder in dem Buche gewesen sei, von denen unsere ältesten Kodizes abstammen", und meint dann: „Daß Vergil, dessen eigenhändig geschriebene Exemplare noch zur Zeit des Gellius (etwa 130—180) verkauft wurden, oder daß die Abschreiber, die zu Vergils Zeit Exemplare für den allgemeinen Gebrauch herstellten, genau ebensolche Buchstaben, wie man sie am Pantheon oder auf anderen Staatsdenkmälern in Stein und Erz geritzt sehen kann, mit wundersamer Sorgfalt gemalt hätten, das wird niemand Herrn Pertz glauben. Denn diese Annahme wird durch kein Argument zuverlässiger widerlegt als durch die Irrtümer der Abschreiber; durch diese nämlich wird zweifelsfrei dargetan, welche Buchstaben in den ältesten Büchern einander am ähnlichsten gewesen sind." An Hand einer auf Tafel I gegebenen Buchstabentabelle[27] und auf Grund einer sorgfältigen, alphabetisch angeordneten Zusammenstellung der in unseren Handschriften anzutreffenden, auf Buchstabenverwechslungen und ungenauer Aussprache beruhenden Fehlern (S. 235—237) sucht Ribbeck auch zu beweisen, daß alle antiken Vergilkodizes, also auch A, auf sehr alte, flüchtig und keineswegs mühsam angefertigte

---

[27] Ihre Zeichen — Buchstaben von Aschenurnen und Pompejanischen Wänden — entnahm R. dem epigraphischen Werk: „Priscae Latinitatis monumenta epigraphica (1862), Opuscula Bd. IV" seines Lehrers Friedrich Ritschl (1806—1876). Gute Beispiele der älteren römischen Kursive heute u. a. bei Steffens, Tf. 5 u. 8, J. Kirchner, Tb. 3b und 3c.

Kursivexemplare zurückzuführen seien. Das Ergebnis seiner Übersicht faßt er (S. 257) so zusammen: „An diesen Fehlern erkennen wir, daß von den Abschreibern unserer Kodizes wenigstens die einzelnen jeweils die Schriftzüge ihrer Vorlage mit Auge und Hand verfolgt haben, daß der Archetypus aber diktiert worden ist. Denn ein Teil jedenfalls der vom klassischen Sprachgebrauch abweichenden, aber allgemein in Übung gekommenen Laute wird auf die Aussprache des Diktierenden zurückgeführt werden müssen. Außerdem sind Vokale, die im Verse miteinander verschmelzen, in unseren Exemplaren oft ausgelassen; auch das konnte leichter vorkommen, wenn man die diktierten Dichterworte mit dem physischen Ohre aufnahm, als wenn man die Gedichte beim Abschreiben nur mit dem Geist allein hörte. . . . . Aber die Urheber unserer ältesten Kodizes waren Menschen, die sich durch Unwissenheit und Stumpfsinn auszeichneten; daher brachten sie, unbekümmert um den Zusammenhang des Textes und zufrieden, die Buchstaben, so gut sie konnten, nachzubilden, sehr oft Wortungeheuer hervor. Da aber an einigen Stellen derselbe Fehler in mehreren oder nahezu den meisten, ja oft sogar in allen unseren Kodizes wiederkehrt, wird sofort aus diesen Beispielen wahrscheinlich, daß die Kodizes nicht nur miteinander verwandt sind, sondern sogar alle aus einem einzigen Archetypus abstammen. Aber ob es nun nur e i n e n Archetypus oder mehr gegeben hat, von der gleichen Schriftart jedenfalls müssen alle unsere Kodizes hergeleitet werden."

Mögen Ribbecks hier angeführte Thesen auch nicht in jeder Hinsicht stichhaltig sein[28], eins bleibt sicher bestehen: zur einwandfreien Datierung unserer antiken Kodizes sind sprachliche

---

[28] Es dürfte sich z. B. in vielen Fällen kaum mit Sicherheit ausmachen lassen, ob Fehler in den Handschriften auf Verlesen oder auf Verhören beruhen. Ribbeck selbst hat als der gewissenhafte Forscher, der er war, noch ganz am Ende seiner Arbeit an den Prolegomena das damals (1866) mit Bd. I erscheinende Werk des bedeutenden Linguisten Hugo S c h u c h a r d t (1842—1927) „Der Vokalismus des Vulgärlateins" (I—III, Leipzig 1866—1868) in seine ausführliche Fehlerstatistik (S. 235—264) mit eingearbeitet und so selbst, wenn auch mit einiger Zurückhaltung, darauf hingewiesen, sein ursprünglicher Grundsatz, die Fehler durchweg als Lesefehler anzusehen, bedürfe einer nicht unerheblichen Einschränkung.

Indizien grundsätzlich beweiskräftiger als paläographische. Sie geben auch hier für die Altersbestimmung von A den Ausschlag. Von E. Chatelain abgesehen, der A dem II./III. Jahrhundert zuweist, hat Ribbecks späterer Ansatz sich allgemein durchgesetzt. Aus den von ihm aufgeführten, auch von Sabbadini (Praef. II u. IV) zusammengestellten Fehlern des Augusteus geht hervor, daß der Librarius, mochte er auch ein vortrefflicher Kalligraph sein, von der Sprache des Dichters vieles nicht mehr verstanden hat. Ob es mit seinem reichen Auftraggeber besser bestellt war? So viel aber steht fest: diese prachtvolle, mit liebender Sorgfalt hergestellte Ausgabe ist ein sichtbarer Beweis für die hohe Verehrung, die Vergil, dem Dichter der Roma aeterna, immer noch und gerade in den späten Jahrhunderten der Kaiserzeit aus dem Kreise altrömisch gesinnter, heidnischer Senatoren entgegengebracht wurde. Noch von der photomechanischen Wiedergabe des ehrwürdigen Dokumentes geht eine starke Wirkung aus. Die großen Blätter, etwa 42 cm hoch und 32 cm breit, die monumentale Schrift, Capitalis quadrata elegans mit leichten Abweichungen zur rustica, feingezierte Initialen, 3,8–4,4 cm hoch, kräftige Buchstaben von durchweg 0,6 cm Höhe, 20 Verse auf jeder Seite in klar und ebenmäßig angeordneten Zeilen, das alles vermittelt durchaus einen lebendigen Eindruck von Würde und Majestät. Leider sind von den etwa 300 Blättern, die der Kodex ursprünglich gehabt haben mag, nur sieben übriggeblieben und der Forschung zugänglich. Sie bieten vom Gesamtwerk Vergils nur noch georg. I 41–280 und III 181–220 in einer Verteilung auf Rom und Berlin, die erkennen läßt, wie sonderbar der Zufall der Überlieferung unserem Kodex mitgespielt hat; wir geben die Übersicht:

1. Vatican: georg. I 41– 80
2. Berlin: „   I 81–120
3. Vatican: „   I 121–160
4.   „   „   I 161–200
5. Berlin: „   I 201–240
6. Vatican: „   I 241–280
7. Berlin: „ III 181–220

Um 1680 war in Frankreich noch ein 8. Blatt vorhanden; L. Traube vermutete 1903, es befinde sich in der Bibliothek von Schloß Rosanbo bei Angers. Von ihm ist nur ein Faksimile mit vier Versen aus der Aeneis (IV 302—305) veröffentlicht, zum erstenmal von Theoderich Ruinaert in Jean Mabillons „De re diplomatica", 2. Auflage 1709, S. 635 und 637, dann in anderen paläographischen Werken und zuletzt in der photomechanischen Wiedergabe des Augusteus.

Wie es zu der sonderbar willkürlichen, ja geradezu sinnlosen Auseinanderreißung selbst noch dieses kümmerlichen Restes von insgesamt 280 Georgica-Versen gekommen ist, war aus der uns zugänglichen Literatur nicht zu ersehen. Bekannt ist nur, daß der französische Rechtsgelehrte Claude Dupuy (Claudius Puteanus 1545—1594) Besitzer des 1., 3., 4. und 6. Blattes, also der heutigen Schedae Vaticanae, war, während die Berliner Blätter und das 8. Blatt dem berühmten Büchersammler Pierre Pithou von Troyes (1539—1596) gehörten. Über den Weg, auf dem unsere Blätter an ihren heutigen Ort gelangten, wissen wir folgendes: Im März 1574 schickte Claude Dupuy von Paris einige Bücher an Fulvio Orsini (Fulvius Ursinus 1529—1600) in Rom. In dem Begleitbrief zu dieser Sendung heißt es:

„Libris tibi destinatis folia duo Vergili addidi, antiquissima illa et litteris capitalibus scripta, quas unciales vocabant, quae olim in monasterio gallico sancti Dionysii fuerunt, nunc autem tamquam Sibyllae folia passim dispersa sunt."

Den für dich bestimmten Büchern habe ich 2 Vergilblätter beigelegt; sie sind uralt und in Kapitalbuchstaben, den sog. Unzialen, geschrieben; ehedem lagen sie in dem französischen Kloster Sankt Denis; jetzt aber sind sie wie die Blätter der Sibylle überallhin verstreut.

Das berühmte Benediktinerkloster war also, wie für den Vergilkodex Romanus, so auch für unseren Augusteus die Bibliotheksheimat. Orsini las mit großer Freude die Zueignung oben auf dem 1. Blatt: CLAUDIUS · PUTEANUS · FULVIO · URSINO · D · D. Bald aber erfuhr er, es seien noch zwei Blät-

ter desselben Kodex in Dupuys Besitz, und hörte nicht eher auf,
ihn durch Giovanni Vincentio Pinelli[29] mit Bitten zu bedrängen, bis Dupuy im September 1575 endlich auch die beiden
anderen Blätter schickte. In die Bibliotheca Vaticana aber
kamen diese Blätter und alle anderen Bücherschätze auf folgendem Wege: Im Jahre 1581 hatte der große Altertumsforscher
und Büchersammler den Plan gefaßt, seinen wertvollen Bücherschatz Philipp II. von Spanien für die im Escorial entstehende
Bibliothek anzubieten. Kardinal Granvella, spanischer Vizekönig von Neapel, dessen Vermittlung Orsini brieflich erbeten
hatte, vermied es jedoch, Rom und letzten Endes Papst Gregor XIII. (1572—1585), der mit besonderer Liebe seine Bibliotheca Vaticana förderte, einen so kostbaren Schatz zu entziehen. Das war von Granvella, dem Untertan und bevorzugten Beamten Philipps II., einem Manne, „der sich stets mehr
als spanischer Beamter denn als Kardinal fühlte"[30], ein ganz entschiedener Akt der Loyalität gegenüber dem Papste, der mit
ihm wie mit Philipp II. lange Zeit (1574—1580) in sehr gespanntem Verhältnis gelebt hatte. Unterstützt von den Kardinälen Guilelmo Sirleto und Antonio Carafa, erreichte Granvella
beim Papst dieses: Fulvio Orsini wurde im Juli 1581 zunächst mit
einem Monatsgehalt von 10 Silberskudi zum Corrector Graecus
Bibliothecae Vaticanae ernannt, bezog dann aber seit 1582 ein
Jahresgehalt von 200 Skudi. Dafür hatte er sich verpflichtet, alle
seine Bücher und Handschriften durch Testament der Vaticana
zu vermachen. Am 21. Januar 1600 wurde dieses Testament
geschrieben, am 18. Mai 1600 starb Orsini; aber erst im
Januar 1602 wurden seine Bücher aus der Villa Farnese in die
Vaticana übergeführt. Damals kam zugleich mit dem Augusteus
auch der Vergilkodex F (Vaticanus Latinus 3225) in den Besitz
dieser berühmten Bibliothek. Ein kurzer Hinweis auf unsern
Kodex findet sich in dem Inventarium librorum latinorum manuscriptorum bibl. Vatic. Bd. IV, wo es heißt, „Virgilii Frag-

---

[29] (1535—1601) Gelehrter und Büchersammler.
[30] L. von Pastor, Geschichte der Päpste IX, S. 254.

mentum lib. primi Georgicon. Ignarosque viae mecum. Ex perg⟨ameno⟩ c⟨hartae⟩ s⟨criptae⟩ N° 4. In folio grandiori in litteris Majusculis vetustissimus." Während nun Kodex F von vielen bedeutenden Gelehrten eingesehen und benutzt wurde, ist von A erst 1841 wieder die Rede im 2. Bande des oben angeführten Werkes von J. B. Silvestre[31] und dann mit allem Nachdruck in dem schon erwähnten Akademiebericht von Pertz. Als Bibliothekar an der Königlichen Bibliothek in Berlin wurde Pertz im Oktober 1862 durch einen Auktionskatalog darauf aufmerksam, daß u. a. auch ein Vergilfragment in großer Schrift aus dem Nachlaß der holländischen Familie van Limborch verkauft werden sollte. Er machte also auf diese Nummer ein mäßiges Angebot und hatte das Vergnügen, nach einiger Zeit aus den Haag zu seiner Überraschung „statt des erwarteten kleinen Uncialblattes des Virgil drei übergroße doppeltgefaltete

---

[31] Es bleibt unbegreiflich, wie dieser Paläograph, dessen Abbildungen mit Recht allgemein bewundert werden, trotz des eindeutigen Kataloghinweises über A, der doch seit ca. 1605 vorlag, zu seinen Behauptungen kommen konnte, die er mit solcher Bestimmtheit vortrug, daß ihnen Pertz in seinem Akademiebericht 1863 Glauben schenkte und infolgedessen sofort mit zwei Irrtümern begann. (S. 97). Silvestre schreibt (a. a. O. S. 107), er wisse auf Grund genauer Auskünfte (des renseignements exacts), daß ursprünglich 14 Blätter unseres Kodex vorhanden gewesen seien; zwei davon, das 3. und 4. Blatt seien verlorengegangen, als man bei einem 1768 in der Abteilung der gedruckten Bücher ausgebrochenen Brande die Handschriften übereilt umgeräumt habe; die Blätter des Kodex seien früher Eigentum Pithous gewesen; jenes oben erwähnte 8. Blatt habe Mabillon wahrscheinlich während seiner Italienreise 1685/86 in der Vaticana gesehen und seinen Freunden, unter ihnen auch Ruinaert, gezeigt. Nichts von dem, was hier von Silvestre teils behauptet, teils vermutet wird, entspricht den Tatsachen. Unerklärlich bleibt die Behauptung, ursprünglich seien 14 Blätter von A in der Vaticana gewesen. Sollte S. im Katalog statt 4 etwa 14 gelesen haben? Denn daß er, wie U. Köhler in seinem Bericht an Pertz (MB 1864) vermutet, acht leere Blätter mitgezählt habe, hält Pertz für eine äußerst gewagte Annahme. Silvestres Bericht über den Verlust des 3. und 4. Blattes geht nach Sabbadini auf oberflächliche und verständnislose Lesung eines im August 1574 von Orsini an Pinelli geschriebenen Briefes zurück; da beklagt sich Orsini, er habe das 3. und 4. Blatt von Dupuy noch nicht erhalten (vgl. Nolhac 87,1). Ähnlich werden die beiden anderen Irrtümer zustandegekommen sein. Daß die 4 Schedae Vaticanae ursprünglich Dupuy und nicht Pithou gehörten, hätte Silvestre aus der von ihm selbst zitierten Widmung Dupuys entnehmen können. Jenes 8. Blatt aber hat Mabillon, wie Ruinaert berichtet, eine Zeit lang aus Pithous Bibliothek entliehen, also doch in Frankreich seinem Freundeskreise gezeigt; Ruinaert war zudem nicht mit Mabillon in Italien auf jener Reise von 1685/86.

Folioblätter von nie gesehener Schönheit und Größe der Capitalschrift zu erhalten. Durch Vergleich mit den bei Mabillon und Silvestre vorliegenden Abbildungen von A stellte Pertz fest, daß seine 3 Blätter demselben Kodex angehörten. Es gelang ihm auch der Nachweis, daß diese drei Blätter einmal Pithou[32] gehört hatten. Sofort ließ er sich eine getreue Nachbildung der Schedae Vaticanae anfertigen und gab dann die 7 Blätter und das Faksimile vom 8. Blatte des Kodex, den er in seiner Begeisterung „Augusteus" nannte, in dem Akademiebericht von 1863 prächtig ausgestattet heraus. Eine Berichtigung der durch Silvestres Phantasien verursachten Irrtümer ließ er im Monatsbericht 1864 folgen.

2) G = Codex Sangallensis oder Schedae Sangallenses. Im Sammelband 1394 I der Stiftsbibliothek von St. Gallen.

Übersicht

R: durch Beschädigung des Randes Ausfall von Buchstaben oder Worten(!)
r: rechts   l: links   u: unten
Pal.: Palimpseste   ( ): Ausgefallen durch Abschneiden des Randes

Blattnummer	Seitenzahl (in:1394)	Inhalt	Erhaltungsgrad der Schrift	
		Aeneis		
1 r	7	I 381—399	gut	R. r.
v	8	400—418	gut	R. l.
2 r	11	685—702 (703)	gut	R. r.
v	12	704—721 (722)	sehr gut	R. l.
3 r	16	III 191—207 (208/09)	im ganzen gut	
v	15	210—226 (227/28)	sehr gut	

---

[32] Wenn irgendwo, so ließen sich in den Werken der Söhne des Claude Dupuy, Pierre (1582—1651) und Jacques (1591—1651), noch Hinweise auf die besonderen Schicksale des Kodex A finden, Spuren etwa des Weges, auf dem die 3 Berliner Blätter in den Besitz der Familie van Limborch gekommen sind. Hatte doch Pierre Dupuy sowohl zur Familie Pithou als auch zu den holländischen Gelehrten Hugo Grotius (1583—1645) und Nicolaus Heinsius (1620—1681) nähere Beziehungen. Da er außerdem von 1624 bis 1625 als Conseiller aux Conseils d'Etat et privé die Rechte des Königs im Maas- und Moselgebiet geltend zu machen hatte, konnte er leicht auch mit den Familien in Berührung kommen, denen der 1685 verstorbene Fiscaladvocat und Generalprokurator der Domänen von Holland, Rem van Limborch, entstammte, zu dessen Nachlaß unsere 3 Berliner Blätter gehörten.

Blatt-nummer	Seiten-zahl (in:1394)	Inhalt		Erhaltungsgrad der Schrift	
4 r	20	III	457—474 (475)	sehr gut	
v	19		476—493 (494)	einigermaßen lesbar	
5 r	23		495—511 (512/13)	nicht gut	R. r. !
v	24		514—530 (531/32)	sehr gut	R. l. !
6 r	27	IV	1— 17 (18/19)	gut	R. r. l. !
v	28		20— 36 (37/38)	sehr schlecht	R. r. l. !
7 r	31[1]	VI	688—695, 678, 696—705[1]	durchweg gut	R. u. l.
v	32		706—724	sehr schlecht	R. u. r.
8 r	35		Titelseite	schwer lesbar	Pal.[2]

[1] An S. 33 angeklebt und über 31/32 gelegt sind die von P. D. Dr. Alban Dold O. S. B. im Kodex 248 entdeckten Bruchstückchen mit den Versen Aen. VI 656—659 recto und 675—678 verso. 659 u. 678 sind nur teilweise noch zu erkennen. Näheres darüber und über die Einsprengung von VI 678 zwischen 695 und 696 bei A. Dold, Wiener Studien 60 (1942) 79 ff.

[2] Da Lohmeyer (S. 19) den Inhalt dieser Palimpsestblätter, d. h. die im 12., 13. und 14. Jahrhundert über den Vergiltext geschriebenen Stellen, nur ganz allgemein andeutet, legen wir hier eine bisher noch nicht vorhandene genaue Inhaltsübersicht vor. Aus ihr wird deutlich, daß diese Pergamentblätter zu Schreibstudien für ein benediktinisches Brevier benutzt worden sind. Da uns ein benediktinisches Brevier nicht zugänglich war, haben wir, wo es anging, wenigstens die entsprechenden Texte aus dem Breviarium Romanum (BR) und dem Missale Romanum (MR) beigefügt.

S. 35: 1. Canticum Habacuc.   Hab. 3, 12—19
       BR: Feria VI ad Laudes II   (Hab. 3, 2—19)
Im Palimpsest steht der Text oben auf der linken Hälfte des gefalteten Blattes und beginnt mitten im Wort „obstu/pefacies".
       2. Canticum Moysis   Deut. 32, 1—39
       BR: Sabbato ad Laudes II   (Deut. 32, 1—43)

S. 39: 1. Isaias 63, 4—5. Rechts oben, schließt an S. 47 l. u an.
         MR: Feria IV Maj. Hebd. Epistel: Is. 63, 1—7
      2. Osee 6, 1—6   MR: Feria VI in Parasceve
      3. Sophonias 3, 8—13
      4. Isaias 61, 6—9
      5. Sapientia 3, 7—9   BR: Feria II, Hebd. III August. Lect. I—II
      6. Sapientia 10, 17—18   MR: Epistel vom 28. VII. (10, 17—20)

S. 40: 1. Sapientia 10, 18—20   MR: s. o. 39, 6
      2. Ecclesiasticus 14, 22 und 15, 3. 4. u. zweite Hälfte von 6.
      3. Jeremias 17, 7—8
      4. Ecclesiasticus 31, 8—11   BR: Commune Conf. non Pont. Lect. I
      5. Ecclesiasticus 39, 17—21
      6. Isaias 61, 10—62, 3
      7. Isaias 62, 4—7
      8. Lesungen, Responsorien und Versikel aus einem vielleicht noch nicht bekannten Officium Defunctorum.

592   ANHANG

Blatt-nummer	Seitenzahl (in:1394)	Inhalt	Erhaltungsgrad der Schrift
		Georgica	
9 r	39	IV 345—361 (362/63)	²/₃ gut, Rest überdeckt, Pal.
v	40	364—380 (381/82)	im Photo unleserlich, Pal.
10 r	43	383—400 (401)	im Photo unleserlich, Pal.
v	44	402—419 (420)	teilweise lesbar, Pal.
11 r	47	535—553	unlesbar, Pal.
v	48	554—566	fast unlesbar, Pal.

    a) Proverb. 5, 9—11 Resp.: Credo, quod Redemptor . . . Vers.: Quem visurus . . .
    b) Ecclesiastes 7, 2—3 R.: Qui Lazarum . . V.: Requiescant . . .
    c) Ecclesiastes 12, 1. 7. R.: Domine, quando . . V.: Commissa mea . .
    d) Isaias 26, 19 R.: Heu mihi . . . V.: Anima mea
    e) Osee 13, 14 R.: Peccantem me . . V.: Deus, in nomine . . .
    f) Daniel 12, 2—3 R.: Ne recorderis . . V.: Dirige, Domine
    g) Paulus 1 Cor. 15, 22—23 R.: Domine, secundum actum . . .
       V.: Amplius lava me
    h) Paulus 1 Cor. 15, 51—52 R.: Rogavimus te . . V.: Misericors
    i) Paulus 1 Thess. 5, 2—5 R.: Libera me . . V.: Dies illa . . .
  9. Canticum Annae 1 Reg. 2, 1—4 u. r. auf dem Kopf!

S. 43: Symbolum Athanasianum von 10 Spiritus Sanctus bis Schluß; dann folgt ein Gebet: „Liberator animarum . . .", das wir im BR nicht gefunden haben. Das Symbolum wird an den Sonntagen nach Pfingsten in der Prim gebetet.

S. 44: Hymnus: Dulcis Jesu Memoria. 50 Strophen in einer vom BR abweichenden Fassung. BR: I. Vesper vom Feste des Namens Jesu.

S. 47 : 1. Isaias 9, 5—7, Links oben; ist Fortsetzung von S. 48 r. u.
     2. Isaias 66, 10—16. Während alle anderen Stellen, von geringfügigen Abweichungen abgesehen, die Vulgatafassung haben, bietet diese Stelle eine Vetus-Latina-Fassung. Dazu schrieb auf Anfrage P. Dr. Bonifatius Fischer, Vetus Latina Institut Beuron, in einem Brief vom 26. 3. 1957: „Es handelt sich um eines der 3 Cantica in der dritten Nokturn der Matutin von Weihnachten nach dem benediktinischen Brevier . . . . Das Überleben der Vetus-Latina-Fassung wird verständlich, weil die Matutin der Weihnachtsnacht besonders feierlich gestaltet wurde; daher wurden die Cantica gesungen, und die Beibehaltung der alten Melodie bedingte die Beibehaltung des alten Textes."
     BR: Feria VI infra Hebd. IV Advent. Lect. II u. III (Vulgata)
     3. Isaias 26, 1—12 BR: Dominica III Advent. Lect. I—III
     4. Isaias 63, 1—4 Wird fortgesetzt S. 39 r. o.
     5. Isaias 12, 1—6 BR: Feria II ad Laudes II Canticum Isaiae
     6. Isaias 38, 10—20 BR: Feria III ad Laudes II Canticum Ezechiae

S. 48: 1. Reg. 2, 1—10 BR: Feria IV ad Laudes II Canticum Annae
     2. Exod. 15, 1—9 BR: Feria V ad Laudes II Canticum Moysis
     3. Isaias 33, 2—10 BR: Feria V infra Hebd. III Adv. Lect. I—II (33, 1—6)
     4. Isaias 33, 13—18 BR: (33, 14—17) Feria V infra Hebd. III Adv. L. III
     5. Ecclesiasticus 36, 14—19
     6. Isaias 9, 2—5 r. u. Wird fortgesetzt S. 47 l. o.

G I. TEXTGESCHICHTE 593

Von den anfangs etwa 340 Blättern des Kodex G sind nur 11 ganze Blätter und 8, von P. D. Dr. Alban Dold aus dem Bande 248 losgelöste, Stückchen übriggeblieben. Jede Seite enthielt 19 Verse, die in ganz reiner Capitalis quadrata elegans ohne Worttrennung und — wenigstens wohl zunächst — ohne Interpunktion auf ursprünglich quadratförmigen Pergamentbogen von 29/30 cm Seitenhöhe geschrieben sind. Das Pergament war dünn; daher scheinen die Buchstaben der anderen Seite manchmal ziemlich störend durch. Ein Bogen (S. 15/16) war schon vor seiner Beschriftung durch ein Loch beschädigt; denn in Vers 222 wird die beschädigte Stelle bei dem Worte INR VIMVS deutlich umgangen. Um einen Prachtkodex, wie er in A vorliegt, scheint es sich bei G nicht gehandelt zu haben; die Initialen sind nicht besonders geziert.

Bei der im Jahre 1461 von Abt Ulrich Rösch durchgeführten Umbindung vieler Handschriften „fiel unsere zwar vorher schon durch Reskription entwertete Handschrift mit vielen anderen dieser ‚Verbesserung‘ der Bibliothek zum Opfer und wurde zu Deckblättern für die umzubindenden Handschriften benutzt (Lohmeyer S. 19)." Dabei wurden die Blätter an den Rändern mehr oder weniger stark beschädigt. Erst im Jahre 1822 wurden unsere 11 Blätter dem Sammelbande 1394 I (Veterum fragmentorum manuscriptis codicibus detractorum collectio) eingefügt von Stiftsbibliothekar Ildefons von Arx, der solche Fragmente in jahrzehntelanger Zusammenarbeit mit seinem Freunde Nepomuk Hauntinger aus Bucheinbänden gelöst, gesammelt, gesichtet und neu hatte binden lassen. Dabei ging es nicht immer ohne Versehen ab. „I. v. Arx ließ sowohl in diesem wie auch in anderen Sammelbänden die Fragmente oft voreilig einbinden, d. h. bevor er sie eingehend entziffert hatte. So geschah es häufig, daß die inhaltliche Folge nicht der Paginierungsfolge entspricht. (Briefliche Mitteilung von Stiftsbibliothekar Dr. Joh. Duft vom 26. 3. 1957)." Ein Beispiel dafür bieten die Seiten 15/16 und 19/20. Zwischen die einzelnen Blätter des Kodex ließ I. v. Arx je ein unbeschriebenes Blatt für Notizen miteinbinden und zählte diese Blätter bei der Paginierung mit. So erklärt sich die Reihenfolge des Vergiltextes 7/8, 11/12 usw.

Über die Schriftheimat unseres Kodex ist nichts bekannt. Man nimmt an, er sei im 4. Jahrhundert geschrieben. Daraus, daß der Librarius gelegentlich E statt AE oder OE schrieb, läßt sich kaum mehr folgern, als daß er nicht mehr der guten Zeit römisch-lateinischer Aussprache angehört. Es läßt sich auch nicht sicher ausmachen, seit wann der Kodex im Besitz der Bibliothek von St. Gallen ist. Im 12. Jahrhundert war er jedenfalls schon so im Ansehen gesunken, daß man ihn palimpsestierte[3] und mit den in Anm. 2 angeführten Breviertexten neu beschrieb. Wenn unsere Vermutung, es handele sich bei den neuen Texten nur um Schreibstudien, zutrifft, so ist das ein Hinweis mehr darauf, daß unser Vergilkodex gewissermaßen schon zum alten Eisen geworfen war. Lohmeyer (S. 20) hält es für „wohl denkbar, daß ⟨Abt⟩ Grimald (841—872) im Besitze einer so großen Seltenheit war — und als solche galt eine Handschrift in alter Kapitalis sicher auch damals." Als Erzkapellan Ludwigs des Deutschen, als Abt von St. Gallen, Weißenburg und Ellwangen verfügte Grimald auch über die zum Erwerb einer solchen Handschrift nötigen weitreichenden Beziehungen. Da gerade im 9. Jahrhundert auch in St. Gallen das Vergilstudium besonders gepflegt wurde, liegt die Vermutung nahe, ein so großer Kenner wie Abt Grimald habe sich um den Erwerb alter Vergilkodizes bemüht.

Seiner Textgestalt nach gehört G zur Familie von FMPR. Genaueres darüber gibt Ribbeck, Prolegomena S. 272 f. Verbesserungen, im Apparat als G¹ bezeichnet, liegen an folgenden Stellen vor[4]: I 392 DOCVR̅E̅ 395 CAL̅O̅ 408 DEXT RAE (das

---

[3] „Die Sitte des Palimpsestierens bestand schon im Altertum, aber besonders im 5.—7. nachchristlichen Jahrhundert. Der griechische Name παλίμψηστοι setzt sich aus πάλιν = „wieder" und ψάω = „schaben", „glätten" zusammen, der lateinische lautet *codices rescripti*. Palimpseste entstehen durch Beseitigung der ersten Schrift eines Buches und Wiederbeschreibung mit einer zweiten. Zur Entfernung der ersten Schrift bediente man sich eines Schwammes (peniculus, spongium) oder eines Radiermessers (rasorium) oder des Bimssteines (pumex), oder man legte das Pergament in Milch, die die alte Schrift aussaugte." (Traube 96).

[4] Wir geben hier nur die den Aeneistext betreffenden Stellen, zumal auch von den Georgica nur sehr wenig zu lesen ist.

I. .
2. E ausradiert) 705 ALIAE (das richtige aliae in das falsche alii verändert) 719 insi]DEAT (es sieht aus, als habe man versucht, E in I zu verändern, also insidiat, die Lesart von γ,
       HI A
herzustellen). III 194 MI 211 CAELENO (Wenn der im Photo schwach sichtbare Punkt über A nicht zufälliger Fleck, sondern Tilgungszeichen ist, dann hat G¹ die richtige Schreibung CE-
       A   S   A
LAENO hergestellt.) 214 SEVIOR 224 TORO 461 QVE
     o   T   V
481 FAND 484 EPHRYGIVM 486 MANVM 488 EXTRE-
ĀMA (Der Punkt über A ist nicht stärker als in III 211, aber es scheint, als sei A außerdem noch durchgestrichen.) 497
 M
EFFIGIES (Nur das übergeschriebene M läßt sich im Photo ganz
        V   RA   T
deutlich erkennen.) 499 ASPICIS 501 INTRO | FVERIS
     TA   NTE o   OR A
502 COGNAS 528 POTES IV 6 PHEBEA 9 SORQVE
         I
VI 688 INTER 696 LVMINA 704 SECLVSVMENEMVS (Der Tilgungspunkt ist nicht stärker als der in III 211.)

Unverbessert blieben folgende Stellen: III 463 QVE = quae 485 ONERISAT statt ONERAT VI 694 NEQVIT = ne quid. III 485 las Ri (und von ihm übernahm es Sa) VEXTILIBVS. Das beruht, wie selbst noch aus dem Photo deutlich zu erkennen ist, auf ungenauer Lesung. G bietet nämlich TEXTILIBVS; das 1. T ist allerdings zu einer Form verschmiert, die unserem V auf den ersten Blick ähnelt; bei schärferem Zusehen erkennt man aber den Querbalken und den unteren Stammansatz der Senkrechten vom T; ein Vergleich mit dem V des Kodex beweist die Richtigkeit unserer Lesung. So liest auch Gey; aber sein Zitat (317) zu A 3, 485 TEXTILIBUSQUE *Sabb.* ist unzutreffend; denn Sa und noch Cast haben vextilibus G.

3) V = *Codex Veronensis*

Dieser mit wertvollen Scholien versehene Kodex hat seinen N a m e n nach dem jetzigen Standort in der Kapitelsbibliothek von V e´r o n a, XL, 38; die B i b l i o t h e k s h e i m a t war B o b b i o; in die Bücherei dieses vom hl. Columban im Jahre 612 gegründeten Klosters ist die Handschrift wahrscheinlich aus der Bibliothek des Cassiodorus Senator (ca. 490 — ca. 585) gekommen. Über die Bedeutung dieses „letzten Römers", der unter Theoderich von 507—511 Quaestor und 514 Konsul war und seit 540 bis zu seinem Tode in dem von ihm gegründeten Kloster Vivarium in Squillace (Süditalien) lebte, schreibt Hermann U s e n e r (Anecdoton Holderi p. 75): „Was von der dagewesenen Welt unvergänglich war, hat sich mit Cassiodor im Schutze klösterlicher Mauern geborgen." Die S c h r i f t h e i m a t ist unbekannt. Der Kodex ist ein Palimpsest; die im 4. Jhdt. geschriebenen Teile aus Vergil sind im 9. Jhdt. überschrieben mit dem Texte der Moralia Gregors des Großen (590—604). Übriggeblieben sind 51 Blätter, deren Vergiltext allerdings durch den darübergeschriebenen Gregortext und infolge chemischer Bearbeitung kaum noch leserlich ist.

4) B = *Codex Mediolanensis oder Mailänder Palimpsest*

Dieser Kodex stellt etwas Besonderes dar: er bietet unter arabischer Schrift Vergiltexte im Urtext mit griechischer, wortwörtlicher Übersetzung. Insgesamt besteht der von Johannes G a l b i a t i edierte Kodex aus 140 Blättern mit Texten in Arabisch, Hebräisch, Syrisch, Griechisch, Latein und Koptisch. Unser Vergiltext findet sich auf 8 Blättern zwischen 112 und 121. „Auf jeder Seite stehen 2 Kolumnen, von denen die linke das Lateinische und die rechte das Griechische bietet. Auf 4 Blättern bestehen die Kolumnen aus je 13 Zeilen, auf den anderen aus je 17 Zeilen; 1 bis 3 Worte werden in eine Zeile genommen. Die Buchstaben sind sehr sorgfältig geschrieben; im lat. Text treten neben den Unzialen Minuskeln auf, das Griechische ist nur in Unzialen geschrieben. Als Abfassungszeit gilt das Ende des 4. oder der Anfang des 5. Jhdt. Der Gesamtkodex entstand in Syrien oder Ägypten, wo er wahrscheinlich durch mehrere Klöster gewandert ist." So Victor Reichmann, S. 29, der die Übersetzung eingehend würdigt. Sabbadini hat diesen Palimpsestkodex verglichen und für seine Ausgabe ausgewertet. Der Kodex enthält Aen. 1, 588—608; 649—668; 689—708; 729—748. Seinen Standort hat er in der Ambrosiana bibliotheca in Mailand.

5) F = Fulvii Ursini schedae bibliothecae Vaticanae oder Vaticanus 3225 [1]

F, so benannt nach seinem letzten privaten Besitzer Fulvio Orsini, steht wegen seines Alters und vor allem wegen seiner Miniaturen in der Reihe der *Codices e Vaticanis selecti phototypice expressi* an erster Stelle; er heißt auch schlichtweg Vergilius Vaticanus. De Wit (s. o. 582, 38) datiert ihn auf 420. Geschrieben ist er in der sog. Capitalis rustica; diese Schriftart „hat nicht den feierlichen monumentalen Charakter der capitalis quadrata, aber sie ist ebenso schön. Ihre Buchstaben haben einen leichteren, freieren Duktus; es fehlen die feinen Endstriche; und die Querstriche von E, F, L, T sind gewöhnlich sehr klein. Diese Art der Kapitalschrift eignete sich besser zum schnellen Schreiben als die quadrata; und in fast allen uns erhaltenen Codices, welche Kapitalschrift haben, ist sie verwandt; eine Ausnahme bilden nur der Vergilius Augusteus und der Vergilius Sangallensis, die in der quadrata geschrieben sind". (Steffens[1], S. 14)

Die Blätter des Kodex sind, sofern unbeschädigt, 22,5 cm hoch und 20 cm breit. Von den ursprünglich etwa 420 Blättern mit 245 Bildern[2] sind nur 75 Blätter mit 50 Bildern erhalten.

---

[1] Grundlegend für das Studium des Kodex F ist und bleibt die in jeder Hinsicht umfassende, auf genauester Prüfung und Kenntnis des Originals beruhende Arbeit von Pierre de Nolhac (Lh 3. 26,2 = Nh). Wertvoll und in der 2. Auflage (1930) erweitert und verbessert ist auch die ausführliche Praefatio zum Faksimile (Lh 1. 2, S. 9—43).

[2] Diese Zahlen hat Nh durch scharfe Beobachtung und wohlbegründete Vermutung unter gelegentlicher Zuhilfenahme einfacher Hypothesen errechnet. (S. 732—782.)

I. Die erhaltenen Verse

Blatt	Georgica	Blatt	Aeneis	Blatt	Aeneis
1v	3, 1 - 21	21r - v	2,437 - 468	49r - 50v	6,491 - 559
2v - 3v	3,146 - 188	22r - v	2,673 - 699	51r - 55v	6,589 - 755
5r	3,189 - 208	24r - 25v	3, 1 - 54	56r	6,858 - 871
4v	3,209 - 214				
4r	3,285 - 305	26r - 29v	3, 79 - 216	56v - 57v	6,879 - 901
5v - 6v	3,306 - 348	30r - v	3,300 - 341	58r - 59v	7, 5 - 58
7r - v	4, 97 - 124	31r - v	3,660 - 689	60r - 64v	7,179 - 329
8r - v	4,153 - 174	32r - 34v	4, 1 - 92 [3]	65r - v	7,428 - 469
9r - v	4,471 - 497	35r - v [4]	4,234 - 257	66r - v	7,486 - 509
10r - v	4,522 - 548	36r - v	4,286 - 310	67r - 68v	7,594 - 646
		37r - 38v	4,443 - 521		
	Aeneis	39r - v	4,555 - 583	69r - v	8, 71 - 98
11r - 12v	1,185 - 268	40v - 41v	4,651 - 688	70r - v	9, 32 - 68
13v - 15v	1,419 - 521	42r - 43v	5,109 - 158	71r - 72v	9,118 - 164
16r - v	1,586 - 611	44r - v	5,784 - 814	73r - v	9,207 - 234
17r - v	1,654 - 680	45r - v	6, 26 - 50	74r - v	9,509 - 535
18r - v	2,170 - 198	46r - 47v	6,219 - 272	75r - v	11,858 - 895
19r - 20v	2,254 - 309	48r - v	6,393 - 423	76r - v	8,585 - 642
					(aus M)!

II. Die erhaltenen Bilder

Vorbemerkung: In seiner „Étude des peintures" (705—791) würdigt Nh zunächst die früheren Versuche, die Bilder zu reproduzieren und gibt dann eine auf alle technischen Einzelheiten eingehende Darstellung des künstlerischen Verfahrens, von der Beschreibung des Rahmens angefangen über die von ihm zuerst gemachte Feststellung, daß die Miniaturen das Werk dreier, derselben Epoche angehörender, unterschiedlich begabter, nacheinander arbeitender Maler sind[5], bis zur sorgfältigsten

---

[3] 93—120 sind auf 34v in zwei Spalten von jüngerer Hand (f) nachgetragen, links: 93—108; rechts: 109—120.

[4] Das Blatt ist fast zur Hälfte verstümmelt.

[5] 1—9 stammen von einem sehr guten, 10—25 von einem weniger begabten und 26—50 wieder von einem tüchtigen, in seiner Technik dem ersten nahestehenden Maler. Von den erhaltenen 50 Bildern nehmen 6 eine ganze Seite ein, 27 die obere, 12 die untere Hälfte und 5 die Mitte der Seite. Die ganzseitigen Bilder sind quadratisch, die anderen rechteckig; alle sind von einem ca. 5—6 mm breiten roten Außenstreifen — von dem roten Mennig = *minium* stammt der Name ‚Miniatur' —, der mit kleinen rhombenförmigen Gold„plättchen" verziert ist, und von einem ca. 2 mm breiten schwarzen Innenstreifen eingefaßt. Bei 1—9 und 26—50 werden die beiden Streifen durch eine weiße Linie, die links unten, manchmal auch an allen Ecken, in rankenartige Verzierung ausläuft, gegeneinander abgesetzt. Der schlechte Erhaltungszustand sehr vieler, und gerade der besten, Bilder hängt mit der eigenartigen Maltechnik der antiken Miniaturisten

Wiedergabe des Inhaltes der Handschrift und der Bilder. Beachtenswert und durchweg einleuchtend sind seine in diesem letzten Abschnitt gegebenen Ergänzungsvorschläge für die vorhandenen Lücken. Nolhacs Erkenntnisse werden in der Praefatio zum Faksimile (Lh 1. 2, S. 28—43) nur in bibliographischen Einzelheiten ergänzt und in den Überschriften des Index (34—43), allerdings nicht überall mit letzter Exaktheit, ausgewertet. Neue, vielfach eine zutreffendere Kennzeichnung des Bildgehaltes ermöglichende, manchmal aber auch zu künstlich und einseitig gewählte Gesichtspunkte gibt Friedrich Mehmel (Lh 3. 23 = Me), dessen 1940 erschienene Arbeit für den Index des Faksimile noch nicht benutzt worden ist. Wünschenswert, aber nur an Hand der Originale durchführbar, wäre eine Gesamtbehandlung der Miniaturen von F, in der Nolhacs und Mehmels Arbeiten weitergeführt würden. Wir geben in der folgenden Übersicht über die erhaltenen Bilder, gestützt vor allem auf die neuen Ergebnisse Mehmels, eine knappe Kennzeichnung des Themas der Miniaturen, die in einigen Fällen die teils zu allgemein gehaltenen, teils nicht zutreffenden Überschriften des Index schärfer zu fassen sucht.

Abkürzungen: (g) = ganzseitiges Bild; (o) = Bild auf der oberen, (u) Bild auf der unteren Seitenhälfte, (m) Bild in der Mitte, von Text umgeben. Die vor den Überschriften stehenden Zahlen geben Bildnummer, Seitenzahl, d. h. die Blattzahl mit r ⟨ecto⟩ und v ⟨erso⟩ und die in der Miniatur dargestellten Verse. Die Angaben ‚links' und ‚rechts' verstehen sich immer vom Betrachter aus.

Maßgebend für die Bestimmung des Bildthemas ist die von Nh (732 f.) entdeckte, allerdings nicht immer beachtete, von Me (103 u. passim) nachdrücklich zur Geltung gebrachte Regel, daß immer die der Miniatur unmittelbar folgende größere oder

---

zusammen: sie sparten nämlich, wenn sie z. B. vor einem Tempel eine Gruppe von Personen darstellen wollten, den für sie bestimmten Raum nicht aus, sondern legten zuerst die Grundfarbe auf, setzten darauf in zweiter Farbschicht den Tempel ganz hin und dann in dritter und vierter Schicht die Personen, ihre Kleidung u. dgl. So kam es, daß die oberen Farben am ehesten im Laufe der Zeit abblätterten, verwischt wurden u. dgl.

kleinere Verspartie Inhalt der Darstellung ist. Eine andere, von Me (100 und 102) betonte Regel, die von links nach rechts ablaufende Handlungs- oder Zustandsfolge, nach der also die jeweils links dargestellte Szene zeitlich der rechts stehenden voranginge und, bei Gesprächen, die links stehende Person immer die sprechende wäre, wird nicht durch alle Bilder bestätigt. Mehmels Behauptung, das in der Zeit fortschreitende Geschehen sei von den Malern der Miniaturen zu zeitloser Situationsdarstellung korrigiert, die reale und zeitliche Verkettung werde durch eine gedankliche Beziehung ersetzt, läßt sich u. E., als weitgehend vom persönlichen Empfinden abhängig, aus dem Bildbefund kaum beweisen, scheint auch mit der Regel vom Links-Rechts-Ablauf im Widerspruch zu stehen. Ebenso trifft es nicht zu, daß der Inhalt der dem Bilde vorangehenden Verse nur ein einziges Mal mitdargestellt worden sei. In dieser Hinsicht bedürfen Mehmels verdienstvolle Darlegungen einer Ergänzung, die wir, inzwischen durch Farbdias belehrt, geben können, aber — abgesehen von notwendigen Berichtigungen — einer gründlichen Neugestaltung vorbehalten.

1. 1r (g) G 3, 1—48: Auf den sechs in einem Rahmen zusammengefaßten kleinen, im Photo nahezu unkenntlichen Bildern sind nach Nh (738 f.) folgende Szenen dargestellt: 1) Apollon als Hirt beim König Admet (v. 2); 2) Herkules tötet Busiris (v. 5); 3) Herkules tötet im Auftrage des „harten Eurystheus" (v. 4) die lernäische Schlange: 4) Vermutlich der Caesar Octavianus auf einem Thron (v. 16) und vor ihm zwei oder drei stehende Personen, unter ihnen der Dichter (v. 17 ff.) selbst; 5) Die Furien und der Kokytos (v. 38); 6) Unerkennbar

2. 2r (g) G 3, 146—156: Erzählung von der die Rinderherden heimsuchenden Bremsenplage; Anspielung auf die Feindschaft Junos gegen Io.

3. 3r (o) G 3, 163—178: Gewöhnung der Kälber und Rinder an Feldarbeit; sachgemäße Pflege der Tiere.

4. 4v (o) G 3 209—234: Gefährdung der Tiere in der Brunstzeit; zwei kämpfende Stiere in der Mitte, links die umkämpfte weiße Kuh, rechts der besiegte, zu neuem Kampf sich rüstende Stier. ·

5. 6r (o) G 3, 322—338: Sommerweide und Tränke der Herden.

6. 7v (u) G 4, 125—146: Der alte Gärtner von Corycus im Gespräch mit dem Dichter.

7. 8v (o) G 4, 170—178: Kyklopen bei der Schmiedearbeit, ein Gleichnis für das fleißige Werk der Bienen.

8. 9r (o) G 4, 471—486: Die Schatten der Unterwelt, auch Ixion in seinem Rad und Cerberus, der Höllenwächter, lauschen bezaubert dem Liede des Orpheus.

9. 10r (u) G 4, 528—530: Proteus verschwindet wieder im Meere. Auf der rechten nicht mehr erhaltenen Bildhälfte, nach Nh, Cyrene im Gespräch mit Aristäus.[6]

10. 13r (g) A 1, 419—438: Aeneas und Achates betrachten den Aufbau Karthagos.

11. 16r (o) A 1, 586—645: Aeneas tritt aus der Wolkenhülle hervor und grüßt die links im Bilde thronende Dido, hinter der ihre Schwester Anna steht; rechts neben Aeneas zwei Trojaner, vielleicht Ilioneus und Serestus; rechts unten geht Achates, der von Aeneas (v. 644 f.) zu den Schiffen entsandt ist, die man rechts oben im Bilde sieht.

12. 17r (m) A 1, 657—694: Venus, links thronend, schickt Cupido in Gewand und Gestalt des Askanius zu Dido; Askanius, rechts, ruht vor den Stufen des Venustempels auf Idalium.

13. 18v (u) A 2, 199—223: Das Laokoonprodigium. Der links unten vor dem Neptunustempel mit einem weißen Stier und erhobenem Beil am Altare stehende Opferdiener hat durch ein Mißverständnis die Überschrift *LAOCOON* bekommen, rechts Laokoon und seine zwei Söhne im Kampf mit den Schlangen.

14. 19r (o) A 2, 254—267: Die Flotte der Griechen (links oben die Mondsichel und der Bug eines Schiffes) hat den Strand Trojas erreicht; Sinon (links unten) hält die Tür, die in der Flanke des hölzernen Rosses angebracht ist, geöffnet; die ihr an einem Strick entsteigenden Griechen überfallen und töten die nach dem Festschmause innerhalb der Mauer eingeschlafenen Wächter.

15. 19v (u) A 2, 268—286: Aeneas (links) sieht Hektor in einem Traumbild (rechts) und spricht ihn an.

16. 22r (o) A 2, 673—691: Kreusa (rechts) liegt zu Füßen des mit Helm, Speer und Schild wieder zum Kampfe drängenden Aeneas, hält seine Rechte umklammert und blickt flehend zu ihm empor; in der

---

[6] Bis hierhin sind die Miniaturen von der Hand des ersten und vortrefflichsten Malers.

linken Bildhälfte, mehr zur Mitte hin, steht Askanius zwischen zwei
Dienern, die mit Wasser die vom Haupte des Knaben aufzüngelnden
Flammen zu löschen suchen. Anchises, ganz links, sieht voll Staunen
das Zeichen und hebt betend die Hände zum Himmel empor.

17. 23r (g) A 3, 1—12: Die Flotte des Aeneas (drei Schiffe nach
rechts abfahrend) verläßt den Strand des (links) im Hintergrunde bren-
nenden Troja.

18. 24v (g) A 3, 13—33: Aeneas gründet in Thrazien eine Stadt
(links oben), opfert vor einem Tempel (links unten) und erlebt (rechts)
das Blutprodigium am Grabe des Polydorus.

19. 27r (m) A 3, 121—123 über, 124—126 unter dem Bilde. Nach
Nh (753) Gründung der Stadt Pergamea auf Kreta; nach Me (101)
Inselfahrt von Delos an Naxos, Donusa, Olearos und Paros entlang
nach Kreta; rechts im Bilde die von Idomeneus verlassene Stadt.

20. 28r (o) A 3, 147—153: Die Penaten erscheinen nachts dem
Aeneas und geben ihm neue Weisung.

21. 31v (u) A 3, 690—708: Fahrt um Sizilien und Landung im
Hafen von Drepanum. Vgl. Me 101 gegen Nh 755.

22. 33v (o) A 4, 56—64: Dido und Anna beim Opfer.

23. 35v (o) A 4, 252—265 (258—265 fehlen): Merkur (in der
linken, verlorenen Hälfte des Bildes) erscheint dem Aeneas, der den
Wiederaufbau Karthagos leitet; rechts die Stadt; vor der Mauer ein
Steinmetz.

24. 36v (o) A 4, 305—331: Dido (links), hinter ihr eine als
FAMVLA gekennzeichnete, von Nh 758 für Anna gehaltene Frauen-
gestalt, wendet sich in bitteren, aber immer noch um Liebe flehenden
Vorwürfen an Aeneas, der starr geradeaus blickt und seine Rechte wie
zum Gespräche erhebt. Vgl. Me 103.

25. 39v (u) A 4, 584—590: Dido sieht die Flotte des Aeneas davon-
segeln und bricht, ihr Haar raufend, in wilde Drohungen und Klagen
aus vgl. Me 101 f.

26. 40r (g) A 4, 651—662: Dido spricht ihre letzten Worte.

27. 41r (o) A 4, 663—667: Die sterbende Dido wird von ihren
Frauen beklagt.

28. 42r (u) A 5, 114—131: Die vier Schiffe (links) liegen zum Be-
ginn der Wettfahrt nebeneinander. Im Hintergrunde (mitten und ganz
rechts) zwei mit einem Baum gekennzeichnete Felsen; Vergil (5, 124
bis 131) spricht nur von einem. Nach Nh 762, der die beiden „illots
portant chacun un arbre piniforme" ohne weiteren Hinweis erwähnt,
entspricht das Bild auch sonst nicht genau dem Berichte des Dichters.

29. 43v (o) A 5, 151—177 (159—177 fehlen): Die vier Schiffe in voller Fahrt; rechts oben neben dem mit einem Baum gekennzeichneten Felsen steht die Inschrift MENOSTES statt MENOETES. Nh 762 meint, eine Person auf diesem Felsen angedeutet zu sehen; das sei der im Bilde zweimal dargestellte Steuermann der Chimaera, Menoetes, den Gyas in seinem Zorn aus dem Schiffe gestoßen hatte; man sieht noch im Photo eine Gestalt (rechts oben) über Bord gehen.

30. 44v (u) A 5, 815: Ende der Rede Neptuns (links), der Venus (rechts) den Untergang eines Trojaners ankündigt als Preis für die Rettung der gesamten Flotte. Vgl. Me 109 gegen Nh 762.

31. 45v (o) A 6, 45—53 (51—53 fehlen): **Die Sibylle fordert Aeneas auf, Apollo um Götterweisungen zu bitten.** Links Achates und Aeneas, in der Mitte die mit der Rechten auf Aeneas hinweisende, aber mit etwas starrem Gesichtsausdruck dem Betrachter zugewandte Sibylle; im linken Arm trägt sie einen mit Binden umwundenen Zweig. Das ganze rechte Bildfeld beherrscht der Apollotempel, zu dem vier Stufen hinanführen und dessen Dach von sechs Säulen getragen wird: im Türrahmen die Gestalt des Gottes. Auf der zweiten Stufe der Tempeltreppe steht ein Opferaltar, zu dem vier kleinere Stufen hinanführen; auf ihm brennt ein Feuer.

32. 46v (o) A 6, 236—251 (242—251 auf 47r): Aeneas bringt, dem Befehl der Sibylle gemäß und von ihr unterstützt, das Opfer für die Götter der Unterwelt dar. Links oben der See, an seinem Ufer, das in einem von links nach rechts schräg ansteigenden Bogen fast das ganze obere Bildviertel einnimmt, neun kiefernartige Bäume. Links unten opfert Aeneas mit einem Gehilfen ein schwarzes Schaf vor einem zur Bildmitte hin stehenden Altar, auf dem ein Feuer flammt. Rechts von diesem Altar, die Mitte beherrschend, steht hochaufgerichtet die Sibylle als Priesterin; sie gießt Wein zwischen die Hörner einer schwarzen Kuh, neben der ein schwarzer Widder steht. Hinter den beiden Tieren drei Opferdiener; über ihnen, rechts vier schwarze, mit Kränzen geschmückte Stiere.

33. 47v (u) A 6, 273—289 (fehlen): Aeneas, l. u., mit gezücktem Schwert neben der Sibylle im Hadeseingang; vor ihm ein Mann, dessen Kopf fehlt; Charon? In der Bildmitte ein kiefernartiger Baum, keine Ulme. Ringsum Fabelwesen (Chimäre, Kentauren u. a.) und Verstorbene.

34. 48v (m) A 6, 417—433: Im unteren Bildfeld wirft die Sibylle dem Cerberus, der in seiner Höhle liegt, den betäubenden Bissen zu; hinter

der Höhle, rechts, sieht man zwei Kinder (426 f.); im oberen Bilde ist das Totengericht des Minos dargestellt.

35. 49r (m) A 6, 494—556: Die Sibylle und Aeneas, links, vor dem verstümmelten, im Bilde kaum noch zu erkennenden Deiphobus. Rechts die Ringmauern und der Eingang des Tartarus, vor dem Tisiphone (mitten im Bilde) auf einem Felsblock sitzt.

36. 52r (o) A 6, 628—655: Aeneas (links oben), von der hinter ihm stehenden Sibylle gedrängt, trägt den goldenen Zweig zur, wenig eindrucksvoll dargestellten, Palastpforte der Proserpina. Links unten, an einem von Bäumen umgebenen Wasser[7], drei Trojaner, in denen wir, mit Mai gegen Nh 768, doch die v. 650 erwähnten Ahnherrn Trojas, Ilus, Assaracus und Dardanus, zu erkennen glauben; rechts neben ihnen vier nackte, im Reigentanz hintereinander zur Bildmitte hin schreitende Männer. Auf sie muß man die weit nach links geratene, in Minuskeln geschriebene Inschrift: *„tripudiant"* doch wohl beziehen; rechts unten weiden Pferde; unter ihnen, auch wieder etwas nach links verschoben, die Inschrift: *„pascuntur equi";* am rechten Bildrand in der Mitte ein Ringerpaar, oben ein zweites Kämpferpaar; ganz oben rechts Orpheus.

37. 53v (o) A 6, 669—712: Drei Szenen bilden den Inhalt dieser Miniatur: 1) Links oben: Musäus, von der Sibylle nach dem Aufenthalt des Anchises gefragt, zeigt ihr und Aeneas von einer Anhöhe aus den Weg zu den unten schimmernden Gefilden der Seligen (669—676). 2) Links unten: Aeneas im Gespräch mit seinem Vater Anchises (684—702); angedeutet wurde vielleicht der vergebliche Versuch des Sohnes, seinen Vater zu umarmen. 3) Rechts: die Seelen am Lethestrom (703—712); ganz rechts unten ein Felsenhügel; etwa Vorausdeutung auf den v. 754 erwähnten tumulus, von dem aus Anchises die Seinen mustert?

38. 57r (o) A 6, 893—899: Anchises (links) verabschiedet sich von Aeneas, der (rechts), den Blick dem Vater zuwendend, mit der Sibylle durch die elfenbeinerne Traumpforte hinausgeht. Die beiden Pforten in der Mitte die hürnene, rechts die aus Elfenbein, gleichen Triumphbögen.

---

[7] Nh vermutet, es sei ein See und der Maler habe gelesen: „Devenere *lacus*
                                                                       o
laetos.."; in F steht aber von 1. Hand deutlich LUCOS, das in LUCOS verbessert worden ist. Die Vermutung, es handele sich hier um den Vers 659: „plurimis Eridani per silvam volvitur amnis" scheint gar nicht so abwegig zu sein.

39. 58r (u) A 7, 10—24 (auf 58v): Vorbeifahrt der Trojanerflotte an der Insel Kirkes. Vgl. Me.

40. 59v (u) A 7, 59—80 (fehlen): Zwei Prodigien im Palaste des Latinus: 1) der Bienenschwarm im Lorbeerbaum (links); 2) die Flammen in Lavinias Haar (rechts).

41. 60v (o) A 7, 195—211: Latinus (rechts), vor dem in 170—191 beschriebenen Tempel auf dem Thron seiner Ahnen sitzend, begrüßt die Gesandtschaft der Trojaner (links).

42. 63r (o) A 7, 274—285: Die Trojanergesandtschaft (links) wird von Latinus (rechts) mit prächtigen Rossen und einem für Aeneas bestimmten, besonders wertvollen Gespann und einem Wagen reich beschenkt und entlassen.

43. 64v (o) A 7, 323—340 (330—340 fehlen): Juno (links) beauftragt die Furie Allekto (Mitte), Latiner und Trojaner zum Kriege gegeneinander aufzuhetzen. Ganz rechts der felsumwuchtete Eingang zum Tartarus.

44. 66v (o) A 7, 503—539: Die Miniatur enthält drei Szenen: 1) links unten: Silvia, von der, da ein Fünftel des Bildes fehlt, nur noch ein Arm und ein Teil des Gewandes zu sehen ist, streckt ihre Hand dem vor ihr zusammenbrechenden, von Askanius verwundeten Hirsch entgegen und klagt (503). 2) Links oben: Auf dem Dach des Hauses, ganz klein, Allekto mit dem Hirtenhorn zum Krieg rufend (505—518). 3) Die Front der latinischen Bauern (Bildmitte) im Kampf mit den von rechts anstürmenden Trojanern. Zwischen den Reihen liegen drei Tote, von denen der eine als Almo, der andere als Galaesus bezeichnet ist. Zur Interpretation vgl. Me.

45. 67v (o) A 7, 607—622 (614—622 auf 68r): Auf dem nur mit dem rechten Drittel erhaltenen Bilde stößt Juno die eine der beiden Pforten des Krieges auf. Im verlorenen linken Teile war vermutlich Latinus dargestellt, wie er sich weigert, selbst die Pforte zu öffnen.

46. 69r (o) A 8, 71—83 (78—83 auf 69v): 1) Links: Aeneas, von Tiberinus, dessen breiter Strom ganz links zu sehen ist, in einem Traumgesicht über seine Zukunft belehrt und auf das Sauprodigium aufmerksam gemacht, betet zu den Nymphen und zu Tiberinus; 2) rechts, die Bildhälfte beherrschend: ein Eichenwald und unter den Bäumen die weiße Wildsau mit ihren sie rings umdrängenden dreißig Frischlingen. Vgl. Me 103 f.

47. 71r (o) A 9, 118—127: Die Miniatur stellt, auf lebendige Gegenbewegung angelegt, die Verwandlung der Trojanerschiffe in Meergöttinnen und die Wirkung dieses Wunders auf die Führer der Latiner

und Rutuler dar. Unmittelbar unter dem Bilde steht der Vers (118):
Continuo puppes abrumpunt vincula ripis. Rechts im Bilde, die gesamte Fläche beherrschend, liegen drei halb schon zu Nymphen verwandelte Schiffe mit dem noch hölzernen, von Ruderbänken überdeckten Teil am felsblockumwuchteten Strand; den nackten Oberkörper emporrichtend und die Arme zur Schwimmbewegung ausstreckend, schauen die sich verwandelnden Wesen — mit leichtem Spott wie es scheint — zu den drei Reitern hinüber, die erschreckt vom Strande nach links davonsprengen. Der rechte Reiter wird als Messapus bezeichnet; die beiden anderen bleiben unbenannt. Die obere Hälfte des Bildes wird beherrscht von einer vor einem Hohlweg stehenden hochaufragenden Gestalt, hinter der eine speertragende Kriegerschar angedeutet ist. Zu ihr würde die in der Bildmitte gegebene Inschrift TVRNVS besser passen, als zu dem zweiten nach links davonstürmenden Reiter.

48. 72v (o) A 9, 159—175 (165—175 fehlen): Links mit seinen Kriegern Messapus, beauftragt, die Pforte des Trojanerlagers besetzt zu halten und das Lager rings mit Wachtfeuern zu umgeben. In der Bildmitte lagern einige Rutuler; im Vordergrund ein Schild und ein Feuer (159—167). Rechts hinter den Mauerzinnen stehen fünf trojanische Krieger in voller Rüstung auf Wache (168—175).

49. 73v (m) A 9, 234—245 (235—245 fehlen): Nisus, von Askanius ermächtigt, teilt dem nachts einberufenen Kriegsrat der während der Aeneas Abwesenheit von den Rutulern und Latinern umzingelten und schwerbedrohten Trojaner mit, er wolle, begleitet von seinem Freunde Euryalus, Aeneas in der Stadt des Euander aufsuchen und um Hilfe bitten. Im Mittelpunkt des Bildhintergrundes sitzt, dem Betrachter zugewandt, Askanius auf einem Feldstuhl, rot sind Leibrock und Mütze, schwarz der Mantelumhang. Vor ihm, gewissermaßen auf den Eckpunkten eines Rechtecks, stehen vier trojanische Edelinge, Nisus und Euryalus oben, Aletes und ein Unbenannter (x) unten; an den beiden von Nisus-Aletes und Euryalus-x bezeichneten Längsseiten dieses Rechteckes, in der oberen Hälfte des Bildes stehen je fünf mit bläulich schimmernden Panzerhemden, die in kopfschützende Hauben ausgehen, bekleidete Krieger, die vom Boden aufragenden Lanzen in der Rechten, die Linke oben auf dem Rand des gegen die Hüfte angelehnten Rundschildes. Die vier edlen Trojaner tragen einen mit roten Bändern geschmückten goldenen Helm und in der Linken die Lanze. Dieser symmetrisch um den jungen Prinzen aufgestellte Kriegsrat wird fast ellipsenförmig von der turm-

und zinnengekrönten dunkelbraunen Lagermauer umschlossen. Askanius sieht den zu seiner Rechten stehenden Nisus an und hat ihn offenbar eben erst zum Vortrag aufgefordert; Nisus scheint mit seiner Rechten auf sich selbst hinzuzeigen, Euryalus, den Kopf ein wenig zurückgeworfen, schaut voll Stolz zu seinem älteren Freunde hinüber: Aletes und der Unbekannte, die Gesichter einander zugewandt, deuten mit der Rechten nach rechts über die Mauer hinweg, vielleicht auf das Lager der schlafenden Feinde.

Diese Miniatur zeigt deutlich, wie der Inhalt jener dem Bild unmittelbar voraufgehenden Verse in die Darstellung noch eben mit einbezogen ist; nur so läßt sich die Geste des Askanius befriedigend erklären. Sie illustriert die Verse (232/33): „Primus Iulus accepit trepidos ac Nisum dicere iussit". So erleben wir den spannungsreichen Moment, in dem Nisus auf des Askanius Wink die Worte gesprochen hat, die unmittelbar unter der Miniatur stehen, und nun wohl mitten in seiner Rede ist. — Ein wohldurchformtes und fein gespanntes Wirkungsgefüge lebendiger geistiger Beziehungen leuchtet gerade aus diesem Bilde unmittelbar auf.

50. 74v (o) A 9, 530—541: Turnus (links) greift den Turm des Trojanerlagers mit einem Fackelwurf an; rechts in dem arg verwischten Bilde sieht man so etwas wie Flammengewoge und Mauersturz (540 f). Nolhacs durchweg gegen Mais Darstellung geführte Polemik scheint hier nicht berechtigt zu sein.

Über die Schriftheimat unseres Kodex sind nur Vermutungen geäußert worden; de Nolhac hält es für denkbar, daß er in Vivarium, dem in Unteritalien bei Squillace gelegenen Kloster des Cassiodor, geschrieben worden sei; Sabbadini nimmt an, er stamme aus Spanien — Aragonien und Katalonien — und sei von Johannes Olzina und Chariteus, Gelehrten, die am Königshof von Aragonien lebten, nach Neapel gebracht worden. Dort war jedenfalls sein erster Besitzer der bekannte und einflußreiche Humanist Giovanni Pontano (1426—1503), Staatsmann im Dienste der Könige Alfonsus und Ferdinand I. von Neapel und „Mittelpunkt eines gelehrten Kreises, der den Namen Academia Pontaniana erhielt (L. v. Pastor, Gesch. d. Päpste III 1, S. 120)". Ob sein nächster Besitzer der als Humanist, Dichter und Historiker Venedigs bekannte Kardinal Pietro Bembo (1470—1547) oder zunächst sein Vater Bernardo war, ist unbekannt. Durch Bembo hat auch der Maler Raffael (1483—1521) diesen wegen der Miniaturen so wertvollen Kodex kennengelernt und sich von einigen Bildern anregen lassen. (Vgl. Nh 784 f.) Pietros Sohn Torquato, der den kostbaren Handschriftenschatz seines Vaters, Kodizes, die heute noch als *Bembini* bezeichnet werden, zwar erbte, aber mehr auf den Besitz und den Erwerb antiker Münzen und Statuen bedacht war, verkaufte neben anderen berühmten Kodizes auch F im Jahre 1579 an Fulvio Orsini, aus dessen Besitz er 1602 in die Vaticana überging. Dort wies ihm Dominicus Reinaldus, Präfekt der Vaticana, den ersten Platz an unter den von Fulvio Orsini übernommenen Kodizes und registrierte ihn so:

3225. Virgilius, litteris maiusculis, cum figuris ⟨incipit⟩: „Te quoque magna".

Ex perg⟨ameno⟩ c⟨hartae⟩ s⟨criptae⟩ 75, ant⟨iquus⟩ vet⟨us⟩ in quarto.

In der Vaticana hatten die bedeutendsten Gelehrten und Freunde der Antike Gelegenheit, den kostbaren Kodex kennenzulernen. Nh (S. 788 f.) erwähnt Nicolaus Heinsius, der F allerdings kein besonderes Interesse schenkte, da ihm der Mediceus über alles ging; aber Jean Mabillon, Emmanuel de Schelstrate, Custos der Vaticana und Bellori, Bibliothekar der Königin Christine von Schweden, haben F etwas eingehender geprüft und ihr Urteil in einem von Schelstrate aufgesetzten Protokoll vom 16. 2. 1686 schriftlich niedergelegt. Die von Nh (S. 705 f.) besprochenen Nachbildungen der Bilder werden der Eigenart der Originale nicht gerecht. Immerhin wurde F durch zwei dieser Ausgaben, die von D'Agincourt[8] (1823) und von A. Mai (1835), berühmt. Das Verdienst, seinen Wert für die Textgestaltung erkannt und nachdrücklich betont zu haben, hat Friedrich Ritschl (Lh 3. 33). Ribbeck hat als erster Philologe F genau kollationiert und mit den anderen antiken Kodizes für seine große Ausgabe ausgewertet.

An Wert kann F sich durchaus mit M und P messen. Sabba-

---

[8] Histoire de l'art depuis sa décadence au IVe siècle, t. I: Peintures.

dini bezeichnet ihn als codex optimae notae und hat ihn zur Konstituierung seines Textes sorgfältig herangezogen. Ribbeck (prol. S. 277.) weist auf die besonders enge Verwandtschaft von F mit P hin. Seine Stellensammlung bleibt nach wie vor für alle nach dieser Richtung zielenden Untersuchungen die unentbehrliche Grundlage. Die Korrektoren sind nach Sabbadini in fünf Gruppen, F^{1-5} zu scheiden. F^1, der Zeit des Librarius am nächsten, interpungierte und emendierte unter Verwendung einer Vorlage; F^2, beträchtlich später, bezeichnete durch Paragraphen den Umfang größerer Perioden; F^3 ist Sammelbezeichnung für eine Reihe noch späterer Korrektoren, die sich einer rohen Unzialschrift bedienten; unter F^4 sind die Korrektoren der Karolingerzeit, und unter F^5 die der Renaissance zusammengefaßt. Ausführlich darüber Nh, S. 699—704.

6) R = Codex Romanus bibliothecae Vaticanae picturis ornatus (Vatic. lat. 3867)

Den Namen „Romanus" verdankt dieser auf dünnes Pergament — Seitenhöhe 33,2, Breite 32,3 — in einer fast übertrieben sorgfältig gebotenen Capitalis rustica geschriebene Kodex dem gelehrten Humanisten und Büchersammler Gianpietro Valeriano (Pierius)[1]. Die Frage, welchem Jahrhundert R entstamme, hat sehr unterschiedliche Antworten gefunden. „Waren es Paläographen, die den Romanus beurteilten, so machten sie die Handschrift im ganzen alt, wegen des Alters der Schrift; waren es Kunsthistoriker, so machten sie die Handschrift im ganzen jung, wegen der Barbarei der Miniaturen. So schwankte ihr Ansatz von dem zweiten nachchristlichen Jahrhundert bis zum dreizehnten (Traube Lh 3; 36 S. 213)". Der Kunsthistoriker Franz Wickhoff (Lh 3; 37, 1 und bes. 2, S. 196) hatte behauptet, sowohl die besonders feine, mit starkem Unterschied der dicken und dünnen Striche geschriebene Schrift als auch die grobe und simple Technik der Bilder seien Beweis dafür, daß der Romanus als Lese- und Lernbuch in usum puerorum ange-

---

[1] 1477—1560; bedeutender Humanist, erfreute sich der Gunst Julius' II (1503 bis 1513) und Leos X (1513—1521); in seinem Besitz waren viele Handschriften.

legt worden sei; von den Bildern schreibt er: „Sie sind nicht
unantik, sondern stehen zur alten Wandmalerei in demselben
Verhältnis wie die Zeichnungen unserer Kinderbücher zu unseren Ölgemälden. Alles vergröbert, deutlich unterschieden, das
Einzelne betont, hervorgehoben, ‚mit scharfem Unterschied der
dicken und der dünnen Striche', wie bei der nebenstehenden
Schrift. Keinesfalls darf man den Codex ... ins 6. oder 7. Jahrhundert setzen; die Ähnlichkeit der Schrift mit guten Inschriften
des 3. Jahrhunderts fordert vielmehr auf, um ein Beträchtliches zurückzugehen. (Wickhoff a. a. O. 2, S. 196)". Gegen
diese Ansicht Wickhoffs erhob L. Traube Einspruch; er machte
auf eine, zwar von Ribbeck und den Editoren der Palaeographical Society registrierte, aber nicht ausgewertete Eigentümlichkeit des Kodex Romanus aufmerksam. „Es steht nämlich in
dieser Handschrift als Text von Ecl. 1, 6:

O MELIBOEE D̄S NOBIS HAEC OTIA FECIT und als Text
von Aen. 1, 303 ff ET IAM IVSSA FACIT PONVNTQVE
FEROCIA POENI CORDA VOLENTE D̄O . D̄S = DEVS und
D̄O = DEO: so konnte im Virgil auch ein christlicher Kalligraph
nur in später Zeit schreiben; seine Absicht war es wohl, den klassischen Text von christlichen Kompendien freizuhalten, aber die
gewohnte Form ist an diesen zwei Stellen dennoch seiner Feder
entschlüpft.... Den Kalligraphen des 3., 4. und 5. Jahrhunderts
kann man eine derartige Entgleisung weder nachweisen noch
zutrauen. (Tr. a. a. O. 218/19)." V o r dem 6. Jahrhundert kann
R also, wenn Traubes Ansicht richtig ist, nicht geschrieben sein.
Man könnte aber doch an karolingischen Ursprung denken. Dagegen aber spricht neben anderen Indizien vor allem die „Krankheit, welcher die Schrift des Romanus öfter zum Opfer gefallen
ist: der ‚einfache Fraß'[2], wie diese Affektion des Pergamentes
und der Schrift von P. Franz Ehrle genannt wird, dem Ersten,
der uns gelehrt hat, auf diese Dinge zu achten ([1] vgl. Centralblatt für Bibliothekswesen 15 (1898) S. 17 ff; 16 (1899) S. 27 ff.).
und wenn das Augenmerk des ausgezeichneten Präfekten der

---

[2] Das scharfe Gift der alten Tinte frißt das Pergament, namentlich dünnes, an;
so fallen die Buchstaben allmählich aus. Vgl. Traube I, 79 f.

Vaticana zunächst mehr auf die Therapie als auf die Pathologie der Handschriften gerichtet war, so hat er doch als guter Arzt nicht unterlassen, nach Art, Ursache und Zeit der Erkrankung zu forschen und seinen ehrwürdigen stummen Patienten dennoch eine Art Anamnese entlockt, so daß sein Material sich auch zu chronologischen Schlüssen verwerten läßt. Darnach muß man sagen — und jeder Handschriftenkenner wird es bestätigen —, daß der einfache Fraß unter den lateinischen Handschriften, wenn auch vielleicht noch ältere und ganz gelegentlich auch jüngere Handschriften, vornehmlich doch solche des 6. Jahrhunderts ergriff, ... daß aber karolingische Handschriften gänzlich von ihm verschont blieben. Die Paläographie berechtigt uns also zu sagen, daß der Romanus keine ganz alte Handschrift ist, sie erlaubt uns zu vermuten, daß er ins 6. Jahrhundert gehöre. Damals mag in einem italienischen Kloster ein Mönch aus der Schule des Cassiodor, indem er eine viel ältere Vorlage benutzte und deren Bild- und Schriftwerk ängstlich nachzuahmen strebte, dieses Werk rührenden und auch wohl rühmlichen Fleißes vollbracht haben. Die italienische Handschrift kam ... später in ein französisches Kloster, entweder nach Fleury und dann nach St. Denis oder gleich nach St. Denis. Heinrich von Auxerre hat sie dort in der zweiten Hälfte des 9. Jahrhunderts benutzt, wie man daraus schließen muß, daß er einen ihr ganz eigenartigen Schreibfehler als merkwürdiges Schmuckstück in seine Gedichte übertragen hat ([2] Vgl. Poetae latini aevi Carolini tom. III pag. 775 s. v. *Minoius*). Vielleicht ließe sich ein ähnlicher Einfluß der Bilder des Romanus auf die karolingische Miniaturmalerei nachweisen. Sicher aber ist, daß die Eigentümlichkeiten dieser Bilder durchaus nur zu beurteilen sind wie die Schreibfehler des Textes, den sie illustrieren, nämlich als unbeabsichtigte Irrungen einer schweren Hand und ungewollte Umdeutungen eines beschränkten Geistes, nicht aber (was Wickhoff wollte) wie die absichtlich kondeszendierenden Lesarten einer Ausgabe in usum puerorum (Tr. a. a. O. 219/20)." Diese hier ausführlich wiedergegebene Ansicht L. Traubes hat sich allgemein durchgesetzt, wenigstens insofern, als kein moderner Philologe oder Paläograph unsern Kodex noch vor dem 5. Jahrhundert ansetzt. Die meisten setzen ihn gegen Ende des 5. bzw. den Anfang des 6. Jahrhunderts. Von St. Denis kam R unter der Regierung des Papstes Sixtus IV. (1471—1484) nach Rom. Dort benutzte ihn Angelo Poliziano als Zeugen für die Richtigkeit der Namensschreibung: „Vergilius" (Misc. 71 u. 77) und Pierius gab ihm, wie gesagt, den Namen „Romanus"; Bottari sammelte seine von den anderen Handschriften abweichenden Lesarten. Ribbeck hat ihn in Rom gründlich durchgearbeitet; Sabbadini zieht manche Lesarten des Romanus denen der anderen Kodizes vor. Wie die anderen antiken Vergilkodizes hat auch R weder Worttrennung noch Interpunktion; die von späterer, unbekannter Hand eingesetzten Trennungspunkte sind z. T. völlig sinnlos. Dieser Bearbeiter von R hat, so schreibt Sabbadini S. 22, seine Arbeit bis Aen. V 80 (f. 114) durchgeführt. Ihm folgt als nächster R^1; später haben sich nach Sabbadini R^3 mit dunklerer Tinte, R^4 in Unzialschrift und R^5 in karolingischer Minuskel als Korrektoren betätigt; von R^2 ist in der Beschreibung Sabbadinis nicht die Rede, er erwähnt ihn aber z. B. zu Aen. 5, 449.

Erhalten sind von ursprünglich etwa 385 Blättern noch 309 Blätter. Im allgemeinen stehen auf jeder Seite 18 Verse; nur gegen Ende der Bücher und mit Rücksicht auf die eingefügten Bilder weicht der Librarius von dieser Zahl ab.

Wie alle antiken Vergilkodizes, bietet auch R nicht den vollständigen Text, sondern hat 5 größere und 4 kleinere Lücken, wie folgende Übersicht zeigt:

Lfd.Nr.	Blatt	schließt mit:	Blatt	beginnt mit:	es fehlen	
1	16v	Ecl. 6,86	17r	Ecl. 10,10	255	Verse
2	33v	Argum.[3] Ge II	34r	Ge 2,216	215	,,
3	62v	Ge 4,36	63r	Ge 4,181	144	,,
4	103v	Aen 2,72	104r	Aen 3,685	1416	,,
5	112v	,, 4,216	113r	,, 5,37	525	,,
6	282v	,, 11,756	283r	, 11,793	36	,,
7	304v	,, 12,650	305r	,, 12,687	36	,,
8	306v	,, 12,758	307r	,, 12,831	72	,,
9	309v	,, 12,938	—	—	14	,,
				Insgesamt:	2713	Verse

---

[3] Argumentum: R bringt vor jedem Buche eine in Versen geschriebene Inhaltsangabe mit Ausnahme von Georgica 1 und 4.

I. TEXTGESCHICHTE

Die Bilder sind folgendermaßen über den Kodex verteilt:

Lfd. Nr.	Blatt	Inhalt der Darstellung:
1	1r	Meliboeus spricht mit Tityrus
2	3v	Vergil mit Schreibpult und Buchrollenbehältnis
3	6r	Sängerwettstreit zwischen Menalcas und Damoetas unter dem Vorsitz des Palaemon
4	9r	Kleineres Vergilbild, Nr. 2 ähnlich
5	11r	Sängerwettstreit zwischen Menalcas und Mopsus
6	14r	Vergilbild, vergrößerte und in den Gesichtszügen vergröberte, im übrigen etwas verfeinerte Variante von Nr. 4
7	16v	Sängerwettstreit zwischen Corydon und Mopsus unter dem Vorsitz des Meliboeus
8	44v	Zwei Hirten inmitten ihrer Tiere; der eine spielt Flöte, der andere hört versonnen zu
9	45r	Hund, Hirt, spielende Pferde und kämpfende Jungstiere in schöner Bildkomposition
10	74v	Iris spricht Turnus an
11	76v	Aeneas, Acestes, Elymus als Leiter der für des Anchises Totenfeier veranstalteten Spiele; l. u. im Bilde: Ascanius opfert am Grabe des A. ein Schaf
12	77r	Die Trojanerflotte im Sturme
13	100v	Aeneas mit Dido beim Gastmahl
14	101r	l. u.: Priamus mit drei Wächtern vor der Stadtmauer; r. u.: Sinon; hinter ihm das Pferd. l. o.: Von der Mauer herab schauen Hekuba, fünf Dienerinnen l. und eine Angehörige des Herrscherhauses r.
15	106r	Aeneas und Dido in der Höhle während des Sturmes
16	163r	Ascanius trifft den Hirsch der Silvia mit einem Pfeil
17	188v	Vielleicht Kampf zwischen Trojanern und Rutulern
18	234v	Götterversammlung: l.—r.: Minerva, Mercur, Juppiter, Pluto (?), Juno
19	235r	Götterversammlung: l.—r.: Diana, Apollo, Neptun, Venus (?), Göttin mit Helm (Wer?)

Leergeblieben sind folgende 15 Seiten: 44r; 45v; 74r; 75v; 76r; 77v; 100r; 101v; 106v; 163v; 187v; 188r; 233r; 234r; 235v.

Weniger als 18 Verse haben folgende Seiten:

Blatt	Verse	Blatt	Verse	Blatt	Verse	Blatt	Verse
1r	9	11r	10	43r	3	186v	7
3v	6	11v	17	61v	7	209r	11
5v	15	14r	8	73v	10	232v	6
6r	9	16v	7	104v	15	261r	7
9r	12	18v	14	136r	7	286r	15
9v	17	33r	10	162r	1		

7) P = *Codex Vaticanus Palatinus (1631)*

Den N a m e n Palatinus verdankt unser Kodex der Bibliotheca Palatina, der kurpfälzischen Landesbibliothek, in Heidelberg. Er ist auf Pergament in einer schönen und überall, wo keinerlei äußere Schäden vorliegen, gut lesbaren Capitalis rustica im allgemeinen recht sorgfältig geschrieben. Sabbadini meint, ein einziger Librarius habe den Gesamtkodex angefertigt; wenn der Schluß nicht so sorgfältig gearbeitet sei, wie im Durchschnitt die anderen Teile, so sei das einfach auf Ermüdung des Abschreibers oder Wechsel des Schreibrohrs zurückzuführen. Auch das zweimal vorkommende, in Unzialschrift geschriebene Є, Bl. 210r Aen 10,531 in TALЄNTA und Bl. 210v Aen 10,538 in TЄMPORA zwinge nicht zu der Annahme, hier liege die Schrift eines zweiten, allerdings der gleichen Zeit angehörenden Abschreibers vor. Dieser Ansicht Sabbadinis schließen wir uns an auf Grund des durchweg gleichbleibenden Schriftbildes, wie wir es im Photo gründlich zu vergleichen Gelegenheit hatten. Sabbadini weist, um seine Auffassung noch besser zu begründen, auf die Überschrift des 11. Buches hin, in der das Wort AЄNЄIDos beide Є in Unzialschrift bietet; stichhaltig ist dieser Hinweis allerdings nur dann, wenn diese Überschrift ganz sicher vom Librarius des Kodex stammt. Eine besondere Eigenart von P ist es, daß in ihm am Anfang und am Ende der einzelnen Werke und Bücher die sonst üblichen Worte incipit und explicit fehlen. Zur Orientierung des Lesers hat der Librarius oben auf dem Rande der Bucolica auf der Recto- und Versoseite ein B geschrieben; in den Georgica und der Aeneis steht auf der Versoseite der Buchstabe G bzw. A, auf der Rectoseite die Nummer des Buches. Im Faksimile freilich sind diese Bezeichnungen nicht mehr auf allen Seiten zu sehen.

P bringt grundsätzlich auf jeder Seite 23 Zeilen. In den Bucolica gelten die Eklogenüberschriften, z. B. MELIBOEVS TITYRVS POETA CORYDON usw., als eigene Zeilen; außerdem sind die Eklogen ohne Absatz hintereinander weg als ein einziges Buch geschrieben. Von den Georgica an zählen die

I. TEXTGESCHICHTE

Überschriften nicht mehr als Zeile. Da im allgemeinen — abgesehen von Ge 2 und Aen 1, deren Anfänge fehlen, und von Aen 2—4, die auf der Versoseite beginnen — jedes Buch oben auf der Rectoseite anfängt und, wenn es auf der Rectoseite schließt, die folgende Versoseite freibleibt, läßt sich einigermaßen genau ausrechnen, wieviel Blätter in den 9 Lücken unseres Kodex jeweils ausgefallen sind. Daß vor Buch 2 (68 v) und 3 (86 v) der Aeneis zwei Seiten (67 v/68 r und 85 v/86 r) freigeblieben sind, ist zwar seltsam und erklärt auch die Vorsicht, mit der Sabbadini (S. 6) und Mercati, der Bearbeiter des Index (S. 22) bei der Zahlenangabe über die fehlenden Blätter verfahren, dürfte aber wohl das in der nun folgenden Übersicht gewonnene Zahlenergebnis kaum beeinflussen.

Lfd. Nr.	Blatt	schließt mit:		Blatt	beginnt mit:		Zahl der fehlenden Verse	Zahl der fehlenden Blätter
1	5v	Ecl.	3,71	6r	Ecl.	4,52	91	2
2	24v	Ge	1,322	25r	Ge	2,139	330	8
3	56v	,,	4,461	57r	Aen	1,277	381	9
4	104v	Aen	4,115	105r	,,	4,162	46	1
5	161v	,,	7,276	162r	,,	7,645	368	8
6	209v	,,	10,462	210r	,,	10,509	46	1
7	232v	,,	11,644	233r	,,	11,691	46	1
8	233v	,,	11,736	234r	,,	11,783	46	1
9	237v	,,	12,46	238r	,,	12,93	46	1
							1400 [1]	32

Da der Kodex heute noch 256 Blätter hat, — die auf Blatt 257 stehenden Verse Aen 8, 141—337 stammen aus einem

---

[1] Nach Sabbadini (Lh 1, 3. S. 6), dem Büchner (Sp. 455) folgt, sind durch die hier aufgezählten Lücken 1428 Verse ausgefallen; der Unterschied ergibt sich daraus, daß nach seiner Zählung in den Georgica 463, nach unserer 435 Verse ausgefallen sind und zwar: 1, 323—514 = 192 Verse; 2, 1—138 = 138 Verse und 4, 462—566 = 105 Verse. Andere Lücken sind in Ge nicht vorhanden.

Anzumerken sind noch folgende Besonderheiten: 1. Im Faksimile fehlen die im Register auf S. 24 als vorhanden aufgeführten Seiten 137v mit Aen. 6, 70—92 und 144v mit Aen. 6, 394—416, vielleicht durch ein nicht bemerktes Versehen bei der Photokopie. 2. Blatt 23/24 in der Praefatio ist verkehrt eingebunden; denn der Index der Blätter fährt nach B 71 unten auf S. 22 mit B 158 auf S. 23 fort, während der richtige Anschluß, also B 72, oben auf S. 24 steht. 3. Auf S. 23 muß es zu B 209v heißen 440—462, nicht 463. 4. Die von Ribbeck (Prol. 225) gebotenen Angaben der verlorenen Verse sind nur dann richtig, wenn bei der Zählung ecl. III 71—IIII 52 die letzte Zahl als nicht mehr eingerechnete Grenzzahl der ausgefallenen Verse gemeint ist; das gilt für alle dort gegebenen Lücken.

Minuskelkodex des 11. Jahrhunderts — so hatte der ursprüngliche Kodex genau 288 Blätter. Da Kodex P aber, namentlich in den offenbar sehr fleißig benutzten Büchern 1—4, noch schwere Schäden erlitten hat durch Feuchtigkeit und teilweise sehr beträchtliche Randbeschädigungen, so fehlen außer den in der Übersicht aufgezählten noch sehr viele Verse ganz, andere sind kaum lesbar.

Über das Alter des Kodex sind sich die Gelehrten nicht einig, denn, wie sonst schon erwähnt, aus der Capitalis allein lassen sich zwingende Schlüsse auf die Entstehungszeit nicht ziehen; Zangenmeister und Wattenbach äußern sich nicht. Wessely denkt an das 4., die Verfasser des Nouveau Traité, Heyne, Ribbeck, Astle, Hirtzel und Janell an das 4. oder 5. Jh.; Chatelain, Mai, Thompson, Plessis-Lejay und Goelzer-Durand setzen das 5. Jh. als Entstehungszeit an. Sabbadini trifft keine klare Entscheidung, möchte aber das Fehlen von incipit und explicit als Hinweis dafür ansehen, daß P im 4. Jh. geschrieben wurde.

Ursprünglich hatte P, ebenso wie die anderen antiken Vergilkodizes, in den ohne Worttrennung geschriebenen Zeilen keinerlei Interpunktion. In diesem Zustande sind die Georgica, weil sie vom Altertum angefangen bis zur Renaissance keinen besonders großen Leserkreis fanden, bis heute geblieben. Durch die Interpunktion wurden vor allem Satzschluß und größere Sinnabschnitte gekennzeichnet. Korrekturen, freilich keineswegs immer wirkliche Verbesserungen, sondern oft vielmehr Verschlechterungen sind über den ganzen Kodex hin anzutreffen; einige davon hat der Librarius selbst, teils beim Schreiben, teils nach erneuter Lesung seiner Vorlage, angebracht[2]. Außer ihm waren im Altertum, nicht allzu lange nach der Zeit des Librarius, zwei Korrektoren tätig, von Sabbadini als P[1] und P[2] bezeichnet; sie schrieben noch in Kapitalschrift, P[1] in feiner, P[2] in etwas roher Form. Daß freilich der feinere Kalligraph nicht auch an Verständnis der Überlegene war, geht aus seinen von Sabbadini im Faksimile S. 8 f. zusammengestellten Ände-

---

[2] Genaueres darüber Sabbadini. Lh. 1. 3, S. 8 und in Lh. 3. 34, 4 S. 62—63.

rungen hervor; P² zog noch eine andere Vorlage heran und änderte oft mit gutem Verständnis; auf ihn geht auch die gesamte Interpunktion zurück; er benutzte bald schwarze, bald grüne Tinte. Bedeutend später als diese beiden wirkten die Korrektoren, die Sabbadini unter P³ zusammenfaßt; sie schrieben teils in Kursive, teils in Unzialschrift. Einer von ihnen ersetzte die verblichenen Schriftzüge der Verse Aen 3, 714—18 (fol. 102 r) in häßlich wirkender, mit Abkürzungen arbeitender, uneinheitlicher Schrift; die Buchstaben E, H, M sind bald in Kapitalen, bald in Unzialen geschrieben, und U ist bald unserem V, bald unserem U gleich. Die Buchstabenhöhe wechselt in höchst unschöner Weise; Vers 716 z. B. sieht aus, als sei er nachträglich dazwischen geklemmt. Von P⁴ (ein oder mehrere Leser) sind in der Karolingerzeit einige Ergänzungen bzw. Verbesserungen angebracht worden. Mit P⁵ bezeichnete Sabbadini zwei Deutsche, die ihre Eintragungen zwischen den Jahren 1556 und 1589 gemacht haben; der eine benutzte schwarze, der andere rote Tinte. Sie zählten die Verse, bezeichneten Lücken, zogen an einigen Stellen die verblichenen Buchstaben nach, sie besserten die Schäden des z. T. übel zugerichteten Kodex aus, beschnitten die ausgefransten Ränder — dabei kam es dann auch zu der neuen Anordnung des Verses 6, 702; vgl. Tu S. 832 — und ließen das Pergamentexemplar, um die Bogen zu schonen, Seite für Seite mit Papierblättern durchschießen, die sie dann bei der Paginierung mitzählten. Dabei kamen sie auf die Seitenzahl von 571 (vgl. Lh 1. 3, S. 6, Anm. 1). ⟨Ob das bedeutet, daß diesen beiden Männern noch 285 Blätter von P vorlagen?⟩ Das durchschossene Papier stammte, wie das ihm eingepreßte Wappen — ein Adler mit dem Buchstaben F — lehrt, aus Frankfurt am Main, ein Hinweis darauf, daß die Aufbesserungsarbeit am Kodex in Deutschland stattfand; die Zeitangabe 1556—1589 für das Wirken beider Männer ergibt sich nach Sabbadini (Lh 1. 3, S. 10) aus der, allerdings im Faksimile nicht vorhandenen, Randnotiz zu fol. 257 r: „Ex 8 Aen. fragment. p. 307 Erythr. versu 12." Mit „Erythr." ist die 1538 erstmalig veröffentlichte und dann oft wiederaufgelegte, mit reichhaltigem Index versehene Vergilausgabe des Nicolaus Erythraeus gemeint. Diese Ausgabe aber hätte der Schreiber der Notiz sicher nicht mehr herangezogen, wenn ihm die 1589 von Hieronymus Commelinus in Heidelberg gemachte Edition zur Hand gewesen wäre. Da P aber nicht vor 1556 nach Heidelberg gekommen ist, wird die Arbeit der beiden deutschen Korrektoren auf die erwähnte Zeitspanne festgelegt. Sabbadini meint, sie seien Praefekten der Palatina in Heidelberg gewesen.

Über die S c h r i f t h e i m a t unseres Kodex ist nichts bekannt. Als seine B i b l i o t h e k s h e i m a t wird von L. T r a u b e und Fr. E h r l e vermutungsweise, von S a b b a - d i n i als sicher das durch wertvolle Handschriften und seine Schreibschule berühmte Benediktinerkloster L o r s c h (Laureshamum 763—1560) angegeben. Daß der im Index codicum Laureshamensium (jetzt Palatinus 1877) aufgeführte „liber Virgilii" unser P sei, ergibt sich für Sabbadini aus folgenden Tatsachen: an drei Stellen des Kodex haben in karolingischer Zeit zwei Korrektoren Verse, die der Librarius ausgelassen hatte, ergänzt; Bl. 151 r den Vers Aen 6, 702: *par levibus ventis volucrique simillima somno*; Bl. 192 r Aen 9, 465: *quin ipsa arrectis visu miserabile in hastis*, und Bl. 202 r Aen 10, 107: *quae cuique est fortuna hodie quam quisque secat spem.* „Der Ergänzer des ersten Verses gehört dem 9. Jh. überhaupt, der Schreiber der zwei anderen mit Sicherheit dem Anfang dieses Jahrhunderts an. Das geht aus den in Ligatur geschriebenen Buchstaben *ec, rec, rt* hervor, in denen das *r* sogar noch die Züge der Kursivschrift bewahrt; beide Korrektoren aber benutzten zur Kennzeichnung der Auslassung bald den Buchstaben h, bald d (auch diese in Kursivschrift); das aber war ([1] Lindsay, Palaeographia latina III (St. Andrews University Publications, XIX, 1924) S. 43—44) eine Eigenart der Schreibschule von Lorsch."[3]

Wahrscheinlich ist P aus dem Besitz eines Geistlichen Gerward von Gent im Jahre 814 unter Adelung, dem fünften Abt

---

[3] Übersetzt aus der Praefatio Sabbadinis S. 12 f.

des Klosters (808—838), nach Lorsch gekommen.[4] Bis etwa 1556 blieb der Kodex in Lorsch. Noch in der Zeit zwischen 1524 bis 1527 bewunderte Sebastian Münster (1489—1552), damals Professor für Hebräisch in Heidelberg, bei einem Besuch des Klosters Lorsch wohl auch unseren Vergil; heißt es doch in seiner ‚Cosmographei': "Diss Kloster hat gar eine alte Liberei gehabt, dergleichen man im ganzen Teutschen land nit gefunden hat, Aber die alten Bücher seind zum merer Theil daraus verzuckt worden. Ich habe Bücher darin gesehen, die soll Vergilius mit eigener Hand geschrieben haben."[5] Damit dürfte Münster unseren Kodex gemeint haben; denn wie viele Gelehrte des Mittelalters und noch des 16. Jh. hielt er das in Capitalis geschriebene Buch für Originalschrift des Dichters.

Im Jahre 1556 wurde Kloster Lorsch von dem kalvinischen Kurfürsten von der Pfalz, Otto Heinrich (1556—1559), aufgehoben; die kostbaren Codices Laurishamenses, mit ihnen unser Vergilkodex P, gingen in die Pfälzer Landesbibliothek, die Palatina in Heidelberg, über[6] und standen dort in den beiden oberen Galerien über den Seitenschiffen der Heiliggeistkirche bis zum

---

[4] Vgl. Franz F a l k, Beiträge zur Rekonstruktion der alten Bibliotheca fuldensis und Bibliotheca laureshamensis, Centralblatt für Bibliothekswesen, Heft 26, S. 72 (Otto Harrassowitz, Leipzig 1902). Das im Pal. 1877 erhaltene BREVIARIVM LIBRORVM SANCTI NAZARII bringt in einem Nachtrag auf Bl. 33v—34r ein Verzeichnis der von Gerward dem Kloster vermachten Bücher; am Ende wird ein *Liber uirgilii* aufgeführt. Unter dem Nachtrag steht: „Hos libros repperimus in gannetias ‹Gent›. quos geruuardus ibidem reliquit. et ab inde huc illos transtulimus."

[5] Von Lohmeyer und Sabbadini zitiert aus P. Lehmann: *Johannes Sichardus;* München 1912 — S. 135 f. (L. Traube: Quellen und Untersuchungen zur lateinischen Philologie des Mittelalters, IV, 1).

[6] Über die Art, wie der letzte Propst von Kloster Lorsch den Unwillen des Kurfürsten Friedrich II. von der Pfalz auf sich lenkte und wie Ottheinrich die Bibliothek an sich brachte, entnehmen wir Falk (a. a. O. S. 48 f.) den interessanten Bericht der Zimmerschen Chronik (hrsg. von K. A. Barack, Tübingen 1869). Dort heißt es (4. Bd. S. 55): „Graf Wilhelm Werner ist bei sechs Jaren [1548—1554] kaiserlicher Cammerrichter gewest ... hiezwischen aber [ist] Grafe Wilh. Werner zu Speir allerlei begegnet. Gleich den nächsten Sommer darnach, im Septembrio, do hat er ihm [sich] furgenommen, etliche Antiquitates und alte Gebew zu besichtigen. Also ist er in einer Ferie oder Vacanz geen L o r s c h geritten, der Meinung, die Liberei, auch die alten Gebew und Stiftungen zu erkundigen. Wie er aber dahin kommen, hat ihm der Propst daselbst, unangesehen, daß er sich mehrmals anzeigen lassen, nit allein solche Antiquitäten verhalten

Jahre 1623. Am 4. Februar dieses Jahres führte Leone Allaci[7] unter dem Schutze von 60 bayrischen Musketieren die gesamte Palatina und noch Bücher aus einigen anderen Bibliotheken Heidelbergs, insgesamt 3542 Handschriften und etwa 5000 gedruckte Bücher in 196 Kisten auf 50 Frachtwagen über München nach Rom. Dort kam er am 5. 8. 1623 mit der unversehrten Ladung an, knapp einen Monat nach dem Tode des am 8. Juli verstorbenen Papstes Gregors XV. (1621—23), dem der Bayernherzog Maximilian I. (1573—1651), Herzog seit 1597, Kurfürst von der Pfalz seit dem 25. Februar 1623, diesen kostbaren Schatz überlassen hatte, als Gegenleistung für die tatkräftige, materielle und diplomatische Unterstützung, die Gregor XV. ihm, dem Begründer und Führer der 1609 gegründeten katholischen Liga, in seinem Kampf gegen Kurfürst Friedrich V. von der Pfalz (1596—1632, regiert 1610—20) zuteil werden ließ.[8] Noch

---

[vorenth.], sondern auch ihn auch ins Kloster keineswegs einlassen wollen, darum der Graf wieder zurück reiten müssen. In Kürze hat er das durch Herr Wolfen von Affenstein, den churfürstlichen Rath, an gepurlichen Orten anbracht, hierauf der Churfürst, Pfalzgraf F r i e d r i c h (⁴starb 1556 Febr. 2; Ottheinrich starb 1559 Febr. 12.), also über den Propst erzürnt worden, daß er etlich Pferd hinab ins Kloster geschickt. Die haben eine große Anzahl Habern, Korn, Wein und andere Victualien mit ihnen [sich] hinüber geen Heidelberg geführt, und ist der Propst seiner Kargheit halb zu großem Nachtheil kommen, auch in zehnfachen Schaden gekommen. Es hat ja diß herrlich, alt Kloster zu Boden [Grunde] gehen müssen; sie haben vor Jahren ihren Orden verlassen, die Kutten von ihnen [sich] geschüttet und sein zu weltlichen Priestern worden. Wie sie aber noch viel weltlicher worden, do ist der nachgehend [folgende] Churfürst, Pfalzgrafe O t t H e i n r i c h tanquam alter Nebucadnezar kommen. Der hat die kaiserlich uralte Bibliothek samt Butzen und Stil, wie man sagt, hingeführt, und wie augenscheinlich sieht es [das Kloster] eim zerfalnen Spital viel gleicher, denn einer so herrlichen und kaiserlichen Stiftung."

[7] L. Allaci (Leo Allatius 1586—1669) geb. auf der Insel Chios, trat in Italien kurz nach 1595 zur römisch-katholischen Kirche über, wurde Doktor der Philosophie, Theologie und Medizin und war lange Zeit, sicher 1622—1669 als Skriptor, zuletzt als Custos an der Vaticana tätig. Scriptores nannte man besonders die Bibliothekare, welche Griechisch konnten.

[8] Über Vorgeschichte, Durchführung und Bedeutung vgl. L. von Pastor, Gesch. der Päpste, Bd. XIII, 1 S. 184 ff. Als Gegenstück zu dem Bericht der Zimmernschen Chronik bringen wir aus Pastors Darstellung (S. 185 f.) einen Passus des vom 15. Oktober 1622 datierten Breve Gregors an Maximilian. Nachdem der Papst den Herzog zur Einnahme Heidelbergs beglückwünscht hat, fährt er fort: „Wir finden aber keine Worte, dir Unsere Freude auszudrücken, die wir über jenes der heiligen römischen Kirche so willkommene und dem bayrischen Namen

heute gibt das, auch auf der Titelseite unseres Kodex gedruckte, Ex Libris, das Maximilian I. von dem Münchener Kupferstecher Raphael Sadeler (1555—1628) für die aus der Palatina stammenden Bücher herstellen ließ, Zeugnis von dieser religions- und kulturpolitisch hochbedeutsamen Schenkung. Über dem Wappen des bayrischen Fürstenhauses, das in prächtiger im Barockstil durchgeführter Darstellung fast zwei Drittel der Seite einnimmt, steht folgender „Spruch" des Buches:

> Sum de bibliotheca, quam Heidelberga capta spolium fecit et P⟨ontifici⟩ M⟨aximo⟩ Gregorio XV, trophaeum misit Maximilianus, utriusq⟨ue⟩ Bavariae dux etc., S⟨acri⟩ R⟨omani⟩ I⟨mperii⟩ Archidapifer et Princeps Elector.[9]

Unter dem Wappen steht die Jahreszahl: Anno Christi MDCXXIII.

Nach einer Ruhezeit von 175 Jahren wurde P im Mai des Jahres 1798 durch einen unglücklichen Zufall die Beute jener Kommissare Napoleons, die schon im Juli 1797 auf Grund des Waffenstillstands von Bologna und des Friedens von Tolentino 500 Kodizes der Vaticana für die Bibliothèque Nationale in

---

so ruhmvolle Geschenk empfunden haben, das du als frömmster aller Sieger gleichsam als Denkmal der Niederwerfung des Ketzertums dem Fürsten der Apostel und Uns dargebracht hast, denn es wird dem wahren katholischen Glauben befestigen und zu deinem Ruhme beitragen. Wer erkennt nicht, daß du durch dein sehnliches Verlangen, die an einer wunderbaren Fülle von Werken reiche Bibliotheca Palatina aus jenen Gauen wegzuschaffen, um sie mit der Vaticana zu vereinigen, den ruchlosen Händen der Ketzer die zweischneidigen Schwerter entwindest, welche jene, die Väter der Lüge und Bekenner verwerflicher Glaubenssatzungen, ohne Unterlaß zur Vernichtung der Heilswahrheiten zücken." Aus diesen Sätzen, deren barocker, oft exaltierter Stil freilich nicht der Gregors XV. selbst, sondern der seines Brevenschreibers, des Florentiner Dichters Giovanni Ciampoli, ist, geht klar hervor, welch hohe religionspolitische Bedeutung dem Besitz dieser vor allem auch an patristischer Literatur reichen Bibliothek vom Papste beigemessen wurde.

[9] Ich gehöre zu der Bibliothek, die nach der Einnahme Heidelbergs erbeutete und dem Papste Gregor XV. als Siegeszeichen übersandte Maximilian, Herzog der beiden Bayernlande usw., des Heiligen Römischen Reiches Erztruchseß und Kurfürst.

Vgl. dazu Karl Erich Graf zu *Leiningen-Westerburg*, Ex-libris, Zeitschrift für Bücherzeichen, Bibliothekenkunde und Gelehrtengeschichte. Berlin 1892, Jhg. II, Nr. IV, S. 12—14.

Paris entnommen hatten.[10] Seit dieser Zeit trägt P, ebenso wie M den roten Stempel der Staatsbibliothek Frankreichs neben dem der Vaticana. 1815 wurde P von Ludwig XVIII. (1814—24) an die Vaticana zurückgegeben.

Bedeutung für die Konstituierung des Vergiltextes gewann P erst im 19. und 20. Jh. Denn Hieronymus Commelinus und Antonio Ambrogi haben P zwar mitbenutzt, aber nach Ribbecks und Sabbadinis Urteil nicht gründlich und zuverlässig genug.[11] Auch Heyne bringt nur einige Lesarten von P. Ribbeck aber und vor allem Sabbadini haben den Palatinus mit größter Genauigkeit durchgearbeitet, ihn für die Konstituierung des Textes ausgiebig verwertet und seine Zuverlässigkeit in der Bewahrung des originalen Wortlautes höher als die der anderen Vergilkodizes eingeschätzt. Ribbeck spricht das in seinen Prolegomena (S. 311 u. 320) mit Nachdruck aus, und Sabbadini

---

[10] Näheres darüber vgl. Lh. 1. 2, S. 19—22; wir entnehmen dem dort gegebenen Berichte folgendem, hier aus dem lateinischen Original frei übersetzten Passus (S. 21 f.): „Kurz vor dem Termin, zu welchem man mit dem Eintreffen der französischen Kommissare, die jene 500 Kodizes auswählen sollten, rechnen mußte, entfernte man die als besonders wertvoll geltenden Kodizes von ihrem Standort und brachte sie teils in einem der Bibliothek benachbarten Geheimarchiv des Hl. Stuhles, teils wohl auch andernorts in Sicherheit. Das geht klar hervor aus den eigenen Worten des derzeitigen Bibliothekpräfekten Giuseppe Reggi. Unglücklicherweise aber wurden kurz vor jenem ungerechten Einbruch in die Bibliothek — außer der im Waffenstillstand und im Friedensvertrag vereinbarten, am 13. Juli 1797 durchgeführten Bücherentnahme holten sich die Franzosen am 13. Mai 1798 noch andere wertvolle Kodizes und eine erlesene Münzensammlung — einige dieser Kodizes aus ihrem Versteck, wo sie unversehrt ruhten, hervorgezogen, dann allerdings nicht an ihren alten Standort zurückgestellt, sondern in den Bücherschränken der großen Aula Sixtina hinter den Reihen anderer Kodizes beiseite gebracht. Und so fielen von den Kodizes, die im Jahre 1797 den Franzosen verborgen geblieben waren, fünf in ihre Hände; unter ihnen ragten an Bedeutung hervor eine Griechische Bibel aus dem 4. Jh., die weitaus herrlichste Zierde unserer Bibliothek, und der Vergilius Palatinus." Unser Jahrhundert hat uns gründlich gelehrt, solche Sorgen und Ängste um die Bergung und Bewahrung kostbarsten Kulturbesitzes, solchen Kummer über seinen Verlust, aber auch — z. T. wenigstens — die Freude über großzügige Wiedererstattung lebhaft nachzuempfinden.

[11] Hieron. C o m m e l i n i. — P. Virgilii Maronis Opera *olim quidem a Jo. Pierio Valeriano mss. Codicum ope restituta, nunc vero denuo cum vetustissimo et omnium longe optimo exemplari collata.* Ex bibliotheca ill. P. Frederici III. comitis Palatini ad Rhenum. In officina Sanctandreana MDLXXXIX.

A. A m b r o g i. — P. Virgilii Maronis Bucolica Georgica et Aeneis ex cod. Mediceo Laurentiano descripta ab Antonio Ambrogi Florentino S. J. *Italico versu reddita.* Romae 1763.

schließt im Vorwort zu seiner Ausgabe (Sa 23) die Beschreibung des Kodex P mit folgenden, im Original lateinischen, Sätzen: „Den Kodex habe ich persönlich dreimal und viermal gelesen, verglichen und die Textvarianten, die früher entweder falsch gelesen oder völlig übersehen oder schließlich nicht richtig bewertet worden waren, herausgearbeitet und gesammelt. Der Palatinus besitzt die größte Autorität und hat als einziger von allen die meisten Lesarten rein bewahrt; in der richtigen Überlieferung der Orthographie nimmt er unter den übrigen Kodizes den ersten Platz ein."

Diese Bevorzugung des Palatinus selbst dem Mediceus gegenüber wird von Gino Funaioli (Lh. 3. 12, 1 u. 2, bes. S 354 ff.) eingehend gewürdigt und einesteils als berechtigt anerkannt, andernteils unter Anführung beweiskräftigen Materials als zu weitgehend in angemessener Weise eingeschränkt.

8) M = *Codex Laurentianus-Mediceus pl. XXXIX, 1.*

Benannt ist M nach der Bibliotheca Mediceo-Laurentiana zu Florenz. Die Standortangabe „pl⟨uteus⟩ XXXIX, 1" ist allerdings nicht zutreffend, denn M liegt nicht auf dem 39. der prächtigen, nach Michelangelos Plänen geschnitzten Pulte als Nr. 1 neben den anderen Vergilausgaben, deren bevorzugter Platz eben dieses Pult ist, sondern er wird in einer dem großen Saal angebauten Rotunde in einem verschlossenen Schranke aufbewahrt.[1] M ist keine Prachtausgabe im Stile des Augusteus

---

[1] Noch Otto Ribbeck konnte 1853 den Kodex nur kurz und durch strenge Aufsicht behelligt einsehen. Erst Max Hoffmann hatte 1881 das Glück, den wertvollen und bisher zwar vielgerühmten, aber noch nicht mit letzter Sorgfalt kollationierten Kodex in aller Muße „viele Wochen und Monate" studieren zu können. Er schrieb ihn vollständig ab, überholte damit die Arbeiten Fogginis und des von diesem abhängigen Ribbeck bei weitem und legte in der oben zitierten, leider nur schwer zugänglichen Arbeit die denkbar sorgfältigste Beschreibung von M vor, ein unentbehrliches Hilfsmittel für das Studium des Kodex M. Denn selbst das unter Lh 1. 4 aufgeführte, prächtig ausgestattete, von Enrico Rostagno mit einem schwungvollen, teilweise allerdings sehr zeitbedingten, Vorwort und vortrefflichen Anmerkungen versehene Faksimile reicht nicht immer aus zur genauen Feststellung und Beurteilung umstrittener Lesarten und verschiedener Tinten und Hände. Für solche Fragen bleibt jeder, der das Original nicht selbst sehen kann, immer noch auf Hoffmanns Arbeit angewiesen.

oder des Vaticanus F gewesen. Die Schrift ist eine, vergleichsweise, kleine, von gewandter Hand flott geschriebene Capitalis rustica ohne jene Zeichen von Künstlichkeit, die für karolingische Nachahmungen der alten Capitalis kennzeichnend sind. Jeweils drei Zeilen am Anfang der einzelnen Bücher sind mit roter Farbe geschrieben. Die Höhe der Buchstaben liegt zwischen 0,25 und 0,3 cm. „Das Pergament ist sehr dünn, häufig recht fleckig und hat viele kleine und große Löcher, die zu nicht geringem Teile schon vor der Niederschrift des Textes bestanden haben."[2] Auf manchen Seiten scheint die Schrift der Gegenseite durch; die Blätter sind jetzt nach Beschneidung der Ränder ca. 21,5 cm hoch und ca. 15 cm breit. Jede Seite, abgesehen vom Schluß der einzelnen Bücher, hat 29 Verse; in den als e i n Buch geschriebenen Bucolica zählen, wie bei P, die Eklogenüberschriften als Verszeilen. Ursprünglich hatte M 28 Quaternionen[3], die schon in alter Zeit jeweils unten rechts auf der letzten Seite des Quaternio numeriert worden sind, und zwar von 1—15 mit römischen Zahlen, von 16—28 mit großen Buchstaben; zum Schluß ist noch eine Lage, d. h. zwei Blätter ohne Kennzeichnung vorhanden. Aus der verschiedenartigen Numerierung geht hervor, daß der Kodex ursprünglich in zwei Bänden vorlag; Beweis dafür ist auch der arg beschädigte Zustand des letzten Blattes von Quaternio XV. Da nun der 15. Bogen zehn, der Bogen D neun und die Schlußlage zwei Blätter umfaßt, so hatte der Gesamtkodex (28 mal 8 = 224) + 5 = 229 Blätter. Davon ging, schon vor 1461, Quaternio I., d. h. 8 Blätter mit Ecl. 1,1 bis 6,47 verloren[4]; um die Mitte des 16. Jahr-

---

[2] Lh 3. 18a) S. VII.

[3] Ein Quaternio ist ein vierfach gefalteter Bogen mit 8 Blättern bzw. 16 S.

[4] Zu der hier in der Seitenzahl vorliegenden Unstimmigkeit merkt Ho (a. a. O. IX) an: „Es sind also 16mal 29 = 464 Zeilen verloren; Ecl. 1,1—6,47 mit 6 Überschriften haben aber 473 Verse, d. i. ein Überschuß von 9 Versen über die Zeilen." Ho hilft sich mit der Annahme, der seiner Arbeit noch ungewohnte Schreiber habe anfangs hie und da Verse vergessen und sie dann zwischen den Zeilen oder unter dem Text, wie es auch sonst im Kodex vorkommt, nachgetragen. Für die von Servius nicht interpretierten Verse Ecl. 2,32 und 33 rechnet Ho mit Ausfall. Vgl. auch Rostagno (32), der u. a. vermutet, der Librarius habe anfangs 30 Zeilen auf den ersten 9 Seiten gehabt.

hunderts entnahm irgendwer dem Kodex noch Blatt 157 alter Zählung.[5] Übriggeblieben sind also 220 Blätter mit Ecl. 6,48 bis Aen 12,952. In der nun folgenden Inhaltsverteilung auf den Kodex übernehmen wir die Nummern der modernen Zählung, die jeweils rechts unten am Rande stehen.[6]

Quat.	Blatt	Inhalt	Quat.	Blatt	Inhalt
I	—	—	A	116r-123v	A 6, 1-465
II	2r-9v	E 6,48 -G 1,58	B	124r-131v	A 6,466-901
III	10r-17v	G 1,59 -514	C	132r-139v	A 7, 1-465
IV	18r-25v	G 2,1 -466	D	140r-148v	A 7,466-8,117
V	26r-33v	G 2,467-3,375	E	149r-156v	A 8,118-584
VI	34r-41v	G 3,376-4,261	F	157r-163v	A 8,643-9,292
VII	42r-49v	G 4,262-A 1,116	G	164r-171v	A 9,293-757
VIII	50r-57v	A 1,117-581	H	172r-179v	A 9,758-10,379
IX	58r-65v	A 1,582-2,263	I	180r-187v	A 10,380-843
X	66r-73v	A 2,264-751	K	188r-195v	A 10,844-11,380
XI	74r-81v	A 2,752-3,406	L	196r-203v	A 11,381-844
XII	82r-89v	A 3,407-4,145	M	204r-211v	A 11,845-12,377
XIII	90r-97v	A 4,146-612	N	212r-219v	A 12,378-842
XIV	98r-105v	A 4,613-5,348	⟨n⟩	220r-221v	A 12,843-952
XV	106r-115v	A 5,349-871			

Zwischen, über und unter den drei auf Blatt 8r stehenden, vom Librarius geschriebenen Explicit-Incipit-Zeilen, auf engem Raum also, steht jene berühmte Subscriptio des Turcius Rufius Apronianus Asterius, der 494 Consul ordinarius, d. h. höchster Reichsbeamter in den zwei ersten Monaten des Jahres war. Der Text dieser teils in Prosa mit Kapitalschrift, teils in 8 Distichen mit Unzialen geschriebenen Subscriptio lautet:

Turcius Rufius Apronianus Asterius v⟨ir⟩ c⟨larissimus⟩ et inl⟨ustris⟩ ex comite domest⟨icorum⟩ protect⟨orum⟩ ex com⟨ite⟩ priv⟨atarum⟩ largit⟨ionum⟩ ex praef⟨ecto⟩ urbi patricius et consul ordin⟨arius⟩ legi et distincxi codicem fratris Macharii v⟨iri⟩ c⟨larissimi⟩ non mei fiducia set eius cui si et ad omnia sum devotus arbitrio XI Kal. Mai⟨as⟩ Romae.

---

[5] Dieses Blatt, das erste des Quat. F, mit Aen. 8,585—642 steht heute als Blatt 76 im Vaticanus F.

[6] Die ältere Zählung, deren Nummern links unten stehen, aber meist weggeschnitten sind, beginnt mit Quaternio II, zählt von Blatt 1—144 korrekt, springt dann versehentlich auf 146 über, geht auch nach 156 mit 158 weiter und endet so bei 222. Die jüngere Zählung beginnt mit einem dem Quaternio II vorgehefteten Vorsatzblatt, dessen Versoseite (Bl. 1v) eine aus 5 Distichen bestehende Widmung des Achille Estaço an den Kardinal Rodulfo di Carpi enthält, ist also der älteren Zählung von 1—145 um eins voraus, trifft dann mit ihr von 146—156 zusammen, und bleibt von 157—221, der Endzahl, um eins hinter ihr zurück. Für Einzelheiten vgl. Lh 1. 4, S. 27 ff.

Θ	Distincxi emendans gratum mihi munus amici	1
	suscipiens: operi sedulus incubui.	2
Θ	Quisque legis, relegas felix parcasque benignus,	15
	si qua minus vacuus praeteriit animus,	16
	tempore, quo penaces circo subiunximus atque	3
	scenam euripo extulimus subitam,	
	ut ludos currusque simul variumque ferarum	5
	certamen iunctim Roma teneret ovans.	
	Ternum quippe sofos merui: terna agmina vulgi	
	per caveas plausus concinuere meos.	
	In pretium famae census iactura cucurrit,	
	nam laudis fructum talia damna serunt.	10
	Sic tot consumptas servant spectacula gazas	
	festorumque trium permanet una dies	
	Asteriumque suum vivax transmittit in aevum,	
	qui parcas trabeis tam bene donat opes.	

Ich, Turcius Rufius Apronianus Asterius, Mann von senatorischem Rang und hohem Ansehen, vom ⟨Amt eines⟩ Offiziers der ⟨kaiserlichen⟩ Palastwache, eines Vorstehers der kaiserlichen Privatschatulle ⟨und⟩ des Stadtpräfekten ⟨aufgestiegen⟩ zum Patricius und ordentlichen Konsul, habe den Kodex meines Bruders Macharius, eines Mannes von Senatorenrang, ⟨prüfend⟩ gelesen und interpungiert, nicht aus Selbstvertrauen, sondern nach dem Willen dessen, dem ich ja in allem ergeben bin. Rom, am 21. April.

> Zeichen trug ich berichtigend ein, willkommenen Freundes-
> dienst übernahm ich und gab willig dem Werke mich hin.
> Prüfe es, Leser, von neuem mit Glück und schone mich gütig,
> wenn ich aus Mangel an Zeit Fehler im Text übersah
> damals, als ich dem Zirkus den Anbau der Holzgalerie und
> schnell am Graben ein Haus ⟨auch⟩ für die Bühne ihm gab.
> Schauspiel und Wagenrennen zugleich und mancherlei Tierkampf
> sollte auf einen Schlag haben das jubelnde Rom.
> Dreifachen Lohn fand so mein Genie: drei Scharen des Volkes
> riefen im Zirkus zugleich laut ihren Beifall mir zu.
> Ruf und Namen brachte als Preis der Verlust an Vermögen,
> sind solche Schäden doch nur Saat für die Ernte des Ruhms.
> So hinterlegt mir das Spiel den großen Aufwand an Schätzen,
> stets wirkt fort e i n Tag, aber ein dreifaches Fest,
> Leben verbürgend seinem Asterius, ihm, der dem Ehren-
> kleide des Konsuls so schön schenkte sein kärgliches Gut.

Ist diese Subscriptio eine eigenhändige Eintragung des Apronianus[7], so war M im Jahre 494 und wohl einige Zeit vorher und

---

[7] Der Name Turcius Apronianus Asterius hatte schon im 4. Jh. guten Klang. Im Corpus Inscriptionum Latinarum (VI 1768—1770, 1772; XI 6218/19; XIV 3582/83) werden vier Träger des Namens *Turcius* — einer heißt L. Turcius Apronianus Asterius — erwähnt, alle waren hohe Reichsbeamte, einer 310 Konsul, zwei Stadtpräfekten, 339 und 363/64; einer war Konsul und Comes Augusti. Es liegt nahe, unseren an Titeln und Ämtern reichen Apronianus in diesem Zu-

nachher in Rom. Rostagno (Lh 1. 4, S. 55) hält es für denkbar, daß der Kodex zunächst zur Bibliothek des Papstes Agapetus (535—536), dann — noch in Rom — zu der des Cassiodor gehört habe; dieser habe ihn später, als er sich etwa im Jahre 540 von

sammenhange anzusehen als den Angehörigen einer bekannten Familie. Als Consul ordinarius verwaltete Apronianus sein Amt in den ersten Monaten des Amtsjahres und gab ihm den Namen; zu seinen Pflichten gehörte auch die Veranstaltung großer Spiele. — Zur Übersetzung der Titel vgl. Ernst Kornemann, Weltgeschichte des Mittelmeerraumes II 303 (Biederstein Verlag München 1949); für das Epigramm wurde Sa 24 f. benutzt. Otto Jahns grundlegende Studie (Lh 3.19) war uns leider nicht zugänglich. — Die von Apronianus angemerkten Korrekturen haben wir in den Text gesetzt: 1) das 8. Distichon (15/16) gleich hinter das 1. (1/2); 2) statt *quaestum* in v. 9 steht das am Rande vorgeschlagene
                                                                                us
pretium; 3) statt *benigne* in v. 15 *benignus*; im Original steht *benigne* . Das *si* in der umstrittenen Stelle *cui si et ...* S. 771 lesen wir mit Oudendorp sc ⟨ilicet⟩ (zitiert bei Lohmeyer 164, Anm. 81). Was v. 3 unter *penaces*, volkssprachlich statt *pinaces* = *Bilder auf Holztafeln*, zu verstehen ist, bleibt ungewiß. Sa 24 vermutet *tabulata* = *Brettergerüst*. Die harten Hiate in v. 4 sind für Apronianus kennzeichnend. Sa 24 weist auf einen ähnlichen Vers in der Seduliusausgabe des A. und auf Jahn (Lh 3. 19, S. 350 f.) hin.

Die Frage, ob diese Subscriptio wirklich ein Autographon von der Hand des Apronianus sei, wurde von Ribbeck entschieden verneint, von Hoffmann mit „Non liquet", von Rostagno mit einem klaren „Ja" beantwortet. Ribbeck (prol. 223) hält es für unmöglich, daß Apronianus selbst ein teils fehlerhaftes, teils verbessertes, in zwei von einander abweichenden Schriftarten flüchtig hingeworfenes Scriptum in den Kodex eingetragen habe; er meint, „der aus dem 5. Jh. stammende Kodex Mediceus sei im 6. oder 7. Jh. entweder direkt mit dem Buche des Macharius oder doch mit einer daraus hergestellten Abschrift verglichen und auf Grund dieses zuverlässigen Vorbildes emendiert worden; die Subscriptio des Apronianus aber sei aus der Vorlage vom Librarius in den Mediceus übertragen worden ⟨und zwar⟩ so, daß er den Prosateil ziemlich sorgfältig der Handschrift des Originals nachformte, das Epigramm aber, vielleicht aus Raumnot, in seiner gewöhnlichen Schrift eilig hinsetzte." Rostagno dagegen schreibt (S. 10): „Gerade der Platz, an dem ⟨die Subscriptio⟩ sich findet, das offensichtliche Bestreben, sie dem engen, auf dieser Seite am Ende der Eklogen verfügbaren Raum anzupassen, die in ihr von derselben Hand angebrachten Verbesserungen, die durchaus dem Ende des 5. Jh. eigene Schriftarten erlauben keinen Zweifel ⟨an der Originalität⟩". Und S. 37: „Wollte man die Autographie bestreiten, so ergäbe sich die einzigartige Konsequenz, der unbekannte Abschreiber dieser Subscriptio habe sie mechanisch *(materialmente)* übernommen und reproduziert, ohne die von Apronianus im Original gekennzeichneten Korrekturen in den Text einzuführen, ohne u. a. jenes Distichon, welches das achte war und blieb, an den von Apronianus bestimmten Platz, also unmittelbar hinter das erste Distichon zu setzen: kurz, ⟨der Abschreiber⟩ hätte die Kennzeichnung der verlangten Korrekturen ⟨zwar⟩ wiedergegeben, sie aber nicht ausgeführt. Und das hat, so wird man zugeben, doch wenig oder gar keine Wahrscheinlichkeit".

allen Ämtern der Welt in den Frieden seines Klosters Vivarium bei Squillace zurückzog, als kostbaren Schatz seiner reichen Bibliothek mitgenommen. Von dort kam er, wohl im 8. Jh., in seine Bibliotheksheimat, Kloster Bobbio. Noch heute sehen scharfe Augen[8] auf Blatt 2r, der 1. Seite des II. Quaternio, oben rechts den Inventarvermerk „Liber scti Columbani d [e Bobio]" und darüber die Zahl 160. Unter dieser Nummer aber wird in dem von Amedeo P e y r o n herausgegebenen, 1461 angefertigten Inventarium Bibliothecae Bobiensis (Stuttgart u. Tübingen, Verlag von Johann Georg Cotta 1824) auf S. 44 ein Vergilkodex vermerkt: „160. in hoc volumine infrascripta continentur videlicet: Virgilii maronis bucolicon liber. Eiusdem georgicon libri IIII. Eiusdem eneydos libri XII in littera capivers(ali). medioc⟨re⟩ vo⟨lumen⟩ Ni⟨grum⟩". Damit kann nach Rostagno (S. 14) nur unser Kodex M gemeint sein. In Bobbio blieb M also mindestens bis 1461. Daß er schon damals Quaternio I verloren hatte, schließt Rostagno (S. 16) daraus, daß die Signatur „Liber scti Columbani" auf der ersten Seite des Quaternio II, die zugleich die erste Seite des heute vorliegenden Kodex ist, eingetragen wurde. Von Bobbio kam M um 1470 in das mit der St. Paulskirche vor der Stadt verbundene Benediktinerkloster in Rom; denn der berühmte Humanist Pomponio Leto (1425 bis 1498)[9] hat ihn dort gründlich studiert und mit Anmerkungen versehen. Von ihm entlieh ihn — allerdings erst nach vielem Drängen — Giovanni Andrea Bussi, Bischof von Aleria, Heraus-

---

[8] D e l i s l e , Léopold, Mémoire sur d'anciens Sacramentaires, in „Mémoires de l'Institut National de France, Académie des Inscriptions et Belles Lettres", Bd. XXXII, 1. Teil. Paris, Imprim. Nationale 1886, S. 57 ff. und S. 277, und Rostagno, S. 54, Anm. 15. Wichtig und ergebnisreich auch die Abhandlung von Rudolf B e e r : „Bemerkungen über den ältesten Handschriftenbestand des Klosters Bobbio." Berichte der Kaiserl. Akademie d. Wiss. in Wien. Jhg. 1911, Nr. XI. Sitzung d. philos. hist. Kl. vom 3. Mai, S. 78—104.

[9] Dieser eigenartige, reichlich überspannte „Pontifex Maximus" der Academia Romana, einer nach Art eines römischen Priesterkollegiums geformten Gemeinschaft von heidnisch gesinnten Humanisten, Dichtern und Literaten, war als Nachfolger seines streitbaren Lehrers Lorenzo Valla (1407—1457) Professor der Beredsamkeit in Rom, konnte sich aber an wirklich kritisch-philologischer Begabung nicht mit anderen Gelehrten seiner Zeit, z. B. Poliziano, messen. Ausführlich über ihn und die „Römische Akademie" L. v. Pastor, Gesch. d. Päpste II 10—12, S. 322 ff.

geber der 1469 in Rom erschienenen Editio princeps des Vergil;
er wollte den uralten, ihm jetzt erst bekanntgewordenen Kodex
für die 1471 in Rom veröffentlichte zweite, verbesserte Auflage
auswerten. Zwischen 1500 und 1521 lag M in der Vaticana[10].
Dort benutzte ihn der berühmte Buchdrucker und Verleger Aldo
Manuzio für seine 1501 in Venedig erschienene Vergilausgabe.
In der nun folgenden Zeit hatte zunächst Angelo Colocci (gest.
1549)[11] den Kodex; dann war M eine zeitlang Eigentum der
Familie Ciocchi del Monte: von dem ersten Kardinal dieser
Familie, Antonio del Monte (gest. 1533) erbte ihn sein Neffe
Giovan Maria, der spätere Papst Julius III. (1550—1555); dieser
schenkte den von ihm sehr wertgehaltenen Kodex dem Adoptivsohn
seines Bruders Baldovino, dem Kardinal Innocenzo del
Monte[12], allerdings nur gegen das Versprechen, sich dieses
kostbaren Besitzes, der schon so lange der Familie gehöre, nie
zu entäußern. Von Innocenzo entlieh Kardinal Rodulfo Pio di
Carpi den Kodex im Jahre 1561 und behielt ihn. trotz mancher
Mahnung, bis zu seinem Tode im Jahre 1564. Während dieser
Zeit hatte auch der gelehrte Portugiese Achille Estaço (1524—
1581)[13] Gelegenheit, M ausgiebig zu studieren. Als Rodulfo Pio

---

[10] Vgl. Sabbadini, Zur Überlieferungsgeschichte des Codex Mediceus (M) des Vergilius, Rhein. Mus. N. F. 65 (1910), S. 475—480.

[11] Hochgebildeter, aus edler Familie in Jesi stammender, sehr wohlhabender und freigebiger Humanist, nach dem Tode des Pomponio Leto Haupt der römischen Akademie, Sekretär Leos X. (1513—1521), später Bischof von Nocera. Seine „mit seltenen Handschriften, Büchern, Altertümern und Inschriften geschmückte, auf den Trümmern der Sallustischen Gärten gelegene Villa" war ein Treffpunkt aller Gelehrten, Künstler und Dichter des Roms der Renaissance.

[12] Aus dem Lh 1.4, S. 63 f. abgedruckten Antwortschreiben Innocenzos an Cosimo I. geht hervor, daß di Carpi sich den Kodex im Jahre 1561 entlieh; Innocenzo schreibt nämlich, er sei kurz danach ins Gefängnis auf die Engelsburg gekommen. Das aber fand auf Anordnung des Papstes Pius IV. (1559—1565) in diesem Jahre statt. Näheres über Herkunft und Leben dieses höchst unwürdigen Kardinals bei Pastor (a. a. O. Bd. VI 53—56 und VIII 109 f.).

[13] Estaço benutzte M zur Verbesserung seines Vergilexemplars, das heute mit der Signatur E 60,2 in der Bibliotheca Vallicelliana zu Rom liegt: „P. Virgilii Maronis Bucolica Georgica et Aeneis. Lutetiae, apud Vascosanum, via Jacobaea ad insigne Fontis. MDLI." Aus seinen Notizen geht hervor, daß damals, also sicher nach 1551, wahrscheinlich aber auch (vgl. Anm. 12!) noch im Jahre 1561 Blatt Nr. 157 alter Zählung in M vorhanden war. Estaços Notizen können nach Rostagno (59 ff.) zur besseren Lesung der Bucolicascholien in M beitragen.

di Carpi gestorben war, bekam Innocenzo, allerdings erst nach vielem Drängen, den Kodex auf Befehl des Papstes Pius IV. (1559—1565)[14] zurück und behielt ihn, an seinem Julius III. gegebenem Worte treu festhaltend, bis zu seinem Tode am 3. November 1577, obwohl er selbst kaum darin las und obwohl bedeutende Männer seiner Zeit, vor allem Herzog Cosimo I. de' Medici (1537—1574) sich angelegentlich um den Erwerb des kostbaren Schatzes bemühten. Erst dem Sohne und Nachfolger Cosimos I., Herzog Francesco de' Medici, gelang es, den Kodex aus dem Nachlaß des schwer verschuldeten Kardinals zu erwerben; und aus seinem Besitz kam M, wohl kurz nach 1587, in die Bibliotheca Mediceo-Laurentiana. Von 1799—1815 lag M mit vielen anderen Bücherschätzen Italiens, vor allem mit seinem frater Vergilianus Palatinus, in der Bibliothèque Nationale zu Paris und bekam dort zweimal, einmal auf Bl. 1v in das Epigramm des Achille Estaço und das zweitemal auf Bl. 221v in die Schlußverse des 12. Buches der Aeneis, den roten Stempel versetzt. Seit 1815 aber ist er ein sorgfältig gehütetes Kleinod der Laurentiana geblieben.

Wie die anderen Vergilkodizes hat auch M an sich weder Worttrennung noch Interpunktion. Geschrieben wurde er im 5. Jh. von zwei, vielleicht auch drei Librarii, korrigiert teils von den Abschreibern selbst (M¹), dann vor allem von Apronianus, dem Schreiber der Subscriptio (M²) und um 1470/71 von Pomponio Leto (M⁷), der „unter Benutzung eines ganz jungen Vulgatkodex den uralten Mediceus gar oft mit seinen Albernheiten verdarb" (Sa 26). An Wert steht M nach Ribbeck (prol. 320) und Sabbadini gleich hinter P; nach Funaioli ist er P durchaus ebenbürtig.[15]

---

[14] Lh 1,4, S. 64.
[15] Lh 3.12,1), S. 386: „Wenn nach der Revision von Sabbadini die Überlegenheit des Palatinus an manchen Stellen zweifellos ⟨erwiesen⟩ ist, so rückt das ⟨aber⟩ durchaus nicht den Mediceus an die zweite Stelle. Man kann überhaupt nicht absolut sagen, eine Handschrift sei mehr wert als die andere. Beide haben ganz besondere Vorzüge und bewahren wiederholt auch Varianten des Dichters selbst; aber ⟨beide⟩ zusammen haben auch innere und äußere Mängel. Nicht wenige Lesarten von unsicherer Echtheit stellen für eine aufmerksame kritische Prüfung die Überlieferung im Mediceus gegenüber der im Palatinus als die zweifellos bessere dar."

I. TEXTGESCHICHTE

Codices minores

Sie werden im allgemeinen nur dann im Apparat angeführt, wenn die Lesart, die sie bieten, nicht in den 8 Hauptkodizes belegt ist und doch einzelne Editoren sich für sie entschieden haben. Die codd. min. wurden von uns nicht eingesehen.

Die Abkürzungen H Ri Mc usw. weisen hin auf die in diesem Buch S. 794 ff. angeführten Ausgaben dieser Editoren.

γ: codex Guelpherbytanus Gudianus 70[1]   9. Jh.

Bibliotheksheimat ist Lyon, dort wurde er von Marquardt Gude (1635—1689) erworben. Er ist in karolingischen Minuskeln mit insularen Merkmalen geschrieben. Seine Spuren führen in die Nähe des irischen Gelehrten Johannes Scotus (810—877), den Karl der Kahle an seinen Hof gezogen hatte. Die reichhaltige Sammlung wertvoller Hss. Gudes kam zum größten Teil in die Wolfenbütteler Bibliothek. Vgl. Landleben[5].

Der Kodex umfaßt 87 Bl. G 2, 235—260 fehlt; 261—293 ist umgestellt. Ri Mc und Sa weisen auf die Verwandtschaft dieses Kodex mit P hin und glauben an eine gemeinsame Vorlage.

Drei Codices Bernenses: a, b und c.

a: 1. codex Bernensis 172[2].

2. Parisinus Bibl. nat. lat. 7929 [= B bei Brummer und Hardie] (auch „Floriacensis" genannt)   9.—10. Jh.

1 und 2 sind Teile eines und desselben Kodex; der 1. Teil liegt in Bern, der 2. in Paris. Bibliotheksheimat ist das Kloster des hl. Benedikt, Saint-Benoît-sur-Loire, ehemals Fleury, bei Orléans. Im 16. Jh. gelangte der Kodex in den Besitz Pierre Daniels (1530—1603), der 1560 bei der Plünderung der Abtei einen Teil der Klosterbibliothek von Soldaten kaufte. Diese Schätze „münden 1690 über Christine von Schweden im Vatican (Reginenses); 1632 über Bongars (1544—1612) in Bern (Bongarsiana), 1689 über Isaak Vossius (1618—1689) in Leiden." (Traube S. 124).

a (Bern) zählt 152 Blätter, enthält Vita Don., Vita Bern., figurae Graecae, Buc., Georg., Aeneis 1—5, 852; a (Paris) umfaßt 126 Blätter mit Aeneis 6,14—12,867. Der Kodex ist in karolingischen Minuskeln geschrieben, reich versehen mit Erklärungen aus zahl-

---

[1] Vgl. Lohmeyer Lh. 3.21a, S. 27; 166. Gudemann, Gesch. d. Philol., 2. Aufl., Lpzg./Bln., Teubner 1909, S. 163,2. Ribbeck Lh. 3.32, S. 228 und 320 Mc. p. LX; Sa. I,27. Vgl. den Nachtrag zu Codex γ.

[2] Vgl. Traube Lh. 2.19, S. 124. Funaioli Lh. 3.12,3, S. 11 ff. Lohmeyer Lh. 3.21a, S. 167. Ribbeck Lh. 3.32, S. 329. Mc. p. LXI.

reichen Werken der Grammatiker, Vergilkommentaren und Glossaren. Rechts und links am Rande stehen die Bernenser Scholien. die linksstehenden sind in den cod. Bernensis 167 aufgenommen, während die rechtsstehenden in diesem Kodex fehlen. Ri und Mc halten a und R für verwandt und glauben an eine gemeinsame Vorlage. Über den Zeitpunkt der Teilung des Kodex vermutet Fu. er liege weit vor der Zeit Daniels. Sa zieht a und die anderen Bernenser Kodizes nicht mehr für die Textkritik heran.

b: codex Bernensis 165 (Turonensis)   9. Jh.
Schrift- und Bibliotheksheimat des Kodex ist die Abtei St. Martin in Tours. Ihm lag nach Lohmeyer (S. 27) ein Vergilexemplar in Capitalis zu Grunde, geschrieben wurde er vom Diakon (Levita) Berno aus Tours (der sich selbst in einer subscriptio nennt) in karolingischen Minuskeln mit der charakteristischen Halbunziale der Schule von Tours, von der Traube (III, 232) sagt, man könne sie ohne Übertreibung „die Fabrikmarke" der Turonischen Schreiber nennen. Von Tours kam der Kodex in den Besitz von Pierre Daniel. Der Kodex umfaßt 219 Bl., ist mit Varianten, Scholien aus Serv., DS u. a. versehen (vgl. Lohmeyer S. 27; Funaioli Eseg. 17). Ri u. Mc sehen zwischen bc und V verwandtschaftliche Beziehungen.
Tomsin (Aemilius Asper, Paris 1952 S. 37) weist auf die Sonderstellung dieser Handschrift hin, die häufig mit Asper in Einklang steht und vielleicht von ihm beeinflußt ist.

c: codex Bernensis 184   9. Jh.
Seine Herkunft ist nicht näher bestimmt, er kam wahrscheinlich über J. Bongars aus Westfrankreich nach Bern (Lohmeyer S. 28, Ri prol. 330). Teile von Ge 2 fehlen in dieser Hs.

m: Codex Minoraugensis   12. Jh.
Heimat des Kodex ist das Praemonstratenserkloster Weißenau, Augia minor genannt. Nach Aufhebung der Abtei kam er in den Besitz des Grafen Waldburg-Zeil, der ihn um 1860 den Jesuiten in Feldbach (Steiermark) für ihre Bibliothek überließ. (Ri, prol. 230).

l: codex Laurentianus Ashburn. 4 (Paoli 3)[3]   10.—11. Jh.

---

[3] Cesare P a o l i, hervorgegangen aus der 1857 in Florenz gegr. „Scuola di Paleografia e Diplomatica". Er ist der Herausgeber der „Collezione Fiorentina di fac-simili paleografici greci e latini" zusammen mit Girolamo Vitelli, Florenz, 1884—1897, die 50 lateinische von Paoli und 50 griech. von Vitelli bearbeitete Lichtdrucktafeln aus Hss. der Florentiner Bibl. enthält (vgl. Traube S. 66).

I. TEXTGESCHICHTE

Dieser Codex wird von Sabbadini herangezogen für die 3 ersten Bücher der Aeneis. Über den Kodex selbst ist im Vorwort Sabbadinis nichts Näheres gesagt. Goelzer (p. XXIX) schreibt ihm wie ‚m' und ‚π' nur eine Nebenbedeutung zu.

Der Name besagt, daß der Kodex aus einer englischen Privatbibliothek stammt, deren Begründer Lord John Ashburnham (1603—1671) war. Die Sammlung seiner wertvollen Hss. kam in den Jahren 1848—50 durch Verkauf nach Florenz in die Laurentiana (Traube 126; Gudeman 163).

p: codex Parisinus Bibl. nat. 7906   9. Jh.
Der Kodex, wahrscheinlich aus Würzburg stammend, ist in insularer Schrift geschrieben. Er umfaßt 96 Bl.; auf f. 59—88: Aen. 3. 682—5, 734. Der Anfang des Aeneis ging verloren. Im Jahre 1891 wurde in Basel ein Blatt dieses Kodex durch Bibliothekar Sieber entdeckt, das Aen 1, 1—128 enthält. Es zeichnet sich wie die anderen Blätter durch seine kunstvollen Initialen aus.
vgl. Lohmeyer S. 41 f. (a. a. O.)
Chatelain: E: Un important fragment de Virgile (Bibl. de l' Ecole des hautes études Paris 1887, 73 p. 371—81)
Chatelain, E: Un précieux manuscript de Virgile, mutilé au XVI e siècle (Revue des Bibliothèques 1 (1891) S. 14)

π: codex Pragensis bibl. de Saint Vit L 86   11. Jh.
collationiert von Johann Kvičala: Vergilstudien 1878

χ: Sammelname für Hss., die von älteren Editoren benutzt worden und nicht näher bestimmt sind. Nach PL. (p. LXXXVIII) befinden sich darunter einige besonders interessante Pariser Hss.:
Paris bibl. nat. lat. 7906 (= ‚p')   9. Jh.
Paris bibl. nat. lat. 7925   9. Jh.
Paris bibl. nat. lat. 7926   9. Jh.
Letztere wahrscheinlich aus Auxerre stammend mit Randglossen aus Serv. u. Philargyrius (vgl. Funaioli Eseg. p. 30/31)
Paris bibl. nat. lat. 7928 (fragments)   10. Jh.
Paris bibl. nat. lat. 7929 (= 2. Teil von ‚a')   10. Jh.
Paris bibl. nat. lat. 10307   10. Jh.
Paris bibl. nat. lat. 13043   10. Jh.
Für zwei Lesarten werden besonders erwähnt:
1. Paris bibl. nat. lat. 7930 (zu Aen 9, 349)   11. (10.?) Jh.
(= B bei Brummer und Hardie: 10. Jh.)
Nach Funaioli (Eseg. p. 11) und J. J. Savage (Harvard Studies of class. Philol. 43 (1932) p. 112): 11. Jh.

Lohmeyer (S. 68 und Anm. 289) zitiert Fr. Vollmer: ‚P. Virgilii Maronis iuvenalis libellus' (Sitzber. d. Kgl. Bayr. Ak. d. Wiss. phil. hist. Kl. 1908), wonach sich in diesem Kodex im ‚Moretum' einige noch unveröffentlichte ahd. Glossen befinden. Ursprung dieses Kodex Corvey, 11. Jh.?

2. Paris. bibl. nat. lat. 7965 (zu Aen 9, 529)   15. Jh.
Der Kodex wurde 1468 in Ferrara geschrieben (vgl. Funaioli, Eseg. p. 32), nach Sa allerdings 1459.

Bei Ribbeck (prol. 353—361), Heyne (Bd. I (1788) p. LI—LXII) und Hirtzel (p. V. f.) werden noch folgende codices aufgeführt, die gelegentlich zum Belegen einer Lesart oder Ergänzung herangezogen wurden:

Bodleian mss: Handschriften aus der Oxforder Bibliothek[1], unter ihnen *cod. Mentelianus primus* (10. Jh.); *cod. Menagianus* (15. Jh.), *Venetus* (15. Jh.); *Dorvillianus* (15. Jh.)

Bongarsianus prior, alter. (benannt nach Jac. Bongars 1544—1612) Heyne vermutet, diese beiden Kodices seien Handschriften aus dem Besitz Pierre Daniels, die jetzt in Bern unter den Bongarsianern aufbewahrt werden. Beide gehören zu den 15 Kodizes, aus denen sich Cortius (1698—1731) Exzerpte machte.

Burmanni codices. Burmann, Peter der Ältere (1668—1741) benutzte für seine Vergilausgabe, die im Jahre 1746 erschien, folgende mss.: *cod. Parrhasianus*; *cod. Francianus*; *cod. Dorvillianus*; *codd. Leidenses duo*; *cod. Montalbanus* und *Wittianus*. (Näheres bei Heyne, der noch weitere aufzählt.)

Excerpt. Cortii s. Bongarsius.

Codex Daventriensis (15. Jh.) vgl. A. J. Vitringa, De cod. Aen. Daventriensi s. XV, Progr. Daventriae 1881.

Dorvillianus (15. Jh.), benannt nach Jacques Philipp d'Orville (1696—1751) vgl. Burmann.

Francianus. P. Francius besaß drei Vergilkodizes (vgl. Heyne S. LV s.)

Gothani tres, die beiden ersten aus dem 15. Jh., der dritte 13. od. 14. Jh. (Ri prol. 360; H. p. LIX s.)

Guelpherbytanus (Wolfenbütteler Kodex). Heyne (LXI) zählt 6 Handschriften dieser Bibliothek auf.

codices Hamburgenses duo (13. Jh.) (vgl. Ri 358; H LII; LXII)

---

[1] benannt nach Sir John Bodley (1545—1613).

codices Heinsianii sex. Ribbeck versteht darunter folgende mss., die Nicolaus Heinsius (1620—1681) für seine in den Jahren 1664—1676 erschienene Ausgabe benutzte:

1. *Mentelianus primus, alter, tertius* (10. Jh.), benannt nach Joh. Mentelius.
2. *Rottendorphianus primus, alter, tertius,* nach Bernhard Rottendorph benannt.
3. *Leidenses primus, alter, tertius.* Sie stammen aus dem Besitz des Joh. Frdr. Gronovius (1611—1671).
4. *Menagianus prior, alter* (15. Jh.) benannt nach Menagius Aegidius d. i. Ménage, Gilles (1613—1692) aus Angers.
5. *Moretanus primus, alter, tertius, quartus* (Balthasar Moretus aus Antwerpen besaß diese 4 Bücher und ein fragmentum Moretanum) (Ri 355 u. 358; H LII).
6. *codex Montalbanius* (12. od. 13. Jh.) Heinsius erhielt diesen Kodex von Ovid Montalbanus (gest. 1672) als Geschenk.

Hugenianus gehört nach Heyne (LIII) auch noch zu den Kodizes, die Heinsius benutzte.

Leidenses s. Burmann und Heinsius. Es ist nicht zu entscheiden, welche Handschrift im einzelnen gemeint ist.

Menagianus s. Bodleian mss. und Heinsius.

Mentelianus (vgl. ebd.)

codex Montalbanius vgl. Burmann und Heinsius. (Burmann setzte die Arbeit von Heinsius fort.)

Parrhasianus, einer der Kodizes, die Burmann benutzte. Seinen Namen trägt er nach Aulo Giano Parrasio (1499—1506) einem Mailänder Editor und Commentator. (vgl. zu ihm Lh 3, 34,3 S. 157 ff.)

codices Pierii. Zu den Handschriften des Giovan Pietro Valeriano (d. i. Pierius) (1477—1560) gehören u. a.

cod. Oblongus

cod. Langobardicus

cod. Mediceus Pierii

cod. Porcius oder Portius (vgl. Ri a. a. O. 354; H. a. a. O. XLV ff.)

Venetus, vgl. Bodleian mss. H (S. LIII) führt ihn unter den codices Heinsianii an.

Vossianus. Zwei Kodizes dieser Sammlung von Isaak Vossius (1618 bis 1689) benutzte nach H (S. LII) Heinsius.

codex Vindobonensis (s. Ri prol. 353).

Wittianus aus der Bibliothek Jo. de Witt. s. Burmann und H (S. LVI)

Die textkritischen Angaben zu Aen II 567—855 sind dem Harvard-Servius (Serviani in Aeneidem I—II Commentarii. Editio Harvardiana vol. II 1946 Lancaster Pennsylv.) entnommen; dort werden folgende Kodizes bzw. Editionen herangezogen:

C: Casselanus Bibl. Publ. Ms. Poet. Fol. 6 saec IX med.
f: Lectiones cuiusdam codicis Fuldensis in appendice editionis Danielinae descriptae.
Commel: Abrahamus Commelinus, P. Virgilii Maronis cum veterum omnium commentariis nova editio, Lugduni Batavorum, 1646
Steph.: Robertus Stephanus, P. Virgilii Maronis opera Mauri Servii Honorati grammatici in eadem commentarii, Parisiis 1532
Dan: Petrus Daniel, Pub. Virgilii Maronis... Bucol.... Georg.... Aeneid.... Et in ea Mauri Servii Honorati Grammatici commentarii...., Parisiis, 1600

Conspectus der in den Hauptkodizes erhaltenen Verse:

Ecl	I	1-83	P R		VII	1-11	M P
	II	1-73	P R			12-37	M P V*
	III	1-26	P R			38-59	M P
		27-52	P R V			60	M P*
		53-71	P R			61-70	M P
		72-111	R		VIII	1-18	M P
	IV	1-51	R			19-44	M P V
		52-63	P R			45-68	M P
	V	1-48	P R			69	M· P
		49-51	P· R			70-109	M P
		52-85	P R		IX	1-67	M P
		86-90	P R V		X	1-9	M P
	VI	1-20	P R V*			10-22	M P R
		21-47	P R			23	M P· R
		48-86	M P R			24-66	M P R
						67	M P· R
						68-77	M P R

Anm. zu den Ecl.
P*: 5,49—51 folgendermaßen angeordnet in P: 49.51.50.
V*: 6,20—21 für V angegeben von Ri (prol. S. 454) und Hi.
Ende von V bei v. 19 nach Ri (zu Ecl. 5,86) und Sa.
V*: 7,37 für V angegeben von Ri (prol. S. 454) und Hi.
Ende von V bei v. 36 nach Ri (zu Ecl. 7,12) und Sa.
P*: 7,60 fehlt in P, unten auf der Seite zugefügt von P².
M*: 8,69 fehlt in M, unten auf der Seite zugefügt von M¹, wegradiert und wieder geschrieben von M².

P·: 10,23 das früher von ihm Geschriebene tilgte P mit einem Schwamm (Sa).
P·: 10,67. Nach diesem Vers wiederholt P innerhalb der Reihe (in ordine) den ganzen Vers 38 mit folgender Abweichung: quid tu mihi P, quid tum si P² (Sa).
Tu: v. 38 steht mit der Lesart: „quit tum si" in richtiger Reihenfolge auf f. 16r. f. 16v endet mit 10,67; f. 17r beginnt mit v. 38 mit der Lesart „quid tu mihi", eine Verbesserung ist im Photo absolut nicht erkennbar. Rechts am Rand steht: vacat.

Ge I	1 - 40	M P R		Ge II	433		P R	
	41 - 280 A	M P R			434 - 534	M P R		
	281 - 322	M P R			535 - 542	M P R V		
	323 - 388	M R		Ge III	1 - 12	F M P R V		
	389	M· R			13 - 21	F M P R		
	390 - 514	M R			22 - 145	M P R		
Ge II	1 - 91	M R			146 - 180	F M P R		
	92 - 117	M V			181 - 214 A	F¹ M P R		
	118 - 128	M			215 - 220 A	M P R		
	129	M·			221 - 260	M P R		
	130 - 138	M			261	M· P R		
	139 - 214	M P			262 - 284	M P R		
	215	M P R·			285 - 314	F¹ M P R		
	216 - 273	M P R			315 - 316	F M· P R		
	274 - 299	M P R V			317 - 348	F M P R		
	300 - 351	M P R			349 - 350	M P R		
	352 - 377	M P R V			351 - 365	M P R V		
	378 - 379	M P R V·			366	M P V		
	380 - 430	M P R			367 - 402·	M P R V		
	431 - 432	M P R·			403 - 566	M P R		

Anm. zu Ge I

M·: 389: M⁷ fügt nach diesem Vers in rot unten auf der Seite hinzu: et caput obiectat querulum venientibus undis.

Anm. zu Ge II

M·: 129 = 3,283, fehlt in M, hinzugefügt von M⁵; vorhanden in abc.
R·: R beginnt auf f. 34 mit v. 216. ⟨Die Photokopie der DISTRIBUTIO CARMINUM ET PICTURARUM des Kodex R und der Mikrofilm wurden von uns für diese Stelle eingesehen.⟩ Vers 215 für R angegeben von Ri (zur Stelle) und Sa. Vgl. jedoch Ri prol. 454
V·: 378—379 für V angegeben von Hi. V endet bei v. 377.
R·: 431—432 folgendermaßen in R angeordnet: 432.431.
433: überliefert in PR, fehlt in M, unten auf der Seite ergänzt von M⁷, dann wieder wegradiert.

---

¹ Bl. 4 mit Ge 3,285—305r., 306—321v. und Bl. 5 mit Ge 3,189—208r., 209—214v. sind in F nach Nolhac (Lh 3,26,2, S. 740 f.) beim Binden vertauscht. Im Faksimile liegt die Sache komplizierter, denn Bl. 4 hat r. 285—305, v. 209—214, Bl. 5 hat r. 189—208, v. 306—321, das bedeutete, daß der Librarius sich gröblich verschrieben hätte, ist aber kaum wahrscheinlich. Vermutlich liegt ein Versehen der Photokopie vor. Aus dem Index geht diese Unregelmäßigkeit nicht hervor.

Anm. zu Ge III

M*:   261 in M zweimal geschrieben, an erster Stelle getilgt von M². ⟨Als Zeile 29 auf f. 31v getilgt, als erste Zeile geschrieben auf Blatt 32.⟩

M*:   315—316 folgendermaßen angeordnet in M: A 314; C 316; B 315.

366:   fehlt in R. Sa vermutet, daß der Schreiber von „stiria" zu „interea" abirrte.

402:   für diesen Vers sind von Sa keine MSS angegeben, vermutlich ist 403 (S. 158) Druckfehler für 402.

Ge IV	1-36		M P R		420		M P R
	37-96		M P		421-435		M P R
	97-124	F	M P		436-437		M P R V
	125-152		M P		438		M P R
	153-155	F	M P		439-461		M P R V
	156	F·	M P		462-464		M R V
	157-174	F	M P		465-470		M R
	175-180		M P		471	F	M R
	181-290		M P R		472	F	M R·
	291-293		M· P R·		473-481	F	M R
	294-337		M P R		482-483	F·	M R
	338				484-497	F	M R
	339-344		M P R		498-521		M R
	345-362	G·	M P R		522-524	F	M R V
	363				525-526	F·	M R V
	364-381	G·	M P R		527-534		M R V
	382				535-548	F G·	M R V
	383-400	G·	M P R		549		G· M R V
	401		M P R		550-566		G· M R
	402-419	G·	M P R				

Anm. zu Ge IV

F*:   156 der ganze Vers steht in Rasur in F (Sa); im Photo nicht erkennbar.

M*:   291—293 in M so angeordnet: 292.291.293.

R*:   291—293 in R so angeordnet: 292.293.291.

338 = Ae 5,826, fehlt in MPR, vorhanden in c; in γ unten am Rand zugefügt.

G*:   345—419 und 535—566 stehen in G auf Palimpsestblättern, vgl. die Beschreibung des Kodex G.

363; 382; 401; 420 abgeschnitten in G, ebenso 362 und 381

438:   fehlt in V (Sa).

R*:   R fügt hinter v. 472 folgende Aeneis-Verse hinzu: Aen. 6,311; 310; 312. Vgl. die Varianten im App. zu Aen. 6,310—312.

F*:   Von 482 „caeruleosque" irrte der Schreiber infolge der Ähnlichkeit der Wortanfänge (implexae, inhians) nach 483 ‚inhians ... ora' ab und zog so 482/83 zu einem Verse zusammen. F¹ radierte ‚inhians ... ora' aus und schrieb ‚innexae crinibus angues'; den ausgefallenen Vers 483 rückte F¹ in kleineren Buchstaben in den Text ein.

F*:   525—526. In gleicher Weise wie oben 482/83 irrte auch hier F von ‚Eurydicen' (525) nach ‚Eurydicen' (526) ab und zog 525/26 zu einem Vers zusammen. F⁴ ergänzte durch Überschreiben die 2. Hälfte von 525 (vox ipsa et frigida lin⟨gua⟩), 526 fehlt in F und ist nur in seiner 2. verstümmelten Hälfte aus der Verschreibung von 525 zu erkennen, wo F nur ‚Eurydycen anima fu⟨gi⟩' schrieb. f. 10 mit Ge 522—527 und 528—548 ist zur Hälfte rechts bzw. links verstümmelt.

Aen 1	1 - 26		M		R	V		654 - 668	B	F		M	P	R
	27 - 167		M		R			669 - 680		F		M	P	R
	168 - 169		M˙		R			681 - 684				M	P	R
	170		M˙		R			685			G	M	P	R
	171 - 184		M		R			686			G	M	P˙	R
	185 - 234	F	M		R			687 688			G	M	P	R
	235 - 260	F	M		R	V		689 - 690	B		G	M	P˙	R
	261 - 268	F	M		R			691 - 700	B		G	M	P	R
	269 - 276		M		R			701 - 702	B		G	M˙	P	R
	277 - 380		M	P	R			703	B			M˙	P	R
	381 - 418		G	M	P	R		704 - 708			G	M˙	P	R
	419 - 521	F	M	P	R			709 - 721			G	M	P	R
	522 - 585		M	P	R			722				M	P	R
	586 - 587	F	M	P	R			723 - 728				M	P	R
	588	B F	M˙	P	R			729 - 733	B			M	P	R
	589 - 608	B F	M	P	R			734		B˙		M	P	R
	609 - 611	F	M	P	R			735 - 748	B			M	P	R
	612 - 648		M	P	R			749 - 756				M	P	R
	649 - 653	B	M	P	R									

M˙: 168—169 in M so angeordnet: 169.168.

M˙: 170 fehlt in M, unten auf der Seite hinzugefügt von M¹. Die richtige Reihenfolge ist gekennzeichnet durch die Buchstaben ACBE am Rand vor den Versen: 167.169.168.171 und D unten vor Vers 170.

M˙: 588 zweimal geschrieben in M, verbessert von M².

P˙: 686 ganz verloren in P.

P˙: 689—690 ganz verloren in P, von Zeile 689 ist nur noch das S des letzten Wortes ‚alas' zu sehen.

M˙: 701—708 in M so angeordnet: 700.709—716.701—708.717, die richtige Ordnung stellt M² wieder her. Sabbadini meint, der Schreiber von M sei wegen der großen Ähnlichkeit von ‚conveniunt' (700) und ‚convenere' (709) nach Vers 709 abgeirrt. Ist das wahrscheinlich? Zu vergleichen wären: Ge 4,482/83 und 525/26, wo das Abgleiten sich aber nur über zwei Zeilen erstreckt. Ribbeck (prol. 284) glaubt an die Möglichkeit, daß die Vorlagen der Schreiber genau 8 Verse auf einer Seite enthalten haben, da gerade 8 Verse: 709—716 auf 700 folgen und dann wieder 8 Verse: 701—708 eingefügt wurden.

703 und 722 gingen in G durch Abschneiden verloren. Zur Beschädigung des Randes vgl. die Kodexbeschreibung.

B˙: 734 verloren in B (Sa).

ANHANG

Aen 2	1-7		M	P	R		310-313		M	P	V
	8		M·	P	R		314-417		M	P	
	9-72		M	P	R		418		M·	P	
	73-75		M	P			419-436		M	P	
	76		M·				437-468	F	M	P	
	77-79		M	P			469		M	P	
	80-105		M	P	V		470-482		M	P	V
	106-157		M	P			483-484		M	P	V·
	158-169		M	P	V		485-494		M	P	V
	170-173	F	M	P	V		495		M	P	V·
	174	F	M	P	V·		496		M	P	V
	175-176	F	M	P	V		497-566		M	P	
	177-179	F	M	P	V·		567-588				
	180-183	F	M	P	V		589-622		M	P	
	184-198	F	M	P			623-643		M	P	V
	199-253		M	P			644		M·	P	V
	254-258	F	M	P			645-672		M	P	V
	259-262	F·	M	P			673-699	F	M	P	V
	263-287	F	M	P			700-726		M	P	V
	288-309	F	M	P	V		727—804		M	P	

Anm. zu Aen. 2

M·: 8 interlinear hinzugefügt von M².

M·: 76 = 3,612, fehlt in P u. M, unten auf der Seite hinzugefügt von M⁷, vorhanden in l, hinzugefügt in a und b, in Rasur in c.

V·: 174 verblaßt in V (Sa).

V·: 177—179 verblaßt in V (Sa).

F·: 259—262 sehr verstümmelt in F. Der linke Teil dieser Verse fehlt, von v. 259 ist nur noch ‚as' von ‚auras' zu lesen.

M·: 418 fehlt in M, hinzugefügt unten auf der Seite von M¹, darauf so getilgt, daß nur ‚equis striden' übrig blieb, wieder hergestellt von M⁷. Tu: dies ist im Photo sehr schwer erkennbar.

V·: 483—484: Nach Sa irrte der Schreiber von V in Vers 483 von ‚intus' nach ‚et veterum ... regum' (484) ab, er schrieb darauf über diese Zeile den Rest von Vers 483 ‚atria longa patescunt', aber der Anfang des Verses 484 ‚apparent priami' fehlt in V.

V·: 495: nur ‚late' fehlt; vgl. Gey 372.

567—588: diese Verse fehlen in allen alten Kodizes.

M·: 644 fehlt in M, unten auf der Seite hinzugefügt von M¹.

Aen 3	1-54	F		M	P		512-513		G·	M	P	
	55-78			M	P		514-530		G	M	P	
	79-190	F		M	P		531-532		G·	M	P	
	191-207	F	G	M	P		533-560			M	P	
	208-209	F	G·	M	P		561-586			M	P	V
	210	F·	G	M	P		587-659			M	P	
	211-216	F	G	M	P		660	F				
	217-226		G	M	P		661	F·		M·	P	
	227-228		G·	M	P		662-674			M	P	
	229-299			M	P		675	F		M·	P	
	300-341	F		M	P		676-684	F		M	P	

I. TEXTGESCHICHTE

Aen 3	342-456	M P		685-689 F	M P R
	457-474	G M P		690	M P R
	475	G· M P		691-713	M P R V
	476-493	G M P		714-716	M P· R V
	494	G· M P		717-718	M P· R
	495-511	G M P			

Anm. zu Aen. 3

G·: 208—209 verloren in G.
F·: 210 unten auf der Seite hinzugefügt von F¹.
G·: 227—228 durch Abschneiden verloren in G. In v. 227 sind die Spitzen der Buchstaben von DIRIPI schwach erkennbar.
G·: 475 durch Abschneiden verloren in G (Goelzer bringt irrtümlicherweise in der Textkritik: Anchisa G).
G·: 494 verloren in G.
G·: 512—513 verloren in G.
G·: 531—532 verloren in G.
F·M·: 661: Nach Sa ergänzte der Schreiber von P den Vers durch die Worte ‚de collo fistula pendet'. ⟨Tu: im Photo in derselben Schrift wie P erkennbar⟩. Diese Ergänzung fügten nach einer Rasur von drei oder vier Buchstaben F⁴ und die meisten jüngeren Kodizes hinzu. Die Ergänzung fehlt in FM.
M·: 675 fehlt in M, unten auf der Seite hinzugefügt von M¹.
P·: 714—718: Sa: Die schon verblaßten Schriftzüge dieser Verse erneuerte mit eigenen Buchstaben wenig passend in einer späteren Zeit P². Vgl. die Beschreibung des Kodex P. S. 617.

Aen 4	1-17	F G M P R		262	M· P
	18-19	F G· M P R		263-272	M P
	20-36	F G M P R		273	
	37-38	F G· M P R·		274-285	M P
	39-92	F M P R·		286	F· M
	93-108	f M P R·		287-301	F M P
	109-115	f M P R		302-305 A	F M P
	116-120	f M R		306-310	F M P
	121	f· M R		311-442	M P
	122-143	M R		443-521	F M P
	144-161	M R V		522-527	M P
	162	M P· R V		528	
	163-195	M P R V		529-554	M P
	196-216	M P R		555-583	F M P
	217-233	M P		584 650	M P
	234-244 F	M P		651-669	F M P
	245	F· M P		670	F· M P
	246-257 F	M P		671-688	F M P
	258-261	M P		689-705	M P

Anm. zu Aen. 4

G·: 18—19 durch Abschneiden verloren in G; von v. 18 nur Teile der oberen Hälfte erkennbar.

ANHANG

G': 37—38 durch Abschneiden verloren in G; von v. 37 nur die obere Hälfte teilweise lesbar.

R:' 37—108 im Kodex R falsch gebunden. Blatt 107v enthält: 19—36; Bl. 108: 109—126 und 127—144; Bl. 109: 145—162 und 163—180, dann folgen auf Bl. 110: 37—54 und 55—72; auf Bl. 111: 73—90 und 91—108. Die richtige Ordnung beginnt wieder auf Bl. 112 mit den Versen 181 ff.

f: 93—120: Diese Verse sind in F von anderer Hand. Sa nennt den Schreiber: „f = librarius saec. x, qui scribit. IV 93—120".

f': 121 wird noch für den Schreiber f angeführt von Ri Hi Mc GD; in Wirklichkeit hört die Schrift bei v. 120 auf, (so auch Sa und Ja).

P': 162 für P angegeben von Ri Hi Mc Sa GD Tu; nach PL und Ja beginnt P erst bei v. 163.

F': 245 unten auf der Seite hinzugefügt von F¹. Blatt 35 mit Aen 234—251 und 252—257 ist nur zu ²/₃ erhalten; die rechte bzw. linke Seite fehlt.

M': 262 wegradiert in M, wieder geschrieben von M¹.

273 fast gleich 4,233; fehlt in MP, unten auf der Seite hinzugefügt, dann wieder wegradiert von M⁷. Vgl. zur Überlieferung den App. zur Stelle.

F': 286 überliefert in M, fehlt in FP, hinzugefügt in karolingischen Majuskeln von F⁴, in Minuskeln des 15. Jh. von F⁵. Letzteres im Photo auf einem Flecken sehr schwer erkennbar.

528: fast gleich 9,225, fehlt in MP, unten auf der Seite hinzugefügt, dann wieder getilgt von M⁷. Vgl. den App. zu Aen 12,612.

F': 670 folgt in F auf v. 677, ein Hinweis auf die richtige Eingliederung ist im Photo nicht erkennbar. Vgl. den App. zur Stelle.

Aen 5	1 - 36	M P			445	M P·R
	37 - 41	M P R			446 447	M P R
	42	M P·R			448 - 465	M P R V
	43 - 72	M P R			466	M P R V·
	73 - 96	M P R V			467	M P R V
	97 - 98	M P R V·			468	M P R V·
	99 - 108	M P R			469 - 499	M P R V
	109 - 158	F M P R			500 - 577	M P R
	159 - 185	M P R			578	M P·R
	186	M·P R			579 - 594	M P R
	187 - 240	M P R			595	M· P·R
	241 - 292	M P R V			596 - 777	M P R
	293 - 433	M P R			778	M P·R
	434	M P·R			779 - 783	M P R
	435 - 442	M P R			784 - 814	F M P R
	443	M P·R			815 - 871	M P R
	444	M P·R				

Anm. zu Aen. 5

P': 42 folgt in P auf 43, die richtige Ordnung stellt P² wieder her.

V': 97—98 für V angegeben von Ri Hi Mc Sa GD (von GD ist v. 97 auch textkritisch für V belegt: totque MPRV); V endet bei v. 96.

M': 186 in Rasur in M, dies ist im Photo nicht erkennbar.

P': 434: in P steht der ganze Vers in Rasur, zunächst stand dort v. 424 (Sa).

I. TEXTGESCHICHTE

P·: 443—445: P² fügt diesen Versen am Rand die Buchstaben A B C hinzu (Sa). Tu: B ist im Photo erkennbar.

P·: 444 steht ganz in Rasur in P, zunächst stand dort v. 434 (Sa). Die Angaben Sabbadinis sind im Photo nicht zu sehen.

V·: 466 teils verblaßt in V; Gey 396.

V·: 468 lesbar in V; Gey 396.

P·: 578 folgt in P auf 579, P selbst stellt die Ordnung wieder her. P fügt am Rand die Buchstaben B A hinzu.

M·P·: 595: die in R gebrachte, von M⁷, Pomponius Laetus, in Minuskelschrift hinzugefügte Interpolation ‚luduntque per undas' fehlt in MP.

P·: 777 folgt in P auf 778.

Aen 6	1-25		M	P	R		494-498	F·		M	P	R
	26-50	F	M	P	R		499-559	F		M	P	R
	51-196		M	P	R		560-588			M	P	R
	197-198		M	P·	R		589-655	F		M	P	R
	199-218		M	P	R		656-659	F	G·	M	P	R
	219-241	F	M	P	R		660-674	F		M	P	R
	242	F·			R		675-677	F	G·	M	P	R
	243-256	F	M	P	R		678		G·	M	P	R
	257	F	M·	P	R		679-687			M	P	R
	258-272	F	M	P	R		688-701	F	G	M	P	R
	273-309		M	P	R		702		F G	M	P·	R
	310-312		M	P	R·		703-724	F	G	M	P	R
	313-392		M	P	R		725-755	F				
	393-423	F	M	P	R		756-857			M	P	R
	424-437		M	P	R		858-871	F		M	P	R
	438		M	P	R·		872	F·		M	P	R
	439-490		M	P	R		873-878			M	P	R
	491-493	F	M	P	R		879-901	F		M	P	R

Anm. zu Aen. 6

P·: 197—198 in P zu einem Vers zusammengezogen, von P² ergänzt; vgl. den App. zur Stelle.

F·: 242 fehlt in FMP, hinzugefügt von F⁵ und M⁷, von M⁷ darauf wieder getilgt. P⁵ fügt rechts am Rand in Höhe des Verses 241 die Bemerkung hinzu: „hic abest versus". Überliefert ist er in R. Vgl. ferner den App. zur Stelle.

M·: 257 steht ganz in Rasur in M, dies ist im Photo nicht erkennbar.

R·: 310—312 wiederholt R hinter Ge 4,472 mit leichten Änderungen und in folgender Anordnung: 311.310.312. Vgl. den App. zu Aen 6,310.

R·: 438: ‚inamabilis unda' steht in Rasur in R.

F·: 494—498 Sa: „diese 5 Verse wiederholt F⁵ ⟨der Schreiber des 14. oder 15. Jh.⟩ zum Teil verstümmelt wie in der Handschrift mit der Bemerkung: ‚deficit'". Vgl. den App. zur Stelle.

G·: 656—659 und 675—678 sind die an S. 33 des St. Gallener Kodex angeklebten Bruchstückchen, die P. DDr. A. Dold im Kodex 248 entdeckte. Vgl. die Beschreibung des Kodex G.

G·: 678 folgt in G auf 695 (s. aber auch die obige Bemerk.).

P·: **702** fehlt in P, am Rande rechts hinzugefügt von P⁴. Die beim Beschneiden des Randes verlorengegangenen Buchstaben stellt P⁵ wieder her. Vgl. die Abbildung im App. zur Stelle.

F·: **872** für F angegeben von Ri Hi Ja Mc GD, nach Sa hört F bei Vers 871 auf. Tu: Die Verse 872—878 gingen in F durch Abschneiden verloren. Vgl. den App. zur Stelle.

Aen 7	1 - 4	F·	M	P	R			456 - 469	F	M		R	
	5 - 40	F	M	P	R			470 - 481		M		R	
	41	F	M·	P	R			482 - 485		M		R	V
	42 - 58	F	M	P	R			486 - 507	F·			R	V
	59 - 178		M	P	R			508 - 509	F·	M			
	179	F·	M	P	R			510 - 580		M		R	
	180 - 187	F	M	P	R			581			Mᵐ		
	188	F·	M	P	R			582 - 585		M	Mᵐ	R	
	189 - 247	F	M	P	R			586 - 593			Mᵐ	R	V
	248 - 273	F	M	P	R	V		594	F		Mᵐ	R	V
	274 - 276	F	M	P	R			595 - 597	F·		Mᵐ	R	V
	277 - 325	F	M		R			598 - 611			Mᵐ	R	V
	326 - 329	F	M		R	V		612 - 615	F		Mᵐ		
	330 - 351		M		R	V		616 - 644	F	M			
	352 - 403		M					645 - 646	F	M		P	R
	404 - 427		M		R	V		647 - 663		M		P	R
	428 - 429	F	M		R	V		664 - 689		M		P	R	V
	430 - 454	F	M		R			690 - 817		M		P	R
	455	F·	M		R								

Anm. zu Aen. 7

F·: **1—4** angegeben für F von Ri (prol. 455), aber nicht zur Stelle. F beginnt erst bei Vers 5.

M·: **41** fehlt in M, links am Rand in zwei Zeilen hinzugefügt von M⁴; beim Beschneiden des Randes gingen die ersten Buchstaben verloren. Vgl. Näheres im App. zur Stelle.

F·: **179** Wiederbeginn von F (Ri Ja Sa GD Tu); nach Hi und Mc beginnt F erst bei v. 180.

F·: **188** fehlt in F, unten am Rand hinzugefügt von F¹.

F·: **455**: in F scheint hinter ‚gero' irgendetwas getilgt worden zu sein.

F·: Bl. 66 mit den Versen 486—502 und 503—509 ist in F am Außenrande rechts bzw. links sehr stark beschädigt, so daß Endworte und -buchstaben verloren gingen.

Mᵐ: **581—615**. Auf Vers 580 folgen in M unten auf der Seite ein oder zwei ausradierte Zeilen, die nicht mehr lesbar sind. Zwischen f. 141 und 143 ist ein einzelnes Blatt eingeschoben, das die Verse 581—615 enthält. Der Schreiber dieser Zeilen Mᵐ, zwar auch alt, gehört aber einer bedeutend jüngeren Zeit an als der Schreiber von M. Das auf Vers 615 folgende Blatt enthält zunächst die Verse 582—585 (wieder in der Schrift von M), daran schließen sich die Verse 616 ff. an. Vgl. den App. zur Stelle.

F·: **595—597** fehlen in F, oben auf der Seite hinzugefügt von F². Sie sind wie alle Verse dieses Blattes 67 nur teilweise erhalten. Vgl. den App. zur Stelle.

I. TEXTGESCHICHTE

Aen 8	1-13	M P R		98	M P R·
	14-39	M P R V		99-117	M P R
	40-45	M P R		118-120 F	M P R
	46	R		121	
	47-70	M P R		122-164 F	M P R
	71-92 F	M P R		165-206	M P R
	93-98 F	M P R V		207-234 F	M P R
	99-118	M P R V		235-353	M P R
	119-235	M P R		354-405	M P R V
	236-273	M·P R		406-464	M P R
	274-277	M·P R		465	M P·R
	278-290	M·P R		466-500	M P R
	291-726	M P R		501	M P·R
	727-728	M P·R		502-508	M P R
	729-731	M P R		509-528 F	M P R
Aen 9	1-28	M P R		529	R
	29			530-535 F	M P R
	30-31	M P R		536-724	M P R
	32-68 F	M P R		725-726	M·P R
	69-97	M P R		727-818	M P R

Anm. zu Aen. 8

46: fehlt in M P. Vgl. den App. zur Stelle.
M·: Von v. 236 bis 290 sind in M ziemlich viele Worte durch Beschädigung des Pergaments (Löcher, Risse, Verklebungen) verstümmelt.
M·: 274 und 277 sind in M zu einem Vers zusammengezogen. Sa vermutet, daß der Schreiber von ‚comas' in v. 274 zu ‚comas' in v. 277 abirrte. M² stellt 274 wieder her. M¹ fügt unten auf der Seite in Rasur die Verse 275—277 an. Vgl. den App. zur Stelle.
P·: 727—728, die schon verblaßten Schriftzüge dieser Verse erneuerte mit eigenen Buchstaben P⁵.

Anm. zu Aen. 9

29: = 7,784, fehlt in MPR; vgl. den App. zu 12,612.
R·: 98 steht in R vor 97.
121: = 10,223, fehlt in FMPR; vgl. den App. zu 12,612.
P·: 465 fehlt in P, auf dem oberen Rand zugefügt von P⁴.
P·: 501 fehlt in P, unten auf der Seite zugefügt von P.
529: = 7,645, fehlt in FMP; R bringt diesen Vers, er ist außerdem überliefert in cod. Paris bibl. nat. lat. 7965.
M·: 725—726, diese beiden an der richtigen Stelle ausgelassenen Verse schreibt M nach Vers 732 ⟨auf der verso-Seite von f. 171⟩. M¹ fügt sie unten auf der ⟨recto-⟩ Seite hinzu. Vgl. den App. zur Stelle.

Aen 10	1-19	M P R V		440-459	M P R
	20-21	M·P R V		460-462	M P·R
	22-26	M P R V		463-489	M R
	27-52	M P R		490	M· R
	53-77	M P R V		491-508	M R
	78	M P R V·		509-531	M P·R

```
Aen 10   79-106    M  P  R                532-548   M  P  R
          107      M  P· R                549-574   M  P  R  V
         108-182   M  P  R                575-731   M  P  R
         183-208   M  P  R  V             732-748   M  P  R  V
         209-234   M  P  R                 749      M  P  R
         235-261   M  P  R  V; 237 °V     750-757   M  P  R  V
         262-277   M  P  R                 758      M  P  R  V·
          278             R                759-871  M  P  R
         279-436   M  P  R                 872
         437-439   M  P· R                873-908   M  P  R
```

Anm. zu Aen. 10

M·: 20—21, der Schreiber von M irrte vermutlich in Vers 20 von ,Turnusque' zu ,tumidusque' in Vers 21 ab und schrieb: ,Turnusque secundo', so daß 20/21: ,feratur ... tumidusque' in M fehlen. M² schrieb ,feratur' über ,secundo' und fügte v. 21 interlinear ein.

V·: 78 richtig für V von Ri Hi Mc GD (Aen. Bd. III, S. XXVIII), nach Ja Sa und GD (Aen. Bd. IV, S. 117) endet V bei Vers 77.

P·: 107 fehlt in P, oben auf der Seite hinzugefügt von P⁴.

278 = 9,127, fehlt in MP. Vgl. den App. zu 8,46.

P·: 437—439 und 460—462 gingen verloren in P. Näheres siehe im App. zur Stelle.

M·: 490 ,sic ore profatur' fehlt in M, überliefert in R.

P·: 509—531 in P von anderer Hand? Vgl. den App. zur Stelle.

749 fehlt in V (Sa).

V·: 758 für V richtig Ja, nach Ri Hi Mc Sa GD endet V bei Vers 757.

872 = 12,668, fehlt in MPR, überliefert in c. Vgl. den App. zu 12,612.

```
Aen 11   1-221    M  P  R                737-756       M     R
         222-223  M· P  R                757-782       M
         224-388  M  P  R                 783          M  P·
         389-390  M  P  R·                784-792      M
          391     M· P· R·                 793         M  P  R·
         392-644  M  P  R                794-857       M  P  R
         645-690  M     R                858-895    F  M  P  R
         691-692  M  P· R                896-915       M  P  R
         693-736  M  P  R
```

Anm. zu Aen. 11

M·: 222—223 fehlen im Text von M, sie sind unten auf der Seite auf Rasur hinzugefügt. Nach Sa irrte der Schreiber vermutlich von ,multa' (222) nach ,multa' (224) ab.

R·: 389—390 so angeordnet in R: 390.389

M·P·R·: 391: ,,nequiquam ... hostem" stand in M, wurde von M² getilgt, fehlt in PR.

P·: 691—692 angegeben für P von Ri Hi Mc Sa GD Tu. Nach Ja beginnt P bei Vers 693.

P·: 783 für P angegeben von Ri Hi Mc Sa GD Tu. Nach Ja beginnt P erst bei v. 784.

R·: 793 angegeben für R von Ri Hi Mc Sa GD. Nach Ja beginnt R bei Vers 794. ⟨Tu: R beginnt auf Bl. 283 mit v. 793.⟩

Aen 12	1-46	M P R	668-686	M P V
	47-92	M R	687	M P R· V
	93	M P· R	688-697	M P R V
	94-455	M P R	698-699	M P R V·
	456-498	M·P R V	700-718	M P R V
	499-500	M· P R V	719-722	M P R
	501-502	M P R V	723-724	M P R·
	503	M P R	725-758	M P R
	504-507	M P R V	759-774	M P
	508	M P R V·	775-777	M· P
	509-611	M P R	778-830	M P
	612-613		831	M P R·
	614-650	M P R	832-938	M P R
	651-666	M P	939-952	M P
	667	M P V·		

Anm. zu Aen. 12

P·: 93 angegeben für P von Ri Hi Mc Sa GD Tu, nach Ja beginnt P bei v. 94.

M·: 499—500, beide Verse fehlen in M, unten auf der Seite fügt sie M¹ hinzu. Sa vermutet, daß der Schreiber vom Versende ‚caedem' (498) zum Versende ‚caedes' (500) abirrte.

503: fehlt in V (Sa).

V·: 508 richtig für V von Ja. Nach Ri Hi Mc Sa GD endet V bei Vers 507.

612—613 fast gleich 11,471—472. Beide Verse fehlen in MPR, sie sind überliefert in c. Vgl. den App. zur Stelle.

V·: 667 richtig für V von Ri Sa GD Tu (Aen. Bd. IV, S. 220). Nach Hi Mc GD (Aen. Bd. III, S. XXVIII) beginnt V bei Vers 668.

R·: 687 für R angegeben von Ri Sa GD Tu. Nach Hi Ja Mc beginnt R bei Vers 688.

V·: 698—699 so angeordnet in V: 699.698 (Sa).

R·: 723—724 so angeordnet in R: 724.723

M·: 775—777 zweimal geschrieben in M, Sa vermutet wegen des gleichen Versendes in 774 und 777: ‚ferrum'.

R·: 831 angegeben für R von Ri Hi Mc Sa GD Tu. Nach Ja beginnt R bei Vers 832.

II. Textgestaltung

Die textkritische Übersicht gibt die wichtigsten handschriftlich überlieferten Varianten, Konjekturen, sinnändernde Interpunktionen und Umstellungen, für die sich die in ( ) aufgeführten — von uns verglichenen — Editoren, a b w e i c h e n d von uns und den übrigen verglichenen Editoren, entschieden haben. Die Lesarten unserer Ausgabe werden in der textkrit. Übersicht dann aufgeführt, wenn sie von Korrektoren (M², P² usw.) stammen, gelegentlich auch zur deutlicheren Kennzeichnung des

Handschriftenbefundes. In [ ] stehen Unstimmigkeiten der Editoren über die jeweils vorliegende Lesart. Auf umstrittene Verse, Wiederholungen, Ergänzungsversuche und auf die in den Handschriften anzutreffenden Auslassungen und Nachträge einzelner Verse ist besonders hingewiesen. Sachlich zusammengehörende Varianten werden an der zuerst auftretenden Stelle zusammengefaßt. Zweck der Übersicht ist es:

1) für ein tiefer eindringendes Textstudium wichtigen Stoff bereitzustellen;
2) durch Vergleich der bedeutenderen Ausgaben einen kleinen Beitrag zu leisten zur Interpretationsgeschichte mancher Aeneisstellen;
3) kleinere Versehen und Unstimmigkeiten, die unter den Editoren bis heute herrschen, entweder zu berichtigen oder wenigstens zur Diskussion zu stellen.

Am Schluß der Übersicht folgt ein alphabetisches Verzeichnis der in diesem Apparat zitierten Autoren.

Zur Herstellung des lateinischen Textes wurden folgende Ausgaben verglichen:

H: P. Virgilii Maronis opera varietate lectionis et perpetua adnotatione illustrata a Chr. Gottl. H e y n e [2]. Leipzig 1787—89. (Aen. I—XII 1787).

CN: P. Vergilii Maronis opera. The works of Virgil, with a Commentary by John C o n i n g t o n — Henry N e t t l e s h i p. vol. II 4th. ed. London 1884 (Aen. I—VI); vol. III 3th ed. London 1883 (Aen. VII—XII)
gelegentlich wird auf vol. II London 1863 und vol. III 2nd ed. London 1875 hingewiesen.

Ri: P. Vergilii Maronis opera apparatu critico in artius contracto. Iterum recensuit Otto R i b b e c k. Leipzig 1894/95. (Aen. I—XII 1895)

Hi: P. Vergilii Maronis opera recognovit brevique adnotatione critica instruxit Fredericus Arturus H i r t z e l. Oxford 1900

PL: Oeuvres de Virgile, texte latin. Publiées avec une introduction biographique et littéraire, des notes critiques et explicatives, des gravures, des cartes et un index par F. P l e s s i s et P. L e j a y. Paris 1913

Ja: P. Vergilii Maronis opera post Ribbeckium tertium recognovit Gualtherus J a n e l l². Leipzig 1930

Mc: The Aeneid edited with introduction and commentary by J. W. M a c k a i l. Oxford 1930

Sa: P. Vergilii opera Remigius S a b b a d i n i recensuit. impressio altera Romae 1937, dazu Cast: P.V.M. Aen. Libr. XII rec. R. Sa. Editionem ad exemplum ed. Rom. (MCMXXX) emendatam curavit L. C a s t i g l i o n i, Turin, Paravia 1963

GD: Virgile oeuvres. Tome III Énéide I—VI.
Texte établi par Henri G o e l z e r et traduit par André Bellessort. Septième édition Paris 1952
Tome IV Énéide VII—XII. Texte établi par René D u r a n d et traduit par André Bellessort. Cinquième édition Paris 1952

Ve: Vergil Aeneis lat. u. dtsch. eingeleitet und übertragen von August V e z i n. Münster 1952

Zur Vervollständigung der Textkritik und des erklärenden Teiles wurden nachträglich noch herangezogen:

Pe: P. Virgilii Maronis Aeneidos libri I—XII edidit et annotatione illustravit P. Hofmann P e e r l k a m p Leiden 1843

Fo: P. Virgilii Maronis opera ed. Albertus F o r b i g e r vol. II Aen. I—VI; vol. III Aen. VII—XII Leipzig 1852

Go: P. Vergilii Maronis Aeneis illustr. God. Guil. G o s s r a u Ed. II Quedlinburg 1876

K: K a p p e s, Karl: Vergils Aeneide für den Schulgebrauch erläutert 3. Aufl. Leipzig 1892

SDJ: Vergils Gedichte erkl. von Th. Ladewig, C. S c h a p e r u. P. D e u t i c k e 13. Aufl. bearb. von Paul J a h n Berlin 1904 (Aen. I—VI)

Lc: Virgile Bucoliques-Géorgiques-Enéide, J. B. Lechatellier, Quatorzième édition Paris 1928

Außerdem wurden noch folgende Abkürzungen im Apparat gebraucht:

Serv.: Servius Maurus, Grammatiker, 4. Jh.

DS: Daniel-Servius, erweiterte Fassung des Servius-Kommentars, dessen erster Herausgeber Pierre Daniel war (1600).

Tib: Tiberii Claudii Donati Interpretationes Vergilianae rec. H. Georgii, Leipzig 1905/06.

Ansil: Glossarium Ansileubi, Paris Belles Lettres 1926.

Schol.Ver.: Scholia Veronensia. H. Hagen Appendix Serviana (Servii Grammatici ... commentarii de Thilo et Hagen III, 2), Leipzig 1902.

Ho: Hoffmann, Max: Der Codex Mediceus PI XXXIX N. 1 des Vergilius, Leipzig 1889 I. Theil
In: Schulschriften aus der Provinz Sachsen 1889, 2 N—Z; als Beilage zum Jahresbericht der königlichen Landesschule Pforta. (Vergleichung des Cod. M mit Ribbecks Text für Vergils Ecl. VI, 48—X, 77; Georg.; Aen. I u. VI)
II. Theil: Vergleichung des Cod. M mit Ribbecks Text für Vergils Aen. II—V; VII—XII Leipzig 1901
In: Schulschriften Provinz Sachsen 1901 2 M—Z. Beilage zum Jahresbericht der königlichen Landesschule Pforta

No: P. Vergilius Maro Aeneis Buch VI erklärt von Eduard Norden. 3. Aufl. Teubner Leipzig/Berlin 1926

Fu: Funaioli, Gino: Studi di Letteratura Antica, Bologna 1948. tom. I vol. I–-II; tom. II vol. II
Due recenti edizioni di Virgilio. tom. I vol. II p. 345 bis 361
Il valore del Mediceo nella tradizione manoscritta di Virgilio. tom. I vol. II p. 363—386

Tu: Vorliegende Tusculumausgabe.

Ast. = Asteriscus, bezeichnet einen Vers als fragwürdig.

curs. = cursiv, „ „ „ „ „

dett. = codices deteriores

Aeneis 1

2 Laviniaque MV *(PL Ja Sa GD Ve)* Lavinaque *auf einem Ziegel von Italica* CIL II 4967,31; R Lavinia M² *Aldus (H) [PL Ho Sa Tu:* Laviniaque M; *Sa:* Lavinaque M¹, Lavinia M²; *nach Sa hat* M² „que" *ausradiert und* Lavinia *wiederhergestellt; Hi GD:* Laviniaque M¹, Lavinia M²; *Ja:* Lavinaque M² *Nach Ho gibt* M: LAVINIAQ., M¹ LAVINIA/ ///(Q.rad.) Es wäre seltsam, wenn* M¹ *auf diese Weise die metrisch unmögliche Lesart Lavina angesetzt hätte.]* 4 curs. *(Pe)* 17/18 „hoc regnum ... fovetque" curs. *(Pe)* 23-24 curs. *(Pe)* 41 Oili M *(Ri PL Ja Ve)* olei l, oilei R l¹ *(übrig. Edd.)* 48 adoret b² c² *Quintilian.* IX 2, 10 *(H)* 49 imponat π *(H)* imponit γc *(CN) [Sa Tu:*-nit γ, -net γ¹; HiGD:-nit γ¹] 72 Deiopeam χ *(H)* 73 = 4,126 104 proram M *(K) [Hi Mc Sa GD Tu:* -am R; *nach CN hat R nicht:* proram; *nach GD hat R beide Lesarten:* prora *und* proram] 109 curs. bzw. geklammert *(H Pe Ri)* 120 Achati *Plinius bei Charisius I* 132, 22 K *(Ri CN Ja Ve)* 127 *fast gleich* Ge 4,352 *Variante:* placidum (127) — flavom (Ge 4,352) *vgl. Büchner Sp.* 295 *(Berührungen zwischen dem* 1. *Buch der Aeneis und dem Aristaeusepyllion)* 169 *vor* 168 *in* M 170 *fehlt in* M, *unten auf der Seite hinzugefügt von* M¹ 175 suscepit γ b *(H Pe Fo Hi K Lc) vgl.*

4,391 succipiunt P *(CN* ⟨1884⟩ *Ri Sa)*
6,249 suscipiunt MR *(H Fo Go Hi K SDJ Lc Mc)*
11,806 succipiunt b *(Ri Sa)*

188 „fidus ... Achates" curs. bzw. geklammert *(Pe Ri)* 193 humo FMR *(PL Mc Sa GD Tu)* humi c²l *(übrig. Edd.)* 211 deripiunt *Heinsius, Wagner lect. Verg.* 342 *(H Pe Go Co* ⟨1863⟩ *K Lc) vgl.*

3,267 deripere P *(H Pe Go CN Ri Hi Lc GD)*
4,593 deripient *Heinsius (H Pe Go Ri Hi Lc)*
10,475 diripit M *(Ja Ve)*

224 despiciens FMR *(H Pe Fo CN K SDJ PL Lc Ja Ve) vgl. Norden zu Aen.* 6,734 respiciens l dispiciens *Lachmann ad Lucr.* 4,418 *(übrig. Edd.)* 236 omnis F *(Hi Mc Sa GD)* omnes V *[H Ri* ⟨i *von jüngerer Hand in* e *verbessert*⟩ *CN Sa GD:* omnis F; *Sa:*-nes F¹; Hi:-nis F¹; Hi Mc GD:-nes F² *Ja:*-nes F; *Tu: aus dem Photo läßt sich diese Unstimmigkeit nicht entscheiden, da nicht zu erkennen ist, ob das* E *aus* I *nachgezogen und verbessert ist]* 245—246 curs. *(Pe)* 268 Ast. *(H)* 284 pthiam *ist deutlich überliefert in* M; P *bietet die sinnlose Lesart* pythiam, *die von* P² *in* pthiam *verbessert wurde.* R *hat* phtiam. *Alle Editoren außer Sa Ja und Tu bieten die vom*

*Griechischen her eingängige, von Tu im deutschen Text gebotene
Lesart* Phthiam. 303/304 „in primis ... benignam" *curs. (Pe)*
313 = 12,165 317 Eurum *Rutgers (H Ri Lc GD)* 323 tegmina γ
(Ri) [Sa Tu:-na γ; *Ri Hi GD:*-na γ[1]; *Tu:*-ne γ[2]; *GD:*-ne P; *Sa Tu:
verloren in* P] *Interpunktion:* pharetra, *(Ri), er verbindet:* lyncis ...
aut apri 333 et vastis MR *(H Pe CN PL),* M[2] *verbessert:* vastis et,
dies ist mit P *die Lesart der übrig. Edd.* 343 auri *konj. v. Huet
(Ri GD Ve); nach Ri und Tu ist* P *an dieser Stelle nicht lesbar*
357 patriaeque M *(Ja Ve) [Nach Sa müßte* M: pàtriaque *haben;
Ho Tu:* patriaeque M; *Ho Ja:* patriaque M[2]; *das durchgestrichene* E *ist im Photo nicht zu erkennen]* 365 cernes PR *(H Ri
Hi PL Lc Mc GD)* 367—386 *curs. (Pe), geklammert (Ri)*
374 componat PR *(Pe CN)* componet MP[2] *(übrig. Edd.)*
380 „et" *fehlt in einigen jüngeren von* P. Burmann *benutzten codd.,
Montalbanus, Hamburgensis alt. (H) Interpunktion:* patriam, *(Mc).
er macht* „et ... summo" *zu einem kurzen selbständigen Satz.*

Um *das Problem von* Variatio *und* Iteratio *deutlich aufzuzeigen,
bringen wir folgende Übersicht:*

1,380	Alle Editoren
ab Jove magno R *(Sa)*	6,123
„ „ summo MP *(übrig. Edd.)*	ab Jove summo MPR
1,428	
fundamenta petunt F *(Ri Sa)*	4,266
„ locant F[1] MPR *(übrig. Edd.)*	fundamenta locas MP
1,668	
Iunonis acerbae BFP ⟨inquae *supscr.* P[2]⟩ *(CN Ri Hi Mc Sa GD Tu)*	8,292
„ iniquae F[1] MR *(übrig. Edd.)*	Iunonis iniquae MP (R: invictae)
4,390	
multa parantem dicere P *(H Pe Fo Go CN Ri Hi PL Mc GD)*	2,790
„ volentem dicere M *(übrig. Edd.)*	multa volentem dicere MP
4,564	
(M: suarioque)	
varioque irarum fluctuat aestu M[1] *(H Fo Go K SDJ PL Lc)*	4,532 [a] irarum fluctuat aestu MP[1]

---

[a] *Funaioli* (S. 381) *weist für* fluctuat aestu *noch auf* 8,19; 12,486 *hin.*

II. TEXTGESTALTUNG

variosque irarum concitat aestus FP (P: estu).
    (übrig. Edd.)

5,354
munera PR *(H Pe Fo CN Ri Hi K SDJ*
    PL Lc Mc Sa GD)   5,353
praemia M *(übrig. Edd.)*   praemia MPR

5,486
praemia dicit P *(CN Ri Hi Sa GD Tu)*   5,292
   „   ponit MRV *(übrig. Edd.)*   praemia ponit MPRV

5,843   5,832
ferunt sua flamina classem M *(Ja Ve)*   ferunt sua flamina
M⁷ *schreibt „ipsa aequora" darüber,*   classem MPR
tilgt es dann wieder; im Photo nicht
mehr zu erkennen.
aequora P; P¹ *schreibt „flamina" dar-*
über, tilgt es dann wieder; im Photo
nicht erkennbar.
ferunt ipsa aequora classem P R *(übrig.*
Edd.)

6,806
virtute extendere vires PR *(CN Ri K Sa)*   10,468
virtutem   „   factis M *(übrig. Edd.)*   famam extendere fac-
     tis M²R
     (M: fatis)

7,281
(F: flagratis)
flagrantis naribus ignem F¹ *(Sa GD)*   Ge 2,140
spirantis   „   „ MR *(übrig.*   spirantes naribus
Edd.)   ignem MP

7,436   7,303
Thybridis alveo R *(H)*   Thybridis alveo FMR
Thybridis undam FM *(übrig. Edd.)*
(M⁶: *albeo rechts am Rand*)

7,481   4,169
malorum causa fuit M⁴ *(Lc Ja Ve)*   malorum causa fuit
     M¹P¹RV (M: maio-
     rum; P: laborum)

laborum causa fuit MR *(übrig. Edd.)*
7,528
p r i m o coepit cum albescere ponto MR
(K PL Mc Sa)

primo coepit cum albescere vento γ
(übrig. Edd.)
8,391
non secus PR *(H Pe Fo Go CN Ri Hi
K PL Lc Mc GD)*
haut secus M *(übrig. Edd.)*
9,151
Palladii, caesis late custodibus arcis FR
(Sa GD Tu)
Palladii, caesis summae custodibus
arcis MP *(übrig. Edd.)*

9,189
somno vinoque sepulti a¹m *(H)*

somno vinoque soluti MP¹R *(übrig.
Edd.)*
(P¹ *fügt* „vino" *hinzu*)
9,237
vinoque soluti procubuere P *(H)*

vinoque soluti conticuere M *(übrig. Edd.)*
 „ solutis conticuere R
9,400
moriturus in enses P *(H Pe Fo CN Ri
Hi Sa Tu)*
moriturus in hostis MRV *(übrig. Edd.)*

Ge 3,237
m e d i o coepit cum
albescere ponto MPR⁵
(M⁸: primo; R: bes-
cere)

8,414
haud(t) secus MP(R)

2,166
Palladium, caesis sum-
mae custodibus arcis
MP²V (P: cuspod-)

2,265
urbem somno vinoque
sepultam FMP

9,189 f.
vinoque soluti procu-
buere MP¹R (P¹ *fügt*
„vino" *hinzu*)

2,511
moriturus in hostis P
(M: hostes)
9,554 moriturus in
hostis MP (R:-es)

9,814
fessos quatit acer anhelitus artus
konj. v. Heinsius, gebilligt v. Bentley (H) vgl. Serv auct
fessos quatit aeger anhelitus artus MPR
(übrig. Edd.)

10,824
patriae subiit pietatis imago P *(Pe Fo CN Ri Hi K Lc Mc Sa GD)*
subit R
patriae strinxit pietatis imago M
(übrig. Edd.)

12,178
Saturnia Juno M *(H)*
„ coniunx PR *(übrig. Edd.)*

12,310
in aeternam conduntur lumina noctem P
 (CN Ri K Sa GD Tu)
„ „ clauduntur lumina noctem M²R *(übrig. Edd.)*
(M: nocte; MR: clauduntur)

12,784
in aurigae faciem conversa Metisci M²P *(K PL Ja Ve)*
in aurigae faciem mutata Metisci M
(übrig. Edd.)

5,432
vastos quatit aeger anhelitus artus MP
(R: anhellitus)

9,294
patriae strinxit pietatis imago MPR

12,156
Saturnia Juno MPR

10,746
in aeternam clauduntur lumina noctem MPRV

12,623
in faciem soror ut conversa Metisci aurigae MPR

Sabbadini entscheidet sich im allgemeinen (von 23 Fällen 2 bzw. 4 Ausnahmen: 4,390; 7,528; 8,391; 9,814ᵃ für die Variatio nach seinem Grundsatz „Poetae variant, librarii iterant". Ob die in M gewöhnlich (bei 23 Fällen 5 Abweichungen) vertretene Iteratio als Interpolation zu werten ist, kann nur eine eingehende Würdigung der Stellen ergeben[b]

389 geklammert *(Ri)*   396 respectare P *(Ri)*   401 dirige MR¹ *(H Ja Ve)* vgl.

---

[a] *In 7,528 und 9,814 liegen die Fälle besonders, da dort für die in Frage kommende Variatio nur das Zeugnis jüngerer Hss. vorliegt. Zu 9,814 bemerkt Probus bei DS, ,,commodius hic est aeger quam in quinto (432) vastos quatit aeger anhelitus artus: quamvis consuetudo sit Vergilio ista mutandi."*

[b] *Andere von Sa als iteratio erklärte Wendungen werden im App. besonders gekennzeichnet*

5,162 dirige M *(H PL Ja Ve)*

6,57 direxti PM *(H Pe Fo Go Ri K SDJ PL No Lc Mc GD)*, directi R, derexti *(übrig. Edd.)*

6,195 dirigite M *(H Ja Mc Ve)*

7,497 derexit FRV *(CN ⟨1883⟩ Ri Hi PL Sa GD Tu)*, direxit F¹M *(übrig. Edd.)*

7,523 direxere R *(H Pe Go K Lc Mc)*

10,140 dirigere M *(H PL Ja Ve)*

10,401 derexerat MR *(CN Ri Hi K PL Mc Sa GD Tu)*, direxerat M¹P *(übrig. Edd.)*

11,654 dirigit b¹c *(Pe Fo Go Hi K PL)*, degerit b

11,855 dirige c *(H Pe Go K Lc)*

12,490 dirigit bc *(H Pe Fo Go K Lc)*

421 curs. *(Pe)*   426 curs. bzw. geklammert oder in Frage gestellt *(H Pe Ri Mc Ve)*   427 hinc *Nonius* 340, 20 *(Ri)*   lata F *(Ri PL Sa)*   *[Ri PL GD:* alta R; *Sa:* alia R*]*, alta MPR² *(übrig. Edd.)*

apta konj. v. *Bentley*   theatris FPR *(H Ri Hi PL Lc Mc Sa GD Tu)* theatri MP² *(übrig. Edd.)*   428 petunt F *vgl.* 1,380

434—436 = Ge 4,167—169   436 fervit F *(Sa); Sabbadini liest auch in Ge 4,169 fervit mit F und weist auf Servius hin: „Fervit opus iuxta declinationem saepe dictam fervo fervis fervit".*   fervet F¹MPR *(übrig. Edd.)*   441 umbra F¹MPR *(Mc)*   448 nexae F¹MPR *(H Go CN Ri Hi K SDJ PL Lc GD) [GD:* nexae F; *Ja Sa:* nixae F; *Tu: im Photo ist das E nur schwach zu erkennen und nur schwer festzustellen ob zuerst E oder I geschrieben wurde. Das I ist deutlich zu lesen.]*

vgl. 4,217 subnexus χ *(CN Ri Hi SDJ Lc)*

5,279 nexantem RV; Gey 293 *(H CN Hi Mc)* *[Ri PL Sa GD:* nixantem V; *Hi:* nexantem V; *Hi GD:* netentem M ⟨*nach ihnen verbessert vom Schreiber des Kodex*⟩ *in* nixantem M¹;   *Sa Tu:* nixantem M; nitentem M¹;
                                               TE
nach Ho gibt M: NIXANTEM, M¹: NIXANTEM,
                                          ETE
M⁹ᵃ: NIXANTEM; *„das E ist, wie es scheint, wieder weggewischt"; aus diesem etwas verwickelten Befund erklären sich wohl die Versehen bei Hi und GD];* nixantem MP *(übrig. Edd.)*

455 intra c¹ *(CN Hi)*   intrans konjiziert und in den Text gesetzt

von Ribbeck (Ve) vgl. 11,267 inter P *(Ri Hi)*
11,882 intra MR *(Ri PL Ja Mc GD Ve)*
458 curs. *(Pe)* 473 *Umstellung:* 473. 479—482. 474—478. 483 *(Ri)*
505 media e testudine *konj. v. Ri, er hält media für Nominativ;*
mediaemedia P; media P². *Nach Sa Doppelfassung Vergils:* media, e
media 512 averterat FP *(Ja Ve) [Sa Tu:* averterat P; *PL Ja GD:*
avexerat P] advexerat M⁷ 513 perculsus MP² *(CN Lc)* *vgl.*
8,121 perculsus R *(CN)*
520 = 11,248 530—533 = 3,163—166 534 huc χπ *(H Pe)*
Ergänzung: „huc cunctis ⟨fuit?⟩ ire voluntas" *cod. Dorvillianus*
„huc ventis cita classis abibat" *Nannius*
548 ne te *Hamburgensis alter (H Fo)* 550 arvaque M *(H Ja Ve)*
[PL Ja GD: armaque P; *Sa Tu:* verloren in P] *Ri setzt nach diesem Vers eine Lücke an* 560 *Ergänzung:* „nutuque eadem vultuque professi" *Nannius* 571 *fast gleich* 8,171 *(Variante:* tutos
(571) — laetos (8,171)) 582 quae ... surgit *fast gleich* 9,191
(Variante: surgit (582) — surgat (9,191))
588 *zweimal geschrieben in M, verbessert von* M² 599 exaustis
F *(Ri Hi Mc Sa) [Ja:* exaustis F¹; *Hi GD:* exhaustis F¹; *Ri Sa Tu:*
exaustis F, exhaustis F¹] *[Sa Tu:* exaustos P; exhaustos P¹;
GD: exhaustos P], exhaustos BF¹MP¹R *(übrig. Edd.)* 602
„magnum ... orbem" *curs. (Pe)* 604 iustitia M *(H Pe Fo CN Ri
Hi K SDJ PL Mc Sa GD) [Hi Sa Tu:* -ae PR; *CN Ri PL Ja
GD:* -a PR; *Hi PL Sa GD Tu:* -ae F; *CN Ri:* -a F], iustitiae BFM²PR
(übrig. Edd.) 607—608 curs. *(Pe)* 608 *Interpunktion:* lustrabunt convexa. *(H Pe Fo Go CN Hi K SDJ PL Lc Sa GD)* 609 =
Ecl. 5,78 636 dei MPR γ *(CN Mc);* die *Serv. (Ja Ve);* dii *Gell.* 9,
14,8 *(übr. Edd.) Ergänzung:* „liquidissima vina" *Nannius* 642 antiqua PR *(H CN Ri Hi K Mc Ve)*
664 *Interpunktion:* potentia. solus ... „solus" *auf* „temnis"
bezogen (H Hi Lc GD) 668 iniquae F¹MR *vgl.* 1,380 670 hunc
F¹MR *(H Pe Fo SDJ PL Lc Mc) [CN PL Mc GD:* nunc P; *Sa Tu:*
verloren in P *Mc:* nunc F¹; *PL Sa GD Tu:* nunc F; *Sa Tu:*
hunc F¹; *Ja Hi GD:* hunc F²]; nunc Fl *(übrig. Edd.)* 686 *ganz
verloren in P; Folio* 65 *(Aen.* 1,645—690) *ist arg verstümmelt; vv.*
689/90 *fehlen auch.* 700—717 *so angeordnet in* M: 700. 709—716.
701—708. 717, *die richtige Ordnung stellt* M² *wieder her.* 701
famuli manibus B *(H Pe Fo CN),* manibus famule P, -lae MP¹
701—702 curs. *(Pe)* 702 „tonsisque ... villis" = *Ge* 4, 377
703 longo BMR *(H Pe Go Lc Mc) [Pl Mc GD:* longam P; *Sa Tu:*

verloren in GPJ, longam Charisius I p. 74, 30 K, Ausonius 3, 1, 28 (übrig. Edd.) Sa und GD weisen auf Gellius IV, 1,15 hin: „meministi enim credo quaeri solitum quid Vergilius dixerit, penum struere vel longam vel longo ordine: utrumque enim profecto scis legi solitum".
706 onerant ... ponunt BGR *(H)* 711 geklammert *(Ri)* 719 insideat GRl *(Fo)* [*Fo*: insideat P; *PL GD*: insidat P; *Sa Tu*: verloren in P] 725 it b¹ *(Ri Sa Tu)* fit MR *(übr. Edd.),* verloren in P
734 *verloren in* B 741 quae Serv. *(H Pe)* 744 = 3,516; geklammert *(Ri)* 745—746 = Ge 2,481—482 755—756 *in Frage gestellt (Ri)*

Aeneis 2

3—6 *Interpunktion*: dolorem, ... fui. *(H Pe Fo Go CN Hi SDJ PL Sa GD)* dolorem. ... fui, *Häckermann, Ladewig, Haupt (übrig. Edd.)* 8 *hinzugefügt von* M² 37 subiectisve *haben nach* DS *einige alte Hss. Heyne übernimmt es. Servius merkt dazu an:* „⟨Der Dichter⟩ setzte que für ve, denn es erschien klangvoller". ,que' *hat hier und noch an folgenden Stellen disjunktiven Charakter, aus den Hss. und Edd. ergibt sich dieses Bild:*

2,37 subiectisque MPR *(übrig. Edd.)*	-ve *Heyne*
6,616 radiisque FMPR *(übrig. Edd.)*	-ve *Heinsius (H)*
10,709 multosque R *(Pe Fo Go CN Hi PL Lc Mc Sa GD)* [*CN Ja Sa Tu*: multoque M; *Ri PL GD*: multosque MJ	-ve P *(übrig. Edd.)*
12,893 clausumque MR *(übrig. Edd.)*	-ve P *(Ri Hi Mc GD)*
12,918 aurigamque R *(Pe Fo Lc Sa)*	-ve MP *(übrig. Edd.)*

45—47 *Ast. (Ri)* 48 *Interpunktion:* error: (;) equo ne credite *(H Pe Fo Go CN Ri Hi K SDJ PL Lc Mc Sa GD)* equo, MP² *(übrig. Edd.)* 56 stares PRl *(H Pe)* 66 *Ergänzung*: „vultumque et verba ut finxerit idem" *Nannius* 69 quae me tellus *Quintilian IX 2, 9 (Hi GD)* 75 quive fuat, memores *konj. und in den Text aufgenommen von Ri.* 75/76 „memorat ... fatur" *curs. (Pe)* 76 = 3,612 *fehlt in P, nicht im Text von M, unten auf der Seite hinzugefügt von* M⁷, *vorhanden in l; allgemein geklammert. Nach Sparrow (S. 132) Musterbeispiel für Interpolation.*
89 consiliis bc² *(CN Lc)* [*Sa*: consil... V, concil... V¹; *Hi Mc Ja GD*: consiliis V¹; *PL*: consiliis V; *Norden zu Aen. 6,433* cons
ciliis V] CONSILIis V, *Gey 365*

vgl. 6,433 conciliumque MR *(H Pe Fo Go CN Ri Hi K SDJ Lc Mc)*   99 „et... arma" *curs. (Pe)*   105 casus Pl *(Ri)* *[Sa Tu: casus P, causas P²; Hi Ja GD: casus P¹; GD: causas P ⟨Druckfehler für P²?⟩]*, causas MP²V *(übrig. Edd.)*   114 scitatum M⁷l *[Hi Ja GD: M²] (H Hi Mc GD) [PL Tu: scitantum M; Sa Ho: scitantem M; GD: scitantum ⟨oder -antem⟩ M¹; Ho merkt hierzu an: „SCITANTUM rad.; U vorher schon von 1?"]*   120 animis *ältere Edd. (H)*   Vgl. *zum Nebeneinander von Perfekt und Praesens bzw. Praes. u. Perf. mit besonderer Berücksichtigung der Auffassung Sabbadini's:*

2,129	rumpit Pl *(H Pe Fo CN Ri Hi K SDJ PL Lc Mc GD)*	
	rupit M *(Sa. u. übrig. Edd.)*	— destinat MP *(alle Edd.)*
3,82		— agnoscit M *(H Pe Fo Go CN K PL Lc GD)*
	occurrit FMP *(alle Edd.)*	— adgnovit FP *(Sa u. übrig. Edd.)*
	accurrit M²	
	occurrit *ist von Sa als prs. genommen. Vgl. Funaioli (S. 383), der es für natürlicher hält, occurrit als perf. anzusehen, das in FP das perf. auf sich gezogen habe.*	
3,312	effundit P *(Sa)*	— implevit FMP *(alle Edd.)*
5,761	fundatur MPR *(alle Edd.)*	— additus P *(Sa)*
6,193	a(d)gnoscit (P)R *(H Fo Go CN Ri Hi K SDJ Mc)*	
	agnovit M *(Sa u. übrig. Edd. ⟨teilweise adgn- geschrieben⟩)*	— precatur MPR *(alle Edd.)*
6,528	inrumpunt FMPR *(alle Edd.)*	— additus PR *(H Fo Ri Hi K Lc Mc Sa)*
7,459	rumpit FM *(alle Edd.)* rupit R	— perfudit M *(Fo Go K Sa GD)*
7,600	saepsit FRV *(alle Edd.)* sepsit Mᵐ	— relinquit *Tib. b (Sa)*
7,622	impulit FMR *(alle Edd.)*	— rumpit M *(Fo Go CN Hi K Lc Mc Sa GD Tu)*
12,380	impulit MPR *(alle Edd.)*	— effundit MP *(Sa u. übr. Edd.)*
		effudit R *(Lc)*

12,449 audiit MPR *(alle Edd.)* — adgnoscit P *(Sa)*
12,470 — relinquit M²V *(H Pe Fo Go Hi PL Lc)*
excutit MPRV *(alle Edd.)* — reliquit MPR *(Sa u. übrig. Edd.)*

136 *Interpunktion:* dum vela. darent si forte, dedissent *(H)* darent, ... M *(übrig. Edd.)* 138 duplicis P *(Ri)* dulcis MP² *(übrig. Edd.)* dulces l 169 „ac retro ... referri" = Ge 1,200
174 *verblaßt in* V 177—182 *weitgehend verblaßt in* V
187 possit FM *(H Pe Fo PL Sa)* 197 clariseus F, Larisaeus F¹ P *(PL Mc Sa GD)*, [GD: alarissaeus M; Sa Tu: clarissaeus M], Larissaeus M⁷ *(übrig. Edd.)* vgl. 11,404 Larisaeos *(Sa)*, Larisaeuos *in* -saeus *verbessert* P

(Nach Sa Doppelfassung Vergils: -aeos, -aeus) *Tu:* LARISAEVØS P
Larisaeus P¹ *(Mc PL GD)*, larisaeuus R, larisseus M, Larissaeus *(übrig. Edd.)*
Vers 11,404 *ist fast gleich* 2,197, *Ri und Hi klammern ihn, Klouček verwirft ihn. Interpolation?*

Zur Frage: „*Simplex oder Kompositum?*" vgl.

2,207 exsuperant *Heinsius (H)* — superant MP *(übrig. Edd.)*
2,778 asportare — portare
Handschriftenbefund: [*Hi Mc:* portare M; *Sa Fu:* protare M; *Ja:* protare M¹; *GD;* pertare M; *PL:* pretare (?) M; *Ri Tu:* PR ˙ TARE ⟨*E vielleicht ausradiert*⟩ M; *Tu:* ob E *oder* O *ursprünglich dagestanden hat, ist im Photo nicht zu erkennen. Ho hält es für ein radiertes* O. *Die Stelle ist sehr verderbt*]; asportare M²P γl¹ portare γ¹l [*Hi GD:* asportare γ¹, *Sa:* γ; *Hi GD:* portare γ², *Sa:* γ¹] *In* Pγ *steht die metrisch unmögliche Form:*
te comitem hinc asportare
te hinc comitem asportare *Mentelianus II (H CN Ri Hi Lc Mc GD)*
te comitem portare *Haupt (Pe)*; „hinc" *fehlt*
te comitem hinc portare γ¹ *(übrig. Edd.)*
3,330 inflammatus M — flammatus FP *(übrig. Edd.)*
(H Pe Fo Go K SDJ Lc)
4,54 inflammavit MP¹ — flammavit FPR *(übrig. Edd.)*
(H Pe Fo Go SDJ PL Lc Mc GD)

6,254 infundens M *Asper* — fundens FPR *(übrig. Edd.)*
(H Pe Fo Go K PL Lc
No)

7,351 inspirans RV *(H Pe Fo* — spirans M *(übrig. Edd.)*
Ri Hi K PL Lc Mc)

9,667 afflictu *(PL)* — flictu P *(übrig. Edd.)*
adflictu R, atflictu M fluctu γ

11,901 impellunt — pellunt R *(Ri Sa)*
In seiner Vorliebe für das Simplex greift Sabbadini hier auf R zurück und merkt an: „simplex pro composito, i. e. impellunt".
poscunt MP *(übrig. Edd.)*

12,709 et decernere MP²RV — et cernere P *(übrig. Edd.)*
(ohne „et" Mc)
In Ep. 58, wo Seneca sich über die Dürftigkeit der lateinischen Sprache beklagt, weist er u. a. auch darauf hin, daß früher gebrauchte Simplicia inzwischen veraltet und aus dem Sprachgebrauch verschwunden seien. Dabei zitiert er (3) Aen. 12,708 f. in dieser Fassung:
   ingentis genitos diversis partibus orbis
   inter se coiisse viros et cernere ferro"
und fährt fort: „Dafür gebrauchen wir jetzt decernere. Das Simplex ist nicht mehr gebräuchlich."
Mc *gibt zu dieser Stelle ausführliche Erörterungen.*
Priscian (GL K II 32,5) aber zitiert: „inter se coiisse virosque discernere ferro" als Beispiel für die nicht positionsbildende Kraft des s in alter Poesie. Zum Stilproblem Simplex pro Composito vgl. jetzt F. Bömer, Gymnasium 64, 1957, Heft 1/2 S. 4 ff.

208 sinuant a c² *(H)*   226 diffugiunt M *(K SDJ PL Lc GD)* Sa bemerkt *„ex v. 212"*   effugiunt M²P *(übrig. Edd.)*   290 alta cod. Dorvillianus, Wagner lect. Verg. 376 *(K SDJ)*   294/95 *Interpunktion:* moenia quaere magna, pererrato ... M *(CN Hi Ja Mc GD Ve)*
   306 „sata ... labores" = Ge 1,325   311 Volcano ecsuperante *konj. v. Ribbeck,* Volcanesuperante P   *Zur Frage: Plural oder Singular bei doppeltem Subjekt vgl.*   *Subjekt:*

2,317 praecipitant M *Serv. (H* — furor iraque
Pe Fo Go CN Ri K SDJ
PL Lc Ja Ve) *vgl. Fu.*
S. 357

*   3,269 vocabant *Macrob. (H)*   — ventusque gubernatorque
         4,276 debentur MP *(H Pe Fo Go*   — regnum Italiae Romanaque
              CN Ri K SDJ PL Lc Ja Ve)   tellus
              [Ri Hi Ja GD: debetur P;
              Sa Tu: debentur P ⟨Punkt
              über dem N⟩]
              debetur M²P² *(übrig. Edd.)*
         4,651 sinebant FP² *(H Ri)*   — fata deusque
         9,44 monstrant F *(Ja Ve)*   — pudor iraque
              monstrat F¹MPR *(übrig.*
              Edd.)

333 oppositi γ ¹a²b *(H Pe Fo Go CN Lc Mc GD); [CN Hi Mc GD Tu: nicht lesbar in P;   PL: oppositis P; nach Sa müßte P oppositis haben. Tu: Im Folio 75 (Aen, 2.301—323ʳ; 324—346ᵛ) sind sämtliche End- bezw. Anfangsbuchstaben z. T. -worte verloren gegangen.]*
336 „et... divom" *curs. (Pe)*   346 Ergänzung: „sed eum damnatum fata trahebant" *Nannius.*   349 audentem γ¹ *(H Pe Fo Go CN Ri K Lc Mc GD) [Ri Hi PL Ja GD: auden P; Sa: audendi P; Tu: im Photo ist nur aude deutlich zu lesen, da sich die Buchstaben der anderen Seite durchdrücken. Folio 76 ist genau wie das vorhergehende Blatt besonders an den Seitenrändern sehr schlecht erhalten.]* audendi M P (?) l *(übrig. Edd.)*   cupido est *Tib. (Lc)*   350 certa sequi MP1 *(H Pe Fo Go CN Ri Hi K PL Lc Ja Mc GD Ve)*   certa sedet *konj. v. Baehrens (SDJ)* certast qui *konj. v. Sabbadini (Tu) vgl. Fu. S. 238 f*   360 „nox... umbra" *curs. bezw. geklammert (Pe Go Ri)*   381 sehr ähnlich *Ge 3.421*

  Ge 3,421: tollentemque minas et sibila colla tumentem
  Ae 2,381: attollentem iras et caerula colla tumentem

382 Androgeus Ml *(H Fo)*   387 qua γ¹l *(H Pe Fo Go CN Ri Hi K SDJ PL Lc Mc GD) [Ja GD: qua P; Sa Tu: verloren in P ⟨erst wieder lesbar ab: „... ma inquit"⟩]*   392 Androgeo ⟨*griech. Gen. attische Form*⟩ *von Hi und GD aus 6.20 übernommen, wo der griechische Genitiv von Servius, Priscian (GLK II 297,5), Charisius (GLK I 92,9) bezeugt wird. [GD: —gei P; Sa Tu: verloren in P; ⟨erst wieder lesbar von: „... m clipeique" an⟩]*   Androgei M *(übrig. Edd.).*

  vgl. 6,20 Androgei MPR a¹ *(H Fo Mc)*
         Androgeo abc *Serv. Priscian Charis. (übrig. Edd.)*
Die Hss. überliefern an beiden Stellen die lat. Form des Gen. Die Editoren folgen in 2,392 den Hss., in 6,20 zum größten Teil den Grammatikern und nehmen dort den griechischen Genitiv. Im Hinblick auf

6,20 wählen Hi und GD auch für 2,392 die griechische Form. Norden zu 6,20 (Anhang VI 3): „⟨In v.⟩ 20 haben die Grammatikerzeugnisse (darunter der auf alte Quellen ⟨Plinius?⟩ zurückgehende Charisius (GLK 92,9)) Androgeo, unsere Hss. (MPR) Androgei. Von Nomina auf — ως ist nur noch bei einem zweiten ein Genitiv überliefert: 2,425, wo die einzige dort vorhandene alte Hs (M) ⟨hier ist Norden nicht ganz genau, es gibt für diese Stelle auch P, aber das erste Wort dieses Verses ist verloren in P⟩ Penelei gibt und Plinius diese Form bezeugt".
405 ähnlich Ciris 402

    Ciris 402: ad caelum infelix ardentia lumina tendens

    Ae 2, 405 ad caelum tendens ardentia lumina frustra

406 = Ciris 403   418 fehlt in M. Ho: „auf dem unteren Seitenrand mit vorgesetztem B in kleinerer Schrift nachgeholt, ⟨von M^1⟩, dann ist aber alles wieder radiert (nicht von erster Hand) bis auf EQUIS×RIDEI und einige weitere Spuren". Später ⟨von M^7 (nach Sa), von M^{9a} (nach Ho)⟩ ist 418 „unter dem von 1. Hand hinzugefügten aber radierten Verse noch einmal mit roter Tinte geschrieben".

422 Priami P (?) (Ri) [Ri: pRI · MI ⟨vor M stand vielleicht A⟩ P; Hi GD: primi ⟨aber die Buchstaben i und m radiert⟩ P; Ja: Priami P^1 (?); Sa: priami P, primi P^2; er weist vergleichend auf folgende Stellen hin: 2,56 primi P, priami P^2; 11,895 priame P, primae P^1; 12,545 primi P, priami P^2; ⟨im Photo ist nur MI zu lesen, die ersten Buchstaben gingen verloren⟩]   430 neque P (Sa Tu), nec M (übr. Edd.)

vgl. 5,781 nec MR (H Pe Fo CN SDJ); [Ho Sa Tu: nec M; GD:
        neque M;   Ri Sa Tu: nec R; GD: neque R]
    neque M^{2}P (übrig. Edd.)

    9,428 neque R (Sa Tu), nec MP (übr. Edd.)

    11,801 neque c Serv. (H Pe Sa Tu), nec MPR (übr. Edd.)

    12,630 neque honore P (Sa Tu), nec honore MR (übr. Edd.)

433 Interpunktion: vices Danaum, et ... M (H Pe Fo CN K Ja Mc Ve)   443 ad tela DS (H Pe Fo Go CN Ri Hi K SDJ PL Lc Sa GD); ad tecta F [Ri Sa Tu: ad tecta F, ac tela F^4 ⟨Ri ohne Bezeichnung des Korrektors⟩;   Hi Ja: ad tecta F^1, Hi: ac tela F^2; GD: ad tela F ⟨Druckfehler für: ad tecta?⟩, ac tela F^2; Mc: „the vulgate ad tela has no MSS authory"]   445/46 tota ... culmina Pl (Ri Hi K Lc GD); [Ri Hi Ja GD: tota P^1, Ri Hi GD: tecta P^2;   PL Sa Tu: tota P, Sa: tecta P^2; Tu: P gibt TȎTA; das e freilich ist im Film nur eben zu ahnen.   Hi GD: tecta F^1

PL Sa Tu: tecta F, eine Verbesserung, außer unregelmäßig angeordneten Punkten über dem Wort, ist im Photo nicht zu sehen]   tecta ...

culmina FMP² *(übrig. Edd.)* tuta a   448 illa FP *(Ri Sa Tu)*   alta F⁴Ml *(übrig. Edd.)*   462 Achaica MP *(CN Ri Hi K SDJ PL Lc Mc GD)*   465 elapsa P *(Ri)*   ea lapsa MP² *(übrig. Edd.)*   ea labsa F

    vgl. 12,356 elabso P, lapso P¹, elapso b DS *(Ri)*; *[Hi:* elapso P¹; *Ja:* elapso (elabso) P¹; *Sa GD Tu:* elabso P, lapso P¹; *Ri:* ĒLABSO P], lapso MP¹R *(übrig. Edd.)*

475 = Ge 3,439   483—484 *Nach Sa irrte der Schreiber von V in Vers 483 von „intus" nach „et veterum ... regum" (484) ab, er schrieb darauf über diese Zeile den Rest von Vers 483: „atria longa patescunt", aber der Anfang des Verses 484: „apparent priami" fehlt in V*   495 *nur late verblaßt in V*   497 exit c *(Ri K DSJ)*   vgl. 9,418 iit P *(H Pe Go CN Lc)*

503 ampla P (?) γ *(Ri Hi K Mc)*; *[Ri Hi Ja Sa GD Tu:* am...P, *von Sa* ‚pla' *für* P *ergänzt; PL:* ampla P; *Tu: auf Blatt 79 (Aen. 2.485—507) fehlen sämtliche Endbuchstaben der Verse.]*   546 et MP *(H Pe Fo Go CN Hi PL Lc Mc Sa GD Tu)*   ec konj. v. Ri   ex *Wakefield Deuticke (übrig. Edd.)*   552 coma laevam P *(Ri)*

554 *Interpunktion:* Priami, fatorum GL 1,266,34 *(Go Ri K SDJ PL Lc Sa Ve)*   Priami fatorum. MP² *(übrig. Edd.)*   567—588: *diese Verse fehlen in den alten Kodizes, sie sind von Servius im Kommentar überliefert, von folgenden bei Ri und H angeführten jüngeren Hss. in den Text übernommen:*

    Codex Dorvillianus — Gothani duo — Menagianus alter von jüngerer Hand zugeschrieben mit der subscriptio: „ista metra non sunt de textu" — in einigen von P. Burmann aufgeführten Kodizes, die diese Verse aber nicht an dieser Stelle, sondern zu Beginn der Aeneis bringen — Bongarsius alter in Excerptis Cortii — nonnulli Vaticani.

Die textkritischen Angaben zu dieser Stelle sind dem Harvard-Servius entnommen. Kodizes und Editionen vgl. S. 782

Ve ergänzt in Vers 567 zwischen „unus eram" und „cum limina" in seiner Übersetzung: „und sorggetrieben

    Strebe ich heim, zu den Meinen zurück. —"

569 claram konj. v. Ri   clara C *(übrig. Edd.)*   572 poenas Danaum, *dazu Servius:* „*prisci Verg. edd. quidam*", *f⁰ vulg.* (H Pe Fo Go CN Hi K SDJ PL Lc Mc GD)   danaum poenas C   Danaum poenam *pl. codd. (übrig. Edd.)*   584 nec habet, *Servius:* „*prisci Verg. edd. quidam*", *Dan.* (H Pe Fo Go CN Ri Hi K SDJ PL Lc Sa GD)   habet haec C f *(übrig. Edd.)*   587 flammae *Commel* (H Pe Fo

Go Co ⟨1863⟩ Ri Hi K SDJ PL Lc GD Ve) † famam *pl. codd.*
(CN ⟨der die Zeile mit Ast versieht⟩, Mc)   famae C f *(übrig. Edd.)*
flammam Steph.   ultricique manu cineres *konj. v. Fr. Schoell*
589—623 *curs. (Pe)*   614 *Ergänzung:* „saevasque accendit ad
iras" *cod. Dorvillianus*   „praedas ostentat ab alto" *Nannius*
616 limbo χ *(Ri Hi)*   633 „dant ... recedunt" *curs. (Pe)*   640:
Ergänzung: „Et rebus servate secundis" *Francianus* [a]   „mihi vivere
non datur ultra" *Nannius*   644 *fehlt in M, unten auf der Seite
⟨und zwar auf Rasur⟩ hinzugefügt von* M¹ ⟨Ho⟩   644—646
curs. (Pe)   645 manum morti (?) P *(Sa)* [*GD:* manu P; *Hi GD:*
morte P; *Sa Tu:* manum morti (?) P, manum mortem P²; ⟨*zwischen dem letzten Buchstaben von* morti*,* i (e?)*, und dem Anfangs-*i
des folgenden inveniam *ist ein winzig kleines* M *gesetzt; ob ursprünglich* morti *mit* E *oder* I *endete, ist schwer zu entscheiden,
jetzt scheint es* E *heißen zu sollen*⟩]; manum mortem P² γ, manu
mortem γ¹ MV (?) *(übrig. Edd.)*; [*Hi GD:* manum γ¹; *Sa:* manum
morte γ, manu mortem γ¹;] morti V   manens Kvičala; *vgl. Fu
S. 358*   691 augurium *Probus (ad Buc. 6,31) (Ri Hi K SDJ Sa)*
699 tollere P *(Ri Sa)*

vgl. 3,142 negare F *(Sa)*   negabat F¹MPl *(übrig. Edd.)*
727 examine] recc *(Ms Tu³). Das in* MPγabc *und* 7,703 *in* MPRγabc
gebotene exagmine *steht wohl, wie* HOUSMAN CIR V ⟨1891⟩
294 f annimmt, statt examine, *ist aber falsch geschrieben; s.*
ERNOUT RPh LVII ⟨1931⟩ *403. Die von den meisten Edd.
gebotene Lesung* ex agmine — AUSTIN Aen II *Oxford 1964,267
verteidigt sie — ist u. E. weniger gut, wenn auch nicht so schlecht,
wie Housman meint.*

731 vicem *Markland ad Stat. Silv. V, 2,152 (H)*   738 fato mi
konj. v. Ri   739 rapta P   lassa P³ *(H Pe Go CN Ri Hi K SDJ
Lc Mc GD)*
741 animumve Pl *(H Pe Fo Go CN Ri Hi K SDJ PL Lc Mc GD)*
749 *curs. bezw. geklammert (Pe Ri)*   755 animos bc *(H Pe Go CN)*
767 *Ergänzung:*

„et crebris pulsant sua pectora pugnis"	*Guelpherbytanus*
„crebris sua carpunt pectora pugnis"	*Venetus*
„crebrisque premunt sua pectora pugnis"	*Exc. Burm.*
„et tactitis (!)[b] implent mugitibus aras"	*Wittianus*

---

a *Sparrow (S. 47) weist auf Aen.* 1,207 *hin:* et vosmet rebus servate secundi
b *so bei Sparrow. Druckfehler statt* „tacitis"?

Sparrow (S. 47) weist zu dieser Ergänzung vergleichend hin auf Ecl. 6,48: implerunt falsis mugitibus agros.

„gemitu et lacrymis terra ipsa madescit"   Nannius
771 ruenti P, *ex corr.* l¹ *(Ri Hi GD)*   774 = 3,48   775 = 3,153 = 8,35 *verworfen von Ri*   778 portare/asportare *vgl. zu Simplex oder Kompositum* 2,207   783 Italae MP²l *(Ja Ve)* laetae Pl¹ *(übrig. Edd.)*   787 *Ergänzung:* „et tua coniunx"; DS *ad loc:* „quidam"   792—794 = 6,700—702   804 montes M² *(Go Ri K SDJ PL Lc Ja Ve); [Ri Mc:* montes M; *Ho Sa GD Tu:* montis M] montem P *(H Mc). Für Acc. pl. auf is- es vgl. F. Bömer, Emérita (Madrid) XXI 1953, 182 ff., XXII 1954, 175 ff. und den Hinweis auf diese wertvolle Arbeit von G. Radke, Gymnasium 64, 1957, Heft 1/2, S.* 191.

Aeneis 3

32 „et caussas ... 33 ater et" *curs. (Pe)*   48 = 2,774   56 „quid ... cogis" = 4,412   65 *fast gleich* 11,35 *Variante:* circum (65) — maestum (11,35)   74 = *Ciris* 474   76 Gyaro celsa Myconoque *von Gianpietro Valeriano aus den schlechteren codd. übernommen, Bentley (H)*   82 agnoscit M *vgl. prs.-perf.-Folge* 2,129   93 et *fehlt in* FP *(Sa)*   et vox F¹MP² *(übrig. Edd.)*

    vgl. 4,289 que *fehlt in* P *(H Lc Sa)*
        5,451 que *fehlt in* M *(Sa)*   primusque M⁷PR, *in* V *verblaßt (übrig. Edd.)*
        7,677 et *fehlt in* P *(Sa)*   et magno MP²R, *in* V *verblaßt (übrig. Edd.)*

108 ad M *(H Pe Fo Go CN K SDJ PL Lc GD)*   111 Cybele F¹MP *(Ve) [Ri Hi Ja PL GD:* cybele F; *Sa:* cybeli F; *Tu: im Photo nicht deutlich zu sehen. Die Entscheidung zwischen E und I ist meistens sehr schwer zu treffen, da die Querbalken des E oft nur ganz schwach und kurz angedeutet sind. Stark ausgezogene Linien weisen häufig schon auf Korrekturen hin.]*   Cybelae Heinsius *(H Pe Fo Go CN K SDJ Ja)*   Cybeli F(?) a² Nonius 250,8 *(übrig. Edd.)*

    vgl. 11,768 Cybelae Macrobius Sat. V 1,12 *(H Pe Fo Go CN Lc GD)* cybele γ

123 domos Ml *(H Pe Fo Go CN K SDJ PL Lc)*   *Umstellung:* 123. 128—129. 124—127. 130. *(Ri)*   126 ollarum F   naxum FP — olearum F¹P — Parum FP *(Ri Hi Mc Sa GD);* ⟨*die Verbesserung von* F¹ *ist im Photo nicht zu sehen*⟩   naxo M   pharon M   naxon M² — olearon M — paron M⁷l *(übrig. Edd.)*   127 consita χ,

gebilligt von Bentley (Hi GD)   130 = 5,777   134/136 „arcemque.... iuventus" curs. (Pe Go)   135 „sicco ... puppes" geklammert (Ri)   136 conubis b (Ri K SDJ PL Ja Ve)
  vgl. 4,168 conubis? (SDJ PL)   conubii P²RV   [Sa: conubis P ⟨Irrtum?⟩   Tu: conubiis ist in P ganz *
    deutlich zu lesen;   PL GD: conubiis P¹;
    Hi Sa GD Tu: conubii P²;   PL Hi GD Tu:
    conubii R; nach Sa müßte R conubiis haben ⟨Irrtum?⟩
    Cast berichtigt.
  12,821 conubis P (H Ri K PL) [Sa: -bis M; PL GD Tu:
    -biis M] conubiis P²M (übrig. Edd.) ⟨Im Photo von P
    sieht es eher umgekehrt aus: deutlich zu lesen ist
    conubis, es scheint als sei zwischen I und S ein Buchstabe ausgelöscht. conubis P² (?); conubiis P (?)⟩
142 negare F inf. hist. vgl. 2.699   147 ähnlich 8,26—27
  Nox erat et terris animalia somnus habebat (147)
  Nox erat et terras animalia fessa per omnis
  alituum pecudumque genus sopor altus habebat (8,26—27)
153 = 2,775 = 8,35   163—166 = 1,530—533   192—194 sehr
ähnlich 5,8—10 ⟨siehe dort zur Stelle⟩   195 = 5,11   Nach Vers
204 sollen folgende Verse gestanden haben:
  hinc Pelopis gentis Maleaeque sonantia saxa
  circumstant, pariterque undae terraeque minantur
  pulsamur saevis et circumsistimur undis
DS: „hi versus circumducti inventi dicuntur et extra paginam in mundo" (Mc fügt sie dem lat. Text cursiv — ohne Zählung — bei, die übrig. Edd. geben sie im Apparat.)   208 = 4,583   208—209 verloren in G   210 unten auf der Seite hinzugefügt von F¹ accipiunt M (H Pe Fo Go CN K SDJ)   226 „et... alas" curs. (Pe)
  227—228 verloren in G   230 Interpolation? curs. bezw. geklammert (H SDJ Mc Sa GD); Ri verwirft ihn ganz; Sparrow (S. 131) hält ihn für reine Interpolation   clausam MPγ (Ri Hi K Mc Sa GD) in dieser Lesart = 1,311   clausa M²γ¹ (SDJ Ja Ve Tu.) clausi Mˣl (H Pe Fo Go CN Lc PL); [Hi GD: -si M² (?); Mc: -si M²; Sa Tu: clausa M²; Sa:-si Mˣ ⟨dies ist nicht erkennbar im Photo⟩;
      I   I
Ho: „CLAUSAM (oder — M? Pkt. von 9?); das scheint durch Rasur wieder getilgt zu sein"]   250 = 10,104   267 deripere P vgl. 1,211   268 ferimur P² Heinsius (H)   269 vocabant Macrob; zu *
sg. od. pl. bei doppeltem Subjekt vgl. 2,317   277 = 6,901

290 = 5,778   299 „compellare virum et" = 2,280   „casus cognoscere tantos" *fast gleich* 2,10 *(dort Variante:* nostros)   312 effundit P; *zur perf.-praes.-Folge vgl.* 2,129   319 Andromachen F¹ *(CN PL GD); [PL GD:* -en M¹, -e M²; *Ri Ho Sa Tu:* -e M ⟨*ohne Erwähnung einer Korrektur in* M⟩⟩   *Interpunktion:* Andromache? *(Ri Hi PL Lc Sa GD); ohne Zeichen (H Pe Fo Go); Komma (übrig. Edd.)*   330 inflammatus M; *zu simplex od. compositum vgl.* 2,207   339—343 *curs. (Pe)*   340 *Ergänzungsversuche:*

peperit fumante Creusa	l,sex Heinsiani	*erwähnt bei:* H CN Ri Ja Sa
peperit labente Creusa		Lc
peperit florente Creusa	Guelpherbytanus	H
obsessa est enixa Creusa	Hugenianus	H CN
est obsessa enixa Creusa		H
natum fumante reliqui	Hamburgensis alt.	H CN [a]
incensa quaesita per urbem	Baehrens	Ri

Ve *ergänzt in seiner Übersetzung:* ⟨Askanius
   den dir noch Troja⟩ „geschenkt, und lebt Kreusa, die Gattin?
   Ach wohl ging sie dahin mit Trojas Glück zu den Schatten!"

343 = 12,440   348 *geklammert (Ri)*   352—355 *curs. (Pe)* 354 in medio a¹b¹ *(H)*   360 tripoda ac Clarii *konj. v.* Mc lurus M, laurus M², lauros M⁶ *[Ja:* M²*] (H Hi Mc GD)* laurus M²P *(übrig. Edd.); [Ho Tu:* lurus M; *Sa:* larus M*]*   362 omnis P *(Ri Hi Mc Sa Tu)*[b]   *cursu konj. v.* Mc? *von ihm in den Text genommen*   372 suspensus *Hamburgensis alt. (Mc); [Mc GD:* -us M; *Tu:* -um M*]*   390—392 = 8,43—45   393 *fast gleich* 8,46 *Variante:* is locus (393) — hic locus (8,46)   395 „fata viam invenient" = 10,113   427 pistris *Valerius Flaccus* 2,531 *(Lc)*   433 *Interpunktion:* prudentia vati, *(Hi Mc Sa);* prudentia. MP² *(übrig. Edd.)*   435 praeque a c *(H)*   456/57 *Interpunktion:* oracula poscas ipsa canat . . *(CN Mc)*   459 *fast gleich* 6.892 *(Variante:* 2. sg. (459) — 3. sg. (6,892))   464 gravia ac secto elephanto *konj. v.* Schaper[c], *gebilligt v. Housman (Mc)*   470—471 *curs. (Pe)*   475 *verloren in* G   Anchisae MP² ⟨*die Korrektur von* P²: *das zwischen* S *und* E *übergesetzte* A *(Norden S.* 411), *ist im Photo nicht erkennbar*⟩   Anchisa M¹ *(H Pe Fo CN Ri Hi K PL Sa GD); Sa merkt für* M *noch an: doppelte Fassung:* -sa; -se; *Ho zeichnet*

---

[a] Sparrow S. 46   [b] omnem M *(übr. Edd.)*   [c] *coll. Hom. Od.* 18, 196; 19, 564.

das Schriftbild für M¹: ANCHISAĖ. *Wohl aus Versehen führt GD als Zeugen für die Lesart* Anchisa G *an. Auf Anfragen teilte Herr Stiftsbibliothekar Dr. Joh. Duft (St. Gallen) mit, daß v. 475 in G nicht mehr vorhanden und das Wort „Anchisa" in keiner Weise erkennbar sei. Die übersandten Photokopien bestätigen dies.*

vgl. 6,126 Anchisiada Moretanus tert. *(H)*
Anchiseade R; Anchisiade MP *(übrig. Edd.)*, -dae M²
[H: -da M¹; *Norden (S. 411):* -de M¹, *Norden, Ja:*
-da M²; *Ho Sa Tu:* -de M, -dae M²; *Ho zeichnet*
      A
das verbesserte Schriftbild in M: ANCHISIADE]
6,348 Anchisiada *(H)*
9,653 Aeneada *(H);* Aeneadae R; Aenide MP *(übrig. Edd.)*,
-dae M² ⟨*nach* Ho *aber wieder getilgt*⟩
484 honore P *(Ri Hi K SDJ Lc Mc Sa),* honori GMl *(übrig. Edd.)*
484/85 „nec cedit ... fatur" *curs. (Pe)*   494 *verloren in* G
496 ardua *Druckfehler bei GD für* arva?   499 fuerit G¹ ⟨*im Photo nichts erkennbar*⟩ *(H Pe Fo Go CN Hi K SDJ Lc Mc) [Sa:* -ris G, -rit G¹; *Hi PL GD:* -ris G¹, -rit G²; *Ja:* -rit G]   503 Hesperiam GM Pl γ *(Hi PL Mc GD); [Hi PL Mc GD:* -a P; *Sa Tu:* -am P]   Hesperia γ¹ *(übrig. Edd.)*   512—513 *verloren in* G
516 = 1,744   527 prima γ ⟨*im Text* „celsa", *am Rand* „prima"⟩
(Ri Sa); [PL: prima P; *Hi Ja GD:* ˙ima P¹; *Hi GD:* ˙elsa P²; *Sa:* (pr)ima P; celsa P²;   *Tu: im Photo ist nur noch für* P: MA; P²: SA *erkennbar, die Anfänge gingen verloren]; Sa merkt zu seiner Lesart* „prima" *an:* „i. e. regia d. h. das Königsschiff vgl. 2,256"   celsa MP²l *(übrig. Edd.)*   *[Ri Hi Mc Ja GD:* prima G; *Sa Tu: verloren in* G] *vgl.* 8,680 *und* 10,261: stans celsa in puppi; *dort beide Male ohne Variante in den Hss.   Ergänzungsversuch:* „pateram tenet atque ita fatur" l   531—532 *verloren in* G   556 ab litore M²
(Mc)   558 hec γ; hic MP *(Go Hi Mc Sa GD)* haec γ¹ *(übrig. Edd.)*   589 = 4,7   595 *geklammert (Ri)*   600 lumen M²P¹
(H Pe Fo Go CN Hi K SDJ PL Lc Mc GD); [Hi GD: lu- M, nu- M¹;
Ho Sa Tu: nu- M, *Ho Ja Sa Tu:* lu- M²; *Hi GD:* lu- P, no- P¹;
                                            LV
Ja: no- P¹; lu- P²; *Ri:* NOMEN (... O *von alter Hand verbessert in* V) P; *Sa Tu:* „numen" *in* „nomen" *verbessert* P; lumen P¹ ⟨*doppelte Lesung in der Hs:* num-, nom-; *das* V *ist deutlich in* O *verbessert*⟩]; caelum *Julius Rufinianus p. 43 H.*

vgl. 4,94   numen fMPR *vgl. Ov. Met, IV 416 (H Pe Fo Go Hi K Mc GD)* nomen χ *vgl. Ov. Met. X 608 (übrig. Edd.)*
5,768   numen M²P *(Pe Fo Go Hi GD)*; caelum R; lumen *Hamburgens.* nomen M *(übrig Edd.)*
8,382   nomen *Leid. (Ri), (GD bemerkt dazu: 'unde* „sanctum mihi nomen" *parenthesi incl. Ribbeck')* sanctum tibi nomen *konj. v. Schrader*   „nomen" *in* „numen" *verbessert in P* ⟨V *in Rasur*⟩ numen MRP² γ *(übrig. Edd.)*

608 quis l¹ *(Go Sa)*   609 „quae ... fateri" *curs. (Pe)*   612 = 2.76   614 nomen ab²c² *Bentley (H Pe Go); verloren in P*   614 „Troiam ... 615 profectus" *curs. (Pe)*   625 expersa b²c² *(H Pe CN Ri Lc)*   627 tepidi M¹Pl *(H Pe CN Ri Hi K SDJ PL Lc Mc Sa GD)*; trepidi MP² *(übrig. Edd.)*   652 conspexi P *(H Pe Fo CN Ri Hi PL Lc Mc Sa GD); Sa bemerkt zu der in M stehenden Lesart, die die übrig. Edd. übernommen haben:* „prospexi M (ex v. 648)"

vgl. 6,385 conspexit M *(Ja Ve) Norden merkt dazu an:* „conspexit M für prospexit ⟨PR⟩, wie umgekehrt 3,652 prospexi M, conspexi PR" *(S. 239).* ⟨*Für Vers 3,652 gibt Norden versehentlich R an.*⟩

659 manu MP *(H Pe Fo Go CN Ri K SDJ PL Lc Sa Tu)*   manum M⁷ *(übrig. Edd.); vgl. Quintilian VIII 4,24*   661 *Nach Sa ergänzte der Schreiber von P den Vers durch die Worte:* „de collo fistula pendet". ⟨*Tu: in P in gleicher Schrift vorhanden im Text*⟩. *Sa gibt die Ergänzung in Klammern im lat. Text; die meisten Edd. erwähnen sie nur im Apparat. Dasselbe fügten nach einer Rasur von drei oder vier Buchstaben* F⁴ *und die meisten jüngeren Kodizes hinzu. Die Ergänzung fehlte ursprünglich in F und fehlt in M. Sparrow (S. 47) erwähnt noch folgende Abwandlungen:*

pendebat fistula collo   *Gothanus tertius altera manu*
        Vossianus alter
dependit fistula collo   *Montalbanius;*

er weist zum Vergleich auf Ecl. 7,24 hin: pendebit fistula pinu.
665 fluctu M¹P *(Ja Ve)*;   fluctur F;   fluctus M F¹ (?) ⟨*Tu: Kaum Verbesserung im Photo von F zu erkennen*⟩ *(übrig. Edd.)*
668 verrimus l *(H Pe Fo Go CN Ri K SDJ Lc Sa)*; [PL *Sa Tu:* vertimus F; *Hi Mc GD:* verrimus F]   670 dextrum M [*Hi Ja GD:* -um M¹, *Ho Hi GD:* -a M²;   PL *Sa Tu:* -um M, *Sa:* -am M²; *Ho zeichnet*
                                     A
das Schriftbild von M²: DEXTRUM;   *Tu: im Photo ist die Lesart*

von M² nicht deutlich zu erkennen] dextram FP² *(Sa) [PL Sa Tu: a- P, -am P²;* Hi GD: -a P¹, -am P²; Ja: -am P¹ ⟨*nach seiner Schreibweise müßte dies die Urschrift in P sein; -a dann P²?*⟩*]* dextra M² (?) P *(übrig. Edd.)* 673 contremuere M *(Fo Go CN Ri Hi K SDJ PL Lc Mc GD)* 674 Trinacriae Bentley *(Ri)*; Sicaniae Baehrens; Italias M; Italiae FM²P *(übrig. Edd.)* 675 *fehlt in M; Ho bemerkt dazu: „mit vorgesetztem B (von 2? 1?) auf dem unteren Seitenrand in kleinerer Schrift von 1 nachgeholt, und zwar auf Rasur, unter der, soweit die wenigen Spuren ein Urteil gestatten, derselbe Vers gestanden zu haben scheint."* 684—686 Ast. *(H)* 684 ff. Scylla FP — Charybdis F *(Ri Sa)*; sgyllam M; scyllam M¹P¹ *(übrig. Edd.)* charybdin P teneam konj. v. Ri. Umstellung: 686.685 *(Ri)* Interpunktion: leti, *(Sa)* inter, *(CN Lc)* Zur Konjunktion „ni" merkt Servius an: „Antiqui „ni" pro „ne" ponebant, qua particula plenus est Plautus (Menaech. 1, 2, 1): ‚ni mala, ni stulta sis'"* 685 geklammert *(Hi PL GD)* 690 Ast. *(Fo)*; curs. bzw. geklammert *(Pe Ri Lc)* retrorsum Gothanus tertius *(H Lc)* 691 curs.*(Pe)*; Ast.*(Fo)* 693 Plemyrium M *(H* ⟨mm⟩ *Hi Ja Mc Ve)*; Plemyreum R 700 „et fatis ... moveri" curs. *(Pe)* 701 Camarina p *(H Pe)* 702 geklammert bezw. curs. *(Go Pe)* 703 Acragas RV *(H Hi PL Lc GD)* Acragans *(Sa)* Achra- Ansil. AC 269 Agra- M Agragas M⁷ P *(Ja Ve Tu)* 704 „magnanimum ... equorum" curs. bzw. geklammert *(Pe Go)* 705 velis konj. v. Ri 708 actis PRV *(Ri SDJ Mc Sa) [Ri Hi PL Ja Mc GD Tu:* actis P; *Sa Ms:* actus P ⟨*ist dies ein Druckfehler für M? Denn M liest „actus".*⟩*]*; 714—718 *die schon verblaßten Schriftzüge dieser 5 Verse erneuerte mit eigenen Buchstaben wenig passend in einer späteren Zeit* P² *(Sa Tu)*

Aeneis 4

5 „membris ... quietem" = 10,217 7 = 3,589 19 *verloren in G* „succumbere culpae" curs. *(Pe)* 21 curs. *(Pe)* 25 adigat GMPR *(H Pe Fo Go CN K SDJ PL Lc GD Ve)* 26 Erebi MP² *(H Pe Fo Go CN K SDJ PL Lc GD Ve)*; eribo R Herebo Serv., *der dazu anmerkt: „*Herebo in Herebo ⟨d. h. Herebo *ist locativ*⟩, alii Herebi *legunt"*. 27 curs. *(Pe)* 28 primum FP *(Sa)* primus GMP²R *(übrig. Edd.)* 38 *verloren in G* 51 et causas F *(Ja Ve)* 52 curs. *(Pe)* 53 „dum ... caelum" geklammert *(Ri)*

54 impenso F *(Ri Hi PL Sa GD)* inpenso p penso P imcensum F² incensum MP² R *(übrig. Edd.)* *[Hi PL Ja GD: impenso F¹, Hi: incensum F²; Sa Tu: impenso F, imcensum F²; Hi PL GD: penso P¹; Ja Sa Tu: penso P, Hi Ja Sa Tu: incensum P² ⟨warum Sa auch noch P¹ für die Verbesserung setzt: incensum P¹P² ist nicht klar⟩]* inflammavit MP¹ *vgl. 2,207 Simplex od. Kompositum* 65/66 „quid vota... medullas" *curs. (Pe)* 67 et *curs. (Pe), fehlt nach Pe in 2 MSS. In welchen?* FMPR *hat et* 89 „aequataque ... coelo" *curs. (Pe)* 93—120: *diese Verse sind in F von anderer Hand. Sa nennt den Schreiber:* „f = *librarius saec.* x, *qui add.* IV 93—120" 94 numen fMPR *vgl.* 3,600 *zu den Schwankungen zw.:* numen — nomen — lumen — caelum *in den Hss.* 98 certamina tanta *Heinsius (H Lc)* 102 *zu* paribus auspiciis *vgl.* 7,256 110 furor *Druckfehler bei Sa für* feror. 121 *dieser Vers wird noch für den Schreiber* f *angeführt von Ri Hi Mc GD, aber die Schrift endet bei v.* 120 *(Sa Ja Tu)* 124 = 4,165 126 = 1,73 *curs. bezw. geklammert (Pe Ri K Mc)* 129 = 11,1 relinquit M *(H ⟨in* 11,1 *ohne diese Variante⟩);* reliquit M²R *(übrig. Edd.)* 131 *curs. (Pe)* 155 montesque MRV *(Go Ri K SDJ PL Lc Ja Ve)* montisque bc *(übrig. Edd.)* 162 *für* P *angegeben von Hi Mc Sa GD Tu, nach PL Ja beginnt* P *erst bei v.* 163 165 = 4,124 168 conubis? *vgl.* 3,136 174 quo P¹V *(H)* 177 = 10,767 187 et magna P magnas et M *(Ja Ve)* et magnas M²P¹RV *(übr. Edd.)* 191 a sanguine R *(Ri)* 217 subnexus χ *vgl.* 1,448 219 *fast gleich* 6,124 *(Variante:* orantem-tenentem (219) — orabat-tenebat (6,124)) 227 genetrix nobis P *(Ri)* 230 „genus... Teucri" = 6,500 236 *geklammert (Ri)* 237 „hic ... esto" *curs. (Pe)* 244 „et lumina ... resignat" *curs. (Pe)* 245 *fügt* F¹ *unten auf der Seite hinzu* 256—258 *in Frage gestellt (H Pe Fo Go CN Mc). Die Verse sind in* b *mit jüngerer Tinte später hinzugefügt worden;* c *und* χ *stellen Vers* 257 *nach* 258 257 Libyae *Bentley (H Go CN Sa) ⟨ohne Präposition⟩* ac *Schol Ver. (Pe)* ao ⟨*oder* ac?⟩ P ad P² *(übrig. Edd.) verloren in F [Ri PL GD:* ac M; *Hi:* at M¹, ac M²; *Ho Sa Tu:* at M; *Ho* ac ⟨rad⟩ M³; *Sa:* hac Mˣ] 262 *Ho:* „262 *steht von 1 geschrieben z. T. auf Rasur; der Vers stand, wie es scheint, auch ursprünglich da, da es aber die 30. Zeile der Seite ist — sonst haben die Seiten 29 Zeilen —, wurde sie ausradiert, und zwar der zweite Teil, der dann aber von neuem hinzuge-*

schrieben wurde, ganz, während die Rasur des ersten Teils (bis einschl. TIRIOQ. 2) nicht vollendet wurde; die beiden Teile sehen daher ganz verschieden aus..." M   264 = 11,75   269 ac P *(Ri Hi Mc GD)* 273 *fast gleich* 4,233 *(Variante:* tua moliris (273) — sua molitur (4,233))   *Dieser allgemein geklammerte Vers fehlt in MP, unten auf der Seite hinzugefügt, dann wieder radiert von* M^7; *in* γ *am Rande; in* a *interlinear; in* b *von jüngerer Hand auf Rasur (Lohmeyer 56)* 276 debentur MP; *zu sg. od. pl. bei doppeltem Subjekt vgl.* 2,317 278 = 9,658   280 = 12,868 *geklammert(Ri)*   285—286 = 8,20—21 *in Frage gestellt (H Pe Mc)*   286 *überliefert in* M, *fehlt in* FP, *hinzugefügt in karolingischen Majuskeln von* F^4, *in Minuskeln des 15. Jahrhunderts von* F^5 *(Sa);* ⟨Tu: *die Hinzufügung von* F^5 *erscheint im Photo auf einem Flecken und ist sehr schwer erkennbar*⟩   *geklammert bezw. curs. (H Pe Ri Mc)*   288 Cloanthum p *(H)*   Serestum FMP *(übrig. Edd.), mit dieser Lesart* = 12,561   289 que *fehlt in* P *vgl.* 3,93   290 sit rebus a b *(H)*   295 ac M^1 *(H Pe Fo Go Ri SDJ PL Lc)*   312 sed P *(Ri Sa)* et MP^2 *(übrig. Edd.)* si m *Güthling*   343 „Priami ... manerent" *geklammert bezw. curs. (Ri Pe)*   348 demeret p^1 *(Sa)*   375 *geklammert (Ri)* 378 dicta M *(Ja Mc Ve)*   381 *Interpunktion:* Italiam, ventis *(K SDJ)*   390 parantem P *vgl.* 1,380 *variatio-iteratio* 391 succipiunt P *vgl.* 1,175   395 *geklammert (Ri)*   408 tum P *(Pe CN Ri Hi SDJ PL Lc Sa GD)*   412 „quid ... cogis" = 3,56   418 = Ge 1,304   *Umstellung:* 418.548—549.419 *(Ri Ve)*   427 cineres P *(Ri Hi Mc GD) [Sa Fu:* -res M; *Ri Hi PL GD Ho Tu:* -rem M;   *Sa Fu:* -rem P; *Ri Hi PL Ja GD Tu Ms:* -res P] *Fu p.* 377: „secondo il Maas ⟨P. Maas *Archiv f. lat. Lexik. XII 1902 p. 515, der es richtig sieht*⟩ invece cineres è in P cinerem in M"   428 neget M^1P *(CN Ri Ve)*   negat MP^2 *(übrig. Edd.)*   435—436 *curs. (Pe)*   436 *geklammert (Go)*   dederis abc *Serv. (H Pe Fo CN)*   cumulata M   cumulatam monte *konj. v. Ri*   cumulata sorte *Schrader*   cumulatam rite *Baehrens*   cumulatum munere mittam *Kloućek. Zur Interpretation dieser von den Alten zu den* loci indissolubiles *gerechneten Stelle vgl. jetzt V. Pöschl S. 140 ff.*

relinquam χ   439 haut p *(Ri)*   443 alte b *(H Pe)* 444—445 „quantum ... tendit" = Ge 2,291—292   456 est *fehlt in* MP *(H Pe Fo Go CN Ri Hi SDJ PL Lc Mc Sa GD Ms)* 464 piorum M *(H Pe Go Ri SDJ K Lc Mc)*   486 *folgt auf* 517 *(Ri Ve)* 490 ciet F^4P^2 *(H Fo CN)*   movet manis MP *(übrig. Edd.)* ciet manes P^2;   movit amnis F, movit manes F^1 ⟨*diese Genauig-*

keiten gibt das Photo nicht wieder; F⁴ ciet manes kleiner über movit geschrieben, ist deutlich erkennbar⟩. 497 superinponant FM *(Pe CN Go PL GD)* superinponas M²P ⟨*imp* . .⟩ *(übrig. Edd.)* superimponens c 498 iubet MP *(H PL Lc)* [*Ri PL Ja Ho Sa Tu:* iubet M; *Sa:* iuvat M¹, iubet Mˣ; *Hi GD:* iubet M¹ iuvat M²; *Ho gibt folgendes Schriftbild für* M¹: „IUBET *doch ist* UA *wieder ausradiert*" *Ri PL Tu:* iubet P; *Sa:* iuvat *in* lubet *verbessert* P ⟨*Nach Sa Doppelfassung*⟩; *Ri Sa Tu:* iubat P² *Hi Ja GD:* iubet P¹ *Hi GD:* iubat P² *Hi PL GD:* ivat F¹ iuvat F²: *Sa Tu:* iuat F, iuvat F¹; *Sa bemerkt noch:* „iubet i. e. lubet; iubat i. e. iuvat"] 512 *Sa verbindet* 512 *mit* 517; 513—516 *setzt er in runde Klammern und interpungiert:* molam; molam *(scil.* sparserat)

517 molam MP *(Ri PL Mc Sa)* 528 *fehlt in* MP, *hinzugefügt und wieder getilgt von* M⁷ *fast gleich* 9,225 *(Variante:* lenibant (528) — laxabant (9,225)) vgl. 12,612 539 aut bc *(H Pe)* 541 inrisam M³ *(Mc)* 559 iuventae P *(Ri Hi Lc Mc GD)* iuenta F, iuventa F¹M *(übrig. Edd.)* 564 varioque fluctuat aestu M¹ *vgl.* 1,380: variatio-iteratio 573 *Interpunktion:* sociosque fatigat praecipites: Vigilate... *(Hi GD)* 583 = 3,208 584—585 = 9,455—460 *curs. (Pe)* 585 = 9,460 = Ge 1,447 586 primam P *(Hi Mc GD)* 593 deripient *Heinsius vgl.* 1,211 594 vela *Menag. pr.* (H) 595 „quae ... mutat" = 12,37 598 portasse M *(Ja Ve)* 640 *curs. (Pe)* flammis M *(Ja Ve)* 641 celebrabat M¹P anilem ab¹c¹p inilem P inili P² [*Sa Tu:* inili P²; *Fu:* anili P²]

gradum studio celebrabat anilem *(Sa)*
gradum studio celerabat anilem *(Pe Fo Go GD)*
gradum studio celebrabat anili *(Ri Hi)*
gradum studio celerabat anili M *(übrig. Edd.)*

646 gradus P¹ *(Hi Mc GD);* radus P *nach Sa wiederholt aus v.* 685 *vgl.* Ge 3,169: radum P, gr-P¹. 651 sinebant FP²; *zur Frage pl. od. sg. bei doppeltem subj. vgl.* 2,317 662 secum nostrae M *(Ja Ve);* n-s M²; *dann wieder* s-n Mˣ 670 *Sa:* „hunc v. post 677 transposuit, dein ad locum suum revoc. F" 670 *folgt in* F *zwar auf v.* 677 *und hinter Vers* 669 *steht ein Ast.; ein Hinweis auf die richtige Eingliederung ist aber bei v.* 670 *nicht erkennbar* 673 = 12,871 682 „me teque" *in* 4 codd., *die Burmann benutzte* (H). CN *merkt dazu an:*.. „however true it may be, as Burm. urges, that

the Romans made the speaker mention himself before others" 684
et *fehlt in* P *(Sa). Mit* P *läßt Sa nach* abluam *die Synaloephe fehlen und verweist dafür auf Ecl.* 8,11, *wo er ebenfalls mit* P desinam: accipe *statt* desinet, accipe (M) *liest. An unserer Stelle verbindet er* date *eng mit* abluam *im Sinne von:* „*Laßt mich abwaschen*"; *ebenso nimmt er* 6,883 f. date *mit* spargam *und* accumulem *zusammen:* „*Laßt mich mit vollen Händen Lilien streuen und* . . ." 690 innixa m *(PL Lc)*

Aeneis 5

8—10 *sehr ähnlich* 3,192—194   11 = 3,195
Postquam altum tenuere rates nec iam amplius ullae / adparent terrae, caelum undique et undique pontus / tum mihi caeruleus supra caput adstitit imber / noctem hiememque ferens et inhorruit unda tenebris (3,192 ff.)
Ut pelagus tenuere rates nec iam amplius ulla / occurrit tellus, maria undique et undique caelum: / olli caeruleus supra caput adstitit imber / noctem hiememque . . . . .
29 demittere c p *(H Pe Go CN Ri Hi SDJ Lc) vgl.* 5,692 dimitte MP *(Ja Ve)*   35 excelso? *(H CN PL) PL zur Stelle:* „*les* mss. *sont sans autorité ou ne peuvent renseigner sur la division des mots." Sa zitiert dazu* DS: „excelso *utrum* ἂν' ὑφέν *an* ex celso?"   38 Crimiso *nimmt* Mc *gegen die Übereinstimmung des Hss. in den Text.*   42 *folgt auf v.* 43 *in* P, P² *stellt die Ordnung wieder her.*   49 ni m *(H Pe)*   52 Mycenis R *(Sa) Sa bemerkt:* „*dekliniert wie* 10,168 *die Stadt* ‚Cosas'"
71 tempora cingite R *(H)*   80 *Interpunktion:* salve, sancte parens; iterum salvete, recepti M²P² *(Ri Hi SDJ Mc Sa)*   96 caedit quinas PV *(Mc),* caeditq. binas R   97—98 *für* V *angegeben von (Ri Hi Mc Sa GD); Ja läßt* V *richtig bei Vers* 96 *aufhören*   107 conplerant P complR *(H Pe Ri Hi Lc Mc)*   112 talenta FR *(H CN Ri K Lc Ja Mc Ve)*
    120 „terno . . . remi" *geklammert (Ri)*   126 chori *Hss:* FMPR; Cauri Lc *unter Hinweis auf* Ge 3,278; 356, cori *(übrig. Edd.)*
143 = 8,690   162 dirige M *vgl.* 1,401   163 laevas R *(H Pe Fo Go CN Lc)*   184 Mnestheique Heinsius *(H Pe Go CN Hi K SDJ Lc Mc GD);* Mnestiq. MR; Mnesthique P *(übrig. Edd.)* *[PL Sa Tu:* Mnesthi P; GD: *Mnesthei P]*   186 *steht in Rasur in* M   187 partim PR *(H Ri Hi Mc Sa)*   220 in scopulo PR *(H Pe Fo Go CN Ri Hi K SDJ PL Lc Mc Sa GD)*   226 enixus P *(Sa); nach Sa ist* adnixus

MR *(übrig. Edd.)* wiederholt aus 9,744.   238 proiciam MPR *(Ri Hi K PL Mc GD)*; poriciam M⁷p; porriciam Macrob. Sat. III 2,1 *(übrig. Edd.)* vgl. Fu *(S. 351) und* 5,776 proicit MPR *(CN Ri Hi K Mc GD)*; porricit Heinsius *(übrig. Edd.)*   249 praecipue M *(Ja Ve)*   262 „decus... armis" curs. *(Pe)*   274 transit R *(Ri SDJ Ja Ve)* vgl. 10,785 transit Lachm. ad Lucr. p. 209 *(Ri Ja Ve)* transiet M; transiit M¹PR *(übrig. Edd.)*
    10,817 transit R *(Mc)*;   transilit a²cm *(Ri)*
279 nexantem RV vgl. 1,448   281 plenis... velis M *(Ri PL Ja Ve)*   285 sub ubere V?b Tib. *(Pe Fo Go CN Ri Hi K SDJ PL Lc Mc GD)*;   [Ri Hi: ubera P¹ PL GD Tu: -ra P;   Sa: ubere in -ra verbessert, doppelte Fassung Vergils; Ja: -re P²]
290 *Nach diesem Vers setzt Ri eine Lücke an*   292 „animos... ponit" curs. *(Pe)*   312 circum amplectitur PR *(CN Ri Hi K SDJ PL Mc Sa GD)*   326 ambiguumve Heinsius *(Pe Fo Go Ri K SDJ PL Lc GD)*   347 reddentur P *(Ri Hi Mc GD)*   redduntur M²bc *(H Fo Go)*; [PL Ho Sa Tu: reddantur M; Ja Sa: redduntur M²; PL: -duntur M⁵; Ho: -duntur M²?, M⁵?; Hi GD: reddantur M¹, redduntur M *(ab ipsa prima manu correctus)*]
    350 misereri PR *(Ri)*; miserari MP² Asper *(übrig. Edd.)*; miserere Ansil.   354 munera PR; *zur Frage variatio oder iteratio vgl.* 1,380
389 *Interpunktion:* fortissime, frustra (frustra *mit ,tolli' verbunden) (Ja Ve)*   391 *Interpunktion:* deus ille magister, *(Pe Fo Go CN Ri K SDJ PL Ja Sa Ve)* Mc *gibt kein Zeichen*   404 *Interpunktion:* animi tantorum: M *(Ja Ve)*   413 fractoque χ *(H)*   434 *steht ganz in Rasur, zunächst stand dort Vers* 424 *in* P *(Sa)*ᵃ   440 curs. *(Pe)*
443—445 P² *fügt diesen Versen am Rand die Buchstaben* ABC *hinzu*   444 *steht ganz in Rasur, zunächst stand dort Vers* 434 *in* P
* 449 radicitus RV *(Ri)*; radicetus R²   451 que *fehlt in* M vgl. 3,93   455 curs. *(Pe)*   457 *zu* Aen. 6,186 *bemerkt Servius:* 5,457 *und* 6,186 *seien versus tibicines (d. h. Stützverse)*   466 *teils verblaßt in* V   467 „dixitque... diremit" curs. *(Pe)*
486 ponit MRV; *zur Frage variatio oder iteratio vgl.* 1,380 „qui forte... ponit" curs. *(Pe)*   488 volucre in traiecto fune konj. v. Mc   505 micuit konj. v. Slater *(Mc)*
512 alta P *(Ri Hi Mc)*   518 aeriis MR *(Ja Mc Ve)*; *nach* Sa *aus v.* 520 aerias.   520 contendit MR *(H Pe Fo Go CN Sa GD)*; contorsit M²P *(übrig. Edd.)*   522 subitum χ *(H Pe Fo*

ᵃ *Die Angaben Sabbadinis zu vv.* 434; 443—445; 444 *sind im Photo von* P *nicht erkennbar.*

Go CN Ri Hi K SDJ PL Lc GD) 541 honore P *(Ri K Lc)*; honori MP²R *(übrig. Edd.)* 551 discedere P *(Ri)* 556 corona est *(Ja Ve) ohne Angaben der Hss.; in MPR fehlt est.* 557 praefixo Heinsius (H Pe) 569 *Ri setzt hier eine Lücke an, er glaubt, es müsse die Beschreibung des zweiten Pferdes folgen. Ve ergänzt drei Verse in seiner Übersetzung:* ⟨Atys⟩

> Führt auf glänzendem Rappen das andre Geschwader der Knaben,
> Die mit festlichem Ritt und Spiel des erhabenen Ahnherrn
> Totengedächtnis zuerst so zukunftsträchtig beschlossen.

573 Trinacrii PR *(Ri K Lc)*; Trinacriis *die älteren Edd. (H Fo CN Hi SDJ); CN merkt dazu an:* „‚trinacriis' is found in at least four MSS in the Bodleian Library, one of them (in the Catalogue Auct. F.2.6) assigned by my friend Mr. Coxe to the early part of the twelfth century, the other later, so that, whatever the pedigree of the reading, it is not posterior to the invention of printing." *[Hi PL GD:* Trinacriae M; *Ho:* TRINACRE *dann* TRINACRAE M; ⟨*aus der photomechanischen Wiedergabe ist die Verbesserung E zu A nur schwer zu erkennen*⟩; *Sa Tu:* Trinacrae M; *Ho Sa Tu:* Trinacriae M²; *Ri gibt ein ungenaues Schriftbild von M, das I zwischen R und A ist nicht zwischen- sondern übergesetzt.]* Trinacrae M, Trinacriae M²P² *(übrig. Edd.)* 578 *steht in P hinter 579, dann stellt P die Ordnung wieder her.* P¹ *fügt am Rand die Buchstaben* B A *hinzu* 581 deductis MR *(Ja Ve)* 584 adversis P . . . spatiis M²PR . . alternisque R *(H)*; spati M 591 falleret M *(H CN PL Ja Ve)* 595 *Die in R gebrachte, von* M⁷ *(Pomponius Laetus) übernommene Interpolation:* luduntque per undas *fehlt in MP, allgemein geklammert, von Pe und Ri nicht in den Text aufgenommen. vgl. Norden zu Aen.* 6,242 596 hunc morem hos cursus *ältere Edd. (H)* 602 *Interpunktion:* Troiaque nunc, pueri Troianum . . . *(H Pe Fo Go Ri K SDJ PL Lc Sa GD);* nunc pueri. MP² *(übrig. Edd.)* 604 hinc PR *(Ri Hi K Sa GD)* 606 = 9,2 631 quid R *(H)* qui M *(Go)* quis M²P² *(übrig. Edd.)* 640 animam R *(Ri)* Sa *bemerkt dazu:* „an recte? vgl. 8,403 ignes animaeque" 649 vocisve c *(H)* 680 flamma M²P *(Ri Hi Sa GD);* flammam MP¹; flammae M⁷R *(übrig. Edd.)* 685 excindere M *(PL Sa);* abscidere R; rescindere *Serv.* 692 dimitte MP *vgl.* 5,29 695 campis M *(PL)* campo in campis *verbessert in* P ⟨*Tu: nicht genau zu erkennen, aber* I *und* S *könnten den Raum eines* O *wohl einnehmen, auch die Entwick-*

lung des S aus dem rechten Teil des O ist wahrscheinlich⟩   campi
M¹R *(übrig. Edd.)*   702 *Interpunktion:* mutabat, versans (Sa)
706 hac c¹ *(Ri SDJ)*   720 animum b²c² *(H Pe Fo)*   725 „nate
... fatis" = 3,182   734 tristesve M⁷b² *(Pe CN)*   739 „equis...
anhelis" = Ge 1,250   740 „ceu ... auras" = Ge 4,499 *vgl. auch*
Ge 4,500   746 arcessit P *(H Pe Fo Go Co ⟨1863⟩ Ri K SDJ PL Lc
Sa) vgl.* 6,119 accersere MR *(CN ⟨1884⟩ Hi Mc GD);* accersere *in*
arcersere *verb.* P *(übrig. Edd.)*   761 additus P *vgl. zur prs.-perf.-
Folge* 2,129   768 numen M²P *vgl.* 3,600   776 proicit MPR
vgl. 5,238   777 folgt *in* P *auf Vers* 778 *(Ri K)*   777 = 3,130
778 = 3,290   781 nec MR *vgl.* 2,430   784 fatisve F
(H Pe PL Sa)   786 Interpunktion:

.. omnem reliquias Troiae: cineres atque ossa ... M *(Go Hi Sa GD)*
.. omnem reliquias: Troiae ... *(alte Interpunktion) (H)*
.. omnem: reliquias .... *(übrig. Edd.)*   789 *Interpunktion:* Libycis .. in undis. *(H Pe Fo Go Ri Ja Ve)*
795 ignota MRP¹ linquere FMPR terra MP¹ *(Lc)*

ignotae FP linquere FMPR terrae FPR *(übrig. Edd.)*
ignotae linquere terrae P, ignota relinquere terra P¹ *[Hi PL GD:*
ignota P; *Sa Tu:* ignotae P, ignota P¹; *PL Sa GD Tu:* terrae P:
Sa Tu: terra P¹; *Hi GD:* terra P²;   812 timores F¹PR
(Ri Hi K SDJ PL Lc Mc Sa GD Ve); [Ri PL Ja GD:
timoris F ⟨Ja *gibt beide Möglichkeiten* ,es' *und* ,is'⟩; *Sa:*
timorem F; -res F¹. *Im Photo ist keine der beiden Lesarten
deutlich erkennbar, da die Endbuchstaben verblassen.]*
814 quaeret χ *(H Pe Fo Go Ri); [PL GD:* -res F; *Sa:* -ris F, -res F¹;
In der photomechanischen Wiedergabe von F *sehr schwer erkennbar.];*
quaeres F¹ MPR *(übrig. Edd.);* quaeris M¹   824 Ri *setzt nach diesem
Vers eine Lücke an:* „aliquid additurus erat poeta quo apertius
diceretur, quid comitum ille chorus dextra faceret." Ve *ergänzt in
seiner Übersetzung einen Vers:*

⟨Der Tritonen enteilendes Heer und die Scharen des Phorkus⟩
„Führen die Rechte des Zugs, und des Nereus Töchter, des alten:"
825 tenent P *(Ri Hi K Lc Mc GD);* tent R; *Sa bevorzugt konsequent
den Singular, wenn das Prädikatsverb mehreren Subjekten voransteht;
vgl. z. B. noch:*   9,171 instat P *(Ri Hi Sa GD Tu)*

10,238 tenet PR *(Fo Go CN Hi PL Lc Mc Sa GD Tu)*
tenent MV *(übrig. Edd.)*   *Zu* 9,171 *bemerkt er ausdrücklich:* „haec oratio instat Mnestheus acerque Serestus, quos, ubi verbum nominibus praeit, conformata est ut Cic. Verr. II

4,92 dixit hoc apud vos Zosippus et Ismenias, homines nobilissimi: item verbum praeit 1,734 adsit, 10,238 tenet." 826 = Ge 4, 338
829 remis MR *(Ja Ve)* 836 laxarant χ *(H Pe Fo)*; laxarunt c¹ 843 sua flamina M; *zur Frage:* „variatio oder iteratio?" vgl. 1,380
850 auri P *[PL GD:* auris P*];* austris P¹ *(H)* 851 caelo P *(Ri Hi K Sa GD)*; caeli MP¹R *(übrig. Edd.)* 858 „cum puppis ... 859 gubernaclo" curs. *(Pe)* 860 saepe PR *(H Pe Go CN Ri Hi K SDJ PL Lc Mc Sa GD Tu)*; *zu:* voce M *(übrig. Edd.) bemerkt Sa:* „aus 6,506; 10,873; 12,638" 865—866 curs. *(Pe)* 870—871 curs. *(Pe)*

Aeneis 6

1 curs. *(Pe)* 3—8 curs. *(Pe)* 20 Androgei MPR vgl. 2,392
34 perlegerent FMPR *(übrig. Edd.)* pelligerent Quint.ª) Terent. Scaur. *(VII p. 26 K) (Sa Tu)* 36 „fatur ... regi" curs. *(Pe)* 39 ex more F *(Sa)*; Norden *(S. 133)*: „Statt de gibt F ex, was sich in dieser Verbindung bei Vergil zweimal findet gegenüber sehr häufigem de; das könnte für F zu sprechen scheinen, wenn auf eine isolierte Lesart dieser Hs. mehr zu geben wäre als auf den Consensus von drei anderen. Die Verbindung de more kommt 3,369 innerhalb eines stark durch Ennius beeinflußten Abschnittes vor ..." 53 „et talia fata" curs. *(Pe)*
57 direxti MP vgl. 1,401 84 terra R *(H)*; Servius kennt beide Lesarten 96 qua b² codex Daventriensis vgl. Sen. ep. 82,18 *(H Ri Hi Lc)*; siehe Pöschl S. 92 Anm. 1.

vgl. ferner: 10,49 quacumque P Bentley *(Ri Hi K)*
quaecumque *(CN) Woher?*

12,677 qua dura P *(Mc)*

113 caelique ... pelagique M *(Ja Ve)*; Norden *(S. 157)*: „caelique minas pelagique ferebat M wohl irrtümlich, da pelagi von dem vorhergehenden maria, das dadurch spezialisiert wird, schwerlich durch dazwischen gestelltes caeli getrennt wurde."
119 accersere MR vgl. 5,746 122 *Interpunktion:* Thesea magnum, ... Alciden M *(Pe Fo CN Ri K SDJ No Ja Ve)*; Thesea, P² *(übrig. Edd.)* 126 Anchisiada Moretanus tert. vgl. 3,475
132 Cocytus PR *(H CN Ri Hi PL Lc No Mc GD)*

ª Sa konj. Quintilian VIII 3,24—25: pelligerent, *eine Lesart, die angemessener ist als die von Haupt gegebene:* porricerent. *Die codd. haben:* pollicerent. (Vgl. Quintilian ed. Radermacher II S. 83) Terent. Scaurus (GLK VII 26,9) apud Vergilium legendum: „pelligerent oculis" non perlegerent.

133 cupido est MR (H CN Hi PL Mc GD); est ist getilgt von M², fehlt in P (übrig. Edd.) [PL Ho Sa GD Tu: ‚est' in M; No Ja: ‚est' in M¹]   141 quis PR (H)   144 similis M (PL GD)   154 Stygis et] PM¹ (Edd. außer H); die Überlieferung ist bunt und kennzeichnet manche librarii: stygiis et MRγ, -gios et P¹ a c, stigios et b, stygios γ¹a¹b¹, et wurde getilgt (H).   161 exanimum PR (Hi Mc)   161/62 „vates ... illi" curs. (Pe)   173 „si credere dignum est" curs. (Pe)   177 sepulchro P [PL Ja No Sa Tu: -chro P: Hi GD: -cro P]; sepulcro (Ri Hi GD)   sepulchri MR; sepulcri M⁷ (übrig. Edd.)   186 versus tibic. vgl. 5,457   „et ... precatur" curs. (Pe)   voce R (H CN); Norden: „aus 9,403; 11,784"   193 a(d)gnoscit (P) R vgl. zur perf.-prs. Folge 2,129   195 dirigite M vgl. 1,401   197/98 in P zu einem Vers zusammengezogen: „diva parens quae signa ferant quo tendere pergant;"   „sic ... observans" fehlt. P² fügt unten auf der Seite: „sic ... pressit" hinzu und setzt „observans" im Text über quae signa ein.   203 geminae R (H CN Hi Mc GD)   geminaequae sub arbore konj. v. Burmann   209 bractea γ (H Pe Go Lc); brattia P   241 super MPR (Ri PL Lc) [Hi Ja No GD: super M¹;   PL Ho Sa Tu: super M; Hi Ja No GD: super P¹, -era P²;   Sa Tu: super P, -era P¹] supera FM¹P¹ (übrig. Edd.)

> vgl. 6,750 super ut M (Ri PL); [Hi Ja No GD: super ut M¹; PL Ho Sa Tu: super ut M;   Hi Ja No GD: supera aut F¹;   PL Sa Tu: supera aut F, supera ut F¹; Ja: supera ut F³;   PL Hi Ja No GD: superant P;   Sa Tu: supera ne P;   Sa: supera ut P²   Tu: die Verbesserung ist im Photo von P nicht erkennbar] supera ut F¹M²P²R (übrig. Edd.)
> 6,787 supera M² (H Pe Fo Go CN Hi K SDJ Lc Mc Sa GD Tu) super MPR (übr. Edd.)
> 7,562 super MR (Ri Ja Ve) supera a b² c (übr. Edd.)

242 fehlt in FMP, hinzugefügt von F⁵ und M⁷, von M⁷ darauf wieder getilgt. P⁵ fügt rechts am Rand in Höhe des Verses 241 die Bemerkung hinzu: „hic abest versus". Überliefert ist er in R; 242 = Dionysios Perieget. 1151; Norden (S. 202): „Unser Vers ist, wie Heinsius erkannte, aus Priscians Periegesis 1056 unde locis Grai posuerunt nomen Aornis interpoliert, vgl. meine Ausführungen Rh. Mus. LVI (1901) 473 f."   Avernum R (CN)   Aornum γ (Sa)

Aornon *Aldus 1501 (übrig. Edd.)*   249 suscipiunt MR vgl. 1,175
    254 superque FMPR *Asper (Ri)*   super χ *(übrig. Edd., außer K)*
In der von FMPR überlieferten Gestalt des Verses fällt die Konjunktion „que" als überflüssig auf; die Editoren streichen sie daher und nehmen an, im Originaltext Vergils habe hier eine sogenannte irrationale Länge gestanden (super oder v. 2,369 pavor: „luctus, ubique pavor ⟨Asper: pavorque⟩ et plurima mortis imago"). Asper hingegen nimmt, da er Vergil keine metrischen Freiheiten zutraut, lieber die Konjunktion in Kauf und spricht an diesen Stellen (schol. ver. ad Aen. 9.402) von „affectata structura". vgl. Tomsin (S. 41). Norden (S. 203 f.): „superque oleum sämtliche alten Hss. (FMPR). Ribbeck setzt das in den Text, indem er nach diesem Vers eine Lücke annimmt, die der Dichter habe ausfüllen wollen. Mit Recht ist ihm kein Herausgeber gefolgt, sondern allgemein wird, so weit man nicht zu eignen, unwahrscheinlichen Konjekturen griff (pingue superfundens oleum Schaper, pingue oleum super infundens Kappes) die Konjektur einiger jungen Hss. (Überlieferung kann man das nicht nennen) super angenommen auf Grund des sicheren Fingerzeigs, den die alte Überlieferung 1,668 gibt: dort haben MR und Servius gegen den Sinn litora iactetur q u e odiis, aber F von erster Hand iactetur, von zweiter iacteturq. Also ist an beiden Stellen in früher Zeit que interpoliert, um die irrationale Längung des Vokals zu beseitigen. Vgl. darüber Anhang X". vgl. ferner Sabbadini, Rivista di filol. class. 46, 1918 p. 211—14.   ⟨Handschriftenbefund in 1,668: iactaetur F, iacteturque BF[1] MR, verloren in P⟩   pingue oleum super infundens *(K)*   infundens M vgl. zu Simplex od. Kompositum 2,207   *Ri nimmt nach diesem Vers eine Lücke an*   255 lumina RP *(H Pe Fo Go CN Ri Hi K SDJ Lc Mc)*   *257 steht ganz in Rasur in M*
265 *Handschriftenbefund:* loco M, loca FM[1]PR   tacentia FMPR ⟨*für P z. T. angezweifelt s. u.*⟩   silentia M²P² ⟨M² *am rechten Seitenrand hinzugefügt*⟩   tacentia late loca nocte P   loca nocte silentia late M²P² *(Lc)*   loca nocte tacentia late FM ⟨*für loca:* M¹⟩ RP⁵ *(übrig. Edd.)*   *[Ja:* silentia P;   *PL:* (tac)entia P, silentia probablement P[1];   *Sa:* tacentia P, silentia P², tacentia P⁵; *Tu: im Photo ist deutlich* tacentia *erkennbar. Bei den Buchstaben TAC sieht man Spuren der Verbesserung, jedoch ist die Folge* tac- sil- tac- *nicht zu erkennen.]*
Halbvers: loca ... late *ausgelassen von* γ, *geklammert von* GD
273 que *fehlt in* P *(Ri Hi GD)*   289 DS *bringt nach 289 folgende Verse:*

„Gorgonis in medio portentum immane Medusae
vipereae circum ora comae cui sibila torquent
infamesque rigent oculi mentoque sub imo
serpentum extremis nodantur vincula caudis."

Hierzu merkt er an: „Sane quidam dicunt versus alios hos a poeta hoc loco relictos qui ab eius emendatoribus sublati sunt." Mc fügt sie unnumeriert und kursiv dem lat. Text ein. GD gibt sie — wie alle anderen Edd. — im textkritischen Apparat, aber mit der Lesart: inpexae für vipereae. Nach Sa und Mc ⟨dieser zweifelnd⟩ standen diese Verse wirklich in Vergils Manuskript, wurden dann aber von ihm getilgt und durch 282—289 (Sa) oder nur (289) (Mc) ersetzt; nach PL und GD sind sie Übungen eines Schülers, CN weist hin auf die hinter 3,204 von DS zitierten Verse. 300 flammae M²P²R *(PL Mc); [Hi Ja No GD: -ae M¹, Hi No GD: -a M²; PL Ho Sa Tu: -ae M, Ho Sa Tu: -a M²; Hi GD: -a P¹, Hi Ja GD: -ae P²; PL Sa Tu: -a P, -ae P² Norden: -ae P¹, -a P² (!)]* flamma M²P *(übrig. Edd.)* 306—308 = Ge 4,475—477 310—312 R *fügt nach Ge 4,472 diese Verse in folgender Reihenfolge und Lesart ein:*

311 quam multae glomerantur aves ubi frigidus annus 310
lapsi cadunt folia aut ad terram gurgite obare[b] 312 trans pontum fugit et terris inmittit apricis 326 *Umstellung:* 326.325 *(Ri)*
332 animo M²PR *(H Pe Fo Go Ri Hi Lc Mc GD) [Hi Ja:* animi *M¹; PL GD:* -i M, -o M¹; *Ho Sa Tu:* -i M, -o M²; *Ja und No zeichnen das Schriftbild von M², vgl. jedoch am besten Ho:* „ANIM ̇MISERATUS *das* O *(nach den Spuren von* 1.) *ist wieder radiert; auch über dem* ̇ ⟨radierten I⟩ *erstreckt sich die Rasur etwas nach oben (auch hier* O *radiert??) beabsichtigt war wohl die Korr.* animo".]
337—383 curs. *(Pe)* 348 Anchisiada *vgl.* 3,475 353 ni Rufinianus (?)[a] *(Ri)* 358 *Interpunktion:* adnabam terrae: *(H Pe Fo Go CN Ri Hi K PL Lc Mc Sa GD);* adnabam, M²P² *(übrig. Edd.).
Norden (S. 233): „*terrae *gehört ... als Dativ zu* adnabam*, als Genitiv zu* tuta*. Daß es von* tuta tenebam *nicht durch stärkere Interpunktion getrennt werden kann, beweist die Alliteration ...."*
361 *Nach diesem Vers nimmt Ri eine Lücke an* 383 terrae MPR *(Ri Go K SDJ PL Lc GD)* terra χ *Servius (übrig. Edd.). Fu (p. 351)*

---

a *schem. lex. p. 56 (Halm) vgl. zu Rufinianus die Anm. zu Aen.* 8, 236
b obare ⟨*sic! Etwa statt* ab ora?⟩

schreibt dazu: „,gaudet cognomine terra' *nominis sui similitudine; facit autem ,hic et haec cognominis'* ⟨d. h. cognominis *ist masc. und fem.*⟩, *nam in Plauto lectum est, cum una de Bacchidibus* ⟨Bacch. frgm. ex actu primo VI (III)⟩ *diceret,* ,illa mea cognominis fuit' Servio e con lui il Sabb.; cognomine terrae MPR Nonio ⟨Nonius 378,14⟩." 385 conspexit M *vgl.* 3,652 399 moverei F *(Ri Sa)* moveri F¹MPR *(übrig. Edd.)* 407/08 „tumida ... his" *curs. (Pe)* 429 = 11,28 433 concilium MR *vgl.* 2,89 438 inamabilis unda *in Rasur in* R tristi b²c *Serv. ... unda* M²(?)R *(H Pe Fo Go CN SDJ Lc)* trisq. M *Die Korrekturen in M zu dieser Stelle sind nach Ho wieder ausradiert worden, daher bleibt hier alles recht unsicher.* 438/39 „inamabilis ... coercet" *fast gleich Ge* 4,479/80 *(Variante: undae* (438) — unda (Ge 4,479)); *geklammert von GD, der auf Havet* § 1041 *hinweist Norden (S.* 247): „*Wohl die Reminiszenz an jene* ⟨Ge⟩-*Stelle hatte zur Folge, daß in* R *(sowie in* M² *von einem Humanisten) und der von Servius befolgten Hs.* unda *geschrieben wurde, woraufhin dann Servius* tristique *konjizierte, ne si* ,tristis' *dicamus, duo sint epitheta. Havet ..... behauptet, Verg. habe nur den Halbvers* fas obstat tristisque palus *geschrieben, der dann bis* coercet *nach der Stelle der Georgica ergänzt worden sei. Das verdient keine Widerlegung.*" 448 Caenis *Heinsius (H)* 452 umbram M² *(H Pe Go)* [Hi *No:* -bram M; *PL Ho Sa Tu:* -bra M; -bram M²] 468 animam *konj. v. Jortin (1746) (Mc)* 469 *fast gleich* 1,482 *(Variante:* illa (469) — diva (1,482)) 475 percussus R *(H Pe Fo Lc)* 476 lacrimas M, lacrimans M² *(H Pe Fo Go)* 484 Polyphoeten *(H Pe Fo Go CN SDJ)* Polyboeten MP²R *(Hi PL Lc Mc Sa GD Tu)* Polyboten P *(übrig. Edd.)* Polipheten *Moretanus pr.* Poleboeten *Nonius* 397 486 frementis P, frementes P¹ *(Ri K Sa)* [Ri Hi No GD: -tes P; PL Ja Sa Tu: -tis P, Sa Tu: -tes P¹; Fu *(S.* 356) *erwähnt für* P² *die Lesart:* frequentes, *irrtümlich; wie Fu zu dieser* ,Lesart' *gekommen sein mag, ist schwer zu erklären.*] *Sa bemerkt zu:* frementis: „*nomin. pl.*, τρίζουσαι" *vgl. Hom. Od.* 24,5 491„ pars ... 492 ratis" *curs. (Pe)* 494—498 *Sa:* „*diese 5 Verse wiederholt* F⁵ ⟨*der Schreiber des* 14. *od.* 15. *Jh.*⟩ *zum Teil verstümmelt wie in der Hs.* ⟨*in* 496—498 *fehlen folgende Buchstaben:* raptis (496); -aris (497); -gentem (498)⟩*mit der Bemerkung:* ,deficit'." *Tu: von dieser Wiederholung ist im Photo nichts erkennbar.* 494—547 *curs. (Pe)*

495 videt et *Heinsius* (Pe Go Mc)   vidit FP *Serv.* (übrig. Edd.)
vidit et M   videt F¹M²P²R   [Hi Mc Ja GD: vidit et M¹, videt M²;   PL Ho Sa Tu: vidit et M, videt M²;   No: vidit et M (et *durchgestrichen*)   Ho *zeichnet am besten das Schriftbild in* M: UIDITET;   M²: UIDET̶E̶T̶   Hi Mc GD: vidit F¹, videt F²; Sa: vidit F, videt F¹;   Ri PL Ja No: videt F; Tu: *die Verbesserung aus* vidit *zu* ‚videt' *ist im Photo nicht deutlich erkennbar.* Ri Hi PL Mc Ja No GD: videt P;   Sa: vidit P; videt P²;   Tu: *soweit im Photo erkennbar, scheint das* I *verbessert zu sein.*]   498 et FR (H Pe Go CN Ri Hi No Lc);   Sa *und* Cast *geben:* et F Tib. Don.; *das ist irreführend.*   500 „genus ... Teucri" = 4,230
505 in litore M (H Pe Fo Go PL Lc GD)   [PL Sa GD Tu: litore P;   Sa Tu: in litore P¹;   No: litore P¹, Hi Ja No GD: in litore P²]

vgl. 10,179 Alpheae ab origine P (H Pe Fo Go CN Hi PL Lc Mc
Sa GD)   Alpheae origine (Ri K) *Lachm.* Lucr. 160
Alphaeae R

520 choreis *konj. v. Schrader* (Ri)   524 et movet P   amovet F¹MP² (Pe Fo Go Ri Hi K SDJ PL Lc Mc Sa GD)   [Ri Hi No GD: emovet F¹;   Ja No: amovet F²;   PL Sa Tu: emovet F;   Sa Tu: amovet F¹;   Hi Ja No GD: et movet P¹;   Ja No: amovet P²;   Ri PL Sa Tu: et movet P;   Ri Sa Tu: amovet P²]   528 additus PR; *zur prs.-perf.-Folge vgl.* 2,129   539 fando *konj. v. Reinach Arch. f. Rel. Wiss.* IX 1906, 313 (GD)   550 qua *statt* quae *hat* GD, *gibt aber nicht an, warum; etwa Druckfehler? Oder will er* qua parte *verstehen und* ambit *absolut nehmen? Eine Stütze findet diese Lesart, soweit wir sehen, nirgendwo.*   553 ferro M (H Pe Go Lc)
559 strepitum FP¹R ... hausit F¹P (H Ri Hi K SDJ PL Lc Mc Sa GD)
strepitu MP² ... haesit FMP²R (*übrig. Edd.*)
trepitum P   [PL GD: strepitum P; Ja No: strepitum P¹ ⟨*hierzu ist zu beachten, daß Norden und Janell mit* P¹ *eigentlich:* P — *nämlich die ursprüngliche, unverbesserte Lesart von* P — *meinen. Vgl. Anm. zu* 8,194⟩   Hi GD: strepitu P²;   Sa Tu: trepitum P, strepitum P¹, strepitu P²;   Hi: haesit· F¹;   Ja No: hausit F²;   PL Sa GD Tu: haesit F, hausit F²;   Ja No: hausit P¹;   PL GD Sa Tu: hausit P, haesit P²]   561 qui PR (H Ri *prol.* 283 ⟨*im Text* (1895): quis⟩)
quis MP¹ (*übrig. Edd.*)   [Hi No: qui P¹;   PL Sa Tu: qui P, Sa Tu: quis P¹;   PL: quis P²]
clangor P   ad auris   P (Ri Hi K SDJ)
plangor MR ad auris   P (GD)

clangor P   ad auras MR *(Mc)*
plangor MR ad auras MR *(übrig. Edd.)* Sa: „plangor in cl- verbessert in P (doppelte Fassung Vergils)" Tu: im Photo ist deutlich clangor zu lesen; nach der weiterausgeholten Rundung des C zu schließen, scheint dies verbessert zu sein; im Original mag ein darunter stehendes P noch erkennbar sein.
586 Ast. geklammert *(Ri)*   Umstellung: 585.587.586 *(PL GD)* Interpunktion: Poenas. *(Mc Sa)* ⟨ohne Umstellung⟩ flammam P *(Ri Hi Mc)*; die von Sa allein angegebene Korrektur flammas von P^1 ist im Photo nicht zu erkennen; letztere Lesart haben MR und die übrig. Edd.   591 simularat F^4c *(H)*   601 geklammert *(Ri)*
Ausfall einiger Verse? *(Ri CN Ve)*; Ve ergänzt in seiner Übersetzung ⟨soll ich sprechen⟩

Und von des Tantalus Los, der den allwissenden Vater

Frevelnd versucht mit dem Mahl vom Fleisch des eigenen Sohnes?
Pirithoumque et *konj. v. Madvig (Mc)*   Umstellung: 601.616—620. 602—615.621 *(PL GD)*   602 quo R *(CN ⟨1884⟩ Ri Hi PL Mc GD Ve)* [Hi No Ja GD: quod F^1, quos F^2; PL Sa Tu: quod F, quos F^1]; quos F^1MP *(übrig. Edd.)*   604 paternae R *(CN ⟨1884⟩)*   609 aut χ c *Serv.* Nonius 372,19 *(Ri Hi GD)*   612—613 *curs. (Pe)*   615 „aut ... mersit" *curs. (Pe)*   616 radiisve *Heinsius*; zum disjunktiven Charakter von que vgl. 2,37   625/26 „non mihi ... vox" = Ge 2,43/44   630 ducta FPR *(Sa)*   632 *curs. (Pe)*   651 mirantur FM *(Sa)*   [Norden vertauscht irrtümlich die Lesarten von F und R; PL Fu Sa GD Tu: miratur PR; Hi PL Ja Fu Sa GD Tu: mirantur FM; No: miratur FP; mirantur MR]   miratus *(Ve)* doch wohl Druckfehler   652 terrae F *(PL)*   653 campos R *(H Go)*   658 lauris G   660 „ob ... passi" = 7,182   664 alios F^1 *Donatus Ter. Ad.* 201; *Macrobius som.* 1, 8, 6; *Augustinus civ.* 21, 27 *(H Pe Fo CN Hi GD)*; [Hi No Ja GD: aliquos F^1, alios F^2; PL Sa Tu: aliquos F, alios F^1]   678 steht in G hinter Vers 695. Vgl. dazu die S. 578 zitierte, sorgfältige und einleuchtende Erklärung von P. Alban Dold.   687 spectata *Servius (H)*; Norden (S. 303): „Die Spondeen venisti tandem sowie das den 4. und halben 5. Fuß füllende exspectata ... geben dem Anfang der Rede großes Ethos".   698 „te ... nostro" fast gleich 6,465 Variante: amplexu (698) — aspectu (465)   700—702 = 2,792—794   702 fehlt in P; P^2 schrieb diesen Vers in 2 Zeilen rechts an den Rand. Die Buchstaben criq. simil und mno — das darunter stand — gingen beim Beschneiden des Randes verloren, sie wurden von P^5 ergänzt:

pars ⟨sic⟩ levibus ventis volu criq. simil-
criq. simillima so mno
                   mno

Ri hielt den Vers für interpoliert und klammerte ihn. Norden (S. 304):
„In P ist 702 ausgefallen ⟨No S. 90: fehlt in P¹⟩ und wird daher
von Ribbeck für interpoliert gehalten. Aber er stand schon in dem
von Lactantius (inst. 7,20,11) benutzten Exemplar und gibt der
trikolischen Periode erst die rechte Rundung."
704 silvis FM² (H Pe Fo CN Lc)   707 veluti FG (H Go PL);
Ri, CN, GD, PL und jetzt Cast geben für M veluti an;
M hat jedoch mit PR velut.   716 geklammert (Ri)
720 ‚in' Eugippius (H), ‚rursus incipiunt in corpora velle
reverti' Eugippius, ex Aug. civ. XXI,3/corp. eccl. IX p. 487
(= Migne Patr. Lat. 62, 1170). Civ. XIV,5 aber bringt Aug.
im vollständigen Zitat von Aen. 6,719—21 die Lesart ‚ad'.
724 terram FPR (Go Ri Hi K Mc Sa); [No ⟨S. 92⟩ Ja:
-am F¹; Hi GD: -as F²; PL Sa GD: -am F; Sa: -as F¹; No
                                                        s
⟨S. 310⟩ Tu: terram F] terras F¹GM (übrig. Edd.) vgl. Fu S. 359
725 lunam konj. v. Ri unter Hinweis auf Apollon. Rhod. 1,500; luna F;
lunae F¹ MPR (übrig. Edd.) [Ja GD: luna F¹; Hi Sa Tu: luna F, Sa Tu:
lunae F¹]   731 corpora noxi P; corpora noxia P¹ (Ri Hi); noxia
corpora FMP²R (übrig. Edd.)   742 Umstellung: 742.745—747.
743—744.748 (Ri K)   742/43 „exinde ... tenemus" curs. (Pe Go)
750 super ut M vgl. 6,241   754 possit F (H Fo)   774 H
Pe Go und Fo fügen hier als v. 775 einen Vers ein, der von einem
Mailänder Rechtsgelehrten, Fabricio Lampugnani, hinzugefügt worden
sei. So hat also Buch 6 bei diesen vier Editoren einen Vers mehr ⟨da-
her künftig die Doppelzählung⟩. Aber H und Pe halten diesen Vers
für wenig gelungen:

„Laude pudicitiae celebres, addentque superbos;"
787 super MPR vgl. 6,241   802(3)—803(4) curs. (Pe)   806 vir-
tute extendere vires PR; zur Frage: „variatio oder iteratio?" vgl. 1,380

807 Umstellung: 807.826—835.808—825.836 (Ri)   810 (11) pri-
mus Gothan pr. (H)   817(8) Interpunktion: superbam, (No Ja Sa Tu)
animamque superbam ultoris Bruti, (H Pe CN Hi Lc Mc GD); bei
PL, die weder hinter superbam noch hinter Bruti interpungierten, geht
aus dem Kommentar nicht hervor, ob sie animamque superbam mit
Tarquinios reges zusammennehmen, während Vezin, ebenfalls ohne
Interpunktion im lat. Text, durch seine Übersetzung:

*„Willst du die Könige auch des Tarquinierhauses, die hohe
Seele des Rächers du sehn, des Brutus"* deutlich zeigt, daß er
animamque superbam *und* ultoris Bruti *zusammennimmt. Ri erwähnt
beide Möglichkeiten, setzt aber keine bezeichnende Interpunktion.
Vgl. Anh. S. 735*   819 primum M *(Sa)*   835 *Ergänzung:* „esse
memento" *Hamburgensis pr.*   838(9)—840(1) curs. *(Pe)*   845(6)
tu MP²R *(H Pe Go CN Hi K SDJ PL Lc Mc GD); [Sa Tu:* tun P*; PL
Hi GD:* tun P¹*; No Ja Sa Tu:* tu P²]   846 restitues R *(Ri K GD)*
848 cedo P *(Ri K); [PL Sa Tu:* cedo P*; Hi No Ja GD:* cedo P¹*; Sa Tu:*
credo P²]; credo MP²R *(übrig. Edd.)*   852(3) pacis π *Servius (H Pe
Fo Go CN Hi GD)*   hae MP²R *(H Pe Fo Go CN Hi K SDJ PL Lc Mc
GD); [PL Sa GD Tu:* haec P*: No:* haec P¹*; Ja No Sa Tu:* hae P²] *vgl.*
7,175 hae MP *(H Pe Fo Go CN Ri Hi K PL Lc Mc)*
858(9) *Interpunktion:* sistet, eques sternet *(Pe Fo Go CN Ri Hi K SDJ
Lc Mc GD);* eques. F¹MP² *(übrig. Edd.)*   866 *teilweise wiederholt
aus* 2,360: ,nox atra' *und* ,circumvolat' *wörtlich*
872 *für F angegeben (Ri Hi Ja Mc GD); nach Sa Tu hört F bei v.* 871
auf. ⟨*Blatt 56 des Kodex F beginnt recto mit Aen.* 6,858 *und war vorgesehen für 21 Vergilverse* (858—878)*; Bl.* 56ᵛ *beginnt tatsächlich
mit v.* 879. *Die Verse* 872—878 *gingen durch Abschneiden verloren.
Die Rückseite des Blattes zeigt, entsprechend der Vorderseite* (858-871),
14 *Verse* (879—892), *nur gingen hier durch das Abschneiden nach Vers*
871 (56ʳ) *und* 892 (56ᵛ) *keine Verse verloren, da die vv.* 893 ff. *erst
auf dem nächsten Blatte folgen.*⟩   883 *Sa nimmt* date *mit* spargam
und accumulem *zusammen:* „Laßt mich mit vollen Händen Lilien
streuen und ..." *vgl. auch* 4,684   893—896 *geklammert (Ri)*
897 hibi P; his ubi M *(H PL Ja Ve);* his ibi FP¹R *(übr. Edd.); [PL No
Ja:* ibi P;   *Sa Tu:* hibi P; his ibi P¹; *genau umgekehrt GD:* his ibi P;
hibi P¹; *Schriftbild in P:* HIBI, *dann verbessert mit ewas kleineren
Buchstaben zwischen* I *und* B si] *vgl. Fu p.* 382   898 averna *Ri*
eburno M; eburna FM¹PR *(übrig. Edd.)*   900(1) limite π *(H Mc)*
900(1)—901(2) curs. *(Pe)*   901 = 3,277 curs. *bzw. geklammert (Ri
No Ja Mc Ve)*

Aeneis 7

1—4 curs. *(Pe)*   4 signat R *(H Pe Fo Go CN Ri Hi K Lc Mc) vgl.
Wilhelm* P l a n k l*: Eine Crux Vergiliana. Gymnasium* 60, 1953
S. 172 ff. *und Heinz* H e u b n e r*: Eine vermeintliche crux Vergiliana. Gymn.* 61, 1954 S. 229 f.   [*Ri prol.* 455 *und Hi geben für
die Verse* 1—4 *schon F an. Ri²* (1895) *läßt F mit* 6,901 *schließen*

und bei 7,5 wieder beginnen. Tu: F endet auf Blatt 57ᵛ mit 6,901 und beginnt auf Blatt 58ʳ mit 7,5]   14 ähnlich Ge 1,294

    Ge 1,294: arguto coniunx percurrit pectine telas

    Ae 7, 14: arguto tenuis percurrens pectine telas

41 *fehlt in M, links am Rand zwischen v. 40 und 42 in zwei Zeilen von M⁴ hinzugefügt. Beim Beschneiden des Randes gingen die ersten Buchstaben dieser beiden Zeilen verloren, so daß jetzt nur noch zu lesen ist:*   em tu diva mone dicam
                         ida bella

51 „prima ... est" *curs. (Pe)*   72 ut c *(H Pe)* *[PL:* et R; *GD Tu: verloren in R]*   75—77 Ast. *(Ri)*   98 veniunt a²c² *(H Pe)*
110 ille M² *(H Pe CN)*   126/27 „defessus ... tecta" *curs. (Pe)*
129 exiliis *Gothanus (Ri)*   175 hae MP *vgl.* 6,852   179 *Wiederbeginn von F (Ri Ja Sa GD Tu); nach Hi und Mc beginnt F erst bei v.* 180   182 *curs. (Pe)*   „ob ... passi" = 6,660 Martia qui FM *(PL Ja Ve)* Martiaque F¹PR *(übr. Edd.)* ⟨*Verbesserung von F¹ kaum noch erkennbar im Photo*⟩

    vgl. 10,334 steterint quae M; steteruntque M²R *(Mc)*
               steterunt M²P quae MP *(übrig. Edd.)*

188 *fehlt in F, unten am Rand hinzugefügt von* F¹   207 penetrarit R *(H Pe Fo CN Hi Mc)*   211 „et numerum ... addit" *curs. (Pe)*
adit γ addit γ²bc *(H Pe Fo CN)*   226/27 „et si ... iniqui" *curs. (Pe)*   232 tantive R *(H Pe Fo Go)*   242 *Ri und Ve glauben an den Ausfall einiger Verse. Ve ergänzt in seiner Übersetzung 8 Verse:*

„Mag uns auch mit Ilions Fall des Priamus Kronschatz,
Soviel güldnen Geräts der Tempel, der Feiergewande,
Was den Vätern der Krieg, was Freundschaft ihnen erworben,
Beute der Danaer sein, wenn's nicht die Flammen verzehrten,
Soviel fürstlichen Guts von den stürzenden Mauern zerschlagen
Sein und begraben in Schutt, dem Erdschoß wiedergegeben —
Ganz als Bettler erscheinen wir nicht. Nicht nur die Penaten
Trojas retteten wir. Sein Bündnis beut dir der König"

247/48 „sceptrumque ... vestes" *curs. (Pe)*   264 sociusve FRV *(Sa)*   281 flagrantis F¹ *vgl. zu:* „variatio oder iteratio?" 1,380
284 „donis ... Latini" *curs. (Pe)*   288 longe FR *(Pe Fo Go CN Ri Hi K PL Lc Mc Ja Ve) vgl.* Ge 3,223: „longus Olympus"; *Val. Fl.* III 43: „Dant aethere longo signa tubae"

307 **capithis** M ... **calydo** F   **merentem** FM²
    Lapithis FR ... Calydone MR merente R *(Ri Hi Mc Sa GD)*
    Lapithas M² ... Calydona F¹M¹merentes M *(PL)*

II. TEXTGESTALTUNG

[Ja: capithis M¹; Hi Ja: merentes M¹ vgl. Anm. zu Aen. 8,194 Hi: calydo F¹, calydona F²; PL: calydo F, -dona F²; Sa GD Tu: calydoF, -dona F¹; Hi Ja: calydone M¹, Hi: -na M²; PL GD: -ne M, -na M²; Ho Sa Tu: -ne M, -na M¹]

Lapithas M² ... Calydona F¹M¹ merentem FM² *(übrig. Edd.) vgl. Priscian. (GLK III 162,16)*   311 usquam est FM²R *(H Pe Fo Go CN Ri Hi K PL Lc Mc Sa GD)*   324 sororum M¹R *(H Go) [Hi Ja GD: sororum M²]*   349 corpora R *(Sa)*   351 inspirans RV *vgl. simplex oder compositum 2,207*   357 locuta est R *(H Pe Fo Go CN Ri Hi K PL Lc Mc GD)*   358 nata R *(H CN)*   363 at non sic R *(H Pe Fo CN Hi Mc Sa)*   377 curs. *(Pe) immensum von H vorgeschlagen, aber nicht in den Text aufgenommen, von Ri im Text gebracht*   395 *Umstellung:* 396.395 *(Ri Ve)*   412 tenet M²R *(Pe Go CN Mc Ve)*   430 arva *von Pe vorgeschlagen, aber nicht in den Text aufgenommen, von Ri im Text gebracht. vgl. Prol. 365*

iube M *(Ri K PL Lc Sa* ⟨*irrtümlich statt para*⟩ *GD)*   436 alveo R *vgl. 1,380 variatio-iteratio*   444 gerant M *(Pe Go PL Lc Ja Ve) vgl. Hom. Il. 6,492*   „quis bella gerenda" Ast. bzw. curs. *(H Pe) vgl. Heinze 189,1; Fu S. 354*   452 *Interpunktion:*

    en ego, victa situ, quam veri effeta senectus *(Sa)*
    en ego, victa situ quam et veri effeta senectus *(GD)*

(‚et' vorgeschlagen von GD) Sa: „quam ad utrumque comma pertinet".   455 *in F scheint hinter ‚gero' irgendetwas getilgt worden zu sein*   459 perfudit M *vgl. prs.-perf.-Folge 2,129*   481 malorum M⁴ *vgl. 1,380: variatio-iteratio*   485 Tyrrus M *(PL)* Tyrrheus *(H Pe)*   486 lati FMR *(K)* late F¹M⁴V *(übrig. Edd.) [Hi: -ti F¹M¹; GD: -ti FM, -te F²M²; PL Ho Sa Tu: -ti M; Ho Sa Tu: -te M⁴; Sa: -ti F, -te F¹; PL liest umgekehrt in F: late; Tu: lati F, die Verbesserung des I zu E ist im Photo kaum erkennbar] fol. 66 und 67 mit den Versen 486—502ʳ; 503—509ᵛ und 594—606ʳ; 607—613ᵛ sind in F durch Verlust des äußeren Randes stark verstümmelt.*   497 direxit F¹M *vgl. 1,401*   505 curs. *(Pe)*   515 intonuere cm *(H PL Lc)*   523 direxere R *vgl. 1,401*   528 ponto MR *vgl. „variatio oder iteratio?" 1,380*   543 conversa M per auras MR *(Pe Fo Go CN K PL LC GD)*

convexa M²R per auras MR *(übrig. Edd. außer Sa; Ri glaubt an den Ausfall eines Wortes, etwa „adpetit": „mihi videtur omissum aliquid, velut ‚adpetit' "; Hi versieht die Stelle mit + + und merkt an: „locus corruptus"); Sa liest convexa mit M²R, statt auras konj. er ardua unter Hinweis auf 7,562, er bringt die Anmerkung des*

Servius: „et caeli convexa per auras *Probus, Asper, Donatus dicunt hoc loco per* bis *accipiendum, ut adloquitur Iunonem per caeli convexa et per auras; potest tamen esse epexegesis:* per auras *i. e.* caeli convexa, *nec enim aliud sunt aurae. Firmianus commentatur non* convexa *sed* convecta *legendum, ut sit ipsa* convecta, *quod difficile in exemplaribus invenitur*"; *und fügt hinzu: „hunc locum iam ante Probi aetatem coniectura corruptum nova coniectura temptavi* convexa per ardua; *sic v.* 562 supera ardua; *cf.* G. III 535". *Folgende Vorschläge wurden außerdem gebracht:* caelo conversa *(Schaper)*
    convexa peragrans *oder* pererrans *(Canter)*
    evecta per auras *(Vorschlag von Heyne, aber nicht in den Text aufgenommen)*
    connixa per auras *(Bothius)*
    cum vecta per auras *(Gebhard)*
    convexa = participium *(Turnebus)*
Asper übernimmt die Interpretation des Probus „quelque étrange qu'elle fût. L'expression convexa caeli *est dans Virgile (Aen.* 4.451*) qui semble l'avoir créée,* convexa et auras *serait une sorte d'hendiadyoin". (Tomsin, Étude sur le Commentaire Virgilien d'Aemilius Asper p. 36,1). Knight glaubt an den Zusammenfall zweier Vorstellungen:* convexa caeli *und* auras invecta tenebat 7,287 *(S. 212) Ve ergänzt in seiner Übersetzung:*
„Fuhr durch die Luft sie den Weg hinan zu den Höh'n des Olymps".
    555 conubia χ *(H)*   559 „fortuna laborum est" = Ge 3,452
    562 super MR *vgl.* 6,241   565 ampsacti M; amfracti R; amsancti b *(H Ri Hi Lc Mc Pe)*; ampsancti γ *(übrig. Edd.);* ampsanti c² ; *Servius zu v.* 563: „amsancti valles *loci amsancti, i. e. omni parte sancti". Die Deutung des Namens ist Varro entnommen, vgl. Norden, Ennius und Vergilius, Berlin-Leipzig Teubner 1915 S. 23,3: „Die Präposition* ambe *war dem Varro wohlbekannt ... Das durch Apokope des e bedingte p ist in* ampsancti *bei guten Schriftstellern ganz fest,. erst Servius u. a. spätere schreiben* amsancti ..."
568 et *fehlt in* m *(H Pe)*   569 monstratur R *(H)*   570 condit M *(PL)*   575 curs. *(Pe)*   577 ignis γ²a *(H)*   581—615: *Nach* GD *folgen in* M *auf Vers* 580 *unten auf der Seite zwei ausradierte Zeilen, die nicht mehr lesbar sind, nach* Ho *dagegen ist nur eine Zeile „die* 29., *d. i. die letzte Zeile der Seite* 280, *ausradiert, vermutlich stand da v.* 581, *da die* u r s p r ü n g l i c h *anschließende Seite* 283 *mit v.* 582 *beginnt". Im Photo ist das Spiegelbild von Vers* 552 *deutlicher als irgendeine Rasur zu erkennen.* „*Zwischen S.* 280

und 283 ist ein einzelnes Blatt eingeschoben, welches Aen. 7,581—600 und 601—615 enthält; es weist eine Reihe von Flüchtigkeitsfehlern auf und scheint schnell und zwar erst dann geschrieben zu sein, als die Hs. erstens vollendet war und zweitens auch durchkorrigiert und interpungiert war ... (Ho)". Es ist von anderer Hand geschrieben. Nach Sa und GD ist der Schreiber dieser Zeilen: M^m, zwar auch alt, gehört jedoch einer bedeutend jüngeren Zeit an als der Schreiber von M und schreibt in seiner eigenen Orthographie. Ho, der glaubt, M sei überhaupt nicht von einem einzigen (dagegen Rostagno p. 12 f.), sondern von 2 oder 3 Schreibern geschrieben, meint „derjenige Schreiber, der uns am Anfang begegnet, schreibt ... wahrscheinlich auch Aen. 7,581—615". Die auf Vers 615 folgende Seite 283 — wieder in der Schrift von M — „enthält zunächst die Verse 582—585, welche nach v. 581 auch auf S. 281 stehen, dann v. 616 ff. (Ho)" **587** Ast. bzw. curs. (H Pe)   **589/90** „scopuli ... fremunt" curs. (Pe) **595—597** Diese drei Verse, die in F fehlen, fügt F² oben auf der Seite hinzu. Sie sind wie alle Verse dieses Blattes 67 (594—606ʳ; 607—613ᵛ) nur zur Hälfte erhalten; auf der r-Seite fehlt das Ende, auf der v-Seite, entsprechend, der Anfang der Verse   **600** relinquit Tib. vgl. zum Nebeneinander von Perf. u. Praes. 2,129   **622** rupit FR ebenso zu vergleichen 2,129   **624—627** Ast. und geklammert (Ri) Umstellung: 623.628—637.624—627.638 (Ri)   **638** frementis M⁴ (H Pe Fo Go CN Ri Hi K PL Lc Mc Sa GD)   **641** = 10,163 **645** = 9,529   **649** hunc M (PL); huic M²P (übrig. Edd.); hunc (?) in huic verb. R   Hinter **663** Lücke (Ri Ve) Ri: „Hic desidero militum quos Aventinus ducit mentionem aliquam"; Ve ergänzt in seiner Übersetzung:

„Froh sprang er vom Gefährt, Agyllas Fürsten zu grüßen,
Zeigte mit Stolz, was ihm an wackeren Mannen gefolgt war:
Tausend, mit tüchtiger Wehr zum Kampf aus der Ferne und
Nähe:"

666 Umstellung: 666.669.667—668.670 (Ri Ve)   **667** inpexum ⟨os⟩ saeta konj. Ribbeck   **677** et fehlt in P vgl. 3.93   **681** late legio M (Ri K PL Ja Ve)   **684** pascis Vχ (H)   **691** = 9,523 = 12,128 **693** fast gleich 1,722 (Variante: populos- bello (693) — animos — corda (1,722))   **697** Umstellung: 697.703—705.698—702.706 (Ri) **699** flumina P (Ri) vgl. Hom. Il. 2,459; Apoll. Rhod. 4,1298 **702** und **703** sind in M in einer Zeile geschrieben   **703** exagmine liest Housman, vgl. 2,727   **717** Alia R (Go CN)   **737** premebat R (H Pe Fo Go CN Ri PL Lc Mc)   **740** Bellae MPR

(Ri K Mc); Abellae *(übrig. Edd.)* vgl. Silius VIII 543   757 in MPR;   ad M²;   volnere M;   volnera M²P;   in MPR vulnere R *(K)*   759 Anguitiae χ *(H Pe K)*; Anguetiae M; Angitte R; Angittae P;   Angitiae P² *(übrig. Edd.)*   766 Poenas *konj. v. Slater (Mc) (halbpersonifiziert)*   769 Paeonis M *(H PL Sa)* Paeoniis M²PR *(übrig. Edd.)*   784 = 9,29   804 = 11,433

Aeneis 8

3 *geklammert (Ri)*   13/14 „Multasque ... nomen" *curs. (Pe)*
20—21 = 4,285—286   35 = 2,775 = 3,153   41 *Ergänzungsversuch:* „profugis nova moenia Teucris" *Servius. Sparrow (S. 49,3) weist hin auf Aen.* 10,158: „profugis gratissima Teucris"   42—49 „iam tibi ... incerta cano" *curs. bzw. geklammert (Pe Ri)*
43—45 = 3,390 — 392;   46 *fast gleich* 3,393 *Variante:* h i c locus (46) — is locus (3,393);   46 *fehlt in MP vgl. Norden zu Aen.* 6,242: „Die Hs. R, die schlechteste der alten, hat auch 8,46 einen Vers interpoliert ... sowie 10,278, und hat 5,595 einen Halbvers ergänzt". *Mit Norden, den Edd.* Pe CN Ri Hi Ja Mc Sa GD Ve *wird v.* 46 *auch von Heinze* (93,3) *und Carcopino als interpoliert betrachtet oder in Frage gestellt. Thaler (S.* 53 *und* 98 *Anm.* 7) *sucht ihn zu rechtfertigen. Sparrow, der die Stelle unter* „prophetic repetition" *einordnet, hält jedoch diese Wiederholung für keine reine ,prophetic repetition', zu deren Wesen seiner Meinung nach die Erfüllung der Prophezeiung gehört; er meint, Vergil hätte bei der endgültigen Überarbeitung die entsprechende Stelle im* 3. *Buch getilgt. Die Beurteilung dieses Verses ist verknüpft mit dem Fragenkomplex um die Stellung des Irrfahrtenbuches in der Aeneis. (vgl. Thaler s. u. S.* 717)   65 *Interpunktion:* ... domus, celsis caput urbibus exit, ... M *(H Pe Fo CN ⟨*1884*⟩ Ri Ja)*   70 sustulit bc *(H)*
81 „mirabile monstrum" = 2,680   90 *Interpunktion:* celerant: rumore secundo labitur uncta vadis abies ... *so von Heyne vorgeschlagen, aber nicht in den Text genommen (Go Hi)*   108 tacitis PAC = *Poetae Latini Aevi Carolini III p.* 281,4 c² *(H Pe Fo Go CN Ri Hi Lc Sa)*   121 perculsus R *vgl.* 1,513   141 „coeli ... tollit" *curs. (Pe)*   149 *curs. bzw. geklammert (Pe Ri) z. T. aus Ge* 2,158

Ge 2,158: an mare quod supra memorem quodque adluit infra
Ae 8,149: et mare quod supra teneant quodque adluit infra

160 iuventa χ *(H Fo Go)* **167** intertexto PR *(CN)* *[H Ri Hi PL Ja GD Tu:* -to R; *Sa:* -tam R *(versehentlich?)]* intertextam MP², *(übrig. Edd.)* **171** fast gleich 1,571 *(Variante:* laetos (171) -tutos (1,571)) **194** tegebat MPR *(Sa GD Tu);* tenebat M¹b ⟨n *in ras*⟩ c *(übrig. Edd.)* *[Ho Sa GD Tu:* tegebat M, *Ho Sa Tu:* tenebat M¹; *Hi Ja:* tegebat M¹; *Hi GD:* tenebat M²]ª *Interpunktion:* tenebat ... *(H Pe Go CN Hi K PL Lc Mc)* **205** furiis M²PR *(H Pe Fo Go CN K PL Lc GD);* zur Verbesserung von M² *schreibt Ho:* „? **205** viell. FURI[I]S, das etwa zwischengeschr. i ist jedenfalls sehr vergangen." *Im Photo ist nichts erkennbar. Sa weist auf* v. 219 *hin.* **207 f.** sehr ähnlich Ge 4,550/51; **207** fast gleich Ge 4,550 *(Variante:* a stabulis (207) — eximios (Ge 4,550)); Ge 4,551: ducit et intacta totidem cervice iuvencas Ae 8,208: avertit, totidem forma superante iuvencas **211** raptor Wakefieldus wie Properz IV 9,9 *(Ri)* **221** aetherii M *(H mit et)* et aerii M²PR *(übr. Edd.)* **223** oculi χ Serv. *(Go Hi Sa)* **229/30** curs. *(Pe)* **236** in amnem Rufinianusᵇ *in Schem. Lex.* p. 255 *(K Ja Ve) vgl. Ri prol.* 207 Von 236—290 sind in M ziemlich viele Worte durch Beschädigung des Pergaments (Löcher, Risse, Verklebungen) verstümmelt **239** insonat R *(H Pe)* **241/42** „Caci ... regia, et" curs. *(Pe)* **246** trepidantque R: trepidentque Wagner *(H Pe Fo CN); nach Sa beseitigen die librarii durch Einführung bald von* que *bald von* et *die von Vergil bevorzugten asyndeta* **247** in luce M²R *(H Pe Fo Go K Lc)* **268—272** GD meint, diese Verse, eingefügt zwischen 267 und 273, zerrissen

---

ª *Wie aus allen diesen Aufstellungen hervorgeht, nennen für gewöhnlich Hi Ja GD — wenn Verbesserungen in der Hs. vorkommen — die ursprüngliche, unverbesserte Lesart* M¹ *bzw.* P¹R¹ *usf. und die Verbesserung* M² *usw. ohne allzu genaue Unterscheidung der Korrektoren. Norden schließt sich i. a. dieser Gewohnheit an. GD stimmt für Buch 1—6 der Aen. oft wortwörtlich mit Hirtzel überein, während Durand, der seit dem Tode Goelzers, 1929, die Arbeit weiterführte, sich für Buch 7—12 der Aen. sehr oft der Schreibweise Sabbadinis anschließt.*

ᵇ *vgl. hierzu Teuffel* (S. 1007): *„Von Julius Rufinianus* ⟨4. *Jh.*⟩ *ist erhalten ein liber de figuris sententiarum et elocutionis (bei Halm, Rhett. min.* p. 38), *welcher sich selbst als Ergänzung des Aquila* ⟨Romanus⟩ *aus anderen Quellen gibt ... Die ursprünglich alphabetische Ordnung der Figuren ist noch erkennbar. Die Beispiele sind meist aus Cicero, nächstdem Vergil, aber auch Ennius und Lucilius. Dagegen die getrennte Erörterung* Iulii Rufiniani de schematis lexeos *(ebd.* p 48) *und* de sch. dianoeas *(ebd.* p. 59) *entnimmt die Beispiele lediglich dem Vergil und stimmt bei den gemeinsamen Figuren* (p. 61 f., nr. 9 ff.) *weder in Definition noch in Beispielen mit der ersteren Schrift und trägt daher den Namen* Iul Ruf. *nur in Folge der Anhängung an dessen Buch."*

ANHANG

den Zusammenhang und träfen eher auf den Dichter selbst als auf Euander zu. Daher seien sie wahrscheinlich von Vergil bei der Überarbeitung am Rande zugefügt oder auf Zetteln untergebracht worden und, da ihm die Zeit fehlte, alles so zu überarbeiten, daß es Zusammenhang habe, seien sie gedankenlos von Varius und Tucca hier eingesetzt worden. vgl. Cartault p. 644 268—272 „laetique .. semper" curs (Pe) 271—272 Ast. (H) Ho merkt an: „274 und 277 sind aus Versehen zu einem Vers zusammengefaßt" *in* M: cingite fronde comas foliisque innexa pependit. *Sa vermutet mit Recht, daß der Schreiber bei Vers 274 zu* comas *in v. 277 abirrte.* M² *stellt v. 274 wieder her,* M¹ *folgendes:* „275.276 277 (ganz) werden auf dem unteren Seitenrand in kleiner Schrift nachgeholt, und zwar auf Rasur ..." (Ho) 283—284 curs. bzw. geklammert (Pe Ri) 313 „Romanae ... arcis" curs. (Pe) 324 fuerunt P (H Go Lc) 328 Ausoniae R (Mc) 338 Romano R (H) 382 nomen Leid. vgl. 3,600 383 Interpunktion: arma rogo. genetrix ... Serv. (Mc) 391 non secus PR vgl. zu „variatio oder iteratio?" 1,380
412 exercens M (Ja Ve) 420 gemitum R (H Pe Go CN); gemitu M gemitus M²P (übr. Edd.) strident M, tridunt M²P, stridunt P²R (Edd.) 430 rutuli MP (Hi Mc GD) rutili M²R (übrig. Edd.) 431 horrificos R (H) 443 et P (H); at P²MR (übrig. Edd.) 505/06 „ad me" curs. „coronam" curs. „cum sceptro" curs. „mandatque" curs. (Pe) 512 fatum PR indulget P (?) b (Sa); indulgeet R; [Ri GD: indulges P; Hi Ja: indulges P¹; Sa: indulget *verbessert in:* indulges P; Tu: *im Photo von* P *ist als ursprüngliche Lesart nur* ‚indulges' *zu erkennen, dann die Verbesserung von* P², *mit der alle Edd. übereinstimmen*]; fata indulgent MP² (übrig. Edd.) vgl. Fu S. 384 519 munere PR (Ri Hi Mc) 527 intonat Serv. (Lc) 528 ‚in' *fehlt in* M (Ri PL) in regione M²PR (übrig. Edd.) 529 sonare PR (Lc); torare M; tonare M² (übrig. Edd.) 532 Interpunktion: ne quaere profecto quem ... (Hi Lc Mc) (profecto *auf Pallas bezogen*); profecto *particip.* Ladewig. profecto, quem ... M²P² (übrig. Edd.) vgl. Ernout RPh. 1931 S. 403
533 Interpunktion: ego poscor. Olympo ... (Go Hi Lc Mc); ego poscor Olympo. M²P² (übrig. Edd.) 544 mactat PR (CN Hi Mc Sa GD Tu); mactant M (übr. Edd.); Sa *weist auf folgende Stellen:*

      pariter — pariter 8,544
      simul   — simul   1,513; 5,675
      hinc   — hinc   10,760

non — non 10,358 *[nur hier weichen die Edd. von einander ab]*
hoc — hoc — hoc- 5,73/74
Wiederholungen dieser Art fordern den sg. des Verbs, das sich nur auf e i n nomen bezieht.
vgl. 10.358 cedunt M *(H)* cedit M²PR *(übrig. Edd.)*; *Sa bemerkt zu cedunt:* „*docta interpolatio hominis saepe verborum numeri congruentiam ad grammaticam, non ad latinitatem redigentis*"; *zu* cedit: „*non ad omnia nomina, sed ad postremum refertur ut* 10.760".
555 Tyrrhena ad limina P Tyrrheni ad litora MR PL *lesen* Tyrrhena ad litora H CN Ri Mc: Tyrrheni ad limina
557 et R *(Ja Ve)* id P 559 inpletus R inexpletum P lacrimans PR *(H Pe)* inexpletus MP¹ lacrimis M *(Ja Ve)* *[CN GD:* inexpletum P; *Hi PL Ja:* -tum P¹ *GD:* -tus P²
Sa: -tum *verbessert in:* -tus P, *Doppelfassung bei Vergil.*
Tu: im Photo ist deutlich S *zu erkennen; es steht verhältnismäßig isoliert, in größerem Abstand von* V *und* L *als gewöhnlich, nimmt also den breiteren Raum des* M *ein, das noch darunter stehen mag und im Original wohl noch erkennbar ist; in der photomechanischen Wiedergabe sieht man vom* M *nur den rechten unteren Schlußstrich]* 563 Erylum MP *(Sa GD)* Erulum R *(CN Ri Hi K PL Mc)* Herulum ⟨*geändert aus* R⟩ *(Ja Ve Tu)*
Erilum b *(Pe Fo Go Lc)* Herilum Macrob. Sat. 5; 14, 15 *(H)* 566 tum b *(Pe CN Ri Hi K Mc GD)* 566/67 „cui tum ... armis" *curs.* *(Pe)* 569 finitimus Rottend. *(H)* finitimos P *(Ri)* finitimo MP²R *(übrig. Edd.)* usquam PR *(H Mc)* 577 patiar P¹ *(H)*
579 nunc o nunc R *(H CN Ri)* nunc nunc P nunc nunc o M P¹ *(übrig. Edd.)* 581 sera et sola P *(H)* *[CN PL Sa Ho Tu:* sola et sera M *Ri Hi:* sera et sola M*]* 582 complexus M²R *(Go K)* ne P² *(H)* 585 ff. „*Das erste Blatt des Quat.* F *(Aen.* 8, 585—613ʳ; 614—642ᵛ) ⟨*einst f.* 157ʳ, 157ᵛ⟩ *fehlt jetzt im Kodex* M *und bildet Blatt* LXXVI *der Schedae Vaticanae No.* 3225 *(cod.* F).."
Hoffmann, Programm 1889 *S.* VII 610 et gelido M²PR *(Pe CN K)* ecgelido Ri 620 minantem P *(Ri Sa GD); nach Sa stammt* vomentem MR *(übrig. Edd.) aus v.* 259. 633 reflexa M²RP *(CN Ri Hi Mc)* 640 pateramque M *(Ri Mc Ja Ve)* 641 *Umstellung:* 641.654.642—653.655 *ed. Parmens. (Ri Mc Ve)* 642 Metum c *(Pe)*
Metium *(Go)* Medtum *(PL)* *[Sa GD Ho Tu:* medium M; PL: medtum M; *Ri:* MEDIUM (T *über* D I *verbessert in* T) M*]*; Mettum M²PR *(übrig. Edd.)* 666—670 „Hinc procul ...

Catonem" curs. *(Pe)* 672 spumabant b¹c*(H Pe Fo Go CN Ri Hi PL Lc Ja GD Ve)* 680 stat R *(Mc)* 690 = 5,143 698 ni,li' genumque ‚li' curs. *(GD) vgl. Lachmann ad Lucr. V 440, gebilligt von Havet § 559;* nigenum M; omnigenum M¹PR *(übrig. Edd.)*; amnigenum *konj. v. Hoffmann* 727—728 *die schon verblaßten Schriftzüge dieser Verse erneuerte mit eigenen Buchstaben* P⁵

Aeneis 9

2 = 5,606; 16 „ad sidera palmas" = 1,93 17 ac P *(Pe Ri Hi Lc Mc)* 29 *fehlt in* MPR = 7,784; *Dorvillianus hat diesen Vers.*
37 et candite F; et scandite F¹R *(Ja Ve)*; alibi scandite M⁴ *[Ja*: M] *nur* scandite *(H GD; der letzere gibt s kursiv)* 44 monstrant F; *zur Frage: sg. od. pl. bei doppeltem Subj. vgl.* 2,317
47 at ante *konj. Schenkl (Mc)* 54 clamorem F¹MP *(Go Ri Hi PL Mc Sa)* 65 moros F *Ja:* moros F, *und setzt in den Text,* m^uoeros. *Ihm schließt sich* Ve *an.* muros F¹MPR *(übrig. Edd.)*
67 quae via PR *(H Pe Fo Go CN Hi Lc)*; qua via FMP² *(übrig. Edd. außer Ri)*; qua vi *konj.* Ri 68 aequm F; aequor F⁴P *(H Ri Hi Mc)*; aequom P¹*(Sa GD)* 72 *Umstellung:* 72.146—147. 73—145:148 *(Ri Ve)* 85 Ast. u. geklammert *(Ri)*; geklammert *(Hi)* 86—87 Ast. *(H)* 89 urget χ *(H)* 91 ne ... neu P *(H Pe Ri Hi Mc)* PL *setzt* ne ... ne *in den Text unter Hinweis auf* 9,42: neu ... neu *Vers 98 steht in* R *vor Vers 97* 104/106 „Stygii ... Olympum" = 10,113/115 121 *fehlt in* FMPR = 10,223, *überliefert ist dieser Vers in jüngeren Hss., u. a. im cod. Porcius Pierii und cod. Gothanus tert.; in letzterem wird v. 121 hinter v. 142 gestellt. Auch* CN *stellt den Vers um und zählt ihn als v. 122, läßt ihn also unmittelbar auf v. „reddunt ... feruntur" folgen, den er v. 121 nennt mit der Begründung:* "The MSS which give it here are not agreed about its place, some of them putting it before v. 121, while in one it comes after v. 142."
123 animis Rutuli FR *(H CN Ri Hi K Lc Mc Sa)* 126 cessit fiducia Turno χ *(H)* 127 = 10,278 130 exspectans M *[Hi Ja:* **expectans M¹]** *(Ri GD)*; exspectant M²R *(übrig. Edd.)*; expectant FP *[Sa GD:* exspectant F; *Ri Tu:* expectant F; *Ri Sa Tu:* expectant

P; GD: exspectant P] 135 datum M *(H Pe Fo Go Ri Hi K PL Lc Sa GD)* 141 modo nunc *Veneta 1472, Markland (Stat. Silv. V 3, 35) (GD)*; non modo R; mohonon F; modo non F¹MP *(übrig. Edd.)* 146 sic konj. Ri *(Ve)* quis c *Wagner (Pe Fo Go CN Hi K Sa GD)* 151 *in Frage gestellt (H Pe Go Ri Hi Lc Mc) Interpolation aus 2,166?* summae MP *zur Frage*: „variatio — iteratio?" vgl. 1,380 155 putent MR *(H Pe Fo Go CN K PL Lc)* 156 diei est M²R *(Ja Ve)* 158 parati χ *(H) vgl. Macrob. Sat. 5,9,4; 7,1,23* hat parari 160 „et moenia ... flammis" *curs. (Pe)* 161 Rutulo M *(H GD)*; Rutuli FM²PR *(übrig. Edd.) [Sa: -lo M; -li M²; -lo Mˣ; Ho: „? Aen. 9,161 wahrscheinl. RUTULO, doch ist die übergeschr. Korr. wieder radiert". Tu: im Photo ist von einer Verbesserung keine Spur zu sehen] Interpunktion*: septem, *(H GD) Umstellung*: 163.161. 162.164 *(GD)* 171 instant MR; *nach Sa sg., wenn Prädikatsverb mehreren Subjekten voransteht vgl.* 5,825 175 „quod ... est" *curs. (Pe)* 177/78 „comitem ... sagittis" *(curs. (Pe)* 179 it χ *(Ri)* 189 sepulti a¹m *vgl. variatio-iteratio* 1,380 214 *Interpunktion*: humo solita, P² *(H CN PL)*; humo, solita ... F¹M *(übrig. Edd.)* 225 *fast gleich* 4,528 *(Variante*: laxabant (225) — lenibant (4,528)) 226 et delecta „legebatur in editionibus ante Pierium" *(Ri)* 229 in scuta tuentes *konj*. Ri; eacutatecentes *in*: et scuta tenentes *verbessert* P. 237 procubuere P *vgl. variatio-iteratio*: 1,380 240 *Umstellung*: 240.242—243.241 *(Mc)* 241 ,ad' c *(H)* 243 fallet M *(PL Ja GD Ve)* 244 *curs. (Pe)* 245 „et" *curs. (Pe)* 266 *curs. (Pe)* 268 ducere R *(H)* deicere *Serv. (Sa)* 272—274 *curs. (Pe)* 282/3 haut MPR *(Fo CN Hi K PL Lc)* aut M²γ² *(übrig. Edd.) Interpunktion*:

tantum fortuna ..... haud(t) *(Fo CN Hi K PL Lc)*
tantum fortuna ..... aut *(Ja Ve)*
tantum: fortuna ..... aut *(übrig. Edd.)*

287 est *fehlt in* MPR *(Sa GD)* pericli est M² *(übrig. Edd.)* 288 testes *Asper (Sa)*; Tomsin *(S. 39) weist darauf hin, daß die Variante* testes *allein von Asper gegeben wird, sie bildet eine Figur im schema alcmanicum, dies allein sei für Asper ein hinreichender Grund, diesen Text für den authentischen Vergils zu halten* 294 *curs. (Pe) fast wiederholt in* 10,824, *wörtlich*: „patriae pietatis imago" 296 spondeo a¹cm *(H)* 299 sequuntur *Mentel. Heinsius (H)* sequetur P 312 portanda dabat mandata *ältere Edd. (H)* 315 *Ausfall zweier Halbverse? (Sa)* 335 Sarranum *Heinsius (H)* serpa-

num *verbessert in* serranum R, *letzteres ist mit* MP *die Lesart der übrig. Edd. vgl.* 9,454 Sarranoque M *(H)* Serranoque M²PR *(übrig.* **Edd.)** 349 purpureum *Parisinus* 7930 *Serv. (Hi)* purpurem P; purpuream MP²R *(übrig. Edd.)* 351 ubi c *(H)* ib P 363 curs. *bzw. geklammert (Pe Ri Hi Lc); nach Serv eine der 12 oder 13 unlöslichen Stellen* 369 regis DS *merkt an:* „*in omnibus dicitur bonis inventum*" *(H Mc Sa) vgl. Ri prol.* 143;173; *Fu* 352 370 Volscente M² *(Pe H Go Lc)* valcente *verbessert in* volcente P 371 murosque PV *(Hi Mc); [nach Sa müßte* V muroque *haben;* GD: *verloren in* V] 380 aditu P; aditum M²P²RV *(Mc);* 383 lucebant R; ducebat M²V *(Ri Ja Ve);* Hi *gibt im Apparat* ducebat P² *u.* Ja lucebat P¹; *das erste ist falsch, das zweite irreführend, denn* P *hat nur* lucebat. *Verwechslung mit* M? 387 lacus *Joannes Baptista Egnatius* (1473—1553) *(H)* lucos m *gebilligt von Haupt, Ladewig.* locis *konj. Gertz, gebilligt v. Madwig.* 400 hostis MRV *vgl. zu variatio-iteratio* 1,380 402 torquet *Wagner (Mc)* 403 *Handschriftenbefund:*

               altam ad lunam et sic R
               altam lunam et sic MPV

Konj.: altam et lunam sic *(Ri);* altum, lunam *Bergk;* altam amens lunam *Housman;* suspicit en! altam lunam et *Deuticke;* Mc *ändert in v.* 402 *(s. o.) Ausfall des* ,et' *bei älteren Edd.:* altam lunam sic *(H Fo Hi PL Lc) Interpunktion:*

               altam lunam, et sic . . *(übrig Edd.)*
               altam lunam et: sic . . *Priscian* (GL 3,104, 27) *Asper, Sabbadinis Ansicht (Riv. di filol.* 46, 1918, p. 212), *bei* et *liege Pleonasmus vor, bleibt fraglich. Priscians Erklärung,* et *sei poetisch nachgestellt, verbinde also* torquens *u.* suspiciens, *weist* Sa *als absurd zurück.* 412 aversi χ *Rottend. sec. (H Fo Pe Go CN Hi PL Lc)* abversi Ri *nach Serv. ist dies wieder eine der 12 oder 13 unlöslichen Stellen* 415 pulsant R *(Mc)* 418 iit P *vgl.* 2,497 428 nec MP *vgl.* 2,430 429 haec P *(Sa GD)* haec *verbessert in* hoc, *Tu: im Photo ist deutlich* hoc *zu erkennen, das* O *nimmt aber ganz offensichtlich den Raum zweier Buchstaben ein* — A E —, *die im Original noch erkennbar sein mögen* 432 transadibit M transadigit M²P *(Ja Ve)* 444 exanimum M *(Fo Go CN Ri Hi K PL Lc Mc Sa GD)* 454 Sarranoque M *vgl.* 9,335

456 pleno MP¹ ... spumantis MPR *(Lc Ja Ve)*
plenos PR ... spumanti b¹ *(übrig. Edd.)* [*Ja:* -os P¹; *Hi GD:*
-o P²]   459—460 = 4,584—585   464 suos PR *(H Ri Mc Sa)*
Ausfall eines Verses vermutet von Mc   465 *fehlt in* P, *auf dem
oberen Rand hinzugefügt von* P⁴   481 illa R *(H)*   484 extremis
MP *(Ja Ve)*   extremum P²R *(übrig. Edd.)*   485 date χ Bentley
(H Pe Go CN)   486 nec te tua funera MPR *Servius, Nonius* 372, 34
Donat ad Ter. Adelph. IV 2, 52 *Macrobius Sat.* 6, 2, 21, *übernommen
von den meisten Edd., außer den unten besonders angeführten*
nec enim tua funera *Moret. sec.*   nec ego tua funera *Parrhasianus*
     nec tristia funera *Burmann*   nec fletu funera *Vorschlag von
Peerlkamp*   nec taeda funera *Hoffmann*   nec te tua funere
Pietro Bembo (Pe Fo Go)   nec te ⟨ad⟩ tua funera *Sa, nach* H
schon von Julius Sabinus hinzugefügt   nec te ⟨et⟩ tua funera
Heumann   nec te ⟨in⟩ tua funera *Pseudo-Donatus* ⟨*nach* H⟩
Ladewig stellt v. 488 *vor* v. 487 *und verbindet* tua fúnera ...
tegens   501 *fehlt im Text von* P, *unten auf der Seite hinzugefügt
von* P   513 num *konj.* v. Ri *prol.* 280   quos *Schaper*   quam
Schrader   514 iubet P   iubat P²   lubat M   libet FM²R
(K)   iuvat F¹ *(übrig. Edd.)*   520 *Ergänzung:* „densis cum
corpore toto" *Leidensis*   523 = 7,691 = 12,128   529 *fehlt
in* FMP, *vorhanden in* R = 7,645; *im cod. Paris.* 7965 *aus den Hss.
des Servius überliefert, er wurde* 1468 *in Ferrara geschrieben, vgl.
S.* 634   *Interpolation?*   569 „saxo ... montis = 10,698
579 adfixa P *(H Pe CN Ri Hi)*, et laevo infixa est ⟨alte⟩ lateri,
abditaque intus *konj.* Housman *Manil* I LXV *(Mc)*   Gemoll *konj.
für* manus: eminus   581—663 *curs. (Pe)*   584 matris *Macrob.
Sat.* V. 19,15 *(H Pe Fo Go CN K PL Sa)*   599 Marti χ *(H)*
morte protendere M   morti praetendere M⁵PR *(übrig. Edd.)*
607 *fast gleich* Ge 2,472

Ge 2,472: et patiens operum exiguoque adsueta iuventus
Ae 9,607: at   „   „   parvoque   „   „

612 *fast gleich* 7,748/49
   7,748 f: armati terram exercent semperque recentis
               convectare ...
   9,612 f: canitiem galea premimus, semperque recentis
               comportare ...

623 intendit P *(H Ri Hi Mc)* 629 = *Ecl.* 3,87 632 et fugit
PR *(Mc)* ecfugit *(Ri Sa)* 634 transadigit R transigit P
(Ri CN GD) transiit P¹ traiecit cm 645 misit P *(Ri)*
mittit et R 646 forma PR *(Go Ri Sa GD)* 650/51 *fast gleich*

 4,558/9: omnia Mercurio similis, vocemque coloremque
  et crinis flavos ....
 9,650/51: omnia longaevo similis vocemque coloremque
  et crinis albos ....

651 curs. *(Mc), der diesen Vers für eine Interpolation hält* flavos
R *(Mc)* 653 Aeneada *vgl.* 3,475 657 *fast gleich*
 4,277: mortalis visus medio sermone reliquit
 9,657: mortalis medio aspectus sermone reliquit 658 = 4,278
661 et M *(Ja Ve)* 667 afflictu *vgl.* 2,207 676 animis *konj. Bentley (Ri) [Ja gibt irrtümlich* animis PR;
die Lesart von MPR *ist:* armis] 686 *Interpunktion:*
totis: *(Ri K Sa)* M *und* P² *interpungieren sowohl nach*
Haemon *als auch nach* totis DS: „quidam dubium putant utrum
ab agminibus totis *an* ab agminibus versi" at versi *konj. Ri*
aut verse M aversi P, R (a *in Rasur*) aut versi M²P² *(übrig.
Edd.)* versi π *(ohne* aut*)* ut aversi γ 705 phalarica MPR
(H Pe Fo Go CN Hi K PL Lc Sa GD) falarica *Serv. (übrig. Edd.)*
 710 qualis P *(H)* 711 „saxea" *curs. (Pe)* 711/13 „magnis
... trahit" *curs. (Pe)* 721 animos M *(H Ja Ve)* animo M²PR
(übrig. Edd.) 723 quis casus PR *(Mc)* 724 multa PR *(H Pe
Fo Go CN Hi Lc Mc GD); nach* Sa *aus v.* 1,271 725/26 *in* M
auf Blatt 171ʳ *im Text ausgelassen und von* M¹ *unten auf der Seite
hinzugefügt; von* M *auf Blatt* 171ᵛ *nach Vers* 732 *in den Text auf-
genommen; Reihenfolge* 732.725.726.733. 731 offulsit R
obfulsit *(H)* 733 mittunt PR *(H)* mittet M mittit M¹
(übrig. Edd.) 761 aversos *konj. Bentley (Ri)* 764 tergum
MP² *(Pe Fo Go K PL Lc Sa GD)* 770 desectum γ *(Ri) PL:* „R est
incertain". 773 tinguere *in* unguere *verbessert* P, *doppelte
Fassung bei Vergil?* Sa *weist hin auf eine von Bentley zu
Lucan.* 3,266 *vorgeschlagene Konjektur* „tingere". unguere R
(H Fo) 777 *geklammert (Ri)* 782 quaeve ultra P *(Mc)*
789 pugna M *(H Pe Fo Go CN Ri Hi K PL Lc Mc)* 793 at P
(H Pe CN Hi K PL Lc Mc Sa GD) 814 acer *Heinsius vgl. variatio-
iteratio* 1,380 *vgl.* Serv auct

Aeneis 10

12 „Romanis arcibus" = Ge 2,172   18 divumque b *(in Rasur)* c m *(H PL Lc)*   20/21 „feratur .... tumidusque" *geklammert (Ri)* curs. *(Mc)   fehlt in M; vermutlich irrte der Schreiber von M in v. 20 von Turnusque zu tumidusque, Vers 21, ab und schrieb Turnusque secundo; M² schrieb feratur über secundo und fügte v. 21 in kleinerer Schrift zwischen Vers 20 und 22 ein*   24 murorum MP²R *(Hi Lc Mc)* mororum V   *Vgl. Gey 420*

vgl. 10,144 meorum P   murorum P²R *(Hi Lc Mc)*
.11,382 murorum P²R *(Hi Lc Mc)*

24 fossas PV *(Ri CN Hi K GD)*   27 „nec... alter" curs. bzw. *geklammert (Pe Ri)*   28 surget MP *(K PL Ja Ve)*   *[Sa GD Tu:* surget P   *PL:* surgit P*]*   49 quacumque P *vgl. 6,96*   71 Tyrrhenamve RV *(H Pe)*   72 nostra M²PRV *(Go CN Lc K Mc)*   76 curs. *(Pe)*   78 *richtig für V angegeben (Ri Hi Mc GD ⟨Bd. III p. XXVIII⟩)   Ende von V bei Vers 77 (Ja Sa GD ⟨Bd. IV p. 177⟩)*   83 curs. *(Pe)*   *tu Markland ad Stat. silv. 3,2,81 (Ri)*   classes M *(Ja Ve)*   100 summa M²P PAC III p. 72, 189 *(H Pe Ja Ve)*   104 = 3,250   107 *fehlt in P, oben auf der Seite hinzugefügt von* P⁴   108 Rutulusve c m *(H Fo)*   *Sa:* „Tros Italusne aus XI 592 Clemens (Grammat., Tolkiehn, Leipzig 1928, pag. 82,8)"   109—110 *geklammert (Ri)*   109—112 curs. *(Pe)*   111 populos Nonius (390,40) *(Ri)*   113 fata viam invenient = 3,395   113/115 „Stygii ... Olympum" = 9,104/106   124 Thybris M *(Ja)*   cumcumoretcsathyism *in* cum castore thybris *verbessert* P, *dazu bemerkt Sa:* „ob ich alle ausradierten Buchstaben richtig erkannt habe, bezweifle ich selbst; ohne Zweifel aber stand in der Hs. die doppelte Lesart: thymbris, thybris."   *Tu: im Photo ist nur die Verbesserung deutlich sichtbar*   128 Agmon P *(Ja Ve)*   138 subnectens PR *(H Pe Fo Go Ri Hi K Sa GD)*   140 dirigere M *vgl. 1,401*   144 murorum P²R *vgl. 10,24*   158 curs. *(Pe)*   163 = 7,641   169 coryti R *(H)*   corythi P   gorythi γ   choriti c   179 Alpheae ab origine P *vgl. 6,505*   186 *Handschriftenbefund:* cinyrae M   cunerae *in* cinerae *verbessert* P   cumarre R   cinire V b c²   cinyre b²   cinere c   *Ferner:* cynire Tib.   ignarus *(ohne nachfolgendes et)* Schaper   sine re Madvig   Cycni *(ohne et)* Pötter *(PL)*ᵃ   Cunare DS *(abl. a nominat.* cunar) *(Ri Sa)*   Cinyre *(Go Hi ⟨mit + vor und hinter dem*

---

a) *H führt als La alter Edd. an:* Cycne vel Cygne.

Namen⟩ K Lc Mc) Cinyra *(übrig. Edd. GD: a curs.)* 207 fluctus R *(H)* 223 = 9,121 237 ardentis P *(Ri Hi K Mc);* 237 *fehlt in* V 238 tenent MV *vgl. 5,825* 243 „atque.... auro" *curs. (Pe)* 245 spectabis MP, V? *(Ja Ve)* 256 ruebant M ruebat M¹PRV *(Edd. außer Ri)* rubebat P¹ *[Hi GD Ja PL:* P²]*(Ri)* 261 Interpunktion: puppi ohne Zeichen *(Mc)* 263/64 „spes ... iaciunt" *curs. (Pe)* 276 *fast gleich* 9,126*; Variante:* haud tamen (276) — at non (9,126) 278 *fehlt in MP, vorhanden in* R = 9,127 *vgl. Norden zu Aen.* 6,242 *allgemein geklammert* 280 viri R *(H Pe Fo Hi)* 281 referte P *(Ri Hi K Mc Sa GD)* 283 egressisque MP *[Ja:* M¹ P¹]a *(Go Ri Hi K PL Lc Sa GD)* egressi M²P¹ *[GD:* P²] R *(übrig. Edd.)* 284 *Ergänzung:* „viresque ministrat" *Leidensis*

„piger ipse sibi obstat" *vgl. Sen. ad Lucilium Ep. XV,*
II *(94,28)*

„Es ist unsicher, ob Seneca dies selbst hinzufügte oder überliefert übernahm" *(Sa); vgl. aber Bücheler Rh. Mus.* 34 *(1879)* 623—24*; diese Ergänzung fügten im Text geklammert hinzu:* Sa GD 291 sperat PR *(Ri Hi K Sa Ve)* 293 prora R *(Mc)* proras MP *(H Pe Fo CN)* proram M² *(übrig. Edd.)* 303 vadis MP¹R *(H Pe Fo Go CN PL Lc Ja Ve)* 307 pedes MPR *(CN Hi PL Mc)* pedem M² *(übrig. Edd.)* 317 cui R quo P² *(Ri Hi K Sa GD)* 321 cum M *(H)* dum M²PR *(übrig. Edd.)* 322 Pharon M²P *(Sa GD)* Pharo MP²R *(übrig. Edd.)* *Interpunktion:* ecce, Pharon.. inertis, *(Sa GD)* 323 clamantis MP *(CN PL)* 334 steteruntque M²R *vgl.* 7,182 339 at reiecto *konj.* Ri 350 tris MR *(H Pe Fo Hi K Mc GD) vgl. Gellius* 13,21,11 351 tri P tris MP¹R *(Edd. außer PL Lc)* ⟨Tu: *die Verbesserung:* tris P¹ — *eingefügtes, überschriebenes* S? — *ist im Photo nicht zu sehen*⟩ tres a *(PL Lc)* 358 cedunt M *vgl.* 8,544 359 obnixi *Serv. (H)* 366 „quando" *curs. (Pe)* 367 „equos ... egenis" *curs. (Pe)* 388 Sthenlum R Sthenelum χ *(H Pe Fo)* 390 agris P *(Ri Hi Sa GD); nach Sa stammt* arvis MR *(übrig. Edd.) aus* 404.

vgl. 12,24 agris PR *(H Pe Go CN Hi Mc) nach Sa aus* 11,431. 401 direxerat M¹P *vgl.* 1,401 417 cavens *Hamb. pr. Serv. (Ri Go K Ve)* canent P canens MP²R *(übrig. Edd.)* 424 hymeona M himaeonia R Himeona *(Sa)* 432 addensant MP²R *(Ja Ve)* 437/38 *Bl.* 209 *ist in P sehr schlecht erhalten.*

---

a *vgl. Anm. zu* 8,194

II. TEXTGESTALTUNG

Von den 23 für jede Seite vorgesehenen Versen: 417—439 (209r) und 440—462 (209v) fehlen vollständig auf jeder Seite die letzten 3 Verse: 437.438.439 und 460.461.462. Von Vers 436 ist nur noch: INPA, von Vers 459: FATVR zu lesen, daher erklärt sich wohl auch die Unstimmigkeit der Edd., die P bald bei Vers 460, bald bei Vers 462 aufhören lassen. Sa gibt auf Seite 337 als letzten Vers von P: 462 an, auf Seite 328: 469.   439 succurrere χ *(H)*   445 „Rutulum abscessu" curs. *(Pe)*   445/46 „tum ... miratus" curs. *(Pe)*   475 curs. *(Pe)*   diripit M vgl. 1,211   476 humeris *(H) unter Hinweis auf die Aldinen*   483 geklammert *(Ri)*   cum M²(?) R *(H Pe Fo)*   [zu: cum M² am besten Ho: QUĔM *die Korr. ist aber wieder wegradiert.*   Sa *gibt die folgende Reihe an:* quem M   cum M² quem Mˣ]   quom *einige Hss. des Gianpietro Valeriano (Ri)*
484 medium cuspis R *(H Pe Go CN)*   486 corpore R γ *(Ri); Sa irrtümlich* pectore R γ; *er weist auf 10,744 hin, wo* corpore *steht.* γ *gibt rechts am Rand* volnere.
490 Ergänzung: „sic ore profatur" R *(von Ri Sa GD in den Text genommen und geklammert)*
„sic voce superba" Leidensis. *Hierzu weist Sparrow (S. 47) auf 7,544 hin:* voce superba   509—531: *Nach Hi PL GD sind diese Verse in P von einem zwar antiken, aber doch anderen Schreiber als P; Sa erwägt auch diese Möglichkeit und zwar für f. 210r (vv. 509 bis 531) und 210v (bis Vers 541), neigt aber mehr der Auffassung zu, es sei auch hier die Hand von P selbst.*   512 ursis tempus P versis tempus P¹ *(Ri Hi Mc)*   [*Sa GD Tu:* ursis tempus P   *Sa Tu:* versis tempus P¹   *PL:* versis tempus P* ⟨*so bezeichnet er den Schreiber von f. 210r s. o.*⟩]   522 at PR *(H Pe Fo CN Hi PL Lc Mc Sa GD Tu)*   in M   en M¹   at, *dann* ac M² *(übrig. Edd.)*   524 per spes χ *(H Pe)*   533 illa M *(Ja Ve)*   „iam ... peremto" curs. *(Pe)*
536 oranti P *(Ri Sa)*   orantis MP¹R *(übrig. Edd.)*   539 albis P (?) Probus ⟨bei Serv.⟩; Stat. Theb. IV 218; VI 331 *(CN Ri Hi K Sa GD)*   armis MP² ⟨rmi in Rasur⟩ (?) R Asper *(übrig. Edd.)*   [*Ri Hi Ja:* a ... s P¹, armis P²   *GD:* albis P (?), armis P² ⟨rmi in Rasur⟩ *Sa:* albis in armis *verbessert* ⟨rmis in Rasur⟩, *doppelte Lesung in der Hs.*   *PL:* on ne peut pas lire la première main de P, armis P² *Tu: im Photo ist nur* armis *erkennbar*]   558 humo M² *(Pe Go CN), verblaßt in* V   patrique P   patriove P²R *(H Go CN)*   [*Sa GD Tu:* patrique P, patriove P²   *Ri Hi Ja Mc PL:* patriove P

Tu: man erkennt im Photo noch schwach den Ansatz des unteren Q-Striches: PATRIQVE P] 581 non... Donatus ad Ter. Andr. IV 4,48 *(PL Lc)* currus c *(H Pe Go)* Achilli χ *Menag. pr. (Pe Fo Go PL Lc Mc)* vgl. 12,352 Achilli (= ei) *(Hi Mc)* Achilles M Achillei *konj. Heinsius; Norden (S. 411):* „Von Achilles lautet der Gen. in guter Überlieferung meist -is, wenn das vorhergehende Wort nicht auf -s endigt, sonst meist -i bzw. -ei....... nach vorhergehendem Wort auf -s ist die Form auf -is einstimmig nur überliefert X 581 cernis Achillis MP, V ⟨muß R heißen⟩" 585 „iaculum... hostem" *curs. (Pe)* 595 inermis γ[1] *(H Lc PL)* [Ri Hi Ja: inermis P[1] ᵃ Sa: inertis ⟨auch die Lesart von MR⟩ aus -rftis verbessert in P *Tu: nur inertis ist im Photo erkennbar; zwischen R und T fehlt ein Buchstabe, der dem Raume nach F gewesen sein kann; T — sehr sorgfältig geschrieben — sieht nicht wie der Endstrich eines M aus]* 612 dicta PR *(H Pe Fo Go CN Hi Lc Mc Sa GD);* iussa M *(übrig. Edd.). Nach Sa aus 9,804.* 621 fatus M[2]R *(Go CN Sa)* 639 „dat... verba" *curs. (Pe)* 660 *Umstellung:* 660. 663—664. 661—662. 665 *(Ri Hi Ve)* 663—664 *curs. (Pe)* 673 quosve M[2]Pabc quosque MR *(Mc Ja Ve)* quosne *Leidensis, Asper vgl. Catull 64,180 (übr. Edd.)* 678 „saevisque... Syrtis" *curs. (Pe)* 681 mucroni PR *(Mc)* mucrone MP[2] *(übrig. Edd.)* 695/96 „coelique... manens" *curs. (Pe)* 698 „saxo... montis =* 9.569 704 pregnans M pregnas M[1] praegnans R *(H Pe Fo Go CN K PL Lc)* praegnas P *(übrig. Edd.)* 705 Parim χ *(Pe Fo Go CN Hi)* crepat M creat M[2]PR *(CN PL Ja Ve)* Paris *konj. Bentley, vgl. Rh. Mus. 35 (1880), 312 (übrig. Edd.)* 709 multosque R *vgl. 2,37* 712 propiusve MR *(H K PL Lc Sa)* 713—718 *Keine Umstellung bei Go CN Hi PL Sa GD* 727 accumbens PR *(CN Hi Mc GD)* 742 ad quae Vχ *Menag. pr. (Ri Hi K PL Mc Sa GD)* atquaec P atquae P[1] atque MP[2] atquem M[2] adquem R *(übrig. Edd.)* [Hi PL Ja: atquaec P[1], Hi: atqu P[2] *Sa GD Tu:* atquaec P; ⟨Sa: doppelte Fassung: atque haec, adquae⟩ *Sa GD Tu:* atquae P[1] *Sa Tu:* atque P[2]] 745—746 = 12,309—310 749 *fehlt in* V Ericeten M *(H Ja Ve)* rychaeten P erychaeten P[1]R Erichaeten b *(übr. Edd.)* 751 *Interpunktion:* peditem pedes. MP[2] *(H Pe ⟨im Text⟩ Go Fo CN)* peditem. pedes.... *Vorschlag von Peerlkamp (übrig. Edd.)* 754 insignis M *(H Pe Fo Go CN Hi K Lc)* insidiis

---

ᵃ *d. i.* P *vgl. Anm. zu 8,194*

M²PRV *(übrig. Edd.)* 758 V *endet hier (Ja), nicht mit 757, wie Ri
Hi Mc Sa GD meinen* 761 curs. *(Pe)* 763 campum M *(PL)*
767 = 4,177 769 longe *in* longo *verbessert* R longe m
Madvig *(Ri K Sa)* 777 inicit γ *(H)* ad R at *fehlt in* M *(H)*
at M²P *(übrig. Edd.)* 778 Antorem MPR *(CN PL Lc)*
Antoren b *(übrig. Edd.)* 779 Antorem MR *(CN PL Lc)* antorem *in* -ren *verbessert* P, *doppelte Fassung bei Vergil?*
785 transit *vgl.* 5,274 791 optimae M optime M²R
(Ja Ve) 796 prorupit PR *(H CN Ri GD)* 801 proturbant PR *(H Pe Fo Go CN Ri K PL Lc Mc Sa GD)* perturbant M perturbant M¹ *(übrig. Edd.)* 803—809 curs. *(Pe)*
805 arte MPR *(Ja Mc)* arce χ *Moretan. pr. (übrig. Edd.)* 809
omnem *konj. Bentley (H)* 817 transit R *vgl.* 5,274 transilit a²c
m *(Ri)* minaci R *(Mc)* media arma minaci R (media *von* Mc *nicht übernommen, er liest* levia) 823 miserans graviter PR *(H Pe Fo Go CN Ri Hi K PL Lc Mc GD)* 824 subiit P *vgl.* 1,380 838
corpora *in* -re *verbessert* P, *doppelte Fassung bei Vergil?*
corpore γ pectora Madvig *(Sa)* 839/40 „multumque...
parentis" curs. *(Pe)* 850 exilium *in* exitium *verbessert* P, *doppelte Fassung bei Vergil?* exilium γ *[PL:* exsilium γ*] (H Mc Sa GD)*
857 quamvis dolor *von* Pe *vorgeschlagen, aber nicht in den Text genommen; im Text gebracht von* Ri ⟨dolor curs.⟩ *und* K quamquam vis MPR *(übrig. Edd.)* quam P¹ tarda est *in* tardat *verbessert* R
tardast = tarda est *Schaper (Sa GD)* ardat M tardat M¹P *(H Pe Fo CN PL Hi Lc Mc Tu)* tardet M²P² *(übrig. Edd.)* 862 cruenti
P *(Ri Sa GD)* cruenta MP¹R *(übrig. Edd.)* 870/73 „aestuat...
virtus" curs. *(Pe)* 872 *fehlt in* MPR = 12,668; *vorhanden in* c, *nachgetragen in* γ. *Dieser Vers wird von den Edd. geklammert*
876 „conferre manum" curs. *(Pe)* 880 „nec. ... ulli" curs. *(Pe)*
881 iam χ *(H Pe)* 908 defundit PR *(Sa), er weist für seine Lesart auf* Ge. 4.415 *hin.*

Aeneis 11

1 = 4,129   2—3 curs. (Pe)   28 = 6,429   35 fast gleich 3,65
Variante: maestum (35) -circum (3,65)   75 = 4,264   80 geklammert (Ri)   82 flammam R (H Pe CN)   87 Nach diesem Vers nehmen Ri und Ve eine Lücke an; Ve ergänzt in seiner Übers.: „Vor dem Knaben, dem er zur Hut vom Vater gesetzt war"   93 duces R (H) Nach Sa aus v. 171   94 processerat γ^2 (H Pe Fo Go CN Lc)   120 olli ältere Editoren (H Pe Go)   126 iustitiane MR (Ja Ve)   130—131 curs. (Pe)   134 silvam M (Ja Ve)   135 icta χ (H) [PL: icta oder acta χ]   alta M, P ⟨L in Rasur⟩ R (übrig. Edd.)   136 pinos M (Pe Fo Ja Ve)   140 reflet P replet MP^1R (Edd. außer H Pe)   conplet M^2 (H Pe)   145 iungunt M (H Ja Ve)
    vgl. 11,466 firment MR — capessant R (H PL Ja Ve), firmet M^1P — capessat MP (übr. Edd.)
Bei 145 liegt in M für iungunt, bei 11,466 in MR für firment und in R für capessant die sog. constructio ad sensum vor; dazu Fu 356   149 Pallante MPR (Mc)   Pallanta M^1 (übrig. Edd.)   151 Handschriftenbefund: voces M   voci M^2PR vocis P^1 [Hi PL Ja: vocis P; Sa GD Tu: voci P, vocis P^1; Tu: zwischen I und L ist ein kleines s eingefügt]   vocis (Go CN Hi PL Mc)   voci (übrig. Edd.)   152 Interpunktion: non haec, o Palla, dederas promissa parenti, cautius ut saevo velles te credere Marti (:) (Fo CN Ri PL Mc Ja Sa GD Ve)   169 dignem Sa unter Hinweis auf DS: „alii dignem legunt iuxta veteres ab eo quod est digno".
172—175 curs. (Pe)   179/81 „meritis... imos" geklammert (Ri)   180/181 „non vitae... imos" curs. (Pe)   222—223 diese Verse fehlen im Text von M, sie sind beide auf Rasur, unter der dieselben Verse schon einmal standen, auf dem unteren Seitenrand mit vorgesetzten B C nachgeholt (Ho). Nach Sa irrte der Schreiber vermutlich von multa (222) nach multa (224) ab   230 petendam M [Ri Hi PL Ja: M^1] PR (H)   petendum M^2b c^2 Rufinianus (?) ⟨vgl. Anm. zu 8,236⟩ de schem. Lex. p. 256; Serv. zu Aen. 10,628 (übrig. Edd.) vgl. Ri prol. 207   236 fuunt P   fluunt P^1R (H Pe Fo Go CN Ri Hi Lc Mc Sa GD)   [PL: fluunt P   Ja: fluunt P ⟨in Rasur⟩; Sa GD Tu: fuunt P, fluunt P^1; Tu: zwischen F und V ist ein kleiner geschriebenes L eingefügt]   243 Diomeden MPR   Diomede $a^2b^2c^2$ (H Ri) vgl. Macrob. Sat. V 17,19   Diomedem c? Parrhas.

Dorvillianus, Lachm. zu Lucr. 1,739 (übrig. Edd.) 247 arvis χ
b²π *(H Pe Fo Go)* 248 = 1,520 261 adacti M⁵ *(H)* 263
exulat PR *(CN)* exolat P¹ *(Sa)* etsolat M exsulat M¹
(übrig. Edd. außer Ri) exultat c ecsolat *(Ri)* 264 *Umstellung:* 263. 266—268. 264—265. 269 *(Ri Mc GD Ve)* 267
inter P vgl. 1,455   325 poscunt χ *(H)*   338 linguae P *[Hi Ja:
P¹] (Ri Ja Ve)* lingua MP²R *(übrig. Edd.)*   356 *Interpunktion:* des,
pater, *(H Pe Ri Hi Mc Lc PL Sa)* iungas MP *(H Pe Fo CN Ri
PL Lc Sa GD Tu)* firmes M²R *(übrig. Edd.), nach Sa aus 330.*
375 *Ergänzung:*

„audacem solum te in proelia dura" *Leidensis*

378 semper Drance PR *(GD)*   Drances semper M   Drance
semper M² *(übrig. Edd.)*   381 detinet M *(PL)*   destinat R
382 murorum P²R *vgl.* 10,24*; der ganze Vers sehr ähnlich* 10.24:

aggeribus moerorum et inundant sanguine fossae
agger moerorum nec inundant sanguine fossae (382)

389: *Interpunktion:* imus in adversos? quid . . *(H Pe Go CN PL Lc Sa
GD)*   389 *folgt auf* 390 *in* R   391 *Ergänzung:*

„nequiquam: armis terrebimus hostem" M *im Text geklammert
oder curs. (Mc Sa GD)   getilgt von* M²*; fehlt in* PR
„nunquam sines fallacia verba? *Leidensis; nur im Apparat erwähnt (H CN Ri Sa GD)*

404 Larisaeos *vgl.* 2,197*; der ganze Vers ist geklammert von* Ri *und*
Hi*; Interpolation? Klouček verwirft ihn; er ist sehr ähnlich*

2,197: quos neque Tydides nec Larissaeus Achilles
11,404: nunc et Tydides et Larissaeus Achilles

418 simul MR *(PL)*   semel M²b c *(H Pe Fo Go CN Ri Hi K
Lc Mc Ja Ve)*   ⟨*Die Varianten erklären sich aus der Fremdheit des
in P überlieferten, mit simul gleichbedeutenden archaischen* semul.
Merkwürdig bleibt, daß M² *in* semel *verändert, obwohl* M simul *liest.
Aus der photomechanischen Wiedergabe ist nicht klar zu erkennen,
ob nicht vielleicht doch ursprünglich in* M semul *stand, eine Korrektur am* E *ist nicht sichtbar, wohl aber am* U*; da aber zwei sehr sorgfältige Benutzer des Kodex* M, Sa *und* Ho*, ursprünglich* „simul"
gelesen haben, muß doch wohl die im Photo nicht erkennbare Veränderung des I *zu* E *an der Tinte deutlich zu lesen gewesen sein. Hier
sieht man, in welchen Grenzen eine photomechanische Wiedergabe zur
Konstituierung des Textes dienen kann.*⟩   425 varius M¹P² *(Ri K)*

430 tarda χ *(H)*   432/33 „de gente ... catervas" = 7,803/04
455 ad M *(PL Ja Ve)*   461 ruant χ *Heinsius Bentley (H Pe Fo)*

463 maniplos P *(Ri)* 466 firment MR *vgl.* 11,145
467 *Umstellung:* 467. 469—472. 468. 473 *(Ve)* 487 Rutulum
MP *(H Pe Fo)* 519 Tiburnique MP *(H)* Tiburtique M¹P²R
(übrig. Edd.) 527 recessus M¹R *(Pe Go CN K Lc)* Ve *nimmt
vv.* 537 ff. „neque enim ..... intemerata colit" (584) *aus dem Text
heraus und bringt sie unter dem Strich.* 542/43 „matrisque ...
Camillam" *curs. (Pe)* 552 ferebat M² *(Ja Ve)* 558/59 „tua ...
fugit" *curs. (Pe)* 574 oneravit b *(H); Nach GD aus* 10,868.
579 „circum ... habena" = 9,587 592 Italusve c π *(H Pe Fo
CN)* 595 demissa PR *(CN Mc)* 598 Etruri Pχ *(Sa)* Etruri
in Etrusci verbessert P, *doppelte Fassung bei Vergil? [GD:* Etrusci P
⟨sc *in Rasur*⟩ Tu: *im Film ist deutlich* ETRV..I *zu lesen, die verstümmelten Buchstaben zwischen* V *und* I *sind* S C, *entstanden aus* R]
Etrusci MP²R *(übrig. Edd.)* 607 geklammert *(Ri)* 609 constiterant M substiterat M²P *(Edd. außer Pe K)* substituerant R
  substiterant b ⟨n *getilgt*⟩ constiterat *Wagner (Pe K)*
frementisque *ältere Edd. (H)* 613/14
  ruinam MPR dant sonitu   R ingentem   P *(Hi Mc)*
  ruina   P² dant sonitum MP ingenti MR *(Ri PL)* ⟨P² *ist
im Photo nicht erkennbar*⟩ 623 GD *bringt durch Interpunktion
zum Ausdruck, daß er das Gleichnis* (624—628) *mit dem Vorhergehenden verbindet; er setzt nach* habenis (623) *ein Komma, nach* relinquit 628) *einen Punkt:*
  habenis, (: ;) ...... relinquit.   *(K PL Mc Sa GD)*
  habenis.   .... relinquit: *(Ri Hi Ja,* Ve ⟨*anders in der
                                       Übers.*⟩)
  habenis.   .... relinquit.   *(H Pe Go CN Lc Tu)*
Die mittlere Interpunktion bezieht das Gleichnis auf das Nachfolgende, die letzte läßt beide Möglichkeiten offen.
625 ad terras M ... superiacit M unda MPR *(PL Ja Ve)*
  ad terras M ... superiacit M undam b²cm *(H)*
  ad terram PR .. superiicit *konj. Sa* unda MPR *(Sa)*
  ad terram PR .. superiacit M unda MPR *(übr. Edd.)*
superlicit P [Ri: superiicit P]   suberigit R   superiacet *Tib.*
  647 *fast gleich* Ge 4,218 *Variante:* certantes (647) =
obiectant *(Ge* 4,218) 650 densat MR *(K)* denset M¹
(übrig. Edd.) 653 in tergum, si quando b *(Ri)*
654 dirigit b¹ c *vgl.* 1,401 656 securem γ *Priscian* (GLK II
330,4) *(H Ri Sa)* 666 Eunaeum MR *(H Pe K Lc Sa)* Euneum c
(übrig. Edd.) 671 suffosso M [CN Hi Ja: M¹] *(H Pe Fo CN K PL GD)*

suffuso M¹R *(übrig. Edd. außer Sa)* subfuso γ suffusso *konj.*
Sa   672 inertem γ *(Ri)*   684 Mc *tilgt die Parenthese:* neque ...
verso *und interpungiert:* neque enim labor. . . . .   688 redargueret
MR [Ri Hi PL: R (?)] *(PL Lc Sa GD Tu)*   redarguerat c   redarguerit
Priscian *(GLK II 503, 12) (übrig. Edd.)*   691/92 *angegeben für P von*
Ri Hi Mc Sa GD Tu; *nach Ja beginnt P erst bei Vers* 693   693 curs.
(Pe)   708 laudem M²P ⟨*oder* P¹ (?)⟩ *(H Pe Fo) [Sa:* fraudem *in* lau-
dem *verbessert* P; *doppelte Lesart bei Vergil?* Hi: laudem P ⟨in Rasur⟩
GD: laudem P ⟨l in Rasur⟩ PL Ja: laudem P² Tu: *Im Photo ist nur*
laudem *erkennbar, zwischen dem* A *von* GLORIA *und* L *fehlt ein*
Buchstabe ⟨F ?⟩, *der im Original noch erkennbar sein kann]*   728
inicit R *(H CN Hi Mc Sa GD, Pe Fo PL Lc* ⟨iniicit⟩*)*   incutit
Heinsius *(Go Ri)*   738 exspectare χ *(H Pe Fo Go CN)*   768
Cybelae *vgl.* 3,111   774 sonat c *(H Pe Go)*   779/80 *Inter-*
punktion: auro venatrix, *(Ri Hi K PL Lc Ja Ve)*   783 *angegeben*
für P von Ri Hi Mc Sa GD Tu, *nach Ja beginnt P bei Vers* 784
793 *angegeben für R von* Ri Hi Mc Sa GD Tu, *nach Ja beginnt R*
bei Vers 794   796—798 curs. *(Pe)*   799 ubi M *(K PL)*   ut
M²PR *(übrig. Edd.)*   801 nec MPR *vgl.* 2,430   806 succipiunt b
vgl. 1,175   826 urbe MP² *(H Pe Fo Go CN Ri Hi K PL Lc Mc)*
830 *Handschriftenbefund:* relinquit M relinquens M³   reliquit
in relinquens *verb.* P, *doppelte Lesart bei Vergil?* ⟨Tu: *im Photo:*
N
RELIQVENS⟩   reliquit R   Probus ⟨*bei* DS⟩ *liest:* relinquunt
[Ri Ja: relinquont Prob.] *(Hi K Ri Sa* ⟨o⟩*)*   830/31 „arma ...
umbras" curs. *(Pe)*   831 = 12,952   835 Tyrrhenum M *(PL)*
839 multatam c *(H Pe Go)*   844 pharetras PR *(H CN*
Hi Mc Sa GD)   854 fulgentem armis M²PR *(H CN Hi Mc Ja GD*
Ve)   855 „abis ... gressum" = 5,162   dirige c *vgl.* 1,401
875 *sehr ähnlich* 8,596:

quadrupedante putrem sonitu quatit ungula campum
quadrupedumque putrem cursu quatit ungula campum (875)
quadripedo FR *(Sa GD)*   quadripedem F¹   quadripedum M²P
(CN Hi Mc)   quadrupedo Tib.   882 intra MR *vgl.* 1,455
886 curs. *(Pe)*   891—895 *Nach* Sa *sind dieses Stützverse* „versus
tibicines", *die vielleicht besser auf Vers* 835 *folgten*   892 „mon-
strat ... patriae" *als Parenthese genommen von* H Pe CN Ja Sa GD
Ve   Mc *setzt keine Parenthese, dafür:* ut videre *in Kommata*
monstrat amor patriae, versam ut videre Camillam *konj. von Schaper*
892 curs. *(Pe)*   901 pellunt R *vgl. Simplex oder Kompositum* 2,207

Aeneis 12

7/8 „fixumque ... cruento" curs. (Pe)   23 „nec ... est" curs. (Pe)
24 agris PR vgl. 10,390   26 „simul ... hauri" curs. (Pe)
35 Tiberina Tib. (H Pe Go Hi Lc)   35/37 „recalent ... mutat"
curs. (Pe)   37 „quae ... mutat" = 4,595   47 incipit M (Ja Ve);
Sa: aus 692.   55 monitura konj. Ri vgl. prol. 368   74 *Nach
Servius ist Vers 74 eine der 12 (13?) unlöslichen Stellen*   77 rubescit (H); CN: „Heyne read rubescit for rubebit apparently by an oversight".   79 Rutulum γ b²c² (H)   92 columna γ b (CN)   93
*für P angegeben von Ri Hi Mc Sa GD Tu; nach Ja beginnt P erst
bei Vers 94*   104—106 „atque ... harena" *sehr ähnlich Ge
3,232—234; Varianten:* temptat (104) — discit (Ge 3,232); aut (106) —
et (Ge 3,234); 105 = Ge 3,233   106 et (H Pe PL Lc), *mit dieser
Lesart* = Ge 3,234, *für die Georgica-Stelle gibt R die Variante*
aut   117 demensi M (Ri)   120 lino MPR   limo χ Serv (Edd.
GD gibt m curs.)   126 decori PR (H); Sa: aus 5,133.
128 = 7,691 = 9,523   130 telluri R (Pe Fo Sa GD)   132
et M (H PL Ja Ve)   154 profugit R   profundit M (Sa)
profudit M¹P (übrig. Edd.); *für Praesens nach vix vergleicht Sa
folgende Stellen:* 12,650 vix: volat; 3,8—10 vix: relinquo; 3,655 vix:
videmus; 5,693 vix: furit; 8,337 vix: monstrat; 10,659 vix: rumpit
165 = 1,313   176 vocanti PR (H Pe Fo CN Ri Hi Lc Mc Sa
GD Tu)   praecanti M   precanti M² (übrig. Edd.)   178 Saturnia Juno M vgl. zu variatio-iteratio 1,380   203/05 „nec me vis ..
solvat" curs. (Pe)   210/11 curs. (Pe)   218 „non viribus aequis"
curs. bzw. geklammert (Pe Hi Mc)   *Ri und Ve nehmen nach diesem
Vers eine Lücke an, Ve ergänzt in seiner Übers.:* „Da sie mit wägendem Blick die Gegner vergleichend ermaßen"   221 tabentes c χ
Bentley (H Pe Fo Go CN Ri Hi K Lc)   pubentes MPR (übrig. Edd.)
[*Ja gibt ohne jede Begründung und gegen den handschriftlichen Befund an:* tabentes PR]   232 Ast. bzw. curs. (H Pe)   fatales
MP²R (CN Go Ri Hi K PL Lc Mc Ja Ve)

264 unanimi   R densete R (Go CN Ri Hi K Mc Sa GD)
    unanimi   R densate MP (H Pe Fo PL Lc)
    unanimis M densate MP (übrig. Edd.)
    unaanime P
273 alveo P   alvo P²R (H Pe Fo Go CN Ri Hi K PL Lc Mc Sa GD)
309—310 = 10,745—746   310 clauduntur MR vgl. variatio-
iteratio 1,380   317 „Turnum iam debent haec" (H Pe CN PL)

330 et R *(Mc)* 332 increpat P *(H Pe Fo Go CN Ri Hi K PL Lc Sa GD Tu); nach Sa stammt* intonat MR *(übrig. Edd.) aus* 9,709. 335 Thraica R Thraeca *konj.* Ri (K) 341 Thamyrim *cod. Vindobonens.* (H Pe) *vgl.* Ri *prol.* 353 351/52 *curs. (Pe)* 352 Achilli *vgl.* 10,581 356 elapsoque b DS *vgl.* 2,465 367 *curs. (Pe)* 380 effudit R *vgl. pf.-prs.-Folge* 2,129 389 latebram PR *(H Pe Fo Go CN Ri Hi Mc GD);* CN: „The sing. „latebra" is used nowhere else in Virg., but it is not uncommon in Cicero"; *Leumann-Hofmann* (S. 219): „alt ist nur Plural latebrae; beachte Plt. Poen. 835 tenebrae, latebrae" 391 Japis χ *(H Pe Fo Go) vgl. Auson. Epigr.* 20,7ᵃ 408 subeuntque R *(H Pe Go)* subeunt *fehlt in* M, *von* M⁵ *hinzugefügt* subeunt ⟨*ohne* que⟩ M⁵P *(übrig. Edd.)* 439/40 „et te... Hector" *curs. (Pe)* 440 = 3,343 441 *Interpunktion:* Mc *setzt absichtlich hinter* ingens *kein Komma, um anzudeuten, daß* ingens *zu* telum *oder* Aeneas *gezogen werden kann;* GD, *auch ohne Komma, bezieht* ingens *nur auf* Aeneas 449 adgnoscit P *vgl. pf.-prs.-Folge* 2,129 454/55 „ruet... venti" *curs. (Pe)* 465 nec equo DS *(Mc)* eque M aeque M¹ a quo M⁵ (sic!) *[Ri Sa:* eque M, aeque M¹, aequo M⁵; *Ho Tu:* eque M, aeque M¹; aquo M⁵ *Tu: das E vor Q ist nicht weggelöscht, wie man aus dem Abbild bei Ho entnehmen muß, sondern durchgestrichen.]*
470 relinquit M²V *vgl. prs.-pf.-Folge* 2,129 490 dirigit b c *vgl.* 1,401 495 sensit PRV *(H P CN Ri Hi Mc GD)* 496 testatur PR *(H)* 499—500 *beide Verse fehlen in* M, *unten auf der Seite fügt sie* M¹ *hinzu. Sa vermutet, daß der Schreiber vom Versende* caedem (498) *zum Versende* caedes (500) *abirrte.* 503 *fehlt in* V 506 moratus *ältere Edd.* Aldus *(H)* morantis V moratum DS
508 *richtig für* V. *angegeben von* Ja, *Ende von* V *bei Vers* 507 *nach* Ri Hi Mc Sa GD 516 *Umstellung:* 516. 515 *(Ri Ve)* 520 limina M *(H PL Ja Ve)* 532 supter R *(Sa)* 541 aeris MPR *(CN Mc)* aerei *Aldus* (1501) *(übrig. Edd.)* 561 = 4,288 582 haec iam altera M² *(Pe GD)* 587 veluti M *(Ja Ve)*
605 flavos MPR *(H Pe Fo Go K Lc)* floros *Probus bei* DS *(übrig. Edd.* GD: ⟨or⟩ *curs.)* 612—613 *fast gleich* 11,471—472

12,612.... ante; 613... ultro
11,471.... ultro; 472.... urbi

ᵃ *Ausonius, Epigr. ed. Peiper* 41 *(Bip.* 20), 7: 'Idmona quod vatem, medicum quod Iapyga ⟨= Iapida⟩ dicunt'. *Peiper bringt im App.:* Iapida *Avantius*

Beide Verse fehlen in MPR, vorhanden in c; sie werden von allen Edd., außer Sa, curs. gegeben oder geklammert, von Ri verworfen. Sa hält sie für echt wegen der variatio vgl. 1,380. Sparrow (S. 130): "The standard texts of Virgil recognize, between brackets, seven lines interpolated from elsewhere in the text which occur in late MSS but not in AFGMPRV vgl. Tu L 468, 10 f.

⟨vorhanden in:

1) Ge 4,338 = Aen 5,826   c; in γ unten am Rand von anderer Hand

2) Aen 4,528 = Aen 9,225   c γ am Rand von anderer Hand; interlinear in a; getilgt von anderer Hand in b

3) Aen 9,29 = Aen 7,784   Dorvillianus

4) Aen 9,121 = Aen 10,223   cod. Porcius Pierii; im cod. Goth. tert. nach Vers 142, in a nach Vers 122, so auch CN

5) Aen 10,872 = Aen 12,668   c; von anderer Hand in γ; folgt auf Vers 875 in Menag.

6/7) Aen 12,612/13 = Aen 11,471/72   c⟩

Some of these lines have been slightly altered to fit them for their context".   617 huc Hamburg. pr. ⟨von der Hand des Korrektors⟩ Madvig (Ri GD ⟨u curs.⟩)   630 nec honore MR vgl. 2,430
631 Ergänzung:

„humili respondet talia voce" Leidensis

638—642 curs. (Pe)   640 fast gleich 10,842; Variante: oppetere (640) — flentes (842)   640/41 nostrum ne P (Ri Hi Mc)   647 adversa M (PL Ja Ve)   648 anima MPR (Mc setzt hinter dies Wort: †)   nescia Menag. alter; Goth. tert. (Ri Hi K)   662 acies M (Hi Mc PL Ja Ve)   667 richtig für V von Ri Sa GD ⟨Bd. IV S. 220⟩; Beginn von V bei Vers 668 nach Hi Mc GD ⟨Bd. III p. XXVIII⟩   668 = 10,872
677 qua dura P vgl. 6,96   687 angegeben für R von Ri Sa GD Tu. Beginn von R bei Vers 688 nach Hi Ja Mc   698 folgt auf 699 in V
702/03 „quantus...attollens" curs. (Pe)   707/09 „stupet...ferro" curs. (Pe)   709 decernere MP²RV vgl. 2,207   712/13 „clipeis... tellus" curs. (Pe)   723 folgt in R auf 724   haud aliter (H Pe PL Lc) Hs. nicht ermittelt   Nach 732 nehmen Ri und Ve eine Lücke an, Ve ergänzt in seiner Übers.:

„Und nun ist es geschehn, bleibt Heil ihm nimmer und Hoffnung"
735 primum PR *(Mc)* 739 ventum M *(H Sa)* ventumst P
(Ri GD) ventum est M⁵P²R *(übrig. Edd.)* 744 Teucri densa M
(CN K Ja Ve) 773 in radice χ *(H Pe Fo Go Lc)* radice M
(übrig. Edd.) baradice P ab radice M²P² *Interpunktion:*
detulerat, fixam et lenta ⟨in⟩ radice tenebat *(Sa,* ⟨*H Pe Fo mit in*⟩*)*
detulerat fixam, et lenta in radice tenebat *(Lc)* M² tilgt et
775—777 *zweimal geschrieben in M, Sa vermutet wegen des gleichen Versendes:* ferrum *in* 774 *und* 777 779 curs. *(Pe)* 784 conversa M²P *vgl. variatio-iteratio* 1,380 790 certamine b *(H Pe Go CN) Interpunktion:* contra, certamina Martis anheli.... *(Mc)*
801 *Umstellung:* 800. 803—832. 801—802. 833 *(Ri Ve) vgl. Ri prol.* 284 *No.* 6 *Handschriftenbefund:* ni P ne MP²ab nec a²c
edit P edat MP² nei... edit *(Sa)* ni... edit *(Ri PL GD)*
ne... edit *(CN Hi Mc)* nec... edat *(H Pe Fo Go)* 811/12
ipsa... acie P *(Pe Fo Go CN Ri Hi K PL Lc Mc GD)* 821 conubis
P *vgl.* 3,136 825 vestes P *(H* ⟨is⟩*) vgl. Fu* 372 830 et Heyne
(PL: „et faute d'impression de l'édition de Heinsius" *vgl. auch CN zur Stelle)* 831 *für R angegeben von Ri Hi Mc Sa GD Tu; Beginn von R bei Vers* 832: Ja 835 sanguine tanto R; *Ri übernimmt davon nur* tanto *und liest:* corpore tanto, tanto *auch gebilligt von Heinsius und Bentley* 868 = 4,280 871 = 4,673 883 alta c m *(H Pe Fo Lc)*
iam P ima MP²Rγ² *(übrig. Edd.)* sima γ 893 clausumve P *vgl.* 2,37
Ve ergänzt nach diesem Vers eine Zeile: ⟨Turnus⟩
„Wie du dich windest und weichst, - nur zu, ich werde dich fassen"
897 que M quod M²PR *(H Pe Fo Go CN Hi Lc Mc)* qui *Goth. pr. (übrig. Edd.* GD: ⟨i curs.⟩*)* 897/98 „saxum... ingens"; „litem.... arvis" *curs. (Pe)* 904 tollentemque M *(PL Sa GD)* manu
P *(H Pe Fo Go Ri K Lc Ja GD Ve)* saxumque γ c *(H Pe Fo Go Lc)*
907 *Interpunktion:* spatium evasit, totum M *(Ja Ve) (K PL: ohne Zeichen, Mc:* „totum *is attached both to the words which precede and to those which follow it"*) nec... nec R *(H Fo PL Lc)* 916
letum P *Rufinianus (?) de schem. Lex. p.* 58 H *vgl. Anm. zu* 8,236 *(Ri Hi Mc)* telum MR *Ausonius cent. nupt.* 92 *ed. Peiper (übrig. Edd.)*
918 aurigamque R *vgl.* 2,37 930 supplexque M *(H Pe Fo Go Hi K PL Lc Ja Ve)* 952 = 11,831

Alphabetische Übersicht über die in der Textkritik gegebenen Namen

Aldus Manutius (Aldo Manuzio), 1459—1515. Berühmter Verleger in Venedig. Bei ihm erschien 1501 die erste Aldinen-Ausgabe Vergils. Der Erstdruck Vergils war ihr 1467 in Rom vorausgegangen. Berühmt sind ferner die Pariser Ausgaben der Drucker- und Gelehrten-Familie Estienne (Stephanus) des 16. Jh. (vgl. Mackail Introduction p. LXI, Heyne (1788) S. LXXIII; 2000 Jahre Vergil in Buch und Bild, Münster i. W. 1931, Westfälische Vereinsdruckerei A.-G. [Führer durch die damalige Ausstellung]).

Apollonios Rhodios, 295—215 v. Chr. Werk: Argonautica.

Aemilius Asper, 2. Jh., vgl. jetzt: Etude sur le Commentaire Virgilien d'Aemilius Asper par *Alfred Tomsin*. Paris 1952 (Bibliothèque de la Faculté de Philosophie et Lettres de l'Université de Liège — Fascicule CXXV).

Aurelius Augustinus (354—430). De civitate Dei hrsg. v. *Dombart-Kalb*, Lpz. Teubner 1928.

Ausonius, Decimus Magnus, etwa 310—395, aus Burdigala (Bordeaux). Eidyllia, Epigramme, Cento nuptialis in: D. M. Ausonii Burdigalensis opuscula rec. *Rud. Peiper*, Lpzg. Teubner 1886. [Editio Bipontia 1785].

Avantius: Avanzi, Girolamo, geb. 1493; Professor in Padua.

Baehrens, Emil, Latinist in Groningen. Herausg. der Poet. lat. min. Lpzg. 1878—1880; vgl. zu Aen. 2, 350 JJ 1885 S. 396; Jb. 1889 S. 330.

Bembo, Pietro (1470—1547) s. Anhang S. 607.

Bentley, Richard (1662—1742), einer der berühmtesten Philologen. Prof. in Cambridge.

Bergk, Theodor (1812—1869), Prof. in Marburg, Freiburg, Halle, Bonn.

Bothe, Friedrich Heinrich (1779—1855), Dozent in Berlin.

Bücheler, Franz (1837—1908), wirkte vor allem als Latinist in Bonn, hervorragender Textkritiker, bahnbrechend auf dem Gebiet des Altlateinischen und der italischen Dialekte.

Canter, Wilhelm (1542—1575), Privatgelehrter in Löwen.

Caper, Flavius, Ende des 2. Jh., vgl. *Keil H.*, De Flavio Capro grammatico quaestionum capita duo, Halle 1889.

Carcopino, Jérôme (geb. 1881 in Paris); Virgile et les origines d'Ostie, Paris 1919.

Cartault, Augustin-Georges-Charles (1847—1922), Textkritiker und Interpret, vor allem lat. Autoren: L'art de Virgile dans l'Enéide, Paris 1926.

Catullus, Gaius Valerius (um 87—54) hersg. u. erkl. v. *Wilh. Kroll*, 2. verm. Aufl., Lpzg./Bln., Teubner 1929, vgl. auch Catull ‚Gedichte', hrsg. v. *Wilhelm Schöne* Heimeran, Tusculum 3. Aufl. 1941.

Charisius, Flavius Sosipater, Ende 4. Jh. 5 Bücher Grammatik in GLK = *Keil*, Grammatici latini t. I, Lpzg. 1857.

Cicero, Marcus Tullius (106—43), Reden gegen Verres.

Ciris, fälschlich Vergil zugeschrieben, vgl. Büchner, Sp. 105 f. (Lh 3.5).

Deuticke, Paul, vgl. SDJ S. 649 dieser Ausgabe.

Dionysios der Perieget, Antang des 2. Jh. n. Chr. Er verfaßte eine Erdbeschreibung in griech. Hexametern, diese wurde von Priscianus ins Lateinische übersetzt, abgedruckt in *Wernsdorf* PLM (Poetae Latini minores) 5,265.

Donatus, Aelius, um 350, Grammatiker und Rhetor, vgl. Landleben, S. 227; s. auch unter Terenz.

Tiberius Claudius Donatus = Tib., Ende des 4. Jh., vgl. Landleben, S. 228.

Egnatius, Joh. Bapt. (Egnazio, Giovanni Battista), 1473—1553. Vgl. *Sabbadini* (Lh. 3.34,3, S. 161) und C. *Hardie*, Vitae Vergilianae, Oxford 1954.

Eugippius (455—538), Presbyter im Kloster S. Severini in Castello Lucullano (Castell dell'Ovo). Dort ließ er Hss. abschreiben. So kam eine Bibliothek zustande, die nach seinem Tode dem Kloster verblieb (s. *Traube*, Vorl. I 108). Werke: im corpus eccl. lat. vol. IX (*Migne*, Patr. Lat. 62, 1170).

Ernout, Alfred (Georges), geb. 1879, wirkte seit 1944 als Professor am Collège de France. Herausg. der Revue de philologie, de littérature et d'histoire anciennes. Edierte Lukrez, Plautus und Sallust in der Collection G. Budé.

Firmianus = Lactantius s. d.

Gebhard, Walther: Kritisch-exeg. Studien zum 2. Teil der Aen. Progr. Meseritz 1879; Zeitschrift für das Gymnasialw. 32 (1878) p. 200, Fleckeis Jahrb. 119 (1879) p. 561 (*Schanz-Hosius* VIII II,1 München 3, 1911, S. 83).

Gellius, Aulus, um 130 n. Chr. Eine Excerptensammlung aus alter Literatur sind seine ‚Noctes Atticae' ed. *Hosius*, Lpzg. Teubner 1903.

Gemoll, Wilhelm, Rektor in Striegau um 1870; klassischer Philologe; Herausgeber mehrerer lat. u. griechischer Schulautoren.

Gertz, M. Clarentius um 1875; Latinist in Kopenhagen.

GLK = *Keil H.:* Grammatici Latini.

Güthling, Otto, geb. 1853 zu Minden. Herausg. lat. u. gr. Autoren. Vergilausgabe. Lpzg. Teubner 1886. Curae Vergilianae, Progr. Liegnitz 1886 (*Schanz-Hosius* a. a. O. S. 111).

Haeckermann, Adolf, geb. 1819, wirkte als klass. Philologe in Greifswald.

Haupt, Moritz (1808—1874), sehr bedeutender Altphilologe und Germanist, hervorragender Textkritiker. Prof. in Lpzg. und Bln.

Havet, Pierre-Louis (1849—1925), 'Manuel de Critique verbale appliquée aux textes latins', Paris, Hachette, 1911; vgl. auch P. Maas, Textkritik, Leipzig, Teubner, 1950, 2. verm. Aufl. S. 4.

Heinze, Richard (1867—1929), Virgils epische Technik, 3. Aufl., Leipzig u. Berlin, Teubner, 1928.

Heumann, Johannes, von Teutschenbrunn (1711—1760), Historiker, Mitbegründer der wissenschaftlichen Urkundenlehre, behandelte in seinen Opuscula (Nürnberg u. Altdorf 1747) auch textkritische Fragen.

Hoffmann, Emanuel (1825—1856), Prof. der klass. Phil. in Graz und Wien.

Housman, Alfred Edward (1859—1936), Prof. in Cambridge.

Huet, Pierre Daniel (1630—1721), Bischof von Soissons, begann mit Bossuet zusammen die Ausgaben in usum Delphini.

Jortin, John (1698—1770), Tracts philological, critical and miscellaneous, 1790 2v. Works 1810, 13v.

Klouček, W., Vergils Werke, Leipzig, Freytag. 7. Aufl., 1908.

Knight, W. F. Jackson, Roman Vergil. Unveränderter Abdruck der 2. Aufl., London, 1953.

Kvičala, Johann (geb. 1834 in Münchengrätz, später Prof. in Prag), Vergilstudien, Prag 1878 (über eine Prager Verg.-Handschrift des 9. Jh.).

Lactantius, Caecilius Firmianus (um 300 n. Chr.), Lehrer der Rhetorik; Werke: *S. Brandt* und *G. Laubmann*, Corpus scriptorum eccl. lat. XXIII, 1, Leipzig, 1893.

Ladewig, Hermann Georg Theodor (1812—1848), vgl. SDJ.

Leuman-Hofmann, Lateinische Grammatik, 5. Aufl. (in: Handbuch der Altertumswiss., hersg. v. *Walter Otto*, II,2), München, Beckshe Verlagsbuchhandlung, 1928.

Lucrez-Lachmann: Caroli Lachmanni in T. Lucretii Cari de rerum natura libros Commentarius. Quartum editus. Berlin, Georg Reimer, 1882. (Karl Lachmann, 1793—1851, war einer der größten Textkritiker, zuletzt Prof. in Berlin.)

Macrobius (Ambrosius Macrobius Theodosius) um 400 n. Chr. Er schrieb einen lat. Kommentar zum ,somnium Scipionis' und 7 Bücher ,Saturnalia'. s. *F. Eyssenhardt*, Macrobius, Leipzg, 1903.

Madvig, Johannes Nicolai (1804—1886), Däne, hervorragender lat. Textkritiker. Prof. in Kopenhagen. Werke: adversaria critica. 3 Bde., 1884.

Markland, Jeremias (1693—1776), Herausgeber des Statius. *Alfred Klotz* schreibt in seiner Ausgabe: P. Papini Stati Silvae, Leipzig, Teubner, 1911, auf S. XCIV: J. Marklandi editio prodiit 1728, repetita est a Silligio 1827.

Nannius, Peter (Peter Nanninck, Pieter Nanning), großer holländ. Philologe des 16. Jh. (1500—1557), Prof. in Löwen.

Nonius, Marcellus, um 386. Grammatiker. Sein lexikalisches Werk: De compendiosa doctrina enthält eine Fülle von Zitaten aus älterer römischer Literatur. s. *L. Quicherat*, Nonii Marcelli de Compendiosa doctrina, Paris, 1872.

Norden, Eduard (1868—1941), P. Vergilius Maro Aeneis, Buch VI, 3. Aufl., 1926. Ennius und Vergilius, 1915; beide Leipzig/Berlin, Teubner.

Ovid, Publius Naso (43 v. Chr.—17 n. Chr.), Metamorphosen.

Plautus, Titus Maccius, um 254—184 v. Chr., röm. Komödiendichter. ,Menaechmi' (die Zwillinge), ,Bacchides'; (zu Aen. 12,389 Plt. Poen = Plautus, ,Poenulus'). Werke: T. Macci Plauti Comoediae, Oxford Clarendon Press 1903, hrsg. v. *W. M. Lindsay*.

Pöschl, Victor, Die Dichtkunst Virgils, Wiesbaden, Rohrer-Verlag, 1950.

Pötter, erwähnt bei Hi u. GD; vielleicht F. G. Pottier, französischer Gelehrter, Lehrer am Lycée Napoléon, edierte 1823 in Paris eine Collection des auteurs latins.

Pomponius Laetus = Julius Pomponius Sabinus, s. Anhang S. 628, 9.

Priscianus, um 500, Grammatiker. Seine 18 Bücher Institutiones grammaticae bieten reiche Überlieferung aus alter röm. und griech. Literatur. Werke in GLK t. II und III (vgl. auch Dionysios).

Probus Marcus Valerius, aus Berytos um 80 n. Chr., vgl. Landleben, S. 225.

Propertius, Sextus (49—15), Elegien. Herausgeg. und übersetzt von *Wilhelm Willige*, Heimeran-Tusculum 1950.

Quintilian, Marcus Fabius, um 35—95, aus Spanien, war in Rom Lehrer der Beredsamkeit, er schrieb 12 Bücher de institutione oratoria, hrsg. v. *F. Meister*, Prag, Lpzg., 1886/87 und *L. Rademacher* I, Lpzg., 1907.

Rufinianus, Julius. Vgl. Anm. zu 8, 236 S. 693.

Rutgers, Janus (1589—1625). Advokat in den Haag, Staatsrat in Stockholm. Werk: Hor. c. lectt. Venus. Traj. 1699,12.

Sabinus, Julius, = Pomponius Laetus; vgl. Anh. S. 628,9.

Schaper, C., vgl. SDJ.

Schenkl, Karl (1827—1863), Prof. in Wien.

Schoell, Maximilian Samson Friedrich (1766—1833): Emendationes Servianae. vid. Thilonis Praef. p. XCVI und De accentu linguae latinae veterum grammaticorum testimonia. Acta Soc. Philol. Lipsiensis VI (1876), pp. 1—231.

Schrader, Johannes (1722—1783): Emendationes, Leeuwarden, 1776.

Seneca, Lucius Annaeus der Jüngere, um 4—65 n. Chr. Ep. ed. *Otto Hense*, Leipzig, Teubner, 1908.

Silius, Titus Catius S. Italicus, um 25—101, schrieb 17 Bücher über den 2. Punischen Krieg.

Slater, David A., geb. 1866, klass. Philologe, Prof. in Oxford, lehrte 1914—20 in London; Werke: Tentamina or Essays in Translation into Latin and Greek Verse (1900); Aeneas and other verses and versions (1910); Translation of Statius' Silvae (1908). Vgl. *Büchner*, Sp. 446.

Sparrow, John, Half-Lines and Repetitions in Virgil. Oxford, Clarendon Press, 1931.

Statius, Publius Papinius, um 40—96. Werke: Thebais, Achilleis und Silvae, vgl. *Markland*.

Terentius, Publius Afer, etwa 190—159 v. Chr. Im App. wird hingewiesen auf den Kommentar des Aelius Donatus zu folgenden Werken des Terenz: Andria, Eunuchus und Adelphoe.

Terentius, Scaurus, Grammatiker zur Zeit Hadrians. Terentii Scaurii ‚de orthographia' in: GLK VII 11,1—29,2, und Excerpte über Adverbien in: GLK VII 29,3—33,13.

Teuffel, W. S., Geschichte der römischen Literatur, 4. Aufl., bearb. v. *L. Schwabe*, Leipzig, Teubner, 1882.

Thaler, Otto, Die Stellung des Irrfahrtenbuches in Vergils Aeneis, Diss. München, 1937.

Tomsin, Alfred, vgl. Aemilius Asper.

Turnebus (Adrien Turnèbe), 1512—1565, aus der Normandie, erster hervorragender Textkritiker Frankreichs. Sammlung seiner textkrit. und exeget. Aufsätze in den Adversaria 30 B. 1564/65.

Gaius Valerius Flaccus (zweite Hälfte des 1. Jh. n. Chr.), Argonauticon rec. *Aemilius Baehrens*, Leipzig, Teubner, 1875.

Valeriano, Giovan Pietro, d. i. Pierius (1477—1560), bedeutender Humanist, erfreute sich der Gunst der Päpste Julius' II. (1503—1513) und Leos X. (1513—1521). In seinem Besitz waren viele Handschriften.

Varro, Marcus Terentius, 116—27 v. Chr., einer der größten Gelehrten im alten Rom, vgl. Norden zu Aen. 7,565.

Wagner, Georg Philipp Eberhard (1794—1854), Lectiones Vergilianae.

Wakefield, Gilbert (1756—1801), 1) Virgilii Georg. 1,IV illustrabat, explicabat et emendabat Cant. 1788; 2) Virgilii opp. emendabat et notulis illustrabat, Lond., 1796.

Zur Überarbeitung der Anmerkungen zur Textgestaltung wurden herangezogen:

1) GEYMONAT, Mario: I codici G e V di Virgilio, Memorie dell'Istituto Lombardo- Accademia di Scienze e Lettere, Classe di Lettere-Scienze Morali e Storiche. Vol. XXIX -Fasc. 3 Milano 1966 (=Gey).
2) MYNORS, Roger A. B.: P. VERGILI MARONIS OPERA, recognovit brevique adnotatione critica instruxit ... Oxford Classical Texts. OXONII e Typographeo Clarendoniano MCMLXIX (=Ms).

Ln = Literatur zum Namenregister
   (Nachträge zur 3. Auflage werden zitiert als Ln 3, 3a usw.)

1) FRIEDLÄNDER, Ludwig: Sittengeschichte Roms. 9. Aufl. Leipzig 1919—1921
2) KOCH, Carl: Gestirnverehrung im alten Italien ... (in: Frankfurter Studien zur Religion und Kultur der Antike, hrsg. von W. F. Otto) 1933 Vittorio Klostermann Verlag, Frankfurt a. Main.
3) LATTE, Kurt: Römische Religionsgeschichte. C. H. Beck'sche Verlagsbuchhandlung München 1960.
4) LÜBKER, Fr. ...: Reallexikon. 8. Auflage.
5) PFISTER, Friedrich: Götter- und Heldensagen der Griechen. Bücherei Winter. Heidelberg/Carl Winter Universitätsverlag 1956.
6) RADKE, Gerhard: a) Die Götter Altitaliens. Verlag Aschendorff Münster, 1965   b) Beilage: Zu einem Buche K. Latte's. Bei Franz Altheim und Ruth Stiehl: Die Araber in der Alten Welt. III 1966.
7) REHM, B.: Das geographische Weltbild des alten Italien in Vergils Aeneis. Philol Suppl XXIV 2 (1932).
8) WEINSTOCK, St.: Penates (Di), Götter des römischen Hauses und der Heimat. In: RE XIX 417—457.
9) WILAMOWITZ-MOELLENDORFF, Ulrich von: Der Glaube der Hellenen. 2. unveränderte Auflage, Darmstadt 1955.
10) WISSOWA, Georg: a) Religion und Kultus der Römer. Handbuch der klass. Altertumswiss. V 4, hrsg. von Iwan Müller. München 1912, 2. Auflage.
   b) Gesammelte Abhandlungen zur römischen Religions- und Stadtgeschichte. München 1904 C. H. Beck'sche Verlagsbuchhandlung.

Außer dieser Literatur wird gelegentlich durch das Signum KP hingewiesen auf das bisher in 3 Bänden vorliegende Werk ZIEGLER, K. und SONTHEIMER, W.: DER KLEINE PAULY, Lexikon der Antike. Alfred Druckenmüller Verlag in Stuttgart 1964—1969 (Aachen bis Nasidienus).

Außer den auf den Seiten 648—650 angeführten Editoren- und Autoren-Abkürzungen werden gelegentlich im Namenregister aufgeführt:

Co = Conington . . . . vgl. Literatur S. 648
H = He = Heyne 648
Kl = Klingner 722
LR = Lübker Reallexikon . . . . s. o.
Pla = Plankl/Vretska . . . . 741 Anm.

Anmerkung: Geymonat (s. o.) ist ergänzend einzusehen für Aeneis 3,485; 6,694,704 (vgl. S. 595), für 4,362,381 (vgl. S. 638) und für 6,694—684 (vgl. S. 643).

Namenregister

ABARIS (Rutuler) 9, 344.
ABAS (Etrusker) 10, 170; 427.
ABAS 3, 286. Wer dieser Abas ist, bleibt fraglich. Wenig einleuchtend führen Ja und Sa ihn im Index als ‚Troianus' auf. Es muß, wie PL und CN anmerken, ein Grieche gemeint sein, aber welcher? Servius legt die Möglichkeit nahe, dieser Abas, dessen Schild Aeneas hier weiht, sei mit den Gefährten des Androgeos (2, 371 ff.) beim nächtlichen Kampf in Troja gefallen und die Bezeichnung „Danais victoribus" sei als Spott zu verstehen: nicht sehr überzeugend, denn dieser Abas wird hier doch magnus genannt. Bleibt also noch jener gerade durch seinen Schild berühmte Sohn des Lynceus (so Hyg. f 170; LR 267 falsch: Abas Vater des L.) und der Danaostochter Hypermestra, der dritte König von Argos. Dieser Schild soll selbst nach dem Tode des Helden noch die Feinde in die Flucht gejagt haben. Aber was könnte Aeneas mit diesem König von Argos gehabt haben? Die Kommentatoren geben keine befriedigende Auskunft.
ABAS (Trojaner) 1, 121.
ABELLA (Avella Vecchia) nahe bei Nola 7, 740. Die Hss. überliefern: maliferae . . moenia bellae. Nach Servius nennt hier Vergil die Stadt Nola „Bella" wegen des Streites, den er mit dieser Stadt wegen eines für ihn ungünstig verlaufenden Wasserhandels hatte. Er umschreibt ihren Namen, indem er ihre charakteristische Frucht: ‚malifera' mala Punica angibt. „Was ‚Bella' bedeutet, verstehen wir nicht mehr. Am liebsten möchte man annehmen, daß Bella ein alter Name von Nola ist, den Vergil zur Verstärkung des altertümlichen Kolorits aufnahm . . . oder handelt es sich um etymologische Spielerei?" (Rehm 35).
DS erklärt, daß hier ein Fall von Synaloephe vorläge: moeniabellae und ‚Abella' zu lesen sei. Gegen diese Auffassung: Rehm 34. Die charakteristische Frucht von Abella ist nux Abellana (Haselnuß). „Kannte Vergil etwa die Erklärung Abella = imbellis, die wir bei Servius lesen, und legte in Gegensatz dazu der unfreundlichen, kriegerischen Nachbarstadt den Namen Bella bei?" (Rehm 35).
ACAMAS (Grieche im trojanischen Pferd) 2, 262.
ACARNAN, anis adj. 5, 298 aus Acarnanien, westgriechische Landschaft zwischen Aetolien und Epirus. s. Salius.
ACCA 11, 820; 823; 897 Kriegerin im Gefolge der Camilla und ihre nächste Vertraute.
ACESTA 5, 718 auch Egesta (Thuc. VI 2. 3) — Segesta (röm. Form) = $Αἴγεστα$ (Lycophron 968). Stadt in West-Sizilien. Nach Vergil erhielt sie von Acestes, ihrem Gründer und König, den Namen, nach Thuc. war sie schon vor ihm von trojanischen Flüchtlingen erbaut.
ACESTES 1, 195; 550; 558; 570. 5, 30; 36; 61; 63; 73; 106;301; 387; 418; 451; 498; 519; 531; 540; 573; 630; 711; 746; 749; 757; 771. 9, 218; 286. Gründer und König von Acesta (Segesta) in Sizilien; in 5, 38 Anspielung auf die Sage von der trojanischen Herkunft des A. Neptun und Apollo, die für Laomedon (König von Troja) die Mauern der Stadt errichteten, werden von L. um den ausbedungenen Lohn betrogen. Zur Strafe sendet Apollo Pest, Neptun ein Meerungeheuer, dem die trojanischen Jungfrauen geopfert werden sollen. Die Väter versuchen die Töchter zu retten. Hippotas bringt seine Tochter Segesta oder Egesta auf ein Schiff, auf dem sie nach Sizilien entkommt; dort gebiert sie dem Flußgott Crinisus den Acestes. (Serv. Ae 1, 550).
Zu dem Wunder des brennenden Pfeiles 5, 522 vgl. R. Heinze[3] 1928 S. 165 bis 168. Nach ihm weist das Zeichen zunächst auf die Berufung des Acestes zum König der neuzugründenden Stadt Segesta und darüber hinaus auf das im 1. punischen Kriege geschlossene Bündnis Segestas mit Rom hin. Diese Auslegung wird dem Sinn der Stelle besser gerecht als die der anderen von Heinze erwähnten Versuche. „Das Wunder erfolgt, während Sizilier und Troer bei fröhlichem Spiel sich verbrüdern; es erfolgt an dem Tage, an dem der Grund zu einem neuen troischen Reich in Sizilien gelegt werden soll; es zeichnen den Mann aus, der dieses Reiches erster König werden soll, es deutet, schreckend und tröstlich zugleich, auf die fernen Zeiten voraus, da der Fluch in Erfüllung geht, den die sterbende Königin von Karthago den scheidenden Troern nachrief." (a. a. O. S. 168).

NAMENREGISTER

ACHAEMENIDES 3, 614; 691. Gefährte des Ulixes. Merkwürdig ist für einen Griechen im Gefolge des Odysseus dieser persische Name.
ACHAIA castra 2, 462, achaius = achaicus, griechisch.
ACHAICA manus 5, 623, achaicus, griechisch.
ACHATES (Trojaner) 1, 120; 174; 188; 312; 459; 513; 579; 581; 644; 656; 696. 3, 523. 6, 34; 158. 8, 466; 521; 586. 10, 332; 344. 12, 384; 459. Treuer und beständiger Begleiter des Aeneas.
ACHERON 5, 99. 6, 107; 295. 7, 569. Fluß in der Unterwelt, den die Toten bei ihrem Eintritt überqueren mußten.
7, 91; 312. 11, 23 Acheron im übertragenen Sinn = Götter der Unterwelt, bzw. Unterwelt.
ACHILLEA stirps 3, 326 Pyrrhus-Neoptolemus.
ACHILLES 1, 30; 458; 468; 475; 484; 752. 2, 29; 197; 275; 476; 540. —3, 87 5, 804. 6, 89; 168; 839. 9, 742. 10 581. 11, 404; 438. 12, 352; 545. Sohn des Peleus und der Thetis. Größter Held der Griechen vor Troja. In 6, 89 und 9, 742 wird Turnus, in 11, 438 Aeneas mit Achilles verglichen.
ACHIVI 1, 242; 488. 2, 45; 60; 102; 318; 5, 497 6, 837 10, 89 11, 266 Griechen.
ACIDALIA mater 1, 720. Venus badete mit ihren Nymphen in der Quelle von Acidalien, die in Boeotien bei Orchomenos entspringt. Nach Servius ist dieses Wort in Verbindung mit Venus nur noch von Martial 6. 13. 5 und 9. 14. 3 gebraucht.
ACMON (Trojaner) 10, 128 aus Lyrnessos in Mysien.
ACOETES (Arkader) 11, 30; 85.
ACONTEUS (Latiner) 11, 612; 615.
ACRISIONEI coloni 7, 410 sie erbauten Ardea s. Acrisius.
ACRISIUS 7, 372 König von Argos; er soll erfahren haben, daß er durch die Hand seines Enkels sterben werde; deshalb ließ er seine Tochter Danae mit ihrem Sohne in einen hölzernen Kasten sperren und warf sie ins Meer. Sie landete in Italien und gründete die Stadt Ardea und heiratete Pilumnus. Acrisius wurde so Ahnherr von Turnus.
ACRON 10, 719; 730. Grieche aus Corythos (Cortona) im Gefolge der Arkadier.
ACTIUS, a, um von Aktium 3, 280 (litora) 8, 675 (bella). 704 (Apollo).
Bei Aktium an der Küste des heutigen Dalmatien besiegte Augustus 31 v. Chr. Antonius und Kleopatra und stiftete zur dauernden Verherrlichung dieses seinen Prinzipat begründenden Sieges gymnische und musische Wettkämpfe, die alle vier Jahre in der, ebenfalls zu Ehren der siegreichen Schlacht, gegründeten Stadt Nikopolis (= Siegesstadt) gefeiert werden sollten. „Dieses periodische Fest wurde dem Zyklus der vier großen heiligen Wettkämpfe Griechenlands als fünfter ⟨Wettkampf⟩ hinzugefügt, und im Anfange der Kaiserzeit hie und da nach Actiaden wie nach Olympiaden gerechnet (L. Friedländer S. R. II 145 ff.)".
Bemerkenswerterweise erwähnt Augustus in seinen Res gestae selbst nicht dieses von ihm dem Apollo von Aktium gestiftete Fest, sondern nur das vom Senat im Jahre 30 v. Chr. zu Ehren des Siegers beschlossene, zum erstenmal 28 v. Chr. in Rom gefeierte Fest, das den Namen „Ludi pro salute Caesaris" bekam. (Vgl. Friedländer II 146 mit den Stellennachweisen, vor allem Mon. Anc. 9). Mit dem Verse: „Actiaque Iliacis celebramus litora ludis" (3, 280) spielt Vergil unübersetzbar auf die von Augustus (vgl. Sueton, Aug. 18.; Strabo 7, 325; Cassius Dio 51, 1) gestifteten Ludi Actiacī an, die er in I l i a c i umformt und so mythisch überhöht. Vielleicht wollte er darauf hinweisen, daß Augustus, der Erneuerer alter heiliger Bräuche und der Erbauer verfallener Tempel, auch hier einen alten, in Vergessenheit geratenen Apollokult wieder belebte und mit neuem Sinn erfüllte.
ACTOR 12, 94; 96, Aurunker, Gegner des Turnus. Da die Aurunker (7, 727 und 795) unter den Gefolgsleuten des Turnus mit aufgezählt werden, wird hier ein Hinweis auf ehemalige Kämpfe zwischen Rutulern und Aurunkern vorliegen.
ACTOR (Trojaner) 9, 500.
ADAMASTUS 3, 614 Name von Homer entlehnt in leichter Abwandlung; PL zur Stelle: Adamas-Adamastus (Il. 12, 140).
ADRASTUS 6, 480 König von Argos. Er ist eingereiht unter die ‚bello clari',

die Gruppe der thebanischen Helden — die Sieben vor Theben. Hierzu und zu der besonders schrecklichen Weise seines Untergangs vgl. Norden S. 258.
AEACIDES = Aeakusnachkomme
 1. Achilles 1, 99. 6, 58
 2. Pyrrhus-Neoptolemus 3, 296
 3. Perseus, letzter Makedonenkönig, von L. Aemilius Paulus bei Pydna 168 v. Chr. besiegt. 6, 839.
AEAEA Circa 3, 386 Aeaeus, a, um — von ⟨der Insel⟩ Aeaea, Beiwort der Circe.
AEGAEON 10, 565 Ungeheuer = Briareüs, so bei den Göttern (Il. 1, 403), bei den Menschen Aegaeon genannt. Er wurde von Thetis zu Hilfe gerufen, als die Götter Juppiter fesseln wollten. Vergil folgt einer anderen Version als Homer (Antimachos v. Kolophon III. Buch der Thebais) und reiht Aegaeon unter die Feinde Juppiters ein.
AEGAEUS Neptunus 3, 74 Beiname des N. nach Aegae, Palast und Kultstätte des Neptuns (Il. 13, 21). Lage umstritten.
AEGAEUM altum (mare) 12, 366 Ägäisches Meer.
AEGYPTUS oder Aegyptos 8, 687; 8, 705 Ägypten.
AEGYPTIA coniunx 8, 688. Kleopatra, Königin von Ägypten, Gemahlin des Antonius.
AENEADAE 1, 157; 565. 3, 18. 5, 108. 7, 284; 334; 616. 8, 341; 648. 9, 180; 235; 468; 735. 10, 120. 11, 503; 12, 12; 186; 779. Gefährten und Geschlecht des Aeneas. 3, 18 meint die Stadt Aenus, heute Enos, in Thrakien.
AENEAS (Trojaner) 1, 92; 128; 170; 180; 220; 231; 260; 305; 378; 421; 438; 751; 494; 509; 544; 576; 580; 581; 588; 596; 617; 631; 643; 667; 675; 699; 709; 315. 2, 2; 3, 41; 97; 288; 343; 716. 4, 74; 117; 142; 150; 191; 214; 260; 279; 304; 429; 393; 466; 554; 571; 5, 1; 17; 26; 44; 90; 129; 282; 286; 303; 348; 381; 418; 461; 485; 531; 545; 675; 685; 700; 708; 741; 755; 770; 804; 809; 827; 850. 6, 9; 40; 52; 103; 156; 169; 176; 183; 210; 232; 250; 261; 291; 317; 403; 413; 424; 267; 475; 539; 548; 559; 635; 685; 703; 711; 860. 7, 5; 29; 107; 221; 234; 263; 380; 288; 310; 8, 11; 29; 67; 73; 84: 115; 126; 152; 178; 182; 308; 311; 367; 280; 463; 465; 496; 521; 552; 586; 606; 9, 8; 41; 81; 97; 172; 177; 192; 204; 228; 341; 255; 448; 787. 10, 25; 48; 65; 81; 85; 147; 159; 165; 217; 229; 287; 311; 713; 332; 343; 511; 530; 569; 578; 591; 599; 637. 647; 649; 656; 661; 769; 776; 183; 787; 798; 802; 809; 816; 826; 830; 863; 873; 874; 896. 11, 2; 36; 73; 95; 106; 120; 170; 184; 232; 282; 289; 442; 446; 472; 511; 904; 908; 910. 12, 63; 108; 166; 175; 195; 197; 311; 323, 324; 384; 399; 428; 440; 481; 491; 505; 526; 540; 554; 580; 613; 624; 678; 697; 723; 746; 760; 772; 783; 794; 887; 919; 939.

Aeneas, Sohn der Venus und des Anchises, ist Symbol des in der Geschichte verantwortlich lebenden Menschen. Seine Wesenseigenschaft ist pietas. „Das Wort umgreift ⟨in Vergils Aeneis⟩ mehr als im gewöhnlichen Sprachgebrauch. Es weist nicht nur auf das liebende Pflichtverhältnis des Sohnes zum Vater, des Vaters zum Sohne und auf die achtsame Erfüllung der religiösen Einzelpflichten, welche die pax deorum bedingen, wenngleich Aeneas auch in dieser Hinsicht die Forderungen römischer Pietät vorbildlich erfüllt und sein Bild von daher wesentlich bestimmt ist. Sondern pietas bedeutet darüber hinaus die Bereitschaft, das ganze Dasein in den Dienst göttlicher Willenskundgebung zu stellen. Sie ermöglicht es, daß der göttliche Wille, das fatum des Juppiter, sich in die Welt hinein verwirklichen kann. Auf der pietas beruht das Vermögen des Täters, wesentlich zu handeln und den innersten Sinn der Geschichte zu erfüllen, der in der Erschließung und Gestaltung der Welt als sittlicher Ordnung besteht. Wahrhaft geschichtlich handelt der Täter nur, sofern er pius ist. Daher ist pius das auszeichnende Epitheton des Aeneas... Aeneas ⟨ist⟩ die Verkörperung der Idee römischen Wesens, wie vergilisch-augusteisches Denken sie auffaßt und historische Erkenntnis sie bestätigt: römische Scheu vor der Tat um ihrer selbst willen, römischer Drang, Ruhe zu schaffen und zu sichern, römischer Zwang zum weltordnenden Ausgriff um der pax willen, römische Gebundenheit an Übergeordnetes, das alles erfährt in Aeneas dank der vergilischen Humanität seine Sublimierung. So wird er zum reinen Spiegel, in welchem sein Volk sein Bestes erkennt." (F. Beckmann S. 29 und 31).

Zur Würdigung der Gestalt des Aeneas vgl.:
Franz BECKMANN, Mensch und Welt in der Dichtung Vergils. (Aschendorffsche Verlagsbuchhandlung Münster, Westfalen 1950).
André BELLESORT, Virgile, son oeuvre et son temps, (Librairie Académique Perrin, Paris 1949) S. 230—249.
Karl BÜCHNER, P. Vergilius Maro (Alfred Druckenmüller Verlag, Stuttgart 1955), vor allem Sp. 319 und 322.
Gino FUNAIOLI, La figura di Enea in Virgilio. (Atene e Roma, ser. III, a. IX, 1941. p. 3 ff., jetzt auch in Studi di Letteratura Antica II, 1, 255-274. Nicola Zanichelli Editore, Bologna 1948).
Richard HEINZE, Virgils epische Technik (Teubner, Leipzig-Berlin 1928) S. 271f.
Friedrich KLINGNER, Römische Geisteswelt (Leipzig 1943, Dieterichsche Verlagsbuchhandlung) S. 132—139. 3. verm. Aufl. (1956) S. 238—243 und 281 f.
W. F. Jackson KNIGHT, Roman Vergil, unveränderter Abdruck der 2. Auflage, London 1953; besonders S. 142—144.
Hans OPPERMANN, Vergil (Verlag Moritz Diesterweg, Frankfurt a. M. 1938) S. 47—70.
Jacques PERRET, Virgile, l'homme et l'oeuvre; (Boivin et Cie, 5, Rue Palatine, Paris 1952) S. 133—140.
Victor PÖSCHL, Die Dichtkunst Virgils. (Rohrer Verlag, Wien 1964) S. 57—115.
Wolfgang SCHADEWALDT, Sinn und Werden der Vergilischen Dichtung. (Das Erbe der Alten, Heft XX, Aus Roms Zeitwende. Dieterichsche Verlagsbuchhandlung, Leipzig 1931).
Theodor W. STADLER, Vergils Aeneis (Benzinger Verlag Einsiedeln, 1942), besonders S. 56 ff.
Johannes STROUX, Vergil (Max Hueber Verlag, München 1932) S. 17 ff.

AENEIA nutrix 7, 1 Cajeta; -puppes 10, 156; -hospitia 10, 494.
AENIDES 9, 653 Vocativ Aenide! von Aenides d. i. Julus.
AEOLIA 1, 52, 10, 38 Insel des Aeolus, eine der vulkanischen Inseln im Norden Siziliens: Lipara, Stromboli oder Hiera.
AEOLIDES Clytius 9, 774 (Trojaner) Sohn eines Aeolus, nicht näher bekannt.
AEOLIDES Misenus 6, 164 Norden (S. 183 f.) merkt dazu an: „So wird Misenus nur hier genannt ..; den Grund gibt Servius z. 3, 239 richtig an: Misenus dicitur filius fuisse Aeoli ..., quia constat sonum omnem ex vento creari. Diese Einreihung des Hornbläsers in das weit verzweigte Geschlecht des Windgottes Aiolos weist auf die Zeit, als Misenus noch nicht aus der Verbindung mit der Odysseussage gelöst war. ..."
AEOLIDES 6, 529 Hier als Schimpfwort für Odysseus (Ulixes) gebraucht. Nach PL steht dahinter die kränkende Behauptung, O. sei nicht der Sohn des Laertes, sondern des Aiolossohnes Sisyphus, der Antikleia entführt habe. — Dieser Aiolos ist nicht der Windgott. — Conington bezeichnet diese Sagenversion als „posthomeric slander" d. h. nachhomerische Verleumdung.
AEOLIUS, zu Aeolus gehörig 5, 791 (procellae); 8, 416 (Lipare); 8, 454 (orae).
AEOLUS 1, 52; 56; 65; 76; 141 König der Winde, verbunden mit Juno gegen die Trojaner. Die Kommentatoren weisen allgemein auf den Unterschied zwischen dem homerischen und vergilischen Aeolus hin. PL: „Eo. de Virgile est un centurion romain qui garde un poste".
AEOLUS (Trojaner) 12, 542.
AEPYTIDES 5, 547; 579 Sohn des Aepytus, bei Homer Periphas (Il. 17, 323), Herold der Trojaner.
AEPYTUS (Trojaner) 2, 340.
AEQUICULA gens 7, 747. Aequer, mittelitalischer Stamm im Apennin; in ihrem Gebiet, am Himallafluß, Aequiculi genannt.
„Die Aequer waren später das zurückgebliebenste Volk der Halbinsel, und dem entspricht ihre Schilderung als wildes Jäger- und Räubervolk". (Rehm 22).
AEQUUM FALISCUM 7, 695 an der via Flaminia. Servius nimmt aequus als adj. und nennt die Falisker: aequi (= iusti). Nach Rehm (S. 14 f.) bedeutet aequum soviel wie Ebene und Faliscum ist die nähere Bezeichnung. Gemeint sind die Bewohner von Aequum Faliscum.

AETHIOPES 4, 481 hier, wie schon bei Homer Od. 1, 423, Grenzvölker der Welt im äußersten Aethiopien, hier im äußersten Westen — Völker tropischer Regionen.
AETHON (feurig, funkelnd) 11, 89. Streitroß des Pallas. A. ist in Homer Il. 8, 185 der Name von Hektors Pferd. Eines der Sonnenrosse trägt diesen Namen bei Ov. Met. 2, 153.
AETNA 3, 554; 571; 579; 674. Vulkan Siziliens. Zum Hafen, in dem die Trojaner landen, merkt Rehm (S. 37) an: „Vergil scheint halb und halb an den Hafen von Messina zu denken: dazu paßt die Schilderung 3, 570 und die Nähe von Scylla und Charybdis, und Pelorus (3, 684 ff.); mit dichterischer Willkür ist der Aetna herangerückt".
AETNAEUS, zum Aetna gehörig. 8, 440; 11, 263 (Cyclopes); 3, 678 (fratres). Vergil glaubt, daß die Kyklopen ihren Sitz im Aetna haben. 7. 786 (ignis). 8, 419 (antra) PL meint mit Forbiger, hier bedeute das Attribut Aetnaea „ähnlich den Höhlen des Aetna", während CN sagt, Vergil glaube an eine unterseeische Verbindung zwischen Lipare und dem Aetna; er weist auf Servius hin, der u. a. behauptet, der Schmiedelärm in Hiera sei so groß, daß der Aetna ihn widerhallen lasse.
AETOLI ARPI 10, 28 „Der einzige Ort Apuliens, den Vergil nennt, ist Arpi (heute Arpe bei Foggia, . .) die Stadt des Diomedes ... Die Sage von der Auswanderung des Diomedes in diese Gegend und der Verwandlung seiner Gefährten in Vögel . . . geht auf Timaios zurück (Lykophr. 592 mit Schol. . . .) Vergil wird sie aus Varro haben (de gente populi Rom. fr. 17 Peter = Augustin c. d. XVIII 16). Die kühne Etymologie von Arpi aus Argyripa aus Argos Hippium (Aen. 11, 246 Serv. 7, 286; 11, 246. Strab. 5, 215; 6, 284. Plin. 3, 104) schien ihre Wahrheit zu verbürgen". (Rehm 35) Diomedes stammt von seinem Großvater her aus Aetolien: Oineus, König von Aetolien, war sein Großvater, Tydeus sein Vater.
AETOLA urbs 11, 239 Arpi-Argyripa.
AETOLUS 11, 428 Diomedes. 11, 308 (Aetoler).
AFER 8, 724 Afri, Bewohner von Afrika (im engeren Sinn die Bewohner des Gebietes von Karthago) — Afrika von Cyrene bis Alexandria bis Aethiopien war unter der Herrschaft des Antonius.
AFRICA terra, 4, 37 Afrika.
AFRICUS 1, 86 Stürmischer WSW-Wind.
AGAMEMNONIA phalanx 6, 489 Heer des Agamemnon, flieht in der Unterwelt vor Aeneas.
AGAMEMNONIAE Mycenae 6, 838 historisch ungenau; vgl. Norden zur Stelle. Mycene und Argos vertreten hier nur allgemein Griechenland, insbesondere Macedonien, denn dieses wurde von Aemilius Paullus besiegt.
AGAMEMNONIAE res 3, 54 Macht des Agamemnon.
AGAMEMNONIUS Halaesus 7, 723. Bei Vergil ist H. Führer der Osker und Aurunker von Campanien, während er im allgemeinen als Stammvater der Falisker gilt; vgl. Ov. Fast. 4, 73 und Rehm 15 u. 95. Nach R. liegt bei dieser Version eine Etymologie vor: Falaisus — Faliscus. Schwierigkeiten macht das Beiwort Agamemnonius. Bedeutet es „Sohn" oder „Gefolgsmann' Agamemnons? In 10, 417 ist H. Italiker und Sohn eines Sehers. Servius (zu 8,285) sagt, er sei ein Sohn Neptuns.
AGAMEMNONIUS Orestes 4, 471. Nach Servius spielt Vergil hier auf die Tragödie „Dulorestes" des Pacuvius an.
AGATHYRSI 4, 146. Skythischer Volksstamm am linken Ufer der Donau, im späteren Dacien.
AGENOR 1, 338 Der Name A. ist verbreitet in Aetolien, Arcadien und im Orient. A. gilt als erster König von Tyrus. Bald ist er Bruder, bald Sohn des Belus, der hier Vater der Dido ist.
AGIS (Trojaner) 10, 751 aus Lycien.
AGRAGAS* 3, 703 griech. Name für Agrigent, heute Girgenti an der Südküste Siziliens, besaß seit 43 römisches Bürgerrecht. Berühmt durch Pferderennen vgl. Pindar 2 u. 3. Olymp. Ode und Plin. 8, 155.
AGRIPPA M. Vipsanius 8, 682 der berühmte Feldherr, Studiengenosse und

Schwiegersohn des Augustus, Sieger von Aktium, wird nur e i n m a l von Vergil erwähnt. Nach dem Bericht der Vita Suetonii (S. 228 Z. 186 ff.) urteilte er nicht besonders günstig über Vergils Dichtung. Horaz erwähnt ihn sehr oft. Vgl. Tusculum-Horaz. Im Jahre 36 nach seinem Seesieg bei Naulochos über Sextus Pompeius wurde A. der Schiffsschnabelkranz ‚navalis corona' verliehen.

AGYLLINA urbs 7. 652. 8, 479. Agylla-Caere (Cervetri). Agylla, im südlichen Etrurien, ist der pelasgische, Caere der etruskische Name der Stadt. Sie galt als Siedlung der Pelasger (Griechen). In 8, 479 spricht Vergil allerdings von lydischer Siedlung. Vgl. Rehm 64.

AGYLLINI 12, 281. Etrusker, besonders die Einwohner von Agylla-Caere, einer der 12 etruskischen Städte.

AIAX 1,41; 2, 414 Sohn des opuntischen Lokrerkönigs Oileus. Er raubte Cassandra vom Altar der Athene und ließ dabei die Statue der Göttin, das Palladium, fallen. Athene rächt sich, schleudert Blitze im Seesturm und läßt A. am Kap Kaphareus, dem Vorgebirge von Euböa umkommen.

ALBA LONGA 1, 271. 5, 597. 6, 766; 770. 8, 48. 9, 387 Stadt der Latiner, soll von Tullus Hostilius zerstört worden sein. Die alte, auch von Vergil übernommene Bezeichnung dieser Stadt heißt Longa Alba. In der großen Juppiterrede heißt es 1 270 f., Askanius-Iulus werde die Herrschaft von Lavinium nach Longa Alba verlegen und dort werde Hektors Geschlecht 300 Jahre lang herrschen. Sehr umstritten ist die mit dem Sauprodigium in Beziehung gesetzte Namensgebung in 8, 42—49. Das Prodigium wird schon 3, 388—393 von Helenus geweissagt, die direkte Ausdeutung auf Longa Alba aber folgt erst 8, 47 f. Die sehr verwickelte Frage, welche Stelle die ursprüngliche sei, kann hier nicht erörtert werden. Vgl. dazu Tu Anhang S. 692 zu 8, 46 und außer der dort angeführten Literatur noch Rehm. S. 45 ff. und Büchner a. a. O. Sp. 343. In 6. 760—76 werden 4 albanische Könige aufgeführt außer den ersten in willkürlicher Folge: 1) Procas, 2) Capys, 3) Numitor, 4) Silvius Aeneas.

ALBANAE urbes, 7, 602 albanische Kolonien, Städte, in denen heimische Sitte hochgehalten wurde.

ALBANI reges 12, 826 Juno verlangt von Juppiter, daß nicht die Trojaner, sondern die latinischen Albaner die Herrschaft in Alba führen sollen.

ALBANI patres 1, 7. Ehrenvolle Bezeichnung des Adels von Alba Longa.

ALBANI loci 9, 388 ,,Carcopino (p. 342 A. 2) setzt sie ‚entre la Trafusina et Guardabosso' nördlich von Ostia, nicht weit vom Tiber. Sie werden ihren Namen von der ‚aqua Albana'... heute Rio di Albano haben, die vom Albanergebirge kommend hier in den Tiber mündet" (Rehm 54).

ALBANUM NOMEN 6, 763 Attribut zu Silvius s. dort.

ALBANUS 5, 600 Einwohner von Alba. 8, 643 Mettus, albanischer Dictator.

ALBANUS tumulus 12, 134 Berg, auf dem zu Vergils Zeiten die feriae latinae gefeiert wurden. Heute Monte Cavo.

ABULA 8, 332 älterer Name des Tiber.

ALBUNEA 7, 83 Deutung des Namens und Lage von A. sind viel diskutiert worden. Prob. (zu Ge 1, 10) hielt A. für den Namen eines Waldes. Varro (bei Lactant, de falsa religione l 6) nennt A. als Nymphe, die in Tibur beheimatet ist. Deshalb localisierte man A. in die Nähe der dortigen Fälle (,,alta"; ,,sonat") oder weiter entfernt nach Aquae Albulae, heute Bagni di Tivoli, wegen dort vorhandener Schwefeldämpfe. Um aber A. näher an den Wohnort des Latinus zu rücken, suchte man weiter und hält heute Zolforata für das einstige Albunea. Es liegt an der Kreuzung der via Ardeatina und einer alten Straße, die wahrscheinlich von Lavinium nach Alba Longa führte. Schwefeltümpel und -seen und Schwefeldünste kennzeichnen dort die Gegend. Über die komplizierten Einzelheiten vgl. Rehm S. 54; 76 f. und B. Tilly, Vergil's Latium (Basil Blackwell Oxford 1947) S. 103—111.

ALCANDER (Trojaner) 9, 672 Vater des Bitias und Pandarus vom Idagebirge.

ALCANOR (Latiner) 10, 338 einer der sieben Söhne des Phorcus, von denen Vergil drei mit Namen nennt: Alcanor, Maeon, Numitor.

ALCANOR (Trojaner) 9, 767 Name und Vers aus Hom. Il. 5, 678.

NAMENREGISTER

ALCATHOUS (Trojaner) 10, 747. In dieser Namenreihe sind die griechisch gebildeten Namen Trojaner, die anderen Latiner. (So nach CN von Turnebus richtig festgestellt.)
ALCIDES 5, 414. 6, 123; 392; 801. 8, 203; 219; 249; 256; 363. 10, 321; 461; 464. Amphitryon, Sohn des Alceus, ist Gemahl der Alkmene und König von Tiryns. Hercules ist Sohn der Alkmene und Juppiters. Da der nom. Hercules (als ein creticus — ∪ —) in den Hexameter nicht paßt, wird H. bald Alcides, bald Amphitryoniades, bald Tirynthius genannt. Er ist eine der beliebtesten Sagengestalten. Vergil spielt auf einige der 12 Arbeiten an, die er im Dienste des Eurystheus, des Königs von Mykene, verrichten muß. 6, 392 Entführung des Cerberus aus der Unterwelt und Befreiung des Theseus. 6, 801 Verfolgung der kerynitischen Hirschkuh mit dem goldenen Geweih und den ehernen Füßen — Jagd auf den erymanthischen Eber — Erlegung der lernäischen Schlange. Nach dem Sieg über den dreileibigen Riesen Geryon (Rinderraub) besteht er in 8, 203 bis 256 das Abenteuer mit Cacus.
ALETES (Trojaner) 1, 121 9, 246; 307.
ALLECTO 7, 324; 341; 405; 415; 445; 476 10, 41 Höllendämon, Tochter der Nacht, Verkörperung der Zwietracht. Vgl. Heinze S. 182ff. und Norden, Ennius und Vergil S. 21 ff.
ALLIA Fluß nördlich von Fidenae in den Tiber mündend — nach Vergil zum Sabinerland gehörig. Der 18. Juli 389 war der Unglückstag für Rom: Niederlage der Römer im Kampf gegen die Gallier „dies Alliensis". 7, 717.
ALMO (Latiner) 7, 532; 575 Sohn des Tyrrhus, Bruder der Silvia. Der Name ist entlehnt von einem kleinen Fluß, dem heutigen Aquataccio, der südlich Rom in den Tiber mündet. PL merkt an, daß Vergil seinen Helden gern die Namen von Flüssen gibt z. B. Galaesus (7, 535), Ufens (7, 745), Umbro (7, 752), Liris (11, 670).
ALOIDAE 6, 582, die Aloiden, Söhne Poseideias und Iphimedeias, der Gemahlin des Aloeus; als „coniuratos caelum rescindere fratres — Brüder, die sich verschworen, die Himmelsfeste zu stürzen", werden sie Ge 1, 280 bezeichnet. Sie wurden von Apollo getötet. Homer, Ilias 5, 385 nennt ihre Namen: Otos und Ephialtes.
ALPES 10, 13 die Alpen werden hier ‚apertas — offen' genannt, eine Anspielung auf Hannibals Alpenübergang vom Jahre 218 v. Chr.
ALPHEA Pisa 10, 179, das alpheische Pisa. Man nahm an, dieses in Etrurien liegende Pisa sei eine Tochterstadt des in Elis am Alpheus gelegenen Pisa (vgl. Strabo 5, 222; Plin. 3, 50); das ist nach Rehm (S. 11 f.) „nichts als eine von den Namensspielereien, wie wir sie in den Gründungssagen italischer, spanischer, gallischer, germanischer (Tac. Germ. 3) Städte antreffen. Wenn Vergil sagt „urbs Etrusca s o l o", so läßt er die Stadt zur Zeit des Aeneas wohl noch von Griechen bewohnt sein; kommt doch auch 10, 719 der „Graius homo" Acron „Corythi de finibus", d. h. aus Etrurien."
ALPHEUS, 3, 694 Fluß in Elis; der Sage nach verfolgte er die Nymphe Arethusa, indem er seinen Weg unter dem Meere hin nach Sizilien nahm; auf der Insel Ortygia erreichte er sie. Die Alten glaubten also an eine unterseeische Verbindung zwischen Elis und Sizilien.
ALPINA gaesa 8, 661 Alpenspieße, Waffen der Gallier, die 389 in Italien einbrachen und Rom verheerten.
ALPINI boreae 4, 442 Nordwinde aus den Alpen, hier Symbol für die heftigen seelischen Erschütterungen, denen Aeneas vor seinem Abschied von Karthago standhalten muß. Vgl. die feinsinnige und tiefdringende Auslegung des Gleichnisses 4, 441—449, die Viktor Pöschl (S. 75—79) gibt. Die Worte lacrimae volvuntur inanes werden gut als hilflose Tränen des Aeneas verstanden.
ALPINI aggeres 6, 830 die Alpendämme, über die C. Julius Caesar 49 v. Chr. seine Legionen gegen die Senatstruppen führt. Gegen die Fluten des Bürgerkrieges helfen also auch diese zum Schutze Italiens von den Göttern errichteten Höhen nichts.
ALSUS 12, 304, ein als Hirt bezeichneter — latinischer? — Krieger, der von Podalirius, einem sonst nicht näher bekannten — Trojaner? — erschlagen wird.
AMASENUS 7, 685 11, 547, ein Fluß, heute Amaseno, fließt quer durch die

Pontinischen Sümpfe und mündet, vereint mit dem Ufens, zwischen Circeji und Terracina im Tyrrhenischen Meer. Seine Erwähnung 7, 685 wird von Fowler beanstandet, weil der Fluß ins Volskergebiet gehöre, wo er 11, 547 auch genannt wird. Rehm (S. 27) merkt an, sein Oberlauf sei von dem früher noch weiter ausgedehnten Hernikerlande nicht allzuweit entfernt, so daß Vergil ihn hier mit voller Überlegung genannt haben könne.

AMASTRUS 11, 673 Sohn des Hippotes, wird von Camilla erschlagen.

AMATA 7, 343; 401; 581; 9, 737 12, 56; 71 Gemahlin des Latinus.

AMATHUS 10, 51, Stadt an der Südküste der Insel Cypern, Kolonie der syrischen Stadt Hamath, heute Hama, am Orontes; Kultort des Adonis und der Venus.

AMAZON 11, 648; 660 Amazone, 648 Bezeichnung der Camilla, während 660 die aus der Sage bekannten Kriegerinnen gemeint sind.

AMAZONIA pharetra 5, 311 Amazonenköcher.

AMAZONIDES 1, 490 Amazonenscharen, von Penthesilea gegen die vor Troja kämpfenden Griechen geführt.

AMITERNUM 7, 710 Stadt am Aternus im Sabinerland. Heimat des Sallust. Ruinen bei San Vittorino.

AMNIS 7, 701 Cayster in Kleinasien.

AMOR 1, 663; 689 4, 412 10, 188 Sohn der Venus, in seinen Wirkungen sich als verhängnisvoller Dämon offenbarend.

AMPHITRYONIADES 8, 103; 214 Sohn des Amphitryon, Königs von Tiryns, dessen Gemahlin Alkmene von Juppiter, der ihr in der Gestalt des Amphitryon nahte, den Herkules empfing.

AMPHRYSIA vates 6, 398: die Sibylle wird hier mit einem, nach Servius, weithergeholten, den poeta doctus verratenden Beiwort als von Apoll inspiriert bezeichnet. Amphrysius heißt der Gott, weil er einst am Ufer des thessalischen Flusses Amphrysus die Herden des Königs Admetos weiden mußte. Vgl. Ge 3, 2, wo Apollo ‚pastor ab Amphryso' genannt wird.

AMPSANCTUS 7, 565. Die Ampsancti valles sind „ein Maar mit der stärksten Gasquelle in Italien", Mefita bei Frigento. „Die starken, Kohlensäure und Schwefelwasserstoff auswerfenden Quellen machen sich weithin bemerkbar und wirken in unmittelbarer Nähe tödlich." Die hohen Berge, die nach Vergil dieses Tal einfassen sollen, liegen in Wirklichkeit 15 km entfernt. Mit der Wendung ‚urget utrimque latus nemoris' weist Vergil auf die von Varro gegebene Etymologie von Ampsanctus hin. Vgl. Tu, Anhang S. 690 PL erklärt, die Bedeutung des Wortes sei unsicher, da man nicht wisse, welcher Sprache es angehöre. Vgl. aber Norden a. a. O. 22 ff.

AMYCLAE oder Amunclae 10, 564, Stadt in Latium bei Terracina, besiedelt von Lakoniern, die den Namen mitbrachten. „Von beiden Städten sagte man, sie seien durch Stillschweigen zugrundegegangen" (Rehm 31 f.). Diese Erzählung, daß die Einwohner, oft durch falschen Alarm erschreckt, das wirkliche Herannahen der Feinde nicht meldeten, wird nach CN nur für die italische Stadt gegeben. „Nach Plin. III 59 wurden die Bewohner des ital. A. durch Schlangen vertrieben." (Rehm a. a. O.)

AMYCUS (Bebryx) 5, 373, König der Bebryker, eines in Bithynien nahe am Schwarzen Meer ansässigen thrakischen Stammes. Name in hist. Zeit verschwunden. Dieser König forderte alle Fremdlinge zum Faustkampf mit dem Caestus heraus, er geriet in Streit mit den Argonauten und wurde von Pollux getötet. Vgl. Apollonius Rhod. II 1—153 und Theokrit Id. 22.

AMYCUS (Trojaner) 1, 221 9, 772 10, 704 12, 509, Gefolgsmann des Aeneas, Bruder des Priamussohnes Diores; vgl. 12, 509 und 5, 297, dieser Diores selbst aber ist unbekannt, denn die bei Homer so bezeichneten Personen haben nichts mit ihm zu tun.

ANAGNIA (Anagni) 7, 684, Hauptstadt der Herniker, eines kriegerischen Bergvolkes zwischen den Flüssen Liris (Liri) und Trerus (Tolero).

ANCHEMOLUS 10, 389, Rutulerführer, Sohn des Marruvierkönigs Rhoetus; verführte seine Stiefmutter zur Untreue und flüchtete dann zum Rutulerkönig Daunus, dem Vater des Turnus. Diese Sage erzählt Alexander Polyhistor von Milet.

ANCHISES 1, 617. 2, 300; 597; 687; 747. 3, 9; 82; 179; 263; 473; 475; 525; 539; 558; 610; 710. 4, 351; 427. 5, 31; 99; 244; 424; 535; 537; 614; 652; 664; 723. 6, 322; 331; 670; 679; 713; 723; 752; 854; 867; 888; 897. 7, 123; 134; 152; 245. 8, 156; 163. 9, 647 10, 534 12, 934. * Der homerische Aineias *
rühmt (Ilias 20, 208—241) vor seinem Kampfe mit Achilles seinen erlauchten Stammbaum. Da erfahren wir auch, daß Anchises Sohn des Kapys, Enkel des Assarakos, Urenkel des Tros ist; Tros aber ist Sohn des Erichthonios, Enkel des Dardanos, Urenkel des Zeus. Im großen homerischen Aphroditehymnos wird ausführlich erzählt, wie die Göttin zu ihrer Demütigung von Zeus mit unbezwinglicher Liebe zu einem Sterblichen, dem Trojaner Anchises, erfüllt wird. Durch eine Täuschung an das Ziel ihrer Wünsche gelangt, offenbart sie sich dem tiefbestürzten Anchises, der sich von solcher Ehre nichts Gutes verspricht, als Aphrodite, nennt ihn den berühmtesten aller Sterblichen (v. 192) und Freund der Götter (φίλος ἐσσὶ θεοῖσιν v. 195), kündigt ihm die Geburt seines Sohnes Aeneas an, verbietet ihm jedoch strengstens, von der wahren Mutter dieses Sohnes zu erzählen und fügt ihrem Verbote die Drohung hinzu:

„Plauderst du aber und rühmst dich in sinnlosem Prahlen, du habest
liebend umfangen die herrlich bekränzte Kythera, so wird dich
Zeus ergrimmt zerschmettern mit seinem flammenden Blitzstrahl."

(286—288)

Anchises aber wird dieses Verbot übertreten haben; denn in seiner von Bitterkeit und Lebensüberdruß erfüllten Rede an seinen Sohn, der ihn zur Flucht aus dem brennenden Troja bewegen will, sagt er im krassen Gegensatz zu den Worten φίλος θεοῖσιν und anspielend auf die Drohung der Göttin: „iam pridem invisus divis et inutilis annos demoror, ex quo me divom pater atque hominum rex fulminis adflavit ventis et contigit igni". (2, 647—649) Belehrt aber und bekehrt durch das Flammenwunder auf seines Enkels Askanius Haupt, folgt er dem Aeneas als omnis curae casusque levamen (3, 709) durch Not und Verbannung fast bis an das Ziel, darf jedoch selbst das Land der Verheißung, Latium, nicht mehr betreten, sondern stirbt in Sizilien, bleibt aber seinem geliebten Sohne sorgend nahe, erscheint ihm in mahnenden und tröstenden Traumgesichten (4, 351—352; 5, 722—740) und darf ihm im Elysium jene berühmte Unterweisung vom Wesen der Welt und die Weissagung von Berufung und Ruhm der trojanisch-römischen Nachkommenschaft geben (6, 722—886); der Anchises des Vergil ist eine der ehrwürdigsten Vatergestalten, die je ein Dichter dargestellt hat.
ANCHISEUS tumulus 5, 761 Grab des Anchises in Sizilien.
ANCHISIADES 5, 407 6, 126; 348 8, 521 (Anchisiades Aeneas) 10, 250; 822 Sohn des Anchises, feierliche Bezeichnung des Aeneas.
ANCUS 6, 815 A. Marcius, 4. König der Römer, Sohn der Tochter Numas, wird bei Livius (1, 32—35) als ein im Frieden und Kriege tüchtiger, gerechter und frommer Herrscher geschildert. Die bei Vergil von ihm gegebene Charakteristik ist unseren Quellen unbekannt; sie trifft auf Servius Tullius zu. Vgl. Dionys. Hal. 4, 8, 3 und Norden S. 327.
ANDROGEUS 6, 20, Sohn des Kreterkönigs Minos und seiner Gemahlin Pasiphaë; als er in Athen die panathenäischen Wettkämpfer besiegt hatte, ließ König Aigeus ihn gegen den marathonischen Stier kämpfen, der ihn tötete. Minos zwang dann nach einem glücklich durchgeführten Rachefeldzug die Athener zu der bekannten Strafe.
ANDROGEUS 2, 371; 382; 392, jener Grieche, der den um Aeneas gescharten, im brennenden Troja einen Verzweiflungskampf führenden Männern in die Hände fällt und mitsamt seinem Gefolge niedergehauen und der Waffen beraubt wird.
ANDROMACHE, Gemahlin Hektors, nach der Zerstörung Trojas Sklavin des Pyrrhus, dann Frau des Helenus 2, 456 3, 297; 303; 319; 482; 487.
ANGITIA 7, 759 „Nemus Angitiae ist bei Vergil nur Ortsname (gewöhnlich Lucus Angitiae am Südufer des Fucinersees); er berichtet nichts von der Herkunft der Göttin und bringt sie in keinerlei Beziehung zum Schlangenzauber." (Rehm 23) (A. als Göttin bei den Marsern verehrt, galt als Schwester der Medea oder als Schwester der Circe.)

ANIEN 7, 683 Anio (Teverone) mündet nördlich von Rom in den Tiber. „Die Kälte und Reinheit des Wassers rühmen auch Plin. min. ep. VIII 17, Frontin de aquaed. 15 u. 90." (Rehm 26)

ANIUS 3, 80, Sohn und Priester des Apollo, König auf Delos. Anchises kannte ihn schon von früher; wie Servius auctus berichtet, soll er ihn um Rat gefragt haben, ob er König Priamus, der auf des Herkules Veranlassung seine Schwester Hesione zur Vermählung mit dem Telamoniden Aiax nach Salamis brachte, wohl begleiten solle. Auf diese Reise des Anchises spielt 8, 156—158 Euander an. Näheres über Anius und seine Töchter bei Ovid Met. 13, 632—674. Dort erzählt Ovid von dem Aufenthalt des Anchises und Aeneas auf Delos.

ANNA 4, 9; 20; 31; 416; 421; 500; 634, Schwester der Dido.

ANTAEUS 10, 561, Gefolgsmann des Turnus, von Aeneas erschlagen.

ANTANDROS 3, 6. „Alte Stadt in Mysien am Fuße des Ida am Meerbusen von Adramythion, Stadthügel schroff am Meeresufer aufragend, nahe der heutigen Skala von Audjilar; wichtig durch Holzhandel aus den Idawäldern (Lübker 8. Aufl. Reall. 1914, S. 68)." Dort baute Aeneas seine Flotte.

ANTEMNAE 7, 631. Alte Stadt in Latium am Zusammenfluß von Tiber und Anio, soll von Romulus erobert worden sein. Varro LL V 28 = Festus 17 M leitet den Namen von der Lage ab: quod ante amnis qua Anio influit in Tiberim.

ANTENOR (Trojaner) 1, 242. Die Ilias 7, 347 schreibt ihm eine überparteiliche Haltung zu; er rät, Helena den Griechen zurückzugeben. Lycophron und Spätere machen ihn deshalb zum Verräter. Beim Fall Trojas wurde er von den Griechen verschont. Mit seinen Söhnen und den Enetern wandert er aus und gelangt über Thrakien und Illyrien nach Venetien, wo ihm die Gründung der Stadt Padua zugeschrieben wird. Vgl. auch Pind. pyth. 5, 19 und Liv. 1, 1.

ANTENORIDES 6, 484. Die drei Antenorsöhne, deren Namen Vergil nicht nennt, werden in der Ilias (11, 59 f) im Zusammenhang mit Hektor, Pulydamas und Aeneas aufgezählt, sie heißen Polybos, Agenor und Akamas.

ANTHEUS 1, 181; 510 12, 443, Gefährte des Aeneas.

ANTIPHATES 9, 696, Gefolgsmann des Aeneas, Bastard des Sarpedon; wird von Turnus getötet.

ANTONIUS, Marcus 8, 685. Der ehemalige Feldherr und Freund des C. Julius Caesar, der Amtsgenosse und Schwager des Caesar Octavianus, wird hier bloßgestellt als Führer ausländischer, buntscheckiger, aus dem verachteten Orient kommender Feindesheere, und noch besonders gebrandmarkt durch die in seinem Gefolge mitziehende Aegyptia coniunx, die ägyptische Buhle Kleopatra.

ANTORES 10, 778; 779, Gefährte des Herkules wie Melampus 10, 320, A. Argiver, Bundesgenosse des Aeneas, Melampus Latiner.

ANUBIS 8, 698, ägyptischer Totengott, mit dem Kopfe eines Schakals, allgemein als hundsköpfig bezeichnet, betont den krassen Gegensatz gegen die lichte Göttermajestät des auf seiten Caesars stehenden Actius Apollo.

ANXUR 10, 545, ein von Aeneas erschlagener Volsker im Gefolge des Turnus. Vergil benennt ihn, wie er es liebt, nach der Volskerstadt Anxur, lateinisch Tarracina (heute Terracina), die an der Via Appia liegt. Nahe bei der Stadt lag der Tempel des volskischen Nationalgottes Juppiter Anxurus und ein Heiligtum der Feronia.

ANXURUS Juppiter 7, 799, Hauptgottheit der Volsker; Servius gibt, wahrscheinlich, weil der Gott mit jugendlichem Antlitz dargestellt wurde, eine abenteuerliche Etymologie: anxurus = ἄνευ ξυρᾷ, id est sine novacula, quia barbam nunquam rasisset. Vgl. Georg Wissowa, Rel. u. Kult², S. 124 u. 286; F. Altheim, Terra mater, Religionsgesch. Versuche u. Vorarb. 22 (1931) 41.

AORNUS 6, 242 ἄορνος = ohne Vögel. Dieser interpolierte Vers (vgl. Tu-Anhang S. 680 gibt eine Etymologie für Avernus; Vergil (6, 238—241) sagt ja, kein Vogel habe den Averner See überfliegen können. Vgl. auch Lukrez 6, 738 ff. Rehm (S. 78, Anm. 164) schreibt: „Die Alten kannten noch viele andere ἄορνοι: Lukrez 6, 747 ff. Schol. Lykrophr. 704 (eine ganze Auswahl), Apoll. Rhod. 4, 595 ff. und Arist. mir. ausc. (an der Pomündung), Plin. II 207 (am Sorakte), Dion. Per. 1151 (an der Gangesmündung)".

APHIDNUS 9, 702, Trojaner, von Turnus erschlagen.

APOLLO 2, 121; 430; 3, 79; 119; 154; 162; 251; 275; 395; 434; 479; 4, 144; 345; 376 6, 9; 101; 344; 7, 241 8. 336; 704 9, 638; 649; 654; 656 10, 171; 875 11, 785 12, 393; 405; 516 Apollo, der in besonderer Nähe zu Augustus gesehen wurde (vgl. Sueton 94), steht auch dem Aeneas immer als Deuter der fata und Wegweiser zum Lande der Verheißung zur Seite. Sein strahlendes, lichtes Wesen bildet einen wirkungsvollen Kontrast zu den tiergestaltigen Göttern Ägyptens und darf als Symbol jener abendländischen Klarheit und Gesittung gelten, die sich für Vergil in Augustus offenbarte und in die Welt hinein verwirklichte.

APPENNINICOLA Aunus 11, 700, Ligurer, Apenninbewohner, ein sonst ungebräuchliches Wort.

APPENNINUS 12, 703, der Apennin; der pater Aeneas, der sich jubelnd in den Kampf gegen Turnus stürzt, wird hier in einem gewaltigen Gleichnis mit drei Bergen, dem Athos, dem Eryx und dem pater Appenninus verglichen. Die elementare Gewalt des Verses: „laetitia exultans horrendumque intonat armis" (700) wird so in einer über alle homerischen Gleichnisse weit hinausgehenden Form gesteigert und in einem überwältigenden Schlußakkord zusammengeballt. Vgl. dazu V. Pöschl S. 263 und überhaupt das ganze Kapitel: „Formen des Gefühlsablaufes". S. 257 ff. Mit ragenden Eichen werden die Kämpfer Bitias und Pandarus (9, 679 ff.) verglichen.

AQUICULUS 9, 684, ein Rutuler.

ARA MAXUMA 8, 271. Als Herkules den Cacus getötet hatte, errichtete er diesen Altar; über die Schwierigkeit des Passus 8, 268—272 handelt ausführlich Fr. Bömer, Rh. Mus. 92, 1943/44, S. 350—369. Er will neben anderen Schwierigkeiten vor allem die ihm als unvergilisch erscheinende Wiederholung „quae maxuma semper" in 271/72 durch folgende Anordnung der Verse beseitigen: ex illo celebratus honos: quae maxuma semper, hanc aram luco statuit laetique minores servavere diem, primusque Potitius auctor et domus Herculei custos Pinaria sacri. — quare agite, o iuvenes, ... „Seitdem wird feierlich das Ehrenfest begangen: Der immer uns der größte sein wird, diesen Altar stiftete der Gott im Hain und freudig hielt die Nachwelt diesen Tag fest, an ihrer Spitze als Urheber die Potitier und dann als Wächter dieses Heiligtums die Sippe der Pinarier (363)". Zum Herkuleskult vgl. G. Wissowa, R. u. K² S. 271—284. Nach ihm bezeichnet „Maxuma" das alle anderen italienischen Herkuleskultstätten übertreffende Alter; das kommt aber in unserer Vergilstelle nicht zum Ausdruck, während 6, 605 Furiarum maxima = die älteste der Furien ist (vgl Norden zur St.).

ARABS, Arabus 7, 605. 8, 706 Araber, Hyrcaner, Inder und Parther werden von den Dichtern des Saeculum Augustum gern genannt, um die erdballumspannende Krieges- und Siegesgewalt des Imperium Romanum zu veranschaulichen.

ARAXES 8, 728, Fluß in Armenien (Aras). Vgl. Strabo 491.501.527 Plin. n. h. 6, 26. Die von Alexander dem Großen erbaute Brücke hatte der Fluß hinweggerissen, nach Serv. Dan. soll Augustus sie wiederhergestellt haben.

ARCADES 8, 51; 352. 10, 364; 397; 452; 491. 11, 93; 142; 395. 12, 231; 281. Die Arkader sind hier das von König Euander in Italien angesiedelte Volk. Sie wohnten auf den Hügeln des kommenden Rom. Nicht zufällig aber wird Vergil, der Schöpfer jenes Wunschlandes Arkadien, gerade hier Euander, Pallas und sein schlichtes Volk angesiedelt haben. Denn auch „hier ist noch die Einfachheit und Reinheit der arkadischen Dinge (Fr. Beckmann, S. 22)", die zur italischsaturnischen Welt gehören.

ARCADES alae 11, 835; 12, 551. Arkadische Schwadronen.

ARCADES equites 8, 518. Arkadische Reiter, als Hilfstruppen unter des Pallas Führung von Euander dem Aeneas mitgegeben.

ARCADIA 8, 159, 10, 429 Arkadien, Zentrallandschaft des Peloponnes, in 8, 159 als Heimat Euanders, in 10, 429 allgemein als Ursprungsland der dem Aeneas mitgegebenen Reiter gemeint.

ARCADIUM telum 10, 425 Arkadergeschoß, hier Waffe des Pallas, von welcher der Italiker Halaesus fällt.

ARCADIUS Gylippus, 12, 272 Arkaderkrieger.

ARCADIUS rex = Euander 8, 573.
ARCADIUS sanguis **5**, 299, Hinweis auf die arkadische Herkunft des jungen Patron.
ARCAS rex = Euander 8, 102.
ARCAS eques 10, 239, die arkadische Reiterei.
ARCAS, Arkader 8, 129 ist Euander in seiner Eigenschaft als Grieche; in 12, 518 ist der schlichte, den Krieg hassende, echte „Arkader" Menoetes gemeint, der von Turnus erschlagen wird.
ARCENS 9, 581; 583 Sikuler, Krieger im Heere des Aeneas.
ARCETIUS 12, 459 (Rutuler).
ARCHIPPUS 7, 752. König der Marser. Name möglicher Weise nach einer Stadt „Archippa" am Fuciner See, von der Plin. 3 108 berichtet, daß sie von Marsyas, gegründet sei. Vgl. Rehm 25 „Wie der Name Archippus ins Marserland kommt, ist dunkel."
ARCTURUS 1, 744 3, 516 Stern, der im September aufgeht; er gehört zum Sternbilde des Rinderhirten; sein Auf- und Niedergang ist von heftigen Stürmen begleitet.
ARDEA 7, 411; 412; 631. 9, 738. 12, 44. Hauptstadt der Rutuler, nahe am Meere gelegen. Zu Vergils Zeiten ein verlassener, wegen seines Klimas gefürchteter Ort; einst aber mächtige Rivalin von Rom und Antium (Dion. Hal. I 72). „Die Lage am Vereinigungspunkt von zwei Schluchten würde geradezu die Etymologie ‚Ardua (= die Steile') die einige Hss. in 7, 411 hineinlesen wollen (vgl. Serv. z. d. St.) rechtfertigen. Ihre Gründung führt Vergil auf Danae und Argiver zurück (7, 371, 409—411, 794)." Rehm 28. Vgl. auch Tilly S. 31—53. Zur Gründungssage s. Acrisius.
ARETHUSA 3, 696, Quelle auf der Insel Ortygia bei Syrakus und Quellennymphe; verfolgt vom elischen Flußgotte Alpheus (s. dort), floh sie aus ihrer Heimat Pisa in Elis unter dem Meere hin nach Sizilien.
ARGI 1, 24; 285. 2, 95; 178; 326. 6, 838. 7, 286. 10, 779; 782. Argos, Lieblingsstadt der Juno, Hauptstadt der Argolis im Peloponnes.
ARGILETUM 8, 345, eine zwischen Oppius und Cispius zum Forum führende, in einer Talsenke an der Subura sich hinziehende Straße. Schon Servius gibt an, sie sei nach der dort vorhandenen Tonerde (a pingui terra) benannt. Ton = argilla. Diese Deutung findet sich auch bei Varro Ling. Lat. 4, 157. Vergil aber folgt hier einer Etymologie, die ihm zur Charakterisierung des frommen Euander dienen konnte. Danach heißt das Wort Argi letum = Tod des Argos. Die Sage wird von Servius folgendermaßen berichtet: „Euander nahm einen Argus gastlich auf; als dieser aber auf seinen Untergang sann, um selbst König zu werden, merkte zwar Euander nichts von diesem Anschlag; seine Freunde aber erkannten den Plan und töteten den Argus. Euander aber ließ dem Getöteten ein Grabmal errichten und den Platz für unverletzlich erklären (locum sacravit), nicht etwa, weil jener starb, sondern um der Gastpflicht willen. Mit Recht also verweilt Euander bei diesem Vorfall und legt seine Ursachen dar, um nicht bei seinem Gaste ⟨Aeneas⟩ in Verdacht zu geraten".
ARGIVI, orum 1, 40 5, 672 die Griechen, Argiver.
* ARGIVUS, a, um 1, 650 2, 254. 393 3, 547 7, 672. 794 11, 243 12, 544 argivisch, griechisch.
ARGOLICUS, a, um = griechisch 2, 55; 78; 119; 177. 3, 283, 637. 5, 52, 314. 8, 374. 9, 202. 10, 56.
ARGUS 1) 7, 791 der hundertäugige Wächter der Io, den Merkur erschlägt.
2) 8, 346 siehe Argiletum.
ARGYRIPA 11, 246 = Arpi, verderbte Form von Ἄργος Ἵππιον; griechische Siedlung in Italien durch den Aetolier Diomedes. Vgl. G. Radke, RE IX A 804 f.
ARICIA 7, 762 hier Nymphe, Gemahlin des Hippolytus und Mutter des Virbius. Sonst ist A. bekannt als eine der ältesten Siedlungen in Latium, heute Ariccia oder Riccia, am Fuße des Albanerberges und nahe an der Via Appia. Kultstätte Dianas und der Nymphe Egeria.
ARISBA 9, 264 eine in der Landschaft Troas am Flusse Selleis gelegene, einst, wie aus diesen Versen hervorgeht, von Aeneas eroberte Stadt, nahe bei Abydus und dem heute dort gelegenen Dorfe Mussa.

ARPI, Stadt des Diomedes in Apulien (s. Aetoli Arpi) 10, 28; 11, 250. 428.
ARQUITENENS 3, 75 Apollo, der Bogenhalter.
ARRUNS 11, 759. 763. 784. 806. 814. 853. 864 Etrusker aus dem Heer des mit Aeneas verbündeten Tarchon; tötet Camilla und wird selbst von Opis, einer Nymphe aus dem Gefolge Dianas, im Auftrag der Göttin getötet.
ASBYTES 12, 362 Trojaner.
ASCANIUS 1, 267; 645; 646; 659; 691. 2, 598; 652; 666; 747. 3, 339; 484. 4, 84; 156; 234; 274; 354; 602. 5, 74; 548; 597; 667; 673. 7, 497; 522. 8, 48; 550; 629. 9, 256; 258; 592; 622; 636; 646; 649; 662. 10, 47, 236; 605. 12, 168; 385; 433. Der Sohn des Aeneas und der Kreusa, Enkel des Anchises und der Venus, ist von Vergil mit besonderer Liebe dargestellt worden als der von Göttern und Menschen umhegte, jugendlich strahlende und doch im Geiste männlich reife künftige Ahnherr, der gens Julia. Altersreife im Jüngling und Jugendfrische im Greise ist ein von Cicero (Cato maior 11, 38) ausgesprochenes Ideal, das Vergil sicher auch in dem iuvenis Caesar (Ge 1, 500 ff.) ausgeprägt fand. Und so, wie um des Knaben Askanius Haupt die unschädlichen Flammen als Zeichen göttlicher Berufung leuchteten, so sprühten um die Schläfen des Siegers von Aktium (8, 680f.) zwei Flammenstrahlen als Zeichen der Lichtfülle und Macht des apollinischen Herrschers.
ASIA 1, 385. 2, 193; 557. 3, 1. 7, 224. 10, 91. 11, 268. 12, 15. Asien, geographisch das heutige Kleinasien, bedeutet in der Aeneis überall das Reich des Priamus und steht im Gegensatz zu Europa (1, 385; 7, 224; 10, 91).
ASIA palus, 7, 701. Eine feuchte Niederung am Kayster in Lydien mit vielen Süßwasserseen, ein Lieblingsaufenthalt der Schwäne. Vgl. Hom. Il. 2, 461 und Vergil Ge 1, 383.
ASILAS 10, 175; 11. 620; 12, 127. 550 Etrusker, augur und haruspex. Führer im Heere des mit Aeneas verbündeten Tarchon, bei GD zu 9, 571; 12, 127. 550 als *Italus*, doch wohl im Gegensatz zu *Etruscus*, aufgeführt. Die kunstvoll geformte Partie 12, 121—128 legt die von uns und vielen Editoren vertretene Auffassung näher; denn Heere und Anführer hüben und drüben entsprechen einander in Form eines Chiasmus (legio Ausonidum — Troius omnis Tyrrhenusque exercitus: Mnestheus et Asilas — Messapus); kunstvoller noch in 12, 548—551 (Latini — Dardanidae: Mnestheus acerque Serestus — Messapus), an diesen Chiasmus anschließend und eng zusammengehörig Asilas Tuscorumque phalanx; die Übersetzung sollte also lauten: ,,der starke Asilas mit seinem Tuskerheer''.
ASILAS 9, 571 Trojaner. Vgl. CORYNAEUS.
ASIUS 10, 123 Trojaner.
ASSARACUS 1) Ahnherr des Aeneas (s. d.) 1,284; 6, 650; 778 9, 259. 643 12, 127 2) Assaraci duo, zwei trojanische Krieger dieses Namens 10, 124.
ASTUR 10, 180; 181. Etrusker, Verbündeter der Trojaner.
ASTYANAX 2, 457. 3, 489. Trojaner, Sohn Hektors und Andromaches.
ASYLUM 8, 342. Eine Zufluchtsstätte für Auswanderer und Flüchtlinge aus anderen Städten, von Romulus am Fuß des Kapitols angelegt, um seiner Neugründung Zuwachs zu verschaffen.
ATHESIS 9, 680 heute it. Adiga, de. Etsch, Fluß in Rhätien.
ATHOS 12, 701 höchster am weitesten östlich gelegener Bergrücken, mit dem die makedonische Chalkidike in das Ägäische Meer vordringt; Symbol für steile, wuchtige Höhe.
ATII 5,568 die Atier, latinisches Geschlecht, abstammend von dem jungen Trojaner Atys (5, 568 f.), dem Freunde des Julus-Askanius. Aus diesem Geschlechte stammte Atia, Tochter Julias, der Schwester des großen C. Julius Caesar; auf diese Verbindung der Julier mit den Atiern weist Vergil hin.
ATINA 7, 630 Stadt in den östlichen Bergen des Volskergebietes. Vergil nennt sie als eine der 5 ,,clara oppida'' Latiums, die Waffen für den Krieg schmieden. ,,Daß das weit abgelegene Atina, das auch keine Rolle in der römischen Geschichte spielt, hier erscheint, ist auffällig''. (Rehm 25) Atina für Amitinum? vgl. Hülsen ebd.
ATINAS 11, 869. 12, 661. Rutuler.
ATLANTIDE Electra 8, 135 Tochter des Atlas, Schwester des Oenomaus und der Maia.

ATLAS 1, 741 4, 247. 248. 481 6, 796 8, 136; 140; 141. 1) Gebirge im Nordwesten Libyens, auf dem der Sage nach das Himmelsgewölbe ruht. 2) A, ursprünglich, wie es im Mythos heißt, Sohn des Japetus und der Klymene, Freund der Sternkunde, (Ov. met. 4, 628 ff. Cic. Tusc. 5, 8), wurde von Perseus wegen ungastlichen Verhaltens durch das Medusenhaupt in den Berg Atlas verwandelt. Ovid. met. 4, 657 ff; er zeugte mit Pleione die sieben Plejaden,
* darunter Maia und Elektra, mit Aethra die sieben Hyaden.
ATRIDES 1, 458. 2, 104; 415; 500. 8, 130. 9, 138; 602. 11, 262. Die beiden Atreussöhne Menelaos (König von Sparta) und Agamemnon (König von Mycene).
ATYS 5, 568; 569. Trojaner, Stammvater der latinischen Atii, Freund des Julus. Vgl. Atii.
AUFIDUS 11, 405 Hauptfluß Apuliens, entspringt in Samnium auf dem Apennin, fließt durch das damals dem Daunus gehörende und zu einem Teile dem Diomedes abgetretene Gebiet und mündet in die Adria. Die Erklärung der Verse 403—405:
„nunc et Myrmidonum proceres Phrygia arma tremescunt,
nunc et Tydides et Larissaeus Achilles,
amnis et Hadriacas retro fugit Aufidus undas" bietet Schwierigkeiten, die in den uns vorliegenden Kommentaren nicht deutlich genug aufgezeigt werden. Wir versuchen sie in folgenden Fragen anzudeuten:
1) Was bedeutet 405: „und der Aufidusstrom flieht rückwärts vor den Wogen der Adria?" Etwa a) eine von Turnus formulierte Unmöglichkeit, ein sog. ἀδύνατον, dazu bestimmt, auch die vorangehende Behauptung von der Angst der Myrmidonenführer vor den Phrygierwaffen als eine Unmöglichkeit zu kennzeichnen? So verstehen Servius, PL und Lc den Text. Lc paraphrasiert: „Aujourd'hui qu'au gré de Drancès tout est changé dans le monde, et que les héros fuient devant les lâches, nous allons voir aussi les fleuves remonter leur cours." Warum wird aber dann ausgerechnet der im Gebiete des Diomedes oder des Turnus fließende A u f i d u s erwähnt? Oder b) eine dem Drankes von Turnus in den Mund gelegte Anspielung auf das tatsächliche 11, 252—293 dargestellte Zurückweichen des Diomedes vor den Trojanern? Oder c) eine ebenfalls dem Drankes zugeschriebene böswillige Anspielung auf die von Juno (10, 611—682) bewirkte Entfernung des Turnus vom Schlachtfeld, die Drankes 11, 351 höhnisch als Flucht bezeichnet? Co versteht 405 als ernstgemeinten Ausdruck für ängstliches Zurückweichen; zum Vergleich zieht er 6, 799—800 „〈Augusti〉 in adventum iam nunc ... septemgemini turbant trepida ostia Nili" und, wenn auch mit Bedenken, Psalm 113 (114), 3 heran: „Mare vidit 〈exitum populi Israel〉 et fugit, Jordanis vertit se retrorsum". Er hätte auch noch hinweisen können auf 9, 124f. „cunctatur et amnis rauca sonans revocatque pedem Tiberinus ab alto", wo der Tiber zurückbebt vor dem Monstrum der in Nymphen verwandelten Schiffe.
2) Weiß der erregte Turnus nicht mehr, daß nicht Drankes, sondern Diomedes selbst Worte gesprochen hat, aus denen man allenfalls ein Erbeben der Griechen vor den Trojanern heraushören könnte? Kappes bemerkt: „Die Furcht des Drankes (vgl. 345 ff.) und der versammelten Latiner ist ebenso unbegründet, wie die des Diomedes vor Aeneas. In seiner Aufregung beachtet Turnus nicht, daß der Bericht über die Gesandtschaft von anderen herrührt."
3) Ist 404 mit Ri, Hi, Klouček und Sparrow (132) als eine aus 2, 197 in den Text geratene Glosse zu Myrmidonum proceres zu tilgen? Und was wäre damit für die Erklärung der Stelle gewonnen?
Nur eine genaue, hier nicht zu bietende Interpretation von 11, 203—444 könnte diese Fragen beantworten.
AUGUSTUS 6, 792. 8, 678. Diesen Ehrennamen „Der Erhabene" bekam der Herrscher am 16. Januar 27 v. Chr. Er selbst erzählt es in seinem Tatenbericht[1]: „In meinem 6. und 7. Konsulat, nachdem ich die Bürgerkriege aus-

---

[1] Herausgeg. lat.-griech.-deutsch von Dr. F. Gottanka, Ernst Heimeran Verlag, München 1943.

gelöscht hatte, habe ich, nach dem einmütigen Wunsche der Gesamtheit in Besitz der Allgewalt gelangt, den Staat aus meiner Amtsgewalt dem Ermessen des Senates und des römischen Volkes überantwortet. Für dieses mein Verdienst wurde ich auf Beschluß des Senats Augustus genannt". (Cap. 34.) „Die Beinamen *Romulus* und *Quirinus* hatte er zwar 27 v. Chr. abgelehnt, aber *Augustus* entstammte der gleichen Vorstellungswelt und lenkte die Gedanken auf die Wortverbindung, in der *augustus* am eindrucksvollsten in der religiösen Überlieferung gegeben war, auf das *augurium augustum* des Romulus." So Carl K o c h in seinem wichtigen Artikel: „Roma aeterna", Gymnasium 59. Jahrg. Heft 3 (1952) S. 204. Dort auch der Hinweis auf Sueton, Aug. 95.

AULESTES 10, 207. 12, 290. Etrusker. Als Feind des Mezzentius zieht er mit Aeneas gegen die Latiner in den Krieg und wird von Messapus unmittelbar nach dem von Juturna, der Schwester des Turnus, angezettelten, vom Lanzenwurf des Tolumnius eröffneten Vertragsbruch erschlagen.

AULIS 4, 426, Hafenstadt in Böotien, Sammelplatz der gegen Troja auslaufenden Griechenflotte.

AUNUS 11, 700; 717, Ligurer, hier Sohn des Aunus. Nach PL ist es ein Zeichen seiner Jugend, daß er nur mit dem Vaternamen genannt wird.

AURORA. 1, 751. 3, 521; 589. 4, 7; 129; 568; 585. 5, 65; 105. 6, 535. 7, 26; 606. 8, 686. 9, 111; 460. 10, 241. 11, 1; 182. 12, 77.
Göttin der Morgenröte, Gemahlin des Tithonus, Mutter des Memnon (1, 751). Servius merkt zu 11. 183 an: „Asinius Pollio sagt, Vergil gebrauche bei der Beschreibung des Tages immer eine der vorliegenden Situation entsprechende Redewendung". Die dann von ihm angeführten Interpretationsbeispiele sind zwar, wie V. Pöschl (228) sagt, „wirklich ganz albern", aber die Beobachtung als solche ist gut und wird von Heinze (366 ff.) und Pöschl (228 ff.) mit überzeugenden Beispielen veranschaulicht. Vergil meidet, genau wie sein hellenistischer Vorgänger Apollonius Rhodius (ca. 295—215 v. Chr.) die stereotype Formel Homers: ἦμος δ' ἠριγένεια φάνη ῥοδοδάκτυλος ἠώς und gibt manchmal mit der Wendung gewissermaßen das Leitmotiv für die nun folgende Szene. Es lohnt sich für den Interpreten, darauf zu achten und die Feinheit solcher symbolkräftigen Vertiefung selbst nachzuempfinden und andere empfinden zu lassen. Heinze weist hin auf 1, 305. 3, 521. 5, 104. 11, 182. 12, 114. Es wird freilich ein besonderer Sinn dafür verlangt. Sonst arten solche Ausdeutungen zu leicht in frostige Tüfteleien und Spitzfindigkeiten aus.

AURUNCI — AUSONES.
1) „Als altes Volk Unteritaliens werden die Ausones oder Aurunci sehr häufig erwähnt." (Antiochos bei Strab. 5, 242; Hellanikos bei Dion. Hall. 1, 22 und weitere Lit.-Angab. bei Rehm 65 A. 142).
2) „Als Bewohner Latiums nennen sie nur Skymnos 228; Plin. 3, 56, Liv. 2, 16."
3) „An den übrigen Stellen, wo bei ⟨Vergil⟩ Aurunci vorkommen (7, 727. 10, 353. 12, 94) ist wohl das Volk in seinen historischen Sitzen zwischen Liris und Volturnus ⟨in Nordcampanien⟩ gemeint." (Rehm a. a. O.)

AURUNCI 7, 206. 795, Verbündete des Turnus. In 7, 727; 10, 353; 12, 94 Volk am hist. Wohnsitz (s. o.). In 11, 318 mit Sikanern und Rutulern Bewohner des ager, den Latinus den Trojanern überlassen will.

AURUNCUS Actor 12, 94 (s. Actor).

AUSONIA manus 8, 328, „Ausonius" wird von Vergil nur hier mit Beziehung auf ein bestimmtes Volk, die Aurunker, gebraucht. Sonst bezeichnet Ausonia und Ausonius (portus, fines usw.) immer das ganze Italien wie Hesperia, Saturnia; so schon Lykophron und Apollonius. (Rehm 25 A. 141.)

AUSONIA, ae = Italien 3, 477; 479; 496. 7, 39 (orae). 55. 105 (urbes). 623. 9, 136; 639 (acies). 10, 54; 356. 11, 58.

AUSONII — AUSONIDES 7, 233. 10, 105; 564. 11, 253. 12, 121; 447; 834: 937.

AUSONIUS, a, um 3, 171 (terra). 378 (portus). 4, 236 (proles). 349 (terra). 6, 346 (fines). 807 (terra). 7, 198 (litus). 537 (arva). 547 (sanguis). 9,99 (portus). 10, 268 (duces). 12, 838 (sanguis).

AUSONIA cuspis 11, 41, Speer des Turnus — feindliche Waffe für Aeneas.

AUSONIUS sal 3, 385 = Tyrrhenisches Meer.

AUSONIUS Thybris 5,83 Tiber.
AUSONIUS Turnus 12, 183 (s. Turnus).
AUTOMEDON 2, 477, Wagenlenker des Achill.
AVENTINUS 7, 657; 659. 8, 231. Sohn des Herkules und der Priesterin Rhea, benannt nach dem aventinischen Hügel (7, 659; 8, 231), Krieger im Italikerheere.
AVERNUS, i bzw. Averna, orum. 3, 442. 6, 201.
1) Der in vulkanischer Landschaft nah bei Cumä in Campanien liegende, Vergil wohlbekannte Avernersee, an dessen ehemals wohl düster wirkenden, von Schwefeldämpfen umwitterten Gestade der Sage nach ein Eingang zur Unterwelt führte. 5, 813 weist aber auf den Strand von Cumä hin, denn der Avernersee war ein Binnensee und erst seit 37 v. Chr. durch den Agrippa angelegten Kanal mit dem Meere verbunden. Vgl. Landleben Reg. s. v. Nach Rehm (S. 78) weist seine Schilderung gewisse, für die Unterweltsschilderungen typisch gewordene Züge auf. Vgl. Vergil 7, 81 ff., 563 ff., Apoll. Rhod. 2, 736 ff., 4, 597 ff., Silius Ital. 12, 120 ff., 6, 146 ff., Ovid. Met. 11, 592 ff., Lucan. Phars. 3, 399 ff.
2) Unterwelt: 5, 732. 6, 126. 7, 91.
AVERNUS, a, um, unterweltlich: 4, 512. 6, 118; 564.

BACCHUS 1, 215; 734 (laetitiae dator). 3, 354. 4, 302 (orgia). 5,77. 7, 385; 389; 405; 580; 725. 8, 181. 11, 737. Sohn Juppiters und der Semele, Gott des Weines, an manchen Stellen einfach Metonymie für Wein (1, 215. 3, 354. 5, 77. 7, 725, 8, 181), im siebenten Buch der Gott der bakchantischen Orgien.
BACTRA 8,688, heute Balch, Hauptstadt von Bactriana in Persien, Landschaft Inneraisens im oberen Stromgebiete des Oxus.
BAIAE 9, 710, hochberühmtes Luxusbad am Golf von Neapel zwischen Misenum und Puteoli, in der reizvollsten Landschaft Kampaniens gelegen; Vergil spielt hier auf die ins Meer hinausgebauten Villen an; so heißt es auch bei Horaz (epist. I 1, 83 ff.): „Kein Meerbusen der Welt überstrahlt Bajäs Reize': so sprach der Reiche, und alsbald spürt Golf und Lagune die leidenschaftliche Liebe des ungeduldigen Bauherrn (übers. von W. Schöne, Ernst Heimeran Verlag, Die Satiren und Briefe des Horaz)". Ausführlich über Bajä und seine Bedeutung in der Antike L. Friedländer, Sittengesch. Roms 8 u. 9, Leipzig 1919, I S. 405 ff.
BARCAEI 4,43, die Familie der punischen Barcas, der später Hamilcar und Hannibal entstammten. Das Wort bedeutet „Blitz".
BARCE 4,632, Amme des Sychaeus, nach dessen Tode vertraute alte Dienerin Didos.
BATULUM 7, 739, bei Vergil aufgeführt in der Gruppe der südkampanischen Städte; bei Sil. 8, 564 unter den samnitischen.
BEBRYCIA gens 5, 373. Der Bebrykerstamm in Bithynien. Besonders berühmt ist der Bebrykerkönig Amycus (s. d.).
BELIDES Palamedes 2, 82 Nachkomme des Belus. (Belus + Anchinoë — Danaos — Amymone + Poseidon — Nauplios — Palamedes)[1]
BELLONA 7, 319. 8, 703, Kriegsgöttin, die mit blutiger Geißel bewaffnete Begleiterin des Mars.
BELLUM 1, 294. 6, 279. 7, 607, Kriegsdämon.
BELUS 1) Asiatischer König, Erbauer Babylons. Nach griechischer Sage Sohn des Poseidon, Vater des Danaos, Aigyptos und Kepheus, Großvater der Amymone, deren Enkel Palamedes ist. 1, 729f. 2) Der jüngere Belus, Vater Didos. erobert Cypern und überläßt es dem Teuker 1, 621.
BENACUS (lacus) 10, 205, der Garda-See, vgl. Goethe, Ital. Reise 12. 9. 1786.
BERECYNTIUS, a, um 6, 784. 9, 82; 619, vom Berge Berecynthos in Phrygien, Beiname der Göttermutter Kybele (6, 784. 9, 82). „Der Vergleich der Göttin Roma mit der phrygischen Allmutter hat im Zusammenhang des vergilischen Epos und gerade im Munde des Anchises einen tiefen Sinn. Die Überführung des Kults der Idaea mater aus Phrygien nach Rom galt als Abschluß

---

[1] + = Elternpaar, — = Sohn bzw. Tochter.

der Konstruktion von der trojanischen Ursprungslegende der Stadt, die den
Anspruch auf den Besitz des heiligen Steins mit ihrer Abstammung von Troja
motivierte. Durch die Aufnahme dieses Idols und die Gründung des Tempels
auf ihrer Urstätte, dem Palatin, hat Roma die von ihr erhobenen Ansprüche
auf die Herrschaft über die Städte des Erdkreises, insbesondere Asiens, gewissermaßen legitimiert." (E. Norden, S. 321).
BEROE 5, 620; 646; 650, Gemahlin des Doryclus aus Tmaros, eine der im
Gefolge des Aeneas aus Troja geflüchteten vornehmen Frauen, deren Gestalt
Iris, von Juno dazu angestiftet, annimmt, um die Trojanerinnen dazu anzutreiben, die Schiffe in Brand zu stecken.
BITIAS 9, 672; 703. 11, 396, Trojaner vom Idagebirge. Die Erzählung von
Pandarus und Bitias ist Hom. II. 12, 127 nachgebildet.
BITIAS 1, 738, Karthager. Serv. weist auf Liv. hin, wonach B. Admiral der
Karthagischen Flotte ist.
BOLA 6, 775, uralte Stadt der Aequer in Latium.
BOREAS 10, 350, Gott und König von Thrakien. 3, 687. 12, 365 Nordwind.
BRIAREUS 6, 287 = AEGAEON (s. d.).
BRONTES 8, 425, der Donnerer, vom griech. βροντή Donner, Name eines
der die Blitze Juppiters schmiedenden Kyklopen. Vgl. Hesiod, Theogonie 140.
BRUTUS, L. Junius 6, 818, der berühmte Begründer des römischen Freistaates,
dessen Vorbild von den Caesarmördern in Anspruch genommen wurde. Bei
Vergil liegt eine düstere, herbe Tragik über diesem ultor Brutus, der sogar
seine eigenen Söhne als Verbündete der vertriebenen Tarquinier und als Rebellen gegen die heilige, eben erst erkämpfte Freiheit hinrichten ließ.
Die Interpretation von 6, 817—823 ist umstritten. In 817/18 beziehen No, Ja,
Sa und Tu animamque superbam noch auf Tarquinios reges und schließen sich
damit den antiken Kommentatoren Servius und Donatus an. Die Mehrzahl der
Herausgeber und Übersetzer aber folgt einer ebenfalls antiken, in M z. B. durch
Interpunktion (M²) gekennzeichneten, Deutung, die animamque superbam auf
ultoris Bruti bezieht, und gibt das in folgender Weise wieder: „die erhabene
Seele (Scheffer)", „die Tugend (Schröder)", „die hohe Seele (Vezin)" u. a.
Ausführlich für die Beziehung auf Tarquinios reges tritt Norden (328) ein.
Schwierigkeiten bieten beide Auslegungen. Die erste muß in 818 eine ungewöhnliche Inversion der Partikel que in Kauf nehmen: ultoris Bruti fascesque =
ultorisque Bruti fasces; die zweite bleibt angesichts des Sprachgebrauchs von
superbus fraglich; das Wort kommt in der Aeneis 39mal vor und bedeutet
I. im guten Sinne a) von Menschen gesagt: stolz, stolz auf etwas, erhaben,
hochberühmt (2, 556. 5, 268; 473; 8, 202. 12, 126); b) von Dingen, Häusern,
Städten, Einrichtungen und dgl. gesagt: hochragend, prächtig, vornehm (1, 697
aulaea; 3, 475 coniugium ⟨Veneris cum Anchisa⟩; 8, 196 fores; 11, 340 genus;
3,2 Ilium; 8, 683 belli insigne; 1, 639 (vgl. 12, 126) ostrum; 2, 504 u. 8, 721f.
postes; 7, 12 tecta; 7, 630 Tibur).
II. im schlechten Sinne a) von Menschen gesagt: stolz, hochmütig,
überheblich, übermütig (1, 523 gentes; 3, 326 iuvenis ⟨Pyrrhus⟩; 4, 424 hostis
⟨Aeneas im Urteil der verlassenen Dido⟩; 6, 853 subst. superbi = die Empörer
gegen Rom; 8, 613 Laurentes; 9, 695 fratres ⟨Bitias und Pandarus im Urteil
des Turnus⟩; 10, 514 f. ⟨Turnus⟩; 11, 15 rex ⟨Mezzentius⟩; 12, 236 domini;
12, 326 Turnus. b) von göttlichem und menschlichem Handeln, Reden, Verhalten, Wohnen u. dgl. gesagt: stolz, hochfahrend, überheblich usw. (2, 785 sedes
Myrmidonum Dolopumve ⟨im Urteile Creusas⟩; 4, 540 rates ⟨die Flotte des
Aeneas im Urteile Didos⟩; 7, 544 vox ⟨der Allekto⟩; 8, 118 bellum; 8, 481 f.
imperium; 9, 634 verba; 10, 445 u. 12, 877 iussa; 11, 539 vires; 11, 715
animi).
III. nicht sicher zu entscheiden ist die Bedeutung in 1, 21 populus bello superbus
⟨vom römischen Volke, der Nachkommenschaft des Trojanervolkes gesagt, mußte
superbus hier für Juno einen ungeruen Klang haben⟩; 6, 817 anima superba ⟨entweder: die stolze, hochmütige Seele des Tarquinius, oder: die hohe Seele des
Rächers Brutus); 9, 324 f. superbus Rhamnes ⟨könnte hier, von Vers 325 bis 328
aus beurteilt, wohl positiv verstanden werden im Sinne von „vornehm,
erhaben". 16mal also wird superbus in positivem Sinne gebraucht, 11mal von

Dingen, 5mal, aber nicht ethisch, von Menschen; 20mal kommt es im ethisch negativen Sinne vor; die anderen 3 Stellen bleiben unsicher. Interpretiert man 6, 817 im Sinne Nordens, so ließe sich als einigermaßen vergleichbar Vers 3, 326 heranziehen. Die Inversion fascesque gibt außerdem dem Ausdruck ultoris Bruti ein Gewicht, das dem düsteren Pathos der Stelle sehr wohl gemäß ist.
Eine zweite Interpretationsschwierigkeit liegt in 821 ff. Gegen die gesamte antike Tradition legt Heyne die Stelle so aus (Original lateinisch): „Wie auch immer die Nachwelt diese Tat deuten mag, ⟨Brutus⟩ wird durch die Hinrichtung seiner Söhne den ihn beratenden Kräften der Vaterlandsliebe und der Ruhmbegier folgen". Er interpungiert also stark hinter infelix, und faßt *utcumque* ... *minores* als Vordersatz zu dem *vincet* ... auf. Gegen diese Auslegung führt Norden vor allem Augustinus civ. 3, 16 und 5, 18 ins Feld und faßt seine Ansicht folgendermaßen zusammen: „Die Verse sind ein schönes Monument für den Dichter, der sein weiches Empfinden mit der Bewunderung für die starre Großartigkeit der alten ‚fortia facta' harmonisch zu vereinigen wußte: ‚unglücklich ist Brutus trotz allem Nachruhm; aber höher als sein Glück stellt er die Pflicht, die ihm als Patrioten obliegt und deren Erfüllung ihn berühmt machen wird ... Daß der Dichter neben dem Patriotismus die „gewaltige Ruhmbegierde" als das den Brutus zu der furchtbaren Tat treibende Motiv ohne jeden Tadel nennt, wird niemand befremden, der sich den im antiken Empfinden fest wurzelnden Begriff der δόξα vergegenwärtigt (329)".
BUTES 1) 5, 372 ein Faustkämpfer aus dem Bebrykervolke des Amykus (s. d.), war von Dares besiegt und sterbend (moribundus) aus der Arena geschleift worden. 2) 9, 647: alter Trojaner, ehemals Waffenträger und Leibwächter des Anchises, dann Begleiter des Askanius, von Aeneas mit diesem Amte beauftragt. In seiner Gestalt erscheint Apollo dem kampfbegierigen Askanius, als dieser den ersten Feind getötet hat. Mc (z. St.) nimmt Anstoß daran, daß 5, 546 f. ein Aepytides = Sohn des Aepytus, als Begleiter und Wächter des Askanius bezeichnet wird. 3) 11, 690 f.: ein von Camilla erschlagener Trojaner. Mc meint, er sei vielleicht mit dem von 5, 372 identisch, das geht nur, wenn man moribundus nicht ernst nimmt.
BUTHROTUM 3, 293, Stadt an der Küste von Epirus, heute Butrinto in Albanien an der Meerenge von Korfu.
BYRSA 1, 367. *Strabo* schreibt 832 „Mitten in der Stadt ⟨Karthago⟩ lag die *Burg*, welche Byrsa hieß, eine ziemlich *steile* und rings umwohnte *Anhöhe*". Er geht also auf die von Vergil gegebene Etymologie „βύρσα = abgezogene Haut" nicht ein, sondern gibt dem Sinne nach das punische Wort „Bosra = Zitadelle, Anhöhe" wieder.

CACUS 8, 194; 205; 218; 222; 241; 259; 303, Sohn des Vulcanus, dämonischer, halb menschlich, halb tierisch gestalteter Unhold und Straßenräuber; als Rinderdieb von Hercules erschlagen. Vgl. F. Münzer, Cacus der Rinderdieb. Progr. Basel 1911, und Wilamowitz, Euripides — Herakles, Berlin, Weidmann, 1909, 2. bearb. Aufl. p. X.
CAECULUS 7, 681. 10, 544, Sohn des Vulkan, Gründer von Praeneste (Palestrina). C. wurde als Kind am Tempel des Juppiter ausgesetzt, dort fanden ihn wasserholende Mädchen und retteten ihn. Wegen der Empfindlichkeit seiner Augen wurde er C. genannt. Lit.-Angaben zu den vier Fassungen der Sage, die alle aus Catos Origines zu stammen scheinen, bei Rehm (S. 93).
CAEDICUS 9, 362, Etrusker, befreundet mit Remulus von Tibur, spendet dem herrlichen Waffenschmuck, den Euryalus dem Rhamnes im Rutulerlager raubt. In 10, 747: Italischer Kampfgenosse des Turnus.
CAENEUS — CAENIS 1) 6, 448: ursprünglich Tochter des Lapithen Elatus, von Neptunus in einen unverwundbaren Krieger verwandelt, im Kampfe der Lapithen gegen die Kentauren unter einer Last von Baumstämmen erstickt, erhält nach der so nur von Vergil berichteten Sagenversion in der Unterwelt die ursprüngliche Mädchennatur wieder. Vgl. No. S. 251. Ausführlich gibt Ovid Met. 12, 171—209 und 459—531 die von Vergils Fassung abweichende Sage wieder. 2) 9, 573 trojanischer Krieger von Turnus getötet.

CAERE (Cervetri-Agylla) 1) 10, 183 die Stadt Caere (s. Agyllina). 2) Caeritis amnem 8, 597, kleines Flüßchen bei Caere, heute Vaccino.

CAESAR, C. Julius (100—44 v. Chr.) 6, 789. Für Vergil ist er der Divus, der Vergöttlichte, dessen Sohn Augustus zur Vollendung des Imperium Romanum auf Erden berufen ist. In 6, 826—835 spricht sich des Dichters Abscheu vor dem Bürgerkrieg deutlich aus; in echter, unaufdringlicher Huldigung an den großen Sieger, der seine besiegten Feinde sofort begnadigte, sind die Verse 834 f. geschrieben.

CAESAR (Octavianus) (63 v. Chr.—14 n. Chr.) 1, 286. 6, 792. 8, 678; 714. Vom Beginn seines Dichterdaseins an stellt Vergil die Gestalt des Caesar Divi Filius, dessen leibliche Eltern Octavius und Atia waren, in den Mittelpunkt seines Schaffens; in dem jungen, damals oft noch brutal gegen seine Feinde vorgehenden Triumvir erkannte der Dichter den künftigen Begründer der Pax Augusta. (Über Vergil und Augustus jetzt Franz B ö m e r, Gymnasium 58. Jhg. 1951, Heft 1, S. 26—55 mit reicher Literaturangabe.)

CAICUS 1, 183. 9, 35, Trojaner.

CAIETA 1) Amme des Aeneas 7, 2, dann 2) 6, 900. Stadt und Vorgebirge in Latium nahe an der kampanischen Grenze; im nahegelegenen Formiae gab es nach Liv. 40, 2 einen Tempel des Apollo und der Caieta. (Über die Bedeutung der nutrix in der klassischen Tragödie vgl. Heyne Exc. I.)

CALCHAS 2, 100; 122; 176; 182; 185, Sohn des Thestor, der aus Homers Ilias bekannte Seher der Griechen vor Troja.

CALES 7, 728, Stadt in Nordkampanien, spätere römische Kolonie, Liv. 8. 16 (heute Calvi).

CALLIOPE 9,525, die Schönstimmige, die vornehmste der neun Musen, Göttin der Dichtkunst, besonders des Epos.

CALYBE 7, 419, greise Priesterin der Juno im Rutulerland, deren Gestalt Allekto annimmt, um Turnus zum Kriege zu hetzen.

CALYDON 7, 306; 307. 11, 270, uralte Hauptstadt Aetoliens. Weil Diana von Oineus, dem Herrscher der Stadt, keine Opfer erhielt, ließ sie Kalydon von einem furchtbaren Eber heimsuchen. Darauf spielt Juno 7, 306 f. an.

CAMERINA 3, 701, heute Torre di Camarina auf Sizilien an der Südwestküste. Mit den *fatis nunquam concessa moveri* (700) spielt Vergil auf jenen Orakelvers an: „Μὴ κίνει Καμάριναν. ἀκίνητος γὰρ ἀμείνων = Rühre nicht an Kamarina; es bleibt besser unangetastet (Kurfess, A. Sibyllinische Weissagungen, Ernst Heimeran Verlag 1951, S. 299)", durch den Apollo die Einwohner warnte, den ihre Stadt umgebenden Sumpf auszutrocknen. Servius merkt an: „Nahe bei der Stadt liegt ein Sumpf; als dieser einst ausgetrocknet wurde und dabei eine Seuche verursacht hatte, fragten die Kamariner um Rat, ob es besser sei, ihn ganz und gar trocken zu legen. Der Orakelspruch verbot es. Jene aber trockneten ihn doch aus. Da wich zwar die Seuche; als aber die Feinde durch das trockengelegte Sumpfgebiet eingedrungen waren, mußten die Bürger büßen". v. Wilamowitz (Pindaros S. 415, Anm. 1) schreibt zu dem Spruch: „Man wird den Spruch, der so populär war, daß er noch in den Sibyllinen 3, 736 steht, nicht von denen über Kroton, Akragas u. a. trennen, die bei Ephoros standen, und als eine Warnung vor der Gründung ansehn". Das Alter des Spruches ist nicht bekannt. Kurfess (S. 298) weist noch hin auf Schol. Ver. p. 92, 30, Keil. Sil. Ital. XIV 198, Zenobios V 18. Paroemiographi Graeci ed. Schneidewin-Leutsch I 123, Anthol. Pal. IX 685; Lukian Pseudol 32. Stephanus Byz. s. v. Καμαρινα

CAMERS 10, 562. 12, 224, Rutulerkrieger, Sohn des Volcens, von Aeneas verfolgt; 12, 224 verwandelt sich Juturna in seine Gestalt, um die Rutuler zum Vertragsbruch zu bewegen.

CAMILLA 7, 803. 11, 432; 498; 535; 543; 563; 604; 649; 657; 689; 760; 796; 821; 833; 839; 856; 868; 892; 898. Gestalt aus griechischer Sage und volskischer Lokalsage (Caterine Saunders, Vergils Primitive Italy 87 ff). An Familientradition der römischen Camilli denkt P. Faider, Mus. Belge 34 (1930) 59 ff. angeführt bei Rehm S. 30 A. 67. „Die schlachtenfrohe Jungfrau, schnellfüßig, unermüdlich, entschlossen, mit leicht entzündetem Stolz (XI 686, 709) und der List gegenüber ohne Arg, noch im Tode unerschrocken und ihrer Pflicht eingedenk

(825): sie prägt sich der Phantasie wohl am leichtesten von allen virgilischen Gestalten ein." So Heinze a. a. O. S. 215. Für die Jugendgeschichte Camillas (11, 537—584) vgl. Crusius in Roschers Lex. I 1835, Knaack, Rhein. Mus. XLIX 526 und die Kommentare. Die Partie gehört zu denen, die vom Dichter vielleicht noch nicht in Zusammenhang eingepaßt worden wären. In Camillas Gestalt hat Vergil Züge der Harpalyke und der Penthesilea miteinander verschmelzen wollen; das ist ihm nach Heinzes Urteil (a. a. O. S. 215 Anm. 1), nicht völlig gelungen.

CAMILLUS 6, 825 M. Furius C., Eroberer von Veji, befreite Rom von der Gallierherrschaft, sein Heldentum war so berühmt, daß später der bloße Name die Bedeutung „Retter des Vaterlandes" annahm.

CAMPANUS, a, um, kampanisch 10, 145, hier Campania urbs = Kapua, benannt nach dem Trojanerhelden Capys.

CAPENUS, a, um, capenisch zu Capena gehörig. 7, 697 Capena war eine am Fuße des Sorakte gelegene etruskische Stadt, heute Civitucola.

CAPHEREUS 11, 260, Kap Kaphereus an der Südostspitze von Euböa. Anspielung auf den Untergang des Aiax durch die Rache der Minerva (Athene) an dieser Stelle. Eine andere Sage (Eurip. Helena) berichtet, daß Nauplios, König von Euböa, um den Tod seines Sohnes Palamedes zu rächen, an diesem Kap falsche Leuchtfeuer anbringen ließ und so die Flotte der Griechen am Felsenriff zerschellte.

CAPITOLIUM 6, 836. 8, 347; 653. 9,448 Kapitol in Rom. In 6, 836 Anspielung auf die Zerstörung Korinths durch L. Mummius Achaicus im Jahre 146 und seinen Triumphzug in Rom.

CAPREAE 7, 735, das heutige Capri, der Sage nach alter Wohnsitz der Teleboer (s. d.).

CAPYS 1) 1, 183. 2, 35. 9, 576. 10, 145: Gefährte des Aeneas; 10, 145 als Stammherr Capuas bezeichnet. 2) 6, 768: König von Alba.

CARES 8, 725 die Karer, Bewohner von Caria, der südlichsten Landschaft Kleinasiens.

CARINAE, arum 8, 361 „die Kiele", Stadtviertel in Rom am Esquilinus, heute die Anhöhe von S. Pietro in vinculo; berühmt wegen seiner prächtigen Gebäude, hier noch Weideplatz für die Rinderherden des armen Arkaderkönigs Euander. Solch vergleichender Rückblick in die ganz schlichten Anfänge gaben dem römischen Leser ein Gefühl des Stolzes und romantischer Rührung zugleich.

CARMENTIS 8, 336; 339; weissagende Nymphe, Mutter des Euander; nach Liv. 1, 7, 8, Ov. fast. 1, 461ff und Hyg. fab. 277 war sie mit ihrem Sohne nach Latium gekommen. Aus unserer Stelle aber geht hervor, daß sie als altitalische vates fatidica galt, was ja auch in ihrem Namen schon ausgesprochen wird, Carmentis = Künderin der carmina, der Wahrsprüche. Ihr Tempel lag am Fuße des kapitolinischen Hügels; Altäre ihr zu Ehren errichtet, standen an der Carmentalis porta in derselben Gegend. 8, 338.

CARPATHIUM mare 5, 595 das Karpathische Meer, liegt zwischen Rhodus und Kreta.

CASMILLA 11, 543 Mutter der Camilla, Gemahlin des Metabus. Altlateinischer Name; vgl. Varro LL 7, 34. Macr. sat. 3, 8, 7 Servius zu Camilla 11, 543.

CASPERIA 7, 714 nicht genau lokalisierbar, genannt in der Aufzählung der sabinischen Orte, vielleicht Aspra.

CASPIA regna 6,798: Reiche am Kaspischen Meere, als Beweis für die bis in weiteste, von Alexander erschlossene Länder reichende Macht des Augustus liebt Vergil es, die fernen Gebiete in Asien, Arabien usw. zu erwähnen.

CASSANDRA 2, 246; 343; 404. 3, 183; 187. 5, 636. 10, 68: Tochter des Priamus und der Hecuba, Braut des Coroebus (2, 343ff.), weil sie die Liebe des Gottes Apollo enttäuscht hatte, wurde sie von ihm dadurch gestraft, daß sie die Gabe der Weissagung bekam, aber keinen zu überzeugen vermochte von der Wahrheit ihrer Gesichte (2, 246 f. 3, 187).

CASTOR 10, 124 Trojaner.

CASTRUM Inui 6, 775 Hafen von Ardea an der Mündung des Fosso dell'Incastro, der noch den Namen „castrum" zu bewahren scheint. Vgl. B. Tilly, Vergil's Latium S. 34.

CATILINA, L. Sergius 8, 668: als Verschwörer und Vaterlandsverräter von Vergil in den Tartarus geworfen.
CATILLUS 7, 672, 11, 640. Mit seinen Brüdern Coras und Tiburtus (-nus) ist er einer der drei Gründer von Tibur als Sohn oder Enkel des Amphiaraos, er galt teilweise wie Faunus als alter Orakelgott und wurde durch A. (Seher, augur von Argos) in Verbindung zu Argos gesetzt. Vgl. Rehm 94. Nach Cato ist Catillus, Arkader und „praefectus classis Euandri", alleiniger Gründer von Tibur (Solin. 28 Hor. 1 Od. 18. 2). Serv. löst C. von der Gründung Tiburs und erklärt seinen Namen vom mons Catillus. Coras nimmt er als Gründer von Cora.
CATO 1) 6, 841: M. Porcius Cato Maior Censorius, 234—149 v. Chr. Italiker aus Tusculum, 195 Konsul, 184 Censor, tüchtig als Soldat, Staatsmann und Schriftsteller. Sein Hauptwerk, die Urgeschichte Roms und der italischen Stämme (Origines), ist bis auf dürftige, aber wichtige Fragmente verloren; erhalten ist sein Buch über den Ackerbau (de re rustica), die älteste Prosaschrift der röm. Literatur". (Tusculum-Lexikon S. 65.) Vgl. Klingner, Röm. Geisteswelt[1] S. 27—62. 2) 8, 670: M. Porcius Cato Uticensis, 95—46 v. Chr. der Don Quichotte der Aristokratie (Mommsen R. G. III 167), nahm sich in Utica aus Trauer über den durch C. Julius Caesar besiegelten Untergang der libera res publica das Leben. Die ehrenvolle Stellung, die Vergil ihm hier unter den Seligen anweist, hat Dante dazu veranlaßt, ihn zum Führer im Purgatorio zu erheben und seinen Tod für die Freiheit nicht als Selbstmord zu verurteilen, sondern zu rühmen. (Purg. 1 25).
CAUCASUS 4, 367 hier als besonders rauhes Gebirge genannt; er galt bei den Römern als Inbegriff des Fernen, Gewaltigen, Unnahbaren. Vgl. Horaz carm. 1 22. 7.
CAULON oder Caulonia 3, 553, Stadt südlich von Squillace an der südöstlichen Küste Bruttiums.
CECROPIDAE 6, 21, die Athener, so benannt nach ihrem sagenhaften Ahnherrn Kekrops.
CELAENO, 3, 211; 245; 365; 713 = die Dunkle, Κελαινώ eine Harpyie.
CELEMNA 7, 739 ehemalige Stadt in Südkampanien. Serv. erklärt Celemna für einen Beinamen der Juno.
CENTAURUS 1) 5, 122; 155; 157. 10, 195 Name eines trojanischen Schiffes. 2) 6, 286; 7, 675 Mischwesen, halb Mensch, halb Pferd; Söhne des Ixion und jener Wolke, unter deren Gestalt der Frevler die Göttin Juno zu umarmen glaubte.
CERAUNIA 3, 506 Κεραύνια ὄρη = die Blitzberge, die heutigen, durch häufige Gewitter bekannten Monti della Chimera, die sich an der Küste von Epirus entlangziehen und mit dem Vorgebirge Akrokeraunia endigen.
CERBERUS 6, 417 der dreiköpfige Höllenhund.
CEREALE solum 7, 111 eine aus Brot bestehende, runde Unterlage für Gemüse und Früchte, jene berühmten „Tische", die die Trojaner in ihrem Hunger mitaufessen.
CEREALIA arma 1, 177 Gerät zum Kornstoßen und Backen.
CERES Göttin des Kornes und alles Wachstums: 2, 714; 742., 4, 58. 6, 484, 8, 181; oft einfach Metonymie für Brot, wie Bacchus für Wein: 1, 177; 701. 7, 113.
CETHEGUS 12, 513 Rutuler.
CHALCIDICA arx 6, 17 die chalkidische Burg in Cumä, so genannt, weil man sich Cumä als von dem euböischen Chalkis aus besiedelt dachte.
CHALYBES 8, 421. 10, 174 Chalyber, an der Südostküste des Schwarzen Meeres; berühmte Schmiede; Metonymie für Stahl = χάλυψ
CHAON 3, 335 Trojaner.
CHAONIA terra 3, 335 Chaonien, heute Canina in Albanien.
CHAONIUS, a, um, zu Chaonien gehörig 3, 293 (portus) Hafen Pelodes bei Buthrotum, vgl. Strabo 7, 5 (324): Πηλώδης λιμήν = Schlammhafen, nahe Livari. 3, 334 (campi).
CHAOS 4, 510. 6, 265 das Chaos, Reich der Finsternis, personifiziert als Vater der Nacht und des Erebus.
CHARON 6, 299; 326 Fährmann der Unterwelt.
CHARYBDIS, 3, 420; 558; 684. 7, 302 gefährlicher, alles in sich hineinschlingender Strudel in der Meerenge von Sizilien, heute Calofaro und La Rema genannt, gegenüber lag der Felsen der berüchtigten Scylla.

---

[1] 3. verm. Aufl. (1956) S. 36—67

CHIMAERA 5, 118; 223. 6, 288. 7, 785 ein dreigestaltiges Fabelungeheuer, vorn Löwe, mitten Ziege, hinten Drache, in 5 ein Schiff.

CHLOREUS 1) trojanischer Priester der Kybele 11, 768. 2) Ein anderer Trojaner 12, 363.

CHROMIS 11, 675 Trojaner.

CIMINI mons et lacus 7, 697. Lago di Vico mit kleinem Waldgebirge an der Südgrenze Etruriens. Vgl. auch Liv. 9, 36.

CINYRA 10, 186 Führer der Ligurer im Katalog der Bundesgenossen des Aeneas im 10. Buch — Erfindung Vergils —. Zur Verderbtheit dieser Stelle vgl. Textkritik. GD schreibt: „locus corruptus ac paene desperatus". Mc: "The text of this line is desperate". Eigenname: Name einer Stadt? eines Gebirges? Beziehung zu Cupavo? Vgl. auch Lejay, Revue de Philol. 40 (1916) 168 ff.

CIRCAEUS, a, um, zur Circe gehörig: 7, 10 (terrae); 7, 799 (iugum). Gemeint ist hier (wie auch in 3, 386 Aeaeaeque insula Circae) das Vorgebirge Circaeum in Latium; es ist identifiziert mit der Insel der Circe Homers (Od. 10, 135). Früher soll das italische Circaeum wirklich eine Insel gebildet haben. Vgl. Theophr. hist. plant. 5, 83 angeführt bei Rehm (29 A 65), der noch hinzufügt: „das circaeum iugum ist im Katalog (7, 799) all seiner Schauer entkleidet".

CIRCE 3, 386. 7, 20; 191; 282. Tochter des Sol, Schwester des Aietes, gewaltige Zauberin.

CISSEIS 7, 320. 10, 705. Hecuba, Tochter des Königs Kisseus, Gemahlin des Priamus, hier als Mutter des Paris genannt.

CISSEUS 5, 537 König von Thrakien, Freund des Anchises, Vater der Hecuba.

CISSEUS 10, 317, ein Rutuler, Gefährte des Turnus.

CITHAERON 4, 303 $Κιθαιρών$ Grenzgebirge zwischen Attika und Böotien, Schauplatz der Orgien des Bacchuskultes.

CLARIUS 3, 360, von Klaros, Beiname des Apollo. $Κλάρος$ „kleine Stadt in Jonien auf einer Landspitze bei Kolophon; berühmt durch einen Tempel und ein Orakel des Apollo (Georges)".

CLARUS 10, 126 ein Krieger aus Lycien, dem Land des Apollo. Er wird noch einmal indirekt erwähnt 12, 516 (fratres = Clarus und Thaemon ⟨so schon Forbiger⟩).

CLAUDIA tribus et gens 7, 708, das claudische Geschlecht.

CLAUSUS 7, 707. 10, 345, einer der Führer im Italiker-Katalog des siebenten Buches, sein Name ist der Geschichte entnommen. Anspielung auf die Zuwanderung der gens Claudia aus dem Sabinerland in das Römische Patriziat. „Von Attus Clausus, dem Stammvater der gens Claudia berichten die Historiker (Liv. 2, 16. 4; 4, 3. 14; 10, 8. 6), er sei im 6. Jahr der Republik aus der sabinischen Stadt Regillum mit zahlreichen Hörigen nach Rom gezogen. Vergil zeigt vielleicht eine Abweichung von der herrschenden (livianischen) Tradition darin, daß er die Übersiedlung geschehen läßt ‚postquam in partem data Roma Sabinis' (7, 709), d. h. doch wohl zur Zeit des Titus Tatius (vgl. 8, 638, 42); nur noch Sueton Tib. 1 führt diese Version als Variante an." (Rehm 93.)

CLOANTHUS 1, 222; 510; 612. 5, 122; 152; 167; 225; 233; 245 Trojaner, Ahnherr der römischen Cluentii.

CLOELIA 8, 651, Römerin aus patrizischem Geschlecht, kam als Geisel in die Gefangenschaft des etruskischen Königs Porsenna und rettete sich heldenmütig, indem sie ihre Fesseln zerriß und den Tiber durchschwamm.

CLONIUS 1) 9, 574: Trojaner, von Turnus getötet. 2) 10, 749: Trojaner, von Messapus getötet. cod. P: Cronium. (PL, Pla)[1]

CLONUS 10, 499, Sohn des Eurytus, fingierter Name für einen Künstler; vgl. Lycaon 9, 304. Zum Blutbad vgl. Horaz c. 3, 11, 30 ff.

CLUENTIUS 5, 123, Name einer römischen Familie, hergeleitet von dem Trojaner Cloanthus.

CLUSINAE orae 10, 655, Gestade von Clusium, der alten Etruskerstadt, der Residenz des Porsenna.

CLUSIUM 10, 167, heute Chiusi, eine der ältesten unter den 12 Etruskerstädten. Serv. „führt die Stadt auf Clusius, einen Sohn des Tyrrhenus oder auf Tele-

---

[1] s. Anm. S. 741

machos zurück". Rehm (10); Liv. 10, 25. 11 kennt für sie den älteren Namen „Camars". Ausgrabungen haben wertvolle Funde ergeben: Aschenurnen von Chiusi, vgl. KP I 1233.

CLYTIUS 9, 774; Trojaner, fällt von Rutulerhand; 10, 129 Vater des Acmon; 10, 325 Freund des Cydon; 11, 666 Vater des Euneus.

COCLES, Horatius 8, 650. Er verteidigte bei der Belagerung Roms durch die Etruskerkönig Porsenna die Tiberbrücke — pons sublicius — bis sie hinter ihm abgebrochen war und rettete sich, indem er den Tiber durchschwamm.

COCYTIA virgo 7, 479 Bezeichnung für Allekto, die vom Kokytus, dem Klagestrom der Unterwelt, heraufgekommen war.

COCYTOS 6, 132; 297; 323. 7, 562 κώκυτος der Klagestrom, von κωκύω = ich klage, heule, jammere; Fluß der Unterwelt.

COEUS 4, 179 griech. Κοῖος ein Titane, Vater der Latona, Bruder der Fama, wie es hier heißt.

COLLATINAE arces 6, 774, die Burgen von Collatia, einer uralten Latinerstadt, nahe bei Rom, heute Castellacio. Zur Aufzahlung dieser alten Latinerstädte schreibt Norden (S. 318): „Für die Gegensätzlichkeit der Charaktere des Vergil und Horaz ist es sehr bezeichnend, daß jener von diesen Urstätten lateinischer Geschichte in feierlichem Ton redet, während Horaz sie — der Wirklichkeit entsprechend (Strabo 5, 230) — nur als Typen verödeter Nester nennt (epist. 1, 11, 7f.)."

CORA 6, 775 Cori, Stadt nahe bei Norba, gehört zu den Wohnsitzen der „Prisci Latini" (s. o.).

CORAS 7, 672. 11, 465; 604, gehört zu den Brüdern Catillus (s. d.) und Tiburtus, die Tibur gegründet haben sollen. Serv. zu 7, 672 bezeichnet ihn als Gründer von Cora.

CORINTHUS 6, 836 Korinth, die auf dem Isthmus, der peloponnesischen Landenge, gelegene berühmte griechische Handelsstadt, 146 v. Chr. von dem römischen Feldherrn Mummius erobert, geplündert und zerstört, was von Cicero (off 3, 11. 46) mit Recht als Schande für Rom empfunden wurde. Später aber ließ man die Stadt wieder aufbauen.

COROEBUS 2, 341; 386; 407; 424 Sohn des Mygdon, der König und namengebender Heros eponymus) der phrygischen, am Sangarios wohnenden Mygdonier war; weil Priamus ihm gegen die Amazonen geholfen hatte, schickte Mygdon ihm seinen Sohn Coroebus, der mit Cassandra verlobt war, im letzten Kampf um Troja zu Hilfe.

CORYBANTIA aera 3, 111, die ehernen Schallbecken der Korybanten, der Priester im Kybelekult.

CORYNAEUS 6, 228; 12, 298 Trojaner, 9, 571 bleibt es fraglich, ob C. Trojaner oder feindlicher Italiker ist. Wer Asilas 9, 571 für einen Trojaner hält (PL, Ja, Sa, Tu, Pla[1]), muß C. als trojanerfeindlichen Italiker (Pla: Rutuler) ansehen; dabei ergibt sich in der Anordnung der Kämpfer folgender Chiasmus:
571: Emathion (Tro) Liger (It) Corynaeus (It) Asilas (Tro)
573: Ortygius (It) Caeneus (Tro) Caeneus (Tro) Turnus (It).

PL, Ja und Sa, für die C. immer Trojaner ist, müssen die Konsequenz hinnehmen, daß 9, 571 ein Trojaner den andern erschlägt; das gilt für Ja u. Sa auch in 12, 298 ff., wo sie Ebusus (Ebysus) ebenfalls als Trojaner ausgeben, während er doch, wie eine genaue Interpretation der Stelle zeigt, ein Italiker, wahrscheinlich Latiner ist. 12, 297 greifen die Italiker plötzlich an; überrumpelt und in hastigem Gegenangriff (obvius) packt der Trojaner Corynaeus ein brennendes Holzscheit vom Altar und stößt es dem bewaffnet anstürmenden (venienti) Ebusus ins Gesicht. GD muß wenigstens zwei Trojaner namens Corynaeus annehmen, da der eine nach seiner Auffassung vom „Italiker" Asilas 9, 571 getötet wird. Ein logischer Einwand läßt sich dagegen nicht vorbringen; bei unserer Interpretation aber ergibt sich ein besonders bedeutendes, Vergils Charakterisierungskunst kennzeichnendes Zusammentreffen: derselbe Corynaeus,

---

[1] Vergil Aeneis, Reclam Nr. 221—224. Herausg. von W. P l a n k l und K. V r e t s k a 2. Aufl. Stuttgart 1957.

der 6, 228 an Misenus den letzten frommen Freundesdienst vollzieht, nimmt hier als erster Trojaner geziemende Rache an den vertragsbrüchigen Italikern.

CORYTHUS 3, 170. 7, 209. 9, 10. 10, 719 1) die etruskische Stadt Cortona, nördlich vom Trasimenischen See. (Über Cortona und seine pelasgisch-griech. Gründer vgl. A. Neppi Modona, Cortona Etrusca e Romana (Florenz 1925); Rosenberg, Herodot und Cortona Rh. Mus. 69 (1914), 615 angeführt bei Rehm 64 A. 138). Nach Plessis-Lejay bezeichnet Corythus bei Vergil immer die Stadt und nicht die Genealogie. 2) In 3, 170 Anklang an die Sagengestalt des mythischen Gründers von Cortona: Corythus, Sohn des Zeus, Gemahl der Elektra, Vater des Jasius (s. d.) und Dardanus. Da die Römer Dardanus zu einem Italiker machten, ist Corythus (hier, 3, 170) und seine Stadt der Ausgangspunkt des trojanischen Geschlechtes.

* COSAE, 10, 168 lat. Kolonie röm. Deduktion; vgl. KP 1, 1326. Ansedonia am mons Argentarius.
COSSUS 6, 841 vgl. Zeittafel zu 428—425.
CRESIUS, a, um kretisch 4, 70 (nemora). 8, 294 (prodigia).
CRESSA 5, 285 die Kreterin, hier eine Dienerin Pholoë, von Aeneas dem Sergestus geschenkt.
CRETA 3, 104; 122; 129; 162. 5, 588 Kreta.
CRETAEUS, a, um kretisch 3, 117 (orae). 12, 412 (Ida).
CRETES 4, 146 die Kreter.
CRETHEUS 1) ein Trojaner, ein Musenfreund und Leierspieler; wird von Turnus im Lager erschlagen. 9, 774. 775. 2) ein Grieche, wohl Arkader, von Turnus erschlagen. 12, 538.
CREUSA 2, 562; 597; 651; 666; 738; 769; 772; 778; 784. 9, 297 Tochter des Priamus, Gemahlin des Aeneas, Mutter des Askanius.
CRINISUS oder Crimisus 5, 38, kleiner Fluß im Nord-Westen Siziliens, nahe bei Acesta-Segesta. Über seine Beziehung zur Trojanerin Egesta s. Acestes.
CRUSTUMERI 7, 631, Stadt im Norden Latiums, galt als Sikulergründung. Sie ist zwischen der via Salaria und Nomentana, Fidena und Eretum zu suchen, bald wird sie zum etruskischen, sabinischen, bald zum latinischen Gebiet gerechnet. Vielleicht durchschnitt die Regionsgrenze das Stadtgebiet. Vgl. Rehm 18 u. 25. Zur geschichtlichen Rolle beim Raub der Sabinerinnen vgl. Liv. 1, 9—11. Der Name der Stadt schwankt: Crustumerium, Crustumeria, Crustuminum.
CUMAE 6, 2 Cumä wurde von Chalkis in Euböa aus nach der Zeit des Aeneas gegründet. C. war Sitz der cumaeischen Sibylle, einer Priesterin und Prophetin des Apollo, deren Spruch für Rom fast offizielles Orakel bedeutete. Über die Landung des Aeneas im Hafen von Cumä vgl. Norden (z. St.) und Literaturangaben über den Landungsplatz bei Rehm (31).
CUPAVO 10, 186 König der Ligurer, Sohn des Cygnus, trägt wegen der Verwandlung seines Vaters die Schwanenfeder am Helm.
CUPENCUS 12, 539, ein von Aeneas getöteter Italiker, nach Servius ist Cupencus sabinisch = sacerdos.
CUPIDO 1, 658; 695. 10, 93 Amor, Sohn der Venus, Bruder des Aeneas.
CURAE 6, 274, die Dämonen der Sorge hausen am Eingang zur Unterwelt.
CURES 6, 811. 8, 638. 10, 345, hier die Einwohner der Stadt Cures im Sabinerland. Sie sind nach Varro die „alten Quiriten".
CURETES 3, 131 Ureinwohner Kretas, Priester der Kybele. Vgl. Landleben s. v.
CYBEBE 10, 220 anderer Name für Kybele, die phrygische Göttermutter.
CYBELUS 3, 111; 11, 768 der Kybelus, sagenhafter Berg in Phrygien, Kultort der Göttermutter Kybele.
CYCLADES, 3, 127. 8, 692 die Kykladen, Inselgruppe im Ägäischen Meer.
CYCLOPIA saxa, 1, 201 das Felsland der Kyklopen.
CYCLOPS 3, 569; 617; 644; 647; 675. 6, 630. 8, 418; 424; 440. 11, 263. Der Kyklop; die Kyklopen waren bekannt als Schmiede der Blitze des Zeus; ihr Meister war Vulkanus.
CYDON 1) 10, 325: ein Krieger im Italikerheer; 2) 12, 858: Kydonier, Einwohner der uralten Stadt Kydonea an der Nordküste von Kreta. Hier wird der Kreter als guter Bogenschütze genannt.

CYGNUS = Cycnus 10, 189 König der Ligurer. An ihn knüpft sich hier 1) die Phaëthon-Sage (s. d.), 2) die Verwandlung des C. in einen Schwan. Die vorvergilische gr. Mythologie kannte 2 C., denen dieses Schicksal zuteil wurde: a) Kyknos, Sohn des Poseidon, der von Achilles vor Troja erschlagen und dann in einen Schwan verwandelt wurde. (Kyprien Ep. gr. frgm. ed. Kinkel p. 19); b) Kyknos, Sohn des Ares, der von Heracles getötet wird (Hesiod scut. 57ff.). Cygnus, der Ligurer, wird hier zu Phaëthon in ein besonderes Freundschaftsverhältnis gesetzt; in Ov. Met. II 367 ist er sogar von seiner Mutter her mit ihm verwandt. „Anlaß zur Sage von Cygnus, dem musikalischen König der Ligurer, gaben die zahlreichen Schwäne in den Sümpfen des Po und seiner Nebenflüsse". Rehm (5).
CYLLENE 8, 139 höchstes Gebirge im Nordosten Arkadiens, Geburtsstätte des Merkur, der hier als Stammvater der Arkader bes. des Euander genannt wird.
CYLLENIA proles 4, 258 = Merkur (s. Cyllene).
CYLLENIUS von Cyllene (s. d.) 4, 252; 258; 276.
CYMAEA Sibylla 6, 98 die cumäische Sibylle.
CYMAEA urbs 3, 441 vgl. Cumä.
CYMODOCE 5, 826 eine Meergöttin, Nereide; die Wogenempfängerin. Vgl. Hom. Il. 18, 39.
CYMODOCEA 10, 225 Nymphe, aus einem der Schiffe des Aeneas entstanden. Zum Namen vgl. Cymodoce.
CYMOTHOE 1, 144 Nereide, die Wogenschnelle.
CYNTHUS 1, 498. 4, 147 Berg auf der Insel Delos, Geburtsstätte des Apollo und der Diana, dort führt die Göttin ihren Reigen (1, 498). In 4, 147: C. in Verbindung mit Apollo.
CYPRUS 1, 622 Zypern, Hauptsitz des Aphroditekultes.
CYTHERA 1, 680. 10, 51; 86 Insel vor der Südspitze des Peloponnes, berühmt durch den Kult der Venus-Aphrodite, die hier als „Schaumgeborene" ans Land stieg.
CYTHEREA 1, 257; 657. 4, 128. 5, 800. 8, 523; 615 Beiname der Venus (s. Cythera).

DAEDALUS 6, 14; 29 sagenhafter, hervorragender Baumeister und Erfinder des Kunsthandwerks, baute in Kreta für König Minos das berühmte Labyrinth. Als Theseus nach Kreta kommt und mit seinen Gefährten im Gewirr des Labyrinths dem Minotaurus ausgeliefert wird, gibt Dädalus Ariadne, der Tochter des Minos, die den athenischen Königssohn sofort liebgewonnen hatte, jenen berühmten Faden, mit dessen Hilfe Theseus nach seinem Sieg über den Minotaurus den Weg zurückfinden konnte. Dädalus verfällt in Ungnade, entflieht aus Minos' Reich auf Flügeln, die er für sich und seinen Sohn Ikarus aus Federn und Wachs formte. Ikarus kommt der Sonne zu nahe und stürzt mit geschmolzenen Flügeln in das nun nach ihm benannte ikarische Meer. D. entkommt — nach der Sagenversion, der sich Vergil anschließt — nach Italien und errichtet in Cumä einen herrlichen Apollotempel.
DAHAE 8, 728 Skythisches Nomadenvolk an der Ostküste des Kaspischen Meeres.
DANAE 7, 410 Tochter des Acrisius, König von Argos, Gründerin von Ardea (s. Acrisius).
DANAAE classes 3, 602 griechische Flotte.
DANAI = Argivi = Graeci = Griechen 1, 30; 96; 598; 754. 2, 5; 14; 36; 44; 49; 65; 71; 108; 117; 162; 170; 258; 276; 309; 327; 368; 370; 389; 396; 398; 413; 433; 440; 462; 466; 495; 505; 572; 617; 670; 757; 802. 3, 87; 288. 4, 425. 5, 360. 6, 489; 519. 8, 129. 9, 154. 12, 349! Die Griechen werden Danai genannt nach dem Ägypter Danaos, dem Gründer von Argos.
DARDANIA 1) poet. = Troja 2, 325 (vgl. Il. 6, 448); 3, 156. 6, 65. 2) Reich der Dardaner oder einfach Dardaner 2, 281. 3, 52. 8, 120 (s. Dardanus).
DARDANIDAE pastores 2, 59 dardanische Hirten.
DARDANIDES 10, 545. 12, 775. Der Dardanide = Aeneas.
DARDANIDES 1, 560. 2, 72; 242; 445. 3, 94. 5, 45; 386; 576; 622. 6, 85; 482. 7, 195. 9, 293; 660. 10, 4; 263. 11, 353. 12, 549; 585, die Dardaner, Nachkommen des Dardanus (Ahnherr des Aeneas), Gefolgsleute des Aeneas = Trojaner, die durch ein Orakel des Apollo aufgefordert sind, ihr Ursprungsland, aus dem

Dardanus stammt, wieder zu suchen (3, 94). Die Penaten nennen es Hesperien (3, 167). Beim italischen Urvolk der Aurunker ist die Überlieferung lebendig geblieben und noch König Latinus wußte, daß Dardanus Italien entstamme und erst von dort aus nach Phrygien zog. (7, 205 ff.)
DARDANIS 2, 787, die Dardanide = Creusa, Gemahlin des Aeneas, Tochter des Priamus, als solche aus dem Geschlecht des Dardanus (Dardanus-Erichthonius-Tros- Ilus-Laomedon-Priamus).
DARDANIDAE Aeneas 1, 494. 6, 169. 11, 472. 12, 613, Aeneas aus dem Geschlecht des Dardanus (Dardanus-Erichthonius-Tros-Assaracus-Capys-Anchises).
DARDANIUS 12, 14 verächtliche Bezeichnung des Aeneas durch Turnus.
DARDANIUM caput 4) 4, 640: Dido täuscht vor, sie wolle das Bild des Aeneas — Dardanium caput — in einer Art magischen Zaubers auf dem Scheiterhaufen verbrennen. 2) 11, 400 = Aeneas.
DARDANIUS ductor 10, 603; 814 D. dux 4, 224, 9, 100 D. iuvenis 9, 88 = Aeneas („iuvenes" werden Aeneas und seine Gefolgsleute auch 1, 167 und 8, 112 genannt). D. vir 8, 14 immer = Aeneas.
DARDANIUS, a, um dardanisch, trojanisch: 5, 30; 711 (Acestes = trojanischer Acestes s. d.); 1, 602 (gens); 2, 582 (litus); 3, 596 (habitus); 4, 626 (coloni); 4, 647 (ensis); 4, 658 (carinae); 6, 756 (proles); 7, 289 (classis); 7, 422 (coloni); 7, 756 (cuspis); 9, 695 (porta); 10, 326 (dextra); 10, 638 (tela).
DARDANIUS adulter 10, 92 Paris, aus dem Geschlecht des Dardanus als Sohn des Priamus (Dardanus-Erichthonius-Tros-Ilus-Laomedon-Priamus).
DARDANIUS Anchises 1, 617; 9, 647 aus dem Geschlecht des Dardanus.
DARDANIUS nepos Veneris 4, 163, Ascanius, als Sohn des Aeneas aus dem Geschlecht des Dardanus und der Venus. (Dardanus-Erichthonius-Tros-Assaracus-Capys-Anchises + Venus-Aeneas).
DARDANIUS puer 10, 133 Ascanius.
DARDANUS 1) 3, 167; 503. 4, 365. 6, 650. 7, 207; 240. 8, 134: Stammvater des Aeneas-Geschlechtes
a) Sohn des Zeus und der Electra (Hom. Il. 20, 215)
b) Sohn des Corythus und der Electra (Serv. z. Aen. 3. 170), bei Vergil wird in 8, 134 nur auf die Abstammung von Electra hingewiesen. Vergil übernimmt die römische Version, wonach D. aus Italien stammt (vgl. 1, 380 „patriam") und von da erst nach Phrygien kommt (7, 207). Corythus-Cortona (3, 167), Latium (Gebiet zwischen Tiber und Numicus) (7, 240) sind Ursprungsstätten des D. 2) 4, 662: Aeneas; 3) 11, 287: Trojaner.
DARDANUS, a, um, dardanisch, trojanisch 2, 618 (arma); 5, 119; 7, 219 (pubes); 6, 57 (tela).
DARES 5, 369; 375; 406; 417; 456; 460; 463; 476; 483. 12, 363. Gegner des Entellus im Faustkampf des 5. Buches. In 12, 363 wird er von Turnus getötet (vgl. zum Caestus-Kampf Hom. Il. 23. 653).
DAUCIA proles 10, 391 Daucus, Vater der Zwillinge Larides und Thymber, sie werden von Pallas getötet.
DAUNIA gens 8, 146 = Δαύνιοι (Lykophr. 1254), ein später verschollenes Volk aus der Gegend um Ardea. (Der Name kehrt wieder im nördl. Apulien; Rehm 28.) Volk griechischer Abstammung, das sich mit den oskisch sprechenden Italikern vermischte (PL).
DAUNIA dea 12, 785 Juturna, Schwester des Turnus, Tochter des Daunus.
DAUNIUS heros 12, 723 Turnus als Sohn des Daunus.
DAUNUS 10, 616; 688. 12, 22; 90; 934 Vater des Turnus. 10, 688 urbs Dauni = Ardea.
DECII 6, 824 berühmtes römisches Geschlecht plebejischer Herkunft. Vgl. Zeittafel zu 340 ff.
DEIOPEA 1, 72 Nymphe.
DEIPHOBE 6, 36 Tochter des Glaukus, Sibylle von Cumä.
DEIPHOBUS 2, 310. 6, 495; 500; 510; 544 Sohn des Priamus, nach dem Tode des Paris Gemahl der Helena.
DELIUS Apollo 3, 162; Delius vates 6, 12 = Apollo. Delius = delisch, Beiname des Apollo, der auf Delos geboren ist.

NAMENREGISTER 745

DELOS 4, 144 Insel im Ägäischen Meere, berühmt als Kultstätte des Apollo und der Diana.
DEMODOCUS 10, 413 Trojaner.
DEMOLEOS 5, 260; 265 Grieche.
DEMOPHOON 11, 675 Trojaner.
DERCENNUS 11, 850 nach DS ein alter König der Aboriginer; sein Name kommt nur hier vor.
DIANA 1, 499. 9, 3, 681. 4, 511. 7, 306; 764; 769. 11, 537; 582; 652; 843; 857 Tochter des Juppiter und der Latona, Schwester des Apollo, oft Trivia, d. h. Göttin der Dreiwege, griech. Τριοδῖτις genannt, einmal mit der dreigestaltigen Hekate identifiziert, war eine schon früh in Rom auf dem Aventin und in Latium am Nemisee verehrte, altitalische Gottheit; in der Aeneis erscheint sie vor allem als Göttin der Jagd und festlicher Reigentänze (1, 499), als Hüterin der Haine (3, 681; 11, 557), als Schutzgottheit des Hippolytus-Virbius (7, 764 bis 780) und der Camilla, die von ihrem Vater Metabus dem Dienste der Göttin in besonderer Art geweiht wurde (11, 537—584). G. Wissowa, R. u. K² S. 247ff. zählt sie zu den „Di novensides italischer Herkunft" und behandelt S. 248f. besonders den Dianakult von Aricia, auf den Vergil 7, 764ff. anspielt. Vgl. auch V i r b i u s, Über die politische Bedeutung dieses Kultes vgl. Altheim, Italien und Rom, 2. Bd. (Pantheon, Akad. Verlagsanstalt Amsterdam/Leipzig o. J.) S. 119. A. hält im Gegensatz zu Wissowa den Dianakult vom Aventin für älter als den von Aricia. Vgl. auch LATONIA.
DICTAEUS, a, um, kretisch, vom Berge Dicte auf Kreta. 3, 171 (arva); 4, 73 (saltus).
DIDO 1, 299; 340; 360; 446; 496; 503; 561; 601; 613; 670; 685; 718; 749. 4, 60; 68; 101; 117; 124; 165; 171; 192; 263; 291; 308; 383; 408; 450; 596; 642. 5, 571. 6, 450; 456. 9, 266. 11, 74 Dido, Tochter des Königs Belus, Gemahlin des Sychaeus, Schwester der Anna und des Pygmalion, Gründerin Karthagos. — In ihrer Gestalt hat Vergil das große, tragisch erschütternde Schicksal einer warhaft hohen, edlen und königlichen Frau so vollkommen dargestellt, daß jüngst in einer liebevoll durchgeführten, sehr ansprechenden, wenn auch in der Auffassung vom Tode Didos nicht überzeugenden Interpretation gesagt werden konnte: „Im IV. Buch stellt sich die Idee des ganzen Aeneasliedes dar". Wilhelm M i l c h, Das vierte Buch der Aeneis als exemplarische Lektüre; (Der altsprachliche Unterricht. Ernst Klett Verlag, Stuttgart. Jhg. 1956. — Heft 9, S. 24.) Vgl. vor allem auch Viktor P ö s c h l a. a. O. S. 99 ff.
DIDYMAON 5, 359, ein sonst nicht bekannter Künstler.
DINDYMA 9, 618; 10, 252 ein der Kybele heiliger Berg in Phrygien, nahe bei Pessinus.
DIOMEDES 1, 752. 8, 9. 10, 581. 11, 226; 243 Sohn des Tydeus und der Deipyle, Gemahl der Aigialeia, der Tochter des Adrastos, die ihm auf Anstiften Aphrodites die Treue bricht, Enkel des Königs von Kalydon in Aetolien, des Oeneus, ursprünglich Herrscher in Argos, später nach Italien übergesiedelt und König in einem Teile Apuliens, den ihm Daunus, der Vater des Turnus, als Anerkennung für geleistete Waffenhilfe abgetreten hat. Es ist erstaunlich, wie Vergil (11, 252—293) in genialer Zusammenfassung und vornehmer Umdeutung der im homerischen Vorbilde vorhandenen Züge diesen ehemals jüngsten, aber keineswegs geringsten der Griechenhelden durch Not und Leid, Verlust der Freunde — weil sie Venus gereizt hatten, wurden sie in schwanenähnliche Vögel verwandelt (vgl. 11, 273ff. und Ovid Met. 14, 483—509) — Untreue der Gemahlin und Abschied vom angestammten Herrschersitz in Argos zu einer hoheitsvollen, edlen Milde und frommen Resignation hat reifen lassen. Jener Held, der bei Homer (Il. 5, 322 ff.) den Aeneas besiegte, der selbst gegen Götter anstürmte, der Aphrodite und Ares verwundete und sogar dem gewaltigen Apollon, dem Schützer und Retter des schwer getroffenen Aeneas, nur grollend wich, jener ehemals so unerbittliche Feind der Trojaner warnt nun als beredter Anwalt des glücklichen, im Reiche Saturns herrschenden Friedens die Latiner vor jedem Kriege gegen Aeneas und seine Trojaner, stellt das düstere Schicksal seiner ehemaligen Mitkämpfer und sein eigenes bitteres Los den Gesandten der Latiner und Rutuler als warnendes Beispiel vor Augen und legt in kraftvollen

Worten Zeugnis ab vom Heldengeiste und — noch mehr — von der Frömmigkeit des Aeneas. Das hat Gewicht und Überzeugungsgewalt — freilich nicht bei Turnus —, das nimmt dem ehemals so furchtbaren Vernichtungskampf, den gerade auch Diomedes gegen Troja geführt hatte, den letzten Rest von Bitterkeit und Demütigung, es weist vielmehr bedeutend hin auf die vom Dichter angestrebte Fügung und Einordnung edelsten Griechentums in die hohe Sendung Roms.

DIONEA 3, 19 d. h. von der Dionae, Tochter des Oceanus und der Thetis.
DIONE ist die Mutter der Venus. Venus wird deshalb hier die „dioneische" genannt. „mater" ist Venus in Hinsicht auf Aeneas.
DIORES 1) 5, 297; 324; 339; 345: hier und bei Hygin. f. 273 ein Sohn des Priamus. 2) Ein Trojaner, von Turnus getötet 12, 509. CN hält 1) und 2) für verschiedene Personen.
DIOXIPPUS 9, 574 Trojaner.
DIRA 4, 473, 610. 8, 701. 12, 845; 869 dämonische Gottheit, die den Zorn Juppiters an den Menschen vollzieht.
DIS 4, 702. 5, 731. 6, 127; 269; 397; 541. 7, 568. 8, 667. 12, 199 Gott der Unterwelt, griech. Pluton = Hades.
DISCORDIA 6, 280. 8, 702 Dämon der Zwietracht, vgl. Norden Ennius und Vergil S. 18ff.
DODONAEI lebetes 3, 466 von Dodona in Epirus, berühmt durch seine Eichenhaine und seinen urtümlichen Zeuskult.
DOLICHAON 10, 696 Trojaner.
DOLON 12, 347 Trojaner vgl. Il. 10, 314ff.
DOLOPES 2, 7; 29; 415; 785 mächtiger Volksstamm in Thessalien.
DONUSA 3, 125 eine der Kykladeninseln südlich von Delos.
DORICA castra 2, 27. 6, 88 = griechisches L. Anachronismus, denn Homer spricht nicht von Doriern. „Aeneas muß die Worte von dem Griechenheer vor Troja verstehen, das von Vergil auch Aen. 2, 27 . . . so genannt wird; eine gelehrte Bezeichnung, die aus hellenistischer Poesie stammt: Lykophron Al. 284 . . Hier soll aber amphibolisch das Heer der Italiker unter Turnus verstanden werden: Servius mit Hinweis auf 7, 371f." (Norden 151).
DORYCLUS 5, 620; 647 D. aus Tmaros in Epirus, Gemahl der Beroe (s. d.). D. ist nicht der aus der Il. 11, 489 bekannte Sohn des Priamus, der dort von Aiax getötet wird.
DOTO 9, 102 eine der 50 Nereiden.
DRANCES 11, 122; 220; 336; 378; 384; 443. 12, 644 Rutuler, Gegner des Turnus.
DREPANUM (Trapani) 3, 707 Stadt im Nordwesten Siziliens, südlich vom Berge Eryx, hier stirbt Vater Anchises.
DRUSI 6, 824 Beiname eines Zweiges der gens Livia. Livia war die Gemahlin des Augustus, davor Gattin des Tiberius Claudius Nero, von ihm hatte sie 2 Kinder 1) Tiberius Claudius Nero 2) Nero Claudius Drusus. Der berühmteste aus der gens Livia war: M. Livius Drusus Salinator, Sieger über Hasdrubal in der Schlacht am Metaurus 207. „Daß man daneben auch an den großen Tribunen des Jahres 91 dachte, dessen Schicksal in den Deklamatorenschulen behandelt wurde (auct. ad Her. 4, 31, vgl. Vell. 2, 13f. Octavia 887ff.), lehrt Lucanus in seiner Nachbildung dieser Partie 6, 795 *popularia nomina Drusos*. Möglich ist, daß Vergil mit der Erwähnung der Drusi der kaiserlichen Familie huldigt (vgl. Servius), denn Augustus liebte seinen Stiefsohn zärtlich und setzte große Hoffnungen auf ihn (Suet. Claud. 1)" (Norden 330).
DRYOPE 10, 551 Nymphe, vermählt dem Faunus, Mutter des Tarquitus.
DRYOPES 4, 146 Dryoper, pelasgischer Volksstamm, Urbewohner von Doris in der Nähe des Parnassus, sie verehrten Apollo in mythischen Gottesdiensten.
DRYOPS 10, 346 Trojaner von Clausus getötet.
DULICHIUM 3, 271, Insel im Jonischen Meer.
DYMAS 2, 340; 394; 428 Trojaner, der vor Troja kämpft und fällt.

EBUSUS 12, 299. Wohl ein Italiker, denn Corynaeus, der als Trojaner bezeichnet wird, greift ihn an.
ECHIONIUM nomen = Thebaner 12, 515 weist hin auf die thebanische Herkunft des Onites. Echion, Vater des Pentheus, Gemahl der Agaue, hilft Kadmus beim Bau Thebens. Er war einer der sog. Sparten, also der Männer, die der von Kadmos gesäten *(σπείρω)* Drachensaat entsprangen.
EDONI Boreae 12, 365 Thrakische Nordwinde. Die Edoner wohnten in Thrakien, östlich vom Strymon am Pangäosgebirge.
EGERIA 7, 763; 775 Quellgöttin, als Geburtsgöttin verehrt im Haine der Diana Nemorensis bei Aricia. (Egeria, italische Nymphe, Gemahlin des römischen Königs Numa, zerfließt in Schmerz über seinen Tod und wird in eine Quelle verwandelt. Vgl. Ov., Met 15. 479 ff.) Vgl. Strabo 5, 239, Wissowa S. 248.
EGESTAS 6, 276 Dämon der Not, der Armut, des Mangels.
ELECTRA 8, 135; 136 Tochter des Atlas, eine der sieben Plejaden, von Juppiter Mutter des Dardanos, s. Dardanus.
ELIS 3, 694. 6, 588 Landschaft im Westen des Peloponnes, Schauplatz der olympischen Kampfspiele.
ELISSA 4, 335; 610. 5, 3 zweiter Name der Königin Dido — ELYMUS s. HELYMUS
ELYSIUM 5, 735. 6, 542; 744. Das Elysium, Wohnort der Seligen in der Unterwelt. „Der Aufenthalt von Seelen im Elysium zum Zweck ihrer Läuterung ist nichts Ungehöriges, sondern, wie wir sahen, läßt auch Pindar Seelen zum gleichen Zweck im Elysium, Platon in einem entsprechenden Teil, des Himmels verweilen (Norden 20)". Vgl. Pindar Ol. 2, 75 ff., Plat. Gorg. 523 B, 524 A und Norden S. 16—20.
EMATHION 9, 571 Trojaner.
ENCELADUS 3, 578. 4, 179 Gigant, von Juppiter mit dem Blitzstrahl getötet und unter dem Ätna begraben.
ENTELLUS 5, 387; 389; 437; 443; 446; 462; 472. Faustkämpfer, Sikuler.
EOUS 6, 831 11, 4 östlich, von Eos-Aurora hergeleitet.
EPEOS 2, 264 Grieche, Erbauer des trojanischen Pferdes.
EPIROS 3, 292; 503 Epirus, Landschaft Griechenlands zwischen Mazedonien, Thessalien und dem Jonischen Meer, heute größtenteils Albanien.
EPULO 12, 459 Rutuler.
ERATO 7, 37 Muse der Liebesdichtung, aber auch einfach für Muse überhaupt gesetzt. Ob Vergil hier auf den Kampf um Lavinia anspielen wollte?
EREBUS 4, 26; 510. 6, 247; 404; 671. 7, 140 Unterwelt. Im Mythus der Gott der Finsternis, Sohn des Chaos und der Nacht, Vater des Äther und des Tages.
ERETUM 7, 711 unbedeutende Stadt an der via Salaria, nahe an der Latiner/Sabinergrenze.
ERICHAETES 10, 749 Trojaner, Sohn des Lycaon.
ERIDANUS 6, 659 der Po. Vgl. Landleben s. v.
ERINYS 2, 337; 573. 7, 447; 570 Erinye, Fluchgeist, Furie. 1) vom Kriegsdämon gesagt: 2, 337. 2) auf Helena angewandt 2, 573. 3) Allekto: 7, 447; 570.
ERIPHYLE 6, 445 Tochter des Talaos und der Lysimache, Gemahlin des Amphiaraos. Da sie A. an Polyneikes, der Bundesgenossen zum Zuge gegen Theben suchte, für ein goldenes Armband verriet, wurde sie von ihrem Sohne Alkmäon ermordet.
ERYCINUS vertex 5, 759 Gipfel des Eryx; Erycinum litus 10, 36 Strand des Eryx, hier Gestade von Sizilien.
ERYMANTHUS 5, 448. 6, 802 Gebirge in Arkadien an der Grenze von Elis; dort tötete Herkules den erymanthischen Eber.
ERYMAS 9, 702 Trojaner.
ERYX (S. Giuliano) * 1) Berg bzw. Land im Nordwesten Siziliens. 1, 570; 5, 24; 630. 12, 701. 2) Sohn der Venus, als solcher Bruder des Aeneas ⟨fraterna 1, 570. 5. 24; germanus 5, 412⟩ König von Sizilien. Er wird in Zusammenhang gebracht mit der Herkulessage: Ein Stier, der aus der Geryonischen Herde des Herkules entlaufen war, wurde von Eryx aufgenommen und erst nach einem Zweikampf zwischen Eryx und Herkules diesem zurückgegeben. E. findet dabei den Tod und wird in einem Berge begraben, der nun seinen Namen trägt (Apollod. II

S. 10). Vergil schildert E. als Meister des Caestus-Kampfes 5, 392; **402**; 412; 419, dem göttliche Ehren zuteil werden 5, 483; 772.
ETRURIA 8, 494. 12, 232 Etrurien, heute Toscana in Italien.
ETRURI duces 11, 598 Etruskische Führer.
ETRUSCUS, a, um etruskisch und subst. die Etrusker. 8, 480 (iuga); 503 (acies); 9, 150 (Etrusci subst.); 521 (pinus); 10, 148 (castra); 10, 180 (urbs); 10, 238 und 429 (subst.).
EUADNE 6, 447 Tochter des Iphis, Gemahlin des Kapaneus, eines der Sieben vor Theben. Als dessen Leiche verbrannt wurde, stürzte E. sich in den Scheiterhaufen und folgte so dem Kapaneus in den Tod.
EUANDFR 8, 52; 119; 360; 455. 9, 9. 10, 148; 370; 420; 492; 515; 780. 11, ,26; 31; 45; 55; 140; 148; 394; 835. 12, 184; 551. König von Arkadien, Sohn des Merkur-Hermes und der Nymphe Carmentis; führte von Arkadien eine Kolonie nach Italien und gründete am Palatinus die Stadt Pallanteum.
EUANDRIUS ensis 10, 394: Das Schwert des Euander.
EUANDRUS (siehe Euander) 8, 100; 185; 313; 545; 558.
EUANTHES 10. 702 Trojaner aus Phrygien.
EUBOICAE cautes 11, 260 Felsklippen von Euböa, an denen ein Teil der Griechenflotte scheiterte (s. Caphereus).
EUBOICUM litus 9 710 hier Strand von Bajä s. d.
EUBOICAE orae 6, 2 Strand von Cumä, euböisch genannt, weil C. als Kolonie der Hauptstadt Chalkis von Euböa galt.
EUBOICA rupes, 6, 42 Felsen bei Cumä, s. d.
EUMEDES 12, 346 Trojaner, Sohn jenes Dolon, der von Diomedes getötet wurde. Vgl. Hom. Il. 10, 314.
EUMELUS 5, 665 Trojaner.
EUMENIDES 4, 469. 6, 250; 280; 375 die Eumeniden, d. h. die Wohlgesinnten; Euphemismus für die Rachegöttinnen.
EUNAEUS 11, 666 Trojaner.
EUPHRATES 8. 726 der Euphrat.
EUROPA 1, 385. 7, 224. 10, 91 Europa meist Griechenland und Italien im Gegensatz zu Troja-Kleinasien.
EUROTAS 1, 498 Fluß bei Sparta, h. Iri, Kultstätte des Apollo und der Diana.
EURUS 1, 85; 110; 131; 140. 2, 418 Ostwind.
EURYALUS 5, 294; 295; 322; 323; 334; 337; 343. 9, 179; 185; 198; 231; 281; 320; 342; 359; 373; 384; 390; 396; 424; 433; 467; 475; 481 junger Trojaner.
EURYPYLUS 2, 114 Grieche vgl. Hom. Il. 11, 734.
EURYSTHEUS 8, 292 Sohn des Sthenelus, des Königs von Mykene; wird durch Junos Eingreifen eher als Herkules geboren und so der Macht teilhaftig, die Juppiter eigentlich seinem Sohne Herkules zugedacht hatte. E. legt Herkules die 12 Arbeiten auf. Vgl. Ov. Met. 9, 203 und Alcides.
EURYTIDES Clonus 10, 499 Cl. Sohn des Eurytus.
EURYTION 5, 495; 514; 541 Trojaner, wahrscheinlich Erfindung Vergils, hier Bruder des homerischen Pandaros.

FABARIS 7, 715 = Farfarus heute Farfa, Fluß im Sabinerland (an der via Salaria), der in den Tiber mündet, vgl. KP II 515 Farfarus.
FABII 6, 845 das Geschlecht der Fabier; am bekanntesten aus ihm sind Fabius Pictor, der römische Geschichte in griechischer Sprache schrieb, und der Diktator Q. Fabius Maximus, der große Gegner Hannibals. Auf die nicht nur kompositionstechnisch, sondern auch inhaltlich wichtige Frage, warum die berühmten Verse 6, 847—853 „n a c h dem Elogium auf Q. Fabius Maximus v o r dem auf Marcellus, nach dem „Schild Roms" vor dem „Schwert Roms"" stehen, gibt Fritz E g g e r d i n g eine sehr gehaltvolle, das Verständnis der Gesamtpartie 6, 756—886 über Norden hinaus fördernde Antwort in seinem Artikel: „Parcere subiectis" (Gymnasium, 59. Jhg., Heft 1, 1952. S. 31—52 mit reicher Literaturangabe). Seine Darlegungen werden durch eine das Gefüge der „großen Rede des Anchises (VI 752—892)" vortrefflich aufzeigende Studie von Werner J ä k e l (Der altsprachliche Unterricht, Jahrg. 1953, Heft 5, S. 12—25) glücklich ergänzt.

FABRICIUS, C. 6, 844, Konsul 281 und 278 v. Chr. erfolgreicher Gegner des Pyrrhus, Vorbild altrömischer Redlichkeit, Schlichtheit und Kraft.
FADUS 9, 344 Rutuler.
FALISCI 7, 695 Italischer Volksstamm, Bundesgenossen des Turnus. Hier Bewohner von Aequum Faliscum an der via Flaminia.
FAMA 3, 121. 4, 173; 174; 298; 666. 7, 104. 9. 474. 11, 139 Göttin des Gerüchtes, des Geredes.
FAMES 6, 276 Hungerdämon.
FAUNUS 7, 47; 48; 81; 102; 213; 254; 368; 10, 551. 12, 766; 777. Sohn des Picus, Enkel des Saturnus, erzeugt mit der laurentischen Nymphe Marica den Latinus; durch sein unter der hohen Albunea liegendes Orakel berät er seinen Sohn und weist ihn auf die Verbindung Lavinias mit Aeneas hin. 10, 551 wird er als Vater des Tarquitus erwähnt; 12, 766—785 hilft er, der hier auch als Schutzgott der Seefahrer bezeichnet wird, dem Turnus gegen Aeneas, dessen Leute das alte Heiligtum des Faunus, einen wilden Ölbaum, gefällt hatten. Anders als in Ge 1, 10f., wo die Fauni eher den hellenischen Satyrn gleichen (in diesem Sinne muß die Anmerkung im ‚Landleben' s. v. Fauni berichtigt werden) — haben wir hier eher mit der altitalischen Gottheit zu tun, deren Wesen beschrieben wird bei G. Wissowa R. u. K.² 208 ff., Fr. Altheim RRG II 71 ff. 86. Walde-Hofmann LEW³ s. v. Faunus. Vgl. auch Fr. Bömer, Gymnasium 58. Jhg. 1951, Heft 1, S. 39 u. Anm. 45.
FERONIA 7, 800. 8, 564 Ln 6a) 124 ff.: „ . . . , nach Varro 1. 1. V 74 eine der *
Gottheiten, deren Kult unabhängig von Titus Tatius vom Sabinerlande nach Rom kam." Anhand reichen Materials aus dem CIL und aus griechischer und lateinischer Literatur führt Radke den Nachweis, daß Feronia höchstwahrscheinlich eine sabinische Göttin war, die „nach Rom gebracht wurde (vielleicht gleichzeitig mit der Verleihung des Bürgerrechtes an die Trebulaner i. J. 303 v. Chr. vgl. Liv. X 1, 3)."
FESCENNINAE acies — Fescennia (od. -ium) 7, 695 nach Dionys. Hal. 1, 21 pelasgische Gründung, wahrscheinlich in der Nähe des faliskischen Falerii, bekannt durch „versus Fescennini" derbe Volksgesänge.
FIDENA 6, 773 Kleinstadt im Sabinerland zwischen Rom und Veji; einst blühend, aber zu Vergils Zeiten schon ganz unbedeutend vgl. Horaz epist. I 11, 8.
FIDES 1, 292 Göttin der Treue und Wahrhaftigkeit; ursprünglich eine Eigenschaft Juppiters, dann ebenso wie der Dius Fidius selbständige Gottheit geworden, erhielt die Fides 254 oder 250 v. Chr. einen Tempel, der 115 v. Chr. von M. Aemilius Scaurus wiederhergestellt wurde. Das Beiwort cana deutet auf das hohe Alter des Kultes hin. Vgl. Wissowa R. u. K² S. 133f.
FLAVINIA arva 7, 696 Flurname im Gebiet der Falisker, wenig bekannt.
FORMIDO 12, 335 Gottheit des Grauens, Begleiterin des Mars.
FORTUNA 2, 385. 3, 53, 4, 653. 5, 22; ⟨356⟩; 604; 625. 6, 62; ⟨96⟩; 533. 8, ⟨15⟩; 127; 578. ⟨9, 214⟩ 10, 49; 284; 435. 11, 43; 413; 427. 12, 147; ⟨405⟩; 637; 677; 694. Im ganzen entspricht Fortuna bei Vergil der hellenistischen Τύχη der Göttin des von außen kommenden, an keine Regel und keine tiefere Sinngebung gebundenen Zufalls, ist also jene irrationale Macht, deren Einfluß der Mensch hinnehmen und überwinden muß. Eingehend über den Fortuna-Begriff Vergils handelt Joachim Z e i d l e r in seiner Berliner Dissertation „Die Schicksalsauffassung Vergils und ihre Beziehung zur Stoa" (1954. nicht gedruckt). Für den römischen Fortuna-Kult vgl. G. Wissowa R. u. K.² S. 256ff. In der Orthographie, die im einzelnen zu begründen hier unmöglich ist, folgen wir Janell, setzen aber in ⟨⟩ die Stellen hinzu, an denen Sabbadini Fortuna statt fortuna schreibt.
FORULI 7, 714 kleiner Flecken südlich von Amiternum im Sabinerland.
FRATER d. i. Catillus (s. d.) 11, 465; 604.
FRATRES 12, 516 sind die 10, 126 erwähnten Clarus und Thaemon (s. Clarus).
FUCINUS 7, 759 Fuciner See, 1875 trockengelegt. Näheres bei Radke KP II 624.
FUGA 9, 719 Gottheit der Flucht, Begleiterin und Dienerin des Mars.
FURIAE 3, 252; 331. 6, 605. 8, 669. Die Furien; 3, 252 nennt die Harpyie Celaeno sich *Furiarum ego maxima;* dieselbe Bezeichnung trägt 6, 605 jene

Rachegöttin, die den Frevlern Hunger und Durst verursacht. Für Statius, Theb. 7, 477 ist *Furiarum maxima* = *Eumenidum antiquissima*. (Vgl. Norden z. St.) Stat. nennt sie *Megaera*. 3, 331 sind die den Orest verfolgenden Erinyen gemeint; 4, 376. 10, 68 u. ö. Metonymie für „Wahnsinn".
FUROR 1, 294 Kriegsdämon.

GABII 6, 773 Stadt zwischen Rom und Praeneste (Palestrina), gegründet durch Sikuler (Solin 2. 10) „Der verblichene Glanz dieser Flecken wurde ... grade damals durch die augusteische Romantik wieder aufgefrischt, wie Stein- und Münzaufschriften von Bovillae und Gabii beweisen" (Norden 318). Hier „nennt Vergil Gabii unter den zukünftigen Kolonien von Alba. 7, 682 drückt er sich so aus, als bestünde die Stadt noch nicht, nur die dort verehrte Juno Gabina hätte schon ihren Namen".
„Ob die Umschreibung von Städtenamen durch die Bewohner (Aequi Falisci 7, 695; Quirites 7, 710; Saticulus 7, 729) die Landschaft (Lavinia litora 1, 2. L. arva 4, 236, Euboica rupes 6, 42 u. a.) oder einen Götternamen (arva Junonis Gabinae 7, 682, Celemnae 7, 739, Juppiter Anxurus 7, 799) deshalb gewählt ist, weil Vergil annahm, die Stadt habe noch nicht bestanden ,oder wenn aus metrischen und ästhetischen .. Gründen, ist wohl nicht zu entscheiden". (Rehm 86).
GABINUS cinctus 7, 612 Religiöser Ritus. „In der Augurallehre und in anderen religiösen Gebräuchen ... scheint Rom .. von Gabii gelernt zu haben". (Rehm 27)
GABINA Juno 7, 682 belegt nur noch durch Serv. u. Sil 12, 537 (s. Gabii).
GAETULUS, a, um 4, 40 (urbes); 326 (Jarbas), 5, 51; 192 (syrtes) 5, 351 (leonis) gätulisch. Die Gätuler wohnten im Nordwesten Afrikas.
GALAESUS 7, 535; 575 Latiner.
GALATEA 9, 103 Meergöttin.
GALLUS 6, 858. 8, 656; 657 Der Gallier als Roms furchtbarster Feind. In 8, 656f. Anspielung auf die capitolinischen Gänse und die Rettung des Capitols durch M. Manlius Capitolinus im Jahre 389; vgl. Liv. 5, 47. Zu 6, 858 vgl. die Zeittafel unter 224—222.
GANGES 9, 31 Der Ganges, hier Beispiel eines gewaltigen Stromes.
GANYMEDES 1, 28 Sohn des Tros, wegen seiner Schönheit von Juppiters Adler in den Himmel entrückt und vom Götterkönig zum Mundschenk gemacht; daher der Juno verhaßt. 5, 252: *puer regius*
GARAMANTES 6, 794. Die Garamanten, Volk in Innerafrika im heutigen Fessan; für die römischen Dichter zur Bezeichnung der riesigen Ausdehnung des Imperiums gesetzt. „Die Garamanten besiegte Lucius Cornelius Balbus, Prokonsul von Afrika. Er triumphierte 19 v. Chr. und ist der letzte, der ohne Kaiser zu sein oder zur kaiserlichen Familie zu gehören, die Ehre des Triumphs erhielt. Nur unter Claudius kam es noch einmal vor CIL I[2] p. 50". (Niese, Grundriß d. röm. Gesch.[3], München 1906, S. 273 Anm. 3).
GARAMANTIS 4, 198 Afrikanische Nymphe; mit ihr erzeugte der Gott Hammon den Jarbas.
GARGANUS 11, 247 ein Gebirgszug im Japygerland in Apulien; heute Monte di S. Angelo; auf ihm siedelte Diomedes sich an, nachdem er Daunus, den Vater des Turnus, gegen die Messapier erfolgreich unterstützt hatte.
GAUDIA 6, 279 „Mit den *mala mentis Gaudia* 278f. sind die Erscheinungsformen der ἡδονή ⟨Lust⟩ gemeint ..., wie die von Kebes[1] 9, 27 genannten Ἀκρασία, Ἀσωτία, Ἡδυπάθεια, vgl. auch Clemens Al. protr. 2, 26 p. 22 P. φιλοσόφων τινὲς ... τῶν ἐν ἡμῖν παθῶν ἀνειδωλοποιοῦσι τύπους, τὸν Φόβον καὶ τὸν Ἔρωτα καὶ τὴν χαράν. Mentis ist hinzugefügt, weil das auf Befriedigung der körperlichen Lüste gerichtete Streben ein πάθος τῆς ψυχῆς ist (Norden 214)".

---

[1] „Kebes, vielleicht 1. Jhd. n. Chr., aus Theben, verfaßte ein früher viel gelesenes griechisches Buch „Pinax" (Gemälde), das eine allegorische Darstellung des Lebens im platonisch-pythagoreischen Geiste gibt. ... Deutsch: Hans Sachs (1570); heute von Fr. Krauss ([2]1890)". Tusculum-Lexikon S. 143f.

GELA 3, 702 Stadt am Fluß Gelas im südlichen Sizilien. Rehm: „Nicht in Ordnung sind die Verse über Geloi und Gela . . . es scheint mir ganz unmöglich, daß Vergil die Geloi campi und Gela so gleichberechtigt nebeneinander und unabhängig voneinander erwähnen und das Etymon so anbringen soll, als heiße nur Gela, nicht aber auch die Geloi campi nach dem Fluß Gelas". Rehm vermutet, daß Gela ein Genitiv von Gelas ist und „daß zwischen 701 und 702 ein Vers fehlt, der noch eine andere Notiz über Gela wahrscheinlich über die Gründer . . . brachte". Er verweist auf Diodor. 8, 23, wo in einem Orakelspruch Gelas als Fluß genannt und auf die Stadt bezogen wird (vgl. Rehm 38f. und 106).
GELOI campi 3, 701 Fluren von Gela (s. o.).
GELONI 8, 725 Gelonen, skythischer Volksstamm im Balkanland, den Dakern benachbart. Vgl. Hor. 3. Od. 4, 35: „pharetratos Gelonas".
GERYONES 7, 662. 8, 202, gemeint in 6, 289. Der Name lautet im Mythos, auch Geryoneus und Geryon. Er war ein dreileibiger Riese, Sohn des Chrysaor und der Kallirrhoe und hauste auf der spanischen, im Golf von Gades liegenden Insel Erytheia. Hercules raubte ihm seine schönen Rinder und tötete ihn durch seine Pfeile. Vgl. Frdr. P f i s t e r , Götter und Heldensagen der Griechen. Bücherei Winter, Heidelberg, 1956. S. II, 29f. 96. Pfisters Buch ist für jeden Interpreten klassischer, im Raum des hellenischen Mythos entstandener Dichtung ein unschätzbarer und unentbehrlicher Führer.
GETAE 7, 604 die Geten sind ein thrakischer Volksstamm und wohnten ungefähr in der heutigen Ukraine. Im Jahre 29 unternahm der Statthalter von Makedonien M. Licinius Crassus eine Expedition gegen die makedonischen Grenzvölker. Vergil spielt vielleicht hierauf an. 3, 35 Getica arva = Getenland.
GLAUCUS 1) 5, 823. 6, 36 Meergottheit, ursprünglich Fischer, er sah tote Fische durch Berührung mit einem Kraute wieder lebendig werden, nahm selbst vom Wunderkraut und sprang als Unsterblicher ins Meer; er besaß die Gabe der Weissagung. Seine Tochter ist Deiphobe, die Sibylle von Cumae. 2, 6, 483 Trojaner in der Unterwelt, bekannt aus Homer Il. 17, 216. 3) 12, 343 Trojaner, Bruder des Lades, Sohn des Lykiers Imbrasus.
GNOSIUS, a, um = kretisch, nach Knosos, Hauptstadt der Insel Kreta. 3, 115 (regna); 6, 23 (tellus); 6, 566 (Rhadamanthus); 9, 305 (Lycaon).
GORGO. Hier ist in 2, 616 und 8, 438 das Haupt der Medusa gemeint, das Perseus auf Geheiß des Königs Polydektes geholt und später Athena geschenkt hatte, die es dann, „als Schreckenszeichen an ihre Aigis heftete" (Pfister 88). 6, 289 sind wohl allgemein „raffende Ungeheuer der Tiefe" (Norden 215) gemeint, weniger die aus der Sage bekannten drei Gorgonen Sthenno, Euryale und Medusa, Töchter des Phorkys und der Keto, von denen nur Medusa sterblich war. Vgl. Pfister 87f.
GORGONEA venena 7, 341 Gorgonengift, als Symbol allen Unheils, von dem Allekto voll ist.
GORTYNIA spicula 11, 773 = kretische Pfeile, so benannt nach der Stadt Gortyn auf Kreta. Die Kreter galten als besonders gute Bogenschützen.
GRACCHUS 6, 842 das Geschlecht der Gracchen war in Rom teils berühmt, teils berüchtigt. Vgl. Zeittafel zu 133—121.
GRADIVUS Beiname des Mars 3, 35; 10, 542. Nach Walde-Hofmann LEW³ I 616 ist „Gradivus" ein Fremdwort unbekannter Herkunft.
GRAECIA 11, 287 Griechenland als Gegner Trojas.
GRAIUS, a, um = griechisch bzw. Grieche 1, 467; 530. 2, 148; 157; 412; 598; 727; 786. 3, 163; 210; 295; 398; 499; 594. 4, 228. 6, 242; 529; 588. 8. 135. 10, 81; 334; 430; 720. 11, 289. 12, 538.
GRAIA urbe = Pallanteum, die Stadt des Euander 6, 97.
GRAIUGENUM 3, 550. 8, 127 aus Griechengeschlecht.
GRAVISCAE 10, 184 Cato bei Servius: „Graviscae, quod gravem aërem sustinent", hierauf spielt Vergil mit „intempestae — ungesund" an. Ort „beim heutigen Porto San Clementino, zwischen Marta und Mignone" (Rehm 13).
GRYNEUS Apollo 4, 345, Grynäisch, von Grynium, einer alten Stadt in Mysien mit prächtigem Tempel und berühmten Orakel des Apollo.

GYAROS 3, 76 Kykladeninsel im ägäischen Meer, heute Chiura oder Jura.
GYAS 1) Trojaner, Gefährte des Aeneas 1, 222; 612. 5, 118; 152; 160; 167; 169; 184; 223. 12, 460. 2) Latiner, von Aeneas getötet,: 10, 318.
GYGES 9, 762 Trojaner.
GYLIPPUS 12, 272 Arkadier, Vater der neun Söhne, die ihm seine tyrrhenische Gemahlin geboren hatte.

HADRIACAE undae 11, 405 die Fluten der Adria.
HAEDI 9, 668 Böcklein, zwei Sterne am Arme des Fuhrmanns, die Sturm und Regen anzeigen.
HAEMON 9, 685 Rutuler.
HAEMONIDES 10, 537 Italiker, Sohn des Haemon, Priester des Phoebus und der Trivia.
HALAESUS 7, 724. 10, 352; 411; 417; 422; 424. Führer der Aurunker und Osker; für gewöhnlich wird er als Gründer von Falerii angesehen, als Herr der etruskischen Falisker vgl. Ov. Fast. IV, 73, vgl. auch Agamemnonius.
HALIUS 9, 767 Trojaner, Name und Vers wörtlich aus Hom. Il. 5, 678.
HALYS 9, 765 Trojaner.
HAMMON (= Ammon) 4, 198. Dieser in Ägypten, bes. in der durch Alexander den Großen berühmt gewordenen Oase Siwah, außerdem in Libyen und Kyrene verehrte widderköpfige Gott wurde von den Griechen mit Zeus, von den Römern mit Juppiter gleichgesetzt. Hier ist er als Juppiter-Hammon Vater des Jarbas und wird durch das Gebet dieses Sohnes veranlaßt, den in Karthago seine Sendung versäumenden Aeneas zu seiner Pflicht zurückzurufen.
HARPALYCE 1, 317 Tochter eines thrakischen Königs Harpalykus. Sie wurde im Kriegshandwerk unterrichtet, lebte als Jägerin in Wäldern und wurde wie ein Wild in Netzen gefangen und getötet. Züge ihres Wesens kehren in Camilla wieder; s. d.
HARPALYCUS 11, 675 Trojaner.
HARPYIA 3, 212; 226; 249; 365. 6, 289 "Ἅρπυια = Rafferin. In der Odyssee (1, 241 = 14, 371; 20, 77) sind die H. unbestimmte, wirbelwindartige, Menschen entführende Wesen, stehen aber 20, 77f. schon mit den Erinyen in Verbindung; in der Ilias (16, 150) wird die Harpyie Ποδάργη = die Fußschnelle erwähnt, mit welcher der Windgott Zephyros die Rosse des Achilles erzeugt hat. Hesiod (Theog. 267) nennt nur zwei Harpyien, Ἀελλώ = die Sturmschnelle und Ὠκυπέτη = die Schnellfliegende und bezeichnet sie als Töchter des Okeaniden Thaumas und der Atlastochter Elektra, als Schwestern der Götterbotin Iris. Im Verlaufe der späteren Sage wurden sie, was Od. 20, 77f. angedeutet wird, zu jenen scheußlichen, vogelgestaltigen Straf- und Plagegeistern, wie sie uns besonders aus Apollonios Rhodios 2, 178—300 bekannt sind, wo sie an dem Seher Phineus die Strafe des Zeus vollziehen, aber schließlich von Bitten des Greises von den Boreaden Zetes und Kalais verjagt werden; daß sie getötet werden, verhindert Iris; sie bezeichnet die Harpyien als μεγάλοιο Διὸς κύνας (289) = des großen Zeus Hunde; diese Bezeichnung erinnert an die Erinyen, die bei Aischylos, Eum. 130 ff. u. 246 f. mit Jagdhunden verglichen werden; die Erinyen ihrerseits kommen der Pythias in Delphi als Gorgonen vor, ähnlich und auch wieder unähnlich jenen Wesen, die den Phineus quälten (Eum. 48ff.). Bei Vergil nennt sich Celaeno selbst „Furiarum maxima = die Älteste der Furien (3. 252)"; aus dem Windgöttinnen sind also diese Erinyen und Furien ähnlichen Wesen geworden. In der äußeren Gestaltung der Harpyienszene folgt Vergil, wie in vielen anderen Partien der Aeneis, dem Argonautenepos des Apollonios Rhodios; den Namen „Celaeno = Κελαινώ = die Dunkle" hat Apollonios nicht, wohl aber bringt ihn ein Scholion zu 2, 224b (Scholia in Apollonium Rhodium Vetera/Rec. Carolus Wendel. Berlin, Weidmannsche Buchhandlung 1935; S.144): τρεῖς εἰσιν αἱ Ἅρπυιαι· Κελαινώ, Ὠκυπέτη καὶ Ἀελλώ. — Näheres über die Harpyienszene Vergils im Vergleich zu Apollonios bei Markus Hügi: „Vergils Aeneis und die hellenistische Dichtung". S. 61ff. (Noctes Romanae, Forschungen über die Kultur der Antike Bd. 4 Hrsg. von Prof. Dr. Walter Wili, Bern. Verlag Paul Haupt, Bern und Stuttgart 1952). — In 6, 289 bringt Vergil sie als Unterweltsdämonen.

HEBRUS 1) 10, 696 Trojaner. 2) 1, 317. 12, 331 thrakischer Fluß, heute Maritza. D-Servius merkt an: „*volucrem Hebrum* . . . ist falsch; denn H. ist sehr ruhig, selbst wenn er im Winter anschwillt". Sa aber meint, der Fluß Thrakiens passe gut zu der thrakischen Jägerin und weist dafür auf Sil. Ital. II 73—75 hin. Andere Erklärer jedoch vergleichen Ae. 8, 223, 12, 733, 7, 807, 12, 345 und verändern *Hebrum* in *Eurum*. Wahrscheinlich darf man den Dichter überhaupt nicht so wörtlich nehmen und muß mehr auf die allgemeine Stimmung achten, in die *Hebrus* besser als *Eurus* paßt.
HECATE 4, 511; 609. 6, 118; 247; 564. In der Theogonie des Hesiod (411—452, jenen Versen, die v. Wilamowitz für Einlage eines kleinasiatischen Rhapsoden hält, Gl. d. Hell. I 172) wird Hekate, die Tochter des Titanensohnes Perses und der Titanentochter Asteria, als machtvolle, von Zeus geehrte, segenspendende das All durchwirkende Gottheit hymnisch gepriesen. Auf diese Gestalt weist bei Vergil 6, 247 hin: voce vocans Hecaten caeloque Ereboque potentem; vielleicht ist auch die dreigestaltige Form der Göttin (4, 511, wo Hecate mit Diana gleichgesetzt wird), ein Hinweis auf ihre dreifache Gewalt am Himmel, auf Erden und in der Unterwelt; so PL. „la lune dans le ciel, Diane sur la terre, Hécate aux enfers". Als an den nächtigen Dreiwegen mit Heulen angekündigte zaubergewaltige Gottheit wird sie 4, 609 angerufen; im übrigen ist sie die Herrin der avernischen Haine, d. h. der Unterwelt (6, 118 u. 564) und führte als solche die Sibylle durch alle Reiche des Pluto. Näheres über Hekate bei U. v. Wilamowitz, Gl. d. Hell. I 169 bis 174).
HECTOR 1, 99; 483; 750. 2, 270; 275; 282; 522. 3, 312; 319; 343. 5, 371. 6, 166. 9, 155. 11, 289. 12, 440 Sohn des Priamus und der Hecuba, Gemahl der Andromache. Haupttheld der Trojaner. Er tötete Patroklus, den Freund des Achilles und wird selbst von diesem getötet. Aeneas nennt ihn: 4, 281 O lux Dardaniae, spes o fidissima Teucrum.
HECTOREUS, a, um adj. zu Hector: 1, 273 (gens). 2, 543 (corpus). 3, 304 (tumulus); 488 (coniunx d. i. Andromache). 5, 190 (socii); 634 (amnes: Xanthus und Simois). Hectoreus oft gleich trojanisch.
HECUBA, griech. Hekabe, Gemahlin des Priamus, 2, 501 u. 515; bei Homer (Il. 16, 718) ist sie die Tochter des Phrygiers Dymas, bei Euripides, dem Vergil sich in der Deutung der Trojasage vielfach anschließt, die Tochter des Thrakerkönigs Kisseus (Hec. 3). Sie gebar dem Priamus viele Söhne und Töchter, vor allem Hector, Paris, Deïphobos, Polites und Kassandra; ob Helenos, der Seher, ihr Sohn ist, geht aus Homers Gedichten nicht hervor.
HELENA 1, 650. 7, 364. Anders als Homer, bei dem Helena bezeichnet wird als „Διὸς ἐκγεγαυῖα = Zeusentsprossene" (Il. 3,199) und „κούρη Διὸς αἰγιόχοιο = Tochter des ägishaltenden Zeus (Il. 3, 426)", heißt H. bei Vergil, der hier — wie für Odysseus auch — aus den Dramen vor allen des Euripides die unerfreulichen Züge im Wesen der Vielbewunderten und Vielgescholtenen kennen lernte, nur „Ledaea" = Tochter der Leda (7, 364), „Tyndaris" = Tochter des Tyndareos (2, [569]; 601) oder „Lacaena" = Lakonerin (2, 601; 6, 511). Ihrer Gestalt fehlt jene strahlende und bezwingende Gewalt, die sie bei Homer in der Ilias und auch noch in der Odyssee hat, wenngleich in diesem späteren Gedichte schon jener in der attischen Tragödie vorherrschende, feindselige Ton aufklingt (Od. 14, 68), muß ihr auch wohl fehlen, da von ihr alles Unheil für Troja herkam.
Ob die Helenaszene in 2, 567—588 vergilisch sei oder nicht, war von alters her umstritten; in neuester Zeit tritt nach Gino Funaioli (Studi II, 1, S. 243—247) auch Karl Büchner a. a. O. Sp. 331ff. für die Echtheit ein, hält sie allerdings für eine der als tibicines bezeichneten Partien und führt als Gründe für die Echtheit an: „1. Vergil beginnt nie eine Szene mit einem in der Luft hängenden *cum inversum* (589ff.), sondern selbst wo er offenbar eine Einzelszene vorausschaltet, skizziert er den Zusammenhang. 2. Der Interpolator zeigt ganz die vergilische Technik der Vorbildanwendung: Die Szene ist nach der Menelaos-Helena-Episode der Iliupersis in Anlehnung an den Orest des Euripides gestaltet (Or. 1137ff.), wie H e i n z e a. O. richtig ausführt. 3. Interpolatoren pflegen, zumal von solchem Rang, den Autor zu imitieren; Abweichungen von vergilischer Sprache und Metrik sind kein sicheres Argument, zumal wenn sie durch-

aus im Geiste Vergils sind. 4. Die Verse enthalten eben das, was die Venusszene an Voraussetzung fordert. 5. Wenn ein Interpolator so geschickt einpaßt, würde er es wohl auch am Anfang tun." Plankl in der S. 741 A. 1 zitierten Übersetzung bringt die Partie ohne Klammer, hält sie also wohl auch für vergilisch.

HELENOR 9, 544; 545 Trojaner.

HELENUS 3, 295; 329; 334; 346; 369; 380; 433; 546; 559; 684; 712. Sohn des Priamus und der Hecuba, ein Seher, später Gemahl der Andromache, König in Buthrotum, dem Scheinbilde Trojas.

HELICON 7, 641. 10, 163. Vor Beginn seiner gewaltigen Kriegsdarstellung bittet der Dichter die Musen, ihm den Zutritt zum Helicon, dem Berge der dichterischen Entrückung und Begeisterung, zu gestatten. Als erster hat Hesiod in seiner Theogonie (1ff.) den in Böotien nahe bei Thespiä liegenden, dem Apollo und den Musen heiligen Berg besungen und als Hirt an seinen Hängen die Offenbarung der Musen empfangen.

HELORUS 3, 698 Fluß der nördlich von Pachynus (Südspitze Siziliens) ins Meer mündet. „stagnans" ist die lat. Übersetzung des griech. Helorus.

HELYMUS 5, 73; 300; 323; 339 Trojaner.

HERBESUS 9, 344 Rutuler.

HERCULES Sohn des Juppiter und der Alkmene (s. Alcides) 5, 410 (caestus). 7, 656 (Aventinus, sein Sohn). 10, 319 (Melampus, sein Gefährte); 779 (Antores, ein anderer Gefährte des H.).

HERCULEUS, a, um adj. zu Hercules 3, 551 (Tarentum s. d.) 7, 669 (amictus). 8, 270 (sacrum d. i. ara maxuma s. d.); 276 (umbra); 288 (laudes); 542 (ignes).

HERMINIUS 11, 642 Etrusker.

HERMIONE 3, 328 Tochter des Menelaos und der Helena, Braut des Orestes, Enkelin der Leda, wird vor der Zerstörung Trojas von Menelaos dem Pyrrhus versprochen; er heiratet sie nach seiner Verbindung mit Andromache und wird von Orestes verfolgt und erschlagen.

HERMUS 7, 721 Hauptfluß Lydiens, der den goldführenden Paktolus aufnimmt.

HERNICA saxa 7, 684 Felsen im Gebiet der Herniker bei Anagni. „Nach Serv. u. Schol. Ver. zu 7, 684, Festus 100 M nannten die Sabiner oder Marser die Felsen „hernae" (Rehm 27).

HERULUS 8, 563 König von Praeneste, Sohn der Göttin Feronia. Sein von drei Leben beseelter Körper erinnert an Geryon, mit dem Hercules kämpfte.

HESIONE 8, 157 Tochter des Laomedon, Schwester des Priamus, wird auf Betreiben des Hercules nach der 1. Eroberung Trojas mit Telamon von Salamis verheiratet.

HESPERIA 1, 530; 569. 2, 781. 3, 163; 185; 186; 503. 4, 355. 7, 4; 44; 543. 8, 148, 12, 360 Bezeichnung Italiens.

HESPERIDES 4, 484 die Töchter der Nacht, die auf einer Insel des Ozeans, jenseits des Atlas, am äußersten Rand der Erde wohnten und einen Garten mit goldenen Äpfeln besaßen, die Hercules im Auftrage des Königs Eurystheus holte.

HESPERIS, ides = abendländisch, italisch, 8, 77 (aquarum).

HESPERIUS, a, um = abendländisch, italisch, 3, 418 (latus), 6, 6 (litus). 7, 601 (Latium).

HIBERUS, a, um vom Ebro, Fluß in Spanien: 7, 663 (boves). 9, 582 (ferrugo). 11, 913 (gurges).

HICETAONIUS Thymoetes 10. 123 Thy. Sohn des Hicetaon; dieser war Sohn des Laomedon und Bruder des Trojas.

HIEMS 3, 120 der Gott des Sturmes.

HIMELLA 7, 714 Quelle im Gebiet des Lacus Fucinus, Zufluß zum Avens-Velinus, der in den Nar mündet.

HIPPOCOON 5, 492 Trojaner, Sohn des Hyrtacus.

HIPPOLYTE 11, 661 Königin der Amazonen, Schwester der Antiope und Melanippe. Sie trug den ihr von Ares geschenkten Gürtel. Hercules nahm ihr diesen auf Befehl des Eurystheus ab.

HIPPOLYTUS 7, 761; 765; 774 Sohn des Theseus und der Antiope, weihte sich dem Dienste Dianas. Aus Eifersucht verleumdete ihn Phaidra, die zweite Gemahlin des Theseus. H. wird der Strafe des Neptun übergeben und von Pferden zu Tode geschleift, aber durch Dianas Fürsprache·von·Asklepius wiedererweckt. Un-

ter veränderter Gestalt und neuem Namen — Virbius — wird er im aricinischen Hain der Diana geborgen. Vgl. Kallim. Aitia fr. 7.
HIPPOTADEN Amastrum, Trojaner 11, 674 A. Sohn des Hippotes.
HISBO 10, 384 Rutuler.
HOMOLE 7, 675 Berg im thessalischen Phthia, Kultstätte des Pan.
HORAE 3, 512 Göttinnen der Jahreszeiten, hier Begleiterinnen der Nacht.
HORTINAE classes 7, 716 Horta (Orte) an der Narmündung zum Sabinerland gehörig. Vgl. Rehm (22).
HYADES 1, 744. 3, 516 die Hyaden = Regenbringerinnen, sieben, das Haupt des Stieres bildende Sterne, die gewöhnlich Regen mit sich brachten.
HYDASPES 10, 747 Trojaner.
HYLAEUS 8, 294 Kentaur, im Streit mit den Lapithen von Hercules getötet.
HYLLUS 12, 535 Trojaner.
HYPANIS 2, 340; 428 Trojaner.
HYRCANI 7, 605. Die Hyrkaner an der Südseite des Kaspischen Meeres, Nachbarvolk der Armenier, die im Jahr 30 v. Chr. parthische Vasallen wurden, aber 20 v. Chr. durch Tiberius ihre Rechte zurückerhalten hatten.
HYRCANUS, a, um = hyrkanisch: 4, 367 (tigres).
HYRTACIDES 1) 5, 492; 503 Sohn des Hyrtacus, d. i. Hippocoon; 2) 9, 177; 234; 319 Sohn des Hyrtacus, d. i. Nisus.
HYRTACUS 9, 406 Trojaner, Vater des Nisus.

IAERA 9, 673 in Hom. Il. 18, 42 eine Nereïde, hier eine Oreäde vom Ida.
JANICULUM 8, 358. Sagenhafte Burg des ‚Königs' Janus auf dem am rechten Tiberufer gelegenen, nach dem Gotte benannten Bergrücken. Vgl. Ov. F. 1, 241 ff. u. Macr. 1, 7, 19—23.
JANUS 7, 180; 610. 8, 357. 12, 198. Die Bedeutung dieses uraltrömischen auf dem römischen As doppelköpfig abgebildeten Gottes hat Varro in der bei Augustinus (civ. 7, 9) überlieferten Form zusammengefaßt: „Penes Janum sunt prima, penes Jovem summa = Bei Janus liegt der Beginn, bei Juppiter die Vollendung". An der Nordostecke des römischen Forums stand der berühmte, als Janus geminus bezeichnete Doppelbogen, den Numa Pompilius, wie es bei Livius 1, 19, 2 heißt, zum index pacis bellique bestimmt hat: bei Krieg war er geöffnet; wenn Rom mit allen Völkern siegreichen Frieden hatte, wurde er geschlossen. Augustus war besonders stolz darauf, daß unter seiner Regierung der Janusbogen dreimal geschlossen werden konnte (Mon. Anc. 13). Innerhalb des von zwei die beiden Torbögen verbindenden Seitenmauern gebildeten Raumes war nach Vergil 1, 294ff.) der Kriegsdämon, nach Ovid (fast. 1, 281) und Horaz (epist. 2, 1, 255) der Friede eingeschlossen. Für Vergil ist Janus einer der uralten Könige Italiens (7, 180), der Begründer einer Burg auf dem nach ihm benannten Janiculum (8, 357), der Hüter der Schwelle (7, 610) und ein Gott, der in feierlicher Vertrags- und Schwurformel angerufen wird (12, 198). Näheres über seine Bedeutung bei G. Wissowa, R. u. K^2, S. 103—109; Latte Ln 3) 132 ff. und Radke Ln 6a) 147 ff.
JAPYX 1) 12, 391; 420; 425: Trojaner, Sohn des Jasius. 2) 11, 678: Pferd; vgl. zu den Pferden Apuliens Varro R. R. 2, 7. 3) 8, 710: West-Nord-West-Wind. 4) 11, 247 (Japygis Gargani), japygisch. Die Japyger, zu denen als Stämme die Daunier, Peuketier und Messapier gehören, Nachbarn der Tarentiner.
JARBAS 4, 36; 196; 326. Sohn des Gottes Ammon (Juppiter Hammon), König von Gaetulien, abgewiesener Freier Didos.
JASIDES Söhne des Jasius 1) 5, 843 Palinurus. 2) 12, 392 Japyx.
JASIUS 3, 168. Trojaner. Vergil folgt einer Version, in der Jasius, der auch Jasion heißt, und Dardanus Italiker sind. Elektra, Gattin des Italikers Corythus, gebiert ihm in Italien diese beiden Söhne. (Serv. z. Stelle). Nach Apollon. Rhod. 1, 916 stammen Jasion und Dardanus aus Samothrake als Söhne Juppiters und der Elektra. Hesiod Theogn. 970 verbindet ihn mit Kreta, wo er mit Demeter den Pluto zeugt. Vgl. auch Hom. Od. 5, 125 und v. Wilamowitz, der Glaube d. Hellenen I S. 133 A. 2. Weiteres zur Genealogie erwähnt PL zu 8, 130.
ICARUS 6, 31 Sohn des Dädalus (s. d.).
IDA 9, 177 phrygische Nymphe, Mutter des Nisus, Gemahlin des Hyrtacus.

IDA 1) 2, 801. 3, 6. 5, 252; 254; 449. 9, 80. 10. 158. 12, 546: Phrygisches Idagebirge bei Troja in Kleinasien. 2) 12, 412: Idagebirge in Kreta mit dem Berge Dicte. — In 10, 158 ist der phrygische Ida symbolischer Schiffsschmuck.
IDAEUS 6, 485. Trojaner, in Homer (Il. 3, 248 u. 24, 326) ist I. Herold und Wagenlenker des Priamus. 9, 500 ein anderer Trojaner.
IDAEUS, a, um adj. 1) vom phrygischen Ida: 2, 696 (silva). 3, 112 (nemus). 7, 139 (Jovem); 207 (urbes); 222 (campos); 9, 112 (chori); 620 (Matris, d. i. phrygische Allmutter, s. Berecyntius); 672 (Alcanore). 10, 230 (pinus); 252 (parens — phrygische Allmutter: Kybele). 11, 285 (terra). 2) vom kretischen Ida: 3, 105 (mons).
IDALIA 1, 693 Stadt auf der Insel Cypern, nahe am Berge Idalium, auf dem sich ein Heiligtum der Venus befand. Nach Theocr. 15, 100 war dieser Tempel der bevorzugte Aufenthalt der Göttin. Vgl. auch Amathus und Paphos.
IDALIUM 1, 681. 10, 86. Berg mit Heiligtum der Venus auf der Insel Cypern.
IDALIUS, a, um = idalisch 5, 760 (Veneri). 10, 52 (domus).
IDAS 9, 575. Trojaner, 10, 351 Thraker.
IDMON 12, 75 Rutuler.
IDOMENEUS 3, 122; 401. 11, 265. Sohn des Deukalion, Enkel des Minos und der Pasiphaë, König in Kreta, einer der Haupthelden der Griechen vor Troja, wird nach seiner Heimkehr aus dem Vaterlande vertrieben und siedelt sich in Kalabrien im Gebiete der Sallentiner an. L y c t i u s heißt er nach der kretischen Stadt Lyctus. Zu der Übersiedelung griechischer Helden nach Italien bemerkt Fr. Pfister a. a. O. S. 17: ,,Als vom Ende des 8. Jahrhunderts an auch Sizilien und Unteritalien von griechischen Kolonisten besiedelt wurden, fanden auch dort die griechischen Heroen Aufnahme im Kult, und nun konnten die Sagen entstehen, daß Odysseus, Diomedes, Philoktetes und andere auf ihrer Heimfahrt von Troja nach dem Westen verschlagen worden waren. Auch die Sagen von Minos und Aineias sind auf diese Weise räumlich ausgedehnt und ihre Wanderungen nach dem Westen verpflanzt worden."
IGNIPOTENS 8, 414; 628; 710. 10,243. 12,90. Herr des Feuers, Volkanus.
ILIA 1, 274. 6, 778. Bei Livius (1, 3, 11) heißt die Mutter der Zwillinge Romulus und Remus Rea Silvia und ist Tochter des Numitor. Vergil betont mit dem Namen Ilia (Norden im Kommentar S. 319 versehentlich Itala) die trojanische Deszendenz. Vgl. Norden a. a. O. S. 319.
ILIACUS, a, um = ilisch, trojanisch 1, 97 (campis); 456 (pugnas); 483 (muros); 647 (ruinis); 2, 117 (oras); 431 (cineres); 3, 182 (fatis); 280 (ludi, s. Actium); 336 (arcem); 603 (penates). 4, 46 (carinas); 78 (labores); 537 (classes); 648 (vestes). 5, 607 (classem); 725 (fatis). 6, 875 (gente). 8, 134 (urbis). 10, 62 (casus); 335 (campis); 635 (aciem). 11, 255 (agros); 393 (sanguine). 12, 861 (acies).
ILIADES 1, 480. 2, 580. 3, 65. 5, 644. 7, 248. 11, 35 die Frauen von Ilion = Trojanerinnen.
ILIONE 1, 653 Tochter des Priamus und der Hecuba, Gemahlin des Thrakerkönigs Polymestor, der ihren Bruder Polydorus erschlug.
ILIONEUS 1, 120; 521; 559; 611 (hier adj.). 7, 212; 249. 9, 501; 569. Er ist Anwalt und Sprecher der Trojaner vor Dido und Latinus und steht als erster Euryalus' Mutter zur Seite.
ILIUM = Troja 1, 68. 2, 241; 325; 625; 3, 3; 109; 5, 261; 756. 6, 64.
ILIUS, a, um = ilisch, trojanisch 1, 268 (res). 9, 285 (tellus). 11, 245 (tellus).
ILLYRICUS, a, um = illyrisch 1, 243 (sinus).
ILUS 1) 1, 268: Askanius. 2) 6, 650: Ahnherr der Troj. Ilus bezeichnet den Zweig, von dem Priamus stammt, Assaracus den des Aeneas (Tros — Ilus — Laomedon — Priamus), (Tros — Assaracus — Capys — Anchises — Aeneas). 3) 10, 400; 401 Rutuler.
ILVA 10, 173. Insel Elba, schon im Altertum sehr bekannter Fundort des Eisens. Die Fabel vom Nachwachsen des Metalles geht wahrscheinlich auf Timaios zurück. Vgl. Rehm a. a. O. 11.
IMAON 10, 424 Italiker.
IMBRASIDES, 1) 10, 123: Imbrasus, Trojaner, Vater des Asius. 2) 12, 343: I., Lykier, Vater des Glaukus und Lades.
IMBRASUS 12, 343 ein Lykier (s. o.).

INACHIUS, a, um adj. zu Inachus 7, 286 (Argis). 11, 286 (urbes).
INACHUS 7, 372, 792 Gründer von Argos, Vater der Io, wird als erster König von Argos genannt. Inachus ist Ahnherr des Acrisius (s. d.! Vgl. Pfister a. a. O. VI u. VII) und so auch Ahnherr des Turnus. (Pilumnus + Danaë — Daunus — Turnus.)
INARIME 9, 716. Zur Erklärung dieses von Vergil, Ovid (Met. 14, 89), Plinius N. H. 3, 82 u. a. für die Insel Aenaria, heute Ischia, eingesetzten Namens schreibt PL (Original französisch): „Die Insel Ischia, von den Lateinern *Aenaria*, von den Griechen *Pithecusa* genannt. Der Riese Typhon oder Typhoeus soll unter dieser Insel begraben liegen; daher der Name *Inarime*, den ihr die lateinischen Dichter geben. Denn nach Homer Il. 2, 782, liegt der Riese begraben εἰν Ἀρίμοις im Arimerland gegenüber Kilikien[1] vgl. Hesiod Theog. 301). Pindar ⟨Pyth. 1, 18ff.⟩ und Aischylos ⟨Prom. 351—376⟩ machten Sizilien und vulkanische Inseln Italiens zum Schauplatz des Kampfes zwischen Zeus und Typhon[2]. Die Bezeichnung εἰν Ἀρίμοις wurde deplaziert und in Italien fixiert. Die Vereinigung (soudure) der Präposition mit einem geographischen Namen ist nicht außergewöhnlich. Man kann *Stambul* vergleichen, von *Istambul*, einer Veränderung von εἰς τὴν Πόλιν, ⟨neugriechisch gesprochen: istimbolin⟩". CN weist hin auf ein Scholion zu Apollonios Rhodios 2, 1210, wo es heißt: ὅτι δὲ ἐπὶ τὸν Καύκασον κατέφυγεν ὁ Τυφὼς διωκόμενος καὶ ὅτι καιομένου τοῦ ὄρους ἔφυγεν ἐκεῖθεν εἰς τὴν Ἰταλίαν ὅπου τὴν Πιθηκοῦσαν αὐτῷ πεπυριφῆναι νῆσον, Φερεκύδης ἐν τῇ Θεογονίᾳ ἱστορεῖ. Daß aber Typhos, ⟨von Zeus⟩ verfolgt, zum Kaukasus flüchtete, und daß er, da der Berg brannte, von dort nach Italien floh, wo die Insel Pithekussa über ihn geworfen worden sei, erzählt Pherekydes ⟨von Athen[3], um 450 v. Chr. gelebt, erster attischer Prosaiker, schrieb über die Abstammung der Götter und der Adelsgeschlechter⟩ in seiner Theogonie".
INDI 6, 794. 7, 605. 8, 705 die Inder, Volk des Ostens, kamen als entferntestes Volk zur Schlacht von Aktium auf Seiten des Antonius und der Kleopatra.
INDUS = indisch 12, 429 (ebur).
INDIGES 12, 794. Über die Bedeutung dieses vielumstrittenen Wortes vgl. Carl K o c h , Gestirnverehrung im alten Italien. Sol Indiges und der Kreis der Di Indigetes. Frankfurter Studien zur Religion und Kultur der Antike. Hrsg. von Walter F. Otto Bd. III S. 98ff. Nach Koch sind die Di I n d i g e t e s , „eine hochheilige Götterwielheit, die ähnlich wie Vesta und die Penaten mit dem Schicksal des römischen Staates innig verknüpft zu sein scheint, die als einziges Epitheton das Wort *patrius* trägt und in besonders wichtigen Belegen mit Göttern wie Faunus und Romulus zusammen genannt wird. Daß diese Verbindung einen wesenhaften Zusammenhang anzeigt, wird dadurch bestätigt, daß die mit Romulus und Faunus verwandte Gestalt des Aeneas zu Lavinium am Flusse des Numic(i)us mit dem dortigen *divus pater Indiges* identifiziert und als *Aeneas Indiges* verehrt wurde. Gemeinsam ist allen diesen Gottheiten, Aeneas, Faunus, Romulus, daß sie in der Überlieferung als ursprünglich menschliche Könige und Stammväter des latinischen Volkes oder seiner Städte erscheinen. Die nächstliegende Folgerung wäre also, daß auch bei den als *di patrii bezeichneten*, mit ihnen aufs engste verbundenen (im Falle des Aeneas sogar verschmolzenen) Indigeten das S t a m m v ä t e r l i c h e zum Wesen gehörte. Die Überlieferung selbst also

---

[1] Nach anderen wohnten die Arimer in Lydien, Mysien oder Syrien (vgl. CN. zur Stelle), nach v. Wilamowitz, Gl. d. H. I 266 in Lykien.

[2] Nach Jakoby (I 409) meinte auch Pindar a. a. O. schon die Insel Pithekusa.

[3] v. Wilamowitz a. a. O. S. 266 schreibt: „Ein ganz anderes Wesen ⟨als der Wirbelwind τυφώς ist der Typhoeus in der Interpolation der Theogonie, der gefährlichste Feind des Zeus, den der Schiffskatalog 782 nach Lykien zu den Arimern versetzt, die Theogonie schon unter den Ätna. Auch Pherekydes aus Syros hat davon gewußt, ⟨[3]Fr. 4 Wenn auf den Berichterstatter Verlaß ist, war bei ihm Typhon schon der ägyptische Seth)". Unerklärt bleibt diese Abweichung von Jacoby, für den das Scholion dem Athener, nicht dem Pherekydes aus Syros gehört.

legt uns den Begriff „Stammvater" nahe, und er allein ist es, der ihr durchaus gerecht wird"[1]. Eine wörtliche Übersetzung von 12, 794 f. hätte also im Sinne Kochs zu lauten: „Weißt du doch selbst und gestehst, es zu wissen: als S t a m m v a t e r wird Aeneas dem Himmel geschuldet . . ." Wie eng Lavinium, Vesta-, Penaten- und Aeneaskult zusammengehören, betont Koch S. 101: „Während man den Vesta- und Penatenkult zu Lavinium immer gebührend gewürdigt hat, blieb auffallenderweise eine Notiz fast vollständig außer acht, die eine dritte Gottheit in diesen Rahmen zieht: Schol. Veron. ad Verg. Aen I 239; *Aeneae Indigiti (Ascanius) templum dicavit, ad quod pontifices quotannis cum consulibus (ire solent sacrificaturi)*. Es kann nicht bezweifelt werden, daß hier ein am gleichen Tage wie das Vesta- und Penatenopfer von den gleichen Magistraten und Priestern vollzogener Dienst bezeichnet wird.
Die als *Aeneas Indiges* angeführte Gottheit ist aber niemand anders als der Gott des vestalischen Numic(i)us". Zurückhaltender Radke Ln 6a) 149 f.

INOUS Palaemon 5, 823 (Inous Genit. v. Ino) Ino, Tochter des Kadmus, Mutter des Melikertes-Palaemon; von ihrem rasenden Gatten Athamas verfolgt, stürzte sie sich mit ihrem Sohn Melikertes ins Meer und hieß als Meergöttin Leukothea, während ihr Sohn Palaemon genannt wurde. Leukothea galt später als Göttin der Morgenfrühe Mater Matuta und Palaemon als Hafengott Portunus. Über die Gleichsetzung der Leukothea mit der altitalischen Gottheit Mater Matuta und des Palaemon mit Portunus vgl. G. Wissowa R. u. K.² S. 110ff. Vgl. auch Ov. fast. 6, 473ff.

INSIDIAE 12, 336 Dämonen der Tücke, Begleiterinnen des Mars.

INUI 6, 775 das Fort des Inuus; die ursprüngliche Bedeutung für den später mit Pan und Faunus gleichgesetzten Herdengott ist ungeklärt. Servius (zur Stelle) leitet ihn volksetymologisch her von inire: „ab ineundo passim cum omnibus animalibus"; W. F. Otto RE VI 2062 von in-avos „freundlich" zu aveo, griech. „wohlwollend" *(ἐυνής)*. Ehrlich Z. idg. Sprg. 75f. nimmt ihn zu inuleus (= hinuleus) „Rehbock"; beide Erklärungsversuche werden von Walde-Hofmann (Lateinisches etymologisches Wörterbuch 3. Aufl. Heidelberg 1938. Carl Winters Universitätsbuchhandlung) abgelehnt. Vgl. auch G. Wissowa R. u. K.² 211⁷.

IO 7, 789 Tochter des Inachus, Geliebte des Juppiter, der sie in eine Kuh verwandelte, die dann von der eifersüchtigen Juno durch alle Lande gehetzt wurde.

IOLIAS 11, 640 Trojaner.

IONIUM 3, 211. Das jonische Meer.

IONIUS, a, um adj. = jonisch 3, 671 (fluctus). 5, 193 (mari).

IOPAS 1, 740 Sänger am Hofe Didos. Zum Lied des Jopas vgl. Pöschl (a. a. O. S. 246ff.).

IPHITUS 2, 435 Trojaner.

IRAE 12, 336 Dämonen des Kampfzornes, Begleiterinnen des Mars.

IRIS 4, 694; 700. 5, 606. 9, 2; 18; 803. 10, 38; 73 Götterbotin, Tochter des Thaumas und der Okeanide Elektra; ihre Schwestern sind die Harpyien, ihr Symbol ist der Regenbogen (vgl. Hesiod Theog. 265).

ISMARA 10, 351 Gebirge in Thrakien, hier = Thrakien.

ISMARUS 10, 139 Trojaner aus Maeonien.

ITALIA 1, 2; 13; 38; 68; 233; 263; 380; 533; 553; 554. 3, 166; 253; 254; 364; 381; 458; 507; 523; 524; 674. 4, 106; 230; 275; 345; 346; 361; 381. 5, 18; 629; 730. 6, 61; 357; 718. 7, 469; 563. 9, 267; 601. 10, 8; 32; 67. 11, 219; 508. 12, 41. Italien, in Ge gefeiert als *magna parens frugum, Saturnia tellus, magna virum* (2, 173 f.), ist in der Aeneis vor allem das Land der Verheißung Juppiters, das Land der *fata*, dessen ehrwürdige Vergangenheit vom Dichter mit ehrfürchtiger Liebe gerühmt wird. Nur mit erlesenen Gefährten (5, 729) darf Aeneas nach langen, äußeren und innerlichen Irrfahrten endlich den Strand Italiens für immer betreten. Nicht freiwillig (4, 361) hat er die Urheimat seines von Juppiter stammenden Dardanergeschlechtes (1, 380) aufgesucht. Anchises muß noch im Elysium die ganze Kraft der erhabenen Prophetie, Mahnung, Lockung und Lobgesang zugleich (6, 752—892) aufbieten, damit sein

---

[1] Walde-Hofmann lehnt diese Deutung ab.

Sohn sich mit ihm des früher immer wieder fliehenden (5, 629; 6, 61), nun endlich gefundenen Italiens freue (6, 718). Er findet ein schlichtes, frommes und derbes Volk, dessen Ruhm in seiner Arbeitsamkeit und Kriegstüchtigkeit liegt (5, 730; 9, 603—613, wo die ganze ungeschlachte Wildheit und urtümliche Härte einen jugendlich-prahlerischen Ausdruck findet). In der Begegnung mit diesem italischen Bauernvolke entfaltet und bewährt sich endgültig die in dem von feiner, hoher, fast üppiger Stadtkultur verwöhnten Phrygierhelden ursprünglich angelegte Virtus. „Es adelt die Aeneis, daß sie auf beiden Seiten Ahnherren des künftigen römischen Wesens darstellt und darum auch dem unterliegenden Feind des Aeneas seine Würde läßt. Die da gegeneinander kämpfen, sind füreinander bestimmt. Die Bestimmung erfüllt sich in dem Guten der römischen Geschichte und schließlich im Frieden des Augustus".[1]

ITALIDES 11, 657 die Italerfrauen.

ITALUS 7, 178 einer der alten Italerkönige in der Reihe der Ahnen des Latinus.

ITALUS 1, 109. 5, 117; 565. 6, 92. 8, 331; 502; 513; 678. 9, 532. 10, 41; 74; 109. 11, 592. 12, 189; 202; 251; 297; 582; 628; 655; 705. Der Italiker.

ITALUS adj. italisch 1, 252 (oris). 3, 185 (regna); 396 (litoris); 440 (finis). 5, 82 (finis); 703 (oras). 6, 757 (gente); 762 (sanguine). 7, 85 (gentes); 334 (finis); 643 (terra); 776 (silvis). 8, 626 (res); 715 (dis). 9, 133 (gentes); 698 (cornus). 10, 780 (urbe). 11, 326 (robore); 420 (urbes). 12, 35 (spes); 246 (mentes); 827 (virtute).

ITHACA 3, 272; 613 die Insel des Ulixes-Odysseus.

ITHACUS 2, 104; 122; 128. 3, 629 = Ulixes-Odysseus.

ITHYS 9, 574 Trojaner.

IULIUS 1, 288 = C. Julius Caesar Divi filius, der spätere Augustus.

IULUS 1, 267; 556; 690; 709. 2, 563; 674; 677; 682; 710; 723. 4, 140; 274; 616. 5, 546; 569; 570. 6, 364; 789. 7, 107; 116; 478; 493. 9, 232; 293; 310; 501; 640; 652. 10, 524; 534. 11, 58. 12, 110; 185; 399. = Askanius (Ascanius s. d.).

JUNO 1, 4; 15; 36; 48; 64; 130; 279; 443; 446; 662; 668; 734. 2, 612; 761. 3, 380; 437; 438; 547. 4, 45; 59; 114; 166; 371; 608; 693. 5, 606; 679; 781. 6, 90; 138. 7, 330; 419; 438; 544; 552; 592; 683. 8, 60; 84; 292. 9, 2; 745; 764; 802. 10, 62; 73; 96; 606; 611; 628; 685; 760. 12, 134; 156; 791; 841. Juno, Tochter des Saturnus, Schwester und Gemahlin des Juppiter, Schwester auch des Neptunus. Die in der Aeneis als große Gegenspielerin der Venus und als Feindin der Trojaner auftretende Gottheit gleicht durchaus der homerischen Hera und hat mit der römischen, ursprünglich nicht mit Juppiter in Verbindung stehenden Schutzgöttin der Frauen kaum etwas gemeinsam. Vergil und die von ihm beeinflußten römischen Dichter und Schriftsteller haben die Tanit der Karthager, die Dea Caelestis, mit Juno gleichgesetzt. 6, 139 wird Proserpina als Juno inferna bezeichnet, 7,683 erwähnt Vergil die Juno Gabina, die italische Schutzgöttin von Gabii. Es liegt etwas wie tragische Ironie darin, wenn sie von Dido (4, 59) als Schützerin des Ehebundes angerufen wird und als pronuba (4, 166) mitwirkt bei jener für ihren Schützling Dido todbringenden Vereinigung mit Aeneas. Als dämonische, den Menschen mit Besessenheit überfallende Macht erscheint sie in 5, 679. Trotz aller Widerstände aber, die sie der Sendung des Aeneas entgegensetzt, bleibt sie immer der voluntas Jovis und seinem fatum unterworfen; sie kann wohl verzögern und erschweren, aber nicht verhindern, was Juppiter bestimmt hat; an einer Stelle, wo ihr das Attribut omnipotens beigelegt wird (4, 693), — 7, 428 nennt Allekto sie omnipotens Saturnia — reicht ihre „Allmacht" nur eben dazu aus, das qualvolle Sterben Didos abzukürzen. Ihre Entwicklung in der Aeneis ist zu umschreiben mit zwei Stellen (1, 279ff. u. 12, 841)

1) quin aspera Iuno, quae mare nunc terrasque metu caelumque fatigat, consilia in melius referet mecumque fovebit Romanos . . .

2) adnuit his Iuno et mentem laetata retorsit, interea excedit caelo nubemque relinquit.

---

[1] Friedrich K l i n g n e r, Römische Geisteswelt, Sammlung Dietrich Bd. 29 (1943) S. 23 in seinem ausgezeichneten Essay „Italien, Name, Begriff und Idee im Altertum." S. 1—26 und 3. vermehrte Auflage (Verlag Hermann Rinn, München 1956), S. 13—35.

IUNONIUS 1, 671 (hospitia) Gastfreundschaft der Juno = Aufenthalt des Aeneas bei Dido.
JUPPITER 1, 42 46; 78; 223; 380; 394; 522; 731. 2, 326; 689. 3, 104; 116; 171; 223; 279; 681. 4, 91; 110; 199; 205; 206; 331; 356; 377; 590; 614; 638; 5. 17; 255; 687; 726; 747; 784. 6, 123; 130; 272; 584; 586. 7, 110; 133; 139; 219; 220; 287; 308; 799. 8, 301; 320; 353; 381; 560; 573; 640. 9, 83; 128; 209; 564; 624; 625; 670; 673; 716; 803. 10, 16; 112; 116; 567; 606; 689; 758. 11, 901. 12, 141; 144; 247; 496; 504; 565; 725; 806; 809; 830; 849; 854; 878; 895. Sohn des Saturnus (Kronos) und der Rhea (9, 83 ist es die genetrix Berecynthia), Bruder des Neptunus und der Juno, deren Gemahl er zugleich ist; er ist Vater der Götter und König der Menschen, seine Befehle sind maßgebend für alles Geschehen unter Göttern und Menschen, er ist als Himmels- und Lichtgott Herr der Natur, wirkt in Wetter, Regen, Gewitter und heiterer Luft, er ist in der Aeneis vor allem Herr der Geschichte; was Juppiter will, was er ausspricht, ist fatum, bleibt unverrückbar bestehen (1, 257), ist keiner anderen sententia mehr zugänglich (1, 260). „Ziel des Fatum aber ist . . die Erneuerung des saturnischen Reiches durch überlegene Kraft und Einsicht, die sich auswirkt als *cura* und als solche die *cura* des Juppiter auf Erden vertritt (Fr. Beckmann a. a. O. S. 22f.)". Und dieser Juppiter ist der Gott, dessen geheimnisvolles Walten schon die alten Arkader des Euander über dem Kapitol zu schauen glaubten (8, 351ff.), der Juppiter Optimus Maximus Capitolinus, dessen Wesen jeder Römer spürte, wenn auch der Dichter diesen Namen nicht so deutlich ausspracht. Ein Vergleich mit Homer und — wenn solche Nebeneinanderstellung einmal erlaubt ist— mit Ovid macht es augenscheinlich klar, wie sehr Vergil von der Gestalt seines Juppiter alles Allzumenschliche, Allzufabelhafte ferngehalten hat, ohne deswegen eine philosophische Abstraktion aus ihm zu machen. Nur einmal, im 12. Buch, deuten Juno (144) und Juturna (878f.) auf jenen Gott hin, den wir als „Liebhaber" unter allen möglichen Gestalten aus griechischen Sagen kennen. Merkwürdigerweise wird ihm gerade hier — etwa bösartig ironisch? — das Attribut *magnanimus* verliehen. Im übrigen ist er der Wahrer des Rechtes, der Schützer der Gastfreundschaft (1, 731), der Verleiher jener Macht, welche die Könige befähigt, stolze Völker in Gerechtigkeit zu zügeln (1, 522), kurz, er ist ein Wesen, dem das Attribut *omnipotens* zukommt in einem hohen, ehrfurchterweckenden Sinne; so lebt denn auch die von Ennius gefundene, von Vergil übernommene Prägung *pater omnipotens* weiter bis an das Ende der Zeiten. Erschütternd wirkt es, daß gerade der pater omnipotens als letztes Beiwort von Turnus die Bezeichnung *hostis* (12, 895) bekommt, daß gerade er zum Schluß als saevus rex, als furchtbarer Rächer alles Unrechts erscheint, der die Dirae entsendet, um die schuldverfallene Menschheit zu strafen (12, 849ff.), wie es erschütternd wirkt, daß gerade der pius Aeneas an Turnus als gnadenloser Rächer sich offenbaren muß, furiis accensus et ira terribilis (12, 946ff.). Beide also, Juppiter, der Begründer des Fatums, und Aeneas, sein berufener Träger, müssen am Ende der großen Dichtung ein Gericht vollziehen, dessen blutiger Ernst tragisch ausklingt im letzten Verse (12, 952), dessen Trostlosigkeit Luther[1] so tief empfunden hat: „Vitaque cum gemitu fugit indignata sub umbras".

---

[1] In den von Hans Joachim Moser (Gymnasium, 58. Jhg. 1951, Heft 4, S. 324) zitierten Tischreden, Weimarer Ausgabe 4, 4976, heißt es: „Ach Gott, sagt Luther, Arme vnd ellend leut sind die blinden Heiden mit jren gelerten, wie jemmerlich sterben die leut dahin *sine crux Christi & lux verbi*, wie der große Poet sein Buch auch selbst beschleust, da er des Fürsten Turni tod malet: *Vitaque cum fremitu fugit indignata sub umbras.* Ich sterb mit grimm vnd fahr mit vngedult dahin. drumb rent jm mancher selbst sein hertz abe, wie die ellende Dido. Wir dancken Gott für Davidis, Simeonis vnd Stephani letzte wort, die in warer erkentnus vnd anruffung des ewigen Mitlers fein sanfft vnd frölich einschlaffen vnd jre Seelichen dem Herrn Christo auffzuheben vnd zu uerwaren vertrawen."
Die Variante fremitu statt gemitu paßt gut zu Luther. Ob und wo sie überliefert ist, konnten wir nicht feststellen.

IUTURNA 12, 146; 154; 222; 244; 448; 468; 477; 485; 798; 813; 844; 854; 870 (indirekt: 10, 439 und 12, 138) Schwester des Turnus, ursprünglich altitalische Gottheit. Vgl. Wissowa R. u. K² S. 122 f.
IXION 6, 601 Sohn des Phlegyas, König der Lapithen; weil er sich an Juno vergreifen wollte, wurde er in den Tartarus gestürzt. Vergil folgt hier einer Version, die von der in Ge 3, 38 und 4, 484 erzählten allgemeinen Sage abweicht. Vgl. Pirithous und „Landleben" Reg. s. v.

KARTHAGO 1, 13; 298; 366. 4, 97; 224; 265; 347; 670. 10, 12; 54 Lieblingsstadt der Juno, gefährlichste Nebenbuhlerin Roms.

LABICI 7, 796 = Labicani „Merkwürdig ist ,picti scuta Labici', abgesehen von der formalen Kühnheit, daß Labici, der Name der Stadt, für Labicani verwandt ist, stört die Nennung einer einzelnen Gemeinde den Zusammenhang zwischen 795 und 797, und auch die Topographie macht Schwierigkeiten, da zwischen Labici und dem Gebiet des Turnus, das sich wesentlich an der Küste erstreckt, das selbständige Aricia liegt und Gabii, in nächster Nähe von Labici zu Praeneste gehört .. Es lag ⟨Vergil⟩ wenig daran, räumlich geschlossene und historisch mögliche Herrschaftsgebiete abzugrenzen." (Rehm, S. 29.)
LABOS 6, 277 die personifizierte Mühsal.
LACAENA 2, 601. 6, 511 = Lakonierin = Helena.
LACEDAEMON 7, 363 = Sparta.
LACEDAEMONIUS 3, 328 Hochzeit des Pyrrhus mit Hermione, der Tochter des Menelaos und der Helena, der Enkelin der Leda.
LACINIA 3, 552 Diva Lacinia = Juno; das Vorgebirge von Lacinium, südlich vom Golf von Tarent, besaß einen berühmten Tempel der Juno, dessen restliche Säulen den jetzigen Namen geben: capo delle Colonne. Serv. bringt Lacinia in Verbindung mit der Herculessage (vgl. CN).
LADES 12, 343 Trojaner, Sohn des Imbrasus.
LADON 10, 413 Trojaner.
LAERTIUS, a, um 3, 272 (regna) Ithaka d. Reich des Laertes.
LAGUS 10, 381 Rutuler.
LAMUS 9, 334 Rutuler.
LAMYRUS 9, 334 Rutuler.
LAOCOON 2, 41; 201; 213; 230. Vornehmer Trojaner, Priester des Neptunus. „Seit Lessing, Schiller und Goethe gehört die Laokoonerzählung aus dem zweiten Buche Vergils Aeneis (Vers 40/56 und 199/245) zu den klassischen Gegenständen der Altertumswissenschaft." So Hermann Kleinknecht in Hermes 79 (1944) S. 66. Kl. hat das Verdienst, die Szene 199—245 als echt römisches Altarprodigium erkannt zu haben. Durch seine Deutung werden viele Anstöße, die man früher an dieser Szene nahm, beseitigt.
LAODAMIA 6, 447 Gemahlin des Protesilaos, der als erster in der Troas an Land sprang und sofort von Hektor getötet wurde. Durch einen Wachszauber blieb La. ihrem Gatten verbunden. Vgl. Pfister S. 172.
LAOMEDONTEUS a, um = laomedontisch-trojanisch 4. 542 (gentis).
LAOMEDONTIADES 8, 158; 162 Priamus als Sohn des Laomedon.
LAOMEDONTIADAE 3, 248 die Trojaner.
LAOMEDONTIUS adj. zu Laomedon 7,105 (pubes=Trojaner) 8,18 (heros=Aeneas).
LAOMEDON, König von Troja, betrog Apollo und Poseidon um ihren Lohn beim Bau der Mauern Trojas. Dieser Frevel wird von den Dichtern der augusteischen Zeit als eine Art Erbschuld angesehen; in der Aeneis tritt dies allerdings nicht so sehr hervor; da gilt er einfach als Stammvater der Trojaner.
LAPITHAE 6, 601; 7, 305; 307 mythisches Bergvolk in Thessalien, bekannt durch den Kampf gegen die Kentauren. Vgl. Ov. Met. 12, 210—535.
LARIDES 10, 391; 395 L. und Thymber, Italer, sind Zwillingssöhne des Daucus.
LARINA virgo 11, 655 Begleiterin der Camilla.
LARISSAEUS 2, 197. 11, 404 Beiname des Achilles, so genannt nach der Stadt Larissa am Südufer des Peneus in Thessalien.
LATAGUS 10, 697; 698 Trojaner.
LATINAE 12, 143; 604 die Latinerinnen.

LATINI 5, 598. 7, 150; 160; 202; 367; 426; 432; 470. 8, 117; 448. 9, 717. 10, 77; 237; 311; 895. 11, 108; 134; 193; 203; 229; 302; 603; 618; 621; 745. 12, 1; 15; 240; 448; 548; 556; 593; 656; 693; 730; 823; 837. Die Latiner = Einwohner von Latium.
LATINI 7, 716 = Latinienses. Ältere Kommentatoren sehen in ihnen Latinergemeinden nördlich des Anio, die von den Sabinern unterworfen wurden. Nach Rehm, der den Ausführungen von Rosenberg in Hermes 54, 133 folgt, sind diese Latinienses eine Latinergemeinde in unmittelbarer Nähe Roms, und zwar am Tiber zwischen Rom und Fidenae auf sabinischem Gebiet, „sie sind die als Gemeinde (populus) konstituierten Bewohner des ager Latinus". (Rehm 21f.)
LATINUS = latinisch, aus Latium: 1, 6 (genus). 5, 568 (Atyi). 6, 875 (avos). 7, 96 (conubiis); 313 (regnis); 400 (matres); 8, 38 (arvis); 8, 55 (gente); 602 (finis). 9, 367 (urbe); 485 (canibus). 10, 4 (populos); 300 (arvis); 360 (acies). 11, 17 (muros); 100 (urbe); 331 (oratores); 518 (turmae); 588 (finis). 12, 211 (patribus); 530 (reges).
LATINUS 6, 891. 7, 45; 62; 92; 103; 192; 249; 261; 284; 333; 373; 407; 467; 556; 576; 585; 616. 8, 17. 9, 274; 388. 10, 66. 11, 128. 213; 231; 238; 402; 440; 469. 12, 18; 23; 58; 111; 137; 161; 192; 195; 285; 567; 580; 609; 657; 707. Latinus, König von Latium, Sohn des Faunus und der Laurentinischen Nymphe Marica, Enkel des Picus, Urenkel des Saturnus, Gemahl der Amata, Vater der Lavinia.
LATIUM 1, 6; 31; 205; 265; 554. 4, 432. 5, 731. 6, 67; 89; 793. 7, 38; 54; 271; 342; 601; 709. 8, 5; 10; 14; 18; 322. 10, 58; 365. 11, 141; 168; 361; 431. 12, 24; 148; 820; 826. Landschaft zwischen dem Tiber und Kampanien mit der Hauptstadt Rom. Das Land, das dem Aeneas und seinen Nachkommen als Ursprung einer weltbeherrschenden Macht verheißen ist. Es ist die Zufluchtsstätte des von seinem Sohne Juppiter gestürzten Saturnus. Vergil spielt in 8, 323 auf die Etymologie Latiums von latere, gleich „Stätte der Verborgenheit", an.
LATONA 1, 502. 12, 198 Tochter des Koeus und der Phoebe, gebar dem Juppiter die Zwillinge Apollo und Diana.
LATONIA 11, 534 = Diana.
LATONIUS adj. zu Latona = Diana: 9, 405 (custos). 11, 557 (virgo).
LAURENTUM (?). „Als Aeneas nach Latium kommt, existiert auf dem ‚ager Laurens' bereits eine Stadt der Latiner, die wir uns ‚Laurentum' zu nennen gewöhnt haben . . . . Dessau CIL XIV p. 186ff. hat zuerst ausgesprochen, daß zum mindesten in historischer Zeit ein Laurentum nicht existiert haben kann." (Rehm 50.) Seitdem hat die Frage nach Laurentum, seiner Existenz und Lage, nicht aufgehört. Allein sieben verschiedene Lokalisierungsversuche wurden gewagt, vgl. dazu Carcopino, Virgile et les Origines d'Ostie 1919 p. 171—274; er selbst identifiziert Laurentum mit Lavinium. Vgl. jetzt auch B. Tilly *Vergils Latium S. 83—102*; nach ihr ist möglicherweise eine alte Kultstätte des Pater Indiges am Numicus zu Vergils Zeiten für eine verschollene Stadt gehalten und vom Dichter als Laurentum deklariert worden. Zum laurentisch-lavinischen Opferdienst vgl. auch Wissowa (a. a. O. S. 520).
LAURENS 7, 63. 8, 371; 537; 613. 12, 137; 240; 280; 542. Zu 8, 1 geben die Indices von Ja und Sa Laurentum, ti an, das wäre die einzige Stelle, wo von einer Stadt L. die Rede wäre, aber auch in 8, 1 wie in 8, 38 ist „Laurenti" Ablativ des Adjektivs „Laurens".
LAURENS 5, 797 (Thybrim). 6, 891 (populos). 7, 47 (nympha); 171 (Pici); 342 (tyranni); 650 (Turni); 661 (arva); 8, 1 (arce); 38 (solo); 71 (nymphae); 9, 100 (arva). 10, 635 (castra); 671 (muros); 706 (ora); 709 (palus). 11, 78 (pugnae); 431 (agris); 851 (regis); 909 (agmina); 12, 24 (arvis); 547 (solo); 769 (divo).
LAUSUS 7, 649; 651. 10, 426; 434; 439; 700; 775; 790; 810 (zweimal); 814; 839; 841; 863; 902. Etrusker, Sohn des Mezzentius.
LAVINIA 6, 764. 7, 72; 314; 359. 11, 479. 12, 17; 64; 80; 194; 605; 937 (indirekt: 2, 783 regia coniunx). 6, 93 (coniunx causa mali tanti)). Lavinia, Tochter des Latinus und der Amata, ursprünglich mit Turnus verlobt, dann aber zur Gemahlin des Aeneas bestimmt; um ihretwillen entbrennt der Krieg zwischen den Italikern und den Trojanern.
LAVINIUM 1, 258; 270. 6, 84 heute Pratica de Mare.

LAVINIUS, a, um adj. zu Lavinium 1, 2 (litora). 4, 236 (arva) Lavinium, Stadt in Latium, nördlich von Ardea nahe an der Küste. Indem Vergil diese schon durch die Tradition mit der Aeneassage verbundene und als Ziel der Irrfahrten des Aeneas bekannte Stadt zum Ausgangspunkt der großen weltgeschichtlichen Entwicklung Roms nahm, konnte er zugleich den gerade von Lavinium ausgehenden Penatenkult aufs innigste mit der Gestalt seines Aeneas verbinden und so diesen urlatinischen und urrömischen Gottesdienst in den Mittelpunkt seines Gedichtes rücken. (Vgl. auch Tilly a. a. O. S. 54—65.)
LEDA, 1, 652 Gemahlin des Tyndarus, Mutter des Kastor und Pollux, der Klytämnestra und Helena, Großmutter der Hermione, die eine Tochter der Helena und des Menelaos ist.
LEDAEUS, a, um adj. zu. Leda 3, 328 (Hermionem vgl. hierzu Lacedaemonius). 7, 364 (Helenam).
LELEGES 8, 725 Kleinasiatischer Volksstamm.
LEMNIUS pater 8, 454 Vulcan, benannt nach der Insel Lemnos, die seine Kultstätte war. Vgl. Hom. Il. I 590. Od. 8, 283.
LENAEUM honorem 4, 207. L. Beiname des Bacchus griech. = $\lambda\eta\nu\acute{o}\varsigma$ *Kelter*, der Gott der Kelter. Zu Lenaeus vgl. Wilamowitz Gl. d. H. II 63 Anm. 3. Er leitet den Namen her von dem vielleicht lydischen $\lambda\tilde{\eta}\nu\nu\varsigma$, einer Bezeichnung der Diener des Gottes.
LERNA 6, 287; 803. 12, 518 ein See, ein durch den See fließender Fluß und eine Stadt nahe bei Argos im Peloponnes, dort tötete Hercules die neunköpfige Lernäische Schlange, der jedesmal zwei neue nachwuchsen, wenn ein Kopf abgeschlagen wurde. Mit der Galle des Untiers bestrich er seine Pfeile.
LERNAEUS, a, um 8, 300 (anguis) (s. o.).
LETHAEUS 5, 854. 6, 705; 714; 749 Lethe, der Strom des Vergessens.
LETUM 6, 277; 278. 10, 319. Der Tod, personifiziert als Todesdämon.
LEUCASPIS 6, 334 Trojaner.
LEUCATES 3, 274. 8, 677 Vorgebirge von Leucas mit berühmtem Apollotempel.
LIBER 6, 805 = Bacchus.
LIBURNI 1, 244 Bewohner der Landschaft Illyriens zwischen Istrien und Dalmatien, das heutige Kroatien.
LIBYA 1, 22; 158; 226; 301; 384; 556; 577. 4, 36; 173; 257. 6, 694; 843 Libyen nördlichster Streifen Afrikas, reicht von Ägypten bis zum arabischen Meerbusen.
LIBYCUS, a, um = libysch 1, 339 (fines); 377 (oris); 527 (penatis); 596 (undis); 4, 106 (oras); 271 (terris); 320 (gentes); 348 (urbis). 5, 595 (mare); 789 (undis). 6, 338 (cursu). 7, 718 (marmore). 11, 265 (litore).
LIBYSTIS = libycus = libysch 5, 37 (ursae). 8, 368 (ursae).
LICHAS 10, 315 Latiner. Serv: „omnes qui secto ventre procreantur, Deo Apollini consecrati sunt, quia Deus medicinae est per quam lucem sortiuntur. Unde Aesculapius fictus est eius filius."
LICYMNIA 9, 546 Sklavin, Mutter des Helenor, die ihn dem König von Maeonien gebar.
LIGER 9, 571. 10, 576; 580; 584 Latiner, Bruder des Lucagus.
LIGUS 10, 185. 11, 701; 715 Ligurer, Bewohner des Appennin, ursprünglich Bergbewohner nördl. Genuas, ihr Gebiet greift auf die Po-Ebene herüber. Sie gelten als eines der ältesten Völker der Halbinsel unbekannten Ursprungs. Ihre „Verschlagenheit" ist sprichwörtlich.
LILYBEIUS 3, 706 (vada) adj. zu Lilybaeum, Westspitze Siziliens.
LIPARE 8, 417. Die Liparischen Inseln; äolische, vulkanische Inselgruppe im Norden Siziliens. Als Insel des Aeolus gilt besonders Lipara, aber auch Stromboli oder Hiera, letztere auch Sitz des Vulkanus.
LIRIS 11, 670 Etrusker auf seiten der Trojaner.
LOCRI 3, 399. L. in Bruttium, Tochterstadt von Naryx im opuntischen Locri.
LOCRI 11, 265 Lokrer, Gefolgsleute von Ajax. Die nachhomerische Legende berichtet von ihrer Niederlassung in Afrika nach dem Tode des Ajax (vgl. CN).
LUCAGUS 10, 575; 577; 586; 592 Latiner, Bruder des Liger.
LUCAS 10, 561 Latiner.
LUCETIUS 9, 570 Italiker (bei Ja Sa irrtümlich als *Troianus* aufgeführt), trägt nach Serv. denselben Namen wie einer der Di indigetes, der mit Juppiter

identifiziert wird. „Der Beiname ⟨Juppiters⟩ ,*Lucetius = Lichtbringer*', unter dem in Rom die Salier den Gott anriefen, ⟨scheint⟩ ein allgemein italischer gewesen zu sein (G. Wissowa, R. u. K.² S. 114)." Sollte Vergil die grausige Ironie gespürt haben, die darin liegt, daß er den Trojaner Ilioneus diesen Italiker mit dem altehrwürdigen Sakralnamen zu Boden strecken läßt? Oder hat er nur in seiner Vorliebe für bedeutende Namen geistvoll auf „*ignisque ferentem*" vorausgewiesen? Zum Namen vgl. jetzt Radke Ln 6a) 187 f.

LUCIFER 2, 801. 8, 589 Der Morgenstern.
LUCTUS 6, 274 personifizierte Trauer.
LUNA 7, 9. 9, 403 Mondgöttin = Diana.
LUPERCAL 8, 343 die heilige Grotte und uralte Kultstätte des Fruchtbarkeitsgottes Faunus, am Nordwestabhange des Palatin gelegen; „um den Fuß des Berges ging der Umlauf, den alljährlich am Feste der Lupercalia (15. Februar) die Luperci vollzogen (G. Wissowa R. u. K.² S. 209)".
LYAEUS 4, 58 der Sorgenlöser, Beiname des Bacchus.
LYAEUS, a, um 1, 686 Lyaeus latex = Wein.
LYCAEUS 8, 344 (Panos) Beiname des Pan. L. ist ein Berg in Arkadien, Aufenthaltsort des Pan.
LYCAON 9, 304 ein kretischer Künstler, Name von Vergil erfunden.
LYCAONIUS, a, um (Erichaeten) 10, 749 L. Vater des E.
LYCIA 4, 143. 7, 721. 10, 126. 12, 344; 516 Lycien, Landschaft im Südwesten Kleinasiens mit berühmten Orakel und Apollotempel in Patara vgl. (Ae 4, 346 ; 377).
LYCIUS 1, 113 die Lycier.
LYCIUS = lycisch 4, 346 (sortes); 377 (sortes). 6, 334 (classis). 7, 816 (pharetram). 8, 116 (sagittas). 10, 751 (Agis). 11, 773 (cornu).
LYCTIUS 3, 401 (Idomeneus) Lyctius = Kreter, nach der bedeutendsten Stadt auf Kreta: Lyctos.
LYCURGUS 3, 14 Thrakischer König.
LYCUS 1, 222. 9, 545; 556 Trojaner.
LYDI 9, 11 Bewohner von Lydien in Kleinasien. L. galt als Urheimat der Etrusker.
LYDIUS = lydisch 2, 781 (Thybris). 8, 479 (gens); 10, 155 (gens). Die Etrusker galten als Einwanderer aus Lydien.
LYNCEUS 9, 768 Trojaner.
LYRNESUS 12, 547 = Lyrnessos, Stadt in Mysien in Kleinasien.
LYRNESIUS a, um adj. zu Lyrnesus 10, 128 (Acmon).

MACHAON 2, 263 Grieche, bekannt als Arzt der Helden vor Troja.
MAEON 10, 337 Rutuler, Bruder des Alcanor, Sohn des Phorcus.
MÄONIEN alter Name des Landes, in dem die Lydier sich ansiedelten. Da Lydier und Phryger Nachbarvölker waren, wird mäonisch für lydisch und phrygisch gebraucht, und da nach alter Überlieferung die Etrusker aus Lydien nach Italien auswanderten, werden unter den Mäoniern auch die Etrusker verstanden.
MAEONIA 8, 499 = Etrurien.
MAEONIDAE 11, 759 = Etrusker.
MAEONIUS, a, um 4, 216 (mitra) = phrygisch; 9, 546 (regi) lydisch. 10, 141 (domo) lydisch.
MAEOTIA tellus 6, 799. Die Mäotier sind ein skythisches Volk am Maeotischen See, heute das Asowsche Meer.
MAGNI di 3, 12 und 8, 679 die Kabiren von Samothrake, sind hier die Penaten. Servius zu 3, 12 weist durch ein Varrozitat darauf hin, daß die Statuen im Tempel an der Velia auf der Nordseite des Forum, welche die Penaten darstellten, in der Tempelinschrift als *magni di* bezeichnet waren. Dieser Umstand „veranlaßte den Annalisten Cassius Hemina (oder seinen Gewährsmann), sie mit den ‚großen Göttern' von Samothrake zu identifizieren, eine Annahme, die auch dann nicht aufgegeben wurde, als die zuerst von Timaios verfochtene Ansicht vom troischen Ursprung der römischen Penaten allgemeinen Beifall fand; die conciliatorische Kritik Varros vermittelte in der Art, daß sie die Götter von Samothrake nach Troja und von da durch Aeneas nach Italien gelangen ließ; die troische Herkunft der Götter des römischen Staatsherdes (Vesta und die

Penaten) ist sodann seit Caesar und Augustus Staatsdogma". (G. Wissowa R. u. K.² S. 166.) PL weist auf Augustinus civ. 7, 28 hin, da heißt es, Varro habe in den Bildern der Mysterien von Samothrake die Trias Juppiter, Juno und Minerva erkannt; fraglich bliebe also, ob das *et* vor *magnis dis* explicativ ist oder einen neuen Begriff zu penatibus hinzufügt; „le poète lui même ne le savait pas" PL.
MAGUS 10, 521 Latiner.
MAIA 1, 297. 8, 138; 140 Tochter des Atlas, eine der sieben Plejaden, Mutter des Merkur.
MALEA 5, 193 Vorgebirge in Lakonien, heute Malio di S. Angelo.
MANLIUS 8, 652 M. Manlius Capitolinus, Retter des Capitols im Jahre 389, wird 383, weil er die Alleinherrschaft anstrebte, hingerichtet (vgl. Diodor, 14, 113; 15, 35. 3 und Liv. 5, 47).
MANTO 10, 199. Weissagende italische Nymphe, empfing vom Flußgott Tiberinus den Ognus, der die Stadt Mantua erbaute und nach seiner Mutter benannte.
MANTUA 10, 200; 201. „In den berühmten Versen 10, 198—203 hat Vergil seiner Vaterstadt ein Denkmal gesetzt." M. als alte Etruskerstadt, lag später im Gebiet der keltischen Cenomanen, bei denen es vielleicht eine Teilung in 3 gentes (Stämme) und 12 populi (Gaue, Gemeinden) gab. — „gentes", „populi" ist keine Einteilung in Stadtbezirke. Die Verse, gleichsam in Parenthese gegeben und nicht zutreffend für die Zeit des Aeneas, sind ‚ex persona Vergili' gesprochen und bedeuten keinen Anachronismus. Mantua kann auch nach der gallischen Einwanderung als Tuskerstadt und als caput populi gelten, denn die Gallier siedelten zumeist auf dem Lande, und die Städte behielten ihre Nationalität. — Ognus oder Bianor oder Tarcho galten als Gründer der Stadt; (s. auch Ognus) zum Ganzen vgl. Rehm (a. a. O.) S. 59 und E. Norden, Alt-Germanien 157 ff.
MARCELLUS 1) 6, 855: M. Cl. Marcellus, Besieger Hannibals bei Nola, Eroberer von Syrakus 212. Er wurde „Schwert Roms" genannt, vgl. Zeittafel zu 224—222.
2) 6, 883: M. Cl. Marcellus, Neffe des Augustus, Sohn der Oktavia, durch dessen frühzeitigen Tod († 23 v. Chr.) die schönsten Hoffnungen des Augustus vernichtet wurden.
MARICA 7, 47 Laurentinische Nymphe, Mutter des Latinus.,
MARPESIUS, a, um adj. zu Marpesus, einem Berg auf der Insel Paros, wo der berühmte parische Marmor gebrochen wurde. 6, 471 (cautes).
MARRUVIUS, a, um adj. = marruvisch 7, 750 (gente) Marruvien alte Marser-Hauptstadt am östlichen Ufer des Fuciner See; heute S. Benedetto.
MARS 1, 274. 2, 335; 440. 6, 165. 7, 304; 540; 550; 582; 603; 608. 8, 433; 495; 516; 557; 676. 9, 518; 584; 717; 766. 10, 22; 237; 280. 11, 110; 153; 374; 899. 12, 1; 73; 108; 124; 187; 410; 497; 712; 790.
MARTIUS, a, um 7, 182 (volnera). 9, 566 (lupus). 11. 661 (Penthesilea) zum Mars gehörig, vom Mars abstammend.
MARS: Seine Herkunft von Juppiter und Juno wird in der Aeneis nicht erwähnt, wie denn überhaupt an den meisten Stellen der Name Mars als Metonymie für K r i e g, K a m p f g e i s t und T a p f e r k e i t gebraucht wird. Mars ist Vater der Zwillinge Romulus und Remus (1, 274. 6, 777) und der Penthesilea (11, 661), Schutzgott Thrakiens (3, 13; 35) und Roms (1, 276. 6, 872), Vernichter der Lapithen (7, 304); den·Grund — er war nicht zur Hochzeit des Pirithous eingeladen worden — gibt Vergil nicht an. Als Kriegsgott tritt er auf in 8, 433; 700. 9, 717. 10. 542; 755. 12, 179; 332. Zu seinem Gefolge gehören Discordia (*"Ἔρις*), Bellona (*'Ἐνύω*), die Dirae (8, 700f.), Fuga (*Φόβος*) und Timor (*Δεῖμος*). Wenn es 9, 719 heißt: immiastque Fugam Teucris atrumque Timorem, so spielt Vergil wohl darauf an, daß *Φόβος* und *Δεῖμος* die Wagenlenker des Ares sind (Ilias 15, 119f.), denn inmittere wird oft vom Loslassen eines Gespannes gebraucht. Bei Vergil ist Mars eine gewaltige, durchaus ernstzunehmende Gottheit, die niemals, etwa wie der homerische Ares, ihre Würde verliert; er wird von Aeneas (12, 179f.) in feierlichem Gebete als Herr aller Kriege angerufen und erhält das Attribut Pater. Darin kommt uritalisches und altrömisches religiöses Empfinden zum Ausdruck; denn in der frühen Zeit hieß der Gott Marspiter und gehörte zu der alten Göttertrias Juppiter, Mars, Quirinus. Die metonymische Ver-

wendung des Namens ist zwar bei Homer und den griechischen Tragikern anzutreffen, wird aber von Vergil in viel stärkerem Maße gebraucht, wie ja überhaupt die römischen Dichter solche Metonymien (vgl. Ceres, Bacchus) besonders lieben. Auffälligerweise bringt Vergil Mars nicht in Verbindung mit Venus, obwohl dies schon 217 v. Chr. Venus und Mars zusammengebracht worden waren, Lukrez sie in seinem Prooemium zum 1. Buche als ein Paar darstellt und Augustus, allerdings erst nach Vergils Tode, dem Mars Ultor auf dem Forum Augusti im Jahre 2 v. Chr. einen großen Tempel weihte, von dem G. Wissowa (a. a. O. S. 146f.) sagt: „Das Heiligtum stand in engster Beziehung zu der offiziell anerkannten Stammsage des julischen Hauses, denn das Tempelbild stellte mit Mars zusammen auch Venus dar."

In 11, 8 ist Bellipotens = Mars, wie in 10, 542 der Gott, dem die Trojaner die Rüstung des geschlagenen Feindes als tropaeum darbringen.

MARSI 10, 544 die Marser, latinischer Stamm, berühmt durch ihre Kriegstüchtigkeit und bekannt als Schlangenbeschwörer.

MARSUS, a, um adj. 7, 758 (montibus) zu den Marsern gehörig.

MASSICUS 10, 166 Etruskischer Führer, unter ihm dienen 1000 Mann aus Clusium und Cosae.

MASSICUS, a, um adj. zu Massicus, Berg in Kampanien, zu seinen Füßen ein berühmtes Weinbaugebiet. 7, 726.

MASSYLI 6, 60 Numidisches Volk.

MASSYLUS, a, um adj. = massylisch. 4, 132. 4, 483 (gentis). Von den Dichtern wird m. als Synonym für afrikanisch gebraucht.

MATER, 9, 108; 619 vgl. Kybele.

MAURUSIUS, a, um 4, 206 (gens) adj. = mauretanisch, bei den Dichtern allgemein für ‚afrikanisch' gebraucht.

MAVORS 6, 872. 8, 630; 700. 10, 755. 11, 389. 12, 179; 332. Alter Name des Gottes Mars (s. d.).

MAVORTIUS zum Mars gehörig. 1, 276 (moenia, d. i. Rom). 3, 13 (terra, d. i. Thrakien). 6, 777 (Romulus). 9, 685 (Haemon).

MAXIMUS Fabius 6, 845. Der berühmte Diktator im 2. punischen Krieg (vgl. Fabius und Zeittafel).

MAXIMA ara 8, 271 (s. Ara m.).

MEDON 6, 483 Trojaner. Vgl. Hom. Il. 17, 216, wo diese Aufzählung vorgebildet ist.

MEGAERA 12, 846 Tochter der Nacht, Schwester der Diren; sie gehört also zum Geschlecht jener Rachegöttinnen, die im Griechischen als Erinyen, im Lateinischen als Furien bekannt sind. Vgl. auch Harpyien.

MEGAROS sinus 3, 689 Bucht von Megara Hyblaea im Südosten Siziliens, nördlich von Syrakus.

MELAMPUS 10, 320 Latiner, Genosse des Herkules, Vater des Kisseus und Gyas.

MELIBOEUS 3, 401 (ducis); 5, 251 (purpura). Meliböa in Thessalien, am Fuß des Ossa ist in Hom. Il. 2, 717 eine der Stätte, die Philoctet befehligt. Zu 5, 251 vgl. Lucr. 2, 500 „Meliboeaque fulgens Purpura Thessalico concharum tacta colore".

MELITE 5, 825 eine Meernymphe.

MEMMIUS 5, 117, eine römische Gens; ihr bekanntester Vertreter ist Cajus Memmius, dem Cic. ad fam. 13 mehrere Briefe gewidmet hat, diesem Cajus Memmius widmete auch Lucrez sein Gedicht: De rerum natura. Vgl. Cic. epist. 13, 1.

MEMNON 1, 489 Sohn des Eos-Aurora und des Thiton, kam mit aethiopischen Truppen dem Priamus zu Hilfe. Vgl. Hom. Od. 4, 187f.

MENELAUS 2, 264. 6, 525. 11, 262 Sohn des Atreus, König von Lakedämonien, Bruder des Agamemnon, einer der beiden Atriden. Vgl. zu 11, 262 Hom. Od. 4, 354.

MENESTHEUS, 10, 129 Trojaner.

MENOETES 12, 517 Arkader.

MENOETES 5, 161; 164; 166; 173; 179 Trojaner.

MERCURIUS 4, 222; 558. 8, 138. Sohn Juppiters und der Atlastochter Maia, Vater des Euander (8, 138), wird von Juppiter an Dido gesandt (1, 297ff.), um

den Troern einen günstigen Empfang zu erwirken. Diese Partie, die den Abschluß
der großen Juppiter-Venusszene (1, 223—296) bildet, hat als eine Art Dublette
zu 1, 657—690, wo Venus ihren Sohn Cupido zum gleichen Zwecke entsendet,
Anstoß erregt. W. H. Friedrich geht in seinen Vergilerklärungen (Philologus 94,
1940, 164 ff.) soweit, anzunehmen, die ganze Juppiter-Venus-Szene wäre bei der
endgültigen Redaktion von Vergil wohl getilgt worden. Das hält Karl Büchner
(Sp. 320) mit Recht für undenkbar, gibt aber zu, daß die Einleitungsverse (1,
223—226 und die Schlußpartie 1, 297—304) solche t i b i c i n e s sind, die Vergil
später anders gefaßt hätte. In 4, 222 und 558 ist M. der von Juppiter entsandte
Bote, der den Aeneas an seine Pflicht mahnt.
MEROPS 9, 702 Trojaner.
MESSAPUS 7, 691. 8, 6. 9, 27; 124; 160; 351; 365; 458; 523. 10, 354; 749. 11,
429; 464; 518; 520; 603. 12, 128; 289; 294; 488; 550; 661 ein etruskischer bedeutender Anhänger des Latinus und Turnus, der wie Rehm (S. 95) bemerkt, nur
bei Vergil Sohn des Neptun ist. Vgl. jetzt F. Altheim, Archiv f. Religionswissenschaft 29 (1931) 22.
METABUS 11, 540; 564 Vater der Camilla.
METISCUS 12, 469; 472; 623; 737; 784 Rutuler.
METTUS 8, 642. Fufetius Mettus, Diktator der Albaner. Im Kriege des Königs
Tullius Hostilius gegen die Städte Veji und Fidenae versuchte er, die Römer
zu verraten, dies führte zur Zerstörung von Alba Longa. Tullus Hostilius ließ
M. an zwei Wagen spannen und zerreißen. Vgl. Liv. 1, 28.
METUS 6, 276 Personifikation der Furcht.
MEZZENTIUS 7, 648; 654. 8, 7; 482; 501; 569. 9, 522; 586. 10, 150; 204; 689;
714; 729; 742; 762; 768; 897. 11, 7; 16. Etrusker-König, Vater des Lausus, der
diesen vortrefflichen Sohn nicht verdiente, denn durch seine Grausamkeit seinen
Untertanen verhaßt geworden, mußte er aus seinem Reiche fliehen. Erst dadurch,
daß sein Sohn Lausus sein eigenes Leben für das Leben des Vaters opferte, wird
ein edleres Empfinden in diesem Götter- und Menschenverächter geweckt.
MIMAS 10, 702; 706 Trojaner.
MINCIUS 10, 206 heute Mincio, fließt aus dem Gardasee = Lacus Benacus
(patre Benaco) an Mantua vorbei in den Po. Hier ist der Flußgott als Schiffsfigur gemeint.
MINERVA 2, 31; 189; 404. 3, 531. 5, 284. 6, 840. 7, 805. 8, 409; 699. 11, 259.
M. jungfräuliche Tochter des Juppiter; auf den Mythos ihrer Geburt aus dem
Haupte des Vaters findet sich in der Aeneis kein Hinweis. Sie ist die bevorzugte Tochter des höchsten Gottes; ihr liebt er sogar den Blitz (1, 42); als auf
der Stadtburg thronende Schutzgöttin wird sie angerufen von den trojanischen
(1, 479—482) und von den latinischen Frauen (11, 477—485), von beiden vergeblich; sie ist Helferin der Griechen (2, 162 ff.); mit ihrer Hilfe und angeblich als
Sühne für den Raub ihres auf der trojanischen Stadtburg stehenden Kultbildes des
Palladiums, wird das für Troja verderbenbringende hölzerne Roß gebaut
(2, 15; 31; 189); sie hilft mit bei der Zerstörung Trojas (2, 615f.), wendet sich
aber dann, erzürnt durch den Frevel des Oileussohnes Ajax, gegen die so lange geschützten Griechen (1, 39 ff.). Aeneas fleht zu ihr vor ihrem Tempel in Calabrien,
südlich von Hydruntum, — Strabo 6, 281 erwähnt das castrum Minervae, eine
wohl gegen Seeräuberangriffe angelegte Befestigung, die ihren Namen von dem
Minervaheiligtum erhielt; — und fühlt sich von ihr zuerst in Italien empfangen
(3, 531—544); als Göttin kunstfertiger Arbeit erscheint Minerva, die ja in Rom
als die Beschützerin des Handwerks und der gewerblichen Kunstfertigkeit verehrt
wurde (vgl. Wissowa R. u. K² S. 252f.), in 2, 15. 5, 284. 7, 805; als Metonymie für ‚kärglichen Besitz' steht der Name 8, 409 (tenui Minerva). Die
Bezeichnung Tritonia ist ebenso wie die griechische Τριτογένεια nicht geklärt; v. Wilamowitz (Gl. d. H. I 232) merkt an: „Ein peinliches Rätsel bleibt
der homerische Beiname Τριτογένεια denn bedeutungsvoll muß er gewesen sein,
und verstanden hat ihn niemand. Die Athener haben die Panathenaeen auf die
τρίτη φθίνουσης verlegt, also „am dritten geboren" verstanden; das könnte gut
darin liegen, aber der Ansatz auf ein festes Monatsdatum kann kaum alt sein.
Verbreitet ist es, den Triton in dem ersten Gliede zu sehen, nicht den Meergott,
sondern den libyschen Fluß, da scheinen die Eingeborenen eine Göttin verehrt

zu haben, die den Hellenen ihre Athene zu sein schien, so daß sie diese gar von dort herleiteten (Herodot IV 189). Der Triton bei Alalkomenai ist erst danach erfunden worden. Demokrit hat in einer eigenen Schrift „die dreierlei gibt" in den Namen gelegt (Fr. 2). Die Qualität des i läßt sich nicht bestimmen; das macht die Deutung noch unsicherer, ob ihr Erzeuger, der Τρίτος oder irgendwer war, dessen Name mit Τρίτων zusammenhängen kann. Auf weitere antike und moderne Torheiten einzugehen, lohnt sich nicht."
MINIO 10, 183 kleines Flüßchen, das nördlich von Centumcellae (Civita-Vecchia) mündet; heute Mignone.
MINOS 6, 432 König von Kreta, Sohn Juppiters und der Europa, Gemahl der Pasiphaë, Vater des von den Athenern getöteten Androgeos und der Ariadne, erzwang von den Athenern jenen furchtbaren Tribut von sieben Söhnen und Töchtern
MINOIUS, a, um adj. zum Minos 6, 14 (regna).
MINOTAURUS 6, 26 Sohn der Pasiphaë und eines Stieres (gr. ταῦρος), der in der Hercules-Sage mit jenem kretischen Stier gleichgesetzt wird, der Europa über das Meer trug (vgl. Pfister a. a. O. 95f.).
MISENUS 3, 239. 6, 162; 164; 189; 212; 234 Gefolgsmann zunächst des Hektor, dann des Aeneas, Signalbläser, fordert die Meergötter zum Wettstreit heraus und wird von Triton ertränkt. 6, 234 ist es das nach ihm benannte Kap Misenum.
MNESTHEUS 4, 288. 5, 116; 117; 184; 189; 194; 210; 218; 493; 494; 507. 9, 171; 306; 779; 781; 812. 10, 143. 12, 127; 384; 443; 459; 549; 561. Vorfahre der römischen gens Memmia. Die vornehmen römischen Familien legten Wert darauf, vom trojanischen Geschlecht abzustammen.
(MOLOSSOS) indirekt 3, 327 Sohn des Neoptolemus und der Andromache.
MONOECUS 6, 830. Μόνοικος = Einsiedler, Beiname des Herkules; der Name lebt weiter in „Monaco". Schon Hekataios von Milet (Fr H Gr Jacoby I F 57) erwähnt den Μονοίκου λιμήν = portus Herculis Monoeci; vgl. auch Strabo IV 6, 1. 3. (201, 202), Plin. NH 3, 7 (47), Tac. hist. 3,42, Ammianus Marc. XV 10, 9. Von der auf dem felsigen Vorgebirge der Alpes maritimae liegenden „Burg des Einsiedlers" sprechen nach Vergil Silius Ital. I 585 f. und Petronius (Tusculum-Bücherei, ed. v. Carl Hoffmann, S. 286). Norden merkt an: „Auf einem rhetorischen ψεῦδος beruht die 830 f. angedeutete Situation, daß Caesar sein Heer über die Alpes (maritimae) nach Italien geführt habe. Daß das Motiv in Deklamationen vorkam, zeigt Petrons carmen de bello civ. 144 ff." Conington schreibt: „There is a difficulty in this specification of the place, as this is not otherwise known to have been the way by which Caesar entered Italy. The most natural supposition seems to bee that Virg. wrote as a poet, not as an historian." Zum Namen Μόνοικος sagt Servius: „Er heißt aber Μόνοικος, weil er nach Vertreibung aller ⟨Gegner⟩ allein dort wohnte oder weil in seinem Tempel niemals irgendeiner der Götter zugleich mitverehrt wurde, wie ⟨etwa⟩ in Juppiters Tempel Minerva und Juno, in dem der Venus Cupido." Daß Herkules auch irgendeiner Sagenversion in Südgallien nahe bei Martigues und La Crau siegreich gekämpft hat, geht hervor aus Plin. NH 3, 5, Pomponius Mela II 5 und Diodorus Siculus 4, 19. Diodor bzw. sein mythographischer Gewährsmann hebt hervor, daß Herkules bei seinem Alpenübergang, der ihn aus Gallien nach Ligurien führte, den rauhen und beschwerlichen Weg bequemer gemacht habe und gangbar für Kriegsheere und Lasttiere. Ob Vergil diese Darstellung seines Zeitgenossen kannte und daher Caesar mit seinem Heere auf der sagenhaften Herkulesstraße ziehen ließ?
MORBI 6, 275 Dämonen der Krankheit im Vorhof der Unterwelt.
MORINI 8, 727 ein Stamm im Keltenvolk in Belgien am Kanal von Calais.
MORS 11, 197 Todesgott, vgl. Letum.
MULCIBER 8, 724 altitalischer Beiname des Volkanus. Vgl. Macr. 6, 5, 2.
MURRANUS 12, 529; 639 Latiner.
MUSA 1, 8. 9, 77; 774; 775 Vergil ruft an bedeutenden Stellen die Muse oder die Musen als Göttinnen der Dichtkunst an.
MUSAEUS 6, 667 alter Sänger und Priester; man schrieb ihm die Einführung und Verbreitung theolog. Poesie zu.

MUTUSCA 7, 711 Trebula Mutuesca oder auch nur Trebula, alte Pelasgerstadt, reich an Oliven. Nach Mc (angeführt bei Rehm 18) heißt der Ort heute Oliveto.
MYCENAE 1, 284; 650. 2, 25; 180; 331; 577; 5, 52. 6, 838. 7, 222; 372; 9, 139 Herrschersitz des Königs Agamemnon in der Argolis.
MYCENAEUS (ductor 11, 266 = Agamemnon).
MYCONOS 3, 76 eine Kykladeninsel.
MYGDONIDES Coroebus 2, 342 M. Phrygierkönig, Vater des Coroebus.
MYRMIDONES 2, 7; 252; 785. 11, 403 Volksstamm in Thessalien, beherrscht von Achilles.

NAR 7, 517 h. Nera, Fluß, der im Oberlauf die Westgrenze des Sabinerlandes bildet und in den Tiber mündet, ‚sulphureus' = schweflig ist sein ständiges Beiwort. Nach Serv. bedeutet im Sabinischen das Wort ‚nar' = ‚sulphur'.
NARYCII Locri 3, 399 ,,Die letzte Stadt der Südküste ⟨Italiens bei Vergil⟩ ist Locri, Narycii (3, 399) genannt nach Naryx oder Narykion im opuntischen Locri" (Rehm 36).
NAUTES 5, 704; 728 Trojaner.
NAXOS 3, 125 Insel im ägäischen Meere, Kultstätte des Bacchus.
NEALCES 10, 753 Trojaner.
NEMEA 8, 295 Landschaft in der Argolis, berühmt als Aufenthaltsort des nemëischen Löwen, den Hercules tötet.
NEOPTOLEMUS 2, 263; 500; 549. 3, 333; 469. 11, 264 Sohn des Achilles und der Deidameia, Enkel des Peleus = Pyrrhus.
NEPOS 9, 362 vgl. CN zur Stelle, wonach nepos 1) Remulus heißt wie sein Großvater, oder 2) Rhamnes oder 3) unbenannt bleibt. Nach Servius ist 9, 363 eine der 12 oder 13 unlöslichen Stellen. Interpolierter Vers? Die alten Kommentatoren kannten zwei Erklärungen:
1) Nach dem Tode des Enkels, der denselben Namen Remulus trug wie sein Großvater, fiel der Schmuck in die Hände der Rutuler, insbesondere des Rhamnes (Asper).
2) Nach dem Tode des Euryalus fiel der Schmuck in die Hände der Rutuler (Aelius Donatus bei Servius).
NEPTUNUS 1, 125. 2, 201; 610. 3, 74; 119. 5, 14; 195; 360; 640; 779; 782; 863. 7, 23. 8, 699. 9, 145. Sohn des Saturnus (5, 799 Saturnius domitor maris), Bruder des Juppiter und der Juno, Gott des Meeres wie der griechische Poseidon, half Troja erbauen (9, 145), daher heißt es Neptunia Troia (2, 625; 3, 3), **wirkte aber auch kräftig mit bei seiner Zerstörung, weil Laomedon ihn um seinen ausbedungenen Lohn betrogen hatte**; zu Aeneas steht er in einer Art Patronatsverhältnis (5, 800ff.); ähnlich tritt auch in der Ilias (20, 292—308) Poseidon für das Leben und die Rettung des Aeneas ein und weissagt ihm eine dauernde Herrschaft.
NEPTUNIUS adj. zu Neptunus 2,625. 3, 3 (Troia). 7, 691. 9, 523. 10, 353. 12, 128 (proles = Messapus). 8, 695 (arva).
NEREIDES 1) 3, 74 Doris, Tochter des Oceanus, Gemahlin des Nereus.
2) 5, 240 Töchter des Nereus.
NEREIUS, a, um von Nereus abstammend, 9, 102 Doto und Galatea.
NEREUS 2, 419 10, 764 Meergott, Sohn des Pontus, Vater der Nereiden. In 8, 383 ist die filia Nerei Thetis, Gemahlin des Peleus, Mutter des Achilles; sie ließ von Hephaistos (Vulcanus) für ihren Sohn Waffen schmieden, vgl. Hom. Il. 18, 428 ff.
NERITOS 3, 271 Gebirge im Norden Ithakas, vgl. Hom. Od. 9, 22; 13, 351. Aus der Art, wie Vergil hier von der Neritos ardua spricht, ist nicht zu erkennen, ob er die nördliche Bergkette von Ithaka oder irgendeine Insel gemeint hat.
NERSAE 7, 744 Stadt der Aequer (Aequiculer) am rechten Ufer des Himellaflusses im Apennin.
NILUS 6, 800. 8, 711. 9, 31 der Nil.
NIPHAEUS 10, 570 Rutuler.
NISAEE 5, 826 eine Nereide.

NISUS 5, 294; 296; 318; 328; 353; 354. 9, 176; 184; 200; 207; 223; 230; 233; 258; 271; 306; 353; 386; 425; 438; 467. Trojaner, Freund des Euryalus, Sohn des Hyrtacus.
NOEMON 9, 767 Trojaner. Name und Vers wörtlich aus Homer Il. 5, 678.
NOMADES 4, 320; 535. 8, 724 Nomadenstämme Afrikas, vgl. Sallust Jug. 18, 7.
In 4, 535 Anspielung auf den Antrag des Jarbas an Dido. — König Bogudes (8, 724) von Mauretanien gehörte zu den Verbündeten des Antonius (vgl. Dio Cass. 50, 6. 11).
NOMENTUM 6, 773 (als Kolonie von Alba) 7, 712 Sabinerstadt. Nomentum wird teils als sabinisch, teils als latinisch bezeichnet. Schwankungen hinsichtlich der Zugehörigkeit finden sich auch bei anderen Städten im Dreieck des Tiber und Anio (vgl. Rehm a. a. O. S. 18).
NOTUS 1, 85; 108. 2, 417 Süd-Wind.
NOVERCA 7, 765, d. i. Phaidra.
NOX 3, 512. 5, 721; 738; 835. 6, 390. 7, 138 (zweimal); 331. 8, 369; 407. 12, 846; 860 Göttin der Nacht.
(NUMA) 6, 810 ‚regis Romani', d. i. Numa Pompilius, 2. König von Rom. „Der Kaiser ⟨Augustus⟩ war eben nicht bloß ein *alter Romulus* ⟨als Erneuerer der Stadt Rom⟩, sondern auch ein *alter Numa* ⟨als Begründer vor allen Dingen der religiösen Gesetzgebung⟩. In diesem Sinne werden die Zeitgenossen des Dichters diese Partie gelesen haben, in der Augustus seine Stelle zwischen Romulus und Numa erhalten hat." (Norden S. 327.)
NUMA 1) 9, 454 Rutuler, der von Nisus oder Euryalus getötet wird. 2) 10, 562: Rutuler, mit dem Aeneas kämpft.
NUMANUS 9, 592; 653 Rutuler.
NUMICUS oder Numicius 7, 150; 242; 797. Weder Name, noch Gebiet dieses bei Vergil nur im Genetiv genannten Flusses lassen sich mit Sicherheit ausmachen. B. Tilly (a. a. O.) gibt einen ausführlichen Bericht über den Fluß (S. 66—82) und die verschiedenen Theorien der Forscher. Nach Carcopino (a. a. O. S. 481 und Anm. 3) ist der Name adjektivisch, heißt Numicius und ist hergeleitet von Numen. Von den etwa sechs Flüssen, die zwischen Ostia und Antium durch die Campagna fließen und an der Küste Latiums münden, kommen vier als der gesuchte Numicus in Betracht, der Canale del Stagno, 2 km südlich vom Tiber; dann, etwa 15 km weiter südlich, der Fosso di Pratica, weiter der westlich von Ardea gelegene Fosso dell' Incastro und schließlich der mitten zwischen Ardea und Lavinium fließende Rio Torto, den die Mehrzahl der Gelehrten für den Numicus hält. Tilly (70ff.) widerlegt Carcopinos Versuch, den Numicus mit dem Canale dello Stagno zu identifizieren und bekräftigt die Ansicht, daß der Rio Torto der alte Numicus sei. Bei Vergil wird der Fluß immer zusammen mit dem Tiber erwähnt; in 6, 86—9 wird mit Simois und Xanthus auf die beiden italischen Flüsse hingewiesen. Der Numicus gilt in der Sage als jener Strom, in dem der gestorbene Aeneas von Venus zu einem Gott umgewandelt und zum Indiges gemacht wird (vgl. Ovid Met. 4, 607f. Sil Ital. 8, 39 und Dion. Hal. A. R. 1, 64). Nach dem Schol Ver. zu 1, 260 weihte Askanius am Flusse seinem Vater, dem Aeneas Indiges, einen Tempel, zu dem jährlich die Konsuln kamen, um zu opfern. Auch mit dem Kulte der Vesta und der Penaten wird der Fluß in Zusammenhang gebracht.
NUMIDAE 4, 41 Numidier, nordafrikanisches Volk zwischen Mauretanien und Karthago.
NUMITOR 1) 6, 768: König von Alba Longa. Aeneis 6, 760—76 bringt die Albaner Könige. „Es werden einige wenige herausgegriffen, darunter nur der erste (Silvius), an dem durch die Legende bestimmten Platz, die übrigen ohne Rücksicht auf die Reihenfolge in der Legende. (1 Procas, 2 Capys, 3 Numitor, 4 Silvius Aeneas statt 4, 2, 1, 3)". Norden S. 316.
2) 10, 342 Rutuler, Bruder des Alcanor und Maeon, Sohn des Phorcus.
NURSIA (Norica) 7, 716 Stadt, die als ‚frigida — kalt' bekannt war wegen ihrer Gebirgslage am Tetrica-Gebirge nahe der Quelle des Nar.
NYSA 6, 805 Berg in Indien, der in der Sage als Erziehungsstätte des Bacchus gilt. „Die Farben zu dem für diese Enkomiengattung typischen Vergleich des

Herrschers mit dem indischen Dionysos werden aus hellenistischen Dichtungen stammen, in denen der indische Dionysoszug ein beliebtes Motiv war. ... tigres substituiert der römische Dichter für die in griechischer Poesie und Kunst typischen Panther" (Norden S. 325).

OCEANUS 1, 287; 745. 2, 250. 4, 129; 480. 7, 101. 8, 589. 11, 1 der größte, die Erdscheibe umschließende Strom, wie er dem Weltbild des Homer entspricht.
OEBALUS 7, 734. „Oebalus ist eigentlich ein sagenhafter König von Sparta . . Die Bezeichnung „Oebalius" wird poetisch auf wirkliche und angebliche spartanische Kolonien, wie Tarent ... und die Sabiner ... übertragen. In Campanien, als Sohn des Telon und der Sebethis, findet sich Oebalus nur bei Vergil." (Rehm 94.)
OECHALIA 8, 291 Stadt in Euböa, die Hercules zerstörte, weil ihr König Eurytos ihm seine Tochter Iole verweigerte.
OENOTRIUS, a, um 1, 532 (viri). 3, 165 (viri). 7, 85 (tellus) oenotrisch; Oenotria ist ein alter Name für den südwestlichen Teil Italiens, Bruttium und Lucanien, der dann von den Dichtern auch für ganz Italien gesetzt wird. Nach Servius (zu 1, 532) ist das Land so benannt nach dem Sabinerkönige Oenotrus. Vgl. auch Dion. Hal. 1, 11f. und F. Jacoby Fr. Gr. Hist. 3, F. 156.
OGNUS = Ocnus 10, 198 Gründer von Mantua. Zum Namen merkt PL folgendes an: „Hellenisierte Form (῎Οκνος) für *Aucnus*, den etruskischen Namen des Bruders oder Sohnes des Aulestes, Gründers von Perugia. Um Streit mit Aulestes zu vermeiden, zog Ocnus fort und gründete im Keltengebiet (die Stadt) Felsina, (so lautet) der etruskische Name für Bologna, *Bononia* war der keltische Name. Zur selben Zeit erlaubte Aucnus seinen Offizieren, Burgen zu gründen, unter ihnen Mantua (Ps.-Servius). Eine andere Legende, die ganz der griechischen Tendenz (zu entsprechen) scheint, nennt Bianor *(Βιάνωρ)* den Gründer von Mantua. Auf Grund eines Wortspieles — ⟨Mantua von Manto⟩ — gab man ihm zur Mutter die griechische Prophetin Manto, die Tochter des Tiresias. Vgl. Buc. 9, 60. Diese beiden Sagenversionen sind hier ⟨in unserer Vergilstelle⟩ vermischt; der Name des Ocnus ist statt dem des Bianor eingesetzt. Der tatsächliche Ursprung Mantuas ist vielleicht derjenige, den Ps.-Servius berichtet: Mantua wurde gegründet von Tarchon, d. h. von Etruskern, und sein Name hergeleitet von Mantus, dem Namen des etruskischen Pluto. Man darf nicht vergessen, daß die Etrusker griechischen Einfluß erfahren haben."
OILEUS 1, 41 König in Lokris, Vater des jüngeren Aiax.
OLEAROS 3, 126 Insel im Ägäischen Meer.
OLYMPUS 1, 374. 2, 779. 4, 268; 694. 5, 533. 6, 579; 586; 782; 834. 7, 218; 558. 8, 280; 319; 533. 9, 84; 106. 10, 1; 115; 216; 437; 621. 11, 726; 867. 12, 634; 791. Hoher Berg an der Grenze von Mazedonien und Thessalien, Wohnsitz der Götter, oft gleichbedeutend mit Himmel.
ONITES 12, 514 Rutuler thebanischer Herkunft; vgl. Echionium nomen.
OPHELTES 9, 201 Trojaner, Vater des Euryalus.
OPIS 11, 532; 836; 867 Nymphe, vertraute Dienerin Dianas.
ORCUS 2, 398. 4, 242; 699. 6, 273. 8, 296. 9, 527; 785. Der Orkus, die Unterwelt in 4, 699 = Todesgott.
OREAS 1, 500 Bergnymphe.
ORESTES 3, 331. 4, 471 Sohn des Agamemnon und der Klytämnestra. Er rächt an seiner Mutter den Tod seines Vaters und wird deshalb von den Erinyen verfolgt. Seine Braut Hermione wird ihm von Pyrrhus entrissen, dafür tötet er ihn in Delphi.
ORICIUS, a, um = orikisch von Orikus, jetzt Eriko, einer Seestadt in Epirus 10, 136 (terebintho).
ORIENS 1, 289. 5, 42; 739. 8, 687 Morgenland, der Osten.
ORION 1, 535. 3, 517. 4, 52. 7, 719. 10, 763. 1) Sagenhafter riesiger Jäger (10, 763ff., wo Mezzentius mit ihm verglichen wird); 2) Sternbild, bei dessen Untergange im Spätherbst Sturm und Regen herrschte, daher die Attribute nimbosus, aquosus, saevus.
ORITHYIA 12, 83 Tochter des athenischen Königs Erechtheus, von Boreas, dem Windgotte, als Gemahlin nach Thrakien entführt.

ORYNTUS 11, 677 Etrusker.
ORODES 10, 732; 737 Trojaner.
ORONTES 1, 113; 220. 6, 334 Lykier, Gefährte des Aeneas.
ORPHEUS 6, 119 Sohn des Apollo und der Muse Kalliope, nach anderen ein Sohn des thrakischen Königs Oeagrus, berühmter Sänger der Heroenzeit. Vergil nennt ihn 6, 645 Thrëicius sacerdos, vgl. Hor. ars. poet. 391: sacer interpresque deorum.
ORSES 10, 748 Trojaner.
ORSILOCHUS 11, 636; 690; 694 Trojaner.
ORTYGIA 1) 3, 694. ,,Am Eingang des Hafens von Syrakus liegt die Insel Ortygia mit der Quelle Arethusa und Tempel der Artemis. Vergil bringt die uralte Fabel, daß die Quelle Arethusa mit dem elischen Alpheus (s. d.) in Kommunikation stehe." (Rehm 37.) Ihren Namen verdankt die Insel dem Kult der Artemis-Diana, die in Ortygia (Delos) beheimatet ist.
2) 3, 124; 143; 154: Insel Delos, Kultstätte Apollons und der Diana. Der Name der Insel wird mit ὄρτυξ = Wachtel in Verbindung gebracht. Asteria, Schwester der Leto, soll, fliehend vor Zeus' Liebe, sich in eine Wachtel verwandelt haben und ins Meer gesprungen sein. Darauf wurde sie in die Insel O. verwandelt; nach anderen kam Leto als Wachtel nach Delos. Vgl. Lübkers[8] RE 747.
ORTYGIUS 9, 573 Rutuler.
OSCI 7, 730. ,,Der Name Osci ... wird in verschiedener Bedeutung angewendet. Die älteren griech. Geographen gebrauchen ihn für die Bewohner Campaniens im weitesten Sinne (Antiochos bei Strabo 5. 242) ⟨u. a. bei Rehm S. 32⟩". Osci: Sammelname für Aurunker, Sidiciner und andere Stämme? oder eigener Volksstamm? Der Name O. ist i. a. nur auf die Sprache beschränkt (vgl. hierzu Rehm a. a. O. 32).
OSINIUS 10, 655 Fürst von Clusium in Etrurien.
OSIRIS 12, 458 Latiner.
OTHRYADES Panthus 2, 319; 336. Othrys ist Vater des Panthus.
OTHRYS 7, 675 Berg in Thessalien, Sitz der Kentauren.

PACHYNUM 3, 429; 699. 7, 289 Vorgebirge an der Südspitze Siziliens, heute Cap Passaro.
PACTOLUS 10, 142 kleiner Fluß in Lydien mit Goldsand, heute Tabak-Tchai.
PADUS 9, 680 der Po.
PADUSA 11, 457 eine der sieben Mündungen des Po.
PAEONUS, a, um adj. = päonisch 7, 769 (herbis). 12, 401 (morem). Paeon war der Arzt der Götter, vgl. Hom. Il. 5, 401; 879f., ist bei Homer noch von Apollo verschieden, erst später bekommt Apollo diesen Beinamen.
PAGASUS 11, 670 Trojaner.
PALAEMON 5, 823 Meergott (s. Inous).
PALAMEDES 2, 82. Sohn des Königs Nauplius von Euböa, weiser Ratgeber und Erfinder der Buchstaben bei den Griechen. Er entlarvte den vorgetäuschten Wahnsinn des Odysseus, den dieser geheuchelt hatte, weil er nicht am trojanischen Kriege teilnehmen wollte. O. säte Salz in die Furchen, als aber P. den Sohn des O. vor sein Gespann legte, wich dieser aus und zeigte dadurch seine Zurechnungsfähigkeit. O. rächt sich, indem er P. fälschlich als Verräter hinstellt und so die Steinigung des P. veranlaßt. Andere Versionen erwähnt bei Lübker[8] RE s. v. Bei Vergil wird er mit den Nachkommen des Danaus und mit Belus verbunden. (Belus — Danaus — Amymone + Poseidon — Nauplios — Palamedes.) Zur Rache seines Vaters vgl. Aiax und Caphareus.
PALATINUS Euandrus 2, 9 der palatinische Euander, so genannt, weil er auf dem Palatinus die neue Arkadersiedlung anlegte.
PALICI 9, 585. ,,Im Binnenlande, südlich vom Aetna, in der Niederung des Symacthus an zwei kleinen Schwefelseen bei der Stadt Palagonia liegt die ‚pinguis et placabilis ara Palici', von wo ... der Sohn des Arcens kommt" (Rehm 37). An dieser Stelle wurden die sizilischen Zwillingsgottheiten Palici verehrt. PL weist darauf hin, daß man ihnen noch Menschenopfer darbrachte: ,,ce qui explique l'épithète de *placabilis.*" Vgl. auch Rev. de Phil. 41 (1917) p. 187 ff. Vergil nennt nur eine Gottheit.

NAMENREGISTER

PALINURUS 3, 202; 513; 562. 5, 12; 833; 840; 843; 847; 871. 6, 337; 341; 373; 381. Steuermann des Aeneas, nach ihm wird ein Vorgebirge in Italien benannt: Kap Palinurus bei Velia.

PALLADIUM 2, 166; 183. 9, 151. Das Palladium, jenes berühmte, in der Burg Trojas aufbewahrte Bild der Pallas, das unter der Regierung des Ilus in Troja vom Himmel gefallen war; von ihm hing das Wohl und Wehe der Stadt ab.

PALLAS 1) 8, 51; 54. Ahnherr des Euander, Begründer der Stadt Pallanteum in Arkadien. Dieser Name wurde übertragen auf die von Euander in Italien auf dem aventinischen Hügel erbaute Stadt.

2) 8, 104; 110; 121; 168; 466; 515; 519; 575; 587. 10, 160; 365; 374; 385; 393; 399; 411; 420; 433; 442; 442; 458; 474; 480; 492; 504; 506; 515; 533. 11, 27; 30; 39; 97; 141; 149; 152; 163; 169; 177. 12, 943; 948. Sohn des Euander, Bundesgenosse des Aeneas, fällt von der Hand des Turnus und wird von Aeneas gerächt. Pallas gehört neben Camilla, Lausus, Nisus und Euryalus zu den von Vergil mit besonderer Liebe gezeichneten jugendlichen Helden, deren strahlendes Leben einem frühen Untergange verfallen ist.

3) PALLAS 1, 39; 479. 2, 15; 163; 615. 3, 544. 5, 704. 7, 154. 8, 435. 11, 477 Göttin, anderer Name für Minerva (s. d.).

PALLANTEUM 8, 54; 341 Stadt, vgl. Pallas.

PALLANTEUS, a, um, adj. zu Pallanteum 9, 196 (moenia); 9, 241 (moenia).

PALMUS 10, 696; 699 Trojaner.

PAN 8, 344 Gott der Hirten. Das Gebirge Lycaeus und Maenalus in Arkadien sind seine Lieblingsaufenthalte.

PANDARUS 1) 5, 496: P. Sohn des Lykaaon, verwundet auf Athenes Betreiben Menelaos und verhindert den Frieden, vgl. Hom. Il. 4, 68ff. Indirekt 5, 515: fratrem = Pandarus; von Diomedes getötet Il. 5, 290—95, hier wie ein Gott verehrt.

2) 9, 672; 722; 735. 11, 396: P. Sohn des Alcanor. Die Episode von Bitias und Pandarus ist Hom. Il. 12, 127 entlehnt.

PANOPEA 5, 240; 825 Meernymphe im Gefolge des Phorcus.

PANOPES 5, 300 ein Sikuler, Gefährte des Acestes.

PANTAGYAS 3, 689, Fluß, der an der Ostküste Siziliens bei Leontini ins Meer mündet; Felsen bilden dort einen natürlichen Hafen.

PANTHUS 2, 318; 319; 322; 429 Trojaner, Priester des Apollo.

PAPHUS 1, 415. 10, 51; 86 Stadt auf der Westseite der Insel Cypern, berühmt durch Tempel und Kult der Venus, von hier aus verbreitete sich der Kult über die ganze Insel.

PARCAE 1, 22. 3, 379. 5, 798. 9, 107. 10, 419; 815. 12, 147; 150 Parzen, Schicksalsgöttinnen, die griech. Μοῖραι Sie hießen Clotho, Lachesis und Atropos, im Germanischen entsprechen ihnen die Nornen.

PARIS 1, 27. 2, 602. 4, 215. 5, 370. 6, 57, 7, 321. 10, 702; 705; 705 Sohn des Priamus und der Hecuba, Entführer der Helena, Urheber des trojanischen Krieges; von seinem durch Apollo gelenkten Pfeile wird Achilles tödlich getroffen. Jarbas bezeichnet Aeneas verächtlich als ‚Paris‘ als weichlichen Phrygier (4, 216f.), Juno als ‚Paris alter‘ (7, 321), wo sie Unglück aus seiner Verbindung mit Lavinia prophezeit.

(indirekt: Phrygius pastor = Paris 7, 363).

PARIUS lapis 1, 593 = parischer Marmor.

PAROS 3, 126 Insel im Ägäischen Meer, gehört zu den Kykladen, reich an Marmor.

PARRHASIUS, a, um 8, 344 (more). 11, 31 (Euandro), parrhasisch, nach der südarkadischen Landschaft und Stadt Parrhasia; bei den Dichtern oft gleichbedeutend mit arkadisch.

PARTHENIUS 10, 748 Trojaner.

PARTHENOPAEUS 6, 480 König von Arkadien, Sohn der Atalante und des Meleager. ‚inclutus armis‘ = waffenberühmt, er galt als der Tapferste der Sieben vor Theben. Vgl. Norden S. 258.

PARTHUS 7, 606. 12, 857; 858; die Parther besiegten 53 v. Chr. das Heer des M. Licinius Crassus völlig, töteten den Feldherrn und erbeuteten die Standarten. Es gelang dem Augustus, sie zur Rückgabe dieser Feldzeichen zu veranlassen (7, 606). Sie waren gefürchtete Bogenschützen.

PASIPHAE 6, 25; 447, Gemahlin des Minos, Königin von Kreta; mit unnatürlicher Liebe zu einem Stier geschlagen, gebar sie den Minotaurus.
PATAVIUM 1, 247, Padua, Stadt des Antenor in Venetien. Vgl. KP I 369.
PATRON 5, 298, Arkadier aus Tegea. PL faßt den Vers chiastisch auf und bezieht Acarnan auf Patron und ‚ab Arcadio Tegeaeae sanguine gentis' auf Salius. PL's Register stimmt hier nicht mit dem Kommentar überein.
PELASGI 2, 83. 6, 503. 7, 600, Urbevölkerung Griechenlands, als arglistig hinterhältig, in Tücke geschult erscheinen sie öfters bei Vergil (2, 83; 106; 152). In 8, 600 sind sie das Urvolk in Latium. Rehm schreibt dazu (66): „Die Archäologie des Euander verträgt sich nicht recht mit der Angabe von 8, 602, daß Pelasger die ersten Bewohner Latiums waren, aber wer empfindet das als Störung?"
PELASGUS, a, um = pelasgisch = griechisch 1, 624 (reges); 2, 106 (artis); 152 (arte). 9, 154 (pube).
PELIAS 2, 435; 436, Trojaner.
PELIDES 1) 2, 548. 5, 808. 12, 350 = Achilles (Peleus — Achilles+Deidameia — Neoptolemus (Pyrrhus)); 2) 2, 263 (Neoptolemus) = N. als Enkel des Peleus.
PELOPEUS, a, um 2, 193 (moenia — argos, vgl. Landleben Reg. s. v.
PELORUS 3, 411; 687, Nordostspitze Siziliens an der Straße von Messina.
PENATES 1, 68; 378; 527; 704. 2, 292; 514; 717; 747. 3. 12; 15; 148; 603. 4, 21; 598. 5, 62; 632. 7, 121. 8, 11; 39; 123; 543. 9, 256. 11, 264. Name und Wesen dieser Götter sind vom Altertum bis zur Neuzeit weithin unzugänglich geblieben und haben antiken Kommentatoren Anlaß zu oft abenteuerlichen Deutungen geboten.[1] Das Wort *penates* wird mit *penes*, *penus* und *penitus* zusammengebracht; die Grundbedeutung aber von *penes* und *penus* steht nicht fest. Wissowa[2] bezeichnet die P. „als die im *penus*, in der Vorratskammer wohnenden und waltenden Götter". Ihm folgen Latte[3] und viele andere. St. Weinstock[4] sieht in den P. ganz allgemein „die Götter ‚drinnen' ", während Radke[5] die erst spät — Serv auct A 2,508 — bezeugte Gleichsetzung: „*penus* = Vorratskammer" unter Hinweis auf viele Zeugen, besonders auf Gellius 4, 1 und Ulpianus Dig 33, 9, 2 energisch ablehnt. Er möchte *penes* und *penus* von der Wurzel *pot herleiten und versteht daher unter den P. „die Götter, die sich um die Dinge in der *potestas* des Hausherrn kümmern". Diese Auffassung wird u. E. dem Wesen der in der Aeneis wirkenden Penaten — vgl. besonders 2, 292; 717; 747. 3, 12; 148—171. 7, 121. 9, 258 — eher gerecht als die anderen Deutungen. Denn Vorratskammergötter wirken nicht mit der an den erwähnten Stellen sich offenbarenden geheimnisvollen Macht. Für Radke spricht auch die von Weinstock betonte Tatsache, daß nur ein dominus, pater familias, civis Romanus Penaten hat; für Sklaven ist der Lar familiaris zuständig, die Penaten kümmern sich nicht um sie.[6] Daß bei Vergil — wie bei anderen Dichtern seiner Zeit[7] — das Wort *penates* auch für *focus*, *domus* und *patria* steht, beeinträchtigt seine Hauptbedeutung nicht. Für Aeneas sind sie Begleiter und Berater, *fatorum comites, MAGNI DI*.
PENELEUS 2, 425, Grieche, bei Homer Führer der Böotier Il. 2, 494; 13, 92; 17, 597.
PENTHESILEA 1, 491. 11, 662, Tochter des Mars, Amazonenkönigin, kam den Trojanern zu Hilfe und wurde von Achilles getötet.
PENTHEUS 4, 469, König von Theben. Sein Schicksal wird von Euripides in den Bacchen dargestellt. Weil er sich der Einführung des Bacchuskultes widersetzte, wurde er von seiner Mutter Agaue getötet. Vergil denkt hier weniger an die mythische Gestalt als an die literarische Figur, die ihm von der Bühne her bekannt war.
PERGAMA 1, 466; 651. 2, 177; 291; 375; 556; 571. 3, 87; 336; 350. 4. 344; 426. 6, 516. 7, 322. 8, 37; 374. 10, 58. 11, 280.
PERGAMEUS 3, 110; 133; 476; 5, 744; 6, 63.

Ln: [1] 10b) 95—128; [2] 10a) 162; [3] 8) 89; [4] 8) 420; [5] 6a) 249 und 6b) 464 f.; [6] 8) 425, 10 ff.; [7] 8) 423, 6 ff.

NAMENREGISTER

1) Pergama, Stadtburg von Troja = Troja, erstmalig zerstört durch Herkules, der, als König Laomedon ihm den versprochenen Lohn — unsterbliche Pferde — nach seinem Sieg über das Untier des Neptun vorenthielt, Rache an ihm nahm und Troja zerstörte. (3, 476 vgl. auch 2, 642): 1, 466; 651. 2, 177; 291; 375; 556; 571. 3, 110; 476. 4, 344; 426. 6, 516. 8, 374. 10, 58. 11, 280.
2) Neugründung des Helenus, ein in kleinerem Maßstab wiederholtes getreues Abbild der Stadt Troja: 3, 336, 350. 3) Neugründung in Kreta: 3, 133. 4) Die Trojaner, die Überlebenden von Troja, werden gleichsam als Urgrund der neuen Stadt angesehen: 3, 87. 7, 322. 8, 37. 5) Perg. = Trojaner: 6, 63.

PERIDIA 12, 515, Mutter des Onites.

PERIPHAS 2,476, Grieche.

PETELIA 3, 402, Stadt in Bruttium nördlich von Croton. Nach Vergil von Philoktet gegründet. P. spielte im 2. pun. Krieg eine Rolle. Vgl. Liv. 23,30.

PHAEACES 3, 291, sagenhaftes Volk, bei Homer auf der Insel Scheria; hier bei Vergil sind mit ‚arces Phaeacum' die Höhen Corcyras (Corfu) gemeint.

PHAEDRA 6,445, Tochter des Königs Minos auf Kreta, zweite Gemahlin des Theseus, entbrannte in unerwiderter Liebe zu ihrem Stiefsohn Hippolytos, beschuldigte ihn zu Unrecht und verübte Selbstmord. Vgl. Eurip. Hippolytos und Racine Phèdre.

PHAETHON = 1) Φαέθων der Strahlende 5, 105 (vgl. Il. 11, 735 und Od. 5, 479). Attribut der Sonne.
2) 10, 189 Sohn des Sol und der Klymene, bekannt aus der von Ovid Met. 2, 19—400 dargestellten Sage. Von Jupitters Blitz getroffen, stürzte der unglückliche Lenker des Sonnenwagens in den Eridanus, an dessen Ufern seine in Pappeln verwandelten Schwestern ihren Bruder beweinen.

PHALERIS 9. 762, Trojaner.

PHARON 10, 322, Rutuler.

PHEGEUS 5, 263. 9, 765. Trojaner, von Turnus getötet; 12, 371, anderer, auch von Turnus erschlagener Trojaner.

PHENEUS 8, 165, Stadt in Arkadien.

PHERES 10, 413, Trojaner.

PHILOCTETES 3, 402, Freund des Hercules, erhielt von ihm den Bogen mit den Giftpfeilen, ohne die Troja nicht zerstört werden konnte. Ph. fährt zu Schiff gegen Troja, wird bei einer Zwischenlandung auf der Insel Tenedos von einer Schlange gebissen; seine Wunde verbreitete solchen Geruch, daß er auf der Insel Lemnos ausgesetzt wurde. Im zehnten Jahre des trojanischen Krieges wird Ph. von Odysseus und Diomedes (oder nach anderen von Neoptolemus) geholt, nach Troja geführt und dort geheilt. Ph. tötet den Paris. Vgl. Pfister (a. a. O.) S. 171 und 184. PL „Lycophron und andere erzählen, daß er in Italien Städte zwischen Croton und Thurii gründete. Die Version, der Vergil folgt, geht auf Varro und Cato den Älteren zurück."

PHINEIUS, a, um 3, 212. Sohn oder Enkel des Poseidonsohnes Agenor, ehemals König in Thrakien, vermählt mit der Boreastochter Kleopatra und so Schwager der Argonatuen Zetes und Kalais, der Boreassöhne, die ihn von der Harpyienplage befreiten. Weil er „selbst den heiligsten Ratschluß Kronions" den Menschen mitteilte, strafte Zeus ihn mit Blindheit und Hunger. Die Harpyien verdarben seine Mahlzeiten. Vgl. Apoll. Rhod. Arg. 2, 164—300.

PHLEGETHON 6, 265; 551, Fluß der Unterwelt.

PHLEGYAS 6, 618, König der nach ihm benannten Phlegyer, eines Volksstammes in Thessalien; Vater des Ixion und der Koronis, Stammvater der Lapithen; Servius merkt an, Phlegyas habe den Tempel des Apollo in Delphi in Brand gesteckt, weil der Gott seine Tochter Koronis zu seiner Geliebten gemacht, dann aber für ihre Untreue durch Artemis hatte töten lassen. Die Mahnung zur Gerechtigkeit, die ihn der Dichter in feierlichem Ton aussprechen läßt, ist Pindar, Pyth 2, 39 nachgebildet, wo Ixion von seinem Rade in ähnlicher Weise vor Unrecht warnt.

PHOEBE 10, 216, Schwester des Apollo und der Diana.

PHOEBUS 1. 329. 2, 114; 319. 3, 80; 99; 101; 143; 188; 251; 251; 359; 371;

474. 4, 58. 6. 18; 35; 56; 69; 70; 77; 347; 628; 662. 7, 62. 8, 720. 9, 661. 10, 316; 537. 11, 794; 913. 12, 391; 402. Der Strahlende, Beiname des Apollo (s. d.).
PHOEBAEUS adj. zu Phoebus 3. 637 (lampadis), 4,6 (lampade).
PHOEBIGENAM 7, 773, Sohn des Apollo = Aesculapius gr. Asclepios.
PHOENICES 1, 344, Phönizier.
PHOENISSA 1, 670; 714. 4, 348; 529. 6, 450, die Phönizierin, d. i. Dido.
PHOENIX 2, 762, Sohn des Amyntor, Begleiter des Achilles.
PHOLOE 5, 285, kretische Sklavin des Aeneas.
PHOLUS 1) 8, 294: Kentaur Ph. war Gastfreund des Hercules und kam versehentlich durch H. ums Leben. Ein Speer des Hercules, mit dem er die übrigen Kentauren getötet hatte, traf den Fuß des Pholus. Diese Wunde ließ sich nicht mehr heilen; so glaubten einige, er sei durch Hercules ums Leben gekommen. Vgl. Tomsin a. a. O. S. 21.
2) 12, 341: Trojaner.
PHORBAS 5, 842, Trojaner.
PHORCUS 1) 5, 240; 824; Sohn des Pontus und der Gaia, ein Meergott.
2) 10, 328 Rutuler, Vater von sieben Söhnen, darunter Alcanor, Macon und Numitor.
PHRYGIA 7, 207. 10, 88; 582, Phrygien, westliche Landschaft im Innern Kleinasiens.
PHRYGIUS, a, um = Phrygisch, trojanisch. 1, 182 (biremis); 1, 381 (aequor); 618 (Simoentis). 2, 68 (agmina); 276 (ignis); 580 (ministris). 3, 6 (Idae); 148 (penates); 484 (chlamydem); 545 (marito). 4, 103 (marito); 140 (comites). 6, 785 (urbes). 7, 139 (Matrem-Kybele); 358 (hymenaeis); 363 (pastor = Paris); 430 (duces = troj. Führer); 579 (stirpem). 9, 80 (Ida). 10, 157 (leones = die Löwen am Wagen der Kybele, besondere Beschützer der griech. Flotte); 10, 702 (Euanthes). 11, 403 (arma); 484 (praedonis); 677 (viri); 769 (armis). 12, 75 (tyranno d. i. Aeneas.)
PHRYX 1, 468. 2, 191; 344. 5, 785. 7, 294. 9, 134; 599; 617; 635. 10, 255. 11, 145; 170. 12, 99, die Phrygier, manchmal mit der Nebenbedeutung ‚weichlicher Mensch' bes. 9, 617.
PICUS 7, 48; 171; 189, Sohn des Saturnus, Vater des Faunus, Großvater des Latinus; von der eifersüchtigen Circe in einen Specht verwandelt. Die Liste der Laurenterkönige Janus, Saturnus, Picus, Faunus, Latinus ist nach G. Wissowa (R. u. K²) S. 66 das Ergebnis einer erst im 2. Jh. v. Chr. entstandenen Geschichtsklitterung.
PILUMNUS 9, 4. 10, 76; 619. 12, 83, alte Schutzgottheit des Ehebundes, besonders bei Geburten, zusammen mit Picumnus verehrt. „Daß Vergil Pilumnus zum Vater des Daunus und Großvater des Turnus machte (vgl. Serv. Aen. 10, 76) und andre das Paar mit den Dioskuren verglichen (Serv. Aen. 9, 4) lehrt uns nichts für Bedeutung und Wesen des Götterpaares." (G. Wissowa R. u. K² S. 244, 3) *
PINARIUS, a, um 8, 270 (domus) — das Haus der Pinarier führte die Aufsicht über den Hercules-Kult an der Ara Maxima; s. Potitius, vgl. Liv. 1, 7 und 2, 29.
PIRITHOUS, 6, 393; 601, Sohn des Lapithen Ixion und der Dia, nach anderen Sohn des Zeus, Freund des Theseus, Gemahl der Hippodameia. Nach ihrem Tode ging er mit Theseus in die Unterwelt und beide versuchten, Proserpina zu entführen; dafür wurden sie mit ewiger Qual bestraft. Vergil folgt hier, wie Heyne bemerkt und Norden anerkennt, einer Version, die von der allgemein bekannteren Sage abweicht; denn die Strafen durch den fallenden Stein und das gestörte Mahl sind sonst über Tantalus verhängt; daher haben viele Herausgeber Eingriffe versucht, um die Stelle mit der üblichen Sagenform in Einklang zu bringen. Norden (S. 285 f.) weist alle diese Versuche ausführlich ab. Vgl. auch den textkritischen Anhang zur Stelle.
PISAE 10, 179, etruskische Stadt. Servius nennt sieben Ursprungslegenden. Vergil greift auf die Sage zurück, wonach P. vom elischen Pisa nördlich von Olympia aus gegründet sein soll. Wie Pisa sind auch Cortona und Caere in Etrurien griechische Siedlungen.

PLEMURIUM (Punta di Gigante) **3**, 693. P. schließt den Hafen von Syrakus im Süden ab und läßt eine breite Passage zwischen der Insel Ortygia und Plemyrium vgl. zur Gesch. Thuc. 7, 4. undosum ist die lat. Übersetzung des gr. Plemyrium.
PLUTON **7**, 327, Gott der Unterwelt.
PODALIRIUS **12**, 304, Trojaner.
POENI **1**, 302; 442; 567. 4, 134. 6, 858. 12. 4, Punier.
POLITES **2**, 526. 5, 564, Trojaner. Sohn des Priamus, wird von Neoptolemus vor den Augen des Vaters erschlagen. Sein Sohn ist wieder ein Priamus (5, 564).
POLLUX **6**, 121, Zwillingsbruder des Castor, Sohn der Leda. Leda hatte von Zeus den Pollux, der unsterblich war, und von ihrem Gatten Tyndarus Castor, der sterblich war. Sie vertauschten miteinander ihre Unsterblichkeit bzw. Sterblichkeit, so kam es zu einer täglichen (oder nach anderen periodischen) Auslösung aus der Unterwelt. In Hom. Il. 3. 243 sind beide sterblich.
POLYBOETES Trojaner **6**, 484, Priester der Ceres.
POLYDORUS **3**, 45; 49; 55; 62 Trojaner, Sohn des Priamus und der Hecuba, wird von seinem Vater nach Thrakien zu Polymestor, dem Gemahl seiner Schwester Ilione geschickt und von diesem aus Goldgier getötet.
POLYPHEMUS **3**, 641; 657 Kyklop, Sohn des Neptunus, bekannt aus dem neunten Buche der Odyssee.
POMETII **6**, 775 Stadt in Latium, gewöhnlich Suessa Pometia genannt.
POPULONIA **10**, 172 Etruskerstadt an der Küste, in Verbindung mit der gegenüberliegenden Insel Ilva (Elba). Sie verarbeitete das Eisen, das dort gewonnen wurde.
PORSENNA **8**, 646 Etruskerkönig aus Clusium. Nach seiner Vertreibung aus Rom hatte sich der letzte römische König Tarquinius Superbus an P. um Hilfe gewandt. Dieser zog gegen Rom, bemächtigte sich des Janiculums, soll aber, beeindruckt durch römische Tapferkeit und Heldenmut (Horatius Cocles, Mucius Scaevola, Cloelia), die Belagerung aufgegeben haben. Vgl. Liv. 2, 9 ff. Nach Tac hist. 3, 72 nahm er Rom ein und demütigte es.
PORTUNUS **5**, 241 s. Inous und Wissowa R. u. K.² S. 112.
POTITIUS **8**, 269; 281 wird von Vergil als auctor des Herculeskultes an der Ara maxima bezeichnet. Nach Wissowa hatten die Potitii die eigentliche Vorstandschaft inne, ,,während den Pinarii die Bewachung des Heiligtums und wahrscheinlich der untergeordnete Opferdienst oblag. (G. Wissowa R. u. K.² S. 274)".
PRAENESTE **7**, 682. 8, 561.
PRAENESTINUS, a, um **7**, 678 (urbis) Praeneste = Palestrina. Rehm (S. 26) unterscheidet folgendes: P. ist 1) nach Cato von Caeculus gegründet. 2) nach Strabo 5, 238 hellenische Stadt. 3) nach [Plut.] parall. min. 41 Gründung von Telegonos (Sohn des Odysseus und der Circe).¹ 4) nach Diod. 7, 6. 9 Kolonie von Alba. ,,Die Lage von ‚altum Praeneste' beschreibt Strabo 5, 238: zwei Stadien soll es sich über die Umgebung erheben und er übertreibt dabei nicht allzu sehr" (Rehm a. a. O.)
PRIAMEIUS **2**, 403 (virgo d. i. Cassandra) 3. 321 (virgo = Polyxena) 7, 252 (sceptra = Herrschaft des Priamus). Polyxena, Tochter des Priamus und der Hecuba, wird am Grabe des Achilles geopfert. Vgl. Euripides, Hekabe 37, 109; Ov. Met. 13, 438; Seneca Troad. 195 — und 1118. Vergil wählt unter den verschiedenen Sagenversionen die aus, nach der P. vor Troja geopfert wird. Ausführlicher berichtet PL zur Stelle.
PRIAMIDES 1) **3**, 295 Helenus als Sohn des Priamus ebenso in 3, 346. 2) Ein anderer Sohn des Priamus ist Deiphobus, der spätere Gemahl der Helena **6**, 494; 509.
PRIAMUS **1**, 458; 461; 487; 654; 750. **2**, 22; 56; 147; 191; 291; 344; 437; 454; 484; 501; 506; 518; 527; 533; 541; 554; 581; 662; 760. **3**, 1; 50. **4**, 343. **5**. 297;

---

¹ Auf das Machwerk συναγωγὴ ἱστοριῶν παραλλήλων ἑλληνικῶν καὶ ῥωμαικῶν (parallela minora) des Pseudoplutarch hat Rehm wohl nur vollständigkeitshalber hingewiesen. Über seinen Unwert vgl. Felix Jacoby F. Gr. Hist., Dritter Teil, Kommentar zu Nr. 284—296 S. 367.

645. 7, 246. 8, 158; 379; 399. 9, 284; 742. 11, 259. 12, 545 Priamus, Sohn des Laomedon, Gemahl der Hecuba, letzter König von Troja.
PRIAMUS 5, 564 Trojaner, Enkel des Priamus, Sohn des Polites (2, 526).
PRISCI LATINI 5, 598 ‚Urstätten latinischer Geschichte' vgl. Norden 318. Dreißig Kolonien, davon nennt Vergil acht. (vgl. auch Collatinae).
PRISTIS 5, 116; 154; 156; 187; 218. Hai, Name eines Schiffes.
PRIVERNUM 11, 540 (heute Priverno) Stadt im Volskergebiet.
PRIVERNUS, 9, 576 Rutuler.
PROCAS 6, 767 König von Alba Longa. Nach Serv. der 12. König von Alba, nach anderen der 14. „Die Liste der albanischen Könige gibt Dion. Halyc. Ant. Rom, I. 70—71, Liv. I 3, 8 mit einigen Varianten. Große Anstrengungen wurden unternommen, um die Lücke zwischen dem trojanischen Krieg und der Gründung Roms auszufüllen. (PL zur Stelle)" vgl. 1, 269 die Prophezeiung Juppiters
PROCHYTA 9, 715 Insel nahe bei Baiae, gegenüber vom Cap Misenum in Kampanien, heute Procida.
PROCRIS 6, 445 Tochter des athenischen Königs Erechtheus, Gemahlin des Kephalus, der sie acht Jahre verließ, um ihre Treue zu erproben und sich ihr dann verkleidet nahte. Sie fand später wegen ihrer Eifersucht durch ihren eigenen Mann den Tod. Vgl. Ov. Met. 7, 661 Pfister a. a. O. S. 225f.
PROMOLUS 9, 574 Trojaner.
PROSERPINA 4, 698. 6, 142; 251; 402 Tochter des Juppiter und der Ceres, Gemahlin des Pluton.
PROTEUS 11, 262 weissagender Meergott, der sich in die verschiedensten Gestalten verwandeln konnte. Die Insel des Proteus ist Pharos bei Alexandria. ‚columnae Protei' in Analogie zu den Säulen des Hercules. In Hdt. 2, 112 ist P. König von Aegypten.
PRYTANIS 9, 767 Trojaner. Name und Vers wörtlich aus Hom. Il, 5, 678.
PTHIA 1, 284 Stadt und Landschaft in Thessalien, Reich des Achilles.
PUNICUS, a, um = punisch 1, 338 (regna) 6, 49 (gloria).
PYGMALION 1, 347; 364. 4, 325 Sohn des Belus, Bruder der Dido, Mörder ihres Gemahles Sychaeus.
PYRAGMON 8, 425 Kyklop in der Schmiedewerkstatt des Vulkanus. Hier bei Vergil ist P. der Name des 3. Kyklopen, der bei Hesiod theog. 139 ff. Arges heißt.
PYRGI 10, 184 Hafenstadt von Caere.
PYRGO 5, 645 Amme der Kinder des Priamus.
PYRRHUS 2, 469; 491; 526; 529; 547; 662. 3, 296; 319. P ist der Haupttheld bei der Eroberung Trojas. Er läßt sich in das hölzerne Pferd einschließen, tötet den Priamus am Altare Juppiters, erhält Andromache, Hektors Gemahlin, als Kriegsbeute und zeugt mit ihr den Molossos. Er heiratet dann Hermione, die Braut des Orestes, und wird von diesem getötet. Römische Dichter bevorzugen den Namen P. vor Neoptolemus. (Aeacos-Peleus-Achilles-Neoptolemus Pyrrhus).

QUERCENS 9, 684 Rutuler.
QUIRINALIS adj. zu Quirinus 7, 187 (lituo); 612 (trabea).
QUIRINUS 1, 292. 6, 859 „Quirinus pater gehört zu der großen Zahl von Gottheiten, die, obwohl in der ältesten Zeit von hoher Bedeutung, später derart verschollen sind, daß wir zu einer klaren Vorstellung von ihrem Wesen und ihrer Bedeutung nicht mehr gelangen können. (G. Wissowa R. u. K.² S. 153)". Der Name ist adjektivisch und von *Quirium abgeleitet. Quirinus pater war also ursprünglich Schutzherr der Gemeinde vom Hügel Quirinalis. Bei Vergil ist er in 1, 292 mit dem vergöttlichten Romulus identifiziert. Zu dieser Identifizierung bemerkt Wissowa (S. 155): „Seit dem letzten Jahrhundert der Republik kommt, wir wissen nicht durch wen, die Meinung zur allgemeinen Geltung, daß Quirinus nichts anderes sei als der zum Gotte erhobene Stadtgründer Romulus, dessen Kult durch Numa eingesetzt worden sei; Caesar und Augustus, von denen der erstere eine Statue im Quirinustempel erhielt, der zweite hie und da selbst als Quirinus gefeiert wurde, scheinen diese neue Version besonders begünstigt zu haben und seitdem kommt der Name in der Literatur kaum anders vor als in Anwendung auf Romulus." Zu der in 6, 859 vorliegenden Schwierigkeit merkt Norden (340) folgendes an: „Nach der gewöhnlichen Vorstellung konnte nur der-

jenige römische Feldherr, der in offener Schlacht den feindlichen Feldherrn getötet und der Rüstung beraubt hatte, auf die Ehre der *opima spolia* Anspruch erheben, die dann im Tempel des Juppiter Feretrius aufgehängt wurden; dieser Ehre waren nur Romulus, Cossus und Marcellus teilhaftig geworden. Nach einer Tradition, die auf ein Gesetz des Numa zurückgeführt wurde, war die Ehre nicht in diese engen Grenzen eingeschlossen, sondern die drei ersten Soldaten, die je einen Feind spoliierten, brachten die drei Spolien der Reihe nach dem Juppiter Feretrius, dem Mars und dem Quirinus dar. Die Kontamination beider Versionen hat nun zu der Fassung geführt, daß Marcellus als dritter dem Quirinus die Spolien dargebracht habe. Diese Fassung hat Vergil und sie erklärt der Gewährsmann des Servius, indem er zwar die Vorstellung, die Vergil sich machte, richtig deutet, aber sachlich ebenso irrt, wie Vergil selbst. Da nun Livius, wie Plutarch trotz seiner Kürzung beweist, über beide Versionen genau gehandelt haben muß, so ist zu vermuten, daß er dadurch der über diese Sache herrschenden Verwirrung entgegentreten wollte: aus der verbreiteten, aber irrtümlichen Überlieferung also, gegen die Livius polemisiert, wird Vergil die falsche Tradition entnommen haben. Properz 4, 10 behandelt das Thema in der gewöhnlichen Fassung und zeigt, wie beliebt es in augusteischer Zeit war." Vgl. Ln 6a, 268 ff.
QUIRITES 7, 710 Nach Varro, Bewohner von Cures im Sabinerland (Rehm 17)

RAPO 10, 748 Etrusker, Bundesgenosse des Mezzentius und Turnus.
regem 9, 223 = Ascanius.
regi 9, 369 = Turnus.
regis 9, 369 = Latinus s. Textkritischen Anhang. Vgl. aber 7, 600 und 618, wo sich Latinus aus dem Kampfe zurückgezogen hat.
regis 6, 396 = Pluton.
regis 6, 810 = Numa.
reginae 6, 28 = Ariadne, Tochter des Königs Minos von Kreta, liebte Theseus, der gekommen war, um mit dem Minotaurus zu kämpfen. Dädalus gibt ihr den entscheidenden Hinweis (Ariadnefaden), wie sie Theseus vor den Irrgängen des Labyrinthes schützen könne. Er selbst fällt deshalb in Ungnade und flieht. (s. Dädalus). puer regius 5, 252 = Ganymed
REMULUS 1) 9, 360 Held aus Tibur. 2) 9, 593; 633 Beiname des Numanus, Schwager des Turnus, dessen jüngere Schwester er heiratete. 3) 11, 636 Rutuler.
REMUS 1) 1, 292 Bruder des Romulus. 2) 9, 330 Rutuler.
RHADAMANTHUS 6, 566 Sohn des Juppiter und der Europa, Bruder des Minos, einer der drei Totenrichter; die beiden anderen sind Aeakus und Minos.
RHAEBUS 10, 861 Streitroß des Mezzentius.
RHAMNES 9, 325; 359; 452 Fürst der Rutuler, Augur im Heere des Turnus.
RHEA 7, 659 (sacerdos) Geliebte des Hercules, gebiert ihm den Aventinus. Mit Silvia, der Tochter des Numitor, Königs von Alba Longa, Mutter der Zwillinge Romulus und Remus, hat sie nur den, vielleicht von Vergil erfundenen, Namen gemeinsam.
RHENUS 8, 727 der Rhein.
RHESUS 1, 469 Thrakerkönig, der den Trojanern bei der Belagerung ihrer Stadt zu Hilfe kam. Mit seinen Pferden verband sich das Orakel, daß Troja nicht genommen werden könne, wenn diese aus dem Wasser des Xanthus getrunken hätten. Bevor es dazu kam, wurde Rh. von Diomedes getötet. Vgl. Hom. Il. 10, 433.
RHOETEIUS, a, um = trojanisch zu Rhoeteus s. d. 5, 646 (coniunx d. i. Beroe). 12, 456 (ductor = Aeneas).
RHOETEUS, a, um 3, 108 (oras). 6, 505 (litore) trojanisch. Kap Rhoeteus, Vorgebirge in der Troas am Südeingang des Hellespontus. Norden merkt zu 6, 505 an (S. 264): „Bei dem Kenotaph des Deiphobus am rhoeteischen Gestade hatte der Gewährsmann Vergils offenbar einen der tumuli im Auge, die sich auch heute noch dort erheben."
RHOETEUS 10, 399; 402 Rutuler.
RHOETUS 1) 9, 344; 345; Rutuler. 2) 10, 388 König der Marruvier, Vater des Anchemolus (s. d.)
RIPHEUS 2, 339; 394; 426 Trojaner.

ROMA 1, 7. 5, 601. 6, 781. 7, 603; 709. 8. 635. 12, 168 Rom. Zur Rom-Idee
vgl. außer F. Klingner a. a. O. S. 434—458[1] jetzt noch die Abhandlung von
Karl Koch, Roma aeterna Gym. Bd. 59 (1952), Heft 2, S. 128—143; Heft 3,
S. 196—209. Dort heißt es S. 129 f. zu Aen. 1, 278 f.: „Seit diesem Spruche
in Himmelshöhen, seit dieser Offenbarung der im Denken der Götter als ewige
Größe gegenwärtigen Romidee, zu der die berühmten Verse des Anchises
(VI 847 ff.) als notwendige Ergänzung, nämlich als Wesenserschließung dessen,
was zuvor nur als Faktum genannt worden war, hinzutreten, gibt es für den
Römer des Westens etwas wie ein ‚inneres Reich‘, das unabhängig von allen
Krisen und Katastrophen der Geschichte existiert, ein ἐν τῷ οὐρανῷ παράδειγμα
römischen Wesens und römischer Bestimmung, von dessen Leuchtkraft her jedwede
Gründung römischen Namens bis zum heutigen Tage ihre Verklärung erhält."
Seine wahre, zeitüberdauernde Glorie aber hat Vergils Juppiterwort: *imperium
sine fine dedi* erst entfaltet — für viele sogar erst empfangen — in dem strahlenden
Lichte jenes Herrenwortes, das von der Kuppel der Peterskirche in Rom
leuchtet: Tu es Petrus, et super hanc petram aedificabo ecclesiam meam, et
portae inferi non praevalebunt adversus eam (Matth. 16, 18)."
ROMANUS = römisch 1, 33 (gentem). 4, 234 (arces, die sieben Hügel sind:
Aventinus, Capitolinus, Caelius, Esquilinus, Palatinus, Quirinal, Viminal)
4, 275 (tellus). 5, 123 (Cluenti) 6, 810 (regis d. i. Numa); 857 (rem); 870 (propago).
8, 99 (potentia); 313 (arcis); 361 (foro); 714 (moenia siehe unter 29 in
der Zeittafel); 9, 449 (pater s. u.) 10, 12 (arcibus); 12, 166 (stirpis); 827 (propago).
Unter pater Romanus 9, 449 wurde Augustus als Repräsentant der patria potestas,
wurde der Senat oder der Capitolinische Juppiter verstanden. Wahrscheinlich
ließ Vergil alle diese Vorstellungen hier mitschwingen.
ROMANUS = Römer 1, 234; 277; 282. 6, 789; 851. 8, 338; 626.
ROMULEUS, a, um adj. zu Romulus 8, 654 (culmo).
ROMULIDES 8, 638 Gefolge des Romulus.
ROMULUS, a, um 6, 876 (tellus).
ROMULUS 1, 276. 6, 778. 8, 342 Sohn des Mars und der *Ilia sacerdos*, wie Vergil
unter Betonung der trojanischen Herkunft sagt, Bruder des Remus, mit dem
er sich im Himmel wieder versöhnt und gemeinsam herrscht (1, 292f.); Erbauer
der Stadt Rom und ihr erster Herrscher, dessen Wirken vorbildlich blieb für die
Folgezeit; in der Heldenschau rückt Vergil Augustus als einen anderen Romulus
mit ihm zu einem Paar zusammen. Vgl. auch Ln 6a) 273 f.
ROSEUS, a, um 7, 712 (rura) Äußerst fruchtbares Land im Gebiet von Reate im
Sabinerland, nahe am Lacus Velinus.
RUFRAE 7, 739 entweder Stadt im Volturnustal bei Venafrum (heute S. Felice
a Ruvo) oder Rufra bei Nola (Cato de agr. 22, 4; 135, 2) bekannt wegen der
dort gebrochenen guten Mühlsteine. R. wird von Vergil in der Reihenfolge der
südkampanischen Städte, von Sil. 8, 566 unter den samnitischen Städten genannt.
(Vgl. Rehm A. a. O. S. 33 und 102).
RUTULUS 1, 266. 7, 409; 472; 475; 795. 8, 381; 474; 492. 9, 65; 113; 123;
161; 188; 236; 363; 428; 442; 450; 494; 517; 519; 635; 683. 10, 20; 84; 108;
111; 118; 232; 334; 404; 445; 473; 509; 679. 11, 162; 318; 464; 629; 869. 12, 40;
78; 79; 216; 229; 257; 321; 463; 693; 704; 758; 915; 928 „Die Ardeates Rutuli"
(Cato fr. 58 Peter) gehören der Geschichte an, wahrscheinlich ist ‚Rutuli‘ der
alte Gauname von Ardea ... In der Aeneis werden die Rutuler als das Volk,
dem Turnus angehört, sehr häufig genannt, vielfach auch als Vertreter aller
Italiker (9, 236; 517; 519. 10, 118 usw.)" (Rehm 28). In 7, 409. 9, 65 und
10, 232 ist Rutulus = Turnus.
RUTULUS adj. 7, 318 (sanguine); 798 (colles). 9, 130 (ignes); 728 (regem =
Turnus). 10, 245 (caedis); 267 (regi = Turnus); 390 (agris). 11, 88 (sanguine).
12, 17 (viri); 505 (Sucronem); 597 (acies).

SABAEUS, a, um 1, 416 sabäisch von Saba in Arabien dem Lande des Weihrauchs
und des Wohllebens. 8,706 = die Sabäer.
SABELLUS 7, 665. 8, 510 oft poet. Name für Sabiner, sie galten als Muster
kriegerischer Tüchtigkeit und Wildheit.

[1] 3. verm. Aufl. (1956) S. 561—582

SABINAE 8, 635 Anspielung auf den Raub der Sabinerinnen s. Zeittafel.
SABINI 7, 706; 709 die Sabiner, altes italisches Volk, galt als hervorragender Träger altitalischer virtus (vgl. auch Clausus).
SABINUS 7, 178 gewöhnlich Sabus genannt, Stammvater der Sabiner, galt nach einer antiken Hypothese (vgl. Cato bei Dion. Hal. II, 49, 2; Sil. Ital. 8, 420 ff.; Lact. inst. I, 15, 8; August. civ. 18, 19) als Sohn des altitalischen Schwurgottes Semo Sancus. Rehm (99 A 198) weist hin auf Lydus, de mens. 1, 5: Σαβῖνος ὄνομα σπορέα καὶ φυτευτὴν οἴνου σημαίνει. Vergil scheint diese merkwürdige Etymologie gekannt zu haben, denn er nennt den Sabinus *vitisator*.
SACES 12, 651 Rutuler.
SACRANAE acies 7, 796. „Dunkel ist, was sich Vergil unter den ‚sacranae acies vorstellt. Servius bringt die Sacrani mit dem Kult der Mater Magna in Verbindung, aber ein solcher ist in Ardea durch nichts bezeugt. Nach Festus 321 M ist Sacrani der Name von Sabinern, die durch ein ver sacrum ⟨altitalischer Brauch der Entsühnung, s. u.⟩ nach Rom kamen, das paßt auch nicht recht, denn der Zusammenhang verlangt den Namen eines Volkes, das neben Aurunci, Rutuli, Sicani steht." (Rehm 28 f.)
ver sacrum: Eine junge Mannschaft, die in schweren Zeiten als Opfer für Mars oder Juppiter aus der Gemeinde ausgestoßen wird und sich in der Fremde ansiedeln muß. Vgl. Wissowa R. u. K² S. 60, 145 und 410.
SACRATOR 10, 747 Etrusker, Kampfgenosse des Mezzentius.
SAGARIS 5, 263. 9, 575 Trojaner.
SALAMIS 8, 158 Insel an der Küste von Attika im saronischen Golf, Herrschersitz des Telamon, des Gemahls der Hesione.
SALII 8, 285; 663 Priester, die durch Gesang und Tanz den Kult des Mars Gradivus und des Hercules feierten. Zu den „Schilden" vgl. KP 1, 342 f.
SALIUS 5, 298; 321; 335; 341; 347; 352; 356. Akarnane vgl. Patron.
SALIUS 10, 753 (zweimal) Etrusker.
SALLENTINOS campos 3, 400 hier = Kalabrien. Die Sallentiner sind ein Volk in Südkalabrien, nach Varro (bei Probus Verg. Ecl. 6, 31) unter Führung des aus Kreta vertriebenen Idomeneus zusammengebracht aus Kretern, Illyrern und Lokrern und in 12 Gemeinden „mit Uria und Castrum Minervae als Hauptorten" angesiedelt. Vgl. Philipp, Pauly-Wissowa RE s. v. Sallentini.
SALMONEUS 6, 585 Sohn des Aiolos, wandert von Thessalien nach Elis aus und gründete dort eine Stadt. Norden (282) nennt die Partie 6, 585f. „eine der kontroversesten Stellen des Buches" und berichtet ausführlich über die verschiedenen Lösungsversuche. In der griechischen Dichtung wird er, wie Fr. Pfister a. a. O. S. 273 anmerkt, erwähnt: Eur. Trag 14. Soph. Frg. 2ff., 494ff. Apollod. I 89.
SAME 3, 271. Insel im Jonischen Meere, jetzt Cefalonia, gehörte zum Reiche des Ulixes.
SAMOTHRACIA 7, 208 Insel im ägäischen Meere an der Küste von Thrakien, berühmt durch Mysterien und den Dienst der Kabiren (s. Magni Di) „Die Herleitung der Penaten und überhaupt des Ursprunges der römischen Religion aus Samothrake ist neuerdings gebilligt worden von H. Nissen Rhein Mus. XLXX 61 (vgl. Orientation S. 306 ff. und häufig) und für G. Vaccai Le feste di Roma antica (Torino 1902) s. 11ff, ist gar Samothrake als Trägerin der pelasgischen Urreligion das gemeinsame Zentrum für die gesamte Religion der Griechen und Römer." (Wissowa R. u. K² S. 166 A. 2).
SAMUS 1) Insel im Ägäischen Meer, berühmt durch einen großen Junotempel. 1, 16. 2) 7, 208 = Samothrake (s. d.), thrakisches Samos.
SARNUS 7, 738 Fluß in Kampanien.
SARPEDON 1, 100, 9, 697, 10, 125; 471 Fürst der Lykier, Sohn des Zeus, von Patroklus getötet. Vgl. Hom. Il. 16, 480.
SARRASTIS populos. 7, 738. Von Vergil aufgezählt unter den südkampanischen Volksstämmen (vgl. auch Rehm 33f.).
SATICULUS 7, 729 Saticula (Sant ‚Agata de‘ Goti). „Die Stadt muß eine beherrschende Lage am Ausgang der caudinischen Pässe gehabt haben, in den Samniterkriegen spielt sie wiederholt eine Rolle. Man glaubt sie in S. Agata dei Goti wiederzufinden. Nach ihrer Eroberung 385 v. Chr. wurde sie römische Kolonie." Rehm 33.

SATURA 7, 801. Entweder Teil der Pontinischen Sümpfe oder Sumpfgebiet bei den Lagunen von Astura, südlich von Antium vgl. Rehm 30.
SATURNIA 1, 23. 4, 92. 7, 428; 560; 572; 622. 10, 659. 12, 807 d. i. Juno als Tochter des Saturnus.
SATURNIA 8, 358 Stadt des Saturnus. Saturnus, der unter der Herrschaft des Janus nach Italien kam, gründete auf dem Hügel, der später das Capitol wurde, eine Stadt, die den Namen ‚Saturnia' erhielt.
SATURNUS 6, 794. 7, 49; 180; 203. 8, 319; 357. 12, 830 „In die vier Verse 8, 315—18 ist die Schilderung vom Urzustand des Menschengeschlechtes zusammengedrängt, die ausführlich und großartig Lucr. 5, 925—1010 gegeben hatte. Während aber bei diesem die weitere Entwicklung der Menschheit aus sich selbst heraus erfolgt, ist es bei Vergil Gott Saturnus, der die Anfänge der Kultur bringt, er benennt das Land Latium". (Rehm 64). Unter ihm herrscht das goldene Zeitalter. Vgl. Landleben Reg. s. v. Die Römer ehrten jährlich sein Andenken in den Saturnalien.
SATURNIUS, a, um zu Saturnus gehörig. 1, 569 (arva), 3, 380 (Juno). 4, 372 (pater = Juppiter) 5. 606 (Juno); 799 (domitor — d. i. Neptunus, als Sohn des S.): 8, 329 (tellus), 9, 2 (Juno). 745 (Juno). 802 (Juno). 10, 760 (Juno). 11, 252 (regna). 12, 156 (Juno). 178 (coniunx d. i. Juno).
SCAEAE portae 2, 612. 3, 351 das Westtor Trojas und sein Abbild bei Helenus.
SCIPIADAE 6, 843 die beiden Scipionen: L. Cornelius Scipio Africanus maior, der Besieger Hannibals und sein Adoptivsohn P. Cornelius Scipio Aemilianus Africanus Minor Numantinus, Sohn des Makedonenkönigs L. Aemilius Paullus, Zerstörer Karthagos, Gönner des Komödiendichters Terenz und Freund des Satirikers Lucilius.
SCYLACEUM 3, 553 heute Squillace an der Küste von Bruttium, nördlich von Caulon. ‚arces' wird nach CN ausgelegt. 1) als Felsen (widerspricht der Lage an der Küste, die nicht felsig ist). 2) Burgen. 3) scharfe Winde, die über die Gegend ziehen. Caulon und Sc. bringt Vergil in falscher Reihenfolge. Vgl. Rehm 36.
SCYLLA 3, 420; 424; 432; 684. 5, 122. 6, 286. 7, 302 Meerungeheuer, dessen Gestalt von Vergil (3, 426—428) anders beschrieben wird, als wir sie aus Homer Od. 12, 73 kennen; er folgt, wie CN anmerkt einer späteren Sagenfassung. In 5, 122 ist ein Schiff ‚Scylla' genannt; in 6, 286 kommt das Wort im Plural vor, was nach Norden (S. 215) in griechischer Literatur nicht nachweisbar ist. An dieser Stelle sind die Skyllen Unterweltsdämonen, die den Harpyien verwandt sind. Den Plural hat auch Lucrez 4, 732. 5, 893.
SCYLLAEUS 1, 200 (rabiem).
SCYRIUS, a, um 2, 477 (pubes) junge Krieger aus Scyros, einer Insel des ägäischen Meeres, Geburtsort des Pyrrhus.
SEBETHIS 7, 734 Tochter des Flußgottes Sebethus, Gemahlin des Telon, eines Königs in Capri, Mutter des Oebalus.
SELINUS 3, 705 Stadt an der Südwestküste Siziliens. σέλινον = apium, Eppich. Diese Pflanze ist das Münzbild der Stadt, „sie sieht einem Palmwedel täuschend ähnlich, daher vermutet P. Nicosia, Archivio Storico Siciliano 45 (1924) 408ff., angeführt beim Rehm 39, durch eine solche Münze sei Vergil auf die Charakterisierung ‚palmosa' gekommen.
SENECTUS 6, 275 Personifikation des Greisenalters.
SERESTUS 1, 611. 4, 288. 5, 487. 9. 171, 779. 10, 541. 12, 549; 561 Trojaner, mit Mnestheus einer der Führer der Teukrer und Kampfgefährte des Aeneas.
SERGESTUS 1, 510. 4. 288. 5, 121; 184; 185; 203; 221; 272; 282. 12, 561 Trojaner, Stammvater des Sergier-Hauses.
SERGIA domus 5, 121 Haus der Sergier, als dessen Stammvater der Trojaner Sergestus galt.
SERRANUS 6, 844. Vergil spielt deutlich an auf die — wahrscheinlich volksetymologische — Herleitung des Namens von serere, die wir bei *Cicero* (Pro Rosc. Am. 12, 50 „*quem sua manu spargentem semen, qui missi erant, convenerunt*") finden im Zusammenhang mit dem Familiennamen *Atilius*; wenn nun derselbe Cicero (Cat. Maior 61 und Fin. bon. et mal. 2, 116) ein Elogium zitiert auf einen *A*. Atilius Calatinus: „*Unum hunc plurimae consentiunt*

gentes populi primarium fuisse virum",[1] so liegt es, vor allem mit Rücksicht auf 6, 846 „U n u s qui nobis . . ." näher an den auch von P l a n k l aufgeführten Aulus Atilius Calatinus (Consul 258, 254, Diktator 249, Censor 247) zu denken als an den gewöhnlich, allerdings oft mit falschem Praenomen zitierten M. Atilius Regulus.

SERRANUS 9, 335; 454 Rutuler.

SEVERUS 7, 713 Berg im Tetrica-Gebirge.

SIBYLLA 3, 452. 5, 735. 6, 10; 44; 98; 176; 211; 236; 538; 666; 752; 897. Vgl. Cumae und Deiphobe. „Dies (6, 669—70) sind die letzten Worte der Sibylle. Im Elysium hört sie auf, Führerin oder Erklärerin zu sein, sie begleitet nur noch Aeneas." (Vgl. Mc).

SICANI Italischer Volksstamm 7, 795 — Truppen des Turnus aus Italien. 8, 328 Urvolk Italiens. 11, 317 mit Aurunkern und Rutulern Bewohner des ager, den Latinus den Trojanern überlassen will. In 5, 293 Sizilianer.

„Wo Vergil von Sicani redet, meint er zweifellos die Siculi, die uns fast bei allen antiken Autoren als älteste Bewohner Italiens begegnen, während die Sicani für Iberer gelten. Namentlich vertrat Varro die Ansicht von der latinischen Herkunft der Siculi." (Rehm 65) PL. unterscheidet drei Siedlungsgebiete der Sicani vor der griech. Kolonisation: 1. Latium oder Südetrurien. 2. Süditalien. 3. Westsizilien.

SICANIA 1, 557 = Sizilien.

SICANIUS, a, um sizilisch 3, 692 (sinus = Golf von Syrakus). 8, 416 (latus)

SICANUS, a, um sizilisch 5, 24 (portus).

SICULUS, a, um sizilisch 1, 34 (telluris), 549 (regionibus), 3, 410 (orae), 418 (lateri), 696 (undis). 5, 702 (arvis). 7, 289 (Pachyno).

SIDICINUS, a, um 7, 727 (aequora). Der nördliche Teil Kampaniens ist Gebiet der Aurunker, Sidiciner und Osker. „Die Sidiciner saßen in historischer Zeit nur noch in der Ebene (aequora) um Teanum Sidicinum" Rehm 32.

SIDON 1, 619 Mutterstadt von Tyrus in Phönizien.

SIDONIUS, a, um adj. zu Sidon 1, 446 (Dido); 613 (Dido); 678 (urbem = Karthago); 4, 75 (opes); 137 (chlamydem); 545 (urbe = Tyrus); 683 (patres = Karthager). 5, 571 (equo). 9, 266 (Dido). 11, 74 (Dido).

SIGEUS 2, 312. 7, 294 adj. zu Sigeum, Vorgebirge bei Troja.

SILA 12, 715 Herdenreicher Bergwald in Bruttium.

SILVANUS 8, 600 italischer Wald- und Feldgott.

SILVIA 7, 487; 503 Tochter des Tyrrhus.

SILVIUS 6, 763 Sohn des Aeneas und der Lavinia. „Nach der Version Catos, die Servius berichtet (ähnlich Dionys. Hal. 1, 70) war Silvius der nachgeborene Sohn des Aeneas, den Lavinia im Walde gebar, wohin sie vor den Ränken des Askanius (Julus) geflohen war. Dieser Version vom ,nachgeborenen' Sohne schien nun auch Vergil zu folgen mit *postuma proles*, während andererseits im folgenden Vers unverkennbar der ,spätgeborene' Sohn gemeint war, der dem Vater noch in seinen alten Tagen *(longaevo)* geboren wurde; ... die von Vergil befolgte Version kann, da sie den Silvius noch zu des Vaters Lebzeiten geboren werden ließ, den Zwist zwischen Lavinia und Askanius (Julus) nicht gekannt haben." (Norden 317) vgl. 1, 265.

SILVIUS Aeneas 6, 769. Der Name Silvius ist praenomen, nicht, wie Livius sagt (1, 6 u. 7) cognomen. Servius sieht in 6, 770 eine Anspielung auf eine unbekannte Sagenversion, nach der ein Vormund dem Silvius die Herrschaft lange Zeit vorenthielt, so daß er erst mit 53 Jahren König von Alba wurde.

SIMOIS 1, 100; 618. 3, 302. 5, 261; 634; 803. 6, 88. 10, 60. 11, 257 Strom, der in der Ebene von Troja fließt und sich in den Skamandros-Xanthus ergießt, heute Doumbrek. „Die Namen der heimischen Flüsse werden nach Epirus 3, 302, nach Sizilien 5, 634, nach Latium 6, 88; 10, 60 übertragen, obwohl es dort in

---

[1] Daß Cicero hier auf die bekannte Scipioneninschrift (CIL 8. 9): „Honc oino ploirume cosentiont Romane duonoro optumo fuise viro" hinweist, betont auch Max K r ü g e r in seinem Lehrerkommentar zur „Gens Cornelia" S. 7.

Wirklichkeit niemals Flüsse dieses Namens gab ... Die neue Umgebung erhält symbolisch die Namen des alten Vaterlandes (Rehm 47 A. 101)". In 5, 803 Anspielung auf Hom. Il. 20.

SINON Grieche 2, 79; 195; 259; 329.

SIRENES 5, 864 Insulae Sirenussae nördlich im Golf von Paestum vgl. Hom. Od. 12, 39.

SIRIUS 3, 141. 10, 273. Der bekannte Stern im großen Hunde, geht Ende Juli auf und bringt die Hundstage mit sich.

socer 6, 830 d. i. Julius Caesar. ,illae animae' (6, 824 f.) = Caesar und Pompeius, der Julia, die Tochter Caesars geheiratet hatte. Vgl. Caesar und Zeittafel.

SOL 1, 568. 4, 607. 7, 11. 100; 218; 227. 12, 164; 176 Der Sonnengott (vgl. Carl Koch a. a. O. zu Indiges).

SOMNIA 6, 283 Traumgottheiten.

SOMNUS 5, 838. 6, 893 der Gott des Schlafes. Norden (S. 348 zu 6, 893 ff.) erklärt im Anschluß an W. Everett, Class. Review XIV (1900) 153 f., es handle sich bei der Rückkehr des Aeneas und der Sibylle durch die Elfenbeinpforte, das Tor der falschen Träume, nur um die Zeitangabe: „Vor Mitternacht". „Es war ein verbreiteter Glaube, daß die falschen Träume vor und die wahren nach Mitternacht kämen ...., eine von Vergil selbst bei den von ihm erzählten Traumerscheinungen befolgte Vorstellung (z. B. 8, 26. 67). ...... Die κατάβασις begann bei Morgengrauen (255); 535 ff. ist es Nachmittag geworden und die Sibylle drängt, das *datum tempus* auszunutzen; vor Mitternacht, d. h. der Stunde, zu der die Toten die Oberwelt besuchen dürfen (vgl. 5, 719—39), muß die ἀνάβασις der Lebenden vollzogen sein." R. A. Schröder (Vergils Aeneis, Suhrkamp Verlag, Berlin und Frankfurt o. J.), der sich seine Leser auch durch reichhaltige Anmerkungen zu Dank verpflichtet hat, folgt trotz der ihm bekannten Erklärung Nordens der Auffassung Paul Jahns und schreibt (S. 406): „Die andere Deutung, die auch meiner Übersetzung zugrunde liegt, geht darauf, daß Aeneas und die Sibylle eben keine ,wirklichen' Schatten, sondern Menschen von Fleisch und Blut sind." Vergil meint aber doch mit dem Gegensatz *verae umbrae-falsa insomnia* folgendes: in den Träumen vor Mitternacht täuschen die Manen den Träumenden durch leere Truggebilde, während in den Träumen nach Mitternacht verae umbrae, etwa der Schatten des Anchises auf Juppiters Befehl (5, 719 ff.), erscheinen und wichtige Mitteilungen machen. Um Traumerscheinungen aber handelt es sich in beiden Fällen.

SOPOR 6, 278 Gott des tiefen schweren Schlafes.

SORACTE 7, 696. 11, 785 Berg 40 km nördlich von Rom, vgl. Hor. carm, 1. 9. 2 ursprünglich wurde dort der sabinische Gott Seranus verehrt, der später mit Apollo identifiziert wurde und auf dem Berg einen Tempel erhielt.

soror d. i. Juturna, Schwester des Turnus 10, 439, eine jüngere Schwester des Turnus ist erwähnt 9, 594.

SPARTA 2, 577. 10, 92 Stadt des Menelaos und der Helena. Die Spartanerinnen (1, 316) wurden wie Männer erzogen und trugen entsprechende Kleidung, die der Jägertracht glich.

SPARTANUS 1, 316 (virginis) = spartanisch.

SPIO 5, 826 Meernymphe.

STEROPES 8, 425 Kyklop, gehört zu den Schmieden des Volkanus.

STHENELUS 1) 2, 261 Grieche, Sohn des Kapaneus, einer der Epigonen, Begleiter des Diomedes und Herrführer der Argiver vor Troja.
2) 12, 341 Trojaner.

STHENIUS 10, 388 Rutuler.

STROPHADES 3, 209; 210 „Wende-Inseln", zwei Inseln im ionischen Meere, Aufenthaltsort der Harpyien, vgl. Apoll. Rhod. Arg. 2, 295; dort heißt es von den die Harpyien verfolgenden Söhnen des Boreas, Zetes und Kalaïs:

οἱ δ' ὅρκῳ εἴξαντες ὑπέστρεφον ἄψ ἐπὶ νῆα
σεύεσθαι. Στροφάδας δὲ μετακλείουσ' ἄνθρωποι
νήσους τοῖό γ' ἕκητι, πάρος Πλωτὰς καλέοντες.

Und so wandten sich nun, dem Eide gehorchend, die Helden schleunig zum Schiffe zurück; als Wende-Inseln bezeichnen daher die Menschen die Inseln, die einst sie „Plotische" nannten.

STRYMONIUS 1) 10, 414 Trojaner. 2) adj. zu Strymon, dem thrakischen Flusse, heute Struma 10, 265 (grues). 11, 580 (gruem).
STYGIUS, a, um adj. zu Styx 3, 215 (undis). 4, 638 (Jovi d. i. Pluton); 699 (Orco d. i. Todesgott). 5, 855 (vi). 6, 134 (lacus); 252 (regi = Pluton); 323; 369 (paludem); 374 (aquas); 385 (unda). 6, 391 (carina). 7, 476 (alis); 773 (undas). 8, 296 (lacus). 9, 104 (fratris = Pluton als Bruder des Juppiter). 10, 113 (fratris = Pluton). 12, 91 (unda); 816 (fontis).
STYX 6, 154; 439 Fluß in der Unterwelt.
SUCRO 12, 505 Rutuler.
SULMO 9, 412. 10, 517 Rutuler.
SYBARIS 12, 363 Trojaner.
SYCHAEUS 1, 343; 348; 720. 4, 20; 502; 552; 632. 6, 474 Gemahl der Dido.
SYMAETHIA flumina 9, 584 Symaethus, Fluß an der Ostküste Siziliens.
SYRTES 4, 41. 5, 51; 192. 6, 60. 7, 302. Die Syrte, ein Golf an der Nordküste von Afrika mit sandigen, ungastlichen Gestaden, oft dichterisch gebraucht statt Sandbank.

TABURNUS 12, 715 Bergkette in Samnium.
TAGUS 11, 418 Rutuler.
TALOS 12, 513 Rutuler.
TANAIS 12, 513 Rutuler.
TARCHO 8, 506; 603. 10, 153; 290; 299; 302. 11, 184; 727; 729; 746; 757 etruskischer Fürst.
TARENTUM 3, 551 hier als Stadt des Hercules bezeichnet. „Tarent wird sonst immer auf die spartanischen Parthenier und Phalantos zurückgeführt (Strabo VI 278, Skymnos 333, Justin 3, 4) oder auf Taras, einen Sohn des Poseidon (Rehm S. 36)". Aber Großgriechenland ist voll von angeblichen Spuren des Hercules vgl. Ov. Met. 15, 9.
TARPEIA 11, 656 Gefährtin der Camilla.
TARPEIUS 8, 347 (sedem); 652 (arcis) Tarpeia arx — die capitolinische Burg, der Tarpëische Fels, von ihm wurden die Verbrecher herabgestürzt.
TARQUINIUS 6, 817. 8, 646 Name zweier Könige Roms. 1) Lucius Tarquinius Priscus 6, 817. 2) L. Tarquinius Superbus, der letzte König Roms, 8, 646.
TARQUITUS 10, 550 Rutuler, Sohn des Faunus und der Nymphe Dryope. An dieser Stelle hat Vergil 2 Homerstellen miteinander verbunden Il. 11, 452 und 21, 122ff., ohne auf die Örtlichkeit des Kampfplatzes Rücksicht zu nehmen. Vgl. auch Schol. Ver. zur Stelle und CN.
TARTARA, orum pl. zu Tartarus, das Totenreich. 4, 243; 446. 5, 734. 6, 135; 543. 8, 563. 9, 496. 11, 397. 12, 14, 205.
TARTAREUS adj. zu Tartarus 6, 295 (Acherontis), 395 (custodem = Cerberus); 551 (Phlegethon). 7, 328 (sorores = Unterweltsdämonen, Schwestern der Allekto); 514 (vocem = Stimme der Allekto). 8, 667 (sedes) 12, 846 (Megaeram).
TARTARUS 6, 577 Unterwelt.
TATIUS 8, 638 Sabinerkönig in Cures.
TEGEAEUS, a, um adj. zu Tegäa, einer Stadt Arkadiens, synonym mit arkadisch. 5, 299. 8, 459.
TELEBOES 7, 735 Teleboer, Einwohner der Insel Taphos an der Küste von Akarnanien. „In dem Abschnitte über die südlichen Kampaner (7, 733—43) hat Vergil lauter seltene und schwer verständliche Namen zusammengetragen. Die Teleboer bzw. Telon auf Capri kennen außer Vergil und Servius nur noch Sil. 8, 541; Stat. Silv. 3, 5, 100 und Tac. Ann. 4, 67, die alle von Vergil abhängig sein könnten, aber an eine Erfindung Vergils wird man hier doch nicht glauben wollen" (Rehm 33). In Plaut. Amph. prol. 101. 217 sind die T. eine Völkerschaft in Akarnanien, berüchtigt durch Räubereien.
TELLUS 4, 166. 7, 137 Tellus mater, die Mutter Erde ist „die Göttin des Saatfeldes, das den Samen aufnimmt und sich entwickeln läßt, daher von den Pontifices die nährende und schützende Göttin in ihren Gebeten angerufen (Wissowa, R. u. K.² S. 192)". In 4, 166 ist sie noch die altrömische Gottheit, die bei der Eheschließung angerufen wurde; darauf weist Servius z. St. ausdrücklich hin; die in 4, 58 von Dido und Anna angerufene, legifera Ceres, ist dagegen die

griechische Δημήτηρ θεσμοφόρος, die an die Stelle der römischen Tellus gerückt ist. 7, 136f. wird sie von Aeneas als prima deorum angerufen, um seinen Beginn im Lande der Verheißung zu segnen.

TELON 7, 734 teleböischer König in Capri, Gemahl der Nymphe Sebethis, (Tochter des Flusses Sebethus bei Neapel), Vater des Oebalus. s. auch Teleboes.

TEMPESTATES 5, 772 Sturmgottheiten.

TENEDOS 2, 21; 203; 255 Insel im Ägäischen Meere vor der Küste von Troja.

TERRA 4, 178. 6, 580; 595. 12, 176. Wie in den Georgica, ist die Terra auch in der Aeneis die Mutter der Titanen (6, 580, 595) und des Monstrums Fama (4, 178); in 12, 176 ist sie die beim feierlichen Schwur angerufene Gottheit, die gleich nach dem Himmelsgott Sol genannt wird. Macrobius Sat III 9, 11f. bezeugt, daß auch Tellus so beim Schwur nach Juppiter pater als Zeugin angerufen wurde; beim Namen Juppiter hob der Schwörende die Hände zum Himmel, beim Namen Tellus berührte er die Erde mit den Händen.

TEREUS 11, 675, Trojaner.

TETRICA 7, 713, Gebirgszug östlich von Nursia, Grenz- und Wasserscheide zwischen Sabinien und Picenum.

* TEUCER * 1) 1,619: Grieche, Sohn des Königs Telamon von Salamis und der Hesione, der Schwester des Priamus, Halbbruder des Aiax. Er wurde von seinem Vater verbannt, weil er das Unrecht, das dem Aiax vor Troja geschehen war. — die Waffen des Achilles wurden nicht Aiax, sondern Odysseus zugesprochen; A. beging aus Gram Selbstmord — nicht gerächt hatte. Vergil läßt ihn zum König Belus kommen, um ein neues Salamis auf Cypern zu gründen. (Stammreihe: Telamon + Hesione: Teucer; Telamon + Eriboia: Aiax)
2) 1, 235; 3, 108. 4, 230. 6, 500; 648 Stammvater der Trojaner, Sohn a) des Flusses Skamandros und der Nymphe Idaea (Diod. IV 75; Apollodorus III 12,1). b) des kretischen Königs Skamandros (Lycophron, Alexandra 1303) — hierauf wird 3, 108 angespielt — Teucer ist ältester König von Troja. Seine Tochter Bateia heiratet Bateia heiratet Dardanus, den Vorfahren des Aeneas. Nach T. heißen die Trojaner Teucri.
(Stammreihe: Skamandros + Idaea — Teucer + Bateia + Dardanus — Erichthonius — Tros — Assaracus — Capys — Anchises — Aeneas.)

TEUCRIA 2,26, Land der Teukrer.

TEUCRUS = Trojaner 1, 38; 89; 248; 299; 304; 511; 555; 562; 625; 626. 2, 48; 247; 252; 281; 326; 366; 427; 459; 571. 3, 53; 186; 352; 601. 4, 48; 349; 397; 537. 5, 7; 66; 181; 293; 450; 474; 530; 592; 675; 690. 6, 41; 54; 67; 90; 93; 212; 562. 7, 155; 193; 276; 301; 344; 359; 388; 470; 476; 547; 578. 8, 10; 136; 154; 397; 470; 513; 551. 9, 34; 39; 55; 68; 77; 114; 130; 149; 226; 248; 510; 516; 636; 719; 791; 805. 10, 8; 22; 28; 44; 58; 62; 105; 158; 260; 309; 430; 512; 528; 617; 684; 690. 11, 92; 116; 134; 164; 168; 175; 279; 321; 385; 434; 449; 585; 690; 834; 842; 872. 12, 60; 78; 78; 189; 193; 506; 562; 629; 642; 738; 744; 770; 812; 824; 836.

TEUCRUS = trojanisch 2, 747 (penatis) 5, 530 (viri) 8, 161 (duces) 9, 779 (ductores) 12, 117 (viri).

TEUTHRAS 10, 402, Arkader.

TEUTONICUS, a, um 7, 741 (ritu) teutonisch = germanisch.

THAEMON 10, 126, lykischer Krieger im Gefolge des Aeneas, derselbe indirekt 12, 516 als einer der ‚fratres' (s. Clarus).

THALIA 5, 826, hier Meernymphe.

THAMYRUS 12, 341, Trojaner.

THAPSUS 3,689, Stadt auf der Halbinsel, die im Süden die Bucht von Megara bildet, im Südosten Siziliens.

„‚Thapsum iacentem' nennt Vergil die Stadt. Das Epitheton übersetzt man meist mit ‚das flach gelegene' ... ‚iacentem' ist hier wohl prägnanter zu fassen, ‚das in Trümmern liegende' " (Rehm 37).

THAUMANTIAS 9,5, Tochter des Thaumas = Iris. Th. selbst war der Sohn des Meeres und der Erde.

THEANO 10, 703, Mutter des Mimas, Gemahlin des Amycos. Sie gebiert in derselben Nacht, in der Paris geboren wird, ihren Sohn Mimas.

THEBAE 4,470, Theben. Stadt in Böotien, Kultort des Bacchus.

THEBANUS, a, um 9, 697 (matre) thebanisch, hier ist die Mutter des Antiphates gemeint, aus Theben, Stadt in der Troas an der Grenze von Mysien.
THEMILLAS 9, 576, Trojaner.
THERMODON 11, 659, Fluß in Kappadozien.
THERON 10, 312, Rutuler.
THERSILOCHUS 6, 483, trojanischer Krieger in der Unterwelt, vgl. Hom. Il. 17, 216.
THERSILOCHUS 12, 363, trojanischer Kämpfer, der von Turnus getötet wird.
THESEUS 6, 122; 393; 618, Sohn des Aigeus und der Aithra, König von Athen; in der Aeneis wird er nur erwähnt als der Held, der es wagte, in die Unterwelt hinabzusteigen, — 6, 122 zieht Norden aus metrischen Gründen magnum zu Thesea —, unwillkommen dem Charon (6, 393) und der als Büßer für ewig im Tartarus sitzt (6, 618) „Wenn Vergil *sedet* mit Emphase hinzusetzt *aeternumque sedebit*, so will er dadurch eine andere Fassung ⟨der Theseussage⟩ ausdrücklich abweisen". (Norden 290 f.) vgl. Pfister S. 227.
THESSANDRUS, Grieche 2, 261, Sohn des Polynices, Königs von Theben (Apollodorus III, 7, 2).
THETIS 5, 825, Meergöttin, Tochter des Nereus und der Doris. Gemahlin des Peleus, Mutter des Achilles.
THOAS 1) 2, 262, Grieche, Sohn des Andraemon und der Gorgo, König von Kalydon und Pleuron in Ätolien. Vgl. Il. 2, 638. 2) 10, 415, Trojaner.
THRACA 12, 335, Thrakien, Landschaft in Nordgriechenland, Heimat der Amazonen. Die Thrakier sind Verbündete der Trojaner 3, 15.
THRACES 3,14, die Thrakier.
THRACIUS, a, um, thrakisch, oft Attribut im Sinne von: „ausgezeichnet, selten, kostbar".
5, 536 (Cisseus = Vater der Hecuba, König von Thrakien). 5, 565; 9, 49 (equos).
THREICIUS = thrakisch 3, 51 (regi = Polymestor, Gemahl der Priamus-Tochter Ilione). 5, 312 (sagittis) 6, 120 (cithara, Zither des Orpheus, der aus Thrakien stammt) 6, 645 (sacerdos = Orpheus) 7, 208 (Samum). 10, 350. 11, 659 (Amazones).
THREISSA 11, 858 d. i. Opis, sie rächt den Tod der Camilla; Threissa Harpalyce 1, 316, die thrakische H. (s. d.)
THRONIUS 10, 753, Trojaner.
THYBRINUS adj. zu Thybris 12, 35 (fluenta) Th. graezisierte Form (Mc nimmt an, es sei die etruskische Form des Namens) für Tiber (s. d.).
THYBRIS 8, 330, alter König in Italien, von dem der Thybris seinen Namen haben soll.
THYBRIS der Tiber (s. d.), der Fluß, zuweilen auch der Flußgott. 2, 782. 3, 500 (zweimal). 5, 83; 797. 6, 87. 7, 151; 242; 303; 436. 8, 64; 72; 86; 331; 540. 10, 421. 11, 393.
THYIAS 4, 302, Bacchantin.
THYMBER 10, 391; 394 Th. und Larides, die Zwillingssöhne des Daucus, Rutuler.
THYMBRAEUS 12, 458, Trojaner.
THYMBRAEUS 3, 85, Beiname des Apollo von Thymbra, einer Ebene (Strab. 13, 1, 35) in der Troas am Flusse Thymbrios, an dessen Einmündung in den Skamandros ein Tempel des thymbräischen Apollo stand.
THYMBRIS 10, 124, Trojaner.
THYMOETES 1) 2,32: einer der Ältesten im Rate des Priamus, vgl. Hom. Il. 3, 146. Nach Diodorus Siculus 3,87 ist er ein Sohn des Laomedon. Mit den Worten ‚sive dolo' (2, 34) spielt Vergil, wie Servius anmerkt, auf ein lange zurückliegendes Ereignis an: dem Thymoetes war am gleichen Tage, an dem Hecuba den Paris gebar, ein Sohn geboren worden. Da nun ein Orakel verkündet hatte, durch einen an diesem Tage geborenen Knaben werde Unheil über Troja kommen, ließ Priamus die Frau und den Sohn des Thymoetes töten. Dafür rächte sich dann Thymoetes, indem er als erster riet, das hölzerne Pferd in die Stadt zu bringen. 2) 10, 123. 12, 364: Sohn des Hicetaon, Enkel des Laomedon.

TIBER. „Den normalen Namen *Tiberis* verwendet Vergil nur 7, 715 im Italikerkatalog, in ganz geographischem Zusammenhang. Sonst heißt der Fluß bei ihm Tuscus amnis, Tiberinus oder Thybris. Tiberinus (und Tiberis, aber diese Bezeichnung wird von Vergil gemieden) kann der Fluß erst heißen, nachdem Tiberinus, König der Latiner, in ihm ertrunken ist (Varro LL. 5, 30). Wo nun Vergil ex sua persona redet, gebraucht er *Tiberinus (Thybris* nur 8, 86), wo er andere Personen reden läßt durchwegs *Thybris*" (Rehm 87). Ein einziges Mal kommt ‚Tiberinus' in einer Rede vor, wo Anchises prophetisch spricht (6, 873). In 7, 151 steht die Form *Thybris* in indirekter Rede. Vgl. jetzt F. Bömer, Gymn. Bd. 64, 1/2, 1957, S. 134 f.

„Für eine der reifsten Proben vergilischer Kunst haben immer die Verse über die Tiberfahrt des Aeneas 8, 86—101 gegolten (Rehm 81)".

TIBERINUS: 6, 873. 7, 30; 797. 8, 31. 9, 125 Fluß, zuweilen Flußgott. Tiberinus adj. zu Tiber 1, 13 (ostia); 10, 833 (fluminis), 11, 449 (flumine).

TIBERIS 7, 715 (s. o.).

TIBUR 7, 630 Tivoli.

TIBURS adj. zu Tibur 7, 670 (moenia); 9, 360 (Remulo).

TIBURS 11, 757, Krieger aus Tibur.

TIBURTUS 7, 671. 11, 519 Gründer von Tibur (vgl. aber Catillus).

TIGRIS 10, 166, Name eines Schiffes.

TIMAVUS 1, 244. Unterirdischer Karstfluß, der zwischen Tergeste (Triest) und Aquileja aus sieben bzw. neun Armen mit außergewöhnlicher Heftigkeit hervorquillt.

TIMOR 9, 719, Personifikation der Furcht.

TIRYNTHIUS, 7, 662. 8, 228 Hercules aus Tiryns, einer Stadt in der Argolis. (s. Alcides).

TISIPHONE 6, 555, 571. 10, 761. Eine der drei Furien, die als Rächerin frevelnder Menschen bestraft.

TITAN 4, 119. Der Sonnengott Sol als Sohn des Titanen Hyperion und der Theia.

TITANIUS adj. zu Titan 6, 580 (pubes) = Söhne des Uranus und der Tellus, die Titanen. 6, 725 (astra) = Sonne.

TITHONUS 4, 585. 9, 460, Sohn des Trojanerkönigs Laomedon, Bruder des Priamus, Gemahl der Aurora, Vater des Memnon.

TITHONIUS, a, um 8, 384 (coniunx) d. i. Aurora.

TITYOS 6, 595, Riese, Sohn der Erde, wollte sich an Latona vergreifen und wurde dafür von Apollo und Diana getötet; seine Strafe in der Unterwelt wird von Vergil mit einem pathos (Macr. sat. 4. 4. 12. 15) geschildert, das bei Heyne Abscheu erregte. Norden (S. 284), der die Stelle ausführlich bespricht, meint, wir dürften unser ästhetisches Gefühl nicht an der antiken Norm messen. „Dieses Behagen, das Grausige mit Worten spielerisch zu variieren, findet sich in einem uns befremdenden Umfange schon in der griechischen Tragödie, wurde von deren römischen Nachdichtern übernommen und gesteigert und feiert dann bei den rhetorischen Dichtern der Kaiserzeit, wie Ovid, Seneca und Lucan Orgien. (Norden S. 284)."

TMARIUS 5, 620 (Dorycli), vom Gebirge Tmaros in Epirus stammend. Plankl nennt den Doryclus im Register „Thraker", folgt also, wie es scheint, Heyne, der sich der Lesart „Ismarii" einiger codd. dett. anschließt. In M¹ steht IMMARI. Ismarus, Berg und Stadt in Thrakien. Vgl. die ausführlichen Bemerkungen bei Heyne und CN.

TMARUS 9, 685, Rutuler.

TOLUMNIUS 11, 429. 12, 258; 460 Rutuler, Augur. CN merkt zu 12, 258 an „Es ist bemerkenswert, daß der Augur den Weg in die Enttäuschung führt".

TORQUATUS 6, 825 Manlius Torquatus, ließ in altrömischer Strenge seinen Sohn, der befehlswidrig gekämpft hatte, trotz des errungenen Sieges hinrichten.

TRINACRIA 3, 440; 582. 5, 393; 555; 573, Sizilien ‚dreispitzig' so benannt nach seiner äußeren Form. Es bilden im Norden Pelorus, im Süden Pachynum, im Westen Lilybaeum die τρεῖς ἄκροι.

TRINACRIUS = sizilisch 1, 196 (litore) 3, 429 (Pachyni) 3, 384 (unda); 554 (Aetna). 5, 300 (iuvenes = Elymus und Panopes); 450 (pubes); 530 (viri).

TRIONES 1, 744. 3, 516. Trio — eigentlich Zug- oder Dreschochse — altrömische Bezeichnung der Sternbilder des großen Bären oder des Wagens, dessen sieben Hauptsterne zugleich die beiden vorn angeschirrten Zugochsen bilden. (G. A. Koch. Schulwörterbuch zur Aeneide des P. Vergilius Maro. 2. Aufl. von H. Georges, Hannover, Halmsche Buchhandlung, 1890).
TRITON 1, 144. 6, 173, Sohn des Neptunus und der Amphitrite, ein Meergott.
TRITON 10, 209, Name eines Schiffes.
TRITONES 5, 824, Meergottheiten im Gefolge Neptuns.
TRITONIA 2, 171, Beiname der Minerva (s. d.).
TRITONIUS, a, um 2, 615. 5, 704. 11, 483 (virgo = Pallas).
TRITONIS 2, 226, Beiname der Minerva (s. d.).
TRIVIA 6, 13; 35; 69. 7, 516; 774; 778. 10, 537. 11, 566; 836. Die Τριοδῖτις, Diana-Hekate, die an den „Dreiwegen" verehrte Göttin der nächtlichen Gespensterheere, in der Aeneis oft ein Synonym für Diana oder für Hekate. In 7, 516 ist es der lacus Triviae (lago di Nemi), auch speculum Dianae, See in der Nähe von Aricia am Fuße der Albaner Berge mit Heiligtum der Diana, bekannt durch eine Erzählung Strabos (5, 3, 12), wonach jeder ihrer Priester der Mörder des vorhergehenden war.
TROADES 5, 613, die Frauen von Troja.
TROIA 5, 602, das Trojaspiel.
TROIA 1) i. a. ist die alte Stadt Troja gemeint.
2) Troja im übertragenen Sinne, etwa „res Troiana" (vgl. Rehm 46 A 101): 1, 206. 2, 161; 703. 3, 462; 505. 5, 637. 7, 471. 9, 247; 644. 10, 378.
3) Troia = „simulata Troia" (Rehm a. a. O.): die neue Umgebung erhält symbolisch den Namen des alten Vaterlandes. 3, 349; 497. 5, 756. 10, 27; 74.
4) Troia = Trojaner: 3, 86. 5, 555; 787. 7, 233. 8, 587. 10, 110; 214; 378. In 12, 828, wo Troja zum letzten Male erwähnt wird, klingen alle diese Vorstellungen mit, wenn Juno sagt: ‚tot laß bleiben hinfort mit Namen auch Troja'.
TROIA (s. o.) 1, 1; 24; 95; 206; 238; 375; 376; 473; 565; 597; 679; 732. 2, 11; 34; 56; 60; 108; 161; 290; 293; 342; 461; 555; 573; 581; 603; 622; 625; 637; 660; 703; 751. 3, 3; 11; 15; 43; 86; 149; 322; 340; 349; 462; 497; 505; 595; 614. 4, 111; 312; 313. 5, 61; 190; 555; 626; 633; 637; 756; 787; 811. 6, 56; 68; 335; 650; 840. 7, 121; 233; 244; 262; 296. 8, 291; 398; 471; 587. 9, 144; 202; 247; 547; 644. 10, 27; 45; 60; 74; 110; 214; 378; 469. 11, 288. 12, 828.
TROIANUS (subst.) 5, 688. 7, 260. 9, 128. 10, 77. 11, 421; 826. 12, 359; 804.
TROIANUS 1, 19 (sanguine); 286 (Caesar); 467 (iuventus); 550 (sanguine); 624 (urbis); 699 (iuventus). 2, 4 (opes); 63 (iuventus). 3, 335 (Chaone). 4, 124 dux = Aeneas); 162 (iuventus); 165 (dux); 191 (sanguine); 342 (urbem); 425 (gentem). 5, 420 (caestus); 602 (agmen); 757 (Acestes); 793 (matribus). 6, 62 (Fortuna); 767 (gentis). 7, 144 (agmina); 318 (sanguine); 364 (urbes); 732 (nominis). 8, 36 (urbem); 182 (iuventus); 188 (hospes = Aeneas); 545 (iuventus). 9, 180 (arma). 10, 360 (acies); 598 (vir = Aeneas); 609 (opes). 11, 34 (turba); 125 (vir); 131 (saxa); 230 (rege = Aeneas); 597 (manus).
TROIUGENA 3, 359 d. i. Helenus. 8, 177. 12, 626 = Trojaner.
TROILUS 1, 474, Trojaner, Sohn des Priamus, der vor den Ereignissen der Ilias von Achilles getötet wurde. Vgl. Il. 24, 257 Hom. Hymn. Dem. 417 ff.
TROIUS = trojanisch 1, 119 (gaza); 249 (arma); 596 (Aeneas). 2, 763 (gaza). 3, 306 (arma); 596 (arma). 5, 38 (mater = Segesta); 417 (Dares); 599 (pubes); 804 (agmina). 6, 403 (Aeneas); 451 (heros = Aeneas). 7, 221 (Aeneas) 521 (pubes). 8, 530 (heros = Aeneas). 10, 584 (heros); 886 (heros). 11, 350 (castra); 779 (arma). 12, 122 (exercitus); 502 (Aeneas).
TROS = Trojaner als Nachkommen vom Tros, dem Stammvater des Aeneasgeschlechtes. 1, 30; 129; 172; 232; 524; 574; 747. 2, 325. 5, 265; 6, 52 (hier Apposition zu Aeneas); 126 (hier = Aeneas). 7, 21. 9, 113; 136; 168; 533; 689; 756; 811. 10, 31; 89; 108; 250 (Anchisiades = Aeneas) 895. 11, 161; 592; 620. 12, 137; 231; 281; 704; 723 (= Aeneas); 730; 824.
TULLA 11, 656, Gefährtin der Camilla.

TULLUS 6, 814; 8, 644. Tullus Hostilius, König von Rom, unter ihm Zerstörung von Alba Longa.
TURNUS 7, 56; 344; 366; 371; 398; 413; 421; 434; 475; 577; 596; 650; 724; 783. 8, 1; 17; 493; 538; 614. 9, 3; 4; 6; 28; 47; 73; 108; 115; 126; 269; 327; 367; 462; 526; 535; 549; 559; 573; 574; 593; 691; 738; 740; 789; 797; 805. 10, 20; 75; 143; 151; 240; 276; 308; 440; 446; 453; 456; 463; 471; 478; 479; 490; 500; 503; 514; 532; 561; 615; 624; 629; 645; 647; 657; 665; 677. 11, 91; 114; 115; 123; 129; 175; 178; 217; 221; 223; 336; 363; 371; 376; 441; 459; 486; 502; 507; 825; 896; 910. 12, 1; 9; 11; 32; 38; 45; 56; 62; 74; 97; 138; 148; 164; 183; 220; 232; 243; 317; 324; 337; 353; 368; 380; 383; 446; 466; 469; 502; 509; 526; 539; 557; 570; 597; 614; 625; 631; 645; 652; 653; 666; 689; 697; 729; 742; 765; 776; 799; 809; 861; 865; 872; 889; 913; 927; 943.
König der Rutuler, Sohn des Daunus und der Venilia, Bruder der Juturna, Schwestersohn der Amata, bestimmt zum Gemahl der Lavinia, daher Hauptgegner des Aeneas. Die beiden „treffen... wie zwei Urmächte, in zwei Erdteilen gezeugt (708) zusammen". (Büchner a. a. O. Sp. 401.) „Turnus, der großartige Gegenspieler des Aeneas, wird durch tragische Verblendung zum Inbild eines der Sinn seines Daseins unschuldig-schuldig verfehlenden Täters (Fr. Beckmann a. a. O. S. 26)." Vgl. auch die ausführliche Darstellung dieser Heldengestalt bei V. Pöschl a. a. O. S. 153 ff.
TUSCI 11, 629. 12, 551 = Etrusker.
TUSCUS, a, um etruskisch 8, 473 (amni = Tiber); 10, 164 (oris); 199 (amnis = Tiber); 203 (sanguine). 11, 316 (amni = Tiber).
TYDEUS 6, 479, Sohn des Oeneus, Vater des Diomedes, thebanischer Held. (Vgl. Bethe, Theb. Heldenlieder 84.) T. zog mit Polyneikes gegen Theben und fiel von der Hand des Melanippus.
Norden schreibt zu dieser Stelle: „Die Aufzählung der thebanischen Helden 479 f. ist, da sie mit Aeneas nichts zu tun haben, rein ornamental". (S. 258)
TYDIDES = Diomedes, Sohn des Tydeus und der Deipyle. 1, 97 (Aeneas von Diomedes bedroht, wird von Venus errettet, Il. 5, 297). 1, 471 (Pferdeorakel s. Rhesus). 2, 164 (Raub des Palladiums). 2, 197. 10, 29 (Verletzung der Venus, Il. 5, 330; 355). 11, 404 (s. Aufidus). 12, 351 (Dolon, der von Hektor das Gespann des Achilles erbeten hatte, wird von D. getötet. Il. 10, 314 ff.)
TYNDARIS 2, 569; 601, Tochter des Königs Tyndaros von Sparta = Helena.
TYPHOEUS 8, 298. 9, 716.
TYPHOIA tela 1, 665 (Blitze Juppiters, ebenso wirksam wie die, die er gegen Typhoeus schleuderte).
Typhoeus, ein furchtbares, mit 100 feuerspeienden Drachenköpfen dräuendes Untier; die Erdgöttin zeugte es mit dem Tartaros, um sich an Zeus für den Tod der Giganten zu rächen; der aber bändigte das Ungetüm durch seinen Blitz und warf die Insel Inarime (s. d.) auf es. Im Kampf der Götter gegen das Untier leistet Hercules ihnen Hilfe (so zum erstenmal bei Pind. nem. 1, 67, vgl. auch Hesiod Theogn. 134. Pind. Ol. 4. 7.)
TYRES 10, 403, Arkader.
TYRIUS, Bewohner von Tyros und die Tyrer in Karthago 1, 338; 423; 574; 661; 696; 707; 732; 735; 747. 4, 104; 111; 321; 468; 544; 622.
TYRIUS adj. = karthagisch 1, 12 (coloni); 20 (arces); 336 (virginibus); 340 (urbe) 388 (urbem); 568 (urbe). 4, 162 (comites); 224 (Karthagine); 262 (murice). 10, 55 (urbibus).
TYROS 1, 346. 4, 36; 43; 670, Stadt in Phönizien, Kolonie von Sidon, Mutterstadt Karthagos, berühmt durch Handel, bes. mit Purpur.
TYRRHENUS 1) 10, 898: Mezzentius als Feind des Aeneas.
2) 11, 612 ein Etrusker, von einigen Editoren als Eigenname aufgefaßt, Verbündeter des Aeneas.
3) 11, 686 Ornytus.
TYRRHENUS 8, 603. 10, 787 (d. i. Mezzentius). 11, 93; 733 = Etrusker, Bundesgenossen des Aeneas. Mezzentius, ihr ursprünglicher König, wird wegen seiner Grausamkeit verstoßen und geht zu den Rutulern über, nach ihm ist Tarchon Fürst und Führer der Etrusker.

TYRRHENUS adj. = etruskisch 1,67 (aequor). 6, 697 (sale). 7, 43 (manum); 209 (sede); 242 (Thybrim); 426 (acies); 647 (oris); 663 (flumine). 8, 458 (vincula); 507 (regna); 526 (clangor); 551 (arva); 555 (regis: hier Euander oder Tarchon s. u.¹). 10, 71 (fidem); 691 (acies). 11, 171 (duces); 450 (manum); 504 (equites); 517 (equitem); 581 (oppida); 727 (Tarchonem); 835 (duces). 12, 123 (exercitus); 272 (coniunx d. i. Gemahlin des Gylippus, Mutter von 9 Söhnen); 290 (Aulestes).
TYRRHIDES 7, 484. 9, 28 Latiner, Söhne des Tyrrhus: Almo, sein ältester Sohn fällt als erster im beginnenden Kampf zwischen Trojanern und Latinern.
TYRRHUS 7, 485; 508; 532, Latiner.

UCALEGON 2, 312, Trojaner, in der Il. 3, 148 einer der Ratsherren des Priamus.
UFENS 7, 745. 8, 6. 10, 518. 12, 460; 641. Latiner, Krieger von Nersa, Vater von vier Söhnen (10, 518), fällt von der Hand des Gyas (12, 460). Turnus beklagt seinen Tod (12, 641).
UFENS 7,802, Fluß, entspringt im Volskergebirge, mündet in den Amasenus. „Schön, aber wenig getreu" dargestellt von Vergil (Rehm 30).
ULIXES 2, 7; 44; 90; 97; 164; 261; 436; 762. 3, 273; 613; 628; 691. 9, 602; 11, 263. Odysseus. Vgl. AEOLIDES, 6, 529; ITHACUS.
UMBER 12, 753 umbrisch, substantiviert ⟨scil. canis⟩ = umbrischer Jagdhund.
UMBRO 7, 752. 10, 544, Führer der Marser, Zauberer, Schlangenbeschwörer. urbs antiqua Dauni 10, 688 d. i. Ardea.

VALERUS 10, 752, Etrusker.
VELINUS 7, 517; 712. Der Veliner-Fluß heißt im oberen Lauf Avens. Er mündet in den Nar-Fluß und bildet kurz vorher den Lacus Velinus. Bei Interamna, heute Terni, wurde er vom Consul M. Curius Dentatus durch Felsen gelenkt und bildet dort berühmte Wasserfälle. (Vgl. PL zur Stelle.) Über den See hallt der schaurige Ruf der Allekto, der halb Italien erzittern läßt. (7, 517) vgl. Apoll. Rhod. Arg. 4, 129—138.
VELINOS portus 6, 366, Velia. Anachronismus, denn Velia wurde erst im 6. Jh. gegründet. Stadt in Lukanien.
VENILIA 10, 76, Nymphe, Gemahlin des Daunus, Mutter des Turnus.
VENULUS 8, 9. 11, 242; 742, Latiner.
VENUS 1, 229; 325; 335; 386; 411; 618; 691. 2, 787. 3, 475. 4, 33; 92; 107; 163. 5, 760; 779. 6, 26. 7, 321; 556. 8, 370; 590; 608; 699. 9, 135. 10, 16; 132; 332; 608; 760. 11, 277, 736. 12, 411, 416; 786.
Tochter Juppiters (1, 256) und der Dione (3, 19), Gemahlin des Volcanus (8, 372), Mutter des Cupido und des Aeneas, den sie dem Anchises gebar, Schutzgöttin der Trojaner, Gegenspielerin Junos. Ihre Gewalt als Göttin der Liebe setzt sie nur zweimal ein, bei Dido und bei Volcanus, beide Male aus Sorge für ihren Sohn Aeneas, wie sie denn überhaupt, anders als die homerische Aphrodite, die zärtlich besorgte Mutter des Aeneas ist, eifersüchtig bedacht auf die Vollendung seiner erhabenen Sendung zu dauernder Macht und Herrschaft. Der römische Leser wußte, daß sie gerade dem Hause der Julier sehr nahe verbunden war. Als Metonymie für ‚Liebe' steht der Name in 4, 33; 6, 26 und 11, 736.
VESPER 1, 374. 8, 280, Abendstern.
VESTA 1, 292. 2, 296; 567. 5, 744. 9, 259. Herrin und Schützerin des Staatsherdes und des Familienherdes; das Attribut ‚cana' weist auf ihr ehrwürdiges Alter hin. Ihr Kult ist eng verbunden mit dem der Laren und Penaten; sie ist die mächtige Hüterin des immerwährenden Feuers; ihr Bild und das Feuer bringt der dem Aeneas in der Unglücksnacht Trojas erscheinende Hektor und vertraut ihm damit die heiligsten Güter Trojas an. Die Verse 2, 296 f. erinner-

---

¹ Nach PL müßte man übersetzen: Reiter des Königs ⟨Euander⟩ zogen zum Tyrrhenergestade; nach H CN Ri Mc: Reiter zogen zum Palaste des Tyrrhener-Königs ⟨Tarchon⟩.

ten den Römer daran, daß im penus Vestae, im adytum, dem heiligen, nur den Vestalinnen zugänglichen Raume, die *sacra imperii pignora*, die heiligen Unterpfänder des Reiches, darunter auch das Palladium von Troja, aufbewahrt wurden. Vgl. G. Wissowa R. u. K². S. 159.

VESULUS 10, 708, Monte Viso, eine der höchsten Alpenspitzen (3840) m) in Ligurien, auf ihr entspringt der Po.

VICTORIA 11, 436, 12, 187, Siegesgöttin.

VIRBIUS 1) Hippolytus Virbius 7, 777; 2) V.: Sohn des Hippolytus-Virbius und der Aricia, Krieger im Gefolge des Turnus 7, 762.

VOLCANIUS adj. zu Volcanus 8, 422 (tellus); 535 (arma). 10, 408 (acies). 12, 739 (arma).

VOLCANUS 2, 311; 5, 662. 7, 77; 679. 8, 198; 372; 422; 729. 9, 76; 148. 10, 543. 11, 439. Sohn des Juppiter und der Juno, Gemahl der Venus, Gott des Feuers und der Metallarbeiten, übertragen „Feuer" (2, 311; 5, 662; 7, 77). Vater des Cacus (8, 198) und des Caeculus (10, 543).

VOLCENS 9, 370; 375; 420; 439; 451. 10, 563 Latiner, Vater des Camers. Führer der Reitertruppe, die gegen Nisus und Euryalus kämpft, tötet den Euryalus und wird von Nisus getötet.

VOLSCI 9, 505. 11, 167; 432; 463; 498; 546; 801; 898 Volsker, altitalisches Volk an beiden Ufern des Liris.

VOLSCUS, a, um = volskisch 7, 803 (gente).

VOLTURNUS 7, 729, Fluß in Kampanien.

VOLUSUS 11, 463, Rutuler.

XANTHUS 1, 473. 3, 350; 497. 5, 634; 803; 808. 6, 88. 10, 60. Nach Hom. Il. 20, 74 gaben die Götter dem Fluß, den die Menschen Skamandros nannten, den Namen Xanthus. Vergil nennt ihn nur mit diesem Namen. Er entspringt auf dem Idagebirge und nimmt in der trojanischen Ebene den Simois in sich auf. In 3, 350; 497. 5, 634. 10, 60 wird ein kleiner Fluß Xanthus genannt, um die Erinnerung an die Heimat lebendig zu halten. In 6, 88 ist unter X. der Tiber gemeint. Zum Pferdeorakel in 1, 473 vgl. Rhesus. Zu 5, 808 vgl. Gesang 20/21 der Ilias.

XANTHUS 4, 143, Strom in Lycien im südlichen Teil von Kleinasien, der bei Patara mündet.

ZACYNTHOS 3, 270, Insel im jonischen Meer, jetzt Zanta.
ZEPHYRUS 1, 131. 2, 417. 3, 120 Westwind.

Nachtrag:

LUPERCI 8, 663 Priester der Palatingemeinde, die nur mit einem Schurz bekleidet dem Lupercus Faunus im Febr. Reinigungsopfer darbrachten.

Anmerkung zur Komposition der Aeneis

Literatur: Karl B ü c h n e r a. a. O. Sp. 417—420 u. ö. (zusammenfassend und weiterführend). R. S. C o n w a y, The Architecture of the Epic, in seinen Harvard lectures on the Vergilian Age. Cambridge Mass. 1928, S. 129—149 (untersucht besonders das Verhältnis der einzelnen Bücher zueinander). R. H e i n z e a. a. O. S. 436—465 (grundlegend). Jacques P e r r e t, Virgile, l'homme et l'oeuvre. Boivin .. 5, Rue Palatine, Paris 1952. S. 111—120 (sehr anregend für Probleme der Gesamtkomposition). Theodor Willy S t a d l e r, Vergils Aeneis. 1942 Benziger Verlag, Einsiedeln (sieht in Conways und Heinzes Nachfolge und Weiterführung die ungeraden Bücher als „diastolische", mehr vordergründiges Geschehen bietende, die geraden Bücher als „systolische", das Geschehen dicht um den Helden ballende Darstellung an).

Vier sich überformende und in ausgewogener, großer Harmonie einander zugeordnete Kompositionsprinzipien sind festgestellt worden:
1. Die Zweiteilung in den „odysseeischen" (1—6) und den „iliadischen" (7—12) Teil;
2. Die Dreiteilung in „drei ebenmäßig ansteigende Valenzstufen": 1—4 „leidbringende Berufung", 5—8 „kraftbringende Bereitung" und 9-12 „siegbringende Beglaubigung des Helden Aeneas (Stadler S. 60)."
3. Das „diastolisch-systolische" Verhältnis von ungeraden zu geraden Büchern, zuerst betont von Conway (er bezeichnet das Verhältnis als „graveless-grave") und dann besonders von Stadler.
4. Das die beiden Hälften miteinander verbindende Zuordnungsverhältnis 1:7, 2:8 usw., beobachtet von Conway, wobei es, wie Büchner bemerkt (Sp. 419) „nicht ohne Gewaltsamkeit abgeht." Perret gibt von den beiden Hälften folgende Schemata (S. 116 u. 119):

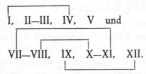

Er bezeichnet 1—5 als „l'épisode carthaginois", 7—12 als „l'épisode italien"; das 6. Buch „demeure donc isolé, hors série". Das ist, wie die Fortsetzung zeigt, eher unglücklich formuliert, als falsch gesehen. Denn wenn es heißt: „Il est le sommet de l'*Enéide*, ... mais il en est aussi la somme, il en rassemble en lui tout l'esprit", so kann es nicht gut als isoliert und außerhalb der Reihe stehend gelten. Sehr gut ist beobachtet (S. 113), wie Aeneas absteigend von Stufe zu Stufe Abschied nimmt von seiner näher und ferner liegenden Vergangenheit, von Palinurus (6, 337—383), von Dido (6, 450—476) und ganz in der Tiefe von Deiphobus (6, 494—547), in dessen Worten noch einmal und zum letzten Male die furchtbaren Erlebnisse des Falles von Troja gegenwärtig werden. Von da an geht der Blick wesentlich in die verheißene und verpflichtende Zukunft. Alle Probleme der Komposition aber sind nie rein formal zu bewältigen, sondern immer nur in dem Bewußtsein, daß Form und Gehalt in großer Dichtung eine lebendige, unlösliche, staunenswerte Einheit bilden. Diese Einheit liegt im Helden des Gedichtes; das wird klar und treffend ausgesprochen von Karl Büchner (Sp. 420): „Die Aeneis ist das Epos vom H a n d e l n des Aeneas, wie seine Gestalt auch immer aufgefaßt werden möge. Dieses Handeln gipfelt in einem Sieg und in einer Bewährung, es findet sich im Verzicht auf persönliches Glück und in der Erkenntnis des wahren Lohnes, es ist ein anderes vor dem Einblick in die letzten Dinge und nachher."

Gleichnisse und Bilder in der Aeneis.

Literatur: Magdalena von D u h n , 1. Die Gleichnisse in den ersten sechs Büchern von Vergils Aeneis, Phil. Diss. Hamburg 1952 (Maschinenschrift). 2. Die Gleichnisse in den Allektoszenen des 7. Buches von Vergils Aeneis, Gymn. Bd. 64, 1957, S. 59—83.

Markus H ü g i , Vergils Aeneis und die hellenistische Dichtung. Noctes Romanae, Verlag Paul Haupt, Bern und Stuttgart 1952 (Hü).

Viktor P ö s c h l , Die Dichtkunst Virgils. Bild und Symbol in der Aeneis. Rohrer Verlag Innsbruck—Wien 1950. (Pö). 3. Aufl. s. S. 801.

Wolfgang S c h a d e w a l d t , Die homerische Gleichniswelt und die kretisch-mykenische Kunst. Zur homerischen Naturanschauung. Festschrift Otto R e g e n b o g e n. Heidelberg 1952. Carl Winter Universitätsverlag. S. 9—27. Schadewaldts Beobachtungen ermöglichen es, dem so verschiedengearteten Wesen homerischer und vergilischer Gleichniskunst noch besser als bisher gerecht zu werden.

In dem nun folgenden Conspectus der Gleichnisse weisen wir durch Hü und Pö auf die von uns herangezogenen Werke von Hügi und Pöschl hin; wir geben auch nur die von ihnen gebotenen Hinweise auf Il(ias), Od(yssee) u. Arg(onautica).

Conspectus: 1, 148—154 (Pö 34 ff.); 397 f.; 430—436 vgl. Ge 4, 162 ff. (Hü 28. 42); 494—502 vgl. Od 6, 102 ff., Arg 3, 876 ff. Gellius N. A. IX 9, 14 ff. (Hü 50; Pö 99—115); 592 f. 2, 223 f.; 304—308; 355—358 (Pö 167); 379—381; 416—419; 471—475; 496—499; 626—631 vgl. Il 4, 482. 13, 389. 16, 482. Arg 4, 1682 (Hü 29; Pö 79); 3, 679—681. 4, 66—72 (Pö 130 ff.); 143—149 vgl. Arg 1, 307 ff. (Hü 40; Pö 167); 254 f.; 300—303 (Pö 50 ff.); 402—407 (Hü 44); 441—449 vgl. Seneca dial. 1, 4 Augustinus civ. 9, 4 (Pö 75 ff.); 469—473; 665—671 (Pö 123 ff.). 5, 88 f.; 144—147; 213—217 vgl. Arg 2, 934 f. (Hü 26. 39 f.); 273—279 vgl. Arg 4, 1541 (Hü 33); 439 f.; 448 f.; 525—528 vgl. Arg 3, 1377 ff. Hü 38); 588—591; 594 f. 6, 205—207; 270—272; 309—312 vgl. Il 2, 800; Od 9, 51; Arg 4, 216 (Hü 30); 451—454 vgl. Arg 4, 1479 (Hü 35; Pö 249 f.); 707—709 vgl. Il 2, 87 ff.; Arg 1, 879 ff. (Hü 28); 784—787; 801—805. 7, 378—383; 462—466 vgl. Il 21, 362 (Pö 154 ff.); 525—530 vgl. Il 2, 457. 4, 422 ff. 7, 63. 13, 338 ff., 795 ff. 14, 394 ff. 696 ff. 15, 381 ff. Arg 3, 1357; Lucretius 2, 327 (Hü 37; Pö 52); 586—590 vgl. Il 15, 618 ff. (Pö 55); 674—677; 699—705 vgl. Il 2, 459; Arg 4, 1300. 238 (Hü 27. 31); 718—721; 808 ff. vgl. Il 20, 226 ff.; Arg 1, 183; Hesiod (Rzach) fgr 117 (Hü 25). 8, 22—25 vgl. Arg 3, 755 ff. (Hü 36; Pö 239 ff.); 243—246; 391 f.; 408—413 vgl. Arg 3, 291 (Hü 37. 47; Pö 277); 589—591 (Pö 168); 622 ff. vgl. Il 18, 610; Arg 4, 125 (Hü 31). 9, 30—32; 59—64 vgl. Il 11, 548 ff. 12, 299 ff. 17, 657 ff.; Arg 1, 1243 ff. 2, 123 ff. (Hü 23; Pö 166 f.); 435—437; 551—553; 563—566 (Pö 167); 668—671; 679—682 (Pö 168); 710—716; 730 (Pö 167); 791—798 (Pö 167). 10, 97—99; 134—137 (Pö 168); 264—266; 272—275; 356—359; 405—409; 454—456 (Pö 167); 565—568 (Pö 167); 603 f. (Pö 167); 641 f.; 693—696; 707—718; 723—728; 763—767; 803—808 (Pö 167). 11, 68—71, (Pö 168); 297—309; 456—458; 492—497 vgl. Il 6, 506 ff. (Pö 167. 187); 616; 624—628; 659—663; 721—724; 751—756; 809—813. 12, 4—8 (Pö 167. 183 ff.); 67—69; 103—106 vgl. Ge 3, 224 ff. (Pö 167. 189 f.); 206—211; 331—340 (Pö 167. 197 ff.); 365—370 vgl. Il 11, 305 ff. (Pö 167. 199); 444—458 vgl. Il 4, 275 (Pö 167. 201); 473—477; 521—525 vgl. Il 4, 452. 11, 155, 492. 16, 390; Arg 1, 1027 (Hü 24; Pö 168); 587—592 vgl. Arg 2, 130 ff. (Hü 29. 49); 684—689 (Pö 167. 215 f.); 701—703 vgl. Il 13, 754 (Pö 168. 216); 749—755 vgl. Il 10, 360. 22, 188 ff.; Arg 2, 280 f. (Pö 168); 856—859; 908—912 vgl. Il 22, 199 f (Pö 167. 221 f.); 921—924.

Eine besondere Art von Gleichnissen und Bildern liegt in den Zeichen, Auspizien, Omina, Prodigia u. dgl. vor; wir zählen einige von ihnen auf:

1, 393—400 (ein von Venus dem Aeneas gegebenes Augurium)
2, 199—227 (Altarprodigium; vgl. H. Kleinknecht, Hermes 79 (1944) S. 67—82); 242 f. (Warnendes Prodigium); 680—684 (das Flammenwunder des Askanius, ein Omen im Sinne eines auspicium oblativum; ihm entspricht 2, 692—698 das von Donner und Schwefeldampf begleitete Sternzeichen als auspicium impetrativum; es ist zugleich auspicium maximum; vgl. R. Heinze a. a. O. S. 55 f. u. 315 ff.).
3, 26—46 (Blutprodigium am Grabe Polydors); 537—543 (Omen der weißen Rosse in Italien). 4, 450—465 (Düstere Warnzeichen für Dido). 5, 84—93 (Schlange am Grabe des Anchises).
6, 140—148 u. 187—211 (Der goldene Zweig und die Tauben der Venus). 7, 58—80 (Vorzeichen für Latinus); 107—129 (Tischprodigium, drohend angekündigt von der Harpyie Celaeno 3, 255 ff., gemildert durch den Seher Helenus 3, 394 f.). 8, 81—85 (Sauprodigium, hier im Sinne eines omen impetrativum, 3, 389—392 von Helenus, 7, 42—46 vom Gotte Tiberinus angekündigt; vgl. den Exkurs bei Klingner, Friedrich, Virgil. Zürich-Stuttgart 1967, S. 434 ff. 520—540 (Waffenklirren im Äther; vgl. zur Deutung bes. V. *Pöschl*, Das Zeichen der Venus. Festschrift für Otto Regenbogen S. 135—143 und Werner *Kühn*, Die Prodigiumszene im VIII. Buch. Gymnasium Bd. 64, Heft 1/2, 1957, S. 52—59); 680 f. (das Flammenzeichen am Haupte des Augustus, eigentl. des Caesar Octavianus bei Aktium).

12, 244—265 (Trügerisches Augurium für die Italer; 845—878 (Die Dirae des saevus Juppiter, Unglücksboten für Turnus).

Conspectus der „alten, epischen Motive der Handlung", im Anschluß an R. Heinze a. a. O. S. 462, Anm. 5

1. T r ä u m e : 2, 268—297 (Hektor); 3, 147—171 (Penaten); 4, 554—570 (Merkur); 5, 721—745 (Anchises); 7, 413—459 (Allekto); 8, 29—65 (Tiberinus); Vgl. H. R. S t e i n e r, Der Traum in der Aeneis, Noctes Romanae (Haupt, Bern) 1952; dazu G. R a d k e , Gymnasium Bd. 64, Heft 1/2, 1957; S. 175.

2. G ö t t e r e r s c h e i n u n g e n : 1, 314—405 (Venus); 2, 589—621 (Venus); 4, 238—278 (Merkur); 5, 604—658 (Iris); 7, 341—353, 475—544 (Allekto); 8, 608—616 (Venus); 9, 106—122 (Nymphenreigen vom Ida und die Stimme

der Mater Magna); 637—660 (Apollo); 10, 215—247 (Nymphen); 11, 836—867 (Opis); 12, 222—256, 464—480, 623—664, 783—785, 869—886 (Juturna).

3. „Olympische Szenen": 1, 65—80 (Juno-Äolus); 223—296 (Venus-Juppiter); 657—688 (Venus-Cupido); 4, 90—128 (Juno-Venus); 5, 781—826 (Venus-Neptun); 7, 286—340, 540—571 (Juno-Allekto); 8, 369—406 (Venus-Volcanus); 9, 77—106 (Mater Magna-Juppiter); 10, 1—117 (Götterrat); 464—473 (Juppiter-Hercules); 606—635 (Juppiter-Juno); 11, 532—596 (Diana-Opis); 12, 134—160 (Juno-Juturna); 791—842 (Juppiter-Juno).

4. **Weissagungen über das Reich des Aeneas und seiner Nachkommen**: 1, 257—296 (Juppiter); 2, 776—784 (Creusa); 3, 154—171 (Penaten); 4, 227—237 (Juppiter); 5, 519—540 (Schuß des Akestes; vgl. Anhang s. v. Acestes); 6, 83—97 (Sibylle); 756—892 („Heldenschau"; die Verse 890—892 waren nach Heinze (S. 440, Anm. 1) durch 6, 83—97 „ersetzt und hätten bei der Überarbeitung wegfallen müssen... Daß Virgil jemals die Prophezeihung der Sibylle neben der des Anchises konzipiert hatte, kann ich nicht glauben; man wird schwerlich bei ihm einen zweiten so brutalen Totschlag eines Motivs durch ein anderes, wohlgemerkt in einer Konzeption, entdecken." Anders B ü c h n e r , (Sp. 369 f.); 7, 81—101 (Faunus); 8, 626—731 (Schild des Aeneas); 9, 641—644 (Apollo); 10, 11—13 (Juppiter); 12, 834—840 (Juppiter).

ZEITTAFEL

a) der in der Aeneis erwähnten oder angedeuteten Ereignisse
der römischen Geschichte[1].

v. Chr.	Romulus (I 276; VI 778; VIII 342).
	Sage von der Wölfin (VIII 630—634).
	Raub der Sabinerinnen, Krieg und Frieden (VIII 635—641).
	Numa (VI 808—812), Tullus *Hostilius* (VI 814; VIII 644 f.).
	Ancus *Martius* (VI 815), die Tarquinier (VI 817; VIII 646).
510	Vertreibung der Tarquinier. L. *Junius* Brutus begründet den Freistaat. (VI 817 f.; VIII 646).
508—507	Porsenna vor Rom. *Horatius* Cocles und Cloelia (VIII 646—651).
428—425	Krieg gegen Fidenae. A. *Cornelius* Cossus tötet *Lars Tolumnius*, den König der Etruskerstadt *Veji*, und nimmt ihm die Rüstung. Dadurch gewinnt er als der zweite Römer — der erste war Romulus — die spolia opima für Rom. (VI 841).
406—396	Krieg gegen Veji, angedeutet durch die Erwähnung der Fabier, die sich in diesem Krieg besonders hervortaten. (VI 845).
389	18. Juli Unglückstag für Rom: schwere Niederlage an der Allia im Kampfe gegen die Gallier; Verheerung Roms; Rettung des Kapitols durch *T.* Manlius *Capitolinus*. Wiedereroberung der verlorenen Feldzeichen durch M. Furius Camillus. (VI 825; VII 717; VIII 652—662).
340—338	Latinerkrieg. Schlacht am *Vesuv* 340.
298—289	Samniterkrieg. Schlacht bei *Sentinum* 295.
280—274	Krieg gegen *Pyrrhus*. Schlacht bei *Ausculum* 279.
	In den erwähnten drei Schlachten soll sich jedesmal ein P. Decius *Mus* als Konsul und Feldherr für Roms Rettung geopfert haben. (VI 824.) T. *Manlius* Torquatus (VI 825), Vorbild altrömischer Strenge und Disziplin, ließ im Latinerkriege seinen eigenen Sohn hinrichten, weil er befehlswidrig, wenn auch siegreich, gegen den Anführer der Latiner gekämpft hatte. Fabricius (VI 844), berühmt als Sieger über *Pyrrhus* und ein Vorbild altrömischer Schlichtheit und Armut.
264—241	Erster Punischer Krieg, angedeutet durch den Namen Serranus (VI 844). Wir kennen ihn besser unter dem Namen *M. Atilius Regulus*. Horaz feiert ihn in carm. III 5 als Vorbild der severitas und fides.
224—222	Unterwerfung der Gallier in Oberitalien. M. *Claudius* Marcellus tötet in der Schlacht bei *Clastidium* (222) den gallischen Feldherrn *Virdumarus* und gewinnt so nach Romulus und A. *Cornelius* Cossus die dritten spolia opima für Rom. (VI 855—859.)

---

[1] Ergänzte Namensteile und erschlossene Namen in *Kursivdruck*.

218—202	2. Punischer Krieg. Auf ihn weisen hin die Namen Marcellus (VI 855 ff.), Scipiades (VI 842 f.) und *Fabius* Maximus (VI 845 f.) u. X 11—14.
207	*Schlacht am Metaurus.* M. *Livius* Drusus besiegt *Hannibals* Bruder *Hasdrubal* und rettet Rom aus höchst bedrohlicher Lage.
185	M. *Porcius Cato Censor.* (VI 841.)
168	Schlacht bei Pydna; angedeutet in VI 839; der Vers spielt auf L. *Aemilius Paulus,* den Besieger des Makedonenkönigs *Perseus* an.
146	Zerstörung Korinths (VI 836) durch L. *Mummius.* Zerstörung *Karthagos* durch P. *Cornelius* Scipio Aemilianus Africanus Minor (VI 842 f. u. I 19—22).
133—121	Reform der Gracchen. Durch den Namen *Gracchi* (VI 842) wird auch angespielt auf die Leistungen zweier Vorfahren der beberühmten Gracchen, die sich im 2. Punischen Kriege (215—212) und — der Vater der Gracchen — in der Provinz *Spanien* (179) und *Sardinien* (177) hervorgetan haben.
66—63	Verschwörung des Catilina (VIII 668).
49	Beginn des Bürgerkrieges zwischen *Caesar* und *Pompeius* (VI 830).
48	Schlacht in der Ebene von *Pharsalus* (VI 830—835). cf. Caesar B. C. III 98.
31	2. Sept. Schlacht bei Aktium (VIII 675—713).
30	Tod der *Kleopatra;* Fall *Alexandrias.* (VIII 709—713. VI 800).
30/29	Erfolge des *Octavianus* in aller Welt; Ende der Bürgerkriege; Ausdehnung des Imperium Romanum; Beginn des Augustum Saeculum; Wiederkehr der aurea saecula. (I 286—296). (VI 791—807. VIII 722—728.)
29	Dreifacher Triumph des *Octavianus* über seine Siege in Dalmatien, bei *Aktium* und *Alexandria* (VIII 715); Schließung des Janusbogens (I 294).
28	*Octavianus,* conditor aut restitutor omnium templorum (VIII 715 ff.) (cf. Livius 4; 20.7).
27	*Octavianus* erhält den Titel Augustus, 16. Jan. (VI 792. VIII 678 vorgreifend)
25	Schließung des Janusbogens (I 294)
23	M. *Claudius* Marcellus, der Lieblingsneffe und Schwiegersohn des *Augustus,* Sohn seiner Schwester *Octavia,* von *Augustus* zum Nachfolger bestimmt, stirbt. (VI 868—886)
20	Die *Parther* schicken die bei *Carrhae* (53 v. Chr.) vom Heere des *Crassus* erbeuteten Feldzeichen an *Augustus.* (I 289; VI 794??)
19	Die Garamanten, im Jahre 20 von L. *Cornelius* Balbus besiegt, schließen einen Vertrag mit Augustus (VI 794).

b) über Vergils Leben und Werk.

71	15. Oktober wird Publius Vergilius Maro zu Andes bei Mantua unter dem Konsulat des Pompejus und Crassus geboren.
55	15. Oktober, unter dem 2. Konsulat des Pompejus und Crassus, legt Vergil die toga virilis an.
ca 53—43	Studienaufenthalt in Rom. Vergil lernt den Epikureer Siro kennen (Cat. V 8—10).
42/41	Vergil verliert sein väterliches Erbe bei Mantua, wird aber von Octavianus entschädigt. (Ecl. I und IX)
42—39	Bukolika.
37—29	Georgika.
29—19	Aeneis. Der Dichter hatte in seinem Testament verfügt, dieses, von ihm noch nicht bis ins letzte durchgefeilte Werk zu verbrennen; aber Vergils Freunde, Varius und Tucca, gaben es im Jahre 17 auf ausdrücklichen Befehl des Augustus heraus.
20	Studienreise nach Griechenland;
19	Tod in Kalabrien (Brundisium) kurz nach der Rückkehr; Grab bei Neapel.
Grabschrift	Mantua me genuit, Calabri rapuere, tenet nunc Parthenope; cecini pascua, rura, duces.

Anm. 71 ist wahrscheinlich das Geburtsjahr Vergils. vgl. Radke Gymn. 71 (1964) 80 ff.

LITERATURHINWEISE

Aus der Fülle der im letzten Jahrzehnt erschienenen Aeneisliteratur heben wir nur folgende Werke hervor, die ihrerseits ausführliche Literaturangaben enthalten:

1. *Buchheit*, Vinzenz: Vergil über die Sendung Roms. Untersuchungen zum Bellum Poenicum und zur Aeneis. (GYMNASIUM, Zeitschrift für Kultur der Antike und Humanistische Bildung. Beihefte. Herausgegeben von Franz Bömer und Ludwig Voit, Heft 3) Heidelberg 1963, Carl Winter, Universitätsverlag

2. *Halter*, Thomas: Form und Gehalt in Vergils Aeneis. Zur Funktion sprachlicher und metrischer Stilmittel. (Dissertation der Universität Zürich 1963) München 1963

3. *Knauer*, Georg Nikolaus: Die Aeneis und Homer. Studien zur poetischen Technik Vergils mit Listen der Homerzitate in der Aeneis. Vandenhoeck & Ruprecht in Göttingen 1964 (HYPOMNEMATA. Untersuchungen zur Antike und zu ihrem Nachleben. Herausgegeben von Albrecht Dihle/Hartmut Erbse/ Wolf-Hartmut Friedrich/Christian Habicht/Bruno Snell, Heft 7)

4. *Worstbrock*, Franz Josef: Elemente einer Poetik der Aeneis. Untersuchungen zum Gattungsstil Vergilianischer Epik. (ORBIS ANTIQUUS, herausgegeben von Franz Beckmann und Max Wegner, Heft 21) Aschendorffsche Verlagsbuchhandlung Münster, Westfalen 1963

Einen Eindruck von der Fülle der modernen Vergil- und besonders Aeneis-Literatur — ihre Tendenzen werden von Antonie *Wlosok,* Vergil in der neueren Forschung (Gymnasium 80, 1973, 129—151), herausgearbeitet — erhält man durch die drei aneinander anschließenden Bibliographical surveys Recent Work on Vergil von *Duckworth,* C. E., und *McKay,* A. G., in der Zeitschrift Classical World 51, 1957/58 (für 1940—1956), 57, 1963/64 (für 1957 bis 1963) und 68, 1974/75 (für 1964—1973); diese Berichte sind auch als Sonderfaszikel und im Zusammendruck erschienen. Ferner vergleiche man die Forschungsberichte von V. *Pöschl* im Anzeiger für die Altertumswissenschaft 12, 1959, 193—218; 21, 1968, 193—220 und 22, 1969, 1—38. Einen umfassenden Überblick über etwa 5000 Publikationen bietet demnächst die große Bibliographie von W. *Suerbaum:* Hundert Jahre Vergil-Forschung. Eine Arbeitsbibliographie zu Vergil (besonders zur Aeneis); sie wird in dem Sammelwerk Aufstieg und Niedergang der römischen Welt (1979) erscheinen (WS).

Folgende Werke seien hier ergänzend, auch zum Literaturverzeichnis in Tu L 842—876, aufgeführt:

In der Reihe der OXFORD BOOKS, Oxford University Press, At the Clarendon Press, sind folgende Bücher der Aeneis mit knappem textkritischem Apparat und ausführlicherem Kommentar erschienen:
Austin, R. G.: I (1971), II (1964), IV (^{1}1955, ^{2}1960, ^{3}1963), VI (1977).
Williams, R. D.: III (^{1}1962, ^{2}1967 repr.), V (1960).
Fletcher, Sir Frank: VI (^{1}1941, repr. with corrections: 1948, 1951, 1955, 1962, 1966, 1968).

In der Reihe GLASGOW UNIVERSITY PUBLICATIONS, Oxford University Press ist 1977 erschienen:
Fordyce, C. J. (*Walsh,* P. G. und *Christie,* J. D.): P. Vergili Aeneidos libri VII—VIII with a commentary.

In den OXFORD CLASSICAL TEXTS ist in teilweise korrigierten Nachdrucken 1972, 1976 und 1977 wieder erschienen:
Mynors, Sir Roger A. B.: P. Vergilii Maronis opera ... Oxford, Clarendon Press. Zu den im textkritischen Apparat dieser Ausgabe nicht berichtigten Fehlzitaten vgl. unsere Ausgabe TUSCULUM LANDLEBEN (1970 und 1977) S. 465, Nr. 2, 3, 16, 23 und 27.

Weiterhin sei ergänzt:

Pöschl, Viktor: Die Dichtkunst Virgils. Bild und Symbol in der Äneis. Dritte, überarbeitete und erweiterte Auflage. Walter de Gruyter — Berlin, New York 1977.
Seider, R.: Beiträge zur Geschichte und Paläographie der antiken Vergilhandschriften, in den von H. Görgemanns und E. A. Schmidt herausgegebenen 'Studien zum antiken Epos', Meisenheim 1976, S. 129—171.

NACHTRÄGE

zum Aeneistext und zum Anhang

(WS) = Mitteilung von Herrn Professor
Dr. Werner Suerbaum, München

S. 133 und 671, 10 ff. zu A 3, 684—686

Diese Verse gehören zu den am schwersten zu erklärenden und zu übersetzenden der Aeneis. Heyne und Wagner (4. Aufl., vgl. Tu L 855 Nr. 129) erklären sie als unvergilisch. Nettleship (CN II 242) hält das für unbegründet, gibt aber die Schwierigkeit der Stelle zu und nimmt Versausfall zwischen 684 und 685 an. Ausführlich hat R. D. Williams (Aeneid III 202 f.) die Verse besprochen. Im Anschluß an ihn kommt Friedrich Klingner (Virgil... Artemis Verlag Zürich und Stuttgart 1967, S. 433 [1]) zu der Vermutung, „die fraglichen Verse seien ein hier zu Unrecht eingezwängter Splitter, unausgearbeitet, vielleicht sogar vom ersten Herausgeber notdürftig zurechtgestutzt". Inhaltlich passen sie schlecht zu A 3, 555—567; sprachlich machen vor allem die Wendungen „ni teneant cursus" und „utramque viam" Schwierigkeit. Dazu vergleiche man Servius, DS und Tib (siehe Anhang S. 650). Unsere in dieser 4. Auflage versuchte Übersetzung hält es mit dem von T. E. Page (vgl. Tu L S. 863 Nr. 213) gemachten, von Williams (S. 203) zitierten Vorschlag: „Scyllam atque Charybdim inter utraque via parvo discrimine leti (est), ni tenetis cursus." Befriedigend ist aber, wie Williams betont, auch das nicht. Die von Ribbeck als Konjektur vorgeschlagene Wendung **teneam** findet sich als Variante schon im Bernensis 172 (a) am linken Rand. Ein ausführlicher textkritischer Apparat steht in der Ausgabe von Roger A. B. Mynors, Oxford ([1]1969), jetzt Reprinted (with corrections) 1972, 1976, 1977.

S. 237 zu 6, 264—267

Mit dieser Anrufung der Unterweltsgottheiten, insbesondere mit den feierlichen, religiös inhaltsschweren Worten: „sit mihi **f a s a u d i t a** loqui" befinden wir uns — um mit Josef P i e -

p e r , Über die platonischen Mythen. Kösel-Verlag München 1965, S. 20 zu sprechen — im „Herzbereich des Bedeutungsfeldes, welcher der Ort der Mythen im strikten Sinn dieses Wortes ist. Es sind die Erzählungen von der Entstehung des Kosmos, von der urzeitlichen Heils- und Unheilsgeschichte des Menschen, vom Schicksal der Toten, von Gericht und Vergeltung im Jenseits". Nach Eduard N o r d e n , P. Vergilius Maro Aeneis Buch VI[3], Leipzig-Berlin, Teubner 1926; Darmstadt, Wiss. Buchgesellschaft Nr. 0360. 6. Aufl. 1976, S. 208 f. liegt solchen Anrufungen der Sinn zugrunde, „daß der Dichter bloß Μουσάων ὑποφήτης und daher alles, was er sagt, wahr ist". Sowohl Nordens wie Piepers Ausführungen über das Gewicht der Worte *audita loqui* seien der Aufmerksamkeit des Lesers nachdrücklich empfohlen. Wie Platon gehört auch Vergil mit diesen Mythen im strikten Wortsinne, die in seiner gesamten Dichtung oft anzutreffen sind, in jenen Bereich, der in der christlichen Theologie durch den Begriff „ U r - O f f e n b a r u n g " benannt wird. Dazu vgl. J. Pieper a.a.O. 80 ff.

S. 258/685

lauris G, lauri cett. G auf Anregung von G. Jachmann bevorzugt (Brief vom 12. 1. 1966).

S. 263 zu 6, 743

Die wortwörtliche Übersetzung „eigene Manen" bleibt ohne Kommentar genauso unverständlich wie Vergils, sicherlich auch von seinen Lesern als ungewöhnlich und kühn empfundene Wendung: „suos ... manis". E. N o r d e n (Kommentar S. 33) übersetzt ins Griechische: τὸν ἑαυτοῦ ἕκαστός τις δαίμονα πάσχομεν und verweist auf Platon Phaidon 107 D ff. und auf Plutarch, De genio Socratis 22, 592 BC. In diesem Sinne sollte man übersetzen: „Jeden von uns läßt büßen sein Strafgeist" oder ähnlich. Sir Frank F l e t c h e r (Aeneid VI. S. 85) schlägt vor: ‚'each endures his own ghost-life' or 'state of death', his own experiences in what Christians call Purgatory." In Anlehnung daran haben wir nun versucht, „eigene Manen" durch

„eigenes Wesen" zu ersetzen. Vorausgesetzt wird dabei, daß wir für die — gute oder weniger gute — Ausformung unseres Wesens verantwortlich sind. Bei Michael S c h m a u s (Kath. Dogmatik IV. 2. S. 540, Max Hueber-Verlag, München 1959[5]) lesen wir: „Was der Mensch innerhalb des Lebens nicht wieder gut m a c h e n (von uns gesperrt) kann, läßt ihn Gott im Purgatorium ‚gut l e i d e n'." Auch hier also steht Vergil, wieder mit Platon zusammen, in einem durchaus ernstgenommenen Bereich, der jedem katholischen Christen als Glaubenswahrheit von Jugend auf vertraut ist. Vgl. zu dieser Stelle jetzt auch die ausführlichen Anmerkungen in der kommentierten Ausgabe des 6. Aeneisbuches von R. G. A u s t i n , S. 227—230.

S. 264 f. zu 6, 780

Für das Verständnis des Verses 6, 780: „et pater ipse suo superum iam signat honore" ist für manche Interpreten die schon von Servius gegebene Deutung maßgebend geblieben; danach ist s u p e r u m acc sg m und bedeutet d e u m. Mit p a t e r i p s e ist Mars und mit s u o h o n o r e der Helm dieses Gottes gemeint. Vgl. zu dieser Deutung die Kommentare von Heyne und Conington-Nettleship. E. Norden, der zunächst auch diese Meinung übernommen hatte, lehnt sie in der 3. Auflage 1926, die für die danach erschienenen bestimmend geblieben ist, mit ausführlicher Begründung (S. 319 f.) ab. S u p e r u m ist gen pl m und bedeutet d e o r u m, p a t e r i p s e ist Juppiter und h o n o r meint s c e p t r u m Iovis. Dieser Auffassung schließt sich R. G. Austin (239 f.) mit leichter Modifikation an. Unter Hinweis auf Tiberius Claudius Donatus: Interpretationes Vergilianae (I 607) merkt er zu h o n o r e an: probably no more than „majesty", as Ti. Donatus saw.

S. 273 zu 7,4

Der Zwischensatz: „si qua est ea gloria" ist nicht, wie es bei CN zur Stelle heißt, „equivalent to ‚quae magna est gloria'", sondern, wie ebendort abschließend unter Hinweis auf Servius und Tiberius Donatus und auf A 10, 828 festgestellt wird, ‚a reference to the insensibility of dead' oder vielmehr, wie Eduard F r a e n k e l (Kleine Beiträge S. 147) sehr gut schreibt, beides zugleich: Heimatstolz und Gefühl für die Fragwürdigkeit irdischen Ruhmes. Wir geben Fraenkels Worte, die nur wenigen leicht erreichbar sein dürften, hier im englischen Urtext wieder: „The few lines allotted to the account of the origin of Gaeta (7,1 ff.) contain a characteristic symbol of the two souls within the poet's brest: while the Italian patriot rejoices at the long and glorious history of his countrys towns and monuments ('litoribus nostris... aeternam... famam... dedisti'), the sage, a gentle sage, not a Stoic zealot, strikes a note of mellow resignation: 'si qua est ea gloria', and thus makes us see the glory of earthly things in true perspective." In diesem Sinne mußte die frühere Übersetzung „und das ist Ruhm" berichtigt werden durch die einschränkende Wendung: „wenn Ruhm das ist".

S. 573 [11]

Auch in der Handschriftenabteilung der Bayerischen Staatsbibliothek ist ein unverleihbares Exemplar dieses Faksimile von R vorhanden (WS).

S. 579 zu 12: F u n a i o l i *, Gino

1) Il valore... Virgilio (M), ursprünglich 1932, Neudruck in G. F.: Studi di letteratura antica, Vol. II 1, Bologna 1948, S. 363—386.

2) Due recenti edizioni di Virgilio (M und P), ursprünglich 1932, Neudruck ebd. S. 345—361 (WS).

S. 598

Die erhaltenen Bilder. Dazu vgl. besonders

1) Jan de *Wit:* Die Miniaturen des Vergilius Vaticanus. 1959. Swets & Zeitlinger. Amsterdam (F).

2) E. *Rosenthal:* The Illuminations of the Vergilius Romanus, Zürich 1972 (R).

S. 631 zu Codex γ

Als unverächtlicher Zeuge für den Vergiltext, würdig, nicht nur **nach**, sondern durchaus **neben** den berühmten antiken Handschriften genannt zu werden, ist Codex γ seit langem anerkannt. Ch. G. H e y n e , O. R i b b e c k , R. S a b b a d i n i , G. F u n a i o l i u. a. haben nachdrücklich auf ihn hingewiesen. Angesichts solcher Wertschätzung von berufener Seite hielten wir es für angemessen und lohnend, dieser Handschrift für die Neubearbeitung des TUSCULUM - VERGIL besondere Aufmerksamkeit zu widmen. Über die Ergebnisse unseres Studiums ist in VERGIL LANDLEBEN 1970 u. 1977 S. 467 ff. ausführlich berichtet. Hier heben wir nur einige, für γ besonders kennzeichnende Züge hervor, die bisher, soweit wir sehen, entweder noch nicht bemerkt oder einer Behandlung nicht für wert gehalten wurden.

Abgesehen von E 8, 22—109, E 10, G 1, 1—2, 453 und G 3, 71—170, sind über fast allen Worten des gesamten Vergiltextes in γ Zeichen angebracht, Punkte, buchstabenförmige und andere Gebilde, deren Zahl auf jeweils **einem** Wort des Verses nicht über 5 hinausgeht. Diese, zunächst an Neumen erinnernden Zeichen erwiesen sich bei näherer Betrachtung als Hilfen zum syntaktischen Verständnis der Verse, deren Wortstellung bekanntlich von der aus einfacher Prosa gewohnten beträchtlich abweicht und so den Lateinschülern aller Zeiten und Zungen anfangs erhebliche Schwierigkeiten macht. Die Tatsache nun, daß es in mittelalterlichen Handschriften[1] lateinischer Autoren derartige, durch Punkte und Striche vermittelte Übersetzungshilfen gibt, ist bekannt, seitdem Ildefons von A r x , der von uns auf S. 593 erwähnte Stiftsbibliothekar, zum Sangallensis 242 in seinem handgeschriebenen Vorwort 1824 folgende Anmerkung gemacht hat:

---

[1] Für freundliches Entgegenkommen bei der Kollation der hier genannten Handschriften danken wir Herrn Bibliotheksdirektor Dr. E. K ä s t n e r und Herrn Bibliothekar Dr. H. B u t z m a n n in W o l f e n b ü t t e l , Herzog-August-Bibliothek; den Herren Bibliothekaren Dr. Ch. von S t e i g e r und Dr. H. H a e b e r l i , B e r n , Burgerbibliothek, und Herrn Stiftsbibliothekar Dr. Joh. D u f t , S t. G a l l e n , Stiftsbibliothek.

„Illud singulare habet iste codex, quod textus carminum impositis notis voces in prosaicum modum ordinantibus explicetur."

„Jene Besonderheit hat dieser Codex, daß der Text der Gedichte durch übergesetzte, die Worte in Prosaform umordnende Zeichen zugänglich gemacht wird."

Grammatische, als Übersetzungshilfen dienende Zeichen also hat Codex γ mit anderen, meist irisch-lateinischen, Handschriften gemeinsam. In ihrer Handhabung jedoch weicht er beträchtlich von der in den anderen Codices vorliegenden Form ab, ist daher auch diesem Punkte besonderer Aufmerksamkeit würdig.

In den irisch-lateinischen, mit grammatischen Zeichen versehenen Handschriften, z. B. im Codex Sangallensis 904, wird zum genauen Verständnis der dort gebotenen Hilfen die Kenntnis des Altirischen vorausgesetzt. Das betont Maartje D r a a k , Professor für Keltisch an der Universität in Amsterdam, die diesem palaeographisch-philologischen Problem e r s t m a l i g — denn in den Handbüchern finden sich, soweit wir sehen, nur knappe Hinweise — eine gründlich interpretierende, höchst lehrreiche Studie gewidmet hat, auf S. 4 ihrer Abhandlung[2]. In den anderen von uns eingesehenen Handschriften werden nur die jeweils wichtigsten Satzteile durch gleichartige Zeichen zusammengeordnet, so daß die oben zitierte, von I. v. A. gemachte Bemerkung etwas eingeschränkt werden muß. Der Scholiast aber, der Codex γ, doch wohl für den Lateinunterricht in einer mittelalterlichen Klosterschule, mit grammatischen Zeichen versehen hat, war in geradezu rührender — strenge praeceptores werden sagen: „in platterdings empörender" — Weise

---

[2] CONSTRUE MARKS IN HIBERNO-LATIN MANUSCRIPTS, Mededelingen der Koninklijke Nederlandse Akademie van Wetenschappen, Afd. Letterkunde. Nieuwe Reeks, Deel 20, No. 10. 1957 N. V. Noord-Hollandsche Uitgevers Maatschappij Amsterdam. 22 Seiten, 4 Tafeln.
Für freundlichen Hinweis auf diese wertvolle Studie sind wir Herrn Prof. Dr. W. A s s e l b e r g s , Nijmegen, für ihren glücklichen Besitz der verehrten Autorin selbst zu herzlichem Dank verbunden. Abbildungen und Literatur u. a. bei F. S t e f f e n s , Lat. Pal. 1929, Zweite vermehrte Aufl., unveränderter Nachdruck. Berlin 1964, Tafel 50 und 52.

ängstlich bemüht, seinen Schülern — vielleicht auch manchem Magister — die poetische Wortstellung so gründlich in leicht faßbare Prosaform umzuordnen, daß selbst die sprachlich Minderbemittelten, zumal da auch mit Wort- und Sacherklärungen nicht gespart worden ist, instand gesetzt wurden, den Text zu verstehen. Ein Beispiel, der Anfang der ersten Ekloge, wird das deutlich machen. Zur größeren Übersichtlichkeit geben wir die in γ gebrauchten Zeichen in folgender Entsprechung:

Original: .... usw.; s, ss usw.; S, SS usw.
Beispiel: 1, 2 usw.; A, B usw.; a, b usw.

```
         1        4      2       3         A
     Tityre, tu patulae recubans sub tegmine fagi,
         2       4      3      1       A
     silvestrem tenui musam meditaris avena;
       1      4      3     a         2        b
     nos patriae fines et dulcia linquimus arva,
       1      3        2     A       B          C
     nos patriam fugimus; tu, Tityre, lentus in umbra
            c       b       D        d            a
     formosam resonare doces Amaryllida silvas.
```

Der Lehrer las also vor:
Tityre, tu, recubans sub tegmine patulae fagi, meditaris silvestrem musam tenui avena; nos linquimus fines patriae et dulcia arva, nos fugimus patriam; tu, Tityre, lentus in umbra doces silvas resonare formosam Amaryllida[3].
So geführt und durch Wort- und Sacherklärungen[4] noch weiter

---

[3] Welchem Sprachgeiste, ob romanischem, keltischem oder germanischem, die hier vorliegende Wortstellung gemäß ist, wagen wir nicht zu entscheiden. Sie könnte wohl auch einem lateinisch sprechenden, an Dichtersprache aber noch nicht gewöhnten Schüler wertvoll, vielleicht sogar nötig gewesen sein.

[4] Aus der Fülle der in γ zu ersten Ekloge gebotenen Scholien heben wir anmerkungsweise nur zwei heraus, weil sie geeignet sind, Herkunft und Familienzusammengehörigkeit unseres Codex näher zu bestimmen. Zu „Ararim" (E 1, 62):

„fluvius, qui praecipitat se   „ein Fluß, der einströmt in
in rodanum et apud vulgares   die Rhone und in der Volkssprache
dicitur sagonna."   sagonna (Saône) heißt."

Über „Germania" in demselben Verse steht „alamannia". Beide Bemerkungen sind nur für Schüler in Frankreich, wenigstens zunächst, am Platze. So bestätigt sich auch von hier aus, was H. Lohmeyer (Lit. Tu S. 580, Nr. 21 a, S. 41) belehrt, verstand der Schüler den Text, konnte ihn gegebenenfalls in seine Muttersprache übersetzen und bekam bei erneutem Lesen des Vergiltextes eben d a s ins Gefühl, was das eigentlich Dichterische ist.

S. 651, 1—7 zu A 1, 2

Statt Laviniaque... hätte.: Lavinaque] CIL 2, 4967, 31, auf einem in Italica, dem Geburtsort Kaiser Hadrians, in Südspanien, nahe dem heutigen Santiponce bei Sevilla, gefundenen, wohl in das 1. Jh. zu datierenden Ziegel entdeckt, also unser frühester Beleg für diese Lesart. RM[1] γ a b c... Servius, Macrobius, 5, 2, 8; GL 5, 301 (lauiniaque P = Parisinus 7530, 9. Jh.); 6, 121, 21. Vgl. Properz 2, 34, 64 (= 3, 30, 64) und Juvenal 12, 70 (CN, Ri, Hi, Mc). Hermann Tränkle (Die Sprachkunst des Properz. Hermes Einzelschriften Heft 15, 1960, Franz Steiner Verlag, Wiesbaden, S. 53[2] weist zur Stützung der Lesart L a v i n a q u e auf Properz: „Lavinis... litoribus" hin; das aber überzeugt für die in Frage stehende Form wohl kaum; vgl. Kühner-Holzweissig (Ausführliche Grammatik der lateinischen Sprache[2], I § 103, Hannover, Hahnsche Buchhandlung 1912); dort wird S. 465, 16 die Properzstelle als Beispiel für L a v i n i s = L a v i n i i s zitiert. Laviniaque: MV; Julius Hyginus bei Gellius 10, 16, 6. C. Hosius nimmt L a v i n a q u e in den Text. Ebenso zitierten auch CN Gellius als Zeugen für diese Lesart; Servius aber, der doch wohl auf die Hyginusstelle oder auf eine in dessen Sinne geschriebene Vergilkritik hinweist, setzt die Lesart L a v i n i a q u e voraus. So überliefern die Codices O Π; so hat es

---

schreibt, daß nämlich γ „aus Westfranken stammt", wenn man darunter hier im weiteren Sinne „Frankreich" versteht. Bei D u C a n g e , Glossarium mediae et infimae Latinitatis VII, S. 272, m. Sp. (Unveränderter Nachdruck der Ausgabe von 1883—1887 1954, Akademische Druck- und Verlagsanstalt Graz-Austria) lesen wir: SAGONA, Araris, la Saône, in Charta Caroli C. ann. 875 inter Instr. tom. 4. novae Gall. Christ. col. 225..." Dieser Bezeugung des Flußnamens aus der Zeit des 9. Jahrhunderts ließen sich unsere Stelle und die gleich folgenden hinzufügen.

Für die Familienzugehörigkeit von γ gibt vielleicht folgendes einen Hinweis: In dem in T o u r s geschriebenen Cod. Bern. 165 (b) steht über „ararim" segonnam, und in dem aus Fleury stammenden Cod. Bern. 184 (c) ist am Rande notiert: „fluvius, qui nunc sagona dicitur."

auch P. K. Marshall in seiner Gelliusausgabe I 319, 15, Oxford 1968. Mit Recht weist R. G. Austin (P. Vergili Maronis Aeneidos Liber Primus... Oxford, At the Clarendon Press 1971, S. 29, 21 ff.) darauf hin, daß die Lesart L a v i n i a q u e leicht einer prosodischen Glättung verfallen konnte. Ob nicht gar ein alter Grammaticus in Italica so etwas zu Nutz und Frommen seiner discipuli getan hat? Wie dem auch sei: L a v i n i a q u e hätte nie aus dem Tusculumtext verschwinden dürfen. Es wird nun wieder als echt vergilisch in den Text gesetzt.

S. 662

vocabant *Bernensis 239, Macrob. (H)*

S. 667, 5 v. o.

Nach dem Wort ⟨*Irrtum?*⟩ und vor T u ist einzuschalten:
Ms: 168 conubii P² RV (— bis P¹)

S. 667, 2 v. u.

269 vocabant *Bernensis 239, Macrob.;*

S. 671 s. Nachtrag zu S. 133

S. 676

449 radicitus RV γ² in ras., Tib, Prisc: GL 3, 78, 7; vgl. Gey 395.

S. 704, 595

inertis MP²R γ; inermis γ¹ als Variante unter inertis (H Lc PL). Vgl. 11, 44 und 672.

S. 709

11, 830 Handschriftlich überliefert ist folgendes: relinquit M, reliquit P¹R, relinquens M³P² und die mittelalterlichen Hss. Die Lesart relinquunt bzw. relinquont (Hi K Ri Sa Cast) wurde nach dem in DS gegebenen Scholion von anderen Hss (alii) geboten, von Probus als Hypallage gedeutet und, wie G. R a d k e (Tu L 509 f.) sehr wahrscheinlich gemacht hat, durch die syntaktisch glattere Wendung relinquens ersetzt. In dieser 4. Auflage bringen wir die kräftigere, doch wohl echt vergilische Wendung arma relinquunt und haben entsprechend übersetzt.

S. 723

Zu AGRAGAS: griech. ’Ακράγας; seit 1927 Agrigento, vorher Girgenti, mittelalterlich < arab. Gargent. (P. Nober).

S. 727

Nach 934 ergänzen: vgl. besonders auch die in 6, 110—116 vom pius Aeneas gegebene liebevolle Würdigung des Vaters Anchises.

S. 730

ARGIVUS, a, um 1) argivische, d. h. mittelbar durch ihre Ahnen von Griechen abstammende Italiker: 7, 672 Catillus und Coras, Brüder des Tiburtus (s. CATILLUS) und 7, 794 (s. ARDEA und ACRISIUS); 2) griechisch: 1, 650. 2, 254; 393. 3, 547. 11, 243. 12, 544. Zu 3, 547: In der Wendung Iunoni Argivae ist das Attribut nicht, wie Heyne meinte, schmückendes Beiwort, sondern betont, daß Juno Schutzherrin aller Griechen ist; eben deshalb muß Aeneas, der hier bei seiner ersten Landung in Italien auf griechischem Boden ist, aufgrund der nachdrücklich gegebenen Vorschrift des Helenus (3, 435—439) vor allem diese Göttin durch Bitten und Opfer zu versöhnen trachten. Hier wie auch sonst noch in seiner Aeneis, besonders 11, 252—293 (vgl. dazu DIOMEDES S. 745 f.) ist Vergil darauf bedacht, das Griechentum, hier vertreten durch die argivische Juno, und das trojanische Erbe einzufügen in die hohe Sendung Roms. (Vgl. dazu CN und R. D. Williams, Aeneis III, Oxford, At the Clarendon Press ¹1962, 1967 repr. S. 169).

S. 732

zu ATLAS: Zu A 4, 256 ff. vgl. E. Kraggerud, Aeneisstudien, Oslo 1968, 38 ff.

S. 738

zu CASPERIA: Seit 1947 hat Aspra, der „klassischen" Vermutung zuliebe, den Namen Casperia angenommen. (P. Nober).

S. 742

zu COSAE: Cosa (so heute im Italienischen) ist — das beweisen die Ausgrabungen — Beispiel einer befestigten Römerstadt von etwa 275 v. Chr. Die etruskische Vorgängerin ist wohl Orbetello. (P. Nober, der auf seine Karte in „Roma e le sue mete turistiche" hinweist. Ausgabe des Touring Club Italiano).

S. 747

zu ERYX: Leitet sich her vom phoen.-pun. ארך mit Nominativ-s. Auch dieser Berg hat seinen mittelalterlichen Namen S. Giuliano längst in Monte Erice geändert. (P. Nober).

S. 749

zu FERONIA: Der Lucus Capenatis oder auch Lucus Feroniae wurde bei den Arbeiten für die Autostrada del Sole weiter untersucht und ausgegraben, nahe bei der Stazione Roma Nord der Autostraße. (P. Nober).

S. 776

zu PILUMNUS: Ergänzen: **10, 619** wird Pilumnus von Juno als *quartus pater*, Urahn, des Turnus bezeichnet. Schon Servius, der diese Bezeichnung durch *abavus* wiedergibt, versucht, einen Ausgleich zwischen **9,4** *(parentis)* und **10, 76** *(avus)* herzustellen. Ausführlich hat Heyne im Excursus VII diese Stellen behandelt. Man dürfte, so faßt er zusammen, den Dichter nicht logisch exakt (subtiliter) auslegen, sondern müsse diese Attribute *parens*, *avus* und *quartus pater* sensu latiore als „Ahnherr" verstehen.

S. 786

TEUCER (TEUCRUS) ... denn A 3, 108 ist deutlich Teucrus genannt. (Gemeint ist der Teucer Nr. 2). (WS).

NACHWORT

zur vierten Auflage

Der größte Teil der in dieser Auflage vorliegenden Berichtigungen und Verbesserungen wurde schon im April 1973 von mir in altbewährter Zusammenarbeit mit meiner am 24. Mai 1973 in Salzkotten verstorbenen Frau Maria Götte, geb. Haendly, fertiggestellt. In herzlicher, immerwährender Dankbarkeit betone ich auch hier, daß der TUSCULUM-VERGIL ohne die unermüdliche, geduldige, umsichtige und kritisch gewissenhafte Mitarbeit meiner lieben Frau niemals zustande gekommen wäre. AVE PIA ANIMA!

Für einen weiteren, nicht unbeträchtlichen Teil der Korrekturen, insbesondere für die Neufassung des Literaturhinweises, bin ich Herrn Professor Dr. Werner SUERBAUM, München, z. T. bis in den Wortlaut hinein zu besonderem Dank verpflichtet. Zum Namenregister haben die Herren Prof. Dr. G. Radke, Berlin, und Prof. P. Dr. Peter Nober S. J., Rom, wertvolle Hinweise gegeben.

Änderungen und Zusätze, die aus drucktechnischen Gründen im alten Zusammenhang keinen Platz gehabt hätten, wurden S. 802 ff. in Form von Nachträgen gebracht; auf diese weist in Text und Anhang jeweils ein * am Satzspiegelrand hin. Damit hat der Leser die Möglichkeit, beide Fassungen, die frühere und die jetzt vorgelegte, vergleichend zu überprüfen.

Habent sua fata cum libelli tum homunculi.

Salzkotten, im Oktober 1978   Johannes Götte